여러분의 합격을 응원하

KB094044

해커스PSAT의 특별 예직

 해커스PSAT 온라인 단과강의 20% 할인쿠폰

K7FA8EKC2DFAA000

해커스PSAT 사이트(psat.Hackers.com) 접속 후 로그인 ▶
우측 퀵배너 [쿠폰/수강권등록] 클릭 ▶ 위 쿠폰번호 입력 후 이용

* 등록 후 7일간 사용 가능(ID당 1회에 한해 등록 가능)

 PSAT 패스 [교재 포함형] 10% 할인쿠폰

K5A98EKAK57FB000

해커스PSAT 사이트(psat.Hackers.com) 접속 후 로그인 ▶
우측 퀵배너 [쿠폰/수강권등록] 클릭 ▶ 위 쿠폰번호 입력 후 이용

* 등록 후 7일간 사용 가능(ID당 1회에 한해 등록 가능)

PSAT 패스 [교재 미포함형] 10% 할인쿠폰

636E8EKBA58F5000

해커스PSAT 사이트(psat.Hackers.com) 접속 후 로그인 ▶
우측 퀵배너 [쿠폰/수강권등록] 클릭 ▶ 위 쿠폰번호 입력 후 이용

* 등록 후 7일간 사용 가능(ID당 1회에 한해 등록 가능)

 모바일 자동 채점 + 성적 분석 서비스

교재 내 수록되어 있는 문제의 채점 및 성적 분석 서비스를 제공합니다.

* 세부적인 내용은 해커스공무원(gosi.Hackers.com)에서 확인 가능합니다.

바로 이용하기 ▶

쿠폰 이용 관련 문의 1588-4055

해커스PSAT

7급+민경채
PSAT

16개년 기출문제집

상황판단

해커스

길규범

이력

- 고려대학교 행정학과 졸업
- 2009~2013년 5급공채 행시/입시 PSAT 합격
- (현) 해커스 7급 공채 PSAT 상황판단 대표강사
- (현) 베리타스 법학원 5급 공채 PSAT 상황판단 대표강사
- (현) 합격으로 가는길(길규범 PSAT 전문연구소) 대표
- (현) NCS 출제 및 검수위원
- (전) 베리타스 법학원 PSAT 전국모의고사 검수 및 해설위원
- (전) 법률저널 PSAT 전국모의고사 검수 및 해설위원
- (전) 공주대학교 취업교과목 출강 교수
- (전) 메가스터디 공취달 NCS 대표강사
- 2014~2018년 PSAT 상황판단 소수 그룹지도
- 연세대, 성균관대, 한양대, 경희대, 동국대 등 전국 다수 대학 특강 진행

저서

- 해커스 PSAT 길규범 상황판단 올인원 1, 2, 3권
- 해커스공무원 7급 PSAT 유형별 기출 200제 상황판단
- 해커스PSAT 7급+민경채 PSAT 16개년 기출문제집 상황판단
- 해커스공무원 7급 PSAT 기출문제집
- 해커스PSAT 7급 PSAT 기본서 상황판단
- 해커스공무원 7급 PSAT 입문서
- PSAT 민간경력자 기출백서
- PSAT 상황판단 전국모의고사 400제
- 길규범 PSAT 상황판단 봉투모의고사
- PSAT 엄선 전국모의고사
- 30개 공공기관 출제위원이 집필한 NCS
- 국민건강보험공단 NCS 직업기초능력평가 봉투모의고사

서문

7급 PSAT, 민간경력자 PSAT,
어떻게 준비해야 하나요?

PSAT은 종합적 사고력, 문제해결력을 필요로하는 시험이기 때문에 분석적인 접근과 풀이전략에 대한 충분한 훈련이 필요합니다.
따라서 충분히 많은 분량의 기출문제를 풀고, 문제 분석 및 경향을 익히고, 자신의 취약점을 파악해 보완하는 것이 가장 중요합니다.

전 개년의 7급 PSAT, 민간경력자 PSAT 기출문제를 통해 효과적으로 실전에 대비할 수 있도록,
정확한 문제 분석으로 보다 빠르고 효율적으로 문제를 풀 수 있도록,
본인의 약점을 확실히 파악하고 시험 전까지 완벽하게 극복할 수 있도록,

해커스는 수많은 고민을 거듭한 끝에
「**해커스PSAT 7급+민경채 PSAT 16개년 기출문제집 상황판단**」을 출간하게 되었습니다.

「**해커스PSAT 7급+민경채 PSAT 16개년 기출문제집 상황판단**」은

1. 7급(2024~2020년) 및 민간경력자(2021~2011년) PSAT 기출문제를 전개년 수록하여
7급 및 민간경력자 PSAT 기출 경향과 출제 유형을 확실하게 파악할 수 있습니다.

2. 상세한 분석과 꼼꼼한 해설을 통해 실전에 전략적으로 대비하고, 취약 유형 분석표와 취약 유형 공략 포인트를 통해
본인의 취약점을 효과적으로 진단하고 학습할 수 있습니다.

3. 7급 및 민간경력자 PSAT 출제 유형에 맞게 5급 PSAT 기출문제에서 엄선한 5급 기출 재구성 모의고사를 통해
실전 감각을 키우고 고득점을 달성할 수 있습니다.

「해커스PSAT 7급+민경채 PSAT 16개년 기출문제집 상황판단」을 통해
7급 및 민간경력자 PSAT에 대비하는 수험생 모두 합격의 기쁨을 누리시기 바랍니다.

길규범

목차

7급 기출문제

민경채 기출문제

[부록]
5급 기출 재구성 모의고사

SPEED CHECK 답안지

[책 속의 책]
약점 보완 해설집

합격을 위한 **이 책의 활용법**

1 전 개념 기출문제 풀이로 문제풀이 능력을 향상시킨다.

· 7급 및 민간경력자 PSAT 기출문제 전 문항을 풀고 분석하면서 문제풀이 능력을 향상시키고 실전 감각을 끌어올릴 수 있습니다.

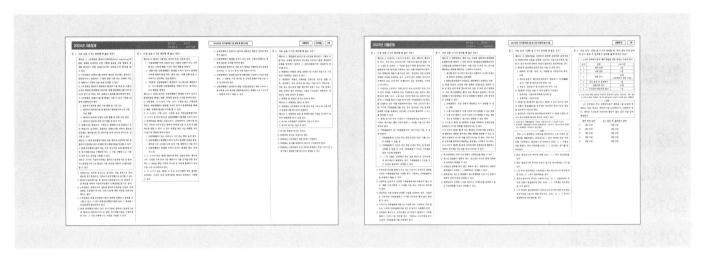

2 꼼꼼한 기출 분석으로 출제 경향을 파악하고, 취약 유형 분석으로 약점을 파악한다.

· PSAT 전문가의 연도별 기출 총평을 통해 출제 경향을 정확히 파악하여 시험에 효과적으로 대비할 수 있습니다.
· 유형별로 맞힌 문제 개수와 정답률을 체크하며 약점을 진단할 수 있습니다.

3 **상세한 해설**로 기출문제를 완벽 정리하고, **취약 유형 공략 포인트**로 약점을 극복한다.

· 모든 문제에 제시된 유형과 난이도로 문제의 특성을 확인하며 실력을 점검할 수 있습니다.

· 효과적인 문제 접근법과 문제를 빠르게 해결할 수 있는 TIP을 얻을 수 있습니다.

· 해설을 완벽히 정리한 후에는 취약 유형 공략 포인트로 취약 유형 극복 전략을 학습할 수 있습니다.

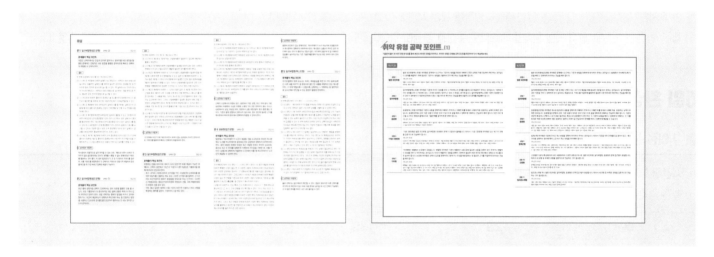

4 **추가로 제공되는 자료**를 활용하여 학습 효율을 높인다.

· 7급 및 민간경력자 PSAT의 출제 유형에 맞게 엄선된 5급 기출 재구성 모의고사를 통해 실력을 점검하고 고난도 문제에 대비할 수 있습니다.

· SPEED CHECK 답안지로 실제 시험처럼 마킹하며 문제를 풀어봄으로써 실전 감각을 극대화하고 시간 관리 연습도 할 수 있습니다.

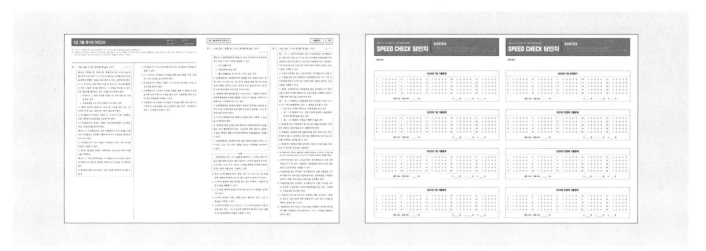

학습 타입별 맞춤 학습 플랜

자신이 원하는 학습 타입에 맞는 학습 플랜을 선택하여 계획을 수립하고, 계획에 따라 그날에 해당하는 분량을 공부합니다. 여러 번 반복하여 학습하고 싶은 경우 회독별 학습 가이드를 참고하여 효과적으로 학습할 수 있습니다.

실전 집중 대비 학습 플랜

· 실제 시험처럼 SPEED CHECK 답안지에 마킹하며 제한 시간에 따라 기출문제를 풀어봅니다.
· 채점 후 틀린 문제와 풀지 못한 문제를 중심으로 해설을 꼼꼼히 읽으며 정답과 오답의 이유를 분석하고, 유형별 취약점을 복습하며 마무리합니다.

5일 완성 플랜

👍 이런 분에게 추천합니다!

· 시간이 부족하여 단기간에 기출학습을 끝내야 하는 분
· 실전 감각을 높이고 싶은 분

1일	2일	3일	4일	5일
___월___일	___월___일	___월___일	___월___일	___월___일
2024~2020년 7급 풀이	2021~2018년 민경채 풀이	2017~2014년 민경채 풀이	· 2013~2011년 민경채 풀이 · 5급 기출 재구성 풀이	취약 유형 복습

10일 완성 플랜

👍 이런 분에게 추천합니다!

· 연도별 기출문제를 꼼꼼히 학습하고 싶은 분
· 자신의 취약점을 찾아 집중적으로 보완하고 싶은 분

1일	2일	3일	4일	5일
___월___일	___월___일	___월___일	___월___일	___월___일
2024~2021년 7급 풀이	2024~2021년 7급 복습	· 2020년 7급 풀이 · 2021~2019년 민경채 풀이	· 2020년 7급 복습 · 2021~2019년 민경채 복습	2018~2015년 민경채 풀이
6일	7일	8일	9일	10일
___월___일	___월___일	___월___일	___월___일	___월___일
2018~2015년 민경채 복습	2014~2011년 민경채 풀이	2014~2011년 민경채 복습	5급 기출 재구성 풀이 및 복습	취약 유형 복습

유형 중점 대비 | 학습 플랜

· 시간을 정해 놓고 한 문제를 꼼꼼히 풀어봅니다.
· 틀린 문제와 풀지 못한 문제를 확인하며 취약한 유형을 파악하고, 빠르고 정확한 풀이 전략을 정리하며 유형별 취약점을 중점적으로 학습합니다.

15일 완성 플랜

👍 이런 분에게 추천합니다!

· 기출문제를 유형별로 학습하고 싶은 분
· 출제 유형부터 풀이 전략까지 차근차근 학습하고 싶은 분

1일	2일	3일	4일	5일
___월___일	___월___일	___월___일	___월___일	___월___일
2024년 7급 풀이	2023년 7급 풀이	2022년 7급 풀이	2021~2020년 7급 풀이	2024~2020년 7급 취약 유형 복습
6일	**7일**	**8일**	**9일**	**10일**
___월___일	___월___일	___월___일	___월___일	___월___일
2021년 민경채 풀이	2020년 민경채 풀이	2019년 민경채 풀이	2018년 민경채 풀이	2021~2018년 민경채 취약 유형 복습
11일	**12일**	**13일**	**14일**	**15일**
___월___일	___월___일	___월___일	___월___일	___월___일
2017~2016년 민경채 풀이	2015~2014년 민경채 풀이	2013~2012년 민경채 풀이	· 2011년 민경채 풀이 · 5급 기출 재구성 풀이	· 2017~2011년 민경채 취약 유형 복습 · 5급 기출 재구성 취약 유형 복습

📑 회독별 학습 가이드

1회독 "실전 감각 익히기"	2회독 "문제 풀이 전략 심화 학습"	3회독 "취약 유형 보완 및 고득점 달성"
· 정해진 시간 내에 SPEED CHECK 답안지에 마킹하며 실전처럼 풀이한다. · 틀린 문제와 풀지 못한 문제를 확인하며 취약한 부분을 파악하고, 풀이법을 숙지한다.	· 취약 유형 분석표와 취약 유형 공략 포인트를 바탕으로 취약한 부분을 꼼꼼히 복습한다. · 기출 분석과 해설을 꼼꼼히 학습하고, 정답과 오답의 이유를 분석하여 더 빠르고 정확한 문제풀이 전략을 정리한다.	· 회독별 점수와 정답률 등을 분석하여 반복적으로 틀리는 문제를 파악한다. · 문제풀이 핵심 포인트를 적용하여 취약한 유형의 문제를 중점적으로 풀어보고, 취약점을 극복한다.

7급+민경채 PSAT 알아보기

▌7급 공채 소개

1. 7급 공채란?

7급 공채는 인사혁신처에서 학력, 경력에 관계없이 7급 행정직 및 기술직 공무원으로 임용되기를 원하는 불특정 다수인을 대상으로 실시하는 공개경쟁채용을 말합니다. 신규 7급 공무원 채용을 위한 균등한 기회 보장과 보다 우수한 인력의 공무원을 선발하는 데에 시험의 목적이 있습니다. 경력경쟁채용이나 지역인재채용과 달리 18세 이상의 연령이면서 국가공무원법 제33조에서 정한 결격사유에 저촉되지 않는 한, 누구나 학력 제한이나 응시상한연령 없이 시험에 응시할 수 있습니다.

> · **경력경쟁채용**: 공개경쟁채용시험에 의하여 충원이 곤란한 분야에 대해 채용하는 제도로서 다양한 현장 경험과 전문성을 갖춘 민간전문가를 공직자로 선발합니다.
> · **지역인재채용**: 자격요건을 갖춘 자를 학교별로 추천받아 채용하는 제도로서 일정 기간의 수습 근무를 마친 후 심사를 거쳐 공직자로 선발합니다.

2. 7급 공채 채용 프로세스

* 2024년 국가직 7급 공채 기준이며, 1차 PSAT 시험에서는 최종 선발 예정 인원의 약 7배수를 선발함
* 최신 시험의 상세 일정은 사이버국가고시센터(www.gosi.kr) 참고

▌민간경력자 채용 소개

1. 민간경력자 채용이란?

민간경력자 채용은 경력경쟁채용의 일종으로 다양한 현장 경험과 전문성을 갖춘 민간전문가를 공직자로 선발하는 제도입니다. 정부는 민간경력자 채용을 통해 공직사회 개방을 촉진하고 현장의 경험을 정책에 접목하여 공직의 전문성과 경쟁력을 높이기 위해 해당 제도를 운영하고 있습니다.

공개경쟁채용과의 차이점
공개경쟁채용은 일반적으로 응시연령 외에 특별한 제한이 없고, 인사혁신처에서 시험을 주관합니다. 그러나 민간경력자 채용은 경력, 자격증, 학위 등 일정한 자격 요건이 있으며, 인사혁신처뿐 아니라 각 부처에서 임용을 담당하기도 합니다.

2. 민간경력자 채용 프로세스

선발단계	적격성평가		면접시험
	1차 필기시험(PSAT)	**2차** 서류전형	
평가내용	기본 적격성+경력과 전문성+업무역량과 종합적 자질		

7급+민경채 PSAT 알아보기

▌PSAT 소개

1. PSAT란?

PSAT(Public Service Aptitude Test, 공직적격성평가)는 공직과 관련된 상황에서 발생하는 여러 가지 문제에 신속히 대처할 수 있는 문제해결의 잠재력을 가진 사람을 선발하기 위해 도입된 시험입니다. 즉, 특정 과목에 대한 전문 지식 보유 수준을 평가하는 대신, 공직자로서 지녀야 할 기본적인 자질과 능력 등을 종합적으로 평가하는 시험입니다. 이에 따라 PSAT는 이해력, 추론 및 분석능력, 문제해결능력 등을 평가하는 언어논리, 상황판단, 자료해석 세 가지 영역으로 구성됩니다. 2022년 시험부터 7급 공채와 민간경력자 채용의 시험 구성이 동일해지면서, 서로 완전히 동일한 문항 수와 문제가 출제됩니다.

2. 시험 구성 및 평가 내용

과목	시험 구성	평가 내용
언어논리	각 25문항/120분	글의 이해, 표현, 추론, 비판과 논리적 사고 등의 능력을 평가함
상황판단		제시문과 표를 이해하여 상황 및 조건에 적용하고, 판단과 의사결정을 통해 문제를 해결하는 능력을 평가함
자료해석	25문항/60분	표, 그래프, 보고서 형태로 제시된 수치 자료를 이해하고 계산하거나 자료 간의 연관성을 분석하여 정보를 도출하는 능력을 평가함

* 본 시험 구성은 2022년 시험부터 적용

▮ 시험장 Tip

1. 시험장 준비물

- **필수 준비물**: 신분증(주민등록증, 운전면허증, 여권, 주민등록번호가 포함된 장애인등록증 등), 응시표, 컴퓨터용 사인펜
- **기타**: 수정테이프(수정액 사용 불가), 손목시계, 무음 스톱워치, 클리어 파일, 풀이용 필기구(연필, 지우개) 등

2. 시험 시간표

시험 시간	단계	내용
13:00~13:30 (30분)	1교시 응시자 교육	13:00까지 시험실 입실 소지품 검사, 답안지 배부 등
13:30~15:30 (120분)	1교시 시험	언어논리영역 · 상황판단영역 * 2개 영역(언어논리, 상황판단)이 1개의 문제책으로 배부되며, 과목별 문제풀이 시간은 구분되지 않음
15:30~16:00 (30분)	휴식시간	16:00까지 시험실 입실
16:00~16:30 (30분)	2교시 응시자 교육	소지품 검사, 답안지 배부 등
16:30~17:30 (60분)	2교시 시험	자료해석영역

3. 시험장 실전 전략

- 시험 종료 후에는 별도의 OCR 답안지 작성 시간이 주어지지 않으므로 시험 시간 내에 OCR 답안지 작성을 완료할 수 있도록 답안지 작성 시간을 고려하여 문제 풀이 시간을 조절합니다.
- 시험 시간 중 화장실 사용은 지정된 시간(시험 시작 20분 이후 ~ 시험 종료 10분 전)에 1회에 한하여 사용할 수 있습니다.
  - 지정된 화장실만 사용 가능하고 사용 전 · 후 소지품 검사를 실시하며, 소지품 검사, 대기시간 등 화장실 사용과 관련된 모든 시간은 시험시간에 포함되므로 시험시간 관리에 유념해야 함

영역 분석

상황판단은 제시문과 표를 이해하여 상황 및 조건에 적용하고, 판단과 의사결정을 통해 문제를 해결하는 능력을 평가하기 위한 영역입니다. 이에 따라 사전에 암기한 지식을 통해 해결하기보다는 종합적인 사고를 요하는 문제가 출제됩니다.

출제 경향

- **유형**: 매년 텍스트형과 법조문형, 즉 득점포인트 유형에 속하는 문제가 보통 8문제에서 10문제 정도 출제되고 나머지 계산형, 규칙형, 경우형 즉, 핵심유형에 속하는 문제가 15문제에서 17문제 정도 출제된다고 예상하는데 올해 2024년 7급 공채 PSAT 문제도 득점포인트 유형에 속하는 문제가 8문제, 핵심유형에 속하는 문제가 17문제 출제되었습니다. 그리고 그 안에서 다섯 개 유형의 출제 비중도 텍스트 3문제, 법조문 5문제, 계산 7문제, 규칙 6문제, 경우 4문제로 기존의 출제 비중과 크게 달라지지는 않았습니다.

- **난도**: 최근 PSAT 출제 경향은 너무 쉽거나 너무 어려운 문제가 출제된다기보다는 중간 정도의 난도의 문제가 출제되는 경향이 있습니다. 올해 시험은 어떤 몇몇 문제가 확 어렵다기보다는 전반적으로 문제가 쉽지 않게 출제될 것으로 예측되기 때문에, 즉, 난도를 쉬운 난도의 1점부터 어려운 난도의 5점으로 평가할 때, 4~5 난도의 문제가 출제된다기보다는 3~3.5 난도의 문제가 계속 눈에 보일 것이기 때문에, 그중 확실하게 풀 수 있는 문제를 해결하는 것이 요구된다고 강조한 바 있습니다. 즉, 문제를 읽었을 때 손도 못 대게 어렵다기보다는 건드리면 풀 수 있을 것 같은 문제가 계속 출제될 것이기 때문에 오히려 다 풀다가 더 상황이 나빠질 수 있으므로, 그중에서 어떤 문제를 풀지 선택과 집중을 통해 문제를 해결하는 것이 매우 중요하다고 강조하였습니다. 내가 어떤 문제를 빠르게 풀 수 있고 없는지는 시험 준비과정에서 이미 파악되어 있어야 하고, 이를 위해서는 기출문제를 많이 풀어볼 것이 요구됩니다. 정답을 찾아낼 수 있더라도 더 쉽고 빠르게 풀 수 있는 문제를 해결해야만 더 높은 점수를 받을 수 있습니다. 물론 그런 준비가 잘 되어 있는 수험생은 올해 시험에서도 고득점을 받을 수 있었습니다.

- **소재**: 7급 공채 PSAT에서는 기존에 출제되었던 장치나 소재가 반복해서 출제되는 경우가 많습니다. 2024년에는 3번 법조문에서 위원회 소재, 4번 상속·제사 소재, 6번 곱해지는·합해지는 과정 추적, 8번 대안 비교, 9번·10번 암호 소재, 16번 듀스 소재 및 2점 차이 장치, 17번 합분해 소재, 18번 1:多 대응 소재, 21번 자리배치 소재, 22번 차이(간격) 소재, 23번 상쇄 장치, 25번 대체(교체) 소재 등 기존 기출문제로 연습할 수 있는 소재 또는 장치가 많이 활용되었습니다. 이처럼 기존 기출문제의 소재, 장치와 함정, 해결에 필요한 사고가 반복해서 활용되고 있기 때문에 최근 7급 공채 기출문제는 얼마나 기존 기출문제를 잘 분석해 두는가가 안정적인 고득점의 관건이 되고 있습니다.

출제 유형

상황판단은 크게 다섯 가지 유형으로 나눌 수 있으며, 다섯 유형 모두 제시된 글이나 조건 등을 이해하여 적용·판단하는 능력을 요구하므로 주어진 시간 내에 다양한 형태의 정보를 빠르고 정확하게 파악하는 능력이 필요합니다.

텍스트형	줄글 형태의 지문을 제시하고, 이를 토대로 필요한 정보를 올바르게 이해·추론할 수 있는지를 평가하는 유형	
	발문 포인트형	발문에 제시된 포인트에 맞춰서 지문을 읽고 문제를 해결하는 유형
	일치부합형	– 일반 키워드형: 키워드를 중심으로 지문을 읽고, 선택지나 〈보기〉의 내용이 지문과 부합하는지를 판단하는 유형 – 특수 키워드형: 비한글 요소를 활용하여 지문을 읽고, 선택지나 〈보기〉의 내용이 지문과 부합하는지를 판단하는 유형

텍스트형	응용형	단순한 일치부합 여부의 판단이 아닌, 제시된 지문의 내용을 이해한 후 응용하여 선택지나 〈보기〉를 해결해야 하는 유형
	1지문 2문항형	지문이 하나가 제시되고, 이와 관련된 2문제가 출제되는 유형
	기타형	– 병렬형: 줄글의 형태의 지문이 甲·乙, A이론·B이론·C이론 등과 같이 분절 형태인 유형 – 논증형: 지문의 주장 또는 입장을 뒷받침하는 근거를 찾거나, 선택지나 〈보기〉가 지문과 같은 입장인지 다른 입장인지를 구분하는 유형
법조문형	\multicolumn{2}{} 법조문이나 법과 관련된 규정 및 줄글을 지문으로 제시하고 법조문을 정확히 이해할 수 있는지, 법·규정의 내용을 올바르게 응용할 수 있는지를 평가하는 유형	
	발문 포인트형	발문에 제시된 포인트에 맞춰서 지문을 읽고 문제를 해결하는 유형
	일치부합형	제시된 법조문의 일부분을 정확히 이해하여 선택지나 〈보기〉의 내용이 올바른지 판단하는 유형
	응용형	단순히 내용의 일치부합 여부 판단이 아닌, 제시된 법조문의 내용을 선택지나 〈보기〉에 응용·적용하거나 옳고 그름을 판단하는 유형
	법계산형	법조문 또는 법 관련 소재가 지문으로 제시되고, 이를 적용·응용하여 계산함으로써 해결하는 유형
	규정형	지문을 기준으로 세분화한 유형으로, 지문이 법조문의 형태가 아니라 법과 유사한 규정·규칙 형태로 제시되는 유형
	법조문소재형	지문을 기준으로 더욱 세분화한 유형으로, 지문이 내용상 법과 관련되어 있으나 형태가 법조문이 아닌 글이 제시되는 유형
계산형	수치가 제시된 지문이나 조건을 제시하고 이를 토대로 특정 항목의 최종 결괏값을 도출할 수 있는지, 결괏값을 올바르게 비교할 수 있는지를 평가하는 유형	
	정확한 계산형	발문에서 요구하는 특정 항목의 수치를 계산하여 최종 결괏값을 도출하는 유형
	상대적 계산형	정확한 계산형과 달리 최종 계산값을 정확하게 구하지 않고 항목 간 수치 비교를 통해 문제를 해결하는 유형
	조건 계산형	계산에 필요한 조건이나 계산과 관련한 다른 규칙, 상황 등이 복잡하게 제시되어 계산 능력 자체보다는 조건을 올바르게 이해하고 적용할 수 있는지를 평가하는 유형
규칙형	다양한 형태의 규칙을 제시하고, 규칙의 내용과 결과를 정확히 판단·적용할 수 있는지를 평가하는 유형	
	규칙 단순확인형	지문에 제시된 규칙을 통해서 관련 정보를 매칭 또는 단순 확인하여 문제를 해결하는 유형
	규칙 정오판단형	제시된 규칙을 읽고 선택지나 〈보기〉에 제시된 내용의 정오를 판단하는 유형
	규칙 적용해결형	제시된 규칙을 적용하여 조건에 맞는 특정 결과를 도출하는 유형
경우형	여러 가지 경우의 수가 가능한 문제 상황을 제시하고, 이를 정확히 분석하여 문제를 해결할 수 있는지를 평가하는 유형	
	경우 파악형	제시된 조건에 따를 때 등장할 수 있는 다양한 경우의 수를 파악해야 하는 유형
	경우 확정형	다양한 경우의 수 중에서 제시된 조건에 부합하는 결과를 확정하는 유형

PSAT 상황판단 예시문제 분석

7급 PSAT 시험은 2019년에 인사혁신처에서 공개한 예시문제를 기반으로 문제가 출제되고 있으며, 민간경력자 PSAT 시험도 이와 동일한 문제가 출제됩니다. 실제 기출문제를 풀기 전에 예시문제를 꼼꼼히 분석해서 출제 유형을 학습해 봅시다.

1. 다음 글을 근거로 판단할 때, (A)~(E)의 요건과 〈상황〉의 ㉮~㉲를 옳게 짝지은 것은?

> 민법 제00조는 "고의 또는 과실로 인한 위법행위로 타인에게 손해를 가한 자는 그 손해를 배상할 책임이 있다."고 규정하고 있다. 이는 가해자의 불법행위로 피해자가 손해를 입은 경우, 가해자의 손해배상책임을 인정하는 규정이다. 이 규정에 따라 손해배상책임이 인정되기 위해서는 다음의 (A)~(E) 다섯 가지 요건을 모두 충족하여야 한다.
> (A) 가해자에게 고의 또는 과실이 있어야 한다. 고의란 가해자가 불법행위의 결과를 인식하고 받아들이는 심리상태이며, 과실이란 가해자에게 무엇인가 준수해야 할 의무가 있음에도 부주의로 그 의무의 이행을 다하지 아니한 것을 말한다.
> (B) 피해자의 손해를 야기할 수 있는 가해자의 행위(가해행위)가 있어야 한다.
> (C) 가해행위가 위법한 행위이어야 한다. 일반적으로 법규에 어긋나는 행위는 위법한 행위에 해당한다.
> (D) 피해자에게 손해가 발생해야 한다.
> (E) 가해행위와 손해발생 사이에 인과관계가 있어야 한다. 가해행위가 없었더라면 손해가 발생하지 않았을 경우에 인과관계가 인정된다.

〈상 황〉

> 甲이 차량을 운전하다가 보행자 교통신호의 지시에 따라 횡단보도를 건너던 乙을 치어 乙에게 부상을 입혔다. 이 경우, ㉮ 甲이 차량으로 보행자 乙을 친 것, ㉯ 甲의 차량이 교통신호를 지키지 않아 도로교통법을 위반한 것, ㉰ 甲이 교통신호를 준수할 의무를 부주의로 이행하지 않은 것, ㉱ 횡단보도를 건너던 乙이 부상을 입은 것, ㉲ 甲의 차량이 보행자 乙을 치지 않았다면 乙이 부상을 입지 않았을 것이 (A)~(E) 요건을 각각 충족하기 때문에 甲의 손해배상책임이 인정된다.

① (A) - ㉱
② (B) - ㉮
③ (C) - ㉲
④ (D) - ㉯
⑤ (E) - ㉯

문제 특징

제시된 법조문의 내용을 파악하고 이를 특정 상황에 적용·응용하는 문제이다. 다양한 범주의 법조문이나 규정·규칙이 제시되며, 지문에 제시된 내용을 적용할 수 있는 구체적인 상황이 추가로 제시된다.

문제풀이 핵심 포인트

지문에서 요건이 다섯 개가 제시되고, 〈상황〉도 다섯 개가 제시되므로 하나씩 매칭되는 경우가 일반적이다. 따라서 (A)~(E) 요건의 핵심적인 키워드를 〈상황〉의 ㉮~㉲에 적용하여 매칭한다. 만약 직접 매칭하는 것이 어렵다면 선택지를 활용하여 풀이한다.

정답 ②

〈상황〉에서 (A)~(E) 요건을 각각 충족하기 때문에 甲의 손해배상책임이 인정된다고 했으므로 (A)~(E) 요건은 〈상황〉의 ㉮~㉲와 하나씩 반드시 매칭됨을 알 수 있다. 이에 따라 요건과 〈상황〉을 매칭하면 다음과 같다.

· (A) 가해자에게 고의 또는 과실이 있어야 한다. 고의란 가해자가 불법행위의 결과를 인식하고 받아들이는 심리상태이며, 과실이란 가해자에게 무엇인가 준수해야 할 의무가 있음에도 부주의로 그 의무의 이행을 다하지 아니한 것을 말한다.
  → ㉰ 甲이 교통신호를 준수할 의무를 부주의로 이행하지 않은 것
· (B) 피해자의 손해를 야기할 수 있는 가해자의 행위(가해 행위)가 있어야 한다.
  → ㉮ 甲이 차량으로 보행자 乙을 친 것
· (C) 가해행위가 위법한 행위이어야 한다. 일반적으로 법규에 어긋나는 행위는 위법한 행위에 해당한다.
  → ㉯ 甲의 차량이 교통신호를 지키지 않아 도로교통법을 위반한 것
· (D) 피해자에게 손해가 발생해야 한다.
  → ㉱ 횡단보도를 건너던 乙이 부상을 입은 것
· (E) 가해행위와 손해발생 사이에 인과관계가 있어야 한다. 가해행위가 없었더라면 손해가 발생하지 않았을 경우에 인과관계가 인정된다.
  → ㉲ 甲의 차량이 보행자 乙을 치지 않았다면 乙이 부상을 입지 않았을 것

따라서 ㉮는 (B) 요건을 충족한다.

2. 다음 글과 ⟨○○시 지도⟩를 근거로 판단할 때, ㉠에 들어갈 수 있는 것만을 ⟨보기⟩에서 모두 고르면?

○○시는 지진이 발생하면 발생지점으로부터 일정 거리 이내의 시민들에게 지진발생문자를 즉시 발송하고 있다. X등급 지진의 경우에는 발생지점으로부터 반경 1km, Y등급 지진의 경우에는 발생지점으로부터 반경 2km 이내의 시민들에게 지진발생문자를 발송한다. 단, 수신차단을 해둔 시민에게는 지진발생문자를 보내지 않는다.

8월 26일 14시 정각 '가'지점에서 Y등급 지진이 일어났을 때 A~E 중 2명만 지진발생문자를 받았다. 5분 후 '나'지점에서 X등급 지진이 일어났을 때에는 C와 D만 지진발생문자를 받았다. 다시 5분 후 '나'지점에서 정서쪽으로 2km 떨어진 지점에서 Y등급 지진이 일어났을 때에는 (㉠)만 지진발생문자를 받았다. A~E 중에서 지진발생문자 수신차단을 해둔 시민은 1명뿐이다.

⟨○○시 지도⟩

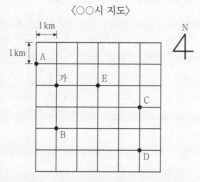

⟨보 기⟩

ㄱ. A	ㄴ. B	ㄷ. E
ㄹ. A와 E	ㅁ. B와 E	ㅂ. C와 E

① ㄱ, ㄷ
② ㄱ, ㄹ
③ ㄹ, ㅂ
④ ㄴ, ㄷ, ㅁ
⑤ ㄴ, ㅁ, ㅂ

문제 특징

제시된 조건을 모두 고려하여 가능한 경우의 수를 판단하는 문제이다. 여러 가지 경우의 수가 나올 수 있는 구체적인 상황이 제시되고, 문제를 해결할 수 있는 단서 조건이나 예외 조건이 함께 제시된다.

문제풀이 핵심 포인트

조건으로 제시된 지진발생문자 발송 방법과 단서 조건으로 제시된 수신차단 조건을 잘 이해한 후, 상황에 대입한다. 이때 가능한 경우의 수를 나누어 그에 따른 결과를 각각 확인한다.

정답 ④

지진이 발생하면, X등급 지진의 경우 발생지점으로부터 반경 1km, Y등급 지진의 경우 발생지점으로부터 반경 2km 이내의 시민들에게 지진발생문자를 발송한다. 단, 수신차단을 해둔 시민에게는 지진발생문자를 보내지 않는다. 이러한 발송방법을 토대로 각 상황에 따른 의미를 살펴보면 'A~E 중에서 지진발생문자 수신차단을 해둔 시민은 1명뿐이다.'는 A~E 중 한 명은 원칙적으로는 지진발생문자를 받아야 하는 경우에도 수신차단을 해두었기 때문에 지진발생문자를 받지 않는다는 의미이다.

· 상황1: 8월 26일 14시 정각 '가'지점에서 Y등급 지진이 일어났을 때 A~E 중 2명만 지진발생문자를 받았다.

→ Y등급 지진이 일어났다면, 발생지점인 '가'지점으로부터 반경 2km 이내의 시민들에게 지진발생문자를 발송해야 한다. A~E 중에서는 A, B, E 3명이 여기에 해당한다. 그런데 2명만 지진발생문자를 받았다는 것은 A, B, E 중 한 명이 수신차단을 했다는 의미이다. 이때 C와 D는 수신차단을 하지 않았음을 알 수 있다.

· 상황2: 5분 후 '나'지점에서 X등급 지진이 일어났을 때에는 C와 D만 지진발생문자를 받았다.

→ X등급 지진이 일어났다면, 발생지점인 '나'지점으로부터 반경 1km이내의 시민들에게 지진발생문자를 발송해야 한다. C에서 아래로 내린 직선과 D 사이에 있는 점이 '나'지점임을 알 수 있다.

· 상황3: 다시 5분 후 '나'지점에서 정서쪽으로 2km 떨어진 지점에서 Y등급 지진이 일어났을 때에는 (㉠)만 지진발생문자를 받았다.

→ '나'지점에서 정서쪽으로 2km 떨어진 지점에서 Y등급 지진이 일어났다면, 반경 2km 이내의 시민들에게 지진발생문자를 발송해야 하므로 B와 E가 대상자가 된다.

정리하면 A, B, E 중 한 명이 수신차단을 했고, B와 E가 ㉠의 대상자가 됨을 알 수 있다. 이때 수신차단을 한 시민에 따라 지진발생문자를 받는 사람이 달라지므로 이를 정리하면 다음과 같다.

수신차단	지진발생문자를 받은 사람
A	B, E
B	E
E	B

따라서 B, E, B와 E가 가능하다.

3. 다음 글과 〈상황〉을 근거로 판단할 때, 과거에 급제한 아들이 분재 받은 밭의 총 마지기 수는?

조선시대의 분재(分財)는 시기가 재주(財主) 생전인지 사후인지에 따라 구분할 수 있다. 별급(別給)은 재주 생전에 과거급제, 생일, 혼인, 출산, 감사표시 등 특별한 사유로 인해 이루어지는 분재였으며, 깃급[衿給]은 특별한 사유 없이 재주가 임종이 가까울 무렵에 하는 일반적인 분재였다.

재주가 재산을 분배하지 못하고 죽는 경우 재주 사후에 그 자녀들이 모여 재산을 분배하게 되는데, 이를 화회(和會)라고 했다. 화회는 재주의 3년 상(喪)을 마친 후에 이루어졌다. 자녀들이 재산을 나눌 때 재주의 유서나 유언이 남아 있으면 이에 근거하여 분재가 되었으나, 그렇지 못한 경우에는 합의하여 재산을 나누어 가졌다. 조선 전기에는 『경국대전』의 규정에 따랐는데, 친자녀 간 균분 분재를 원칙으로 하나 제사를 모실 자녀에게는 다른 친자녀 한 사람 몫의 5분의 1이 더 분재되었다. 그러나 이때에도 양자녀에게는 차별을 두도록 되어 있었다. 조선 중기 이후에는 『경국대전』의 규정이 그대로 지켜지지 못하고 장남에게 많은 재산이 우선적으로 분재되었다. 깃급과 화회 대상 재산에는 별급으로 받은 재산이 포함되지 않았다.

※ 분재: 재산을 나누어 줌
※ 재주: 분재되는 재산의 주인

〈상 황〉

○ 유서와 유언 없이 사망한 재주 甲의 분재 대상자는 아들 2명과 딸 2명이며, 이 중 딸 1명은 양녀이고 나머지 3명은 친자녀이다.
○ 甲이 별급한 재산은 과거에 급제한 아들 1명에게 밭 20마지기를 준 것과 두 딸이 시집갈 때 각각 밭 10마지기씩을 준 것이 전부였다.
○ 화회 대상 재산은 밭 100마지기이며 화회는 『경국대전』의 규정에 따라 이루어졌다.
○ 과거에 급제한 아들이 제사를 모시기로 하였으며, 양녀는 제사를 모시지 않는 친자녀 한 사람이 화회로 받은 몫의 5분의 4를 받았다.

① 30
② 35
③ 40
④ 45
⑤ 50

문제 특징

제시된 글의 내용을 파악하고, 이를 특정 상황에 적용하여 제시되지 않은 정보를 추론하는 문제이다.

문제풀이 핵심 포인트

지문에서 〈상황〉과 관련된 내용이 무엇인지 빠르게 찾아야 한다. 용어의 개념에 주의하며 분재의 방법, 분재 받는 밭의 총 마지기 수를 계산하는 과정을 파악한다.

정답 ⑤

분재의 시기가 재주의 생전인지 사후인지에 따라 분재의 종류를 정리하면 다음과 같다.

· 별급: 재주 생전에 과거급제, 생일, 혼인, 출산, 감사표시 등 특별한 사유로 인해 이루어지는 분재
· 깃급: 특별한 사유 없이 재주가 임종이 가까울 무렵에 하는 일반적인 분재
· 화회: 재주가 재산을 분배하지 못하고 죽는 경우 재주 사후에 그 자녀이 모여 재산을 분배

또한 분재의 방법을 정리하면 다음과 같다.

· 재주의 유서나 유언이 남아 있으면 이에 근거하여 분재되나, 그렇지 못한 경우에는 합의하여 재산을 나누어 가짐
· 경국대전의 규정: 친자녀 간 균분 분재를 원칙으로 하나, 제사를 모실 자녀에게는 다른 친자녀 한 사람 몫의 5분의 1이 더 분재됨. 이때에도 양자녀에게는 차별을 둠
· 깃급과 화회 대상 재산에는 별급으로 받은 재산이 포함되지 않음

〈상황〉에서 甲이 별급한 재산은 과거에 급제한 아들 1명에게 밭 20마지기를 준 것과 두 딸이 시집갈 때 각각 밭 10마지기씩을 준 것이 전부라고 했고, 깃급과 화회 대상 재산에는 별급으로 받은 재산이 포함되지 않음을 알 수 있다. 이때 재주 甲은 유서와 유언 없이 사망하였고, 과거 급제한 아들이 제사를 모시기로 하였으며 화회 대상 재산은 경국대전의 규정에 따라 이루어졌음을 알 수 있다. 이에 따라 화회 대상 재산인 밭 100마지기를 분재 대상자 4명으로 나눈 25마지기씩 균분한 후, 제사를 모실 과거에 급제한 아들에게는 다른 친자녀 한 사람 몫의 5분의 1인 5마지기가 더 분재되고, 양녀는 제사를 모시지 않는 친자녀 한 사람이 화회로 받은 몫의 5분의 4인 20마지기를 분재 받는다. 따라서 과거에 급제한 아들은 별급으로 20마지기, 화회로 30마지기를 분재 받으므로 분재 받은 밭의 총 마지기 수는 50마지기이다.

4. 다음 글을 근거로 판단할 때, 〈보기〉에서 옳은 것만을 모두 고르면?

여행을 좋아하는 甲은 ○○항공의 마일리지를 최대한 많이 적립하기 위해, 신용카드 이용금액에 따라 ○○항공의 마일리지를 제공해주는 A, B 두 신용카드 중 하나의 카드를 발급받기로 하였다. 각 신용카드의 ○○항공 마일리지 제공 기준은 다음과 같다.

〈A신용카드의 ○○항공 마일리지 제공 기준〉
1) 이용금액이 월 50만 원 이상 100만 원 이하일 경우
 – 이용금액 1,000원 당 1마일리지를 제공함.
2) 이용금액이 월 100만 원 초과 200만 원 이하일 경우
 – 100만 원 이하 이용금액은 1,000원 당 1마일리지를, 100만 원 초과 이용금액은 1,000원 당 2마일리지를 제공함.
3) 이용금액이 월 200만 원을 초과할 경우
 – 100만 원 이하 이용금액은 1,000원 당 1마일리지를, 100만 원 초과 200만 원 이하 이용금액은 1,000원 당 2마일리지를, 200만 원 초과 이용금액은 1,000원 당 3마일리지를 제공함.

〈B신용카드의 ○○항공 마일리지 제공 기준〉
1) 이용금액이 월 50만 원 이상 100만 원 이하일 경우
 – 이용금액 1,000원 당 1마일리지를 제공함.
2) 이용금액이 월 100만 원 초과 200만 원 이하일 경우
 – 100만 원 이하 이용금액은 1,000원 당 2마일리지를, 100만 원 초과 이용금액은 1,000원 당 1마일리지를 제공함.
3) 이용금액이 월 200만 원을 초과할 경우
 – 70만 원 이하 이용금액은 1,000원 당 3마일리지를, 70만 원 초과 이용금액은 1,000원 당 1마일리지를 제공함.

※ 마일리지 제공 시 이용금액 1,000원 미만은 버림

〈보 기〉
ㄱ. 신용카드 이용금액이 월 120만 원이라면, A신용카드가 B신용카드보다 마일리지를 더 많이 제공한다.
ㄴ. 신용카드 이용금액이 월 100만 원을 초과할 경우, A신용카드가 제공하는 마일리지와 B신용카드가 제공하는 마일리지가 같은 경우가 발생할 수 있다.
ㄷ. 신용카드 이용금액이 월 200만 원을 초과할 경우, B신용카드가 A신용카드보다 마일리지를 더 많이 제공한다.

① ㄱ
② ㄴ
③ ㄷ
④ ㄱ, ㄴ
⑤ ㄴ, ㄷ

문제 특징

제시된 글 또는 조건을 바탕으로 특정 결괏값을 도출하고, 이를 비교한 내용이 올바른지 파악하는 문제이다.

문제풀이 핵심 포인트

조건이 많이 제시되더라도 계산에 필요한 정보만 찾아 풀어야 한다. 마일리지를 제공하는 규칙을 정확하게 이해한 후, 신용카드 이용금액에 따른 마일리지를 파악한다. 또한 〈보기〉 중 반례를 고려할 경우 극단적인 값을 상정하여 비교한다.

정답 ②

ㄴ. 신용카드 이용금액이 월 100만 원을 초과하여 200만 원인 경우, A신용카드가 제공하는 마일리지와 B신용카드가 제공하는 마일리지가 3,000마일리지로 같은 경우가 발생할 수 있다.

오답 분석

ㄱ. 신용카드 이용금액이 월 120만 원인 경우, A신용카드가 제공하는 마일리지는 1,400마일리지이고, B신용카드가 2,200 마일리지로 A신용카드가 B신용카드보다 마일리지를 더 적게 제공한다.

ㄷ. 신용카드 이용금액이 월 200만 원인 경우 A 신용카드는 100만 원까지 1,000마일리지, 200만 원까지 2,000마일리지가 제공되어 총 3,000마일리지가 제공된다. 이때 이후의 금액에는 1,000원 당 3마일리지가 제공된다. 반면 B신용카드는 70만 원까지 2,100마일리지가 제공되고, 200만 원까지 130만 원에 해당하는 금액에 1,300마일리지가 제공되어 3,400만 원의 마일리지가 제공된다. 이때 이후의 금액에는 1,000원 당 1마일리지가 제공된다. 이에 따라 카드 이용금액이 월 200만 원일 때는 A신용카드의 마일리지가 400마일리지 적은 상태이지만 그 이후 1,000원당 2마일리지가 더 많이 제공된다. 즉, 카드 이용금액이 월 220만 원이 되면 A신용카드와 B신용카드의 마일리지가 3,600마일리지로 동일해지고, 월 220만 원을 초과할 경우 A신용카드의 마일리지가 B신용카드의 마일리지보다 더 많아진다.

200만 원을 초과하는 구간에서 A신용카드는 200만 원 초과 이용금액은 1,000원 당 3마일리지를 제공하지만 B신용카드는 여전히 1,000원 당 1마일리지가 제공된다. 이에 따라 200만 원을 초과한 이후 A신용카드가 B신용카드보다 많은 마일리지가 제공되므로 월 이용금액이 많을수록 A신용카드에는 유리하다. 이에 따라 월 200만 원 '초과'라는 구간의 성질을 이용하여 월 10억 원을 쓴다고 가정할 경우 A신용카드가 B신용카드보다 마일리를 더 많이 제공함을 알 수 있다.

7급 기출문제

2024년 기출문제　　2021년 기출문제

2023년 기출문제　　2020년 모의평가

2022년 기출문제

✔ 문제풀이 시작과 종료 시각을 정하여 실전처럼 기출문제를 모두 푼 뒤, 문제풀이 시작 페이지 상단에 실제로 문제풀이에 소요된 시간과 맞힌 문항 수를 기록하여 시간 관리 연습을 하고, 약점 보완 해설 집의 '취약 유형 분석표'로 자신의 취약한 유형을 파악해 보시기 바랍니다.

✔ 2021년 7급 PSAT는 2021년 민간경력자 PSAT와 15문항이 동일하게 출제되었습니다. 1~15번 문제는 2021년 민간경력자 PSAT의 11~25번 문제와 동일한 문제이니, 문제풀이에 참고하시기 바랍니다.

문 1. 다음 글을 근거로 판단할 때 옳은 것은?

> 제00조 ① A부장관은 클라우드컴퓨팅(cloud computing)에 관한 정책의 효과적인 수립·시행에 필요한 산업 현황과 통계를 확보하기 위한 실태조사(이하 '실태조사'라 한다)를 할 수 있다.
> ② A부장관은 실태조사를 위하여 필요한 경우에는 클라우드컴퓨팅서비스 제공자나 그 밖의 관련 기관 또는 단체에 자료의 제출이나 의견의 진술 등을 요청할 수 있다.
> ③ A부장관은 클라우드컴퓨팅의 발전과 이용 촉진 및 이용자 보호와 관련된 중앙행정기관(이하 '관계 중앙행정기관'이라 한다)의 장이 요구하는 경우 실태조사 결과를 통보하여야 한다.
> ④ A부장관은 실태조사를 할 때에는 다음 각 호의 사항을 내용에 포함하여야 한다.
>   1. 클라우드컴퓨팅 관련 기업 현황 및 시장 규모
>   2. 클라우드컴퓨팅기술 및 클라우드컴퓨팅서비스의 이용·보급 현황
>   3. 클라우드컴퓨팅 산업의 인력 현황 및 인력 수요 전망
>   4. 클라우드컴퓨팅 관련 연구개발 및 투자 규모
> ⑤ 실태조사는 현장조사, 서면조사, 통계조사 및 문헌조사 등의 방법으로 실시하되, 효율적인 실태조사를 위하여 필요한 경우에는 정보통신망 및 전자우편 등의 전자적 방식으로 실시할 수 있다.
> 제00조 ① 관계 중앙행정기관의 장은 클라우드컴퓨팅기술 및 클라우드컴퓨팅서비스에 관한 연구개발사업을 추진할 수 있다.
> ② 관계 중앙행정기관의 장은 기업·연구기관 등에 제1항에 따른 연구개발사업을 수행하게 하고 그 사업 수행에 드는 비용의 전부 또는 일부를 지원할 수 있다.
> 제00조 국가와 지방자치단체는 클라우드컴퓨팅기술 및 클라우드컴퓨팅서비스의 발전과 이용 촉진을 위하여 조세감면을 할 수 있다.

① 실태조사는 전자적 방식으로 실시하는 것을 원칙으로 하되, 필요한 경우 현장조사, 서면조사 등의 방법으로 실시할 수 있다.

② 클라우드컴퓨팅기술 및 클라우드컴퓨팅서비스의 발전과 이용 촉진을 위하여 지방자치단체가 조세감면을 할 수는 없다.

③ A부장관은 실태조사의 내용에 클라우드컴퓨팅 산업의 인력 현황을 포함해야 하지만, 인력 수요에 대한 전망을 포함시킬 필요는 없다.

④ A부장관은 관계 중앙행정기관의 장에게 실태조사 결과를 요구할 수 있고, 이 경우 관계 중앙행정기관의 장은 그 결과를 A부장관에게 통보하여야 한다.

⑤ 관계 중앙행정기관의 장이 연구기관에 클라우드컴퓨팅기술 및 클라우드컴퓨팅서비스에 관한 연구개발사업을 수행하게 한 경우, 그 사업 수행에 드는 비용을 지원할 수 있다.

문 2. 다음 글을 근거로 판단할 때 옳은 것은?

> 제00조 이 법에서 사용하는 용어의 뜻은 다음과 같다.
>   1. "산림병해충"이란 산림에 있는 식물과 산림이 아닌 지역에 있는 수목에 해를 끼치는 병과 해충을 말한다.
>   2. "예찰"이란 산림병해충이 발생할 우려가 있거나 발생한 지역에 대하여 발생 여부, 발생 정도, 피해 상황 등을 조사하거나 진단하는 것을 말한다.
>   3. "방제"란 산림병해충이 발생하지 아니하도록 예방하거나, 이미 발생한 산림병해충을 약화시키거나 제거하는 모든 활동을 말한다.
> 제00조 ① 산림소유자는 산림병해충이 발생할 우려가 있거나 발생하였을 때에는 예찰·방제에 필요한 조치를 하여야 한다.
> ② 산림청장, 시·도지사, 시장·군수·구청장 또는 지방산림청장은 산림병해충이 발생할 우려가 있거나 발생하였을 때에는 예찰·방제에 필요한 조치를 할 수 있다.
> ③ 시·도지사, 시장·군수·구청장 또는 지방산림청장(이하 '시·도지사 등'이라 한다)은 산림병해충이 발생할 우려가 있거나 발생하였을 때에는 산림소유자, 산림관리자, 산림사업 종사자, 수목의 소유자 또는 판매자 등에게 다음 각 호의 조치를 하도록 명할 수 있다. 이 경우 명령을 받은 자는 특별한 사유가 없으면 명령에 따라야 한다.
>   1. 산림병해충이 있는 수목이나 가지 또는 뿌리 등의 제거
>   2. 산림병해충이 발생할 우려가 있거나 발생한 산림용 종묘, 베어낸 나무, 조경용 수목 등의 이동 제한이나 사용 금지
>   3. 산림병해충이 발생할 우려가 있거나 발생한 종묘·토양의 소독
> ④ 시·도지사 등은 제3항 제2호에 따라 산림용 종묘, 베어낸 나무, 조경용 수목 등의 이동 제한이나 사용 금지를 명한 경우에는 그 내용을 해당 기관의 게시판 및 인터넷 홈페이지 등에 10일 이상 공고하여야 한다.
> ⑤ 시·도지사 등은 제3항 각 호의 조치이행에 따라 발생한 농약대금, 인건비 등의 방제비용을 예산의 범위에서 지원할 수 있다.

① 산림병해충이 발생하지 않도록 예방하는 활동은 방제에 해당하지 않는다.

② 산림병해충이 발생할 우려가 있는 경우, 수목의 판매자는 예찰에 필요한 조치를 하여야 한다.

③ 산림병해충 발생으로 인한 조치 명령을 이행함에 따라 발생한 인건비는 시·도지사 등의 지원 대상이 아니다.

④ 산림병해충이 발생한 종묘에 대해 관할 구청장이 소독을 명한 경우, 그 내용을 구청 게시판 및 인터넷 홈페이지에 10일 이상 공고하여야 한다.

⑤ 산림병해충이 발생하여 관할 지방산림청장이 해당 수목의 소유자에게 수목 제거를 명령하였더라도, 특별한 사유가 있으면 그 명령에 따르지 않을 수 있다.

문 3. 다음 글을 근거로 판단할 때 옳은 것은?

> 제00조 ① 게임물의 윤리성 및 공공성을 확보하고 사행심 유발 또는 조장을 방지하며 청소년을 보호하고 불법 게임물의 유통을 방지하기 위하여 ○○관리위원회(이하 '위원회'라 한다)를 둔다.
> ② 위원회는 위원장 1명을 포함한 9명 이내의 위원으로 구성하되, 위원장은 상임으로 한다.
> ③ 위원회의 위원은 문화예술·문화산업·청소년·법률·교육·정보통신·역사 분야에 종사하는 사람으로서 게임산업·아동 또는 청소년에 대한 전문성과 경험이 있는 사람 중에서 관련 단체의 장이 추천하는 사람을 A부장관이 위촉하며, 위원장은 위원 중에서 호선한다.
> ④ 위원장 및 위원의 임기는 3년으로 한다.
> 제00조 ① 위원회는 법인으로 한다.
> ② 위원회는 A부장관의 인가를 받아 주된 사무소의 소재지에서 설립등기를 함으로써 성립한다.
> 제00조 ① 위원회의 업무 및 회계에 관한 사항을 감사하기 위하여 위원회에 감사 1인을 둔다.
> ② 감사는 A부장관이 임명하며, 상임으로 한다.
> ③ 감사의 임기는 3년으로 한다.

① 감사와 위원의 임기는 다르다.

② 위원장과 감사는 상임으로 한다.

③ 위원장은 A부장관이 위원 중에서 지명한다.

④ 위원회는 감사를 포함하여 9명으로 구성하여야 한다.

⑤ 위원회는 A부장관의 인가 여부와 관계없이 주된 사무소의 소재지에서 설립등기를 함으로써 성립할 수 있다.

문 4. 다음 글과 〈상황〉을 근거로 판단할 때, 제사주재자를 옳게 짝지은 것은?

> 사망한 사람의 제사를 주재하는 사람(이하 '제사주재자'라 한다)은 사망한 사람의 공동상속인들 간 협의에 의해 정하는 것이 원칙이다. 다만 공동상속인들 사이에 협의가 이루어지지 않을 때, 누구를 제사주재자로 결정할 것인지 문제가 된다.
>
> 종전 대법원 판례는, 제사주재자의 지위를 유지할 수 없는 특별한 사정이 없는 한 사망한 사람의 직계비속으로서 장남(장남이 이미 사망한 경우에는 장손자)이 제사주재자가 되고, 공동상속인들 중 아들이 없는 경우에는 장녀가 제사주재자가 된다고 하였다. 이 판례에 대해, 사망한 사람에게 아들, 손자가 있다는 이유만으로 여성 상속인이 자신의 의사와 무관하게 제사주재자가 되지 못한다는 점에서 양성평등의 원칙에 어긋난다는 비판이 있었다.
>
> 이를 반영해서 최근 대법원은 연령을 기준으로 하여 제사주재자가 결정되는 것으로 판례를 변경하였다. 즉, 공동상속인들 사이에 협의가 이루어지지 않으면, 제사주재자의 지위를 유지할 수 없는 특별한 사정이 없는 한 사망한 사람의 직계비속 가운데 남녀를 불문하고 최근친(最近親) 중 연장자가 제사주재자가 된다고 하였다.

〈상황〉

> 甲과 乙은 혼인하여 자녀 A(딸), B(아들), C(아들)를 두었다. B는 혼인하여 자녀 D(아들)가 있고, A와 C는 자녀가 없다. B는 2023. 5. 1. 43세로 사망하였고, 甲은 2024. 5. 1. 사망하였다. 2024. 6. 1. 현재 甲의 공동상속인인 乙(73세), A(50세), C(40세), D(20세)는 각자 자신이 甲의 제사주재자가 되겠다고 다투고 있다. 이들에게는 제사주재자의 지위를 유지할 수 없는 특별한 사정이 없다.

	종전 대법원 판례	최근 대법원 판례
①	A	C
②	C	A
③	C	乙
④	D	A
⑤	D	乙

문 5. 다음 글을 근거로 판단할 때 옳은 것은?

> 자기조절력은 스스로 목표를 설정하고 그 목표를 달성하기 위해 집념과 끈기를 발휘하는 능력을 말한다. 또한 자기조절력은 자기 자신의 감정을 잘 조절하는 능력이기도 하며, 내가 나를 존중하는 능력이기도 하다. 자기조절을 하기 위해서는 도달하고 싶으나 아직 구현되지 않은 나의 미래 상태를 현재 나의 상태와 구별해 낼 수 있어야 한다. 자기조절력의 하위 요소로는 자기절제와 목표달성 등이 있다. 이러한 하위 요소들은 신경망과도 관련이 있는 것으로 알려져 있다.
>
> 우선 자기절제는 충동을 통제하고, 일상적이고도 전형적인 혹은 자동적인 행동을 분명한 의도를 바탕으로 억제하는 것이다. 이처럼 특정한 의도를 갖고 자신의 행동이나 생각을 의식적으로 억제하거나 마음먹은 대로 조절하는 능력은 복외측전전두피질과 내측전전두피질을 중심으로 한 신경망과 관련이 깊다.
>
> 한편 목표달성을 위해서는 두 가지 능력이 필요하다. 첫 번째는 자기 자신에 집중할 수 있는 능력이다. 나 자신에 집중하기 위해서는 끊임없이 자신을 되돌아보며 현재 나의 상태를 알아차리는 자기참조과정이 필요하다. 자기참조과정에 주로 관여하는 것은 내측전전두피질을 중심으로 후방대상피질과 설전부를 연결하는 신경망이다. 두 번째는 자신이 도달하고자 하는 대상에 집중할 수 있는 능력이다. 특정 대상에 주의를 집중하는 데 필요한 뇌 부위는 배외측전전두피질로 알려져 있다. 배외측전전두피질은 주로 내측전전두피질과 연결되어 작동한다. 내측전전두피질과 배외측전전두피질 간의 기능적 연결성이 강할수록 목표를 위해 에너지를 집중하고 지속인 노력을 쏟아 부을 수 있는 능력이 높아진다.

① 자기조절을 위해서는 현재 나의 상태와 아직 구현되지 않은 나의 미래 상태를 구분할 수 있어야 한다.

② 내측전전두피질과 배외측전전두피질 간의 기능적 연결성이 약할수록 목표를 위한 집중력이 높아진다.

③ 목표달성을 위해서는 일상적이고 전형적인 행동을 강화하는 능력이 필요하다.

④ 자신이 도달하고자 하는 대상에 집중하는 과정을 자기참조과정이라 한다.

⑤ 자기조절력은 자기절제의 하위 요소이다.

문 6. 다음 글을 근거로 판단할 때, 보이지 않는 숫자를 모두 합한 값은?

> 甲~丁은 매일 최대한 많이 걷기로 하고 특정 시간에 만나서 각자의 걸음 수와 그 합을 기록하였다. 그 기록한 걸음 수의 합은 199,998걸음이었다. 그런데 수명이 다 된 펜으로 각자의 걸음 수를 쓴 탓이었는지 다음날에 보니 아래와 같이 다섯 개의 숫자(□)가 보이지 않았다.
>
> 　甲: □ 5 7 0 1
> 　乙: 8 4 □ 9 8
> 　丙: 8 3 □ □ 4
> 　丁: □ 6 7 1 5

① 13

② 14

③ 15

④ 16

⑤ 17

문 7. 다음 글을 근거로 판단할 때, 〈보기〉에서 옳은 것만을 모두 고르면?

> 甲은 아래 3가지 색의 공을 〈조건〉에 따라 3개의 상자에 나누어 모두 담으려고 한다.
>
> | 색 | 무게(g) | 개수 |
> |---|---|---|
> | 빨강 | 30 | 3 |
> | 노랑 | 40 | 2 |
> | 파랑 | 50 | 2 |
>
> 〈조건〉
> ○ 각 상자에는 100g을 초과해 담을 수 없다.
> ○ 각 상자에는 적어도 2가지 색의 공을 담아야 한다.

───────── 〈보기〉 ─────────
ㄱ. 빨간색 공은 모두 서로 다른 상자에 담기게 된다.
ㄴ. 각 상자에 담긴 공 무게의 합은 서로 다르다.
ㄷ. 빨간색 공이 담긴 상자에는 파란색 공이 담기지 않는다.
ㄹ. 3개의 상자 중에서 공 무게의 합이 가장 작은 상자에는 파란색 공이 담기게 된다.

① ㄱ, ㄴ

② ㄱ, ㄷ

③ ㄴ, ㄷ

④ ㄴ, ㄹ

⑤ ㄷ, ㄹ

문 8. 다음 글을 근거로 판단할 때, A사가 투자할 작품만을 모두 고르면?

○ A사는 투자할 작품을 결정하려고 한다. 작품별 기본점수 등 현황은 다음과 같다.

현황 / 작품	기본점수 (점)	스태프 인원 (명)	장르	감독의 최근 2개 작품 흥행 여부 (개봉연도)	
성묘	70	55	판타지	성공 (2009)	실패 (2015)
서울의 겨울	85	45	액션	실패 (2018)	실패 (2020)
만날 결심	75	50	추리	실패 (2020)	성공 (2022)
빅 포레스트	65	65	멜로	성공 (2011)	성공 (2018)

○ 최종점수는 작품별 기본점수에 아래 기준에 따른 점수를 가감해 산출한다.

기준	가감 점수
스태프 인원이 50명 미만	감점 10점
장르가 판타지	가점 10점
감독의 최근 2개 작품이 모두 흥행 성공	가점 10점
감독의 직전 작품이 흥행 실패	감점 10점

○ 최종점수가 75점 이상인 작품에 투자한다.

① 성묘, 만날 결심
② 성묘, 빅 포레스트
③ 서울의 겨울, 만날 결심
④ 만날 결심, 빅 포레스트
⑤ 서울의 겨울, 빅 포레스트

※ 다음 글을 읽고 물음에 답하시오. [문 9.~문 10.]

암호 기술은 일반적인 문장(평문)을 해독 불가능한 암호문으로 변환하거나, 암호문을 해독 가능한 평문으로 변환하기 위한 원리, 수단, 방법 등을 취급하는 기술을 말한다. 이 암호 기술은 암호화와 복호화로 구성된다. 암호화는 평문을 암호문으로 변환하는 것이며, 반대로 암호문에서 평문으로 변환하는 것은 복호화라 한다.

암호 기술에서 사용되는 알고리즘, 즉 암호 알고리즘은 대상 메시지를 재구성하는 방법이다. 암호 알고리즘에는 메시지의 각 원소를 다른 원소에 대응시키는 '대체'와 메시지의 원소들을 재배열하는 '치환'이 있다. 예를 들어 대체는 각 문자를 다른 문자나 기호로 일대일로 대응시키는 것이고, 치환은 단어, 어절 등의 순서를 바꾸는 것이다.

암호 알고리즘에서는 보안을 강화하기 위해 키(key)를 사용하기도 한다. 키는 암호가 작동하는 데 필요한 값이다. 송신자와 수신자가 같은 키를 사용하면 대칭키 방식이라 하고, 다른 키를 사용하면 비대칭키 방식이라 한다. 대칭키 방식은 동일한 키로 상자를 열고 닫는 것이고, 비대칭키 방식은 서로 다른 키로 상자를 열고 닫는 것이다. 비대칭키 방식의 경우에는 수신자가 송신자의 키를 몰라도 자신의 키만 알면 복호화가 가능하다. 그리고 비대칭키 방식은 서로 다른 키를 사용하기 때문에, 키의 유출 염려가 덜해 조금 더 보안성이 높다고 알려져 있다.

한편 암호 알고리즘에 사용하기 위해 만들 수 있는 키의 수는 키를 구성하는 비트(bit)의 수에 따른다. 비트는 0과 1을 표현할 수 있는 가장 작은 단위인데, 예를 들어 8비트로 만들 수 있는 키의 수는 2^8, 즉 256개이다. 키를 구성하는 비트의 수가 많으면 많을수록 모든 키를 체크하는 데 시간이 오래 걸려 보안성이 높아진다. 256개 정도의 키는 컴퓨터로 짧은 시간에 모두 체크할 수 있으나, 100비트로 구성된 키가 사용되었다면 체크해야 할 키의 수가 2^{100}개에 달해 초당 100만 개의 키를 체크할 수 있는 컴퓨터를 사용하더라도 상당히 많은 시간이 걸릴 것이다.

56비트로 구성된 키를 사용하여 만든 암호 알고리즘에는 DES(Data Encryption Standard)가 있다. 그런데 오늘날 컴퓨팅 기술의 발전으로 인해 DES는 더 이상 안전하지 않아, DES보다는 DES를 세 번 적용한 삼중 DES(triple DES)나 그 뒤를 이은 AES(Advanced Encryption Standard)를 사용하고 있다.

문 9. 윗글을 근거로 판단할 때, 〈보기〉에서 옳은 것만을 모두 고르면?

〈보기〉
ㄱ. 복호화를 통하여 암호문을 평문으로 변환할 수 있다.
ㄴ. 비대칭키 방식의 경우, 수신자는 송신자의 키를 알아야 암호를 해독할 수 있다.
ㄷ. 대체는 단어, 어절 등의 순서를 바꾸는 것이다.
ㄹ. 삼중 DES 알고리즘은 DES 알고리즘보다 안전성이 높다.

① ㄱ, ㄴ
② ㄱ, ㄹ
③ ㄴ, ㄷ
④ ㄴ, ㄹ
⑤ ㄷ, ㄹ

문 10. 윗글과 〈상황〉을 근거로 판단할 때, (가)에 해당하는 수는?

〈상황〉
2^{56}개의 키를 1초에 모두 체크할 수 있는 컴퓨터의 가격이 1,000,000원이다. 컴퓨터의 체크 속도가 2배가 될 때마다 컴퓨터는 10만 원씩 비싸진다. 60비트로 만들 수 있는 키를 1초에 모두 체크할 수 있는 컴퓨터의 최소 가격은 　(가)　 원이다.

① 1,100,000
② 1,200,000
③ 1,400,000
④ 1,600,000
⑤ 2,000,000

문 11. 다음 글을 근거로 판단할 때 옳은 것은?

제00조 ① A부장관은 김치산업의 활성화를 위한 제조기술 및 김치와 어울리는 식문화 보급을 위하여 필요한 전문인력을 양성할 수 있다.
② A부장관은 제1항에 따른 전문인력 양성을 위하여 대학·연구소 등 적절한 시설과 인력을 갖춘 기관·단체를 전문인력 양성기관으로 지정·관리할 수 있다.
③ A부장관은 제2항에 따라 지정된 전문인력 양성기관에 대하여 예산의 범위에서 그 양성에 필요한 경비를 지원할 수 있다.
④ A부장관은 김치산업 전문인력 양성기관이 다음 각 호의 어느 하나에 해당하는 경우에는 지정을 취소하거나 6개월 이내의 범위에서 기간을 정하여 업무의 전부 또는 일부를 정지할 수 있다. 다만, 제1호에 해당하는 경우에는 지정을 취소하여야 한다.
　1. 거짓이나 그 밖의 부정한 방법으로 지정을 받은 경우
　2. 지정받은 사항을 위반하여 업무를 행한 경우
　3. 지정기준에 적합하지 아니하게 된 경우
제00조 ① 국가는 김치종주국의 위상제고, 김치의 연구·전시·체험 등을 위하여 세계 김치연구소를 설립하여야 한다.
② 국가와 지방자치단체는 세계 김치연구소의 효율적인 운영·관리를 위하여 필요한 경비를 예산의 범위에서 지원할 수 있다.
제00조 ① 국가와 지방자치단체는 김치산업의 육성, 김치의 수출 경쟁력 제고 및 해외시장 진출 활성화를 위하여 김치의 대표상품을 홍보하거나 해외시장을 개척하는 개인 또는 단체에 대하여 필요한 지원을 할 수 있다.
② A부장관은 김치의 품질향상과 국가 간 교역을 촉진하기 위하여 김치의 국제규격화를 추진하여야 한다.

① 김치산업 전문인력 양성기관으로 지정된 기관이 부정한 방법으로 지정을 받은 경우, A부장관은 그 지정을 취소하여야 한다.
② A부장관은 김치의 품질향상과 국가 간 교역을 촉진하기 위하여 김치의 국제규격화는 지양하여야 한다.
③ A부장관은 적절한 시설을 갖추지 못한 대학이라도 전문인력 양성을 위하여 해당 대학을 김치산업 전문인력 양성기관으로 지정할 수 있다.
④ 국가와 지방자치단체는 김치종주국의 위상제고를 위해 세계 김치연구소를 설립하여야 한다.
⑤ 지방자치단체가 김치의 해외시장 개척을 지원함에 있어서 개인은 그 지원대상이 아니다.

문 12. 다음 글을 근거로 판단할 때, 인쇄에 필요한 A4용지의 장수는?

> 甲주무관은 〈인쇄 규칙〉에 따라 문서 A~D를 각 1부씩 인쇄하였다.
>
> 〈인쇄 규칙〉
>
> ○ 문서는 A4용지에 인쇄한다.
> ○ A4용지 한 면에 2쪽씩 인쇄한다. 단, 중요도가 상에 해당하는 보도자료는 A4용지 한 면에 1쪽씩 인쇄한다.
> ○ 단면 인쇄를 기본으로 한다. 단, 중요도가 하에 해당하는 문서는 양면 인쇄한다.
> ○ 한 장의 A4용지에는 한 종류의 문서만 인쇄한다.
>
> | 종류 | 유형 | 쪽수 | 중요도 |
> |------|--------|------|--------|
> | A | 보도자료 | 2 | 상 |
> | B | 보도자료 | 34 | 중 |
> | C | 보도자료 | 5 | 하 |
> | D | 설명자료 | 3 | 상 |

① 11장
② 12장
③ 22장
④ 23장
⑤ 24장

문 13. 다음 글을 근거로 판단할 때 옳은 것은?

> 이름 뒤에 성이 오는 보통의 서양식 작명법과 달리, A국에서는 별도의 성을 사용하지 않고 이름 뒤에 '부칭(父稱)'이 오도록 작명을 한다. 부칭은 이름을 붙이는 대상자의 아버지 이름에 접미사를 붙여서 만든다. 아들의 경우 그 아버지의 이름 뒤에 s와 손(son)을 붙이고, 딸의 경우 s와 도티르(dottir)를 붙여 '~의 아들' 또는 '~의 딸'이라는 의미를 가지는 부칭을 만든다. 예를 들어, 욘 스테파운손(Jon Stefansson)의 아들 피얄라르(Fjalar)는 '피얄라르 욘손(Fjalar Jonsson)', 딸인 카트린(Katrin)은 '카트린 욘스도티르(Katrin Jonsdottir)'가 되는 식이다.
>
> 같은 사회적 집단에 속해 있는 사람끼리 이름과 부칭이 같으면 할아버지의 이름까지 써서 작명하기도 한다. 예를 들어, 욘 토르손이라는 사람이 한 집단에 두 명 있는 경우에는 욘 토르손 아이나르소나르(Jon Thorsson Einarssonar)와 욘 토르손 스테파운소나르(Jon Thorsson Stefanssonar)와 같이 구분한다. 전자의 경우 '아이나르의 아들인 토르의 아들인 욘'을, 후자의 경우 '스테파운의 아들인 토르의 아들인 욘'을 의미한다.
>
> 한편 공식적인 자리에서 A국 사람들은 이름을 부르거나 이름과 부칭을 함께 부르며, 부칭만으로 서로를 부르지는 않는다. 또한 A국에서는 부칭이 아닌 이름의 영어 알파벳 순서로 정렬하여 전화번호부를 발행한다.

① 피얄라르 토르손 아이나르소나르(Fjalar Thorsson Einarssonar)로 불리는 사람의 할아버지의 부칭을 알 수 있다.
② 피얄라르 욘손(Fjalar Jonsson)은 공식적인 자리에서 욘손으로 불린다.
③ A국의 전화번호부에는 피얄라르 욘손(Fjalar Jonsson)의 아버지의 이름이 토르 아이나르손(Thor Einarsson)보다 먼저 나올 것이다.
④ 스테파운(Stefan)의 아들 욘(Jon)의 부칭과 손자 피얄라르(Fjalar)의 부칭은 같을 것이다.
⑤ 욘 스테파운손(Jon Stefansson)의 아들과 욘 토르손(Jon Thorsson)의 딸은 동일한 부칭을 사용할 것이다.

문 14. 다음 글과 〈상황〉을 근거로 판단할 때, 〈보기〉에서 옳은 것만을 모두 고르면?

> 甲국은 국내 순위 1~10위 선수 10명 중 4명을 국가대표로 선발하고자 한다. 국가대표는 국내 순위가 높은 선수가 우선 선발되나, A, B, C팀 소속 선수가 최소한 1명씩은 포함되어야 한다.

─── 〈상황〉 ───

○ 국내 순위 1~10위 중 공동 순위는 없다.
○ 선수 10명 중 4명은 A팀, 3명은 B팀, 3명은 C팀 소속이다.
○ C팀 선수 중 국내 순위가 가장 낮은 선수가 A팀 선수 중 국내 순위가 가장 높은 선수보다 국내 순위가 높다.
○ B팀 소속 선수 3명의 국내 순위는 각각 2위, 5위, 8위이다.

─── 〈보기〉 ───

ㄱ. 국내 순위 1위 선수의 소속팀은 C팀이다.
ㄴ. A팀 소속 선수 중 국내 순위가 가장 낮은 선수는 9위이다.
ㄷ. 국가대표 중 국내 순위가 가장 낮은 선수는 7위이다.
ㄹ. 국내 순위 3위 선수와 4위 선수는 같은 팀이다.

① ㄱ, ㄴ
② ㄱ, ㄷ
③ ㄱ, ㄹ
④ ㄴ, ㄷ
⑤ ㄴ, ㄹ

문 15. 다음 글을 근거로 판단할 때, Q를 100리터 생산하는 데 드는 최소 비용은?

○ 화학약품 Q를 생산하려면 A와 B를 2:1의 비율로 혼합해야 한다. 이 혼합물을 가공하면 B와 같은 부피의 Q가 생산된다. 예를 들어, A 2리터와 B 1리터를 혼합하여 가공하면 Q 1리터가 생산된다.
○ A는 원료 X와 Y를 1:2의 비율로 혼합하여 만든다. 이 혼합물을 가공하면 X와 같은 부피의 A가 생산된다. 예를 들어, X 1리터와 Y 2리터를 혼합하여 가공하면 A 1리터가 생산된다.
○ B는 원료 Z와 W를 혼합하여 만들거나, Z나 W만 사용하여 만든다. Z와 W를 혼합하여 가공하면 혼합비율에 관계없이 원료 절반 부피의 B가 생산된다. 예를 들어, Z와 W를 1리터씩 혼합하여 가공하면 B 1리터가 생산된다. 두 재료를 혼합하지 않고 Z나 W만 사용하여 가공하는 경우에도 마찬가지로 원료 절반 부피의 B가 생산된다.
○ 각 원료의 리터당 가격은 다음과 같다. 원료비 이외의 비용은 발생하지 않는다.

원료	X	Y	Z	W
가격(만 원/리터)	1	2	4	3

① 1,200만 원
② 1,300만 원
③ 1,400만 원
④ 1,500만 원
⑤ 1,600만 원

문 16. 다음 글과 〈상황〉을 근거로 판단할 때, 〈보기〉에서 옳은 것만을 모두 고르면?

> 두 선수가 맞붙어 승부를 내는 스포츠 경기가 있다. 이 경기는 개별 게임으로 이루어져 있으며, 한 게임의 승부가 결정되면 그 게임의 승자는 1점을 얻고 패자는 점수를 얻지 못한다. 무승부는 없다. 개별 게임을 반복적으로 진행하여 한 선수의 점수가 다른 선수보다 2점 많아지면 그 선수가 경기의 승자가 되고 경기가 종료된다.

──〈상황〉──

> 두 선수 甲과 乙이 맞붙어 이 경기를 치른 결과, n번째 게임을 끝으로 甲이 경기의 승자가 되고 경기가 종료되었다. 단, n > 3이다.

──〈보기〉──

> ㄱ. n이 홀수인 경우가 있다.
> ㄴ. (n−1)번째 게임에서 乙이 이겼을 수도 있다.
> ㄷ. (n−2)번째 게임 종료 후 두 선수의 점수는 같았다.
> ㄹ. (n−3)번째 게임에서 乙이 이겼을 수도 있다.

① ㄱ

② ㄷ

③ ㄱ, ㄴ

④ ㄴ, ㄹ

⑤ ㄷ, ㄹ

문 17. 다음 글과 〈상황〉을 근거로 판단할 때, 甲이 치른 3경기의 순위를 모두 합한 수는?

> 10명의 선수가 참여하는 경기가 있다. 현재까지 3경기가 치러졌다. 참여한 선수에게는 매 경기의 순위에 따라 다음과 같이 점수를 부여한다.

순위	점수	순위	점수
1	100	6	8
2	50	7	6
3	30	8	4
4	20	9	2
5	10	10	1

> 만약 어떤 순위에 공동 순위가 나온다면, 그 순위를 포함하여 공동 순위자의 수만큼 이어진 순위 각각에 따른 점수의 합을 공동 순위자에게 동일하게 나누어 부여한다. 예를 들어 공동 3위가 3명이면, 공동 3위 각각에게 부여되는 점수는 (30＋20＋10)÷3으로 20이다. 이 경우 그다음 순위는 6위가 된다.

──〈상황〉──

> ○ 甲은 3경기에서 총 157점을 획득하였으며, 공동 순위는 한 번 기록하였다.
> ○ 치러진 3경기에서 공동 순위가 4명 이상인 경우는 없었다.

① 8

② 9

③ 10

④ 11

⑤ 12

문 18. 다음 글을 근거로 판단할 때 옳지 않은 것은?

> 인터넷 장애로 인해 甲~丁은 '메일', '공지', '결재', '문의' 중 접속할 수 없는 메뉴가 각자 1개 이상 있다. 다음은 이에 관한 甲~丁의 대화이다.
>
> 甲: 나는 결재를 포함한 2개 메뉴에만 접속할 수 없고, 乙, 丙, 丁은 모두 이 2개 메뉴에 접속할 수 있어.
>
> 乙: 丙이나 丁이 접속하지 못하는 메뉴는 나도 전부 접속할 수 없어.
>
> 丙: 나는 문의에 접속해서 이번 오류에 대해 질문했어.
>
> 丁: 나는 공지에 접속할 수 없고, 丙은 공지에 접속할 수 있어.

① 甲은 공지에 접속할 수 없다.

② 乙은 메일에 접속할 수 없다.

③ 乙은 2개의 메뉴에 접속할 수 있다.

④ 丁은 문의에 접속할 수 있다.

⑤ 甲과 丙이 공통으로 접속할 수 있는 메뉴가 있다.

문 19. 다음 글을 근거로 판단할 때, 1층 바닥면에서 2층 바닥면 까지의 높이는?

> 1층 바닥면과 2층 바닥면이 계단으로 연결된 건물이 있다. A가 1층 바닥면에 서 있고, B가 2층 바닥면에 서 있을 때, A의 머리 끝과 B의 머리 끝의 높이 차이는 240cm이다. A와 B가 위치를 서로 바꾸는 경우, A와 B의 머리 끝의 높이 차이는 220cm이다. A와 B의 키는 1층 바닥면에서 2층 바닥면까지의 높이보다 크지 않다.

① 210cm

② 220cm

③ 230cm

④ 240cm

⑤ 250cm

문 20. 다음 글을 근거로 판단할 때, 가장 많은 액수를 지급받을 예술단체의 배정액은?

> □□부는 2024년도 예술단체 지원사업 예산 4억 원을 배정하려 한다. 지원 대상이 되는 예술단체의 선정 및 배정액 산정·지급 방법은 다음과 같다.
>
> ○ 2023년도 기준 인원이 30명 미만이거나 운영비가 1억 원 미만인 예술단체를 선정한다.
> ○ 사업분야가 공연인 단체의 배정액은 '(운영비 × 0.2) + (사업비 × 0.5)'로 산정한다.
> ○ 사업분야가 교육인 단체의 배정액은 '(운영비 × 0.5) + (사업비 × 0.2)'로 산정한다.
> ○ 인원이 많은 단체부터 순차적으로 지급한다. 다만 예산 부족으로 산정된 금액 전부를 지급할 수 없는 단체에는 예산 잔액을 배정액으로 한다.
> ○ 2023년도 기준 예술단체(A~D) 현황은 다음과 같다.
>
> | 단체 | 인원(명) | 사업분야 | 운영비(억 원) | 사업비(억 원) |
> |---|---|---|---|---|
> | A | 30 | 공연 | 1.8 | 5.5 |
> | B | 28 | 교육 | 2.0 | 4.0 |
> | C | 27 | 공연 | 3.0 | 3.0 |
> | D | 33 | 교육 | 0.8 | 5.0 |

① 8,000만 원
② 1억 1,000만 원
③ 1억 4,000만 원
④ 1억 8,000만 원
⑤ 2억 1,000만 원

문 21. 다음 글과 〈대화〉를 근거로 판단할 때, 직무교육을 이수하지 못한 사람만을 모두 고르면?

> 甲~丁은 월요일부터 금요일까지 5일 동안 실시되는 직무교육을 받게 되었다. 교육장소에는 2×2로 배열된 책상이 있었으며, 앞줄에 2명, 뒷줄에 2명을 각각 나란히 앉게 하였다. 교육기간 동안 자리 이동은 없었다. 교육 첫째 날과 마지막 날은 4명 모두 교육을 받았다. 직무교육을 이수하기 위해서는 4일 이상 교육을 받아야 한다.

────── 〈대화〉 ──────
甲: 교육 둘째 날에 내 바로 앞사람만 결석했어.
乙: 교육 둘째 날에 나는 출석했어.
丙: 교육 셋째 날에 내 바로 뒷사람만 결석했어.
丁: 교육 넷째 날에 내 바로 앞사람과 나만 교육을 받았어.

① 乙
② 丙
③ 甲, 丙
④ 甲, 丁
⑤ 乙, 丁

문 22. 다음 글을 근거로 판단할 때, (가)에 해당하는 수는?

A공원의 다람쥐 열 마리는 각자 서로 다른 개수의 도토리를 모았는데, 한 다람쥐가 모은 도토리는 최소 1개부터 최대 10개까지였다. 열 마리 다람쥐는 두 마리씩 쌍을 이루어 그날 모은 도토리 일부를 함께 먹었다. 도토리를 모으고 먹는 이런 모습은 매일 동일하게 반복됐다. 이때 도토리를 먹는 방법은 정해져 있었다. 한 쌍의 다람쥐는 각자가 그날 모은 도토리 개수를 비교해서 그 차이 값에 해당하는 개수의 도토리를 함께 먹는다. 예를 들면, 1개의 도토리를 모은 다람쥐와 9개의 도토리를 모은 다람쥐가 쌍을 이루면 이 두 마리는 8개의 도토리를 함께 먹는다.

열 마리의 다람쥐를 이틀 동안 관찰한 결과, '첫째 날 각 쌍이 먹은 도토리 개수'는 모두 동일했고, '둘째 날 각 쌍이 먹은 도토리 개수'도 모두 동일했다. 하지만 '첫째 날 각 쌍이 먹은 도토리 개수'와 '둘째 날 각 쌍이 먹은 도토리 개수'는 서로 달랐고, 그 차이는 [(가)] 개였다.

① 1
② 2
③ 3
④ 4
⑤ 5

문 23. 다음 글을 근거로 판단할 때, 처음으로 물탱크가 가득 차는 날은?

신축 A아파트에는 용량이 10,000리터인 빈 물탱크가 있다. 관리사무소는 입주민의 입주 시작일인 3월 1일 00:00부터 이 물탱크에 물을 채우려고 한다. 관리사무소는 매일 00:00부터 00:10까지 물탱크에 물을 900리터씩 채운다. 전체 입주민의 1일 물 사용량은 3월 1일부터 3월 5일까지 300리터, 3월 6일부터 3월 10일까지 500리터, 3월 11일부터는 계속 700리터이다. 3월 15일에는 아파트 외벽 청소를 위해 청소업체가 물탱크의 물 1,000리터를 추가로 사용한다. 물을 채우는 시간이라도 물탱크가 가득 차면 물 채우기를 중지하고, 물을 채우는 시간에는 물을 사용할 수 없다.

① 4월 4일
② 4월 6일
③ 4월 7일
④ 4월 9일
⑤ 4월 10일

문 24. 다음 글을 근거로 판단할 때, 〈보기〉에서 옳은 것만을 모두 고르면?

> 甲~丁은 6문제로 구성된 직무능력시험 문제를 풀었다.
>
> ○ 정답을 맞힌 경우, 문제마다 기본점수 1점과 난이도에 따른 추가점수를 부여한다.
>
> ○ 추가점수는 다음 식에 따라 결정한다.
>
> $$추가점수 = \frac{해당 문제를 틀린 사람의 수}{해당 문제를 맞힌 사람의 수}$$
>
> ○ 6문제의 기본점수와 추가점수를 모두 합한 총합 점수가 5점 이상인 사람이 합격한다.
>
> 甲~丁이 6문제를 푼 결과는 다음과 같고, 5번과 6번 문제의 결과는 찢어져 알 수가 없다.
>
> (○: 정답, ×: 오답)

구분	1번	2번	3번	4번	5번	6번
甲	○	×	○	○		
乙	○	×	○	×		
丙	○	○	×	×		
丁	×	○	○	×		
정답률(%)	75	50	75	25	50	50

〈보기〉

ㄱ. 甲이 최종적으로 받을 수 있는 최대 점수는 $\frac{32}{3}$점이다.

ㄴ. 1~4번 문제에서 받은 점수의 합은 乙이 가장 낮다.

ㄷ. 4명 모두가 합격할 수는 없다.

ㄹ. 4명이 받은 점수의 총합은 24점이다.

① ㄱ, ㄷ

② ㄴ, ㄷ

③ ㄴ, ㄹ

④ ㄱ, ㄴ, ㄷ

⑤ ㄱ, ㄴ, ㄹ

문 25. 다음 〈상황〉을 근거로 판단할 때, 〈보기〉에서 옳은 것만을 모두 고르면?

〈상황〉

> ○ 테니스 선수 랭킹은 매달 1일 발표되며, 발표 전날로부터 지난 1년간 선수들이 각종 대회에 참가하여 획득한 점수의 합(이하 '총점수'라 한다)이 높은 순으로 순위가 매겨진다.
>
> ○ 매년 12월에는 챔피언십 대회(매년 12월 21일~25일)만 개최된다. 이 대회에는 당해 12월 1일 기준으로 랭킹 1~4위의 선수만 참가한다.
>
> ○ 매년 챔피언십 대회의 순위에 따른 획득 점수 및 2023년 챔피언십 대회 전후 랭킹은 아래와 같다. 단, 챔피언십 대회에서 공동 순위는 없다.

챔피언십 대회 성적	점수
우승	2000
준우승	1000
3위	500
4위	250

〈2023년 12월 1일〉

랭킹	선수	총점수
1위	A	7500
2위	B	7000
3위	C	6500
4위	D	5000
⋮	⋮	⋮

⇒

〈2024년 1월 1일〉

랭킹	선수	총점수
1위	C	7500
2위	B	7250
3위	D	7000
4위	A	6000
⋮	⋮	⋮

> ○ 총점수에는 지난 1년간 획득한 점수만 산입되므로, 〈2024년 1월 1일〉의 총점수에는 2022년 챔피언십 대회에서 획득한 점수는 빠지고, 2023년 챔피언십 대회에서 획득한 점수가 산입되었다.

〈보기〉

ㄱ. 2022년 챔피언십 대회 우승자는 A였다.

ㄴ. 2023년 챔피언십 대회 4위는 B였다.

ㄷ. 2023년 챔피언십 대회 우승자는 C였다.

ㄹ. 2022년 챔피언십 대회 3위는 D였다.

① ㄱ, ㄴ

② ㄱ, ㄷ

③ ㄴ, ㄷ

④ ㄴ, ㄹ

⑤ ㄱ, ㄴ, ㄹ

약점 보완 해설집 p.6

문 1. 다음 글을 근거로 판단할 때 옳은 것은?

제00조(정의) 이 법에서 사용하는 용어의 정의는 다음과 같다.
1. "천문업무"란 우주에 대한 관측업무와 그에 따른 부대업무를 말한다.
2. "천문역법"이란 천체운행의 계산을 통하여 산출되는 날짜와 천체의 출몰시각 등을 정하는 방법을 말한다.
3. "윤초"란 지구자전속도의 불규칙성으로 인하여 발생하는 세계시와 세계협정시의 차이가 1초 이내로 되도록 보정하여주는 것을 말한다.
4. "그레고리력"이란 1년의 길이를 365.2425일로 정하는 역법체계로서 윤년을 포함하는 양력을 말한다.
5. "윤년"이란 그레고리력에서 여분의 하루인 2월 29일을 추가하여 1년 동안 날짜의 수가 366일이 되는 해를 말한다.
6. "월력요항"이란 관공서의 공휴일, 기념일, 24절기 등의 자료를 표기한 것으로 달력 제작의 기준이 되는 자료를 말한다.

제00조(천문역법) ① 천문역법을 통하여 계산되는 날짜는 양력인 그레고리력을 기준으로 하되, 음력을 병행하여 사용할 수 있다.
② 과학기술정보통신부장관은 천문역법의 원활한 관리를 위하여 윤초의 결정을 관장하는 국제기구가 결정·통보한 윤초를 언론매체나 과학기술정보통신부 인터넷 홈페이지 등을 통하여 지체 없이 발표하여야 한다.
③ 과학기술정보통신부장관은 한국천문연구원으로부터 필요한 자료를 제출받아 매년 6월 말까지 다음 연도의 월력요항을 작성하여 관보에 게재하여야 한다.

① 그레고리력은 윤년을 제외하는 양력을 말한다.
② 달력 제작의 기준이 되는 자료인 월력요항에는 24절기가 표기된다.
③ 과학기술정보통신부장관은 세계시와 세계협정시를 고려하여 윤초를 결정한다.
④ 천문역법을 통해 계산되는 날짜는 음력을 사용할 수 없고, 양력인 그레고리력을 기준으로 한다.
⑤ 과학기술정보통신부장관은 한국천문연구원으로부터 자료를 제출받아 매년 6월 말까지 그해의 월력요항을 작성하여 관보에 게재하여야 한다.

문 2. 다음 글을 근거로 판단할 때 옳은 것은?

제00조(법 적용의 기준) ① 새로운 법령등은 법령등에 특별한 규정이 있는 경우를 제외하고는 그 법령등의 효력 발생 전에 완성되거나 종결된 사실관계 또는 법률관계에 대해서는 적용되지 아니한다.
② 당사자의 신청에 따른 처분은 법령등에 특별한 규정이 있거나 처분 당시의 법령등을 적용하기 곤란한 특별한 사정이 있는 경우를 제외하고는 처분 당시의 법령등에 따른다.

제00조(처분의 효력) 처분은 권한이 있는 기관이 취소 또는 철회하거나 기간의 경과 등으로 소멸되기 전까지는 유효한 것으로 통용된다. 다만, 무효인 처분은 처음부터 그 효력이 발생하지 아니한다.

제00조(위법 또는 부당한 처분의 취소) ① 행정청은 위법 또는 부당한 처분의 전부나 일부를 소급하여 취소할 수 있다. 다만, 당사자의 신뢰를 보호할 가치가 있는 등 정당한 사유가 있는 경우에는 장래를 향하여 취소할 수 있다.
② 행정청은 제1항에 따라 당사자에게 권리나 이익을 부여하는 처분을 취소하려는 경우에는 취소로 인하여 당사자가 입게 될 불이익을 취소로 달성되는 공익과 비교·형량(衡量)하여야 한다. 다만, 다음 각 호의 어느 하나에 해당하는 경우에는 그러하지 아니하다.
1. 거짓이나 그 밖의 부정한 방법으로 처분을 받은 경우
2. 당사자가 처분의 위법성을 알고 있었거나 중대한 과실로 알지 못한 경우

① 새로운 법령등은 법령등에 특별한 규정이 있는 경우에는 그 법령등의 효력 발생 전에 종결된 법률관계에 대해 적용될 수 있다.
② 무효인 처분의 경우 그 처분의 효력이 소멸되기 전까지는 유효한 것으로 통용된다.
③ 행정청은 부당한 처분의 일부는 소급하여 취소할 수 있으나 전부를 소급하여 취소할 수는 없다.
④ 당사자의 신청에 따른 처분은 처분 당시의 법령등을 적용하기 곤란한 특별한 사정이 있는 경우에도 처분 당시의 법령등에 따른다.
⑤ 당사자가 부정한 방법으로 자신에게 이익이 부여되는 처분을 받아 행정청이 그 처분을 취소하고자 하는 경우, 취소로 인해 당사자가 입게 될 불이익과 취소로 달성되는 공익을 비교·형량하여야 한다.

문 3. 다음 글을 근거로 판단할 때 옳은 것은?

> 제00조(조직 등) ① 자율방범대에는 대장, 부대장, 총무 및 대원을 둔다.
> ② 경찰서장은 자율방범대장이 추천한 사람을 자율방범대원으로 위촉할 수 있다.
> ③ 경찰서장은 자율방범대원이 이 법을 위반하여 파출소장이 해촉을 요청한 경우에는 해당 자율방범대원을 해촉해야 한다.
> 제00조(자율방범활동 등) ① 자율방범대는 다음 각 호의 활동(이하 '자율방범활동'이라 한다)을 한다.
>   1. 범죄예방을 위한 순찰 및 범죄의 신고, 청소년 선도 및 보호
>   2. 시·도경찰청장, 경찰서장, 파출소장이 지역사회의 안전을 위해 요청하는 활동
> ② 자율방범대원은 자율방범활동을 하는 때에는 자율방범활동 중임을 표시하는 복장을 착용하고 자율방범대원의 신분을 증명하는 신분증을 소지해야 한다.
> ③ 자율방범대원은 경찰과 유사한 복장을 착용해서는 안 되며, 경찰과 유사한 도장이나 표지 등을 한 차량을 운전해서는 안 된다.
> 제00조(금지의무) ① 자율방범대원은 자율방범대의 명칭을 사용하여 다음 각 호의 어느 하나에 해당하는 행위를 해서는 안 된다.
>   1. 기부금품을 모집하는 행위
>   2. 영리목적으로 자율방범대의 명의를 사용하는 행위
>   3. 특정 정당 또는 특정인의 선거운동을 하는 행위
> ② 제1항 제3호를 위반한 자에 대해서는 3년 이하의 징역 또는 600만 원 이하의 벌금에 처한다.

① 파출소장은 자율방범대장이 추천한 사람을 자율방범대원으로 위촉할 수 있다.

② 자율방범대원이 범죄예방을 위한 순찰을 하는 경우, 경찰과 유사한 복장을 착용할 수 있다.

③ 자율방범대원이 영리목적으로 자율방범대의 명의를 사용한 경우, 3년 이하의 징역에 처한다.

④ 자율방범대원이 청소년 선도활동을 하는 경우, 자율방범활동 중임을 표시하는 복장을 착용하면 자율방범대원의 신분을 증명하는 신분증을 소지하지 않아도 된다.

⑤ 자율방범대원이 자율방범대의 명칭을 사용하여 기부금품을 모집했고 이를 이유로 파출소장이 그의 해촉을 요청한 경우, 경찰서장은 해당 자율방범대원을 해촉해야 한다.

문 4. 다음 글과 〈상황〉을 근거로 판단할 때 옳은 것은?

> 제○○조(허가신청) ① 대기관리권역에서 총량관리대상 오염물질을 배출량 기준을 초과하여 배출하는 사업장을 설치하거나 이에 해당하는 사업장으로 변경하려는 자는 환경부장관으로부터 사업장 설치의 허가를 받아야 한다. 허가받은 사항을 변경하는 경우에도 같다.
> ② 제1항의 허가 또는 변경허가를 받으려는 자는 사업장의 설치 또는 변경의 허가신청서를 환경부장관에게 제출하여야 한다.
> 제□□조(허가제한) 환경부장관은 제○○조 제1항에 따른 설치 또는 변경의 허가신청을 받은 경우, 그 사업장의 설치 또는 변경으로 인하여 지역배출허용총량의 범위를 초과하게 되면 이를 허가하여서는 아니 된다.
> 제△△조(허가취소 등) ① 사업자가 거짓이나 그 밖의 부정한 방법으로 제○○조 제1항에 따른 허가 또는 변경허가를 받은 경우, 환경부장관은 그 허가 또는 변경허가를 취소할 수 있다.
> ② 환경부장관은 다음 각 호의 자에 대하여 해당 사업장의 폐쇄를 명할 수 있다.
>   1. 거짓이나 그 밖의 부정한 방법으로 제○○조 제1항에 따른 허가 또는 변경허가를 받은 자
>   2. 제○○조 제1항에 따른 허가 또는 변경허가를 받지 아니하고 사업장을 설치·운영하는 자
> 제◇◇조(벌칙) 다음 각 호의 어느 하나에 해당하는 자는 7년 이하의 징역 또는 2억 원 이하의 벌금에 처한다.
>   1. 제○○조 제1항에 따른 허가 또는 변경허가를 받지 아니하고 사업장을 설치하거나 변경한 자
>   2. 제△△조 제2항에 따른 사업장폐쇄명령을 위반한 자

---〈상황〉---

> 甲~戊는 대기관리권역에서 총량관리대상 오염물질을 배출량 기준을 초과하여 배출하는 사업장을 설치하려 한다.

① 甲이 사업장 설치의 허가를 받은 경우, 이후 허가받은 사항을 변경하는 때에는 별도의 허가가 필요없다.

② 乙이 허가를 받지 않고 사업장을 설치한 경우, 7년의 징역과 2억 원의 벌금에 처한다.

③ 丙이 허가를 받지 않고 사업장을 설치·운영한 경우, 환경부장관은 해당 사업장의 폐쇄를 명할 수 있다.

④ 丁이 사업장 설치의 허가를 신청한 경우, 그 설치로 인해 지역배출허용총량의 범위를 초과하더라도 환경부장관은 이를 허가할 수 있다.

⑤ 戊가 사업장 설치의 허가를 부정한 방법으로 받은 경우에도 환경부장관은 그 허가를 취소할 수 없다.

문 5. 다음 글을 근거로 판단할 때 옳은 것은?

> 　두부의 주재료는 대두(大豆)라는 콩이다. 50여 년 전만 해도, 모내기가 끝나는 5월쯤 대두의 씨앗을 심어 벼 베기가 끝나는 10월쯤 수확했다. 두부를 만들기 위해서 먼저 콩을 물에 불리는데, 겨울이면 하루 종일, 여름이면 반나절 정도 물에 담가둬야 한다. 콩을 적당히 불린 후 맷돌로 콩을 간다. 물을 조금씩 부어가며 콩을 갈면 맷돌 가운데에서 하얀색의 콩비지가 거품처럼 새어 나온다. 이 콩비지를 솥에 넣고 약한 불로 끓인다. 맷돌에서 막 갈려 나온 콩비지에서는 식물성 단백질에서 나는 묘한 비린내가 나는데, 익히면 이 비린내는 없어진다. 함지박 안에 삼베나 무명으로 만든 주머니를 펼쳐 놓고, 끓인 콩비지를 주머니에 담는다. 콩비지가 다 식기 전에 주머니의 입을 양쪽으로 묶고 그 사이에 나무 막대를 꽂아 돌리면서 마치 탕약 짜듯이 콩물을 빼낸다. 이 콩물을 두유라고 한다. 콩에 함유된 단백질은 두유에 녹아 있다.
> 　두부는 두유를 응고시킨 음식이다. 두유의 응고를 위해 응고제가 필요한데, 예전에는 응고제로 간수를 사용했다. 간수의 주성분은 염화마그네슘이다. 두유에 함유된 식물성 단백질은 염화마그네슘을 만나면 응고된다. 두유에 간수를 넣고 잠시 기다리면 응고된 하얀 덩어리와 물로 분리된다. 하얀 덩어리는 주머니에 옮겨 담는다. 응고가 아직 다 되지 않았기 때문에 덩어리를 싼 주머니에서는 물이 흘러나온다. 함지박 위에 널빤지를 올리고 그 위에 입을 단단히 묶은 주머니를 올려놓는다. 또 다른 널빤지를 주머니 위에 얹고 무거운 돌을 올려놓는다. 이렇게 한참을 누르고 있으면 주머니에서 물이 빠져나오고 덩어리는 굳어져 두부의 모양을 갖추게 된다.

① 50여 년 전에는 5월쯤 그해 수확한 대두로 두부를 만들 수 있었다.

② 콩비지를 염화마그네슘으로 응고시키면 두부와 두유가 나온다.

③ 익힌 콩비지에서는 식물성 단백질로 인해서 비린내가 난다.

④ 간수는 두유에 함유된 식물성 단백질을 응고시키는 성질이 있다.

⑤ 여름에 두부를 만들기 위해서는 콩을 하루 종일 물에 담가둬야 한다.

문 6. 다음 글을 근거로 판단할 때, 처방에 따라 아기에게 더 먹여야 하는 해열시럽의 양은?

> 　아기가 열이 나서 부모는 처방에 따라 해열시럽 4mL를 먹여야 하는데, 아기가 약 먹기를 거부했다. 부모는 꾀를 내어 배즙 4mL와 해열시럽 4mL를 균일하게 섞어 주었지만 아기는 맛이 이상했는지 4분의 1만 먹었다. 부모는 아기가 남긴 것 전부와 사과즙 50mL를 다시 균일하게 섞어 주었다. 아기는 그 절반을 먹더니 더 이상 먹지 않았다.

① 1.5mL

② 1.6mL

③ 2.0mL

④ 2.4mL

⑤ 2.5mL

문 7. 다음 글을 근거로 판단할 때, 甲주무관이 이용할 주차장은?

○ 甲주무관은 출장 중 총 11시간(09:00 ~ 20:00) 동안 요금이 가장 저렴한 주차장 한 곳을 이용하고자 한다.

○ 甲주무관의 자동차는 중형차이며, 3종 저공해차량이다.

○ 주차요금은 기본요금과 추가요금을 합산하여 산정하고, 할인대상인 경우 주차요금에 대하여 할인이 적용된다.

○ 일 주차권이 있는 주차장의 경우, 甲은 주차요금과 일 주차권 중 더 저렴한 것을 선택한다.

○ 주차장별 요금에 대한 정보는 아래와 같다.

구분	기본요금 (최초 1시간)	추가요금 (이후 30분마다)	비고
A주차장	2,000원	1,000원	–
B주차장	3,000원	1,500원	– 경차 전용 주차장 – 저공해차량 30% 할인
C주차장	3,000원	1,750원	– 경차 50% 할인 – 일 주 차 권 20,000원(당일 00:00 ~ 24:00 이용 가능)
D주차장	5,000원	700원	–
E주차장	5,000원	1,000원	– 경차, 저공해차량(1, 2종) 50% 할인 – 저공해차량(3종) 20% 할인 – 18:00 ~ 익일 07:00 무료

① A주차장

② B주차장

③ C주차장

④ D주차장

⑤ E주차장

문 8. 다음 글과 〈상황〉을 근거로 판단할 때, 2023년 현재 甲 ~ 戊 중 청년자산형성적금에 가입할 수 있는 사람은?

A국은 청년의 자산형성을 돕기 위해 비과세 혜택을 부여하는 청년자산형성적금을 운영하고 있다.

청년자산형성적금은 가입일이 속한 연도를 기준으로 직전 과세년도의 근로소득과 사업소득의 합이 5,000만 원 이하인 청년이 가입할 수 있다. 단, 직전과세년도에 근로소득과 사업소득이 모두 없는 사람과 직전 2개년도 중 한 번이라도 금융소득 종합과세 대상자였던 사람은 가입할 수 없다.

청년은 19 ~ 34세인 사람을 의미한다. 단, 군복무기간은 나이를 계산할 때 포함하지 않는다. 예를 들어, 3년간 군복무를 한 36세인 사람은 군복무기간 3년을 제외하면 33세이므로 청년에 해당한다.

〈상황〉

이름	나이	직전과세년도 소득		최근 금융소득 종합과세 해당년도	군복무기간
		근로소득	사업소득		
甲	20세	0원	0원	없음	없음
乙	36세	0원	5,000만 원	없음	없음
丙	29세	3,500만 원	1,000만 원	2022년	2년
丁	35세	4,500만 원	0원	2020년	2년
戊	27세	4,000만 원	1,500만 원	2021년	없음

① 甲

② 乙

③ 丙

④ 丁

⑤ 戊

※ 다음 글을 읽고 물음에 답하시오. [문 9.～문 10.]

　　향수를 만드는 데 사용되는 향료는 천연향료와 합성향료로 나눌 수 있다. 천연향료에는 꽃, 잎, 열매 등의 원료에서 추출한 식물성 향료와 사향, 용연향 등의 동물성 향료가 있다. 합성향료는 채취하기 어렵거나 소량 생산되는 천연향료의 성분을 화학적으로 합성한 것이다. 오늘날 향수의 대부분은 천연향료와 합성향료를 배합하여 만들어진다.

　　천연향료는 다양한 방법을 통해 얻을 수 있는데, 다음 3가지 방법이 대표적이다. 첫째, 가장 널리 쓰이는 방법은 수증기 증류법이다. 이는 향수 원료에 수증기를 통과시켜서 농축된 향의 원액인 향유를 추출하는 방법이다. 이 방법은 원료를 고온으로 처리하기 때문에 열에 약한 성분이 파괴된다는 단점이 있으나, 한꺼번에 많은 양을 값싸게 얻을 수 있다는 장점이 있다. 둘째, 압착법은 과일 껍질 등과 같은 원료를 압착해서 향유를 얻는 방법이다. 열에 비교적 강하며 물에 잘 녹지 않는 향료에는 수증기 증류법이 이용되지만, 감귤류처럼 열에 약한 것에는 압착법이 이용된다. 셋째, 흡수법은 지방과 같은 비휘발성 용매를 사용하여 향유를 추출하는 방법이다. 원료가 고가이고 향유의 함유량이 적으며 열에 약하고 물에 잘 녹는 경우에는 흡수법이 이용된다.

　　한편, A국에서 판매되는 향수는 EDC, EDT, EDP, Parfum으로 나뉜다. 이는 부향률, 즉 향료의 함유량 정도에 따른 구분이다. 향수는 부향률이 높을수록 향이 강하고 지속시간이 길다. 먼저 EDC(Eau De Cologne)는 부향률이 2～5%로 지속시간이 1～2시간이다. 향의 지속시간이 가장 짧고 잔향이 거의 없으며, 향이 가볍고 산뜻하다. EDT(Eau De Toilette)는 부향률이 5～15%로 3～5시간 지속되며 일반적으로 가장 많이 사용된다. EDP(Eau De Parfum)는 부향률이 15～20%로 5～8시간 지속된다. 풍부한 향을 가지고 있으며, 오랜 시간 향이 유지되는 것을 선호하는 사람들에게 알맞다. Parfum은 부향률이 20～30%로 8～10시간 지속되며, 가장 향이 강하고 오래간다.

문 9. 윗글을 근거로 판단할 때 옳은 것은?

① EDP의 부향률이 EDC의 부향률보다 높다.

② 흡수법은 많은 양의 향유를 값싸게 얻을 수 있는 방법이다.

③ 오늘날 많이 사용되는 향수의 대부분은 식물성 천연향료로 만들어진다.

④ 고가이고 향유의 함유량이 적은 원료에서 향유를 추출하고자 할 때는 흡수법보다는 압착법이 이용된다.

⑤ 부향률이 높은 향수일수록 향이 오래 지속되므로, 부향률이 가장 높은 향수가 일반적으로 가장 많이 사용된다.

문 10. 윗글과 〈대화〉를 근거로 판단할 때, 甲～戊 중 가장 늦은 시각까지 향수의 향이 남아 있는 사람은?

〈대화〉

甲: 나는 오늘 오후 4시에 향수를 뿌렸어. 내 향수에는 EDC라고 적혀 있었어.

乙: 난 오늘 오전 9시 30분에 향수를 뿌렸는데, 우리 중 내가 뿌린 향수의 향이 가장 강해.

丙: 내 향수의 부향률은 18%라고 적혀 있네. 나는 甲보다 5시간 전에 향수를 뿌렸어.

丁: 난 오늘 오후 2시에 戊와 함께 향수 가게에 들렀어. 난 가자마자 EDT라고 적힌 향수를 뿌렸고, 戊는 나보다 1시간 뒤에 EDP라고 적힌 걸 뿌렸어.

① 甲

② 乙

③ 丙

④ 丁

⑤ 戊

문 11. 다음 글을 근거로 판단할 때 옳은 것은?

> 제○○조(해수욕장의 구역) 관리청은 해수욕장을 이용하는 용도에 따라 물놀이구역과 수상레저구역으로 구분하여 관리·운영하여야 한다. 다만, 해수욕장 이용이나 운영에 상당한 불편을 초래하거나 효율성을 떨어뜨린다고 판단되는 경우에는 그러하지 아니하다.
>
> 제□□조(해수욕장의 개장기간 등) ① 관리청은 해수욕장의 특성이나 여건 등을 고려하여 해수욕장의 개장기간 및 개장시간을 정할 수 있다. 이 경우 관리청은 해수욕장협의회의 의견을 듣고, 미리 관계 행정기관의 장과 협의하여야 한다.
>
> ② 관리청은 해수욕장 이용자의 안전 확보나 해수욕장의 환경보전 등을 위하여 필요한 경우에는 해수욕장의 개장기간 또는 개장시간을 제한할 수 있다. 이 경우 제1항 후단을 준용한다.
>
> 제△△조(해수욕장의 관리·운영 등) ① 해수욕장은 관리청이 직접 관리·운영하여야 한다.
>
> ② 관리청은 제1항에도 불구하고 해수욕장의 효율적인 관리·운영을 위하여 필요한 경우 관할 해수욕장 관리·운영업무의 일부를 위탁할 수 있다.
>
> ③ 관리청은 제2항에 따라 해수욕장 관리·운영업무를 위탁하려는 경우 지역번영회·어촌계 등 지역공동체 및 공익법인 등을 수탁자로 우선 지정할 수 있다.
>
> ④ 제2항 및 제3항에 따라 수탁자로 지정받은 자는 위탁받은 관리·운영업무의 전부 또는 일부를 재위탁하여서는 아니 된다.
>
> 제◇◇조(과태료) ① 다음 각 호의 어느 하나에 해당하는 자에게는 500만 원 이하의 과태료를 부과한다.
>
> 　1. 거짓이나 부정한 방법으로 제△△조에 따른 수탁자로 지정받은 자
>
> 　2. 제△△조 제4항을 위반하여 위탁받은 관리·운영업무의 전부 또는 일부를 재위탁한 자
>
> ② 제1항에 따른 과태료는 관리청이 부과·징수한다.

① 관리청은 해수욕장의 효율적인 관리·운영을 위하여 필요한 경우, 관할 해수욕장 관리·운영업무의 전부를 위탁할 수 있다.

② 관리청은 해수욕장을 운영함에 있어 그 효율성이 떨어진다고 판단하더라도 물놀이구역과 수상레저구역을 구분하여 관리·운영하여야 한다.

③ 관리청이 해수욕장 관리·운영업무를 위탁하려는 경우, 공익법인을 수탁자로 우선 지정할 수 있으나 지역공동체를 수탁자로 우선 지정할 수는 없다.

④ 관리청으로부터 해수욕장 관리·운영업무를 위탁받은 공익법인이 이를 타 기관에 재위탁한 경우, 관리청은 그 공익법인에 대해 300만 원의 과태료를 부과할 수 있다.

⑤ 관리청은 해수욕장의 개장기간 및 개장시간을 정함에 있어 해수욕장의 특성이나 여건 등을 고려해야 하나, 관계 행정기관의 장과 협의할 필요는 없다.

문 12. 다음 글을 근거로 판단할 때 옳은 것은?

> 제○○조(119구조견교육대의 설치·운영 등) ① 소방청장은 체계적인 구조견 양성·교육훈련 및 보급 등을 위하여 119구조견교육대를 설치·운영하여야 한다.
>
> ② 119구조견교육대는 중앙119구조본부의 단위조직으로 한다.
>
> ③ 119구조견교육대가 관리하는 견(犬)은 다음 각 호와 같다.
>
> 　1. 훈련견: 구조견 양성을 목적으로 도입되어 훈련 중인 개
>
> 　2. 종모견: 훈련견 번식을 목적으로 보유 중인 개
>
> 제□□조(훈련견 교육 및 평가 등) ① 119구조견교육대는 관리하는 견에 대하여 입문 교육, 정기 교육, 훈련견 교육 등을 실시한다.
>
> ② 훈련견 평가는 다음 각 호의 평가로 구분하여 실시하고 각 평가에서 정한 요건을 모두 충족한 경우 합격한 것으로 본다.
>
> 　1. 기초평가: 훈련견에 대한 기본평가
>
> 　　가. 생후 12개월 이상 24개월 이하일 것
>
> 　　나. 기초평가 기준에 따라 총점 70점 이상을 득점하고, 수의검진 결과 적합판정을 받을 것
>
> 　2. 중간평가: 양성 중인 훈련견의 건강, 성품 변화, 발전 가능성 및 임무 분석 등의 판정을 위해 실시하는 평가
>
> 　　가. 훈련 시작 12개월 이상일 것
>
> 　　나. 중간평가 기준에 따라 총점 70점 이상을 득점하고, 수의진료소견 결과 적합판정을 받을 것
>
> 　　다. 공격성 보유, 능력 상실 등의 결격사유가 없을 것
>
> ③ 훈련견 평가 중 어느 하나라도 불합격한 훈련견은 유관기관 등 외부기관으로 관리전환할 수 있다.
>
> 제△△조(종모견 도입) 훈련견이 종모견으로 도입되기 위해서는 제□□조 제2항에 따른 훈련견 평가에 모두 합격하여야 하며, 다음 각 호의 요건을 갖추어야 한다.
>
> 　1. 순수한 혈통일 것
>
> 　2. 생후 20개월 이상일 것
>
> 　3. 원친(遠親) 번식에 의한 견일 것

① 중앙119구조본부의 장은 구조견 양성 및 교육훈련 등을 위하여 119구조견교육대를 설치하여야 한다.

② 원친 번식에 의한 생후 20개월인 순수한 혈통의 훈련견은 훈련견 평가결과에 관계없이 종모견으로 도입될 수 있다.

③ 기초평가 기준에 따라 총점 80점을 득점하고, 수의검진 결과 적합판정을 받은 훈련견은 생후 15개월에 종모견으로 도입될 수 있다.

④ 생후 12개월에 훈련을 시작해 반년이 지난 훈련견이 결격사유 없이 중간평가 기준에 따라 총점 75점을 득점하고, 수의진료소견 결과 적합판정을 받는다면 중간평가에 합격한 것으로 본다.

⑤ 기초평가에서 합격했더라도 결격사유가 있어 중간평가에 불합격한 훈련견은 유관기관으로 관리전환할 수 있다.

문 13. 다음 글을 근거로 판단할 때, ㉠에 해당하는 수는?

○ 산타클로스는 연간 '착한 일 횟수'와 '울음 횟수'에 따라 어린이 甲~戊에게 선물 A, B 중 하나를 주거나 아무것도 주지 않는다.
○ 산타클로스가 선물을 나눠주는 방식은 다음과 같다. 어린이별로 ('착한 일 횟수' × 5) − ('울음 횟수' × [㉠]) 의 값을 계산한다. 그 값이 10 이상이면 선물 A를 주고, 0 이상 10 미만이면 선물 B를 주며, 그 값이 음수면 선물을 주지 않는다. 이때, ㉠은 자연수이다.
○ 이 방식을 적용한 결과, 甲~戊 중 1명이 선물 A를 받았고, 3명이 선물 B를 받았으며, 1명은 선물을 받지 못했다.
○ 甲~戊의 연간 '착한 일 횟수'와 '울음 횟수'는 아래와 같다.

구분	착한 일 횟수	울음 횟수
甲	3	3
乙	3	2
丙	2	3
丁	1	0
戊	1	3

① 1
② 2
③ 3
④ 4
⑤ 5

문 14. 다음 글을 근거로 판단할 때, 甲이 작성한 보고서 한 건의 쪽수의 최댓값은?

A회사 직원인 甲은 근무일마다 동일한 쪽수의 보고서를 한 건씩 작성한다. 甲은 작성한 보고서를 회사의 임원들 각각에게 당일 출력하여 전달한다. 甲은 A회사에 1개월 전 입사하였으며 총 근무일은 20일을 초과하였다. 甲이 현재까지 출력한 총량은 1,000쪽이며, 임원은 2명 이상이다.

① 5
② 8
③ 10
④ 20
⑤ 40

문 15. 다음 글을 근거로 판단할 때, A~E 중 한 명만 화상강의 시스템에 접속해 있던 시각으로 가능한 것은?

○ 어제 9:00부터 9:30까지 진행된 수업시간 중 학생 A~E 가 화상강의 시스템에 접속해 있던 시간은 아래와 같다.

학생	A	B	C	D	E
시간(분)	13	15	17	21	25

○ 학생들의 접속 횟수는 각 1회였다.
○ A와 C가 접속해 있던 시간은 서로 겹치지 않았다.

① 9:04
② 9:10
③ 9:15
④ 9:21
⑤ 9:24

문 16. 다음 글을 근거로 판단할 때, 甲이 만든 비밀번호 각 자리의 숫자를 모두 곱한 값은?

○ 甲은 1, 2, 3, 4 중에서 숫자를 골라 네 자리 비밀번호를 만들었다.
○ 비밀번호 각 자리의 숫자를 '모두 더한 값'과 '모두 곱한 값'이 같았다.

① 8
② 9
③ 10
④ 12
⑤ 16

문 17. 다음 글과 〈상황〉을 근거로 판단할 때, 甲에게 배정되는 금액은?

> A부서는 소속 직원에게 원격지 전보에 따른 이전여비를 지원한다. A부서는 다음과 같은 지침에 따라 지원액을 배정하고자 한다.
> ○ 지원액 배정 지침
>   – 이전여비 지원 예산 총액: 160만 원
>   – 심사를 통해 원격지 전보에 해당하는 신청자만 배정대상자로 함
>   – 예산 한도 내에서 지원 가능한 최대의 금액 배정
>   – 배정대상자 신청액의 합이 지원 예산 총액을 초과할 경우에는 각 배정대상자의 '신청액 대비 배정액 비율'이 모두 같도록 삭감하여 배정

〈상황〉

> 다음은 이전여비 지원을 신청한 A부서 직원 甲~戊의 신청액과 원격지 전보 해당 여부이다.

구분	이전여비 신청액(원)	원격지 전보 해당 여부
甲	700,000	해당
乙	400,000	해당하지 않음
丙	500,000	해당
丁	300,000	해당
戊	500,000	해당

① 525,000원
② 560,000원
③ 600,000원
④ 620,000원
⑤ 630,000원

문 18. 다음 글과 〈상황〉을 근거로 판단할 때, 甲~戊 중 사업자로 선정되는 업체는?

> △△부처는 □□사업에 대하여 용역 입찰공고를 하고, 각 입찰업체의 제안서를 평가하여 사업자를 선정하려 한다.
> ○ 제안서 평가점수는 입찰가격 평가점수(20점 만점)와 기술능력 평가점수(80점 만점)로 이루어진다.
> ○ 입찰가격 평가점수는 각 입찰업체가 제시한 가격에 따라 산정한다.
> ○ 기술능력 평가점수는 다음과 같은 방식으로 산정한다.
>   – 5명의 평가위원이 평가한다.
>   – 각 평가위원의 평가결과에서 최고점수와 최저점수를 제외한 나머지 3명의 점수를 산술평균하여 산정한다. 이때 최고점수가 복수인 경우 하나를 제외하며, 최저점수가 복수인 경우도 마찬가지이다.
> ○ 기술능력 평가점수에서 만점의 85% 미만의 점수를 받은 업체는 선정에서 제외한다.
> ○ 입찰가격 평가점수와 기술능력 평가점수를 합산한 점수가 가장 높은 업체를 선정한다. 이때 동점이 발생할 경우, 기술능력 평가점수가 가장 높은 업체를 선정한다.

〈상황〉

> ○ □□사업의 입찰에 참여한 업체는 甲~戊이다.
> ○ 각 업체의 입찰가격 평가점수는 다음과 같다.

(단위: 점)

구분	甲	乙	丙	丁	戊
평가점수	13	20	15	14	17

> ○ 각 업체의 기술능력에 대한 평가위원 5명의 평가결과는 다음과 같다.

(단위: 점)

구분	甲	乙	丙	丁	戊
A위원	68	65	73	75	65
B위원	68	73	69	70	60
C위원	68	62	69	65	60
D위원	68	65	65	65	70
E위원	72	65	69	75	75

① 甲
② 乙
③ 丙
④ 丁
⑤ 戊

문 19. 다음 글을 근거로 판단할 때, 甲~戊 중 금요일과 토요일의 초과근무 인정시간의 합이 가장 많은 근무자는?

○ A기업에서는 근무자가 출근시각과 퇴근시각을 입력하면 초과근무 '실적시간'과 '인정시간'이 분 단위로 자동 계산된다.
  − 실적시간은 근무자의 일과시간(월~금, 09:00~18:00)을 제외한 근무시간을 말한다.
  − 인정시간은 실적시간에서 개인용무시간을 제외한 근무시간을 말한다. 하루 최대 인정시간은 월~금요일은 4시간이며, 토요일은 2시간이다.
  − 재택근무를 하는 경우 실적시간을 인정하지 않는다.
○ A기업 근무자 甲~戊의 근무현황은 다음과 같다.

구분	금요일			토요일	
	출근시각	퇴근시각	비고	출근시각	퇴근시각
甲	8:55	20:00	−	10:30	13:30
乙	8:00	19:55	−	−	−
丙	9:00	21:30	개인용무시간 (19:00~19:30)	13:00	14:30
丁	8:30	23:30	재택근무	−	−
戊	7:00	21:30	−	−	−

① 甲
② 乙
③ 丙
④ 丁
⑤ 戊

문 20. 다음 글을 근거로 판단할 때, 〈보기〉에서 甲의 시험과목별 점수로 옳은 것만을 모두 고르면?

○○국제교육과정 중에 있는 사람은 수료시험에서 5개 과목(A~E) 평균 60점 이상을 받고 한 과목도 과락(50점 미만)이 아니어야 수료할 수 있다.

甲은 수료시험에서 5개 과목 평균 60점을 받았으나 2개 과목이 과락이어서 ○○국제교육과정을 수료하지 못했다. 甲이 돌려받은 답안지에 점수는 기재되어 있지 않았고, 각 문항에 아래와 같은 표시만 되어 있었다. 이는 국적이 서로 다른 각 과목 강사가 자신의 국가에서 사용하는 방식으로 정답·오답 표시만 해놓은 결과였다.

과목	문항									
	1	2	3	4	5	6	7	8	9	10
A	○	○	×	○	×	○	×	○	○	○
B	V	×	V	V	V	×	V	×	V	V
C	/	○	○	○	○	/	/	○	/	○
D	○	○	V	V	V	○	○	V	V	V
E	/	/	/	/	×	×	/	/	/	/

※ 모든 과목은 각 10문항이며, 각 문항별 배점은 10점이다.

〈보기〉

시험과목	점수
ㄱ. A	70
ㄴ. B	30
ㄷ. C	60
ㄹ. D	40
ㅁ. E	80

① ㄱ, ㄴ
② ㄱ, ㄷ
③ ㄱ, ㄹ, ㅁ
④ ㄴ, ㄷ, ㄹ
⑤ ㄴ, ㄷ, ㅁ

문 21. 다음 글을 근거로 판단할 때, 식목일의 요일은?

> 　다음은 가원이의 어느 해 일기장에서 서로 다른 요일의 일기를 일부 발췌하여 날짜순으로 나열한 것이다.
>
> (1) 4월 5일 ○요일
>
> 　오늘은 식목일이다. 동생과 한 그루의 사과나무를 심었다.
>
> (2) 4월 11일 ○요일
>
> 　오늘은 아빠와 뒷산에 가서 벚꽃을 봤다.
>
> (3) 4월 □□일 수요일
>
> 　나는 매주 같은 요일에만 데이트를 한다. 오늘 데이트도 즐거웠다.
>
> (4) 4월 15일 ○요일
>
> 　오늘은 친구와 미술관에 갔다. 작품들이 멋있었다.
>
> (5) 4월 □□일 ○요일
>
> 　내일은 대청소를 하는 날이어서 오늘은 휴식을 취했다.
>
> (6) 4월 □□일 ○요일
>
> 　나는 매달 마지막 일요일에만 대청소를 한다. 그래서 오늘 대청소를 했다.

① 월요일

② 화요일

③ 목요일

④ 금요일

⑤ 토요일

문 22. 다음 글을 근거로 판단할 때, 〈보기〉에서 옳은 것만을 모두 고르면?

> ○ 엘리베이터 안에는 각 층을 나타내는 버튼만 하나씩 있다.
> ○ 버튼을 한 번 누르면 해당 층에 가게 되고, 다시 누르면 취소된다. 취소된 버튼을 다시 누를 수 있다.
> ○ 1층에 계속해서 정지해 있던 빈 엘리베이터에 처음으로 승객 7명이 탔다.
> ○ 승객들이 버튼을 누른 횟수의 합은 10이며, 1층에서만 눌렀다.
> ○ 승객 3명은 4층에서, 2명은 5층에서 내렸다. 나머지 2명은 6층 이상의 서로 다른 층에서 내렸다.
> ○ 1층 외의 층에서 엘리베이터를 탄 승객은 없으며, 엘리베이터는 승객이 타거나 내린 층에서만 정지했다.

〈보기〉

ㄱ. 각 승객은 1개 이상의 버튼을 눌렀다.

ㄴ. 5번 누른 버튼이 있다면, 2번 이상 누른 다른 버튼이 있다.

ㄷ. 4층 버튼을 가장 많이 눌렀다.

ㄹ. 승객이 내리지 않은 층의 버튼을 누른 사람은 없다.

① ㄱ

② ㄴ

③ ㄱ, ㄷ

④ ㄴ, ㄹ

⑤ ㄷ, ㄹ

문 23. 다음 글을 근거로 판단할 때 옳은 것은?

> A∼E 간에 갖고 있는 상대방의 연락처에 대한 정보는 다음과 같다.
>
> ○ A는 3명의 연락처를 갖고 있는데, 그 중 2명만 A의 연락처를 갖고 있다. 그런데 A의 연락처를 갖고 있는 사람은 총 3명이다.
> ○ B는 2명의 연락처를 갖고 있는데, 그 2명을 제외한 2명만 B의 연락처를 갖고 있다.
> ○ C는 A의 연락처만 갖고 있는데, A도 C의 연락처를 갖고 있다.
> ○ D는 2명의 연락처를 갖고 있다.
> ○ E는 B의 연락처만 갖고 있다.

① A는 B의 연락처를 갖고 있다.

② B는 D의 연락처를 갖고 있다.

③ C의 연락처를 갖고 있는 사람은 3명이다.

④ D의 연락처를 갖고 있는 사람은 A뿐이다.

⑤ E의 연락처를 갖고 있는 사람은 2명이다.

문 24. 다음 글을 근거로 판단할 때, ㉠에 들어갈 내용으로 옳은 것은?

> 시계수리공 甲은 고장 난 시계 A를 수리하면서 실수로 시침과 분침을 서로 바꾸어 조립하였다. 잘못 조립한 것을 모르고 있던 甲은 A에 전지를 넣어 작동시킨 후, A를 실제 시각인 정오로 맞추고 작업을 마무리하였다. 그랬더니 A의 시침은 정상일 때의 분침처럼, 분침은 정상일 때의 시침처럼 움직였다. 그 후 A가 처음으로 실제 시각을 가리킨 때는 ㉠ 사이였다.

① 오후 12시 55분 0초부터 오후 1시 정각

② 오후 1시 정각부터 오후 1시 5분 0초

③ 오후 1시 5분 0초부터 오후 1시 10분 0초

④ 오후 1시 10분 0초부터 오후 1시 15분 0초

⑤ 오후 1시 15분 0초부터 오후 1시 20분 0초

문 25. 다음 글을 근거로 판단할 때 옳은 것은?

제○○조(정의) 이 법에서 사용하는 용어의 뜻은 다음과 같다.
　1. "한부모가족"이란 모자가족 또는 부자가족을 말한다.
　2. "모(母)" 또는 "부(父)"란 다음 각 목의 어느 하나에 해당하는 자로서 아동인 자녀를 양육하는 자를 말한다.
　　가. 배우자와 사별 또는 이혼하거나 배우자로부터 유기된 자
　　나. 정신이나 신체의 장애로 장기간 노동능력을 상실한 배우자를 가진 자
　　다. 교정시설·치료감호시설에 입소한 배우자 또는 병역 복무 중인 배우자를 가진 자
　　라. 미혼자
　3. "아동"이란 18세 미만(취학 중인 경우에는 22세 미만을 말하되, 병역의무를 이행하고 취학 중인 경우에는 병역의무를 이행한 기간을 가산한 연령 미만을 말한다)의 자를 말한다.
제□□조(지원대상자의 범위) ① 이 법에 따른 지원대상자는 제○○조 제1호부터 제3호까지의 규정에 해당하는 자로 한다.
② 제1항에도 불구하고 부모가 사망하거나 그 생사가 분명하지 아니한 아동을 양육하는 조부 또는 조모는 이 법에 따른 지원대상자가 된다.
제△△조(복지 급여 등) ① 국가나 지방자치단체는 지원대상자의 복지 급여 신청이 있으면 다음 각 호의 복지 급여를 실시하여야 한다.
　1. 생계비
　2. 아동교육지원비
　3. 아동양육비
② 이 법에 따른 지원대상자가 다른 법령에 따라 지원을 받고 있는 경우에는 그 범위에서 이 법에 따른 급여를 실시하지 아니한다. 다만, 제1항 제3호의 아동양육비는 지급할 수 있다.
③ 제1항 제3호의 아동양육비를 지급할 때에 다음 각 호의 어느 하나에 해당하는 경우에는 예산의 범위에서 추가적인 복지 급여를 실시하여야 한다.
　1. 미혼모나 미혼부가 5세 이하의 아동을 양육하는 경우
　2. 34세 이하의 모 또는 부가 아동을 양육하는 경우

① 5세인 자녀를 홀로 양육하는 자가 지원대상자가 되기 위해서는 미혼자여야 한다.
② 배우자와 사별한 자가 18개월간 병역의무를 이행한 22세의 대학생 자녀를 양육하는 경우, 지원대상자가 될 수 없다.
③ 부모의 생사가 불분명한 6세인 손자를 양육하는 조모에게는 복지 급여 신청이 없어도 생계비를 지급하여야 한다.
④ 30세인 미혼모가 5세인 자녀를 양육하는 경우, 아동양육비를 지급할 때 추가적인 복지 급여를 실시할 수 없다.
⑤ 지원대상자가 다른 법령에 따른 지원을 받고 있는 경우에도 국가나 지방자치단체는 아동양육비를 지급할 수 있다.

약점 보완 해설집 p.20

문 1. 다음 글을 근거로 판단할 때 옳은 것은?

제00조 재해경감 우수기업(이하 '우수기업'이라 한다)이란 재난으로부터 피해를 최소화하기 위한 재해경감활동으로 우수기업 인증을 받은 기업을 말한다.

제00조 ① 우수기업으로 인증받고자 하는 기업은 A부 장관에게 신청하여야 한다.

② A부 장관은 제1항에 따라 신청한 기업의 재해경감활동에 대하여 다음 각 호의 기준에 따라 평가를 실시하고 우수기업으로 인증할 수 있다.

　1. 재난관리 전담조직을 갖출 것

　2. 매년 1회 이상 종사자에게 재난관리 교육을 실시할 것

　3. 재해경감활동 비용으로 총 예산의 5% 이상 할애할 것

　4. 방재관련 인력을 총 인원의 2% 이상 갖출 것

③ 제2항 각 호의 충족 여부는 매년 1월 말을 기준으로 평가하며, 모든 요건을 갖춘 경우 우수기업으로 인증한다. 다만 제3호의 경우 최초 평가에 한하여 해당 기준을 3개월 내에 충족할 것을 조건으로 인증할 수 있다.

④ 제3항에서 정하는 평가 및 인증에 소요되는 비용은 신청하는 자가 부담한다.

제00조 A부 장관은 인증받은 우수기업을 6개월마다 재평가하여 다음 각 호의 어느 하나에 해당하는 때에는 인증을 취소할 수 있다. 다만 제1호의 경우에는 인증을 취소하여야 한다.

　1. 거짓이나 그 밖의 부정한 방법으로 인증을 받은 경우

　2. 인증 평가기준에 미달되는 경우

　3. 양도·양수·합병 등에 의하여 인증받은 요건이 변경된 경우

① 처음 우수기업 인증을 받고자 하는 甲기업이 총 예산의 4%를 재해경감활동 비용으로 할애하였다면, 다른 모든 기준을 충족하였더라도 우수기업으로 인증받을 여지가 없다.

② A부 장관이 乙기업을 평가하여 2022. 2. 25. 우수기업으로 인증한 경우, A부 장관은 2022. 6. 25.까지 재평가를 해야 한다.

③ 丙기업이 우수기업 인증을 신청하는 경우, 인증에 소요되는 비용은 A부 장관이 부담한다.

④ 丁기업이 재난관리 전담조직을 갖춘 것처럼 거짓으로 신청서를 작성하여 우수기업으로 인증을 받은 경우라도, A부 장관은 인증을 취소하지 않을 수 있다.

⑤ 우수기업인 戊기업이 己기업을 흡수합병하면서 재평가 당시 일시적으로 방재관련 인력이 총 인원의 1.5%가 되었더라도, A부 장관은 戊기업의 인증을 취소하지 않을 수 있다.

문 2. 다음 글과 〈상황〉을 근거로 판단할 때, 김가을의 가족관계 등록부에 기록해야 하는 내용이 아닌 것은?

제○○조 ① 가족관계등록부는 전산정보처리조직에 의하여 입력·처리된 가족관계 등록사항에 관한 전산정보자료를 제□□조의 등록기준지에 따라 개인별로 구분하여 작성한다.

② 가족관계등록부에는 다음 사항을 기록하여야 한다.

　1. 등록기준지

　2. 성명·본·성별·출생연월일 및 주민등록번호

　3. 출생·혼인·사망 등 가족관계의 발생 및 변동에 관한 사항

제□□조 출생을 사유로 처음 등록을 하는 경우에는 등록기준지를 자녀가 따르는 성과 본을 가진 부 또는 모의 등록기준지로 한다.

〈상황〉

경기도 과천시 ☆☆로 1-11에 거주하는 김여름(金海 김씨)과 박겨울(密陽 박씨) 부부 사이에 2021년 10월 10일 경기도 수원시 영통구 소재 병원에서 남자아이가 태어났다. 이 부부는 태어난 아이의 이름을 김가을로 하고 과천시 ▽▽주민센터에 출생신고를 하였다. 김여름의 등록기준지는 부산광역시 남구 ◇◇로 2-22이며, 박겨울은 서울특별시 마포구 △△로 3-33이다.

① 서울특별시 마포구 △△로 3-33

② 부산광역시 남구 ◇◇로 2-22

③ 2021년 10월 10일

④ 金海

⑤ 남

문 3. 다음 글을 근거로 판단할 때 옳은 것은?

> 제00조 정비사업이란 도시기능을 회복하기 위하여 정비구역에서 정비사업시설을 정비하거나 주택 등 건축물을 개량 또는 건설하는 주거환경개선사업, 재개발사업, 재건축사업 등을 말한다.
>
> 제00조 특별자치시장·특별자치도지사·시장·군수·구청장(이하 '시장 등'이라 한다)은 노후불량건축물이 밀집하는 구역에 대하여 정비계획에 따라 정비구역을 지정할 수 있다.
>
> 제00조 시장 등이 아닌 자가 정비사업을 시행하려는 경우에는 토지 등 소유자로 구성된 조합을 설립해야 한다.
>
> 제00조 ① 시장 등이 아닌 사업시행자가 정비사업 공사를 완료한 때에는 시장 등의 준공인가를 받아야 한다.
>
> ② 제1항에 따라 준공인가신청을 받은 시장 등은 지체 없이 준공검사를 실시해야 한다.
>
> ③ 시장 등은 제2항에 따른 준공검사를 실시한 결과 정비사업이 인가받은 사업시행 계획대로 완료되었다고 인정되는 때에는 준공인가를 하고 공사의 완료를 해당 지방자치단체의 공보에 고시해야 한다.
>
> ④ 시장 등은 직접 시행하는 정비사업에 관한 공사가 완료된 때에는 그 완료를 해당 지방자치단체의 공보에 고시해야 한다.
>
> 제00조 ① 정비구역의 지정은 공사완료의 고시가 있는 날의 다음 날에 해제된 것으로 본다.
>
> ② 제1항에 따른 정비구역의 해제는 조합의 존속에 영향을 주지 않는다.

① 甲특별자치시장이 직접 정비사업을 시행하려는 경우에는 토지 등 소유자로 구성된 조합을 설립해야 한다.

② A도 乙군수가 직접 시행하는 정비사업에 관한 공사가 완료된 때에는 A도지사에게 준공인가신청을 해야 한다.

③ 丙시장이 사업시행자 B의 정비사업에 관해 준공인가를 하면, 토지 등 소유자로 구성된 조합은 해산된다.

④ 丁시장이 사업시행자 C의 정비사업에 관해 공사완료를 고시하면, 정비구역의 지정은 고시한 날 해제된다.

⑤ 戊시장이 직접 시행하는 정비사업에 관한 공사가 완료된 때에는 그 완료를 戊시의 공보에 고시해야 한다.

문 4. 다음 글을 근거로 판단할 때 옳은 것은?

> 제00조 ① 선박이란 수상 또는 수중에서 항행용으로 사용하거나 사용할 수 있는 배 종류를 말하며 그 구분은 다음 각 호와 같다.
>
> 　1. 기선: 기관(機關)을 사용하여 추진하는 선박과 수면비행선박(표면효과 작용을 이용하여 수면에 근접하여 비행하는 선박)
>
> 　2. 범선: 돛을 사용하여 추진하는 선박
>
> 　3. 부선: 자력(自力) 항행능력이 없어 다른 선박에 의하여 끌리거나 밀려서 항행되는 선박
>
> ② 소형선박이란 다음 각 호의 어느 하나에 해당하는 선박을 말한다.
>
> 　1. 총톤수 20톤 미만인 기선 및 범선
>
> 　2. 총톤수 100톤 미만인 부선
>
> 제00조 ① 매매계약에 의한 선박 소유권의 이전은 계약당사자 사이의 양도합의만으로 효력이 생긴다. 다만 소형선박 소유권의 이전은 계약당사자 사이의 양도합의와 선박의 등록으로 효력이 생긴다.
>
> ② 선박의 소유자(제1항 단서의 경우에는 선박의 매수인)는 선박을 취득(제1항 단서의 경우에는 매수)한 날부터 60일 이내에 선적항을 관할하는 지방해양수산청장에게 선박의 등록을 신청하여야 한다. 이 경우 총톤수 20톤 이상인 기선과 범선 및 총톤수 100톤 이상인 부선은 선박의 등기를 한 후에 선박의 등록을 신청하여야 한다.
>
> ③ 지방해양수산청장은 제2항의 등록신청을 받으면 이를 선박원부(船舶原簿)에 등록하고 신청인에게 선박국적증서를 발급하여야 한다.
>
> 제00조 선박의 등기는 등기할 선박의 선적항을 관할하는 지방법원, 그 지원 또는 등기소를 관할 등기소로 한다.

① 총톤수 80톤인 부선의 매수인 甲이 선박의 소유권을 취득하기 위해서는 매도인과 양도합의를 하고 선박을 등록해야 한다.

② 총톤수 100톤인 기선의 소유자 乙이 선박의 등기를 하기 위해서는 먼저 관할 지방해양수산청장에게 선박의 등록을 신청해야 한다.

③ 총톤수 60톤인 기선의 소유자 丙은 선박을 매수한 날부터 60일 이내에 해양수산부장관에게 선박의 등록을 신청해야 한다.

④ 총톤수 200톤인 부선의 소유자 丁이 선적항을 관할하는 등기소에 선박의 등기를 신청하면, 등기소는 丁에게 선박국적증서를 발급해야 한다.

⑤ 총톤수 20톤 미만인 범선의 매수인 戊가 선박의 등록을 신청하면, 관할 법원은 이를 선박원부에 등록하고 戊에게 선박국적증서를 발급해야 한다.

문 5. 다음 글을 근거로 판단할 때 옳은 것은?

> 조선 시대 쌀의 종류에는 가을철 논에서 수확한 벼를 가공한 흰색 쌀 외에 밭에서 자란 곡식을 가공함으로써 얻게 되는 회색 쌀과 노란색 쌀이 있었다. 회색 쌀은 보리의 껍질을 벗긴 보리쌀이었고, 노란색 쌀은 조의 껍질을 벗긴 좁쌀이었다.
> 　남부 지역에서는 보리가 특히 중요시되었다. 가을 곡식이 바닥을 보이기 시작하는 봄철, 농민들의 희망은 들판에 넘실거리는 보리뿐이었다. 보리가 익을 때까지는 주린 배를 움켜쥐고 생활할 수밖에 없었고, 이를 보릿고개라 하였다. 그것은 보리를 수확하는 하지, 즉 낮이 가장 길고 밤이 가장 짧은 시기까지 지속되다가 사라지는 고개였다. 보리 수확기는 여름이었지만 파종 시기는 보리 종류에 따라 달랐다. 가을철에 파종하여 이듬해 수확하는 보리는 가을보리, 봄에 파종하여 그해 수확하는 보리는 봄보리라고 불렀다.
> 　적지 않은 농부들은 보리를 수확하고 그 자리에 다시 콩을 심기도 했다. 이처럼 같은 밭에서 1년 동안 보리와 콩을 교대로 경작하는 방식을 그루갈이라고 한다. 그렇지만 모든 콩이 그루갈이로 재배된 것은 아니었다. 콩 수확기는 가을이었으나, 어떤 콩은 봄철에 파종해야만 제대로 자랄 수 있었고 어떤 콩은 여름에 심을 수도 있었다. 한편 조는 보리, 콩과 달리 모두 봄에 심었다. 그래서 봄철 밭에서는 보리, 콩, 조가 함께 자라는 것을 볼 수 있었다.

① 흰색 쌀과 여름에 심는 콩은 서로 다른 계절에 수확했다.

② 봄보리의 재배 기간은 가을보리의 재배 기간보다 짧았다.

③ 흰색 쌀과 회색 쌀은 논에서 수확된 곡식을 가공한 것이었다.

④ 남부 지역의 보릿고개는 가을 곡식이 바닥을 보이는 하지가 지나면서 더 심해졌다.

⑤ 보리와 콩이 함께 자라는 것은 볼 수 있었지만, 조가 이들과 함께 자라는 것은 볼 수 없었다.

문 6. 다음 글을 근거로 판단할 때, 〈보기〉에서 옳은 것만을 모두 고르면?

> 甲의 자동차에 장착된 내비게이션 시스템은 목적지까지 운행하는 도중 대안경로를 제안하는 경우가 있다. 이때 이 시스템은 기존경로와 비교하여 남은 거리와 시간이 어떻게 달라지는지 알려준다. 즉 목적지까지의 잔여거리(A)가 몇 km 증가·감소하는지, 잔여시간(B)이 몇 분 증가·감소하는지 알려준다. 甲은 기존경로와 대안경로 중 출발지부터 목적지까지의 평균속력이 더 높을 것으로 예상되는 경로를 항상 선택한다.

〈보기〉
ㄱ. A가 증가하고 B가 감소하면 甲은 항상 대안경로를 선택한다.
ㄴ. A와 B가 모두 증가하면 甲은 항상 대안경로를 선택한다.
ㄷ. A와 B가 모두 감소할 때 甲이 대안경로를 선택하는 경우가 있다.
ㄹ. A가 감소하고 B가 증가할 때 甲이 대안경로를 선택하는 경우가 있다.

① ㄱ, ㄴ
② ㄱ, ㄷ
③ ㄴ, ㄷ
④ ㄴ, ㄹ
⑤ ㄷ, ㄹ

문 7. 다음 글을 근거로 판단할 때 옳은 것은?

> 甲은 정기모임의 간식을 준비하기 위해 과일 가게에 들렀다. 甲이 산 과일의 가격과 수량은 아래 표와 같다. 과일 가게 사장이 준 영수증을 보니, 총 228,000원이어야 할 결제 금액이 총 237,300원이었다.
>
> | 구분 | 사과 | 귤 | 복숭아 | 딸기 |
> | --- | --- | --- | --- | --- |
> | 1상자 가격(원) | 30,700 | 25,500 | 14,300 | 23,600 |
> | 구입 수량(상자) | 2 | 3 | 3 | 2 |

① 한 과일이 2상자 더 계산되었다.

② 두 과일이 각각 1상자 더 계산되었다.

③ 한 과일이 1상자 더 계산되고, 다른 한 과일이 1상자 덜 계산되었다.

④ 한 과일이 1상자 더 계산되고, 다른 두 과일이 각각 1상자 덜 계산되었다.

⑤ 두 과일이 각각 1상자 더 계산되고, 다른 두 과일이 각각 1상자 덜 계산되었다.

문 8. 다음 글과 〈상황〉을 근거로 판단할 때, 甲 ~ 戊 중 휴가지원사업에 참여할 수 있는 사람만을 모두 고르면?

> 〈2023년 휴가지원사업 모집 공고〉
>
> □ 사업 목적
>
> ○ 직장 내 자유로운 휴가문화 조성 및 국내 여행 활성화
>
> □ 참여 대상
>
> ○ 중소기업·비영리민간단체·사회복지법인·의료법인 근로자. 단, 아래 근로자는 참여 제외
>
> - 병·의원 소속 의사
> - 회계법인 및 세무법인 소속 회계사·세무사·노무사
> - 법무법인 소속 변호사·변리사
>
> ○ 대표 및 임원은 참여 대상에서 제외하나, 아래의 경우는 참여 가능
>
> - 중소기업 및 비영리민간단체의 임원
> - 사회복지법인의 대표 및 임원

> ─ 〈상황〉 ─
>
> 甲 ~ 戊의 재직정보는 아래와 같다.
>
> | 구분 | 직장명 | 직장 유형 | 비고 |
> | --- | --- | --- | --- |
> | 간호사 甲 | A병원 | 의료법인 | 근로자 |
> | 노무사 乙 | B회계법인 | 중소기업 | 근로자 |
> | 사회복지사 丙 | C복지센터 | 사회복지법인 | 대표 |
> | 회사원 丁 | D물산 | 대기업 | 근로자 |
> | 의사 戊 | E재단 | 비영리민간단체 | 임원 |

① 甲, 丙

② 甲, 戊

③ 乙, 丁

④ 甲, 丙, 戊

⑤ 乙, 丙, 丁

※ 다음 글을 읽고 물음에 답하시오. [문 9. ~ 문 10.]

'국민참여예산제도'는 국가 예산사업의 제안, 심사, 우선순위 결정과정에 국민을 참여케 함으로써 예산에 대한 국민의 관심도를 높이고 정부 재정운영의 투명성을 제고하기 위한 제도이다. 이 제도는 정부의 예산편성권과 국회의 예산심의·의결권 틀 내에서 운영된다.

국민참여예산제도는 기존 제도인 국민제안제도나 주민참여예산제도와 차이점을 지닌다. 먼저 '국민제안제도'가 국민들이 제안한 사항에 대해 관계부처가 채택 여부를 결정하는 방식이라면, 국민참여예산제도는 국민의 제안 이후 사업심사와 우선순위 결정과정에도 국민의 참여를 가능하게 함으로써 국민의 역할을 확대하는 방식이다. 또한 '주민참여예산제도'가 지방자치단체의 사무를 대상으로 하는 반면, 국민참여예산제도는 중앙정부가 재정을 지원하는 예산사업을 대상으로 한다.

국민참여예산제도에서는 3 ~ 4월에 국민사업제안과 제안사업 적격성 검사를 실시하고, 이후 5월까지 각 부처에 예산안을 요구한다. 6월에는 예산국민참여단을 발족하여 참여예산 후보사업을 압축한다. 7월에는 일반국민 설문조사와 더불어 예산국민참여단 투표를 통해 사업선호도 조사를 한다. 이러한 과정을 통해 선호순위가 높은 후보사업은 국민참여예산사업으로 결정되며, 8월에 재정정책자문회의의 논의를 거쳐 국무회의에서 정부예산안에 반영된다. 정부예산안은 국회에 제출되며, 국회는 심의·의결을 거쳐 12월까지 예산안을 확정한다.

예산국민참여단은 일반국민을 대상으로 전화를 통해 참여의사를 타진하여 구성한다. 무작위로 표본을 추출하되 성·연령·지역별 대표성을 확보하는 통계적 구성방법이 사용된다. 예산국민참여단원은 예산학교를 통해 국가재정에 대한 교육을 이수한 후, 참여예산 후보사업을 압축하는 역할을 맡는다. 예산국민참여단이 압축한 후보사업에 대한 일반국민의 선호도는 통계적 대표성이 확보된 표본을 대상으로 한 설문을 통해, 예산국민참여단의 사업선호도는 오프라인 투표를 통해 조사한다.

정부는 2017년에 2018년도 예산을 편성하면서 국민참여예산제도를 시범 도입하였는데, 그 결과 6개의 국민참여예산사업이 선정되었다. 2019년도 예산에는 총 39개 국민참여예산사업에 대해 800억 원이 반영되었다.

문 9. 윗글을 근거로 판단할 때 옳은 것은?

① 국민제안제도에서는 중앙정부가 재정을 지원하는 예산사업의 우선순위를 국민이 정할 수 있다.

② 국민참여예산사업은 국회 심의·의결 전에 국무회의에서 정부예산안에 반영된다.

③ 국민참여예산제도는 정부의 예산편성권 범위 밖에서 운영된다.

④ 참여예산 후보사업은 재정정책자문회의의 논의를 거쳐 제안된다.

⑤ 예산국민참여단의 사업선호도 조사는 전화설문을 통해 이루어진다.

문 10. 윗글과 〈상황〉을 근거로 판단할 때, 甲이 보고할 수치를 옳게 짝지은 것은?

〈상황〉

2019년도 국민참여예산사업 예산 가운데 688억 원이 생활밀착형사업 예산이고 나머지는 취약계층지원사업 예산이었다. 2020년도 국민참여예산사업 예산 규모는 2019년도에 비해 25% 증가했는데, 이 중 870억 원이 생활밀착형사업 예산이고 나머지는 취약계층지원사업 예산이었다. 국민참여예산제도에 관한 정부부처 담당자 甲은 2019년도와 2020년도 각각에 대해 국민참여예산사업 예산에서 취약계층지원사업 예산이 차지한 비율을 보고하려고 한다.

	2019년도	2020년도
①	13%	12%
②	13%	13%
③	14%	13%
④	14%	14%
⑤	15%	14%

문 11. 다음 글을 근거로 판단할 때, 네 번째로 보고되는 개정안은?

> △△처에서 소관 법규 개정안 보고회를 개최하고자 한다. 보고회는 아래와 같은 기준에 따라 진행한다.
>
> ○ 법규 체계 순위에 따라 법 – 시행령 – 시행규칙의 순서로 보고한다. 법규 체계 순위가 같은 개정안이 여러 개 있는 경우 소관 부서명의 가나다순으로 보고한다.
>
> ○ 한 부서에서 보고해야 하는 개정안이 여럿인 경우, 해당 부서의 첫 번째 보고 이후 위 기준에도 불구하고 그 부서의 나머지 소관 개정안을 법규 체계 순위에 따라 연달아 보고한다.
>
> ○ 이상의 모든 기준과 무관하게 보고자가 국장인 경우 가장 먼저 보고한다.
>
> 보고 예정인 개정안은 다음과 같다.
>
> | 개정안명 | 소관 부서 | 보고자 |
> |---|---|---|
> | A법 개정안 | 예산담당관 | 甲사무관 |
> | B법 개정안 | 기획담당관 | 乙과장 |
> | C법 시행령 개정안 | 기획담당관 | 乙과장 |
> | D법 시행령 개정안 | 국제화담당관 | 丙국장 |
> | E법 시행규칙 개정안 | 예산담당관 | 甲사무관 |

① A법 개정안

② B법 개정안

③ C법 시행령 개정안

④ D법 시행령 개정안

⑤ E법 시행규칙 개정안

문 12. 다음 글과 〈상황〉을 근거로 판단할 때, 甲이 선택할 사업과 받을 수 있는 지원금을 옳게 짝지은 것은?

> ○○군은 집수리지원사업인 A와 B를 운영하고 있다. 신청자는 하나의 사업을 선택하여 지원받을 수 있다. 수리 항목은 외부(방수, 지붕, 담장, 쉼터)와 내부(단열, 설비, 창호)로 나누어진다.
>
> 〈사업 A의 지원기준〉
>
> ○ 외부는 본인부담 10%를 제외한 나머지 소요비용을 1,250만 원 한도 내에서 전액 지원
>
> ○ 내부는 지원하지 않음
>
> 〈사업 B의 지원기준〉
>
> ○ 담장과 쉼터는 둘 중 하나의 항목만 지원하며, 각각 300만 원과 50만 원 한도 내에서 소요비용 전액 지원
>
> ○ 담장과 쉼터를 제외한 나머지 항목은 내·외부와 관계없이 본인부담 50%를 제외한 나머지 소요비용을 1,200만 원 한도 내에서 전액 지원

> ─── 〈상황〉 ───
>
> 甲은 본인 집의 창호와 쉼터를 수리하고자 한다. 소요비용은 각각 500만 원과 900만 원이다. 甲은 사업 A와 B 중 지원금이 더 많은 사업을 선택하여 신청하려고 한다.

	사업	지원금
①	A	1,250만 원
②	A	810만 원
③	B	1,250만 원
④	B	810만 원
⑤	B	300만 원

문 13. 다음 글을 근거로 판단할 때, 〈보기〉에서 옳은 것만을 모두 고르면?

요일	월	화	수	목	금
기본업무량	60	50	60	50	60

이번 주 甲의 요일별 기본업무량은 다음과 같다.

甲은 기본업무량을 초과하여 업무를 처리한 날에 '칭찬'을, 기본업무량 미만으로 업무를 처리한 날에 '꾸중'을 듣는다. 정확히 기본업무량만큼 업무를 처리한 날에는 칭찬도 꾸중도 듣지 않는다.

이번 주 甲은 방식1~방식3 중 하나를 선택하여 업무를 처리한다.

방식1: 월요일에 100의 업무량을 처리하고, 그다음 날부터는 매일 전날 대비 20 적은 업무량을 처리한다.

방식2: 월요일에 0의 업무량을 처리하고, 그다음 날부터는 매일 전날 대비 30 많은 업무량을 처리한다.

방식3: 매일 60의 업무량을 처리한다.

〈보기〉

ㄱ. 방식1을 선택할 경우 화요일에 꾸중을 듣는다.

ㄴ. 어느 방식을 선택하더라도 수요일에는 칭찬도 꾸중도 듣지 않는다.

ㄷ. 어느 방식을 선택하더라도 칭찬을 듣는 날수는 동일하다.

ㄹ. 칭찬을 듣는 날수에서 꾸중을 듣는 날수를 뺀 값을 최대로 하려면 방식2를 선택하여야 한다.

① ㄱ, ㄷ
② ㄱ, ㄹ
③ ㄴ, ㄷ
④ ㄴ, ㄹ
⑤ ㄴ, ㄷ, ㄹ

문 14. 다음 글을 근거로 판단할 때, 〈보기〉에서 옳은 것만을 모두 고르면?

○○부의 甲국장은 직원 연수 프로그램을 마련하기 위하여 乙주무관에게 직원 1,000명 전원을 대상으로 연수 희망 여부와 희망 지역에 대한 의견을 수렴할 것을 요청하였다. 이에 따라 乙은 설문조사를 실시하였고, 甲과 乙은 그 결과에 대해 대화를 나누고 있다.

甲: 설문조사는 잘 시행되었나요?

乙: 예. 직원 1,000명 모두 연수 희망 여부에 대해 응답하였습니다. 연수를 희망하는 응답자는 43%였으며, 남자직원의 40%와 여자직원의 50%가 연수를 희망하는 것으로 나타났습니다.

甲: 연수 희망자 전원이 희망 지역에 대해 응답했나요?

乙: 예. A지역과 B지역 두 곳 중에서 희망하는 지역을 선택하라고 했더니 B지역을 희망하는 비율이 약간 더 높았습니다. 그리고 연수를 희망하는 여자직원 중 B지역 희망 비율은 연수를 희망하는 남자직원 중 B지역 희망 비율의 2배인 80%였습니다.

〈보기〉

ㄱ. 전체 직원 중 남자직원의 비율은 50%를 넘는다.

ㄴ. 연수 희망자 중 여자직원의 비율은 40%를 넘는다.

ㄷ. A지역 연수를 희망하는 직원은 200명을 넘지 않는다.

ㄹ. B지역 연수를 희망하는 남자직원은 100명을 넘는다.

① ㄱ, ㄷ
② ㄴ, ㄷ
③ ㄴ, ㄹ
④ ㄱ, ㄴ, ㄹ
⑤ ㄱ, ㄷ, ㄹ

문 15. 다음 글을 근거로 판단할 때, 〈보기〉에서 甲이 지원금을 받는 경우만을 모두 고르면?

○ 정부는 자영업자를 지원하기 위하여 2020년 대비 2021년의 이익이 감소한 경우 이익 감소액의 10%를 자영업자에게 지원금으로 지급하기로 하였다.

○ 이익은 매출액에서 변동원가와 고정원가를 뺀 금액으로, 자영업자 甲의 2020년 이익은 아래와 같이 계산된다.

구분	금액	비고
매출액	8억 원	판매량(400,000단위) × 판매가격(2,000원)
변동원가	6.4억 원	판매량(400,000단위) × 단위당 변동원가(1,600원)
고정원가	1억 원	판매량과 관계없이 일정함
이익	0.6억 원	8억 원 − 6.4억 원 − 1억 원

〈보기〉

ㄱ. 2021년의 판매량, 판매가격, 단위당 변동원가, 고정원가는 모두 2020년과 같았다.

ㄴ. 2020년에 비해 2021년에 판매가격을 5% 인하하였고, 판매량, 단위당 변동원가, 고정원가는 2020년과 같았다.

ㄷ. 2020년에 비해 2021년에 판매량은 10% 증가하고 고정원가는 5% 감소하였으나, 판매가격과 단위당 변동원가는 2020년과 같았다.

ㄹ. 2020년에 비해 2021년에 판매가격을 5% 인상했음에도 불구하고 판매량이 25% 증가하였고, 단위당 변동원가와 고정원가는 2020년과 같았다.

① ㄴ

② ㄹ

③ ㄱ, ㄴ

④ ㄴ, ㄷ

⑤ ㄷ, ㄹ

문 16. 다음 글과 〈상황〉을 근거로 판단할 때 옳지 않은 것은?

□□시는 부서 성과 및 개인 성과에 따라 등급을 매겨 직원들에게 성과급을 지급하고 있다.

○ 부서 등급과 개인 등급은 각각 S, A, B, C로 나뉘고, 등급별 성과급 산정비율은 다음과 같다.

성과 등급	S	A	B	C
성과급 산정비율(%)	40	20	10	0

○ 작년까지 부서 등급과 개인 등급에 따른 성과급 산정비율의 산술평균을 연봉에 곱해 직원의 성과급을 산정해왔다.

성과급 = 연봉 × {(부서 산정비율 + 개인 산정비율)/2}

○ 올해부터 부서 등급과 개인 등급에 따른 성과급 산정비율 중 더 큰 값을 연봉에 곱해 성과급을 산정하도록 개편하였다.

성과급 = 연봉 × max{부서 산정비율, 개인 산정비율}

※ max{a, b} = a와 b 중 더 큰 값

〈상황〉

작년과 올해 □□시 소속 직원 甲 ~ 丙의 연봉과 성과 등급은 다음과 같다.

구분	작년			올해		
	연봉 (만 원)	성과 등급		연봉 (만 원)	성과 등급	
		부서	개인		부서	개인
甲	3,500	S	A	4,000	A	S
乙	4,000	B	S	4,000	S	A
丙	3,000	B	A	3,500	C	B

① 甲의 작년 성과급은 1,050만 원이다.

② 甲과 乙의 올해 성과급은 동일하다.

③ 甲 ~ 丙 모두 작년 대비 올해 성과급이 증가한다.

④ 올해 연봉과 성과급의 합이 가장 작은 사람은 丙이다.

⑤ 작년 대비 올해 성과급 상승률이 가장 큰 사람은 乙이다.

문 17. 다음 글을 근거로 판단할 때 옳은 것은?

> 甲부처 신입직원 선발시험은 전공, 영어, 적성 3개 과목으로 이루어진다. 3개 과목 합계 점수가 높은 사람순으로 정원까지 합격한다. 응시자는 7명(A~G)이며, 7명의 각 과목 성적에 대해서는 다음과 같은 사실이 알려졌다.
>
> ○ 전공시험 점수: A는 B보다 높고, B는 E보다 높고, C는 D보다 높다.
> ○ 영어시험 점수: E는 F보다 높고, F는 G보다 높다.
> ○ 적성시험 점수: G는 B보다도 높고 C보다도 높다.
>
> 합격자 선발 결과, 전공시험 점수가 일정 점수 이상인 응시자는 모두 합격한 반면 그 점수에 달하지 않은 응시자는 모두 불합격한 것으로 밝혀졌고, 이는 영어시험과 적성시험에서도 마찬가지였다.

① A가 합격하였다면, B도 합격하였다.
② G가 합격하였다면, C도 합격하였다.
③ A와 B가 합격하였다면, C와 D도 합격하였다.
④ B와 E가 합격하였다면, F와 G도 합격하였다.
⑤ B가 합격하였다면, B를 포함하여 적어도 6명이 합격하였다.

문 18. 다음 글을 근거로 판단할 때, 〈보기〉에서 옳은 것만을 모두 고르면?

> ○ 甲과 乙이 아래와 같은 방식으로 농구공 던지기 놀이를 하였다.
>   - 甲과 乙은 각 5회씩 도전하고, 합계 점수가 더 높은 사람이 승리한다.
>   - 2점 숏과 3점 숏을 자유롭게 선택하여 도전할 수 있으며, 성공하면 해당 점수를 획득한다.
>   - 5회의 도전 중 4점 숏 도전이 1번 가능한데, '4점 도전'이라고 외친 후 뒤돌아서서 숏을 하여 성공하면 4점을 획득하고, 실패하면 1점을 잃는다.
> ○ 甲과 乙의 던지기 결과는 다음과 같았다.
>
> (성공: ○, 실패: ×)

구분	1회	2회	3회	4회	5회
甲	○	×	○	○	○
乙	○	○	×	×	○

─〈보기〉─
ㄱ. 甲의 합계 점수는 8점 이상이었다.
ㄴ. 甲이 3점 숏에 2번 도전하였고 乙이 승리하였다면, 乙은 4점 숏에 도전하였을 것이다.
ㄷ. 4점 숏뿐만 아니라 2점 숏, 3점 숏에 대해서도 실패 시 1점을 차감하였다면, 甲이 승리하였을 것이다.

① ㄱ
② ㄴ
③ ㄱ, ㄴ
④ ㄱ, ㄷ
⑤ ㄴ, ㄷ

문 19. 다음 글을 근거로 판단할 때, A군 양봉농가의 최대 수는?

> ○ A군청은 양봉농가가 안정적으로 꿀을 생산할 수 있도록 양봉농가 간 거리가 12km 이상인 경우에만 양봉을 허가하고 있다.
> ○ A군은 반지름이 12km인 원 모양의 평지이며 군 경계를 포함한다.
> ○ A군의 외부에는 양봉농가가 존재하지 않는다.

※ 양봉농가의 면적은 고려하지 않음

① 5개
② 6개
③ 7개
④ 8개
⑤ 9개

문 20. 다음 글을 근거로 판단할 때, ㉠에 해당하는 수는?

> 甲: 그저께 나는 만 21살이었는데, 올해 안에 만 23살이 될 거야.
> 乙: 올해가 몇 년이지?
> 甲: 올해는 2022년이야.
> 乙: 그러면 네 주민등록번호 앞 6자리의 각 숫자를 모두 곱하면 ㉠ 이구나.
> 甲: 그래, 맞아!

① 0
② 81
③ 486
④ 648
⑤ 2,916

문 21. 다음 글과 〈상황〉을 근거로 판단할 때, 올해 말 A검사국이 인사부서에 증원을 요청할 인원은?

> 농식품 품질 검사를 수행하는 A검사국은 매년 말 다음과 같은 기준에 따라 인사부서에 인력 증원을 요청한다.
> ○ 다음 해 A검사국의 예상 검사 건수를 모두 검사하는 데 필요한 최소 직원 수에서 올해 직원 수를 뺀 인원을 증원 요청한다.
> ○ 직원별로 한 해 동안 수행할 수 있는 최대 검사 건수는 매년 정해지는 '기준 검사 건수'에서 아래와 같이 차감하여 정해진다.
>   – 국장은 '기준 검사 건수'의 100%를 차감한다.
>   – 사무 처리 직원은 '기준 검사 건수'의 100%를 차감한다.
>   – 국장 및 사무 처리 직원을 제외한 모든 직원은 매년 근무 시간 중에 품질 검사 교육을 이수해야 하므로, '기준 검사 건수'의 10%를 차감한다.
>   – 과장은 '기준 검사 건수'의 50%를 추가 차감한다.

—— 〈상황〉 ——

> ○ 올해 A검사국에는 국장 1명, 과장 9명, 사무 처리 직원 10명을 포함하여 총 100명의 직원이 있다.
> ○ 내년에도 국장, 과장, 사무 처리 직원의 수는 올해와 동일하다.
> ○ 올해 '기준 검사 건수'는 100건이나, 내년부터는 검사 품질 향상을 위해 90건으로 하향 조정한다.
> ○ A검사국의 올해 검사 건수는 현 직원 모두가 한 해 동안 수행할 수 있는 최대 검사 건수와 같다.
> ○ 내년 A검사국의 예상 검사 건수는 올해 검사 건수의 120%이다.

① 10명
② 14명
③ 18명
④ 21명
⑤ 28명

문 22. 다음 글을 근거로 판단할 때, 〈보기〉에서 옳은 것만을 모두 고르면?

○ 甲, 乙, 丙 세 사람은 25개 문제(1~25번)로 구성된 문제집을 푼다.

○ 1회차에는 세 사람 모두 1번 문제를 풀고, 2회차부터는 직전 회차 풀이 결과에 따라 풀 문제가 다음과 같이 정해진다.

– 직전 회차가 정답인 경우:
    직전 회차의 문제 번호에 2를 곱한 후 1을 더한 번호의 문제

– 직전 회차가 오답인 경우:
    직전 회차의 문제 번호를 2로 나누어 소수점 이하를 버린 후 1을 더한 번호의 문제

○ 풀 문제의 번호가 25번을 넘어갈 경우, 25번 문제를 풀고 더 이상 문제를 풀지 않는다.

○ 7회차까지 문제를 푼 결과, 세 사람이 맞힌 정답의 개수는 같았고 한 사람이 같은 번호의 문제를 두 번 이상 푼 경우는 없었다.

○ 4, 5회차를 제외한 회차별 풀이 결과는 아래와 같다.

(정답: ○, 오답: ×)

구분	1	2	3	4	5	6	7
甲	○	○	×			○	×
乙	○	○	○			×	○
丙	○	×	○			○	×

〈보기〉

ㄱ. 甲과 丙이 4회차에 푼 문제 번호는 같다.

ㄴ. 4회차에 정답을 맞힌 사람은 2명이다.

ㄷ. 5회차에 정답을 맞힌 사람은 없다.

ㄹ. 乙은 7회차에 9번 문제를 풀었다.

① ㄱ, ㄴ

② ㄱ, ㄷ

③ ㄴ, ㄷ

④ ㄴ, ㄹ

⑤ ㄷ, ㄹ

문 23. 다음 글을 근거로 판단할 때 옳지 않은 것은?

△△팀원 7명(A~G)은 새로 부임한 팀장 甲과 함께 하는 환영식사를 계획하고 있다. 모든 팀원은 아래 조건을 전부 만족시키며 甲과 한 번씩만 식사하려 한다.

○ 함께 식사하는 총 인원은 4명 이하여야 한다.

○ 단둘이 식사하지 않는다.

○ 부팀장은 A, B뿐이며, 이 둘은 함께 식사하지 않는다.

○ 같은 학교 출신인 C, D는 함께 식사하지 않는다.

○ 입사 동기인 E, F는 함께 식사한다.

○ 신입사원 G는 부팀장과 함께 식사한다.

① A는 E와 함께 환영식사에 참석할 수 있다.

② B는 C와 함께 환영식사에 참석할 수 있다.

③ C는 G와 함께 환영식사에 참석할 수 있다.

④ D가 E와 함께 환영식사에 참석하는 경우, C는 부팀장과 함께 환영식사에 참석하게 된다.

⑤ G를 포함하여 총 4명이 함께 환영식사에 참석하는 경우, F가 참석하는 환영식사의 인원은 총 3명이다.

문 24. 다음 글을 근거로 판단할 때, ㉠에 해당하는 수는?

> 甲과 乙은 같은 층의 서로 다른 사무실에서 근무하고 있다. 각 사무실은 일직선 복도의 양쪽 끝에 위치하고 있으며, 두 사람은 복도에서 항상 자신만의 일정한 속력으로 걷는다.
>
> 甲은 약속한 시각에 乙에게 서류를 직접 전달하기 위해 자신의 사무실을 나섰다. 甲은 乙의 사무실에 도착하여 서류를 전달하고 곧바로 자신의 사무실로 돌아올 계획이었다.
>
> 한편 甲을 기다리고 있던 乙에게 甲의 사무실 쪽으로 가야 할 일이 생겼다. 그래서 乙은 甲이 도착하기로 약속한 시각보다 ㉠ 분 일찍 자신의 사무실을 나섰다. 乙은 출발한 지 4분 뒤 복도에서 甲을 만나 서류를 받았다. 서류 전달 후 곧바로 사무실로 돌아온 甲은 원래 예상했던 시각보다 2분 일찍 사무실로 복귀한 사실을 알게 되었다.

① 2

② 3

③ 4

④ 5

⑤ 6

문 25. 다음 글과 〈상황〉을 근거로 판단할 때 옳은 것은?

> 제00조 ① 재외공관에 근무하는 공무원(이하 '재외공무원'이라 한다)이 공무로 일시귀국하고자 하는 경우에는 장관의 허가를 받아야 한다.
>
> ② 공관장이 아닌 재외공무원이 공무 외의 목적으로 일시귀국하려는 경우에는 공관장의 허가를, 공관장이 공무 외의 목적으로 일시귀국하려는 경우에는 장관의 허가를 받아야 한다. 다만 재외공무원 또는 그 배우자의 직계존·비속이 사망하거나 위독한 경우에는 공관장이 아닌 재외공무원은 공관장에게, 공관장은 장관에게 각각 신고하고 일시귀국할 수 있다.
>
> ③ 재외공무원이 공무 외의 목적으로 일시귀국할 수 있는 기간은 연 1회 20일 이내로 한다. 다만 다음 각 호의 어느 하나에 해당하는 경우에는 이를 일시귀국의 횟수 및 기간에 산입하지 아니한다.
>
>   1. 재외공무원의 직계존·비속이 사망하거나 위독하여 일시귀국하는 경우
>
>   2. 재외공무원 또는 그 동반가족의 치료를 위하여 일시귀국하는 경우
>
> ④ 제2항에도 불구하고 다음 각 호의 어느 하나에 해당하는 경우에는 장관의 허가를 받아야 한다.
>
>   1. 재외공무원이 연 1회 또는 20일을 초과하여 공무 외의 목적으로 일시귀국하려는 경우
>
>   2. 재외공무원이 일시귀국 후 국내 체류기간을 연장하는 경우

> ─────── 〈상황〉 ───────
>
> A국 소재 대사관에는 공관장 甲을 포함하여 총 3명의 재외공무원(甲 ~ 丙)이 근무하고 있다. 아래는 올해 1월부터 7월 현재까지 甲 ~ 丙의 일시귀국 현황이다.
>
> ○ 甲: 공무상 회의 참석을 위해 총 2회(총 25일)
>
> ○ 乙: 동반자녀의 관절 치료를 위해 총 1회(치료가 더 필요하여 국내 체류기간 1회 연장, 총 17일)
>
> ○ 丙: 직계존속의 회갑으로 총 1회(총 3일)

① 甲은 일시귀국 시 장관에게 신고하였을 것이다.

② 甲은 배우자의 직계존속이 위독하여 올해 추가로 일시귀국하기 위해서는 장관의 허가를 받아야 한다.

③ 乙이 직계존속의 회갑으로 인해 올해 3일간 추가로 일시귀국하기 위해서는 장관의 허가를 받아야 한다.

④ 乙이 공관장의 허가를 받아 일시귀국하였더라도 국내 체류기간을 연장하였을 때에는 장관의 허가를 받았을 것이다.

⑤ 丙이 자신의 혼인으로 인해 올해 추가로 일시귀국하기 위해서는 공관장의 허가를 받아야 한다.

약점 보완 해설집 p.32

문 1. 다음 글과 〈상황〉을 근거로 판단할 때 옳은 것은?

> 제00조 ① 다음 각 호의 어느 하나에 해당하는 사람은 주민등록지의 시장(특별시장·광역시장은 제외하고 특별자치도지사는 포함한다. 이하 같다)·군수 또는 구청장에게 주민등록번호(이하 '번호'라 한다)의 변경을 신청할 수 있다.
>
>   1. 유출된 번호로 인하여 생명·신체에 위해를 입거나 입을 우려가 있다고 인정되는 사람
>   2. 유출된 번호로 인하여 재산에 피해를 입거나 입을 우려가 있다고 인정되는 사람
>   3. 성폭력피해자, 성매매피해자, 가정폭력피해자로서 유출된 번호로 인하여 피해를 입거나 입을 우려가 있다고 인정되는 사람
>
> ② 제1항의 신청 또는 제5항의 이의신청을 받은 주민등록지의 시장·군수·구청장(이하 '시장 등'이라 한다)은 ○○부의 주민등록번호변경위원회(이하 '변경위원회'라 한다)에 번호변경 여부에 관한 결정을 청구해야 한다.
>
> ③ 주민등록지의 시장 등은 변경위원회로부터 번호변경 인용결정을 통보받은 경우에는 신청인의 번호를 다음 각 호의 기준에 따라 지체 없이 변경하고 이를 신청인에게 통지해야 한다.
>
>   1. 번호의 앞 6자리(생년월일) 및 뒤 7자리 중 첫째 자리는 변경할 수 없음
>   2. 제1호 이외의 나머지 6자리는 임의의 숫자로 변경함
>
> ④ 제3항의 번호변경 통지를 받은 신청인은 주민등록증, 운전면허증, 여권, 장애인등록증 등에 기재된 번호의 변경을 위해서는 그 번호의 변경을 신청해야 한다.
>
> ⑤ 주민등록지의 시장 등은 변경위원회로부터 번호변경 기각결정을 통보받은 경우에는 그 사실을 신청인에게 통지해야 하며, 신청인은 통지를 받은 날부터 30일 이내에 그 시장 등에게 이의신청을 할 수 있다.

> ─────── 〈상황〉 ───────
> 甲은 주민등록번호 유출로 인해 재산상 피해를 입게 되자 주민등록번호 변경신청을 하였다. 甲의 주민등록지는 A광역시 B구이고, 주민등록번호는 980101-23456□□이다.

① A광역시장이 주민등록번호변경위원회에 甲의 주민등록번호 변경 여부에 관한 결정을 청구해야 한다.

② 주민등록번호변경위원회는 번호변경 인용결정을 하면서 甲의 주민등록번호를 다른 번호로 변경할 수 있다.

③ 주민등록번호변경위원회의 번호변경 인용결정이 있는 경우, 甲의 주민등록번호는 980101-45678□□으로 변경될 수 있다.

④ 甲의 주민등록번호가 변경된 경우, 甲이 운전면허증에 기재된 주민등록번호를 변경하기 위해서는 변경신청을 해야 한다.

⑤ 甲은 번호변경 기각결정을 통지받은 날부터 30일 이내에 주민등록번호변경위원회에 이의신청을 할 수 있다.

문 2. 다음 글을 근거로 판단할 때 옳은 것은?

> 제00조 ① 각 중앙관서의 장은 그 소관 물품관리에 관한 사무를 소속 공무원에게 위임할 수 있고, 필요하면 다른 중앙관서의 소속 공무원에게 위임할 수 있다.
> ② 제1항에 따라 각 중앙관서의 장으로부터 물품관리에 관한 사무를 위임받은 공무원을 물품관리관이라 한다.
> 제00조 ① 물품관리관은 물품수급관리계획에 정하여진 물품에 대하여는 그 계획의 범위에서, 그 밖의 물품에 대하여는 필요할 때마다 계약담당공무원에게 물품의 취득에 관한 필요한 조치를 할 것을 청구하여야 한다.
> ② 계약담당공무원은 제1항에 따른 청구가 있으면 예산의 범위에서 해당 물품을 취득하기 위한 필요한 조치를 하여야 한다.
> 제00조 물품은 국가의 시설에 보관하여야 한다. 다만 물품관리관이 국가의 시설에 보관하는 것이 물품의 사용이나 처분에 부적당하다고 인정하거나 그 밖에 특별한 사유가 있으면 국가 외의 자의 시설에 보관할 수 있다.
> 제00조 ① 물품관리관은 물품을 출납하게 하려면 물품출납공무원에게 출납하여야 할 물품의 분류를 명백히 하여 그 출납을 명하여야 한다.
> ② 물품출납공무원은 제1항에 따른 명령이 없으면 물품을 출납할 수 없다.
> 제00조 ① 물품출납공무원은 보관 중인 물품 중 사용할 수 없거나 수선 또는 개조가 필요한 물품이 있다고 인정하면 그 사실을 물품관리관에게 보고하여야 한다.
> ② 물품관리관은 제1항에 따른 보고에 의하여 수선이나 개조가 필요한 물품이 있다고 인정하면 계약담당공무원이나 그 밖의 관계 공무원에게 그 수선이나 개조를 위한 필요한 조치를 할 것을 청구하여야 한다.

① 물품출납공무원은 물품관리관의 명령이 없으면 자신의 재량으로 물품을 출납할 수 없다.

② A중앙관서의 장이 그 소관 물품관리에 관한 사무를 위임하고자 할 경우, B중앙관서의 소속 공무원에게는 위임할 수 없다.

③ 계약담당공무원은 물품을 국가의 시설에 보관하는 것이 그 사용이나 처분에 부적당하다고 인정하는 경우, 그 물품을 국가 외의 자의 시설에 보관할 수 있다.

④ 물품수급관리계획에 정해진 물품 이외의 물품이 필요한 경우, 물품관리관은 필요할 때마다 물품출납공무원에게 물품의 취득에 관한 필요한 조치를 할 것을 청구해야 한다.

⑤ 물품출납공무원은 보관 중인 물품 중 수선이 필요한 물품이 있다고 인정하는 경우, 계약담당공무원에게 수선에 필요한 조치를 할 것을 청구해야 한다.

문 3. 다음 글을 근거로 판단할 때 옳은 것은?

> 제○○조 ① 누구든지 법률에 의하지 아니하고는 우편물의 검열·전기통신의 감청 또는 통신사실확인자료의 제공을 하거나 공개되지 아니한 타인 상호간의 대화를 녹음 또는 청취하지 못한다.
> ② 다음 각 호의 어느 하나에 해당하는 자는 1년 이상 10년 이하의 징역과 5년 이하의 자격정지에 처한다.
> > 1. 제1항에 위반하여 우편물의 검열 또는 전기통신의 감청을 하거나 공개되지 아니한 타인 상호간의 대화를 녹음 또는 청취한 자
> > 2. 제1호에 따라 알게 된 통신 또는 대화의 내용을 공개하거나 누설한 자
> ③ 누구든지 단말기기 고유번호를 제공하거나 제공받아서는 안 된다. 다만 이동전화단말기 제조업체 또는 이동통신사업자가 단말기의 개통처리 및 수리 등 정당한 업무의 이행을 위하여 제공하거나 제공받는 경우에는 그러하지 아니하다.
> ④ 제3항을 위반하여 단말기기 고유번호를 제공하거나 제공받은 자는 3년 이하의 징역 또는 1천만 원 이하의 벌금에 처한다.
> 제□□조 제○○조의 규정에 위반하여, 불법검열에 의하여 취득한 우편물이나 그 내용, 불법감청에 의하여 지득(知得) 또는 채록(採錄)된 전기통신의 내용, 공개되지 아니한 타인 상호간의 대화를 녹음 또는 청취한 내용은 재판 또는 징계절차에서 증거로 사용할 수 없다.

① 甲이 불법검열에 의하여 취득한 乙의 우편물은 징계절차에서 증거로 사용할 수 있다.

② 甲이 乙과 정책용역을 수행하면서 乙과의 대화를 녹음한 내용은 재판에서 증거로 사용할 수 없다.

③ 甲이 乙과 丙 사이의 공개되지 않은 대화를 녹음하여 공개한 경우, 1천만 원의 벌금에 처해질 수 있다.

④ 이동통신사업자 甲이 乙의 단말기를 개통하기 위하여 단말기기 고유번호를 제공받은 경우, 1년의 징역에 처해질 수 있다.

⑤ 甲이 乙과 丙 사이의 우편물을 불법으로 검열한 경우, 2년의 징역과 3년의 자격정지에 처해질 수 있다.

문 4. 다음 글과 〈지원대상 후보 현황〉을 근거로 판단할 때, 기업 F가 받는 지원금은?

□□부는 2021년도 중소기업 광고비 지원사업 예산 6억 원을 기업에 지원하려 하며, 지원대상 선정 및 지원금 산정 방법은 다음과 같다.

○ 2020년도 총매출이 500억 원 미만인 기업만 지원하며, 우선 지원대상 사업분야는 백신, 비대면, 인공지능이다.

○ 우선 지원대상 사업분야 내 또는 우선 지원대상이 아닌 사업분야 내에서는 '소요 광고비 × 2020년도 총매출'이 작은 기업부터 먼저 선정한다.

○ 지원금 상한액은 1억 2,000만 원이나, 해당 기업의 2020년도 총매출이 100억 원 이하인 경우 상한액의 2배까지 지원할 수 있다. 단, 지원금은 소요 광고비의 2분의 1을 초과할 수 없다.

○ 위의 지원금 산정 방법에 따라 예산 범위 내에서 지급 가능한 최대 금액을 예산이 소진될 때까지 지원대상 기업에 순차로 배정한다.

〈지원대상 후보 현황〉

기업	2020년도 총매출 (억 원)	소요 광고비 (억 원)	사업분야
A	600	1	백신
B	500	2	비대면
C	400	3	농산물
D	300	4	인공지능
E	200	5	비대면
F	100	6	의류
G	30	4	백신

① 없음

② 8,000만 원

③ 1억 2,000만 원

④ 1억 6,000만 원

⑤ 2억 4,000만 원

문 5. 다음 글의 ㉠과 ㉡에 해당하는 수를 옳게 짝지은 것은?

甲담당관: 우리 부서 전 직원 57명으로 구성되는 혁신조직을 출범시켰으면 합니다.

乙주무관: 조직은 어떻게 구성할까요?

甲담당관: 5～7명으로 구성된 10개의 소조직을 만들되, 5명, 6명, 7명 소조직이 각각 하나 이상 있었으면 합니다. 단, 각 직원은 하나의 소조직에만 소속되어야 합니다.

乙주무관: 그렇게 할 경우 5명으로 구성되는 소조직은 최소 (㉠)개, 최대 (㉡)개가 가능합니다.

	㉠	㉡
①	1	5
②	3	5
③	3	6
④	4	6
⑤	4	7

문 6. 다음 글을 근거로 판단할 때, 甲이 통합력에 투입해야 하는 노력의 최솟값은?

○ 업무역량은 기획력, 창의력, 추진력, 통합력의 4가지 부문으로 나뉜다.

○ 부문별 업무역량 값을 수식으로 나타내면 다음과 같다.

부문별 업무역량 값
= (해당 업무역량 재능×4) + (해당 업무역량 노력×3)
※ 재능과 노력의 값은 음이 아닌 정수이다.

○ 甲의 부문별 업무역량의 재능은 다음과 같다.

기획력	창의력	추진력	통합력
90	100	110	60

○ 甲은 통합력의 업무역량 값을 다른 어떤 부문의 값보다 크게 만들고자 한다. 단, 甲이 투입 가능한 노력은 총 100이며 甲은 가능한 노력을 남김없이 투입한다.

① 67

② 68

③ 69

④ 70

⑤ 71

문 7. 다음 글을 근거로 판단할 때, 마지막에 송편을 먹었다면 그 직전에 먹은 떡은?

　　원 쟁반의 둘레를 따라 쑥떡, 인절미, 송편, 무지개떡, 팥떡, 호박떡이 순서대로 한 개씩 시계방향으로 놓여 있다. 이 떡을 먹는 순서는 다음과 같은 규칙에 따른다. 특정한 떡을 시작점(첫 번째)으로 하여 시계방향으로 떡을 세다가 여섯 번째에 해당하는 떡을 먹는다. 떡을 먹고 나면 시계방향으로 이어지는 바로 다음 떡이 새로운 시작점이 된다. 이 과정을 반복하여 떡이 한 개 남게 되면 마지막으로 그 떡을 먹는다.

① 무지개떡

② 쑥떡

③ 인절미

④ 팥떡

⑤ 호박떡

2021 해커스PSAT 7급+민경채 PSAT 16개년 기출문제집 상황판단

문 8. 다음 글을 근거로 판단할 때, 甲이 구매하려는 두 상품의 무게로 옳은 것은?

> ○○마트에서는 쌀 상품 A~D를 판매하고 있다. 상품 무게는 A가 가장 무겁고, B, C, D 순서대로 무게가 가볍다. 무게 측정을 위해 서로 다른 두 상품을 저울에 올린 결과, 각각 35kg, 39kg, 44kg, 45kg, 50kg, 54kg으로 측정되었다. 甲은 가장 무거운 상품과 가장 가벼운 상품을 제외하고 두 상품을 구매하기로 하였다.

※ 상품 무게(kg)의 값은 정수이다.

① 19kg, 25kg

② 19kg, 26kg

③ 20kg, 24kg

④ 21kg, 25kg

⑤ 22kg, 26kg

문 9. 다음 글을 근거로 판단할 때, A 괘종시계가 11시 정각을 알리기 위한 마지막 종을 치는 시각은?

> A 괘종시계는 매시 정각을 알리기 위해 매시 정각부터 일정한 시간 간격으로 해당 시의 수만큼 종을 친다. 예를 들어 7시 정각을 알리기 위해서는 7시 정각에 첫 종을 치기 시작하여 일정한 시간 간격으로 총 7번의 종을 치는 것이다. 이 괘종시계가 정각을 알리기 위해 2번 이상 종을 칠 때, 종을 치는 시간 간격은 몇 시 정각을 알리기 위한 것이든 동일하다. A 괘종시계가 6시 정각을 알리기 위한 마지막 6번째 종을 치는 시각은 6시 6초이다.

① 11시 11초

② 11시 12초

③ 11시 13초

④ 11시 14초

⑤ 11시 15초

문 10. 다음 글을 근거로 판단할 때, 현재 시점에서 두 번째로 많은 양의 일을 한 사람은?

> A부서 주무관 5명(甲~戊)은 오늘 해야 하는 일의 양이 같다. 오늘 업무 개시 후 현재까지 한 일을 비교해 보면 다음과 같다.
>
> 甲은 丙이 아직 하지 못한 일의 절반에 해당하는 양의 일을 했다. 乙은 丁이 남겨 놓고 있는 일의 2배에 해당하는 양의 일을 했다. 丙은 자신이 현재까지 했던 일의 절반에 해당하는 일을 남겨 놓고 있다. 丁은 甲이 남겨 놓고 있는 일과 동일한 양의 일을 했다. 戊는 乙이 남겨 놓은 일의 절반에 해당하는 양의 일을 했다.

① 甲
② 乙
③ 丙
④ 丁
⑤ 戊

문 11. 다음 글과 〈대화〉를 근거로 판단할 때, 丙이 받을 수 있는 최대 성과점수는?

> ○ A과는 과장 1명과 주무관 4명(甲~丁)으로 구성되어 있으며, 주무관의 직급은 甲이 가장 높고, 乙, 丙, 丁 순으로 낮아진다.
> ○ A과는 프로젝트를 성공적으로 마친 보상으로 성과점수 30점을 부여받았다. 과장은 A과에 부여된 30점을 자신을 제외한 주무관들에게 분배할 계획을 세우고 있다.
> ○ 과장은 주무관들의 요구를 모두 반영하여 성과점수를 분배하려 한다.
> ○ 주무관들이 받는 성과점수는 모두 다른 자연수이다.

───────── 〈대화〉 ─────────

甲: 과장님이 주시는 대로 받아야죠. 아! 그렇지만 丁보다는 제가 높아야 합니다.

乙: 이번 프로젝트 성공에는 제가 가장 큰 기여를 했으니, 제가 가장 높은 성과점수를 받아야 합니다.

丙: 기여도를 고려했을 때, 제 경우에는 상급자보다는 낮게 받고 하급자보다는 높게 받아야 합니다.

丁: 저는 내년 승진에 필요한 최소 성과점수인 4점만 받겠습니다.

① 6
② 7
③ 8
④ 9
⑤ 10

문 12. 다음 글을 근거로 판단할 때, 아기 돼지 삼형제와 각각의 집을 옳게 짝지은 것은?

○ 아기 돼지 삼형제는 엄마 돼지로부터 독립하여 벽돌집, 나무집, 지푸라기집 중 각각 다른 한 채씩을 선택하여 짓는다.
○ 벽돌집을 지을 때에는 벽돌만 필요하지만, 나무집은 나무와 지지대가, 지푸라기집은 지푸라기와 지지대가 재료로 필요하다. 지지대에 소요되는 비용은 집의 면적과 상관없이 나무집의 경우 20만 원, 지푸라기집의 경우 5만 원이다.
○ 재료의 1개당 가격 및 집의 면적 1m²당 필요 개수는 아래와 같다.

구분	벽돌	나무	지푸라기
1개당 가격(원)	6,000	3,000	1,000
1m²당 필요 개수	15	20	30

○ 첫째 돼지 집의 면적은 둘째 돼지 집의 2배이고, 셋째 돼지 집의 3배이다. 삼형제 집의 면적의 총합은 11m²이다.
○ 모두 집을 짓고 나니, 둘째 돼지 집을 짓는 재료 비용이 가장 많이 들었다.

	첫째	둘째	셋째
①	벽돌집	나무집	지푸라기집
②	벽돌집	지푸라기집	나무집
③	나무집	벽돌집	지푸라기집
④	지푸라기집	벽돌집	나무집
⑤	지푸라기집	나무집	벽돌집

문 13. 다음 〈A기관 특허대리인 보수 지급 기준〉과 〈상황〉을 근거로 판단할 때, 甲과 乙이 지급받는 보수의 차이는?

〈A기관 특허대리인 보수 지급 기준〉

○ A기관은 특허출원을 특허대리인(이하 '대리인')에게 의뢰하고, 이에 따라 특허출원 건을 수임한 대리인에게 보수를 지급한다.
○ 보수는 착수금과 사례금의 합이다.
○ 착수금은 대리인이 작성한 출원서의 내용에 따라 〈착수금 산정 기준〉의 세부항목을 합산하여 산정한다. 단, 세부항목을 합산한 금액이 140만 원을 초과할 경우 착수금은 140만 원으로 한다.

〈착수금 산정 기준〉

세부항목	금액(원)
기본료	1,200,000
독립항 1개 초과분(1개당)	100,000
종속항(1개당)	35,000
명세서 20면 초과분(1면당)	9,000
도면(1도당)	15,000

※ 독립항 1개 또는 명세서 20면 이하는 해당 항목에 대한 착수금을 산정하지 않는다.

○ 사례금은 출원한 특허가 '등록결정'된 경우 착수금과 동일한 금액으로 지급하고, '거절결정'된 경우 0원으로 한다.

〈상황〉

○ 특허대리인 甲과 乙은 A기관이 의뢰한 특허출원을 각각 1건씩 수임하였다.
○ 甲은 독립항 1개, 종속항 2개, 명세서 14면, 도면 3도로 출원서를 작성하여 특허를 출원하였고, '등록결정'되었다.
○ 乙은 독립항 5개, 종속항 16개, 명세서 50면, 도면 12도로 출원서를 작성하여 특허를 출원하였고, '거절결정'되었다.

① 2만 원
② 8만 5천 원
③ 123만 원
④ 129만 5천 원
⑤ 259만 원

문 14. 다음 글과 〈상황〉을 근거로 판단할 때, 〈보기〉에서 옳은 것만을 모두 고르면?

□□부서는 매년 △△사업에 대해 사업자 자격 요건 재허가 심사를 실시한다.

○ 기본심사 점수에서 감점 점수를 뺀 최종심사 점수가 70점 이상이면 '재허가', 60점 이상 70점 미만이면 '허가 정지', 60점 미만이면 '허가 취소'로 판정한다.

　　－ 기본심사 점수: 100점 만점으로, ㉮~㉰의 4가지 항목(각 25점 만점) 점수의 합으로 한다. 단, 점수는 자연수이다.

　　－ 감점 점수: 과태료 부과의 경우 1회당 2점, 제재 조치의 경우 경고 1회당 3점, 주의 1회당 1.5점, 권고 1회당 0.5점으로 한다.

〈상황〉

2020년 사업자 A~C의 기본심사 점수 및 감점 사항은 아래와 같다.

사업자	기본심사 항목별 점수			
	㉮	㉯	㉰	㉱
A	20	23	17	?
B	18	21	18	?
C	23	18	21	16

사업자	과태료 부과 횟수	제재 조치 횟수		
		경고	주의	권고
A	3	－	－	6
B	5	－	3	2
C	4	1	2	－

〈보기〉

ㄱ. A의 ㉱ 항목 점수가 15점이라면 A는 재허가를 받을 수 있다.

ㄴ. B의 허가가 취소되지 않으려면 B의 ㉱ 항목 점수가 19점 이상이어야 한다.

ㄷ. C가 2020년에 과태료를 부과받은 적이 없다면 판정 결과가 달라진다.

ㄹ. 기본심사 점수와 최종심사 점수 간의 차이가 가장 큰 사업자는 C이다.

① ㄱ

② ㄴ

③ ㄱ, ㄴ

④ ㄴ, ㄷ

⑤ ㄷ, ㄹ

문 15. 다음 글과 〈상황〉을 근거로 판단할 때, 수질검사빈도와 수질기준을 둘 다 충족한 검사지점만을 모두 고르면?

□□법 제00조(수질검사빈도와 수질기준) ① 기초자치단체의 장인 시장·군수·구청장은 다음 각 호의 구분에 따라 지방상수도의 수질검사를 실시하여야 한다.

　1. 정수장에서의 검사

　　가. 냄새, 맛, 색도, 탁도(濁度), 잔류염소에 관한 검사: 매일 1회 이상

　　나. 일반세균, 대장균, 암모니아성 질소, 질산성 질소, 과망간산칼륨 소비량 및 증발잔류물에 관한 검사: 매주 1회 이상

　　　단, 일반세균, 대장균을 제외한 항목 중 지난 1년간 검사를 실시한 결과, 수질기준의 10퍼센트를 초과한 적이 없는 항목에 대하여는 매월 1회 이상

　2. 수도꼭지에서의 검사

　　가. 일반세균, 대장균, 잔류염소에 관한 검사: 매월 1회 이상

　　나. 정수장별 수도관 노후지역에 대한 일반세균, 대장균, 암모니아성 질소, 동, 아연, 철, 망간, 잔류염소에 관한 검사: 매월 1회 이상

　3. 수돗물 급수과정별 시설(배수지 등)에서의 검사

　　일반세균, 대장균, 암모니아성 질소, 동, 수소이온 농도, 아연, 철, 잔류염소에 관한 검사: 매 분기 1회 이상

② 수질기준은 아래와 같다.

항목	기준	항목	기준
대장균	불검출/100mL	일반세균	100CFU/mL 이하
잔류염소	4mg/L 이하	질산성 질소	10mg/L 이하

〈상황〉

甲시장은 □□법 제00조에 따라 수질검사를 실시하고 있다. 甲시 관할의 검사지점(A~E)은 이전 검사에서 매번 수질기준을 충족하였고, 이번 수질검사에서 아래와 같은 결과를 보였다.

검사지점	검사대상	검사결과	검사빈도
정수장 A	잔류염소	2mg/L	매일 1회
정수장 B	질산성 질소	11mg/L	매일 1회
정수장 C	일반세균	70CFU/mL	매월 1회
수도꼭지 D	대장균	불검출/100mL	매주 1회
배수지 E	잔류염소	2mg/L	매주 1회

※ 제시된 검사대상 외의 수질검사빈도와 수질기준은 모두 충족한 것으로 본다.

① A, D

② B, D

③ A, D, E

④ A, B, C, E

⑤ A, C, D, E

문 16. 다음 글과 〈상황〉을 근거로 판단할 때 옳은 것은?

○ 민원의 종류

법정민원(인가·허가 등을 신청하거나 사실·법률관계에 관한 확인 또는 증명을 신청하는 민원), 질의민원(법령·제도 등에 관하여 행정기관의 설명·해석을 요구하는 민원), 건의민원(행정제도의 개선을 요구하는 민원), 기타민원(그 외 상담·설명 요구, 불편 해결을 요구하는 민원)으로 구분함

○ 민원의 신청

문서(전자문서를 포함, 이하 같음)로 해야 하나, 기타민원은 구술 또는 전화로 가능함

○ 민원의 접수

민원실에서 접수하고, 접수증을 교부하여야 함(단, 기타민원, 우편 및 전자문서로 신청한 민원은 접수증 교부를 생략할 수 있음)

○ 민원의 이송

접수한 민원이 다른 행정기관의 소관인 경우, 접수된 민원문서를 지체 없이 소관 기관에 이송하여야 함

○ 처리결과의 통지

접수된 민원에 대한 처리결과를 민원인에게 문서로 통지하여야 함(단, 기타민원의 경우와 통지에 신속을 요하거나 민원인이 요청하는 경우, 구술 또는 전화로 통지할 수 있음)

○ 반복 및 중복 민원의 처리

민원인이 동일한 내용의 민원(법정민원 제외)을 정당한 사유 없이 3회 이상 반복하여 제출한 경우, 2회 이상 그 처리결과를 통지하였다면 그 후 접수되는 민원에 대하여는 바로 종결 처리할 수 있음

─────── 〈상황〉 ───────

○ 甲은 인근 공사장 소음으로 인한 불편 해결을 요구하는 민원을 A시에 제기하려고 한다.

○ 乙은 자신의 영업허가를 신청하는 민원을 A시에 제기하려고 한다.

① 甲은 구술 또는 전화로 민원을 신청할 수 없다.

② 乙은 전자문서로 민원을 신청할 수 없다.

③ 甲이 신청한 민원이 다른 행정기관 소관 사항인 경우라도, A시는 해당 민원을 이송 없이 처리할 수 있다.

④ A시는 甲이 신청한 민원에 대한 처리결과를 전화로 통지할 수 있다.

⑤ 乙이 동일한 내용의 민원을 이미 2번 제출하여 처리결과를 통지받았으나 정당한 사유 없이 다시 신청한 경우, A시는 해당 민원을 바로 종결 처리할 수 있다.

문 17. 다음 글과 〈상황〉을 근거로 판단할 때 옳지 않은 것은?

제00조 ① 건축물을 건축하거나 대수선하려는 자는 특별자치시장·특별자치도지사 또는 시장·군수·구청장의 허가를 받아야 한다. 다만 21층 이상의 건축물이나 연면적 합계 10만 제곱미터 이상인 건축물을 특별시나 광역시에 건축하려면 특별시장이나 광역시장의 허가를 받아야 한다.

② 허가권자는 제1항에 따른 허가를 받은 자가 다음 각 호의 어느 하나에 해당하면 허가를 취소하여야 한다. 다만 제1호에 해당하는 경우로서 정당한 사유가 있다고 인정되면 1년의 범위에서 공사의 착수기간을 연장할 수 있다.

1. 허가를 받은 날부터 2년 이내에 공사에 착수하지 아니한 경우

2. 제1호의 기간 이내에 공사에 착수하였으나 공사의 완료가 불가능하다고 인정되는 경우

제00조 ① ○○부 장관은 국토관리를 위하여 특히 필요하다고 인정하거나 주무부장관이 국방, 문화재보존, 환경보전 또는 국민경제를 위하여 특히 필요하다고 인정하여 요청하면 허가권자의 건축허가나 허가를 받은 건축물의 착공을 제한할 수 있다.

② 특별시장·광역시장·도지사(이하 '시·도지사'라 한다)는 지역계획이나 도시·군계획에 특히 필요하다고 인정하면 시장·군수·구청장의 건축허가나 허가를 받은 건축물의 착공을 제한할 수 있다.

③ ○○부 장관이나 시·도지사는 제1항이나 제2항에 따라 건축허가나 건축허가를 받은 건축물의 착공을 제한하려는 경우에는 주민의견을 청취한 후 건축위원회의 심의를 거쳐야 한다.

④ 제1항이나 제2항에 따라 건축허가나 건축물의 착공을 제한하는 경우 제한기간은 2년 이내로 한다. 다만 1회에 한하여 1년 이내의 범위에서 제한기간을 연장할 수 있다.

─────── 〈상황〉 ───────

甲은 20층의 연면적 합계 5만 제곱미터인 건축물을, 乙은 연면적 합계 15만 제곱미터인 건축물을 각각 A광역시 B구에 신축하려고 한다.

① 甲은 B구청장에게 건축허가를 받아야 한다.

② 甲이 건축허가를 받은 경우에도 A광역시장은 지역계획에 특히 필요하다고 인정하면 일정한 절차를 거쳐 甲의 건축물 착공을 제한할 수 있다.

③ B구청장은 주민의견을 청취한 후 건축위원회의 심의를 거쳐 건축허가를 받은 乙의 건축물 착공을 제한할 수 있다.

④ 乙이 건축허가를 받은 날로부터 2년 이내에 정당한 사유 없이 공사에 착수하지 않은 경우, A광역시장은 건축허가를 취소하여야 한다.

⑤ 주무부장관이 문화재보존을 위하여 특히 필요하다고 인정하여 요청하는 경우, ○○부 장관은 건축허가를 받은 乙의 건축물에 대해 최대 3년간 착공을 제한할 수 있다.

문 18. 다음 글을 근거로 판단할 때 옳지 않은 것은?

> 제00조 ① 정보공개심의회(이하 '심의회'라 한다)는 다음 각 호의 구분에 따라 10인 이내의 위원으로 구성한다.
>
> 1. 내부 위원: 위원장 1인(○○실장)과 각 부서의 정보공개 담당관 중 지명된 3인
> 2. 외부 위원: 관련분야 전문가 중에서 총 위원수의 3분의 1 이상 위촉
>
> ② 위원은 특정 성별이 다른 성별의 2분의 1 이하가 되지 않도록 한다.
>
> ③ 위원장을 비롯한 내부 위원의 임기는 그 직위에 재직하는 기간으로 하며, 외부 위원의 임기는 2년으로 하되 2회에 한하여 연임할 수 있다.
>
> ④ 심의회는 위원장이 소집하고, 회의는 위원장을 포함한 재적위원 3분의 2 이상의 출석으로 개의하고 출석위원 3분의 2 이상의 찬성으로 의결한다.
>
> ⑤ 위원은 부득이한 이유로 참석할 수 없는 경우에는 서면으로 의견을 제출할 수 있다. 이 경우 해당 위원은 심의회에 출석한 것으로 본다.

① 외부 위원의 최대 임기는 6년이다.

② 정보공개심의회는 최소 6명의 위원으로 구성된다.

③ 정보공개심의회 내부 위원이 모두 여성일 경우, 정보공개심의회는 7명의 위원으로 구성될 수 있다.

④ 정보공개심의회가 8명의 위원으로 구성되면, 위원 3명의 찬성으로 의결되는 경우가 있다.

⑤ 위원장을 포함한 위원 5명이 직접 출석하여 이들 모두 안건에 찬성하고, 위원 2명이 부득이한 이유로 서면으로 의견을 제출한 경우, 제출된 서면 의견에 상관없이 해당 안건은 찬성으로 의결된다.

문 19. 다음 글을 근거로 판단할 때, 〈보기〉에서 옳은 것만을 모두 고르면?

> 2021년에 적용되는 ○○인재개발원의 분반 허용 기준은 아래와 같다.
>
> ○ 분반 허용 기준
>
> – 일반강의: 직전 2년 수강인원의 평균이 100명 이상이거나, 그 2년 중 1년의 수강인원이 120명 이상
>
> – 토론강의: 직전 2년 수강인원의 평균이 60명 이상이거나, 그 2년 중 1년의 수강인원이 80명 이상
>
> – 영어강의: 직전 2년 수강인원의 평균이 30명 이상이거나, 그 2년 중 1년의 수강인원이 50명 이상
>
> – 실습강의: 직전 2년 수강인원의 평균이 20명 이상
>
> ○ 이상의 기준에도 불구하고 직전년도 강의만족도 평가점수가 90점 이상이었던 강의는 위에서 기준으로 제시한 수강인원의 90% 이상이면 분반을 허용한다.

〈보기〉

ㄱ. 2019년과 2020년의 수강인원이 각각 100명과 80명이고 2020년 강의만족도 평가점수가 85점인 일반강의 A는 분반이 허용된다.

ㄴ. 2019년과 2020년의 수강인원이 각각 10명과 45명인 영어강의 B의 분반이 허용되지 않는다면, 2020년 강의만족도 평가점수는 90점 미만이었을 것이다.

ㄷ. 2019년 수강인원이 20명이고 2020년 강의만족도 평가점수가 92점인 실습강의 C의 분반이 허용되지 않는다면, 2020년 강의의 수강인원은 15명을 넘지 않았을 것이다.

① ㄴ

② ㄷ

③ ㄱ, ㄴ

④ ㄱ, ㄷ

⑤ ㄴ, ㄷ

문 20. 다음 글과 〈상황〉을 근거로 판단할 때, 〈사업 공모 지침 수정안〉의 밑줄 친 ㉮ ~ ㉲ 중 '관계부처 협의 결과'에 부합한 것만을 모두 고르면?

○ '대학 캠퍼스 혁신파크 사업'을 담당하는 A주무관은 신청 조건과 평가지표 및 배점을 포함한 〈사업 공모 지침 수정안〉을 작성하였다. 평가지표는 Ⅰ~Ⅳ의 지표와 그 하위 지표로 구성되어 있다.

──── 〈사업 공모 지침 수정안〉 ────

㉮ □ 신청 조건

최소 1만m² 이상의 사업부지 확보. 단, 사업부지에는 건축물이 없어야 함

□ 평가지표 및 배점

평가지표	배점	
	현행	수정
㉯ Ⅰ. 개발 타당성	20	25
– 개발계획의 합리성	10	10
– 관련 정부사업과의 연계가능성	5	10
– 학습여건 보호 가능성	5	5
㉰ Ⅱ. 대학의 사업 추진 역량과 의지	10	15
– 혁신파크 입주기업 지원 방안	5	5
– 사업 전담조직 및 지원체계	5	5
– 대학 내 주체 간 합의 정도	–	5
㉱ Ⅲ. 기업 유치 가능성	10	10
– 기업의 참여 가능성	7	3
– 참여 기업의 재무건전성	3	7
㉲ Ⅳ. 시범사업 조기 활성화 가능성	10	삭제
– 대학 내 주체 간 합의 정도	5	이동
– 부지 조기 확보 가능성	5	삭제
합계	50	50

──── 〈상황〉 ────

A주무관은 〈사업 공모 지침 수정안〉을 작성한 후 뒤늦게 '관계부처 협의 결과'를 전달받았다. 그 내용은 다음과 같다.

○ 대학이 부지를 확보하는 것이 쉽지 않으므로 신청 사업부지 안에 건축물이 포함되어 있어도 신청 허용

○ 도시재생뉴딜사업, 창업선도대학 등 '관련 정부사업과의 연계가능성' 평가비중 확대

○ 시범사업 기간이 종료되었으므로 시범사업 조기 활성화와 관련된 평가지표를 삭제하되 '대학 내 주체 간 합의 정도'는 타 지표로 이동하여 계속 평가

○ 논의된 내용 이외의 하위 지표의 항목과 배점은 사업의 안정성을 위해 현행 유지

① ㉮, ㉯
② ㉮, ㉱
③ ㉯, ㉲
④ ㉰, ㉲
⑤ ㉯, ㉰, ㉲

문 21. 다음 글과 〈대화〉를 근거로 판단할 때, ㉠에 들어갈 丙의 대화 내용으로 옳은 것은?

> 주무관 丁은 다음과 같은 사실을 알고 있다.
> ○ 이번 주 개업한 A식당은 평일 '점심(12시)'과 '저녁(18시)'으로만 구분해 운영되며, 해당 시각 이전에 예약할 수 있다.
> ○ 주무관 甲～丙은 A식당에 이번 주 월요일부터 수요일까지 서로 겹치지 않게 예약하고 각자 한 번씩 다녀왔다.

> ─── 〈대화〉 ───
> 甲: 나는 이번 주 乙의 방문후기를 보고 예약했어. 음식이 정말 훌륭하더라!
> 乙: 그렇지? 나도 나중에 들었는데 丙은 점심 할인도 받았대. 나도 다음에는 점심에 가야겠어.
> 丙: 월요일은 개업일이라 사람이 많을 것 같아서 피했어.
> 　　　　　　　　　㉠
> 丁: 너희 모두의 말을 다 들어보니, 각자 식당에 언제 갔는지를 정확하게 알겠다!

① 乙이 다녀온 바로 다음날 점심을 먹었지.

② 甲이 먼저 점심 할인을 받고 나에게 알려준 거야.

③ 甲이 우리 중 가장 늦게 갔었구나.

④ 월요일에 갔던 사람은 아무도 없구나.

⑤ 같이 가려고 했더니 이미 다들 먼저 다녀왔더군.

문 22. 다음 글과 〈상황〉을 근거로 판단할 때, 날씨 예보 앱을 설치한 잠재 사용자의 총수는?

> 내일 비가 오는지를 예측하는 날씨 예보시스템을 개발한 A청은 다음과 같은 날씨 예보 앱의 '사전테스트전략'을 수립하였다.
> ○ 같은 날씨 변화를 경험하는 잠재 사용자의 전화번호를 개인의 동의를 얻어 확보한다.
> ○ 첫째 날에는 잠재 사용자를 같은 수의 두 그룹으로 나누어, 한쪽은 "비가 온다"로 다른 한쪽에는 "비가 오지 않는다"로 메시지를 보낸다.
> ○ 둘째 날에는 직전일에 보낸 메시지와 날씨가 일치한 그룹을 다시 같은 수의 두 그룹으로 나누어, 한쪽은 "비가 온다"로 다른 한쪽에는 "비가 오지 않는다"로 메시지를 보낸다.
> ○ 이후 날에도 같은 작업을 계속 반복한다.
> ○ 보낸 메시지와 날씨가 일치하지 않은 잠재 사용자를 대상으로도 같은 작업을 반복한다. 즉, 직전일에 보낸 메시지와 날씨가 일치하지 않은 잠재 사용자를 같은 수의 두 그룹으로 나누어, 한쪽은 "비가 온다"로 다른 한쪽에는 "비가 오지 않는다"로 메시지를 보낸다.

> ─── 〈상황〉 ───
> A청은 사전테스트전략대로 200,000명의 잠재 사용자에게 월요일부터 금요일까지 5일간 메시지를 보냈다. 받은 메시지와 날씨가 3일 연속 일치한 경우, 해당 잠재 사용자는 날씨 예보 앱을 그날 설치한 후 제거하지 않았다.

① 12,500명

② 25,000명

③ 37,500명

④ 43,750명

⑤ 50,000명

※ 다음 글을 읽고 물음에 답하시오. [문 23.~문 24.]

○ 국가는 지방자치단체인 시·군·구의 인구, 지리적 여건, 생활권·경제권, 발전가능성 등을 고려하여 통합이 필요한 지역에 대하여는 지방자치단체 간 통합을 지원해야 한다.

○ △△위원회(이하 '위원회')는 통합대상 지방자치단체를 발굴하고 통합방안을 마련한다. 지방자치단체의 장, 지방의회 또는 주민은 인근 지방자치단체와의 통합을 위원회에 건의할 수 있다. 단, 주민이 건의하는 경우에는 해당 지방자치단체의 주민투표권자 총수의 50분의 1 이상의 연서(連書)가 있어야 한다. 지방자치단체의 장, 지방의회 또는 주민은 위원회에 통합을 건의할 때 통합대상 지방자치단체를 관할하는 특별시장·광역시장 또는 도지사(이하 '시·도지사')를 경유해야 한다. 이 경우 시·도지사는 접수받은 통합건의서에 의견을 첨부하여 지체 없이 위원회에 제출해야 한다. 위원회는 위의 건의를 참고하여 시·군·구 통합방안을 마련해야 한다.

○ □□부 장관은 위원회가 마련한 시·군·구 통합방안에 따라 지방자치단체 간 통합을 해당 지방자치단체의 장에게 권고할 수 있다. □□부 장관은 지방자치단체 간 통합권고안에 관하여 해당 지방의회의 의견을 들어야 한다. 그러나 □□부 장관이 필요하다고 인정하여 해당 지방자치단체의 장에게 주민투표를 요구하여 실시한 경우에는 그렇지 않다. 지방자치단체의 장은 시·군·구 통합과 관련하여 주민투표의 실시 요구를 받은 때에는 지체 없이 이를 공표하고 주민투표를 실시해야 한다.

○ 지방의회 의견청취 또는 주민투표를 통하여 지방자치단체의 통합의사가 확인되면 '관계지방자치단체(통합대상 지방자치단체 및 이를 관할하는 특별시·광역시 또는 도)'의 장은 명칭, 청사 소재지, 지방자치단체의 사무 등 통합에 관한 세부사항을 심의하기 위하여 공동으로 '통합추진공동위원회'를 설치해야 한다.

○ 통합추진공동위원회의 위원은 관계지방자치단체의 장 및 그 지방의회가 추천하는 자로 한다. 통합추진공동위원회를 구성하는 각각의 관계지방자치단체 위원 수는 다음에 따라 산정한다. 단, 그 결과값이 자연수가 아닌 경우에는 소수점 이하의 수를 올림한 값을 관계지방자치단체 위원 수로 한다.

관계지방자치단체 위원 수 = [(통합대상 지방자치단체 수)×6 + (통합대상 지방자치단체를 관할하는 특별시·광역시 또는 도의 수)×2 + 1] ÷ (관계지방자치단체 수)

○ 통합추진공동위원회의 전체 위원 수는 위에 따라 산출된 관계지방자치단체 위원 수에 관계지방자치단체 수를 곱한 값이다.

문 23. 윗글을 근거로 판단할 때 옳은 것은?

① □□부 장관이 요구하여 지방자치단체의 통합과 관련한 주민투표가 실시된 경우에는 통합권고안에 대해 지방의회의 의견을 청취하지 않아도 된다.

② 지방의회가 의결을 통해 다른 지방자치단체와의 통합을 추진하고자 한다면 통합건의서는 시·도지사를 경유하지 않고 △△위원회에 직접 제출해야 한다.

③ 주민투표권자 총수가 10만 명인 지방자치단체의 주민들이 다른 인근 지방자치단체와의 통합을 △△위원회에 건의하고자 할 때, 주민 200명의 연서가 있으면 가능하다.

④ 통합추진공동위원회의 위원은 □□부 장관과 관계지방자치단체의 장이 추천하는 자로 한다.

⑤ 지방자치단체의 장은 해당 지방자치단체의 통합을 △△위원회에 건의할 때, 지방의회의 의결을 거쳐야 한다.

문 24. 윗글과 〈상황〉을 근거로 판단할 때, '통합추진공동위원회'의 전체 위원 수는?

〈상황〉

甲도가 관할하는 지방자치단체인 A군과 B군, 乙도가 관할하는 지방자치단체인 C군, 그리고 丙도가 관할하는 지방자치단체인 D군은 관련 절차를 거쳐 하나의 지방자치단체로 통합을 추진하고 있다. 현재 관계지방자치단체장은 공동으로 '통합추진공동위원회'를 설치하고자 한다.

① 42명
② 35명
③ 32명
④ 31명
⑤ 28명

문 25. 다음 글과 〈상황〉을 근거로 판단할 때, 괄호 안의 ㉠과 ㉡
　　 에 해당하는 것을 옳게 짝지은 것은?

○ 행정구역분류코드는 다섯 자리 숫자로 구성되어 있다.

○ 행정구역분류코드의 '처음 두 자리'는 광역자치단체인 시·
　 도를 의미하는 고유한 값이다.

○ '그 다음 두 자리'는 광역자치단체인 시·도에 속하는 기
　 초자치단체인 시·군·구를 의미하는 고유한 값이다. 단,
　 광역자치단체인 시에 속하는 기초자치단체는 군·구이다.

○ '마지막 자리'에는 해당 시·군·구가 기초자치단체인 경우
　 0, 자치단체가 아닌 경우 0이 아닌 임의의 숫자를 부여한다.

○ 광역자치단체인 시에 속하는 구는 기초자치단체이며, 기초
　 자치단체인 시에 속하는 구는 자치단체가 아니다.

── 〈상황〉 ──

　○○시의 A구와 B구 중 B구의 행정구역분류코드의 첫 네
자리는 1003이며, 다섯 번째 자리는 알 수 없다.

　甲은 ○○시가 광역자치단체인지 기초자치단체인지 모르
는 상황에서, A구의 행정구역분류코드는 ○○시가 광역자치
단체라면 (　㉠　), 기초자치단체라면 (　㉡　)이/가 가능하
다고 판단하였다.

	㉠	㉡
①	10020	10021
②	10020	10033
③	10033	10034
④	10050	10027
⑤	20030	10035

약점 보완 해설집 p.46

문 1. 다음 글과 〈상황〉을 근거로 판단할 때 옳은 것은?

제00조(적용범위) 이 규정은 중앙행정기관, 광역자치단체(광역자치단체와 기초자치단체 공동주관 포함)가 국제행사를 개최하기 위하여 10억 원 이상의 국고지원을 요청하는 경우에 적용한다.

제00조(정의) "국제행사"라 함은 5개국 이상의 국가에서 외국인이 참여하고, 총 참여자 중 외국인 비율이 5% 이상(총 참여자 200만 명 이상은 3% 이상)인 국제회의·체육행사·박람회·전시회·문화행사·관광행사 등을 말한다.

제00조(국고지원의 제외) 국제행사 중 다음 각 호에 해당하는 행사는 국고지원의 대상에서 제외된다. 이 경우 제외되는 시기는 다음 각 호 이후 최초 개최되는 행사의 해당 연도부터로 한다.

  1. 매년 1회 정기적으로 개최하는 국제행사로서 국고지원을 7회 받은 경우
  2. 그 밖의 주기로 개최하는 국제행사로서 국고지원을 3회 받은 경우

제00조(타당성조사, 전문위원회 검토의 대상 등) ① 국고지원의 타당성조사 대상은 국제행사의 개최에 소요되는 총 사업비가 50억 원 이상인 국제행사로 한다.
② 국고지원의 전문위원회 검토 대상은 국제행사의 개최에 소요되는 총 사업비가 50억 원 미만인 국제행사로 한다.
③ 제1항에도 불구하고 국고지원 비율이 총 사업비의 20% 이내인 경우 타당성조사를 전문위원회 검토로 대체할 수 있다.

〈상황〉

甲광역자치단체는 2021년에 제6회 A박람회를 국고지원을 받아 개최할 예정이다. A박람회는 매년 1회 총 250만 명이 참여하는 행사로서 20여 개국에서 8만 명 이상의 외국인들이 참여해 왔다. 2021년에도 동일한 규모의 행사가 예정되어 있다. 한편 2020년에 5번째로 국고지원을 받은 A박람회의 총 사업비는 40억 원이었으며, 이 중 국고지원 비율은 25%였다.

① 2021년에 총 250만 명의 참여자 중 외국인 참여자가 감소하여 6만 명이 되더라도 A박람회는 국제행사에 해당된다.
② 2021년에 A박람회가 예정대로 개최된다면, A박람회는 2022년에 국고지원의 대상에서 제외된다.
③ 2021년 총 사업비가 52억 원으로 증가하고 국고지원은 8억 원을 요청한다면, A박람회는 타당성조사 대상이다.
④ 2021년 총 사업비가 60억 원으로 증가하고 국고지원은 전년과 동일한 금액을 요청한다면, A박람회는 전문위원회 검토를 받을 수 있다.
⑤ 2021년 甲광역자치단체와 乙기초자치단체가 공동주관하여 전년과 동일한 총 사업비로 A박람회를 개최한다면, A박람회는 타당성조사 대상이다.

문 2. 다음 글을 근거로 판단할 때 옳은 것은?

제○○조(진흥기금의 징수) ① 영화위원회(이하 "위원회"라 한다)는 영화의 발전 및 영화·비디오물산업의 진흥을 위하여 영화상영관에 입장하는 관람객에 대하여 입장권 가액의 100분의 5의 진흥기금을 징수한다. 다만, 직전 연도에 제△△조 제1호에 해당하는 영화를 연간 상영일수의 100분의 60 이상 상영한 영화상영관에 입장하는 관람객에 대해서는 그러하지 아니하다.

② 영화상영관 경영자는 관람객으로부터 제1항의 규정에 따른 진흥기금을 매월 말일까지 징수하여 해당 금액을 다음 달 20일까지 위원회에 납부하여야 한다.

③ 위원회는 영화상영관 경영자가 제2항에 따라 관람객으로부터 수납한 진흥기금을 납부기한까지 납부하지 아니하였을 때에는 체납된 금액의 100분의 3에 해당하는 금액을 가산금으로 부과한다.

④ 위원회는 제2항에 따른 진흥기금 수납에 대한 위탁 수수료를 영화상영관 경영자에게 지급한다. 이 경우 수수료는 제1항에 따른 진흥기금 징수액의 100분의 3을 초과할 수 없다.

제△△조(전용상영관에 대한 지원) 위원회는 청소년 관객의 보호와 영화예술의 확산 등을 위하여 다음 각 호의 어느 하나에 해당하는 영화를 연간 상영일수의 100분의 60 이상 상영하는 영화상영관을 지원할 수 있다.

  1. 애니메이션영화·단편영화·예술영화·독립영화
  2. 제1호에 해당하지 않는 청소년관람가영화
  3. 제1호 및 제2호에 해당하지 않는 국내영화

① 영화상영관 A에서 직전 연도에 연간 상영일수의 100분의 60 이상 청소년관람가 애니메이션영화를 상영한 경우 진흥기금을 징수한다.
② 영화상영관 경영자 B가 8월분 진흥기금 60만 원을 같은 해 9월 18일에 납부하는 경우, 가산금을 포함하여 총 61만 8천 원을 납부하여야 한다.
③ 관람객 C가 입장권 가액과 그 진흥기금을 합하여 영화상영관에 지불하는 금액이 12,000원이라고 할 때, 지불 금액 중 진흥기금은 600원이다.
④ 연간 상영일수가 매년 200일인 영화상영관 D에서 직전 연도에 단편영화를 40일, 독립영화를 60일 상영했다면 진흥기금을 징수하지 않는다.
⑤ 영화상영관 경영자 E가 7월분 진흥기금과 그 가산금을 합한 금액인 103만 원을 같은 해 8월 30일에 납부한 경우, 위원회는 E에게 최대 3만 원의 수수료를 지급할 수 있다.

문 3. 다음 글과 〈상황〉을 근거로 판단할 때 옳은 것은?

민사소송의 1심을 담당하는 법원으로는 지방법원과 지방법원지원(이하 "그 지원"이라 한다)이 있다. 지방법원과 그 지원이 재판을 담당하는 관할구역은 지역별로 정해져 있는데, 피고의 주소지를 관할하는 지방법원 또는 그 지원이 재판을 담당한다. 다만 금전지급청구소송은 원고의 주소지를 관할하는 지방법원 또는 그 지원도 재판할 수 있다.

한편, 지방법원이나 그 지원의 재판사무의 일부를 처리하기 위해서 그 관할구역 안에 시법원 또는 군법원(이하 "시·군법원"이라 한다)이 설치되어 있는 경우가 있다. 시·군법원은 지방법원 또는 그 지원이 재판하는 사건 중에서 소송물가액이 3,000만 원 이하인 금전지급청구소송을 전담하여 재판한다. 즉, 이러한 소송의 경우 원고 또는 피고의 주소지를 관할하는 시·군법원이 있으면 지방법원과 그 지원은 재판할 수 없고 시·군법원만이 재판한다.

※ 소송물가액: 원고가 승소하면 얻게 될 경제적 이익을 화폐 단위로 평가한 것

─〈상황〉─

○ 甲은 乙에게 빌려준 돈을 돌려받기 위해 소송물가액 3,000만 원의 금전지급청구의 소(이하 "A청구"라 한다)와 乙에게서 구입한 소송물가액 1억 원의 고려청자 인도청구의 소(이하 "B청구"라 한다)를 각각 1심 법원에 제기하려고 한다.

○ 甲의 주소지는 김포시이고 乙의 주소지는 양산시이다. 이들 주소지와 관련된 법원명과 그 관할구역은 다음과 같다.

법원명	관할구역
인천지방법원	인천광역시
인천지방법원 부천지원	부천시, 김포시
김포시법원	김포시
울산지방법원	울산광역시, 양산시
양산시법원	양산시

① 인천지방법원 부천지원은 A청구를 재판할 수 있다.

② 인천지방법원은 A청구를 재판할 수 있다.

③ 양산시법원은 B청구를 재판할 수 있다.

④ 김포시법원은 B청구를 재판할 수 있다.

⑤ 울산지방법원은 B청구를 재판할 수 있다.

문 4. 다음 글과 〈상황〉을 근거로 판단할 때 옳은 것은?

발명에 대해 특허권이 부여되기 위해서는 다음의 두 가지 요건 모두를 충족해야 한다.

첫째, 발명은 지금까지 세상에 없는 새로운 것, 즉 신규성이 있는 발명이어야 한다. 이미 누구나 알고 있는 발명에 대해서 독점인 특허권을 부여하는 것은 부당하기 때문이다. 이때 발명이 신규인지 여부는 특허청에의 특허출원 시점을 기준으로 판단한다. 따라서 신규의 발명이라도 그에 대한 특허출원 전에 발명 내용이 널리 알려진 경우라든지, 반포된 간행물에 게재된 경우에는 특허출원 시점에는 신규성이 상실되었기 때문에 특허권이 부여되지 않는다. 그러나 발명자가 자발적으로 위와 같은 신규성을 상실시키는 행위를 하고 그날로부터 12개월 이내에 특허를 출원하면 신규성이 상실되지 않은 것으로 취급된다. 이를 '신규성의 간주'라고 하는데, 신규성을 상실시킨 행위를 한 발명자가 특허출원한 경우에만 신규성이 있는 것으로 간주된다.

둘째, 여러 명의 발명자가 독자적인 연구를 하던 중 우연히 동일한 발명을 완성하였다면, 발명의 완성 시기에 관계없이 가장 먼저 특허청에 특허출원한 발명자에게만 특허권이 부여된다. 이처럼 가장 먼저 출원한 발명자에게만 특허권이 부여되는 것을 '선출원주의'라고 한다. 따라서 특허청에 선출원된 어떤 발명이 신규성 상실로 특허권이 부여되지 못한 경우, 동일한 발명에 대한 후출원은 선출원주의로 인해 특허권이 부여되지 않는다.

─〈상황〉─

○ 발명자 甲, 乙, 丙은 각각 독자적인 연구개발을 수행하여 동일한 A발명을 완성하였다.

○ 甲은 2020. 3. 1. A발명을 완성하였지만 그 발명 내용을 비밀로 유지하다가 2020. 9. 2. 특허출원을 하였다.

○ 乙은 2020. 4. 1. A발명을 완성하자 2020. 6. 1. 간행되어 반포된 학술지에 그 발명 내용을 논문으로 게재한 후, 2020. 8. 1. 특허출원을 하였다.

○ 丙은 2020. 7. 1. A발명을 완성하자마자 바로 당일에 특허출원을 하였다.

① 甲이 특허권을 부여받는다.

② 乙이 특허권을 부여받는다.

③ 丙이 특허권을 부여받는다.

④ 甲, 乙, 丙이 모두 특허권을 부여받는다.

⑤ 甲, 乙, 丙 중 어느 누구도 특허권을 부여받지 못한다.

문 5. 다음 글과 〈상황〉을 근거로 판단할 때, 〈보기〉에서 옳은 것만을 모두 고르면?

제00조 ① "주택담보노후연금보증"이란 주택소유자가 주택에 저당권을 설정하고 금융기관으로부터 제2항에서 정하는 연금 방식으로 노후생활자금을 대출(이하 "주택담보노후연금대출"이라 한다)받음으로써 부담하는 금전채무를 주택금융공사가 보증하는 행위를 말한다. 이 경우 주택소유자 또는 주택소유자의 배우자는 60세 이상이어야 한다.

② 제1항의 연금 방식이란 다음 각 호의 어느 하나에 해당하는 방식을 말한다.

　1. 주택소유자가 생존해 있는 동안 노후생활자금을 매월 지급받는 방식

　2. 주택소유자가 선택하는 일정한 기간 동안 노후생활자금을 매월 지급받는 방식

　3. 제1호 또는 제2호의 어느 하나의 방식과, 주택소유자가 다음 각 목의 어느 하나의 용도로 사용하기 위하여 일정한 금액(단, 주택담보노후연금대출 한도의 100분의 50 이내의 금액으로 한다)을 지급받는 방식을 결합한 방식

　　가. 해당 주택을 담보로 대출받은 금액 중 잔액을 상환하는 용도

　　나. 해당 주택의 임차인에게 임대차보증금을 반환하는 용도

〈상황〉

　A주택의 소유자 甲(61세)은 A주택에 저당권을 설정하여 주택담보노후연금보증을 통해 노후생활자금을 대출받고자 한다. 甲의 A주택에 대한 주택담보노후연금대출 한도액은 3억 원이다.

〈보기〉

ㄱ. 甲은 A주택의 임차인에게 임대차보증금을 반환하는 용도로 1억 원을 지급받고, 생존해 있는 동안 노후생활자금을 매월 지급받을 수 있다.

ㄴ. 甲의 배우자의 연령이 60세 이상이어야 주택담보노후연금보증을 통해 노후생활자금을 대출받을 수 있다.

ㄷ. 甲은 A주택을 담보로 대출받은 금액 중 잔액을 상환하는 용도로 1억 5천만 원을 지급받고, 향후 10년간 노후생활자금을 매월 지급받을 수 있다.

① ㄱ

② ㄴ

③ ㄱ, ㄷ

④ ㄴ, ㄷ

⑤ ㄱ, ㄴ, ㄷ

문 6. 다음 글과 〈상황〉을 근거로 판단할 때 옳은 것은?

제00조(지역개발 신청 동의 등) ① 지역개발 신청을 하기 위해서는 지역개발을 하고자 하는 지역의 총 토지면적의 3분의 2 이상에 해당하는 토지의 소유자의 동의 및 지역개발을 하고자 하는 지역의 토지의 소유자 총수의 2분의 1 이상의 동의를 받아야 한다.

② 지역개발 신청을 하기 위해서 필요한 동의자의 수는 다음 각 호의 기준에 따라 산정한다.

　1. 토지는 지적도 상 1필의 토지를 1개의 토지로 한다.

　2. 1개의 토지를 여러 명이 공동소유하는 경우에는 다른 공동소유자들을 대표하는 대표 공동소유자 1인만을 해당 토지의 소유자로 본다.

　3. 1인이 여러 개의 토지를 소유하고 있는 경우에는 소유하는 토지의 수와 무관하게 1인으로 본다.

　4. 지역개발을 하고자 하는 지역에 국유지가 있는 경우 국유지도 포함하여 토지면적을 산정하고, 그 토지의 재산관리청을 토지 소유자로 본다.

〈상황〉

○ X지역은 100개의 토지로 이루어져 있고, 토지면적 합계가 총 6km²이다.

○ 동의자 수 산정 기준에 따라 산정된 X지역 토지의 소유자는 모두 82인(이하 "동의대상자"라 한다)이고, 이 중에는 국유지 재산관리청 2인이 포함되어 있다.

○ 甲은 X지역에 토지 2개를 소유하고 있고, 해당 토지면적 합계는 X지역 총 토지면적의 4분의 1이다.

○ 乙은 X지역에 토지 10개를 소유하고 있고, 해당 토지면적 합계는 총 2km²이다.

○ 丙, 丁, 戊, 己는 X지역에 토지 1개를 공동소유하고 있고, 해당 토지면적은 1km²이다.

① 乙이 동의대상자 31인의 동의를 얻으면 지역개발 신청을 위한 X지역 토지의 소유자 총수의 2분의 1 이상의 동의 조건은 갖추게 된다.

② X지역에 대한 지역개발 신청에 甲~己 모두 동의한 경우, 나머지 동의대상자 중 38인의 동의를 얻으면 신청할 수 있다.

③ X지역에 토지 2개 이상을 소유하는 자는 甲, 乙뿐이다.

④ X지역의 1필의 토지면적은 0.06km²로 모두 동일하다.

⑤ X지역 안에 있는 국유지의 면적은 1.5km²이다.

문 7. 다음 글과 〈상황〉을 근거로 판단할 때, 甲 ~ 丁 가운데 근무 계획이 승인될 수 있는 사람만을 모두 고르면?

〈유연근무제〉

□ 개념
  ○ 주 40시간을 근무하되, 근무시간을 유연하게 관리하여 1주일에 5일 이하로 근무하는 제도

□ 복무관리
  ○ 점심 및 저녁시간 운영
    - 근무 시작과 종료 시각에 관계없이 점심시간은 12:00 ~ 13:00, 저녁시간은 18:00 ~ 19:00의 각 1시간으로 하고 근무시간으로는 산정하지 않음
  ○ 근무시간 제약
    - 근무일의 경우, 1일 최대 근무시간은 12시간으로 하고 최소 근무시간은 4시간으로 함
    - 하루 중 근무시간으로 인정하는 시간대는 06:00 ~ 24:00로 한정함

〈상황〉

다음은 甲 ~ 丁이 제출한 근무계획을 정리한 것이며 위의 〈유연근무제〉에 부합하는 근무계획만 승인된다.

요일 직원	월	화	수	목	금
甲	08:00 ~ 18:00	08:00 ~ 18:00	09:00 ~ 13:00	08:00 ~ 18:00	08:00 ~ 18:00
乙	08:00 ~ 22:00	08:00 ~ 22:00	−	08:00 ~ 22:00	08:00 ~ 12:00
丙	08:00 ~ 24:00	08:00 ~ 24:00	−	08:00 ~ 22:00	−
丁	06:00 ~ 16:00	08:00 ~ 22:00	−	09:00 ~ 21:00	09:00 ~ 18:00

① 乙
② 甲, 丙
③ 甲, 丁
④ 乙, 丙
⑤ 乙, 丁

문 8. 다음 글을 근거로 판단할 때, ㉠과 ㉡에 들어갈 수를 옳게 짝지은 것은?

올림픽은 원칙적으로 4년에 한 번씩 개최되는 세계 최대 규모의 스포츠 대회이다. 제1회 하계 올림픽은 1896년 그리스 아테네에서, 제1회 동계 올림픽은 1924년 프랑스 샤모니에서 개최되었다. 그런데 두 대회의 차수(次數)를 계산하는 방식은 서로 다르다.

올림픽 사이의 기간인 4년을 올림피아드(Olympiad)라 부르는데, 하계 올림픽의 차수는 올림피아드를 기준으로 계산한다. 이전 대회부터 하나의 올림피아드만큼 시간이 흐르면 올림픽 대회 차수가 하나씩 올라가게 된다. 대회가 개최되지 못해도 올림피아드가 사라지는 것은 아니기 때문에 대회 차수에는 영향을 미치지 않는다. 실제로 하계 올림픽은 제1·2차 세계대전으로 세 차례(1916년, 1940년, 1944년) 개최되지 못하였는데, 1912년 제5회 스톡홀름 올림픽 다음으로 1920년에 벨기에 안트베르펜에서 개최된 올림픽은 제7회 대회였다. 마찬가지로 1936년 제11회 베를린 올림픽 다음으로 개최된 1948년 런던 올림픽은 제(㉠)회 대회였다. 반면에 동계 올림픽의 차수는 실제로 열린 대회만으로 정해진다. 동계 올림픽은 제2차 세계대전으로 두 차례(1940년, 1944년) 열리지 못하였는데, 1936년 제4회 동계 올림픽 다음 대회인 1948년 동계 올림픽은 제5회 대회였다. 이후 2020년 전까지 올림픽이 개최되지 않은 적은 없다.

1992년까지 동계·하계 올림픽은 같은 해 치러졌으나 그 이후로는 IOC 결정에 따라 분리되어 2년 격차로 개최되었다. 1994년 노르웨이 릴레함메르에서 열린 동계 올림픽 대회는 이 결정에 따라 처음으로 하계 올림픽에 2년 앞서 치러진 대회였다. 이를 기점으로 동계 올림픽은 지금까지 4년 주기로 빠짐없이 개최되고 있다.

대한민국은 1948년 런던 하계 올림픽에 처음 출전하여, 1976년 제21회 몬트리올 하계 올림픽과 1992년 제(㉡)회 알베르빌 동계 올림픽에서 각각 최초로 금메달을 획득하였다.

	㉠	㉡
①	12	16
②	12	21
③	14	16
④	14	19
⑤	14	21

문 9. 다음 글을 근거로 판단할 때, 〈보기〉에서 옳은 것만을 모두 고르면?

> 기상예보는 일기예보와 기상특보로 구분할 수 있다. 일기예보는 단기예보, 중기예보, 장기예보 등 시간에 따른 것이고, 기상특보는 주의보, 경보 등 기상현상의 정도에 따른 것이다.
>
> 일기예보 중 가장 짧은 기간을 예보하는 단기예보는 3시간 예보와 일일예보로 나뉜다. 3시간 예보는 오늘과 내일의 날씨를 예보하며, 매일 0시 발표부터 시작하여 3시간 간격으로 1일 8회 발표한다. 일일예보는 오늘과 내일, 모레의 날씨를 1일 단위(0시~24시)로 예보하며 매일 5시, 11시, 17시, 23시에 발표한다. 다음으로 중기예보에는 주간예보와 1개월 예보가 있다. 주간예보는 일일예보를 포함하여 일일예보가 예보한 기간의 다음날부터 5일간의 날씨를 추가로 예보하며 매일 발표한다. 1개월 예보는 앞으로 한 달간의 기상전망을 발표한다. 마지막으로 장기예보는 계절예보로서 봄, 여름, 가을, 겨울의 각 계절별 기상전망을 발표한다.
>
> 기상특보는 주의보와 경보로 나뉜다. 주의보는 재해가 일어날 가능성이 있는 경우에, 경보는 중대한 재해가 예상될 때 발표하는 것이다. 주의보가 발표된 후 기상현상의 경과가 악화된다면 경보로 승격 발표되기도 한다. 또한 기상특보의 기준은 지역마다 다를 수도 있다. 대설주의보의 예보 기준은 24시간 신(新)적설량이 대도시일 때 5cm 이상, 일반지역일 때 10cm 이상, 울릉도일 때 20cm 이상이다. 대설경보의 예보 기준은 24시간 신적설량이 대도시일 때 20cm 이상, 일반지역일 때 30cm 이상, 울릉도일 때 50cm 이상이다.

〈보기〉

ㄱ. 월요일에 발표되는 주간예보에는 그 다음 주 월요일의 날씨가 포함된다.

ㄴ. 일일예보의 발표 시각과 3시간 예보의 발표 시각은 겹치지 않는다.

ㄷ. 오늘 23시에 발표된 일일예보는 오늘 5시에 발표된 일일예보보다 18시간 더 먼 미래의 날씨까지 예보한다.

ㄹ. 대도시 A의 대설경보 예보 기준은 울릉도의 대설주의보 예보 기준과 같다.

① ㄱ, ㄴ
② ㄱ, ㄷ
③ ㄷ, ㄹ
④ ㄱ, ㄴ, ㄹ
⑤ ㄴ, ㄷ, ㄹ

문 10. 다음 글과 〈사무용품 배분방법〉을 근거로 판단할 때, 11월 1일 현재 甲기관의 직원 수는?

> 甲기관은 사무용품 절약을 위해 〈사무용품 배분방법〉으로 한 달 동안 사용할 네 종류(A, B, C, D)의 사무용품을 매월 1일에 배분한다. 이에 따라 11월 1일에 네 종류의 사무용품을 모든 직원에게 배분하였다. 甲기관이 배분한 사무용품의 개수는 총 1,050개였다.

〈사무용품 배분방법〉

○ A는 1인당 1개씩 배분한다.
○ B는 2인당 1개씩 배분한다.
○ C는 4인당 1개씩 배분한다.
○ D는 8인당 1개씩 배분한다.

① 320명
② 400명
③ 480명
④ 560명
⑤ 640명

문 11. 다음 글을 근거로 판단할 때, 예약할 펜션과 워크숍 비용을 옳게 짝지은 것은?

> 甲은 팀 워크숍을 추진하기 위해 펜션을 예약하려 한다. 팀원은 총 8명으로 한 대의 렌터카로 모두 같이 이동하여 워크숍에 참석한다. 워크숍 기간은 1박 2일이며, 甲은 워크숍 비용을 최소화 하고자 한다.
>
> ○ 워크숍 비용은 아래와 같다.
>
> 워크숍 비용 = 왕복 교통비 + 숙박요금
>
> ○ 교통비는 렌터카 비용을 의미하며, 렌터카 비용은 거리 10km당 1,500원이다.
>
> ○ 甲은 다음 펜션 중 한 곳을 1박 예약한다.
>
> | 구분 | A 펜션 | B 펜션 | C 펜션 |
> |---|---|---|---|
> | 펜션까지 거리(km) | 100 | 150 | 200 |
> | 1박당 숙박요금(원) | 100,000 | 150,000 | 120,000 |
> | 숙박기준인원(인) | 4 | 6 | 8 |
>
> ○ 숙박인원이 숙박기준인원을 초과할 경우, A~C 펜션 모두 초과 인원 1인당 1박 기준 10,000원씩 요금이 추가된다.

	예약할 펜션	워크숍 비용
①	A	155,000원
②	A	170,000원
③	B	215,000원
④	C	150,000원
⑤	C	180,000원

문 12. 다음 글을 근거로 판단할 때, 〈보기〉에서 옳은 것만을 모두 고르면?

> ○ 甲국은 매년 X를 100톤 수입한다. 甲국이 X를 수입할 수 있는 국가는 A국, B국, C국 3개국이며, 甲국은 이 중 한 국가로부터 X를 전량 수입한다.
>
> ○ X의 거래조건은 다음과 같다.
>
> | 국가 | 1톤당 단가 | 관세율 | 1톤당 물류비 |
> |---|---|---|---|
> | A국 | 12달러 | 0% | 3달러 |
> | B국 | 10달러 | 50% | 5달러 |
> | C국 | 20달러 | 20% | 1달러 |
>
> ○ 1톤당 수입비용은 다음과 같다.
>
> 1톤당 수입비용 = 1톤당 단가 + (1톤당 단가 × 관세율) + 1톤당 물류비
>
> ○ 특정 국가와 FTA를 체결하면 그 국가에서 수입하는 X에 대한 관세율이 0%가 된다.
>
> ○ 甲국은 지금까지 FTA를 체결한 A국으로부터만 X를 수입했다. 그러나 최근 A국으로부터 X의 수입이 일시 중단되었다.

〈보기〉

ㄱ. 甲국이 B국과도 FTA를 체결한다면, 기존에 A국에서 수입하던 것과 동일한 비용으로 X를 수입할 수 있다.

ㄴ. C국이 A국과 동일한 1톤당 단가를 제시하였다면, 甲국은 기존에 A국에서 수입하던 것보다 저렴한 비용으로 C국으로부터 X를 수입할 수 있다.

ㄷ. A국으로부터 X의 수입이 다시 가능해졌으나 1톤당 6달러의 보험료가 A국으로부터의 수입비용에 추가된다면, 甲국은 A국보다 B국에서 X를 수입하는 것이 수입비용 측면에서 더 유리하다.

① ㄱ

② ㄴ

③ ㄷ

④ ㄱ, ㄴ

⑤ ㄱ, ㄷ

2020 해커스PSAT 7급+민경채 PSAT 16개년 기출문제집 상황판단

문 13. 다음 글을 근거로 판단할 때, 올바른 우편번호의 첫자리와 끝자리 숫자의 합은?

> 다섯 자리 자연수로 된 우편번호가 있다. 甲과 乙은 실수로 '올바른 우편번호'에 숫자 2를 하나 추가하여 여섯 자리로 표기하였다. 甲은 올바른 우편번호의 끝자리 뒤에 2를 추가하였고, 乙은 올바른 우편번호의 첫자리 앞에 2를 추가하였다. 그 결과 甲이 잘못 표기한 우편번호 여섯 자리 수는 乙이 잘못 표기한 우편번호 여섯 자리 수의 3배가 되었다.
>
> 올바른 우편번호와 甲과 乙이 잘못 표기한 우편번호는 아래와 같다.
>
> ○ 올바른 우편번호: ☐☐☐☐☐
> ○ 甲이 잘못 표기한 우편번호: ☐☐☐☐☐ 2
> ○ 乙이 잘못 표기한 우편번호: 2 ☐☐☐☐☐

① 11

② 12

③ 13

④ 14

⑤ 15

문 14. 다음 글을 근거로 판단할 때, 甲의 승패 결과는?

> 甲과 乙이 10회 실시한 가위바위보에 대해 다음과 같은 사실이 알려져 있다.
>
> ○ 甲은 가위 6회, 바위 1회, 보 3회를 냈다.
> ○ 乙은 가위 4회, 바위 3회, 보 3회를 냈다.
> ○ 甲과 乙이 서로 같은 것을 낸 적은 10회 동안 한 번도 없었다.

① 7승 3패

② 6승 4패

③ 5승 5패

④ 4승 6패

⑤ 3승 7패

문 15. 다음 글을 근거로 판단할 때, 甲과 인사교류를 할 수 있는 사람만을 모두 고르면?

○ 甲은 인사교류를 통해 ○○기관에서 타 기관으로 전출하고자 한다. 인사교류란 동일 직급간 신청자끼리 1:1로 교류하는 제도로서, 각 신청자가 속한 두 기관의 교류 승인 조건을 모두 충족해야 한다.

○ 기관별로 교류를 승인하는 조건은 다음과 같다.

　○○기관: 신청자간 현직급임용년월은 3년 이상 차이나지 않고, 연령은 7세 이상 차이나지 않는 경우

　□□기관: 신청자간 최초임용년월은 5년 이상 차이나지 않고, 연령은 3세 이상 차이나지 않는 경우

　△△기관: 신청자간 최초임용년월은 2년 이상 차이나지 않고, 연령은 5세 이상 차이나지 않는 경우

○ 甲(32세)의 최초임용년월과 현직급임용년월은 2015년 9월로 동일하다.

○ 甲과 동일 직급인 인사교류 신청자(A~E)의 인사 정보는 다음과 같다.

신청자	연령 (세)	현 소속 기관	최초임용년월	현직급임용년월
A	30	□□	2016년 5월	2019년 5월
B	37	□□	2009년 12월	2017년 3월
C	32	□□	2015년 12월	2015년 12월
D	31	△△	2014년 1월	2014년 1월
E	35	△△	2017년 10월	2017년 10월

① A, B

② B, E

③ C, D

④ A, B, D

⑤ C, D, E

문 16. 다음 글을 근거로 판단할 때 옳지 않은 것은?

1에서부터 5까지 적힌 카드가 각 2장씩 10장이 있다. 5가 적힌 카드 중 하나를 맨 왼쪽에 놓고, 나머지 9장의 카드를 일렬로 배열하려고 한다. 카드는 왼쪽부터 1장씩 놓는데, 각 카드에 적혀 있는 수는 바로 왼쪽 카드에 적혀 있는 수보다 작거나, 같거나, 1만큼 커야 한다.

이 규칙에 따라 카드를 다음과 같이 배열하였다.

5	1	2	3	A	3	B	C	D	E

① A로 가능한 수는 2가지이다.

② B는 4이다.

③ C는 5가 아니다.

④ D가 2라면 A, B, C, E를 모두 알 수 있다.

⑤ E는 1이나 2이다.

문 17. 다음 글과 〈상황〉을 근거로 판단할 때, 2021년 포획·채취 금지 고시의 대상이 되는 수산자원은?

매년 A~H 지역에서 포획·채취 금지가 고시되는 수산자원은 아래 〈기준〉에 따른다.

〈기준〉

수산자원	금지기간	금지지역
대구	5월 1일 ~ 7월 31일	A, B
전어	9월 1일 ~ 12월 31일	E, F, G
꽃게	6월 1일 ~ 7월 31일	A, B, C
소라	3월 1일 ~ 5월 31일	E, F
소라	5월 1일 ~ 6월 30일	D, G
새조개	3월 1일 ~ 3월 31일	H

〈상황〉

정부는 경제상황을 고려해서 2021년에 한하여 다음 중 어느 하나에 해당하는 경우, 〈기준〉에 따른 포획·채취 금지 고시의 대상에서 제외한다.

○ 소비장려 수산자원: 전어
○ 소비촉진 기간: 4월 1일 ~ 7월 31일
○ 지역경제활성화 지역: C, D, E, F

① 대구
② 전어
③ 꽃게
④ 소라
⑤ 새조개

문 18. 다음 글과 〈상황〉을 근거로 판단할 때, A~C 자동차 구매 시 지불 금액을 비교한 것으로 옳은 것은?

○ 甲국은 전기차 및 하이브리드 자동차 보급을 장려하기 위해 다음과 같이 보조금과 세제 혜택을 제공한다.
 - 정부는 차종을 고려하여 자동차 1대 당 보조금을 정액 지급한다. 중형 전기차에 대해서는 1,500만 원, 소형 전기차에 대해서는 1,000만 원, 하이브리드차에 대해서는 500만 원을 지급한다.
 - 정부는 차종을 고려하여 아래 〈기준〉에 따라 세제 혜택을 제공한다. 자동차 구입 시 발생하는 세금은 개별소비세, 교육세, 취득세뿐이며, 개별소비세는 자동차 가격의 10%, 교육세는 2%, 취득세는 5%의 금액이 책정된다.

〈기준〉

구분	개별소비세	교육세	취득세
중형 전기차	비감면	전액감면	전액감면
소형 전기차	전액감면	전액감면	전액감면
하이브리드차	전액감면	전액감면	비감면

○ 자동차 구매 시 지불 금액은 다음과 같다.

지불 금액 = 자동차 가격 - 보조금 + 세금

〈상황〉

(단위: 만 원)

자동차	차종	자동차 가격
A	중형 전기차	4,000
B	소형 전기차	3,500
C	하이브리드차	3,500

① A < B < C
② B < A < C
③ B < C < A
④ C < A < B
⑤ C < B < A

문 19. 다음 글을 근거로 판단할 때, △△부가 2021년에 국가인증 농가로 선정할 곳만을 모두 고르면?

○ △△부에서는 2021년 고품질·안전 식품 생산을 선도하는 국가인증 농가를 3곳 선정하려고 한다. 선정 기준은 다음과 같다.

- 친환경인증을 받으면 30점, 전통식품인증을 받으면 40점을 부여한다. 단, 두 인증을 모두 받은 경우 전통식품인증 점수만을 인정한다.

- (나)와 (다) 지역 농가에는 친환경인증 또는 전통식품인증 유무에 의한 점수와 도농교류 활성화 점수 합의 10%를 가산점으로 부여한다.

- 친환경인증 또는 전통식품인증 유무에 의한 점수, 도농교류 활성화 점수, 가산점을 합산하여 점수가 높은 순으로 선정한다.

- 도농교류 활성화 점수가 50점 미만인 농가는 선정하지 않는다.

- 동일 지역의 농가를 2곳 이상 선정할 수 없다.

○ 2021년 선정후보 농가(A ~ F) 현황은 다음과 같다.

농가	친환경 인증 유무	전통식품 인증 유무	도농교류 활성화 점수	지역
A	○	○	80	(가)
B	×	○	60	(가)
C	×	○	55	(나)
D	○	○	40	(다)
E	○	×	75	(라)
F	○	○	70	(라)

① A, C, F

② A, D, E

③ A, E, F

④ B, C, E

⑤ B, D, F

문 20. 다음 글을 근거로 판단할 때, 〈보기〉에서 옳은 것만을 모두 고르면?

○ 甲주무관은 A법률 개정안으로 (가), (나), (다) 총 세 가지를 준비하고 있다.

○ 이해관계자, 관계부처, 입법부의 수용가능성 및 국정과제 관련도의 4개 평가항목에 따라 평가점수를 부여하고 평가점수 총합이 가장 높은 개정안을 채택한다. 단, 다음의 사항을 고려한다.

- 평가점수 총합이 동일한 경우, 국정과제 관련도 점수가 가장 높은 개정안을 채택한다.

- 개정안의 개별 평가항목 점수 중 어느 하나라도 2점 미만인 경우, 해당 개정안은 채택하지 않는다.

○ 수용가능성 평가점수를 높일 수 있는 추가 절차는 아래와 같다. 단, 각 절차는 개정안마다 최대 2회 진행할 수 있다.

- 이해관계자 수용가능성: 관계자간담회 1회당 1점 추가

- 관계부처 수용가능성: 부처간회의 1회당 2점 추가

- 입법부 수용가능성: 국회설명회 1회당 0.5점 추가

○ 수용가능성 평가항목별 점수를 높일 수 있는 추가 절차를 진행하지 않은 상태에서 개정안별 평가점수는 아래와 같다.

〈A법률 개정안 평가점수〉

개정안	수용가능성			국정과제 관련도	총합
	이해관계자	관계부처	입법부		
(가)	5	3	1	4	13
(나)	3	4	3	3	13
(다)	4	3	3	2	12

──── 〈보기〉 ────

ㄱ. 추가 절차를 진행하지 않는 경우, (나)가 채택된다.

ㄴ. 3개 개정안 모두를 대상으로 입법부 수용가능성을 높이는 절차를 최대한 진행하는 경우, (가)가 채택된다.

ㄷ. (나)에 대한 부처간회의를 1회 진행하고 (다)에 대한 관계자간담회를 2회 진행하는 경우, (다)가 채택된다.

① ㄱ

② ㄷ

③ ㄱ, ㄴ

④ ㄴ, ㄷ

⑤ ㄱ, ㄴ, ㄷ

문 21. 다음 글을 근거로 판단할 때, 〈보기〉에서 옳은 것만을 모두 고르면?

○ △△부는 적극행정 UCC 공모전에 참가한 甲~戊의 영상을 심사한다.

○ 총 점수는 UCC 조회수 등급에 따른 점수와 심사위원 평가점수의 합이고, 총 점수가 높은 순위에 따라 3위까지 수상한다.

○ UCC 조회수 등급에 따른 점수는 조회수에 따라 5등급(A, B, C, D, E)으로 나누어 부여된다. 최상위 A를 10점으로 하며 인접 등급 간의 점수 차이는 0.3점이다.

○ 심사위원 평가점수는 심사위원 (가)~(마)가 각각 부여한 점수(1~10의 자연수)에서 최고점 및 최저점을 제외한 3개 점수의 평균으로 계산한다. 이때 최고점이 복수인 경우에는 그 중 한 점수만 제외하여 계산한다. 최저점이 복수인 경우에도 이와 동일하다.

○ 심사 결과는 다음과 같다.

참가자	조회수 등급	심사위원별 평가점수				
		(가)	(나)	(다)	(라)	(마)
甲	B	9	(㉠)	7	8	7
乙	B	9	8	7	7	7
丙	A	8	7	(㉡)	10	5
丁	B	5	6	7	7	7
戊	C	6	10	10	7	7

〈보기〉

ㄱ. ㉠이 5점이라면 乙의 총 점수가 甲의 총 점수보다 높다.

ㄴ. 丁은 ㉠과 ㉡에 상관없이 수상하지 못한다.

ㄷ. 戊는 조회수 등급을 D로 받았더라도 수상한다.

ㄹ. ㉠>㉡이면 甲의 총 점수가 丙의 총 점수보다 높다.

① ㄱ, ㄴ

② ㄱ, ㄷ

③ ㄴ, ㄷ

④ ㄴ, ㄹ

⑤ ㄷ, ㄹ

문 22. 다음 글과 〈상황〉을 근거로 판단할 때, 〈보기〉에서 옳은 것만을 모두 고르면?

甲국에서는 4개 기관(A~D)에 대해 전기, 후기 두 번의 평가를 실시하고 있다. 전기평가에서 낮은 점수를 받은 기관이 후기평가를 포기하는 것을 막기 위해 다음과 같은 최종평가점수 산정 방식을 사용하고 있다.

최종평가점수=Max[0.5×전기평가점수+0.5×후기평가점수,

0.2×전기평가점수+0.8×후기평가점수]

여기서 사용한 Max[X, Y]는 X와 Y 중 큰 값을 의미한다. 즉, 전기평가점수와 후기평가점수의 가중치를 50:50으로 하여 산정한 점수와 20:80으로 하여 산정한 점수 중 더 높은 것이 해당 기관의 최종평가점수이다.

〈상황〉

4개 기관의 전기평가점수(100점 만점)는 다음과 같다.

기관	A	B	C	D
전기평가점수	60	70	90	80

4개 기관의 후기평가점수(100점 만점)는 모두 자연수이고, C기관의 후기평가점수는 70점이다. 최종평가점수를 통해 확인된 기관 순위는 1등부터 4등까지 A-B-D-C 순이며 동점인 기관은 없다.

〈보기〉

ㄱ. A기관의 후기평가점수는 B기관의 후기평가점수보다 최소 3점 높다.

ㄴ. B기관의 후기평가점수는 83점일 수 있다.

ㄷ. A기관과 D기관의 후기평가점수 차이는 5점일 수 있다.

① ㄱ

② ㄴ

③ ㄱ, ㄴ

④ ㄱ, ㄷ

⑤ ㄴ, ㄷ

※ 다음 글을 읽고 물음에 답하시오. [문 23.~문 24.]

독립운동가 김우전 선생은 일제강점기 광복군으로 활약한 인물로, 광복군의 무전통신을 위한 한글 암호를 만든 것으로 유명하다. 1922년 평안북도 정주 태생인 선생은 일본에서 대학에 다니던 중 재일학생 민족운동 비밀결사단체인 '조선민족고유문화유지계몽단'에 가입했다. 1944년 1월 일본군에 징병돼 중국으로 파병됐지만 같은 해 5월 말 부대를 탈출해 광복군에 들어갔다.

1945년 3월 미 육군 전략정보처는 일본이 머지않아 패망할 것으로 보아 한반도 진공작전을 계획하고 중국에서 광복군과 함께 특수훈련을 하고 있었다. 이 시기에 선생은 한글 암호인 W-K(우전킴) 암호를 만들었다. W-K 암호는 한글의 자음과 모음, 받침을 구분하여 만들어진 암호체계이다. 자음과 모음을 각각 두 자리 숫자로, 받침은 자음을 나타내는 두 자리 숫자의 앞에 '00'을 붙여 네 자리로 표시한다.

W-K 암호체계에서 자음은 '11~29'에, 모음은 '30~50'에 순서대로 대응된다. 받침은 자음 중 ㄱ~ㅎ을 이용하여 '0011'부터 '0024'에 순서대로 대응된다. 예를 들어 '김'은 W-K 암호로 변환하면 'ㄱ'은 11, 'ㅣ'는 39, 받침 'ㅁ'은 0015이므로 '11390015'가 된다. 같은 방식으로 '1334001114390016'은 '독립'으로, '134024300012133400111439001615300012174 2'는 '대한독립만세'로 해독된다. 모든 숫자를 붙여 쓰기 때문에 상당히 길지만 네 자리씩 끊어 읽으면 된다.

하지만 어렵사리 만든 W-K 암호는 결국 쓰이지 못했다. 작전 준비가 한창이던 1945년 8월 일본이 갑자기 항복했기 때문이다. 이 암호에 대한 기록은 비밀에 부쳐져 미국 국가기록원에 소장되었다가 1988년 비밀이 해제되어 세상에 알려졌다.

※ W-K 암호체계에서 자음의 순서는 ㄱ, ㄴ, ㄷ, ㄹ, ㅁ, ㅂ, ㅅ, ㅇ, ㅈ, ㅊ, ㅋ, ㅌ, ㅍ, ㅎ, ㄲ, ㄸ, ㅃ, ㅆ, ㅉ이고, 모음의 순서는 ㅏ, ㅑ, ㅓ, ㅕ, ㅗ, ㅛ, ㅜ, ㅠ, ㅡ, ㅣ, ㅐ, ㅒ, ㅔ, ㅖ, ㅘ, ㅙ, ㅚ, ㅝ, ㅞ, ㅟ, ㅢ이다.

문 23. 윗글을 근거로 판단할 때, 〈보기〉에서 옳은 것만을 모두 고르면?

─── 〈보기〉 ───

ㄱ. 김우전 선생은 일본군에 징병되었을 때 무전통신을 위해 W-K 암호를 만들었다.

ㄴ. W-K 암호체계에서 한글 단어를 변환한 암호문의 자릿수는 4의 배수이다.

ㄷ. W-K 암호체계에서 '183000152400'은 한글 단어로 해독될 수 없다.

ㄹ. W-K 암호체계에서 한글 '궤'는 '11363239'로 변환된다.

① ㄱ, ㄴ

② ㄴ, ㄷ

③ ㄷ, ㄹ

④ ㄱ, ㄴ, ㄹ

⑤ ㄱ, ㄷ, ㄹ

문 24. 윗글과 다음 〈조건〉을 근거로 판단할 때, '3·1운동!'을 옳게 변환한 것은?

─── 〈조건〉 ───

숫자와 기호를 표현하기 위하여 W-K 암호체계에 다음의 규칙이 추가되었다.

○ 1~9의 숫자는 차례대로 '51~59', 0은 '60'으로 변환하고, 끝에 '00'을 붙여 네 자리로 표시한다.

○ 온점(.)은 '70', 가운뎃점(·)은 '80', 느낌표(!)는 '66', 물음표(?)는 '77'로 변환하고, 끝에 '00'을 붙여 네 자리로 표시한다.

① 5300800051001836001213340018660 0

② 5300800051001836001213350018660 0

③ 5300700051001836001213340018770 0

④ 5370005118360012133400176600

⑤ 5380005118360012133500177700

문 25. 다음 글과 〈대화〉를 근거로 판단할 때, 乙 ~ 丁의 소속 과와 과 총원을 옳게 짝지은 것은?

○ A부서는 제1과부터 제4과까지 4개 과, 총 35명으로 구성되어 있다.

○ A부서 각 과 총원은 과장 1명을 포함하여 7명 이상이며, 그 수가 모두 다르다.

○ A부서에 '부여'된 내선번호는 7001번부터 7045번이다.

○ 제1과 ~ 제4과 순서대로 연속된 오름차순의 내선번호가 부여되는데, 각 과에는 해당 과 총원 이상의 내선번호가 부여된다.

○ 모든 직원은 소속 과의 내선번호 중 서로 다른 번호 하나를 각자 '배정'받는다.

○ 각 과 과장에게 배정된 내선번호는 해당 과에 부여된 내선번호 중에 제일 앞선다.

○ 甲 ~ 丁은 모두 A부서의 서로 다른 과 소속이다.

────── 〈대화〉 ──────

甲: 홈페이지에 내선번호 알림을 새로 해야겠네요. 저희 과는 9명이고, 부여된 내선번호는 7016 ~ 7024번입니다.

乙: 甲주무관님 과는 총원과 내선번호 개수가 같네요. 저희 과 총원이 제일 많은데, 내선번호는 그보다 4개 더 있어요.

丙: 저희 과는 총원보다 내선번호가 3개 더 많아요. 아, 丁주무관님! 제 내선번호는 7034번이고, 저희 과장님 내선번호는 7025번이에요.

丁: 저희 과장님 내선번호 끝자리와 丙주무관님 과의 과장님 내선번호 끝자리가 동일하네요.

	직원	소속 과	과 총원
①	乙	제1과	10명
②	乙	제4과	11명
③	丙	제3과	8명
④	丁	제1과	7명
⑤	丁	제4과	8명

약점 보완 해설집 p.58

민경채 기출문제

2021년 기출문제	2015년 기출문제
2020년 기출문제	2014년 기출문제
2019년 기출문제	2013년 기출문제
2018년 기출문제	2012년 기출문제
2017년 기출문제	2011년 기출문제
2016년 기출문제	

✔ 문제풀이 시작과 종료 시각을 정하여 실전처럼 기출문제를 모두 푼 뒤, 문제풀이 시작 페이지 상단에 실제로 문제풀이에 소요된 시간과 맞힌 문항 수를 기록하여 시간 관리 연습을 하고, 약점 보완 해설 집의 '취약 유형 분석표'로 자신의 취약한 유형을 파악해 보시기 바랍니다.

✔ 2021년 민간경력자 PSAT는 2021년 7급 PSAT와 15문항이 동일하게 출제되었습니다. 11~25번 문제는 2021년 7급 PSAT의 1~15번 문제와 동일한 문제이니, 문제풀이에 참고하시기 바랍니다.

문 1. 다음 글을 근거로 판단할 때 옳은 것은?

제00조 ① 사업주는 근로자가 조부모, 부모, 배우자, 배우자의 부모, 자녀 또는 손자녀(이하 '가족'이라 한다)의 질병, 사고, 노령으로 인하여 그 가족을 돌보기 위한 휴직(이하 '가족돌봄휴직'이라 한다)을 신청하는 경우 이를 허용하여야 한다. 다만 대체인력 채용이 불가능한 경우, 정상적인 사업 운영에 중대한 지장을 초래하는 경우, 근로자 본인 외에도 조부모의 직계비속 또는 손자녀의 직계존속이 있는 경우에는 그러하지 아니하다.

② 사업주는 근로자가 가족(조부모 또는 손자녀의 경우 근로자 본인 외에도 직계비속 또는 직계존속이 있는 경우는 제외한다)의 질병, 사고, 노령 또는 자녀의 양육으로 인하여 긴급하게 그 가족을 돌보기 위한 휴가(이하 '가족돌봄휴가'라 한다)를 신청하는 경우 이를 허용하여야 한다. 다만 근로자가 청구한 시기에 가족돌봄휴가를 주는 것이 정상적인 사업 운영에 중대한 지장을 초래하는 경우에는 근로자와 협의하여 그 시기를 변경할 수 있다.

③ 제1항 단서에 따라 사업주가 가족돌봄휴직을 허용하지 아니하는 경우에는 해당 근로자에게 그 사유를 서면으로 통보하여야 한다.

④ 가족돌봄휴직 및 가족돌봄휴가의 사용기간은 다음 각 호에 따른다.

　1. 가족돌봄휴직 기간은 연간 최장 90일로 하며, 이를 나누어 사용할 수 있을 것

　2. 가족돌봄휴가 기간은 연간 최장 10일로 하며, 일 단위로 사용할 수 있을 것. 다만 가족돌봄휴가 기간은 가족돌봄휴직 기간에 포함된다.

　3. ○○부 장관은 감염병의 확산 등을 원인으로 심각단계의 위기경보가 발령되는 경우, 가족돌봄휴가 기간을 연간 10일의 범위에서 연장할 수 있다.

① 조부모와 부모를 함께 모시고 사는 근로자가 조부모의 질병을 이유로 가족돌봄휴직을 신청한 경우, 사업주는 가족돌봄휴직을 허용하지 않을 수 있다.

② 사업주는 근로자가 신청한 가족돌봄휴직을 허용하지 않는 경우, 해당 근로자에게 그 사유를 구술 또는 서면으로 통보해야 한다.

③ 정상적인 사업 운영에 중대한 지장을 초래하는 경우, 사업주는 근로자의 가족돌봄휴가 시기를 근로자와 협의 없이 변경할 수 있다.

④ 근로자가 가족돌봄휴가를 8일 사용한 경우, 사업주는 이와 별도로 그에게 가족돌봄휴직을 연간 90일까지 허용해야 한다.

⑤ 감염병의 확산으로 심각단계의 위기경보가 발령되고 가족돌봄휴가 기간이 5일 연장된 경우, 사업주는 근로자에게 연간 20일의 가족돌봄휴가를 허용해야 한다.

문 2. 다음 글을 근거로 판단할 때 옳은 것은?

제00조 ① 영화업자는 제작 또는 수입한 영화(예고편영화를 포함한다)에 대하여 그 상영 전까지 영상물등급위원회로부터 상영등급을 분류받아야 한다. 다만 다음 각 호의 어느 하나에 해당하는 영화에 대하여는 그러하지 아니하다.

　1. 대가를 받지 아니하고 청소년이 포함되지 아니한 특정인에 한하여 상영하는 단편영화

　2. 영화진흥위원회가 추천하는 영화제에서 상영하는 영화

② 제1항 본문의 규정에 의한 영화의 상영등급은 영화의 내용 및 영상 등의 표현 정도에 따라 다음 각 호와 같이 분류한다. 다만 예고편영화는 제1호 또는 제4호로 분류하고 청소년 관람불가 예고편영화는 청소년 관람불가 영화의 상영 전후에만 상영할 수 있다.

　1. 전체관람가: 모든 연령에 해당하는 자가 관람할 수 있는 영화

　2. 12세 이상 관람가: 12세 이상의 자가 관람할 수 있는 영화

　3. 15세 이상 관람가: 15세 이상의 자가 관람할 수 있는 영화

　4. 청소년 관람불가: 청소년은 관람할 수 없는 영화

③ 누구든지 제1항 및 제2항의 규정을 위반하여 상영등급을 분류받지 아니한 영화를 상영하여서는 안 된다.

④ 누구든지 제2항 제2호 또는 제3호의 규정에 의한 상영등급에 해당하는 영화의 경우에는 해당 영화를 관람할 수 있는 연령에 도달하지 아니한 자를 입장시켜서는 안 된다. 다만 부모 등 보호자를 동반하여 관람하는 경우에는 그러하지 아니하다.

⑤ 누구든지 제2항 제4호의 규정에 의한 상영등급에 해당하는 영화의 경우에는 청소년을 입장시켜서는 안 된다.

① 예고편영화는 12세 이상 관람가 상영등급을 받을 수 있다.

② 청소년 관람불가 영화의 경우, 청소년은 부모와 함께 영화관에 입장하여 관람할 수 있다.

③ 상영등급 분류를 받지 않은 영화의 경우, 영화업자는 영화진흥위원회가 추천한 △△영화제에서 상영할 수 없다.

④ 영화업자는 청소년 관람불가 예고편영화를 15세 이상 관람가 영화의 상영 직전에 상영할 수 있다.

⑤ 영화업자는 초청한 노인을 대상으로 상영등급을 분류받지 않은 단편영화를 무료로 상영할 수 있다.

문 3. 다음 글과 〈상황〉을 근거로 판단할 때 옳은 것은?

제00조 ① 집합건물을 건축하여 분양한 분양자와 분양자와의 계약에 따라 건물을 건축한 시공자는 구분소유자에게 제2항 각 호의 하자에 대하여 과실이 없더라도 담보책임을 진다.
② 제1항의 담보책임 존속기간은 다음 각 호와 같다.
  1. 내력벽, 주기둥, 바닥, 보, 지붕틀 및 지반공사의 하자: 10년
  2. 대지조성공사, 철근콘크리트공사, 철골공사, 조적(組積)공사, 지붕 및 방수공사의 하자: 5년
  3. 목공사, 창호공사 및 조경공사의 하자: 3년
③ 제2항의 기간은 다음 각 호의 날부터 기산한다.
  1. 전유부분: 구분소유자에게 인도한 날
  2. 공용부분: 사용승인일
④ 제2항 및 제3항에도 불구하고 제2항 각 호의 하자로 인하여 건물이 멸실(滅失)된 경우에는 담보책임 존속기간은 멸실된 날로부터 1년으로 한다.
⑤ 분양자와 시공자의 담보책임에 관하여 이 법에 규정된 것보다 매수인에게 불리한 특약은 효력이 없다.

※ 구분소유자: 집합건물(예: 아파트, 공동주택 등) 각 호실의 소유자
※ 담보책임: 집합건물의 하자로 인해 분양자, 시공자가 구분소유자에 대하여 지는 손해배상, 하자보수 등의 책임

─── 〈상황〉 ───

甲은 乙이 분양하는 아파트를 매수하려고 乙과 아파트 분양계약을 체결하였다. 丙건설사는 乙과의 계약에 따라 아파트를 시공하였고, 준공검사 후 아파트는 2020. 5. 1. 사용승인을 받았다. 甲은 아파트를 2020. 7. 1. 인도받고 등기를 완료하였다.

① 丙은 창호공사의 하자에 대해 2025. 7. 1.까지 담보책임을 진다.
② 丙은 철골공사의 하자에 과실이 없으면 담보책임을 지지 않는다.
③ 乙은 甲의 전유부분인 거실에 물이 새는 방수공사의 하자에 대해 2025. 5. 1.까지 담보책임을 진다.
④ 대지조성공사의 하자로 인하여 2023. 10. 1. 공용부분인 주차장 건물이 멸실된다면 丙은 2024. 7. 1. 이후에는 담보책임을 지지 않는다.
⑤ 乙이 甲과의 분양계약에서 지반공사의 하자에 대한 담보책임 존속기간을 5년으로 정한 경우라도, 2027. 10. 1. 그 하자가 발생한다면 담보책임을 진다.

문 4. 다음 글과 〈상황〉을 근거로 판단할 때, 甲의 계약 의뢰 날짜와 공고 종료 후 결과통지 날짜를 옳게 짝지은 것은?

○ A국의 정책연구용역 계약 체결을 위한 절차는 다음과 같다.

순서	단계	소요기간
1	계약 의뢰	1일
2	서류 검토	2일
3	입찰 공고	40일 (긴급계약의 경우 10일)
4	공고 종료 후 결과통지	1일
5	입찰서류 평가	10일
6	우선순위 대상자와 협상	7일

※ 소요기간은 해당 절차의 시작부터 종료까지 걸리는 기간이다. 모든 절차는 하루 단위로 주말(토, 일) 및 공휴일에도 중단이나 중복 없이 진행된다.

─── 〈상황〉 ───

A국 공무원인 甲은 정책연구용역 계약을 4월 30일에 체결하는 것을 목표로 계약부서에 긴급계약으로 의뢰하려 한다. 계약은 우선순위 대상자와 협상이 끝난 날의 다음 날에 체결된다.

	계약 의뢰 날짜	공고 종료 후 결과통지 날짜
①	3월 30일	4월 11일
②	3월 30일	4월 12일
③	3월 30일	4월 13일
④	3월 31일	4월 12일
⑤	3월 31일	4월 13일

2021

해커스PSAT 7급+민경채 PSAT 16개년 기출문제집 상황판단

문 5. 다음 글을 근거로 판단할 때, A에게 전달할 책의 제목과 A의 연구실 번호를 옳게 짝지은 것은?

> ○ 5명의 연구원(A ~ E)에게 책 1권씩을 전달해야 하고, 책 제목은 모두 다르다.
> ○ 5명은 모두 각자의 연구실에 있고, 연구실 번호는 311호부터 315호까지이다.
> ○ C는 315호, D는 312호, E는 311호에 있다.
> ○ B에게 「연구개발」, D에게 「공공정책」을 전달해야 한다.
> ○ 「전환이론」은 311호에, 「사회혁신」은 314호에, 「복지실천」은 315호에 전달해야 한다.

책 제목	연구실 번호
① 「전환이론」	311호
② 「공공정책」	312호
③ 「연구개발」	313호
④ 「사회혁신」	314호
⑤ 「복지실천」	315호

문 6. 다음 글을 근거로 판단할 때, ㉠에 해당하는 수는?

> ○○부처의 주무관은 모두 20명이며, 성과등급은 4단계(S, A, B, C)로 구성된다. 아래는 ○○부처 소속 직원들의 대화 내용이다.
>
> 甲주무관: 乙주무관 축하해! 작년에 비해 올해 성과등급이 비약적으로 올랐던데? 우리 부처에서 성과등급이 세 단계나 변한 주무관은 乙주무관 외에 없잖아.
>
> 乙주무관: 고마워. 올해는 평가방식을 많이 바꿨다며? 작년이랑 똑같은 성과등급을 받은 주무관은 우리 부처에서 한 명밖에 없어.
>
> 甲주무관: 그렇구나. 우리 부처에서 작년에 비해 성과등급이 한 단계 변한 주무관 수는 두 단계 변한 주무관 수의 2배라고 해.
>
> 乙주무관: 그러면 우리 부처에서 성과등급이 한 단계 변한 주무관은 (㉠)명이네.

① 4

② 6

③ 8

④ 10

⑤ 12

문 7. 다음 글을 근거로 판단할 때, 〈보기〉에서 옳은 것만을 모두 고르면?

A지역에는 독특한 결혼 풍습이 있다. 남자는 4개의 부족인 '잇파이·굼보·물으리·굿피'로 나뉘어 있고, 여자도 4개의 부족인 '잇파타·뿌타·마타·카포타'로 나뉘어 있다. 아래 〈표〉는 결혼을 할 수 있는 부족과 그 사이에서 출생하는 자녀가 어떤 부족이 되는지를 나타낸다. 예컨대 '잇파이' 남자는 '카포타' 여자와만 결혼할 수 있고, 그 사이에 낳은 아이가 남아면 '물으리', 여아면 '마타'로 분류된다. 모든 부족에게는 결혼할 수 있는 서로 다른 부족이 1:1로 대응하여 존재한다.

〈표〉

결혼할 수 있는 부족		자녀의 부족	
남자	여자	남아	여아
잇파이	카포타	물으리	마타
굼보	마타	굿피	카포타
물으리	뿌타	잇파이	잇파타
굿피	잇파타	굼보	뿌타

〈보기〉

ㄱ. 물으리와 뿌타의 친손자는 뿌타와 결혼할 수 있다.

ㄴ. 잇파이와 카포타의 친손자는 굿피이다.

ㄷ. 굼보와 마타의 외손녀는 카포타이다.

ㄹ. 굿피와 잇파타의 친손녀는 물으리와 결혼할 수 있다.

① ㄱ

② ㄱ, ㄹ

③ ㄷ, ㄹ

④ ㄱ, ㄴ, ㄷ

⑤ ㄴ, ㄷ, ㄹ

문 8. 다음 글을 근거로 판단할 때, 7월 1일부터 6일까지 지역 농산물 유통센터에서 판매된 甲의 수박 총 판매액은?

○ A시는 농산물의 판매를 촉진하기 위하여 지역 농산물 유통센터를 운영하고 있다. 해당 유통센터는 농산물을 수확 당일 모두 판매하는 것을 목표로 운영하며, 당일 판매하지 못한 농산물은 판매가에서 20%를 할인하여 다음 날 판매한다.

○ 농부 甲은 7월 1일부터 5일까지 매일 수확한 수박 100개씩을 수확 당일 A시 지역 농산물 유통센터에 공급하였다.

○ 甲으로부터 공급받은 수박의 당일 판매가는 개당 1만 원이며, 매일 판매된 수박 개수는 아래와 같았다. 단, 수확 당일 판매되지 않은 수박은 다음 날 모두 판매되었다.

날짜(일)	1	2	3	4	5	6
판매된 수박(개)	80	100	110	100	100	10

① 482만 원

② 484만 원

③ 486만 원

④ 488만 원

⑤ 490만 원

문 9. 다음 글을 근거로 판단할 때, 〈보기〉에서 옳은 것만을 모두 고르면?

> A부처는 CO_2 배출량 감소를 위해 전기와 도시가스 사용을 줄이는 가구를 대상으로 CO_2 배출 감소량에 비례하여 현금처럼 사용할 수 있는 포인트를 지급하는 제도를 시행하고 있다. 전기는 5kWh, 도시가스는 $1m^3$를 사용할 때 각각 2kg의 CO_2가 배출되며, 전기 1kWh당 사용 요금은 20원, 도시가스 $1m^3$당 사용 요금은 60원이다.

〈보기〉

ㄱ. 매월 전기 요금과 도시가스 요금을 각각 1만 2천 원씩 부담하는 가구는 전기 사용으로 인한 월 CO_2 배출량이 도시가스 사용으로 인한 월 CO_2 배출량보다 적다.

ㄴ. 매월 전기 요금을 5만 원, 도시가스 요금을 3만 원 부담하는 가구는 전기와 도시가스 사용에 따른 월 CO_2 배출량이 동일하다.

ㄷ. 전기 1kWh를 절약한 가구는 도시가스 $1m^3$를 절약한 가구보다 많은 포인트를 지급받는다.

① ㄱ
② ㄷ
③ ㄱ, ㄴ
④ ㄴ, ㄷ
⑤ ㄱ, ㄴ, ㄷ

문 10. 다음 글과 〈상황〉을 근거로 판단할 때, 〈보기〉에서 옳은 것만을 모두 고르면?

> ○ 지방자치단체는 공립 박물관·미술관을 설립하려는 경우 □□부로부터 설립타당성에 관한 사전평가(이하 '사전평가')를 받아야 한다.
> ○ 사전평가는 연 2회(상반기, 하반기) 진행한다.
>   – 신청기한: 1월 31일(상반기), 7월 31일(하반기)
>   – 평가기간: 2월 1일 ~ 4월 30일(상반기)
>   8월 1일 ~ 10월 31일(하반기)
> ○ 사전평가 결과는 '적정' 또는 '부적정'으로 판정한다.
> ○ 지방자치단체가 동일한 공립 박물관·미술관 설립에 대해 3회 연속으로 사전평가를 신청하여 모두 '부적정'으로 판정받았다면, 그 박물관·미술관 설립에 대해서는 향후 1년간 사전평가 신청이 불가능하다.
> ○ 사전평가 결과 '적정'으로 판정되는 경우, 지방자치단체는 부지매입비를 제외한 건립비의 최대 40%를 국비로 지원받을 수 있다.

〈상황〉

아래의 〈표〉는 지방자치단체 A ~ C가 설립하려는 공립 박물관·미술관과 건립비를 나타낸 것이다.

〈표〉

지방자치단체	설립 예정 공립 박물관·미술관	건립비(원)	
		부지매입비	건물건축비
A	甲미술관	30억	70억
B	乙박물관	40억	40억
C	丙박물관	10억	80억

〈보기〉

ㄱ. 甲미술관을 국비 지원 없이 설립하기로 했다면, A는 사전평가를 거치지 않고도 甲미술관을 설립할 수 있다.

ㄴ. 乙박물관이 사전평가에서 '적정'으로 판정될 경우, B는 최대 32억 원까지 국비를 지원받을 수 있다.

ㄷ. 丙박물관이 2019년 하반기, 2020년 상반기, 2020년 하반기 사전평가에서 모두 '부적정'으로 판정된 경우, C는 丙박물관에 대한 2021년 상반기 사전평가를 신청할 수 없다.

① ㄱ
② ㄷ
③ ㄱ, ㄴ
④ ㄴ, ㄷ
⑤ ㄱ, ㄴ, ㄷ

문 11. 다음 글과 〈상황〉을 근거로 판단할 때 옳은 것은?

> 제00조 ① 다음 각 호의 어느 하나에 해당하는 사람은 주민등록지의 시장(특별시장·광역시장은 제외하고 특별자치도지사는 포함한다. 이하 같다)·군수 또는 구청장에게 주민등록번호(이하 '번호'라 한다)의 변경을 신청할 수 있다.
> 　1. 유출된 번호로 인하여 생명·신체에 위해를 입거나 입을 우려가 있다고 인정되는 사람
> 　2. 유출된 번호로 인하여 재산에 피해를 입거나 입을 우려가 있다고 인정되는 사람
> 　3. 성폭력피해자, 성매매피해자, 가정폭력피해자로서 유출된 번호로 인하여 피해를 입거나 입을 우려가 있다고 인정되는 사람
> ② 제1항의 신청 또는 제5항의 이의신청을 받은 주민등록지의 시장·군수·구청장(이하 '시장 등'이라 한다)은 ○○부의 주민등록번호변경위원회(이하 '변경위원회'라 한다)에 번호변경 여부에 관한 결정을 청구해야 한다.
> ③ 주민등록지의 시장 등은 변경위원회로부터 번호변경 인용결정을 통보받은 경우에는 신청인의 번호를 다음 각 호의 기준에 따라 지체 없이 변경하고 이를 신청인에게 통지해야 한다.
> 　1. 번호의 앞 6자리(생년월일) 및 뒤 7자리 중 첫째 자리는 변경할 수 없음
> 　2. 제1호 이외의 나머지 6자리는 임의의 숫자로 변경함
> ④ 제3항의 번호변경 통지를 받은 신청인은 주민등록증, 운전면허증, 여권, 장애인등록증 등에 기재된 번호의 변경을 위해서는 그 번호의 변경을 신청해야 한다.
> ⑤ 주민등록지의 시장 등은 변경위원회로부터 번호변경 기각결정을 통보받은 경우에는 그 사실을 신청인에게 통지해야 하며, 신청인은 통지를 받은 날부터 30일 이내에 그 시장 등에게 이의신청을 할 수 있다.

> ─〈상황〉─
> 甲은 주민등록번호 유출로 인해 재산상 피해를 입게 되자 주민등록번호 변경신청을 하였다. 甲의 주민등록지는 A광역시 B구이고, 주민등록번호는 980101 – 23456□□이다.

① A광역시장이 주민등록번호변경위원회에 甲의 주민등록번호 변경 여부에 관한 결정을 청구해야 한다.

② 주민등록번호변경위원회는 번호변경 인용결정을 하면서 甲의 주민등록번호를 다른 번호로 변경할 수 있다.

③ 주민등록번호변경위원회의 번호변경 인용결정이 있는 경우, 甲의 주민등록번호는 980101 – 45678□□으로 변경될 수 있다.

④ 甲의 주민등록번호가 변경된 경우, 甲이 운전면허증에 기재된 주민등록번호를 변경하기 위해서는 변경신청을 해야 한다.

⑤ 甲은 번호변경 기각결정을 통지받은 날부터 30일 이내에 주민등록번호변경위원회에 이의신청을 할 수 있다.

문 12. 다음 글을 근거로 판단할 때 옳은 것은?

> 제00조 ① 각 중앙관서의 장은 그 소관 물품관리에 관한 사무를 소속 공무원에게 위임할 수 있고, 필요하면 다른 중앙관서의 소속 공무원에게 위임할 수 있다.
> ② 제1항에 따라 각 중앙관서의 장으로부터 물품관리에 관한 사무를 위임받은 공무원을 물품관리관이라 한다.
> 제00조 ① 물품관리관은 물품수급관리계획에 정하여진 물품에 대하여는 그 계획의 범위에서, 그 밖의 물품에 대하여는 필요할 때마다 계약담당공무원에게 물품의 취득에 관한 필요한 조치를 할 것을 청구하여야 한다.
> ② 계약담당공무원은 제1항에 따른 청구가 있으면 예산의 범위에서 해당 물품을 취득하기 위한 필요한 조치를 하여야 한다.
> 제00조 물품은 국가의 시설에 보관하여야 한다. 다만 물품관리관이 국가의 시설에 보관하는 것이 물품의 사용이나 처분에 부적당하다고 인정하거나 그 밖에 특별한 사유가 있으면 국가 외의 자의 시설에 보관할 수 있다.
> 제00조 ① 물품관리관은 물품을 출납하게 하려면 물품출납공무원에게 출납하여야 할 물품의 분류를 명백히 하여 그 출납을 명하여야 한다.
> ② 물품출납공무원은 제1항에 따른 명령이 없으면 물품을 출납할 수 없다.
> 제00조 ① 물품출납공무원은 보관 중인 물품 중 사용할 수 없거나 수선 또는 개조가 필요한 물품이 있다고 인정하면 그 사실을 물품관리관에게 보고하여야 한다.
> ② 물품관리관은 제1항에 따른 보고에 의하여 수선이나 개조가 필요한 물품이 있다고 인정하면 계약담당공무원이나 그 밖의 관계 공무원에게 그 수선이나 개조를 위한 필요한 조치를 할 것을 청구하여야 한다.

① 물품출납공무원은 물품관리관의 명령이 없으면 자신의 재량으로 물품을 출납할 수 없다.

② A중앙관서의 장이 그 소관 물품관리에 관한 사무를 위임하고자 할 경우, B중앙관서의 소속 공무원에게는 위임할 수 없다.

③ 계약담당공무원은 물품을 국가의 시설에 보관하는 것이 그 사용이나 처분에 부적당하다고 인정하는 경우, 그 물품을 국가 외의 자의 시설에 보관할 수 있다.

④ 물품수급관리계획에 정해진 물품 이외의 물품이 필요한 경우, 물품관리관은 필요할 때마다 물품출납공무원에게 물품의 취득에 관한 필요한 조치를 할 것을 청구해야 한다.

⑤ 물품출납공무원은 보관 중인 물품 중 수선이 필요한 물품이 있다고 인정하는 경우, 계약담당공무원에게 수선에 필요한 조치를 할 것을 청구해야 한다.

문 13. 다음 글을 근거로 판단할 때 옳은 것은?

> 제○○조 ① 누구든지 법률에 의하지 아니하고는 우편물의 검열·전기통신의 감청 또는 통신사실확인자료의 제공을 하거나 공개되지 아니한 타인 상호간의 대화를 녹음 또는 청취하지 못한다.
>
> ② 다음 각 호의 어느 하나에 해당하는 자는 1년 이상 10년 이하의 징역과 5년 이하의 자격정지에 처한다.
>
> 　1. 제1항에 위반하여 우편물의 검열 또는 전기통신의 감청을 하거나 공개되지 아니한 타인 상호간의 대화를 녹음 또는 청취한 자
>
> 　2. 제1호에 따라 알게 된 통신 또는 대화의 내용을 공개하거나 누설한 자
>
> ③ 누구든지 단말기기 고유번호를 제공하거나 제공받아서는 안 된다. 다만 이동전화단말기 제조업체 또는 이동통신사업자가 단말기의 개통처리 및 수리 등 정당한 업무의 이행을 위하여 제공하거나 제공받는 경우에는 그러하지 아니하다.
>
> ④ 제3항을 위반하여 단말기기 고유번호를 제공하거나 제공받은 자는 3년 이하의 징역 또는 1천만 원 이하의 벌금에 처한다.
>
> 제□□조 제○○조의 규정에 위반하여, 불법검열에 의하여 취득한 우편물이나 그 내용, 불법감청에 의하여 지득(知得) 또는 채록(採錄)된 전기통신의 내용, 공개되지 아니한 타인 상호간의 대화를 녹음 또는 청취한 내용은 재판 또는 징계절차에서 증거로 사용할 수 없다.

① 甲이 불법검열에 의하여 취득한 乙의 우편물은 징계절차에서 증거로 사용할 수 있다.

② 甲이 乙과 정책용역을 수행하면서 乙과의 대화를 녹음한 내용은 재판에서 증거로 사용할 수 없다.

③ 甲이 乙과 丙 사이의 공개되지 않은 대화를 녹음하여 공개한 경우, 1천만 원의 벌금에 처해질 수 있다.

④ 이동통신사업자 甲이 乙의 단말기를 개통하기 위하여 단말기기 고유번호를 제공받은 경우, 1년의 징역에 처해질 수 있다.

⑤ 甲이 乙과 丙 사이의 우편물을 불법으로 검열한 경우, 2년의 징역과 3년의 자격정지에 처해질 수 있다.

문 14. 다음 글과 〈지원대상 후보 현황〉을 근거로 판단할 때, 기업 F가 받는 지원금은?

> □□부는 2021년도 중소기업 광고비 지원사업 예산 6억 원을 기업에 지원하려 하며, 지원대상 선정 및 지원금 산정 방법은 다음과 같다.
>
> ○ 2020년도 총매출이 500억 원 미만인 기업만 지원하며, 우선 지원대상 사업분야는 백신, 비대면, 인공지능이다.
>
> ○ 우선 지원대상 사업분야 내 또는 우선 지원대상이 아닌 사업분야 내에서는 '소요 광고비 × 2020년도 총매출'이 작은 기업부터 먼저 선정한다.
>
> ○ 지원금 상한액은 1억 2,000만 원이나, 해당 기업의 2020년도 총매출이 100억 원 이하인 경우 상한액의 2배까지 지원할 수 있다. 단, 지원금은 소요 광고비의 2분의 1을 초과할 수 없다.
>
> ○ 위의 지원금 산정 방법에 따라 예산 범위 내에서 지급 가능한 최대 금액을 예산이 소진될 때까지 지원대상 기업에 순차로 배정한다.

〈지원대상 후보 현황〉

기업	2020년도 총매출(억 원)	소요 광고비 (억 원)	사업분야
A	600	1	백신
B	500	2	비대면
C	400	3	농산물
D	300	4	인공지능
E	200	5	비대면
F	100	6	의류
G	30	4	백신

① 없음

② 8,000만 원

③ 1억 2,000만 원

④ 1억 6,000만 원

⑤ 2억 4,000만 원

문 15. 다음 글의 ㉠과 ㉡에 해당하는 수를 옳게 짝지은 것은?

> 甲담당관: 우리 부서 전 직원 57명으로 구성되는 혁신조직을 출범시켰으면 합니다.
>
> 乙주무관: 조직은 어떻게 구성할까요?
>
> 甲담당관: 5~7명으로 구성된 10개의 소조직을 만들되, 5명, 6명, 7명 소조직이 각각 하나 이상 있었으면 합니다. 단, 각 직원은 하나의 소조직에만 소속되어야 합니다.
>
> 乙주무관: 그렇게 할 경우 5명으로 구성되는 소조직은 최소 (㉠)개, 최대 (㉡)개가 가능합니다.

	㉠	㉡
①	1	5
②	3	5
③	3	6
④	4	6
⑤	4	7

문 16. 다음 글을 근거로 판단할 때, 甲이 통합력에 투입해야 하는 노력의 최솟값은?

> ○ 업무역량은 기획력, 창의력, 추진력, 통합력의 4가지 부문으로 나뉜다.
>
> ○ 부문별 업무역량 값을 수식으로 나타내면 다음과 같다.
>
> | 부문별 업무역량 값 |
> |---|
> | =(해당 업무역량 재능×4)+(해당 업무역량 노력×3)
※ 재능과 노력의 값은 음이 아닌 정수이다. |
>
> ○ 甲의 부문별 업무역량의 재능은 다음과 같다.
>
> | 기획력 | 창의력 | 추진력 | 통합력 |
> |---|---|---|---|
> | 90 | 100 | 110 | 60 |
>
> ○ 甲은 통합력의 업무역량 값을 다른 어떤 부문의 값보다 크게 만들고자 한다. 단, 甲이 투입 가능한 노력은 총 100이며 甲은 가능한 노력을 남김없이 투입한다.

① 67

② 68

③ 69

④ 70

⑤ 71

문 17. 다음 글을 근거로 판단할 때, 마지막에 송편을 먹었다면 그 직전에 먹은 떡은?

> 원 쟁반의 둘레를 따라 쑥떡, 인절미, 송편, 무지개떡, 팥떡, 호박떡이 순서대로 한 개씩 시계방향으로 놓여 있다. 이 떡을 먹는 순서는 다음과 같은 규칙에 따른다. 특정한 떡을 시작점(첫 번째)으로 하여 시계방향으로 떡을 세다가 여섯 번째에 해당하는 떡을 먹는다. 떡을 먹고 나면 시계방향으로 이어지는 바로 다음 떡이 새로운 시작점이 된다. 이 과정을 반복하여 떡이 한 개 남게 되면 마지막으로 그 떡을 먹는다.

① 무지개떡

② 쑥떡

③ 인절미

④ 팥떡

⑤ 호박떡

문 18. 다음 글을 근거로 판단할 때, 甲이 구매하려는 두 상품의 무게로 옳은 것은?

> ○○마트에서는 쌀 상품 A∼D를 판매하고 있다. 상품 무게는 A가 가장 무겁고, B, C, D 순서대로 무게가 가볍다. 무게 측정을 위해 서로 다른 두 상품을 저울에 올린 결과, 각각 35kg, 39kg, 44kg, 45kg, 50kg, 54kg으로 측정되었다. 甲은 가장 무거운 상품과 가장 가벼운 상품을 제외하고 두 상품을 구매하기로 하였다.

※ 상품 무게(kg)의 값은 정수이다.

① 19kg, 25kg

② 19kg, 26kg

③ 20kg, 24kg

④ 21kg, 25kg

⑤ 22kg, 26kg

문 19. 다음 글을 근거로 판단할 때, A 괘종시계가 11시 정각을 알리기 위한 마지막 종을 치는 시각은?

> A 괘종시계는 매시 정각을 알리기 위해 매시 정각부터 일정한 시간 간격으로 해당 시의 수만큼 종을 친다. 예를 들어 7시 정각을 알리기 위해서는 7시 정각에 첫 종을 치기 시작하여 일정한 시간 간격으로 총 7번의 종을 치는 것이다. 이 괘종시계가 정각을 알리기 위해 2번 이상 종을 칠 때, 종을 치는 시간 간격은 몇 시 정각을 알리기 위한 것이든 동일하다. A 괘종시계가 6시 정각을 알리기 위한 마지막 6번째 종을 치는 시각은 6시 6초이다.

① 11시 11초

② 11시 12초

③ 11시 13초

④ 11시 14초

⑤ 11시 15초

문 20. 다음 글을 근거로 판단할 때, 현재 시점에서 두 번째로 많은 양의 일을 한 사람은?

> A부서 주무관 5명(甲∼戊)은 오늘 해야 하는 일의 양이 같다. 오늘 업무 개시 후 현재까지 한 일을 비교해 보면 다음과 같다.
> 甲은 丙이 아직 하지 못한 일의 절반에 해당하는 양의 일을 했다. 乙은 丁이 남겨 놓고 있는 일의 2배에 해당하는 양의 일을 했다. 丙은 자신이 현재까지 했던 일의 절반에 해당하는 일을 남겨 놓고 있다. 丁은 甲이 남겨 놓고 있는 일과 동일한 양의 일을 했다. 戊는 乙이 남겨 놓은 일의 절반에 해당하는 양의 일을 했다.

① 甲

② 乙

③ 丙

④ 丁

⑤ 戊

문 21. 다음 글과 〈대화〉를 근거로 판단할 때, 丙이 받을 수 있는 최대 성과점수는?

○ A과는 과장 1명과 주무관 4명(甲 ~ 丁)으로 구성되어 있으며, 주무관의 직급은 甲이 가장 높고, 乙, 丙, 丁 순으로 낮아진다.
○ A과는 프로젝트를 성공적으로 마친 보상으로 성과점수 30점을 부여받았다. 과장은 A과에 부여된 30점을 자신을 제외한 주무관들에게 분배할 계획을 세우고 있다.
○ 과장은 주무관들의 요구를 모두 반영하여 성과점수를 분배하려 한다.
○ 주무관들이 받는 성과점수는 모두 다른 자연수이다.

─────〈대화〉─────
甲: 과장님이 주시는 대로 받아야죠. 아! 그렇지만 丁보다는 제가 높아야 합니다.
乙: 이번 프로젝트 성공에는 제가 가장 큰 기여를 했으니, 제가 가장 높은 성과점수를 받아야 합니다.
丙: 기여도를 고려했을 때, 제 경우에는 상급자보다는 낮게 받고 하급자보다는 높게 받아야 합니다.
丁: 저는 내년 승진에 필요한 최소 성과점수인 4점만 받겠습니다.

① 6
② 7
③ 8
④ 9
⑤ 10

문 22. 다음 글을 근거로 판단할 때, 아기 돼지 삼형제와 각각의 집을 옳게 짝지은 것은?

○ 아기 돼지 삼형제는 엄마 돼지로부터 독립하여 벽돌집, 나무집, 지푸라기집 중 각각 다른 한 채씩을 선택하여 짓는다.
○ 벽돌집을 지을 때에는 벽돌만 필요하지만, 나무집은 나무와 지지대가, 지푸라기집은 지푸라기와 지지대가 재료로 필요하다. 지지대에 소요되는 비용은 집의 면적과 상관없이 나무집의 경우 20만 원, 지푸라기집의 경우 5만 원이다.
○ 재료의 1개당 가격 및 집의 면적 1m²당 필요 개수는 아래와 같다.

구분	벽돌	나무	지푸라기
1개당 가격(원)	6,000	3,000	1,000
1m²당 필요 개수	15	20	30

○ 첫째 돼지 집의 면적은 둘째 돼지 집의 2배이고, 셋째 돼지 집의 3배이다. 삼형제 집의 면적의 총합은 11m²이다.
○ 모두 집을 짓고 나니, 둘째 돼지 집을 짓는 재료 비용이 가장 많이 들었다.

	첫째	둘째	셋째
①	벽돌집	나무집	지푸라기집
②	벽돌집	지푸라기집	나무집
③	나무집	벽돌집	지푸라기집
④	지푸라기집	벽돌집	나무집
⑤	지푸라기집	나무집	벽돌집

2021 해커스PSAT 7급+민경채 PSAT 16개년 기출문제집 상황판단

문 23. 다음 〈A기관 특허대리인 보수 지급 기준〉과 〈상황〉을 근거로 판단할 때, 甲과 乙이 지급받는 보수의 차이는?

〈A기관 특허대리인 보수 지급 기준〉
○ A기관은 특허출원을 특허대리인(이하 '대리인')에게 의뢰하고, 이에 따라 특허출원 건을 수임한 대리인에게 보수를 지급한다.
○ 보수는 착수금과 사례금의 합이다.
○ 착수금은 대리인이 작성한 출원서의 내용에 따라 〈착수금 산정 기준〉의 세부항목을 합산하여 산정한다. 단, 세부항목을 합산한 금액이 140만 원을 초과할 경우 착수금은 140만 원으로 한다.

〈착수금 산정 기준〉

세부항목	금액(원)
기본료	1,200,000
독립항 1개 초과분(1개당)	100,000
종속항(1개당)	35,000
명세서 20면 초과분(1면당)	9,000
도면(1도당)	15,000

※ 독립항 1개 또는 명세서 20면 이하는 해당 항목에 대한 착수금을 산정하지 않는다.

○ 사례금은 출원한 특허가 '등록결정'된 경우 착수금과 동일한 금액으로 지급하고, '거절결정'된 경우 0원으로 한다.

〈상황〉
○ 특허대리인 甲과 乙은 A기관이 의뢰한 특허출원을 각각 1건씩 수임하였다.
○ 甲은 독립항 1개, 종속항 2개, 명세서 14면, 도면 3도로 출원서를 작성하여 특허를 출원하였고, '등록결정'되었다.
○ 乙은 독립항 5개, 종속항 16개, 명세서 50면, 도면 12도로 출원서를 작성하여 특허를 출원하였고, '거절결정'되었다.

① 2만 원
② 8만 5천 원
③ 123만 원
④ 129만 5천 원
⑤ 259만 원

문 24. 다음 글과 〈상황〉을 근거로 판단할 때, 〈보기〉에서 옳은 것만을 모두 고르면?

□□부서는 매년 △△사업에 대해 사업자 자격 요건 재허가 심사를 실시한다.
○ 기본심사 점수에서 감점 점수를 뺀 최종심사 점수가 70점 이상이면 '재허가', 60점 이상 70점 미만이면 '허가 정지', 60점 미만이면 '허가 취소'로 판정한다.
  - 기본심사 점수: 100점 만점으로, ㉮~㉭의 4가지 항목(각 25점 만점) 점수의 합으로 한다. 단, 점수는 자연수이다.
  - 감점 점수: 과태료 부과의 경우 1회당 2점, 제재 조치의 경우 경고 1회당 3점, 주의 1회당 1.5점, 권고 1회당 0.5점으로 한다.

〈상황〉
2020년 사업자 A~C의 기본심사 점수 및 감점 사항은 아래와 같다.

사업자	기본심사 항목별 점수			
	㉮	㉯	㉰	㉱
A	20	23	17	?
B	18	21	18	?
C	23	18	21	16

사업자	과태료 부과 횟수	제재 조치 횟수		
		경고	주의	권고
A	3	–	–	6
B	5	–	3	2
C	4	1	2	–

〈보기〉
ㄱ. A의 ㉱ 항목 점수가 15점이라면 A는 재허가를 받을 수 있다.
ㄴ. B의 허가가 취소되지 않으려면 B의 ㉱ 항목 점수가 19점 이상이어야 한다.
ㄷ. C가 2020년에 과태료를 부과받은 적이 없다면 판정 결과가 달라진다.
ㄹ. 기본심사 점수와 최종심사 점수 간의 차이가 가장 큰 사업자는 C이다.

① ㄱ
② ㄴ
③ ㄱ, ㄴ
④ ㄴ, ㄷ
⑤ ㄷ, ㄹ

문 25. 다음 글과 〈상황〉을 근거로 판단할 때, 수질검사빈도와 수질기준을 둘 다 충족한 검사지점만을 모두 고르면?

□□법 제00조(수질검사빈도와 수질기준) ① 기초자치단체의 장인 시장·군수·구청장은 다음 각 호의 구분에 따라 지방상수도의 수질검사를 실시하여야 한다.

　1. 정수장에서의 검사

　　가. 냄새, 맛, 색도, 탁도(濁度), 잔류염소에 관한 검사: 매일 1회 이상

　　나. 일반세균, 대장균, 암모니아성 질소, 질산성 질소, 과망간산칼륨 소비량 및 증발잔류물에 관한 검사: 매주 1회 이상

　　　단, 일반세균, 대장균을 제외한 항목 중 지난 1년간 검사를 실시한 결과, 수질기준의 10퍼센트를 초과한 적이 없는 항목에 대하여는 매월 1회 이상

　2. 수도꼭지에서의 검사

　　가. 일반세균, 대장균, 잔류염소에 관한 검사: 매월 1회 이상

　　나. 정수장별 수도관 노후지역에 대한 일반세균, 대장균, 암모니아성 질소, 동, 아연, 철, 망간, 잔류염소에 관한 검사: 매월 1회 이상

　3. 수돗물 급수과정별 시설(배수지 등)에서의 검사

　　일반세균, 대장균, 암모니아성 질소, 동, 수소이온 농도, 아연, 철, 잔류염소에 관한 검사: 매 분기 1회 이상

② 수질기준은 아래와 같다.

항목	기준	항목	기준
대장균	불검출/100mL	일반세균	100CFU/mL 이하
잔류염소	4mg/L 이하	질산성 질소	10mg/L 이하

〈상황〉

甲시장은 □□법 제00조에 따라 수질검사를 실시하고 있다. 甲시 관할의 검사지점(A~E)은 이전 검사에서 매번 수질기준을 충족하였고, 이번 수질검사에서 아래와 같은 결과를 보였다.

검사지점	검사대상	검사결과	검사빈도
정수장 A	잔류염소	2mg/L	매일 1회
정수장 B	질산성 질소	11mg/L	매일 1회
정수장 C	일반세균	70CFU/mL	매월 1회
수도꼭지 D	대장균	불검출/100mL	매주 1회
배수지 E	잔류염소	2mg/L	매주 1회

※ 제시된 검사대상 외의 수질검사빈도와 수질기준은 모두 충족한 것으로 본다.

① A, D
② B, D
③ A, D, E
④ A, B, C, E
⑤ A, C, D, E

약점 보완 해설집 p.72

문 1. 다음 글을 근거로 판단할 때 옳은 것은?

제00조 ① 광역교통위원회는 위원장 1명과 상임위원 1명 및 다음 각 호의 위원을 포함하여 30명 이내로 구성한다.
  1. 대도시권 광역교통 관련 업무를 담당하는 중앙행정기관 소속 고위공무원 중 대통령령으로 정하는 사람
  2. 대도시권에 포함되는 광역지방자치단체의 부단체장 중 대통령령으로 정하는 사람
  3. 그 밖에 광역교통 관련 전문지식과 경험이 풍부한 사람
② 광역교통위원회의 위원장은 국토교통부장관의 제청으로 대통령이 임명하고, 위원은 국토교통부장관이 임명 또는 위촉한다.
제00조 ① 실무위원회는 다음 각 호의 사항을 심의한다.
  1. 광역교통위원회에 부칠 안건의 사전검토 또는 조정에 관한 사항
  2. 그 밖에 실무위원회의 위원장이 심의가 필요하다고 인정하는 사항
② 실무위원회의 위원장은 광역교통위원회의 상임위원이 된다.
③ 실무위원회의 위원은 다음 각 호의 사람이 된다.
  1. 기획재정부·행정안전부·국토교통부 및 행정중심복합도시건설청 소속 공무원 중 소속 기관의 장이 지명하는 사람
  2. 대도시권에 포함되는 시·도 또는 시·군·구(자치구를 말한다) 소속 공무원 중 소속 기관의 장이 광역교통위원회와 협의해 지명하는 사람
  3. 교통·도시계획·재정·행정·환경 등 광역교통에 관한 학식과 경험이 풍부한 사람 중에서 광역교통위원회의 위원장이 성별을 고려해 위촉하는 50명 이내의 사람

① 실무위원회의 위원 위촉 시 성별은 고려하지 않는다.
② 광역교통위원회의 구성원은 실무위원회의 구성원이 될 수 없다.
③ 광역교통위원회 위원장의 위촉 없이도 실무위원회의 위원이 될 수 있다.
④ 공무원이 아닌 사람은 실무위원회의 위원은 될 수 있으나, 광역교통위원회의 위원은 될 수 없다.
⑤ 광역교통위원회의 위원으로 행정안전부 소속 공무원을 선정하는 경우 행정안전부장관이 임명한다.

문 2. 다음 글을 근거로 판단할 때 옳은 것은?

제○○조 이 법에서 사용하는 용어의 뜻은 다음과 같다.
  1. '배아'란 인간의 수정란 및 수정된 때부터 발생학적으로 모든 기관이 형성되기 전까지의 분열된 세포군을 말한다.
  2. '잔여배아'란 체외수정으로 생성된 배아 중 임신의 목적으로 이용하고 남은 배아를 말한다.
제△△조 ① 누구든지 임신 외의 목적으로 배아를 생성하여서는 아니 된다.
② 누구든지 배아를 생성할 때 다음 각 호의 어느 하나에 해당하는 행위를 하여서는 아니 된다.
  1. 특정의 성을 선택할 목적으로 난자와 정자를 선별하여 수정시키는 행위
  2. 사망한 사람의 난자 또는 정자로 수정하는 행위
  3. 미성년자의 난자 또는 정자로 수정하는 행위. 다만 혼인한 미성년자가 그 자녀를 얻기 위하여 수정하는 경우는 제외한다.
③ 누구든지 금전, 재산상의 이익 또는 그 밖의 반대급부를 조건으로 배아나 난자 또는 정자를 제공 또는 이용하거나 이를 유인하거나 알선하여서는 아니 된다.
제□□조 ① 배아의 보존기간은 5년으로 한다. 다만 난자 또는 정자의 기증자가 배아의 보존기간을 5년 미만으로 정한 경우에는 이를 보존기간으로 한다.
② 제1항에도 불구하고 제1항의 기증자가 항암치료를 받는 경우 그 기증자는 보존기간을 5년 이상으로 정할 수 있다.
③ 배아생성의료기관은 제1항 또는 제2항에 따른 보존기간이 끝난 배아 중 제◇◇조에 따른 연구의 목적으로 이용하지 아니할 배아는 폐기하여야 한다.
제◇◇조 제□□조에 따른 배아의 보존기간이 지난 잔여배아는 발생학적으로 원시선(原始線)이 나타나기 전까지만 체외에서 다음 각 호의 연구 목적으로 이용할 수 있다.
  1. 난임치료법 및 피임기술의 개발을 위한 연구
  2. 희귀·난치병의 치료를 위한 연구

※ 원시선: 중배엽 형성 초기에 세포의 이동에 의해서 형성되는 배반(胚盤)의 꼬리쪽 끝에서 볼 수 있는 얇은 선

① 배아생성의료기관은 불임부부를 위해 반대급부를 조건으로 배아의 제공을 알선할 수 있다.

② 난자 또는 정자의 기증자는 항암치료를 받지 않더라도 배아의 보존기간을 6년으로 정할 수 있다.

③ 배아생성의료기관은 혼인한 미성년자의 정자를 임신 외의 목적으로 수정하여 배아를 생성할 수 있다.

④ 보존기간이 남은 잔여배아는 발생학적으로 원시선이 나타나기 전이라면 체내에서 난치병 치료를 위한 연구 목적으로 이용할 수 있다.

⑤ 생성 후 5년이 지나지 않은 잔여배아도 발생학적으로 원시선이 나타나기 전까지 체외에서 피임기술 개발을 위한 연구에 이용하는 것이 가능한 경우가 있다.

문 3. 다음 글을 근거로 판단할 때 옳은 것은?

제00조 ① 수입신고를 하려는 자(업소를 포함한다)는 해당 수입식품의 안전성 확보 등을 위하여 식품의약품안전처장이 정하는 기준에 따라 해외제조업소에 대하여 위생관리 상태를 점검할 수 있다.

② 제1항에 따라 위생관리 상태를 점검한 자는 식품의약품안전처장에게 우수수입업소 등록을 신청할 수 있다.

③ 식품의약품안전처장은 제2항에 따라 신청된 내용이 식품의약품안전처장이 정하는 기준에 적합한 경우에는 우수수입업소 등록증을 신청인에게 발급하여야 한다.

④ 우수수입업소 등록의 유효기간은 등록된 날부터 3년으로 한다.

⑤ 식품의약품안전처장은 우수수입업소가 다음 각 호의 어느 하나에 해당하는 경우에는 그 등록을 취소하거나 시정을 명할 수 있다. 다만 우수수입업소가 제1호에 해당하는 경우에는 등록을 취소하여야 한다.

　1. 거짓이나 그 밖의 부정한 방법으로 등록된 경우

　2. 수입식품 수입·판매업의 시설기준을 위배하여 영업정지 2개월 이상의 행정처분을 받은 경우

　3. 수입식품에 대한 부당한 표시를 하여 영업정지 2개월 이상의 행정처분을 받은 경우

⑥ 제5항에 따라 등록이 취소된 업소는 그 취소가 있은 날부터 3년 동안 우수수입업소 등록을 신청할 수 없다.

제00조 ① 식품의약품안전처장은 수입신고된 수입식품에 대하여 관계공무원으로 하여금 필요한 검사를 하게 하여야 한다.

② 식품의약품안전처장은 수입신고된 수입식품이 다음 각 호의 어느 하나에 해당하는 경우에는 제1항에도 불구하고 수입식품의 검사 전부 또는 일부를 생략할 수 있다.

　1. 우수수입업소로 등록된 자가 수입하는 수입식품

　2. 해외우수제조업소로 등록된 자가 수출하는 수입식품

① 업소 甲이 우수수입업소 등록을 신청하기 위해서는 식품의약품안전처장이 정하는 기준에 따라 국내 자기업소에 대한 위생관리 상태를 점검하여야 한다.

② 업소 乙이 2020년 2월 20일에 우수수입업소로 등록되었다면, 그 등록은 2024년 2월 20일까지 유효하다.

③ 업소 丙이 부정한 방법으로 우수수입업소로 등록된 경우 식품의약품안전처장은 등록을 취소하지 않고 시정을 명할 수 있다.

④ 우수수입업소 丁이 수입식품 수입·판매업의 시설기준을 위배하여 영업정지 1개월의 행정처분을 받았다면, 그 때로부터 3년 동안 丁은 우수수입업소 등록을 신청할 수 없다.

⑤ 식품의약품안전처장은 우수수입업소 戊가 수입신고한 수입식품에 대한 검사를 전부 생략할 수 있다.

문 4. 다음 글을 근거로 판단할 때, 〈보기〉에서 저작권자의 허락 없이 허용되는 행위만을 모두 고르면?

> 제00조 타인의 공표된 저작물의 내용·형식을 변환하거나 그 저작물을 복제·배포·공연 또는 공중송신(방송·전송을 포함한다)하기 위해서는 특별한 규정이 없는 한 저작권자의 허락을 받아야 한다.
> 제00조 ① 누구든지 공표된 저작물을 저작권자의 허락없이 시각장애인을 위하여 점자로 복제·배포할 수 있다.
> ② 시각장애인을 보호하고 있는 시설, 시각장애인을 위한 특수학교 또는 점자도서관은 영리를 목적으로 하지 아니하고 시각장애인의 이용에 제공하기 위하여, 공표된 어문저작물을 저작권자의 허락없이 녹음하여 복제하거나 디지털음성정보기록방식으로 복제·배포 또는 전송할 수 있다.
> 제00조 ① 누구든지 공표된 저작물을 저작권자의 허락없이 청각장애인을 위하여 한국수어로 변환할 수 있으며 이러한 한국수어를 복제·배포·공연 또는 공중송신할 수 있다.
> ② 청각장애인을 보호하고 있는 시설, 청각장애인을 위한 특수학교 또는 한국어수어통역센터는 영리를 목적으로 하지 아니하고 청각장애인의 이용에 제공하기 위하여, 공표된 저작물에 포함된 음성 및 음향 등을 저작권자의 허락없이 자막 등 청각장애인이 인지할 수 있는 방식으로 변환할 수 있으며 이러한 자막 등을 청각장애인이 이용할 수 있도록 복제·배포·공연 또는 공중송신할 수 있다.
>
> ※ 어문저작물: 소설·시·논문·각본 등 문자로 이루어진 저작물

〈보기〉
> ㄱ. 학교도서관이 공표된 소설을 청각장애인을 위하여 한국수어로 변환하고 이 한국수어를 복제·공중송신하는 행위
> ㄴ. 한국어수어통역센터가 영리를 목적으로 청각장애인의 이용에 제공하기 위하여, 공표된 영화에 포함된 음성을 자막으로 변환하여 배포하는 행위
> ㄷ. 점자도서관이 영리를 목적으로 하지 아니하고 시각장애인의 이용에 제공하기 위하여, 공표된 피아니스트의 연주 음악을 녹음하여 복제·전송하는 행위

① ㄱ
② ㄴ
③ ㄱ, ㄷ
④ ㄴ, ㄷ
⑤ ㄱ, ㄴ, ㄷ

문 5. 다음 글을 근거로 판단할 때 옳지 않은 것은?

> 이해충돌은 공직자들에게 부여된 공적 의무와 사적 이익이 충돌하는 갈등상황을 지칭한다. 공적 의무와 사적 이익이 충돌한다는 점에서 이해충돌은 공직부패와 공통점이 있다. 하지만 공직부패가 사적 이익을 위해 공적 의무를 저버리고 권력을 남용하는 것이라면, 이해충돌은 공적 의무와 사적 이익이 대립하는 객관적 상황 자체를 의미한다. 이해충돌 하에서 공직자는 공적 의무가 아닌 사적 이익을 추구하는 결정을 내릴 위험성이 있지만 항상 그런 결정을 내리는 것은 아니다.
> 공직자의 이해충돌은 공직부패 발생의 상황요인이며 공직부패의 사전 단계가 될 수 있기 때문에 이에 대한 적절한 규제가 필요하다. 공직부패가 의도적 행위의 결과인 반면, 이해충돌은 의도하지 않은 상태에서 발생하는 상황이다. 또한 공직부패는 드문 현상이지만 이해충돌은 일상적으로 발생하기 때문에 직무수행 과정에서 빈번하게 나타날 수 있다. 그런 이유로 이해충돌에 대한 전통적인 규제는 공직부패의 사전예방에 초점이 맞추어져 있었다.
> 최근에는 이해충돌에 대한 규제의 초점이 정부의 의사결정 과정과 결과에 대한 신뢰성 확보로 변화되고 있다. 이는 정부의 의사결정 과정의 정당성과 공정성 자체에 대한 불신이 커지고, 그 결과가 시민의 요구와 선호를 충족하지 못하고 있다는 의구심이 제기되고 있는 상황을 반영하고 있다. 신뢰성 확보로 규제의 초점이 변화되면서 이해충돌의 개념이 확대되어, 외관상 발생 가능성이 있는 것만으로도 이해충돌에 대해 규제하는 것이 정당화되고 있다.

① 공직부패는 권력 남용과 관계없이 공적 의무와 사적 이익이 대립하는 객관적 상황 자체를 의미한다.
② 이해충돌 발생 가능성이 외관상으로만 존재해도 이해충돌에 대해 규제하는 것이 정당화되고 있다.
③ 공직자의 이해충돌과 공직부패는 공적 의무와 사적 이익의 충돌이라는 점에서 공통점이 있다.
④ 공직자의 이해충돌은 직무수행 과정에서 빈번하게 발생할 가능성이 있다.
⑤ 이해충돌에 대한 규제의 초점은 공직부패의 사전예방에서 정부의 의사결정 과정과 결과에 대한 신뢰성 확보로 변화되고 있다.

문 6. 다음 글을 근거로 판단할 때, A서비스를 이용할 수 있는 경우는?

> A서비스는 공항에서 출국하는 승객이 공항 외의 지정된 곳에서 수하물을 보내고 목적지에 도착한 후 찾아가는 신개념 수하물 위탁서비스이다.
>
> A서비스를 이용하고자 하는 승객은 ○○호텔에 마련된 체크인 카운터에서 본인 확인과 보안 절차를 거친 후 탑승권을 발급받고 수하물을 위탁하면 된다. ○○호텔 투숙객이 아니더라도 이 서비스를 이용할 수 있다.
>
> ○○호텔에 마련된 체크인 카운터는 매일 08:00～16:00에 운영된다. 인천공항에서 13:00～24:00에 출발하는 국제선 이용 승객을 대상으로 A서비스가 제공된다. 단, 미주노선(괌/사이판 포함)은 제외된다.

	숙박 호텔	항공기 출발 시각	출발지	목적지
①	○○호텔	15:30	김포공항	제주
②	◇◇호텔	14:00	김포공항	베이징
③	○○호텔	15:30	인천공항	사이판
④	◇◇호텔	21:00	인천공항	홍콩
⑤	○○호텔	10:00	인천공항	베이징

문 7. 다음 글을 근거로 판단할 때, 2019년의 무역의존도가 높은 순서대로 세 국가(A～C)를 나열한 것은?

> A, B, C 세 국가는 서로 간에만 무역을 하고 있다. 2019년 세 국가의 수출액은 다음과 같다.
>
> ○ A의 B와 C에 대한 수출액은 각각 200억 달러와 100억 달러였다.
>
> ○ B의 A와 C에 대한 수출액은 각각 150억 달러와 100억 달러였다.
>
> ○ C의 A와 B에 대한 수출액은 각각 150억 달러와 50억 달러였다.
>
> A, B, C의 2019년 국내총생산은 각각 1,000억 달러, 3,000억 달러, 2,000억 달러였고, 각 국가의 무역의존도는 다음과 같이 계산한다.
>
> $$무역의존도 = \frac{총\ 수출액 + 총\ 수입액}{국내총생산}$$

① A, B, C

② A, C, B

③ B, A, C

④ B, C, A

⑤ C, A, B

문 8. 다음 글을 근거로 판단할 때, 〈보기〉에서 옳은 것만을 모두 고르면?

△△부처는 직원 교육에 사용할 교재를 외부 업체에 위탁하여 제작하려 한다. 업체가 제출한 시안을 5개의 항목으로 평가하고, 평가 점수의 총합이 가장 높은 시안을 채택한다. 평가 점수의 총합이 동점일 경우, 평가 항목 중 학습내용 점수가 가장 높은 시안을 채택한다. 5개의 업체가 제출한 시안(A~E)의 평가 결과는 다음과 같다.

(단위: 점)

평가 항목(배점) \ 시안	A	B	C	D	E
학습내용(30)	25	30	20	25	20
학습체계(30)	25	(㉠)	30	25	20
교수법(20)	20	17	(㉡)	20	15
학습평가(10)	10	10	10	5	10
학습매체(10)	10	10	10	10	10

〈보기〉

ㄱ. D와 E는 채택되지 않는다.

ㄴ. ㉡의 점수와 상관없이 C는 채택되지 않는다.

ㄷ. ㉠이 23점이라면 B가 채택된다.

① ㄱ

② ㄷ

③ ㄱ, ㄴ

④ ㄴ, ㄷ

⑤ ㄱ, ㄴ, ㄷ

문 9. 다음 글을 근거로 판단할 때, 숫자코드가 될 수 있는 것은?

숫자코드를 만드는 규칙은 다음과 같다.

○ 그림과 같이 작은 정사각형 4개로 이루어진 큰 정사각형이 있고, 작은 정사각형의 꼭짓점마다 1~9의 번호가 지정되어 있다.

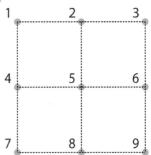

○ 펜을 이용해서 9개의 점 중 임의의 하나의 점에서 시작하여(이하 시작점이라 한다) 다른 점으로 직선을 그어 나간다.

○ 다른 점에 도달하면 펜을 종이 위에서 떼지 않고 또 다른 점으로 계속해서 직선을 그어 나간다. 단, 한번 그은 직선 위에 또 다른 직선을 겹쳐서 그을 수 없다.

○ 시작점을 포함하여 4개 이상의 점에 도달한 후 펜을 종이 위에서 뗄 수 있다. 단, 시작점과 동일한 점에서는 뗄 수 없다.

○ 펜을 종이에서 뗀 후, 그어진 직선이 지나는 점의 번호를 순서대로 모두 나열한 것이 숫자코드가 된다. 예를 들어 1번 점에서 시작하여 6번, 5번, 8번 순으로 직선을 그었다면 숫자코드는 1658이다.

① 596

② 15953

③ 53695

④ 642987

⑤ 9874126

문 10. 다음 〈지정 기준〉과 〈신청 현황〉을 근거로 판단할 때, 신청병원(甲～戊) 중 산재보험 의료기관으로 지정되는 것은?

─〈지정 기준〉─

○ 신청병원 중 인력 점수, 경력 점수, 행정처분 점수, 지역별 분포 점수의 총합이 가장 높은 병원을 산재보험 의료기관으로 지정한다.

○ 전문의 수가 2명 이하이거나, 가장 가까이 있는 기존 산재보험 의료기관까지의 거리가 1km 미만인 병원은 지정 대상에서 제외한다.

○ 각각의 점수는 아래의 항목별 배점 기준에 따라 부여한다.

항목	배점 기준
인력 점수	전문의 수 7명 이상은 10점
	전문의 수 4명 이상 6명 이하는 8점
	전문의 수 3명 이하는 3점
경력 점수	전문의 평균 임상경력 1년당 2점(단, 평균 임상경력이 10년 이상이면 20점)
행정처분 점수	2명 이하의 의사가 행정처분을 받은 적이 있는 경우 10점
	3명 이상의 의사가 행정처분을 받은 적이 있는 경우 2점
지역별 분포 점수	가장 가까이 있는 기존 산재보험 의료기관이 8km 이상 떨어져 있을 경우, 인력 점수와 경력 점수 합의 20%에 해당하는 점수
	가장 가까이 있는 기존 산재보험 의료기관이 3km 이상 8km 미만 떨어져 있을 경우, 인력 점수와 경력 점수 합의 10%에 해당하는 점수
	가장 가까이 있는 기존 산재보험 의료기관이 3km 미만 떨어져 있을 경우, 인력 점수와 경력 점수 합의 20%에 해당하는 점수 감점

〈신청 현황〉

신청 병원	전문의 수	전문의 평균 임상경력	행정처분을 받은 적이 있는 의사 수	가장 가까이 있는 기존 산재보험 의료기관까지의 거리
甲	6명	7년	4명	10km
乙	2명	17년	1명	8km
丙	8명	5년	0명	1km
丁	4명	11년	3명	2km
戊	3명	12년	2명	500m

① 甲
② 乙
③ 丙
④ 丁
⑤ 戊

문 11. 다음 글을 근거로 판단할 때 옳은 것은?

제00조 이 규칙은 법원이 소지하는 국가기밀에 속하는 문서 등의 보안업무에 관한 사항을 규정함을 목적으로 한다.

제00조 이 규칙에서 비밀이라 함은 그 내용이 누설되는 경우 국가안전보장에 유해한 결과를 초래할 우려가 있는 국가기밀로서 이 규칙에 의하여 비밀로 분류된 것을 말한다.

제00조 ① Ⅰ급비밀 취급 인가권자는 대법원장, 대법관, 법원행정처장으로 한다.

② Ⅱ급 및 Ⅲ급비밀 취급 인가권자는 다음과 같다.

　1. Ⅰ급비밀 취급 인가권자

　2. 사법연수원장, 고등법원장, 특허법원장, 사법정책연구원장, 법원공무원교육원장, 법원도서관장

　3. 지방법원장, 가정법원장, 행정법원장, 회생법원장

제00조 ① 비밀 취급 인가권자는 비밀을 취급 또는 비밀에 접근할 직원에 대하여 해당 등급의 비밀 취급을 인가한다.

② 비밀 취급의 인가는 대상자의 직책에 따라 필요한 최소한의 인원으로 제한하여야 한다.

③ 비밀 취급 인가를 받은 자가 다음 각 호의 어느 하나에 해당하는 경우에는 그 취급의 인가를 해제하여야 한다.

　1. 고의 또는 중대한 과실로 중대한 보안 사고를 범한 때

　2. 비밀 취급이 불필요하게 된 때

④ 비밀 취급의 인가 및 해제와 인가 등급의 변경은 문서로 하여야 하며 직원의 인사기록사항에 이를 기록하여야 한다.

제00조 ① 비밀 취급 인가권자는 임무 및 직책상 해당 등급의 비밀을 항상 사무적으로 취급하는 자에 한하여 비밀 취급을 인가하여야 한다.

② 비밀 취급 인가권자는 소속직원의 인사기록카드에 기록된 비밀 취급의 인가 및 해제사유와 임용시의 신원조사회보서에 의하여 새로 신원조사를 행하지 아니하고 비밀 취급을 인가할 수 있다. 다만 Ⅰ급비밀 취급을 인가하는 때에는 새로 신원조사를 실시하여야 한다.

① 비밀 취급 인가의 해제는 구술로 할 수 있다.

② 법원행정처장은 Ⅰ급비밀, Ⅱ급비밀, Ⅲ급비밀 모두에 대해 취급 인가권을 가진다.

③ 비밀 취급 인가는 대상자의 직책에 따라 가능한 한 제한 없이 충분한 인원에게 하여야 한다.

④ 비밀 취급 인가를 받은 자가 중대한 보안 사고를 범한 경우 고의가 없었다면 그 취급의 인가를 해제할 수 없다.

⑤ 비밀 취급 인가권자는 소속직원에 대해 새로 신원조사를 행하지 아니하고 Ⅰ급비밀 취급을 인가할 수 있다.

문 12. 다음 글을 근거로 판단할 때 옳은 것은?

제○○조 ① 국유재산은 다음 각 호의 어느 하나에 해당하지 않는 경우에는 매각할 수 있다.
　1. 제△△조에 의한 매각제한의 대상에 해당하는 경우
　2. 제□□조에 의한 총괄청의 매각승인을 받지 않은 경우
② 국유재산의 매각은 일반경쟁입찰을 원칙으로 한다. 다만 필요한 경우에는 제한경쟁, 지명경쟁 또는 수의계약의 방법으로 매각할 수 있다.

제△△조 다음 각 호의 어느 하나에 해당하는 경우에는 매각할 수 없다.
　1. 중앙관서의 장이 행정목적으로 사용하기 위하여 그 국유재산을 행정재산으로 사용 승인한 경우
　2. 소유자 없는 부동산에 대하여 공고를 거쳐 국유재산으로 취득한 후 10년이 지나지 아니한 경우. 다만 해당 국유재산에 대하여 중앙관서의 장이 공익사업에 필요하다고 인정한 경우와 행정재산의 용도로 사용하던 소유자 없는 부동산을 행정재산으로 취득하였으나 그 행정재산을 당해 용도로 사용하지 아니하게 된 경우에는 그러하지 아니하다.

제□□조 ① 국유일반재산인 토지의 면적이 특별시·광역시 지역에서는 1,000제곱미터를, 그 밖의 시 지역에서는 2,000제곱미터를 초과하는 재산을 매각하고자 하는 경우에는 총괄청의 승인을 받아야 한다.
② 제1항에도 불구하고 다음 각 호의 어느 하나에 해당하는 경우에는 총괄청의 승인을 요하지 아니한다.
　1. 수의계약의 방법으로 매각하는 경우
　2. 다른 법률에 따른 무상귀속
　3. 법원의 확정판결·결정 등에 따른 소유권의 변경

① 중앙관서의 장이 행정목적으로 사용하기 위하여 행정재산으로 사용 승인한 국유재산인 건물은 총괄청의 매각승인을 받아야 매각될 수 있다.

② 총괄청의 매각승인 대상인 국유일반재산이더라도 그 매각방법이 지명경쟁인 경우에는 총괄청의 승인없이 매각할 수 있다.

③ 법원의 확정판결로 국유일반재산의 소유권을 변경하려는 경우 총괄청의 승인을 받아야 한다.

④ 광역시에 소재하는 국유일반재산인 1,500제곱미터 면적의 토지를 수의계약의 방법으로 매각하려는 경우에는 총괄청의 승인을 받아야 한다.

⑤ 행정재산의 용도로 사용하던 소유자 없는 500제곱미터 면적의 토지를 공고를 거쳐 행정재산으로 취득한 후 이를 당해 용도로 사용하지 않게 된 경우, 취득한 때로부터 10년이 경과하지 않았더라도 매각할 수 있다.

문 13. 다음 글을 근거로 판단할 때 옳은 것은?

A국은 다음 5가지 사항을 반영하여 특허법을 제정하였다.
(1) 새로운 기술에 의한 발명을 한 사람에게 특허권이라는 독점권을 주는 제도와 정부가 금전적 보상을 해주는 보상제도 중, A국은 전자를 선택하였다.
(2) 특허권을 별도의 특허심사절차 없이 부여하는 방식과 신청에 의한 특허심사절차를 통해 부여하는 방식 중, A국은 후자를 선택하였다.
(3) 새로운 기술에 의한 발명인지를 판단하는 데 있어서 전 세계에서의 새로운 기술을 기준으로 하는 것과 국내에서의 새로운 기술을 기준으로 하는 것 중, A국은 후자를 선택하였다.
(4) 특허권의 효력발생범위를 A국 영토 내로 한정하는 것과 A국 영토 밖으로 확대하는 것 중, A국은 전자를 선택하였다. 따라서 특허권이 부여된 발명을 A국 영토 내에서 특허권자의 허락없이 무단으로 제조·판매하는 행위를 금지하며, 이를 위반한 자에게는 손해배상의무를 부과한다.
(5) 특허권의 보호기간을 한정하는 방법과 한정하지 않는 방법 중, A국은 전자를 선택하였다. 그리고 그 보호기간은 특허권을 부여받은 날로부터 10년으로 한정하였다.

① A국에서 알려지지 않은 새로운 기술로 알코올램프를 발명한 자는 그 기술이 이미 다른 나라에서 널리 알려진 것이라도 A국에서 특허권을 부여받을 수 있다.

② A국에서 특허권을 부여받은 날로부터 11년이 지난 손전등을 제조·판매하기 위해서는 발명자로부터 허락을 받아야 한다.

③ A국에서 새로운 기술로 석유램프를 발명한 자는 A국 정부로부터 그 발명에 대해 금전적 보상을 받을 수 있다.

④ A국에서 새로운 기술로 필기구를 발명한 자는 특허심사절차를 밟지 않더라도 A국 내에서 다른 사람이 그 필기구를 무단으로 제조·판매하는 것을 금지시킬 수 있다.

⑤ A국에서 망원경에 대해 특허권을 부여받은 자는 다른 나라에서 그 망원경을 무단으로 제조 및 판매한 자로부터 A국 특허법에 따라 손해배상을 받을 수 있다.

문 14. 다음 글을 근거로 판단할 때 옳지 않은 것은?

최근 공직자의 재산상태와 같은 세세한 사생활 정보까지 공개하라는 요구가 높아지고 있다. 공직자의 사생활은 일반시민의 사생활만큼 보호될 필요가 없다는 것이 그 이유다. 비슷한 맥락에서 일찍이 플라톤은 통치자는 가족과 사유재산을 갖지 말아야 한다고 주장했다.

공직자의 사생활 보호에 대한 논의는 '동등한 사생활 보호의 원칙'과 '축소된 사생활 보호의 원칙'으로 구분된다. 동등한 사생활 보호의 원칙은 공직자의 사생활도 일반시민과 동등한 정도로 보호되어야 한다고 본다. 이 원칙의 지지자들은 우선 공직자의 사생활 보호로 공적으로 활용가능한 인재가 증가한다는 점을 강조한다. 사생활이 보장되지 않으면 공직 희망자가 적어져 인재 활용이 제한되고 다양성도 줄어들게 된다는 것이다. 또한 이들은 선정적인 사생활 폭로가 난무하여 공공정책에 대한 실질적 토론과 민주적 숙고가 사라져 버릴 위험성에 대해서도 경고한다.

반면, 공직자는 일반시민보다 우월한 권력을 가지고 있다는 것과 시민을 대표한다는 것 때문에 축소된 사생활 보호의 원칙이 적용되어야 한다는 주장도 있다. 공직자는 일반시민이 아니기 때문에 동등한 사생활 보호의 원칙을 적용할 수 없다는 것이다. 이 원칙의 지지자들은 공직자들이 시민 생활에 영향을 미치는 결정을 내리기 때문에, 사적 목적을 위해 권력을 남용하지 않고 부당한 압력에 굴복하지 않으며 시민이 기대하는 정책을 추구할 가능성이 높은 사람이어야 한다고 주장한다. 즉 이러한 공직자가 행사하는 권력에 대해 책임을 묻기 위해서는 사생활 중 관련된 내용은 공개되어야 한다는 것이다. 또한 공직자는 시민을 대표하기 때문에 훌륭한 인간상으로 시민의 모범이 되어야 한다는 이유도 들고 있다.

① 축소된 사생활 보호의 원칙은 공직자와 일반시민의 사생활 보장의 정도가 달라야 한다고 본다.

② 통치자의 사생활에 대한 플라톤의 생각은 동등한 사생활 보호의 원칙보다 축소된 사생활 보호의 원칙에 더 가깝다.

③ 동등한 사생활 보호의 원칙을 지지하는 이유 중 하나는 공직자가 시민을 대표하는 훌륭한 인간상이어야 하기 때문이다.

④ 동등한 사생활 보호의 원칙을 지지하는 이유 중 하나는 사생활이 보장되지 않으면 공직 희망자가 적어질 수 있다고 보기 때문이다.

⑤ 축소된 사생활 보호의 원칙을 지지하는 이유 중 하나는 공직자가 일반시민보다 우월한 권력을 가지고 있다고 보기 때문이다.

문 15. 다음 글을 근거로 판단할 때, 〈보기〉에서 옳은 것만을 모두 고르면?

일반적인 내연기관에서는 휘발유와 공기가 엔진 내부의 실린더 속에서 압축된 후 점화 장치에 의하여 점화되어 연소된다. 이 때의 연소는 휘발유의 주성분인 탄화수소가 공기 중의 산소와 반응하여 이산화탄소와 물을 생성하는 것이다. 여러 개의 실린더에서 규칙적이고 연속적으로 일어나는 '공기·휘발유' 혼합물의 연소에서 발생하는 힘으로 자동차는 달리게 된다. 그런데 간혹 실린더 내의 과도한 열이나 압력, 혹은 질 낮은 연료의 사용 등으로 인해 '노킹(knocking)' 현상이 발생하기도 한다. 노킹 현상이란 공기·휘발유 혼합물의 조기 연소 현상을 지칭한다. 공기·휘발유 혼합물이 점화되기도 전에 연소되는 노킹 현상이 지속되면 엔진의 성능은 급격히 저하된다.

자동차 연료로 사용되는 휘발유에는 '옥탄가(octane number)'라는 값에 따른 등급이 부여된다. 옥탄가는 휘발유의 특성을 나타내는 수치 중 하나로, 이 값이 높을수록 노킹 현상이 발생할 가능성은 줄어든다. 甲국에서는 보통, 중급, 고급으로 분류되는 세 가지 등급의 휘발유가 판매되고 있는데, 이 등급을 구분하는 최소 옥탄가의 기준은 각각 87, 89, 93이다. 하지만 甲국의 고산지대에 위치한 A시에서 판매되는 휘발유는 다른 지역의 휘발유보다 등급을 구분하는 최소 옥탄가의 기준이 등급별로 2씩 낮다. 이는 산소의 밀도가 낮아 노킹 현상이 발생할 가능성이 더 낮은 고산지대의 특징을 반영한 것이다.

〈보기〉

ㄱ. A시에서 고급 휘발유로 판매되는 휘발유의 옥탄가는 91 이상이다.

ㄴ. 실린더 내에 과도한 열이 발생하면 노킹 현상이 발생할 수 있다.

ㄷ. 노킹 현상이 일어나지 않는다면, 일반적인 내연기관 내부의 실린더 속에서 공기·휘발유 혼합물은 점화가 된 후에 연소된다.

ㄹ. 내연기관 내에서의 연소는 이산화탄소와 산소가 반응하여 물을 생성하는 것이다.

① ㄱ, ㄴ

② ㄱ, ㄹ

③ ㄷ, ㄹ

④ ㄱ, ㄴ, ㄷ

⑤ ㄴ, ㄷ, ㄹ

문 16. 다음 글과 〈국내이전비 신청현황〉을 근거로 판단할 때, 국내이전비를 지급받는 공무원만을 모두 고르면?

> 청사 소재지 이전에 따라 거주지를 이전하거나, 현 근무지 외의 지역으로 부임의 명을 받아 거주지를 이전하는 공무원은 다음 요건에 모두 부합하는 경우 국내이전비를 지급받는다.
> 첫째, 전임지에서 신임지로 거주지를 이전하고 이사화물도 옮겨야 한다. 다만 동일한 시(특별시, 광역시 및 특별자치시 포함)·군 및 섬(제주특별자치도 제외) 안에서 거주지를 이전하는 공무원에게는 국내이전비를 지급하지 않는다. 둘째, 거주지와 이사화물은 발령을 받은 후에 이전하여야 한다.

〈국내이전비 신청현황〉

공무원	전임지	신임지	발령 일자	이전 일자	이전여부	
					거주지	이사화물
甲	울산 광역시 중구	울산 광역시 북구	'20.2.13.	'20.2.20.	O	O
乙	경기도 고양시	세종특별 자치시	'19.12.3.	'19.12.5.	O	X
丙	광주 광역시	대구 광역시	'19.6.1.	'19.6.15.	X	O
丁	제주특별 자치도 서귀포시	제주특별 자치도 제주시	'20.1.2.	'20.1.13.	O	O
戊	서울 특별시	충청북도 청주시	'19.9.3.	'19.9.8.	O	O
己	부산 광역시	서울 특별시	'20.4.25.	'20.4.1.	O	O

① 甲, 乙
② 乙, 丁
③ 丙, 己
④ 丁, 戊
⑤ 戊, 己

문 17. 다음 글과 〈상황〉을 근거로 판단할 때, 甲의 말이 최종적으로 위치하는 칸은?

> ○ 참가자는 그림과 같이 A ~ L까지 12개의 칸으로 구성된 게임판에서, A칸에 말을 놓고 시작한다.
>
>
>
> ○ 참가자는 ← 또는 → 버튼을 누를 수 있다.
> ○ 버튼을 맨 처음 누를 때, ← 버튼을 누르면 말을 반시계방향으로 1칸 이동하고 → 버튼을 누르면 말을 시계방향으로 1칸 이동한다.
> ○ 그 다음부터는 매번 버튼을 누르면, 그 버튼을 누르기 직전에 누른 버튼에 따라 아래와 같이 말을 이동한다.
>
> | 누른 버튼 | 직전에 누른 버튼 | 말의 이동 |
> |---|---|---|
> | ← | ← | 반시계방향으로 2칸 이동 |
> | | → | 움직이지 않음 |
> | → | ← | 움직이지 않음 |
> | | → | 시계방향으로 2칸 이동 |
>
> ○ 참가자는 버튼을 총 5회 누른다.

── 〈상황〉 ──
甲은 다음과 같이 버튼을 눌렀다.

누른 순서	1	2	3	4	5
누른 버튼	←	→	→	←	←

① A칸
② C칸
③ H칸
④ J칸
⑤ L칸

문 18. 다음 〈상황〉과 〈기준〉을 근거로 판단할 때, A기관이 원천 징수 후 甲에게 지급하는 금액은?

─〈상황〉─

○○국 A기관은 甲을 '지역경제 활성화 위원회'의 외부위원 으로 위촉하였다. 甲은 2020년 2월 24일 오후 2시부터 5시 까지 위원회에 참석해서 지역경제 활성화와 관련한 내용을 슬 라이드 20면으로 발표하였다. A기관은 아래 〈기준〉에 따라 甲에게 해당 위원회 참석수당과 원고료를 지급한다.

─〈기준〉─

○ 참석수당 지급기준액

구분	단가
참석수당	• 기본료(2시간): 100,000원 • 2시간 초과 후 1시간마다 50,000원

○ 원고료 지급기준액

구분	단가
원고료	10,000원/A4 1면

※ 슬라이드 2면을 A4 1면으로 한다.

○ 위원회 참석수당 및 원고료는 기타소득이다.
○ 위원회 참석수당 및 원고료는 지급기준액에서 다음과 같은 기타소득세와 주민세를 원천징수하고 지급한다.
 − 기타소득세: (지급기준액 − 필요경비) × 소득세율(20%)
 − 주민세: 기타소득세 × 주민세율(10%)
 ※ 필요경비는 지급기준액의 60%로 한다.

① 220,000원
② 228,000원
③ 256,000원
④ 263,000원
⑤ 270,000원

문 19. 다음 글을 근거로 판단할 때, 비밀번호의 둘째 자리 숫자 와 넷째 자리 숫자의 합은?

甲은 친구의 자전거를 빌려 타기로 했다. 친구의 자전거는 다이얼을 돌려 다섯 자리의 비밀번호를 맞춰야 열리는 자물 쇠로 잠겨 있다. 각 다이얼은 0~9 중 하나가 표시된다. 자 물쇠에 현재 표시된 숫자는 첫째 자리부터 순서대로 3−6−4 −4−9이다. 친구는 비밀번호에 대해 다음과 같은 힌트를 주 었다.

○ 비밀번호는 모두 다른 숫자로 구성되어 있다.
○ 자물쇠에 현재 표시된 모든 숫자는 비밀번호에 쓰이지 않 는다.
○ 현재 짝수가 표시된 자리에는 홀수가, 현재 홀수가 표시된 자리에는 짝수가 온다. 단, 0은 짝수로 간주한다.
○ 비밀번호를 구성하는 숫자 중 가장 큰 숫자가 첫째 자리에 오고, 가장 작은 숫자가 다섯째 자리에 온다.
○ 비밀번호 둘째 자리 숫자는 현재 둘째 자리에 표시된 숫 자보다 크다.
○ 서로 인접한 두 숫자의 차이는 5보다 작다.

① 7
② 8
③ 10
④ 12
⑤ 13

문 20. 다음 글을 근거로 판단할 때, 〈보기〉에서 옳은 것만을 모두 고르면?

○ 다음과 같이 9개의 도시(A~I)가 위치하고 있다.

A	B	C
D	E	F
G	H	I

○ A~I시가 미세먼지 저감을 위해 5월부터 차량 운행 제한 정책을 시행함에 따라 제한 차량의 도시 진입 및 도시 내 운행이 금지된다.

○ 모든 차량은 4개의 숫자로 된 차량번호를 부여받으며 각 도시의 제한 요건은 아래와 같다.

도시		제한 차량
A, E, F, I	홀수일	차량번호가 홀수로 끝나는 차량
	짝수일	차량번호가 짝수로 끝나는 차량
B, G, H	홀수일	차량번호가 짝수로 끝나는 차량
	짝수일	차량번호가 홀수로 끝나는 차량
C, D	월요일	차량번호가 1 또는 6으로 끝나는 차량
	화요일	차량번호가 2 또는 7로 끝나는 차량
	수요일	차량번호가 3 또는 8로 끝나는 차량
	목요일	차량번호가 4 또는 9로 끝나는 차량
	금요일	차량번호가 0 또는 5로 끝나는 차량
	토·일요일	없음

※ 단, 0은 짝수로 간주한다.

○ 도시 간 이동 시에는 도시 경계선이 서로 맞닿아 있지 않은 도시로 바로 이동할 수 없다. 예컨대 A시에서 E시로 이동하기 위해서는 반드시 B시나 D시를 거쳐야 한다.

〈보기〉

ㄱ. 甲은 5월 1일(토)에 E시에서 차량번호가 1234인 차량을 운행할 수 있다.

ㄴ. 乙은 5월 6일(목)에 차량번호가 5639인 차량으로 A시에서 D시로 이동할 수 있다.

ㄷ. 丙은 5월 중 어느 하루에 동일한 차량으로 A시에서 H시로 이동할 수 있다.

ㄹ. 丁은 5월 15일(토)에 차량번호가 9790인 차량으로 D시에서 F시로 이동할 수 있다.

① ㄱ, ㄴ
② ㄱ, ㄷ
③ ㄱ, ㄹ
④ ㄴ, ㄷ
⑤ ㄴ, ㄹ

문 21. 다음 글을 근거로 판단할 때, 〈보기〉에서 옳은 것만을 모두 고르면?

키가 서로 다른 6명의 어린이를 다음 그림과 같이 한 방향을 바라보도록 일렬로 세우려고 한다. 그림은 일렬로 세운 하나의 예이다. 한 어린이(이하 甲이라 한다)의 등 뒤에 甲보다 키가 큰 어린이가 1명이라도 있으면 A방향에서 甲의 뒤통수는 보이지 않고, 1명도 없으면 A방향에서 甲의 뒤통수는 보인다. 반대로 甲의 앞에 甲보다 키가 큰 어린이가 1명이라도 있으면 B방향에서 甲의 얼굴은 보이지 않고, 1명도 없으면 B방향에서 甲의 얼굴은 보인다.

| 자리번호 | 1번 | 2번 | 3번 | 4번 | 5번 | 6번 |

〈보기〉

ㄱ. A방향에서 보았을 때 모든 어린이의 뒤통수가 다 보이게 세우는 방법은 1가지뿐이다.

ㄴ. 키가 세 번째로 큰 어린이를 5번 자리에 세운다면, A방향에서 보았을 때 그 어린이의 뒤통수는 보이지 않는다.

ㄷ. B방향에서 2명의 얼굴만 보이도록 어린이들을 세웠을 때, A방향에서 6번 자리에 서 있는 어린이의 뒤통수는 보이지 않는다.

ㄹ. B방향에서 3명의 얼굴이 보인다면, A방향에서 4명의 뒤통수가 보일 수 없다.

① ㄱ, ㄴ
② ㄷ, ㄹ
③ ㄱ, ㄴ, ㄷ
④ ㄱ, ㄷ, ㄹ
⑤ ㄴ, ㄷ, ㄹ

문 22. 다음 글과 〈상황〉을 근거로 판단할 때, 〈보기〉에서 옳은 것만을 모두 고르면?

A팀과 B팀은 다음과 같이 게임을 한다. A팀과 B팀은 각각 3명으로 구성되며, 왼손잡이, 오른손잡이, 양손잡이가 각 1명씩이다. 총 5라운드에 걸쳐 가위바위보를 하며 규칙은 아래와 같다.

○ 모든 선수는 1개 라운드 이상 출전하여야 한다.

○ 왼손잡이는 '가위'만 내고 오른손잡이는 '보'만 내며, 양손잡이는 '바위'만 낸다.

○ 각 라운드마다 가위바위보를 이긴 선수의 팀이 획득하는 점수는 다음과 같다.
  - 이긴 선수가 왼손잡이인 경우: 2점
  - 이긴 선수가 오른손잡이인 경우: 0점
  - 이긴 선수가 양손잡이인 경우: 3점

○ 두 팀은 1라운드를 시작하기 전에 각 라운드에 출전할 선수를 결정하여 명단을 제출한다.

○ 5라운드를 마쳤을 때 획득한 총 점수가 더 높은 팀이 게임에서 승리한다.

─── 〈상황〉 ───

다음은 3라운드를 마친 현재까지의 결과이다.

구분	1라운드	2라운드	3라운드	4라운드	5라운드
A팀	왼손잡이	왼손잡이	양손잡이		
B팀	오른손잡이	오른손잡이	오른손잡이		

※ 각 라운드에서 가위바위보가 비긴 경우는 없다.

─── 〈보기〉 ───

ㄱ. 3라운드까지 A팀이 획득한 점수와 B팀이 획득한 점수의 합은 4점이다.

ㄴ. A팀이 잔여 라운드에서 모두 오른손잡이를 출전시킨다면 B팀이 게임에서 승리한다.

ㄷ. B팀이 게임에서 승리하는 경우가 있다.

① ㄴ
② ㄷ
③ ㄱ, ㄴ
④ ㄱ, ㄷ
⑤ ㄱ, ㄴ, ㄷ

문 23. 다음 글을 근거로 판단할 때 옳은 것은?

네 사람(甲 ~ 丁)은 각각 주식, 채권, 선물, 옵션 중 서로 다른 하나의 금융상품에 투자하고 있으며, 투자액과 수익률도 각각 다르다.

○ 네 사람 중 투자액이 가장 큰 50대 주부는 주식에 투자하였다.

○ 30대 회사원 丙은 네 사람 중 가장 높은 수익률을 올려 아내와 여행을 다녀왔다.

○ 甲은 주식과 옵션에는 투자하지 않았다.

○ 40대 회사원 乙은 옵션에 투자하지 않았다.

○ 60대 사업가는 채권에 투자하지 않았다.

① 채권 투자자는 甲이다.

② 선물 투자자는 사업가이다.

③ 투자액이 가장 큰 사람은 乙이다.

④ 회사원은 옵션에 투자하지 않았다.

⑤ 가장 높은 수익률을 올린 사람은 선물 투자자이다.

문 24. 다음 글과 〈상황〉을 근거로 판단할 때, 공기청정기가 자동으로 꺼지는 시각은?

○ A학교 학생들은 방과 후에 자기주도학습을 위해 교실을 이용한다.
○ 교실 안에 있는 학생 각각은 매 순간 일정한 양의 미세먼지를 발생시켜, 10분마다 5를 증가시킨다.
○ 교실에 설치된 공기청정기는 매 순간 일정한 양의 미세먼지를 제거하여, 10분마다 15를 감소시킨다.
○ 미세먼지는 사람에 의해서만 발생하고, 공기청정기에 의해서만 제거된다.
○ 공기청정기는 매 순간 미세먼지 양을 표시하며 교실 내 미세먼지 양이 30이 되는 순간 자동으로 꺼진다.

〈상황〉

15시 50분 현재, A학교의 교실에는 아무도 없었고 켜져 있는 공기청정기가 나타내는 교실 내 미세먼지 양은 90이었다. 16시 정각에 학생 두 명이 교실에 들어와 공부를 시작하였고, 40분 후 학생 세 명이 더 들어와 공부를 시작하였다. 학생들은 모두 18시 정각에 교실에서 나왔다.

① 18시 50분
② 19시 00분
③ 19시 10분
④ 19시 20분
⑤ 19시 30분

문 25. 다음 글과 〈상황〉을 근거로 판단할 때, 갑돌이가 할 수 없는 행위는?

'AD카드'란 올림픽 및 패럴림픽에서 정해진 구역을 출입하거나 차량을 탑승하기 위한 권한을 증명하는 일종의 신분증이다. 모든 관계자들은 반드시 AD카드를 패용해야 해당 구역에 출입하거나 차량을 탑승할 수 있다. 아래는 AD카드에 담긴 정보에 대한 설명이다.

〈 AD카드 예시 〉

대회구분	○ 올림픽 AD카드에는 다섯 개의 원이 겹쳐진 '오륜기'가, 패럴림픽 AD카드에는 세 개의 반달이 나열된 '아지토스'가 부착된다. ○ 올림픽 기간 동안에는 올림픽 AD카드만이, 패럴림픽 기간 동안에는 패럴림픽 AD카드만이 유효하다. ○ 두 대회의 기간은 겹치지 않는다.

탑승 권한
○ AD카드 소지자가 탑승 가능한 교통서비스를 나타낸다. 탑승권한 코드는 복수로 부여될 수 있다.

코드	탑승 가능 교통서비스
T1	VIP용 지정차량
TA	선수단 셔틀버스
TM	미디어 셔틀버스

시설 입장 권한
○ AD카드 소지자가 입장 가능한 시설을 나타낸다. 시설입장권한 코드는 복수로 부여될 수 있다.

코드	입장 가능 시설
IBC	국제 방송센터
HAL	알파인 경기장
HCC	컬링센터
OFH	올림픽 패밀리 호텔
ALL	모든 시설

특수 구역 접근 권한
○ AD카드 소지자가 시설 내부에서 접근 가능한 특수구역을 나타낸다. 특수구역 접근권한 코드는 복수로 부여될 수 있다.

코드	접근 가능 구역
2	선수준비 구역
4	프레스 구역
6	VIP 구역

〈상황〉

갑돌이는 올림픽 및 패럴림픽 관계자이다. 다음은 갑돌이가 패용한 AD카드이다.

 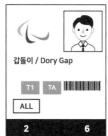

① 패럴림픽 기간 동안 알파인 경기장에 들어간다.

② 패럴림픽 기간 동안 VIP용 지정차량에 탑승한다.

③ 올림픽 기간 동안 올림픽 패밀리 호텔에 들어간다.

④ 올림픽 기간 동안 컬링센터 내부에 있는 선수준비 구역에 들어간다.

⑤ 올림픽 기간 동안 미디어 셔틀버스를 타고 이동한 후 국제 방송센터에 들어간다.

약점 보완 해설집 p.86

문 1. 다음 글을 근거로 판단할 때, 〈보기〉에서 옳은 것만을 모두 고르면?

> 제00조 지방자치단체의 장은 행정재산에 대하여 그 목적 또는 용도에 장애가 되지 않는 범위에서 사용 또는 수익을 허가할 수 있다.
>
> 제00조 ① 행정재산의 사용·수익허가기간은 그 허가를 받은 날부터 5년 이내로 한다.
>
> ② 지방자치단체의 장은 허가기간이 끝나기 전에 사용·수익허가를 갱신할 수 있다.
>
> ③ 제2항에 따라 사용·수익허가를 갱신 받으려는 자는 사용·수익허가기간이 끝나기 1개월 전에 지방자치단체의 장에게 사용·수익허가의 갱신을 신청하여야 한다.
>
> 제00조 ① 지방자치단체의 장은 행정재산의 사용·수익을 허가하였을 때에는 매년 사용료를 징수한다.
>
> ② 지방자치단체의 장은 행정재산의 사용·수익을 허가할 때 다음 각 호의 어느 하나에 해당하면 제1항에도 불구하고 그 사용료를 면제할 수 있다.
>
> > 1. 국가나 다른 지방자치단체가 직접 해당 행정재산을 공용·공공용 또는 비영리 공익사업용으로 사용하려는 경우
> >
> > 2. 천재지변이나 재난을 입은 지역주민에게 일정기간 사용·수익을 허가하는 경우
>
> 제00조 ① 지방자치단체의 장은 행정재산의 사용·수익허가를 받은 자가 다음 각 호의 어느 하나에 해당하면 그 허가를 취소할 수 있다.
>
> > 1. 지방자치단체의 장의 승인 없이 사용·수익의 허가를 받은 행정재산의 원상을 변경한 경우
> >
> > 2. 해당 행정재산의 관리를 게을리하거나 그 사용 목적에 위배되게 사용한 경우
>
> ② 지방자치단체의 장은 사용·수익을 허가한 행정재산을 국가나 지방자치단체가 직접 공용 또는 공공용으로 사용하기 위하여 필요로 하게 된 경우에는 그 허가를 취소할 수 있다.
>
> ③ 제2항의 경우에 그 취소로 인하여 해당 허가를 받은 자에게 손실이 발생한 경우에는 이를 보상한다.

〈보기〉

ㄱ. A시의 장은 A시의 행정재산에 대하여 B기업에게 사용허가를 했더라도 국가가 그 행정재산을 직접 공용으로 사용하기 위해 필요로 하게 된 경우, 그 허가를 취소할 수 있다.

ㄴ. C시의 행정재산에 대하여 C시의 장이 천재지변으로 주택을 잃은 지역주민에게 임시 거처로 사용하도록 허가한 경우, C시의 장은 그 사용료를 면제할 수 있다.

ㄷ. D시의 행정재산에 대하여 사용허가를 받은 E기업이 사용 목적에 위배되게 사용한다는 이유로 허가가 취소되었다면, D시의 장은 E기업의 손실을 보상하여야 한다.

ㄹ. 2014년 3월 1일에 5년 기한으로 F시의 행정재산에 대하여 수익허가를 받은 G가 허가 갱신을 받으려면, 2019년 2월 28일까지 허가 갱신을 신청하여야 한다.

① ㄱ, ㄴ

② ㄴ, ㄷ

③ ㄷ, ㄹ

④ ㄱ, ㄴ, ㄹ

⑤ ㄴ, ㄷ, ㄹ

문 2. 다음 글과 〈상황〉을 근거로 판단할 때 옳은 것은?

제00조 이 법에서 사용하는 용어의 뜻은 다음과 같다.

1. '자연장(自然葬)'이란 화장한 유골의 골분(骨粉)을 수목·화초·잔디 등의 밑이나 주변에 묻어 장사하는 것을 말한다.

2. '개장(改葬)'이란 매장한 시신이나 유골을 다른 분묘에 옮기거나 화장 또는 자연장하는 것을 말한다.

제00조 ① 사망한 때부터 24시간이 지난 후가 아니면 매장 또는 화장을 하지 못한다.

② 누구든지 허가를 받은 공설묘지, 공설자연장지, 사설묘지 및 사설자연장지 외의 구역에 매장하여서는 안 된다.

제00조 ① 매장(단, 자연장 제외)을 한 자는 매장 후 30일 이내에 매장지를 관할하는 시장·군수·구청장(이하 '시장 등'이라 한다)에게 신고하여야 한다.

② 화장을 하려는 자는 화장시설을 관할하는 시장 등에게 신고하여야 한다.

③ 개장을 하려는 자는 다음 각 호의 구분에 따라 시신 또는 유골의 현존지(現存地) 또는 개장지(改葬地)를 관할하는 시장 등에게 각각 신고하여야 한다.

1. 매장한 시신 또는 유골을 다른 분묘로 옮기거나 화장하는 경우: 시신 또는 유골의 현존지와 개장지

2. 매장한 시신 또는 유골을 자연장하는 경우: 시신 또는 유골의 현존지

제00조 ① 국가, 시·도지사 또는 시장 등이 아닌 자는 가족묘지, 종중·문중묘지 등을 설치·관리할 수 있다.

② 제1항의 묘지를 설치·관리하려는 자는 해당 묘지 소재지를 관할하는 시장 등의 허가를 받아야 한다.

─── 〈상황〉 ───

甲은 90세의 나이로 2019년 7월 10일 아침 7시 A시에서 사망하였다. 이에 甲의 자녀는 이미 사망한 甲의 배우자 乙의 묘지(B시 소재 공설묘지)에서 유골을 옮겨 가족묘지를 만드는 것을 포함하여 장례에 대하여 논의하였다.

① 甲을 2019년 7월 10일 매장할 수 있다.

② 甲을 C시 소재 화장시설에서 화장하려는 경우, 그 시설을 관할하는 C시의 장에게 신고하여야 한다.

③ 甲의 자녀가 가족묘지를 설치·관리하려는 경우, 그 소재지의 관할 시장 등에게 신고하여야 한다.

④ 甲의 유골의 골분을 자연장한 경우, 자연장지 소재지의 관할 시장에게 2019년 8월 10일까지는 허가를 받아야 한다.

⑤ 乙의 유골을 甲과 함께 D시 소재 공설묘지에 합장하려는 경우, B시의 장과 D시의 장의 허가를 각각 받아야 한다.

문 3. 다음 글과 〈상황〉을 근거로 판단할 때, 甲이 납부해야 할 수수료를 옳게 짝지은 것은?

특허에 관한 절차를 밟는 사람은 다음 각 호의 수수료를 내야 한다.

1. 특허출원료

가. 특허출원을 국어로 작성된 전자문서로 제출하는 경우: 매건 46,000원. 다만 전자문서를 특허청에서 제공하지 아니한 소프트웨어로 작성하여 제출한 경우에는 매건 56,000원으로 한다.

나. 특허출원을 국어로 작성된 서면으로 제출하는 경우: 매건 66,000원에 서면이 20면을 초과하는 경우 초과하는 1면마다 1,000원을 가산한 금액

다. 특허출원을 외국어로 작성된 전자문서로 제출하는 경우: 매건 73,000원

라. 특허출원을 외국어로 작성된 서면으로 제출하는 경우: 매건 93,000원에 서면이 20면을 초과하는 경우 초과하는 1면마다 1,000원을 가산한 금액

2. 특허심사청구료: 매건 143,000원에 청구범위의 1항마다 44,000원을 가산한 금액

─── 〈상황〉 ───

甲은 청구범위가 3개 항으로 구성된 총 27면의 서면을 작성하여 1건의 특허출원을 하면서, 이에 대한 특허심사도 함께 청구한다.

	국어로 작성한 경우	외국어로 작성한 경우
①	66,000원	275,000원
②	73,000원	343,000원
③	348,000원	343,000원
④	348,000원	375,000원
⑤	349,000원	375,000원

문 4. 다음 글을 근거로 판단할 때 옳지 않은 것은?

> 조선시대 임금에게 올리는 진지상을 수라상이라 하였다. 수라는 올리는 시간 순서에 따라 각각 조(朝)수라, 주(晝)수라, 석(夕)수라로 구분되고, 조수라 전에 밥 대신 죽을 주식으로 올리는 죽(粥)수라도 있었다. 수라상은 두 개의 상, 즉 원(元)반과 협(狹)반에 차려졌다.
>
> 수라 전후에 반과(盤果)상이나 미음(米飮)상이 차려지기도 했는데, 반과상은 올리는 시간 순서에 따라 조다(早茶), 주다(晝茶), 만다(晚茶), 야다(夜茶) 등을 앞에 붙여서 달리 불렀다. 반과상은 국수를 주식으로 하고, 찬과 후식류를 자기(磁器)에 담아 한 상에 차렸다. 미음상은 미음을 주식으로 하고, 육류 음식인 고음(膏飮)과 후식류를 한 상에 차렸다.
>
> 다음은 경복궁을 출발한 행차 첫째 날과 둘째 날에 임금에게 올리기 위해 차린 전체 상차림이다.

첫째 날		둘째 날	
장소	상차림	장소	상차림
노량참	조다반과	화성참	죽수라
노량참	조수라	화성참	조수라
시흥참	주다반과	화성참	주다반과
시흥참	석수라	화성참	석수라
시흥참	야다반과	화성참	야다반과
중로	미음		

① 행차 둘째 날에 협반은 총 1회 사용되었다.

② 화성참에서는 미음이 주식인 상이 차려지지 않았다.

③ 행차 첫째 날 낮과 둘째 날 낮에는 주수라가 차려지지 않았다.

④ 행차 첫째 날 밤과 둘째 날 밤에는 후식류를 자기에 담은 상차림이 있었다.

⑤ 국수를 주식으로 한 상은 행차 첫째 날과 둘째 날을 통틀어 총 5회 차려졌다.

문 5. 다음 〈조건〉을 근거로 판단할 때, 〈보기〉에서 옳은 것만을 모두 고르면?

─── 〈조건〉 ───

○ 한글 단어의 '단어점수'는 그 단어를 구성하는 자음으로만 결정된다.

○ '단어점수'는 각기 다른 자음의 '자음점수'를 모두 더한 값을 그 단어를 구성하는 자음 종류의 개수로 나눈 값이다.

○ '자음점수'는 그 자음이 단어에 사용된 횟수만큼 2를 거듭제곱한 값이다. 단, 사용되지 않는 자음의 '자음점수'는 0이다.

○ 예를 들어 글자 수가 4개인 '셋방살이'는 ㅅ 3개, ㅇ 2개, ㅂ 1개, ㄹ 1개의 자음으로 구성되므로 '단어점수'는 $(2^3 + 2^2 + 2^1 + 2^1) / 4$의 값인 4점이다.

※ 의미가 없는 글자의 나열도 단어로 인정한다.

─── 〈보기〉 ───

ㄱ. '각기'는 '논리'보다 단어점수가 더 높다.

ㄴ. 단어의 글자 수가 달라도 단어점수가 같을 수 있다.

ㄷ. 글자 수가 4개인 단어의 단어점수는 250점을 넘을 수 없다.

① ㄴ

② ㄷ

③ ㄱ, ㄴ

④ ㄱ, ㄷ

⑤ ㄱ, ㄴ, ㄷ

문 6. 다음 글을 근거로 판단할 때, 국제행사의 개최도시로 선정될 곳은?

> 甲사무관은 대한민국에서 열리는 국제행사의 개최도시를 선정하기 위해 다음과 같은 〈후보도시 평가표〉를 만들었다. 〈후보도시 평가표〉에 따른 점수와 〈국제해양기구의 의견〉을 모두 반영하여, 합산점수가 가장 높은 도시를 개최도시로 선정하고자 한다.
>
> 〈후보도시 평가표〉
>
> | 구분 | 서울 | 인천 | 대전 | 부산 | 제주 |
> |---|---|---|---|---|---|
> | 1) 회의 시설
1,500명 이상 수용가능한
대회의장 보유 등 | A | A | C | B | C |
> | 2) 숙박 시설
도보거리에 특급 호텔
보유 등 | A | B | A | A | C |
> | 3) 교통
공항접근성 등 | B | A | C | B | B |
> | 4) 개최 역량
대규모 국제행사 개최
경험 등 | A | C | C | A | B |
>
> ※ A: 10점, B: 7점, C: 3점
>
> ─── 〈국제해양기구의 의견〉 ───
>
> ○ 외국인 참석자의 편의를 위해 '교통'에서 A를 받은 도시의 경우 추가로 5점을 부여해 줄 것
>
> ○ 바다를 끼고 있는 도시의 경우 추가로 5점을 부여해 줄 것
>
> ○ 예상 참석자가 2,000명 이상이므로 '회의 시설'에서 C를 받은 도시는 제외할 것

① 서울

② 인천

③ 대전

④ 부산

⑤ 제주

문 7. 다음 글을 근거로 판단할 때, B구역 청소를 하는 요일은?

> 甲레스토랑은 매주 1회 휴업일(수요일)을 제외하고 매일 영업한다. 甲레스토랑의 청소시간은 영업일 저녁 9시부터 10시까지이다. 이 시간에 A구역, B구역, C구역 중 하나를 청소한다. 청소의 효율성을 위하여 청소를 한 구역은 바로 다음 영업일에는 하지 않는다. 각 구역은 매주 다음과 같이 청소한다.
>
> ○ A구역 청소는 일주일에 1회 한다.
>
> ○ B구역 청소는 일주일에 2회 하되, B구역 청소를 한 후 영업일과 휴업일을 가리지 않고 이틀 간은 B구역 청소를 하지 않는다.
>
> ○ C구역 청소는 일주일에 3회 하되, 그 중 1회는 일요일에 한다.

① 월요일과 목요일

② 월요일과 금요일

③ 월요일과 토요일

④ 화요일과 금요일

⑤ 화요일과 토요일

문 8. 다음 글을 근거로 판단할 때, 〈보기〉에서 옳은 것만을 모두 고르면?

> 甲은 결혼 준비를 위해 스튜디오 업체(A, B), 드레스 업체(C, D), 메이크업 업체(E, F)의 견적서를 각각 받았는데, 최근 생긴 B업체만 정가에서 10% 할인한 가격을 제시하였다. 아래 〈표〉는 각 업체가 제시한 가격의 총액을 계산한 결과이다. (단, A~F 각 업체의 가격은 모두 상이하다.)

〈표〉

스튜디오	드레스	메이크업	총액
A	C	E	76만 원
이용 안함	C	F	58만 원
A	D	E	100만 원
이용 안함	D	F	82만 원
B	D	F	127만 원

〈보기〉

ㄱ. A업체 가격이 26만 원이라면, E업체 가격이 F업체 가격보다 8만 원 비싸다.

ㄴ. B업체의 할인 전 가격은 50만 원이다.

ㄷ. C업체 가격이 30만 원이라면, E업체 가격은 28만 원이다.

ㄹ. D업체 가격이 C업체 가격보다 26만 원 비싸다.

① ㄱ

② ㄴ

③ ㄷ

④ ㄴ, ㄷ

⑤ ㄷ, ㄹ

문 9. 다음 글과 〈상황〉을 근거로 판단할 때, 〈보기〉에서 옳은 것만을 모두 고르면?

> K국에서는 모든 법인에 대하여 다음과 같이 구분하여 주민세를 부과하고 있다.

구분	세액(원)
○ 자본금액 100억 원을 초과하는 법인으로서 종업원 수가 100명을 초과하는 법인	500,000
○ 자본금액 50억 원 초과 100억 원 이하 법인으로서 종업원 수가 100명을 초과하는 법인	350,000
○ 자본금액 50억 원을 초과하는 법인으로서 종업원 수가 100명 이하인 법인 ○ 자본금액 30억 원 초과 50억 원 이하 법인으로서 종업원 수가 100명을 초과하는 법인	200,000
○ 자본금액 30억 원 초과 50억 원 이하 법인으로서 종업원 수가 100명 이하인 법인 ○ 자본금액 10억 원 초과 30억 원 이하 법인으로서 종업원 수가 100명을 초과하는 법인	100,000
○ 그 밖의 법인	50,000

〈상황〉

법인	자본금액(억 원)	종업원 수(명)
甲	200	?
乙	20	?
丙	?	200

〈보기〉

ㄱ. 甲이 납부해야 할 주민세 최소 금액은 20만 원이다.

ㄴ. 乙의 종업원이 50명인 경우 10만 원의 주민세를 납부해야 한다.

ㄷ. 丙이 납부해야 할 주민세 최소 금액은 10만 원이다.

ㄹ. 甲, 乙, 丙이 납부해야 할 주민세 금액의 합계는 최대 110만 원이다.

① ㄱ, ㄴ

② ㄱ, ㄷ

③ ㄱ, ㄹ

④ ㄴ, ㄷ

⑤ ㄴ, ㄹ

문 10. 다음 〈재난관리 평가지침〉과 〈상황〉을 근거로 판단할 때 옳은 것은?

―――――〈재난관리 평가지침〉―――――

□ 순위산정 기준
　○ 최종순위 결정
　　– 정량평가 점수(80점)와 정성평가 점수(20점)의 합으로 계산된 최종점수가 높은 순서대로 순위 결정
　○ 동점기관 처리
　　– 최종점수가 동점일 경우에는 정성평가 점수가 높은 순서대로 순위 결정

□ 정성평가 기준
　○ 지자체 및 민간분야와의 재난안전분야 협력(10점 만점)

평가	상	중	하
선정비율	20%	60%	20%
배점	10점	6점	3점

　○ 재난관리에 대한 종합평가(10점 만점)

평가	상	중	하
선정비율	20%	60%	20%
배점	10점	5점	1점

―――――〈상황〉―――――

일부 훼손된 평가표는 아래와 같다. (단, 평가대상기관은 5개이다.)

평가 \ 기관	정량평가 (80점 만점)	정성평가 (20점 만점)
A	71	20
B	80	11
C	69	11
D	74	
E	66	

① A기관이 2위일 수도 있다.
② B기관이 3위일 수도 있다.
③ C기관이 4위일 가능성은 없다.
④ D기관이 3위일 가능성은 없다.
⑤ E기관은 어떠한 경우에도 5위일 것이다.

문 11. 다음 글과 〈상황〉을 근거로 판단할 때, 〈보기〉에서 옳은 것만을 모두 고르면?

제00조 ① 기획재정부장관은 각 국제금융기구에 출자를 할 때에는 국무회의의 심의를 거쳐 대통령의 승인을 받아 미합중국통화 또는 그 밖의 자유교환성 통화나 금(金) 또는 내국통화로 그 출자금을 한꺼번에 또는 분할하여 납입할 수 있다.
② 기획재정부장관은 제1항에 따라 내국통화로 출자하는 경우에 그 출자금의 전부 또는 일부를 국무회의의 심의를 거쳐 대통령의 승인을 받아 내국통화로 표시된 증권으로 출자할 수 있다.
제00조 ① 기획재정부장관은 전조(前條) 제2항에 따라 출자한 증권의 전부 또는 일부에 대하여 각 국제금융기구가 지급을 청구하면 지체 없이 이를 지급하여야 한다.
② 기획재정부장관은 제1항에 따른 지급의 청구를 받은 경우에 지급할 재원(財源)이 부족하여 그 청구금액의 전부 또는 일부를 지급할 수 없을 때에는 국무회의의 심의를 거쳐 대통령의 승인을 받아 한국은행으로부터 차입하여 지급하거나 한국은행으로 하여금 그 금액에 상당하는 증권을 해당 국제금융기구로부터 매입하게 할 수 있다.

―――――〈상황〉―――――

기획재정부장관은 적법한 절차에 따라 A국제금융기구에 일정액을 출자한다.

―――――〈보기〉―――――

ㄱ. 기획재정부장관은 출자금을 자유교환성 통화로 납입할 수 있다.
ㄴ. 기획재정부장관은 출자금을 내국통화로 분할하여 납입할 수 없다.
ㄷ. 출자금 전부를 내국통화로 출자하는 경우, 그 중 일부액을 미합중국통화로 표시된 증권으로 출자할 수 있다.
ㄹ. 만약 출자금을 내국통화로 표시된 증권으로 출자한다면, A국제금융기구가 그 지급을 청구할 경우에 한국은행장은 지체 없이 이를 지급하여야 한다.

① ㄱ
② ㄴ
③ ㄱ, ㄹ
④ ㄷ, ㄹ
⑤ ㄴ, ㄷ, ㄹ

문 12. 다음 글과 〈상황〉을 근거로 판단할 때 옳은 것은?

매매목적물에 하자가 있는 경우, 하자가 있는 사실을 과실 없이 알지 못한 매수인은 매도인에 대하여 하자담보책임을 물어 계약을 해제하거나, 손해배상을 청구할 수 있다. 이때 매도인이 하자를 알았는지 여부나 그의 과실 유무를 묻지 않는다. 매매목적물의 하자는 통상 거래상의 관념에 비추어 그 물건이 지니고 있어야 할 품질·성질·견고성·성분 등을 갖추지 못해서 계약의 적합성을 갖지 못한 경우를 말한다. 가령 진품인 줄 알고 매수한 그림이 위작인 경우가 그렇다. 매수인은 이러한 계약해제권·손해배상청구권을 하자가 있는 사실을 안 날로부터 6개월 내에 행사하여야 한다.

한편 계약의 중요 부분에 착오가 있는 경우, 착오에 중대한 과실이 없는 계약당사자는 계약을 취소할 수 있다. 여기서 착오는 계약을 맺을 때에 실제로 없는 사실을 있는 사실로 잘못 알았거나 아니면 실제로 있는 사실을 없는 사실로 잘못 생각하듯이, 계약당사자(의사표시자)의 인식과 그 실제 사실이 어긋나는 경우를 가리킨다. 가령 위작을 진품으로 알고 매수한 경우가 그렇다. 이러한 취소권을 행사하려면, 착오자(착오로 의사표시를 한 사람)가 착오 상태에서 벗어난 날(예: 진품이 위작임을 안 날)로부터 3년 이내에, 계약을 체결한 날로부터 10년 이내에 행사하여야 한다. 착오로 인한 취소는 매도인의 하자담보책임과 다른 제도이다. 따라서 매매계약 내용의 중요 부분에 착오가 있는 경우, 매수인은 매도인의 하자담보책임이 성립하는지와 상관없이 착오를 이유로 매매계약을 취소할 수 있다.

─────── 〈상황〉 ───────

2018년 3월 10일 매수인 甲은 매도인 乙 소유의 '나루터그림'을 과실 없이 진품으로 믿고 1,000만 원에 매매계약을 체결한 당일 그림을 넘겨받았다. 그 후 2018년 6월 20일 甲은 나루터그림이 위작이라는 사실을 알게 되었다.

① 2018년 6월 20일 乙은 하자를 이유로 甲과의 매매계약을 해제할 수 있다.

② 2019년 6월 20일 甲은 乙에게 하자를 이유로 손해배상을 청구할 수 있다.

③ 2019년 6월 20일 甲은 착오를 이유로 乙과의 매매계약을 취소할 수 없다.

④ 乙이 매매계약 당시 위작이라는 사실을 과실 없이 알지 못하였더라도, 2019년 6월 20일 甲은 하자를 이유로 乙과의 매매계약을 해제할 수 있다.

⑤ 乙이 위작임을 알았더라도 2019년 6월 20일 甲은 하자를 이유로 乙과의 매매계약을 해제할 수 없지만, 착오를 이유로 취소할 수 있다.

문 13. 다음 글을 근거로 판단할 때 옳은 것은?

제00조 ① 재산명시절차의 관할법원은 재산명시절차에서 채무자가 제출한 재산목록의 재산만으로 집행채권의 만족을 얻기에 부족한 경우, 그 재산명시를 신청한 채권자의 신청에 따라 개인의 재산 및 신용에 관한 전산망을 관리하는 공공기관·금융기관·단체 등에 채무자 명의의 재산에 관하여 조회할 수 있다.

② 채권자가 제1항의 신청을 할 경우에는 조회할 기관·단체를 특정하여야 하며 조회에 드는 비용을 미리 내야 한다.

③ 법원이 제1항의 규정에 따라 조회할 경우에는 채무자의 인적 사항을 적은 문서에 의하여 해당 기관·단체의 장에게 채무자의 재산 및 신용에 관하여 그 기관·단체가 보유하고 있는 자료를 한꺼번에 모아 제출하도록 요구할 수 있다.

④ 공공기관·금융기관·단체 등은 정당한 사유 없이 제1항 및 제3항의 조회를 거부하지 못한다.

⑤ 제1항 및 제3항의 조회를 받은 기관·단체의 장이 정당한 사유 없이 거짓 자료를 제출하거나 자료를 제출할 것을 거부한 때에는 결정으로 500만 원 이하의 과태료에 처한다.

제00조 ① 누구든지 재산조회의 결과를 강제집행 외의 목적으로 사용하여서는 안 된다.

② 제1항의 규정에 위반한 사람은 2년 이하의 징역 또는 500만 원 이하의 벌금에 처한다.

① 채무자 甲이 제출한 재산목록의 재산만으로 집행채권의 만족을 얻기 부족한 경우에는 재산명시절차의 관할법원은 직권으로 금융기관에 甲 명의의 재산에 관해 조회할 수 있다.

② 재산명시절차의 관할법원으로부터 채무자 명의의 재산에 관해 조회를 받은 공공기관은 정당한 사유가 있는 경우 이를 거부할 수 있다.

③ 채무자 乙의 재산조회 결과를 획득한 채권자 丙은 해당 결과를 강제집행 외의 목적으로도 사용할 수 있다.

④ 재산명시절차의 관할법원으로부터 채무자 명의의 재산에 관해 조회를 받은 기관의 장이 정당한 사유 없이 자료제출을 거부하였다면, 법원은 결정으로 500만 원의 벌금에 처한다.

⑤ 채권자 丁이 채무자 명의의 재산에 관한 조회를 신청할 경우, 조회에 드는 비용은 재산조회가 종료된 후 납부하면 된다.

문 14. 다음 글을 근거로 판단할 때, 〈보기〉에서 옳은 것만을 모두 고르면?

현대적 의미의 시력 검사법은 1909년 이탈리아의 나폴리에서 개최된 국제안과학회에서 란돌트 고리를 이용한 검사법을 국제 기준으로 결정하면서 탄생하였다. 란돌트 고리란 시력 검사표에서 흔히 볼 수 있는 C자형 고리를 말한다. 란돌트 고리를 이용한 시력 검사에서는 5m 거리에서 직경이 7.5mm인 원형 고리에 있는 1.5mm 벌어진 틈을 식별할 수 있는지 없는지를 판단한다. 5m 거리의 1.5mm이면 각도로 따져서 약 1′(1분)에 해당한다. 1°(1도)의 1/60이 1′이고, 1′의 1/60이 1″(1초)이다.

이 시력 검사법에서는 구분 가능한 최소 각도가 1′일 때를 1.0의 시력으로 본다. 시력은 구분 가능한 최소 각도와 반비례한다. 예를 들어 구분할 수 있는 최소 각도가 1′의 2배인 2′이라면 시력은 1.0의 1/2배인 0.5이다. 만약 이 최소 각도가 0.5′이라면, 즉 1′의 1/2배라면 시력은 1.0의 2배인 2.0이다. 마찬가지로 최소 각도가 1′의 4배인 4′이라면 시력은 1.0의 1/4배인 0.25이다. 일반적으로 시력 검사표에는 2.0까지 나와 있지만 실제로는 이보다 시력이 좋은 사람도 있다. 천문학자 A는 5″까지의 차이도 구분할 수 있었던 것으로 알려져 있다.

〈보기〉

ㄱ. 구분할 수 있는 최소 각도가 10′인 사람의 시력은 0.1이다.

ㄴ. 천문학자 A의 시력은 12인 것으로 추정된다.

ㄷ. 구분할 수 있는 최소 각도가 1.25′인 甲은 구분할 수 있는 최소 각도가 0.1′인 乙보다 시력이 더 좋다.

① ㄱ

② ㄱ, ㄴ

③ ㄴ, ㄷ

④ ㄱ, ㄷ

⑤ ㄱ, ㄴ, ㄷ

문 15. 다음 글을 근거로 판단할 때, 〈가락〉을 연주하기 위해 ㉲를 누른 상태로 줄을 튕기는 횟수는?

줄이 하나인 현악기가 있다. 이 악기는 줄을 누를 수 있는 지점이 ㉮부터 ㉺까지 총 11곳 있고, 이 중 어느 한 지점을 누른 상태로 줄을 튕겨서 연주한다. ㉮를 누르고 줄을 튕기면 A음이 나고, ㉯를 누르고 줄을 튕기면 A음보다 반음 높은 소리가 난다. 이런 식으로 ㉮～㉺순으로 누르는 지점을 옮길 때마다 반음씩 더 높은 소리가 나며, 최저 A음부터 최고 G음까지 낼 수 있다.

이들 음은 다음과 같은 특징이 있다.

○ 반음 차이 두 개의 합은 한음 차이와 같다.

○ A음보다 B음이, C음보다 D음이, D음보다 E음이, F음보다 G음이 한음 높고, 둘 중 낮은 음보다 반음 높은 음은 낮은 음의 이름 오른쪽에 #을 붙여 표시한다.

○ B음보다 C음이, E음보다 F음이 반음 높다.

〈가락〉

E D# E D# E B D C A A A B E G B C

① 0

② 1

③ 2

④ 3

⑤ 4

문 16. 다음 글을 근거로 판단할 때, 〈상황〉의 ㉠과 ㉡을 옳게 짝지은 것은?

채용에서 가장 중요한 점은 조직에 적합한 인재의 선발, 즉 필요한 수준의 기본적 직무적성·태도 등 전반적 잠재력을 가진 지원자를 선발하는 것이다. 그러나 채용 과정에서 적합한 사람을 채용하지 않거나, 적합하지 않은 사람을 채용하는 경우도 있다. 적합한 지원자 중 탈락시킨 지원자의 비율을 오탈락률이라 하고, 적합하지 않은 지원자 중 채용한 지원자의 비율을 오채용률이라 한다.

〈상황〉

甲회사의 신입사원 채용 공고에 1,200명이 지원하여, 이 중에 360명이 채용되었다. 신입사원 채용 후 조사해보니 1,200명의 지원자 중 회사에 적합한 지원자는 800명이었고, 적합하지 않은 지원자는 400명이었다. 채용된 360명의 신입사원 중 회사에 적합하지 않은 인원은 40명으로 확인되었다. 이에 따르면 오탈락률은 (㉠)%이고, 오채용률은 (㉡)%이다.

	㉠	㉡
①	40	5
②	40	10
③	55	10
④	60	5
⑤	60	10

문 17. 다음 글과 〈상황〉을 근거로 판단할 때, 甲, 乙, 丙의 자동차 번호 끝자리 숫자의 합으로 가능한 최댓값은?

○ A사는 자동차 요일제를 시행하고 있으며, 각 요일별로 운행할 수 없는 자동차 번호 끝자리 숫자는 아래와 같다.

요일	월	화	수	목	금
숫자	1, 2	3, 4	5, 6	7, 8	9, 0

○ 미세먼지 비상저감조치가 시행될 경우 A사는 자동차 요일제가 아닌 차량 홀짝제를 시행한다. 차량 홀짝제를 시행하는 날에는 시행일이 홀수이면 자동차 번호 끝자리 숫자가 홀수인 차량만 운행할 수 있고, 시행일이 짝수이면 자동차 번호 끝자리 숫자가 홀수가 아닌 차량만 운행할 수 있다.

〈상황〉

A사의 직원인 甲, 乙, 丙은 12일(월)부터 16일(금)까지 5일 모두 출근했고, 12일, 13일, 14일에는 미세먼지 비상저감조치가 시행되었다. 자동차 요일제와 차량 홀짝제로 인해 자동차를 운행할 수 없는 경우를 제외하면, 3명 모두 자신이 소유한 자동차로 출근을 했다. 다음은 甲, 乙, 丙이 16일에 출근한 후 나눈 대화이다.
○ 甲: 나는 12일에 내 자동차로 출근을 했어. 따져보니 이번 주에 총 4일이나 내 자동차로 출근했어.
○ 乙: 저는 이번 주에 이틀만 제 자동차로 출근했어요.
○ 丙: 나는 이번 주엔 13일, 15일, 16일만 내 자동차로 출근할 수 있었어.

※ 甲, 乙, 丙은 자동차를 각각 1대씩 소유하고 있다.

① 14
② 16
③ 18
④ 20
⑤ 22

문 18. 다음 글을 근거로 판단할 때, 방에 출입한 사람의 순서는?

> 방에는 1부터 6까지의 번호가 각각 적힌 6개의 전구가 다음과 같이 놓여있다.
>
> 왼쪽 ←　　　　　　　　　　→ 오른쪽
>
> | 전구 번호 | 1 | 2 | 3 | 4 | 5 | 6 |
> |---|---|---|---|---|---|---|
> | 상태 | 켜짐 | 켜짐 | 켜짐 | 꺼짐 | 꺼짐 | 꺼짐 |
>
> 　총 3명(A~C)이 각각 한 번씩 홀로 방에 들어가 자신이 정한 규칙에 의해서만 전구를 켜거나 끄고 나왔다.
> ○ A는 번호가 3의 배수인 전구가 켜진 상태라면 그 전구를 끄고, 꺼진 상태라면 그대로 둔다.
> ○ B는 번호가 2의 배수인 전구가 켜진 상태라면 그 전구를 끄고, 꺼진 상태라면 그 전구를 켠다.
> ○ C는 3번 전구는 그대로 두고, 3번 전구를 기준으로 왼쪽과 오른쪽 중 켜진 전구의 개수가 많은 쪽의 전구를 전부 끈다. 다만 켜진 전구의 개수가 같다면 양쪽에 켜진 전구를 모두 끈다.
> 　마지막 사람이 방에서 나왔을 때, 방의 전구는 모두 꺼져 있었다.

① A-B-C

② A-C-B

③ B-A-C

④ B-C-A

⑤ C-B-A

문 19. 다음 글을 근거로 판단할 때, 〈보기〉에서 옳은 것만을 모두 고르면?

> 　K국의 「영유아보육법」은 영유아가 안전하고 쾌적한 환경에서 건강하게 성장할 수 있도록 다음과 같이 어린이집의 보육교사 최소 배치 기준을 규정하고 있다.
>
> | 연령 | 보육교사 대 영유아비율 |
> |---|---|
> | (1) 만 1세 미만 | 1 : 3 |
> | (2) 만 1세 이상 만 2세 미만 | 1 : 5 |
> | (3) 만 2세 이상 만 3세 미만 | 1 : 7 |
>
> 　위와 같이 각 연령별로 반을 편성하고 각 반마다 보육교사를 배치하되, 다음 기준에 따라 혼합반을 운영할 수 있다.
>
> | 혼합반 편성 | 보육교사 대 영유아비율 |
> |---|---|
> | (1)과 (2) | 1 : 3 |
> | (2)와 (3) | 1 : 5 |
> | (1)과 (3) | 편성 불가능 |

─〈보기〉─

ㄱ. 만 1세 미만 영유아 4명, 만 1세 이상 만 2세 미만 영유아 5명을 보육하는 어린이집은 보육교사를 최소 3명 배치해야 한다.

ㄴ. 만 1세 이상 만 2세 미만 영유아 6명, 만 2세 이상 만 3세 미만 영유아 12명을 보육하는 어린이집은 보육교사를 최소 3명 배치해야 한다.

ㄷ. 만 1세 미만 영유아 1명, 만 2세 이상 만 3세 미만 영유아 2명을 보육하는 어린이집은 보육교사를 최소 1명 배치해야 한다.

① ㄱ

② ㄴ

③ ㄷ

④ ㄱ, ㄴ

⑤ ㄱ, ㄷ

문 20. 다음 글과 〈상황〉을 근거로 판단할 때, 〈보기〉에서 옳은 것만을 모두 고르면?

K대학교 교과목 성적 평정(학점)은 총점을 기준으로 상위 점수부터 하위 점수까지 A⁺, A⁰, B⁺ ~ F 순으로 한다. 각 등급별 비율은 아래 〈성적 평정 기준표〉를 따르되, 상위 등급의 비율을 최대 기준보다 낮게 배정할 경우에는 잔여 비율을 하위 등급 비율에 가산하여 배정할 수 있다. 예컨대 A등급 배정 비율은 10 ~ 30%이나, 만일 25%로 배정한 경우에는 잔여 비율인 5%를 하위 등급 하나에 배정하거나 여러 하위 등급에 나누어 배정할 수 있다. 한편 A, B, C, D 각 등급 내에서 +와 0의 비율은 교수 재량으로 정할 수 있다.

〈성적 평정 기준표〉

등급	A		B		C		D		F
학점	A⁺	A⁰	B⁺	B⁰	C⁺	C⁰	D⁺	D⁰	
비율 (%)	10 ~ 30		20 ~ 35		20 ~ 40		0 ~ 40		0 ~ 40

※ 평정대상 총원 중 해당 등급 인원 비율

〈상황〉
〈△△교과목 성적 산출 자료〉

성명	총점	순위	성명	총점	순위
양다경	99	1	양대원	74	11
이지후	97	2	권치원	72	12
이태연	93	3	김도윤	68	13
남소연	89	4	권세연	66	14
김윤채	86	5	남원중	65	15
엄선민	84	6	권수진	64	16
이태근	79	7	양호정	61	17
김경민	78	8	정호채	59	18
이연후	77	9	이신영	57	19
엄주용	75	10	전희연	57	19

※ 평정대상은 총 20명임.

〈보기〉

ㄱ. 평정대상 전원에게 C+ 이상의 학점을 부여할 수 있다.

ㄴ. 79점을 받은 학생이 받을 수 있는 가장 낮은 학점은 B⁰ 이다.

ㄷ. 5명에게 A등급을 부여하면, 최대 8명의 학생에게 B⁺ 학점을 부여할 수 있다.

ㄹ. 59점을 받은 학생에게 부여할 수 있는 학점은 C⁺, C⁰, D⁺, D⁰, F 중 하나이다.

① ㄱ, ㄴ　　　② ㄱ, ㄹ　　　③ ㄷ, ㄹ

④ ㄱ, ㄷ, ㄹ　　⑤ ㄴ, ㄷ, ㄹ

문 21. 다음 글을 근거로 판단할 때, A시에서 B시까지의 거리는?

甲은 乙이 운전하는 자동차를 타고 A시에서 B시를 거쳐 C시로 가는 중이었다. A, B, C는 일직선 상에 순서대로 있으며, 乙은 자동차를 일정한 속력으로 운전하여 도시 간 최단 경로로 이동했다. A시를 출발한지 20분 후 甲은 乙에게 지금까지 얼마나 왔는지 물어보았다.

"여기서부터 B시까지 거리의 딱 절반만큼 왔어."라고 乙이 대답하였다.

그로부터 75km를 더 간 후에 甲은 다시 물어보았다.

"C시까지는 얼마나 남았지?"

乙은 다음과 같이 대답했다.

"여기서부터 B시까지 거리의 딱 절반만큼 남았어."

그로부터 30분 뒤에 甲과 乙은 C시에 도착하였다.

① 35km

② 40km

③ 45km

④ 50km

⑤ 55km

문 22. 다음 〈상황〉과 〈대화〉를 근거로 판단할 때 6월생은?

─────〈상황〉─────

○ 같은 해에 태어난 5명(지나, 정선, 혜명, 민경, 효인)은 각자 자신의 생일을 알고 있다.

○ 5명은 자신을 제외한 나머지 4명의 생일이 언제인지는 모르지만, 3월생이 2명, 6월생이 1명, 9월생이 2명이라는 사실은 알고 있다.

○ 아래 〈대화〉는 5명이 한 자리에 모여 나눈 대화를 순서대로 기록한 것이다.

○ 5명은 〈대화〉의 진행에 따라 상황을 논리적으로 판단하고, 솔직하게 대답한다.

─────〈대화〉─────

민경: 지나야, 네 생일이 5명 중에서 제일 빠르니?

지나: 그럴 수도 있지만 확실히는 모르겠어.

정선: 혜명아, 네가 지나보다 생일이 빠르니?

혜명: 그럴 수도 있지만 확실히는 모르겠어.

지나: 민경아, 넌 정선이가 몇 월생인지 알겠니?

민경: 아니, 모르겠어.

혜명: 효인아, 넌 민경이보다 생일이 빠르니?

효인: 그럴 수도 있지만 확실히는 모르겠어.

① 지나
② 정선
③ 혜명
④ 민경
⑤ 효인

문 23. 다음 글과 〈상황〉을 근거로 판단할 때 옳은 것은?

○○시는 A정류장을 출발지로 하는 40인승 시내버스를 운영하고 있다. 승객은 정류장에서만 시내버스에 승·하차할 수 있다. 또한 시내버스는 좌석제로 운영되어 버스에 빈 좌석이 없는 경우 승객은 더 이상 승차할 수 없으며, 탑승객 1인은 1개의 좌석을 차지한다.

한편 ○○시는 애플리케이션을 통해 시내버스의 구간별 혼잡도 정보를 제공한다. 탑승객이 0~5명일 때는 '매우쾌적', 6~15명일 때는 '쾌적', 16~25명일 때는 '보통', 26~35명일 때는 '혼잡', 36~40명일 때는 '매우혼잡'으로 표시된다.

구간별 혼잡도는 시내버스의 한 정류장에서 다음 정류장까지 탑승객의 수를 측정하여 표시한다. 예를 들어 'A-B' 구간의 혼잡도는 A정류장에서 출발한 후 B정류장에 도착하기 전까지 탑승객의 수에 따라 표시된다.

※ 버스기사는 고려하지 않는다.

─────〈상황〉─────

A정류장에서 07:00에 출발한 시내버스의 〈승·하차내역〉과 〈구간별 혼잡도 정보〉는 다음과 같다.

〈승·하차내역〉

정류장	승차(명)	하차(명)
A	20	0
B	(㉠)	10
C	5	( )
D	( )	10
E	15	( )
F	0	( )

※ 승·하차는 동시에 이루어진다.

〈구간별 혼잡도 정보〉

구간	표시
A-B	(㉡)
B-C	매우혼잡
C-D	매우혼잡
D-E	(㉢)
E-F	보통

① C정류장에서 하차한 사람은 아무도 없다.

② E정류장에서 하차한 사람은 10명 이하이다.

③ ㉠에 들어갈 수 있는 최솟값과 최댓값의 합은 55이다.

④ ㉡은 혼잡이다.

⑤ ㉢은 혼잡 또는 매우혼잡이다.

문 24. 다음 글을 근거로 판단할 때, 〈보기〉에서 옳은 것만을 모두 고르면?

사슴은 맹수에게 계속 괴롭힘을 당하자 자신을 맹수로 바꾸어 달라고 산신령에게 빌었다. 사슴을 불쌍하게 여긴 산신령은 사슴에게 남은 수명 중 n년(n은 자연수)을 포기하면 여생을 아래 5가지의 맹수 중 하나로 살 수 있게 해주겠다고 했다.

사슴으로 살 경우의 1년당 효용은 40이며, 다른 맹수로 살 경우의 1년당 효용과 그 맹수로 살기 위해 사슴이 포기해야 하는 수명은 아래의 〈표〉와 같다. 예를 들어 사슴의 남은 수명이 12년일 경우 사슴으로 계속 산다면 12×40=480의 총 효용을 얻지만, 독수리로 사는 것을 선택한다면 (12-5)×50=350의 총 효용을 얻는다.

사슴은 여생의 총 효용이 줄어드는 선택은 하지 않으며, 포기해야 하는 수명이 사슴의 남은 수명 이상인 맹수는 선택할 수 없다. 1년당 효용이 큰 맹수일수록, 사슴은 그 맹수가 되기 위해 더 많은 수명을 포기해야 한다. 사슴은 자신의 남은 수명과 〈표〉의 '?'로 표시된 수를 알고 있다.

〈표〉

맹수	1년당 효용	포기해야 하는 수명(년)
사자	250	14
호랑이	200	?
곰	170	11
악어	70	?
독수리	50	5

〈보기〉

ㄱ. 사슴의 남은 수명이 13년이라면, 사슴은 곰을 선택할 것이다.

ㄴ. 사슴의 남은 수명이 20년이라면, 사슴은 독수리를 선택하지는 않을 것이다.

ㄷ. 호랑이로 살기 위해 포기해야 하는 수명이 13년이라면, 사슴의 남은 수명에 따라 사자를 선택했을 때와 호랑이를 선택했을 때 여생의 총 효용이 같은 경우가 있다.

① ㄴ
② ㄷ
③ ㄱ, ㄴ
④ ㄴ, ㄷ
⑤ ㄱ, ㄴ, ㄷ

문 25. 다음 글과 〈상황〉을 근거로 판단할 때, 〈보기〉에서 옳은 것만을 모두 고르면?

소송절차의 '정지'란 소송이 개시된 뒤 절차가 종료되기 전에 소송절차가 법률상 진행되지 않는 상태를 말한다. 여기에는 '중단'과 '중지'가 있다.

소송절차의 중단은 소송진행 중 당사자에게 소송을 수행할 수 없는 사유가 발생하였을 경우, 새로운 소송수행자가 나타나 소송에 관여할 수 있을 때까지 법률상 당연히 절차진행이 정지되는 것이다. 예컨대 당사자가 사망한 경우, 그 상속인이 소송을 수행할 수 있을 때까지 절차진행이 정지되며, 이후 상속인의 수계신청 또는 법원의 속행명령에 의해 중단이 해소되고 절차는 다시 진행된다. 다만 사망한 당사자에게 이미 변호사가 소송대리인으로 선임되어 있을 때는 변호사가 소송을 대리하는 데 지장이 없으므로 절차는 중단되지 않는다. 소송대리인인 변호사의 사망도 중단사유가 아니다. 당사자가 절차를 진행할 수 있기 때문이다.

소송절차의 중지는 법원이나 당사자에게 소송을 진행할 수 없는 장애가 생겼거나 진행에 부적당한 사유가 발생하여 법률상 당연히 또는 법원의 재판에 의하여 절차가 정지되는 것이다. 이는 새로운 소송수행자로 교체되지 않는다는 점에서 중단과 다르다. 소송절차의 중지에는 당연중지와 재판중지가 있다. 당연중지는 천재지변이나 그 밖의 사고로 법원이 직무수행을 할 수 없게 된 경우에 법원의 재판 없이 당연히 절차진행이 정지되는 것을 말한다. 이 경우 법원의 직무수행불능 상태가 소멸함과 동시에 중지도 해소되고 절차는 진행된다. 재판중지는 법원이 직무수행을 할 수 있지만 당사자가 법원에 출석하여 소송을 진행할 수 없는 장애사유가 발생한 경우, 예컨대 전쟁이나 그 밖의 사유로 교통이 두절되어 당사자가 출석할 수 없는 경우에 법원의 재판에 의해 절차진행이 정지되는 것을 의미한다. 이때는 법원의 취소재판에 의하여 중지가 해소되고 절차는 진행된다.

※ 수계신청: 법원에 대해 중단된 절차의 속행을 구하는 신청

〈상황〉

원고 甲과 피고 乙 사이에 대여금반환청구소송이 A법원에서 진행 중이다. 甲은 변호사 丙을 소송대리인으로 선임하였지만, 乙은 소송대리인을 선임하지 않았다.

〈보기〉

ㄱ. 소송진행 중 甲이 사망하였다면, 절차진행은 중단되며 甲의 상속인의 수계신청에 의해 중단이 해소되고 절차가 진행된다.

ㄴ. 소송진행 중 丙이 사망하였다면, 절차진행은 중단되며 甲이 새로운 변호사를 소송대리인으로 선임하면 중단은 해소되고 절차가 진행된다.

ㄷ. 소송진행 중 A법원의 건물이 화재로 전소(全燒)되어 직무수행이 불가능해졌다면, 절차진행은 중단되며 이후 A법원의 속행명령이 있으면 절차가 진행된다.

ㄹ. 소송진행 중 乙이 거주하고 있는 장소에서만 발생한 지진으로 교통이 두절되어 乙이 A법원에 출석할 수 없는 경우, A법원의 재판에 의해 절차진행이 중지되며 이후 A법원의 취소재판에 의해 중지는 해소되고 절차가 진행된다.

① ㄹ

② ㄱ, ㄴ

③ ㄱ, ㄹ

④ ㄴ, ㄷ

⑤ ㄷ, ㄹ

약점 보완 해설집 p.98

문 1. 다음 글을 근거로 판단할 때 옳은 것은?

> 정책의 쟁점 관리는 정책 쟁점에 대한 부정적 인식을 최소화하여 정책의 결정 및 집행에 우호적인 환경을 조성하기 위한 행위를 말한다. 이는 정책 쟁점이 미디어 의제로 전환된 후부터 진행된다.
>
> 정책의 쟁점 관리에서는 쟁점에 대한 지식수준과 관여도에 따라 공중(公衆)의 유형을 구분하여 공중의 특성에 맞는 전략적 대응방안을 제시한다. 어떤 쟁점에 대해 지식수준과 관여도가 모두 낮은 공중은 '비활동 공중'이라고 한다. 그러나 쟁점에 대한 지식수준이 낮더라도 쟁점에 노출되어 쟁점에 대한 관여도가 높아지게 되면 이들은 '환기 공중'으로 변화한다. 이러한 환기 공중이 쟁점에 대한 지식수준까지 높아지면 지식수준과 관여도가 모두 높은 '활동 공중'으로 변하게 된다. 쟁점에 대한 지식수준이 높지만 관여도가 높지 않은 공중은 '인지 공중'이라고 한다.
>
> 인지 공중은 사회의 다양한 쟁점에 관한 지식을 가지고 있지만 적극적으로 활동하지 않아 이른바 행동하지 않는 지식인이라고도 불리는데, 이들의 관여도를 높여 활동 공중으로 이끄는 것은 매우 어렵다. 이 때문에 이들이 정책 쟁점에 긍정적 태도를 가지게 하는 것만으로도 전략적 성공이라고 볼 수 있다. 반면 환기 공중은 지식수준은 낮지만 쟁점 관여도가 높은 편이어서 문제해결에 필요한 지식을 얻게 된다면 활동 공중으로 변화한다. 따라서 이들에게는 쟁점에 대한 미디어 노출을 증가시키거나 다른 사람과 쟁점에 대해 토론하게 함으로써 지식수준을 높이는 전략을 취할 필요가 있다. 한편 활동 공중은 쟁점에 대한 지식수준과 관여도가 모두 높기 때문에 조직화될 개연성이 크고, 자신의 목적을 이루기 위해 시간과 노력을 아낌없이 투자할 자세가 되어 있다. 정책의 쟁점 관리를 제대로 하려면 이들이 정책을 우호적으로 판단할 수 있도록 하는 다양한 전략을 마련하여야 한다.

① 정책의 쟁점 관리는 정책 쟁점이 미디어 의제로 전환되기 전에 이루어진다.

② 어떤 쟁점에 대한 지식수준이 높지만 관여도가 낮은 공중을 비활동 공중이라고 한다.

③ 비활동 공중이 어떤 쟁점에 노출되면서 관여도가 높아지면 환기 공중으로 변한다.

④ 공중은 한 유형에서 다른 유형으로 변화할 수 없기 때문에 정책의 쟁점 관리를 할 필요가 없다.

⑤ 인지 공중의 경우, 쟁점에 대한 미디어 노출을 증가시키고 다른 사람과 쟁점에 대해 토론하게 만든다면 활동 공중으로 쉽게 변한다.

문 2. 다음 글을 근거로 판단할 때 옳은 것은?

> 제○○조 ① 지방자치단체의 장은 하수도정비기본계획에 따라 공공하수도를 설치하여야 한다.
> ② 시·도지사는 공공하수도를 설치하고자 하는 때에는 사업시행지의 위치 및 면적, 설치하고자 하는 시설의 종류, 사업시행기간 등을 고시하여야 한다. 고시한 사항을 변경 또는 폐지하고자 하는 때에도 또한 같다.
> ③ 시장·군수·구청장(자치구의 구청장을 말한다. 이하 같다)은 공공하수도를 설치하려면 시·도지사의 인가를 받아야 한다.
> ④ 시장·군수·구청장은 제3항에 따라 인가받은 사항을 변경하거나 폐지하려면 시·도지사의 인가를 받아야 한다.
> ⑤ 시·도지사는 국가의 보조를 받아 설치하고자 하는 공공하수도에 대하여 제2항에 따른 고시 또는 제3항의 규정에 따른 인가를 하고자 할 때에는 그 설치에 필요한 재원의 조달 및 사용에 관하여 환경부장관과 미리 협의하여야 한다.
> 제□□조 ① 공공하수도관리청(이하 '관리청'이라 한다)은 관할 지방자치단체의 장이 된다.
> ② 공공하수도가 둘 이상의 지방자치단체의 장의 관할구역에 걸치는 경우, 관리청이 되는 자는 제○○조 제2항에 따른 공공하수도 설치의 고시를 한 시·도지사 또는 같은 조 제3항에 따른 인가를 받은 시장·군수·구청장으로 한다.

※ 공공하수도: 지방자치단체가 설치 또는 관리하는 하수도

① A자치구의 구청장이 관할구역 내에 공공하수도를 설치하려고 인가를 받았는데, 그 공공하수도가 B자치구에 걸치는 경우, 설치하려는 공공하수도의 관리청은 B자치구의 구청장이다.

② 시·도지사가 국가의 보조를 받아 공공하수도를 설치하려면, 그 설치에 필요한 재원의 조달 등에 관하여 환경부장관의 인가를 받아야 한다.

③ 시장·군수·구청장이 공공하수도 설치에 관하여 인가받은 사항을 폐지할 경우에는 시·도지사의 인가를 필요로 하지 않는다.

④ 시·도지사가 공공하수도 설치를 위해 고시한 사항은 변경할 수 없다.

⑤ 시장·군수·구청장이 공공하수도를 설치하려면 시·도지사의 인가를 받아야 한다.

문 3. 다음 글을 근거로 판단할 때 옳은 것은?

> 다산 정약용은 아전의 핵심적인 직책으로 향승(鄕丞)과 좌수(座首), 좌우별감(左右別監)을 들고 있다. 향승은 지방관서장인 현령의 행정보좌역이고, 좌수는 지방자치기관인 향청의 우두머리로 이방과 병방의 직무를 관장한다. 좌우별감은 좌수의 아랫자리인데, 좌별감은 호방과 예방의 직무를 관장하고, 우별감은 형방과 공방의 직무를 관장한다.
>
> 다산은 향승이 현령을 보좌해야 하는 자리이기 때문에 반드시 그 고을에서 가장 착한 사람, 즉 도덕성이 가장 높은 사람에게 그 직책을 맡겨야 한다고 하였다. 또한 좌수는 그 자리의 중요성을 감안하여 진실로 마땅한 사람으로 얻어야 한다고 강조하였다. 좌수를 선발하기 위해 다산이 제시한 방법은 다음과 같다. 먼저 좌수후보자들에게 모두 종사랑(從仕郞)의 품계를 주고 해마다 공적을 평가해 감사나 어사로 하여금 식년(式年)에 각각 9명씩을 추천하게 한다. 그리고 그 가운데 3명을 뽑아 경관(京官)에 임명하면, 자신을 갈고 닦아 명성이 있고 품행이 바른 사람이 그 속에서 반드시 나올 것이라고 주장했다. 좌우별감을 선발할 때에도 역시 마땅히 쓸 만한 사람을 골라 정사를 의논해야 한다고 했다.
>
> 다산은 아전을 임명할 때, 진실로 쓸 만한 사람을 얻지 못하면 그저 자리를 채우기는 하되 정사는 맡기지 말라고 했다. 아울러 아첨을 잘하는 자는 충성스럽지 못하므로 이를 잘 살피도록 권고했다. 한편 다산은 문관뿐만 아니라 무관의 자질에 대해서도 언급하였다. 그에 따르면 무관의 반열에 서는 자는 모두 굳세고 씩씩해 적을 막아낼 만한 기색이 있는 사람으로 뽑되, 도덕성을 첫째의 자질로 삼고 재주와 슬기를 다음으로 해야 한다고 강조하였다.

※ 식년(式年): 과거를 보는 시기로 정한 해

① 관직의 서열로 보면 좌우별감은 좌수의 상관이다.

② 다산이 주장하는 좌수 선발방법에 따르면, 향승은 식년에 3명의 좌수후보자를 추천한다.

③ 다산은 아전으로 쓸 만한 사람이 없을 때에는 자리를 채우지 말아야 한다고 하였다.

④ 다산은 경관 가운데 우수한 공적이 있는 사람에게 종사랑의 품계를 주어야 한다고 주장했다.

⑤ 다산은 무관의 자질로 재주와 슬기보다 도덕성이 우선한다고 보았다.

문 4. 다음 〈A도서관 자료 폐기 지침〉을 근거로 판단할 때 옳은 것은?

> ─────〈A도서관 자료 폐기 지침〉─────
>
> 가. 자료 선정
>
> 　도서관 직원은 누구든지 수시로 서가를 살펴보고, 이용하기 곤란하다고 생각되는 자료는 발견 즉시 회수하여 사무실로 옮겨야 한다.
>
> 나. 목록 작성
>
> 　사무실에 회수된 자료는 사서들이 일차적으로 갱신 대상을 추려내어 갱신하고, 폐기 대상 자료로 판단되는 것은 폐기심의대상 목록으로 작성하여 폐기심의위원회에 제출한다.
>
> 다. 폐기심의위원회 운영
>
> 　폐기심의위원회 회의(이하 '회의'라 한다)는 연 2회 정기적으로 개최한다. 회의는 폐기심의대상 목록과 자료의 실물을 비치한 회의실에서 진행되고, 위원들은 실물과 목록을 대조하여 확인하여야 한다. 폐기심의위원회는 폐기 여부만을 판정하며 폐기 방법의 결정은 사서에게 위임한다. 폐기 대상 판정시 위원들 사이에 이견(異見)이 있는 자료는 당해 연도의 폐기 대상에서 제외하고, 다음 연도의 회의에서 재결정한다.
>
> 라. 폐기 방법
>
> 　(1) 기증: 상태가 양호하여 다른 도서관에서 이용될 수 있다고 판단되는 자료는 기증 의사를 공고하고 다른 도서관 등 희망하는 기관에 기증한다.
>
> 　(2) 이관: 상태가 양호하고 나름의 가치가 있는 자료는 자체 기록보존소, 지역 및 국가의 보존전문도서관 등에 이관한다.
>
> 　(3) 매각과 소각: 폐지로 재활용 가능한 자료는 매각하고, 폐지로도 매각할 수 없는 자료는 최종적으로 소각 처리한다.
>
> 마. 기록 보존 및 목록 최신화
>
> 　연도별로 폐기한 자료의 목록과 폐기 경위에 관한 기록을 보존하되, 폐기한 자료에 대한 내용을 도서관의 각종 현행 자료 목록에서 삭제하여 목록을 최신화한다.

※ 갱신: 손상된 자료의 외형을 수선하거나 복사본을 만듦

이어서 →

① 사서는 폐기심의대상 목록만을 작성하고, 자료의 폐기 방법은 폐기심의위원회가 결정한다.

② 폐기 대상 판정시 폐기심의위원들 간에 이견이 있는 자료의 경우, 바로 다음 회의에서 그 자료의 폐기 여부가 논의되지 않을 수 있다.

③ 폐기심의위원회는 자료의 실물을 확인하지 않고 폐기 여부를 판정할 수 있다.

④ 매각 또는 소각한 자료는 현행자료 목록에서 삭제하고, 폐기 경위에 관한 기록도 제거하여야 한다.

⑤ 사서가 아닌 도서관 직원은, 이용하기 곤란하다고 생각되는 자료를 발견하면 갱신하거나 폐기심의대상 목록을 작성하여야 한다.

문 5. 다음 글을 근거로 판단할 때, 〈보기〉에서 옳은 것만을 모두 고르면?

제00조 ① 민사에 관한 분쟁의 당사자는 법원에 조정을 신청할 수 있다.

② 조정을 신청하는 당사자를 신청인이라고 하고, 그 상대방을 피신청인이라고 한다.

제00조 ① 신청인은 다음 각 호의 어느 하나에 해당하는 곳을 관할하는 지방법원에 조정을 신청해야 한다.

　1. 피신청인의 주소지, 피신청인의 사무소 또는 영업소 소재지, 피신청인의 근무지

　2. 분쟁의 목적물 소재지, 손해 발생지

② 조정사건은 조정담당판사가 처리한다.

제00조 ① 조정담당판사는 사건이 그 성질상 조정을 하기에 적당하지 아니하다고 인정하거나 신청인이 부당한 목적으로 조정신청을 한 것임을 인정하는 경우에는 조정을 하지 아니하는 결정으로 사건을 종결시킬 수 있다. 신청인은 이 결정에 대해서 불복할 수 없다.

② 조정담당판사는 신청인과 피신청인 사이에 합의가 성립되지 아니한 경우 조정 불성립으로 사건을 종결시킬 수 있다.

③ 조정담당판사는 신청인과 피신청인 사이에 합의된 사항이 조정조서에 기재되면 조정 성립으로 사건을 종결시킨다. 조정조서는 판결과 동일한 효력이 있다.

제00조 다음 각 호의 어느 하나에 해당하는 경우에는 조정신청을 한 때에 민사소송이 제기된 것으로 본다.

　1. 조정을 하지 아니하는 결정이 있는 경우

　2. 조정 불성립으로 사건이 종결된 경우

─── 〈보기〉 ───

ㄱ. 신청인은 피신청인의 근무지를 관할하는 지방법원에 조정을 신청할 수 있다.

ㄴ. 조정을 하지 아니하는 결정을 조정담당판사가 한 경우, 신청인은 이에 대해 불복할 수 있다.

ㄷ. 신청인과 피신청인 사이에 합의된 사항이 기재된 조정조서는 판결과 동일한 효력을 갖는다.

ㄹ. 조정 불성립으로 사건이 종결된 경우, 사건이 종결된 때를 민사소송이 제기된 시점으로 본다.

ㅁ. 조정담당판사는 신청인이 부당한 목적으로 조정신청을 한 것으로 인정하는 경우, 조정 불성립으로 사건을 종결시킬 수 있다.

① ㄱ, ㄷ

② ㄴ, ㄹ

③ ㄱ, ㄷ, ㄹ

④ ㄱ, ㄷ, ㅁ

⑤ ㄴ, ㄹ, ㅁ

문 6. 다음 글을 근거로 판단할 때, 〈보기〉에서 옳은 것만을 모두 고르면?

> 제○○조 이 법에서 '폐교'란 학생 수 감소, 학교 통폐합 등의 사유로 폐지된 공립학교를 말한다.
>
> 제△△조 ① 시·도 교육감은 폐교재산을 교육용시설, 사회복지시설, 문화시설, 공공체육시설로 활용하려는 자 또는 소득증대시설로 활용하려는 자에게 그 폐교재산의 용도와 사용 기간을 정하여 임대할 수 있다.
>
> ② 제1항에 따라 폐교재산을 임대하는 경우, 연간 임대료는 해당 폐교재산평정가격의 1천분의 10을 하한으로 한다.
>
> 제□□조 ① 제△△조 제2항에도 불구하고 시·도 교육감은 다음 각 호의 어느 하나에 해당하는 경우에는 폐교재산의 연간 임대료를 감액하여 임대할 수 있다.
>
> 　1. 국가 또는 지방자치단체가 폐교재산을 교육용시설, 사회복지시설, 문화시설, 공공체육시설 또는 소득증대 시설로 사용하려는 경우
>
> 　2. 단체 또는 사인(私人)이 폐교재산을 교육용시설, 사회복지시설, 문화시설 또는 공공체육시설로 사용하려는 경우
>
> 　3. 폐교가 소재한 시·군·구에 주민등록이 되어 있고 실제 거주하는 지역주민이 공동으로 폐교재산을 소득증대시설로 사용하려는 경우
>
> ② 전항에 따라 폐교재산의 임대료를 감액하는 경우 연간 임대료의 감액분은 다음 각 호에서 정한 바를 초과하지 아니하는 범위에서 정한다.
>
> 　1. 교육용시설, 사회복지시설, 문화시설, 공공체육시설로 사용하는 경우: 제△△조 제2항에 따른 연간 임대료의 1천분의 500
>
> 　2. 소득증대시설로 사용하는 경우: 제△△조 제2항에 따른 연간 임대료의 1천분의 300

─〈보기〉─

ㄱ. 시·도 교육감은, 폐교가 소재하는 시·군·구에 거주하지 않으면서 폐교재산을 사회복지시설로 활용하려는 자에게 그 폐교재산을 임대할 수 있다.

ㄴ. 폐교재산평정가격이 5억 원인 폐교재산을 지방자치단체가 문화시설로 사용하려는 경우, 연간 임대료의 최저액은 250만 원이다.

ㄷ. 폐교가 소재한 군에 주민등록이 되어 있고 실제 거주하는 지역주민이 단독으로 폐교재산을 소득증대시설로 사용하려는 경우, 연간 임대료로 지불해야 할 최저액은 폐교재산평정가격의 0.7%이다.

ㄹ. 폐교재산을 활용하려는 자가 폐교 소재 지역주민이 아니어도 그 폐교재산을 공공체육시설로 사용할 수 있으나 임대료 감액은 받을 수 없다.

① ㄱ, ㄴ

② ㄱ, ㄷ

③ ㄱ, ㄴ, ㄹ

④ ㄱ, ㄷ, ㄹ

⑤ ㄴ, ㄷ, ㄹ

문 7. 다음 〈측량학 수업 필기〉를 근거로 판단할 때, 〈예제〉의 괄호 안에 들어갈 수는?

─〈측량학 수업 필기〉─

축 척: 실제 수평 거리를 지도상에 얼마나 축소해서 나타냈는 지를 보여주는 비율. 1/50,000, 1/25,000, 1/10,000, 1/5,000 등을 일반적으로 사용함

　　ex) 1/50,000은 실제 수평 거리 50,000cm를 지도상에 1cm로 나타냄

등고선: 지도에서 표고가 같은 지점들을 연결한 선
　　　　　　표고 → 표준 해면으로부터 지표의 어느 지점까지의 수직 거리

　　축척 1/50,000 지도에서는 표고 20m마다, 1/25,000 지도에서는 표고 10m마다, 1/10,000 지도에서는 표 고 5m마다 등고선을 그림

　　ex) 축척 1/50,000 지도에서 등고선이 그려진 모습

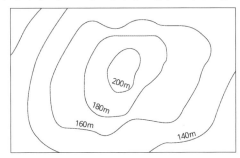

경사도: 어떤 두 지점 X와 Y를 잇는 사면의 경사도는 다음의 식으로 계산

$$경사도 = \frac{두\ 지점\ 사이의\ 표고\ 차이}{두\ 지점\ 사이의\ 실제\ 수평\ 거리}$$

─〈예제〉─

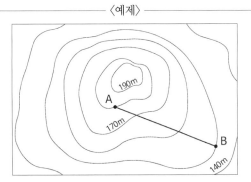

위의 지도는 축척 1/25,000로 제작되었다. 지도상의 지점 A와 B를 잇는 선분을 자로 재어 보니 길이가 4cm였다. 이때 두 지점 A와 B를 잇는 사면의 경사도는 (　　　)이다.

① 0.015

② 0.025

③ 0.03

④ 0.055

⑤ 0.7

문 8. 다음 글을 근거로 판단할 때, 〈보기〉에서 옳은 것만을 모두 고르면?

　소아기 예방접종 프로그램에 포함된 백신(A~C)은 지속적인 항체 반응을 위해서 2회 이상 접종이 필요하다.

　최소 접종연령(첫 접종의 최소연령) 및 최소 접종간격을 지켰을 때 적절한 예방력이 생기며, 이러한 예방접종을 유효하다고 한다. 다만 최소 접종연령 및 최소 접종간격에서 4일 이내로 앞당겨서 일찍 접종을 한 경우에도 유효한 것으로 본다. 그러나 만약 5일 이상 앞당겨서 일찍 접종했다면 무효로 간주하고 최소 접종연령 및 최소 접종간격에 맞춰 다시 접종하여야 한다.

　다음은 각 백신의 최소 접종연령 및 최소 접종간격을 나타낸 표이다.

종류	최소 접종연령	최소 접종간격			
		1, 2차 사이	2, 3차 사이	3, 4차 사이	4, 5차 사이
백신A	12개월	12개월	–	–	–
백신B	6주	4주	4주	6개월	–
백신C	6주	4주	4주	6개월	6개월

　다만 백신B의 경우 만 4세 이후에 3차 접종을 유효하게 했다면, 4차 접종은 생략한다.

─〈보기〉─

ㄱ. 만 2세가 되기 전에 백신A의 예방접종을 2회 모두 유효하게 실시할 수 있다.

ㄴ. 생후 45개월에 백신B를 1차 접종했다면, 4차 접종은 반드시 생략한다.

ㄷ. 생후 40일에 백신C를 1차 접종했다면, 생후 60일에 한 2차 접종은 유효하다.

① ㄱ

② ㄴ

③ ㄷ

④ ㄱ, ㄴ

⑤ ㄱ, ㄷ

문 9. 다음 글을 근거로 판단할 때, 〈그림 2〉의 정육면체 아랫면에 쓰인 36개 숫자의 합은?

　　정육면체인 하얀 블록 5개와 검은 블록 1개를 일렬로 붙인 막대를 30개 만든다. 각 막대의 윗면에는 가장 위에 있는 블록부터, 아랫면에는 가장 아래에 있는 블록부터 세어 검은 블록이 몇 번째 블록인지를 나타내는 숫자를 쓴다. 이런 규칙에 따르면 〈그림 1〉의 예에서는 윗면에 2를, 아랫면에 5를 쓰게 된다.

　　다음으로 검은 블록 없이 하얀 블록 6개를 일렬로 붙인 막대를 6개 만든다. 검은 블록이 없으므로 윗면과 아랫면 모두에 0을 쓴다.

　　이렇게 만든 36개의 막대를 붙여 〈그림 2〉와 같은 큰 정육면체를 만들었더니, 윗면에 쓰인 36개 숫자의 합이 109였다.

〈그림 1〉　　　　〈그림 2〉

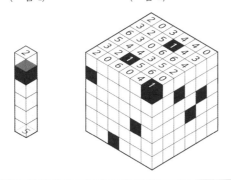

① 97

② 100

③ 101

④ 103

⑤ 104

문 10. 다음 글과 〈상황〉을 근거로 판단할 때, A복지관에 채용될 2명의 후보자는?

　　A복지관은 청소년업무 담당자 2명을 채용하고자 한다. 청소년업무 담당자들은 심리상담, 위기청소년지원, 진학지도, 지역안전망구축 등 4가지 업무를 수행해야 한다. 채용되는 2명은 서로 다른 업무를 맡아 4가지 업무를 빠짐없이 분담해야 한다.

　　4가지 업무에 관련된 직무역량으로는 의사소통역량, 대인관계역량, 문제해결역량, 정보수집역량, 자원관리역량 등 5가지가 있다. 각 업무를 수행하기 위해서는 반드시 해당 업무에 필요한 직무역량을 모두 갖춰야 한다. 아래는 이를 표로 정리한 것이다.

업무	필요 직무역량
심리상담	의사소통역량, 대인관계역량
위기청소년지원	의사소통역량, 문제해결역량
진학지도	문제해결역량, 정보수집역량
지역안전망구축	대인관계역량, 자원관리역량

〈상황〉

○ A복지관의 채용후보자는 4명(甲, 乙, 丙, 丁)이며, 각 채용후보자는 5가지 직무역량 중 3가지씩을 갖추고 있다.

○ 자원관리역량은 丙을 제외한 모든 채용후보자가 갖추고 있다.

○ 丁이 진학지도업무를 제외한 모든 업무를 수행하려면, 의사소통역량만 추가로 갖추면 된다.

○ 甲은 심리상담업무를 수행할 수 있고, 乙과 丙은 진학지도업무를 수행할 수 있다.

○ 대인관계역량을 갖춘 채용후보자는 2명이다.

① 甲, 乙

② 甲, 丙

③ 乙, 丙

④ 乙, 丁

⑤ 丙, 丁

2018 해커스PSAT 7급+민경채 PSAT 16개년 기출문제집 상황판단

문 11. 다음 글을 근거로 판단할 때 옳지 않은 것은?

> 정부는 저출산 문제 해소를 위해 공무원이 안심하고 일과 출산·육아를 병행할 수 있도록 관련 제도를 정비하여 시행 중이다.
>
> 먼저 임신 12주 이내 또는 임신 36주 이상인 여성 공무원을 대상으로 하던 '모성보호시간'을 임신 기간 전체로 확대하여 임신부터 출산시까지 근무시간을 1일에 2시간씩 단축할 수 있게 하였다.
>
> 다음으로 생후 1년 미만의 영아를 자녀로 둔 공무원을 대상으로 1주일에 2일에 한해 1일에 1시간씩 단축근무를 허용하던 '육아시간'을, 만 5세 이하 자녀를 둔 공무원을 대상으로 1주일에 2일에 한해 1일에 2시간 범위 내에서 사용할 수 있도록 하였다. 또한 부부 공동육아 실현을 위해 '배우자 출산휴가'를 10일(기존 5일)로 확대하였다.
>
> 마지막으로 어린이집, 유치원, 초·중·고등학교에서 공식적으로 주최하는 행사와 공식적인 상담에만 허용되었던 '자녀돌봄휴가'(공무원 1인당 연간 최대 2일)를 자녀의 병원진료·검진·예방접종 등에도 쓸 수 있도록 하고, 자녀가 3명 이상일 경우 1일을 가산할 수 있도록 하였다.

① 변경된 현행 제도에서는 변경 전에 비해 '육아시간'의 적용 대상 및 시간이 확대되었다.

② 변경된 현행 제도에 따르면, 초등학생 자녀 3명을 둔 공무원은 연간 3일의 '자녀돌봄휴가'를 사용할 수 있다.

③ 변경된 현행 제도에 따르면, 임신 5개월인 여성 공무원은 산부인과 진료를 받기 위해 '모성보호시간'을 사용할 수 있다.

④ 변경 전 제도에서 공무원은 초등학교 1학년인 자녀의 병원진료를 위해 '자녀돌봄휴가'를 사용할 수 있었다.

⑤ 변경된 현행 제도에 따르면, 만 2세 자녀를 둔 공무원은 '육아시간'을 사용하여 근무시간을 1주일에 총 4시간 단축할 수 있다.

문 12. 다음 글을 근거로 판단할 때, 〈보기〉에서 옳은 것만을 모두 고르면?

> 제○○조 ① 사업자는 소비자를 속이거나 소비자로 하여금 잘못 알게 할 우려가 있는 표시·광고 행위로서 공정한 거래질서를 해칠 우려가 있는 다음 각 호의 행위를 하거나 다른 사업자로 하여금 하게 하여서는 안 된다.
>   1. 거짓·과장의 표시·광고
>   2. 기만적인 표시·광고
>   3. 부당하게 비교하는 표시·광고
>   4. 비방적인 표시·광고
> ② 제1항을 위반하여 제1항 각 호의 행위를 하거나 다른 사업자로 하여금 하게 한 사업자는 2년 이하의 징역 또는 1억 5천만 원 이하의 벌금에 처한다.
> 제△△조 ① 공정거래위원회는 상품 등이나 거래 분야의 성질에 비추어 소비자 보호 또는 공정한 거래질서 유지를 위하여 필요한 경우에는 사업자가 표시·광고에 포함하여야 하는 사항(이하 '중요정보'라 한다)과 표시·광고의 방법을 고시할 수 있다.
> ② 공정거래위원회는 제1항에 따라 고시를 하려면 관계 행정기관의 장과 미리 협의하여야 한다. 이 경우 필요하다고 인정하면 공청회를 개최하여 사업자단체, 소비자단체, 그 밖의 이해관계인 등의 의견을 들을 수 있다.
> ③ 사업자가 표시·광고 행위를 하는 경우에는 제1항에 따라 고시된 중요정보를 표시·광고하여야 한다.
> 제□□조 ① 사업자가 제△△조 제3항을 위반하여 고시된 중요정보를 표시·광고하지 않은 경우에는 1억 원 이하의 과태료를 부과한다.
> ② 제1항에 따른 과태료는 공정거래위원회가 부과·징수한다.

〈보기〉

ㄱ. 공정거래위원회가 중요정보 고시 여부를 결정함에 있어 상품 등이나 거래 분야는 고려의 대상이 아니다.

ㄴ. 사업자 A가 다른 사업자 B로 하여금 공정한 거래질서를 해칠 우려가 있는 비방적인 표시·광고를 하게 한 경우, 공정거래위원회는 사업자 A에게 과태료를 부과한다.

ㄷ. 사업자가 표시·광고 행위를 하면서 고시된 중요정보를 표시·광고하지 않은 경우, 공정거래위원회는 5천만 원의 과태료를 부과할 수 있다.

ㄹ. 공정거래위원회는 소비자 보호를 위해 필요한 경우, 사업자가 표시·광고에 포함하여야 하는 사항과 함께 그 표시·광고의 방법도 고시할 수 있다.

① ㄱ, ㄴ   ② ㄱ, ㄷ   ③ ㄴ, ㄷ

④ ㄴ, ㄹ   ⑤ ㄷ, ㄹ

문 13. 다음 글을 근거로 판단할 때 옳은 것은?

군국기무처는 1894년 7월 27일부터 같은 해 12월 17일까지 존속한 최고 정책결정 기관이었다. 1894년 7월 흥선대원군을 추대한 새로운 정권이 수립되자, 그 이전부터 논의되어 오던 제도개혁을 실시하고자 합의체 형식의 초정부적 정책 결정 기구인 군국기무처를 구성하였다. 이 기구의 이름은 1882년부터 1883년까지 존속하였던 기무처의 이름을 따서 흥선대원군이 명명하였다.

군국기무처가 실제로 활동한 기간은 약 3개월이었다. 이 기간 중 군국기무처는 40회의 회의를 통해 약 210건의 의안을 심의하여 통과시켰는데, 그 중에는 189개의 개혁의안도 포함되어 있었다. 군국기무처가 심의하여 통과시킨 의안은 국왕의 재가를 거쳐 국법으로 시행하였는데, 그 가운데는 전제왕권의 제약이나 재정제도의 일원화뿐만 아니라, 양반·상인 등 계급의 타파, 공·사노비제의 폐지, 조혼의 금지, 과부의 재가 허용 등 조선사회의 경제·사회 질서를 근본적으로 변혁시키는 내용도 있었다. 여기에는 1880년대 이래 개화운동에서 강조한 개혁안과 더불어 동학운동에서 요구한 개혁안이 포함되기도 하였다. 군국기무처가 추진한 이때의 개혁을 갑오개혁이라고 부른다.

그러나 군국기무처의 기능은 청일전쟁에서 일본이 최초의 결정적인 승리를 거둔 1894년 9월 중순 이후 서서히 약화되기 시작하였다. 청일전쟁의 초기에는 조선의 개혁정권에 대해 회유정책을 쓰며 군국기무처의 활동에 간섭을 하지 않았던 일본이 청일전쟁의 승리가 확실해지자 적극적인 개입정책을 쓰기 시작하였던 것이다. 일본 정부가 새로 임명한 주한공사 이노우에는 군국기무처를 자신이 추진하려는 일본의 제도적 개입의 방해물로 간주하여 11월 20일 고종에게 요구한 20개의 안건에 군국기무처의 폐지를 포함시켰다. 고종도 그의 전제왕권을 제약한 군국기무처의 존재를 탐탁지 않게 여기던 터였으므로 이 기구를 12월 17일 칙령으로 폐지하였다.

① 흥선대원군은 군국기무처를 칙령으로 폐지하였다.

② 군국기무처는 기무처의 이름을 따서 고종이 명명하였다.

③ 일본의 청일전쟁 승리가 확실해지면서 군국기무처의 기능은 더욱 강화되었다.

④ 군국기무처는 실제 활동 기간 동안 월 평균 210건 이상의 개혁의안을 통과시켰다.

⑤ 군국기무처가 통과시킨 의안에는 동학운동에서 요구한 개혁안이 담기기도 하였다.

문 14. 다음 글을 근거로 판단할 때, <보기>에서 옳은 것만을 모두 고르면?

국회의원 선거는 목적에 따라 총선거, 재선거, 보궐선거 등으로 나누어진다. 대통령제 국가에서는 의원의 임기가 만료될 때 총선거가 실시된다. 반면 의원내각제 국가에서는 의원의 임기가 만료될 때뿐만 아니라 의원의 임기가 남아 있으나 총리(수상)에 의해 의회가 해산된 때에도 총선거가 실시된다.

대다수의 국가는 총선거로 전체 의원을 동시에 새롭게 선출하지만, 의회의 안정성과 연속성을 고려하여 전체 의석 중 일부만 교체하기도 한다. 이러한 예는 미국, 일본, 프랑스 등의 상원선거에서 나타나는데, 미국은 임기 6년의 상원의원을 매 2년마다 1/3씩, 일본은 임기 6년의 참의원을 매 3년마다 1/2씩 선출한다. 프랑스 역시 임기 6년의 상원의원을 매 3년마다 1/2씩 선출한다.

재선거는 총선거가 실시된 이후에 당선 무효나 선거 자체의 무효 사유가 발생하였을 때 다시 실시되는 선거를 말한다. 예를 들어 우리나라에서는 선거 무효 판결, 당선 무효, 당선인의 임기 개시 전 사망 등의 사유가 있는 경우에 재선거를 실시한다.

보궐선거는 의원이 임기 중 직책을 사퇴하거나 사망하는 등 부득이한 사유로 의정 활동을 수행할 수 없는 경우에 이를 보충하기 위해 실시되는 선거이다. 다수대표제를 사용하는 대부분의 국가는 보궐선거를 실시하는 반면, 비례대표제를 사용하는 대부분의 국가는 필요시 의원직을 수행할 승계인을 총선거 때 함께 정해 두어 보궐선거를 실시하지 않는다.

─────── <보기> ───────

ㄱ. 일본 참의원의 임기는 프랑스 상원의원의 임기와 같다.

ㄴ. 미국은 2년마다 전체 상원의원을 새로 선출한다.

ㄷ. 우리나라에서는 국회의원 당선인이 임기 개시 전 사망한 경우 재선거가 실시된다.

ㄹ. 다수대표제를 사용하는 대부분의 국가에서는 의원이 임기 중 사망하였을 때 보궐선거를 실시한다.

① ㄱ, ㄴ

② ㄱ, ㄷ

③ ㄴ, ㄹ

④ ㄱ, ㄷ, ㄹ

⑤ ㄴ, ㄷ, ㄹ

문 15. 다음 글을 근거로 판단할 때 옳은 것은?

제○○조 ① 무죄재판을 받아 확정된 사건(이하 '무죄재판 사건'이라 한다)의 피고인은 무죄재판이 확정된 때부터 3년 이내에, 확정된 무죄재판사건의 재판서(이하 '무죄재판서'라 한다)를 법무부 인터넷 홈페이지에 게재하도록 해당 사건을 기소한 검사의 소속 지방검찰청에 청구할 수 있다.
② 피고인이 제1항의 무죄재판서 게재 청구를 하지 아니하고 사망한 때에는 그 상속인이 이를 청구할 수 있다. 이 경우 같은 순위의 상속인이 여러 명일 때에는 상속인 모두가 그 청구에 동의하였음을 소명하는 자료도 함께 제출하여야 한다.
③ 무죄재판서 게재 청구가 취소된 경우에는 다시 그 청구를 할 수 없다.
제□□조 ① 제○○조의 청구를 받은 날부터 1개월 이내에 무죄재판서를 법무부 인터넷 홈페이지에 게재하여야 한다.
② 다음 각 호의 어느 하나에 해당할 때에는 무죄재판서의 일부를 삭제하여 게재할 수 있다.
　1. 청구인이 무죄재판서 중 일부 내용의 삭제를 원하는 의사를 명시적으로 밝힌 경우
　2. 무죄재판서의 공개로 인하여 사건 관계인의 명예나 사생활의 비밀 또는 생명·신체의 안전이나 생활의 평온을 현저히 해칠 우려가 있는 경우
③ 제2항 제1호의 경우에는 청구인의 의사를 서면으로 확인하여야 한다.
④ 제1항에 따른 무죄재판서의 게재기간은 1년으로 한다.

① 무죄재판이 확정된 피고인 甲은 무죄재판이 확정된 때부터 3년 이내에 관할법원에 무죄재판서 게재 청구를 할 수 있다.
② 무죄재판이 확정된 피고인 乙이 무죄재판서 게재 청구를 취소한 후 사망한 경우, 乙의 상속인은 무죄재판이 확정된 때부터 3년 이내에 무죄재판서 게재 청구를 할 수 있다.
③ 무죄재판이 확정된 피고인 丙이 무죄재판서 게재 청구 없이 사망한 경우, 丙의 상속인은 같은 순위의 다른 상속인의 동의 없이 무죄재판서 게재 청구를 할 수 있다.
④ 무죄재판이 확정된 피고인 丁이 무죄재판서 게재 청구를 하면 그의 무죄재판서는 법무부 인터넷 홈페이지에 3년간 게재된다.
⑤ 무죄재판이 확정된 피고인 戊의 청구로 무죄재판서가 공개되면 사건 관계인의 명예를 현저히 해칠 우려가 있는 경우, 무죄재판서의 일부를 삭제하여 게재할 수 있다.

문 16. 다음 글과 〈상황〉을 근거로 판단할 때, 〈보기〉에서 옳은 것만을 모두 고르면?

제00조(유치권의 내용) 타인의 물건 또는 유가증권을 점유한 자는 그 물건이나 유가증권에 관하여 생긴 채권이 변제기에 있는 경우에는 변제를 받을 때까지 그 물건 또는 유가증권을 유치할 권리가 있다.
제00조(유치권의 불가분성) 유치권자는 채권 전부의 변제를 받을 때까지 유치물 전부에 대하여 그 권리를 행사할 수 있다.
제00조(유치권자의 선관의무) ① 유치권자는 선량한 관리자의 주의로 유치물을 점유하여야 한다.
② 유치권자는 채무자의 승낙 없이 유치물의 사용, 대여 또는 담보제공을 하지 못한다. 그러나 유치물의 보존에 필요한 사용은 그러하지 아니하다.
제00조(경매) 유치권자는 채권의 변제를 받기 위하여 유치물을 경매할 수 있다.
제00조(점유상실과 유치권소멸) 유치권은 점유의 상실로 인하여 소멸한다.

※ 유치: 물건 등을 일정한 지배 아래 둠

─────〈상황〉─────
甲은 아버지의 양복을 면접시험에서 입으려고 乙에게 수선을 맡겼다. 수선비는 다음 날까지 계좌로 송금하기로 하고 옷은 일주일 후 찾기로 하였다. 甲은 수선비를 송금하지 않은 채 일주일 후 옷을 찾으러 갔고, 옷 수선을 마친 乙은 수선비를 받을 때까지 수선한 옷을 돌려주지 않겠다며 유치권을 행사하고 있다.

─────〈보기〉─────
ㄱ. 甲이 수선비의 일부라도 지급한다면 乙은 수선한 옷을 돌려주어야 한다.
ㄴ. 甲이 수선한 옷을 돌려받지 못한 채 면접시험을 치렀고 이후 필요가 없어 옷을 찾으러 가지 않겠다고 한 경우, 乙은 수선비의 변제를 받기 위해 그 옷을 경매할 수 있다.
ㄷ. 甲이 수선을 맡긴 옷을 乙이 도둑맞아 점유를 상실하였다면 乙의 유치권은 소멸한다.
ㄹ. 甲이 수선비를 지급할 때까지, 乙은 수선한 옷을 甲의 승낙 없이 다른 사람에게 대여할 수 있다.

① ㄱ, ㄴ
② ㄱ, ㄹ
③ ㄴ, ㄷ
④ ㄷ, ㄹ
⑤ ㄴ, ㄷ, ㄹ

문 17. 다음 글을 근거로 판단할 때, 〈보기〉의 각 괄호 안에 들어갈 숫자의 합은?

> A부처와 B부처에 소속된 공무원 수는 각각 100명이고, 모두 소속된 부처에 있었다. 그런데 A부처는 국가 행사를 담당하게 되어 B부처에 9명의 인력지원을 요청하였다. B부처는 소속 공무원 100명 중 9명을 무작위로 선정해서 A부처에 지원 인력으로 보냈다. 얼마 후 B부처 역시 또 다른 국가 행사를 담당하게 되어 A부처에 인력지원을 요청하였다. A부처는 B부처로부터 지원받았던 인력을 포함한 109명 중 9명을 무작위로 선정해서 B부처에 지원 인력으로 보냈다.

─────────〈보기〉─────────
ㄱ. A부처와 B부처 간 인력지원이 한 차례씩 이루어진 후, A부처에 B부처 소속 공무원이 3명 남아있다면 B부처에는 A부처 소속 공무원이 (   )명 있다.

ㄴ. A부처와 B부처 간 인력지원이 한 차례씩 이루어진 후, B부처에 A부처 소속 공무원이 2명 남아있다면 A부처에는 B부처 소속 공무원이 (   )명 있다.

① 5
② 8
③ 10
④ 13
⑤ 15

문 18. 다음 글을 근거로 판단할 때, 甲 ~ 戊 중 가장 많은 지원금을 받는 신청자는?

> A국은 신재생에너지 보급 사업 활성화를 위하여 신재생 에너지 설비에 대한 지원 내용을 공고하였다. 〈지원 기준〉과 〈지원 신청 현황〉은 아래와 같다.

〈지원 기준〉

구분		용량(성능)	지원금 단가
태양광	단독주택	2kW 이하	kW당 80만 원
		2kW 초과 3kW 이하	kW당 60만 원
	공동주택	30kW 이하	kW당 80만 원
태양열	평판형·진공관형	10m² 이하	m²당 50만 원
		10m² 초과 20m² 이하	m²당 30만 원
지열	수직밀폐형	10kW 이하	kW당 60만 원
		10kW 초과	kW당 50만 원
연료전지	인산형 등	1kW 이하	kW당 2,100만 원

○ 지원금은 '용량(성능)×지원금 단가'로 산정
○ 국가 및 지방자치단체 소유 건물은 지원 대상에서 제외
○ 전월 전력사용량이 450kWh 이상인 건물은 태양열 설비 지원 대상에서 제외
○ 용량(성능)이 〈지원 기준〉의 범위를 벗어나는 신청은 지원 대상에서 제외

〈지원 신청 현황〉

신청자	설비 종류	용량 (성능)	건물 소유자	전월 전력사용량	비고
甲	태양광	8kW	개인	350kWh	공동주택
乙	태양열	15m²	개인	550kWh	진공관형
丙	태양열	5m²	국가	400kWh	평판형
丁	지열	15kW	개인	200kWh	수직밀폐형
戊	연료전지	3kW	개인	500kWh	인산형

① 甲
② 乙
③ 丙
④ 丁
⑤ 戊

문 19. 다음 글을 근거로 판단할 때, 〈보기〉에서 옳은 것만을 모두 고르면?

> 1부터 5까지 숫자가 하나씩 적힌 5장의 카드와 3개의 구역이 있는 다트판이 있다. 甲과 乙은 다음 방법에 따라 점수를 얻는 게임을 하기로 했다.

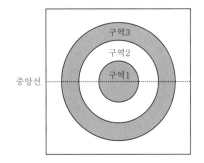

> ○ 우선 5장의 카드 중 1장을 임의로 뽑고, 그 후 다트를 1차 시기와 2차 시기에 각 1번씩 총 2번 던진다.
> ○ 뽑힌 카드에 적혀 있는 숫자가 '카드점수'가 되며 점수를 얻는 방법은 다음과 같다.
> 〈1차 시기 점수 산정 방법〉
> – 다트가 구역1에 꽂힐 경우: 카드점수 × 3
> – 다트가 구역2에 꽂힐 경우: 카드점수 × 2
> – 다트가 구역3에 꽂힐 경우: 카드점수 × 1
> – 다트가 그 외 영역에 꽂힐 경우: 카드점수 × 0
> 〈2차 시기 점수 산정 방법〉
> – 다트가 다트판의 중앙선 위쪽에 꽂힐 경우: 2점
> – 다트가 다트판의 중앙선 아래쪽에 꽂힐 경우: 0점
> 〈최종점수 산정 방법〉
> – 최종점수: 1차 시기 점수 + 2차 시기 점수

※ 다트판의 선에 꽂히는 경우 등 그 외 조건은 고려하지 않는다.

〈보기〉
ㄱ. 甲이 짝수가 적힌 카드를 뽑았다면, 최종점수는 홀수가 될 수 없다.
ㄴ. 甲이 숫자 2가 적힌 카드를 뽑았다면, 가능한 최종점수는 8가지이다.
ㄷ. 甲이 숫자 4가 적힌 카드를, 乙이 숫자 2가 적힌 카드를 뽑았다면, 가능한 甲의 최종점수 최댓값과 乙의 최종점수 최솟값의 차이는 14점이다.

① ㄱ
② ㄷ
③ ㄱ, ㄴ
④ ㄱ, ㄷ
⑤ ㄴ, ㄷ

문 20. 다음 글과 〈대화〉를 근거로 판단할 때 대장 두더지는?

> ○ 甲은 튀어나온 두더지를 뿅망치로 때리는 '두더지 게임'을 했다.
> ○ 두더지는 총 5마리(A~E)이며, 이 중 1마리는 대장 두더지이고 나머지 4마리는 부하 두더지이다.
> ○ 대장 두더지를 맞혔을 때는 2점, 부하 두더지를 맞혔을 때는 1점을 획득한다.
> ○ 두더지 게임 결과, 甲은 총 14점을 획득하였다.
> ○ 두더지 게임이 끝난 후 두더지들은 아래와 같은 〈대화〉를 하였다.

〈대화〉
두더지 A: 나는 맞은 두더지 중에 가장 적게 맞았고, 맞은 횟수는 짝수야.
두더지 B: 나는 두더지 C와 똑같은 횟수로 맞았어.
두더지 C: 나와 두더지 A, 두더지 D가 맞은 횟수를 모두 더하면 모든 두더지가 맞은 횟수의 3/4이야.
두더지 D: 우리 중에 한 번도 맞지 않은 두더지가 1마리 있지만 나는 아니야.
두더지 E: 우리가 맞은 횟수를 모두 더하면 12번이야.

① 두더지 A
② 두더지 B
③ 두더지 C
④ 두더지 D
⑤ 두더지 E

문 21. 다음 〈상황〉을 근거로 판단할 때, 〈보기〉에서 옳은 것만을 모두 고르면?

─────── 〈상황〉 ───────

ㅇ A위원회는 12명의 위원으로 구성되며, 위원 중에서 위원장을 선출한다.

ㅇ 12명의 위원은 자신을 제외한 11명 중 서로 다른 2명에게 1표씩 투표하여 최다 득표자를 위원장으로 결정한다.

ㅇ 최다 득표자가 여러 명인 경우 추첨을 통해 이들 중 1명을 위원장으로 결정한다.

※ 기권 및 무효표는 없다.

─────── 〈보기〉 ───────

ㄱ. 득표자 중 5표를 얻은 위원이 존재하고 추첨을 통해 위원장이 결정되었다면, 득표자는 3명 이하이다.

ㄴ. 득표자가 총 3명이고 그 중 1명이 7표를 얻었다면, 위원장을 추첨으로 결정하지 않아도 된다.

ㄷ. 득표자 중 최다 득표자가 8표를 얻었고 추첨 없이 위원장이 결정되었다면, 득표자는 4명 이상이다.

① ㄴ
② ㄷ
③ ㄱ, ㄴ
④ ㄱ, ㄷ
⑤ ㄴ, ㄷ

문 22. 다음 글을 근거로 판단할 때, 〈보기〉에서 옳은 것만을 모두 고르면?

ㅇ 甲시청은 관내 도장업체(A~C)에 청사 바닥(면적: 60m²) 도장공사를 의뢰하려 한다.

〈관내 도장업체 정보〉

업체	1m²당 작업시간	시간당 비용
A	30분	10만 원
B	1시간	8만 원
C	40분	9만 원

ㅇ 개별 업체의 작업속도는 항상 일정하다.

ㅇ 여러 업체가 참여하는 경우, 각 참여 업체는 언제나 동시에 작업하며 업체당 작업시간은 동일하다. 이때 각 참여 업체가 작업하는 면은 겹치지 않는다.

ㅇ 모든 업체는 시간당 비용에 비례하여 분당 비용을 받는다. (예: A가 6분 동안 작업한 경우 1만 원을 받는다.)

─────── 〈보기〉 ───────

ㄱ. 작업을 가장 빠르게 끝내기 위해서는 A와 C에게만 작업을 맡겨야 한다.

ㄴ. B와 C에게 작업을 맡기는 경우, 작업 완료까지 24시간이 소요된다.

ㄷ. A, B, C에게 작업을 맡기는 경우, B와 C에게 작업을 맡기는 경우보다 많은 비용이 든다.

① ㄱ
② ㄴ
③ ㄷ
④ ㄱ, ㄴ
⑤ ㄴ, ㄷ

문 23. 다음 글을 근거로 판단할 때, 〈보기〉에서 옳은 것만을 모두 고르면?

○ 손글씨 대회 참가자 100명을 왼손으로만 필기할 수 있는 왼손잡이, 오른손으로만 필기할 수 있는 오른손잡이, 양손으로 모두 필기할 수 있는 양손잡이로 분류 하고자 한다.

○ 참가자를 대상으로 아래 세 가지 질문을 차례대로 하여 해당하는 참가자는 한 번만 손을 들도록 하였다.

[질문 1] 왼손으로만 필기할 수 있는 사람은?

[질문 2] 오른손으로만 필기할 수 있는 사람은?

[질문 3] 양손으로 모두 필기할 수 있는 사람은?

○ 양손잡이 중 일부는 제대로 알아듣지 못해 질문 1, 2, 3에 모두 손을 들었고, 그 외 모든 참가자는 올바르게 손을 들었다.

○ 질문 1에 손을 든 참가자는 16명, 질문 2에 손을 든 참가자는 80명, 질문 3에 손을 든 참가자는 10명이다.

〈보기〉

ㄱ. 양손잡이는 총 10명이다.

ㄴ. 왼손잡이 수는 양손잡이 수보다 많다.

ㄷ. 오른손잡이 수는 왼손잡이 수의 6배 이상이다.

① ㄱ

② ㄴ

③ ㄱ, ㄴ

④ ㄱ, ㄷ

⑤ ㄴ, ㄷ

문 24. 다음 글을 근거로 판단할 때, 〈보기〉에서 옳은 것만을 모두 고르면?

엘로 평점 시스템(Elo Rating System)은 체스 등 일대일 방식의 종목에서 선수들의 실력을 표현하는 방법으로 물리학자 아르파드 엘로(Arpad Elo)가 고안했다.

임의의 두 선수 X, Y의 엘로 점수를 각각 E_X, E_Y라 하고 X가 Y에게 승리할 확률을 P_{XY}, Y가 X에게 승리할 확률을 P_{YX}라고 하면, 각 선수가 승리할 확률은 다음 식과 같이 계산된다. 무승부는 고려하지 않으므로 두 선수가 승리할 확률의 합은 항상 1이 된다.

$$P_{XY} = \frac{1}{1 + 10^{-(E_X - E_Y)/400}} \quad P_{YX} = \frac{1}{1 + 10^{-(E_Y - E_X)/400}}$$

두 선수의 엘로 점수가 같다면, 각 선수가 승리할 확률은 0.5로 같다. 만약 한 선수가 다른 선수보다 엘로 점수가 200점 높다면, 그 선수가 승리할 확률은 약 0.76이 된다.

경기 결과에 따라 각 선수의 엘로 점수는 변화한다. 경기에서 승리한 선수는 그 경기에서 패배할 확률에 K를 곱한 만큼 점수를 얻고, 경기에서 패배한 선수는 그 경기에서 승리할 확률에 K를 곱한 만큼 점수를 잃는다(K는 상수로, 보통 32를 사용한다). 승리할 확률이 높은 경기보다 승리할 확률이 낮은 경기에서 승리했을 경우 더 많은 점수를 얻는다.

〈보기〉

ㄱ. 경기에서 승리한 선수가 얻는 엘로 점수와 그 경기에서 패배한 선수가 잃는 엘로 점수는 다를 수 있다.

ㄴ. K=32라면, 한 경기에서 아무리 강한 상대에게 승리 해도 얻을 수 있는 엘로 점수는 32점 이하이다.

ㄷ. A가 B에게 패배할 확률이 0.1이라면, A와 B의 엘로 점수 차이는 400점 이상이다.

ㄹ. A가 B에게 승리할 확률이 0.8, B가 C에게 승리할 확률이 0.8이라면, A가 C에게 승리할 확률은 0.9 이상이다.

① ㄱ, ㄴ

② ㄴ, ㄹ

③ ㄱ, ㄴ, ㄷ

④ ㄱ, ㄷ, ㄹ

⑤ ㄴ, ㄷ, ㄹ

문 25. 다음 〈상황〉과 〈목차〉를 근거로 판단할 때, 〈보기〉에서 옳은 것만을 모두 고르면?

─────〈상황〉─────

○ 책A는 〈목차〉와 같이 구성되어 있고, 비어 있는 쪽은 없다.

○ 책A의 각 쪽은 모두 제1절부터 제14절까지 14개의 절 중 하나의 절에 포함된다.

○ 甲은 3월 1일부터 책A를 읽기 시작해서, 1쪽부터 마지막 쪽인 133쪽까지 순서대로 읽는다.

○ 甲은 한번 읽기 시작한 절은 그날 모두 읽되, 하루에 최대 40쪽을 읽을 수 있다.

○ 甲은 절 제목에 '과학' 또는 '정책'이 들어간 절을 하루에 한 개 이상 읽는다.

─────〈보기〉─────

ㄱ. 3월 1일에 甲은 책A를 20쪽 이상 읽는다.

ㄴ. 3월 3일에 甲이 제6절까지 읽었다면, 甲은 3월 5일까지 책A를 다 읽을 수 있다.

ㄷ. 甲이 책A를 다 읽으려면 최소 5일 걸린다.

① ㄱ

② ㄴ

③ ㄱ, ㄴ

④ ㄱ, ㄷ

⑤ ㄴ, ㄷ

약점 보완 해설집 p.112

문 1. 다음 글을 근거로 판단할 때 옳은 것은?

우리나라는 1948년 7월 17일 공포된 제헌 헌법에서 처음으로 근대적인 지방자치제도의 도입 근거를 마련하였다. 이후 1949년 7월 4일 지방자치법이 제정되어 지방선거를 통해 지방의회를 구성할 수 있게 되었다. 지방자치법의 주요 내용을 살펴보면 다음과 같다. 첫째, 지방자치단체의 종류는 서울특별시와 도, 시·읍·면으로 한다. 둘째, 의결기관과 집행기관을 따로 둔다. 셋째, 지방자치단체장 중 서울특별시장과 도지사는 대통령이 임명하고, 시·읍·면장은 지방의회가 선출한다. 넷째, 지방의회의원은 임기 4년의 명예직으로 한다. 다섯째, 지방의회에는 지방자치단체장에 대한 불신임권을, 지방자치단체장에게는 지방의회해산권을 부여한다.

그러나 실제로 지방자치법에 따른 지방선거는 사회가 불안정하다는 이유로 실시되지 못한 채 연기되었다. 이후 대통령은 1951년 12월 31일 헌법 개정과 함께 갑작스럽게 지방선거 실시를 발표하였다. 이에 따라 전쟁 중인 1952년 4월 25일에 치안 불안 지역과 미수복 지역을 제외한 지역에서 시·읍·면의회 의원선거를 실시하였고, 5월 10일에 서울특별시, 경기도, 강원도 등을 제외한 7개 도에서 도의회 의원선거를 실시하였다. 1953년 5월에는 선거를 치르지 못했던 지역에서 도의회의원을 선출하는 선거가 실시되었다.

1956년에는 지방자치법을 개정하여 시·읍·면장을 주민직선을 통해 선출하도록 하였다. 이에 따라 같은 해 8월 8일 제2차 시·읍·면의회 의원선거와 동시에 최초로 주민직선에 의한 시·읍·면장 선거가 실시되었다. 그리고 8월 13일에는 서울특별시의회 및 도의회 의원선거가 실시되었다. 4년 뒤인 1960년 12월에는 지방자치법을 다시 개정하고, 서울특별시장 및 도지사도 주민직선제로 선출하도록 하였다. 이에 따라 같은 해 12월 12일에 서울특별시의회 및 도의회 의원선거, 19일에 시·읍·면의회 의원선거, 26일에 시·읍·면장 선거, 29일에 서울특별시장 및 도지사 선거가 실시되었다.

① 1949년 제정 당시 지방자치법에 따르면, 주민들이 지방자치단체장을 직접 선출하도록 되어 있었다.

② 1949년 제정 당시 지방자치법에 따르면, 대통령이 시·읍·면장을 지명하도록 되어 있었다.

③ 1952년에는 모든 지역에서 지방선거를 통해 지방의회의원이 선출되었다.

④ 1956년에는 지방선거를 통해 시·읍·면장이 처음으로 주민에 의해 직접 선출되었다.

⑤ 1960년 12월에는 전국적으로 두 차례의 지방선거가 실시되었다.

문 2. 다음 글을 근거로 판단할 때, 〈보기〉에서 옳은 것만을 모두 고르면?

태어난 아기에게 처음 입히는 옷을 배냇저고리라고 하는데, 보드라운 신생아의 목에 거친 깃이 닿지 않도록 깃 없이 만들어 '무령의(無領衣)'라고도 하였다. 배냇저고리는 대개 생후 삼칠일까지 입혔기 때문에 지역에 따라 '삼저고리', '이레안저고리' 등으로도 불리었다. 보통 저고리를 여미는 고름 대신 무명실 끈을 길게 달아 장수를 기원했는데, 이는 남아, 여아 모두 공통적이었다. 남자아기의 배냇저고리는 재수가 좋다고 하여 시험이나 송사를 치르는 사람이 부적같이 몸에 지니는 풍습이 있었다.

아기가 태어난 지 약 20일이 지나면 배냇저고리를 벗기고 돌띠저고리를 입혔다. 돌띠저고리에는 돌띠라는 긴 고름이 달려있는데 길이가 길어 한 바퀴 돌려 맬 수 있을 정도이다. 이런 돌띠저고리에는 긴 고름처럼 장수하기를 바라는 의미가 담겨있다.

백일에는 아기에게 백줄을 누빈 저고리를 입히기도 하였는데, 이는 장수하기를 바라는 의미를 담고 있다. 그리고 첫 생일인 돌에 남자아기에게는 색동저고리를 입히고 복건(幅巾)이나 호건(虎巾)을 씌우며, 여자아기에게는 색동저고리를 입히고 굴레를 씌웠다.

〈보기〉

ㄱ. 배냇저고리는 아기가 태어난 후 약 3주 간 입히는 옷이다.

ㄴ. 시험을 잘 보기 위해 여자아기의 배냇저고리를 몸에 지니는 풍습이 있었다.

ㄷ. 돌띠저고리와 백줄을 누빈 저고리에 담긴 의미는 동일하다.

ㄹ. 남자아기뿐만 아니라 여자아기에게도 첫 생일에는 색동저고리를 입혔다.

① ㄴ

② ㄱ, ㄴ

③ ㄱ, ㄷ

④ ㄱ, ㄹ

⑤ ㄱ, ㄷ, ㄹ

문 3. 다음 글을 근거로 판단할 때, 〈보기〉에서 옳은 것만을 모두 고르면?

지진의 강도는 '리히터 규모'와 '진도'로 나타낼 수 있다. 리히터 규모는 미국 지질학자인 찰스 리히터가 지진의 강도를 절대적 수치로 나타내기 위해 제안한 개념이다. 리히터 규모는 지진계에 기록된 지진파의 최대 진폭을 측정하여 수학적으로 계산한 값이며, 지진이 발생하면 각 지진마다 고유의 리히터 규모 값이 매겨진다. 리히터 규모는 지진파의 최대 진폭이 10배가 될 때마다 1씩 증가하는데, 이 때 지진에너지는 약 32배가 된다. 리히터 규모는 소수점 아래 한 자리까지 나타내는데, 예를 들어 'M5.6' 또는 '규모 5.6'의 지진으로 표시된다.

진도는 지진이 일어났을 때 어떤 한 지점에서 사람이 느끼는 정도와 건물의 피해 정도 등을 상대적으로 등급화한 수치로, 동일한 지진에 대해서도 각 지역에 따라 진도가 달라질 수 있다. 예를 들어, 어떤 지진이 발생했을 때 발생지점에서 거리가 멀어질수록 진도는 낮게 나타난다. 또한 진도는 각 나라별 실정에 따라 다른 기준이 채택된다. 우리나라는 12단계의 '수정 메르칼리 진도'를 사용하고 있으며, 진도를 나타내는 수치는 로마 숫자를 이용하여 '진도 Ⅲ'과 같이 표시한다. 표시되는 로마 숫자가 클수록 지진을 느끼는 정도나 피해의 정도가 크다는 것을 의미한다.

〈보기〉

ㄱ. M5.6인 지진을 진도로 표시하면 나라별로 다르게 표시될 수 있다.

ㄴ. M4.0인 지진의 지진파 최대 진폭은 M2.0인 지진의 지진파 최대 진폭의 100배이다.

ㄷ. 진도 Ⅱ인 지진이 일어났을 때, 어떤 한 지점에서 사람이 느끼는 정도와 건물의 피해 정도는 진도 Ⅳ인 지진의 2배이다.

ㄹ. M6.0인 지진의 지진에너지는 M3.0인 지진의 1,000배이다.

① ㄱ, ㄴ
② ㄱ, ㄷ
③ ㄴ, ㄷ
④ ㄴ, ㄹ
⑤ ㄷ, ㄹ

문 4. 다음 〈연구용역 계약사항〉을 근거로 판단할 때, 〈보기〉에서 옳은 것만을 모두 고르면?

〈연구용역 계약사항〉

□ 과업수행 전체회의 및 보고
  ○ 참석대상: 발주기관 과업 담당자, 연구진 전원
  ○ 착수보고: 계약일로부터 10일 이내
  ○ 중간보고: 계약기간 중 2회
    – 과업 진척상황 및 중간결과 보고, 향후 연구계획 및 내용 협의
  ○ 최종보고: 계약만료 7일 전까지
  ○ 수시보고: 연구 수행상황 보고 요청 시, 긴급을 요하거나 특이사항 발생 시 등
  ○ 전체회의: 착수보고 전, 각 중간보고 전, 최종보고 전

□ 과업 산출물
  ○ 중간보고서 20부, 최종보고서 50부, 연구 데이터 및 관련 자료 CD 1매

□ 연구진 구성 및 관리
  ○ 연구진 구성: 책임연구원, 공동연구원, 연구보조원
  ○ 연구진 관리
    – 연구 수행기간 중 연구진은 구성원을 임의로 교체할 수 없음. 단, 부득이한 경우 사전에 변동사유와 교체될 구성원의 경력 등에 관한 서류를 발주기관에 제출하여 승인을 받은 후 교체할 수 있음

□ 과업의 일반조건
  ○ 연구진은 연구과제의 시작부터 종료(최종보고서 제출)까지 과업과 관련된 제반 비용의 지출행위에 대해 책임을 지고 과업을 진행해야 함
  ○ 연구진은 용역완료(납품) 후에라도 발주기관이 연구결과와 관련된 자료를 요청할 경우에는 관련 자료를 성실히 제출하여야 함

〈보기〉

ㄱ. 발주기관은 연구용역이 완료된 후에도 연구결과와 관련된 자료를 요청할 수 있다.

ㄴ. 과업수행을 위한 전체회의 및 보고 횟수는 최소 8회이다.

ㄷ. 연구진은 연구 수행기간 중 책임연구원과 공동연구원을 변경할 수 없지만 연구보조원의 경우 임의로 교체할 수 있다.

ㄹ. 중간보고서의 경우 그 출력과 제본 비용의 지출행위에 대해 발주기관이 책임을 진다.

① ㄱ, ㄴ
② ㄱ, ㄷ
③ ㄱ, ㄹ
④ ㄴ, ㄷ
⑤ ㄷ, ㄹ

문 5. 다음 글을 근거로 판단할 때, 〈보기〉에서 규정을 위반한 행위만을 모두 고르면?

> 제00조(청렴의 의무) ① 공무원은 직무와 관련하여 직접적이든 간접적이든 사례·증여 또는 향응을 주거나 받을 수 없다.
> ② 공무원은 직무상의 관계가 있든 없든 그 소속 상관에게 증여하거나 소속 공무원으로부터 증여를 받아서는 아니 된다.
> 제00조(정치운동의 금지) ① 공무원은 정당이나 그 밖의 정치단체의 결성에 관여하거나 이에 가입할 수 없다.
> ② 공무원은 선거에서 특정 정당 또는 특정인을 지지 또는 반대하기 위한 다음의 행위를 하여서는 아니 된다.
> 　1. 투표를 하거나 하지 아니하도록 권유 운동을 하는 것
> 　2. 기부금을 모집 또는 모집하게 하거나, 공공자금을 이용 또는 이용하게 하는 것
> 　3. 타인에게 정당이나 그 밖의 정치단체에 가입하게 하거나 가입하지 아니하도록 권유 운동을 하는 것
> ③ 공무원은 다른 공무원에게 제1항과 제2항에 위배되는 행위를 하도록 요구하거나, 정치적 행위에 대한 보상 또는 보복으로서 이익 또는 불이익을 약속하여서는 아니 된다.
> 제00조(집단행위의 금지) ① 공무원은 노동운동이나 그 밖에 공무 외의 일을 위한 집단행위를 하여서는 아니 된다. 다만, 사실상 노무에 종사하는 공무원은 예외로 한다.
> ② 제1항 단서에 규정된 공무원으로서 노동조합에 가입된 자가 조합 업무에 전임하려면 소속 장관의 허가를 받아야 한다.

> 〈보기〉
> ㄱ. 공무원 甲은 그 소속 상관에게 직무상 관계 없이 고가의 도자기를 증여하였다.
> ㄴ. 사실상 노무에 종사하는 공무원으로서 노동조합에 가입된 乙은 소속 장관의 허가를 받아 조합 업무에 전임하고 있다.
> ㄷ. 공무원 丙은 동료 공무원 丁에게 선거에서 A정당을 지지하기 위한 기부금을 모집하도록 요구하였다.
> ㄹ. 공무원 戊는 국회의원 선거기간에 B후보를 낙선시키기 위해 해당 지역구 지인들을 대상으로 다른 후보에게 투표하도록 권유 운동을 하였다.

① ㄱ, ㄴ
② ㄴ, ㄷ
③ ㄷ, ㄹ
④ ㄱ, ㄴ, ㄹ
⑤ ㄱ, ㄷ, ㄹ

문 6. 다음 글과 〈상황〉을 근거로 판단할 때 옳은 것은?

> 민사소송에서 당사자가 질병, 장애, 연령, 그 밖의 사유로 인한 정신적·신체적 제약으로 소송관계를 분명하게 하기 위하여 필요한 진술을 하기 어려운 경우가 있다. 이때 당사자는 법원의 허가를 받아 진술을 도와주는 사람(진술보조인)과 함께 출석하여 진술할 수 있는데, 이를 '진술보조인제도'라 한다. 이 제도는 말이 어눌하거나 말귀를 잘 알아듣지 못하는 당사자가 재판에서 받을 수 있는 불이익을 방지하기 위하여 그와 의사소통이 잘되는 사람이 법정에 출석하여 당사자를 보조하게 하는 것이다.
> 진술보조인이 될 수 있는 사람은 당사자의 배우자, 직계친족, 형제자매, 가족, 그 밖에 동거인으로서 당사자와의 생활관계에 비추어 충분한 자격이 인정되는 경우 등으로 제한된다. 이 제도를 이용하려는 당사자는 1심, 2심, 3심의 각 법원마다 서면으로 진술보조인에 대한 허가신청을 해야 한다. 법원은 이를 허가한 이후에도 언제든지 그 허가를 취소할 수 있다.
> 법원의 허가를 받은 진술보조인은 변론기일에 당사자 본인과 동석하여 당사자 본인의 진술을 법원과 상대방 당사자, 그 밖의 소송관계인이 이해할 수 있도록 중개하거나 설명할 수 있다. 이때 당사자 본인은 진술보조인의 중개 또는 설명을 즉시 취소할 수 있다. 한편, 진술보조인에 의한 중개 또는 설명의 정확성을 확인하기 위해 진술보조인에게 질문할 수 있는데 그 질문은 법원만이 한다. 진술보조인은 변론에서 당사자의 진술을 조력하는 사람일 뿐이다. 따라서 진술보조인은 당사자를 대신해서 출석하여 진술할 수 없고, 상소의 제기와 같이 당사자만이 할 수 있는 행위도 할 수 없다.

> 〈상황〉
> 甲은 乙을 피고로 하여 A주택의 인도를 구하는 민사소송을 제기하였다. 한편, 乙은 교통사고를 당하여 현재 소송관계를 분명하게 하기 위하여 필요한 진술을 하기 어려운 상태에 있다. 이에 1심 법원은 乙로부터 진술보조인에 대한 허가신청을 받아 乙의 배우자 丙을 진술보조인으로 허가하였다. 1심 변론기일에 乙과 丙은 함께 출석하였다.

① 변론기일에 丙이 한 설명에 대한 정확성을 확인하기 위해 甲은 재판에서 직접 丙에게 질문할 수 있다.
② 변론기일에 丙이 한 설명은 乙을 위한 것이므로, 乙은 즉시라 할지라도 그 설명을 취소할 수 없다.
③ 1심 법원은 丙을 진술보조인으로 한 허가를 취소할 수 없다.
④ 1심 법원이 乙에게 패소판결을 선고한 경우 이 판결에 대해 丙은 상소를 제기할 수 없다.
⑤ 2심이 진행되는 경우, 2심 법원에 진술보조인에 대한 허가신청을 하지 않아도 丙의 진술보조인 자격은 그대로 유지된다.

문 7. 다음 글과 〈상황〉을 근거로 판단할 때, 〈보기〉에서 옳은 것만을 모두 고르면?

제00조(우수현상광고) ① 광고에 정한 행위를 완료한 자가 수인(數人)인 경우에 그 우수한 자에 한하여 보수(報酬)를 지급할 것을 정하는 때에는 그 광고에 응모기간을 정한 때에 한하여 그 효력이 생긴다.

② 전항의 경우에 우수의 판정은 광고에서 정한 자가 한다. 광고에서 판정자를 정하지 아니한 때에는 광고자가 판정한다.

③ 우수한 자가 없다는 판정은 할 수 없다. 그러나 광고에서 다른 의사표시가 있거나 광고의 성질상 판정의 표준이 정하여져 있는 때에는 그러하지 아니하다.

④ 응모자는 제2항 및 제3항의 판정에 대하여 이의를 제기하지 못한다.

⑤ 수인의 행위가 동등으로 판정된 때에는 각각 균등한 비율로 보수를 받을 권리가 있다. 그러나 보수가 그 성질상 분할할 수 없거나 광고에 1인만이 보수를 받을 것으로 정한 때에는 추첨에 의하여 결정한다.

※ 현상광고: 어떤 목적으로 조건을 붙여 보수(상금, 상품 등)를 지급할 것을 약속한 광고

─〈상황〉─

A청은 아래와 같은 내용으로 우수논문공모를 위한 우수현상광고를 하였고, 대학생 甲, 乙, 丙 등이 응모하였다.

우수논문공모

○ 논문주제: 청렴한 공직사회 구현을 위한 정책방안
○ 참여대상: 대학생
○ 응모기간: 2017년 4월 3일 ~ 4월 28일
○ 제 출 처: A청
○ 수 상 자: 1명(아래 상금 전액 지급)
○ 상 금: 금 1,000만 원정
○ 특이사항
  − 논문의 작성 및 응모는 단독으로 하여야 한다.
  − 기준을 충족한 논문이 없다고 판정된 경우, 우수논문을 선정하지 않을 수 있다.

─〈보기〉─

ㄱ. 우수논문의 판정은 A청이 한다.

ㄴ. 우수논문이 없다는 판정이 이루어질 수 있다.

ㄷ. 甲, 乙, 丙 등은 우수의 판정에 대해 이의를 제기할 수 있다.

ㄹ. 심사결과 甲과 乙의 논문이 동등한 최고점수로 판정되었다면, 甲과 乙은 500만 원씩 상금을 나누어 받는다.

① ㄱ, ㄴ
② ㄱ, ㄷ
③ ㄷ, ㄹ
④ ㄱ, ㄴ, ㄹ
⑤ ㄴ, ㄷ, ㄹ

문 8. 다음 〈상황〉을 근거로 판단할 때, 준석이가 가장 많은 식물을 재배할 수 있는 온도와 상품가치의 총합이 가장 큰 온도는? (단, 주어진 조건 외에 다른 조건은 고려하지 않는다.)

─〈상황〉─

○ 준석이는 같은 온실에서 5가지 식물(A ~ E)을 하나씩 동시에 재배하고자 한다.

○ A ~ E의 재배가능 온도와 각각의 상품가치는 다음과 같다.

식물 종류	재배가능 온도(℃)	상품가치(원)
A	0 이상 20 이하	10,000
B	5 이상 15 이하	25,000
C	25 이상 55 이하	50,000
D	15 이상 30 이하	15,000
E	15 이상 25 이하	35,000

○ 준석이는 온도만 조절할 수 있으며, 식물의 상품가치를 결정하는 유일한 것은 온도이다.

○ 온실의 온도는 0℃를 기준으로 5℃ 간격으로 조절할 수 있고, 한 번 설정하면 변경할 수 없다.

	가장 많은 식물을 재배할 수 있는 온도	상품가치의 총합이 가장 큰 온도
①	15℃	15℃
②	15℃	20℃
③	15℃	25℃
④	20℃	20℃
⑤	20℃	25℃

2017 해커스PSAT 7급+민경채 PSAT 16개년 기출문제집 상황판단

문 9. 다음 글과 〈상황〉을 근거로 판단할 때, A사무관이 3월 출장여비로 받을 수 있는 총액은?

○ 출장여비 기준
  - 출장여비는 출장수당과 교통비의 합이다.
 1) 세종시 출장
  - 출장수당: 1만 원
  - 교통비: 2만 원
 2) 세종시 이외 출장
  - 출장수당: 2만 원(13시 이후 출장 시작 또는 15시 이전 출장 종료 시 1만 원 차감)
  - 교통비: 3만 원
○ 출장수당의 경우 업무추진비 사용 시 1만 원이 차감되며, 교통비의 경우 관용차량 사용 시 1만 원이 차감된다.

〈상황〉

A사무관 3월 출장내역	출장지	출장 시작 및 종료 시각	비고
출장 1	세종시	14시 ~ 16시	관용차량 사용
출장 2	인천시	14시 ~ 18시	
출장 3	서울시	09시 ~ 16시	업무추진비 사용

① 6만 원
② 7만 원
③ 8만 원
④ 9만 원
⑤ 10만 원

문 10. 다음 글과 〈A여행사 해외여행 상품〉을 근거로 판단할 때, 세훈이 선택할 여행지는?

인희: 다음 달 셋째 주에 연휴던데, 그때 여행갈 계획 있어?

세훈: 응, 이번에는 꼭 가야지. 월요일, 수요일, 금요일이 공휴일이잖아. 그래서 우리 회사에서는 화요일과 목요일에만 연가를 쓰면 앞뒤 주말 포함해서 최대 9일 연휴가 되더라고. 그런데 난 연가가 하루밖에 남지 않아서 그렇게 길게는 안 돼. 그래도 이번엔 꼭 해외여행을 갈 거야.

인희: 어디로 갈 생각이야?

세훈: 나는 어디로 가든 상관없는데 여행지에 도착할 때까지 비행기를 오래 타면 너무 힘들더라고. 그래서 편도 총비행시간이 8시간 이내면서 직항 노선이 있는 곳으로 가려고.

인희: 여행기간은 어느 정도로 할 거야?

세훈: 남은 연가를 잘 활용해서 주어진 기간 내에서 최대한 길게 다녀오려고 해. A여행사 해외여행 상품 중에 하나를 정해서 다녀올 거야.

〈A여행사 해외여행 상품〉

여행지	여행기간 (한국시각 기준)	총비행시간 (편도)	비행기 환승 여부
두바이	4박 5일	8시간	직항
모스크바	6박 8일	8시간	직항
방콕	4박 5일	7시간	1회 환승
홍콩	3박 4일	5시간	직항
뉴욕	4박 5일	14시간	직항

① 두바이
② 모스크바
③ 방콕
④ 홍콩
⑤ 뉴욕

문 11. 다음 글을 근거로 판단할 때, 〈보기〉에서 옳은 것만을 모두 고르면?

주민투표제도는 주민에게 과도한 부담을 주거나 중대한 영향을 미치는 주요사항을 결정하는 과정에서 주민에게 직접 의사를 표시할 수 있는 기회를 주기 위해 2004년 1월 주민투표법에 의해 도입되었다. 주민투표법에서는 주민투표를 실시할 수 있는 권한을 지방자치단체장에게만 부여하고 있다. 한편 중앙행정기관의 장은 지방자치단체장에게 주민투표 실시를 요구할 수 있고, 지방의회와 지역주민은 지방자치단체장에게 주민투표 실시를 청구할 수 있다.

주민이 직접 조례의 제정 및 개폐를 청구할 수 있는 주민발의제도는 1998년 8월 지방자치법의 개정으로 도입되었다. 주민발의는 지방자치단체장에게 청구하도록 되어있는데, 지방자치단체장은 청구를 수리한 날로부터 60일 이내에 조례의 제정 또는 개폐안을 작성하여 지방의회에 부의하여야 한다. 주민발의를 지방자치단체장에게 청구하려면 선거권이 있는 19세 이상 주민 일정 수 이상의 서명을 받아야 한다. 청구에 필요한 주민의 수는 지방자치단체의 조례로 정하되 인구가 50만 명 이상인 대도시에서는 19세 이상 주민 총수의 100분의 1 이상 70분의 1 이하의 범위 내에서, 그리고 그 외의 시·군 및 자치구에서는 19세 이상 주민 총수의 50분의 1 이상 20분의 1 이하의 범위 내에서 정하도록 하고 있다.

주민소환제도는 선출직 지방자치단체장 또는 지방의회의원의 위법·부당행위, 직무유기 또는 직권남용 등에 대한 책임을 묻는 제도로, 2006년 5월 지방자치법 개정으로 도입되었다. 주민소환 실시의 청구를 위해서도 주민소환에 관한 법률에 따라 일정 수 이상 주민의 서명을 받아야 한다. 광역자치단체장을 소환하고자 할 때는 선거권이 있는 19세 이상 주민 총수의 100분의 10 이상, 기초자치단체장에 대해서는 100분의 15 이상, 지방의회 지역구의원에 대해서는 100분의 20 이상의 서명을 받아야 주민소환 실시를 청구할 수 있다.

─〈보기〉─

ㄱ. 주민투표법에서 주민투표를 실시할 수 있는 권한은 지방자치단체장만이 가지고 있다.

ㄴ. 인구 70만 명인 甲시에서 주민발의 청구를 위해서는 19세 이상 주민 총수의 50분의 1 이상 20분의 1 이하의 범위에서 서명을 받아야 한다.

ㄷ. 주민발의제도에 근거할 때 주민은 조례의 제정 및 개폐에 관한 사항을 지방의회에 대해 직접 청구할 수 없다.

ㄹ. 기초자치단체인 乙시의 丙시장에 대한 주민소환 실시의 청구를 위해서는 선거권이 있는 19세 이상 주민의 100분의 20 이상의 서명을 받아야 한다.

① ㄱ, ㄷ
② ㄱ, ㄹ
③ ㄴ, ㄷ
④ ㄱ, ㄴ, ㄹ
⑤ ㄴ, ㄷ, ㄹ

문 12. 다음 글을 근거로 판단할 때 옳은 것은?

> 파스타(pasta)는 밀가루와 물을 주재료로 하여 만든 반죽을 소금물에 넣고 삶아 만드는 이탈리아 요리를 총칭하는데, 파스타 요리의 가장 중요한 재료인 면을 의미하기도 한다.
>
> 파스타는 350여 가지가 넘는 다양한 종류가 있는데, 형태에 따라 크게 롱(long) 파스타와 쇼트(short) 파스타로 나눌 수 있다. 롱 파스타의 예로는 가늘고 기다란 원통형인 스파게티, 넓적하고 얇은 면 형태인 라자냐를 들 수 있고, 쇼트 파스타로는 속이 빈 원통형인 마카로니, 나선 모양인 푸실리를 예로 들 수 있다.
>
> 역사를 살펴보면, 기원전 1세기경에 고대 로마시대의 이탈리아 지역에서 라자냐를 먹었다는 기록이 전해진다. 이후 기원후 9~11세기에는 이탈리아 남부의 시칠리아에서 아랍인들로부터 제조 방법을 전수받아 건파스타(dried pasta)의 생산이 처음으로 이루어졌다고 한다. 건파스타는 밀가루에 물만 섞은 반죽으로 만든 면을 말린 것인데, 이는 시칠리아에서 재배된 듀럼(durum) 밀이 곰팡이나 해충에 취약해 장기 보관이 어려웠기 때문에 저장기간을 늘리고 수송을 쉽게 하기 위함이었다.
>
> 듀럼 밀은 주로 파스타를 만들 때 사용하는 특수한 품종으로 일반 밀과 여러 가지 측면에서 차이가 난다. 일반 밀이 강수량이 많고 온화한 기후에서 잘 자라는 반면, 듀럼 밀은 주로 지중해 지역과 같이 건조하고 더운 기후에서 잘 자란다. 또한 일반 밀로 만든 하얀 분말 형태의 고운 밀가루는 이스트를 넣어 발효시킨 빵과 같은 제품들에 주로 사용되고, 듀럼 밀을 거칠게 갈아 만든 황색의 세몰라 가루는 파스타를 만드는 데 적합하다.

① 속이 빈 원통형인 마카로니는 롱 파스타의 한 종류이다.

② 건파스타 제조 방법은 시칠리아인들로부터 아랍인들에게 최초로 전수되었다.

③ 이탈리아 지역에서는 기원전부터 롱 파스타를 먹은 것으로 보인다.

④ 파스타를 만드는 데 사용하는 세몰라 가루는 곱게 갈아 만든 흰색의 가루이다.

⑤ 듀럼 밀은 곰팡이나 해충에 강해 건파스타의 주재료로 적합하다.

문 13. 다음 글을 근거로 판단할 때, 〈보기〉에서 옳은 것만을 모두 고르면?

> 인류 역사상 불공정거래 문제가 나타난 것은 먼 옛날부터이다. 자급자족경제에서 벗어나 물물교환이 이루어지고 상업이 시작된 시점부터 불공정거래 문제가 나타났고, 법을 만들어 이를 규율하기 시작하였다. 불공정거래 문제가 법적으로 다루어진 것으로 알려진 최초의 사건은 기원전 4세기 아테네에서 발생한 곡물 중간상 사건이다. 기원전 388년 겨울, 곡물 수입 항로가 스파르타로부터 위협을 받게 되자 곡물 중간상들의 물량 확보 경쟁이 치열해졌고 입찰가격은 급등하였다. 이에 모든 곡물 중간상들이 담합하여 동일한 가격으로 응찰함으로써 곡물 매입가격을 크게 하락시켰고, 이를 다시 높은 가격에 판매하였다. 이로 인해 그들은 아테네 법원에 형사상 소추되어 유죄 판결을 받았다. 당시 아테네는 곡물 중간상들이 담합하여 일정 비율 이상의 이윤을 붙일 수 없도록 성문법으로 규정하고 있었으며, 해당 규정 위반 시 사형에 처해졌다.
>
> 곡물의 공정거래를 규율하는 고대 아테네의 성문법은 로마로 계승되어 더욱 발전되었다. 그리고 로마의 공정거래 관련법은 13세기부터 15세기까지 이탈리아의 우루비노와 피렌체, 독일의 뉘른베르크 등의 도시국가와 프랑스 등 중세유럽 각국의 공정거래 관련법 제정에까지 영향을 미쳤다. 영국에서도 로마의 공정거래 관련법의 영향을 받아 1353년에 에드워드 3세의 공정거래 관련법이 만들어졌다.

―――――――〈보기〉―――――――

ㄱ. 인류 역사상 불공정거래 문제는 자급자족경제 시기부터 나타났다.

ㄴ. 기원전 4세기 아테네의 공정거래 관련법에 규정된 최고형은 벌금형이었다.

ㄷ. 로마의 공정거래 관련법은 영국 에드워드 3세의 공정거래 관련법 제정에 영향을 미쳤다.

ㄹ. 기원전 4세기 아테네 곡물 중간상 사건은 곡물 중간상들이 곡물을 1년 이상 유통하지 않음으로 인해 발생하였다.

① ㄱ

② ㄷ

③ ㄱ, ㄴ

④ ㄴ, ㄹ

⑤ ㄷ, ㄹ

문 14. 다음 글을 근거로 판단할 때, 〈보기〉에서 옳은 것만을 모두 고르면?

A국과 B국은 대기오염 정도를 측정하여 통합지수를 산정하고 이를 바탕으로 경보를 한다.

A국은 5가지 대기오염 물질 농도를 각각 측정하여 대기환경지수를 산정하고, 그 평균값을 통합지수로 한다. 통합지수의 범위에 따라 호흡 시 건강에 미치는 영향이 달라지며, 이를 기준으로 그 등급을 아래와 같이 6단계로 나눈다.

〈A국 대기오염 등급 및 경보기준〉

등급	좋음	보통	민감군에게 해로움	해로움	매우 해로움	심각함
통합지수	0~50	51~100	101~150	151~200	201~300	301~500
경보색깔	초록	노랑	주황	빨강	보라	적갈
행동지침	외부활동 가능	외부활동 자제				

※ 민감군: 노약자, 호흡기 환자 등 대기오염에 취약한 사람

B국은 A국의 5가지 대기오염 물질을 포함한 총 6가지 대기오염 물질의 농도를 각각 측정하여 대기환경지수를 산정하고, 이 가운데 가장 높은 대기환경지수를 통합지수로 사용한다. 다만 오염물질별 대기환경지수 중 101 이상인 것이 2개 이상일 경우에는 가장 높은 대기환경지수에 20을 더하여 통합지수를 산정한다. 통합지수는 그 등급을 아래와 같이 4단계로 나눈다.

〈B국 대기오염 등급 및 경보기준〉

등급	좋음	보통	나쁨	매우 나쁨
통합지수	0~50	51~100	101~250	251~500
경보색깔	파랑	초록	노랑	빨강
행동지침	외부활동 가능		외부활동 자제	

〈보기〉

ㄱ. A국과 B국의 통합지수가 동일하더라도, 각 대기오염 물질의 농도는 다를 수 있다.

ㄴ. B국의 통합지수가 180이라면, 6가지 대기오염 물질의 대기환경지수 중 가장 높은 것은 180 미만일 수 없다.

ㄷ. A국이 대기오염 등급을 '해로움'으로 경보한 경우, 그 정보만으로는 특정 대기오염 물질 농도에 대한 정확한 수치를 알 수 없을 것이다.

ㄹ. B국 국민이 A국에 방문하여 경보색깔이 노랑인 것을 확인하고 B국의 경보기준을 따른다면, 외부활동을 자제할 것이다.

① ㄱ, ㄴ
② ㄱ, ㄷ
③ ㄴ, ㄹ
④ ㄱ, ㄷ, ㄹ
⑤ ㄴ, ㄷ, ㄹ

문 15. 다음 글을 근거로 판단할 때, 〈보기〉에서 옳은 것만을 모두 고르면?

제00조(술에 취한 상태에서의 운전 금지) ① 누구든지 술에 취한 상태에서 자동차를 운전하여서는 아니 된다.

② 경찰공무원은 제1항을 위반하여 술에 취한 상태에서 자동차를 운전하였다고 인정할 만한 상당한 이유가 있는 경우에는 운전자가 술에 취하였는지를 호흡조사로 측정(이하 '음주측정'이라 한다)할 수 있다. 이 경우 운전자는 경찰공무원의 음주측정에 응하여야 한다.

③ 제1항을 위반하여 술에 취한 상태에서 자동차를 운전한 사람은 다음 각 호의 구분에 따라 처벌한다.

　　1. 혈중알콜농도가 0.2퍼센트 이상인 사람은 1년 이상 3년 이하의 징역이나 500만 원 이상 1천만 원 이하의 벌금

　　2. 혈중알콜농도가 0.1퍼센트 이상 0.2퍼센트 미만인 사람은 6개월 이상 1년 이하의 징역이나 300만 원 이상 500만 원 이하의 벌금

　　3. 혈중알콜농도가 0.05퍼센트 이상 0.1퍼센트 미만인 사람은 6개월 이하의 징역이나 300만 원 이하의 벌금

④ 다음 각 호의 어느 하나에 해당하는 사람은 1년 이상 3년 이하의 징역이나 500만 원 이상 1천만 원 이하의 벌금에 처한다.

　　1. 제3항에도 불구하고 제1항을 2회 이상 위반한 사람으로서 다시 술에 취한 상태에서 자동차를 운전한 사람

　　2. 술에 취한 상태에 있다고 인정할 만한 상당한 이유가 있는 사람으로서 제2항에 따른 경찰공무원의 음주측정에 응하지 아니한 사람

─────────〈보기〉─────────

ㄱ. 혈중알콜농도 0.05퍼센트의 상태에서 운전하여 1회 적발된 행위는, 술에 취한 상태에서 운전을 하고 있다고 인정할 만한 상당한 이유가 있는 사람이 경찰공무원의 음주측정을 거부하는 행위보다 불법의 정도가 크다.

ㄴ. 술에 취한 상태에서 자동차를 운전하는 행위는 혈중알콜농도 또는 적발된 횟수에 따라 처벌의 정도가 달라질 수 있다.

ㄷ. 술에 취한 상태에서의 자동차 운전으로 2회 적발된 자가 다시 혈중알콜농도 0.15퍼센트 상태의 운전으로 적발된 경우, 6개월 이상 1년 이하의 징역이나 300만 원 이상 500만 원 이하의 벌금에 처해진다.

① ㄱ

② ㄴ

③ ㄱ, ㄷ

④ ㄴ, ㄷ

⑤ ㄱ, ㄴ, ㄷ

문 16. 다음 글을 근거로 판단할 때 옳은 것은?

제00조(성년후견) ① 가정법원은 질병, 장애, 노령, 그 밖의 사유로 인한 정신적 제약으로 사무를 처리할 능력이 지속적으로 결여된 사람에 대하여 본인, 배우자, 4촌 이내의 친족, 검사 또는 지방자치단체의 장의 청구에 의하여 성년후견개시의 심판을 한다.

② 성년후견인은 피성년후견인의 법률행위를 취소할 수 있다.

③ 제2항에도 불구하고 일용품의 구입 등 일상생활에 필요하고 그 대가가 과도하지 아니한 법률행위는 성년후견인이 취소할 수 없다.

제00조(피성년후견인의 신상결정) ① 피성년후견인은 자신의 신상에 관하여 그의 상태가 허락하는 범위에서 단독으로 결정한다.

② 성년후견인이 피성년후견인을 치료 등의 목적으로 정신병원이나 그 밖의 다른 장소에 격리하려는 경우에는 가정법원의 허가를 받아야 한다.

제00조(성년후견인의 선임) ① 성년후견인은 가정법원이 직권으로 선임한다.

② 가정법원은 성년후견인이 선임된 경우에도 필요하다고 인정하면 직권으로 또는 청구권자의 청구에 의하여 추가로 성년후견인을 선임할 수 있다.

① 성년후견인의 수는 1인으로 제한된다.

② 지방자치단체의 장은 가정법원에 성년후견개시의 심판을 청구할 수 있다.

③ 성년후견인은 피성년후견인이 행한 일용품 구입행위를 그 대가의 정도와 관계없이 취소할 수 없다.

④ 가정법원은 성년후견개시의 심판절차에서 직권으로 성년후견인을 선임할 수 없다.

⑤ 성년후견인은 가정법원의 허가 없이 단독으로 결정하여 피성년후견인을 치료하기 위해 정신병원에 격리할 수 있다.

문 17. 다음 글과 〈상황〉을 근거로 판단할 때 옳은 것은?

> 제00조(경계표, 담의 설치권) ① 인접하여 토지를 소유한 자는 공동비용으로 통상의 경계표나 담을 설치할 수 있다. 이 경우 그 비용은 쌍방이 절반하여 부담한다.
> ② 전항에도 불구하고 토지의 경계를 정하기 위한 측량비용은 토지의 면적에 비례하여 부담한다.
> 제00조(경계선 부근의 건축) ① 건물을 축조함에는 경계로부터 반미터 이상의 거리를 두어야 한다.
> ② 인접지소유자는 전항의 규정에 위반한 자에 대하여 건물의 변경이나 철거를 청구할 수 있다. 그러나 건축에 착수한 후 1년을 경과하거나 건물이 완성된 후에는 손해배상만을 청구할 수 있다.
> 제00조(차면시설의무) 경계로부터 2미터 이내의 거리에서 이웃 주택의 내부를 관망할 수 있는 창이나 마루를 설치하는 경우에는 적당한 차면(遮面)시설을 하여야 한다.
> 제00조(지하시설 등에 대한 제한) 우물을 파거나 용수, 하수 또는 오물 등을 저치(貯置)할 지하시설을 하는 때에는 경계로부터 2미터 이상의 거리를 두어야 하며, 지하실공사를 하는 때에는 경계로부터 그 깊이의 반 이상의 거리를 두어야 한다.

※ 차면(遮面)시설: 서로 안 보이도록 가리는 시설
※ 저치(貯置): 저축하거나 저장하여 둠

> ─── 〈상황〉 ───
> ○ 甲과 乙은 1,000m²의 토지를 공동으로 구매하였다. 그리고 다음과 같이 A토지와 B토지로 나누어 A토지는 甲이, B토지는 乙이 소유하게 되었다.
>
> | A토지 (면적 600m²) | B토지 (면적 400m²) |
> |---|---|
>
> ○ 甲은 A토지와 B토지의 경계에 담을 설치하고, A토지 위에 C건물을 짓고자 한다. 乙은 B토지를 주차장으로만 사용한다.

① 토지의 경계를 정하기 위해 측량을 하는 데 비용이 100만 원이 든다면 甲과 乙이 각각 50만 원씩 부담한다.
② 통상의 담을 설치하는 비용이 100만 원이라면 甲이 60만 원, 乙이 40만 원을 부담한다.
③ 甲이 B토지와의 경계로부터 반미터 이상의 거리를 두지 않고 C건물을 완성한 경우, 乙은 그 건물의 철거를 청구할 수 없다.
④ C건물을 B토지와의 경계로부터 2미터 이내의 거리에 축조한다면, 甲은 C건물에 B토지를 향한 창을 설치할 수 없다.
⑤ 甲이 C건물에 지하 깊이 2미터의 지하실공사를 하는 경우, B토지와의 경계로부터 2미터 이상의 거리를 두어야 한다.

문 18. 다음 〈조건〉과 〈상황〉을 근거로 판단할 때, 甲이 향후 1년 간 자동차를 유지하는 데 소요될 총비용은?

> ─── 〈조건〉 ───
> 1. 자동차 유지비는 연 감가상각비, 연 자동차 보험료, 연 주유비용으로 구성되며 그 외의 비용은 고려하지 않는다.
> 2. 연 감가상각비 계산 공식
>   연 감가상각비 = (자동차 구매비용 − 운행가능기간 종료 시 잔존가치) ÷ 운행가능기간(년)
> 3. 연 자동차 보험료
>
> (단위: 만 원)
>
> | 구분 | | 차종 | | |
> |---|---|---|---|---|
> | | | 소형차 | 중형차 | 대형차 |
> | 보험가입시 운전경력 | 1년 미만 | 120 | 150 | 200 |
> | | 1년 이상 2년 미만 | 110 | 135 | 180 |
> | | 2년 이상 3년 미만 | 100 | 120 | 160 |
> | | 3년 이상 | 90 | 105 | 140 |
>
> ※ 차량 구매 시 보험 가입은 필수이며 1년 단위로 가입
> ※ 보험 가입 시 해당 차량에 블랙박스가 설치되어 있으면 보험료 10% 할인
>
> 4. 주유비용
>   1리터당 10km를 운행할 수 있으며, 리터당 비용은 연중 내내 1,500원이다.

> ─── 〈상황〉 ───
> ○ 甲은 1,000만 원에 중형차 1대를 구입하여 바로 운행을 시작하였다.
> ○ 차는 10년 동안 운행가능하며, 운행가능기간 종료 시 잔존가치는 100만 원이다.
> ○ 자동차 보험 가입 시, 甲의 운전 경력은 2년 6개월이며 차에는 블랙박스가 설치되어 있다.
> ○ 甲은 매달 500km씩 차를 운행한다.

① 192만 원
② 288만 원
③ 298만 원
④ 300만 원
⑤ 330만 원

문 19. 다음 글을 근거로 판단할 때, 2017학년도 A대학교 ○○학과 입학전형 합격자는?

○ A대학교 ○○학과 입학 전형
- 2017학년도 대학수학능력시험의 국어, 수학, 영어 3개 과목을 반영하여 지원자 중 1명을 선발한다.
- 3개 과목 평균등급이 2등급(3개 과목 등급의 합이 6) 이내인 자를 선발한다. 이 조건을 만족하는 지원자가 여러 명일 경우, 3개 과목 원점수의 합산 점수가 가장 높은 자를 선발한다.

○ 2017학년도 대학수학능력시험 과목별 등급 - 원점수 커트라인

(단위: 점)

등급\과목	1	2	3	4	5	6	7	8
국어	96	93	88	79	67	51	40	26
수학	89	80	71	54	42	33	22	14
영어	94	89	85	77	69	54	41	28

※ 예를 들어, 국어 1등급은 100~96점, 국어 2등급은 95~93점

○ 2017학년도 A대학교 ○○학과 지원자 원점수 성적

(단위: 점)

지원자	국어	수학	영어
甲	90	96	88
乙	89	89	89
丙	93	84	89
丁	79	93	92
戊	98	60	100

① 甲
② 乙
③ 丙
④ 丁
⑤ 戊

문 20. 다음 글과 〈필요 물품 목록〉을 근거로 판단할 때, ○○부 아동방과후교육 사업에서 허용되는 사업비 지출품목만을 모두 고르면?

○○부는 아동방과후교육 사업을 운영하고 있다. 원칙적으로 사업비는 사용목적이 '사업 운영'인 경우에만 지출할 수 있다. 다만 다음 중 어느 하나에 해당하면 예외적으로 허용된다. 첫째, 품목당 단가가 10만 원 이하로 사용목적이 '서비스 제공'인 경우에 지출할 수 있다. 둘째, 사용연한이 1년 이내인 경우에 지출할 수 있다.

〈필요 물품 목록〉

품목	단가(원)	사용목적	사용연한
인형탈	120,000	사업 운영	2년
프로그램 대여	300,000	보고서 작성	6개월
의자	110,000	서비스 제공	5년
컴퓨터	950,000	서비스 제공	3년
클리어파일	500	상담일지 보관	2년
블라인드	99,000	서비스 제공	5년

① 프로그램 대여, 의자
② 컴퓨터, 클리어파일
③ 클리어파일, 블라인드
④ 인형탈, 프로그램 대여, 블라인드
⑤ 인형탈, 의자, 컴퓨터

문 21. 다음 〈상황〉을 근거로 판단할 때, 짜장면 1그릇의 가격은?

― 〈상황〉 ―

○ A중식당의 각 테이블별 주문 내역과 그 총액은 아래 〈표〉
와 같다.

○ 각 테이블에서는 음식을 주문 내역별로 1그릇씩 주문하
였다.

〈표〉

테이블	주문 내역	총액(원)
1	짜장면, 탕수육	17,000
2	짬뽕, 깐풍기	20,000
3	짜장면, 볶음밥	14,000
4	짬뽕, 탕수육	18,000
5	볶음밥, 깐풍기	21,000

① 4,000원

② 5,000원

③ 6,000원

④ 7,000원

⑤ 8,000원

문 22. 다음 글과 〈표〉를 근거로 판단할 때, 백설공주의 친구 7명
(A ~ G) 중 왕자의 부하는 누구인가?

○ A ~ G 중 2명은 왕자의 부하이다.

○ B ~ F는 모두 20대이다.

○ A ~ G 중 가장 나이가 많은 사람은 왕자의 부하가 아니다.

○ A ~ G 중 여자보다 남자가 많다.

○ 왕자의 두 부하는 성별이 서로 다르고, 국적은 동일하다.

〈표〉

친구	나이	성별	국적
A	37살	?	한국
B	28살	?	한국
C	22살	여자	중국
D	?	여자	일본
E	?	?	중국
F	?	?	한국
G	38살	여자	중국

① A, B

② B, F

③ C, E

④ D, F

⑤ E, G

문 23. 다음 글을 근거로 판단할 때, 甲연구소 신입직원 7명(A~G)의 부서배치 결과로 옳지 않은 것은?

> 甲연구소에서는 신입직원 7명을 선발하였으며, 신입직원들을 각 부서에 배치하고자 한다. 각 부서에서 요구한 인원은 다음과 같다.
>
> | 정책팀 | 재정팀 | 국제팀 |
> | --- | --- | --- |
> | 2명 | 4명 | 1명 |
>
> 신입직원들은 각자 원하는 부서를 2지망까지 지원하며, 1, 2지망을 고려하여 이들을 부서에 배치한다. 먼저 1지망 지원 부서에 배치하는데, 요구인원보다 지원인원이 많은 경우에는 입사성적이 높은 신입직원을 우선적으로 배치한다. 1지망 지원부서에 배치되지 못한 신입직원은 2지망 지원부서에 배치되는데, 이때 역시 1지망에 따른 배치 후 남은 요구인원보다 지원인원이 많은 경우 입사성적이 높은 신입직원을 우선적으로 배치한다. 1, 2지망 지원부서 모두에 배치되지 못한 신입직원은 요구인원을 채우지 못한 부서에 배치된다.
>
> 신입직원 7명의 입사성적 및 1, 2지망 지원부서는 아래와 같다. A의 입사성적만 전산에 아직 입력되지 않았는데, 82점 이상이라는 것만 확인되었다. 단, 입사성적의 동점자는 없다.
>
> | 신입직원 | A | B | C | D | E | F | G |
> | --- | --- | --- | --- | --- | --- | --- | --- |
> | 입사성적 | ? | 81 | 84 | 78 | 96 | 80 | 93 |
> | 1지망 | 국제 | 국제 | 재정 | 국제 | 재정 | 정책 | 국제 |
> | 2지망 | 정책 | 재정 | 정책 | 정책 | 국제 | 재정 | 정책 |

① A의 입사성적이 90점이라면, A는 정책팀에 배치된다.

② A의 입사성적이 95점이라면, A는 국제팀에 배치된다.

③ B는 재정팀에 배치된다.

④ C는 재정팀에 배치된다.

⑤ D는 정책팀에 배치된다.

문 24. 다음 글을 근거로 판단할 때, 재생된 곡의 순서로 옳은 것은?

> ○ 찬우는 A, B, C, D 4개의 곡으로 구성된 앨범을 감상하고 있다. A는 1분 10초, B는 1분 20초, C는 1분 00초, D는 2분 10초간 재생되며, 각각의 곡 첫 30초는 전주 부분이다.
>
> ○ 재생순서는 처음에 설정하여 이후 변경되지 않으며, 찬우는 자신의 선호에 따라 곡당 1회씩 포함하여 설정하였다.
>
> ○ 한 곡의 재생이 끝나면 시차 없이 다음 곡이 자동적으로 재생된다.
>
> ○ 마지막 곡 재생이 끝나고 나면 첫 곡부터 다시 재생된다.
>
> ○ 모든 곡은 처음부터 끝까지 건너뛰지 않고 재생된다.
>
> ○ 찬우는 13시 20분 00초부터 첫 곡을 듣기 시작했다.
>
> ○ 13시 23분 00초에 C가 재생되고 있었다.
>
> ○ A를 듣고 있던 어느 한 시점부터 3분 00초가 되는 때에는 C가 재생되고 있었다.
>
> ○ 13시 45분 00초에 어떤 곡의 전주 부분이 재생되고 있었다.

① A - B - C - D

② B - A - C - D

③ C - A - D - B

④ D - C - A - B

⑤ D - C - B - A

문 25. 다음 〈조건〉과 〈관광지 운영시간 및 이동시간〉을 근거로
판단할 때, 〈보기〉에서 옳은 것만을 모두 고르면?

─────── 〈조건〉 ───────

○ 하루에 4개 관광지를 모두 한 번씩 관광한다.

○ 궁궐에서는 가이드투어만 가능하다. 가이드투어는 10시와
  14시에 시작하며, 시작 시각까지 도착하지 못하면 가이드
  투어를 할 수 없다.

○ 각 관광에 소요되는 시간은 2시간이며, 관광지 운영시간
  외에는 관광할 수 없다.

──── 〈관광지 운영시간 및 이동시간〉 ────

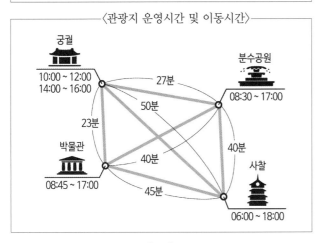

─────── 〈보기〉 ───────

ㄱ. 사찰에서부터 관광을 시작해야 한다.

ㄴ. 마지막 관광을 종료하는 시각은 16시 30분 이후이다.

ㄷ. 박물관과 분수공원의 관광 순서가 바뀌어도 무방하다.

① ㄴ

② ㄷ

③ ㄱ, ㄴ

④ ㄱ, ㄷ

⑤ ㄱ, ㄴ, ㄷ

약점 보완 해설집 p.124

문 1. 다음 글을 근거로 판단할 때 옳은 것은?

> 온돌(溫突)은 조선시대 건축에서 가장 일반적으로 사용된 바닥구조로 아궁이, 고래, 구들장, 불목, 개자리, 바람막이, 굴뚝 등으로 구성된다.
>
> 아궁이는 불을 때는 곳이고, 고래는 아궁이에서 발생한 열기와 연기가 흐르는 곳이다. 고래는 30cm 정도의 깊이로 파인 여러 개의 골이고, 그 위에 구들장을 올려놓는다. 아궁이에서 불을 지피면 고래를 타고 흐르는 열기와 연기가 구들장을 데운다. 고래 바닥은 아궁이가 있는 아랫목에서 윗목으로 가면서 높아지도록 경사를 주는데, 이는 열기와 연기가 윗목 쪽으로 쉽게 들어갈 수 있도록 하기 위한 것이다.
>
> 불목은 아궁이와 고래 사이에 턱이 진 부분으로 불이 넘어가는 고개라는 뜻이다. 불목은 아궁이 바닥과 고래 바닥을 연결시켜서 고래로 가는 열기와 연기를 분산시킨다. 또한 아궁이에서 타고 남은 재가 고래 속으로 들어가지 못하도록 막아준다. 고래가 끝나는 윗목 쪽에도 바람막이라는 턱이 있는데, 이 턱은 굴뚝에서 불어내리는 바람에 의해 열기와 연기가 역류되는 것을 방지한다.
>
> 바람막이 뒤에는 개자리라 부르는 깊이 파인 부분이 있다. 개자리는 굴뚝으로 빠져 나가는 열기와 연기를 잔류시켜 윗목에 열기를 유지하는 기능을 한다. 개자리가 깊을수록 열기와 연기를 머금는 용량이 커진다.

① 아궁이는 불목과 개자리 사이에 있을 것이다.

② 고래 바닥은 아랫목에서 윗목으로 갈수록 낮아질 것이다.

③ 개자리가 깊을수록 윗목의 열기를 유지하기 어려울 것이다.

④ 불목은 아랫목 쪽에 가깝고, 바람막이는 윗목 쪽에 가까울 것이다.

⑤ 바람막이는 타고 남은 재가 고래 안에 들어가지 못하도록 하는 기능을 할 것이다.

문 2. 다음 글을 근거로 판단할 때, 〈보기〉에서 옳은 것만을 모두 고르면?

> 청백리(淸白吏)는 전통적으로 우리나라를 비롯한 동아시아 유교 문화권에서 청렴결백한 공직자를 지칭할 때 사용하는 말이다. 청백리를 선발하고 표창하는 제도는 중국에서 처음 시작되었다. 우리나라는 중국보다 늦었지만 이미 고려 때부터 이 제도를 도입한 것으로 보인다. 고려 인종 14년(1136년)에 청렴하고 절개 있는 사람들을 뽑아 벼슬을 준 기록이 있다.
>
> 조선시대에는 국가에 의해 선발되어 청백리 대장에 이름이 올랐던 사람을 청백리라고 하였다. 정확히 구분하면 청백리는 작고한 사람들에 대한 호칭이었고, 살아있을 때는 염근리(廉謹吏) 또는 염리(廉吏)라고 불렀다. 염근리로 선발된 사람은 청백리 대장에 수록되어 승진이나 보직에서 많은 특혜를 받았고, 죽은 후에는 그 자손들에게 벼슬이 내려지는 등 여러 혜택이 있었다. 반대로 부정부패한 관료는 탐관오리 또는 장리(贓吏)라고 불렀다. 탐관오리로 지목돼 탄핵되었거나 처벌받은 관리는 장리 대장에 수록되어 본인의 관직생활에 불이익을 받는 것은 물론이고, 그 자손들이 과거를 보는 것도 허용되지 않았다.
>
> 조선시대에 청백리를 선발하는 방법은 일정하지 않았다. 일반적으로는 청백리를 선발하라는 임금의 지시가 있거나 신하의 건의가 있어 임금이 승낙을 하면 2품 이상의 관리나 감사가 대상자를 예조에 추천하였다. 예조에서 후보자를 뽑아 의정부에 올리면 의정부의 대신들이 심의하여 임금에게 보고하였다. 어떤 때는 사헌부, 사간원 등에서 후보자를 의정부에 추천하기도 하였다.

─────〈보기〉─────

ㄱ. 동아시아 유교 문화권에서 청백리를 선발하는 제도는 고려에서 처음 시작되었을 것이다.

ㄴ. 조선시대에 염근리로 선발된 사람은 죽은 후에 청백리라고 불렸을 것이다.

ㄷ. 조선시대에 관리가 장리 대장에 수록되면 본인은 물론 그 자손까지 영향을 받았을 것이다.

ㄹ. 조선시대에 예조의 추천을 받지 못한 사람은 청백리가 될 수 없었을 것이다.

① ㄱ

② ㄴ, ㄷ

③ ㄷ, ㄹ

④ ㄱ, ㄴ, ㄹ

⑤ ㄴ, ㄷ, ㄹ

문 3. 다음 글을 근거로 판단할 때 옳은 것은?

> 종래의 철도는 일정한 간격으로 된 2개의 강철레일 위를 강철바퀴 차량이 주행하는 것이다. 반면 모노레일은 높은 지주 위에 설치된 콘크리트 빔(beam) 위를 복렬(複列)의 고무타이어 바퀴 차량이 주행하는 것이다. 빔 위에 다시 레일을 고정하고, 그 위를 강철바퀴 차량이 주행하는 모노레일도 있다.
>
> 처음으로 실용화된 모노레일은 1880년경 아일랜드의 밸리뷰니온사(社)에서 건설한 것이었다. 1901년에는 현수 장치를 사용하는 모노레일이 등장하였는데, 이 모노레일은 독일 부퍼탈시(市)의 전철교식 복선으로 건설되어 본격적인 운송수단으로서의 역할을 하였다. 그 후 여러 나라에서 각종 모노레일 개발 노력이 이어졌다.
>
> 제2차 세계대전이 끝난 뒤 독일의 알베그사(社)를 창설한 베너그렌은 1952년 1/2.5 크기의 시제품을 만들고, 실험과 연구를 거듭하여 1957년 알베그식(式) 모노레일을 완성하였다. 그리고 1958년에는 기존의 강철레일·강철바퀴 방식에서 콘크리트 빔·고무타이어 방식으로 개량하여 최고 속력이 80km/h에 달하는 모노레일이 등장하기에 이르렀다.
>
> 프랑스에서도 1950년 말엽 사페즈사(社)가 독자적으로 사페즈식(式) 모노레일을 개발하였다. 이것은 쌍레일 방식과 공기식 타이어차량 운용 경험을 살려 개발한 현수식 모노레일로, 1960년 오를레앙 교외에 시험선(線)이 건설되었다.

① 콘크리트 빔·고무타이어 방식은 1960년대까지 개발되지 않았다.

② 독일에서 모노레일이 본격적인 운송수단 역할을 수행한 것은 1950년대부터이다.

③ 주행에 강철바퀴가 이용되느냐의 여부에 따라 종래의 철도와 모노레일이 구분된다.

④ 아일랜드의 밸리뷰니온사는 오를레앙 교외에 전철교식 복선 모노레일을 건설하였다.

⑤ 베너그렌이 개발한 알베그식 모노레일은 오를레앙 교외에 건설된 사페즈식 모노레일 시험선보다 먼저 완성되었다.

문 4. 다음 글을 근거로 판단할 때, 〈사례〉의 '공공누리 마크' 이용조건에 부합하는 甲의 행위는?

> K국 정부는 공공저작물 이용활성화를 위해 '공공누리'라는 표시기준을 정하였고, 공공저작물을 이용하는 사람이 그 이용조건을 쉽게 확인할 수 있도록 '공공누리 마크'를 만들었다. 그 의미는 아래와 같다.
>
> | 공공누리 마크 | 이용조건의 의미 |
> | --- | --- |
> | ⊙OPEN | • 공공저작물을 일정한 조건 하에 자유롭게 이용할 수 있다. |
> | 출처표시 | • 이용하는 공공저작물의 출처를 표시해야 한다. 예컨대 "본 저작물은 ○○공공기관에서 △△년 작성하여 개방한 □□ 저작물을 이용하였음"과 같이 출처를 표시해야 한다. |
> | 상업용금지 | • 공공저작물의 상업적 이용은 금지되고 비상업적으로만 이용할 수 있다.
• 이 마크가 표시되어 있지 않으면, 이용자는 해당 공공저작물을 상업적 및 비상업적으로 이용할 수 있다. |
> | 변경금지 | • 공공저작물의 변경이 금지된다. 예컨대 공공저작물의 번역·편곡·변형·각색 등이 금지된다.
• 이 마크가 표시되어 있지 않으면, 이용자는 해당 공공저작물의 내용이나 형식을 변경하여 이용할 수 있다. |

> ───── 〈사례〉 ─────
>
> 甲은 환경관련 보고서(이하 '보고서')를 작성하기 위하여 A공공기관이 발간한 『환경백서』에 수록되어 있는 사진(이하 '사진저작물')과 그 설명문을 근거자료로 이용하고자 한다. 『환경백서』에는 다음과 같은 공공누리 마크가 표시되어 있다.
>
>

① 출처를 표시하지 않고 사진저작물과 그 설명문을 그대로 보고서에 수록하는 행위

② 사진저작물의 색상을 다른 색상으로 변형하여 이를 보고서에 수록하는 행위

③ 상업적인 목적으로 보고서를 작성하면서 출처를 표시하고 사진저작물과 그 설명문을 그대로 수록하는 행위

④ 비상업적인 목적으로 보고서를 작성하면서 사진저작물을 다른 사진과 합성하여 수록하는 행위

⑤ 출처를 표시하고 사진저작물의 설명문을 영어로 번역하여 그 사진저작물과 번역문을 보고서에 수록하는 행위

2016 해커스PSAT 7급+민경채 PSAT 16개년 기출문제집 상황판단

문 5. 동산 X를 甲, 乙, 丙 세 사람이 공유하고 있다. 다음 A국의 규정을 근거로 판단할 때, 〈보기〉에서 옳은 것만을 모두 고르면?

제00조(물건의 공유) ① 물건이 지분에 의하여 여러 사람의 소유로 된 때에는 공유로 한다.

② 공유자의 지분은 균등한 것으로 추정한다.

제00조(공유지분의 처분과 공유물의 사용, 수익) 공유자는 자신의 지분을 다른 공유자의 동의 없이 처분할 수 있고 공유물 전부를 지분의 비율로 사용, 수익할 수 있다.

제00조(공유물의 처분, 변경) 공유자는 다른 공유자의 동의 없이 공유물을 처분하거나 변경하지 못한다.

제00조(공유물의 관리, 보존) 공유물의 관리에 관한 사항은 공유자의 지분의 과반수로써 결정한다. 그러나 보존행위는 각자가 할 수 있다.

제00조(지분포기 등의 경우의 귀속) 공유자가 그 지분을 포기하거나 상속인 없이 사망한 때에는 그 지분은 다른 공유자에게 각 지분의 비율로 귀속한다.

〈보기〉

ㄱ. 甲, 乙, 丙은 X에 대해 각자 1/3씩 지분을 갖는 것으로 추정된다.

ㄴ. 甲은 단독으로 X에 대한 보존행위를 할 수 있다.

ㄷ. 甲이 X에 대한 자신의 지분을 처분하기 위해서는 乙과 丙의 동의를 얻어야 한다.

ㄹ. 甲이 상속인 없이 사망한 경우, X에 대한 甲의 지분은 乙과 丙에게 각 지분의 비율에 따라 귀속된다.

---

① ㄱ, ㄴ

② ㄴ, ㄷ

③ ㄷ, ㄹ

④ ㄱ, ㄴ, ㄹ

⑤ ㄱ, ㄷ, ㄹ

문 6. 다음 글을 근거로 판단할 때, 〈사례〉에서 甲이 乙에게 지급을 청구하여 받을 수 있는 최대 손해배상액은?

채무자가 고의 또는 과실로 인하여 채무의 내용에 따른 이행을 하지 않으면 채권자는 채무자에게 손해배상을 청구할 수 있다. 채권자가 채무불이행을 이유로 채무자로부터 손해배상을 받으려면 손해의 발생사실과 손해액을 증명하여야 하는데, 증명의 어려움을 해소하기 위해 손해배상액을 예정하는 경우가 있다.

손해배상액의 예정은 장래의 채무불이행 시 지급해야 할 손해배상액을 사전에 정하는 약정을 말한다. 채권자와 채무자 사이에 손해배상액의 예정이 있으면 채권자는 실손해액과 상관없이 예정된 배상액을 청구할 수 있지만, 실손해액이 예정액을 초과하더라도 그 초과액을 배상받을 수 없다. 그리고 손해배상액을 예정한 사유가 아닌 다른 사유로 발생한 손해에 대해서는 손해배상액 예정의 효력이 미치지 않는다. 따라서 이로 인한 손해를 배상받으려면 별도로 손해의 발생사실과 손해액을 증명해야 한다.

〈사례〉

甲과 乙은 다음과 같은 공사도급계약을 체결하였다.

○ 계약당사자: 甲(X건물 소유주)/乙(건축업자)

○ 계약내용: X건물의 리모델링

○ 공사대금: 1억 원

○ 공사기간: 2015. 10. 1.~2016. 3. 31.

○ 손해배상액의 예정: 공사기간 내에 X건물의 리모델링을 완료하지 못할 경우, 지연기간 1일당 위 공사대금의 0.1%를 乙이 甲에게 지급

그런데 乙의 과실로 인해 X건물 리모델링의 완료가 30일이 지연되었고, 이로 인해 甲은 500만 원의 손해를 입었다. 또한 乙이 고의로 불량자재를 사용하여 부실공사가 이루어졌고, 이로 인해 甲은 1,000만 원의 손해를 입었다. 甲은 각각의 손해발생사실과 손해액을 증명하여 乙에게 손해배상을 청구하였다.

① 500만 원

② 800만 원

③ 1,300만 원

④ 1,500만 원

⑤ 1,800만 원

문 7. 다음 글과 〈상황〉을 근거로 판단할 때 옳은 것은?

К국의 현행법상 상속인으로는 혈족상속인과 배우자상속인이 있다. 제1순위 상속인은 피상속인의 직계비속이며, 직계비속이 없는 경우 직계존속이 상속인이 된다. 태아는 사산되어 출생하지 못한 경우를 제외하고 상속인이 된다. 배우자는 직계비속과 동순위로 공동상속인이 되고, 직계비속이 없는 경우에 피상속인의 직계존속과 공동상속인이 되며, 피상속인에게 직계비속과 직계존속이 없으면 단독상속인이 된다. 현행 상속분 규정은 상속재산을 배우자에게 직계존속·직계비속보다 50%를 더 주도록 정하고 있다. 예를 들어 상속인이 배우자(X)와 2명의 자녀(Y, Z)라면, '1.5(X) : 1(Y) : 1(Z)'의 비율로 상속이 이루어진다.

그런데 К국에서는 부부의 공동재산 기여분을 보장하기 위한 차원에서 상속법 개정을 추진하고 있다. '개정안'은 상속재산의 절반을 배우자에게 우선 배분하고, 나머지 절반은 현행 규정대로 배분하는 내용을 골자로 한다. 즉, 피상속인이 사망하였을 경우 상속재산의 50%를 그 배우자에게 먼저 배분하고, 이를 제외한 나머지 50%에 대해서는 다시 현행법상의 비율대로 상속이 이루어진다.

〈상황〉

甲은 심장마비로 갑자기 사망하였다. 甲의 유족으로는 어머니 A, 배우자 B, 아들 C, 딸 D가 있고, B는 현재 태아 E를 임신 중이다. 甲은 9억 원의 상속재산을 남겼다.

① 현행법에 의하면, E가 출생한 경우 B는 30% 이하의 상속분을 갖게 된다.

② 개정안에 의하면, E가 출생한 경우 B는 6억 원을 상속받게 된다.

③ 현행법에 의하면, E가 사산된 경우 B는 3억 원을 상속받게 된다.

④ 개정안에 의하면, E가 사산된 경우 B는 4억 원을 상속받게 된다.

⑤ 개정안에 의하면, E의 사산여부에 관계없이 B가 상속받게 되는 금액은 현행법에 의할 때보다 50% 증가한다.

문 8. 다음 〈설명〉을 근거로 〈수식〉을 계산한 값은?

〈설명〉

연산자 A, B, C, D는 다음과 같이 정의한다.

A: 좌우에 있는 두 수를 더한다. 단, 더한 값이 10 미만이면 좌우에 있는 두 수를 곱한다. (예: 2 A 3=6)

B: 좌우에 있는 두 수 가운데 큰 수에서 작은 수를 뺀다. 단, 두 수가 같거나 뺀 값이 10 미만이면 두 수를 곱한다.

C: 좌우에 있는 두 수를 곱한다. 단, 곱한 값이 10 미만이면 좌우에 있는 두 수를 더한다.

D: 좌우에 있는 두 수 가운데 큰 수를 작은 수로 나눈다. 단, 두 수가 같거나 나눈 값이 10 미만이면 두 수를 곱한다.

※ 연산은 '( )', '{ }'의 순으로 한다.

〈수식〉

{(1 A 5) B (3 C 4)} D 6

① 10

② 12

③ 90

④ 210

⑤ 360

문 9. 다음 글과 〈상황〉을 근거로 판단할 때, 〈보기〉에서 옳은 것만을 모두 고르면?

A국 사람들은 아래와 같이 한 손으로 1부터 10까지의 숫자를 표현한다.

숫자	1	2	3	4	5
펼친 손가락 개수	1개	2개	3개	4개	5개
펼친 손가락 모양					
숫자	6	7	8	9	10
펼친 손가락 개수	2개	3개	2개	1개	2개
펼친 손가락 모양					

─〈상황〉─

A국에 출장을 간 甲은 A국의 언어를 하지 못하여 물건을 살 때 상인의 손가락을 보고 물건의 가격을 추측한다. A국 사람의 숫자 표현법을 제대로 이해하지 못한 甲은 상인이 금액을 표현하기 위해 펼친 손가락 1개당 1원씩 돈을 지불하려고 한다. (단, 甲은 하나의 물건을 구매하며, 물건의 가격은 최소 1원부터 최대 10원까지라고 가정한다.)

─〈보기〉─

ㄱ. 물건의 가격과 甲이 지불하려는 금액이 일치했다면, 물건의 가격은 5원 이하이다.

ㄴ. 상인이 손가락 3개를 펼쳤다면, 물건의 가격은 최대 7원이다.

ㄷ. 물건의 가격과 甲이 지불하려는 금액이 8원 만큼 차이가 난다면, 물건의 가격은 9원이거나 10원이다.

ㄹ. 甲이 물건의 가격을 초과하는 금액을 지불하려는 경우가 발생할 수 있다.

① ㄱ, ㄴ
② ㄷ, ㄹ
③ ㄱ, ㄴ, ㄷ
④ ㄱ, ㄷ, ㄹ
⑤ ㄴ, ㄷ, ㄹ

문 10. 다음 글을 근거로 판단할 때, 사자바둑기사단이 선발할 수 있는 출전선수 조합의 총 가짓수는?

○ 사자바둑기사단과 호랑이바둑기사단이 바둑시합을 한다.

○ 시합은 일대일 대결로 총 3라운드로 진행되며, 한 명의 선수는 하나의 라운드에만 출전할 수 있다.

○ 호랑이바둑기사단은 1라운드에는 甲을, 2라운드에는 乙을, 3라운드에는 丙을 출전시킨다.

○ 사자바둑기사단은 각 라운드별로 이길 수 있는 확률이 0.6 이상이 되도록 7명의 선수(A~G) 중 3명을 선발한다.

○ A~G가 甲, 乙, 丙에 대하여 이길 수 있는 확률은 다음 〈표〉와 같다.

〈표〉

선수	甲	乙	丙
A	0.42	0.67	0.31
B	0.35	0.82	0.49
C	0.81	0.72	0.15
D	0.13	0.19	0.76
E	0.66	0.51	0.59
F	0.54	0.28	0.99
G	0.59	0.11	0.64

① 18가지
② 17가지
③ 16가지
④ 15가지
⑤ 14가지

문 11. 다음 글을 근거로 판단할 때 옳은 것은?

> 2009년 미국의 설탕, 옥수수 시럽, 기타 천연당의 1인당 연평균 소비량은 140파운드로 독일, 프랑스보다 50%가 많았고, 중국보다는 9배가 많았다. 그런데 설탕이 비만을 야기하고 당뇨병 환자의 건강에 해롭다는 인식이 확산되면서 사카린과 같은 인공감미료의 수요가 증가하였다.
>
> 세계 최초의 인공감미료인 사카린은 1879년 미국 존스 홉킨스 대학에서 화학물질의 산화반응을 연구하다가 우연히 발견됐다. 당도가 설탕보다 약 500배 정도 높은 사카린은 대표적인 인공감미료로 체내에서 대사되지 않고 그대로 배출된다는 특징이 있다. 그런데 1977년 캐나다에서 쥐를 대상으로 한 사카린 실험 이후 유해성 논란이 촉발되었다. 사카린을 섭취한 쥐가 방광암에 걸렸기 때문이다. 그러나 사카린의 무해성을 입증한 다양한 연구결과로 인해 2001년 미국 FDA는 사카린을 다시 안전한 식품첨가물로 공식 인정하였고, 현재도 설탕의 대체재로 사용되고 있다.
>
> 아스파탐은 1965년 위궤양 치료제를 개발하던 중 우연히 발견된 인공감미료로 당도가 설탕보다 약 200배 높다. 그러나 아스파탐도 발암성 논란이 끊이지 않았다. 미국 암협회가 안전하다고 발표했지만 이탈리아의 한 과학자가 쥐를 대상으로 한 실험에서 아스파탐이 암을 유발한다고 결론 내렸기 때문이다.

① 사카린과 아스파탐은 설탕보다 당도가 높고, 사카린은 아스파탐보다 당도가 높다.

② 사카린과 아스파탐은 모두 설탕을 대체하기 위해 거액을 투자해 개발한 인공감미료이다.

③ 사카린은 유해성 논란으로 현재 미국에서는 더 이상 식품 첨가물로 사용되지 않을 것이다.

④ 2009년 기준 중국의 설탕, 옥수수 시럽, 기타 천연당의 1인당 연평균 소비량은 20파운드 이상이었을 것이다.

⑤ 아스파탐은 암 유발 논란에 휩싸였지만, 2001년 미국 FDA로부터 안전한 식품첨가물로 처음 공식 인정받았다.

문 12. 다음 글을 근거로 판단할 때, 〈보기〉에서 옳은 것만을 모두 고르면?

> 조선시대 지방행정제도는 기본적으로 8도(道) 아래 부(府), 대도호부(大都護府), 목(牧), 도호부(都護府), 군(郡), 현(縣)을 두는 체제였다. 이들 지방행정기관은 6조(六曹)를 중심으로 한 중앙행정기관의 지시를 받았으나 중앙행정기관의 완전한 하부 기관은 아니었다. 지방행정기관도 중앙행정기관과 같이 왕에 직속되어 있었기 때문에 중앙행정기관과 의견이 다르거나 쟁의가 있을 때는 왕의 재결을 바로 품의(稟議)할 수 있었다.
>
> 지방행정기관의 장으로는 도에 관찰사(觀察使), 부에 부윤(府尹), 대도호부에 대도호부사(大都護府使), 목에 목사(牧使), 도호부에 도호부사(都護府使), 군에 군수(郡守), 그리고 현에 현감(縣監)을 두었다. 관찰사는 도의 행정·군사·사법에 관한 전반적인 사항을 다스리고, 관내의 지방행정기관장을 지휘·감독하는 일을 하였다. 제도 시행 초기에 관찰사는 순력(巡歷)이라 하여 일정한 사무소를 두지 않고 각 군·현을 순례하면서 지방행정을 감시하였으나, 나중에는 고정된 근무처를 가지게 되었다. 관찰사를 제외한 지방행정기관장은 수령(首領)으로 통칭되었는데, 이들 역시 행정업무와 함께 일정한 수준의 군사·사법업무를 같이 담당하였다.
>
> 중앙에서는 파견한 지방행정기관장에 대한 관리와 감독을 철저히 했다. 권력남용 등의 부조리나 지방세력과 연합하여 독자세력으로 발전하는 것을 막기 위한 조치였다. 일례로 관찰사의 임기를 360일로 제한하여 지방토호나 지방영주로 변질되는 것을 막고자 하였다.

〈보기〉

ㄱ. 조선시대 지방행정기관은 왕의 직속기관이었을 것이다.

ㄴ. 지방행정기관의 우두머리라는 의미에서 관찰사를 수령이라고 불렀을 것이다.

ㄷ. 군수와 현감은 행정업무뿐만 아니라 군사업무와 사법 업무도 담당했을 것이다.

ㄹ. 관찰사의 임기를 제한한 이유 중 하나는 지방세력과 연합하여 독자세력으로 발전하는 것을 막으려는 것이었다.

① ㄱ, ㄴ

② ㄱ, ㄹ

③ ㄴ, ㄷ

④ ㄱ, ㄷ, ㄹ

⑤ ㄴ, ㄷ, ㄹ

문 13. 다음 글을 근거로 판단할 때 옳은 것은?

　　이슬람권 국가에서는 여성들이 베일을 쓴 모습을 흔히 볼 수 있다. 그런데 이슬람교 경전인 코란이 여성의 정숙함을 강조하지만, 베일로 얼굴을 감싸는 것을 의무로 규정하고 있는 것은 아니다. 겸허한 태도를 지키고 몸의 윤곽, 그것도 얼굴이 아니라 상반신을 베일로 가리라고 충고할 뿐이다. 베일로 얼굴을 감싸는 관습은 코란에 따른 의무라기보다는, 예전부터 존재했던 겸허와 존중의 표시였다.

　　날씨가 더운 나라의 여성들도 베일을 착용하였는데, 남성에 대한 순종의 의미보다 햇볕이나 사막의 뜨거운 모래바람으로부터 얼굴을 보호하려는 것이 목적이었다. 이란의 반다르 에아바스에 사는 수니파 여성들은 얼굴 보호를 위해 자수 장식이 있는 두꺼운 면직물로 된 붉은색 마스크를 썼다. 이것도 이슬람 전통이 정착되기 전부터 존재했을 가능성이 크다. 사우디아라비아의 베두인족 여성들은 은과 진주로 장식한 천이나 가죽 소재의 부르카로 얼굴 전체를 감쌌다. 부르카 위에 다시 커다란 검은색 베일을 쓰기도 했다.

　　외부 침입이 잦은 일부 지역에서 베일은 낯선 이방인의 시선으로부터 자신을 보호하는 수단으로 사용됐다. 북아프리카의 투아레그족 남자들이 리탐이라고 부르는 남색의 면직물로 된 큰 베일을 썼던 것이 그 예이다. 전설에 따르면 전쟁에서 패하고 돌아온 투아레그족 남자들이 수치심 때문에 머리에 감았던 터번으로 얼굴을 가리고 다녔는데, 그 뒤로는 타인의 시선으로부터 자신을 보호하기 위해 계속해서 얼굴을 감싸게 되었다고 한다.

① 베일은 여성만 착용하는 것으로 남성에 대한 겸허의 의미를 담고 있었을 것이다.

② 반다르 에아바스 지역의 수니파 여성들은 은으로 장식한 가죽으로 얼굴을 감쌌을 것이다.

③ 이슬람권 여성이 베일로 얼굴을 감싸는 것은 코란의 의무규정으로부터 시작되었을 것이다.

④ 타인의 시선으로부터 자신을 보호하는 것도 사람들이 베일을 쓰는 이유 중 하나였을 것이다.

⑤ 사우디아라비아 베두인족 여성의 부르카와 북아프리카 투아레그족의 리탐은 모두 가죽 소재로 만들었을 것이다.

문 14. 다음 글을 근거로 판단할 때 옳은 것은?

　　아파트를 분양받을 경우 전용면적, 공용면적, 공급면적, 계약면적, 서비스면적이라는 용어를 자주 접하게 된다.

　　전용면적은 아파트의 방이나 거실, 주방, 화장실 등을 모두 포함한 면적으로, 개별 세대 현관문 안쪽의 전용 생활공간을 말한다. 다만 발코니 면적은 전용면적에서 제외된다.

　　공용면적은 주거공용면적과 기타공용면적으로 나뉜다. 주거공용면적은 세대가 거주를 위하여 공유하는 면적으로 세대가 속한 건물의 공용계단, 공용복도 등의 면적을 더한 것을 말한다. 기타공용면적은 주거공용면적을 제외한 지하층, 관리사무소, 노인정 등의 면적을 더한 것이다.

　　공급면적은 통상적으로 분양에 사용되는 용어로 전용면적과 주거공용면적을 더한 것이다. 계약면적은 공급면적과 기타공용면적을 더한 것이다. 서비스면적은 발코니 같은 공간의 면적으로 전용면적과 공용면적에서 제외된다.

① 발코니 면적은 계약면적에 포함된다.

② 관리사무소 면적은 공급면적에 포함된다.

③ 계약면적은 전용면적, 주거공용면적, 기타공용면적을 더한 것이다.

④ 공용계단과 공용복도의 면적은 공급면적에 포함되지 않는다.

⑤ 개별 세대 내 거실과 주방의 면적은 주거공용면적에 포함된다.

문 15. 다음 A국의 규정을 근거로 판단할 때 옳은 것은?

> 제00조 ① 법령 등을 제정·개정 또는 폐지(이하 "입법"이라
> 한다)하려는 경우에는 해당 입법안을 마련한 행정청은 이를
> 예고하여야 한다. 다만, 다음 각 호의 어느 하나에 해당하는
> 경우에는 예고를 하지 아니할 수 있다.
>> 1. 신속한 국민의 권리 보호 또는 예측 곤란한 특별한 사정
>> 의 발생 등으로 입법이 긴급을 요하는 경우
>> 2. 상위 법령 등의 단순한 집행을 위한 경우
>> 3. 예고함이 공공의 안전 또는 복리를 현저히 해칠 우려가
>> 있는 경우
> ② 법제처장은 입법예고를 하지 아니한 법령안의 심사 요청을
> 받은 경우에 입법예고를 하는 것이 적당하다고 판단할 때에는
> 해당 행정청에 입법예고를 권고하거나 직접 예고할 수 있다.
> 제00조 ① 행정청은 입법안의 취지, 주요 내용 또는 전문(全
> 文)을 관보·공보나 인터넷·신문·방송 등을 통하여 널리 공
> 고하여야 한다.
> ② 행정청은 입법예고를 할 때에 입법안과 관련이 있다고 인
> 정되는 중앙행정기관, 지방자치단체, 그 밖의 단체 등이 예고
> 사항을 알 수 있도록 예고사항을 통지하거나 그 밖의 방법으
> 로 알려야 한다.
> ③ 행정청은 예고된 입법안의 전문에 대한 열람 또는 복사
> 를 요청받았을 때에는 특별한 사유가 없으면 그 요청에 따라
> 야 하며, 복사에 드는 비용을 복사를 요청한 자에게 부담시
> 킬 수 있다.

① 행정청은 신속한 국민의 권리 보호를 위해 입법이 긴급을 요
하는 경우 입법예고를 하지 않을 수 있다.
② 행정청은 예고된 입법안 전문에 대한 복사 요청을 받은 경우
복사에 드는 비용을 부담하여야만 한다.
③ 행정청은 법령의 단순한 집행을 위해 그 하위 법령을 개정하
는 경우 입법예고를 하여야만 한다.
④ 법제처장은 입법예고를 하지 않은 법령안의 심사를 요청받은
경우 그 법령안의 입법예고를 직접 할 수 없다.
⑤ 행정청은 법령을 폐지하는 경우 입법예고를 하지 않는다.

문 16. 다음 글을 근거로 판단할 때 옳은 것은?

> 토지와 그 정착물을 부동산이라 하고, 부동산 이외의 물건
> 을 동산이라 한다. 계약(예: 매매, 증여 등)에 의하여 부동산의
> 소유권을 취득하려면 양수인(예: 매수인, 수증자) 명의로 소
> 유권이전등기를 마쳐야 한다. 반면에 상속·공용징수(강제수
> 용)·판결·경매나 그 밖의 법률규정에 의하여 부동산의 소유
> 권을 취득하는 경우에는 등기를 필요로 하지 않는다. 다만 등
> 기를 하지 않으면 그 부동산을 처분하지 못한다. 한편 계약에
> 의하여 동산의 소유권을 취득하려면 양도인(예: 매도인, 증여
> 자)이 양수인에게 그 동산을 인도하여야 한다.

① 甲이 자신의 부동산 X를 乙에게 1억 원에 팔기로 한 경우,
乙이 甲에게 1억 원을 지급할 때 부동산 X의 소유권을 취득
한다.
② 甲의 부동산 X를 경매를 통해 취득한 乙이 그 부동산을 丙에
게 증여하고 인도하면, 丙은 소유권이전등기 없이 부동산 X
의 소유권을 취득한다.
③ 甲이 점유하고 있는 자신의 동산 X를 乙에게 증여하기로 한
경우, 甲이 乙에게 동산 X를 인도하지 않더라도 乙은 동산 X
의 소유권을 취득한다.
④ 甲의 상속인으로 乙과 丙이 있는 경우, 乙과 丙이 상속으로
甲의 부동산 X에 대한 소유권을 취득하려면 乙과 丙명의로 소
유권이전등기를 마쳐야 한다.
⑤ 甲과의 부동산 X에 대한 매매계약에 따라 乙이 甲에게 매매대
금을 지급하였더라도 乙명의로 부동산 X에 대한 소유권이전
등기를 마치지 않은 경우, 乙은 그 소유권을 취득하지 못한다.

문 17. 다음 글을 근거로 판단할 때, A에 해당하는 숫자는?

□ △△원자력발전소에서 매년 사용후핵연료봉(이하 '폐연료
봉'이라 한다)이 50,000개씩 발생하고, 이를 저장하기 위
해 발전소 부지 내 2가지 방식(습식과 건식)의 임시저장소
를 운영
1. 습식저장소
   - 원전 내 저장수조에서 물을 이용하여 폐연료봉의 열
     을 냉각시키고 방사선을 차폐하는 저장방식으로 총
     100,000개의 폐연료봉 저장 가능
2. 건식저장소
   ○ X저장소
     - 원통형의 커다란 금속 캔에 폐연료봉을 저장하는
       방식으로 총 300기의 캐니스터로 구성되고, 한 기
       의 캐니스터는 9층으로 이루어져 있으며, 한 개의
       층에 60개의 폐연료봉 저장 가능
   ○ Y저장소
     - 기체로 열을 냉각시키고 직사각형의 콘크리트 내
       에 저장함으로써 방사선을 차폐하는 저장방식으
       로 이 방식을 이용하여 저장소 내에 총 138,000개
       의 폐연료봉 저장 가능
□ 현재 습식저장소는 1개로 저장용량의 50%가 채워져 있고,
  건식저장소 X, Y는 각각 1개로 모두 비어 있는 상황
□ 따라서 발생하는 폐연료봉의 양이 항상 일정하다고 가정하
  면, △△원자력발전소에서 최대 (A)년 동안 발생하는 폐연
  료봉을 현재의 임시저장소에 저장 가능

① 3
② 4
③ 5
④ 6
⑤ 7

문 18. 다음 글과 〈상황〉을 근거로 판단할 때, 甲이 둘째 딸에게
물려주려는 땅의 크기는?

한 도형이 다른 도형과 접할 때, 안쪽에서 접하는 것을 내
접, 바깥쪽에서 접하는 것을 외접이라고 한다. 이를테면 한 개
의 원이 다각형의 모든 변에 접할 때, 그 다각형은 원에 외접
한다고 하며 원은 다각형에 내접한다고 한다. 한편 원이 한 다
각형의 각 꼭짓점을 모두 지날 때 그 원은 다각형에 외접한다
고 하며, 다각형은 원에 내접한다고 한다. 정다각형은 반드시
내접원과 외접원을 가지게 된다.

〈상황〉

甲은 죽기 전 자신이 가진 가로와 세로가 각각 100m인 정
사각형의 땅을 다음과 같이 나누어 주겠다는 유서를 작성하
였다.
"내 전 재산인 정사각형의 땅에 내접하는 원을 그리고, 다
시 그 원에 내접하는 정사각형을 그린다. 그 내접하는 정사각
형에 해당하는 땅을 첫째 딸에게 주고, 나머지 부분은 둘째 딸
에게 물려준다."

① 4,000m²
② 5,000m²
③ 6,000m²
④ 7,000m²
⑤ 8,000m²

문 19. 다음 글과 〈평가 결과〉를 근거로 판단할 때, 〈보기〉에서 옳은 것만을 모두 고르면?

X국에서는 현재 정부 재정지원을 받고 있는 복지시설(A~D)을 대상으로 다섯 가지 항목(환경개선, 복지관리, 복지지원, 복지성과, 중장기 발전계획)에 대한 종합적인 평가를 진행하였다.

평가점수의 총점은 각 평가항목에 대해 해당 시설이 받은 점수와 해당 평가항목별 가중치를 곱한 것을 합산하여 구하고, 총점 90점 이상은 1등급, 80점 이상 90점 미만은 2등급, 70점 이상 80점 미만은 3등급, 70점 미만은 4등급으로 한다.

평가 결과, 1등급 시설은 특별한 조치를 취하지 않으며, 2등급 시설은 관리 정원의 5%를, 3등급 이하 시설은 관리 정원의 10%를 감축해야 하고, 4등급을 받으면 정부의 재정지원도 받을 수 없다.

〈평가 결과〉

평가항목 (가중치)	A시설	B시설	C시설	D시설
환경개선 (0.2)	90	90	80	90
복지관리 (0.2)	95	70	65	70
복지지원 (0.2)	95	70	55	80
복지성과 (0.2)	95	70	60	60
중장기 발전계획 (0.2)	90	95	50	65

─── 〈보기〉 ───

ㄱ. A시설은 관리 정원을 감축하지 않아도 된다.

ㄴ. B시설은 관리 정원을 감축해야 하나 정부의 재정지원은 받을 수 있다.

ㄷ. 만약 평가항목에서 환경개선의 가중치를 0.3으로, 복지성과의 가중치를 0.1로 바꾼다면 C시설은 정부의 재정지원을 받을 수 있다.

ㄹ. D시설은 관리 정원을 감축해야 하고 정부의 재정지원도 받을 수 없다.

① ㄱ, ㄴ
② ㄴ, ㄹ
③ ㄷ, ㄹ
④ ㄱ, ㄴ, ㄷ
⑤ ㄱ, ㄷ, ㄹ

문 20. 다음 글을 근거로 판단할 때, 〈보기〉에서 옳은 것만을 모두 고르면?

甲과 乙이 '사냥게임'을 한다. 1, 2, 3, 4의 번호가 매겨진 4개의 칸이 아래와 같이 있다.

1	2	3	4

여기에 甲은 네 칸 중 괴물이 위치할 연속된 두 칸을 정하고, 乙은 네 칸 중 화살이 명중할 하나의 칸을 정한다. 甲과 乙은 동시에 자신들이 정한 칸을 말한다. 그 결과 화살이 괴물이 위치하는 칸에 명중하면 乙이 승리하고, 명중하지 않으면 甲이 승리한다.

예를 들면 甲이 [1] [2], 乙이 [1] 또는 [2]를 선택한 경우 괴물이 화살에 맞은 것으로 간주하여 乙이 승리한다. 만약 甲이 [1] [2], 乙이 [3] 또는 [4]를 선택했다면 괴물이 화살을 피한 것으로 간주하여 甲이 승리한다.

─── 〈보기〉 ───

ㄱ. 괴물이 위치할 칸을 甲이 무작위로 정할 경우 乙은 [1]보다는 [2]를 선택하는 것이 승리할 확률이 높다.

ㄴ. 화살이 명중할 칸을 乙이 무작위로 정할 경우 甲은 [2][3]보다는 [3][4]를 선택하는 것이 승리할 확률이 높다.

ㄷ. 이 게임에서 甲이 선택할 수 있는 대안은 3개이고 乙이 선택할 수 있는 대안은 4개이므로 乙이 이기는 경우의 수가 더 많다.

① ㄱ
② ㄴ
③ ㄷ
④ ㄱ, ㄴ
⑤ ㄱ, ㄷ

문 21. 다음 글을 근거로 판단할 때, 1단계에서 甲이 나눈 두 묶음의 구슬 개수로 옳은 것은?

> 甲은 아래 세 개의 단계를 순서대로 거쳐 16개의 구슬을 네 묶음으로 나누었다. 네 묶음의 구슬 개수는 각각 1개, 5개, 5개, 5개이다.
>
> ○ 1단계: 16개의 구슬을 두 묶음으로 나누어, 한 묶음의 구슬 개수가 다른 묶음의 구슬 개수의 n배(n은 자연수)가 되도록 했다.
>
> ○ 2단계: 5개 이상의 구슬이 있던 한 묶음에서 다른 묶음으로 5개의 구슬을 옮겼다.
>
> ○ 3단계: 두 묶음을 각각 두 묶음씩으로 다시 나누어 총 네 묶음이 되도록 했다.

① 8개, 8개

② 11개, 5개

③ 12개, 4개

④ 14개, 2개

⑤ 15개, 1개

문 22. 다음 글을 근거로 판단할 때 옳지 않은 것은?

> 甲은 〈가격표〉를 참고하여 〈조건〉에 따라 동네 치킨 가게(A~D)에서 치킨을 배달시켰다.
>
> ─── 〈조건〉 ───
>
> 조건 1. 프라이드치킨, 양념치킨, 간장치킨을 한 마리씩 주문한다.
>
> 조건 2. 동일한 가게에 세 마리를 주문하지 않는다.
>
> 조건 3. 주문금액(치킨 가격 + 배달료)의 총 합계가 최소가 되도록 한다.

〈가격표〉

(단위: 원)

동네 치킨 가게	치킨 가격 (마리당 가격)			배달료	배달가능 최소금액
	프라이드 치킨	양념 치킨	간장 치킨		
A	7,000	8,000	9,000	0	10,000
B	7,000	7,000	10,000	2,000	5,000
C	5,000	8,000	8,000	1,000	7,000
D	8,000	8,000	8,000	1,000	5,000

※ 배달료는 가게당 한 번만 지불한다.

① A가게에는 주문하지 않았다.

② 총 주문금액은 23,000원이다.

③ 주문이 가능한 경우의 조합은 총 네 가지이다.

④ B가게가 휴업했더라도 총 주문금액은 달라지지 않는다.

⑤ '조건 2'를 고려하지 않는다면 총 주문금액은 22,000원이다.

문 23. 다음 글을 근거로 판단할 때, 〈보기〉에서 옳은 것만을 모두 고르면?

○ '○○코드'는 아래 그림과 같이 총 25칸(5×5)으로 이루어져 있으며, 각 칸을 흰색으로 채우거나 검정색으로 채우는 조합에 따라 다른 코드가 만들어진다.

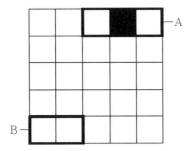

○ 상단 오른쪽의 3칸(A)은 항상 '흰색-검정색-흰색'으로 ○○코드의 고유표시를 나타낸다.

○ 하단 왼쪽의 2칸(B)은 코드를 제작한 지역을 표시하는 것으로 전 세계를 총 4개의 지역으로 분류하고, 甲지역은 '흰색-흰색'으로 표시한다

※ 코드를 회전시키는 경우는 고려하지 않는다.

─〈보기〉─

ㄱ. 甲지역에서 만들 수 있는 코드 개수는 100만 개를 초과한다.

ㄴ. 甲지역에서 만들 수 있는 코드와 다른 지역에서 만들 수 있는 코드는 최대 20칸이 동일하다.

ㄷ. 각 칸을 기존의 흰색과 검정색뿐만 아니라 빨간색과 파란색으로도 채울 수 있다면, 만들 수 있는 코드 개수는 기존보다 100만 배 이상 증가한다.

ㄹ. 만약 상단 오른쪽의 3칸(A)도 다른 칸과 마찬가지로 코드 만드는 것에 사용토록 개방한다면, 만들 수 있는 코드 개수는 기존의 6배로 증가한다.

① ㄱ, ㄴ

② ㄱ, ㄷ

③ ㄴ, ㄹ

④ ㄱ, ㄷ, ㄹ

⑤ ㄴ, ㄷ, ㄹ

문 24. 다음 〈조건〉을 따를 때, 5에 인접한 숫자를 모두 더한 값은? (단, 숫자가 인접한다는 것은 숫자가 쓰인 칸이 인접함을 의미한다.)

─〈조건〉─

○ 1~10까지의 자연수를 모두 사용하여, 〈숫자판〉의 각 칸에 하나의 자연수를 쓴다. 단, 6과 7은 〈숫자판〉에 쓰여 있다.

○ 1은 소수와만 인접한다.

○ 2는 모든 홀수와 인접한다.

○ 3에 인접한 숫자를 모두 더하면 16이 된다.

○ 5는 가장 많은 짝수와 인접한다.

○ 10은 어느 짝수와도 인접하지 않는다.

※ 소수: 1과 자신만을 약수로 갖는 자연수

〈숫자판〉

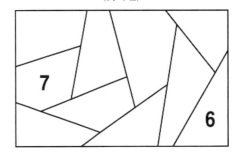

① 22

② 23

③ 24

④ 25

⑤ 26

문 25. 다음 글을 근거로 판단할 때 옳지 않은 것은?

○○군에서는 관내 임업인 중 정부 보조금 지원 대상자를 선정하기 위하여 〈평가기준〉을 홈페이지에 게시하였다. 이에 임업인 甲, 乙, 丙, 丁이 관련 서류를 완비하여 보조금 지원을 신청하였으며, ○○군은 평가를 거쳐 〈선정결과〉를 발표하였다.

〈평가기준〉

구분	평가항목	배점기준		배점	평가자료
1	보조금 수급 이력	없음		40	정부 보유자료
		있음	3백만 원 미만	26	
			3백만 원 이상	10	
2	임산물 판매규모	2천만 원 이상		30	2015년 연간 판매액 증빙자료
		1천만 원 이상 2천만 원 미만		25	
		5백만 원 이상 1천만 원 미만		19	
		5백만 원 미만		12	
3	전문 임업인	해당		10	군청 보유자료
		해당 없음		5	
4	임산물 관련 교육 이수	해당		10	이수증, 수료증
		해당 없음		5	
5	2015년 산림청 통계조사 표본농가	해당		10	산림청 보유자료
		해당 없음		7	

□ 선정기준: 평가기준에 따른 총점이 가장 높은 임업인 1인
□ 임업인이 제출해야 할 서류
　○ 2번 항목: 2015년 임산물 판매 영수증, 세금계산서
　○ 4번 항목: 이수증 또는 수료증
□ 선정제외 대상: 보조금을 부당하게 사용하였거나 관련 법령을 위반한 자
□ 동점 시 우선 선정기준
　1. 보조금 수급 이력 점수가 높은 자
　2. 임산물 판매규모 점수가 높은 자
　3. 연령이 높은 자

〈선정결과〉

항목 \ 임업인	1	2	3	4	5	총점	선정 여부
甲	40	25	10	5	7	87	X
乙	40	19	5	10	10	84	X
丙	40	19	10	5	10	84	O
丁	26	30	5	10	7	78	X

① 甲은 관련 법령을 위반한 적이 있을 것이다.

② 甲과 丁은 2015년 산림청통계조사 표본농가에 포함되지 않았을 것이다.

③ 乙이 관련 법령위반 경력이 없다면, 丙은 乙보다 연령이 높을 것이다.

④ 丁은 300만 원 이상에 해당되는 보조금 수급 이력 서류를 제출하였을 것이다.

⑤ 乙과 丁은 임산물 관련 교육 이수 사실 증명을 위해 이수증이나 수료증을 제출하였을 것이다.

약점 보완 해설집 p.138

문 1. 다음 글을 근거로 판단할 때 옳은 것은?

1896년 『독립신문』 창간을 계기로 여러 가지의 애국가 가사가 신문에 게재되기 시작했는데, 어떤 곡조에 따라 이 가사들을 노래로 불렀는지는 명확하지 않다. 다만 대한제국이 서구식 군악대를 조직해 1902년 '대한제국 애국가'라는 이름의 국가(國歌)를 만들어 나라의 주요 행사에 사용했다는 기록은 남아 있다. 오늘날 우리가 부르는 애국가의 노랫말은 외세의 침략으로 나라가 위기에 처해 있던 1907년을 전후하여 조국애와 충성심을 북돋우기 위하여 만들어졌다.

1935년 해외에서 활동 중이던 안익태는 오늘날 우리가 부르고 있는 국가를 작곡하였다. 대한민국 임시정부는 이 곡을 애국가로 채택해 사용했으나 이는 해외에서만 퍼져 나갔을 뿐, 국내에서는 광복 이후 정부수립 무렵까지 애국가 노랫말을 스코틀랜드 민요에 맞춰 부르고 있었다. 그러다가 1948년 대한민국 정부가 수립된 이후 현재의 노랫말과 함께 안익태가 작곡한 곡조의 애국가가 정부의 공식 행사에 사용되고 각급학교 교과서에도 실리면서 전국적으로 애창되기 시작하였다.

애국가가 국가로 공식화되면서 1950년대에는 대한뉴스 등을 통해 적극적으로 홍보가 이루어졌다. 그리고 『국기게양 및 애국가 제창 시의 예의에 관한 지시(1966)』 등에 의해 점차 국가의례의 하나로 간주되었다.

1970년대 초에는 공연장에서 본공연 전에 애국가가 상영되기 시작하였다. 이후 1980년대 중반까지 주요 방송국에서 국기강하식에 맞춰 애국가를 방송하였다. 주요 방송국의 국기강하식 방송, 극장에서의 애국가 상영 등은 1980년대 후반 중지되었으며 음악회와 같은 공연 시 애국가 연주도 이때 자율화되었다.

오늘날 주요 행사 등에서 애국가를 제창하는 경우에는 부득이한 경우를 제외하고 4절까지 제창하여야 한다. 애국가는 모두 함께 부르는 경우에는 전주곡을 연주한다. 다만, 약식 절차로 국민의례를 행할 때 애국가를 부르지 않고 연주만 하는 의전행사(외국에서 하는 경우 포함)나 시상식·공연 등에서는 전주곡을 연주해서는 안 된다.

① 1940년에 해외에서는 안익태가 만든 애국가 곡조를 들을 수 없었다.

② 1990년대 초반에는 국기강하식 방송과 극장에서의 애국가 상영이 의무화되었다.

③ 오늘날 우리가 부르는 애국가의 노랫말은 1896년 『독립신문』에 게재되지 않았다.

④ 시상식에서 애국가를 부르지 않고 연주만 하는 경우에는 전주곡을 연주할 수 있다.

⑤ 안익태가 애국가 곡조를 작곡한 해로부터 대한민국 정부 공식 행사에 사용될 때까지 채 10년이 걸리지 않았다.

문 2. 다음 글을 근거로 판단할 때, 〈보기〉에서 옳은 것만을 모두 고르면?

조선시대 복식은 신분과 직업에 따라 다르게 규정되었다. 상민들은 흰색 두루마기만 입을 수 있었던 데 비해 중인들은 청색 도포를 입고 다녔다. 조선시대 백관들의 공복(公服) 규정에 따르면, 중인의 경우 정3품은 홍포(紅袍)에 복두(幞頭)를 쓰고, 협지금(荔枝金)띠를 두르고 흑피화(黑皮靴)를 신었다. 4품 이하는 청포(靑袍)에 흑각(黑角)띠를 둘렀고, 7품 이하는 녹포(綠袍)에 흑의화(黑衣靴)를 신었다.

여자들의 복장은 남편의 벼슬이나 본가의 신분에 따라 달랐다. 조선 후기로 오면서 서울의 높은 양반집 여자들은 외출할 때 남자들과 내외하기 위해 장옷을 썼는데 중인 이하의 여자들은 장옷 대신 치마를 썼다. 또 양반집 여자들은 치마를 왼쪽으로 여며 입었는데 상민이 그렇게 입으면 망신을 당하고 쫓겨났다고 한다.

조선시대 공복에는 아청(鴉靑), 초록, 목홍(木紅) 등의 색을 사용했다. 『경국대전』에 따르면 1470년대에는 경공장에서 청색 물을 들이는 장인이 30여 명에 달할 만큼 청색 염색이 활발했다. 남색 역시 많이 사용되었다. 『임원십육지』에 따르면 6～7월에 쪽잎을 따서 만든 즙으로 남색 물을 들였다. 쪽잎으로 만든 남색 염료는 햇빛에 강해 색이 잘 변하지 않는 성질이 있어서 세계적으로 많이 사용되었다. 이 염료는 조선 초기까지는 사용이 드물었으나 조선 중기에 염료의 으뜸으로 등장했다가 합성염료의 출현으로 다시 왕좌에서 물러나게 되었다.

〈보기〉
ㄱ. 조선 후기에 중인 여자들은 외출할 때 장옷을 썼다.
ㄴ. 1470년대에 청색 염색이 활발했음을 보여주는 기록이 『경국대전』에 남아 있다.
ㄷ. 조선시대 정3품에 해당하는 중인들은 규정에 따라 청포에 흑각띠를 두르고 흑피화를 신었다.
ㄹ. 조선에서는 합성염료의 출현 이후에도 초봄에 쪽잎을 따서 만든 남색 염료가 합성염료보다 더 많이 사용되었다.

① ㄱ
② ㄴ
③ ㄱ, ㄷ
④ ㄴ, ㄹ
⑤ ㄷ, ㄹ

문 3. 다음 글을 근거로 판단할 때 옳은 것은?

청렴은 수령의 본분으로 모든 선(善)의 원천이며 모든 덕(德)의 근본이다. 청렴하지 않으면서 수령 노릇을 잘한 자는 없다. 『상산록』에 이런 말이 있다. "청렴에는 세 등급이 있다. 최상은 봉급 외에 아무것도 먹지 않고, 먹고 남은 것은 가져가지 않으며, 낙향할 때는 한 필의 말로 조촐하게 가니 이것이 '아주 옛날'의 청렴한 관리다. 그 다음은 봉급 외에는 명분이 바른 것만 먹고 바르지 않은 것은 먹지 않으며, 먹고 남은 것은 집으로 보내니 이것이 '조금 옛날'의 청렴한 관리다. 최하는 이미 규례(規例)가 된 것이라면 명분이 바르지 않아도 먹지만 규례가 되어 있지 않은 것은 먹지 않으며, 향임(鄕任)의 자리를 팔지 않고, 송사(訟事)와 옥사(獄事)를 팔아 먹지 않으며, 조세를 더 부과하여 나머지를 착복하지 않으니 이것이 '오늘날'의 청렴한 관리다. 최상이 진실로 좋지만 그럴 수 없다면 그 다음 것도 좋다. 최하는 옛날 같으면 형벌에 처했을 것이니 선을 좋아하고 악을 부끄럽게 여기는 사람은 결코 그렇게 하지 않을 것이다."

하지만 청렴하다 하여도 과격한 행동과 각박한 정사(政事)는 인정에 맞지 않기 때문에 내치는 바이니 군자가 따를 바가 못 된다. 북제(北齊)의 수령이었던 고적사문은 성질이 꼿꼿하고 모질어 국가의 봉급도 받지 않았다. 사소한 잘못도 용서치 않고 모두 귀양을 보내고 선처를 호소하는 친척들까지 잡아 때려 원성만 더해 갔다. 임금이 이를 듣고 고적사문의 포악함이 사나운 맹수보다 더하다며 그를 파면했다.

※ 규례(規例): 일정한 규칙과 정해진 관례
※ 향임(鄕任): 좌수, 별감 등 향청의 직책

① 정사가 각박할지라도 청렴한 수령은 군자가 따를 만한 수령이다.
② 『상산록』에 따르면 청렴에는 세 등급이 있는데 '조금 옛날'의 청렴한 관리가 최상이다.
③ 『상산록』에 따르면 명분과 관계없이 규례가 된 것만 먹는 수령은 '오늘날'과 '아주 옛날' 모두 청렴한 관리로 여겨졌다.
④ 『상산록』은 '오늘날'의 청렴한 관리보다 '아주 옛날'의 청렴한 관리가 상대적으로 더 청렴하다고 평가했다.
⑤ 북제의 고적사문은 『상산록』의 청렴 등급으로 볼 때 '조금 옛날'의 청렴한 관리에 해당하므로 모범이 될 만한 수령이다.

문 4. 다음 글을 근거로 판단할 때, 재산등록 의무자(A~E)의 재산등록 대상으로 옳은 것은?

재산등록 및 공개 제도는 재산등록 의무자가 본인, 배우자 및 직계존·비속의 재산을 주기적으로 등록·공개하도록 하는 제도이다. 이 제도는 재산등록 의무자의 재산 및 변동사항을 국민에게 투명하게 공개함으로써 부정이 개입될 소지를 사전에 차단하여 공직 사회의 윤리성을 높이기 위해 도입되었다.

○ 재산등록 의무: 대통령, 국무총리, 국무위원, 지방자치단체장 등 국가 및 지방자치단체의 정무직 공무원, 4급 이상의 일반직·지방직 공무원 및 이에 상당하는 보수를 받는 별정직 공무원, 대통령령으로 정하는 외무공무원 등

○ 등록대상 친족의 범위: 본인, 배우자, 본인의 직계존·비속. 다만, 혼인한 직계비속인 여성, 외증조부모, 외조부모 및 외손자녀, 외증손자녀는 제외한다.

○ 등록대상 재산: 부동산에 관한 소유권·지상권 및 전세권, 자동차·건설기계·선박 및 항공기, 합명회사·합자회사 및 유한회사의 출자 지분, 소유자별 합계액 1천만 원 이상의 현금·예금·증권·채권·채무, 품목당 5백만 원 이상의 보석류, 소유자별 연간 1천만 원 이상의 소득이 있는 지식재산권

※ 직계존속: 부모, 조부모, 증조부모 등 조상으로부터 자기에 이르기까지 직계로 이어 내려온 혈족
※ 직계비속: 자녀, 손자, 증손 등 자기로부터 아래로 직계로 이어 내려가는 혈족

① 시청에 근무하는 4급 공무원 A의 동생이 소유한 아파트
② 시장B의 결혼한 딸이 소유한 1,500만 원의 정기예금
③ 도지사 C의 아버지가 소유한 연간 600만 원의 소득이 있는 지식재산권
④ 정부부처 4급 공무원 상당의 보수를 받는 별정직 공무원 D의 아들이 소유한 승용차
⑤ 정부부처 4급 공무원 E의 이혼한 전처가 소유한 1,000만 원 상당의 다이아몬드

문 5. 다음 글을 근거로 판단할 때, 〈보기〉에서 옳은 것만을 모두 고르면?

　　　방사선은 원자핵이 분열하면서 방출되는 것으로 우리의 몸 속을 비집고 들어오면 인체를 구성하는 분자들에 피해를 준다. 인체에 미치는 방사선 피해 정도는 'rem'이라는 단위로 표현된다. 1rem은 몸무게 1g당 감마선 입자 5천만 개가 흡수된 양으로 사람의 몸무게를 80kg으로 가정하면 4조 개의 감마선 입자에 해당한다. 감마선은 방사선 중에 관통력이 가장 강하다. 체르노빌 사고 현장에서 소방대원의 몸에 흡수된 감마선 입자는 각종 보호 장구에도 불구하고 400조 개 이상이었다.

　　　만일 우리 몸이 방사선에 100rem 미만으로 피해를 입는다면 별다른 증상이 없다. 이처럼 가벼운 손상은 몸이 스스로 짧은 시간에 회복할 뿐만 아니라, 정상적인 신체 기능에 거의 영향을 미치지 않는다. 이 경우 '문턱효과'가 있다고 한다. 일정량 이하 바이러스가 체내에 들어오는 경우 우리 몸이 스스로 바이러스를 제거하여 질병에 걸리지 않는 것도 문턱효과의 예라 할 수 있다. 방사선에 200rem 정도로 피해를 입는다면 머리카락이 빠지기 시작하고, 몸에 기운이 없어지고 구역질이 난다. 항암 치료로 방사선 치료를 받는 사람에게 이런 증상이 나타나는 것을 본 적이 있을 것이다. 300rem 정도라면 수혈이나 집중적인 치료를 받지 않는 한 방사선 피폭에 의한 사망 확률이 50%에 달하고, 1,000rem 정도면 한 시간 내에 행동 불능 상태가 되어 어떤 치료를 받아도 살 수 없다.

※ 모든 감마선 입자의 에너지는 동일하다.

─────〈보기〉─────
ㄱ. 몸무게 120kg 이상인 사람은 방사선에 300rem 정도로 피해를 입은 경우 수혈이나 치료를 받지 않아도 사망할 확률이 거의 없다.

ㄴ. 몸무게 50kg인 사람이 500조 개의 감마선 입자에 해당하는 방사선을 흡수한 경우 머리카락이 빠지기 시작하고 구역질을 할 것이다.

ㄷ. 인체에 유입된 일정량 이하의 유해 물질이 정상적인 신체 기능에 거의 영향을 주지 않으면서 우리 몸에 의해 자연스럽게 제거되는 경우 문턱효과가 있다고 할 수 있다.

ㄹ. 체르노빌 사고 현장에 투입된 몸무게 80kg의 소방대원 A가 입은 방사선 피해는 100rem 이상이었다.

① ㄱ, ㄴ
② ㄴ, ㄷ
③ ㄱ, ㄴ, ㄹ
④ ㄱ, ㄷ, ㄹ
⑤ ㄴ, ㄷ, ㄹ

문 6. 다음 글과 〈상황〉을 근거로 판단할 때 옳은 것은?

제00조(국회의 정기회) 정기회는 매년 9월 1일에 집회한다. 그러나 그 날이 공휴일인 때에는 그 다음날에 집회한다.

제00조(국회의 임시회) ① 임시회의 집회요구가 있을 때에는 의장은 집회기일 3일 전에 공고한다. 이 경우 둘 이상의 집회 요구가 있을 때에는 집회일이 빠른 것을 공고하되, 집회일이 같은 때에는 그 요구서가 먼저 제출된 것을 공고한다.
② 국회의원 총선거 후 최초의 임시회는 의원의 임기개시 후 7일째에 집회한다.

제00조(연간 국회운영기본일정 등) ① 의장은 국회의 연중 상시운영을 위하여 각 교섭단체대표의원과의 협의를 거쳐 매년 12월 31일까지 다음 연도의 국회운영기본일정을 정하여야 한다. 다만, 국회의원 총선거 후 처음 구성되는 국회의 당해 연도의 국회운영기본일정은 6월 30일까지 정하여야 한다.
② 제1항의 연간 국회운영기본일정은 다음 각 호의 기준에 따른다.
　　1. 매 짝수월(8월·10월 및 12월을 제외한다) 1일(그 날이 공휴일인 때에는 그 다음날)에 임시회를 집회한다. 다만, 국회의원 총선거가 있는 월의 경우에는 그러하지 아니하다.
　　2. 정기회의 회기는 100일, 제1호의 규정에 의한 임시회의 회기는 매 회 30일을 초과할 수 없다.

─────〈상황〉─────
○ 국회의원 총선거는 4년마다 실시하며, 그 임기는 4년이다.
○ 제△△대 국회의원 총선거는 금년 4월 20일(수)에 실시되며 5월 30일부터 국회의원의 임기가 시작된다.

① 제△△대 국회의 첫 번째 임시회는 4월 27일에 집회한다.
② 올해 국회의 정기회는 9월 1일에 집회하여 12월 31일에 폐회한다.
③ 내년도 국회의 회기는 정기회와 임시회의 회기를 합하여 연간 130일을 초과할 수 없다.
④ 내년 4월 30일에 임시회의 집회요구가 있을 때에는 국회의장의 임시회 집회공고 없이 5월 1일에 임시회가 집회된다.
⑤ 제△△대 국회의 의장은 각 교섭단체대표의원과의 협의를 거쳐 내년도 국회운영기본일정을 올해 12월 31일까지 정해야 한다.

문 7. 다음 글과 〈상황〉을 근거로 판단할 때 옳은 것은?

헌법재판소가 위헌으로 결정한 법률 또는 법률조항은 그 위헌결정이 있는 날부터 효력을 상실한다. 그러나 위헌으로 결정된 형벌에 관한 법률 또는 법률조항(이하 '형벌조항'이라고 함)은 소급하여 그 효력을 상실한다. 이는 죄형법정주의 원칙에 의할 때, 효력이 상실된 형벌조항에 따라 유죄의 책임을 지는 것은 타당하지 않다는 점을 고려한 것이다.

그러나 위헌인 형벌조항에 대해서 일률적으로 해당 조항의 제정 시점까지 소급효를 인정하는 것은 문제가 있다. 왜냐하면 헌법재판소가 기존에 어느 형벌조항에 대해서 합헌결정을 하였지만 그 후 시대 상황이나 국민의 법감정 등 사정변경으로 위헌결정을 한 경우, 해당 조항의 제정 시점까지 소급하여 그 효력을 상실하게 하여 과거에 형사처벌을 받은 사람들까지도 재심을 청구할 수 있게 하는 것은 부당하기 때문이다. 따라서 위헌으로 결정된 형벌조항에 대해서 종전에 합헌결정이 있었던 경우에는 그 결정이 선고된 날의 다음 날로 소급하여 효력을 상실하는 것으로 규정함으로써 그 소급효를 제한한다. 이러한 소급효 제한의 취지로 인해 동일한 형벌조항에 대해서 헌법재판소가 여러 차례 합헌결정을 한 때에는 최후에 합헌결정을 선고한 날의 다음 날로 소급하여 그 형벌조항의 효력이 상실되는 것으로 본다.

한편, 헌법재판소의 위헌결정이 내려진 형벌조항에 근거하여 유죄의 확정판결을 받은 사람은 '무죄임을 확인해 달라'는 취지의 재심청구가 인정된다. 또한 그 유죄판결로 인해 실형을 선고받고 교도소에서 복역하였던 사람은 구금 일수에 따른 형사보상금 청구가 인정되며, 벌금형을 선고받아 이를 납부한 사람도 형사보상금 청구가 인정된다.

※ 소급효: 법률이나 판결 등의 효력이 과거 일정 시점으로 거슬러 올라가서 미치는 것

─────〈상황〉─────

1953. 9. 18.에 제정된 형법 제241조의 간통죄에 대해서, 헌법재판소는 1990. 9. 10., 1993. 3. 31., 2001. 10. 25., 2008. 10. 30.에 합헌결정을 하였지만, 2015. 2. 26.에 위헌결정을 하였다. 다음과 같이 형사처벌을 받았던 甲, 乙, 丙은 재심청구와 형사보상금 청구를 하였다.

甲: 2007. 10. 1. 간통죄로 1년의 징역형이 확정되어 1년간 교도소에서 복역하였다.

乙: 2010. 6. 1. 간통죄로 징역 1년과 집행유예 2년을 선고 받고, 교도소에서 복역한 바 없이 집행유예기간이 경과되었다.

丙: 2013. 8. 1. 간통죄로 1년의 징역형이 확정되어 1년간 교도소에서 복역하였다.

※ 집행유예: 유죄판결을 받은 사람에 대하여 일정 기간 형의 집행을 유예하고, 그 기간을 무사히 지내면 형의 선고는 효력을 상실하는 것으로 하여 실형을 과하지 않는 제도

① 甲의 재심청구는 인정되나 형사보상금 청구는 인정되지 않는다.

② 乙의 재심청구와 형사보상금 청구는 모두 인정된다.

③ 乙의 재심청구는 인정되나 형사보상금 청구는 인정되지 않는다.

④ 丙의 재심청구와 형사보상금 청구는 모두 인정되지 않는다.

⑤ 丙의 재심청구는 인정되나 형사보상금 청구는 인정되지 않는다.

문 8. 다음 〈규칙〉을 근거로 판단할 때, 〈보기〉에서 옳은 것만을 모두 고르면?

─────〈규칙〉─────

○ △△배 씨름대회는 아래와 같은 대진표에 따라 진행되며, 11명의 참가자는 추첨을 통해 동일한 확률로 A부터 K까지의 자리 중에서 하나를 배정받아 대회에 참가한다.

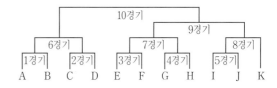

○ 대회는 첫째 날에 1경기부터 시작되어 10경기까지 순서대로 매일 하루에 한 경기씩 쉬는 날 없이 진행되며, 매 경기에서는 무승부 없이 승자와 패자가 가려진다.

○ 각 경기를 거듭할 때마다 패자는 제외시키면서 승자끼리 겨루어 최후에 남은 두 참가자 간에 우승을 가리는 승자 진출전 방식으로 대회를 진행한다.

─────〈보기〉─────

ㄱ. 이틀 연속 경기를 하지 않으면서 최소한의 경기로 우승할 수 있는 자리는 총 5개이다.

ㄴ. 첫 번째 경기에 승리한 경우 두 번째 경기 전까지 3일 이상을 경기 없이 쉴 수 있는 자리에 배정될 확률은 50% 미만이다.

ㄷ. 총 4번의 경기를 치러야 우승할 수 있는 자리에 배정될 확률이 총 3번의 경기를 치르고 우승할 수 있는 자리에 배정될 확률보다 높다.

① ㄱ

② ㄴ

③ ㄷ

④ ㄱ, ㄷ

⑤ ㄴ, ㄷ

문 9. 다음 글과 〈상황〉을 근거로 판단할 때, 甲과 乙의 최대 배상 금액으로 모두 옳은 것은?

> A국의 층간소음 배상에 대한 기준은 아래와 같다.
>
> ○ 층간소음 수인(受忍)한도
>   - 주간 최고소음도: 55dB(A)
>   - 야간 최고소음도: 50dB(A)
>   - 주간 등가소음도: 40dB(A)
>   - 야간 등가소음도: 35dB(A)
>
> ○ 층간소음 배상 기준금액: 수인한도 중 하나라도 초과 시
>
> | 피해기간 | 피해자 1인당 배상 기준금액 |
> | --- | --- |
> | 6개월 이내 | 500,000원 |
> | 6개월 초과~1년 이내 | 650,000원 |
> | 1년 초과~2년 이내 | 800,000원 |
>
> ○ 배상금액 가산기준
>   (1) 주간 혹은 야간에 최고소음도와 등가소음도가 모두 수인한도를 초과한 경우에는 30% 이내에서 가산
>   (2) 최고소음도 혹은 등가소음도가 주간과 야간에 모두 수인한도를 초과한 경우에는 30% 이내에서 가산
>   (3) 피해자가 환자, 1세 미만 유아, 수험생인 경우에는 해당 피해자 개인에게 20% 이내에서 가산
>
> ○ 둘 이상의 가산기준에 해당하는 경우 기준금액을 기준으로 각각의 가산금액을 산출한 후 합산
>
> 예) 피해기간은 3개월이고, 주간의 최고소음도와 등가소음도가 수인한도를 모두 초과하였고, 피해자가 1인이며 환자인 경우 최대 배상금액: 500,000원+(500,000원×0.3)+(500,000원×0.2)

※ 등가소음도: 변동하는 소음의 평균치

〈상황〉

○ 아파트 위층에 사는 甲이 10개월 전부터 지속적으로 소음을 발생시키자, 아래층 부부는 문제를 제기하였다. 소음을 측정한 결과 주간과 야간 모두 최고소음도는 수인한도를 초과하지 않았으나, 주간 등가소음도는 45dB(A)였으며, 야간 등가소음도는 38dB(A)였다. 아래층 피해자 부부는 모두 가산기준 (3)에 해당되지 않는다.

○ 아파트 위층에 사는 乙이 1년 6개월 전부터 야간에만 지속적으로 소음을 발생시키자, 아래층에 사는 가족은 문제를 제기하였다. 야간에 소음을 측정한 결과 등가소음도는 42dB(A)였으며, 최고소음도는 52dB(A)이었다. 아래층 피해자 가족은 4명이며, 그 중 수험생 1명만 가산기준 (3)에 해당된다.

	甲	乙
①	1,690,000원	4,320,000원
②	1,690,000원	4,160,000원
③	1,690,000원	3,840,000원
④	1,300,000원	4,320,000원
⑤	1,300,000원	4,160,000원

문 10. ○○시의 〈버스정류소 명칭 관리 및 운영계획〉을 근거로 판단할 때 옳은 것은? (단, 모든 정류소는 ○○시 내에 있다.)

──────〈버스정류소 명칭 관리 및 운영계획〉──────

□ 정류소 명칭 부여기준

　○ 글자 수: 15자 이내로 제한

　○ 명칭 수: 2개 이내로 제한

　　－ 정류소 명칭은 지역대표성 명칭을 우선으로 부여

　　－ 2개를 병기할 경우 우선순위대로 하되, •으로 구분

우선 순위	지역대표성 명칭			특정법인(개인) 명칭	
	1	2	3	4	5
명칭	고유지명	공공기관, 공공시설	관광지	시장, 아파트, 상가, 빌딩	기타 (회사, 상점 등)

□ 정류소 명칭 변경 절차

　○ 자치구에서 명칭 부여기준에 맞게 홀수달 1일에 신청

　　－ 홀수달 1일에 하지 않은 신청은 그 다음 홀수달 1일 신청으로 간주

　○ 부여기준에 적합한지를 판단하여 시장이 승인 여부를 결정

　○ 관련기관은 정류소 명칭 변경에 따른 정비를 수행

　○ 관련기관은 정비결과를 시장에게 보고

명칭 변경 신청 (자치구)	→	명칭 변경 승인 (시장)	→	명칭 변경에 따른 정비 (관련기관)	→	정비결과 보고 (관련기관)
홀수달 1일 신청		신청일로부터 5일 이내		승인일로부터 7일 이내		정비완료일로 부터 3일 이내

※ 단, 주말 및 공휴일도 일수(日數)에 산입하며, 당일(신청일, 승인일, 정비완료일)은 일수에 산입하지 않는다.

① 자치구가 7월 2일에 정류소 명칭 변경을 신청한 경우, ○○시의 시장은 늦어도 7월 7일까지는 승인 여부를 결정해야 한다.

② 자치구가 8월 16일에 신청한 정류소 명칭 변경이 승인될 경우, 늦어도 9월 16일까지는 정비결과가 시장에게 보고된다.

③ '가나시영3단지'라는 정류소 명칭을 '가나서점·가나3단지아파트'로 변경하는 것은 명칭 부여기준에 적합하다.

④ '다라중학교·다라동1차아파트'라는 정류소 명칭은 글자 수가 많아 명칭 부여기준에 적합하지 않다.

⑤ 명칭을 변경하는 정류소에 '마바구도서관·마바시장·마바물산'이라는 명칭이 부여될 수 있다.

문 11. 다음 글을 근거로 판단할 때 옳은 것은?

　무궁화에 관한 가장 오래된 기록은 중국 동진시대의 문인 곽복이 쓴 『산해경』이라는 지리서에 있다. 이 책에는 "군자의 나라에 무궁화가 많은데 아침에 피고 저녁에 진다."는 기록이 남아 있다. 또한 중국의 고전 『고금기』에도 "군자의 나라는 지방이 천리인데 무궁화가 많이 피었다."는 기록이 있다. 신라시대 최치원이 중국 당나라에 보낸 국서에는 신라를 근화향(槿花鄕), 즉 무궁화 나라로 표기하였으며, 고려 예종도 고려를 근화향이라 지칭하였다.

　갑오개혁 이후 민중은 무궁화를 왕실의 꽃이 아닌 민중의 꽃으로 인식하였다. 일제가 국권을 강탈한 후에도 무궁화에 대한 민중의 사랑은 더욱 깊어졌다. 일제는 이러한 민중의 정서를 잘 알고 있었기에 무궁화를 말살하려 했다. 예를 들어 무궁화를 캐 온 학생에게 상을 주고, 무궁화를 캐낸 자리에는 벚꽃을 심었다. 또한 무궁화를 가까이에서 보면 눈에 핏발이 서고 만지면 부스럼이 생긴다는 유언비어를 퍼뜨리고, 무궁화를 보면 침을 뱉고 멀리 돌아가라고 가르쳤다.

　이러한 핍박 속에서도 일부 단체나 학교는 무궁화를 겨레의 상징물로 사용하였다. 1937년 7월 31일 종로 파고다 공원에서 개최된 시국강연회에 참석한 조선소년군은 무궁화가 새겨진 스카프를 착용했다. 일제는 이것을 저항으로 해석하여 스카프를 압수하고 조선소년군 간부를 구금했다. 또한, 서울중앙학교는 모자에 무궁화를 새겼다가 문제가 되어 무궁화를 월계수로 대체하여야 했다.

① 일제는 무궁화 말살을 위해 학생들이 무궁화를 캐도록 유도했다.

② 민중의 무궁화에 대한 사랑은 일제가 국권을 강탈한 후 자연히 시들해졌다.

③ 최치원의 국서는 무궁화에 관한 가장 오래된 기록으로 신라를 근화향으로 표기했다.

④ 일제의 무궁화 말살 정책으로 무궁화를 구하기 어려워지자 모든 단체와 학교는 벚꽃을 겨레의 상징물로 사용했다.

⑤ 조선소년군은 시국강연회에 참석할 때 착용한 스카프에 무궁화가 새겨진 것이 문제가 되자 무궁화를 월계수로 대체했다.

2015 해커스PSAT 7급+민경채 PSAT 16개년 기출문제집 상황판단

문 12. 다음 글을 근거로 판단할 때, 〈보기〉에서 옳은 것만을 모두 고르면?

〈일월오봉도〉는 하늘과 땅, 다섯 개의 산봉우리로 상징되는 '삼라만상'과 해와 달로 표상되는 '음양오행'의 원리를 시각화한 것이다. 이는 각각 조선의 왕이 '통치하는 대상'과 '치세의 이데올로기'를 시각적으로 응축한 것이기도 하다. 조선 후기 대다수의 〈일월오봉도〉는 크기에 관계없이 다음과 같은 형식을 취한다. 화면(畵面)의 중앙에는 다섯 개의 봉우리 가운데 가장 큰 산봉우리가 위치하고 그 양쪽으로 각각 두 개의 작은 봉우리가 배치되어 있다. 해는 오른편에 위치한 두 작은 봉우리 사이의 하늘에, 달은 왼편의 두 작은 봉우리 사이의 하늘에 보름달의 형상으로 떠 있다. 화면의 양쪽 구석을 차지하고 있는 바위 위에 키 큰 적갈색 소나무 네 그루가 대칭으로 서 있다. 화면의 하단을 완전히 가로질러 채워진 물은 비늘 모양으로 형식화되어 반복되는 물결 무늬로 그려져 있다.

〈일월오봉도〉는 왕이 정무를 보는 궁궐의 정전(正殿)뿐 아니라 왕이 참석하는 행사장에 임시로 설치한 어좌(御座)에도 배설(排設)되었으며 왕이 죽고 나면 그 시신을 모시던 빈전(殯殿)과 혼전(魂殿)에도 사용되었고 제사에 배향(配享)된 영정 초상 뒤에도 놓였다. 이는 〈일월오봉도〉가 살아 있는 왕을 위해서만이 아니라 왕의 사후에도 왕의 존재를 표상하기 위한 곳이라면 어디든 사용되었다는 것을 시사한다. 즉, 〈일월오봉도〉는 그 자체로 왕의 존재를 지시하는 동시에 왕만이 전유(專有)할 수 있는 것이었다.

※ 배설(排設): 의식에 쓰이는 도구들을 벌여 놓음
※ 빈전(殯殿): 발인 때까지 왕이나 왕비의 관(棺)을 모시던 전각
※ 혼전(魂殿): 임금이나 왕비의 국장 후에 위패를 모시던 전각
※ 배향(配享): 종묘에 죽은 사람의 위패를 모심

─────〈보기〉─────
ㄱ. 왕의 죽음과 관련된 장소에는 〈일월오봉도〉를 배치하지 않았다.
ㄴ. 조선 후기 대다수의 〈일월오봉도〉에서는 해가 달보다 오른쪽에 그려져 있다.
ㄷ. 〈일월오봉도〉는 왕비나 세자의 존재를 표상하기 위해 사용되었다.
ㄹ. 〈일월오봉도〉에서 다섯 개의 산봉우리는 왕을 나타내는 상징물이다.

① ㄴ
② ㄹ
③ ㄱ, ㄴ
④ ㄴ, ㄷ
⑤ ㄱ, ㄷ, ㄹ

문 13. 다음 글을 근거로 판단할 때, 우리나라에서 기단을 표시한 기호로 모두 옳은 것은?

기단(氣團)은 기온, 습도 등의 대기 상태가 거의 일정한 성질을 가진 공기 덩어리이다. 기단은 발생한 지역에 따라 분류할 수 있다. 대륙에서 발생하는 대륙성기단은 건조한 성질을 가지며, 해양에서 발생하는 해양성기단은 습한 성질을 갖는다. 또한 기단의 온도에 따라 한대기단, 열대기단, 적도기단, 극기단으로 나뉜다.

기단은 그 성질을 기호로 표시하기도 한다. 해양성기단은 알파벳 소문자 m을 기호 처음에 표기하고, 대륙성기단은 알파벳 소문자 c를 기호 처음에 표기한다. 이어서 한대 기단은 알파벳 대문자 P로 표기하고, 열대기단은 알파벳 대문자 T로 표기한다. 예를 들어 해양성한대기단은 mP가 되는 것이다. 또한 기단이 이동하면서 나타나는 열역학적 특성에 따라 알파벳 소문자 w나 k를 마지막에 추가한다. w는 기단이 그 하층의 지표면보다 따뜻할 때 사용하며 k는 기단이 그 하층의 지표면보다 차가울 때 사용한다. 한편 적도기단은 E로, 북극기단은 A로 표시한다.

겨울철 우리나라에 영향을 주는 대표적인 기단은 시베리아기단으로 우리나라 지표면보다 차가운 대륙성한대기단이다. 북극기단이 우리나라에 영향을 주기도 하는데, 북극기단은 극기단의 일종으로 최근 우리나라 겨울철 혹한의 주범으로 지목되고 있다. 여름철에 우리나라에 영향을 주는 대표적 열대기단은 북태평양기단이다. 북태평양기단은 해수 온도가 높은 북태평양에서 발생하여 우리나라 지표면보다 덥고 습한 성질을 가져 고온다습한 날씨를 야기한다. 또다른 여름철 기단인 오호츠크해기단은 해양성한대기단으로 우리나라 지표면보다 차갑고 습한 성질을 갖는다. 적도 지방에서 발생하여 북상하는 적도기단도 우리나라 여름철에 영향을 준다.

	시베리아기단	북태평양기단	오호츠크해기단
①	mPk	mTk	cPk
②	mPk	cTw	cPk
③	cPk	cTw	mPk
④	cPk	mTw	mTk
⑤	cPk	mTw	mPk

문 14. 다음 글과 〈상황〉을 근거로 판단할 때, 甲에게 가장 적절한 유연근무제는?

　유연근무제는 획일화된 공무원의 근무형태를 개인·업무·기관별 특성에 맞게 다양화하여 일과 삶의 균형을 꾀하고 공직생산성을 향상시키는 것을 목적으로 하며, 시간제근무, 탄력근무제, 원격근무제로 나눌 수 있다.

　시간제근무는 다른 유연근무제와 달리 주 40시간보다 짧은 시간을 근무하는 것이다. 수시로 신청할 수 있으며 보수 및 연가는 근무시간에 비례하여 적용한다.

　탄력근무제에는 네 가지 유형이 있다. '시차출퇴근형'은 1일 8시간 근무체제를 유지하면서 출퇴근시간을 자율적으로 조정할 수 있다. 07:00~10:00에 30분 단위로 출근시간을 스스로 조정하여 8시간 근무 후 퇴근한다. '근무시간선택형'은 주 5일 근무를 준수해야 하지만 1일 8시간을 반드시 근무해야 하는 것은 아니다. 근무가능 시간대는 06:00~24:00이며 1일 최대 근무시간은 12시간이다. '집약근무형'은 1일 8시간 근무체제에 구애받지 않으며, 주 3.5~4일만을 근무한다. 근무가능 시간대는 06:00~24:00이며 1일 최대 근무시간은 12시간이다. 이 경우 정액급식비 등 출퇴근을 전제로 지급되는 수당은 출근하는 일수만큼만 지급한다. '재량근무형'은 출퇴근 의무 없이 프로젝트 수행으로 주 40시간의 근무를 인정하는 형태이며 기관과 개인이 협의하여 수시로 신청한다.

　원격근무제에는 '재택근무형'과 '스마트워크근무형'이 있는데, 실시 1주일 전까지 신청하면 된다. 재택근무형은 사무실이 아닌 자택에서 근무하는 것이며, 초과근무는 불인정된다. 스마트워크근무형은 자택 인근의 스마트워크 센터 등 별도 사무실에서 근무하며, 초과근무를 위해서는 사전에 부서장의 승인이 필요하다.

─────〈상황〉─────

　A부서의 공무원 甲은 유연근무제를 신청하고자 한다. 甲은 원격근무보다는 A부서 사무실에 출근하여 일하는 것을 원하며, 주 40시간의 근무시간은 지킬 예정이다. 이틀은 아침 7시에 출근하여 12시간씩 근무하고, 나머지 사흘은 5~6시간의 근무를 하고 일찍 퇴근하려는 계획을 세웠다.

① 근무시간선택형

② 시차출퇴근형

③ 시간제근무

④ 집약근무형

⑤ 재택근무형

문 15. 다음 글을 근거로 판단할 때, 〈보기〉에서 방정식 $x^3 + 4x + 2 = 0$의 표현으로 옳은 것만을 모두 고르면?

　과거에는 방정식을 현재의 표현 방식과는 다르게 표현하였다.

　카르다노는 x를 reb^9라고 쓰고 x^3을 cub^9라고 했으며 +를 p: 과 같이 써서 $x^3 + 6x = 18$을
$$cub^9 \; p: 6reb^9 \; ae\bar{q}lis \; 18$$
이라고 했다.

　스테빈은 $x^3 + 3 = 2x + 6$을
$$1^③ + 3 \; egales \; \acute{a} \; 2^① + 6$$
이라고 썼다. 여기서 egales á는 =를 나타낸다.

　기랄드는 x를 (1), x^2을 (2), x^3을 (3)과 같이 사용했다. 즉, $x^3 + 21x^2 + 4 = 0$을
$$1(3) + 21(2) + 4 = 0$$
이라고 쓴 것이다.

　헤리옷은 $x^3 + 3x = 0$을
$$xxx + 3 \cdot x = 0$$
과 같이 표현했다.

─────〈보기〉─────

ㄱ. 카르다노는 $cub^9 \; p: 4reb^9 \; p: 2 \; ae\bar{q}lis \; 0$이라고 썼을 것이다.

ㄴ. 스테빈은 $1^③ + 4^① + 2 \; egales \; \acute{a} \; 0$이라고 썼을 것이다.

ㄷ. 기랄드는 $1(2) + 4(1) + 2 = 0$이라고 썼을 것이다.

ㄹ. 헤리옷은 $xxx + 4 \cdot x + 2 = 0$이라고 썼을 것이다.

① ㄱ, ㄷ

② ㄴ, ㄹ

③ ㄱ, ㄴ, ㄷ

④ ㄱ, ㄴ, ㄹ

⑤ ㄴ, ㄷ, ㄹ

문 16. 다음 글을 근거로 판단할 때, 〈표〉의 ㉠~㉣에 들어갈 기호로 모두 옳은 것은?

> 법 제○○조(학교환경위생 정화구역) 시·도의 교육감은 학교환경위생 정화구역(이하 '정화구역'이라 한다)을 절대 정화구역과 상대정화구역으로 구분하여 설정하되, 절대 정화구역은 학교출입문으로부터 직선거리로 50미터까지인 지역으로 하고, 상대정화구역은 학교경계선으로부터 직선거리로 200미터까지인 지역 중 절대정화구역을 제외한 지역으로 한다.
>
> 법 제△△조(정화구역에서의 금지시설) ① 누구든지 정화 구역에서는 다음 각 호의 어느 하나에 해당하는 시설을 하여서는 아니 된다.
>
> 　1. 도축장, 화장장 또는 납골시설
> 　2. 고압가스·천연가스·액화석유가스·제조소 및 저장소
> 　3. 폐기물수집장소
> 　4. 폐기물처리시설, 폐수종말처리시설, 축산폐수배출시설
> 　5. 만화가게(유치원 및 대학교의 정화구역은 제외한다)
> 　6. 노래연습장(유치원 및 대학교의 정화구역은 제외한다)
> 　7. 당구장(유치원 및 대학교의 정화구역은 제외한다)
> 　8. 호텔, 여관, 여인숙
>
> ② 제1항에도 불구하고 대통령령으로 정하는 구역에서는 제1항의 제2호, 제3호, 제5호부터 제8호까지에 규정된 시설 중 교육감이 학교환경위생정화위원회의 심의를 거쳐 학습과 학교보건위생에 나쁜 영향을 주지 아니한다고 인정하는 시설은 허용될 수 있다.
>
> 대통령령 제□□조(제한이 완화되는 구역) 법 제△△조 제2항에서 '대통령령으로 정하는 구역'이란 법 제○○조에 따른 상대정화구역(법 제△△조 제1항 제7호에 따른 당구장 시설을 하는 경우에는 정화구역 전체)을 말한다.

〈표〉

시설 ＼ 구역	초·중·고등학교		유치원·대학교	
	절대정화구역	상대정화구역	절대정화구역	상대정화구역
폐기물처리시설	X	X	X	X
폐기물수집장소	X	△	X	△
당구장	㉠		㉢	
만화가게		㉡		
호텔				㉣

X: 금지되는 시설
△: 학교환경위생정화위원회의 심의를 거쳐 허용될 수 있는 시설
O: 허용되는 시설

	㉠	㉡	㉢	㉣
①	△	O	O	△
②	△	△	O	△
③	X	△	O	△
④	X	△	△	X
⑤	X	X	△	X

문 17. 다음 글을 근거로 판단할 때 옳은 것은?

헌법 제29조 제1항은 "공무원의 직무상 불법행위로 손해를 받은 국민은 법률이 정하는 바에 의하여 국가 또는 공공단체에 정당한 배상을 청구할 수 있다. 이 경우 공무원 자신의 책임은 면제되지 아니한다."라고 규정하고 있다. 대법원은 이 헌법 조항의 의미에 대하여 다음과 같이 판단하였다.

[다수의견] 헌법 제29조 제1항은 공무원의 직무상 불법행위로 인하여 국가 등이 배상책임을 진다고 할지라도 그 때문에 공무원 자신의 민·형사책임이나 징계책임이 면제되지 아니한다는 원칙을 규정한 것이나, 그 조항 자체로 피해자에 대한 공무원 개인의 구체적인 손해배상책임의 범위까지 규정한 것으로 보기는 어렵다. 따라서 공무원이 직무수행 중 불법행위로 국민에게 손해를 입힌 경우에 국가 또는 공공단체가 국가배상책임을 부담하는 외에 공무원 개인도 고의 또는 중과실이 있는 경우에는 피해자에게 불법행위로 인한 손해배상책임을 진다고 할 것이다. 그러나 공무원에게 경과실만 있는 경우에는 공무원 개인은 피해자에게 손해배상책임을 부담하지 아니한다고 해석하여야 한다.

[별개의견] 헌법 제29조 제1항의 공무원의 책임은 직무상 불법행위를 한 그 공무원 개인의 불법행위책임임이 분명하다. 여기에서 말하는 불법행위의 개념은 법적인 일반 개념으로서, 그것은 고의 또는 과실로 인한 위법행위로 타인에게 손해를 가한 것을 의미하고, 이때의 과실은 중과실과 경과실을 구별하지 않는다. 따라서 공무원의 경과실로 인한 직무상 불법행위의 경우에도, 국가 또는 공공단체의 책임은 물론, 공무원 개인의 피해자에 대한 손해배상책임도 면제되지 아니한다고 해석하는 것이, 우리 헌법의 관계 규정의 연혁에 비추어 그 명문에 충실한 것일 뿐만 아니라 헌법의 기본권 보장 정신과 법치주의의 이념에도 부응한다.

[반대의견] 헌법 제29조 제1항의 규정은 직무상 불법행위를 한 공무원 개인의 피해자에 대한 손해배상책임이 면제되지 아니한다는 것을 규정한 것으로 볼 수는 없고, 이는 다만 직무상 불법행위를 한 공무원의 국가 또는 공공단체에 대한 내부적 책임 등이 면제되지 아니한다는 취지를 규정한 것으로 보아야 한다. 따라서 공무원이 직무상 불법행위를 한 경우에 국가 또는 공공단체만이 피해자에 대하여 국가 배상법에 의한 손해배상책임을 부담할 뿐, 공무원 개인은 고의 또는 중과실이 있는 경우에도 피해자에 대하여 손해 배상책임을 부담하지 않는 것으로 보아야 한다.

① 공무원의 경과실로 인한 직무상 불법행위로 국민에게 손해가 발생한 경우, 공무원 개인이 피해자에게 배상책임을 지지 않는다는 것이 [다수의견]과 [별개의견]의 일치된 입장이다.

② 공무원의 경과실로 인한 직무상 불법행위로 국민에게 손해가 발생한 경우, 국가 또는 공공단체가 피해자에게 배상책임을 진다는 점에서는 [다수의견], [별개의견], [반대의견]의 입장이 모두 일치한다.

③ 공무원이 직무상 불법행위로 국민에게 손해배상책임을 지는 데 있어서, [다수의견]과 [반대의견]은 모두 경과실과 중과실을 구분하지 않는다.

④ 공무원의 중과실로 인한 직무상 불법행위로 국민에게 손해가 발생한 경우, 피해자에 대해서 뿐만 아니라 국가 또는 공공단체에 대한 공무원의 책임도 면제된다는 것이 [반대의견]의 입장이다.

⑤ 공무원의 고의 또는 중과실로 인한 직무상 불법행위로 국민에게 손해가 발생한 경우, 공무원 개인이 피해자에게 배상책임을 진다는 점에서는 [다수의견], [별개의견], [반대의견]의 입장이 모두 일치한다.

2015 해커스PSAT 7급+민경채 PSAT 16개년 기출문제집 상황판단

문 18. 다음 글과 〈상황〉을 근거로 판단할 때, 주택(A ~ E) 중 관리대상주택의 수는?

○○나라는 주택에 도달하는 빛의 조도를 다음과 같이 예측한다.

| ● : 조명시설 | ⬛ : 주택 |

A   36   B   C   24   D   48   E

1. 각 조명시설에서 방출되는 광량은 그림에 표시된 값이다.
2. 위 그림에서 1칸의 거리는 2이며, 빛의 조도는 조명시설에서 방출되는 광량을 거리로 나눈 값이다.
3. 여러 조명시설로부터 동시에 빛이 도달할 경우, 각 조명시설로부터 주택에 도달한 빛의 조도를 예측하여 단순 합산한다.
4. 주택에 도달하는 빛은 그림에 표시된 세 개의 조명시설에서 방출되는 빛 외에는 없다고 가정한다.

〈상황〉

빛공해로부터 주민생활을 보호하기 위해, 주택에서 예측된 빛의 조도가 30을 초과할 경우 관리대상주택으로 지정한다.

① 1 채
② 2 채
③ 3 채
④ 4 채
⑤ 5 채

문 19. 다음 글을 근거로 판단할 때 옳지 않은 것은?

1678년 영의정 허적(許積)의 제의로 상평통보(常平通寶)가 주조·발행되어 널리 유통된 이유는 다음과 같다. 첫째, 국내적으로 조정이 운영하는 수공업이 쇠퇴하고 민간이 운영하는 수공업이 발전함으로써 국내 시장의 상품교류가 확대되고, 1645년 회령 지방을 시초로 국경무역이 활발해짐에 따라 화폐의 필요성이 제기되었기 때문이다. 둘째, 임진왜란 이후 국가 재정이 궁핍하였으나 재정 지출은 계속해서 증가함에 따라 재원 마련의 필요성이 있었기 때문이다.

1678년에 발행된 상평통보는 초주단자전(初鑄單字錢)이라 불리는데, 상평통보 1문(개)의 중량은 1전 2푼이고 화폐가치는 은 1냥을 기준으로 400문으로 정하였으며 쌀 1되가 4문이었다.

1679년 조정은 상평통보의 규격을 변경하였다. 초주단자전을 대신하여 당이전(當二錢) 또는 절이전(折二錢)이라는 대형전을 주조·발행하였는데, 중량은 2전 5푼이었고 은 1냥에 대한 공인 교환율도 100문으로 변경하였다.

1678년부터 1680년까지 상평통보 주조·발행량은 약 6만 관으로 추정되고 있다. 당이전의 화폐 가치는 처음에는 제대로 유지되었지만 조정이 부족한 재원을 마련하기 위해 발행을 증대하면서 1689년에 이르러서는 은 1냥이 당이전 400~800문이 될 정도로 그 가치가 폭락하였다. 1681년부터 1689년까지의 상평통보 주조·발행량은 약 17만 관이었다.

1752년에는 훈련도감, 어영청, 금위영 등 중앙의 3개 군사부서와 지방의 통영에서도 중형상평통보(中型常平通寶)를 주조·발행하도록 하였다. 중형상평통보의 액면 가치는 당이전과 동일하지만 중량이 약 1전 7푼(1757년에는 1전 2푼)으로 당이전보다 줄어들고 크기도 축소되었다.

※ 상평통보 묶음단위: 1관＝10냥＝100전＝1,000문

※ 중량단위: 1냥＝10전＝100푼＝1,000리＝$\frac{1}{16}$근

① 초주단자전, 당이전, 중형상평통보 중 가장 무거운 것은 당이전이다.
② 은을 기준으로 환산할 때 상평통보의 가치는 경우에 따라 $\frac{1}{4}$ 이하로 떨어지기도 하였다.
③ 1678년부터 1689년까지 주조·발행된 상평통보는 약 2억 3,000만 문으로 추정된다.
④ 1678년을 기준으로 은 1근은 같은 해에 주조·발행된 상평통보 4,600문의 가치를 가진다.
⑤ 상품교류 및 무역 활성화뿐만 아니라 국가 재정상 필요에 따라 상평통보가 주조·발행되었다.

문 20. 다음 글을 근거로 판단할 때, 사용자 아이디 KDHong의 패스워드로 가장 안전한 것은?

○ 패스워드를 구성하는 문자의 종류는 4가지로, 알파벳 대문자, 알파벳 소문자, 특수문자, 숫자이다.
○ 세 가지 종류 이상의 문자로 구성된 경우, 8자 이상의 패스워드는 10점, 7자 이하의 패스워드는 8점을 부여한다.
○ 두 가지 종류 이하의 문자로 구성된 경우, 10자 이상의 패스워드는 10점, 9자 이하의 패스워드는 8점을 부여한다.
○ 동일한 문자가 연속되어 나타나는 패스워드는 2점을 감점한다.
○ 아래 〈키보드〉 가로열 상에서 인접한 키에 있는 문자가 연속되어 나타나는 패스워드는 2점을 감점한다.
  예) ⑥과 ⑦은 인접한 키로, 6과 7뿐만 아니라 ^와 7도 인접한 키에 있는 문자이다.
○ 사용자 아이디 전체가 그대로 포함된 패스워드는 3점을 감점한다.
○ 점수가 높을수록 더 안전한 패스워드이다.

※ 특수문자는 !, @, #, $, %, ^, &, *, (,) 뿐이라고 가정한다.

〈키보드〉

① 10H&20Mzw

② KDHong!

③ asjpeblove

④ SeCuRiTy*

⑤ 1249dhqtgml

문 21. 다음 〈정렬 방법〉을 근거로 판단할 때, 〈정렬 대상〉에서 두 번째로 위치를 교환해야 하는 두 수로 옳은 것은?

〈정렬 방법〉

아래는 정렬되지 않은 여러 개의 서로 다른 수를 작은 것에서 큰 것 순으로 정렬하는 방법이다.
(1) 가로로 나열된 수 중 가장 오른쪽의 수를 피벗(pivot)이라 하며, 나열된 수에서 제외시킨다.
  예) 나열된 수가 5, 3, 7, 1, 2, 6, 4라고 할 때, 4가 피벗이고 남은 수는 5, 3, 7, 1, 2, 6이다.
(2) 피벗보다 큰 수 중 가장 왼쪽의 수를 찾는다.
  예) 5, 3, 7, 1, 2, 6에서는 5이다.
(3) 피벗보다 작은 수 중 가장 오른쪽의 수를 찾는다.
  예) 5, 3, 7, 1, 2, 6에서는 2이다.
(4) (2)와 (3)에서 찾은 두 수의 위치를 교환한다.
  예) 5와 2를 교환하여(첫 번째 위치 교환) 2, 3, 7, 1, 5, 6이 된다.
(5) 피벗보다 작은 모든 수가 피벗보다 큰 모든 수보다 왼쪽에 위치할 때까지 (2)~(4)의 과정을 반복한다.
  예) 2, 3, 7, 1, 5, 6에서 7은 피벗 4보다 큰 수 중 가장 왼쪽의 수이며, 1은 피벗 4보다 작은 수 중 가장 오른쪽의 수이다. 이 두 수를 교환하면(두 번째 위치 교환) 2, 3, 1, 7, 5, 6이 되어, 피벗 4보다 작은 모든 수는 피벗 4보다 큰 모든 수보다 왼쪽에 있다.
  ⋮
  (후략)

〈정렬 대상〉
15, 22, 13, 27, 12, 10, 25, 20

① 15와 10

② 20과 13

③ 22와 10

④ 25와 20

⑤ 27과 12

2015 해커스PSAT 7급+민경채 PSAT 16개년 기출문제집 상황판단

문 22. 다음 글을 근거로 판단할 때, 〈보기〉에서 옳은 것만을 모두 고르면?

거짓말 탐지기는 진술 내용의 참, 거짓을 판단하는 장치이다. 거짓말 탐지기의 정확도(%)는 탐지 대상이 되는 진술이 참인 것을 참으로, 거짓인 것을 거짓으로 옳은 판단을 내릴 확률을 의미하며, 참인 진술과 거짓인 진술 각각에 대하여 동일한 정확도를 나타낸다. 甲이 사용하는 거짓말 탐지기의 정확도는 80%이다.

〈보기〉

ㄱ. 탐지 대상이 되는 진술이 총 100건이라면, 甲의 거짓말 탐지기는 20건에 대하여 옳지 않은 판단을 내릴 가능성이 가장 높다.

ㄴ. 탐지 대상이 되는 진술 100건 가운데 참인 진술이 20건이라면, 甲의 거짓말 탐지기가 이 100건 중 참으로 판단하는 것은 총 32건일 가능성이 가장 높다.

ㄷ. 탐지 대상이 되는 진술 100건 가운데 참인 진술이 10건인 경우, 甲이 사용하는 거짓말 탐지기의 정확도가 높아진다면 이 100건 중 참으로 판단하는 진술이 많아진다.

ㄹ. 거짓말 탐지기의 정확도가 90%이고 탐지 대상이 되는 진술 100건 가운데 참인 진술이 10건인 경우, 탐지기가 18건을 참으로 판단했다면 그 중 거짓인 진술이 9건일 가능성이 가장 높다.

① ㄱ, ㄴ
② ㄱ, ㄷ
③ ㄱ, ㄴ, ㄹ
④ ㄱ, ㄷ, ㄹ
⑤ ㄴ, ㄷ, ㄹ

문 23. 다음 글을 근거로 판단할 때 옳은 것은?

○○리그는 10개의 경기장에서 진행되는데, 각 경기장은 서로 다른 도시에 있다. 또 이 10개 도시 중 5개는 대도시이고 5개는 중소도시이다. 매일 5개 경기장에서 각각 한 경기가 열리며 한 시즌 당 각 경기장에서 열리는 경기의 횟수는 10개 경기장 모두 동일하다.

대도시의 경기장은 최대수용인원이 3만 명이고, 중소 도시의 경기장은 최대수용인원이 2만 명이다. 대도시 경기장의 경우는 매 경기 60%의 좌석 점유율을 나타내고 있는 반면 중소도시 경기장의 경우는 매 경기 70%의 좌석 점유율을 보이고 있다. 특정 경기장의 관중수는 그 경기장의 좌석 점유율에 최대수용인원을 곱하여 구한다.

① ○○리그의 1일 최대 관중수는 16만 명이다.

② 중소도시 경기장의 좌석 점유율이 10%p 높아진다면 대도시 경기장 한 곳의 관중수보다 중소도시 경기장 한 곳의 관중수가 더 많아진다.

③ 내년 시즌부터 4개의 대도시와 6개의 중소도시에서 경기가 열린다면 ○○리그의 한 시즌 전체 누적 관중수는 올 시즌 대비 2.5% 줄어든다.

④ 대도시 경기장의 좌석 점유율이 중소도시 경기장과 같고 최대수용인원은 그대로라면, ○○리그의 1일 평균 관중수는 11만 명을 초과하게 된다.

⑤ 중소도시 경기장의 최대수용인원이 대도시 경기장과 같고 좌석 점유율은 그대로라면, ○○리그의 1일 평균 관중수는 11만 명을 초과하게 된다.

문 24. 다음 글을 근거로 판단할 때 ○○년 8월 1일의 요일은?

> ○○년 7월의 첫날 甲은 자동차 수리를 맡겼다. 甲은 그 달 마지막 월요일인 네 번째 월요일에 자동차를 찾아가려 했으나, 사정이 생겨 그 달 마지막 금요일인 네 번째 금요일에 찾아갔다.

※ 날짜는 양력 기준

① 월요일

② 화요일

③ 수요일

④ 목요일

⑤ 금요일

문 25. 다음 〈조건〉을 근거로 판단할 때, 초록 모자를 쓰고 있는 사람과 A 입장에서 왼편에 앉은 사람으로 모두 옳은 것은?

─〈조건〉─

○ A, B, C, D 네 명이 정사각형 테이블의 각 면에 한 명씩 둘러앉아 있다.

○ 빨강, 파랑, 노랑, 초록 색깔의 모자 4개가 있다. A, B, C, D는 이 중 서로 다른 색깔의 모자 하나씩을 쓰고 있다.

○ A와 B는 여자이고 C와 D는 남자이다.

○ A 입장에서 왼편에 앉은 사람은 파란 모자를 쓰고 있다.

○ B 입장에서 왼편에 앉은 사람은 초록 모자를 쓰고 있지 않다.

○ C 맞은편에 앉은 사람은 빨간 모자를 쓰고 있다.

○ D 맞은편에 앉은 사람은 노란 모자를 쓰고 있지 않다.

○ 노란 모자를 쓴 사람과 초록 모자를 쓴 사람 중 한 명은 남자이고 한 명은 여자이다.

	초록 모자를 쓰고 있는 사람	A 입장에서 왼편에 앉은 사람
①	A	B
②	A	D
③	B	C
④	B	D
⑤	C	B

약점 보완 해설집 p.152

문 1. 다음 글을 근거로 판단할 때, 〈보기〉에서 옳은 것만을 모두 고르면?

우리나라는 건국헌법 이래 문화국가의 원리를 헌법의 기본원리로 채택하고 있다. 우리 현행 헌법은 전문에서 '문화의 … (중략)… 영역에 있어서 각인(各人)의 기회를 균등히' 할 것을 선언하고 있을 뿐 아니라, 문화국가를 실현하기 위하여 보장되어야 할 정신적 기본권으로 양심과 사상의 자유, 종교의 자유, 언론·출판의 자유, 학문과 예술의 자유 등을 규정하고 있다. 개별성·고유성·다양성으로 표현되는 문화는 사회의 자율영역을 바탕으로 한다고 할 것이고, 이들 기본권은 견해와 사상의 다양성을 그 본질로 하는 문화국가원리의 불가결의 조건이라고 할 것이다.

문화국가원리는 국가의 문화국가실현에 관한 과제 또는 책임을 통하여 실현되므로 국가의 문화정책과 밀접한 관계를 맺고 있다. 과거 국가절대주의 사상의 국가관이 지배하던 시대에는 국가의 적극적인 문화간섭정책이 당연한 것으로 여겨졌다. 이와 달리 오늘날에는 국가가 어떤 문화현상에 대하여도 이를 선호하거나 우대하는 경향을 보이지 않는 불편부당의 원칙이 가장 바람직한 정책으로 평가받고 있다. 오늘날 문화국가에서의 문화정책은 그 초점이 문화 그 자체에 있는 것이 아니라 문화가 생겨날 수 있는 문화 풍토를 조성하는 데 두어야 한다.

문화국가원리의 이러한 특성은 문화의 개방성 내지 다원성의 표지와 연결되는데, 국가의 문화육성의 대상에는 원칙적으로 모든 사람에게 문화창조의 기회를 부여한다는 의미에서 모든 문화가 포함된다. 따라서 엘리트문화뿐만 아니라 서민문화, 대중문화도 그 가치를 인정하고 정책적인 배려의 대상으로 하여야 한다.

〈보기〉

ㄱ. 우리나라 건국헌법에서는 문화국가원리를 채택하지 않았다.
ㄴ. 문화국가원리에 의하면 엘리트문화는 정부의 정책적 배려대상이 아니다.
ㄷ. 다양한 문화가 생겨날 수 있는 문화풍토를 조성하는 정책은 문화국가원리에 부합한다.
ㄹ. 국가절대주의 사상의 국가관이 지배하던 시대에는 국가가 특정 문화만을 선호하여 지원할 수 있었다.

① ㄱ
② ㄴ
③ ㄱ, ㄷ
④ ㄷ, ㄹ
⑤ ㄱ, ㄷ, ㄹ

문 2. 다음 글을 근거로 판단할 때, 〈보기〉에서 옳은 것만을 모두 고르면?

진경산수화(眞景山水畵)는 18세기 초반에 우리 실경(實景)을 많이 그렸던 겸재 정선(鄭敾)의 산수화를 대표로 하여, 이후 18세기 후반에 계속 그려진 우리 산천이 담긴 산수화를 지칭하는 말이다. 여기에서 사용된 '진경(眞景)'과 달리 '진경(眞境)'은 이전 시대의 기록에도 많이 나타나지만, 그 의미는 선경(仙境)의 뜻으로만 사용되었다. 여기에 새 의미를 부여한 사람은 실학자 이익이고, 경계 '경(境)'자 대신에 경치 '경(景)'자를 쓴 사람은 강세황이다. 실학자 이익은 실재하는 경물이라는 의미로서 진경(眞景)을 사용하였으며, 우리 산수를 실제로 마주 대하는 사실정신을 강조하여 선경의 탈속성(脫俗性)을 제거하였다. 이것이 18세기 후반 강세황에 의해 적극 수용되어 진경(眞景)이란 말로 자리 잡게 된 것이다.

실재하는 경치를 그린 예는 고려시대나 조선시대 초·중기에도 있었다. 그러나 우리 회화에서 '진경산수화'가 새로운 회화영역으로서 본격적으로 발전한 것은 중국의 남종화(南宗畵) 양식에 바탕을 두고 우리나라에 실재하는 경관을 특유의 화풍으로 그린 겸재 정선에게서 비롯되었다. 사전적 해석으로 진경(眞景)은 '실재하는 풍경'이라는 뜻의 실경(實景)을 말한다. 그러나 진(眞)이라는 한자는 『설문해자(說問解字)』에 따르면 '선인이 변형해 놓고 하늘에 오른 땅'이라는 뜻을 지닌다. 이로 보아 진경(眞景)은 실경으로서의 단순한 경치뿐만 아니라 선경(仙境)의 의미, 즉 이상 세계까지 내포하고 있음을 알 수 있다. 그러므로 진경(眞景)이라는 말을 조선 후기의 맥락에서 이해하자면 참된 경치, 마음 속 경치를 포함하며 경치의 본질 혹은 진실까지 포함한 넓은 개념으로 보면 된다. 따라서 진경산수화는 실경을 바탕으로 작가가 경치를 보고 느낀 감동과 환희까지 투영한 그림으로 보면 될 것이다.

〈보기〉

ㄱ. 진경산수화는 중국 남종화 양식의 영향을 받았다.
ㄴ. 진경산수화는 이익에 의해 본격적으로 발전하기 시작하였다.
ㄷ. 진경산수화는 작가가 현실세계와 무관한 이상세계를 상상하여 그린 그림이다.
ㄹ. 선경(仙境)의 탈속성을 제거한 의미인 진경(眞景)이란 단어는 18세기 초반에 이미 정착되어 있었다.

① ㄱ
② ㄱ, ㄴ
③ ㄴ, ㄷ
④ ㄷ, ㄹ
⑤ ㄱ, ㄷ, ㄹ

문 3. 다음 글을 근거로 판단할 때 옳은 것은?

　　최초의 자전거는 1790년 시브락 백작이 발명한 '셀레리페르'라는 것이 정설이다. 이후 1813년 만하임의 드라이스 폰 자이에르브론 남작이 '드레지엔'을 선보였다. 방향 전환이 가능한 핸들이 추가된 이 자전거는 1817년 파리 티볼리 정원의 구불구불한 길을 단번에 통과한 후 인기를 끌었다. 19세기 중엽에는 '벨로시페드'라는 자전거가 등장했는데, 이 자전거는 앞바퀴 쪽에 달려 있는 페달을 밟아 이동이 가능했다. 이 페달은 1861년 에르네스트 미쇼가 드레지엔을 수리하다가 아이디어를 얻어 발명한 것이었다.

　　자전거가 인기를 끌자, 1868년 5월 생클루드 공원에서는 처음으로 자전거 스피드 경주가 열렸다. 이 대회의 우승은 제임스 무어가 차지했다. 그는 다음 해 열린 파리-루앙 간 최초의 도로 사이클 경주에서도 우승했다.

　　이로부터 상당한 시일이 흐른 후 금속제 자전거가 등장했다. 1879년에는 큰 기어와 뒷바퀴 사이에 체인이 달린 자전거가, 그리고 1885년에는 안전 커버가 부착되고 두 바퀴의 지름이 똑같은 자전거가 발명되었다. 1888년에는 스코틀랜드의 수의사 던롭이 공기 타이어를 고안했으며, 이후 19세기 말 유럽의 길거리에는 자전거가 붐비기 시작했다.

① 18세기에 발명된 셀레리페르는 핸들로 방향을 전환할 수 있었다.

② 벨로시페드의 페달은 드레지엔의 수리과정에서 얻은 아이디어를 바탕으로 발명되었다.

③ 대중적으로 자전거의 인기가 높아지자 19세기 초에 도로 사이클 경주가 개최되었다.

④ 최초의 자전거 스피드 경주에 사용된 자전거는 두 바퀴의 지름이 같았다.

⑤ 공기 타이어가 부착된 자전거가 체인을 단 자전거보다 먼저 발명되었다.

문 4. 다음 글을 근거로 추론할 때, 〈보기〉에서 옳은 것만을 모두 고르면?

　　스위스에는 독일어, 프랑스어, 이탈리아어, 레토로만어 등 4개 언어가 공식어로 지정되어 있다. 스위스는 '칸톤'이라 불리는 20개의 주(州)와 6개의 '할프칸톤(半州)'으로 구성되어 있으며, 이들 지방자치단체들 간의 사회적·경제적 격차는 그다지 심하지 않고 완벽에 가까운 사회보장제도가 시행되고 있다.

　　연방국가인 스위스의 정치제도적 특징은 직접민주주의(국민발의와 국민투표)에 있다. 직접민주주의 제도를 통해 헌법이나 법률의 개정을 제안하거나 연방정부 또는 연방 의회가 이미 인준한 헌법이나 법률조항을 거부하기도 한다. 안건도 매우 다양하여 출산보험 도입, 신예전투기 도입, 외국인의 귀화절차와 난민권, 알프스 산맥의 철도터널 신설, 쥐라 주의 독립문제 등을 대상으로 삼았다. 더 나아가 외교정책도 다루어졌는데 1986년에는 유엔가입 여부를 국민투표에 부쳤고, 그 결과 의회가 가결한 유엔가입안을 부결시킨 적이 있다.

　　연방정부는 7인의 연방장관(4대 정당 대표와 3대 언어권 대표)으로 구성되며 모든 안건은 이들이 만장일치 혹은 압도적 다수로 결정한다. 따라서 국가수반이나 행정부의 수반은 없는 것과 다름없다. 이러한 제도는 타협이 이루어질 때까지 많은 시간이 소요되므로 시급한 문제의 처리나 위급상황 발생시에는 문제점이 나타날 수 있다.

―――――〈보기〉―――――

ㄱ. 스위스 국민은 어느 주에 살더라도 사회보장을 잘 받을 수 있을 것이다.

ㄴ. 스위스에서는 연방정부에서 결정된 사항을 국민투표에 부칠 수 없을 것이다.

ㄷ. 스위스는 독일, 프랑스, 이탈리아 등 강대국 사이에 위치하고 있기 때문에 국가수반은 강력한 리더십을 발휘할 것이다.

ㄹ. 스위스에서는 연방정부의 의사결정 방식으로 인해 국가의 중요 안건을 신속하게 결정하기 어려울 수 있다.

① ㄱ

② ㄴ

③ ㄱ, ㄷ

④ ㄱ, ㄹ

⑤ ㄷ, ㄹ

문 5. 다음 글을 근거로 판단할 때, 〈보기〉에서 옳은 것만을 모두 고르면?

□ 사업개요

1. 사업목적

○ 취약계층 아동에게 맞춤형 통합서비스를 제공하여 아동의 건강한 성장과 발달을 도모하고, 공평한 출발 기회를 보장함으로써 건강하고 행복한 사회구성원으로 성장할 수 있도록 지원함

2. 사업대상

○ 0세 ~ 만 12세 취약계층 아동

※ 0세는 출생 이전의 태아와 임산부를 포함

※ 초등학교 재학생이라면 만 13세 이상도 포함

□ 운영계획

1. 지역별 인력구성

○ 전담공무원: 3명

○ 아동통합서비스 전문요원: 4명 이상

※ 아동통합서비스 전문요원은 대상 아동 수에 따라 최대 7명까지 배치 가능

2. 사업예산

○ 시·군·구별 최대 3억 원(국비 100%) 한도에서 사업 환경을 반영하여 차등지원

※ 단, 사업예산의 최대 금액은 기존사업지역 3억 원, 신규사업지역 1억 5천만 원으로 제한

〈보기〉

ㄱ. 임신 6개월째인 취약계층 임산부는 사업대상에 해당되지 않는다.

ㄴ. 내년 초등학교 졸업을 앞둔 만 14세 취약계층 학생은 사업대상에 해당한다.

ㄷ. 대상 아동 수가 많은 지역이더라도 해당 사업의 전담 공무원과 아동통합서비스 전문요원을 합한 인원은 10명을 넘을 수 없다.

ㄹ. 해당 사업을 신규로 추진하고자 하는 △△시는 사업예산을 최대 3억 원까지 국비로 지원받을 수 있다.

① ㄱ, ㄴ

② ㄱ, ㄹ

③ ㄴ, ㄷ

④ ㄴ, ㄹ

⑤ ㄷ, ㄹ

문 6. 다음 글의 (가)~(라)와 〈보기〉의 ㄱ~ㄹ을 옳게 짝지은 것은?

법의 폐지란 법이 가진 효력을 명시적·묵시적으로 소멸시키는 것을 말한다. 여기에는 4가지 경우가 있다.

(가) 법에 시행기간(유효기간)을 두고 있는 때에는 그 기간의 종료로 당연히 그 법은 폐지된다. 이렇게 일정기간 동안만 효력을 발생하도록 제정된 법을 '한시법'이라 한다.

(나) 신법에서 구법의 규정 일부 또는 전부를 폐지한다고 명시적으로 정한 때에는 그 규정은 당연히 폐지된다. 이러한 경우에 신법은 구법을 대신하여 효력을 갖는다.

(다) 동일 사항에 관하여 구법과 서로 모순·저촉되는 신법이 제정되면 그 범위 내에서 구법은 묵시적으로 폐지된다. 이처럼 신법은 구법을 폐지한다. 그러나 특별법은 일반법에 우선하여 적용되므로 신일반법은 구특별법을 폐지하지 못한다.

(라) 처음부터 일정한 조건의 성취, 목적의 달성을 위하여 제정된 법은 그 조건의 성취, 목적의 달성이나 소멸로 인해 당연히 폐지된다.

〈보기〉

ㄱ. A법에는 "공포 후 2014년 12월 31일까지 시행한다"고 규정되어 있다.

ㄴ. "B법의 제00조는 폐지한다"는 규정을 신법C에 두었다.

ㄷ. D법으로 규율하고자 했던 목적이 완전히 달성되었다.

ㄹ. 동일 사항에 대하여, 새로 제정된 E법(일반법)에 F법(특별법)과 다른 규정이 있는 경우에는 F법이 적용된다.

	(가)	(나)	(다)	(라)
①	ㄱ	ㄴ	ㄷ	ㄹ
②	ㄱ	ㄴ	ㄹ	ㄷ
③	ㄴ	ㄱ	ㄷ	ㄹ
④	ㄴ	ㄹ	ㄱ	ㄷ
⑤	ㄷ	ㄹ	ㄴ	ㄱ

문 7. 다음 글을 근거로 판단할 때, 스프링클러설비를 설치해야 하는 곳은?

> 스프링클러설비를 설치해야 하는 곳은 다음과 같다.
> 1. 종교시설(사찰·제실·사당은 제외한다), 운동시설(물놀이형 시설은 제외한다)로서 수용인원이 100명 이상인 경우에는 모든 층
> 2. 판매시설, 운수시설 및 창고시설 중 물류터미널로서 다음의 어느 하나에 해당하는 경우에는 모든 층
>   ○ 층수가 3층 이하인 건축물로서 바닥면적 합계가 6,000m² 이상인 것
>   ○ 층수가 4층 이상인 건축물로서 바닥면적 합계가 5,000m² 이상인 것
> 3. 다음의 어느 하나에 해당하는 경우에는 모든 층
>   ○ 의료시설 중 정신의료기관, 노인 및 어린이 시설로서 해당 용도로 사용되는 바닥면적의 합계가 600m² 이상인 것
>   ○ 숙박이 가능한 수련시설로서 해당 용도로 사용되는 바닥면적의 합계가 600m² 이상인 것
> 4. 기숙사(교육연구시설·수련시설 내에 있는 학생 수용을 위한 것을 말한다) 또는 복합건축물로서 연면적 5,000m² 이상인 경우에는 모든 층
> 5. 교정 및 군사시설 중 다음의 어느 하나에 해당하는 경우에는 해당 장소
>   ○ 보호감호소, 교도소, 구치소, 보호관찰소, 갱생보호시설, 치료감호시설, 소년원의 수용거실
>   ○ 경찰서 유치장

① 경찰서 민원실

② 수용인원이 500명인 사찰의 모든 층

③ 연면적 15,000m²인 5층 복합건축물의 모든 층

④ 2층 건축물로서 바닥면적 합계가 5,000m²인 물류터미널의 모든 층

⑤ 외부에서 입주한 편의점의 바닥면적을 포함한 바닥면적 합계가 500m²인 정신의료기관의 모든 층

문 8. 다음 글을 근거로 판단할 때, 〈보기〉에서 옳은 것만을 모두 고르면?

> □ 증여세의 납세의무자는 누구이며 부과대상은 무엇입니까?
>   ○ 증여세는 타인으로부터 재산을 무상으로 받은 사람, 즉 수증자가 원칙적으로 납세의무를 부담합니다.
>   ○ 또한 법인 아닌 사단·재단, 비영리법인은 증여세 납세의무를 부담합니다. 다만 증여받은 재산에 대해 법인세가 과세되는 영리법인은 증여세 납부의무가 없습니다.
>   ○ 수증자가 국내거주자이면 증여받은 '국내외 모든 재산', 수증자가 국외거주자이면 증여받은 '국내소재 재산, 국외 예금과 국외 적금'이 증여세 부과대상입니다.
> □ 증여자가 예외적으로 수증자와 함께 납세의무를 부담하는 경우도 있습니까?
>   ○ 수증자가 국외거주자인 경우, 증여자는 연대납세의무를 부담합니다.
>   ○ 또한 수증자가 다음 중 어느 하나에 해당하는 경우에도 증여자는 연대납세의무를 부담합니다.
>   – 수증자의 주소 또는 거소가 분명하지 아니한 경우로서 조세채권의 확보가 곤란한 경우
>   – 수증자가 증여세를 납부할 능력이 없다고 인정되는 경우로서 체납처분을 하여도 조세채권의 확보가 곤란한 경우

───── 〈보기〉 ─────

ㄱ. 甲이 국내거주자 장남에게 자신의 강릉 소재 빌딩(시가 10억 원 상당)을 증여한 경우, 甲은 원칙적으로 증여세를 납부할 의무가 있다.

ㄴ. 乙이 평생 모은 재산 10억 원을 국내소재 사회복지법인 丙(비영리법인)에게 기부한 경우, 丙은 증여세를 납부할 의무가 있다.

ㄷ. 丁이 자신의 국외 예금(10억 원 상당)을 해외에 거주하고 있는 아들에게 증여한 경우, 丁은 연대납세의무를 진다.

ㄹ. 戊로부터 10억 원을 증여받은 국내거주자 己가 현재 파산 상태로 인해 체납처분을 하여도 조세채권의 확보가 곤란한 경우, 己는 증여세 납부의무가 없다.

① ㄱ, ㄴ

② ㄱ, ㄷ

③ ㄴ, ㄷ

④ ㄴ, ㄹ

⑤ ㄷ, ㄹ

문 9. 다음 글을 근거로 판단할 때 옳은 것은?

> 제00조(국민공천배심원단) ① 공정하고 투명한 국회의원 후보자 선발을 위하여 국민공천배심원단을 둔다.
> ② 국민공천배심원단은 국회의원 후보자 중 비전략지역 후보자를 제외한 전략지역 및 비례대표 후보자를 심사대상으로 한다.
> 제00조(지역구 국회의원 후보자의 확정) ① 지역구 국회의원 후보자는 공천위원회의 추천을 받아 최고위원회의 의결로 확정한다.
> ② 공천위원회는 후보자의 적격여부에 대한 심사를 거쳐 단수 후보자를 최고위원회에 추천하거나 복수의 후보자를 선정한다.
> ③ 공천위원회는 제2항에 따라 선정된 복수의 후보자를 대상으로 여론조사를 실시하여 결정된 단수 후보자를 최고 위원회에 추천한다.
> ④ 국민공천배심원단은 공천위원회에서 추천한 전략지역 후보자에 대해 적격여부를 심사하여 부적격하다고 판단할 경우, 재적 3분의 2 이상의 의결로 최고위원회에 재의요구를 권고할 수 있다.
> 제00조(비례대표 국회의원 후보자 확정) 비례대표 국회의원 후보자는 공천위원회에서 지역 및 직역별로 공모를 실시한 후 후보자와 그 순위를 정하고, 국민공천배심원단의 심사를 거쳐 최고위원회의 의결로 확정한다.

① 국민공천배심원단은 비례대표 국회의원 후보자를 최종적으로 확정한다.

② 국민공천배심원단은 전략지역 국회의원 후보자를 추천할 수 있다.

③ 국민공천배심원단은 공천위원회가 추천한 비전략지역 국회의원 후보자에 대해 재의를 요구할 수 있다.

④ 최고위원회는 공천위원회의 추천을 받아 비전략지역 국회의원 후보자를 의결로 확정한다.

⑤ 전략지역 국회의원 후보자에 대하여 최고위원회에 재의요구를 권고할 수 있는 국민공천배심원단의 의결정족수는 재적 3분의 1 이상이다.

문 10. 다음 숫자 배열 (가)~(다)의 공통적인 특성만을 〈보기〉에서 모두 고르면?

> (가) 2, 3, 6, 7, 8
> (나) 1, 4, 5, 6, 9
> (다) 6, 5, 8, 3, 9

〈보기〉
ㄱ. 홀수 다음에 홀수가 연이어 오지 않는다.
ㄴ. 짝수 다음에 짝수가 연이어 오지 않는다.
ㄷ. 동일한 숫자는 반복하여 사용되지 않는다.
ㄹ. 어떤 숫자 바로 다음에는 그 숫자의 배수가 오지 않는다.

① ㄱ, ㄴ
② ㄴ, ㄷ
③ ㄴ, ㄹ
④ ㄷ, ㄹ
⑤ ㄱ, ㄷ, ㄹ

문 11. 다음 글을 근거로 판단할 때, 〈보기〉에서 옳은 것만을 모두 고르면?

1493년 콜럼버스에 의해 에스파냐에 소개된 옥수수는 16세기 초에는 카스티야, 안달루시아, 카탈류냐, 포르투갈에서 재배되었고, 그 후에 프랑스, 이탈리아, 판노니아, 발칸 지역 등으로 보급되었다. 그러나 이 시기에는 옥수수를 휴경지에 심어 사료로 사용하거나 가끔 텃밭에서 재배하는 정도였다. 따라서 옥수수는 주곡의 자리를 차지하지 못했다.

감자는 1539년 페루에서 처음 눈에 띄었다. 이 무렵 에스파냐를 통해 이탈리아에 전해진 감자는 '타르투폴로'라는 이름을 가지게 되었다. 감자를 식용으로 사용한 초기 기록 중 하나는 1573년 세비야 상그레 병원의 물품 구입 목록이다. 이후 독일과 영국에서 감자를 식용으로 사용한 사례가 간혹 있었지만, 18세기에 이르러서야 주곡의 자리를 차지하였다.

한편 18세기 유럽에서는 인구가 크게 증가하였고, 정치, 경제, 문화 등 모든 면에서 활기가 넘쳤다. 늘어난 인구를 부양하는 데 감자와 옥수수 보급이 기여하는 바가 컸다. 18세기 기록을 보면 파종량 대 수확량은 호밀의 경우 1 대 6인데 비해 옥수수는 무려 1 대 80이었다. 그렇지만 감자와 옥수수는 하층민의 음식으로 알려졌고, 더욱이 구루병, 결핵, 콜레라 등을 일으킨다는 믿음 때문에 보급에 큰 어려움이 있었다. 그러나 대규모 기근을 계기로 감자와 옥수수는 널리 보급되었다. 굶어죽기 직전의 상황에서 전통적인 미각을 고집할 이유가 없었으니, 감자와 옥수수 같은 고수확작물 재배의 증가는 필연적이었다.

〈보기〉

ㄱ. 유럽에는 감자보다 옥수수가 먼저 들어왔을 것이다.

ㄴ. 유럽에서 감자와 옥수수를 처음으로 재배한 곳은 이탈리아였다.

ㄷ. 18세기에는 옥수수의 파종량 대비 수확량이 호밀보다 10배 이상 높았을 것이다.

ㄹ. 감자와 옥수수는 인구증가와 기근으로 유럽 전역에 확산되어 16세기에 주곡의 자리를 차지하였다.

① ㄱ, ㄴ

② ㄱ, ㄷ

③ ㄴ, ㄹ

④ ㄱ, ㄷ, ㄹ

⑤ ㄴ, ㄷ, ㄹ

문 12. 다음 글을 근거로 추론할 때, 〈보기〉에서 옳은 것만을 모두 고르면?

작위 등급을 5개로 하는 오등작제(五等爵制)는 중국 주나라와 당나라의 제도를 따른 것이다. 오등작제의 작위는 높은 순부터 공(公), 후(侯), 백(伯), 자(子), 남(男)으로 불렀다. 작위를 받으면 봉건귀족으로 인정되며 나라에서 주는 식읍(食邑)을 받기도 했다.

왕족이나 공신을 작위에 봉하는 봉작제(封爵制)는 고려 때 처음 들어왔다. 왕족은 공·후·백의 삼등작제를 사용한 것으로 보인다. 이와 달리 비왕족에 대해서는 오등작제를 사용하였다. 비왕족에 대한 오등작제가 제도적으로 완성된 것은 고려 문종 때로, 국공(國公)은 식읍 3,000호에 품계는 정2품으로, 군공(郡公)은 2,000호에 종2품으로, 현후(縣侯)는 식읍 1,000호, 현백(縣伯)은 700호, 개국자(開國子)는 500호에 품계는 셋 모두 정5품으로, 현남(縣男)은 300호에 종5품으로 하였다. 그러나 제도가 정한대로 식읍을 주는 것은 아니었고 실제 받는 식읍은 달랐다.

조선 개국 후인 1401년 조선 태종은 명나라와의 관계를 고려하여 왕족인 공(公)을 부원대군(府院大君)으로, 공신인 후(侯)와 백(伯)을 각각 군(君)과 부원군(府院君)으로 바꾸도록 했다. 이후 1897년 조선이 대한제국으로 격상되었지만 여전히 군(君)으로 봉했다.

〈보기〉

ㄱ. 조선 태종시대의 공신은 부원군 작위를 받을 수 있었을 것이다.

ㄴ. 고려 문종 때 완성된 봉작제에 따르면 현후와 현백이 받는 품계는 달랐을 것이다.

ㄷ. 고려 문종 때 완성된 봉작제에 따라 종5품 품계와 식읍 300호로 정해진 현남 작위에 봉해진 사람은 왕족이었을 것이다.

① ㄱ

② ㄴ

③ ㄱ, ㄴ

④ ㄱ, ㄷ

⑤ ㄴ, ㄷ

문 13. 다음 글을 근거로 판단할 때, 〈보기〉에서 옳은 것만을 모두 고르면?

사람들은 검은 후추와 흰 후추를 서로 다른 종류라고 생각한다. 그런데 사실 검은 후추는 열매가 완전히 익기 전에 따서 건조시킨 것이다. 그래서 검은 후추열매의 외관은 주름져 있다. 반대로 흰 후추는 열매가 완전히 익었을 때 따서 따뜻한 물에 담가 과피와 과육을 제거한 것이다.

맛을 잘 아는 미식가는 후추를 가능하면 사용하기 직전에 갈아서 쓰곤 한다. 왜냐하면 후추는 통후추 상태로는 향미가 오랫동안 보존되지만 갈아놓으면 향미를 빨리 잃기 때문이다. 그 때문에 일반 가정의 식탁에도 후추 분쇄기가 놓이게 되었다.

후추는 열매에 들어있는 피페린이라는 성분 때문에 매운 맛이 난다. 피페린을 5~8% 함유하고 있는 검은 후추는 피페린의 함유량이 더 적은 흰 후추보다 매운 맛이 강하다. 반면 흰 후추는 매운 맛은 덜하지만 더 향기롭다.

〈보기〉

ㄱ. 피페린이 4% 함유된 후추는 7% 함유된 후추보다 더 매울 것이다.

ㄴ. 흰 후추를 얻기 위해서는 후추열매가 완전히 익기 전에 수확해야 한다.

ㄷ. 더 매운 후추 맛을 원하는 사람은 흰 후추보다 검은 후추를 선택할 것이다.

ㄹ. 일반적으로 후추는 사용 직전에 갈아 쓰는 것이 미리 갈아 놓은 것보다 향미가 더 강할 것이다.

① ㄱ, ㄴ
② ㄱ, ㄷ
③ ㄱ, ㄹ
④ ㄴ, ㄷ
⑤ ㄷ, ㄹ

문 14. 다음 글을 근거로 판단할 때 옳지 않은 것은?

우리는 영국의 빅토리아시대에 보도된 불량식품에 관한 기사들을 읽을 때 경악하게 된다. 대도시의 빈곤층이 주식으로 삼았던 빵이나 그들이 마셨던 홍차도 불량식품 목록에서 예외가 아니었기 때문이다. 이는 유럽대륙이나 북아메리카에서도 흔히 볼 수 있었던 일로, 식품과 의약품의 성분에 관한 법률이 각국 의회에서 통과되어 이에 대한 제재가 이루어질 때까지 계속되었다. 예컨대 초콜릿의 경우 그 수요가 늘어나자 악덕 생산업자나 상인들의 좋은 표적이 되었다. 1815년 왕정복고 후 프랑스에서는 흙, 완두콩 분말, 감자 전분 등을 섞어 만든 초콜릿이 판매될 정도였다.

마침내 각국 정부는 대책을 세우게 되었다. 1850년 발간된 의학 잡지 『란세트』는 식품 분석을 위한 영국 위생위원회가 창설된다고 발표하였다. 이 위생위원회의 활동으로 그때까지 의심스러웠던 초콜릿의 첨가물이 명확히 밝혀지게 되었다. 그 결과 초콜릿 견본 70개 가운데 벽돌가루를 이용해 적갈색을 낸 초콜릿이 39개에 달한다는 사실이 밝혀졌다. 또한 대부분의 견본은 감자나 칡에서 뽑은 전분 등을 함유하고 있었다. 이후 영국에서는 1860년 식품의약품법이, 1872년 식품첨가물법이 제정되었다.

① 북아메리카에서도 불량식품 문제는 있었다.

② 영국 위생위원회는 1850년 이후 창설되었다.

③ 영국의 빅토리아시대에 기사로 보도된 불량식품 중에는 홍차도 있었다.

④ 영국에서는 식품의약품법이 제정된 지 채 10년도 되지 않아 식품첨가물법이 제정되었다.

⑤ 영국 위생위원회의 분석 대상에 오른 초콜릿 견본 중 벽돌가루가 들어간 것의 비율이 50%를 넘었다.

문 15. 다음 〈사업설명서〉를 근거로 판단할 때, 〈보기〉에서 옳은 것만을 모두 고르면?

〈사업설명서〉

총지원금		2013년	14,000백만 원	2014년	13,000백만 원
지원 인원		2013년	3,000명	2014년	2,000명
사업 개요	시작년도	1998년			
	추진경위	IMF 대량실업사태 극복을 위해 출발			
	사업목적	실업자에 대한 일자리 제공으로 생활 안정 및 사회 안전망 제공			
	모집시기	연간 2회(5월, 12월)			
근로 조건	근무조건	월 소정 근로시간	112시간 이하	주당 근로일수	5일
	4대 사회보험 보장여부	국민연금	건강보험	고용보험	산재보험
		○	○	○	○
참여자	주된 참여자	청년 (35세 미만)	중장년 (50~64세)	노인 (65세 이상)	여성	장애인
			○			
	기타	우대 요건	저소득층, 장기실업자, 여성 가장 등 취업취약계층 우대		취업 취약계층 목표비율	70%

〈보기〉

ㄱ. 2014년에는 2013년보다 총지원금은 줄었지만 지원 인원 1인당 평균 지원금은 더 많아졌다.

ㄴ. 저소득층, 장기실업자, 여성가장이 아니라면 이 사업에 참여할 수 없다.

ㄷ. 이 사업 참여자들은 4대 사회보험을 보장받지 못한다.

ㄹ. 이 사업은 청년층이 주된 참여자이다.

① ㄱ

② ㄱ, ㄴ

③ ㄴ, ㄷ

④ ㄷ, ㄹ

⑤ ㄱ, ㄷ, ㄹ

문 16. 다음 글을 근거로 판단할 때, 〈사례〉의 甲과 乙 사업이 각각 받아야 하는 평가의 수는?

○ A평가

평가의 대상은 총사업비가 500억 원 이상인 사업 중 중앙 정부의 재정지원(국비) 규모가 300억 원 이상인 신규사업으로 건설공사가 포함된 사업, 정보화·국가연구개발사업, 사회복지·보건·교육·노동·문화·관광·환경보호·농림·해양수산·산업·중소기업 분야의 사업이다.

단, 법령에 따라 설치하거나 추진하여야 하는 사업, 공공청사 신·증축사업, 도로·상수도 등 기존 시설의 단순개량 및 유지보수사업, 재해예방 및 복구지원 등으로 시급한 추진이 필요한 사업은 평가 대상에서 제외된다.

※ 법령: 국회에서 제정한 법률과 행정부에서 제정한 명령(대통령령·총리령·부령)을 의미한다.

○ B평가

신규사업의 시행이 환경에 미치는 영향을 미리 조사·예측·평가하는 것이다. 평가 대상은 도시개발사업, 도로건설사업, 철도건설사업(도시철도 포함), 공항건설사업이다.

○ C평가

대량의 교통수요를 유발할 우려가 있는 신규사업을 시행할 경우, 미리 주변지역의 교통체계에 미치는 제반 영향을 분석·평가하여 이에 따른 대책을 강구하는 평가이다. 평가의 대상은 다음과 같다.

종류	기준
도시개발사업	부지면적 10만m² 이상
철도건설사업	정거장 1개소 이상, 총길이 5km 이상

〈사례〉

甲사업: ○○광역시가 시행주체가 되어 추진하는 부지면적 12만 5천m²에 보금자리주택을 건설하는 신규 도시개발사업으로, 총사업비 520억 원 중 100억 원을 국비로, 420억 원을 시비로 조달함

乙사업: 최근 국회에서 제정한 '△△광역시 철도건설특별 법률'에 따라 △△광역시에 정거장 7개소, 총길이 18km의 철도를 건설하는 신규사업으로, 총사업비 4,300억 원을 전액 국비로 지원받음

	甲사업	乙사업
①	2	2
②	2	3
③	3	1
④	3	2
⑤	3	3

문 17. 다음 글을 근거로 판단할 때, 〈사례〉의 甲~丁 중에서 사업자등록을 하여야 하는 사람만을 모두 고르면?

다음 요건을 모두 갖춘 경우 사업자등록을 하여야 한다.

○ 사업자이어야 한다.

사업자란 사업목적이 영리이든 비영리이든 관계없이 사업상 독립적으로 재화 또는 용역을 공급하는 사람(법인 포함)을 말한다.

○ 계속성·반복성을 가져야 한다.

재화나 용역을 계속적이고 반복적으로 공급하여야 한다. 계속적이고 반복적인 공급이란 시간을 두고 여러 차례에 걸쳐 이루어지는 것을 말한다.

○ 독립성을 가져야 한다.

사업의 독립성이란 사업과 관련하여 재화 또는 용역을 공급하는 주체가 다른 사업자에게 고용되거나 종속되지 않은 경우를 말한다.

─ 〈사례〉 ─

○ 용돈이 필요하여 자신이 사용하던 200만 원 가치의 카메라 1대를 인터넷 중고매매 카페에 매물로 1회 등록한 甲

○ 자사의 제품을 판매하기 위해 열심히 일하는 영업사원 乙

○ 결식 어린이 돕기 성금 모금을 위하여 자원봉사자들이 직접 만든 공예품을 8년째 판매하고 있는 비영리법인 丙

○ 자신이 개발한 발명품을 10년 동안 직접 판매하면서 생활비 정도를 벌고 있는 丁

① 甲, 乙

② 甲, 丙

③ 乙, 丙

④ 乙, 丁

⑤ 丙, 丁

문 18. 다음 글을 근거로 판단할 때, 〈보기〉에서 옳은 것만을 모두 고르면?

제00조 ① 개발부담금을 징수할 수 있는 권리(개발부담금징수권)와 개발부담금의 과오납금을 환급받을 권리(환급청구권)는 행사할 수 있는 시점부터 5년간 행사하지 아니하면 소멸시효가 완성된다.

② 제1항에 따른 개발부담금 징수권의 소멸시효는 다음 각 호의 어느 하나의 사유로 중단된다.

1. 납부고지

2. 납부독촉

3. 교부청구

4. 압류

③ 제2항에 따라 중단된 소멸시효는 다음 각 호의 어느 하나에 해당하는 기간이 지난 시점부터 새로이 진행한다.

1. 고지한 납부기간

2. 독촉으로 재설정된 납부기간

3. 교부청구 중의 기간

4. 압류해제까지의 기간

④ 제1항에 따른 환급청구권의 소멸시효는 환급청구권 행사로 중단된다.

※ 개발부담금이란 개발이익 중 국가가 부과·징수하는 금액을 말한다.

※ 소멸시효는 일정한 기간 권리자가 권리를 행사하지 않으면 권리가 소멸하는 것을 말한다.

─ 〈보기〉 ─

ㄱ. 개발부담금 징수권의 소멸시효는 고지한 납부기간이 지난 시점부터 중단된다.

ㄴ. 국가가 개발부담금을 징수할 수 있는 때로부터 3년간 징수하지 않으면 개발부담금 징수권의 소멸시효가 완성된다.

ㄷ. 국가가 개발부담금을 징수할 수 있는 날로부터 2년이 경과한 후 납부의무자에게 납부고지하면, 개발부담금 징수권의 소멸시효가 중단된다.

ㄹ. 납부의무자가 개발부담금을 기준보다 많이 납부한 경우, 그 환급을 받을 수 있는 때로부터 환급청구권을 3년간 행사하지 않으면 소멸시효가 완성된다.

① ㄱ

② ㄷ

③ ㄱ, ㄹ

④ ㄴ, ㄷ

⑤ ㄴ, ㄹ

문 19. 다음 글을 근거로 판단할 때, 〈사례〉의 甲국과 乙국의 한 선거구에서 당선에 필요한 최소 득표율은?

○ 민주주의 국가는 대표를 선출하기 위한 다양한 형태의 선거제도를 운용하고 있다. 이 중 '제한 투표제'는 한 선거구에서 여러 명의 대표를 선출하는 제도이다. 이 제도에서 유권자는 해당 선거구의 의석수보다 적은 수의 표를 갖게 된다. 예를 들어 한 선거구에서 4명의 대표를 선출한다면, 유권자에게 4표보다 적은 2표 혹은 3표를 부여하여 투표하도록 하는 제도이다.

○ 학자 A는 이 같은 선거제도에서 당선에 필요한 최소 득표율을 다음 공식으로 구할 수 있다고 주장한다.

$$\text{최소득표율(\%)} = \frac{\text{유권자 1인당 투표수}}{\text{유권자 1인당 투표수} + \text{선거구당 의석수}} \times 100$$

─────〈사례〉─────

○ 甲국: 한 선거구에서 3명의 의원을 선출하며, 유권자는 2표를 행사한다.

○ 乙국: 한 선거구에서 5명의 의원을 선출하며, 유권자는 3표를 행사한다.

	甲국	乙국
①	20%	32.5%
②	20%	37.5%
③	40%	27.5%
④	40%	32.5%
⑤	40%	37.5%

문 20. 다음 〈기준〉과 〈현황〉을 근거로 판단할 때, 지방자치단체 A~D 중 중점관리대상만을 모두 고르면?

─────〈기준〉─────

○ 지방재정위기 사전경보지표

(단위: %)

지표 경보 구분	통합재정 수지적자 비율	예산대비 채무비율	채무 상환비 비율	지방세 징수액 비율	금고잔액 비율	공기업 부채비율
주의	25 초과 50 이하	25 초과 50 이하	12 초과 25 이하	25 이상 50 미만	10 이상 20 미만	400 초과 600 이하
심각	50 초과	50 초과	25 초과	25 미만	10 미만	600 초과

○ 중점관리대상 지방자치단체 지정기준
 - 6개의 사전경보지표 중 '심각'이 2개 이상이면 중점관리대상으로 지정
 - '주의' 2개는 '심각' 1개로 간주

〈현황〉

(단위: %)

지표 지방 자치단체	통합재정 수지적자 비율	예산대비 채무비율	채무 상환비 비율	지방세 징수액 비율	금고잔액 비율	공기업 부채비율
A	30	20	15	60	30	250
B	40	30	10	40	15	350
C	15	20	6	45	17	650
D	60	30	30	55	25	150

① A, C
② A, D
③ B, C
④ B, D
⑤ B, C, D

2014

해커스PSAT 7급+민경채 PSAT 16개년 기출문제집 상황판단

문 21. 다음 글을 근거로 판단할 때, 신장 180cm, 체중 85kg인 甲의 비만 정도를 옳게 짝지은 것은?

> 과다한 영양소 섭취와 적은 체내 에너지 소비로 인한 에너지 대사의 불균형으로 지방이 체내에 지나치게 축적되어 체중이 과다해지는 것을 비만이라 한다.
>
> 비만 정도를 측정하는 방법은 Broca 보정식과 체질량 지수를 이용하는 것이 대표적이다. Broca 보정식은 신장과 체중을 이용하여 비만 정도를 측정하는 간단한 방법이다.
>
> 이 방법에 의하면 신장(cm)에서 100을 뺀 수치에 0.9를 곱한 수치가 '표준체중(kg)'이며, 표준체중의 110% 이상 120% 미만의 체중을 '체중과잉', 120% 이상의 체중을 '비만'이라고 한다.
>
> 한편 체질량 지수는 체중(kg)을 '신장(m)'의 제곱으로 나눈 값을 의미한다. 체질량 지수에 따른 비만 정도는 다음 〈표〉와 같다.

〈표〉

체질량 지수	비만 정도
18.5 미만	저체중
18.5 이상 ~ 23.0 미만	정상
23.0 이상 ~ 25.0 미만	과체중
25.0 이상 ~ 30.0 미만	경도비만
30.0 이상 ~ 35.0 미만	중등도비만
35.0 이상	고도비만

	Broca 보정식	체질량 지수
①	체중과잉	경도비만
②	표준체중	정상
③	비만	과체중
④	체중과잉	정상
⑤	비만	경도비만

문 22. 다음 글과 〈표〉를 근거로 판단할 때, 여섯 사람이 서울을 출발하여 대전에 도착할 수 있는 가장 이른 예정시각은? (단, 다른 조건은 고려하지 않는다.)

> 아래 여섯 사람은 서울 출장을 마치고 같은 고속버스를 타고 함께 대전으로 돌아가려고 한다. 고속버스터미널에는 은행, 편의점, 화장실, 패스트푸드점, 서점 등이 있다.
>
> 다음은 고속버스터미널에 도착해서 나눈 대화내용이다.
>
> 가은: 버스표를 사야하니 저쪽 은행에 가서 현금을 찾아 올게.
>
> 나중: 그럼 그 사이에 난 잠깐 저쪽 편의점에서 간단히 먹을 김밥이라도 사올게.
>
> 다동: 그럼 난 잠깐 화장실에 다녀올게. 그리고 저기 보이는 패스트푸드점에서 햄버거라도 사와야겠어. 너무 배고프네.
>
> 라민: 나는 버스에서 읽을 책을 서점에서 사야지. 그리고 화장실도 들러야겠어.
>
> 마란: 그럼 난 여기서 바솜이랑 기다리고 있을게.
>
> 바솜: 지금이 오전 11시 50분이니까 다들 각자 볼일 마치고 빨리 돌아와.
>
> 각 시설별 이용 소요시간은 은행 30분, 편의점 10분, 화장실 20분, 패스트푸드점 25분, 서점 20분이다.

〈표〉

서울 출발 시각	대전 도착 예정시각	잔여좌석 수
12:00	14:00	7
12:15	14:15	12
12:30	14:30	9
12:45	14:45	5
13:00	15:00	10
13:20	15:20	15
13:40	15:40	6
14:00	16:00	8
14:15	16:15	21

① 14:15

② 14:45

③ 15:00

④ 15:20

⑤ 16:15

문 23. 다음 글을 근거로 판단할 때, 〈표〉의 화장 단계 중 7개만을 선택하였을 경우 甲의 최대 매력 지수는?

> ○ 아침마다 화장을 하고 출근하는 甲의 목표는 매력 지수의 합을 최대한 높이는 것이다.
>
> ○ 화장 단계별 매력 지수와 소요 시간은 아래의 〈표〉와 같다.
>
> ○ 20분 만에 화장을 하면 지각하지 않고 정시에 출근할 수 있다.
>
> ○ 회사에 1분 지각할 때마다 매력 지수가 4점씩 깎인다.
>
> ○ 화장은 반드시 '로션 바르기 → 수분크림 바르기 → 썬크림 바르기 → 피부화장 하기' 순으로 해야 하며, 이 4개 단계는 생략할 수 없다.
>
> ○ 피부화장을 한 후에 눈썹 그리기, 눈화장 하기, 립스틱 바르기, 속눈썹 붙이기를 할 수 있으며, 이 중에서는 어떤 것을 선택해도 상관없다.
>
> ○ 동일 화장 단계는 반복하지 않으며, 2개 이상의 화장 단계는 동시에 할 수 없다.

〈표〉

화장 단계	매력 지수(점)	소요 시간(분)
로션 바르기	2	1
수분크림 바르기	2	1
썬크림 바르기	6	1.5
피부화장 하기	20	7
눈썹 그리기	12	3
눈화장 하기	25	10
립스틱 바르기	10	0.5
속눈썹 붙이기	60	15

① 53점

② 61점

③ 76점

④ 129점

⑤ 137점

문 24. 다음 글을 근거로 판단할 때, 〈보기〉에서 옳은 것만을 모두 고르면? (단, 다른 조건은 고려하지 않는다.)

> 다양한 무게의 짐 12개를 아래의 방법에 따라 최소 개수의 상자에 넣으려고 한다. 각각의 짐 무게는 아래와 같고, 좌측부터 순서대로 도착했다. 하나의 짐을 분리하여 여러 상자에 나누어 넣을 수 없으며, 포장된 상자에는 짐을 추가로 넣을 수 없다.
>
> 　6, 5, 5, 4, 2, 3, 6, 5, 4, 5, 7, 8 (단위: kg)
>
> 방법 1. 도착한 순서대로 짐을 상자에 넣는다. 짐을 상자에 넣어 10kg이 넘을 경우, 그 짐을 넣지 않고 상자를 포장한다. 그 후 짐을 다음 상자에 넣는다.
>
> 방법 2. 모든 짐을 무게 순으로 재배열한 후 무거운 짐부터 순서대로 상자에 넣는다. 짐을 상자에 넣어 10kg이 넘을 경우, 그 짐을 넣지 않고 상자를 포장한다. 그 후 짐을 다음 상자에 넣는다.

〈보기〉

ㄱ. 방법 1과 방법 2의 경우, 필요한 상자의 개수가 다르다.

ㄴ. 방법 1의 경우, 10kg까지 채워지지 않은 상자들에 들어간 짐의 무게의 합은 50kg이다.

ㄷ. 방법 2의 경우, 10kg이 채워진 상자의 수는 2개이다.

① ㄴ

② ㄷ

③ ㄱ, ㄴ

④ ㄱ, ㄷ

⑤ ㄴ, ㄷ

문 25. 다음 글을 근거로 판단할 때, B 전시관 앞을 지나가거나 관람한 총인원은?

○ 전시관은 A → B → C → D 순서로 배정되어 있다. 〈행사장 출입구〉는 아래 그림과 같이 두 곳이며 다른 곳으로는 출입이 불가능하다.

○ 관람객은 〈행사장 출입구〉 두 곳 중 한 곳으로 들어와서 시계 반대 방향으로 돌며, 모든 관람객은 4개의 전시관 중 2개의 전시관만을 골라 관람한다.

○ 자신이 원하는 2개의 전시관을 모두 관람하면 그 다음 만나게 되는 첫 번째 〈행사장 출입구〉를 통해 나가기 때문에, 관람객 중 일부는 반 바퀴를, 일부는 한 바퀴를 돌게 되지만 한 바퀴를 초과해서 도는 관람객은 없다.

○ 〈행사장 출입구〉 두 곳을 통해 행사장에 입장한 관람객 수의 합은 400명이며, 이 중 한 바퀴를 돈 관람객은 200명이고 D 전시관 앞을 지나가거나 관람한 인원은 350명이다.

〈행사장 출입구〉

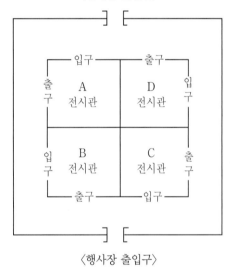

〈행사장 출입구〉

① 50명

② 100명

③ 200명

④ 250명

⑤ 350명

약점 보완 해설집 p.166

문 1. 다음 글을 근거로 판단할 때 옳은 것은?

승정원은 조선시대 왕명 출납을 관장하던 관청으로 오늘날 대통령 비서실에 해당한다. 조선시대 대부분의 관청이 왕 – 의정부 – 육조 – 일반 관청이라는 계통 속에 포함된 것과는 달리 승정원은 국왕 직속 관청이었다.

승정원에는 대통령 비서실장 격인 도승지를 비롯하여 좌승지, 우승지, 좌부승지, 우부승지, 동부승지를 각각 1인씩 두었는데, 이를 통칭 6승지라 부른다. 이들은 모두 같은 품계인 정3품 당상관이었으며, 6승지 아래에는 각각 정7품 주서 2인이 있었다. 통상 6승지는 분방(分房)이라 하여 부서를 나누어 업무를 담당하였는데, 도승지가 이방, 좌승지가 호방, 우승지가 예방, 좌부승지가 병방, 우부승지가 형방, 동부승지가 공방 업무를 맡았다. 이는 당시 중앙부처 업무 분담이 크게 육조(이조, 호조, 예조, 병조, 형조, 공조)로 나누어져 있었고, 경국대전 구성이 6전 체제로 되어 있던 것과도 맥을 같이 한다.

한편 6명의 승지가 동등하게 대우받는 것은 아니었다. 같은 승지라 하더라도 도승지는 다른 나머지 승지들과 대우가 달랐고, 좌승지·우승지와 좌부승지·우부승지·동부승지의 관청 내 위계질서 역시 현격한 차이가 있었다. 관청 청사에 출입할 때도 위계를 준수하여야 했고, 도승지가 4일에 한 번 숙직하는 반면 하위인 동부승지는 연속 3일을 숙직해야만 하였다.

주서는 고려 이래의 당후관(堂後官)을 개칭한 것으로 승정원을 통과한 모든 공사(公事)와 문서를 기록하는 것이 그 임무였다. 주서를 역임한 직후에는 성균관 전적이나 예문관 한림 등을 거쳐, 뒤에는 조선시대 청직(淸職)으로 불리는 홍문관·사간원·사헌부 등의 언관으로 진출하였다가 승지를 거쳐 정승의 자리에 이르는 사람이 많았다. 따라서 주서의 자격 요건은 엄격하였다. 반드시 문과 출신자여야 하였고, 인물이 용렬하거나 여론이 좋지 않은 등 개인적인 문제가 있거나 출신이 분명하지 않은 경우에는 주서에 임명될 수 없었다.

① 승정원 내에는 총 2명의 주서가 있었다.
② 승정원 도승지와 동부승지의 품계는 달랐다.
③ 양반자제로서 무과 출신자는 주서로 임명될 수 없었다.
④ 좌부승지는 병조에 소속되어 병방 업무를 담당하였다.
⑤ 홍문원·사간원 등의 언관이 승진한 후 승정원 주서를 역임하는 사례가 많았다.

문 2. 다음 글을 근거로 판단할 때, 〈보기〉에서 옳은 것만을 모두 고르면?

'피카레스크 소설'은 스페인만이 가진 독특한 문학 장르로 하류층의 삶을 소재로 해서 매우 현실적인 내용을 숨김없이 표현한다. 피카레스크 소설에서는 주인공을 '피카로'로 지칭하는데, 피카로는 장난꾸러기, 악동, 악당 등을 뜻하는 스페인어이다. 피카레스크 소설에서 주인공인 피카로는 항상 '나'의 시점에서 자신의 경험을 생생하게 서술한다. 주인공은 뚜렷한 직업이 없는 소년으로 구걸과 도둑질을 일삼으면서 양심의 가책 없이 다른 사람을 희생시켜 살아가다가 오히려 자신의 계략에 희생당하는 인물이다.

피카레스크 소설은 그 배경이 된 시대의 사회상, 특히 여러 계층의 사람들이 살아가는 모습을 생생하게 그려냄으로써 사실주의적 경향을 극명하게 보여준다. 피카레스크 소설은 다른 유럽 국가들에도 큰 영향을 끼쳐서 18, 19세기에 사실주의 소설이 발전하는데 이바지했다.

피카레스크 소설 중 가장 대표적인 작품으로는 1554년에 쓰여진 작가 미상의 『라사리요 데 토르메스』가 있다. 이 소설은 출판되자마자 커다란 성공을 거두었으나, 그 속에 담긴 반(反)교회, 반(反)교권주의적인 내용 때문에 종교 재판소로부터 출판을 금지당하기도 했다. 한편 이 작품은 역사적·문화적 관점에서뿐만 아니라 심리학적 견지에서도 우수한 작품으로 평가받고 있으며 세계문학사상 최초의 근대 풍속소설로 꼽히고 있다.

〈보기〉

ㄱ. 피카레스크 소설을 통해 그 배경이 된 시대의 생활상을 파악할 수 있다.
ㄴ. 피카레스크 소설 속에서 주인공은 자신의 경험을 1인칭 시점에서 이야기한다.
ㄷ. 피카레스크 소설은 주인공이 행복한 삶을 영위하는 것으로 결말지어진다.
ㄹ. 『라사리요 데 토르메스』는 종교 재판소의 금지로 인해 출판되지도 못한 채 구전으로만 전해져 내려왔다.

① ㄱ, ㄴ
② ㄱ, ㄷ
③ ㄴ, ㄹ
④ ㄷ, ㄹ
⑤ ㄴ, ㄷ, ㄹ

문 3. 다음 글을 근거로 판단할 때, 〈보기〉에서 옳은 것만을 모두 고르면?

　　건축은 자연으로부터 인간을 보호하기 위한 인위적인 시설인 지붕을 만들기 위한 구축술(構築術)에서 시작되었다고 할 수 있다. 우리가 중력의 법칙이 작용하는 곳에 살고 있는 이상 지붕은 모든 건축에서 고려해야 할 필수적인 요소이다. 건축은 바닥과 벽 그리고 지붕의 세 요소로 이루어진다. 하지만 인류 최초의 건축 바닥은 지면이었고 별도의 벽은 없었다. 뿔형이나 삼각형 단면 구조에 의해 이루어지는 지붕이 벽의 기능을 하였을 뿐이다.

　　그러나 지붕만 있는 건축으로는 넓은 공간을 만들 수 없다. 천장도 낮아서 공간의 효율성이 떨어지고 불편했다. 따라서 공간에 대한 욕구가 커지고 건축술이 발달하면서 건축은 점차 수직으로 선 구조체가 지붕을 받치는 구조로 발전하였다. 그로 인해 지붕의 처마는 지면에서 떨어질 수 있게 되었고, 수직의 벽도 출현하게 되었다. 수직 벽체의 출현은 건축의 발달 과정에서 획기적인 전환이었다. 이후 수직 벽체는 건축구조에서 가장 중요한 부분의 하나가 되었고, 그것을 만드는 재료와 방법에 따라서 다양한 구조와 형태의 건축이 출현하였다.

　　흙을 사용하여 수직 벽체를 만드는 건축 방식에는 항토(夯土)건축과 토담, 전축(塼築) 등의 방식이 있다. 항토건축은 거푸집을 대고 흙 또는 흙에 강회(생석회)와 짚여물 등을 섞은 것을 넣고 다져 벽을 만든 것이다. 토담 방식은 햇볕에 말려 만든 흙벽돌을 쌓아올려 벽을 만든 것이다. 그리고 전축은 흙벽돌을 고온의 불에 구워 만든 전돌을 이용해 벽을 만든 것이다.

　　항토건축은 기단이나 담장, 혹은 성벽을 만드는 구조로 사용되었을 뿐 대형 건축물의 구조방식으로는 사용되지 않았고, 토담 방식으로 건물을 지은 예는 많지 않았다. 한편 전축은 전탑, 담장, 굴뚝 등에 많이 활용되었고 조선 후기에는 화성(華城)의 건설에 이용되었다. 여름철에 비가 많고 겨울이 유난히 추운 곳에서는 수분의 침투와 동파를 막기 위해서 높은 온도에서 구워낸 전돌을 사용해야 했는데, 경제적인 부담이 커서 대량생산을 할 수 없었다.

〈보기〉

ㄱ. 수직 벽체를 만들게 됨에 따라서 지붕만 있는 건축물보다는 더 넓은 공간의 건축물을 지을 수 있게 되었다.

ㄴ. 항토건축 방식은 대형 건축물의 수직 벽체로 활용되었을 뿐 성벽에는 사용되지 않았다.

ㄷ. 토담 방식은 흙을 다져 전체 벽을 만든 것으로 당시 대부분의 건축물에 활용되었다.

ㄹ. 화성의 건설에 이용된 전축은 높은 온도에서 구워낸 전돌을 사용한 것이다.

① ㄱ, ㄴ
② ㄱ, ㄹ
③ ㄴ, ㄷ
④ ㄱ, ㄷ, ㄹ
⑤ ㄴ, ㄷ, ㄹ

문 4. 다음 글을 근거로 판단할 때 옳은 것은?

첨단산업·지적소유권·건축공사·국제금융·파생상품 등 전문적 지식이 요구되는 민사소송사건에서는 전문심리위원 제도를 활용할 수 있다. 이는 증거조사·화해 등 소송절차의 원활한 진행을 위한 것으로, 법원이 당해 사건의 관계전문가를 전문심리위원으로 재판절차에 참여시키고 그로부터 전문적 지식에 관해 조언을 받을 수 있도록 한 제도이다. 전문심리위원이 재판에 참여하면 당사자의 허위 진술을 방지할 수 있으며, 그의 전문지식을 통해 사안을 밝힐 수 있기 때문에 감정을 할 때 소요되는 값비싼 감정료를 절감할 수 있는 등의 장점이 있다.

법원은 직권 또는 당사자의 신청에 따른 결정으로 1인 이상의 전문심리위원을 지정한다. 전문심리위원은 당해 소송절차에서 설명 또는 의견을 기재한 서면을 제출하거나, 변론기일 또는 변론준비기일에 출석하여 설명을 하거나 의견을 제시하는 등으로 재판절차에 참여한다. 그러나 전문심리위원은 증인이나 감정인이 아니기 때문에 그의 설명이나 의견은 증거자료가 아니다. 한편 전문심리위원이 당사자, 증인 또는 감정인 등 소송관계인에게 질문하기 위해서는 재판장의 허가를 얻어야 한다. 또한 전문심리위원은 재판부의 구성원이 아니므로 판결 내용을 정하기 위한 판결의 합의나 판결문 작성에는 참여할 수 없다.

법원은 상당한 이유가 있는 때에는 직권 또는 당사자의 신청에 의해 전문심리위원의 지정결정을 취소할 수 있다. 다만 당사자의 합의로 그 지정결정을 취소할 것을 신청한 때에는 법원은 그 결정을 취소하여야 한다. 한편 전문심리 위원의 공정성을 확보하기 위해서, 전문심리위원이 당사자의 배우자가 되거나 친족이 된 경우 또는 그가 당해 사건에 관하여 증언이나 감정을 한 경우 등에는 법원이 그에 대한 별도의 조처를 하지 않더라도 그는 당연히 이후의 재판절차에 참여할 수 없게 된다.

① 소송당사자의 동의가 있으면 전문심리위원은 당사자에게 직접 질문할 수 있다.

② 전문심리위원은 판결 내용을 결정하기 위해 진행되는 판결의 합의에 참여할 수 있다.

③ 전문심리위원이 변론에서 행한 설명 또는 의견은 증거자료에 해당하기 때문에 법원은 그의 설명 또는 의견에 의거하여 재판하여야 한다.

④ 소송당사자가 합의하여 전문심리위원 지정결정의 취소를 신청한 경우일지라도 법원은 상당한 이유가 있으면 그 지정결정을 취소하지 않아도 된다.

⑤ 전문심리위원이 당해 사건에서 증언을 하였다면, 법원의 전문심리위원 지정결정 취소가 없더라도 그는 전문심리위원으로서 이후의 재판절차에 참여할 수 없게 된다.

문 5. 다음 글을 근거로 판단할 때 옳은 것은?

법 제00조(정의) 이 법에서 "재외동포"란 다음 각 호의 어느 하나에 해당하는 자를 말한다.
　1. 대한민국의 국민으로서 외국의 영주권(永住權)을 취득한 자 또는 영주할 목적으로 외국에 거주하고 있는 자(이하 "재외국민"이라 한다)
　2. 대한민국의 국적을 보유하였던 자(대한민국정부 수립 전에 국외로 이주한 동포를 포함한다) 또는 그 직계비속(直系卑屬)으로서 외국국적을 취득한 자 중 대통령령으로 정하는 자(이하 "외국국적동포"라 한다)

시행령 제00조(재외국민의 정의) ① 법 제00조 제1호에서 "외국의 영주권을 취득한 자"라 함은 거주국으로부터 영주권 또는 이에 준하는 거주목적의 장기체류자격을 취득한 자를 말한다.

② 법 제00조 제1호에서 "영주할 목적으로 외국에 거주하고 있는 자"라 함은 해외이주자로서 거주국으로부터 영주권을 취득하지 아니한 자를 말한다.

제00조(외국국적동포의 정의) 법 제00조 제2호에서 "대한민국의 국적을 보유하였던 자(대한민국정부 수립 이전에 국외로 이주한 동포를 포함한다) 또는 그 직계비속으로서 외국국적을 취득한 자 중 대통령령이 정하는 자"란 다음 각 호의 어느 하나에 해당하는 자를 말한다.
　1. 대한민국의 국적을 보유하였던 자(대한민국정부 수립 이전에 국외로 이주한 동포를 포함한다. 이하 이 조에서 같다)로서 외국국적을 취득한 자
　2. 부모의 일방 또는 조부모의 일방이 대한민국의 국적을 보유하였던 자로서 외국국적을 취득한 자

① 대한민국 국민은 재외동포가 될 수 없다.

② 재외국민이 되기 위한 필수 요건은 거주국의 영주권 취득이다.

③ 할아버지가 대한민국 국적을 보유하였던 미국 국적자는 재외국민이다.

④ 대한민국 국민으로서 회사업무를 위해 중국출장 중인 사람은 외국국적동포이다.

⑤ 과거에 대한민국 국적을 보유하였던 자로서 현재 브라질 국적을 취득한 자는 외국국적동포이다.

문 6. 다음 〈근대 문물의 수용 연대〉를 근거로 판단할 때, 〈A사건〉이 발생한 해에 볼 수 있었던 광경으로 옳게 추론한 것은?

〈근대 문물의 수용 연대〉

신문	한성순보(1883년 개간/1884년 폐간)
교통	철도: 경인선(1899년), 경부선(1905년) 전차: 서대문~청량리(1898년)
의료	광혜원(1885년), 세브란스 병원(1904년)
건축	독립문(1897년), 명동성당(1898년)
전기 통신	전신(1885년), 전등(1887년 경복궁 내), 전화(1896년)

─〈A사건〉─

경복궁 내에 여러 가지 기계가 설치되었다. 궁내의 큰 마루와 뜰에 등롱(燈籠) 같은 것이 설치되어 서양인이 기계를 움직이자 연못의 물이 빨아 올려져 끓는 소리와 우렛소리와 같은 시끄러운 소리가 났다. 그리고 얼마 있지 않아 가지 모양의 유리에 휘황한 불빛이 대낮 같이 점화되어 모두가 놀라움을 금치 못했다. 궁궐에 있는 궁인들이 이 최초의 놀라운 광경을 구경하기 위해 내전 안으로 몰려들었다.

① 광혜원에서 전화를 거는 의사
② 독립문 준공식을 보고 있는 군중
③ 서대문에서 청량리 구간의 전차를 타는 상인
④ 〈A사건〉을 보도한 한성순보를 읽고 있는 관리
⑤ 전신을 이용하여 어머니께 소식을 전하는 아들

문 7. 다음 글을 근거로 판단할 때, 〈보기〉의 甲~丁이 권장 시기에 맞춰 정기검진을 받는다면 첫 정기검진까지의 기간이 가장 적게 남은 사람부터 순서대로 나열한 것은? (단, 甲~丁은 지금까지 건강검진을 받은 적이 없다.)

암 검진은 암을 조기 발견하여 생존률을 높일 수 있기 때문에 매우 중요하다. 일반적으로 권장하는 정기검진의 시작 시기와 주기는 위암은 만 40세부터 2년 주기, 대장암은 만 50세부터 1년 주기, 유방암은 만 40세부터 2년 주기 등이다. 폐암은 흡연자인 경우 만 40세부터 1년 주기로, 비흡연 여성도 만 60세부터 검진을 받아야 한다. 간경변증을 앓고 있는 사람이거나 B형 또는 C형 간염 바이러스 보균자는 만 30세부터 6개월 간격으로 간암 정기검진을 받아야 한다.

그런데 많은 암환자들이 가족력을 가지고 있는 것으로 알려져 있다. 우리나라 암 사망 원인 1위인 폐암은 부모나 형제자매 가운데 해당 질병을 앓은 사람이 있으면 발병 확률이 일반인의 1.95배나 된다. 대장암 환자의 30%도 가족력이 있다. 부모나 형제자매 중에 한 명의 대장암 환자가 있으면 발병 확률은 일반인의 2~3배가 되고, 두 명이 있으면 그 확률은 4~6배로 높아진다. 우리나라 여성들이 많이 걸리는 유방암도 가족력이 큰 영향을 미친다. 따라서 가족력이 있으면 대장암은 검진 시기를 10년 앞당겨야 하며, 유방암도 검진 시기를 15년 앞당기고 검사 주기도 1년으로 줄여야 한다.

─〈보기〉─

ㄱ. 매운 음식을 자주 먹는 만 38세 남성 甲의 위암 검진
ㄴ. 대장암 가족력이 있는 만 33세 남성 乙의 대장암 검진
ㄷ. 유방암 가족력이 있는 만 25세 여성 丙의 유방암 검진
ㄹ. 흡연자인 만 36세 여성 丁의 폐암 검진

① 甲, 乙, 丙, 丁
② 甲, 丙, 丁, 乙
③ 丙, 甲, 丁, 乙
④ 丙, 丁, 乙, 甲
⑤ 丁, 乙, 丙, 甲

문 8. 다음 글과 〈조건〉을 근거로 판단할 때, 2순위와 4순위가 옳게 짝지어진 것은?

> 심야에 오토바이 폭주족들이 굉음을 내고 도로를 질주하여 주민들이 잠을 잘 수가 없다는 민원이 경찰청에 끊임없이 제기되고 있다. 경찰청은 이 문제를 해결하기 위해 대책을 논의하였다. 그 결과 안전그물 설치, 전담반 편성, CCTV 설치, 처벌 강화, 시민자율방범의 5가지 대안을 마련하였고, 그 대안별 우선순위를 알고자 한다.

〈조건〉

평가 기준＼대안	(ㄱ) 안전 그물 설치	(ㄴ) 전담반 편성	(ㄷ) CCTV 설치	(ㄹ) 처벌 강화	(ㅁ) 시민 자율 방범
효과성	8	5	5	9	4
기술적 실현가능성	7	2	1	6	3
경제적 실현가능성	6	1	3	8	1
행정적 실현가능성	6	6	5	5	5
법적 실현가능성	6	5	5	5	5

○ 우선순위는 각 대안별 평가기준 점수의 합계가 높은 순으로 정한다.

○ 합계점수가 같은 경우에는 법적 실현가능성 점수가 높은 대안이 우선순위가 높고, 법적 실현가능성 점수도 같은 경우에는 효과성 점수, 효과성 점수도 같은 경우에는 행정적 실현가능성 점수, 행정적 실현가능성 점수도 같은 경우에는 기술적 실현가능성 점수가 높은 대안 순으로 우선순위를 정한다.

	2순위	4순위
①	ㄱ	ㄴ
②	ㄴ	ㄹ
③	ㄹ	ㄴ
④	ㄹ	ㄷ
⑤	ㄹ	ㅁ

문 9. 다음 〈규칙〉과 〈결과〉에 근거하여 판단할 때, 甲과 乙 중 승리한 사람과 甲이 사냥한 동물의 종류 및 수량으로 가능한 조합은?

〈규칙〉

○ 이동한 거리, 채집한 과일, 사냥한 동물 각각에 점수를 부여하여 합계 점수가 높은 사람이 승리하는 게임이다.

○ 게임시간은 1시간이며, 주어진 시간 동안 이동을 하면서 과일을 채집하거나 사냥을 한다.

○ 이동거리 1미터 당 1점을 부여한다.

○ 사과는 1개 당 5점, 복숭아는 1개 당 10점을 부여한다.

○ 토끼는 1마리 당 30점, 여우는 1마리 당 50점, 사슴은 1마리 당 100점을 부여한다.

〈결과〉

○ 甲의 합계 점수는 1,590점이다. 甲은 과일을 채집하지 않고 사냥에만 집중하였으며, 총 1,400미터를 이동하는 동안 모두 4마리의 동물을 잡았다.

○ 乙은 총 1,250미터를 이동했으며, 사과 2개와 복숭아 5개를 채집하였다. 또한 여우를 1마리 잡고 사슴을 2마리 잡았다.

	승리한 사람	甲이 사냥한 동물의 종류 및 수량
①	甲	토끼 3마리와 사슴 1마리
②	甲	토끼 2마리와 여우 2마리
③	乙	토끼 3마리와 여우 1마리
④	乙	토끼 2마리와 여우 2마리
⑤	乙	토끼 1마리와 사슴 3마리

문 10. 다음 〈규칙〉을 근거로 판단할 때, '도토리'와 '하트'를 각각 가장 많이 획득할 수 있는 꽃은?

─────〈규칙〉─────

○ 게임 시작과 동시에 주어지는 12개의 물방울을 가지고 1시간 동안 한 종류만의 꽃을 선택하여 재배·수확을 반복한다.

○ 12개의 물방울은 재배·수확이 끝나면 자동 충전된다.

○ 꽃을 1회 재배·수확하기 위해서는 꽃 종류별로 각각 일정한 '재배·수확시간'과 '물방울'이 필요하다.

○ 재배·수확된 꽃은 '도토리'나 '하트' 중 어느 하나를 선택하여 교환할 수 있다.

○ 이외의 조건은 고려하지 않는다.

구분	재배·수확 시간(회 당)	물방울 (송이 당)	도토리 (송이 당)	하트 (송이 당)
나팔꽃	3분	2개	2개	1개
무궁화	5분	4개	3개	5개
수선화	10분	2개	5개	10개
장미	12분	6개	10개	15개
해바라기	20분	4개	25개	20개

예) 나팔꽃 1송이를 재배·수확하는데 필요한 물방울은 2개이므로 12개의 물방울로 3분 동안 6송이의 나팔꽃을 재배·수확하여 도토리 12개 또는 하트 6개로 교환할 수 있다.

	도토리	하트
①	해바라기	수선화
②	해바라기	해바라기
③	무궁화	장미
④	나팔꽃	해바라기
⑤	나팔꽃	수선화

문 11. 다음 글을 근거로 판단할 때, 〈보기〉에서 옳은 것만을 모두 고르면?

목련은 연꽃처럼 생긴 꽃이 나무에 달린다고 하여 목련(木蓮)이라 한다. 우리나라 원산(原産)의 목련을 포함한 대부분의 목련은 찬바람이 채 가시지도 않은 이른 봄에 잎이 돋아나는 것을 기다릴 새도 없이 어른 주먹만한 흰 꽃을 먼저 피우는데, 성급하게 핀 꽃 치고는 그 자태가 우아하고 향기 또한 그윽하다.

주위에 흔히 보이는 목련은 대개가 중국에서 들여온 백목련이다. 우리나라 원산의 목련은 꽃잎이 좁고 얇으며 꽃잎이 뒤로 젖혀질 만큼 활짝 핀다. 또 꽃잎 안쪽에 붉은 선이 있고 꽃받침이 뚜렷하게 구분된다. 반면 백목련은 꽃받침이 꽃잎처럼 변해 버려 구분하기 어려우며 꽃이 다 피어도 절반 정도밖에 벌어지지 않는다는 점에서 우리나라 원산의 목련과 다르다.

이외에도 일본에서 들여온 일본목련이 있다. 우리나라 원산의 목련과는 달리 잎이 핀 다음에 꽃이 피고, 잎과 꽃의 크기가 훨씬 크기 때문에 이 둘을 구별하는 데 어려움은 없다. 하지만 엉뚱하게도 일본목련을 우리나라에서 자라는 늘푸른나무인 후박나무로 잘못 알고 있는 경우가 많다. 일본인들은 일본목련을 그들 말로 '호오노끼'라 부르면서 한자로는 '후박(厚朴)'이라고 표기한다. 그런데 일본목련을 수입해 올 때 일본어의 한자이름만 보고 그대로 '후박나무'로 번역해 버린 탓에 이같은 혼란이 생긴 것이다.

─────〈보기〉─────

ㄱ. 백목련은 중국에서, 일본목련은 일본에서 들여왔다.

ㄴ. 백목련과 우리나라 원산의 목련은 꽃이 벌어지는 정도로 구별 가능하다.

ㄷ. 우리나라 원산의 목련은 꽃이 핀 다음에 잎이 핀다.

ㄹ. 우리나라의 늘푸른나무인 후박나무와 일본의 호오노끼는 같은 나무이다.

① ㄱ, ㄹ
② ㄴ, ㄷ
③ ㄴ, ㄹ
④ ㄱ, ㄴ, ㄷ
⑤ ㄱ, ㄷ, ㄹ

2013 해커스PSAT 7급+민경채 PSAT 16개년 기출문제집 상황판단

문 12. 다음 글을 근거로 판단할 때 옳은 것은?

> '스마트 엔트리 서비스(Smart Entry Service)'는 대한민국 자동출입국심사시스템의 명칭으로, 사전에 여권정보와 바이오정보(지문, 안면)를 등록한 후 스마트 엔트리 서비스 게이트에서 이를 활용하여 출입국심사를 진행하는 첨단 시스템이다. 이 서비스 이용자는 출입국심사관의 대면심사를 대신하여 자동출입국심사대를 이용해 약 12초 이내에 출입국 심사를 마칠 수 있다.
>
> 17세 이상의 주민등록증을 발급받은 대한민국 국민 및 국내체류 중인 등록외국인은 스마트 엔트리 서비스에 가입할 수 있다. 단, 복수국적자인 대한민국 국민은 외국여권으로는 가입할 수 없다. 미국인의 경우 한·미 자동출입국심사서비스 상호이용 프로그램에 따라 국내체류 중인 등록 외국인이 아니어도 가입이 가능하다.
>
> 스마트 엔트리 서비스 가입 희망자는 자동판독이 가능한 전자여권을 소지하여야 한다. 그리고 바이오정보로 본인 여부를 확인할 수 있도록 지문정보 취득 및 얼굴사진 촬영이 가능해야 한다. 따라서 지문의 상태가 좋지 않아 본인확인이 어려운 경우에는 가입이 제한된다. 대한민국 국민과 국내 체류 중인 등록외국인은 스마트 엔트리 서비스 가입을 위한 수수료가 면제되고, 한·미 자동출입국심사서비스 상호 이용 프로그램을 통해 스마트 엔트리 서비스에 가입하려는 미국인은 100달러의 수수료를 지불해야 한다.
>
> 가입 후, 스마트 엔트리 서비스 이용 중에 여권 또는 개인정보가 변경된 경우에는 등록센터를 방문하여 변경사항을 수정하여야 하며, 심사대에서 지문 인식이 불가능한 경우에는 등록센터를 방문하여 지문을 재등록 하여야 한다. 스마트 엔트리 서비스에 가입한 사람은 출입국시 스마트 엔트리 서비스 게이트 또는 일반심사대에서 심사를 받을 수 있고, 스마트 엔트리 서비스 게이트를 이용하는 경우에는 출입국심사인 날인이 생략된다.

① 복수국적자인 대한민국 국민은 스마트 엔트리 서비스에 가입할 수 없다.

② 외국인의 경우 국내체류 중인 등록외국인 외에는 스마트 엔트리 서비스 가입이 불가능하다.

③ 스마트 엔트리 서비스에 가입한 자는 출입국시 항상 스마트 엔트리 서비스 게이트에서 심사를 받아야 한다.

④ 한·미 자동출입국심사서비스 상호이용 프로그램을 통해 스마트 엔트리 서비스에 가입하려는 대한민국 국민은 100달러를 수수료로 지불해야 한다.

⑤ 스마트 엔트리 서비스 가입 후 여권을 재발급 받아 여권정보가 변경된 경우, 이 서비스를 계속 이용하기 위해서는 등록센터를 방문하여 여권정보를 수정하여야 한다.

문 13. 다음 글을 근거로 판단할 때 옳은 것은?

> 일반적으로 간단한 과학 기술 원리를 적용하여 저소득층의 기본적인 욕구를 충족시키는 제품을 개발하는 데 사용되는 기술을 '적정 기술' 혹은 '따뜻한 기술'이라고 한다. 이와 같은 적정 기술의 기원은 작고 지역적이며 시골의 필요를 충족시키고자 했던 간디의 물레에서 찾아볼 수 있다.
>
> 그러나 적정 기술이 반드시 첨단 기술을 배제하는 것은 아니다. 최근 영국에서는 최첨단 나노 기술을 적용하여 미세한 바이러스 입자까지 걸러내는 정수필터를 개발하였다. 이 정수필터를 장착한 물통은 2만 5천 리터의 물을 정수할 수 있는데, 이를 통해 하루에 단돈 0.5센트로 4명의 가족이 3년간 마실 수 있는 물을 확보할 수 있다. 어쩌면 이 물통의 보급이 아프리카에 우물을 파는 것보다 훨씬 적은 비용으로 더 많은 사람들에게 혜택을 줄 수 있을 것이다.
>
> 이러한 적정 기술은 세계의 빈곤 문제를 해결할 수 있는 하나의 대안이 될 수도 있다. 현재 세계의 지도자들이 논의하고 있는 불균형 발전의 문제는 충분히 의제화되어 있기도 하고, 그 원인에 대해서도 어느 정도 규명이 이루어지고 있다. 그러나 이러한 논의들은 하루 1달러 미만으로 매순간 절망 속에서 살아가는 14억 인구가 당장 오늘의 생계유지와 더 나은 미래를 위해 무엇을 어떻게 해야 할 것인가에 관해서는 구체적이고 명확한 방안을 제시하지 못하고 있다. 하지만 적정 기술은 이러한 문제해결에 획기적인 수준에는 미치지 못하더라도 상당한 수준의 기여를 할 수 있다.
>
> 지금도 많은 과학자 혹은 공학자들이 연구실과 작업현장에서 수많은 적정 기술을 개발하여 이를 적용한 제품을 만들어 내고 있다. 그러나 문제는 대부분의 제품들이 온라인 상이나 보고책자 상에만 존재하고 있으며, 실용화되어 널리 쓰이고 있는 제품을 찾아보기가 매우 힘들다는 점이다. 대부분의 제품 개발자들은 다국적 기업에 비해 사업 규모나 유통 인프라가 매우 영세하여, 제품을 꼭 필요로 하는 사람들에게 구매의 기회조차 제공해 주지 못하기 때문이다.

① 적정 기술은 실제 활용의 측면에서 해결해야 할 과제가 있다.

② 적정 기술은 기술력이 앞선 다국적 기업에 의해 전적으로 개발되고 있다.

③ 첨단 기술은 단순하지 않기 때문에 적정 기술 개발에 적용되지 않는다.

④ 적정 기술은 빈곤과 불균형 문제의 해결보다는 현상과 원인을 규명한다는 점에서 더 의미가 있다.

⑤ 적정 기술은 자선의 목적으로 소외 지역에 무상 공급하는 제품에 적용되는 기술로 국한된다.

문 14. 다음 글을 근거로 판단할 때, A~E 중 유통이력 신고의무가 있는 사람은?

> 甲국의 유통이력관리제도는 사회안전 및 국민보건을 위해 관세청장이 지정하는 수입물품(이하 "지정물품"이라 한다)에 대해 유통단계별 물품 거래내역(이하 "유통이력"이라 한다)을 추적·관리하는 제도이다. 유통이력에 대한 신고의무가 있는 사람은 수입자와 유통업자이며, 이들이 지정물품을 양도(판매, 재판매 등)한 경우 유통이력을 관세청장에게 신고하여야 한다. 지정물품의 유통이력 신고 의무는 아래 〈표〉의 시행일자부터 발생한다.
>
> ○ 수입자: 지정물품을 수입하여 세관에 신고하는 자
> ○ 유통업자: 수입자로부터 지정물품을 양도받아 소매업자 또는 최종소비자에게 양도하는 자(도매상 등)
> ○ 소매업자: 지정물품을 최종소비자에게 판매하는 자
> ○ 최종소비자: 지정물품의 형체를 변형해서 사용하는 자를 포함하는 최종단계 소비자(개인, 식당, 제조공장 등)
>
> 〈표〉 유통이력신고 대상물품
>
> | 시행일자 | 지정물품 |
> | --- | --- |
> | 2009.8.1. | 공업용 천일염, 냉동복어, 안경테 |
> | 2010.2.1. | 황기, 백삼, 냉동고추, 뱀장어, 선글라스 |
> | 2010.8.1. | 구기자, 당귀, 곶감, 냉동송어, 냉동조기 |
> | 2011.3.1. | 건고추, 향어, 활낙지, 지황, 천궁, 설탕 |
> | 2012.5.1. | 산수유, 오미자 |
> | 2013.2.1. | 냉동옥돔, 작약, 황금 |
>
> ※ 위의 〈표〉에서 제시되지 않은 물품은 신고의무가 없는 것으로 간주한다.

① 수입한 선글라스를 2009년 10월 안경전문점에 판매한 안경테 도매상 A
② 당귀를 수입하여 2010년 5월 동네 한약방에 판매한 한약재 전문 수입자 B
③ 구기자를 수입하여 2012년 2월 건강음료 제조공장에 판매한 식품 수입자 C
④ 도매상으로부터 수입 냉동복어를 구입하여 만든 매운탕을 2011년 1월 소비자에게 판매한 음식점 주인 D
⑤ 수입자로부터 냉동옥돔을 구입하여 2012년 8월 음식점에 양도한 도매상 E

문 15. 다음 글을 근거로 판단할 때, 〈보기〉에서 인공임신중절수술이 허용되는 경우만을 모두 고르면?

> 법 제00조(인공임신중절수술의 허용한계) ① 의사는 다음 각 호의 어느 하나에 해당되는 경우에만 본인과 배우자(사실상의 혼인관계에 있는 사람을 포함한다. 이하 같다)의 동의를 받아 인공임신중절수술을 할 수 있다.
> 　1. 본인이나 배우자가 대통령령으로 정하는 우생학적(優生學的) 또는 유전학적 정신장애나 신체질환이 있는 경우
> 　2. 본인이나 배우자가 대통령령으로 정하는 전염성 질환이 있는 경우
> 　3. 강간 또는 준강간(準強姦)에 의하여 임신된 경우
> 　4. 법률상 혼인할 수 없는 혈족 또는 인척 간에 임신된 경우
> 　5. 임신의 지속이 보건의학적 이유로 모체의 건강을 심각하게 해치고 있거나 해칠 우려가 있는 경우
> ② 제1항의 경우에 배우자의 사망·실종·행방불명, 그 밖에 부득이한 사유로 동의를 받을 수 없으면 본인의 동의만으로 그 수술을 할 수 있다.
> ③ 제1항의 경우 본인이나 배우자가 심신장애로 의사표시를 할 수 없을 때에는 그 친권자나 후견인의 동의로, 친권자나 후견인이 없을 때에는 부양의무자의 동의로 각각 그 동의를 갈음할 수 있다.
> 시행령 제00조(인공임신중절수술의 허용한계) ① 법 제00조에 따른 인공임신중절수술은 임신 24주일 이내인 사람만 할 수 있다.
> ② 법 제00조 제1항 제1호에 따라 인공임신중절수술을 할 수 있는 우생학적 또는 유전학적 정신장애나 신체질환은 연골무형성증, 낭성섬유증 및 그 밖의 유전성 질환으로서 그 질환이 태아에 미치는 위험성이 높은 질환으로 한다.
> ③ 법 제00조 제1항 제2호에 따라 인공임신중절수술을 할 수 있는 전염성 질환은 풍진, 톡소플라즈마증 및 그 밖에 의학적으로 태아에 미치는 위험성이 높은 전염성 질환으로 한다.

― 〈보기〉 ―

ㄱ. 태아에 미치는 위험성이 높은 연골무형성증의 질환이 있는 임신 20주일 임산부와 그 남편이 동의한 경우
ㄴ. 풍진을 앓고 있는 임신 28주일 임산부가 동의한 경우
ㄷ. 남편이 실종 중인 상황에서 임신중독증으로 생명이 위험한 임신 20주일 임산부가 동의한 경우
ㄹ. 남편이 실업자가 되어 도저히 아이를 키울 수 없다고 판단한 임신 16주일 임산부와 그 남편이 동의한 경우

① ㄱ, ㄴ
② ㄱ, ㄷ
③ ㄴ, ㄹ
④ ㄱ, ㄷ, ㄹ
⑤ ㄴ, ㄷ, ㄹ

2013 해커스PSAT 7급+민경채 PSAT 16개년 기출문제집 상황판단

문 16. 다음 〈상황〉과 〈대화〉를 근거로 판단할 때, 〈보기〉에서 옳은 것만을 모두 고르면?

〈상황〉

지구와 거대한 운석이 충돌할 것으로 예상되자, A국 정부는 인류의 멸망을 막기 위해 甲, 乙, 丙 세 사람을 각각 냉동캡슐에 넣어 보존하기로 했다. 운석 충돌 후 시간이 흘러 지구에 다시 사람이 살 수 있는 환경이 조성되자, 3개의 냉동캡슐은 각각 다른 시점에 해동이 시작되어 하루 만에 완료되었다. 그 후 甲, 乙, 丙 세 사람은 2120년 9월 7일 한 자리에 모여 다음과 같은 〈대화〉를 나누었다.

〈대화〉

甲: 나는 2086년에 태어났습니다. 19살에 냉동캡슐에 들어갔고, 캡슐에서 해동된 지는 정확히 7년이 되었어요.

乙: 나는 2075년생입니다. 26살에 냉동캡슐에 들어갔고, 캡슐에서 해동된 것은 지금으로부터 1년 5개월 전입니다.

丙: 난 2083년 5월 17일에 태어났어요. 21살이 되기 두 달 전에 냉동캡슐에 들어갔고, 해동된 건 일주일 전이에요.

※ 이들이 밝히는 나이는 만 나이이며, 냉동되어 있는 기간은 나이에 산입되지 않는다.

〈보기〉

ㄱ. 甲, 乙, 丙이 냉동되어 있던 기간은 모두 다르다.

ㄴ. 대화를 나눈 시점에 甲이 丙보다 나이가 어리다.

ㄷ. 가장 이른 연도에 냉동캡슐에 들어간 사람은 甲이다.

① ㄱ

② ㄱ, ㄴ

③ ㄱ, ㄷ

④ ㄴ, ㄷ

⑤ ㄱ, ㄴ, ㄷ

문 17. 다음 글을 근거로 판단할 때, 〈보기〉에서 옳지 않은 것만을 모두 고르면?

맥아음료 중 일정 비율을 초과한 알코올을 함유하고 있는 것을 맥주라고 한다. 수입 맥아음료에 대한 관세율 및 주세율은 다음과 같다.

○ 관세의 부과기준 및 관세율

　가. 알코올을 함유하지 않은 맥아음료(알코올 함유량 100분의 0.5 이하 포함): 8%

　나. 맥주(알코올 함유량 100분의 0.5 초과): 30%

○ 주세의 부과기준 및 주세율

　알코올 함유량이 100분의 1 이상인 맥주: 72%

〈보기〉

ㄱ. 알코올 함유량이 1%인 수입 맥아음료는 30%의 관세와 72%의 주세를 모두 납부해야 한다.

ㄴ. 주세 납부 대상이지만 관세는 내지 않아도 되는 수입 맥아음료가 있다.

ㄷ. 알코올 함유량이 0.8%인 수입 맥아음료는 8%의 관세를 납부해야 한다.

① ㄱ

② ㄴ

③ ㄱ, ㄷ

④ ㄴ, ㄷ

⑤ ㄱ, ㄴ, ㄷ

문 18. 다음 글을 근거로 판단할 때, 〈보기〉에서 같이 사용하면 부작용을 일으키는 화장품의 조합만을 모두 고르면?

　　화장품 간에도 궁합이 있다. 같이 사용하면 각 화장품의 효과가 극대화되거나 보완되는 경우가 있는 반면 부작용을 일으키는 경우도 있다. 요즘은 화장품에 포함된 모든 성분이 표시되어 있으므로 기본 원칙만 알고 있으면 제대로 짝을 맞춰 쓸 수 있다.

　○ 트러블의 원인이 되는 묵은 각질을 제거하고 외부 자극으로부터 피부 저항력을 키우는 비타민 B 성분이 포함된 제품을 트러블과 홍조 완화에 탁월한 비타민 K 성분이 포함된 제품과 함께 사용하면, 양 성분의 효과가 극대화되어 깨끗하고 건강하게 피부를 관리하는데 도움이 된다.

　○ 일반적으로 세안제는 알칼리성 성분이어서 세안 후 피부는 약알칼리성이 된다. 따라서 산성에서 효과를 발휘하는 비타민 A 성분이 포함된 제품을 사용할 때는 세안 후 약산성 토너로 피부를 정리한 뒤 사용해야 한다. 한편 비타민 A 성분이 포함된 제품은 오래된 각질을 제거하는 기능도 있다. 그러므로 각질관리 제품과 같이 사용하면 과도하게 각질이 제거되어 피부에 자극을 주고 염증을 일으킨다.

　○ AHA 성분은 각질 결합을 느슨하게 해 묵은 각질이나 블랙헤드를 제거하고 모공을 축소시키지만, 피부의 수분을 빼앗고 탄력을 떨어뜨리며 자외선에 약한 특성도 함께 지니고 있다. 따라서 AHA 성분이 포함된 제품을 사용할 때는 보습 및 탄력관리에 유의해야 하며 자외선 차단제를 함께 사용해야 한다.

〈보기〉

　ㄱ. 보습기능이 있는 자외선 차단제와 AHA 성분이 포함된 모공축소 제품

　ㄴ. 비타민 A 성분이 포함된 주름개선 제품과 비타민 B 성분이 포함된 각질관리 제품

　ㄷ. 비타민 B 성분이 포함된 로션과 비타민 K 성분이 포함된 영양크림

① ㄱ

② ㄴ

③ ㄷ

④ ㄱ, ㄴ

⑤ ㄴ, ㄷ

문 19. 다음 〈축제 안내문〉과 〈조건〉을 근거로 판단할 때, 甲이 공연을 볼 수 있는 최대 일수는?

〈축제 안내문〉

　○ 공연장소: A도시 예술의 전당

　○ 축제기간: 4월 1일부터 4월 14일까지

　○ 공연시간: 오후 7시(공연 시작 이후 공연장 입장은 불가합니다)

　○ 참고사항: 모든 곡은 〈작품별 공연개시일〉에 표시된 날부터 연속하여 총 3일 동안 공연되고, 브루크너의 곡은 하루만 공연됩니다.

〈작품별 공연개시일〉

4/1(월)	4/2(화)	4/3(수)	4/4(목)	4/5(금)	4/6(토)	4/7(일)
•드보르작 -교향곡 제9번 •베르디 -리골레토 서곡	•쇼팽 -즉흥환상곡 •드보르작 -교향곡 제8번	•브람스 -바이올린 협주곡 •생상스 -교향곡 제1번	•파가니니 -바이올린 협주곡 제1번 •베토벤 -전원교향곡	•시벨리우스 -교향시 〈핀란디아〉 서곡 •닐센 -오페라 〈사울과 다윗〉	•바흐 -요한수난곡 •베를리오즈 -환상교향곡	•브람스 -교향곡 제3번 •멘델스존 -엘리야

4/8(월)	4/9(화)	4/10(수)	4/11(목)	4/12(금)	4/13(토)	4/14(일)
•베를리오즈 -로마의 카니발 서곡 •라벨 -볼레로	•비발디 -사계 중 봄 •바그너 -탄호이저 서곡	•슈만 -사육제 •브람스 -교향곡 제2번	•브람스 -교향곡 제11번 •헨델 -스페인 칸타타	•바흐 -브란덴브르크 협주곡 •쇼팽 -야상곡	•브루크너 -교향곡 제6번 •브루크너 -교향곡 제3번	•브루크너 -교향곡 제9번

〈조건〉

　○ 甲은 매주 토요일 오후 2시에 B도시를 출발하여 주말을 A도시에서 보내고, 월요일 아침에 B도시로 돌아간다.

　○ 甲은 레슨이 있는 날을 제외하고 평일에는 B도시에서 오전 9시부터 오후 6시까지 수업을 듣는다.

　○ 레슨은 A도시에서 매주 수요일 오후 2시에 시작하여 오후 6시에 종료된다.

　○ 레슨 장소에서 예술의 전당까지 이동시간은 30분이며, B도시에서 예술의 전당까지 이동시간은 3시간이다.

　○ 甲은 베토벤 또는 브람스의 곡이 최소한 1곡이라도 공연되는 날짜에만 공연을 본다.

① 2일

② 3일

③ 4일

④ 5일

⑤ 6일

2013　해커스PSAT 7급+민경채 PSAT 16개년 기출문제집 상황판단

문 20. 다음 〈상황〉에서 기존의 승점제와 새로운 승점제를 적용할 때, A팀의 순위로 옳게 짝지어진 것은?

― 〈상황〉 ―

○ 대회에 참가하는 팀은 총 13팀이다.

○ 각 팀은 다른 모든 팀과 한 번씩 경기를 한다.

○ A팀의 최종성적은 5승 7패이다.

○ A팀과의 경기를 제외한 12팀 간의 경기는 모두 무승부이다.

○ 기존의 승점제는 승리시 2점, 무승부시 1점, 패배시 0점을 부여한다.

○ 새로운 승점제는 승리시 3점, 무승부시 1점, 패배시 0점을 부여한다.

	기존의 승점제	새로운 승점제
①	8위	1위
②	8위	8위
③	13위	1위
④	13위	5위
⑤	13위	13위

문 21. 다음 글을 근거로 판단할 때, 〈보기〉의 빈칸에 들어가는 것을 옳게 짝지은 것은?

A국에서는 1~49까지 숫자를 셀 때 다음과 같은 명칭과 규칙을 사용한다. 1~5는 아래와 같이 표현한다.

1 → tai

2 → lua

3 → tolu

4 → vari

5 → luna

6에서 9까지의 수는 위 명칭에 '새로운'이라는 뜻을 가진 'o'를 앞에 붙여 쓰는데, 6은 otai(새로운 하나), 7은 olua(새로운 둘), 8은 otolu(새로운 셋), …(으)로 표현한다.

10은 5가 두 개 더해진 것이므로 '두 개의 다섯'이란 뜻에서 lualuna(2×5), 15는 '세 개의 다섯'이란 뜻에서 toluluna(3×5), 20은 variluna(4×5), …(으)로 표현한다. 즉, 5를 포함하는 두 개 숫자의 곱이다.

11부터는 '더하기'라는 뜻을 가진 'i'를 중간에 넣고, 그 다음에 1~4 사이의 숫자 하나를 순서대로 넣어서 표현한다. 따라서 11은 lualuna i tai(2×5+1), 12는 lualuna i lua(2×5+2), …, 16은 toluluna i tai(3×5+1), 17은 toluluna i lua(3×5+2), …(으)로 표현한다.

― 〈보기〉 ―

ㄱ. 30은 (　　　)로 표현한다.

ㄴ. ovariluna i tolu는 숫자 (　　　)이다.

	ㄱ	ㄴ
①	otailuna	48
②	otailuna	23
③	lualualuna	48
④	tolulualuna	17
⑤	tolulualuna	23

문 22. 다음 〈그림〉처럼 ❷가 1회 이동할 때는 선을 따라 한 칸 움직인 지점에서 우측으로 45도 꺾어서 한 칸 더 나아가는 방식으로 움직인다. 하지만 ❷가 이동하려는 경로 상에 장애물(⊠)이 있으면 움직이지 못한다. 〈보기〉 A ~ E에서 ❷가 3회 이하로 이동해서 위치할 수 있는 곳만을 옳게 묶은 것은?

〈그림〉

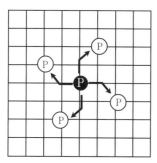

〈보기〉

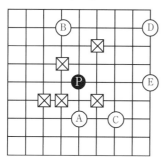

① A, B
② B, D
③ A, C, E
④ B, D, E
⑤ C, D, E

문 23. 다음 글과 〈상황〉을 근거로 판단할 때, 甲국 A정당 회계책임자가 2011년 1월 1일부터 2012년 12월 31일까지 중앙선거관리위원회에 회계보고를 한 총 횟수는?

법 제00조 정당 회계책임자는 중앙선거관리위원회에 다음 각 호에 정한 대로 회계보고를 하여야 한다.

1. 공직선거에 참여하지 아니한 연도
   매년 1월 1일부터 12월 31일까지의 정치자금 수입과 지출에 관한 회계보고는 다음 연도 2월 15일에 한다.

2. 공직선거에 참여한 연도
   가. 매년 1월 1일부터 선거일 후 20일까지의 정치자금 수입과 지출에 관한 회계보고는 당해 선거일 후 30일(대통령선거는 40일)에 한다.
   나. 당해 선거일 후 21일부터 당해 연도 12월 31일까지의 정치자금 수입과 지출에 관한 회계보고는 다음 연도 2월 15일에 한다.

─── 〈상황〉 ───

○ 甲국의 A정당은 위 법에 따라 정치자금 수입과 지출에 관한 회계보고를 했다.

○ 甲국에서는 2010년에 공직선거가 없었고, 따라서 A정당은 공직선거에 참여하지 않았다.

○ 甲국에서는 2011년 12월 5일에 대통령선거를, 2012년 3월 15일에 국회의원 총선거를 실시하였고, 그 밖의 공직선거는 없었다.

○ 甲국의 A정당은 2011년 대통령선거에 후보를 공천해 참여하였고, 2012년 국회의원 총선거에도 후보를 공천해 참여하였다.

① 3회
② 4회
③ 5회
④ 6회
⑤ 7회

문 24. 다음 글을 근거로 판단할 때, 〈보기〉에서 옳은 것만을 모두 고르면?

> 8개 국가의 장관이 회담을 위해 ○○에 모였다. 각국의 장관은 자신이 사용하는 언어로 의사소통을 하려고 한다. 그런데 회담이 갑자기 개최되어 통역관을 충분히 확보하지 못한 상황이다. 따라서 의사소통을 위해서는 여러 단계의 통역을 거칠 수도 있고, 2개 이상의 언어를 사용하는 장관이 통역관의 역할을 겸할 수도 있다.
>
> 현재 회담에 참여하는 장관과 배석 가능한 통역관은 다음과 같다.

장관	사용언어
A	네팔어
B	영어
C	우즈베크어, 러시아어
D	카자흐어, 러시아어
E	영어, 스와힐리어
F	에스파냐어
G	스와힐리어
H	한국어

통역관	통역 가능한 언어
甲	한국어, 우즈베크어
乙	영어, 네팔어
丙	한국어, 에스파냐어
丁	한국어, 영어, 스와힐리어

〈보기〉

ㄱ. A장관이 F장관과 의사소통을 하기 위해서는 최소한 3명의 통역관이 배석하여야 한다.

ㄴ. 통역관이 丁밖에 없다면 H장관은 최대 3명의 장관과 의사소통을 할 수 있다.

ㄷ. 통역관 丁이 없으면 G장관은 어느 장관과도 의사소통을 할 수 없다.

ㄹ. 8명의 장관과 4명의 통역관이 모두 회담에 참석하면 모든 장관들은 서로 의사소통이 가능하다.

① ㄱ, ㄴ
② ㄱ, ㄷ
③ ㄱ, ㄴ, ㄹ
④ ㄱ, ㄷ, ㄹ
⑤ ㄴ, ㄷ, ㄹ

문 25. 다음 글을 근거로 판단할 때, 〈보기〉에서 옳은 것만을 모두 고르면?

> 전 세계 벼 재배면적의 90%가 아시아에 분포한다. 현재 벼를 재배하는 면적을 나라별로 보면, 인도가 4,300헥타르로 가장 넓고, 중국이 3,300헥타르로 그 다음을 잇고 있으며, 인도네시아, 방글라데시, 베트남, 타이, 미얀마, 일본의 순으로 이어지고 있다. A국은 일본 다음이다.
>
> 반면 쌀을 가장 많이 생산하고 있는 나라는 중국으로 전 세계 생산량의 30%를 차지하고 있으며, 그 다음이 20%를 생산하는 인도이다. 단위면적 당 쌀 생산량을 보면 A국이 헥타르 당 5.0톤으로 가장 많고 일본이 헥타르 당 4.5톤이다. A국의 단위면적 당 쌀 생산량은 인도의 3배에 달하는 수치로 현재 A국의 단위면적 당 쌀 생산능력은 세계에서 제일 높다.

〈보기〉

ㄱ. 중국의 단위면적 당 쌀 생산량은 인도의 약 2배이다.

ㄴ. 일본의 벼 재배면적이 A국보다 400헥타르가 크다면, 일본의 연간 쌀 생산량은 A국보다 많다.

ㄷ. 인도의 연간 쌀 생산량은 11,000톤 이상이다.

① ㄱ
② ㄴ
③ ㄷ
④ ㄱ, ㄴ
⑤ ㄴ, ㄷ

약점 보완 해설집 p.178

문 1. 甲, 乙, 丙, 丁은 A국의 건강보험 가입자이다. 다음 글을 근거로 판단할 때, 〈보기〉에서 옳지 않은 것을 모두 고르면?

A국의 건강보험공단(이하 '공단'이라 한다)이 제공하는 건강보험의 급여는 현물급여와 현금급여로 나눌 수 있다. 현물급여는 지정된 요양기관(병·의원)을 통하여 가입자 및 피부양자에게 직접 의료서비스를 제공하는 것으로, 요양급여와 건강검진이 있다. 요양급여는 가입자 및 피부양자의 질병·부상·출산 등에 대한 지정된 요양기관의 진찰, 처치·수술 기타의 치료, 재활, 입원, 간호 등을 말한다. 또한 공단은 질병의 조기 발견과 그에 따른 요양급여를 제공하기 위하여 가입자 및 피부양자에게 2년마다 1회 무료로 건강검진을 실시한다.

현금급여는 가입자 또는 피부양자가 긴급하거나 기타 부득이한 사유로 인하여 지정된 요양기관 이외의 의료기관에서 질병·부상·출산 등에 대하여 요양을 받은 경우와 요양기관 외의 장소에서 출산을 한 경우, 공단이 그 요양 급여에 상당하는 금액을 가입자 또는 피부양자에게 요양비로 지급하는 것을 말한다. 이러한 요양비를 지급받기 위하여 요양을 제공받은 자는 요양기관이 발행한 요양비용명세서나 요양내역을 기재한 영수증 등을 공단에 제출하여야 한다. 또한 본인부담액보상금도 현금급여에 해당한다. 이는 전체 보험가입자의 보험료 수준별로 하위 50%는 연간 200만 원, 중위 30%는 연간 300만 원, 상위 20%는 연간 400만 원의 진료비를 초과하는 경우, 그 초과액을 공단이 부담하는 제도이다.

〈보기〉

ㄱ. 甲의 피부양자는 작년에 이어 올해도 질병의 조기 발견을 위해 공단이 지정한 요양기관으로부터 건강검진을 무료로 받을 수 있다.

ㄴ. 乙이 갑작스러운 진통으로 인해 자기 집에서 출산한 경우, 공단으로부터 요양비를 지급받을 수 있다.

ㄷ. 丙이 혼자 섬으로 낚시를 갔다가 다리를 다쳐 낚시터에서 그 마을 주민으로부터 치료를 받은 경우, 공단으로부터 요양비를 지급받을 수 있다.

ㄹ. 상위 10% 수준의 보험료를 내고 있는 丁이 진료비로 연간 400만 원을 지출한 경우, 진료비의 일부를 공단으로부터 지원받을 수 있다.

① ㄱ, ㄴ
② ㄴ, ㄷ
③ ㄷ, ㄹ
④ ㄱ, ㄴ, ㄹ
⑤ ㄱ, ㄷ, ㄹ

문 2. 다음 글을 근거로 판단할 때 옳은 것은?

한복(韓服)은 한민족 고유의 옷이다. 삼국시대의 사람들은 저고리, 바지, 치마, 두루마기를 기본적으로 입었다. 저고리와 바지는 남녀 공용이었으며, 상하귀천에 관계없이 모두 저고리 위에 두루마기를 덧입었다. 삼국시대 이후인 남북국시대에는 서민과 귀족이 모두 우리 고유의 두루마기인 직령포(直領袍)를 입었다. 그런데 귀족은 직령포를 평상복으로만 입었고, 서민과 달리 의례와 같은 공식적인 행사에는 입지 않았다. 고려시대에는 복식 구조가 크게 변했다. 특히 귀족층은 중국 옷을 그대로 받아들여 입었지만, 서민층은 우리 고유의 복식을 유지하여, 복식의 이중 구조가 나타났다. 조선시대에도 한복의 기본 구성은 지속되었다. 중기나 후기에 들어서면서 한복 디자인은 한층 단순해졌고, 띠 대신 고름을 매기 시작했다. 조선 후기에는 마고자와 조끼를 입기 시작했는데, 조끼는 서양 문물의 영향을 받은 것이었다.

한편 조선시대 관복에는 여러 종류가 있었다. 곤룡포(袞龍袍)는 임금이 일반 집무를 볼 때 입었던 집무복[상복:常服]으로, 그 흉배(胸背)에는 금색실로 용을 수놓았다. 문무백관의 상복도 곤룡포와 모양은 비슷했다. 그러나 무관 상복의 흉배에는 호랑이를, 문관 상복의 흉배에는 학을 수놓았다. 무관들이 주로 대례복으로 입었던 구군복(具軍服)은 무관 최고의 복식이었다. 임금도 전쟁 시에는 구군복을 입었는데, 임금이 입었던 구군복에만 흉배를 붙였다.

※ 흉배는 왕을 비롯한 문무백관이 입던 관복의 가슴과 등에 덧붙였던 사각형의 장식품이다.

① 남북국시대의 서민들은 직령포를 공식적인 행사에도 입었다.
② 고려시대에는 복식 구조가 크게 변하여 모든 계층에서 중국옷을 그대로 받아들여 입는 현상이 나타났다.
③ 조선시대 중기에 들어서면서 고름을 매기 시작했고, 후기에는 서양 문물의 영향으로 인해 마고자를 입기 시작했다.
④ 조선시대 무관이 입던 구군복의 흉배에는 호랑이가 수놓아져 있었다.
⑤ 조선시대 문관의 경우 곤룡포와 비슷한 모양의 상복에 호랑이가 수놓아진 흉배를 붙였다.

문 3. 다음 글에 근거할 때, 〈보기〉의 甲, 乙 각각의 부양가족 수가 바르게 연결된 것은? (단, 위 각 세대 모든 구성원은 주민등록표상 같은 주소에 등재되어 있고 현실적으로 생계를 같이하고 있다.)

> 부양가족이란 주민등록표상 부양의무자와 세대를 같이하는 사람으로서 해당 부양의무자의 주소에서 현실적으로 생계를 같이하는 다음 중 어느 하나에 해당하는 사람을 말한다.
>   1. 배우자
>   2. 본인 및 배우자의 60세(여성인 경우에는 55세) 이상의 직계존속과 60세 미만의 직계존속 중 장애의 정도가 심한 사람
>   3. 본인 및 배우자의 20세 미만의 직계비속과 20세 이상의 직계비속 중 장애의 정도가 심한 사람
>   4. 본인 및 배우자의 형제자매 중 장애의 정도가 심한 사람
> ※ '장애의 정도가 심한 사람'이란 다음 중 어느 하나에 해당하는 사람을 말한다.
>
>   가. 장애등급 제1급부터 제6급까지
>   나. 상이등급 제1급부터 제7급까지
>   다. 장해등급 제1급부터 제6급까지

〈보기〉

ㄱ. 부양의무자 甲은 배우자, 75세 아버지, 15세 자녀 1명, 20세 자녀 1명, 장애 6급을 가진 39세 처제 1명과 함께 살고 있다.

ㄴ. 부양의무자 乙은 배우자, 58세 장인과 56세 장모, 16세 조카 1명, 18세 동생 1명과 함께 살고 있다.

	甲	乙
①	4명	2명
②	4명	3명
③	5명	2명
④	5명	3명
⑤	5명	4명

문 4. 다음 〈표〉를 근거로 할 때, 〈보기〉에서 옳은 것을 모두 고르면?

〈표〉 원산지 표시방법

구분	표시방법
(가) 돼지고기, 닭고기, 오리고기	육류의 원산지 등은 국내산과 수입산으로 구분하고, 다음 항목의 구분에 따라 표시한다. 1) 국내산의 경우 괄호 안에 '국내산'으로 표시한다. 다만 수입한 돼지를 국내에서 2개월 이상 사육한 후 국내산으로 유통하거나, 수입한 닭 또는 오리를 국내에서 1개월 이상 사육한 후 국내산으로 유통하는 경우에는 '국내산'으로 표시하되, 괄호 안에 축산물명 및 수입국가명을 함께 표시한다. [예시] 삼겹살(국내산), 삼계탕 국내산(닭, 프랑스산), 훈제오리 국내산(오리, 일본산) 2) 수입산의 경우 수입국가명을 표시한다. [예시] 삼겹살(독일산) 3) 원산지가 다른 돼지고기 또는 닭고기를 섞은 경우 그 사실을 표시한다. [예시] 닭갈비(국내산과 중국산을 섞음)
(나) 배달을 통하여 판매·제공되는 닭고기	1) 조리한 닭고기를 배달을 통하여 판매·제공하는 경우, 그 조리한 음식에 사용된 닭고기의 원산지를 포장재에 표시한다. 2) 1)에 따른 원산지 표시는 위 (가)의 기준에 따른다. [예시] 찜닭(국내산), 양념치킨(브라질산)

※ 수입국가명은 우리나라에 축산물을 수출한 국가명을 말한다.

〈보기〉

ㄱ. 국내산 돼지고기와 프랑스산 돼지고기를 섞은 돼지갈비를 유통할 때, '돼지갈비(국내산과 프랑스산을 섞음)'로 표시한다.

ㄴ. 덴마크산 돼지를 수입하여 1개월 간 사육한 후 그 삼겹살을 유통할 때, '삼겹살 국내산(돼지, 덴마크산)'으로 표시한다.

ㄷ. 중국산 훈제오리를 수입하여 2개월 후 유통할 때, '훈제오리 국내산(오리, 중국산)'으로 표시한다.

ㄹ. 국내산 닭을 이용하여 양념치킨으로 조리한 후 배달 판매할 때, '양념치킨(국내산)'으로 표시한다.

① ㄱ, ㄴ

② ㄱ, ㄹ

③ ㄴ, ㄷ

④ ㄱ, ㄷ, ㄹ

⑤ ㄴ, ㄷ, ㄹ

2012

해커스PSAT 7급+민경채 PSAT 16개년 기출문제집 상황판단

문 5. 다음의 〈커피의 종류〉, 〈은희의 취향〉 및 〈오늘 아침의 상황〉으로 판단할 때, 오늘 아침에 은희가 주문할 커피는?

〈커피의 종류〉

에스프레소	카페 아메리카노
● 에스프레소	● 에스프레소 ● 따뜻한 물
카페 라떼	카푸치노
● 에스프레소 ● 데운 우유	● 에스프레소 ● 데운 우유 ● 우유거품
카페 비엔나	카페 모카
● 에스프레소 ● 따뜻한 물 ● 휘핑크림	● 에스프레소 ● 초코시럽 ● 데운 우유 ● 휘핑크림

〈은희의 취향〉

○ 배가 고플 때에는 데운 우유가 들어간 커피를 마신다.

○ 다른 음식과 함께 커피를 마실 때에는 데운 우유를 넣지 않는다.

○ 스트레스를 받으면 휘핑크림이나 우유거품을 추가한다.

○ 피곤하면 휘핑크림이 들어간 경우에 한하여 초코시럽을 추가한다.

〈오늘 아침의 상황〉

출근을 하기 위해 지하철을 탄 은희는 꽉 들어찬 사람들 사이에서 스트레스를 받으며 내리기만을 기다리고 있었다. 목적지에 도착한 은희는 커피를 마시며 기분을 달래기 위해 커피 전문점에 들렀다. 아침식사를 하지 못해 배가 고프고 고된 출근길에 피곤하지만, 시간 여유가 없어 오늘 아침은 커피만 마실 생각이다. 그런데 은희는 요즘 체중이 늘어 휘핑크림은 넣지 않기로 하였다.

① 카페 라떼

② 카페 아메리카노

③ 카푸치노

④ 카페 모카

⑤ 카페 비엔나

문 6. 다음 글을 근거로 판단할 때, 〈보기〉에서 옳은 것을 모두 고르면?

○ A학자는 청소년들이 폭력성이 강한 드라마를 자주 보면 폭력성향이 강해지고, 이것이 청소년 폭력행위의 증가로 이어진다고 주장한다. 따라서 텔레비전에서 폭력성이 강한 드라마가 방영되는 것에 대해 심각한 우려를 표명하고 있다.

○ B학자는 폭력성이 강한 드라마가 일부 청소년들 사이에서 인기가 높고, 청소년들의 폭력행위도 늘어나고 있다는 사실을 인식하고 있다. 하지만 폭력성향이 강한 청소년들은 폭력을 일삼는 드라마에 더 끌리는 경향이 있을 뿐, 이를 시청한다고 해서 청소년 폭력행위가 증가하는 것은 아니라고 주장한다.

〈보기〉

ㄱ. A의 주장에 따르면, 텔레비전에서 폭력물을 방영하는 것을 금지한다면 청소년 폭력행위는 줄어들 것이다.

ㄴ. A의 주장에 따르면, 남성 청소년들은 여성 청소년들보다 폭력물에서 보이는 세계가 현실이라고 믿는 경향이 더 강하다.

ㄷ. B의 주장에 따르면, 폭력물을 자주 본다는 것은 강한 폭력성향의 원인이 아니라 결과이다.

ㄹ. A와 B의 주장에 따르면, 청소년 폭력성향과 폭력물 시청은 상관관계가 있다.

① ㄱ

② ㄱ, ㄷ

③ ㄴ, ㄹ

④ ㄱ, ㄷ, ㄹ

⑤ ㄴ, ㄷ, ㄹ

문 7. 다음 글에 근거할 때, 〈보기〉의 암호문을 해석하여 찾아낸 원문으로 옳은 것은?

아래의 〈암호표〉를 이용하여 암호문을 만드는 방법은 다음과 같다. 암호문은 암호화하고자 하는 원문의 알파벳과 암호 변환키의 알파벳을 조합하여 만든다. 먼저 원문 알파벳을 표의 맨 왼쪽 줄에서 찾고, 암호 변환키의 알파벳을 표의 맨 위쪽 줄에서 찾아 그 교차점에 있는 알파벳을 암호문으로 한다.

〈암호표〉

→ 암호 변환키

↓ 원문

	A	B	C	D	E	F	G	H	I	J	K	L	M	N
A	A	B	C	D	E	F	G	H	I	J	K	L	M	N
B	B	C	D	E	F	G	H	I	J	K	L	M	N	A
C	C	D	E	F	G	H	I	J	K	L	M	N	A	B
D	D	E	F	G	H	I	J	K	L	M	N	A	B	C
E	E	F	G	H	I	J	K	L	M	N	A	B	C	D
F	F	G	H	I	J	K	L	M	N	A	B	C	D	E
G	G	H	I	J	K	L	M	N	A	B	C	D	E	F
H	H	I	J	K	L	M	N	A	B	C	D	E	F	G
I	I	J	K	L	M	N	A	B	C	D	E	F	G	H
J	J	K	L	M	N	A	B	C	D	E	F	G	H	I
K	K	L	M	N	A	B	C	D	E	F	G	H	I	J
L	L	M	N	A	B	C	D	E	F	G	H	I	J	K
M	M	N	A	B	C	D	E	F	G	H	I	J	K	L
N	N	A	B	C	D	E	F	G	H	I	J	K	L	M

〈예시〉

원문	F	A	C	E
암호 변환키	C	E	G	I
암호문	H	E	I	M

〈보기〉

암호 변환키	BHEMGI
암호문	IBNMIE

① HIJACK
② HIDDEN
③ HANDLE
④ JINGLE
⑤ JACKIE

문 8. 甲과 乙이 아래 〈조건〉에 따라 게임을 할 때 옳지 않은 것은?

〈조건〉

○ 甲과 乙은 다음과 같이 시각을 표시하는 하나의 시계를 가지고 게임을 한다.

0	9	:	1	5

○ 甲, 乙 각자가 일어났을 때, 시계에 표시된 4개의 숫자를 합산하여 게임의 승패를 결정한다. 숫자의 합이 더 작은 사람이 이기고, 숫자의 합이 같을 때에는 비긴다.

○ 甲은 반드시 오전 6시에서 오전 6시 59분 사이에 일어나고, 乙은 반드시 오전 7시에서 오전 7시 59분 사이에 일어난다.

① 甲이 오전 6시 정각에 일어나면, 반드시 甲이 이긴다.
② 乙이 오전 7시 59분에 일어나면, 반드시 乙이 진다.
③ 乙이 오전 7시 30분에 일어나고, 甲이 오전 6시 30분 전에 일어나면 반드시 甲이 이긴다.
④ 甲과 乙이 정확히 1시간 간격으로 일어나면, 반드시 甲이 이긴다.
⑤ 甲과 乙이 정확히 50분 간격으로 일어나면, 甲과 乙은 비긴다.

문 9. 다음 글에 근거할 때, 甲이 내년 1월 1일부터 12월 31일까지 아래 작물(A~D)만을 재배하여 최대로 얻을 수 있는 소득은?

> 甲은 각 작물별 재배 기간과 재배 가능 시기를 고려하여 작물 재배 계획을 세우고자 한다. 아래 〈표〉의 네 가지 작물 중 어느 작물이든 재배할 수 있으나, 동시에 두 가지 작물을 재배할 수는 없다. 또한 하나의 작물을 같은 해에 두 번 재배할 수도 없다.
>
> 〈표〉 작물 재배 조건
>
> | 작물 | 1회 재배 기간 | 재배 가능 시기 | 1회 재배로 얻을 수 있는 소득 |
> |---|---|---|---|
> | A | 4개월 | 3월 1일~11월 30일 | 800만 원 |
> | B | 5개월 | 2월 1일~11월 30일 | 1,000만 원 |
> | C | 3개월 | 3월 1일~11월 30일 | 500만 원 |
> | D | 3개월 | 2월 1일~12월 31일 | 350만 원 |

① 1,500만 원

② 1,650만 원

③ 1,800만 원

④ 1,850만 원

⑤ 2,150만 원

문 10. 다음은 9개 구역으로 이루어진 〈A지역〉과 그 지역을 구성하는 〈구역 유형별 유권자 수〉이다. A지역을 〈조건〉에 따라 유권자 수가 동일한 3개의 선거구로 나누려고 할 때 가능한 경우의 수는?

〈A지역〉

〈구역 유형별 유권자 수〉

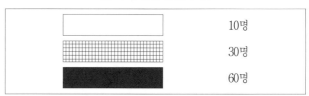

(흰색)	10명
(격자무늬)	30명
(검정색)	60명

> 〈조건〉
>
> 같은 선거구에 속하는 구역들은 사각형의 한 변이 적어도 그 선거구에 속하는 다른 한 구역의 사각형의 한 변과 맞닿아 있어야 한다.

① 1가지

② 2가지

③ 3가지

④ 4가지

⑤ 5가지

문 11. A국은 B국을 WTO협정 위반을 이유로 WTO 분쟁해결 기구에 제소하였다. 다음 글을 근거로 판단할 때 옳은 것은?

일반적으로 상대 회원국의 조치가 WTO협정에 어긋난다고 판단하는 회원국은 먼저 상대 회원국과 '외교적 교섭'을 하고, 그래도 해결가능성이 보이지 않으면 WTO 분쟁해결기구에 제소한다. WTO 회원국 간의 분쟁은 분쟁해결기구에 의하여 처리되는데, 분쟁해결절차는 크게 '협의', '패널', '상소'로 이루어진다. WTO에 제소한 이후에도 양국은 우호적인 해결을 위하여 비공개로 60일 간의 협의를 가진다. 그 협의를 통해 분쟁이 해결되지 않은 경우, WTO에 제소한 국가가 패널설치를 요구하면 분쟁해결기구는 이를 설치한다.

분쟁해결기구는 충분한 자질을 갖춘 정부인사 또는 비정부인사를 패널위원으로 위촉하여야 하며, 분쟁당사국 국민은 분쟁당사국 사이에 별도의 합의가 없는 한 패널위원이 될 수 없다. 패널은 별도의 합의가 없으면 3인으로 구성된다. 패널은 분쟁사실, 관련 규정 적용가능성과 분쟁해결에 대한 제안을 수록한 패널보고서를 분쟁해결기구에 제출하고, 분쟁당사국이 분쟁해결기구에 상소의사를 통보하지 않는 한 패널보고서는 회원국 전체에 회람된 날로부터 60일 이내에 분쟁해결기구에서 채택된다.

상소기구는 패널보고서에서 다루어진 법률문제와 패널이 내린 법률해석만을 대상으로 심의한다. 상소기구보고서는 분쟁당사국의 참여 없이 작성되는데, 패널에서의 법률적 조사결과나 결론을 확정, 변경 또는 파기할 수 있다.

① 협의는 A국, B국 및 제3자가 공개적으로 진행한다.

② 패널위원은 원칙적으로 A국과 B국의 국민을 포함한 3인이다.

③ 패널보고서와 상소기구보고서는 분쟁당사국과 합의하여 작성된다.

④ A국은 협의를 통해 분쟁이 해결되지 않으면 분쟁해결기구에 패널설치를 요구할 수 있다.

⑤ B국이 패널보고서를 회람한 후 60일 이내에 상소의사를 통보하더라도 분쟁해결기구는 패널보고서를 채택하여야 한다.

문 12. 다음은 신라시대의 골품제도에 관한 어느 사학자의 주장이다. 이를 근거로 판단할 때, 〈보기〉에서 옳지 않은 것을 모두 고르면?

신라시대의 신분제도인 골품제도는 왕족을 대상으로 한 골제(骨制)와 그 외의 사람을 대상으로 한 두품제(頭品制)로 구성되었다. 골족(骨族)은 성골(聖骨)과 진골(眞骨)로 구분되었으며, 성골은 골족 가운데서도 왕이 될 수 있는 최고의 신분이었다. 진골 역시 왕족으로서 신라 지배계층의 핵심을 이루면서 모든 정치적 실권을 장악하고 있었다.

두품층은 6두품에서 1두품까지 있었는데 숫자가 클수록 신분이 높았고, 6두품에서 4두품까지는 상위 신분층이었다. 이 가운데 6두품은 진골에 비해 관직 진출 및 신분상의 제약이 강했지만, 전체적으로는 득난(得難)으로 불릴 정도로 귀성(貴姓)이었다. 5두품과 4두품에 대한 기록은 거의 전해지지 않으나, 국가기관의 잡다한 실무는 이들에 의해 이루어졌던 것으로 보인다. 골품에 따른 신분 등급은 고정된 것이 아니어서, 진골의 신분이었다가도 경우에 따라서는 한 등급 강등되어 6두품이 되는 사례도 있었다. 한편 3두품 이하에 대한 기록은 없는데, 아마도 율령반포 초기에 일반 평민의 신분을 삼분(三分)하였다가 현실적으로 구분할 필요성이 거의 없게 되자 소멸된 것으로 보인다.

골품제도에서 가장 큰 특징은 신분에 따라 맡을 수 있는 관등에 상한이 있었다는 점이다. 신라 17개 관등 가운데 제1관등인 이벌찬(伊伐湌)에서 제5관등인 대아찬(大阿湌)까지는 진골만이 맡을 수 있었고, 두품층은 대아찬 이상의 관등에 올라갈 수 없었다. 6두품에서 4두품까지는 제6관등인 아찬(阿湌)에서 제17관등인 조위(造位)까지의 관직을 가질 수 있었다. 두품층은 골품제의 신분에 따라 관등이 제한되는 것에 불만이 많았다. 이를 무마하기 위해 상한 관등에 몇 개의 관등을 더 세분해서 두는 중위제(重位制)가 실시되었으나, 골품제 자체의 신분제적 성격이 변화하지는 않았다.

〈보기〉

ㄱ. 4두품은 상위 신분층에 해당하였지만 5두품보다는 낮은 신분층이었다.

ㄴ. 진골이 오를 수 있는 최고 관등은 이벌찬이었다.

ㄷ. 골품제도에 불만을 지닌 사람을 위한 제도가 마련되기도 하였다.

ㄹ. 성골·진골은 왕족이었기 때문에 신분이 강등되는 경우는 없었다.

① ㄱ
② ㄹ
③ ㄱ, ㄴ
④ ㄴ, ㄷ
⑤ ㄷ, ㄹ

문 13. 다음 〈약관〉의 규정에 근거할 때, 신용카드사용이 일시정지 또는 해지될 수 없는 경우는?

─〈약관〉─

제00조(회원의 종류) ① 회원은 본인회원과 가족회원으로 구분합니다.

② 본인회원이란 이 약관을 승인하고 당해 신용카드 회사(이하 '카드사'로 약칭함)에 신용카드(이하 '카드'로 약칭함)의 발급을 신청하여 카드사로부터 카드를 발급받은 분을 말합니다.

③ 가족회원이란 본인회원이 지정하고 대금의 지급 및 기타 카드사용에 관한 책임을 본인회원이 부담할 것을 승낙한 분으로서, 이 약관을 승인하고 카드사로부터 카드를 발급받은 분을 말합니다.

제00조(카드사용의 일시정지 또는 해지) ① 카드사는 다음 각 호의 1에 해당되는 회원에게 그 사유와 그로 인한 카드 사용의 일시정지 또는 카드사와 회원 사이의 카드이용계약(이하 '계약'으로 약칭함)의 해지를 통보할 수 있습니다.

1. 입회신청서의 기재사항을 허위로 작성한 경우

2. 카드사용 대금을 3회 연속하여 연체한 경우

3. 이민, 구속, 사망 등으로 회원의 채무변제가 불가능하거나 현저히 곤란하다고 판단되는 경우

② 회원은 카드사에 언제든지 카드사용의 일시정지 또는 해지를 통보할 수 있습니다.

③ 본인회원은 가족회원의 동의 없이 가족회원의 카드사용의 일시정지 또는 해지를 통보할 수 있습니다.

④ 제1항부터 제3항의 일시정지 또는 해지는 상대방에게 통보한 때 그 효력이 발생합니다.

제00조(카드사의 의무 등) ① 회원이 최종 사용일로부터 1년 이상 카드를 사용하지 않은 경우 카드사는 전화, 서면, 전자우편(e-mail), 단문메시지서비스(SMS), 자동응답시스템(ARS) 등으로 회원의 계약 해지의사를 확인하여야 합니다.

② 제1항에 의해 회원이 전화, 서면, 전자우편, 단문메시지서비스, 자동응답시스템 등으로 해지의사를 밝히면 그 시점에 계약이 해지됩니다.

① 본인회원인 A가 가족회원인 딸 B의 동의 없이 B의 카드사용 해지를 카드사에 통보한 경우

② 가족회원인 C가 자신의 카드사용의 일시정지를 카드사에 통보한 경우

③ 카드사가 최근 1년 간 카드사용 실적이 없는 회원 D에게 전화로 계약 해지의사를 묻자, D가 해지의사를 밝힌 경우

④ 카드사가 회원 E에게 2회의 카드사용 대금 연체 사실을 통보한 경우

⑤ 입회신청서를 허위로 기재한 회원 F에게 카드사가 그 사실과 카드사용의 일시정지를 통보한 경우

문 14. 다음 A국의 법률을 근거로 할 때, ○○장관의 조치로 옳지 않은 것은?

제00조(출국의 금지) ① ○○장관은 다음 각 호의 어느 하나에 해당하는 사람에 대하여는 6개월 이내의 기간을 정하여 출국을 금지할 수 있다.

1. 형사재판에 계류 중인 사람

2. 징역형이나 금고형의 집행이 끝나지 아니한 사람

3. 1천만 원 이상의 벌금이나 2천만 원 이상의 추징금을 내지 아니한 사람

4. 5천만 원 이상의 국세·관세 또는 지방세를 정당한 사유 없이 그 납부기한까지 내지 아니한 사람

② ○○장관은 범죄 수사를 위하여 출국이 적당하지 아니하다고 인정되는 사람에 대하여는 1개월 이내의 기간을 정하여 출국을 금지할 수 있다. 다만 다음 각 호에 해당하는 사람은 그 호에서 정한 기간으로 한다.

1. 소재를 알 수 없어 기소중지결정이 된 사람 또는 도주 등 특별한 사유가 있어 수사진행이 어려운 사람: 3개월 이내

2. 기소중지결정이 된 경우로서 체포영장 또는 구속영장이 발부된 사람: 영장 유효기간 이내

① 사기사건으로 인해 유죄판결을 받고 현재 고등법원에서 항소심이 진행 중인 甲에 대하여 5개월 간 출국을 금지할 수 있다.

② 추징금 2천 5백만 원을 내지 않은 乙에 대하여 3개월 간 출국을 금지할 수 있다.

③ 소재를 알 수 없어 기소중지결정이 된 강도사건 피의자 丙에 대하여 2개월 간 출국을 금지할 수 있다.

④ 징역 2년을 선고받고 그 집행이 끝나지 않은 丁에 대하여 3개월 간 출국을 금지할 수 있다.

⑤ 정당한 사유 없이 2천만 원의 지방세를 납부기한까지 내지 않은 戊에 대하여 4개월 간 출국을 금지할 수 있다.

문 15. 다음 글에 근거할 때, 〈보기〉에서 옳지 않은 것을 모두 고르면?

청소년 비행의 원인을 설명하는 이론에는 다음과 같은 세 가지가 있다. A이론에서는 자기통제력이라는 내적 성향이 유년기의 문제행동, 청소년 비행뿐만 아니라 성인의 범죄도 설명할 수 있는 중요한 원인 중 하나라고 본다. 자기통제력은 부모의 양육에 의해 어릴 때 형성되는 것으로, 목표 달성을 위해 충동을 조절할 수 있는 능력, 유혹에 저항하는 능력, 만족을 지연할 수 있는 능력 등을 말한다.

B이론에서는 청소년의 연령에 따라 비행의 원인이 다르다고 주장하면서 부모의 양육 방법뿐만 아니라 비행친구와의 접촉 여부에 대해서도 주목한다. 이 이론은 청소년 시기를 초기(11~13세), 중기(14~16세), 후기(17~19세)로 구분하고, 초기에는 부모의 양육 방법 차이가 청소년 비행에 영향을 크게 미치지만 중기를 거쳐 후기에 이를수록 그 영향력은 작아진다고 주장한다. 반면 비행친구와의 접촉이 청소년 비행에 미치는 영향력의 정도는 상대적으로 초기보다는 중기를 거쳐 후기에 이를수록 커진다고 한다.

C이론 역시 부모의 양육 방법이 청소년 비행에 영향을 미치는 요인 중 하나라고 본다. 그런데 위의 이론들과 달리 C이론은 비행청소년을 '초기 진입자(early-starter)'와 '후기 진입자(late-starter)'로 구분하여 설명한다. 전자는 어려서부터 부모의 부적절한 양육 등으로 인해 문제성향과 문제행동을 보이는 청소년들을 지칭한다. 반면 후자는 어려서는 문제성향을 보이지는 않았으나, 성장 과정에서 비행친구와 접촉하면서 모방 등을 통해 청소년기에 일시적으로 비행을 저지르는 비행청소년들을 말한다.

─────〈보기〉─────

ㄱ. A이론에서는 자기통제력이라는 내적 성향이 청소년 비행을 설명하는 주요 요인이라고 본다.

ㄴ. B이론에서는 청소년 비행에 있어 청소년의 연령과 비행친구의 영향력 간에는 반비례의 관계가 있다고 본다.

ㄷ. C이론에서는 모범생인 청소년도 고교시절 비행친구를 사귀게 되면, 성인이 되어서도 지속적으로 비행을 저지를 가능성이 높다고 본다.

① ㄱ

② ㄴ

③ ㄱ, ㄴ

④ ㄱ, ㄷ

⑤ ㄴ, ㄷ

문 16. 다음 글을 근거로 판단할 때 옳지 않은 것은?

법원은 증인신문기일에 증인을 신문하여야 한다. 법원으로부터 증인출석요구를 받은 증인은 지정된 일시·장소에 출석할 의무가 있다. 증인의 출석을 확보하기 위해서 증인이 질병·관혼상제·교통기관의 두절·천재지변 등의 정당한 사유 없이 출석하지 않은 경우, 그 증인에 대해서는 아래의 일정한 제재가 뒤따른다.

첫째, 법원은 정당한 사유 없이 출석하지 아니한 증인에게 이로 말미암은 소송비용을 부담하도록 명하고, 500만 원 이하의 과태료를 부과하는 결정을 할 수 있다. 법원은 과태료결정을 한 이후 증인의 증언이나 이의 등에 따라 그 결정 자체를 취소하거나 과태료를 감할 수 있다.

둘째, 증인이 과태료결정을 받고도 정당한 사유 없이 출석하지 아니한 경우, 법원은 증인을 7일 이내의 감치(監置)에 처하는 결정을 할 수 있다. 감치결정이 있으면, 법원공무원 또는 국가경찰공무원이 증인을 교도소, 구치소, 경찰서 유치장에 유치(留置)함으로써 이를 집행한다. 증인이 감치의 집행 중에 증언을 한 때에는 법원은 바로 감치결정을 취소하고 그 증인을 석방하여야 한다.

셋째, 법원은 정당한 사유 없이 출석하지 아니한 증인을 구인(拘引)하도록 명할 수 있다. 구인을 하기 위해서는 법원에 의한 구속영장 발부가 필요하다. 증인을 구인하면 법원에 그를 인치(引致)하며, 인치한 때부터 24시간 내에 석방하여야 한다. 또한 법원은 필요한 경우에 인치한 증인을 교도소, 구치소, 경찰서 유치장에 유치할 수 있는데, 그 유치기간은 인치한 때부터 24시간을 초과할 수 없다.

※ 감치(監置): 법원의 결정에 의하여 증인을 경찰서 유치장 등에 유치하는 것
유치(留置): 사람이나 물건을 어떤 사람이나 기관의 지배 하에 두는 것
구인(拘引): 사람을 강제로 잡아 끌고 가는 것
인치(引致): 사람을 강제로 끌어 가거나 끌어 오는 것

① 증인 甲이 정당한 사유 없이 출석하지 아니한 경우, 법원은 구속영장을 발부하여 증인을 구인할 수 있다.

② 과태료결정을 받은 증인 乙이 증인신문기일에 출석하여 증언한 경우, 법원은 과태료결정을 취소할 수 있다.

③ 증인 丙을 구인한 경우, 법원은 증인신문을 마치지 못하더라도 인치한 때부터 24시간 이내에 그를 석방하여야 한다.

④ 7일의 감치결정을 받고 교도소에 유치 중인 증인 丁이 그 유치 후 3일이 지난 때에 증언을 했다면, 법원은 그를 석방하여야 한다.

⑤ 감치결정을 받은 증인 戊에 대하여, 법원공무원은 그를 경찰서 유치장에 유치할 수 없다.

문 17. 甲이 다음의 〈조건〉과 〈기준〉에 근거할 때 구입할 컴퓨터는?

〈조건〉

항목 컴퓨터	램 메모리 용량 (Giga Bytes)	하드 디스크 용량 (Tera Bytes)	가격 (천 원)
A	4	2	500
B	16	1	1,500
C	4	3	2,500
D	16	2	2,500
E	8	1	1,500

〈기준〉

○ 컴퓨터를 구입할 때, 램 메모리 용량, 하드 디스크 용량, 가격을 모두 고려한다.

○ 램 메모리와 하드 디스크 용량이 크면 클수록, 가격은 저렴하면 저렴할수록 선호한다.

○ 각 항목별로 가장 선호하는 경우 100점, 가장 선호하지 않는 경우 0점, 그 외의 경우 50점을 각각 부여한다. 단, 가격은 다른 항목보다 중요하다고 생각하여 2배의 점수를 부여한다.

○ 각 항목별 점수의 합이 가장 큰 컴퓨터를 구입한다.

① A　　　　　② B　　　　　③ C

④ D　　　　　⑤ E

문 18. 甲은 키보드를 이용해 숫자를 계산하는 과정에서 키보드의 숫자 배열을 휴대폰의 숫자 배열로 착각하고 숫자를 입력하였다. 휴대폰과 키보드의 숫자 배열이 다음과 같다고 할 때, 〈보기〉에서 옳은 것을 모두 고르면?

〈휴대폰의 숫자 배열〉　　〈키보드의 숫자 배열〉

1	2	3
4	5	6
7	8	9
@	0	#

7	8	9
4	5	6
1	2	3
	0	·

〈보기〉

ㄱ. '46 × 5'의 계산 결과는 옳게 산출되었다.

ㄴ. '789 + 123'의 계산 결과는 옳게 산출되었다.

ㄷ. '159 + 753'의 계산 결과는 옳게 산출되었다.

ㄹ. '753 + 951'의 계산 결과는 옳게 산출되었다.

ㅁ. '789 − 123'의 계산 결과는 옳게 산출되었다.

① ㄱ, ㄴ, ㄷ　　　② ㄱ, ㄴ, ㄹ　　　③ ㄱ, ㄷ, ㅁ

④ ㄴ, ㄷ, ㄹ　　　⑤ ㄴ, ㄹ, ㅁ

문 19. 甲, 乙, 丙, 丁이 다음과 같은 경기를 하였을 때, 평균속력이 가장 빠른 사람부터 순서대로 나열한 것은?

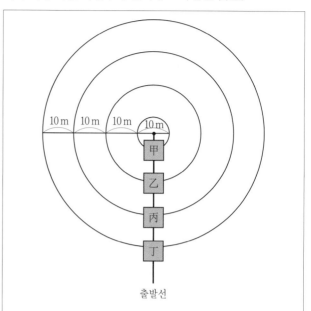

○ 甲, 乙, 丙, 丁은 동심원인 위의 그림과 같이 일직선상의 출발선에서 경기를 시작한다.

○ 甲, 乙, 丙, 丁은 위의 경기장에서 각자 자신에게 정해진 원 위를 10분 동안 걷는다.

○ 甲, 乙, 丙, 丁은 정해진 원 이외의 다른 원으로 넘어갈 수 없다.

○ 甲, 乙, 丙, 丁이 10분 동안에 각자 걸었던 거리는 다음과 같다.

甲	乙	丙	丁
7바퀴	5바퀴	3바퀴	1바퀴

① 乙, 丙, 甲, 丁

② 丙, 乙, 丁, 甲

③ 乙 = 丙, 甲 = 丁

④ 甲, 丁 = 乙, 丙

⑤ 甲, 丁, 乙, 丙

문 20. 甲은 ○○주차장에 4시간 45분 간 주차했던 차량의 주차 요금을 정산하려고 한다. 이 주차장에서는 총 주차 시간 중 최초 1시간의 주차 요금을 면제하고, 다음의 〈주차 요금 기준〉에 따라 요금을 부과한다. 甲이 지불해야 할 금액은?

〈주차 요금 기준〉

구분	총 주차 시간	
	1시간 초과~3시간인 경우	3시간 초과인 경우
요금	○ 30분마다 500원	○ 1시간 초과~3시간: 30분마다 500원 ○ 3시간 초과: 30분마다 2,000원

※ 주차 요금은 30분 단위로 부과되고, 잔여시간이 30분 미만일 경우 30분으로 간주한다.

① 5,000원
② 9,000원
③ 10,000원
④ 11,000원
⑤ 20,000원

문 21. A회사의 월차 및 월차수당에 관한 다음 글에 근거할 때 옳지 않은 것은?

○ 어느 월(月)에 12일 이상 근무한 근로자에게 1일의 유급휴일을 부여하며, 이를 '월차'라 한다. 월차는 발생 다음 월부터 같은 해 말일까지 사용할 수 있으며, 합산하여 사용할 수도 있다. 다만 해당 연도의 월차는 그 다음 해로 이월되지 않는다.

○ 해당 연도 마지막 월까지 사용하지 않은 월차는 그 해 마지막 월의 급여 지급일에 월차 1일당 1일분의 급여로 지급하는데, 이를 '월차수당'이라 한다. 근로자가 퇴직하는 경우, 퇴직일까지 사용하지 않은 월차는 퇴직일에 월급여와 함께 월차수당으로 지급한다. 다만 매년 12월 또는 퇴직한 월의 근무로 인해 발생한 월차는 유급휴일로 사용할 수 없고, 월차수당으로만 지급한다.

※ '월'은 매월 1일부터 말일까지이며, '월급여'는 매월 말일에 지급한다.

① 甲이 7월 20일에 퇴직한다면 7월 말일에 월급여와 월차수당을 함께 지급받는다.

② 乙이 6월 9일에 퇴직한다면 6월의 근무로 발생한 6월분의 월차수당을 받을 수 없을 것이다.

③ 丙이 3월 12일 입사하여 같은 해 7월 20일에 퇴직할 때까지 결근 없이 근무하였다면 최대 4일의 월차를 사용할 수 있다.

④ 1월 초부터 같은 해 12월 말까지 결근 없이 근무한 근로자 丁은 최대 11일의 월차를 사용할 수 있다.

⑤ 9월 20일에 입사하여 같은 해 12월 31일까지 매월 발생된 월차를 한 번도 사용하지 않고 결근 없이 근무한 戊는 최대 3일분의 월차수당을 받을 수 있다.

문 22. 다음 글을 근거로 판단할 때, 〈보기〉에서 옳은 것을 모두 고르면?

○ 첫차는 06:00에 출발하며, 24:00 이내에 모든 버스가 운행을 마치고 종착지에 들어온다.
○ 버스의 출발지와 종착지는 같고 한 방향으로만 운행되며, 한 대의 버스가 1회 운행하는 데 소요되는 총 시간은 2시간이다. 이 때 교통체증 등의 도로사정은 고려하지 않는다.
○ 출발지를 기준으로 시간대별 배차 간격은 아래와 같다. 예를 들면 평일의 경우 버스 출발지를 기준으로 한 버스 출발 시간은 …, 11:40, 12:00, 12:30,… 순이다.

구분	A시간대 (06:00~12:00)	B시간대 (12:00~14:00)	C시간대 (14:00~24:00)
평일	20분	30분	40분
토요일	30분	40분	60분
일요일 (공휴일)	40분	60분	75분

〈보기〉

ㄱ. 공휴일인 어린이날에는 출발지에서 13:00에 버스가 출발한다.
ㄴ. 막차는 출발지에서 반드시 22:00 이전에 출발한다.
ㄷ. 일요일에 막차가 종착지에 도착하는 시간은 23:20이다.
ㄹ. 출발지에서 09:30에 버스가 출발한다면, 이 날은 토요일이다.

① ㄱ, ㄴ
② ㄱ, ㄷ
③ ㄷ, ㄹ
④ ㄱ, ㄴ, ㄹ
⑤ ㄴ, ㄷ, ㄹ

문 23. 다음 글과 〈사례〉에 근거할 때, 〈보기〉의 금액으로 바르게 연결된 것은?

감세에 따른 세수 감소 총액을 계산하는 방식은 다음과 같은 두 가지가 사용될 수 있다.
○ A방식: 감세안이 시행된 해부터 매년 전년도와 비교했을 때, 발생하는 감소분을 누적적으로 합계하는 방식
○ B방식: 감세안이 시행된 해의 직전 연도를 기준년도로 하여 기준년도와 비교했을 때, 매년 발생하는 감소분을 누적적으로 합계하는 방식

〈사례〉

정부는 경기활성화를 위해 감세안을 만들어 2013년부터 시행하고자 한다. 감세 효과 파악을 위해 2015년까지 감세안에 따른 세수 변화 규모를 추산했다.

〈연도별 세수 총액〉

연도	세수 총액(단위: 원)
2012	42조 5,000억
2013	41조 8,000억
2014	41조 4,000억
2015	41조 3,000억

〈보기〉

ㄱ. A방식에 따라 계산한 2013년의 세수 감소액은?
ㄴ. B방식에 따라 계산한 2014년까지의 세수 감소 총액은?
ㄷ. A방식, B방식에 따라 각각 계산한 2015년까지의 세수 감소 총액의 차이는?

	ㄱ	ㄴ	ㄷ
①	3,000억 원	1조 1,000억 원	1조 2,000억 원
②	3,000억 원	1조 8,000억 원	1조 8,000억 원
③	7,000억 원	1조 1,000억 원	1조 2,000억 원
④	7,000억 원	1조 8,000억 원	1조 2,000억 원
⑤	7,000억 원	1조 8,000억 원	1조 8,000억 원

문 24. 다음 글에 근거할 때, 〈보기〉에서 옳게 추론한 것을 모두 고르면?

○ LOFI(Little Out From Inside)는 한 지역 내에서 생산된 제품이 그 지역 내에서 소비된 비율을 의미한다. LOFI가 75% 이상이면 해당 지역은 독립적인 시장으로 본다.

○ A도, B도, C도, D도에는 각각 자도(自道)소주인 a소주, b소주, c소주, d소주를 생산하는 회사가 도별로 1개씩만 있다. 각 회사는 소주를 해당 도 내에서만 생산하지만, 판매는 다른 도에서도 할 수 있다.

○ 다음 그림은 전체 지역의 지난 1년 간 도별 소주 생산량과 각 도 사이의 물류량을 표시한 것이다. 동그라미 안의 숫자는 각 도별 소주 생산량을 의미하고, 화살표는 이동의 방향을 나타낸다. 그리고 화살표 옆의 숫자는 소주의 이동량을 의미한다. 예를 들어 A도에서 B도를 향한 화살표의 40은 a소주의 이동량을 나타낸다.

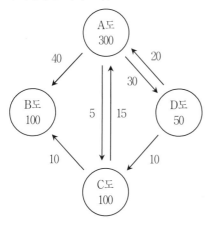

○ 다만 D도의 d소주가 A도를 거쳐 B도에서 판매되는 것과 같이 2번 이상의 이동은 일어날 수 없다. 또한 1년 간 생산된 소주는 그 해에 모두 소비된다고 가정한다. 이 경우 자도소주의 LOFI를 구하는 공식은 다음과 같다.

$$\text{LOFI}_{\text{자도소주}}(\%) = \frac{\text{해당 도내 자도소주 소비량}}{\text{해당 도의 자도소주 생산량}} \times 100$$

─〈보기〉─
ㄱ. A도에서는 소주의 생산량보다 소비량이 더 많다.
ㄴ. A도와 B도가 하나의 도라면, 그 도는 독립적인 시장으로 볼 수 있다.
ㄷ. C도는 독립적인 시장으로 볼 수 없다.

① ㄱ
② ㄴ
③ ㄷ
④ ㄱ, ㄴ
⑤ ㄴ, ㄷ

문 25. 5명(A~E)이 다음 규칙에 따라 게임을 하고 있다. 4→1→1의 순서로 숫자가 호명되어 게임이 진행되었다면 네 번째 술래는?

○ A→B→C→D→E 순으로 반시계방향으로 동그랗게 앉아있다.

○ 한 명의 술래를 기준으로, 술래는 항상 숫자 3을 배정 받고, 반시계방향으로 술래 다음 사람이 숫자 4를, 그 다음 사람이 숫자 5를, 술래 이전 사람이 숫자 2를, 그 이전 사람이 숫자 1을 배정받는다.

○ 술래는 1~5의 숫자 중 하나를 호명하고, 호명된 숫자에 해당하는 사람이 다음 술래가 된다. 새로운 술래를 기준으로 다시 위의 조건에 따라 숫자가 배정되며 게임이 반복된다.

○ 첫 번째 술래는 A다.

① A
② B
③ C
④ D
⑤ E

약점 보완 해설집 p.192

문 1. 다음 글에 부합하는 것은?

> 녹색성장에서 중요시되고 있는 것은 신재생에너지 분야이다. 유망 산업으로 주목받고 있는 신재생에너지 분야는 국가의 성장동력으로 집중 육성될 필요가 있다. 우리 정부가 2030년까지 전체 에너지 중 신재생에너지의 비율을 11%로 확대하려는 것은 탄소배출량 감축과 성장동력 육성이라는 두 마리 토끼를 잡기 위한 전략이다. 우리나라에서 신재생 에너지란 수소, 연료전지, 석탄 가스화 복합발전 등의 신에너지와 태양열, 태양광, 풍력, 바이오, 수력, 지열, 폐기물 등의 재생가능에너지를 통칭해 부르는 용어이다. 2007년을 기준으로 신재생에너지의 구성비를 살펴보면 폐기물이 77%, 수력이 14%, 바이오가 6.6%, 풍력이 1.4%, 기타가 1%이었으며, 이들 신재생에너지가 전체 에너지에서 차지하는 비율은 2.4%에 불과했다.
>
> 따라서 정부는 '에너지 및 자원 사업 특별회계'와 '전력 기금'으로 신재생에너지 기술개발 지원사업을 확대할 필요가 있다. 특히 산업파급효과가 큰 태양광, 연료전지, 풍력 분야에 대한 국산화 지원과 더불어 예산 대비 보급효과가 큰 바이오연료, 폐기물 연료 분야에 대한 지원을 강화하기 위한 정책도 개발되어야 한다. 이러한 지원정책과 함께 정부는 신재생에너지의 공급을 위한 다양한 규제정책도 도입해야 할 것이다.

① 환경보전을 위해 경제성장을 제한하고 삶의 질을 높여야 한다.

② 신에너지가 전체 에너지에서 차지하는 비율은 재생가능에너지 보다 크다.

③ 2007년을 기준으로 폐기물을 이용한 에너지가 전체 에너지에서 차지하는 비율은 매우 낮다.

④ 정부는 녹색성장을 위해 규제정책을 포기하고 시장친화정책을 도입해야 한다.

⑤ 산업파급효과가 큰 에너지 분야보다 예산 대비 보급효과가 큰 에너지 분야에 대한 지원이 시급하다.

문 2. 다음 글을 근거로 판단할 때, 옳지 않은 것은?

> 훈민정음이란 우리말의 표기체계인 한글의 본래 이름이다. 한글의 제자원리에 대해 훈민정음 〈제자해(制字解)〉에는 "정음 28자는 각각 그 모양을 본떠 만들었다."고 기술되어 있는데, 이것을 『주역』의 천지인(天地人) 삼재(三才)와 음양오행원리로 설명할 수 있다. 즉 중성의 기본 모음자 'ᆞ'는 하늘의 둥근 모양을, 'ㅡ'는 땅의 평평한 모양을, 'ㅣ'는 사람이 서 있는 모양을 각각 본뜬 것이다. 하늘과 땅이 한 번 더 분화하면 사계절 모음이 나온다. 입안을 자연스레 오므리면 하늘 소리 'ᆞ'가, 입술을 둥글게 오므리면 겨울소리 'ㅗ'가 되고, 환하게 펴면 봄소리 'ㅏ'가 되니, 모두 양에 해당한다. 땅소리 'ㅡ'를 쭉 내밀면 여름소리 'ㅜ'가 되고, 어둡게 하면 가을소리 'ㅓ'가 되니, 모두 음에 해당한다. 음양오행 상으로 봄은 목, 여름은 화, 가을은 금, 겨울은 수이다.
>
> 자음 역시 오행설의 원리에 따라 만든 것이다. 기본 자음을 각각 오행에 대입하였으며, 나머지 자음은 이 기본자에 획을 더하여 만든 것이다. 오음(五音)은 오행의 상생순서에 따라 나온다. 축축하고 둥근 목구멍에서 물소리[水] 'ㅇ'이 나오면 뒤이어 혀뿌리에서 힘찬 나무소리[木] 'ㄱ'이 나오고, 이어서 혓바닥을 나불대는 불소리[火] 'ㄴ'이 나오면, 입술이 합해져서 흙소리[土] 'ㅁ'이 된다. 마지막으로 이빨에 부딪혀 나는 쇳소리[金] 'ㅅ'이 된다.

① 기본 자음은 ㄱ, ㄴ, ㅁ, ㅅ, ㅇ이다.

② 중성의 기본 모음자는 삼재에 근거하여 만든 것이다.

③ 오행의 상생순서는 수 → 목 → 화 → 토 → 금이다.

④ 자음 ㅇ과 모음 ㅓ는 계절상으로 겨울에 해당한다.

⑤ 한글 자음은 자음의 기본자와 그 기본자에 획을 더한 것으로 구성되어 있다.

문 3. 다음 규정을 근거로 판단할 때, '차'에 해당하는 것을 〈보기〉에서 모두 고르면?

제00조(정의) 이 법에서 사용하는 용어의 정의는 다음과 같다.
1. '차'라 함은 다음의 어느 하나에 해당하는 것을 말한다.
　가. 자동차
　나. 건설기계
　다. 원동기장치자전거
　라. 자전거
　마. 사람 또는 가축의 힘이나 그 밖의 동력에 의하여 운전되는 것. 다만, 철길이나 가설된 선에 의하여 운전되는 것과 유모차 및 보행보조용 의자차는 제외한다.
2. '자동차'라 함은 철길이나 가설된 선에 의하지 아니하고 원동기를 사용하여 운전되는 차(견인되는 자동차도 자동차의 일부로 본다)를 말한다.
3. '원동기장치자전거'라 함은 다음 각 목의 어느 하나에 해당하는 차를 말한다.
　가. 이륜자동차 가운데 배기량 125cc 이하의 이륜자동차
　나. 배기량 50cc 미만(전기를 동력으로 하는 경우에는 정격출력 0.59kw 미만)의 원동기를 단 차

〈보기〉
ㄱ. 경운기
ㄴ. 자전거
ㄷ. 유모차
ㄹ. 기차
ㅁ. 50cc 스쿠터

---

① ㄱ, ㄴ
② ㄴ, ㄷ
③ ㄷ, ㄹ
④ ㄱ, ㄴ, ㅁ
⑤ ㄴ, ㄹ, ㅁ

문 4. 다음 규정을 근거로 판단할 때, 〈보기〉에서 옳은 것을 모두 고르면?

제00조 ① 의회의 정기회는 법률이 정하는 바에 의하여 매년 1회 집회되며, 의회의 임시회는 대통령 또는 의회재적의원 4분의 1 이상의 요구에 의하여 집회된다.
② 정기회의 회기는 100일을, 임시회의 회기는 30일을 초과할 수 없다.
③ 대통령이 임시회의 집회를 요구할 때에는 기간과 집회 요구의 이유를 명시하여야 한다.
제00조 의회는 헌법 또는 법률에 특별한 규정이 없는 한 재적의원 과반수의 출석과 출석의원 과반수의 찬성으로 의결한다. 가부동수(可否同數)인 때에는 부결된 것으로 본다.
제00조 의회에 제출된 법률안 및 기타의 의안은 회기 중에 의결되지 못한 이유로 폐기되지 아니한다. 다만, 의회의원의 임기가 만료된 때에는 그러하지 아니하다.
제00조 부결된 안건은 같은 회기 중에 다시 발의 또는 제출하지 못한다.

〈보기〉
ㄱ. 甲의원이 임시회의 기간과 이유를 명시하여 집회요구를 하는 경우 임시회가 소집된다.
ㄴ. 정기회와 임시회 회기의 상한일수는 상이하나 의결정족수는 특별한 규정이 없는 한 동일하다.
ㄷ. 乙의원이 제출한 의안이 계속해서 의결되지 못한 상태에서 乙의원의 임기가 만료되면 이 의안은 폐기된다.
ㄹ. 임시회에서 丙의원이 제출한 의안이 표결에서 가부동수인 경우, 丙의원은 동일 회기 중에 그 의안을 다시 발의할 수 없다.

---

① ㄱ, ㄴ
② ㄱ, ㄷ
③ ㄴ, ㄹ
④ ㄱ, ㄷ, ㄹ
⑤ ㄴ, ㄷ, ㄹ

문 5. 다음 규정을 근거로 판단할 때, 〈보기〉에서 옳지 않은 것을 모두 고르면? (단, 각 회사는 상시 5명 이상의 근로자를 사용하고 있음을 전제로 한다.)

> 제00조(해고 등의 제한) 사용자는 근로자에게 정당한 이유 없이 해고, 휴직, 정직, 전직, 감봉, 그 밖의 징벌(懲罰)을 하지 못한다.
>
> 제00조(경영상 이유에 의한 해고의 제한) ① 사용자가 경영상 이유에 의하여 근로자를 해고하려면 긴박한 경영상의 필요가 있어야 한다. 이 경우 경영 악화를 방지하기 위한 사업의 양도·인수·합병은 긴박한 경영상의 필요가 있는 것으로 본다.
>
> ② 제1항의 경우에 사용자는 해고를 피하기 위한 노력을 다하여야 하며, 합리적이고 공정한 해고의 기준을 정하고 이에 따라 그 대상자를 선정하여야 한다. 이 경우 남녀의 성을 이유로 차별하여서는 아니 된다.
>
> ③ 사용자는 제2항에 따른 해고를 피하기 위한 방법과 해고의 기준 등에 관하여 그 사업 또는 사업장에 근로자의 과반수로 조직된 노동조합이 있는 경우에는 그 노동조합(근로자의 과반수로 조직된 노동조합이 없는 경우에는 근로자의 과반수를 대표하는 자를 말한다)에 해고를 하려는 날의 50일 전까지 통보하고 성실하게 협의하여야 한다.
>
> ④ 사용자가 제1항부터 제3항까지의 규정에 따른 요건을 갖추어 근로자를 해고한 경우에는 정당한 이유가 있는 해고를 한 것으로 본다.
>
> 제00조(해고의 예고) 사용자는 근로자를 해고(경영상 이유에 의한 해고를 포함한다)하려면 적어도 30일 전에 예고를 하여야 하고, 30일 전에 예고를 하지 아니하였을 때에는 30일분 이상의 통상임금을 지급하여야 한다. 다만, 천재·사변, 그 밖의 부득이한 사유로 사업을 계속하는 것이 불가능한 경우 또는 근로자가 고의로 사업에 막대한 지장을 초래하거나 재산상 손해를 끼친 경우에는 그러하지 아니하다.
>
> 제00조(해고사유 등의 서면통지) ① 사용자는 근로자를 해고하려면 해고사유와 해고시기를 서면으로 통지하여야 한다.
>
> ② 근로자에 대한 해고는 제1항에 따라 서면으로 통지하여야 효력이 있다.

〈보기〉

ㄱ. 부도위기에 직면한 甲회사가 근로자의 과반수로 조직된 노동조합이 있음에도 불구하고, 그 노동조합과 협의하지 않고 전체 근로자의 절반을 정리해고한 경우, 그 해고는 정당한 이유가 있는 해고이다.

ㄴ. 乙회사가 무단결근을 이유로 근로자를 해고하면서 그 사실을 구두로 통지한 경우, 그 해고는 효력이 있는 해고이다.

ㄷ. 丙회사가 고의는 없었으나 부주의로 사업에 막대한 지장을 초래한 근로자를 예고 없이 즉시 해고한 경우에는, 그 근로자에게 30일분 이상의 통상임금을 지불하지 않아도 된다.

ㄹ. 丁회사가 고의로 사업에 막대한 지장을 초래한 근로자를 해고하면서 그 사실을 서면으로 통지하지 않은 경우, 그 해고는 효력이 없다.

① ㄱ, ㄴ
② ㄱ, ㄹ
③ ㄷ, ㄹ
④ ㄱ, ㄴ, ㄷ
⑤ ㄴ, ㄷ, ㄹ

문 6. 두 개의 직육면체 건물이 아래와 같다고 할 때, (나)건물을 페인트칠 하는 작업에 필요한 페인트는 최소 몇 통인가? (단, 사용되는 페인트 통의 용량은 동일하다.)

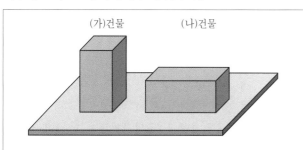

(가)건물   (나)건물

○ (가)건물 밑면은 정사각형이며, 높이는 밑면 한 변 길이의 2배이다.

○ (나)건물은 (가)건물을 그대로 눕혀놓은 것이다.

○ 페인트는 각 건물의 옆면 4개와 윗면에 (가)와 (나)건물 모두 같은 방식으로 칠한다.

○ (가)건물을 페인트칠 하는 작업에는 최소 36통의 페인트가 필요했다.

① 30통

② 32통

③ 36통

④ 42통

⑤ 45통

문 7. 다음 〈조건〉을 근거로 판단할 때, 〈보기〉에서 옳은 것을 모두 고르면?

─〈조건〉─

○ 생산성 유형별로 일일 근로시간과 생산량은 다음과 같다.

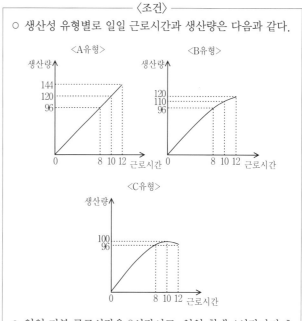

○ 일일 기본 근로시간은 8시간이고, 일일 최대 4시간까지 초과근무할 수 있다.

○ 생산성 = 생산량/근로시간이다.

─〈보기〉─

ㄱ. 기본 근로시간만 근무할 때, 세 가지 유형의 일일 생산성은 같다.

ㄴ. 초과근무 시간이 증가함에 따라 B유형의 생산성은 하락하지 않으나, C유형의 생산성은 하락한다.

ㄷ. B유형 근로자가 이틀 동안 10시간씩 근무하는 경우의 총생산량은 첫째 날 12시간, 둘째 날 8시간 근무하는 경우의 총생산량보다 많다.

ㄹ. 초과근무 시 최초 두 시간 동안의 생산성은 A유형 > B유형 > C유형 순으로 나타난다.

① ㄱ, ㄴ

② ㄱ, ㄷ

③ ㄴ, ㄹ

④ ㄱ, ㄷ, ㄹ

⑤ ㄴ, ㄷ, ㄹ

문 8. 다음 글을 근거로 판단할 때, 위계에 의한 공무집행방해죄에 해당하는 것을 〈보기〉에서 모두 고르면?

A. 직무를 집행하는 공무원에 대하여 폭행 또는 협박한 자, 공무원에 대하여 그 직무상의 행위를 강요 또는 저지하거나 그 직(職)을 사퇴하게 할 목적으로 폭행 또는 협박한 자는 '공무집행방해죄'로 처벌된다. 여기서 직무란 공무원의 직무인 이상 그 종류 및 성질을 가리지 않는다. 다만 공무원의 직무는 적법한 것이어야 한다.

B. 위계(僞計)로써 공무원의 직무집행을 방해하는 자는 '위계에 의한 공무집행방해죄'로 처벌된다. 위계에 의한 공무집행방해죄도 공무집행방해죄와 마찬가지로 공무원의 적법한 직무집행의 보호를 그 목적으로 하지만, 그 행위수단이 '위계'라는 점에서 '폭행 또는 협박'을 그 행위수단으로 하는 공무집행방해죄와 구별된다. 여기에서 위계라 함은 사람을 착오에 빠지게 하는 기망이나 유혹 등 널리 사람의 판단을 그르치게 하는 술책을 말한다. 위계의 상대방에는 직무를 집행하는 공무원 외에 제3자도 포함된다. 따라서 제3자를 기망하여 공무원의 직무를 방해하는 경우도 당해 죄를 구성한다.

〈보기〉

ㄱ. 시험감독자를 속이고 국가시행의 자동차운전면허시험에 타인을 대리하여 응시한 경우

ㄴ. 수산업협동조합 조합장이 조합관련 비리를 수사하고 있는 해양경찰서 경찰공무원에게 전화로 폭언하며 협박한 경우

ㄷ. 출입국관리공무원이 甲회사의 사업장 관리자를 기망하여 그 사업장에 진입한 후, 불법체류자 단속업무를 실시한 경우

ㄹ. 타인의 소변을 자신의 소변인 것으로 속여 수사기관에 건네주어 필로폰 음성반응이 나오게 한 경우

① ㄱ, ㄴ
② ㄱ, ㄹ
③ ㄴ, ㄷ
④ ㄷ, ㄹ
⑤ ㄱ, ㄷ, ㄹ

문 9. 다음 글을 읽고 〈보기〉에서 옳게 추론한 것을 모두 고르면?

甲: 한 사회에서 무엇이 옳은가는 그 사회의 도덕률에 의해 결정됩니다. 그런데 서로 다른 사회에는 서로 다른 도덕률이 존재하기 마련입니다. 이는 결국 어떤 특정 사회의 규칙이 다른 사회의 규칙보다 더 좋다고 판단할 수 있는 객관적인 기준이 없다는 것을 의미합니다. 또한 우리 사회의 도덕률이라고 해서 특별한 지위를 갖고 있는 것은 아니며, 많은 도덕률 중의 하나일 뿐임을 의미합니다. 무엇보다도 다른 사회 구성원의 행위를 우리 사회의 잣대로 판단하려 하는 것은 오만한 태도임을 기억해야 합니다. 따라서 우리는 다른 문화의 관습에 대해 관용적이고 개방적인 태도를 취해야 합니다.

乙: 甲의 입장을 받아들이는 경우 다음과 같은 문제가 발생할 수 있습니다. 첫째, 우리는 더 이상 다른 사회의 관습이 우리 사회의 관습보다 도덕적으로 열등하다고 말할 수 없을 것입니다. 둘째, 다른 사회의 규칙을 비판하는 것이 허용되지 않을 뿐만 아니라 우리 사회의 규칙을 비판하는 것 또한 허용되지 않을 것입니다. 셋째, 어쩌면 가장 심각한 문제는 우리가 보편적 도덕과 도덕적 진보에 관한 일체의 믿음을 갖지 못하게 된다는 것입니다. 따라서 무조건적인 관용은 결코 바람직하지 않습니다.

〈보기〉

ㄱ. 甲은 일부 이슬람 국가에서 여성들에게 운전면허증을 발급하지 않는 관습을 다른 국가가 비판하는 것이 옳지 않다고 주장할 것이다.

ㄴ. 乙은 싱가포르 정부가 절도죄로 체포된 자에게 태형(笞刑)을 가한 일을 야만적인 행위라며 비난한 미국 정부의 행동을 정당하다고 옹호할 것이다.

ㄷ. 甲은 다른 사회의 문화에 대한 상대주의적 태도가 자국 문화의 절대적 우월성에 대한 믿음으로 이어질 것으로 본다.

ㄹ. 乙은 서로 다른 문화를 가진 사회들 간에 도덕적 수준의 차이가 존재할 수 있다고 본다.

① ㄱ, ㄴ
② ㄱ, ㄷ
③ ㄷ, ㄹ
④ ㄱ, ㄴ, ㄹ
⑤ ㄴ, ㄷ, ㄹ

문 10. 다음 규정을 근거로 판단할 때, 〈보기〉에서 옳은 것을 모두 고르면?

제00조(성립) ① 정당은 중앙당이 중앙선거관리위원회에 등록함으로써 성립한다.

② 제1항의 등록에는 다음 각 호의 요건을 구비하여야 한다.

　　1. 정당은 5개 이상의 시·도당을 가져야 한다.

　　2. 시·도당은 각 1,000명 이상의 당원을 가져야 한다.

제00조(창당준비위원회) 정당의 창당활동은 발기인으로 구성하는 창당준비위원회가 한다.

제00조(창당준비위원회의 활동범위) ① 중앙당창당준비위원회는 중앙선거관리위원회에의 결성신고일부터 6월 이내에 한하여 창당활동을 할 수 있다.

② 중앙당창당준비위원회가 제1항의 기간 이내에 중앙당의 창당등록신청을 하지 아니한 때에는 그 기간만료일의 다음날에 그 창당준비위원회는 소멸된 것으로 본다.

제00조(발기인) 창당준비위원회는 중앙당의 경우에는 200명 이상의, 시·도당의 경우에는 각 100명 이상의 발기인으로 구성한다.

제00조(등록신청) 창당준비위원회가 창당준비를 완료한 때에는 그 대표자는 관할 선거관리위원회에 정당의 등록을 신청하여야 한다.

제00조(등록의 취소) ① 정당이 다음 각 호의 어느 하나에 해당하는 때에는 당해 선거관리위원회는 그 등록을 취소한다.

　　1. 정당성립의 등록에 필요한 시·도당 수 및 시·도당의 당원수의 요건을 구비하지 못하게 된 때. 다만, 요건의 흠결이 공직선거의 선거일 전 3월 이내에 생긴 때에는 선거일 후 3월까지, 그 외의 경우에는 요건 흠결시부터 3월까지 그 취소를 유예한다.

　　2. 의회의원 총선거에 참여하여 의석을 얻지 못하고 유효투표총수의 100분의 2 이상을 득표하지 못한 때

〈보기〉

ㄱ. 2010년 2월 1일, 정치인 甲은 5개 시·도에서 600명의 발기인으로 구성된 창당준비위원회를 결성하고 신고한 뒤, 이들 시·도에서 총 4,000명의 당원을 모집하였고, 같은 해 7월 30일 중앙선거관리위원회에 등록을 신청하여 정당으로 성립되었다.

ㄴ. 2010년 3월 15일, 정치인 乙은 중앙당 300명, 5개 시·도에서 각각 150명의 발기인으로 창당준비위원회를 결성하고 신고한 뒤, 이들 시·도에서 각 2,000명씩 총 10,000명의 당원을 모집한 후, 같은 해 9월 30일 중앙선거관리위원회에 등록을 신청하여 정당으로 성립되었다.

ㄷ. 중앙선거관리위원회에 등록되어 활동해오던 정당 丙은 의회의원 총선거를 2개월 앞둔 시점에서 2개 도의 당원 수가 각각 2,000명에서 절반으로 줄어 선거 1개월 후에 등록이 취소되었다.

ㄹ. 중앙선거관리위원회에 등록되어 활동해오던 정당 丁은 최근에 실시되었던 의회의원 총선거에 참여하여 한 명의 후보도 당선시키지 못하였으나, 유효투표총수인 1,000만 표 중 25만 표를 획득함으로써 등록이 유지되었다.

① ㄹ

② ㄱ, ㄴ

③ ㄴ, ㄷ

④ ㄷ, ㄹ

⑤ ㄱ, ㄴ, ㄹ

문 11. 다음 글을 근거로 판단할 때 옳은 것은?

> 소나무재선충은 매개충의 몸 안에 서식하다가 새순을 갉아먹을 때 상처부위를 통하여 나무에 침입한다. 침입한 재선충은 빠르게 증식하여 수분과 양분의 이동통로를 막아 나무를 죽게 한다. 소나무재선충병에 걸린 나무는 치료약이 없어 잎이 붉은 색으로 변하면서 100% 고사한다. 주로 감염되는 수종은 소나무, 해송 및 잣나무 등이다.
>
> 소나무재선충병은 1988년 부산 금정산에서 처음 발생한 이후 계속 피해가 증가하여 총 67개의 시·군·구에서 발생하였다. 그러나 「소나무재선충병 방제특별법」이 시행된 2007년부터 피해가 급격히 감소하고 있는 추세이다. 피해 면적은 2000년 1,677ha에서 2006년 최대 7,871ha로 급증하였는데 정부의 방역대책으로 2010년에는 3,547ha로 감소하였다. 감염목의 수도 2000년에 2만 8천 그루에서 2005년 최대 51만 그루로 급증하였지만 2010년에는 1만 6천 그루로 감소하였다. 정부는 2009년에 산림병해충 예찰·방제단을 조직하여 능동적 예찰·방제체계를 구축하였고, 2013년 완전방제를 목표로 선제적 완전방제 대책을 추진하고 있다.
>
> 소나무재선충병을 예방하기 위해서는 외관상 건강한 소나무에 아바멕틴 나무주사를 2년에 1회 실시한다. 소나무 잎의 상태를 육안으로 관찰하여 이상 징후가 있는 나무는 대상목에서 제외한다. 나무주사 방법 외에도 지상과 항공에서 약제를 살포하는 방법을 통해 방제를 할 수 있는데, 5월에서 8월 사이에 3~5회 정도 실시해야 한다.

① 소나무재선충병에 대처하기 위해서는 무엇보다도 사전예방이 중요하다.

② 소나무재선충은 2005년에 가장 넓은 지역에서 가장 많은 수목을 감염시켰다.

③ 소나무재선충병은 소나무에서만 발생하기 때문에 이 수종에 대한 관리가 매우 중요하다.

④ 나무주사를 놓기 직전에 소나무의 상태를 파악하기 위한 별도의 화학실험을 해야 한다.

⑤ 소나무재선충으로 인해 잎이 붉은 색으로 변색된 소나무도 나무주사를 통해서 소생시킬 수가 있다.

문 12. 다음 글을 근거로 판단할 때, 적극적 다문화주의 정책에 해당하는 것을 〈보기〉에서 모두 고르면?

> 한 사회 내의 소수집단을 위한 정부의 정책 가운데 다문화주의 정책은 크게 소극적 다문화주의 정책과 적극적 다문화주의 정책으로 구분할 수 있다. 소극적 다문화주의 정책은 소수집단과 그 구성원들에 대한 차별적인 대우를 철폐하는 것이다. 한편 적극적 다문화주의 정책은 이와 다른 정책을 그 내용으로 하는데, 크게 다음 네 가지로 구성된다. 첫째, 소수집단의 고유한 관습과 규칙이 일반 법체계에 수용되도록 한다. 둘째, 소수집단의 원활한 사회진출을 위해 특별한 지원을 제공한다. 셋째, 소수집단의 정치참여의 기회를 확대시킨다. 넷째, 일정한 영역에서 소수집단에게 자치권을 부여한다.

〈보기〉

ㄱ. 교육이나 취업에서 소수집단 출신에게 불리한 차별적인 규정을 폐지한다.

ㄴ. 의회의원 비례대표선거를 위한 각 정당명부에서 소수집단 출신 후보자의 공천비율을 확대한다.

ㄷ. 공무원 시험이나 공공기관 입사 시험에서 소수집단 출신에게 가산점을 부여한다.

ㄹ. 특정 지역의 다수 주민을 이루는 소수집단에게 그 지역의 치안유지를 위한 자치경찰권을 부여한다.

① ㄱ, ㄷ

② ㄴ, ㄷ

③ ㄴ, ㄹ

④ ㄱ, ㄴ, ㄹ

⑤ ㄴ, ㄷ, ㄹ

문 13. 다음 글을 근거로 판단할 때, 연결이 서로 잘못된 것은? (단, 음식에서 언급되지 않은 재료는 고려하지 않는다.)

채식주의자 중에는 육류와 함께 계란, 유제품(치즈, 버터, 생크림 등) 및 생선조차 먹지 않는 사람이 있는가 하면 때때로 육식을 하는 채식주의자도 있다. 또한 채식이라고 하면 채소와 과일 등을 생각하기 쉽지만, 여기서 말하는 채식에는 곡물도 포함된다.

아래 표는 채식주의자의 유형별 특성을 분류한 것이다.

채식주의자의 유형	특성
과식(果食)주의자	모든 식물의 잎이나 뿌리는 섭취하지 않고, 오직 견과류나 과일 등 열매 부분만을 먹는다.
순수 채식주의자	동물로부터 얻은 모든 것을 먹지 않고, 식물로부터 나온 것만을 먹는다.
우유 채식주의자	순수 채식주의자가 먹는 음식에 더하여, 유제품은 먹되 계란은 먹지 않는다.
난류(卵類) 채식주의자	순수 채식주의자가 먹는 음식에 더하여, 계란은 먹되 유제품은 먹지 않는다.
유란(乳卵) 채식주의자	순수 채식주의자가 먹는 음식에 더하여, 유제품과 계란도 먹으며, 우유도 먹는다.
생선 채식주의자	유란 채식주의자가 먹는 음식에 더하여, 생선도 먹는다.
준(準) 채식주의자	생선 채식주의자가 먹는 음식에 더하여, 육류도 그 양을 줄여가며 먹는다.

	채식주의자의 유형	음식
①	과식주의자	호두를 으깨어 얹은 모듬 생과일
②	우유 채식주의자	단호박 치즈오븐구이
③	난류 채식주의자	치즈계란토스트
④	유란 채식주의자	생크림을 곁들인 삶은 계란
⑤	생선 채식주의자 및 준 채식주의자	연어훈제구이

문 14. 다음 규정을 근거로 판단할 때, 〈보기〉에서 옳은 것을 모두 고르면?

제00조(감사) ① 감사는 총회에서 선임한다.
② 감사는 감사업무를 총괄하며, 감사결과를 총회에 서면으로 보고하여야 한다.
제00조(감사의 보조기구) ① 감사는 직무수행을 위하여 감사인과 직원으로 구성된 보조기구를 둔다.
② 단체장은 다음 각 호의 어느 하나에 해당하는 자를 감사인으로 임명할 수 있다.
　1. 4급 이상으로 그 근무기간이 1년 이상이 경과된 자로서, 계약심사·IT·회계·인사분야 업무에서 3년 이상 근무한 경력이 있는 자
　2. 공인회계사(CPA), 공인내부감사사(CIA) 또는 정보시스템감사사(CISA) 자격증을 갖고 있는 직원
③ 제2항에도 불구하고 다음 각 호의 결격사유 중 어느 하나에 해당하는 자는 감사인이 될 수 없다.
　1. 형사처벌을 받은 자
　2. 징계 이상의 처분을 받은 날로부터 3년이 경과되지 않은 자
④ 감사가 당해 감사업무에 필요하다고 인정할 때에는 소관부서장과 협의하여 그 소속 직원으로 하여금 감사업무를 수행하게 할 수 있다.

〈보기〉

ㄱ. 계약심사 업무를 4년 간 담당한 5급 직원 甲은 원칙적으로 감사인으로 임명될 수 있다.

ㄴ. 정보시스템감사사 자격증을 가지고 있고 규정에 정한 결격사유가 없는 경력 2년의 5급 직원 乙은 감사인으로 임명될 수 있다.

ㄷ. 2년 전 징계를 받은 적이 있고 공인내부감사사 자격증을 가지고 있는 직원 丙은 감사인으로 임명될 수 있다.

ㄹ. 감사는 인사부서장과 협의하여, 계약심사 업무를 2년 간 담당하고 현재 인사부서에서 일하고 있는 5급 직원 丁으로 하여금 감사업무를 수행하게 할 수 있다.

① ㄱ, ㄴ
② ㄱ, ㄷ
③ ㄴ, ㄷ
④ ㄴ, ㄹ
⑤ ㄷ, ㄹ

2011　해커스PSAT 7급+민경채 PSAT 16개년 기출문제집 상황판단

문 15. 다음 규정을 근거로 판단할 때, 〈보기〉에서 옳은 것을 모두 고르면?

> 제00조 ① 의회는 다음 각 호의 사유를 제외하고는 재적의원 과반수의 출석과 출석의원 과반수의 찬성으로 안건을 의결한다. 가부동수(可否同數)인 때에는 부결된 것으로 한다.
> 　1. 국무총리 또는 국무위원의 해임 건의
> 　2. 국무총리·국무위원·행정각부의 장·헌법재판소재판관·법관에 대한 탄핵소추
> 　3. 대통령에 대한 탄핵소추
> 　4. 헌법개정안
> 　5. 의회의원 제명
> 　6. 대통령이 재의를 요구한 법률안에 대한 재의결
> ② 제1항 제1호와 제2호는 재적의원 과반수의 찬성으로 의결한다.
> ③ 제1항 제3호, 제4호, 제5호는 재적의원 3분의 2 이상의 찬성으로 의결한다.
> ④ 제1항 제6호는 재적의원 과반수의 출석과 출석의원 3분의 2 이상의 찬성으로 의결한다.

> ─〈보기〉─
> ㄱ. 탄핵소추의 대상에 따라 탄핵소추를 의결하는데 필요한 정족수가 다르다.
> ㄴ. 의회 재적의원 과반수의 찬성이 있더라도 의회는 직접 국무위원을 해임시킬 수 없다.
> ㄷ. 의회의 의결정족수 중 대통령이 재의를 요구한 법률안을 의회가 재의결하는 데 필요한 의결정족수가 가장 크다.
> ㄹ. 헌법개정안을 의회에서 의결하기 위해서는 의회 재적의원 과반수의 출석과 출석의원 과반수의 찬성을 요한다.

① ㄱ, ㄴ
② ㄴ, ㄷ
③ ㄷ, ㄹ
④ ㄱ, ㄴ, ㄷ
⑤ ㄴ, ㄷ, ㄹ

문 16. 다음 글을 근거로 판단할 때, 〈비행기 좌석표〉의 주어진 5개 좌석 중 생존가능성이 가장 높은 좌석은?

> A국 항공담당 부처는 비행기 화재사고 시 좌석에 따른 생존가능성을 조사하였다. 그 결과 다음과 같이 좌석의 조건에 따라 생존가능성이 다르게 나타났다.
> ○ 각 비상구에서 앞뒤로 두 번째 열 이내에 앉은 승객은 그렇지 않은 승객에 비해 생존할 가능성이 높다.
> ○ 복도(통로)측 좌석 승객이 창측 승객보다 생존할 가능성이 높다.
> ○ 기내의 가운데 열을 기준으로 앞쪽과 뒤쪽으로 나누어 볼 때 앞쪽 승객이 뒤쪽 승객보다 생존할 가능성이 높다.

〈비행기 좌석표〉

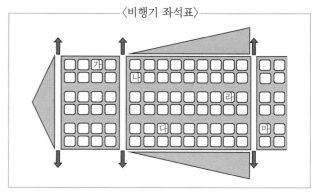

※ 화살표는 비상구를 나타내며, 그림의 왼쪽이 비행기의 앞쪽 방향이다. 또한 비행기 좌석은 총 15열이다.

① 가
② 나
③ 다
④ 라
⑤ 마

문 17. 다음 글을 근거로 판단할 때, 〈보기〉에서 옳은 것을 모두 고르면?

최근 가창력이 뛰어난 가수들이 매주 공연을 한 뒤, 청중 투표를 통해 탈락자를 결정하는 프로그램이 인기를 얻고 있다. 100명의 청중평가단이 가수 4명의 공연을 보고, 본인의 선호에 따라 가장 마음에 드는 가수 1명에게 투표를 한다. 이 결과를 토대로 득표수가 가장 적은 사람이 탈락하는 방식이다.

그러나 기존 투표 방식에 문제가 있다는 지적이 계속되자, 제작진은 가수 4명의 공연이 끝난 뒤 청중평가단에게 선호도에 따라 1위부터 4위까지의 순위를 매겨 제출하도록 하였다. 그 결과는 다음 표와 같다.

〈선호도 조사결과〉

(단위: 명)

선호순위 \ 가수	1	2	3	4
A	10	50	30	10
B	20	30	20	30
C	30	10	20	40
D	40	10	30	20

※ 위 표의 청중평가단 선호순위는 어떤 투표방식 하에서도 동일하며, 청중평가단은 그 선호순위에 따라 투표한다.

─── 〈보기〉 ───

ㄱ. 기존의 탈락자 선정방식은 청중평가단 선호도의 1순위만을 반영하기 때문에 다수의 청중평가단이 2순위로 선호하는 가수도 탈락할 수 있다.

ㄴ. 가장 선호하는 가수 한 명에게만 투표하는 기존의 방식을 그대로 적용하게 되면 탈락자는 A가 된다.

ㄷ. 4순위 표가 가장 많은 사람을 탈락시킬 경우, 탈락자는 C가 된다.

ㄹ. 가장 선호하는 가수 두 명의 이름을 우선순위 없이 적어서 제출하는 방식으로 투표할 경우, 최저득표자는 A가 된다.

① ㄱ, ㄴ
② ㄱ, ㄹ
③ ㄷ, ㄹ
④ ㄱ, ㄴ, ㄷ
⑤ ㄴ, ㄷ, ㄹ

문 18. 정부포상 대상자 추천의 제한요건에 관한 다음 규정을 근거로 판단할 때, 2011년 8월 현재 정부포상 대상자로 추천을 받을 수 있는 자는?

1) 형사처벌 등을 받은 자
   가) 형사재판에 계류 중인 자
   나) 금고 이상의 형을 받고 그 집행이 종료된 후 5년을 경과하지 아니한 자
   다) 금고 이상의 형의 집행유예를 받은 경우 그 집행유예의 기간이 완료된 날로부터 3년을 경과하지 아니한 자
   라) 금고 이상의 형의 선고유예를 받은 경우에는 그 기간 중에 있는 자
   마) 포상추천일 전 2년 이내에 벌금형 처벌을 받은 자로서 1회 벌금액이 200만 원 이상이거나 2회 이상의 벌금형 처분을 받은 자
2) 공정거래관련법 위반 법인 및 그 임원
   가) 최근 2년 이내 3회 이상 고발 또는 과징금 처분을 받은 법인 및 그 대표자와 책임 있는 임원 (단, 고발에 따른 과징금 처분은 1회로 간주)
   나) 최근 1년 이내 3회 이상 시정명령 처분을 받은 법인 및 그 대표자와 책임 있는 임원

① 금고 1년 형을 선고 받아 복역한 후 2009년 10월 출소한 자
② 2011년 8월 현재 형사재판에 계류 중인 자
③ 2010년 10월 이후 현재까지, 공정거래관련법 위반으로 3회 시정명령 처분을 받은 기업의 대표자
④ 2010년 1월, 교통사고 후 필요한 구호조치를 하지 않아 500만 원의 벌금형 처분을 받은 자
⑤ 2009년 7월 이후 현재까지, 공정거래관련법 위반으로 고발에 따른 과징금 처분을 2회 받은 기업

문 19. 다음 글을 근거로 판단할 때, 국제형사재판소(ICC)가 재판관할권을 행사하기 위한 전제조건이 충족된 경우를 〈보기〉에서 모두 고르면?

네덜란드의 헤이그에 위치한 국제형사재판소(International Criminal Court, 이하 'ICC'라 한다.)는 4대 중대범죄인 대량학살, 인도주의(人道主義)에 반하는 범죄, 전쟁범죄, 침략범죄에 대한 개인의 책임을 묻고자 '국제형사재판소에 관한 로마규정'(이하 '로마규정'이라 한다.)에 따라 2002년 7월 1일 설립되었다. 로마규정에 의하면 ICC는 위의 4대 중대범죄에 대해 재판관할권을 가진다.

ICC가 재판관할권을 행사하기 위해서는 다음의 전제조건이 충족되어야 한다. 즉, 범죄가 발생한 국가가 범죄발생 당시 ICC 재판관할권을 인정하고 있던 국가이거나, 범죄 가해자의 현재 국적국이 ICC 재판관할권을 인정한 국가이어야 한다.

〈보기〉

ㄱ. ICC 재판관할권을 인정하지 않은 A국 정부는 자국 국민 甲이 ICC 재판관할권을 인정하고 있던 B국에서 인도주의에 반하는 범죄를 저지르고 자국으로 도망쳐 오자 그를 체포했지만, 범죄인 인도협정이 체결되어 있지 않다는 이유로 甲의 인도를 요구하는 B국의 요청을 거부했다.

ㄴ. ICC 재판관할권을 인정하지 않고 있는 C국의 국민인 乙은 ICC 재판관할권을 현재까지 인정하지 않고 있는 D국에 주둔 중인 E국의 군인들을 대상으로 잔혹한 전쟁범죄를 저질렀다. 위 전쟁범죄 발생 당시 E국은 ICC 재판관할권을 인정하고 있었다.

ㄷ. ICC 재판관할권을 인정해오던 F국은 최근 자국에서 발생한 인도주의에 반하는 범죄를 저지른 민병대 지도자 丙을 국제사회의 압력에 밀려 체포했지만, 별다른 이유를 제시하지 않은 채 丙에 대한 기소와 재판을 차일피일 미루고 있다.

ㄹ. 현재까지 ICC 재판관할권을 인정하지 않고 있는 G국의 대통령 丁은 자국에서 소수민족을 대량학살하였다. 그 후 丁이 학살당한 소수민족의 모국인 H국을 방문하던 중 ICC 재판관할권을 인정하는 H국 정부는 丁을 체포하였다.

① ㄱ, ㄴ
② ㄱ, ㄷ
③ ㄱ, ㄹ
④ ㄴ, ㄹ
⑤ ㄷ, ㄹ

문 20. A국에서는 부동산을 매매·상속 등의 방법으로 취득하는 사람은 취득세, 농어촌특별세, 등록세, 지방교육세를 납부하여야 한다. 다음 글을 근거로 할 때, 자경농민인 甲이 공시지가 3억 5천만 원의 농지를 상속받아 주변농지의 시가 5억 원으로 신고한 경우, 甲이 납부하여야 할 세금액은? (단, 신고불성실가산세, 상속세, 증여세 등은 고려하지 않는다.)

〈부동산 취득시 납부하여야 할 세금의 산출방법〉

○ 취득세는 부동산 취득 당시 가액에 2%의 세율을 곱하여 산정한다. 다만 자경농민이 농지를 상속으로 취득하는 경우에는 취득세가 비과세된다. 그리고 농어촌특별세는 결정된 취득세액에 10%의 세율을 곱하여 산정한다.

○ 등록세는 부동산 취득 당시 가액에 0.8%의 세율을 곱하여 산정한다. 다만 자경농민이 농지를 취득하는 때 등록세의 세율은 상속의 경우 취득가액의 0.3%, 매매의 경우 1%이다. 그리고 지방교육세는 결정된 등록세액에 20%의 세율을 곱하여 산정한다.

○ 부동산 취득 당시 가액은 취득자가 신고한 가액과 공시지가(시가표준액) 중 큰 금액으로 하며, 신고 또는 신고가액의 표시가 없는 때에는 공시지가를 과세표준으로 한다.

① 75만 원
② 126만 원
③ 180만 원
④ 280만 원
⑤ 1,280만 원

문 21. 다음 글을 근거로 판단할 때, 〈보기〉에서 옳게 추론한 것을 모두 고르면?

　　종묘는 역대 왕들의 신위를 모시는 곳이었다. 『예기』에 따르면 조선은 원칙적으로 5묘제를 실시하도록 되어 있었다. 5묘제란 건국시조와 현재왕의 직계 선왕 4대의 신위를 종묘의 정전에 모시고 그 외 신위는 없애는 것을 말한다. 처음 종묘를 건축했을 당시 태조는 자신의 4대조(목조-익조-탁조-환조)까지 왕으로 추존(追尊)하고, 서쪽을 상석으로 하여 제1실에 목조를, 제2실에 익조의 신위를 모셨다. 태조가 승하하고 그의 신위가 종묘의 정전에 모셔지면서 비로소 5묘제가 시작되었다.

　　세종은 제2대 정종이 승하하자 그 신위를 정전에 모시고, 5묘제로 모실 수 없는 첫 신위를 별도의 사당인 영녕전을 지어 그곳에 옮겨 모셨다. 그런 의미에서 조선왕조는 『예기』의 5묘제를 그대로 지키지 않은 셈이다. 한편 후대로 가면서 태종, 세종과 같이 위대한 업적을 남긴 왕의 신위를 그대로 정전에 두기 위해 건물을 일렬로 잇대어 증축하였다. 그 밖의 신주는 영녕전으로 옮겨 모셨다. 그 결과 종묘의 정전에는 19위의 왕과 30위의 왕후 신주가 모셔졌으며, 영녕전에는 정전에서 옮겨진 15위의 왕과 17위의 왕후 신주가 모셔졌다.

　　신주의 봉안 순서는 정전의 경우 서쪽을 상석으로 하고, 제1실에 태조의 신위를 봉안한 이후, 그 신위는 옮겨지지 않았다. 영녕전에는 추존조(追尊祖)인 4왕(목조-익조-탁조-환조)을 정중앙에 모시고, 정전과 마찬가지로 서쪽을 상석으로 하여 차례대로 모셨다.

※ 조선의 왕은 태조-정종-태종-세종-문종... 순이었다.
※ 신위(神位): 신령이 의지할 자리
　신주(神主): 죽은 사람의 위(位)를 베푸는 나무 패

〈보기〉

ㄱ. 정전에는 총 49위의 신주가 모셔져 있을 것이다.

ㄴ. 영녕전 서쪽 제1실에 익조의 신위가 모셔져 있을 것이다.

ㄷ. 시대가 지남에 따라 정전은 동쪽으로 증축되었을 것이다.

ㄹ. 종묘를 건축했을 당시 정전 서쪽 제3실에는 탁조의 신위를 모셨을 것이다.

① ㄱ, ㄴ
② ㄴ, ㄹ
③ ㄷ, ㄹ
④ ㄱ, ㄴ, ㄷ
⑤ ㄱ, ㄷ, ㄹ

문 22. 다음 글을 근거로 판단할 때, 〈보기〉에서 옳은 것을 모두 고르면?

　　○○축구대회에는 모두 32개 팀이 참가하여 한 조에 4개 팀씩 8개 조로 나누어 경기를 한다. 각 조의 4개 팀이 서로 한 번씩 경기를 하여 승점-골득실차-다득점-승자승-추첨의 순서에 의해 각 조의 1, 2위 팀이 16강에 진출한다. 각 팀은 16강에 오르기까지 총 3번의 경기를 치르게 되며, 매 경기마다 승리한 팀은 승점 3점을 얻게 되고, 무승부를 기록한 팀은 승점 1점, 패배한 팀은 0점을 획득한다.

　　그 중 1조에 속한 A, B, C, D팀은 현재까지 각 2경기씩 치렀으며, 그 결과는 A:B=4:1, A:D=1:0, B:C=2:0, C:D=2:1이었다. 아래의 표는 그 결과를 정리한 것이다. 내일 각 팀은 16강에 오르기 위한 마지막 경기를 치르는데, A팀은 C팀과, B팀은 D팀과 경기를 갖는다.

〈마지막 경기를 남겨 놓은 각 팀의 전적〉

	승	무	패	득/실점	승점
A팀	2	0	0	5/1	6
B팀	1	0	1	3/4	3
C팀	1	0	1	2/3	3
D팀	0	0	2	1/3	0

〈보기〉

ㄱ. A팀이 C팀과의 경기에서 이긴다면, A팀은 B팀과 D팀의 경기 결과에 상관없이 16강에 진출한다.

ㄴ. A팀이 C팀과 1:1로 비기고 B팀이 D팀과 0:0으로 비기면 A팀과 B팀이 16강에 진출한다.

ㄷ. C팀과 D팀이 함께 16강에 진출할 가능성은 전혀 없다.

ㄹ. D팀은 마지막 경기의 결과에 관계없이 16강에 진출할 수 없다.

① ㄱ, ㄴ
② ㄱ, ㄹ
③ ㄷ, ㄹ
④ ㄱ, ㄴ, ㄷ
⑤ ㄴ, ㄷ, ㄹ

문 23. 다음 규정과 서울에서 대전으로 출장을 다녀온 〈甲의 지출 내역〉에 근거하였을 때, 甲이 정산 받는 여비의 총액은?

제00조(여비의 종류) 여비는 운임·숙박비·식비·일비 등으로 구분한다.

　1. 운임: 여행 목적지로 이동하기 위해 교통수단을 이용함에 있어 소요되는 비용을 충당하기 위한 여비

　2. 숙박비: 여행 중 숙박에 소요되는 비용을 충당하기 위한 여비

　3. 식비: 여행 중 식사에 소요되는 비용을 충당하기 위한 여비

　4. 일비: 여행 중 출장지에서 소요되는 교통비 등 각종 비용을 충당하기 위한 여비

제00조(운임의 지급) ① 운임은 철도운임·선박운임·항공운임으로 구분한다.

② 국내 철도운임은 [별표 1]에 따라 지급한다.

제00조(일비·숙박비·식비의 지급) ① 국내 여행자의 일비·숙박비·식비는 [별표 1]에 따라 지급한다.

② 일비는 여행일수에 따라 지급한다.

③ 숙박비는 숙박하는 밤의 수에 따라 지급한다. 다만, 출장기간이 2일 이상인 경우에 지급액은 출장기간 전체의 총액 한도 내 실비로 계산한다.

④ 식비는 여행일수에 따라 지급한다.

[별표 1] 국내 여비 지급표

(단위: 원)

철도운임	선박운임	항공운임	일비(1일당)	숙박비(1박당)	식비(1일당)
실비(일반실)	실비(2등급)	실비	20,000	실비(상한액: 40,000)	20,000

〈甲의 지출내역〉

(단위: 원)

항목	1일차	2일차	3일차
KTX 운임(일반실)	20,000		20,000
대전 시내 버스요금	5,000	10,000	2,000
대전 시내 택시요금			10,000
식비	10,000	30,000	10,000
숙박비	45,000	30,000	

① 182,000원

② 187,000원

③ 192,000원

④ 230,000원

⑤ 235,000원

문 24. A, B, C, D 네 팀이 참여하여 체육대회를 하고 있다. 다음 〈순위 결정 기준〉과 각 팀의 현재까지 〈득점 현황〉에 근거하여 판단할 때, 항상 옳은 추론을 〈보기〉에서 모두 고르면?

〈순위 결정 기준〉

○ 각 종목의 1위에게는 4점, 2위에게는 3점, 3위에게는 2점, 4위에게는 1점을 준다.

○ 각 종목에서 획득한 점수를 합산한 총점이 높은 순으로 종합 순위를 결정한다.

○ 총점에서 동점이 나올 경우에는 1위를 한 종목이 많은 팀이 높은 순위를 차지한다.

　- 만약 1위 종목의 수가 같은 경우에는 2위 종목이 많은 팀이 높은 순위를 차지한다.

　- 만약 1위 종목의 수가 같고, 2위 종목의 수도 같은 경우에는 공동 순위로 결정한다.

〈득점 현황〉

종목명＼팀명	A	B	C	D
가	4	3	2	1
나	2	1	3	4
다	3	1	2	4
라	2	4	1	3
마	?	?	?	?
합계	?	?	?	?

※ 종목별 순위는 반드시 결정되고, 동순위는 나오지 않는다.

〈보기〉

ㄱ. A팀이 종목 마에서 1위를 한다면 종합 순위 1위가 확정된다.

ㄴ. B팀이 종목 마에서 C팀에게 순위에서 뒤지면 종합 순위에서도 C팀에게 뒤지게 된다.

ㄷ. C팀은 종목 마의 결과와 관계없이 종합 순위에서 최하위가 확정되었다.

ㄹ. D팀이 종목 마에서 2위를 한다면 종합 순위 1위가 확정된다.

① ㄱ

② ㄹ

③ ㄱ, ㄴ

④ ㄴ, ㄷ

⑤ ㄷ, ㄹ

문 25. 다음 〈관세 관련 규정〉에 따를 때, 甲이 전자기기의 구입으로 지출한 총 금액은?

─〈관세 관련 규정〉─

○ 물품을 수입할 경우 과세표준에 품목별 관세율을 곱한 금액을 관세로 납부해야 한다. 단, 과세표준이 15만 원 미만이고, 개인이 사용할 목적으로 수입하는 물건에 대해서는 관세를 면제한다.

○ 과세표준은 판매자에게 지급한 물품가격, 미국에 납부한 세금, 미국 내 운송료, 미국에서 한국까지의 운송료를 합한 금액을 원화로 환산한 금액으로 한다. 단, 미국에서 한국까지의 운송료는 실제 지불한 운송료가 아닌 다음의 〈국제선편요금〉을 적용한다.

〈국제선편요금〉

중량	0.5kg∼1kg 미만	1kg∼1.5kg 미만
금액(원)	10,000	15,000

○ 과세표준 환산 시 환율은 관세청장이 정한 '고시환율'에 따른다. (현재 고시환율: ₩1,100/$)

─〈甲의 구매 내역〉─

한국에서 甲은 개인이 사용할 목적으로 미국 소재 인터넷 쇼핑몰에서 물품가격과 운송료를 지불하고 전자기기를 구입했다.

• 전자기기 가격: $120

• 미국에서 한국까지의 운송료: $30

• 지불시 적용된 환율: ₩1,200/$

• 전자기기 중량: 0.9kg

• 전자기기에 적용되는 관세율: 10%

• 미국 내 세금 및 미국 내 운송료는 없다.

① 142,000원

② 156,200원

③ 180,000원

④ 181,500원

⑤ 198,000원

약점 보완 해설집 p.204

부록

5급 기출 재구성 모의고사

SPEED CHECK 답안지

✓ 5급 PSAT 기출문제 중 7급 및 민간경력자 PSAT 대비에 도움이 될 문제를 엄선하여 수록하였습니다.
✓ 문제풀이 시작과 종료 시각을 정하여 실전처럼 기출문제를 모두 푼 뒤, 문제풀이 시작 페이지 상단에 실제로 문제풀이에 소요된 시간과 맞힌 문항 수를 기록하여 시간 관리 연습을 하고, 약점 보완 해설집의 '취약 유형 분석표'로 자신의 취약한 유형을 파악해보시기 바랍니다.

문 1. 다음 글을 근거로 판단할 때 옳은 것은?　　　21 (가) 1번

> 제00조 ① 특별시장·광역시장·특별자치시장·도지사 또는 특별자치도지사(이하 '시·도지사'라 한다)는 아이돌보미의 양성을 위하여 적합한 시설을 교육기관으로 지정·운영하여야 한다.
> ② 시·도지사는 교육기관이 다음 각 호의 어느 하나에 해당하는 경우 사업의 정지를 명하거나 그 지정을 취소할 수 있다. 다만 제1호에 해당하는 경우 지정을 취소하여야 한다.
> 　1. 거짓이나 그 밖의 부정한 방법으로 교육기관으로 지정을 받은 경우
> 　2. 교육과정을 1년 이상 운영하지 아니하는 경우
> ③ 제2항 제1호의 방법으로 교육기관 지정을 받은 자는 1년 이하의 징역 또는 1천만 원 이하의 벌금에 처한다.
> ④ 아이돌보미가 되려는 사람은 시·도지사가 지정·운영하는 교육기관에서 교육과정을 수료하여야 한다.
> ⑤ 아이돌보미가 되려는 사람은 여성가족부장관이 실시하는 적성·인성검사를 받아야 한다.
> 제00조 ① 아이돌보미는 다른 사람에게 자기의 성명을 사용하여 아이돌보미 업무를 수행하게 하거나 수료증을 대여하여서는 아니 된다.
> ② 아이돌보미가 아닌 사람은 아이돌보미 또는 이와 유사한 명칭을 사용할 수 없다.
> ③ 제1항, 제2항을 위반한 사람에게는 300만 원 이하의 과태료를 부과한다.
> 제00조 ① 여성가족부장관은 아이돌봄서비스의 질적 수준과 아이돌보미의 전문성 향상을 위하여 보수교육을 실시하여야 한다.
> ② 제1항에 따른 보수교육은 전문기관에 위탁하여 실시할 수 있다.

① 아이돌보미가 아닌 보육 관련 종사자도 아이돌보미 명칭을 사용할 수 있다.

② 시·도지사는 아이돌보미 양성을 위한 교육기관을 지정·운영하고 보수교육을 실시하여야 한다.

③ 아이돌보미가 되려는 사람은 시·도지사가 실시하는 적성·인성검사를 받아야 한다.

④ 서울특별시의 A기관이 부정한 방법을 통해 아이돌보미 양성을 위한 교육기관으로 지정을 받은 경우, 서울특별시장은 200만 원의 과태료를 부과할 수 있다.

⑤ 인천광역시의 B기관이 아이돌보미 양성을 위한 교육기관으로 지정된 후 교육과정을 1년간 운영하지 않은 경우, 인천광역시장은 그 지정을 취소할 수 있다.

문 2. 다음 글과 〈상황〉을 근거로 판단할 때 옳은 것은?

21 (가) 2번

제00조 ① 문화재청장은 학술조사 또는 공공목적 등에 필요한 경우 다음 각 호의 지역을 발굴할 수 있다.

　1. 고도(古都)지역

　2. 수중문화재 분포지역

　3. 폐사지(廢寺址) 등 역사적 가치가 높은 지역

② 문화재청장은 제1항에 따라 발굴할 경우 발굴의 목적, 방법, 착수 시기 및 소요 기간 등의 내용을 발굴 착수일 2주일 전까지 해당 지역의 소유자, 관리자 또는 점유자(이하 '소유자 등'이라 한다)에게 미리 알려 주어야 한다.

③ 제2항에 따른 통보를 받은 소유자 등은 그 발굴에 대하여 문화재청장에게 의견을 제출할 수 있으며, 발굴을 거부하거나 방해 또는 기피하여서는 아니 된다.

④ 문화재청장은 제1항의 발굴이 완료된 경우에는 완료된 날부터 30일 이내에 출토유물 현황 등 발굴의 결과를 소유자 등에게 알려 주어야 한다.

⑤ 국가는 제1항에 따른 발굴로 손실을 받은 자에게 그 손실을 보상하여야 한다.

⑥ 제5항에 따른 손실보상에 관하여는 문화재청장과 손실을 받은 자가 협의하여야 하며, 보상금에 대한 합의가 성립하지 않은 때에는 관할 토지수용위원회에 재결(裁決)을 신청할 수 있다.

⑦ 문화재청장은 제1항에 따른 발굴 현장에 발굴의 목적, 조사기관, 소요 기간 등의 내용을 알리는 안내판을 설치하여야 한다.

──────〈상황〉──────

문화재청장 甲은 고도(古都)에 해당하는 A지역에 대한 학술조사를 위해 2021년 3월 15일부터 A지역의 발굴에 착수하고자 한다. 乙은 자기 소유의 A지역을 丙에게 임대하여 현재 임차인 丙이 이를 점유·사용하고 있다.

① 甲은 A지역 발굴의 목적, 방법, 착수 시기 및 소요 기간 등에 관한 내용을 丙에게 2021년 3월 29일까지 알려주어야 한다.

② A지역의 발굴에 대한 통보를 받은 丙은 甲에게 그 발굴에 대한 의견을 제출할 수 있다.

③ 乙은 발굴 현장에 발굴의 목적 등을 알리는 안내판을 설치하여야 한다.

④ A지역의 발굴로 인해 乙에게 손실이 예상되는 경우, 乙은 그 발굴을 거부할 수 있다.

⑤ A지역과 인접한 토지 소유자인 丁이 A지역의 발굴로 인해 손실을 받은 경우, 丁은 보상금에 대해 甲과 협의하지 않고 관할 토지수용위원회에 재결을 신청할 수 있다.

문 3. 다음 글을 근거로 판단할 때 옳은 것은?

20 (나) 1번

제○○조 ① 지방자치단체의 장은 소속공무원이 적극행정으로 인해 징계 의결 요구가 된 경우 적극행정지원위원회(이하 '위원회'라 한다)의 변호인 선임비용 지원결정(이하 '지원결정'이라 한다)에 따라 200만 원 이하의 범위 내에서 변호인 선임비용을 지원할 수 있다.

② 지방자치단체의 장은 소속공무원이 적극행정으로 인해 고소·고발을 당한 경우 위원회의 지원결정에 따라 기소 이전 수사과정에 한하여 500만 원 이하의 범위 내에서 변호인 선임비용을 지원할 수 있다.

③ 제1항, 제2항에 따라 지원결정을 받은 공무원은 이미 변호인을 선임한 경우를 제외하고는 선임비용을 지원받은 날부터 1개월 내에 변호인을 선임하여야 한다.

제□□조 ① 위원회는 지원결정을 받은 공무원이 다음 각 호의 어느 하나에 해당하는 경우 그 결정을 취소할 수 있다.

　1. 허위 또는 부정한 방법으로 지원결정을 받은 경우

　2. 제○○조 제2항의 고소·고발 사유와 동일한 사실관계로 유죄의 확정판결을 받은 경우

　3. 제○○조 제3항의 사항을 이행하지 않은 경우

② 제1항에 따라 지원결정이 취소된 경우 해당 공무원은 지원받은 변호인 선임비용을 즉시 반환하여야 한다.

③ 위원회는 제2항에 따른 반환의무를 전부 부담시키는 것이 타당하지 않다고 판단하는 경우에는 반환의무의 일부 또는 전부를 면제하는 결정을 할 수 있다.

④ 제1항부터 제3항은 해당 공무원이 변호인 선임비용을 지원받은 후 퇴직한 경우에도 적용한다.

※ 적극행정이란 공무원이 불합리한 규제를 개선하는 등 공공의 이익을 위해 창의성과 전문성을 바탕으로 적극적으로 업무를 처리하는 행위를 말한다.

① 지방자치단체의 장은 소속공무원이 적극행정으로 인해 징계 의결 요구가 된 경우, 위원회의 지원결정에 따라 500만 원의 변호인 선임비용을 지원할 수 있다.

② 지원결정을 받은 공무원이 적극행정으로 인해 고발당한 사건에 대해 이미 변호인을 선임하였더라도 선임비용을 지원받은 날부터 1개월 내에 새로운 변호인을 선임해야 한다.

③ 지원결정을 받은 공무원이 적극행정으로 인해 고소당한 사유와 동일한 사실관계로 무죄의 확정판결을 받은 경우, 위원회는 지원결정을 취소해야 한다.

④ 지원결정이 취소된 경우라도 위원회는 해당 공무원이 지원받은 변호인 선임비용에 대한 반환의무의 일부 또는 전부를 면제하는 결정을 할 수 있다.

⑤ 지원결정에 따라 변호인 선임비용을 지원받고 퇴직한 공무원에 대해 지원결정이 취소되더라도 그가 그 비용을 반환하는 경우는 없다.

문 4. 다음 글을 근거로 판단할 때 옳은 것은? 20 (나) 22번

> 제00조 ① 특별자치시장·특별자치도지사·시장·군수 또는 자치구의 구청장(이하 '시장·군수 등'이라 한다)은 빈집이 다음 각 호의 어느 하나에 해당하면 빈집정비계획에서 정하는 바에 따라 그 빈집 소유자에게 철거 등 필요한 조치를 명할 수 있다. 다만 빈집정비계획이 수립되어 있지 아니한 경우에는 지방건축위원회의 심의를 거쳐 그 빈집 소유자에게 철거 등 필요한 조치를 명할 수 있다.
> 　1. 붕괴·화재 등 안전사고나 범죄발생의 우려가 높은 경우
> 　2. 공익상 유해하거나 도시미관 또는 주거환경에 현저한 장애가 되는 경우
> ② 제1항의 경우 빈집 소유자는 특별한 사유가 없으면 60일 이내에 조치를 이행하여야 한다.
> ③ 시장·군수 등은 제1항에 따라 빈집의 철거를 명한 경우 그 빈집 소유자가 특별한 사유 없이 제2항의 기간 내에 철거하지 아니하면 직권으로 그 빈집을 철거할 수 있다.
> ④ 시장·군수 등은 제3항에 따라 철거할 빈집 소유자의 소재를 알 수 없는 경우 그 빈집에 대한 철거명령과 이를 이행하지 아니하면 직권으로 철거한다는 내용을 일간신문 및 홈페이지에 1회 이상 공고하고, 일간신문에 공고한 날부터 60일이 지난 날까지 빈집 소유자가 빈집을 철거하지 아니하면 직권으로 철거할 수 있다.
> ⑤ 시장·군수 등은 제3항 또는 제4항에 따라 빈집을 철거하는 경우에는 정당한 보상비를 빈집 소유자에게 지급하여야 한다. 이 경우 시장·군수 등은 보상비에서 철거에 소요된 비용을 빼고 지급할 수 있다.
> ⑥ 시장·군수 등은 다음 각 호의 어느 하나에 해당하는 경우에는 보상비를 법원에 공탁하여야 한다.
> 　1. 빈집 소유자가 보상비 수령을 거부하는 경우
> 　2. 빈집 소유자의 소재불명(所在不明)으로 보상비를 지급할 수 없는 경우

※ 공탁이란 채무자가 변제할 금액을 법원에 맡기면 채무(의무)가 소멸하는 것을 말한다.

① A자치구 구청장은 주거환경에 현저한 장애가 되더라도 붕괴 우려가 없는 빈집에 대해서는 빈집정비계획에 따른 철거를 명할 수 없다.

② B군 군수가 소유자의 소재를 알 수 없는 빈집의 철거를 명한 경우, 일간신문에 공고한 날부터 60일 내에 직권으로 철거해야 한다.

③ C특별자치시 시장은 직권으로 빈집을 철거한 경우, 그 소유자에게 철거에 소요된 비용을 빼지 않고 보상비 전액을 지급해야 한다.

④ D군 군수가 빈집을 철거한 경우, 그 소유자가 보상비 수령을 거부하면 그와 동시에 보상비 지급의무는 소멸한다.

⑤ E시 시장은 빈집정비계획에 따른 빈집 철거를 명한 후 그 소유자가 특별한 사유 없이 60일 이내에 철거하지 않으면, 지방건축위원회의 심의 없이 직권으로 철거할 수 있다.

문 5. 다음 글과 〈상황〉을 근거로 판단할 때 옳은 것은? 22 (나) 7번

> 한 지리학자는 임의의 국가에 분포하는 도시를 인구규모 순으로 배열할 때, 도시 순위와 인구규모 사이에 일정한 법칙이 존재한다는 것을 발견했다. 이를 도시의 순위규모법칙이라고 부르며, 이에 따른 분포를 '순위규모분포'라고 한다. 순위규모분포가 나타나는 경우 인구규모 두 번째 도시의 인구는 인구규모가 가장 큰 도시인 수위도시 인구의 1/2이고, 세 번째 도시의 인구는 수위도시 인구의 1/3이 된다. 그 이하의 도시에도 동일한 규칙이 적용된다.
>
> 이와 달리 한 국가의 인구규모 1위 도시에 인구가 집중되는 양상이 나타나면 이를 '종주분포'라고 한다. 도시화가 전국적으로 진행되지 않은 나라에서는 인구규모 2위 이하의 도시에 비해 1위 도시의 인구규모가 훨씬 큰 종주분포 형태를 보인다. 이때 인구규모가 첫 번째인 도시를 종주도시라고 부른다. 종주분포의 정도를 측정하는 척도로 종주도시지수가 사용된다. 종주도시지수는 '1위 도시의 인구 ÷ 2위 도시의 인구'로 나타낸다. 대체로 개발도상국의 경우 급속한 산업화로 종주도시로의 인구집중이 현저하게 나타나기 때문에 종주도시지수가 높다.

───── 〈상황〉 ─────

> ○ 순위규모분포를 보이는 A국에서 인구규모 세 번째 도시의 인구는 200만 명이다.
> ○ 종주분포를 보이는 B국에서 인구규모 두 번째 도시의 인구는 200만 명이고 종주도시지수는 3.3이다.

① A국의 수위도시와 인구규모 두 번째 도시 간 인구의 차이는 300만 명이다.

② B국의 인구규모 세 번째 도시의 인구는 종주도시의 1/3이다.

③ B국의 종주도시 인구는 A국의 수위도시에 비해 40만 명 적다.

④ 인구규모 첫 번째 도시와 두 번째 도시의 인구 합은 A국이 B국보다 60만 명 더 많다.

⑤ A국과 B국의 인구규모 두 번째 도시 인구는 동일하다.

문 6. 다음 글을 근거로 판단할 때, 우수부서 수와 기념품 구입 개수를 옳게 짝지은 것은?　　20 (나) 27번

> A기관은 탁월한 업무 성과로 포상금 5,000만 원을 지급받았다. 〈포상금 사용기준〉은 다음과 같다.
>
> 〈포상금 사용기준〉
>
> ○ 포상금의 40% 이상은 반드시 각 부서에 현금으로 배분한다.
>
> － 전체 15개 부서를 우수부서와 보통부서 두 그룹으로 나누어 우수부서에 150만 원, 보통부서에 100만 원을 현금으로 배분한다.
>
> － 우수부서는 최소한으로 선정한다.
>
> ○ 포상금 중 2,900만 원은 직원 복지 시설을 확충하는 데 사용한다.
>
> ○ 직원 복지 시설을 확충하고 부서별로 현금을 배분한 후 남은 금액을 모두 사용하여 개당 1만 원의 기념품을 구입한다.

	우수부서 수	기념품 구입 개수
①	9개	100개
②	9개	150개
③	10개	100개
④	10개	150개
⑤	11개	50개

문 7. 다음 글을 근거로 판단할 때, 〈보기〉에서 옳은 것만을 모두 고르면?　　22 (나) 17번

> 국민은 A, B 두 집단으로 구분되며, 현행 정책과 개편안에 따라 각 집단에 속한 개인이 얻는 혜택은 다음과 같다.
>
> | 집단 | 현행 정책 | 개편안 |
> |---|---|---|
> | A | 100 | 90 |
> | B | 50 | 80 |
>
> 정부는 다음 (가), (나), (다) 중 하나를 판단기준으로 하여 정책을 채택하려고 한다.
>
> (가) 국민 전체 혜택의 합이 더 큰 정책을 채택한다.
>
> (나) 개인이 얻는 혜택이 적은 집단에 더 유리한 정책을 채택한다.
>
> (다) A, B 두 집단 간 개인 혜택의 차이가 더 작은 정책을 채택한다.

〈보기〉

ㄱ. (가)를 판단기준으로 할 경우, A인구가 B인구의 4배라면 현행 정책이 유지된다.

ㄴ. (가)를 판단기준으로 할 경우, B인구가 전체 인구의 30%라면 개편안이 채택된다.

ㄷ. (나)를 판단기준으로 할 경우, A와 B의 인구와 관계없이 개편안이 채택된다.

ㄹ. (다)를 판단기준으로 할 경우, A인구가 B인구의 5배라면 현행 정책이 유지된다.

① ㄱ, ㄴ

② ㄱ, ㄹ

③ ㄴ, ㄷ

④ ㄷ, ㄹ

⑤ ㄱ, ㄴ, ㄷ

문 8. 다음 글을 근거로 판단할 때, A시 예산성과금을 가장 많이 받는 사람은?

21 (가) 16번

〈A시 예산성과금 공고문〉

○ 제도의 취지
  - 예산의 집행방법과 제도 개선 등으로 예산을 절감하거나 수입을 증대시킨 경우 그 일부를 기여자에게 성과금(포상금)으로 지급함으로써 예산의 효율적 사용 장려

○ 지급요건 및 대상
  - 자발적 노력을 통한 제도 개선 등으로 예산을 절감하거나 세입원을 발굴하는 등 세입을 증대한 경우
  - 예산절감 및 수입증대 발생시기: 2020년 1월 1일 ~ 2020년 12월 31일
  - A시 공무원, A시 사무를 위임(위탁) 받아 수행하는 기관의 임직원
  - 예산낭비를 신고하거나, 지출절약이나 수입증대에 관한 제안을 제출하여 A시의 예산절감 및 수입증대에 기여한 국민

○ 지급기준
  - 1인당 지급액

구분	예산절감		수입증대
	주요사업비	경상적 경비	
지급액	절약액의 20%	절약액의 50%	증대액의 10%

  - 타 부서나 타 사업으로 확산 시 지급액의 30%를 가산하여 지급

① 사업물자 계약방법을 개선하여 2019년 12월 주요사업비 8천만 원을 절약한 A시 사무관 甲
② 제도 개선을 통해 2020년 5월 주요사업비 3천 5백만 원을 절약하여 개선된 제도가 A시청 전 부서에 확대 시행되는 데 기여한 A시 사무관 乙
③ A시 지역축제에 관한 제안을 제출하여 2020년 7월 8천만 원의 수입증대에 기여한 국민 丙
④ A시 위임사무를 수행하면서 제도 개선을 통해 2020년 8월 경상적 경비 1천 8백만 원을 절약한 B기관 이사 丁
⑤ A시장의 지시를 받아 사무용품 조달방법을 개선하여 2020년 9월 경상적 경비 1천만 원을 절약한 A시 사무관 戊

※ 다음 글을 읽고 물음에 답하시오. [문 9. ~ 문 10.]

22 (나) 19~20번

'탄소중립'이란 인간 활동을 통한 온실가스 배출을 최대한 줄이고, 남은 온실가스는 산림 흡수 및 제거활동을 통해 실질적인 배출량을 0으로 만드는 것을 의미한다. 즉 배출되는 탄소량과 흡수·제거되는 탄소량을 동일하게 만든다는 개념으로, 이에 탄소중립을 '넷제로(Net-Zero)'라 부르기도 한다. 탄소중립에 동참하기로 한 A은행은 업무를 수행하면서 발생하는 이산화탄소 배출량을 줄이기 위해 2가지 사항에 주목하였다. 첫 번째는 항공 출장이고, 두 번째는 컴퓨터의 전력 낭비이다.

한 사람이 비행기로 출장 시 발생하는 이산화탄소 평균 배출량은 400kg으로, 이는 같은 거리를 4명이 자동차 한 대로 출장 시 발생하는 이산화탄소 평균 배출량의 2배에 해당한다. 항공 출장으로 인하여 현재 A은행이 배출하는 연간 이산화탄소의 양은 A은행의 연간 전체 이산화탄소 배출량의 1/5에 달하는 수준이다.

항공 출장을 줄이기 위해서 A은행은 화상회의시스템을 도입하기로 하였다. 화상회의시스템을 활용할 경우에 한 사람의 이산화탄소 평균 배출량은 항공 출장의 1/10 수준에 불과하다. A은행에서는 매년 연인원 1,000명이 항공 출장을 가고 있는데, 항공 출장인원의 30%에게 항공 출장 대신 화상회의시스템을 활용하도록 할 계획이다.

한편 은행과 같이 정보 처리가 업무의 핵심인 업계에서는 컴퓨터 시스템의 전력 소비가 전체 전력 소비의 큰 비중을 차지한다. A은행은 컴퓨터의 전력 낭비 요소를 파악하기 위하여 컴퓨터 전력 사용 현황을 조사하였다. 그 결과 컴퓨터의 전력 소비량이 밤 시간대에 놀라울 정도로 많다는 것을 발견하게 되었다. 그 이유는 직원들이 자신의 컴퓨터를 끄지 않고 퇴근하여 많은 컴퓨터가 밤에 계속 켜져 있었기 때문이다.

이에 A은행은 전력차단프로젝트를 수행하기로 하였다. 22,000대의 컴퓨터에 전력관리 소프트웨어를 설치하여, 컴퓨터가 일정시간 사용되지 않으면 언제라도 컴퓨터와 모니터의 전원이 자동으로 꺼지도록 하는 것이다. 이 프로젝트를 통하여 A은행은 연간 35만kWh의 전력 소비를 절감할 수 있을 것으로 예상되며, 이는 652톤의 이산화탄소 배출에 해당하는 양이다.

문 9. 윗글을 근거로 판단할 때, 〈보기〉에서 옳은 것만을 모두 고르면?

〈보기〉

ㄱ. A은행이 전력차단프로젝트를 시행하더라도 주간에 전력 절감은 없을 것이다.

ㄴ. A은행의 전력차단프로젝트로 절감되는 컴퓨터 1대당 전력량은 연간 15kWh 이상이다.

ㄷ. A은행이 화상회의시스템과 전력차단프로젝트를 도입하면 넷제로가 실현된다.

ㄹ. 1인당 이산화탄소 평균 배출량은 4명이 자동차 한 대로 출장을 가는 경우가 같은 거리를 1명이 비행기로 출장을 가는 경우의 1/8에 해당한다.

① ㄱ, ㄴ

② ㄱ, ㄷ

③ ㄴ, ㄹ

④ ㄱ, ㄷ, ㄹ

⑤ ㄴ, ㄷ, ㄹ

문 10. 윗글을 근거로 판단할 때, ㉠에 해당하는 것은?

A은행은 화상회의시스템과 전력차단프로젝트의 도입효과를 검토해 보았다. 검토 결과 둘을 도입하면, A은행 이산화탄소 배출량은 도입 전에 비해 연간 (㉠)% 감소할 것으로 예상되었다.

① 30

② 32

③ 34

④ 36

⑤ 38

문 11. 다음 글을 근거로 판단할 때 옳은 것은?   23 (가) 1번

제○○조(동물학대 등의 금지) 누구든지 동물에 대하여 학대행위를 하여서는 아니 된다.

제△△조(동물보호센터의 설치·지정 등) ① 지방자치단체의 장은 동물의 구조·보호조치 등을 위하여 A부장관이 정하는 기준에 맞는 동물보호센터를 설치·운영할 수 있다.

② A부장관은 지방자치단체의 장이 설치·운영하는 동물보호센터의 설치·운영비용의 전부 또는 일부를 지원할 수 있다.

③ 지방자치단체의 장은 A부장관이 정하는 기준에 맞는 기관이나 단체를 동물보호센터로 지정하여 동물의 구조·보호조치 등을 하게 할 수 있고, 이때 소요비용(이하 '보호비용'이라 한다)의 전부 또는 일부를 지원할 수 있다.

④ 제3항에 따른 동물보호센터로 지정받으려는 기관이나 단체는 A부장관이 정하는 바에 따라 지방자치단체의 장에게 신청하여야 한다.

⑤ 지방자치단체의 장은 지정된 동물보호센터가 다음 각 호의 어느 하나에 해당하는 경우에는 그 지정을 취소할 수 있다. 다만 제1호에 해당하는 경우에는 지정을 취소하여야 한다.

　　1. 거짓이나 그 밖의 부정한 방법으로 지정을 받은 경우

　　2. 제3항에 따른 지정기준에 맞지 아니하게 된 경우

　　3. 제○○조의 규정을 위반한 경우

　　4. 보호비용을 거짓으로 청구한 경우

⑥ 지방자치단체의 장은 제5항에 따라 지정이 취소된 기관이나 단체를 지정이 취소된 날부터 1년 이내에는 다시 동물보호센터로 지정하여서는 아니 된다. 다만 제5항 제3호에 따라 지정이 취소된 기관이나 단체는 지정이 취소된 날부터 2년 이내에는 다시 동물보호센터로 지정하여서는 아니 된다.

① A부장관은 지방자치단체의 장이 지정한 동물보호센터에 보호비용의 일부를 지원하여야 한다.

② 지정된 동물보호센터가 동물을 학대한 사실이 확인된 경우, 지방자치단체의 장은 그 지정을 취소하여야 한다.

③ 동물보호센터로 지정받고자 하는 기관은 지방자치단체의 장이 정하는 바에 따라 A부장관에게 신청하여야 한다.

④ 부정한 방법으로 동물보호센터 지정을 받아 그 지정이 취소된 기관은 지정이 취소된 날부터 2년이 지나야 다시 동물보호센터로 지정받을 수 있다.

⑤ 지정된 동물보호센터가 보호비용을 거짓으로 청구한 경우라도 지방자치단체의 장은 그 지정을 취소해야 하는 것은 아니다.

문 12. 다음 글을 근거로 판단할 때, ㉠과 ㉡을 옳게 짝지은 것은?

21 (가) 31번

○ 甲회사는 재고를 3개의 창고 A, B, C에 나누어 관리하며, 2020년 1월 1일자 재고는 A창고 150개, B창고 100개, C창고 200개였다.

○ 2020년 상반기 입·출고기록은 다음 표와 같으며, 재고는 입고 및 출고에 의해서만 변화한다.

입고기록				출고기록			
창고 일자	A	B	C	창고 일자	A	B	C
3월 4일	50	80	0	2월 18일	30	20	10
4월 10일	0	25	10	3월 27일	10	30	60
5월 11일	30	0	0	4월 13일	20	0	15

○ 2020년 5월 25일 하나의 창고에 화재가 발생하여 그 창고 안에 있던 재고 전부가 불에 그을렸는데, 그 개수를 세어보니 150개였다.

○ 화재 직후인 2020년 5월 26일 甲회사의 재고 중 불에 그을리지 않은 것은 [㉠]개였다.

○ 甲회사는 2020년 6월 30일 상반기 장부를 정리하던 중 두 창고 [㉡]의 상반기 전체 출고기록이 맞바뀐 것을 뒤늦게 발견하였다.

	㉠	㉡
①	290	A와 B
②	290	A와 C
③	290	B와 C
④	300	A와 B
⑤	300	A와 C

문 13. 다음 글과 〈상황〉을 근거로 판단할 때, 일반하역사업 등록이 가능한 사업자만을 모두 고르면?

22 (나) 36번

〈일반하역사업의 최소 등록기준〉

구분	1급지 (부산항, 인천항, 포항항, 광양항)	2급지 (여수항, 마산항, 동해·묵호항)	3급지 (1급지와 2급지를 제외한 항)
총시설 평가액	10억 원	5억 원	1억 원
자본금	3억 원	1억 원	5천만 원

○ 사업자의 시설 중 본인 소유 시설평가액 총액이 등록기준에서 정한 급지별 '총시설평가액'의 3분의 2 이상이어야 한다.

○ 사업자의 하역시설 평가액 총액은 해당 사업자의 시설평가액 총액의 3분의 2 이상이어야 한다.

○ 3급지 항에 대해서는 자본금이 1억 원 이상이면 등록기준에서 정한 급지별 '총시설평가액'을 2분의 1로 완화한다.

─────── 〈상황〉 ───────

○ 시설 A~F 중 하역시설은 A, B, C이다.

○ 사업자 甲~丁 현황은 다음과 같다.

사업자	항만	자본금	시설	시설 평가액	본인 소유여부
甲	부산항	2억 원	B	4억 원	○
			C	2억 원	○
			D	1억 원	×
			E	3억 원	×
乙	광양항	3억 원	C	8억 원	○
			E	1억 원	×
			F	2억 원	×
丙	동해·묵호항	4억 원	A	1억 원	○
			C	4억 원	○
			D	3억 원	×
丁	대산항	1억 원	A	6천만 원	○
			B	1천만 원	×
			C	1천만 원	×
			D	1천만 원	○

① 甲, 乙
② 甲, 丙
③ 乙, 丙
④ 乙, 丁
⑤ 丙, 丁

문 14. 다음 글과 〈상황〉을 근거로 판단할 때, ㉠과 ㉡을 옳게 짝지은 것은?　24 (나) 8번

자동차 연비를 표시하는 단위는 나라마다 다르다. A국은 자동차 연비를 1갤런의 연료로 달릴 수 있는 거리(마일)로 계산하며, 단위는 mpg를 사용한다. B국에서는 100km를 달릴 때 소요되는 연료량(L)으로 계산하며, 단위는 L/100km를 사용한다. C국은 연료 1L로 주행할 수 있는 거리(km)로 계산하며 km/L를 단위로 사용한다.

※ 1갤런은 4L, 1마일은 1.6km로 간주한다.

〈상황〉

X, Y, Z 세 대의 자동차가 있다. 각 자동차의 연비는 순서대로 15mpg, 8L/100km, 18km/L이다. 따라서 X는 120km를 이동하는 데 연료 ㉠ L가 소요된다. 그리고 4갤런의 연료로 Z는 Y보다 ㉡ km 더 이동할 수 있다.

	㉠	㉡
①	5	72
②	5	88
③	20	72
④	20	88
⑤	32	88

문 15. 다음 글을 근거로 판단할 때 옳지 않은 것은?　21 (가) 9번

도시 O, A, B, C는 순서대로 동일 직선상에 배치되어 있으며 도시 간 거리는 각각 30km로 동일하다. ($\overline{OA}$: 30km, $\overline{AB}$: 30km, $\overline{BC}$: 30km)

A, B, C가 비용을 분담하여 O에서부터 A와 B를 거쳐 C까지 연결하는 직선도로를 건설하려고 한다. A, B, C 주민은 O로의 이동을 위해서만 도로를 이용한다. 도로 1km당 건설비용은 동일하다. 비용 분담안으로 다음 세 가지 안이 논의되고 있다.

○ I안: 각 도시가 균등하게 비용을 부담

○ II안: 각 도시가 이용 구간의 길이에 비례하여 비용을 부담

○ III안: 도로를 $\overline{OA}$, $\overline{AB}$, $\overline{BC}$로 나누어 해당 구간을 이용하는 도시가 해당 구간 건설비용을 균등하게 부담

① A에게는 III안이 가장 부담 비용이 낮다.

② B의 부담 비용은 I안과 II안에서 같다.

③ II안에서 A와 B의 부담 비용의 합은 C의 부담 비용과 같다.

④ I안에 비해 부담 비용이 낮아지는 도시의 수는 II안보다 III안에서 더 많다.

⑤ C의 부담 비용은 III안이 I안의 2배 이상이다.

문 16. 다음 글을 근거로 판단할 때, 甲이 은행 금고에 맡길 A의 개수는?

24 (나) 12번

> 甲은 보석을 은행 금고에 맡기려 한다. 은행 금고에는 정확히 1kg만 맡길 수 있다. 甲은 모든 종류의 보석을 하나씩은 포함하여 최대 금액이 되도록 맡기려 한다. 다만, 보석을 쪼갤 수 없다.
>
> 甲이 가진 보석은 다음과 같다.

보석 종류	개당 가격 (만 원)	개당 무게(g)	수량(개)
A	10	12	52
B	7	10	48
C	3	3	150
D	1	2	31

① 44

② 45

③ 46

④ 47

⑤ 48

문 17. 다음 글을 근거로 판단할 때 옳은 것은?

19 (가) 32번

> ○○기업은 5명(甲～戊)을 대상으로 면접시험을 실시하였다. 면접시험의 평가기준은 가치관, 열정, 표현력, 잠재력, 논증력 5가지 항목이며 각 항목 점수는 3점 만점이다. 이에 따라 5명은 항목별로 다음과 같은 점수를 받았다.

〈면접시험 결과〉

(단위: 점)

구분	甲	乙	丙	丁	戊
가치관	3	2	3	2	2
열정	2	3	2	2	2
표현력	2	3	2	2	3
잠재력	3	2	2	3	3
논증력	2	2	3	3	2

> 종합점수는 각 항목별 점수에 항목가중치를 곱하여 합산하며, 종합점수가 높은 순으로 등수를 결정했다. 결과는 다음과 같다.

〈등수〉

1등	乙
2등	戊
3등	甲
4등	丁
5등	丙

① 잠재력은 열정보다 항목가중치가 높다.

② 논증력은 열정보다 항목가중치가 높다.

③ 잠재력은 가치관보다 항목가중치가 높다.

④ 가치관은 표현력보다 항목가중치가 높다.

⑤ 논증력은 잠재력보다 항목가중치가 높다.

문 18. 다음 글과 〈상황〉을 근거로 판단할 때, 〈방식 1〉과 〈방식 2〉에 따른 결승점을 옳게 짝지은 것은?   23 (가) 9번

> 신설된 어느 스포츠 종목은 두 팀이 대결하는 경기로, 1점씩 득점하며 경기 종료 시 더 많은 득점을 한 팀이 승리한다. 이 종목의 '결승점'을 정의하는 방식으로 다음 두 가지가 있다.
>
> 〈방식 1〉
>
> 상대 팀의 점수보다 1점 많아지는 득점을 한 후, 경기 종료 시까지 동점이나 역전을 허용하지 않고 승리할 때, 그 득점을 결승점으로 정의한다.
>
> 〈방식 2〉
>
> 승리한 팀의 득점 중 자기 팀의 점수가 상대 팀의 최종 점수보다 1점 많아질 때의 득점을 결승점으로 정의한다.

> ───────── 〈상황〉 ─────────
> 두 팀 A, B가 맞붙어 다음과 같은 순서로 득점을 하고 경기가 종료되었다. (A, B는 득점한 팀을 나타낸다)
>
> A – A – B – B – B – A – B – A – A – A – B

	방식 1	방식 2
①	A의 세 번째 득점	A의 두 번째 득점
②	A의 다섯 번째 득점	A의 다섯 번째 득점
③	A의 다섯 번째 득점	A의 여섯 번째 득점
④	A의 여섯 번째 득점	A의 다섯 번째 득점
⑤	A의 여섯 번째 득점	A의 여섯 번째 득점

문 19. 다음 글을 근거로 판단할 때, 5세트가 시작한 시점에 경기장에 남아 있는 관람객 수의 최댓값은?   22 (나) 31번

> ○ 총 5세트의 배구경기에서 각 세트를 이길 때마다 세트 점수 1점을 획득하여 누적 세트 점수 3점을 먼저 획득하는 팀이 승리한다.
> ○ 경기 시작 전, 경기장에는 홈팀을 응원하는 관람객 5,000명과 원정팀을 응원하는 관람객 3,000명이 있었다.
> ○ 각 세트가 끝날 때마다 누적 세트 점수가 낮은 팀을 응원하는 관람객이 경기장을 나가는데, 홈팀은 1,000명, 원정팀은 500명이 나간다.
> ○ 경기장을 나간 관람객은 다시 들어오지 못하며, 경기 중간에 들어온 관람객은 없다.
> ○ 경기는 원정팀이 승리했으나 홈팀이 두 세트를 이기며 분전했다.

① 6,000명
② 6,500명
③ 7,000명
④ 7,500명
⑤ 8,000명

문 20. 다음 글을 근거로 판단할 때, ㉠에 해당하는 것은?

22 (나) 13번

> 甲: 혹시 담임 선생님 생신이 몇 월 며칠인지 기억나?
>
> 乙: 응, 기억하지. 근데 그건 왜?
>
> 甲: 내가 그날(월일)로 네 자리 일련번호를 설정했는데, 맨 앞자리가 0이 아니었다는 것 말고는 도저히 기억이 나질 않아서 말이야.
>
> 乙: 그럼 내가 몇 가지 힌트를 줄게. 맞혀볼래?
>
> 甲: 좋아.
>
> 乙: 선생님 생신은 31일까지 있는 달에 있어.
>
> 甲: 고마워. 그다음 힌트는 뭐야?
>
> 乙: 선생님 생신의 일은 8의 배수야.
>
> 甲: 그래도 기억이 나질 않네. 힌트 하나만 더 줄 수 있어?
>
> 乙: 알았어. _____㉠_____
>
> 甲: 아! 이제 알았다. 고마워.

① 선생님 생신은 15일 이전이야.

② 선생님 생신의 일은 월의 배수야.

③ 선생님 생신의 일은 월보다 큰 수야.

④ 선생님 생신은 네 자리 모두 다른 수야.

⑤ 선생님 생신의 네 자리 수를 모두 더하면 9야.

문 21. 다음 글과 〈상황〉을 근거로 판단할 때, A가 새로 읽기 시작한 350쪽의 책을 다 읽은 때는?

22 (나) 11번

> ○ A는 특별한 일이 없는 경우 월~금요일까지 매일 시외버스를 타고 30분씩 각각 출근과 퇴근을 하며 밤 9시 이전에 집에 도착한다.
>
> ○ A는 대중교통을 이용할 때 책을 읽는다. 단, 시내버스에서는 책을 읽지 않고, 또 밤 9시가 넘으면 어떤 대중교통을 이용해도 책을 읽지 않는다.
>
> ○ A는 10분에 20쪽의 속도로 책을 읽는다. 다만 책의 1쪽부터 30쪽까지는 10분에 15쪽의 속도로 읽는다.

〈상황〉

> A는 이번 주 월~금요일까지 출퇴근을 했는데, 화요일에는 회사 앞에서 회식이 있어 밤 8시 30분에 시외버스를 타고 30분 후에 집 근처 정류장에 내려 퇴근했다. 수요일에는 오전 근무를 마치고 회의를 위해서 지하철로 20분 이동한 후 다시 시내버스를 30분 타고 회의 장소로 갔다. 회의가 끝난 직후 밤 9시 10분에 지하철을 40분 타고 퇴근했다. A는 200쪽까지 읽은 280쪽의 책을 월요일 아침 출근부터 이어서 읽었고, 그 책을 다 읽은 직후 곧바로 350쪽의 새로운 책을 읽기 시작했다.

① 수요일 회의 장소 이동 중

② 수요일 퇴근 중

③ 목요일 출근 중

④ 목요일 퇴근 중

⑤ 금요일 출근 중

문 22. 다음 글을 근거로 판단할 때, 〈보기〉에서 옳은 것만을 모두 고르면? 20 (나) 11번

○ 甲과 乙은 총 10장의 카드를 5장씩 나누어 가진 후에 심판의 지시에 따라 게임을 한다.
○ 카드는 1부터 9까지의 서로 다른 숫자가 하나씩 적힌 9장의 숫자카드와 1장의 만능카드로 이루어진다.
○ 이 중 6 또는 9가 적힌 숫자카드는 9와 6 중에서 원하는 숫자카드 하나로 활용할 수 있다.
○ 만능카드는 1부터 9까지의 숫자 중 원하는 숫자가 적힌 카드 하나로 활용할 수 있다.

〈보기〉

ㄱ. 심판이 가장 큰 다섯 자리의 수를 만들라고 했을 때, 가능한 가장 큰 수는 홀수이다.
ㄴ. 상대방보다 작은 두 자리의 수를 만들면 승리한다고 했을 때, 乙이 '12'를 만들었다면 승리한다.
ㄷ. 상대방보다 큰 두 자리의 수를 만들면 승리한다고 했을 때, 甲이 '98'을 만들었다면 승리한다.
ㄹ. 심판이 10보다 작은 3의 배수를 상대방보다 많이 만들라고 했을 때, 乙이 3개를 만들었다면 승리한다.

① ㄱ, ㄴ
② ㄱ, ㄷ
③ ㄷ, ㄹ
④ ㄱ, ㄴ, ㄹ
⑤ ㄴ, ㄷ, ㄹ

문 23. 다음 글을 근거로 판단할 때, 다음 주 수요일과 목요일의 청소당번을 옳게 짝지은 것은? 22 (나) 14번

A~D는 다음 주 월요일부터 금요일까지 하루에 한 명씩 청소당번을 정하려고 한다. 청소당번을 정하는 규칙은 다음과 같다.

○ A~D는 최소 한 번씩 청소당번을 한다.
○ 시험 전날에는 청소당번을 하지 않는다.
○ 발표 수업이 있는 날에는 청소당번을 하지 않는다.
○ 한 사람이 이틀 연속으로는 청소당번을 하지 않는다.

다음은 청소당번을 정한 후 A~D가 나눈 대화이다.

A: 나만 두 번이나 청소당번을 하잖아. 월요일부터 청소당번이라니!
B: 미안. 내가 월요일에 발표 수업이 있어서 그날 너밖에 할 사람이 없었어.
C: 나는 다음 주에 시험이 이틀 있는데, 발표 수업이 매번 시험 보는 날과 겹쳐서 청소할 수 있는 요일이 하루밖에 없었어.
D: 그래도 금요일에 청소하고 가야 하는 나보다는 나을걸.

	수요일	목요일
①	A	B
②	A	C
③	B	A
④	C	A
⑤	C	B

문 24. 다음 글과 〈상황〉을 근거로 판단할 때, 〈보기〉에서 옳은 것만을 모두 고르면?　　23 (가) 14번

> △△대륙의 국가들은 외교 조약을 체결한다. 외교 조약은 두 나라 사이에서만 직접 체결된다. 이때 그 두 나라는 '직접 조약' 관계에 있다고 한다.
>
> 한편 어떤 두 나라가 직접 조약 관계에 있지는 않지만, 그 두 나라와 공통으로 직접 조약 관계인 나라가 3개 이상인 경우 '친밀' 관계, 2개인 경우 '우호' 관계, 1개 이하인 경우 '중립' 관계라 한다.

───────────── 〈상황〉 ─────────────
○ △△대륙의 국가는 A~E국으로 총 5개국이다.
○ A국과 직접 조약 관계인 어떤 나라도 D국과 직접 조약 관계에 있지 않다.
○ A국과 B국은 친밀 관계이다.

───────────── 〈보기〉 ─────────────
ㄱ. D국과 E국은 우호 관계이다.
ㄴ. A국과 D국은 직접 조약 관계이다.
ㄷ. 중립 관계인 두 나라가 있다.

① ㄱ
② ㄷ
③ ㄱ, ㄴ
④ ㄴ, ㄷ
⑤ ㄱ, ㄴ, ㄷ

문 25. 다음 글과 〈1차 투표 결과〉를 근거로 판단할 때 옳은 것은?　　24 (나) 34번

> ○ △△부서에서는 팀원 5명(甲~戊)의 투표를 통해 프로젝트명을 정하려 한다.
> ○ 프로젝트명 후보는 3개(A~C)이다.
> ○ 1차 투표에서는 한 명당 두 표를 가지며, 두 표 모두 하나의 후보에 줄 수도 있다.
> ○ 1차 투표 결과에 따라 최다 득표 후보를 프로젝트명으로 선정하며, 최다 득표 후보가 복수인 경우 최소 득표 후보를 제외하고 2차 투표를 실시한다.
> ○ 2차 투표에서는 한 명당 한 표씩 행사하여, 최다 득표 후보를 프로젝트명으로 선정한다.

───────────── 〈1차 투표 결과〉 ─────────────
○ 하나의 후보에 두 표를 모두 준 사람은 甲과 乙뿐이며, 이들은 동일한 후보에 표를 주었다.
○ A에 투표한 사람은 3명이다.
○ B에 투표한 사람은 2명이다.
○ C에 투표한 사람은 3명이다.

① B는 선정될 수 없다.
② 1차 투표에서 丙과 丁이 투표한 후보의 조합은 서로 다르다.
③ 1차 투표에서 A가 받은 표는 최대 5표이다.
④ 1차 투표에서 C는 4표 이상 받았다.
⑤ 2차 투표를 실시하는 경우가 있다.

약점 보완 해설집 p.216

진행 날짜:

2024년 7급 기출문제

1	① ② ③ ④ ⑤	6	① ② ③ ④ ⑤	11	① ② ③ ④ ⑤	16	① ② ③ ④ ⑤	21	① ② ③ ④ ⑤
2	① ② ③ ④ ⑤	7	① ② ③ ④ ⑤	12	① ② ③ ④ ⑤	17	① ② ③ ④ ⑤	22	① ② ③ ④ ⑤
3	① ② ③ ④ ⑤	8	① ② ③ ④ ⑤	13	① ② ③ ④ ⑤	18	① ② ③ ④ ⑤	23	① ② ③ ④ ⑤
4	① ② ③ ④ ⑤	9	① ② ③ ④ ⑤	14	① ② ③ ④ ⑤	19	① ② ③ ④ ⑤	24	① ② ③ ④ ⑤
5	① ② ③ ④ ⑤	10	① ② ③ ④ ⑤	15	① ② ③ ④ ⑤	20	① ② ③ ④ ⑤	25	① ② ③ ④ ⑤

맞힌 개수 / 전체 개수 : _____ / 25   O: _____개,   △: _____개,   X: _____개

2023년 7급 기출문제

1	① ② ③ ④ ⑤	6	① ② ③ ④ ⑤	11	① ② ③ ④ ⑤	16	① ② ③ ④ ⑤	21	① ② ③ ④ ⑤
2	① ② ③ ④ ⑤	7	① ② ③ ④ ⑤	12	① ② ③ ④ ⑤	17	① ② ③ ④ ⑤	22	① ② ③ ④ ⑤
3	① ② ③ ④ ⑤	8	① ② ③ ④ ⑤	13	① ② ③ ④ ⑤	18	① ② ③ ④ ⑤	23	① ② ③ ④ ⑤
4	① ② ③ ④ ⑤	9	① ② ③ ④ ⑤	14	① ② ③ ④ ⑤	19	① ② ③ ④ ⑤	24	① ② ③ ④ ⑤
5	① ② ③ ④ ⑤	10	① ② ③ ④ ⑤	15	① ② ③ ④ ⑤	20	① ② ③ ④ ⑤	25	① ② ③ ④ ⑤

맞힌 개수 / 전체 개수 : _____ / 25   O: _____개,   △: _____개,   X: _____개

2022년 7급 기출문제

1	① ② ③ ④ ⑤	6	① ② ③ ④ ⑤	11	① ② ③ ④ ⑤	16	① ② ③ ④ ⑤	21	① ② ③ ④ ⑤
2	① ② ③ ④ ⑤	7	① ② ③ ④ ⑤	12	① ② ③ ④ ⑤	17	① ② ③ ④ ⑤	22	① ② ③ ④ ⑤
3	① ② ③ ④ ⑤	8	① ② ③ ④ ⑤	13	① ② ③ ④ ⑤	18	① ② ③ ④ ⑤	23	① ② ③ ④ ⑤
4	① ② ③ ④ ⑤	9	① ② ③ ④ ⑤	14	① ② ③ ④ ⑤	19	① ② ③ ④ ⑤	24	① ② ③ ④ ⑤
5	① ② ③ ④ ⑤	10	① ② ③ ④ ⑤	15	① ② ③ ④ ⑤	20	① ② ③ ④ ⑤	25	① ② ③ ④ ⑤

맞힌 개수 / 전체 개수 : _____ / 25   O: _____개,   △: _____개,   X: _____개

2021년 7급 기출문제

1	① ② ③ ④ ⑤	6	① ② ③ ④ ⑤	11	① ② ③ ④ ⑤	16	① ② ③ ④ ⑤	21	① ② ③ ④ ⑤
2	① ② ③ ④ ⑤	7	① ② ③ ④ ⑤	12	① ② ③ ④ ⑤	17	① ② ③ ④ ⑤	22	① ② ③ ④ ⑤
3	① ② ③ ④ ⑤	8	① ② ③ ④ ⑤	13	① ② ③ ④ ⑤	18	① ② ③ ④ ⑤	23	① ② ③ ④ ⑤
4	① ② ③ ④ ⑤	9	① ② ③ ④ ⑤	14	① ② ③ ④ ⑤	19	① ② ③ ④ ⑤	24	① ② ③ ④ ⑤
5	① ② ③ ④ ⑤	10	① ② ③ ④ ⑤	15	① ② ③ ④ ⑤	20	① ② ③ ④ ⑤	25	① ② ③ ④ ⑤

맞힌 개수 / 전체 개수 : _____ / 25   O: _____개,   △: _____개,   X: _____개

SPEED CHECK 답안지

답안지 활용 방법

1. 문제 풀이 시 답안 체크를 함께 하면서 실전 감각을 높이시기 바랍니다.
2. 채점 시 O, △, X로 구분하여 채점하시기 바랍니다. (O: 정확하게 맞음, △: 찍었는데 맞음, X: 틀림)

진행 날짜:

2020년 7급 모의평가

1	① ② ③ ④ ⑤	6	① ② ③ ④ ⑤	11	① ② ③ ④ ⑤	16	① ② ③ ④ ⑤	21	① ② ③ ④ ⑤
2	① ② ③ ④ ⑤	7	① ② ③ ④ ⑤	12	① ② ③ ④ ⑤	17	① ② ③ ④ ⑤	22	① ② ③ ④ ⑤
3	① ② ③ ④ ⑤	8	① ② ③ ④ ⑤	13	① ② ③ ④ ⑤	18	① ② ③ ④ ⑤	23	① ② ③ ④ ⑤
4	① ② ③ ④ ⑤	9	① ② ③ ④ ⑤	14	① ② ③ ④ ⑤	19	① ② ③ ④ ⑤	24	① ② ③ ④ ⑤
5	① ② ③ ④ ⑤	10	① ② ③ ④ ⑤	15	① ② ③ ④ ⑤	20	① ② ③ ④ ⑤	25	① ② ③ ④ ⑤

맞힌 개수 / 전체 개수 : _____ / 25   O: _____개,   △: _____개,   X: _____개

2021년 민경채 기출문제

1	① ② ③ ④ ⑤	6	① ② ③ ④ ⑤	11	① ② ③ ④ ⑤	16	① ② ③ ④ ⑤	21	① ② ③ ④ ⑤
2	① ② ③ ④ ⑤	7	① ② ③ ④ ⑤	12	① ② ③ ④ ⑤	17	① ② ③ ④ ⑤	22	① ② ③ ④ ⑤
3	① ② ③ ④ ⑤	8	① ② ③ ④ ⑤	13	① ② ③ ④ ⑤	18	① ② ③ ④ ⑤	23	① ② ③ ④ ⑤
4	① ② ③ ④ ⑤	9	① ② ③ ④ ⑤	14	① ② ③ ④ ⑤	19	① ② ③ ④ ⑤	24	① ② ③ ④ ⑤
5	① ② ③ ④ ⑤	10	① ② ③ ④ ⑤	15	① ② ③ ④ ⑤	20	① ② ③ ④ ⑤	25	① ② ③ ④ ⑤

맞힌 개수 / 전체 개수 : _____ / 25   O: _____개,   △: _____개,   X: _____개

2020년 민경채 기출문제

1	① ② ③ ④ ⑤	6	① ② ③ ④ ⑤	11	① ② ③ ④ ⑤	16	① ② ③ ④ ⑤	21	① ② ③ ④ ⑤
2	① ② ③ ④ ⑤	7	① ② ③ ④ ⑤	12	① ② ③ ④ ⑤	17	① ② ③ ④ ⑤	22	① ② ③ ④ ⑤
3	① ② ③ ④ ⑤	8	① ② ③ ④ ⑤	13	① ② ③ ④ ⑤	18	① ② ③ ④ ⑤	23	① ② ③ ④ ⑤
4	① ② ③ ④ ⑤	9	① ② ③ ④ ⑤	14	① ② ③ ④ ⑤	19	① ② ③ ④ ⑤	24	① ② ③ ④ ⑤
5	① ② ③ ④ ⑤	10	① ② ③ ④ ⑤	15	① ② ③ ④ ⑤	20	① ② ③ ④ ⑤	25	① ② ③ ④ ⑤

맞힌 개수 / 전체 개수 : _____ / 25   O: _____개,   △: _____개,   X: _____개

2019년 민경채 기출문제

1	① ② ③ ④ ⑤	6	① ② ③ ④ ⑤	11	① ② ③ ④ ⑤	16	① ② ③ ④ ⑤	21	① ② ③ ④ ⑤
2	① ② ③ ④ ⑤	7	① ② ③ ④ ⑤	12	① ② ③ ④ ⑤	17	① ② ③ ④ ⑤	22	① ② ③ ④ ⑤
3	① ② ③ ④ ⑤	8	① ② ③ ④ ⑤	13	① ② ③ ④ ⑤	18	① ② ③ ④ ⑤	23	① ② ③ ④ ⑤
4	① ② ③ ④ ⑤	9	① ② ③ ④ ⑤	14	① ② ③ ④ ⑤	19	① ② ③ ④ ⑤	24	① ② ③ ④ ⑤
5	① ② ③ ④ ⑤	10	① ② ③ ④ ⑤	15	① ② ③ ④ ⑤	20	① ② ③ ④ ⑤	25	① ② ③ ④ ⑤

맞힌 개수 / 전체 개수 : _____ / 25   O: _____개,   △: _____개,   X: _____개

진행 날짜:

2018년 민경채 기출문제

1	① ② ③ ④ ⑤	6	① ② ③ ④ ⑤	11	① ② ③ ④ ⑤	16	① ② ③ ④ ⑤	21	① ② ③ ④ ⑤
2	① ② ③ ④ ⑤	7	① ② ③ ④ ⑤	12	① ② ③ ④ ⑤	17	① ② ③ ④ ⑤	22	① ② ③ ④ ⑤
3	① ② ③ ④ ⑤	8	① ② ③ ④ ⑤	13	① ② ③ ④ ⑤	18	① ② ③ ④ ⑤	23	① ② ③ ④ ⑤
4	① ② ③ ④ ⑤	9	① ② ③ ④ ⑤	14	① ② ③ ④ ⑤	19	① ② ③ ④ ⑤	24	① ② ③ ④ ⑤
5	① ② ③ ④ ⑤	10	① ② ③ ④ ⑤	15	① ② ③ ④ ⑤	20	① ② ③ ④ ⑤	25	① ② ③ ④ ⑤

맞힌 개수 / 전체 개수 : _____ / 25   O: _____개, △: _____개, X: _____개

2017년 민경채 기출문제

1	① ② ③ ④ ⑤	6	① ② ③ ④ ⑤	11	① ② ③ ④ ⑤	16	① ② ③ ④ ⑤	21	① ② ③ ④ ⑤
2	① ② ③ ④ ⑤	7	① ② ③ ④ ⑤	12	① ② ③ ④ ⑤	17	① ② ③ ④ ⑤	22	① ② ③ ④ ⑤
3	① ② ③ ④ ⑤	8	① ② ③ ④ ⑤	13	① ② ③ ④ ⑤	18	① ② ③ ④ ⑤	23	① ② ③ ④ ⑤
4	① ② ③ ④ ⑤	9	① ② ③ ④ ⑤	14	① ② ③ ④ ⑤	19	① ② ③ ④ ⑤	24	① ② ③ ④ ⑤
5	① ② ③ ④ ⑤	10	① ② ③ ④ ⑤	15	① ② ③ ④ ⑤	20	① ② ③ ④ ⑤	25	① ② ③ ④ ⑤

맞힌 개수 / 전체 개수 : _____ / 25   O: _____개, △: _____개, X: _____개

2016년 민경채 기출문제

1	① ② ③ ④ ⑤	6	① ② ③ ④ ⑤	11	① ② ③ ④ ⑤	16	① ② ③ ④ ⑤	21	① ② ③ ④ ⑤
2	① ② ③ ④ ⑤	7	① ② ③ ④ ⑤	12	① ② ③ ④ ⑤	17	① ② ③ ④ ⑤	22	① ② ③ ④ ⑤
3	① ② ③ ④ ⑤	8	① ② ③ ④ ⑤	13	① ② ③ ④ ⑤	18	① ② ③ ④ ⑤	23	① ② ③ ④ ⑤
4	① ② ③ ④ ⑤	9	① ② ③ ④ ⑤	14	① ② ③ ④ ⑤	19	① ② ③ ④ ⑤	24	① ② ③ ④ ⑤
5	① ② ③ ④ ⑤	10	① ② ③ ④ ⑤	15	① ② ③ ④ ⑤	20	① ② ③ ④ ⑤	25	① ② ③ ④ ⑤

맞힌 개수 / 전체 개수 : _____ / 25   O: _____개, △: _____개, X: _____개

2015년 민경채 기출문제

1	① ② ③ ④ ⑤	6	① ② ③ ④ ⑤	11	① ② ③ ④ ⑤	16	① ② ③ ④ ⑤	21	① ② ③ ④ ⑤
2	① ② ③ ④ ⑤	7	① ② ③ ④ ⑤	12	① ② ③ ④ ⑤	17	① ② ③ ④ ⑤	22	① ② ③ ④ ⑤
3	① ② ③ ④ ⑤	8	① ② ③ ④ ⑤	13	① ② ③ ④ ⑤	18	① ② ③ ④ ⑤	23	① ② ③ ④ ⑤
4	① ② ③ ④ ⑤	9	① ② ③ ④ ⑤	14	① ② ③ ④ ⑤	19	① ② ③ ④ ⑤	24	① ② ③ ④ ⑤
5	① ② ③ ④ ⑤	10	① ② ③ ④ ⑤	15	① ② ③ ④ ⑤	20	① ② ③ ④ ⑤	25	① ② ③ ④ ⑤

맞힌 개수 / 전체 개수 : _____ / 25   O: _____개, △: _____개, X: _____개

자르는 선

진행 날짜:

2014년 민경채 기출문제

1 ① ② ③ ④ ⑤	6 ① ② ③ ④ ⑤	11 ① ② ③ ④ ⑤	16 ① ② ③ ④ ⑤	21 ① ② ③ ④ ⑤
2 ① ② ③ ④ ⑤	7 ① ② ③ ④ ⑤	12 ① ② ③ ④ ⑤	17 ① ② ③ ④ ⑤	22 ① ② ③ ④ ⑤
3 ① ② ③ ④ ⑤	8 ① ② ③ ④ ⑤	13 ① ② ③ ④ ⑤	18 ① ② ③ ④ ⑤	23 ① ② ③ ④ ⑤
4 ① ② ③ ④ ⑤	9 ① ② ③ ④ ⑤	14 ① ② ③ ④ ⑤	19 ① ② ③ ④ ⑤	24 ① ② ③ ④ ⑤
5 ① ② ③ ④ ⑤	10 ① ② ③ ④ ⑤	15 ① ② ③ ④ ⑤	20 ① ② ③ ④ ⑤	25 ① ② ③ ④ ⑤

맞힌 개수 / 전체 개수 : _____ / 25   O: _____개,   △: _____개,   X: _____개

2013년 민경채 기출문제

1 ① ② ③ ④ ⑤	6 ① ② ③ ④ ⑤	11 ① ② ③ ④ ⑤	16 ① ② ③ ④ ⑤	21 ① ② ③ ④ ⑤
2 ① ② ③ ④ ⑤	7 ① ② ③ ④ ⑤	12 ① ② ③ ④ ⑤	17 ① ② ③ ④ ⑤	22 ① ② ③ ④ ⑤
3 ① ② ③ ④ ⑤	8 ① ② ③ ④ ⑤	13 ① ② ③ ④ ⑤	18 ① ② ③ ④ ⑤	23 ① ② ③ ④ ⑤
4 ① ② ③ ④ ⑤	9 ① ② ③ ④ ⑤	14 ① ② ③ ④ ⑤	19 ① ② ③ ④ ⑤	24 ① ② ③ ④ ⑤
5 ① ② ③ ④ ⑤	10 ① ② ③ ④ ⑤	15 ① ② ③ ④ ⑤	20 ① ② ③ ④ ⑤	25 ① ② ③ ④ ⑤

맞힌 개수 / 전체 개수 : _____ / 25   O: _____개,   △: _____개,   X: _____개

2012년 민경채 기출문제

1 ① ② ③ ④ ⑤	6 ① ② ③ ④ ⑤	11 ① ② ③ ④ ⑤	16 ① ② ③ ④ ⑤	21 ① ② ③ ④ ⑤
2 ① ② ③ ④ ⑤	7 ① ② ③ ④ ⑤	12 ① ② ③ ④ ⑤	17 ① ② ③ ④ ⑤	22 ① ② ③ ④ ⑤
3 ① ② ③ ④ ⑤	8 ① ② ③ ④ ⑤	13 ① ② ③ ④ ⑤	18 ① ② ③ ④ ⑤	23 ① ② ③ ④ ⑤
4 ① ② ③ ④ ⑤	9 ① ② ③ ④ ⑤	14 ① ② ③ ④ ⑤	19 ① ② ③ ④ ⑤	24 ① ② ③ ④ ⑤
5 ① ② ③ ④ ⑤	10 ① ② ③ ④ ⑤	15 ① ② ③ ④ ⑤	20 ① ② ③ ④ ⑤	25 ① ② ③ ④ ⑤

맞힌 개수 / 전체 개수 : _____ / 25   O: _____개,   △: _____개,   X: _____개

2011년 민경채 기출문제

1 ① ② ③ ④ ⑤	6 ① ② ③ ④ ⑤	11 ① ② ③ ④ ⑤	16 ① ② ③ ④ ⑤	21 ① ② ③ ④ ⑤
2 ① ② ③ ④ ⑤	7 ① ② ③ ④ ⑤	12 ① ② ③ ④ ⑤	17 ① ② ③ ④ ⑤	22 ① ② ③ ④ ⑤
3 ① ② ③ ④ ⑤	8 ① ② ③ ④ ⑤	13 ① ② ③ ④ ⑤	18 ① ② ③ ④ ⑤	23 ① ② ③ ④ ⑤
4 ① ② ③ ④ ⑤	9 ① ② ③ ④ ⑤	14 ① ② ③ ④ ⑤	19 ① ② ③ ④ ⑤	24 ① ② ③ ④ ⑤
5 ① ② ③ ④ ⑤	10 ① ② ③ ④ ⑤	15 ① ② ③ ④ ⑤	20 ① ② ③ ④ ⑤	25 ① ② ③ ④ ⑤

맞힌 개수 / 전체 개수 : _____ / 25   O: _____개,   △: _____개,   X: _____개

5급 기출 재구성 모의고사

1 ① ② ③ ④ ⑤	6 ① ② ③ ④ ⑤	11 ① ② ③ ④ ⑤	16 ① ② ③ ④ ⑤	21 ① ② ③ ④ ⑤
2 ① ② ③ ④ ⑤	7 ① ② ③ ④ ⑤	12 ① ② ③ ④ ⑤	17 ① ② ③ ④ ⑤	22 ① ② ③ ④ ⑤
3 ① ② ③ ④ ⑤	8 ① ② ③ ④ ⑤	13 ① ② ③ ④ ⑤	18 ① ② ③ ④ ⑤	23 ① ② ③ ④ ⑤
4 ① ② ③ ④ ⑤	9 ① ② ③ ④ ⑤	14 ① ② ③ ④ ⑤	19 ① ② ③ ④ ⑤	24 ① ② ③ ④ ⑤
5 ① ② ③ ④ ⑤	10 ① ② ③ ④ ⑤	15 ① ② ③ ④ ⑤	20 ① ② ③ ④ ⑤	25 ① ② ③ ④ ⑤

맞힌 개수 / 전체 개수 : _____ / 25   O: _____개,   △: _____개,   X: _____개

2025 대비 최신개정판

해커스PSAT

7급+민경채 PSAT 16개년 기출문제집 상황판단

개정 2판 1쇄 발행 2024년 9월 12일

지은이	길규범
펴낸곳	해커스패스
펴낸이	해커스PSAT 출판팀

주소	서울특별시 강남구 강남대로 428 해커스PSAT
고객센터	1588-4055
교재 관련 문의	gosi@hackerspass.com
	해커스PSAT 사이트(psat.Hackers.com) 1:1 문의 게시판
학원 강의 및 동영상강의	psat.Hackers.com

ISBN	979-11-7244-310-8 (13320)
Serial Number	02-01-01

PSAT 교육 1위,
해커스PSAT psat.Hackers.com

⟪⟫ 해커스PSAT

· 해커스PSAT 학원 및 인강(교재 내 인강 할인쿠폰 수록)

공무원 교육 1위,
해커스공무원 gosi.Hackers.com

⟪⟫ 해커스공무원

· 내 점수와 석차를 확인하는 **모바일 자동 채점 및 성적 분석 서비스**
· **공무원특강, 1:1 맞춤 컨설팅, 합격수기** 등 공무원 시험 합격을 위한 다양한 무료 콘텐츠

한경비즈니스 2024 한국품질만족도 교육(온·오프라인 PSAT학원) 1위
한경비즈니스 2024 한국품질만족도 교육(온·오프라인 공무원학원) 1위

2025 대비 최신개정판

해커스PSAT

7급+민경채
PSAT

16개년 기출문제집 상황판단

약점 보완 해설집

해커스PSAT

7급+민경채 PSAT

16개년 기출문제집 상황판단

약점 보완 해설집

해커스

취약 유형 공략 포인트_(1)

기출문제 풀이 후 취약 유형 분석표를 통해 본인의 취약한 유형을 파악하고, 취약한 유형은 유형별 공략 포인트를 확인하여 다시 복습해보세요.

텍스트형

유형 1 **발문 포인트형**	발문 포인트형(텍스트형) 취약형은 문제에서 요구하는 기준이나 방법을 제대로 이해하지 못한 상태로 적용 대상부터 확인하는 경우입니다. 문제를 해결하기 위해 필요한 기준이나 방법을 선별하여 먼저 확인하는 연습을 해야 합니다. *유형 공략 포인트* *발문에 제시된 포인트에 따라 지문에서 필요한 내용을 중점적으로 파악한다. 발문 포인트형(텍스트형) 문제의 발문에 제시되는 포인트는 주로 판단기준 또는 방법을 파악할 것을 요구하는 경우가 많다.*
유형 2 **일치부합형**	일치부합형(텍스트형) 취약형은 지문에 주어진 정보를 모두 다 처리하느라 문제를 효율적으로 해결하지 못하는 경우입니다. 지문에 주어진 정보를 모두 다 처리하다보니 그만큼 정보량도 많아지고 정보 간 혼동도 생기게 됩니다. 일치부합형(텍스트형) 지문의 정보량이 많은 경우가 대부분이기 때문에 문제에서 묻는 것을 위주로 확인하는 연습을 통해 효율적으로 문제를 해결해야 합니다. *유형 공략 포인트* *지문을 읽기 전에 선택지나 〈보기〉에서 키워드 또는 비판글 요소를 체크하고, 이를 중심으로 지문에 강약을 두어 읽는다. 지문에 키워드와 관련한 내용이 나오면 해당 부분을 집중적으로 읽고, 바로 관련 선택지나 〈보기〉의 내용을 비교한다.*
유형 3 **응용형**	응용형(텍스트형) 취약형은 지문의 내용을 정확하게 이해하지 못하거나, 이해한 바를 토대로 사례에 적용·응용하는 능력이 부족한 경우입니다. 응용형 문제의 경우 지문 내용이 어려운 경우가 많으므로 글을 빠르고 정확하게 이해하는 연습부터 해야 합니다. 또한 주로 계산을 요구하는 형태로 출제되므로 기출문제를 철저하게 분석해야 합니다. *유형 공략 포인트* *선택지와 〈보기〉에 유사한 표현이 반복되는 경우가 많으므로 지문에서 그와 관련된 내용을 찾아 파악하고, 동일한 용어가 반복되는 경우 먼저 그 용어의 의미를 파악한다. 소재나 읽는 방식에 따라 발췌독이 가능한지 판단한다.*
유형 4 **1지문 2문항형**	1지문 2문항형은 발문 포인트형, 일치부합형, 응용형의 문제가 조합되어 출제됩니다. 따라서 1지문 2문항형 취약형은 앞선 세 가지 유형을 집중적으로 연습해야 합니다. *유형 공략 포인트* *두 문제가 어떤 유형의 조합으로 구성되었는지 파악한 후 처리한다. 발문 포인트형은 발문에 제시된 포인트에 맞춰 지문의 내용을 파악하고, 일치부합형은 선택지나 〈보기〉에서 체크한 내용을 중심으로 지문에 강약을 두어 내용을 파악한다. 응용형은 선택지나 〈보기〉에 반복되는 유사한 표현, 단어와 관련된 부분을 지문에서 찾아 내용을 파악한다.*
유형 5 **기타형**	기타형에는 병렬형과 논증형이 포함됩니다. 병렬형 취약형은 지문의 병렬적인 내용 중에 필요한 내용을 정확히 찾지 못하거나 병렬적인 정보를 전부 다 처리하려는 경우입니다. 따라서 병렬적인 내용을 정확히 구분하여 필요한 부분 위주로 확인해서 정확도와 속도를 모두 높여야 합니다. 논증형 취약형은 양측의 입장을 명확하게 구분하거나 주장을 뒷받침하는 데 필요한 근거를 적절하게 찾아내는 연습을 해야 합니다. *유형 공략 포인트* *병렬형은 지문을 처음부터 모두 읽기보다는 비판글 장치 등을 활용하여 선택지나 〈보기〉 중 빠른 해결이 가능한 것부터 골라서 해결한다. 병렬적인 내용 중 한 가지만 묻거나 길이가 짧은 것을 먼저 해결하고, 두 가지 이상의 내용을 동시에 묻는 것은 후순위로 해결한다. 위치상 뒤쪽에 있는 내용을 먼저 확인하는 것도 좋은 전략이 될 수 있다. 논증형은 내용을 자세하게 확인하는 것보다 입장·주장이 대립되도록 내용을 구분하여 큰 틀에서 이분법적으로 사고하며 문제를 해결하는 것이 빠른 해결에 도움이 된다.*

법조문형

유형 6 **발문 포인트형**	발문 포인트형(법조문형) 취약형은 문제에서 요구하는 기준과 방법을 정확하게 파악하지 못하는 경우입니다. 발췌독이 익숙해지도록 지문을 빠르고 정확하게 파악하는 연습을 해야 합니다. 유형 공략 포인트 발문에 제시된 포인트에 따라 문제해결에 필요한 내용을 지문에서 중점적으로 파악한다. 발문 포인트형(법조문형)의 발문에 제시되는 포인트는 주로 해당여부, 가능여부 등의 판단기준 또는 방법을 파악할 것을 요구하는 경우가 많다.
유형 7 **일치부합형**	일치부합형(법조문형) 취약형은 지문 중 해당 선택지 또는 〈보기〉의 해결을 위해 필요한 조문을 찾지 못하는 경우입니다. 일치부합형의 경우 지문을 전부 다 정확하게 보지 않더라도 해결되므로, 키워드를 적절하게 활용하여 필요한 조문 위주로만 확인하는 연습을 해야 합니다. 유형 공략 포인트 발문에 포인트가 없으므로 선택지나 〈보기〉에서 키워드를 잡은 후 관련된 법조문과 매칭한다. 제시된 법조문은 조문 제목인 표제가 있거나 표제가 없는 형태로 제시되며, 표제가 있다면 표제를 활용하고, 표제가 없다면 각 조항에서 효과 부분을 활용한다.
유형 8 **응용형**	응용형(법조문형) 취약형은 제시된 법조문의 내용을 정확하게 이해하지 못하거나, 이해한 바를 토대로 사례에 적용·응용하는 능력이 부족한 경우입니다. 응용형(법조문형)의 경우, 지문 내용이 어려운 경우가 많으므로 글을 정확하게 이해하는 연습부터 해야 합니다. 지문의 외양적 특징이나 선택지나 〈보기〉에서 발견되는 특징으로 응용형인지 판단하는 것, 지문의 내용을 빠르고 정확하게 이해하는 것, 이를 토대로 적용 대상에 정확히 적용·응용하는 일련의 과정이 잘 연습되어야 문제를 빠르고 정확하게 해결할 수 있습니다. 유형 공략 포인트 지문을 읽기 전에 지문에 제시된 정보가 무엇인지, 추가로 제시된 정보가 있는지, 선택지나 〈보기〉에 반복적으로 나타나는 키워드가 무엇인지 체크한다. 발문에 큰 특징이 없는 문제가 대부분이므로 지문과 정보, 선택지나 〈보기〉 등을 통해 유형을 파악해야 한다. 〈상황〉이나 〈정보〉 등이 추가로 제시된 경우, 상황 속 인물들의 관계나 상황이 발생한 시기 등을 정확히 정리한다. 단, 경우에 따라 〈상황〉이나 〈정보〉를 사용하지 않고도 답이 도출되는 경우도 있다.
유형 9 **법계산형**	법계산형 취약형은 지문에 주어진 계산 방법을 정확히 파악하지 못하는 경우입니다. 따라서 지문을 의미 단위별로 잘 끊어서 읽고, 계산 과정을 설명하는 용어에 특히 신경 써서 계산 방법을 파악해야 합니다. 유형 공략 포인트 세금 계산, 의사의 정족수 계산, 상속액 계산, (정당)보조금 계산, 예비 계산 등 계산과 관련된 법조문이 제시되거나, 그 밖에 법조문 소재의 계산의 근거가 되는 지문이 제시된다. 시기(기간)를 계산하거나 금액을 계산하는 것이 가장 일반적이다. 지문에서 계산에 필요한 부분이 무엇인지 찾고, 해당 부분을 중심으로 계산 방법과 조건 등을 정리한다. 특히 예외나 단서 조항을 반드시 체크한다.
유형 10 **규정형**	규정형은 지문의 특성에 따라 보다 세분화하여 구분한 유형 중 하나로, 발문 포인트형, 일치부합형, 응용형과 문제 접근법이 동일합니다. 따라서 세 유형 중 부족한 유형을 집중적으로 연습하는 것이 필요합니다. 유형 공략 포인트 규정형 문제임을 파악하였다면, 문제 해결에 필요한 부분을 중점적으로 확인한다. 일반적인 법조문 형식이 아닌 법과 유사한 규정·규칙의 형태로 지문이 제시되며, 제시된 규정·규칙을 모두 읽지 않아도 문제풀이를 할 수 있다.
유형 11 **법조문소재형**	법조문소재형 역시 발문 포인트형, 일치부합형, 응용형과 문제 접근법이 동일합니다. 따라서 세 유형 중 부족한 유형을 집중적으로 연습하는 것이 필요합니다. 유형 공략 포인트 지문은 내용상 법과 관련되어 있으나 형태가 법조문이 아닌 글이 제시된다. 일반적인 정오판단만 하면 되는 문제라면, 제시된 지문 전체를 차근차근 읽기보다는 문제해결에 필요한 부분만 체크하며 해당 내용을 중심으로 문제를 풀이한다.

취약 유형 공략 포인트_(2)

계산형

유형 12 정확한 계산형	정확한 계산형 취약형은 계산 방법을 이해하고, 이해한 바를 토대로 정확한 계산 결과를 도출할 수 있도록 연습해야 합니다. PSAT는 객관식 시험이기 때문에 선택지를 활용하면 보다 빠르고 정확하게 문제를 해결할 수 있습니다. 유형 공략 포인트 발문에서 계산에 필요한 정보를 시각화하거나 조건을 그룹화하여 효율적으로 파악하고, 단서 조건을 놓치지 않도록 주의한다. 또한 기본적인 사칙연산 시 실수해서 틀리지 않도록 빠르고 정확하게 풀이하는 연습을 해야 한다. 이때 홀수·짝수, 양수·음수, 자릿수, 배수 성질 등을 이용하는 방법을 활용할 수 있다.
유형 13 상대적 계산형	상대적 계산형은 정확한 계산값을 도출하는 문제가 아니라, '크다, 작다, 같다'처럼 계산을 한 결과를 상대적으로 비교하여 판단할 것을 요구합니다. 따라서 정확한 값을 계산할 필요가 없기 때문에, 계산을 보다 간단하게 바꿀 수 있는 스킬들을 연습해야 합니다. 유형 공략 포인트 계산 과정을 생략하고 단순화시킬수록 문제를 빠르고 정확하게 해결할 수 있으므로 계산에 필요한 정보를 간단하게 정리한 후, 차이비의 상대적 계산 스킬을 활용하여 문제를 풀이한다.
유형 14 조건 계산형	조건 계산형 취약형은 계산 조건을 정확하게 이해하지 못하거나, 중요한 계산 조건을 누락하는 경우입니다. 따라서 계산 조건을 정확하게 파악하는 연습을 해야 하며, 이때 시각화 등의 스킬도 연습하는 것이 좋습니다. 유형 공략 포인트 정확한 계산형이나 상대적 계산형 문제가 단순 계산 능력을 평가하는 것과 달리, 조건 계산형 문제는 계산 능력에 대해 조건이나 규칙의 이해·적용 능력을 평가하므로 발문과 지문 등을 통해 제시된 조건을 정확하게 파악한다. 용어에 주목하여 정확한 최종 결과값을 구해야 하는지 상대적으로 비교만 하면 되는지 파악하여 조건에 따라 정확하게 문제를 해결한다.

규칙형

유형 15 규칙 단순확인형	규칙 단순확인형은 단순히 규칙을 확인하는 수준만으로 정답을 찾아낼 수 있기 때문에 정확한 해결뿐만 아니라 시간 단축도 필요합니다. 규칙 단순확인형 문제는 정보의 양을 늘려서 시간을 소비시키고자 하는 경우가 많기 때문에, 필요한 정보를 매칭하는 연습을 해야 합니다. 유형 공략 포인트 문제에는 풀이에 필요하지 않은 정보도 혼재되어 있는 경우가 대부분이므로 정보 처리에 강약을 두어 풀이해야 한다. 선택지나 〈보기〉는 최대 5개까지만 가능하므로, 규칙이나 적용 대상이 5개를 초과하여 제시된 경우 선택지나 〈보기〉를 토대로 5개까지 선별하여 확인한다.
유형 16 규칙 정오판단형	규칙 정오판단형은 파악된 규칙을 토대로 선택지나 〈보기〉의 내용을 단순히 정오판단하는 경우도 있지만, 파악된 규칙을 토대로 입증사례나 반증사례를 스스로 찾아야 하는 경우가 훨씬 더 많습니다. 따라서 적절한 사례를 찾아내는 것이 중요한 유형이므로 어떠한 경우에 입증사례를 찾아야 하는지, 반대로 어떠한 경우에 반증사례를 찾아야 하는지 정확히 연습해야 합니다. 유형 공략 포인트 규칙을 이해하는 것이 핵심이므로 발문, 문제 번호 등을 통해 규칙 정오판단형임을 확인한 후 규칙을 꼼꼼하게 확인하여, 문제에서 요구하는 것을 처리한다.
유형 17 규칙 적용해결형	규칙 적용해결형은 파악된 규칙을 적용하여 정확한 결과를 도출해야 하므로 규칙의 정확한 이해가 선결되어야 합니다. 복잡한 규칙이 주어지더라도 빠르고 정확하게 이해하는 연습을 해야 하고, 이를 위해 시각화, 조건의 강약조절, 조건의 n-1개 처리 등 처리해야 하는 조건의 양을 줄이고, 조건을 정확하게 이해할 수 있도록 많은 스킬들을 연습해 두는 것이 필요합니다. 유형 공략 포인트 제시된 규칙을 시각화·도식화하거나 조건을 그룹화하여 정확하게 파악한다. 파악한 조건에 따라 풀이가 간단해지는 방식으로 문제를 해결한다. 문제를 해결할 때는 출제자의 의도를 파악하여 뒤에서부터 풀이하거나 가로 세로를 바꾸서 풀이하는 등 풀이 순서를 바꾼다면 풀이가 간단해지는 경우가 많다. 규칙이 많거나 복잡해서 직접 해결이 어려운 경우에는 선택지를 활용하여 풀이한다.

유형 18 **경우 파악형**	경우 파악형은 경우를 파악할 수 있는 도구(툴)가 문제에 제시되는 경우도 많지만, 아무런 도구 없이 가능한 모든 경우를 파악해야 하는 문제도 있습니다. 전자에 해당하는 문제는 기출에서 반복해서 출제되는 도구(툴)를 잘 발견하고 적용하는 연습을 해야 하고, 후자에 해당하는 문제는 많은 문제를 접해보면서 다양한 사고를 연습해 보아야 합니다. 유형 공략 포인트 도식화·도표화 등 다양한 정리 방법을 적절하게 활용하여 주어진 상황을 이해하기 쉽게 정리한다. 경우를 그릴 때는 수형도를 그리거나, 2×2 표를 활용하거나 경우를 분해합분해를 하는 등 체계적으로 경우를 파악하여 해결한다. 선택지나 〈보기〉의 주장 강도나 양에 따라서 입증사례 또는 반증사례를 적절하게 파악할 수 있어야 한다.
유형 19 **경우 확정형**	경우 확정형은 다양한 문제를 풀어보면서 고정정보를 찾아내고 문제를 해결하는 과정을 연습하는 것이 필요합니다. 고정정보가 보이지 않을 때, 또는 고정정보를 통해 해결하는 과정이 중간에 멈추었을 때, 실마리를 잘 찾아내야 합니다. 소재를 다양하게 바꾸거나 여러 장치를 결합해 출제된 경우 문제의 난도는 높아질 수 있지만, 해결하는 스킬은 정해져있기 때문에 그 스킬을 체화시키는 것이 중요합니다. 유형 공략 포인트 문제 해결의 실마리가 되는 고정정보를 찾고, 제시된 정보를 선택지나 〈보기〉와 연결·결합한다. 제시된 제약 조건에 의해서 경우의 수가 적은 부분, 즉 갈림길이 적은 부분에서 실마리를 찾는다. 정보 또는 힌트가 많이 제시되는 부분을 활용해야 한다.

PSAT 전문가의 총평

· 2024년 7급 PSAT 상황판단은 결론적으로 큰 틀 안에서는 출제기조가 유지되면서 세부적인 변화가 조금 있었습니다. 먼저 유형 비중은 기존 출제기조가 유지되었습니다. 매년 텍스트형과 법조문형, 즉 득점포인트 유형에 속하는 문제가 보통 8~10문제 정도 출제되고, 나머지 계산형, 규칙형, 경우형, 즉 핵심유형에 속하는 문제가 15~17문제 정도 출제되는데, 올해도 득점포인트 유형이 8문제, 핵심유형이 17문제 출제되었으며, 다섯 개 유형의 비중도 텍스트형 3문제, 법조문형 5문제, 계산형 7문제, 규칙형 6문제, 경우형 4문제로 유지되었습니다.

· 문제 배치 역시 기존과 유사했습니다. 텍스트형 문제는 5, 9, 10번에 출제되었고, 법조문형 문제는 1, 2, 3, 4, 11번에 출제되었습니다.

· 최근 PSAT의 출제 경향은 지나치게 쉬운 문제나 어려운 문제보다는 중간 정도 난도의 문제가 출제되는 경향이 있습니다. 올해 시험도 전반적으로 난도가 쉬운 1점부터 어려운 5점까지 평가할 때, 3~3.5점 수준의 문제가 주를 이루었습니다.

· 기출문제에서 활용되던 장치와 함정이 올해에도 계속 재활용되었으나 사소한 함정이 예년보다 많았습니다. 따라서 기출문제를 철저히 분석하여 함정에 주의하는 것이 중요하며, 시험에서 어려운 문제를 만났다고 느껴도 함정에 빠지지 않기 위해, 자신의 실수를 파악하고 줄이는 노력이 필요합니다. 이런 점에서 '조건의 시각화', '조건의 강약처리'와 같은 접근 방법이 도움이 됩니다.

· 사소한 함정이 많았던 것과 더불어 또 하나의 세부적인 변화가 있었습니다. 법조문형이 2문제, 경우형이 3문제 줄어들었는데, 특히, 법조문형이 2문제 줄어들면서 25번에 출제되던 법조문형 문제가 사라졌습니다. 대신 규칙형은 4문제 증가하였습니다.

· 문제 유형을 더 세부적으로 살펴보면, 텍스트형(5, 9, 10번)은 평균 정답률 91~92%로 평이했으며, 법조문형(1, 2, 3, 4, 11번)도 평균 정답률 87~88%로 평이했습니다. 계산형(6, 8, 12, 15, 19, 20, 23번)의 경우 12번 문제는 A4 용지 장수 문제에서 함정에 빠졌을 가능성이 높았고, 23번 물탱크 문제는 문제 위치 때문에 시험장에서 풀지 못하거나, 물을 채우다가 처음으로 10,000리터가 되는 날이 아닌, 물이 채우는 양과 사용량을 서로 상쇄하고 +200씩 남는 하루 최종 사용량으로 10,000리터가 되는 날을 구해 오답을 골랐을 가능성이 높았습니다. 규칙형(7, 13, 14, 16, 24, 25번)은 정오판단형 문제가 많아 난도가 높았습니다. 경우형(17, 18, 21, 22번)은 대부분 난도가 낮았고, 기존 기출문제의 빈출 유형이 반영되었습니다.

정답

p.22

문1	⑤	일치부합형 (법조문형)	문6	②	조건 계산형	문11	①	일치부합형 (법조문형)	문16	⑤	규칙 정오판단형	문21	③	경우 확정형
문2	⑤	일치부합형 (법조문형)	문7	④	규칙 정오판단형	문12	④	조건 계산형	문17	②	경우 파악형	문22	④	경우 파악형
문3	②	일치부합형 (법조문형)	문8	④	상대적 계산형	문13	③	규칙 정오판단형	문18	①	경우 확정형	문23	②	조건 계산형
문4	④	응용형 (법조문형)	문9	②	1지문 2문항형	문14	③	규칙 정오판단형	문19	③	조건 계산형	문24	⑤	규칙 정오판단형
문5	①	일치부합형 (텍스트형)	문10	③	1지문 2문항형	문15	⑤	조건 계산형	문20	④	조건 계산형	문25	①	규칙 정오판단형

취약 유형 분석표

유형별로 맞힌 문제 개수와 정답률, 틀린 문제 번호, 풀지 못한 문제 번호를 적고 나서 취약한 유형이 무엇인지 파악해 보세요. 그 후 약점 보완 해설집 p.2 [취약 유형 공략 포인트]에서 약점 보완 학습법을 확인하고, 틀린 문제와 풀지 못한 문제를 다시 한번 풀어보세요.

유형		맞힌 문제 개수	정답률	틀린 문제 번호	풀지 못한 문제 번호
텍스트형	발문 포인트형	–	–		
	일치부합형	/1	%		
	응용형	–	–		
	1지문 2문항형	/2	%		
	기타형	–	–		
법조문형	발문 포인트형	–	–		
	일치부합형	/4	%		
	응용형	/1	%		
	법계산형	–	–		
	규정형	–	–		
	법조문소재형	–	–		
계산형	정확한 계산형	–	–		
	상대적 계산형	/1	%		
	조건 계산형	/6	%		
규칙형	규칙 단순확인형	–	–		
	규칙 정오판단형	/6	%		
	규칙 적용해결형	–	–		
경우형	경우 파악형	/2	%		
	경우 확정형	/2	%		
TOTAL		/25	%		

문 1 일치부합형(법조문형) 난이도 下 정답 ⑤

문제풀이 핵심 포인트
오답인 선택지에서는 단순히 반대로 말하거나, 행위자를 바꾼 함정을 활용한 문제이다. 전형적인 쉬운 함정을 활용한 문제이므로 빠르고 정확하게 해결할 수 있어야 한다.

풀이
첫 번째 조문부터 각각 제1조~제3조라고 한다.

① (×) 제1조 제5항에 따르면 실태조사는 현장조사, 서면조사 등의 방법으로 실시하되, 효율적인 실태조사를 위하여 필요한 경우에는 정보통신망 및 전자우편 등의 전자적 방식으로 실시할 수 있다. 즉 실태조사는 전자적 방식이 아니라 현장조사, 서면조사 등의 방법으로 실시하는 것을 원칙으로 하되, 필요한 경우 전자적 방식으로 실시할 수 있다.

② (×) 제3조에 따르면 클라우드컴퓨팅기술 및 클라우드컴퓨팅서비스의 발전과 이용 촉진을 위하여 국가와 지방자치단체가 조세감면을 할 수 있다.

③ (×) 제1조 제4항에 따라 A부장관이 실태조사를 할 때에는 실태조사의 내용에 제3호의 클라우드컴퓨팅 산업의 인력 현황 및 인력 수요 전망을 포함하여야 한다.

④ (×) 제1조 제1항에 따르면 A부장관은 실태조사를 할 수 있고, 제3항에 따르면 A부장관은 관계 중앙행정기관의 장이 요구하는 경우 실태조사 결과를 통보하여야 한다. 제시문에서 관계 중앙행정기관의 장이 실태조사를 할 수 있다거나, A부장관이 관계 중앙행정기관의 장에게 실태조사 결과를 요구할 수 있다는 조문은 없다. 또한 관계 중앙행정기관의 장이 실태조사 결과를 A부장관에게 통보하여야 한다는 조문도 없다.

⑤ (○) 제2조 제1항, 제2항에 따르면 관계 중앙행정기관의 장은 연구기관에 클라우드컴퓨팅기술 및 클라우드컴퓨팅서비스에 관한 연구개발사업을 수행하게 하고 그 사업 수행에 드는 비용의 전부 또는 일부를 지원할 수 있다.

실전에선 이렇게!
제시문에서 외형적으로 쉽게 파악할 수 있는 것은, '제00조'이면서 표제가 주어지지 않은 법조문이라는 것이다. 표제를 사용할 수 없는 문제이므로 키워드를 활용하는 것이 좋다. 이 경우 법조문의 각 조 및 각 항에서 키워드를 잡은 후, 이를 키워드를 매칭하듯이 각 선택지의 키워드와 연결시켜 세밀하게 정오를 확인할 때 가장 빠르고 정확한 해결이 가능하다.

문 2 일치부합형(법조문형) 난이도 下 정답 ⑤

문제풀이 핵심 포인트
최근 출제 경향처럼 선택지 ①번에서는 정의 조문을 활용한 것을 볼 수 있다. 모든 기출문제가 다 중요하지만 최근 출제 경향은 특히 더 주의 깊게 파악하고 있어야 한다. 오답 선택지는 행위자 함정을 파거나, 반대로 말하거나, 요건에 해당하는지 정확하게 확인해야 하는 등 전형적인 함정을 사용하고 있으므로 정오를 잘못 판단하여 틀려서는 안 되는 평이한 난도의 문제이다.

풀이
첫 번째 조문부터 각각 제1조, 제2조라고 한다.

① (×) 제1조 제3호의 "방제"에는 산림병해충이 발생하지 않도록 예방하는 활동도 해당한다.

② (×) 제2조 제1항에 따르면 산림병해충이 발생할 우려가 있는 경우, 수목의 판매자가 아니라 산림소유자가 예찰에 필요한 조치를 하여야 한다.

③ (×) 제2조 제3항에 따르면 시·도지사 등은 산림병해충이 발생하였을 때 제3항 각호에 따른 조치 명령을 할 수 있고, 같은 조 제5항에 따르면 시·도지사 등은 제3항 각 호의 조치이행에 따라 발생한 인건비 등의 방제비용을 예산의 범위에서 지원할 수 있다. 따라서 산림병해충 발생으로 인한 조치 명령을 이행함에 따라 발생한 인건비는 시·도지사 등의 지원 대상이다.

④ (×) 제2조 제4항에 따르면 시·도지사 등은 같은 조 제3항 제2호에 따라 산림용 종묘, 베어낸 나무, 조경용 수목 등의 이동 제한이나 사용 금지를 명한 경우에는 그 내용을 해당 기관의 게시판 및 인터넷 홈페이지 등에 10일 이상 공고하여야 한다. 그러나 산림병해충이 발생한 종묘에 대해 관할 구청장이 소독을 명한 경우는 제3항 제3호에 해당하므로 시·도지사 등이 그 내용을 구청 게시판 및 인터넷 홈페이지에 10일 이상 공고하여야 하는 것은 아니다.

⑤ (○) 제2조 제3항 제1문 및 제1호에 따르면 관할 지방산림청장은 산림병해충이 발생한 경우 수목의 소유자에게 산림병해충이 있는 수목 제거를 명할 수 있다. 그러나 제3항 제2문에 따르면 명령을 받은 자는 특별한 사유가 없으면 명령에 따라야 한다고 하므로, 특별한 사유가 있으면 그 명령에 따르지 않을 수 있다는 것을 알 수 있다.

실전에선 이렇게!
1번 문제와 마찬가지로 제00조이면서 표제가 없는 법조문이 주어진 문제이므로, 키워드를 활용하여 빠르고 정확하게 해결하여야 한다.

문 3 일치부합형(법조문형) 난이도 下 정답 ②

문제풀이 핵심 포인트
위원회는 빈출소재이므로 대비가 되어 있었다면 빠른 해결이 가능한 문제이다. 선택지 ③번에서 '호선'과 '지명'이 다른 개념임은 기출분석을 통해 대비되어 있었어야 한다.

- 호선: 조직의 구성에 있어서 선거권을 가진 구성원간에 상호투표를 통하여 대상자를 선출하는 제도 또는 그러한 선거방식을 말하며, 선거권자와 피선거권자의 범위가 동일함을 원칙으로 하는 선거이다. 이러한 선거방법으로는 중앙선거관리위원회 위원장의 선출, 국회 특별위원회의 위원장 선출 등이 있다.
- 지명: 통상 일정한 범위의 사람 가운데 어떤 한 사람이나 여러 사람을 특정하는 행위를 말한다. 지정이라고 쓸 때도 있다.

첫 번째 조문부터 각각 제1조~제3조라고 한다.

① (×) 제1조 제4항에 따르면 위원의 임기는 3년이고, 제3조 제3항에 따르면 감사의 임기는 3년이다. 감사와 위원의 임기는 같다.

② (○) 제1조 제2항에 따르면 위원장은 상임으로 하고, 제3조 제2항에 따르면 감사는 상임으로 한다.

③ (×) 제1조 제3항에 따르면 위원장은 A부장관이 위원 중에서 지명하는 것이 아니라 위원 중에서 호선한다.

④ (×) 제1조 제2항에 따르면 위원회는 위원장 1명을 포함한 9명 이내의 위원으로 구성하고, 제3조 제1항에 따른 감사는 위원과 별개이다. 제1조 제3항에서 위원은 관련 단체의 장이 추천하는 사람을 A부장관이 위촉하고 제3조 제2항에서 감사는 A부장관이 임명하므로, 그 선임 방법이 다른 것에서도 위원과 감사가 별개임을 확인할 수 있다.

⑤ (×) 제2조 제2항에 따르면 위원회의 성립은 A부장관의 인가 여부와 관계 없는 것이 아니라, A부장관의 인가를 받아 주된 사무소의 소재지에서 설립등기를 함으로써 성립한다.

📌 실전에선 이렇게!

선택지 ①번에서의 위원의 임기, ③번에서 지명, 임명, 호선, 위촉 등의 구분, ④번에서 위원회의 구성은 위원회 소재의 거의 모든 문제마다 묻는 것이고, ②번에서의 상임, 비상임 여부, ⑤번에서 성립 과정(절차) 등도 종종 묻는 것이다. 기존의 출제 경향에서 벗어나지 않으므로, 정오 판단에 필요한 근거를 제시문에서 빠르게 찾아내서 정확하게 해결할 수 있어야 한다.

문4 응용형(법조문형) 난이도 🐣 정답 ④

문제풀이 핵심 포인트
발문에서 '제사주재자'가 누군지 해결할 것을 요구하므로 주어진 제시문에서 누구를 제사주재자로 결정하는지와 관련하여 정확하게 파악하여야 한다. 종전 대법원 판례와 변경된 최근 대법원 판례가 주어져 있으므로, 종전과 최근 두 판례를 정확하게 이해하여 차이점을 구분한 후, 이를 주어진 〈상황〉에 정확하게 적용하여 각 판례에 따를 때 제사주재자가 누구인지 해결할 수 있어야 한다.

첫 번째 문단부터 각각 문단 ⅰ)~ⅲ)라고 한다. 문단 ⅱ)의 종전 대법원 판례에 따르면 특별한 사정이 없는 한 1) 사망한 사람의 직계비속으로서 장남(장남이 이미 사망한 경우에는 장손자), 2) 공동상속인들 중 아들이 없는 경우에는 장녀가 제사주재자가 된다. 그리고 문단 ⅲ)의 최근 대법원 판례에 따르면 특별한 사정이 없는 한 연령을 기준으로 하여 사망한 사람의 직계비속 가운데 남녀를 불문하고 최근친(最近親) 중 연장자가 제사주재자가 된다.

〈상황〉에 따르면 A~D는 甲과 乙의 직계비속이고, 2024. 6. 1. 현재 甲의 공동상속인인 乙, A, C, D의 연령을 각각 확인할 수 있다. 그리고 B는 2023. 5. 1. 사망 당시 43세이므로 C보다는 나이가 많아 B가 甲과 乙의 장남임을 알 수 있다. 따라서 종전 대법원 판례에 따르면 사망한 甲의 직계비속으로서 장남인 B가 제사주재자가 되어야 하나 이미 사망하였으므로 장손자인 D가 제사주재자가 된다. 그리고 최근 대법원 판례에 따르면 사망한 甲의 직계비속 가운데 남녀를 불문하고 최근친 중 연장자인 A(50세)가 제사주재자가 된다. 따라서 제사주재자를 옳게 짝지은 것은 ④이다.

📌 실전에선 이렇게!

발문에 포인트가 있는 문제이므로, '제사주재자'가 누가 되는지에 초점을 맞추어 제시문부터 정확하게 이해하여야 한다. 제시문과 〈상황〉이 주어진 경우 어디부터 읽는 것이 더 좋은가는 정답이 없다. 어디부터 읽을 때 더 잘 이해되고 정답률이 높아지는지는 기존 기출문제를 통해 자신에 대한 파악이 되어 있어야 한다.

문5 일치부합형(텍스트형) 난이도 🐣 정답 ①

문제풀이 핵심 포인트
자기조절력의 하위 요소(상·하위), 목표달성을 위한 두 가지 능력(능력 간 서로 내용 바꾸기) 등 함정으로 낼만 한 내용을 포함하고 있는 제시문이다. 그 외에 약할수록 ↔ 강할수록, 강화하는 ↔ 약화하는 등 일반적으로 상식선에서 판단할 수 있는 함정이 활용된 문제이다.

첫 번째 문단부터 각각 문단 ⅰ)~ⅲ)이라고 한다.

① (○) 문단 ⅰ)에 따르면 자기조절을 위해서는 현재 나의 상태와 도달하고 싶으나 아직 구현되지 않은 나의 미래 상태를 구별해 낼 수 있어야 한다.

② (×) 문단 ⅲ)에 따르면 내측전전두피질과 배외측전전두피질 간의 기능적 연결성이 강할수록 목표를 위해 에너지를 집중하고 지속적인 노력을 쏟아부을 수 있는 능력이 높아진다고 한다. 이는 자신이 도달하고자 하는 대상에 집중할 수 있는 두 번째 능력과 관련된 것이다. 선택지와 같이 내측전전두피질과 배외측전전두피질 간의 기능적 연결성이 약할수록 목표를 위한 집중력이 높아진다고 판단할 수는 없다.

③ (×) 문단 ⅱ)에 따르면 자기절제는 일상적이고도 전형적인 행동을 분명한 의도를 바탕으로 억제하는 것이다. 이는 문단 ⅲ)의 목표달성과는 무관하다. 따라서 목표달성을 위해서는 일상적이고 전형적인 행동을 강화하는 능력이 필요하다고 판단할 수는 없다. 목표달성을 위해 필요한 두 가지 능력은 문단 ⅲ)에서 언급하고 있어, 문단 ⅱ)의 자기절제와는 무관하다.

④ (×) 문단 ⅲ)에서는 목표달성을 위해 두 가지 능력이 필요하다고 한다. 첫 번째는 자기 자신에 집중할 수 있는 능력이 필요하며 이를 위해서는 자기참조과정이 필요하다고 한다. 그리고 두 번째는 자신이 도달하고자 하는 대상에 집중할 수 있는 능력이 필요하다. 자신이 도달하고자 하는 대상에 집중하는 과정은 두 번째 능력에 관한 것이고 자신을 되돌아보며 현재 나의 상태를 알아차리는 자기참조과정은 첫 번째 능력에 관한 것이다.

⑤ (×) 문단 ⅰ)에 따르면 자기조절력의 하위 요소로 자기절제와 목표달성 등이 있다. 자기조절력이 자기절제의 하위 요소인 것은 아니다.

📌 실전에선 이렇게!

옳은 선택지는 쉽고 빠르게 확인할 수 있다. 정답이 찾아지면 다른 선택지를 추가적으로 확인하지 않고 바로 다음 문제로 넘어갈 때 시간 단축이 가능해지고 더 많은 문제를 주어진 시간 내에 풀어낼 수 있다.

문6 조건 계산형 [난이도 6] 정답 ②

문제풀이 핵심 포인트
이전 5·7급 기출문제에서는 곱해가는 과정을 추적하는 문제가 주로 출제되었는데, 이 문제는 덧셈을 하는 과정을 추적하면 되는 문제이다. 곱셈 과정보다 수월하므로 빠르고 정확하게 해결할 수 있어야 한다.

풀이
제시문의 보이지 않는 다섯 개의 숫자를 다음과 같이 각각 $a \sim e$라고 한다.

甲:	a	5	7	0	1
乙:	8	4	b	9	8
丙:	8	3	c	d	4
丁:	e	6	7	1	5

주어진 甲~丁의 걸음 수를 모두 더해 그 합이 199,998걸음이 나와야 한다. 우선 일의 자리를 모두 더해보면 다음과 같다.

```
                      1
      甲:  a  5  7  0  1
      乙:  8  4  b  9  8
      丙:  8  3  c  d  4
      丁:  e  6  7  1  5
                         8
```

그리고 십의 자리를 모두 더하면 9가 되어야 하므로 d는 8이다.

```
                   1  1
      甲:  a  5  7  0  1
      乙:  8  4  b  9  8
      丙:  8  3  c  d  4
      丁:  e  6  7  1  5
                      9  8
```

백의 자리를 모두 더하면 9이어야 하므로 b+c는 4 또는 14이어야 한다. 그러나 천의 자리를 감안하면, 천의 자리에 1만 올라가야 하므로 b+c는 4이어야 한다.

```
                1  1  1
      甲:  a  5  7  0  1
      乙:  8  4  b  9  8
      丙:  8  3  c  d  4
      丁:  e  6  7  1  5
                   9  9  8
```

그러므로 a+e는 2이어야 한다.
따라서 보이지 않는 숫자를 모두 합한 값은 a+b+c+d+e = 14이다.

🖋 실전에선 이렇게!
d는 8이라는 것은 확정할 수 있지만, b+c는 4, a+e는 2이어야 한다는 것까지만 확인한 후 빠르게 정답을 찾아야 한다. 발문에서 묻는 것은 '모두 합한 값'이라는 점을 잘 활용하자.

문7 규칙 정오판단형 [난이도 6] 정답 ④

문제풀이 핵심 포인트
규칙형 중 정오판단형의 전형적인 문제이다. 각 보기의 정오판단을 할 수 있는 적절한 입증사례 또는 반증사례를 찾아낼 수 있어야 한다.

풀이
〈조건〉의 첫 번째 동그라미부터 각각 조건 i), ii)라고 한다. 주어진 총 7개 공 무게의 합은 270g이며, 〈조건〉에 따라 3개의 상자에 나누어 모두 담으려고 한다. 조건 i)에 따라 각 상자에는 100g을 초과해서 담을 수 없으므로, 각 공의 무게를 고려할 때 어느 한 상자에는 총 3개의 공을 담아야 하며, 나머지 두 상자에는 2개의 공을 담아야 한다. 한 상자에 공 4개를 담으면 100g을 초과하며, 한 상자에 공 1개를 담는 경우 나머지 어느 한 상자에서 반드시 100g을 초과하기 때문이다.

한 상자에 공 3개를 담는 것이 가능한 경우를 생각해보면 빨강 × 2, 노랑 × 1을 담아 100g이 되는 것만 가능하다. 따라서 한 상자는 빨강×2, 노랑×1로 확정되고 남은 빨강 × 1, 노랑 × 1, 파랑 × 2를 남은 상자에 담을 수 있는 경우는 다음 두 가지이다.

〈경우 1〉

빨강 빨강 노랑	파랑 파랑	빨강 노랑

〈경우 2〉

빨강 빨강 노랑	파랑 빨강	파랑 노랑

조건 ii)에 따르면 각 상자에는 적어도 2가지 색의 공을 담아야 하므로 <경우 2>만 가능하다.

ㄱ. (✕) 빨간색 공 2개가 같은 상자에 담기게 된다. 따라서 빨간색 공 3개가 모두 서로 다른 상자에 각각 담기게 되는 것은 아니다.

ㄴ. (○) 각 상자에 담긴 공 무게의 합을 계산해보면 다음과 같다.

빨강 빨강 노랑	파랑 빨강	파랑 노랑
100g	80g	90g

따라서 각 상자에 담긴 공 무게의 합은 서로 다르다.

ㄷ. (✕) 빨간색 공이 담기는 두 개의 상자 중 빨간색 공이 담긴 상자에 파란색 공이 담기는 경우가 있다.

빨강 빨강 노랑	파랑 빨강	파랑 노랑

ㄹ. (○) 3개의 상자 중에서 공 무게의 합이 가장 작은 상자(80g)에는 파란색 공이 담기게 된다.

🖋 실전에선 이렇게!
보기 ㄱ의 정오판단을 위해서는 반례를 찾으려고 시도해야 한다. 그런데 해당하는 반례를 찾으려고 할 때, '빨간색 공은 모두 서로 다른 상자에 담기게 된다.'의 반례가 '빨간색 공은 모두 같은 상자에 담기게 된다.'가 아님에 주의하자. '모두 서로 다른 상자'의 반대가 '모두 같은 상자'의 의미는 아니다. 3개의 상자에 (빨강, 빨강), (빨강), (빨강 없음)으로 담기는 경우 보기 ㄱ의 반례가 될 수 있다.

문8 상대적 계산형 | 난이도 하 | 정답 ④

문제풀이 핵심 포인트
작품별 기본점수에 네 가지 기준에 따른 점수를 가감하여 최종점수를 산출한 후, 최종점수가 75점인 작품에 투자한다. 이때 함정에 빠지거나 계산실수하지 않도록 주의해야 한다.

풀이
첫 번째 동그라미에 주어진 표에 두 번째 동그라미의 점수를 가감해본다. 우선 스태프 인원이 50명 미만인 작품에 감점 10점을, 장르가 판타지인 작품에 가점 10점을 적용해보면 다음과 같다.

작품 \ 현황	기본 점수 (점)	스태프 인원 (명)	장르	감독의 최근 2개 작품 흥행 여부 (개봉연도)	
성묘	70	55	판타지 +10	성공 (2009)	실패 (2015)
서울의 겨울	85	45 −10	액션	실패 (2018)	실패 (2020)
만날 결심	75	50	추리	실패 (2020)	성공 (2022)
빅 포레스트	65	65	멜로	성공 (2011)	성공 (2018)

그리고 감독의 최근 2개 작품이 모두 흥행 성공한 작품에 가점 10점을, 감독의 직전 작품이 흥행 실패한 작품에 감점 10점을 적용해보면 다음과 같다.

작품 \ 현황	기본 점수 (점)	스태프 인원 (명)	장르	감독의 최근 2개 작품 흥행 여부 (개봉연도)	
성묘	70	55	판타지 +10	성공 (2009)	실패 (2015) −10
서울의 겨울	85	45 −10	액션	실패 (2018)	실패 (2020) −10
만날 결심	75	50	추리	실패 (2020)	성공 (2022)
빅 포레스트	65	65	멜로	성공 (2011)	성공 (2018) +10

각 작품의 최종점수를 확인해보면 '성묘'가 70 + 10 − 10 = 70점, '서울의 겨울'이 85 − 10 − 10 = 65점, '만날 결심'이 75점, '빅 포레스트'가 65 + 10 = 75점이다. 최종점수가 75점 이상인 작품에 투자하므로 '만날 결심'과 '빅 포레스트'에 투자한다.

실전에선 이렇게!
감점과 가점을 혼동하지 않도록 주의한다. 점수를 가감하는 네 가지 기준을 적용할 때 사소한 함정에 빠지지 않도록 정확하게 읽고 해결해야 한다.

문9 1지문 2문항형 | 난이도 하 | 정답 ②

문제풀이 핵심 포인트
매력적인 함정은 없는 난도가 평이한 문제이므로 반드시 맞혀야 하는 문제이다.

풀이
첫 번째 문단부터 다섯 번째 문단까지 각각 문단 ⅰ)~ⅴ)라고 한다.

ㄱ. (O) 문단 ⅰ)에 따르면 암호문에서 평문으로 변환하는 것을 복호화라 한다.

ㄴ. (×) 문단 ⅲ)에 따르면 비대칭키 방식의 경우에는 수신자가 송신자의 키를 몰라도 자신의 키만 알면 복호화가 가능하다. 여기서 복호화라 함은 보기 ㄱ에서 확인한 바와 같이 암호문을 해독 가능한 평문으로 변환하는 것이다. 따라서 비대칭키 방식에서는 수신자가 송신자의 키를 모르더라도 암호를 해독할 수 있다.

ㄷ. (×) 문단 ⅱ)에 따르면 단어, 어절 등의 순서를 바꾸는 것은 대체가 아니라 치환이다. 대체는 각 문자를 다른 문자나 기호로 일대일로 대응시키는 것이다.

ㄹ. (O) 문단 ⅴ)에 따르면 컴퓨팅 기술의 발전으로 인해 DES는 더 이상 안전하지 않아, DES보다는 DES를 세 번 적용한 삼중 DES(triple DES) 등을 사용하고 있다고 한다. 따라서 삼중 DES 알고리즘은 DES 알고리즘보다 안전성이 높다고 판단할 수 있다.

실전에선 이렇게!
각 보기의 해결에 필요한 근거를 제시문에서 빠르게 찾아 해결할 수 있어야 한다.

문10 1지문 2문항형 | 난이도 하 | 정답 ③

문제풀이 핵심 포인트
56비트로 만들 수 있는 키의 수는 2^{56}개이고, 60비트로 만들 수 있는 키의 수는 2^{60}개이다. 〈상황〉에 주어지길 컴퓨터의 체크 속도가 2배가 될 때마다 컴퓨터는 10만 원씩 비싸진다. 2배가 될수록 2^n에서 2^{n+1}로 n이 1씩 증가한다는 것은 기본적으로 잘 알고 있을 것이다.

풀이
문단 ⅳ)에 따르면 비트는 0과 1을 표현할 수 있는 가장 작은 단위이고, 예를 들어 8비트로 만들 수 있는 키의 수는 2^8, 즉 256개이다. 따라서 〈상황〉의 '2^{56}개의 키'는 비트로 환산하면 56비트이고, 1비트가 증가할 때마다. 키의 수가 2배로 늘어남을 확인한다.

56비트로 만들 수 있는 키를 1초에 모두 체크할 수 있는 컴퓨터의 가격이 1,000,000원이고, 컴퓨터의 체크 속도가 2배가 될 때마다 컴퓨터는 10만 원씩 비싸진다고 한다. 60비트로 만들 수 있는 키를 1초에 모두 체크할 수 있는 컴퓨터는 56비트로 만들 수 있는 키를 1초에 모두 체크할 수 있는 컴퓨터 체크 속도의 2^4배이므로 해당 컴퓨터의 최소 가격은 1,000,000 + 4 × 10만 원 = 1,400,000원이다. 따라서 (가)에 해당하는 수는 1,400,000이다.

실전에선 이렇게!
제시문을 전반적으로 훑어 보면서 해결의 근거가 되는 내용은 문단 ⅳ)에 있음을 쉽게 확인할 수 있어야 한다. 제시문 문단 ⅳ)의 내용과 〈상황〉에 주어진 내용을 통해 빠른 해결이 가능한 문제이다.

문 11 일치부합형(법조문형) 난이도 하   정답 ①

문제풀이 핵심 포인트

제1조 제4항에 따르면 각 호의 어느 하나에 해당하는 경우 원칙적으로는 지정을 취소할 수 있거나 일정 기간 동안 업무의 전부 또는 일부를 정지할 수 있어, 지정 취소 또는 업무 정지가 재량으로 규정되어 있다. 그런데 그 중 제1호에 해당하는 경우에는 일정 기간 업무 정지는 불가능하고 지정을 취소해야 하여 지정 취소가 기속으로 규정되어 있다. 기속과 재량을 구분하여 인식할 수 있어야 하고, 특정 호에만 기속으로 규정된 내용도 실수하지 않고 정확하게 볼 수 있어야 한다.

풀이

첫 번째 조문부터 각각 제1조~제3조라고 한다.

① (O) 제1조 제4항 단서에 따르면 A부장관은 김치산업 전문인력 양성기관이 부정한 방법으로 지정을 받아 제1호에 해당하는 경우에는 지정을 취소하여야 한다.

② (×) 제3조 제2항에 따르면 A부장관은 김치의 품질향상과 국가 간 교역을 촉진하기 위하여 김치의 국제규격화를 지양하는 것이 아니라 추진하여야 한다.

③ (×) 제1조 제2항에 따르면 A부장관은 같은 조 제1항에 따른 전문인력 양성을 위하여 적절한 시설과 인력을 갖춘 기관·단체를 전문인력 양성기관으로 지정·관리할 수 있다. 적절한 시설을 갖추지 못한 대학이라도 전문인력 양성을 위하여 해당 대학을 김치산업 전문인력 양성기관으로 지정할 수 있다고 판단해서는 안 된다.

④ (×) 제2조 제1항에 따르면 국가는 김치종주국의 위상제고, 김치의 연구·전시·체험 등을 위하여 세계 김치연구소를 설립하여야 한다. 국가가 아닌 지방자치단체가 세계 김치연구소를 설립하여야 하는 것으로 판단해서는 안 된다.

⑤ (×) 제3조 제1항에 따르면 지방자치단체는 김치의 해외시장을 개척하는 개인에 대하여 필요한 지원을 할 수 있다.

🖊️ 실전에선 이렇게!

김치의 품질향상과 국가 간 교역을 촉진하려고 하면서 김치의 국제규격화는 지양한다, 적절한 시설을 갖추지 못한 대학인데도 전문인력 양성기관으로 지정한다 등 법조문을 굳이 확인하지 않아도 옳지 못할 것이 예상되는 선택지들이 포함되어 있다. 어느 정도는 법상식에 맞게 판단하는 것도 가능한 문제이다.

문 12 조건 계산형 난이도 중   정답 ④

문제풀이 핵심 포인트

〈인쇄 규칙〉을 정확하게 이해한 후 이를 표의 정보에 정확하게 적용하면 해결할 수 있는 문제이다. 계산 문제의 경우 조건을 하나라도 놓치거나 부정확하게 적용하는 경우 계산 결괏값이 달라지고 문제를 틀리게 되므로, 실수하지 않도록 주의해야 한다.

풀이

〈인쇄 규칙〉의 첫 번째 동그라미부터 네 번째 동그라미까지 각각 ⅰ)~ⅳ)라고 한다. ⅳ)에 따르면 한 장의 A4용지에는 한 종류의 문서만 인쇄한다고 하므로 각 문서의 종류별로 몇 장의 A4용지가 필요한지 각각 검토한다.

• A: ⅱ)에 따르면 문서는 A4용지 한 면에 2쪽씩 인쇄하지만, 중요도가 상에 해당하는 보도자료는 A4용지 한 면에 1쪽씩 인쇄한다. A는 중요도가 상에 해당하는 보도자료이므로 A4용지 한 면에 1쪽씩 인쇄한다. 그리고 ⅲ)에 따르면 단면 인쇄를 기본으로 하므로 총 2쪽인 A를 인쇄하기 위해서는 총 2장의 A4용지가 필요하다.

• B: ⅱ), ⅲ)에 따르면 문서는 A4용지 한 면에 2쪽씩 인쇄하고, 단면 인쇄를 기본으로 한다. 따라서 총 34쪽인 B를 인쇄하기 위해서는 단면 인쇄로 한 면에 2쪽씩 34 ÷ 2 = 총 17장의 A4용지가 필요하다.

• C: ⅱ)에 따르면 문서는 A4용지 한 면에 2쪽씩 인쇄한다. 그리고 ⅲ)에 따르면 단면 인쇄를 기본으로 하지만 중요도가 하에 해당하는 문서는 양면 인쇄한다. 따라서 총 5쪽인 C를 인쇄하기 위해서는 양면 인쇄로 한 면에 2쪽씩 총 2장의 A4용지가 필요하다.

• D: ⅱ), ⅲ)에 따르면 문서는 A4용지 한 면에 2쪽씩 인쇄하고, 단면 인쇄를 기본으로 한다. 따라서 총 3쪽인 D를 인쇄하기 위해서는 단면 인쇄로 한 면에 2쪽씩 총 2장의 A4용지가 필요하다. 유형이 보도자료가 아니라 설명자료임에 실수하지 않도록 주의해야 한다.

따라서 인쇄에 필요한 A4용지의 장수를 모두 더하면 2 + 17 + 2 + 2 = 23장이다.

🖊️ 실전에선 이렇게!

기본적으로 A4용지 한 면에 2쪽씩 인쇄하고, 단면 인쇄를 기본으로 한다. 이 두 개의 기본조건에 더해 두 개의 단서조건이 추가된 문제이다. 중요도가 상에 해당하는 보도자료는 A4용지 한 면에 1쪽씩 인쇄하고, 중요도가 하에 해당하는 문서는 양면 인쇄한다. 규칙을 이해하고 적용하는 과정에서 실수하지 않도록 주의해야 한다.

문 13 규칙 정오판단형 난이도 중   정답 ③

문제풀이 핵심 포인트

A국의 작명법을 정확하게 이해하는 것이 관건인 문제이다. 첫 번째 문단부터 각각 문단 ⅰ)~ⅲ)이라고 한다. 제시문의 예에 따라 작명법을 정리해보면 다음과 같다. 우선 문단 ⅰ)에 따르면 A국에서는 이름 뒤에 부칭이 오도록 작명을 한다.

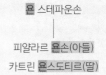

아버지의 이름이 '욘', 부칭이 '스테파운손'인 경우 아들의 부칭은 '욘손', 딸의 부칭은 '욘스도티르'가 된다. 그리고 문단 ⅱ)의 같은 사회적 집단에 속해 있는 사람끼리 이름과 부칭이 '욘 토르손'으로 같은 경우의 예를 정리해보면 다음과 같다.

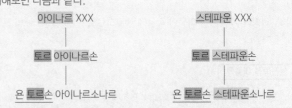

'욘 토르손 아이나르소나르'의 이름은 '욘', 부칭은 '토르손'이다. 이름과 부칭은 밑줄로 표시하였다. '아이나르소나르' 부분은 할아버지의 이름을 의미하는데 제시문에서 해당 부분의 명칭을 언급하고 있지는 않다. '욘 토르손 아이나르소나르'의 아버지 이름은 '토르'이고 부칭은 '아이나르손'이다. 그리고 '욘 토르손 아이나르소나르'의 할아버지 이름은 '아이나르'이고 부칭은 알 수 없다. '욘 토르손 스테파운소나르'의 경우도 마찬가지이다.

풀이

① (×) 문단 ⅰ), ⅱ)에 따르면 피얄라르 토르손 아이나르소나르(Fjalar Thorsson Einarssonar)라고 불리는 사람의 이름은 '피얄라르', 아버지의 이름은 '토르', 할아버지의 이름은 '아이나르'임을 알 수 있다. 그러나 할아버지의 부칭은 알 수 없다.

② (×) 문단 ⅲ)에 따르면 공식적인 자리에서 A국 사람들은 이름을 부르거나 이름과 부칭을 함께 부르며, 부칭만으로 서로를 부르지는 않는다. 따라서 피얄라르 욘손(Fjalar Jonsson)은 공식적인 자리에서 부칭인 '욘손'으로 불리지는 않을 것이라고 판단할 수 있다.

③ (○) 문단 ⅲ)에 따르면 A국에서는 부칭이 아닌 이름의 영어 알파벳 순서로 정렬하여 전화번호부를 발행한다. 피얄라르 욘손(Fjalar Jonsson)의 아버지의 이름은 '욘(Jon)'이므로 A국의 전화번호부에는 '토르(Thor)'보다 먼저 나올 것이다.

④ (×) 스테파운(Stefan)의 아들 욘(Jon)의 부칭은 '스테파운손(Stefans-son)'이다. 손자 피얄라르(Fjalar)가 욘(Jon)의 아들이라면 부칭은 '욘손(Jonsson)'이다. 부칭이 같을 것이라고 판단할 수 없다.

⑤ (×) 욘 스테파운손(Jon Stefansson)의 아들의 부칭은 '욘손(Jonsson)'이다. 그리고 욘 토르손(Jon Thorsson)의 딸의 부칭은 '욘스도티르(Jonsdottir)'이다. 동일한 부칭을 사용하지 않을 것이다.

실전에선 이렇게!

선택지 ③번에서 피얄라르 욘손의 이름이 아니라 피얄라르 욘손의 아버지의 이름임에 주의하자. 24년 7급 PSAT 상황판단 문제에서는 자잘한 함정이 많았던 것이 특징이다. 스스로 생각하기에는 큰 무리 없이 문제를 잘 푼 것 같은데, 채점했을 때 결과가 좋지 못하다면 함정에 빠진 것이다.

문 14 규칙 정오판단형   난이도 ⓗ   정답 ③

문제풀이 핵심 포인트

박스에 주어진 정보와 〈상황〉에 주어진 정보를 결합하여, 국내 순위 1~10위 선수 10명을 4명은 A팀, 3명은 B팀, 3명은 C팀 소속으로 확정해야 하고, A, B, C팀 소속 선수가 최소한 1명씩은 포함되도록 국내 순위가 높은 4명을 국가대표로 선발하여야 한다.

풀이

〈상황〉의 첫 번째 동그라미부터 네 번째 동그라미까지 각각 ⅰ)~ⅳ)라고 한다. ⅰ), ⅱ), ⅳ)의 내용을 정리해보면 다음과 같다.

1위	2위	3위	4위	5위	6위	7위	8위	9위	10위
	B팀			B팀			B팀		

그리고 ⅲ)에 따르면 C팀 선수 3명 중 국내 순위가 가장 낮은 선수가 A팀 선수 4명 중 국내 순위가 가장 높은 선수보다 국내 순위가 높다고 하므로 다음과 같이 정리할 수 있다.

1위	2위	3위	4위	5위	6위	7위	8위	9위	10위
C팀	B팀	C팀	C팀	B팀	A팀	A팀	B팀	A팀	A팀

제시문에 따르면 4명의 국가대표는 국내 순위가 높은 선수가 우선 선발되나, A, B, C팀 소속 선수가 최소한 1명씩은 포함되어야 한다. 따라서 국가대표로 선발되는 선수를 음영 처리해보면 다음과 같다.

1위	2위	3위	4위	5위	6위	7위	8위	9위	10위
C팀	B팀	C팀	C팀	B팀	A팀	A팀	B팀	A팀	A팀

ㄱ. (○) 국내 순위 1위 선수의 소속팀은 C팀이다.

ㄴ. (×) A팀 소속 선수 중 국내 순위가 가장 낮은 선수는 9위가 아니라 10위이다.

ㄷ. (×) 국가대표 중 국내 순위가 가장 낮은 선수는 7위가 아니라 6위이다.

ㄹ. (○) 국내 순위 3위 선수와 4위 선수는 같은 C팀이다.

실전에선 이렇게!

〈상황〉을 주어진 순서대로 적용하는 것보다 순서를 바꾸어 적용할 때 보다 빠르고 정확한 해결이 가능한 문제이다.

문 15 조건 계산형   난이도 ⓗ   정답 ⑤

문제풀이 핵심 포인트

주어진 조건을 잘 정리하는 것이 요구되는 문제이다. Q를 100리터 생산하는 데 드는 최소 비용을 따질 수 있는 이유는, A와 B를 혼합하여 가공하면 Q가 생산되는데, A는 원료 X와 Y를 혼합하여 만든다. 여기까지는 최소 비용을 따질 여지가 없는데, B는 원료 Z와 W를 혼합하여 만들거나, Z만 사용하여 만들거나, W만 사용하여 만든다. B를 만드는 세 가지 방법 중 가장 저렴한 비용의 방법을 선택해야 최소 비용으로 Q를 생산해낼 수 있다.

풀이

제시문의 첫 번째 동그라미부터 네 번째 동그라미까지 각각 ⅰ)~ⅳ)라고 한다. 발문에 따라 Q를 100리터 생산하기 위해서 필요한 원료를 ⅰ)부터 검토해본다. ⅰ)에 따르면 Q 100리터를 생산하기 위해서는 A 200리터와 B 100리터가 필요하다.

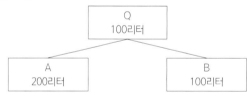

그리고 ⅱ)에 따르면 A를 200리터 생산하기 위해서는 X 200리터와 Y 400리터가 필요하다. 또한 ⅲ)에 따르면 B를 100리터 생산하기 위해서는 Z 200리터 또는 W 200리터 또는 Z 100리터와 W 100리터가 필요하다. 즉, Z이든 W이든 도합 200리터가 필요하다. ⅳ)에 따르면 W의 원료비가 Z보다 저렴하므로 W만 사용하여 B를 만들 때 비용이 더 적다. 이를 정리하면 다음과 같다.

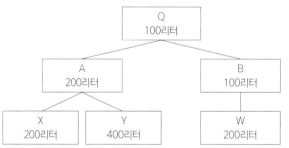

ⅳ)에 따르면 원료비 이외의 비용은 발생하지 않는다고 하므로 Q를 생산하는 데 드는 X, Y, W의 최소 원료비를 계산해보면 (200리터 × 1만 원) + (400리터 × 2만 원) + (200리터 × 3만 원) = 1,600만 원이다. 따라서 Q를 100리터 생산하는 데 드는 최소 비용은 1,600만 원이다.

문제풀이 핵심 포인트

PSAT을 제대로 준비하는 방법은 이전에 출제된 기출문제를 철저하게 분석하는 것이다. 이를 통해 앞으로 출제될 문제를 대비할 수 있다. '개별 게임을 반복적으로 진행하여 한 선수의 점수가 다른 선수보다 2점 많아지면'의 정보는 5급 공채 21년 가책형 33번 '남성 인물카드를 여성 인물카드보다 2장 더 많이 가지고 있다.'에서 동일하게 활용된 적 있고, 2점을 앞서야 하는 듀스 상황은 5급 공채 23년 가책형 29번 문제에서 '두 선수가 겨루는 어느 스포츠 종목의 경기 규칙은 다음과 같다. …(중략)… 1~2세트는 15점을 먼저 득점하는 선수가 이기며, …(중략)… 1~2세트는 점수가 14:14가 되면 점수가 먼저 2점 앞서거나 20점에 먼저 도달하는 선수가 이긴다'에서 이미 활용된 적 있다. 해당 문제를 잘 분석해 두었다면 이 문제를 수월하게 해결할 수 있었을 것이다.

[풀이]

제시문에 따르면 개별 게임에서 두 선수가 얻는 승점의 합은 1점이다. 개별 게임을 반복적으로 진행하여 한 선수의 점수가 다른 선수보다 2점 많아지면 그 선수가 경기의 승자가 되고 경기가 종료된다고 하므로 홀수 번째 게임에서 두 선수의 점수 차는 1점이고 경기가 종료되는 경우는 없다. 예를 들어 첫 번째 게임이 끝나고 나면 두 선수의 점수는 (1, 0)일 것이다.

그리고 경기가 종료되지 않은 짝수 번째 게임에서 두 선수의 점수는 같고, 경기가 종료되는 짝수 번째 게임에서는 두 선수의 점수 차는 2점이라는 것을 파악해야 문제의 해결이 가능하다. 한 선수가 두 게임을 연달아 승리해야 게임이 종료되는 것으로 이해해도 좋다. 예를 들어 두 번째 게임에서 첫 번째 게임에서 이긴 선수가 아닌 다른 선수가 이겼다면 두 선수의 점수는 (1, 1)이 될 것이고, 두 번째 게임에서 연달아 이겼다면 두 선수의 점수는 (2, 0)이 되어 경기가 종료되었을 것이다.

〈상황〉에서는 n번째 게임을 끝으로 甲이 경기의 승자가 되고 경기가 종료되었다고 한다.

(n-3)번째	(n-2)번째	(n-1)번째	n번째
	점수 동점	甲 승	甲 승

경기 종료

ㄱ. (×) n이 홀수인 경우, 두 선수의 점수 차는 1점이다. 두 선수의 점수 차가 1점인 경우 경기가 종료되지 않는다.

ㄴ. (×) 甲이 경기의 승자가 되었으므로, (n-1)번째 게임에서는 甲이 승리하였어야 n번째 게임에서 점수 차가 2점이 된다. n번째 게임을 끝으로 경기가 종료되었기 때문에 (n-1)번째 게임은 바로 그 직전의 게임을 의미한다. 위의 그림과 같이 (n-1)번째 게임과 n번째 게임을 연달아 甲이 이겨야 甲이 경기의 승자가 되면서 경기가 종료될 수 있다.

ㄷ. (O) (n-2)번째 게임 종료 후 두 선수의 점수가 같아야 (n-1)번째, n번째 게임을 하게 된다.

ㄹ. (O) (n-3)번째 게임에서는 甲 또는 乙 누구나 이겼을 수 있다.

[실전에선 이렇게!]

위에 해설에서 정리한 표처럼, n번째 게임은 마지막 게임으로 甲이 경기의 승자로 결정되는 게임이고, (n-1)번째 게임은 마지막 게임의 바로 직전의 게임이고, 그 전에 (n-2)번째 게임, 다시 그 전에 (n-3)번째 게임까지 게임이 진행된 순서가 제대로 그려져야 문제를 수월하게 해결할 수 있을 것이다.

문제풀이 핵심 포인트

甲이 치른 3경기의 순위를 모두 합했을 때 총 157점이 되는 경우가 잘 그려져야 풀 수 있는 문제이다. 기존에 출제되어 오던 유형인 '경우형' 중 '합분해'에 해당하는 유형이므로 준비가 되어 있다면 풀어내고, 경우가 그려지지 않는다면 빠르게 넘기는 것도 가능한 문제이다.

[풀이]

제시문의 표에서 매 경기 순위에 따라 부여되는 점수를 확인한다. 〈상황〉에 따르면 甲은 3경기에서 총 157점을 획득하였으며, 공동 순위는 한 번 기록하였다고 한다. 제시문의 표에서 점수의 일의 자리가 7이 될 수 있는 순위의 조합을 찾아야 한다.

직관적으로 157점은 상당히 높은 점수이므로 공동 순위를 기록하지 않고 1위 한 번, 2위 한 번을 통해 150점이 부여되었다고 하자. 일의 자리가 7이 될 수 있는 경우는 2명이 공동 6위인 경우 (8+6) ÷ 2 = 7이다. 따라서 甲이 치른 3경기의 순위를 모두 합한 수는 1 + 2 + 6 = 9이다.

추가적으로, 가능한 모든 경우를 확인해보면 다음과 같다.

우선 甲 포함 2명이 공동 순위인 경우, 甲 포함 3명이 공동 순위인 경우를 나누어 점수를 정리해보면 다음과 같다.

〈경우 1〉 甲 포함 2명이 공동 순위인 경우

예를 들어 甲 포함 2명이 공동 순위 1위인 경우 (100+50) ÷ 2 = 75점을 부여한다.

공동 순위	점수	순위	점수
1	75	6	7
2	40	7	5
3	25	8	3
4	15	9	
5	9	10	

가능하지 않은 경우나 점수 계산 결과 나누어떨어지지 않는 경우는 생략하였다. 157점에서 이상의 점수를 빼주어 나머지 두 경기로 획득해야 하는 점수를 정리해보면 다음과 같다.

공동 순위	점수	순위	점수
1	157 - 75 = 82	6	157 - 7 = 150
2	157 - 40 = 117	7	157 - 5 = 152
3	157 - 25 = 132	8	157 - 3 = 154
4	157 - 15 = 142	9	
5	157 - 9 = 148	10	

공동 순위가 6위인 경우를 제외하고는, 甲 포함 2명이 공동 순위에 단독 순위 2번을 더해 점수 157점을 획득하는 것은 가능하지 않다.

〈경우 2〉 甲 포함 3명이 공동 순위인 경우

예를 들어 甲 포함 3명이 공동 순위 1위인 경우 (100+50+30) ÷ 3 = 60점을 부여한다.

공동 순위	점수	순위	점수
1	60	6	6
2		7	4
3	20	8	
4		9	
5	8	10	

〈경우 1〉과 마찬가지로 가능하지 않은 경우나 점수 계산 결과 나누어떨어지지 않는 경우는 생략하였다. 157점에서 이상의 점수를 빼주어 나머지 두 경기로 획득해야 하는 점수를 정리해보면 다음과 같다.

공동 순위	점수	순위	점수
1	157 − 60 = 97	6	157 − 6 = 151
2		7	157 − 4 = 153
3	157 − 20 = 137	8	
4		9	
5	157 − 8 = 149	10	

따라서 甲 포함 3명이 공동 순위인 경우, 단독 순위 2번을 더해 점수 157점을 획득하는 것은 가능하지 않다.

문 18 경우 확정형 난이도 하 정답 ①

문제풀이 핵심 포인트
조건 중 여러 부분에서 1:多 대응임을 쉽게 확인할 수 있는 문제이다. 하나씩 대응되는 1:1 대응 문제와는 달리 하나가 여럿과 대응되는 1:多 대응 문제에서는 표를 그려서 해결하는 것이 효율적인 방법일 수 있다.

풀이
제시문의 내용을 표로 정리해본다. 丙, 丁의 대화를 다음과 같이 정리할 수 있다.

	메일	공지	결재	문의
甲				
乙				
丙		○		○
丁		×		

乙의 대화에 따르면 乙은 丁이 접속하지 못하는 공지에 접속할 수 없다. 甲의 대화에 따르면 甲은 결재에 접속할 수 없다.

	메일	공지	결재	문의
甲			×	
乙		×		
丙		○		○
丁		×		

甲이 접속할 수 없는 결재는 乙, 丙, 丁 모두 접속할 수 있다. 따라서 乙, 丙, 丁 모두 결재에 접속할 수 있다. 제시문에서 접속할 수 없는 메뉴가 각자 1개 이상 있다고 하므로 丙은 메일에 접속할 수 없다.

	메일	공지	결재	문의
甲			×	
乙		×	○	
丙	×	○	○	○
丁		×	○	

甲이 접속할 수 없는 메뉴는 乙, 丙, 丁 모두 접속할 수 있다. 대우 명제와 같이 생각해보면 乙 또는 丙 또는 丁이 접속할 수 없는 메뉴는 甲이 접속할 수 있다. 따라서 甲은 메일과 공지에 접속할 수 있다.

	메일	공지	결재	문의
甲	○	○	×	
乙		×	○	
丙	×	○	○	○
丁		×	○	

甲은 2개 메뉴에만 접속할 수 없으므로 문의는 접속할 수 없다. 甲이 접속할 수 없는 문의는 乙, 丙, 丁 모두 접속할 수 있다. 丙이나 丁이 접속하지 못하는 메뉴는 乙도 접속할 수 없으므로 乙은 메일에 접속할 수 없다.

	메일	공지	결재	문의
甲	○	○	×	×
乙	×	×	○	○
丙	×	○	○	○
丁		×	○	○

① (×) 甲은 공지에 접속할 수 있다.
② (○) 乙은 메일에 접속할 수 없다.
③ (○) 乙은 결재와 문의, 2개의 메뉴에 접속할 수 있다.
④ (○) 丁은 문의에 접속할 수 있다.
⑤ (○) 甲과 丙이 공통으로 접속할 수 있는 메뉴로는 공지가 있다.

문 19 조건 계산형 난이도 하 정답 ③

문제풀이 핵심 포인트
문제에서 주어진 상황을 그리고 간단한 공식으로 나타낼 수 있어야 한다.

풀이
제시문의 상황을 그림으로 정리해보면 다음과 같다.

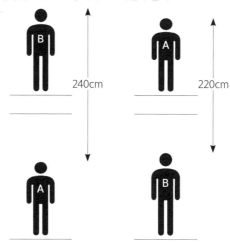

1층 바닥면에서 2층 바닥면까지의 높이를 x라 할 때 이상의 상황에 따라 식을 세워보면 다음과 같다.

$x + B - A = 240cm$

$x + A - B = 220cm$

두 식을 연립하면 x는 230cm임을 알 수 있다. 따라서 1층 바닥면에서 2층 바닥면까지의 높이는 230cm이다.

🖋 실전에선 이렇게!

식이 찾아지기만 하면, 간단한 공식이므로 바닥면의 높이를 어렵지 않게 구할 수 있다. 또한 상황이 잘 이해되기만 하면 220cm와 240cm의 평균으로 바로 230cm를 구할 수도 있다.

문 20 조건 계산형   난이도 하   정답 ④

문제풀이 핵심 포인트

이 문제는 7급 공채 21년 나책형 4번 문제와 유사하게 출제된 문제이다. 사업분야가 공연인 단체의 배정액 산정 방식과 사업분야가 교육인 단체의 배정액 산정 방식을 실수하지 않도록 주의하면서, 예산이 소진될 때까지 인원이 많은 단체부터 순차적으로 지급하여야 한다. 예산 부족으로 산정된 금액 전부를 지급할 수 없는 단체에는 예산 잔액을 배정액으로 한다.

풀이

제시문의 첫 번째 동그라미부터 다섯 번째 동그라미까지 각각 ⅰ)~ⅴ)라고 한다. ⅴ)에서 제시된 예술단체 A~D에 ⅰ)부터 적용해본다. ⅰ)을 적용해보면 단체 A는 인원이 30명 이상이고 운영비가 1.8억 원이므로 지원 대상에 선정되지 않는다. 단체 B, C, D는 인원이 30명 미만이거나 운영비가 1억 원 미만에 해당한다.

ⅱ)에 따르면 사업분야가 공연인 단체 C의 배정액은 '(운영비 × 0.2) + (사업비 × 0.5)'로 산정하고, ⅲ)에 따르면 사업분야가 교육인 단체 B, D의 배정액은 '(운영비 × 0.5) + (사업비 × 0.2)'로 산정한다. 정리해보면 다음과 같다.

단체	인원(명)	사업분야	운영비(억 원)	사업비(억 원)
A	30	공연	1.8	5.5
B	28	교육	2.0 × 0.5	4.0 × 0.2
C	27	공연	3.0 × 0.2	3.0 × 0.5
D	33	교육	0.8 × 0.5	5.0 × 0.2

ⅳ)에 따르면 인원이 많은 단체부터 순차적으로 지급한다고 하므로 인원이 많은 단체부터 계산해본다. 그리고 예산 부족으로 산정된 금액 전부를 지급할 수 없는 단체에는 예산 잔액을 배정액으로 한다는 것과 예산은 4억 원임을 확인한다.

· D: 0.8(억 원) × 0.5 + 5.0(억 원) × 0.2 = 1.4억 원
· B: 2.0(억 원) × 0.5 + 4.0(억 원) × 0.2 = 1.8억 원

예산 잔액은 0.8억 원이므로 C의 계산 결과와 상관없이 가장 많은 액수를 지급받을 예술단체는 B이고 배정액은 1억 8,000만 원이다.

🖋 실전에선 이렇게!

2023년도 기준 인원이 30명 미만이거나 운영비가 1억 원 미만인 예술단체를 선정하는데, 인원이 30명 이상이고 운영비가 1.8억 원이어서 두 요건에 모두 해당하지 않는 단체 A는 제외시켜야 한다.

문 21 경우 확정형   난이도 하   정답 ③

문제풀이 핵심 포인트

먼저 교육장소의 2 × 2로 배열된 책상에 甲~丁을 배치한 이후 〈대화〉를 반영하여 5일 동안 실시되는 직무교육에 결석한 사람을 확인해야 한다.

풀이

제시문에서 교육은 5일 동안 실시된다는 것과 교육기간 동안 자리 이동은 없었다는 것, 교육 첫째 날과 마지막 날은 4명 모두 교육을 받았다는 것, 직무교육을 이수하기 위해서는 4일 이상 교육을 받아야 한다는 것을 확인한다. 그리고 '2 × 2로 배열된 책상'을 간단히 다음과 같이 나타낸다.

		앞줄
		뒷줄

甲과 丁의 대화에 따르면 甲, 丁은 뒷줄에, 丙의 대화에 따르면 丙은 앞줄에 앉았다. 나머지 乙은 앞줄에 앉았음을 알 수 있다.

甲의 대화에 따르면 교육 둘째 날에 甲의 바로 앞사람은 결석했는데, 乙의 대화에 따르면 乙은 교육 둘째 날에 출석했다. 책상의 좌우는 구분하지 않으므로 다음과 같이 정리할 수 있다.

둘째 날

丙(X)	乙
甲	丁

그리고 丙의 대화에 따라 셋째 날을, 丁의 대화에 따라 넷째 날을 정리해보면 다음과 같다.

둘째 날		셋째 날		넷째 날	
丙(X)	乙	丙	乙	丙(X)	乙
甲	丁	甲(X)	丁	甲(X)	丁

甲과 丙은 각각 2일을 결석했고 직무교육을 이수하기 위해서는 4일 이상 교육을 받아야 하므로 직무교육을 이수하지 못한 사람은 甲, 丙이다.

🖋 실전에선 이렇게!

교육장소의 2 × 2로 배열된 책상에, 甲~丁을 앞줄 2명, 뒷줄 2명이 되도록 앉혀야 한다. 교육기간 동안 자리 이동은 없었다고 강조하는 부분에서도 자리 배열이 먼저 필요함을 알아채야 한다. 〈대화〉 중 앞사람, 뒷사람의 정보를 활용하여 자리 배열을 할 수 있어야 한다.

문 22 경우 파악형 난이도 **상** 정답 ④

문제풀이 핵심 포인트

'각자가 그날 모은 도토리 개수'를 비교해서 '그 차이 값'에 해당하는 개수의 도토리를 함께 먹는다는 것을 정확하게 이해해야 한다. 각 쌍이 먹은 도토리의 개수가 동일하기 위해서는, 개수의 차이 값 즉, 간격이 동일해야 한다.

풀이

제시문에 따르면 A공원의 다람쥐 열 마리는 각자 서로 다른 개수의 도토리를 모았는데, 한 다람쥐가 모은 도토리는 최소 1개부터 최대 10개까지였다고 한다. 열 마리의 다람쥐를 A~J라고 하고 각각 모은 도토리의 개수를 다음과 같이 생각할 수 있다.

A	B	C	D	E	F	G	H	I	J
1	2	3	4	5	6	7	8	9	10

그리고 두 마리의 다람쥐가 쌍을 이루어 모은 도토리 개수를 비교해 그 차이 값에 해당하는 개수의 도토리를 함께 먹는다고 한다. 그런데 '첫째 날 각 쌍이 먹은 도토리 개수'는 모두 동일했고, '둘째 날 각 쌍이 먹은 도토리 개수'도 모두 동일했다고 한다. 이러한 방식으로 도토리를 먹는 것이 가능하기 위해서는 다음 2가지 경우만 가능하다.

〈경우 1〉 (A, B), (C, D), (E, F), (G, H), (I, J)가 쌍을 이루어 각 쌍이 1개씩 먹는 경우

(1, 2), (3, 4), (5, 6), (7, 8), (9, 10)으로 쌍을 이루는 경우에 각 쌍이 먹은 도토리 개수는 1개로 모두 동일하다.

〈경우 2〉 (A, F), (B, G), (C, H), (D, I), (E, J)가 쌍을 이루어 각 쌍이 5개씩 먹는 경우

(1, 6), (2, 7), (3, 8), (4, 9), (5, 10)으로 쌍을 이루는 경우에 각 쌍이 먹은 도토리 개수는 5개로 모두 동일하다.

'첫째 날 각 쌍이 먹은 도토리 개수'와 '둘째 날 각 쌍이 먹은 도토리 개수'는 서로 달랐다고 하므로 첫째 날과 둘째 날 각각 〈경우 1〉, 〈경우 2〉 중 어느 한 방법으로 먹은 것이다. 그 차이는 5 - 1 = 4개이다. 따라서 (가)에 해당하는 수는 4이다.

실전에선 이렇게!

1씩 간격, 2씩 간격, 3씩 간격, 4씩 간격, 5씩 간격까지 고민해 보면 된다. 경우 파악형에 해당하는 문제이기는 하지만, 아예 실마리를 잡지 못하는 문제라기보다는 간격을 하나씩 따져보면 어느 정도 접근은 할 수 있는 문제이다.

문 23 조건 계산형 난이도 **상** 정답 ②

문제풀이 핵심 포인트

하루에 물탱크에 물을 900리터씩 채우고, 전체 입주민이 하루에 물을 300리터씩 사용한다면 하루에 600리터의 물이 남게 되는 셈이다. 물을 채우는 양은 계속 900리터씩으로 일정하고, 전체 입주민의 1일 물 사용량은 3월 1일부터 3월 5일까지 300리터, 3월 6일부터 3월 10일까지 500리터, 3월 11일부터는 계속 700리터이므로, 아파트 외벽 청소를 위해 청소업체가 물탱크의 물 1,000리터를 추가로 사용하는 하루를 제외하고 나면 어느 정도는 반복되는 주기성을 발견할 수 있는 문제이다.

풀이

제시문에 따르면 용량이 10,000리터인 빈 물탱크에 3월 1일 00:00부터 물을 채운다. 매일 00:00부터 00:10까지 물탱크에 물을 900리터씩 채운다고 하고, 3월 1일부터 3월 5일까지 전체 입주민이 매일 300리터의 물을 사용한다고 하므로 다음과 같이 정리할 수 있다.

3월 1일	3월 2일	3월 3일	3월 4일	3월 5일		
600	1,200	1,800	2,400	3,000		

이상의 물의 양은 다음 날 00:00이 되어 물탱크에 물을 채우기 직전 물탱크에 남아 있는 물의 양을 의미한다. 하루에 물을 900리터씩 채우는데, 입주민이 물을 300리터씩 사용하므로 3월 5일까지 5일간 물의 양은 매일 600리터씩 증가한다.

3월 6일부터 3월 10일까지 물은 계속 900리터씩 채우는데, 입주민이 물을 500리터씩 사용하므로 5일간은 하루에 400리터씩 증가하게 된다.

3월 11일부터는 물은 계속 900리터씩 채우는데, 입주민이 700리터씩 사용하므로 하루에 200리터씩 증가한다.

3월 15일까지 정리해보면 다음과 같다.

3월 1일	3월 2일	3월 3일	3월 4일	3월 5일	3월 6일	3월 7일
600	1,200	1,800	2,400	3,000	3,400	3,800
3월 8일	3월 9일	3월 10일	3월 11일	3월 12일	3월 13일	3월 14일
4,200	4,600	5,000	5,200	5,400	5,600	5,800
3월 15일						
5,000						

3월 15일에는 아파트 외벽 청소를 위해 청소업체가 물탱크의 물 1,000리터를 추가로 사용했음에 유의한다. 이후 물의 양은 계속 매일 200리터씩 증가한다.

3월 1일	3월 2일	3월 3일	3월 4일	3월 5일	3월 6일	3월 7일
600	1,200	1,800	2,400	3,000	3,400	3,800
3월 8일	3월 9일	3월 10일	3월 11일	3월 12일	3월 13일	3월 14일
4,200	4,600	5,000	5,200	5,400	5,600	5,800
3월 15일	3월 16일	3월 17일	…			
5,000	5,200	5,400	…			
			⋮			
4월 5일						
9,200						

따라서 4월 5일에서 6일로 넘어가기 직전에 물탱크에는 9,200리터의 물이 차 있다. 4월 6일 00:00이 되어 900리터의 물을 채우면 물탱크가 가득 차게 된다. 따라서 처음으로 물탱크가 가득 차는 날은 4월 6일이다.

실전에선 이렇게!

문제에서 묻는 것은 하루에 채우는 물의 양과 사용량을 모두 고려하고 난 후 10,000리터가 남게 되는 날이 아니라(이렇게 계산하면 선택지 ④번 4월 9일로 오답을 하게 된다.), 처음으로 10,000리터의 물탱크가 가득 차게 되는 날을 찾아야 한다. 예를 들어 9,400리터의 물의 양으로 시작된 날이라면 채우는 양 900리터와 사용량 700리터를 모두 고려하면 9,600리터의 물이 남게 되겠지만, 먼저 9,400리터로 시작해서 900리터는 채우는 도중에 10,000리터의 물탱크가 가득 차게 되는 순간이 온다.

문제풀이 핵심 포인트

7번 문제와 마찬가지로 각 보기의 정오판단을 할 수 있는 적절한 입증사례 또는 반증사례를 찾아야 하는 문제이다.

풀이

제시문의 첫 번째 동그라미부터 각각 ⅰ)~ⅲ)이라고 한다. ⅰ), ⅱ)에 따르면 1번 문제와 같이 3명이 정답을 맞힌 경우, 각각 1점의 기본점수를 받게 되고 1/3점의 추가점수를 받게 된다. 그리고 2번 문제와 같이 2명이 정답을 맞힌 경우, 각각 1점의 기본점수를 받게 되고 2/2 = 1점의 추가점수를 받게 된다. 4번 문제와 같이 1명만 정답을 맞힌 경우에는 1점의 기본점수와 3/1 = 3점의 추가점수를 받게 된다.

ㄱ. (○) 甲은 1번 문제에서 4/3점, 3번 문제에서 4/3점, 4번 문제에서 4점을 받았다. 甲이 5번, 6번 문제를 모두 맞힌다면 각각 2점씩을 받게 된다. 따라서 甲이 최종적으로 받을 수 있는 최대 점수는 4/3 + 4/3 + 4 + 2 + 2 = 32/3점이다.

ㄴ. (○) 1~4번 문제에서 받은 점수의 합은 甲이 4/3 + 4/3 + 4 = 20/3점, 乙이 4/3 + 4/3 = 8/3점, 丙이 4/3 + 2 = 10/3점, 丁이 2 + 4/3 = 10/3점이다. 따라서 1~4번 문제에서 받은 점수의 합은 乙이 8/3점으로 가장 낮다.

ㄷ. (×) ⅲ)에 따르면 총합 점수가 5점 이상인 사람이 합격한다. 보기 ㄴ에서 확인한 바와 같이 甲은 1~4번 문제에서 받은 점수의 합이 20/3점이므로 5번, 6번 문제를 乙, 丙, 丁이 맞혔다고 가정하여 4명 모두가 합격할 수 있는 경우가 있는지 확인해본다. 점수가 가장 낮은 乙이 5번, 6번을 모두 맞히고, 丙과 丁이 각각 1문제씩 맞힌다면, 乙의 점수는 8/3 + 2 + 2 = 20/3점, 丙과 丁의 점수는 10/3 + 2 = 16/3점이 되어 모두 합격할 수 있다.

ㄹ. (○) 3명이 정답을 맞힌 경우, 각각 1점의 기본점수를 받게 되고 각각 1/3점의 추가점수를 받게 된다. 3명이 받게 되는 점수의 합은 4점이다. 그리고 2번 문제와 같이 2명이 정답을 맞힌 경우, 각각 1점의 기본점수를 받게 되고 각각 1점의 추가점수를 받게 된다. 2명이 받게 되는 점수의 합은 4점이다. 5번과 6번의 경우도 여기에 해당한다. 4번 문제와 같이 1명만 정답을 맞힌 경우에는 1점의 기본점수와 3점의 추가점수를 받게 된다. 받게 되는 점수의 합은 4점이다. 1번부터 6번까지 어떤 문제의 경우에도 4명이 받게 되는 점수의 합은 4점이므로 6문제를 모두 합산한 4명이 받은 점수의 총합은 24점이다.

✏️ **실전에선 이렇게!**

만약 보기 ㄱ~ㄹ이 주어진 보기형의 문제가 어렵게 느껴지는 경우, 최대한 쉬운 보기부터 해결해 가야 한다.

문제풀이 핵심 포인트

테니스 선수 랭킹은 매달 1일 발표되며, 발표 전날로부터 지난 1년간 선수들이 각종 대회에 참가하여 획득한 점수의 합인 '총점수'가 높은 순으로 순위가 매겨진다. 즉, 〈2023년 12월 1일〉 점수에는 2022년 12월 1일~2023년 11월 30일 사이의 점수가 포함되어 있을 것이고, 〈2024년 1월 1일〉 점수에는 2023년 1월 1일~2023년 12월 31일 사이의 점수가 포함되어 있을 것이다. 즉, 2022년 12월의 점수가 빠지고 2023년 12월의 점수가 포함된다. 이런 사고는 5급 공채 24년 나책형 36번 문제에서 활용된 바 있다. 그리고 점수가 (+)되고 (−)될 때의 변화는 7급 공채 22년 가책형 7번 문제에서 연습해 두었어야 한다.

풀이

〈상황〉의 첫 번째 동그라미부터 네 번째 동그라미까지 각각 ⅰ)~ⅳ)라고 한다. ⅱ)에 따르면 챔피언십 대회는 랭킹 1~4위의 선수만 참가한다. 따라서 〈2023년 12월 1일〉 기준 랭킹 1~4위인 A~D 선수를 제외하면 나머지 다른 선수는 총점수가 상승할 수 없다. 그리고 ⅳ)에 따르면 ⅲ)의 〈2024년 1월 1일〉 총점수는 2022년 챔피언십 대회에서 획득한 점수는 빠지고, 2023년 챔피언십 대회에서 획득한 점수가 산입된 결과이다.

ㄱ. (○) A의 총점수는 〈2023년 12월 1일〉 7500점에서 〈2024년 1월 1일〉 6000점이 되었다. 따라서 A가 2022년 챔피언십 대회에서 우승한 2000점이 빠지고 2023년에는 3위를 하여 1500점이 하락하였음을 알 수 있다. 따라서 지난 2022년 챔피언십 대회 우승자는 A였다.

ㄴ. (○) B의 총점수는 〈2023년 12월 1일〉 7000점에서 〈2024년 1월 1일〉 7250점이 되었다. 250점이 상승하기 위해서는 B가 1) 2023년에 4위를 한 경우, 2) B가 2022년에 4위를 하고 2023년에 3위를 하는 경우가 가능하다. 보기 ㄱ에 따르면 A가 2023년에 3위를 하였으므로 2)의 경우는 가능하지 않다. 따라서 1)의 경우로 B의 총점수가 250점이 상승한 것이고, 따라서 이번 2023년 챔피언십 대회 4위는 B였다.

ㄷ. (×) D의 총점수가 〈2023년 12월 1일〉 5000점에서 〈2024년 1월 1일〉 7000점이 되었으므로 이번 2023년 챔피언십 대회에서 D가 우승했음을 알 수 있다.

ㄹ. (×) 보기 ㄷ에서 확인한 바와 같이 D의 총점수가 2000점 상승하기 위해서는 2022년 챔피언십 대회에서 D가 획득한 점수가 있어서는 안 된다. 즉, 〈2024년 1월 1일〉 총점수에 2022년 챔피언십 대회에서 획득한 점수가 빠져서는 안 된다. 따라서 D는 2022년 챔피언십 대회에 참가하지 못했을 것이다.

✏️ **실전에선 이렇게!**

직접 해결이 어렵다면 〈보기〉의 내용을 대입해서 해결하는 것도 가능하다.

모바일 자동 채점 및
성적 분석 서비스

PSAT 전문가의 총평

· 2023년 7급 PSAT 상황판단에서는 텍스트형 3문제, 법조문형 7문제, 계산형 8문제, 규칙형 2문제, 경우형 5문제가 출제되었습니다. 텍스트형과 법조문형, 즉 득점포인트 유형에 속하는 문제가 보통 8문제에서 10문제 정도 출제되고, 계산형, 규칙형, 경우형 즉, 핵심유형에 속하는 문제가 15문제에서 17문제 출제되어 왔다는 점에서는 출제 비중에 큰 변화는 없었습니다. 득점포인트 유형 안에서는 2019년 이후에 계속 유지되어오고 있는 경향처럼 텍스트형보다는 법조문형의 출제비중이 높았습니다. 핵심유형 안에서는 보통 각 유형별로 다섯 문제 안팎의 문제가 출제되어 왔으나 올해의 경우는 계산형의 출제비중이 매우 높았고, 규칙형의 출제비중이 낮았다는 것이 특징적이었습니다. 아무래도 핵심유형 안에서는 다른 유형에 비해 계산형의 난도가 수월하다보니 난이도 조절 차원에서도 계산형의 출제비중이 다소 높았던 것은 아닌지 조심스럽게 추측해 봅니다.

· 특히 득점포인트형에 속하는 텍스트형과 법조문형의 난도가 평이했습니다. 그렇다보니 수험생 누구나 기본적인 점수는 확보할 수 있었고, 그렇기 때문에 거의 대부분의 수험생이 어느 정도 기대한 점수를 받을 수 있었습니다. 해커스공무원의 합격예측시스템의 결과 80점 이상을 받은 학생이 73.7%의 비율을 보입니다. 올해 상황판단 시험은 변별력 있는 난도 있는 문제가 적었고, 그 문제들이 20번 전후에 몰려 배치됨으로써 1번부터 순서대로 문제를 푼 학생들도 크게 어려움 없이 20번 정도까지는 풀 수 있었을 것이라고 생각합니다. 50% 이하의 정답률을 보이는 문제가 2021년 시험에서는 8문제, 2022년 시험에서는 5문제였던 반면에, 올해 2023년 시험에서는 1문제뿐이었습니다. 따라서 누구나 열심히 준비하면 고득점이 가능해진 시험이 되었습니다.

· 7급 공채 PSAT에서는 기존에 출제되었던 장치나 소재가 반복해서 출제되는 경우가 많습니다. 2023년 PSAT에서도 대안비교, 점수계산, 요일계산, 시계대칭(일치), 1:多 대응 등 기존에 여러 번 출제되었던 소재가 다시 출제되었습니다. 이전에도 2021년 기출에서 5의 배수+a, 이동규칙, 몰아주기, 합분해, 간격, a당 b, 1/2씩 해가기, 광역·기초지자체 등의 소재가 반복해서 출제되었었고, 2022년 기출에서는 분수비교, 확률, 순서가 없는 규칙, 확률, 공식, 입증·반증사례 찾기, 속도 등의 소재가 반복해서 출제된 바 있습니다. 이처럼 기존에 출제된 소재가 반복해서 출제되고 있기 때문에 최근 7급 공채 기출문제는 얼마나 기존 기출문제를 잘 분석해 두는가가 안정적인 고득점의 관건이 되고 있습니다.

정답

p.36

문1	②	일치부합형 (법조문형)	문6	①	조건 계산형	문11	④	일치부합형 (법조문형)	문16	①	경우 파악형	문21	②	조건 계산형
문2	①	일치부합형 (법조문형)	문7	⑤	조건 계산형	문12	⑤	일치부합형 (법조문형)	문17	②	조건 계산형	문22	②	경우 파악형
문3	⑤	응용형 (법조문형)	문8	④	규칙 단순확인형	문13	②	조건 계산형	문18	④	상대적 계산형	문23	④	경우 확정형
문4	③	응용형 (법조문형)	문9	①	1지문 2문항형	문14	④	조건 계산형	문19	③	규칙 적용해결형	문24	③	경우 파악형
문5	④	일치부합형 (텍스트형)	문10	⑤	1지문 2문항형	문15	①	경우 파악형	문20	③	조건 계산형	문25	⑤	일치부합형 (법조문형)

취약 유형 분석표

유형별로 맞힌 문제 개수와 정답률, 틀린 문제 번호, 풀지 못한 문제 번호를 적고 나서 취약한 유형이 무엇인지 파악해 보세요. 그 후 약점 보완 해설집 p.2 [취약 유형 공략 포인트]에서 약점 보완 학습법을 확인하고, 틀린 문제와 풀지 못한 문제를 다시 한번 풀어보세요.

유형		맞힌 문제 개수	정답률	틀린 문제 번호	풀지 못한 문제 번호
텍스트형	발문 포인트형	–	–		
	일치부합형	/1	%		
	응용형	–	–		
	1지문 2문항형	/2	%		
	기타형	–	–		
법조문형	발문 포인트형	–	–		
	일치부합형	/5	%		
	응용형	/2	%		
	법계산형	–	–		
	규정형	–	–		
	법조문소재형	–	–		
계산형	정확한 계산형	–	–		
	상대적 계산형	/1	%		
	조건 계산형	/7	%		
규칙형	규칙 단순확인형	/1	%		
	규칙 정오판단형	–	–		
	규칙 적용해결형	/1	%		
경우형	경우 파악형	/4	%		
	경우 확정형	/1	%		
TOTAL		/25	%		

문 1 일치부합형(법조문형) 난이도 하 정답 ②

문제풀이 핵심 포인트
제00조를 순서대로 제1조, 제2조라고 한다. 제1조 '정의' 조문에는 여러 용어의 정의가 '호'의 형식으로 열거되어 있고, 제2조 '천문역법' 조문에서는 기준, 사용, 발표, 게재에 대해서 규정하고 있다.

풀이
① (×) 제1조 제4호에 따르면 그레고리력은 윤년을 제외하는 양력이 아니라 윤년을 포함하는 양력을 말한다.

② (○) 제1조 제6호에 따르면 월력요항은 달력 제작의 기준이 되는 자료로써 24절기가 표기된다.

③ (×) 제2조 제2항에 따르면 과학기술정보통신부장관이 아니라 윤초의 결정을 관장하는 국제기구가 결정하고, 과학기술정보통신부장관은 이를 지체 없이 발표하여야 한다.

④ (×) 제2조 제1항에 따르면 천문역법을 통하여 계산되는 날짜는 음력을 병행하여 사용할 수 있고, 양력인 그레고리력을 기준으로 한다.

⑤ (×) 제2조 제3항에 따르면 과학기술정보통신부장관은 한국천문연구원으로부터 자료를 제출받아 매년 6월 말까지 그해가 아니라 다음 연도의 월력요항을 작성하여 관보에 게재하여야 한다.

실전에선 이렇게!
표제와 키워드를 잘 활용하면 수월하게 해결할 수 있는 문제이다.

문 2 일치부합형(법조문형) 난이도 하 정답 ①

문제풀이 핵심 포인트
표제를 활용하거나 선택지와 제시문의 키워드를 활용하여 해결하면 수월하게 해결 가능한 문제이다.

풀이
제00조를 순서대로 제1조 ~ 제3조라고 한다.

① (○) 제1조 제1항에 따르면 새로운 법령등은 법령등에 특별한 규정이 있는 경우를 제외하고는 그 법령등의 효력 발생 전에 완성되거나 종결된 사실관계 또는 법률관계에 대해서는 적용되지 아니한다. 따라서 반대로 해석하면 새로운 법령등은 법령등에 특별한 규정이 있는 경우에는 그 법령등의 효력 발생 전에 종결된 법률관계에 대해 적용될 수 있다.

② (×) 제2조 단서에 따르면 무효인 처분의 경우 처음부터 그 효력이 발생하지 아니하므로, 처분의 효력이 소멸되기 전에도 유효한 것으로 통용되지 않는다.

③ (×) 제3조 제1항 본문에 따르면 행정청은 부당한 처분의 일부를 소급하여 취소할 수 있고, 전부도 소급하여 취소할 수 있다.

④ (×) 제1조 제2항에 따르면 당사자의 신청에 따른 처분은 처분 당시의 법령등을 적용하기 곤란한 특별한 사정이 있는 경우를 제외하고는 처분 당시의 법령등에 따른다.

⑤ (×) 제3조 제2항 본문에 따르면 행정청은 같은 조 제1항에 따라 당사자에게 권리나 이익을 부여하는 처분을 취소하려는 경우에는 취소로 인하여 당사자가 입게 될 불이익을 취소로 달성되는 공익과 비교·형량하여야 한다. 그러나 단서에 따르면 제1호의 부정한 방법으로 처분을 받은 경우에는 그러하지 아니한다. 따라서 당사자가 부정한 방법으로 자신에게 이익이 부여되는 처분을 받았다면 제3조 제2항 제1호에 해당하므로, 제3조 제2항 단서에 따라 행정청이 그 처분을 취소하고자 하는 경우 취소로 인해 당사자가 입게 될 불이익과 취소로 달성되는 공익을 비교·형량하지 아니한다.

문 3 응용형(법조문형) 난이도 하 정답 ⑤

문제풀이 핵심 포인트
제00조를 순서대로 제1조 ~ 제3조라고 한다. 제1조에서는 '조직'에 대해서, 제2조에서는 '자율방범활동'에 대해서, 제3조에서는 '금지의무'에 대해서 규정하고 있다. 예를 들어 선택지 ⑤번을 해결한다면 키워드는 '해촉'이고, 자율방범대원이 자율방범대의 명칭을 사용하여 기부금품을 모집했고 이를 이유로 파출소장이 그의 해촉을 요청하였으므로 금지의무를 위반한 것임을 추론할 수 있다.

풀이
① (×) 제1조 제2항에 따르면 파출소장이 아니라 경찰서장은 자율방범대장이 추천한 사람을 자율방범대원으로 위촉할 수 있다.

② (×) 제2조 제2항에 따르면 자율방범대원이 제1항 각 호의 자율방범활동을 하는 때에는 자율방범활동 중임을 표시하는 복장을 착용해야 하지만, 제3항에 따르면 경찰과 유사한 복장을 착용해서는 안 된다. 따라서 자율방범대원이 제2조 제1항 제1호의 범죄예방을 위한 순찰을 하는 경우라고 하더라도 경찰과 유사한 복장을 착용해서는 안 된다.

③ (×) 제3조 제1항 제2호에 따르면 자율방범대원은 영리목적으로 자율방범대의 명의를 사용하여서는 안 된다. 그러나 같은 조 제2항의 처벌 규정은 제1항 제3호를 위반한 자에 대한 것이므로 제1항 제2호에 해당하는 행위를 한 경우에는 3년 이하의 징역에 처할 수 없다.

④ (×) 제2조 제2항에 따르면 자율방범대원이 제2조 제1항 제1호의 청소년 선도활동을 하는 경우, 자율방범활동 중임을 표시하는 복장을 착용하고 자율방범대원의 신분을 증명하는 신분증을 소지해야 한다.

⑤ (○) 자율방범대원이 자율방범대의 명칭을 사용하여 기부금품을 모집하는 행위를 하였다면 제3조 제1항 제1호를 위반한 것이고, 제1조 제3항에 따르면 경찰서장은 자율방범대원이 이 법을 위반하여 파출소장이 해촉을 요청한 경우, 해당 자율방범대원을 해촉해야 한다.

문 4 응용형(법조문형) 난이도 하 정답 ③

문제풀이 핵심 포인트
제○○조에서는 허가'신청'을, 제□□조에서는 허가'제한'을, 제△△조에서는 허가'취소'를, 그리고 마지막 제◇◇조에서는 '벌칙'에 대해 규정하고 있다. 표제를 잘 활용하여 해결하면 수월하게 해결할 수 있는 문제이다.

〈상황〉에 따르면 甲~戊는 제○○조 제1항에 해당하는 대기관리권역에서 총량관리대상 오염물질을 배출량 기준을 초과하여 배출하는 사업장(이하 '사업장'이라 한다)을 설치하려 한다.

① (×) 제○○조 제1항 제2문에 따르면 사업장에 대해 허가받은 사항을 변경하는 경우에도 환경부장관으로부터 허가를 받아야 한다. 따라서 甲이 사업장 설치의 허가를 받은 경우, 이후 허가받은 사항을 변경하는 때에도 별도의 허가를 받아야 한다.

② (×) 제◇◇조 제1호에 따르면 제○○조 제1항에 따른 허가를 받지 아니하고 사업장을 설치한 자는 제◇◇조에 따라 7년 이하의 징역 또는 2억 원 이하의 벌금에 처한다. 乙이 제○○조 제1항의 허가를 받지 않고 사업장을 설치한 경우, 7년의 징역과 2억 원의 벌금에 처하는 것이 아니라 7년 이하의 징역 또는 2억 원 이하의 벌금에 처한다.

③ (○) 제△△조 제2항 제2호에 따르면 제○○조 제1항에 따른 허가를 받지 아니하고 사업장을 설치·운영하는 자에 대하여 제△△조 제2항에 따라 환경부장관은 해당 사업장의 폐쇄를 명할 수 있다. 따라서 丙이 제○○조 제1항에 따른 허가를 받지 않고 사업장을 설치·운영한 경우, 환경부장관은 제△△조 제2항에 따라 해당 사업장의 폐쇄를 명할 수 있다.

④ (×) 제□□조에 따르면 제○○조 제1항에 따른 설치 허가신청을 받은 경우, 그 사업장의 설치로 인하여 지역배출허용총량의 범위를 초과하게 되면 이를 허가하여서는 아니 된다. 따라서 丁이 사업장 설치의 허가를 신청한 경우, 그 설치로 인해 지역배출허용총량의 범위를 초과한다면 환경부장관은 이를 허가하여서는 아니 된다.

⑤ (×) 제△△조 제1항에 따르면 사업자가 부정한 방법으로 제○○조 제1항에 따른 허가를 받은 경우, 환경부장관은 그 허가를 취소할 수 있다. 따라서 戊가 사업장 설치의 허가를 부정한 방법으로 받은 경우 환경부장관은 그 허가를 취소할 수 있다.

문5 일치부합형(텍스트형)   난이도 (하)   정답 ④

문제풀이 핵심 포인트
각 선택지에서 묻는 바 위주로 제시문에서 확인한다면, 수월하게 해결할 수 있는 문제이다.

① (×) 첫 번째 문단 첫 번째 문장에 따르면 50여 년 전만 해도, 대두를 10월쯤 수확했다. 따라서 50여 년 전에는 5월쯤이 아니라 10월쯤 그해 수확한 대두로 두부를 만들 수 있었다.

② (×) 첫 번째 문단 여덟 번째 문장부터 열 번째 문장에 따르면 콩비지를 염화마그네슘으로 응고시키면 두유가 나오는 것이 아니라 끓인 콩비지를 주머니에 담고 탕약 짜듯이 짜면 두유가 나온다. 그리고 두 번째 문단 첫 번째 문장부터 네 번째 문장에 따르면 콩비지를 염화마그네슘으로 응고시키면 두부가 나오는 것이 아니라, 두유에 함유된 식물성 단백질이 염화마그네슘을 만나면 응고되고 두부는 두유를 응고시킨 것이다.

③ (×) 첫 번째 문단 일곱 번째 문장에 따르면 익힌 콩비지가 아니라 막 갈려 나온 콩비지에서는 식물성 단백질로 인해서 비린내가 나지만 익히면 이 비린내는 없어진다.

④ (○) 두 번째 문단 세 번째, 네 번째 문장에 따르면 간수의 주성분은 염화마그네슘인데, 두유에 함유된 식물성 단백질은 염화마그네슘을 만나면 응고된다.

⑤ (×) 첫 번째 문단 세 번째 문장에 따르면 여름에 두부를 만들기 위해서는 콩을 하루 종일이 아니라 반나절 정도 물에 담가둬야 한다.

문6 조건 계산형   난이도 (하)   정답 ①

문제풀이 핵심 포인트
첫 번째 문장에 따르면 아기에게는 총 4mL의 해열시럽을 먹여야 한다. 나머지 문장에서 아기가 먹은 해열시럽의 양을 확인한다.

두 번째 문장에 따르면 아기는 배즙 4mL와 해열시럽 4mL를 균일하게 섞은 것의 4분의 1만 먹었다. 균일하게 섞었다고 하므로 아기는 배즙 1mL와 해열시럽 1mL를 먹은 것이고 배즙 3mL와 해열시럽 3mL가 남은 것이다.

세 번째, 네 번째 문장에 따르면 남은 배즙 3mL, 해열시럽 3mL와 사과즙 50mL를 다시 균일하게 섞었는데 그 절반을 먹었다고 하므로, 해열시럽은 1.5mL를 먹은 것이고 1.5mL가 남은 것이다. 즉 아기에게 해열시럽 1.5mL를 더 먹여야 한다.

따라서 처방에 따라 아기에게 더 먹여야 하는 해열시럽의 양은 1.5mL이다.

실전에선 이렇게!

두 번째 문장에 따르면 아기는 배즙 4mL와 해열시럽 4mL를 균일하게 섞은 것의 4분의 1만 먹었다. 균일하게 섞었다고 하므로 아래와 같이도 계산할 수 있다.
- 아기가 먹은 해열시럽의 양: $4mL \times \frac{1}{4} = 1mL$
- 남은 해열시럽의 양: $4mL - 1mL = 3mL$

세 번째, 네 번째 문장에 따르면 남은 배즙 3mL, 해열시럽 3mL와 사과즙 50mL를 다시 균일하게 섞었는데 그 절반을 먹었다고 하므로 아래와 같이 계산할 수 있다.
- 아기가 먹은 해열시럽의 양: $3mL \times \frac{1}{2} = 1.5mL$
- 남은 해열시럽의 양: $3mL - 1.5mL = 1.5mL$

문7 조건 계산형   난이도 (하)   정답 ⑤

문제풀이 핵심 포인트
첫 번째 동그라미부터 각각 조건 ⅰ)~ⅴ)라고 한다. 조건 ⅰ)에 따르면 甲은 09:00~20:00(총 11시간) 동안 주차하며, 조건 ⅱ)에 따르면 甲의 자동차는 중형차, 3종 저공해차량이다.

- A주차장: 甲이 A주차장을 이용한다면 기본요금은 2,000원이고, 이후 10시간 동안 주차해야 하므로 추가요금까지 계산하면 주차요금은 2,000 + 1,000 × 20 = 22,000원이다.
- B주차장: B주차장은 경차 전용 주차장이므로 중형차인 甲의 차량은 주차할 수 없다.
- C주차장: 甲이 C주차장을 이용한다면 기본요금은 3,000원이고, 이후 10시간 동안 주차해야 하므로 추가요금까지 계산하면 3,000 + 1,750 × 20 = 38,000원이다. C주차장은 당일 00:00~24:00 이용 가능한 일 주차권이 20,000원이므로 조건 ⅳ)에 따라 甲은 일 주차권을 선택한다.

- D주차장: 甲이 D주차장을 이용한다면 기본요금은 5,000원이고, 이후 10시간 동안 주차해야 하므로 추가요금까지 계산하면 주차요금은 5,000 + 700 × 20 = 19,000원이다.

- E주차장: 甲이 E주차장을 이용한다면 기본요금은 5,000원이고, 이후 10시간 동안 주차해야 하는데 18:00부터 익일 07:00까지는 무료이므로 총 9시간의 요금만 계산하면 5,000 + 1,000 × 16 = 21,000원이다. 그리고 E주차장은 3종 저공해차량에 대해 주차요금을 20% 할인해준다고 하므로 주차요금은 21,000 × 0.8 = 16,800원이다.

따라서 甲주무관이 이용할 주차장은 E주차장이다.

🔧 **실전에선 이렇게!**

甲의 자동차를 B주차장에 주차할 수 있다면 甲이 B주차장을 이용했을 경우 기본요금은 3,000원이고, 이후 10시간 동안 주차해야 하므로 추가요금까지 계산하면 3,000 + 1,500 × 20 = 33,000원이다. B주차장은 저공해차량에 대해 주차요금을 30% 할인해준다고 하므로 주차요금은 33,000 × 0.7 = 23,100원이다.

문 8 규칙 단순확인형 · 난이도 하 · 정답 ④

문제풀이 핵심 포인트
甲~戊 중 청년자산형성적금의 가입요건에 해당되지 않는 사람을 제거해 나가면 수월하게 정답을 찾을 수 있다.

📋 **풀이**

두 번째 문단 첫 번째 문장에 따르면 청년자산형성적금은 직전과세년도의 근로소득과 사업소득의 합이 5,000만 원 이하이어야 한다. 甲~丁은 모두 직전과세년도의 근로소득과 사업소득의 합이 5,000만 원 이하이지만, 戊는 직전과세년도의 근로소득과 사업소득의 합이 4,000 + 1,500 = 5,500만 원이므로 戊는 가입할 수 없다. 그러므로 선택지 ⑤는 제거된다.

두 번째 문단 두 번째 문장에 따르면 직전과세년도에 근로소득과 사업소득이 모두 없는 사람도 가입할 수 없으므로, 甲은 가입할 수 없다. 그러므로 선택지 ①은 제거된다. 그리고 직전 2개년도 중 한 번이라도 금융소득 종합과세 대상자였던 사람은 가입할 수 없다. 발문에 따르면 현재는 2023년이므로 직전 2개년도인 2021년, 2022년 금융소득 종합과세 대상자였던 丙, 戊는 가입할 수 없다. 그러므로 선택지 ③은 제거된다.

세 번째 문단에 따르면 청년은 19~34세인 사람을 의미하고, 군복무기간은 나이를 계산할 때 포함하지 않는다. 乙은 나이가 36세로 청년에 해당하지 않으므로 청년자산형성적금에 가입할 수 없다. 그러므로 선택지 ②는 제거된다.

丁은 나이가 35세이지만 군복무기간 2년을 제외하면 33세이므로 청년에 해당한다. 따라서 丁은 모든 요건을 충족하므로 청년자산형성적금에 가입할 수 있다.

문 9 1지문 2문항형 · 난이도 하 · 정답 ①

문제풀이 핵심 포인트
문단별로 중심내용이 명확하게 구분되므로, 각 선택지의 해결에 필요할 부분을 중점적으로 확인하여 빠르게 해결해야 한다.

📋 **풀이**

① (O) 세 번째 문단 일곱 번째 문장에 따르면 EDP의 부향률은 15~20%이고, 네 번째 문장에 따르면 EDC의 부향률은 2~5%이다. EDP의 부향률이 EDC의 부향률보다 높다.

② (×) 두 번째 문단 여덟 번째 문장에 따르면 흡수법은 원료의 향유 함유량이 적은 경우 이용하므로, 흡수법은 많은 양의 향유를 얻을 수 있는 방법은 아니라는 것을 알 수 있다.

③ (×) 첫 번째 문단 네 번째 문장에 따르면 오늘날 많이 사용되는 향수의 대부분은 식물성 천연향료로 만들어지는 것이 아니라, 천연향료와 합성향료를 배합하여 만들어진다.

④ (×) 두 번째 문단 여덟 번째 문장에 따르면 고가이고 향유의 함유량이 적은 원료에서 향유를 추출하고자 할 때는 압착법보다는 흡수법이 이용된다.

⑤ (×) 세 번째 문단 세 번째 문장에 따르면 부향률이 높은 향수일수록 향이 오래 지속된다. 그러나 여섯 번째 문장에 따르면 부향률이 가장 높은 향수인 EDP가 가장 많이 사용되는 것이 아니라, EDT가 일반적으로 가장 많이 사용된다.

문 10 1지문 2문항형 · 난이도 하 · 정답 ⑤

문제풀이 핵심 포인트
부향률과 지속시간에 대한 정보는 세 번째 문단에 포함되어 있어, 세 번째 문단을 집중적으로 확인하면 수월하게 해결할 수 있는 문제이다.

📋 **풀이**

세 번째 문단의 내용에 따라 부향률과 지속시간을 정리하면 다음과 같다.

EDC	1~2시간
EDT	3~5시간
EDP	5~8시간
Parfum	8~10시간

- 甲: 甲은 오후 4시에 EDC를 뿌렸고, EDC는 1~2시간 지속되므로 오후 5~6시까지 향수의 향이 남아 있다.

- 乙: 乙이 뿌린 향수의 향이 가장 강하다고 하므로 乙은 Parfum을 뿌렸다. Parfum은 8~10시간 지속되는데, 오전 9시 30분에 향수를 뿌렸으므로 오후 5시 30분~7시 30분까지 향수의 향이 남아있다.

- 丙: 丙이 뿌린 향수의 부향률은 18%이므로 丙은 EDP를 뿌렸다. 甲보다 5시간 전에 향수를 뿌렸다고 하므로 丙은 오전 11시에 향수를 뿌렸고, EDP는 5~8시간 지속되므로 오후 4~7시까지 향수의 향이 남아 있다.

- 丁: 丁은 오후 2시에 EDT를 뿌렸고, EDT는 3~5시간 지속되므로 오후 5~7시까지 향수의 향이 남아 있다.

- 戊: 戊는 丁보다 1시간 뒤인 오후 3시에 EDP를 뿌렸고 EDP는 5~8시간 지속되므로 오후 8~11시까지 향수의 향이 남아 있다.

따라서 가장 늦은 시각까지 향수의 향이 남아 있는 사람은 戊이다.

🔧 **실전에선 이렇게!**

시간을 계산할 때 오전과 오후 때문에 계산이나 비교가 헷갈릴 것 같다면 24시간으로 표시해서 비교한다.

④ (×) 제□□조 제2항 제2호 가목에 따르면 중간평가에 합격하기 위해서는 훈련 시작 12개월 이상이어야 한다. 생후 12개월에 훈련을 시작해 반년이 지난 훈련견은 훈련 시작 6개월이므로, 제□□조 제2항 제2호 다목의 결격 사유가 없고, 나목의 중간평가 기준에 따라 총점 75점을 득점하고, 수의진료소견 결과 적합판정을 받는다고 하더라도 가목의 요건을 충족하지 못하므로 중간평가에 합격할 수 없다.

⑤ (○) 제□□조 제3항에 따르면 기초평가에서 합격했더라도 결격사유가 있어 중간평가에 불합격한 훈련견은 유관기관으로 관리전환할 수 있다.

해커스PSAT 7급+민경채 PSAT 16개년 기출문제집 상황판단

문 13 조건 계산형　난이도 ⓗ　　　　　정답 ②

문제풀이 핵심 포인트
첫 번째 동그라미부터 각각 조건 ⅰ)~ⅳ)라고 한다. 조건 ⅱ)의 식에 따른 값을 일부 계산하고 ㉠의 값에 따라 조건 ⅲ)을 충족하는지 확인한다. '순서' 장치가 활용된 문제라고 해석한다면 '경우형'으로도 분류할 수 있는 문제이다.

풀이

조건 ⅱ)의 식에 조건 ⅳ)의 甲~戊의 연간 '착한 일 횟수'와 '울음 횟수'를 대입해 정리해보면 다음과 같다.

· 甲: $(3 \times 5) - (3 \times ㉠) = 15 - (3 \times ㉠)$
· 乙: $(3 \times 5) - (2 \times ㉠) = 15 - (2 \times ㉠)$
· 丙: $(2 \times 5) - (3 \times ㉠) = 10 - (3 \times ㉠)$
· 丁: $(1 \times 5) - (0 \times ㉠) = 5$
· 戊: $(1 \times 5) - (3 \times ㉠) = 5 - (3 \times ㉠)$

조건 ⅱ)에 따르면 丁은 선물 B를 받았다. 조건 ⅲ)에 따르면 甲~戊 중 1명은 선물 A를 받았다. 즉, 1명만 위의 식에 따른 값이 10 이상이어야 한다. 甲, 乙, 丙, 戊 중에서는 ㉠이 어떤 값이라도 乙의 점수가 가장 높으므로 乙이 선물 A를 받아야 하고, 乙이 선물 A를 받으려면 ㉠은 자연수 중에서 1, 2만 가능하다. 조건 ⅲ)에 따르면 甲~戊 중 1명은 선물을 받지 못했다. 즉, 1명만 위의 식에 따른 값이 음수이어야 한다. 甲, 丙, 戊 중에서는 ㉠이 어떤 값이라도 戊의 점수가 가장 낮으므로 戊가 선물을 받지 못하고, 戊가 선물을 받지 못하려면 ㉠은 1, 2 중에서 2만 가능하다. 따라서 ㉠에 해당하는 수는 '2'다.

✏️ 실전에선 이렇게!

· 乙: $15 - (2 \times ㉠) \geq 10$
　　$-(2 \times ㉠) \geq 10 - 15$
　　$2 \times ㉠ \leq 5$
　　㉠ ≤ 2.5, ㉠은 자연수이므로 ㉠은 1 또는 2
· 戊: $5 - (3 \times ㉠) < 0$
　　$-(3 \times ㉠) < -5$
　　$3 \times ㉠ > 5$
　　㉠ > 약 1.67, ㉠은 자연수이므로 ㉠은 2

문 11 일치부합형(법조문형)　난이도 ⓗ　　　정답 ④

문제풀이 핵심 포인트
4번 문제와 조문의 구조가 유사한 문제이다. 해수욕장에 대해서 규정하는 법조문이 제시되어 있고, 제○○조에서는 '구역'에 대해서, 제□□조에서는 '개장기간'에 대해서, 제△△조에서는 '관리·운영'에 대하여 규정한 후, 위반이 있는 경우 제◇◇조에서 '과태료'를 규정하고 있다. 표제를 잘 활용하여 각 선택지의 정오판단에 필요한 부분을 빠르게 확인할 수 있어야 한다.

풀이

① (×) 제△△조 제1항에 따르면 해수욕장은 관리청이 직접 관리·운영하여야 하지만 제2항에 따르면 관리청은 해수욕장의 효율적인 관리·운영을 위하여 필요한 경우, 관할 해수욕장 관리·운영업무의 전부가 아닌 일부를 위탁할 수 있다.

② (×) 제○○조 본문에 따르면 관리청은 해수욕장을 물놀이구역과 수상레저구역을 구분하여 관리·운영하여야 하지만, 단서에 따르면 해수욕장을 운영함에 있어 그 효율성이 떨어진다고 판단되는 경우 그러하지 아니하다.

③ (×) 제△△조 제3항에 따르면 관리청이 해수욕장 관리·운영업무를 위탁하려는 경우, 공익법인을 수탁자로 우선 지정할 수 있고 지역공동체도 수탁자로 우선 지정할 수 있다.

④ (○) 제△△조 제4항에 따르면 관리청으로부터 해수욕장 관리·운영업무를 위탁받은 공익법인은 해수욕장 관리·운영업무의 전부 또는 일부를 재위탁하여서는 아니 되며, 제◇◇조 제1항 제2호에 따르면 해수욕장 관리·운영업무를 위탁받은 공익법인이 이를 타 기관에 재위탁한 경우, 관리청은 제◇◇조 제1항, 제2항에 따라 그 공익법인에 대해 500만 원 이하인 300만 원의 과태료를 부과할 수 있다.

⑤ (×) 제□□조 제1항 제1문에 따르면 관리청은 해수욕장의 개장기간 및 개장시간을 정함에 있어 해수욕장의 특성이나 여건 등을 고려해야 하고, 제2문에 따르면 관계 행정기관의 장과 협의하여야 한다.

문 12 일치부합형(법조문형)　난이도 ⓗ　　　정답 ⑤

문제풀이 핵심 포인트
'제00조'가 아닌 '제○○조'의 형식이므로 조문 간 연결이 있을 것임을 예상할 수 있고, 표제를 활용하여 각 선택지 해결에 필요한 근거를 제시문에서 찾아 읽을 수 있는 문제이다.

풀이

① (×) 제○○조 제1항에 따르면 중앙119구조본부의 장이 아니라 소방청장은 구조견 양성 및 교육훈련 등을 위하여 119구조견교육대를 설치하여야 한다.

② (×) 제△△조에 따르면 훈련견이 종모견으로 도입되기 위해서는 원친 번식(제3호)에 의한 생후 20개월(제2호)인 순수한 혈통(제1호)의 훈련견이어야 하며 제□□조 제2항에 따른 훈련견 평가결과에 모두 합격하여야 한다.

③ (×) 제△△조에 따르면 훈련견이 종모견으로 도입되기 위해서는 제□□조 제2항에 따른 훈련견 평가결과에 모두 합격하여야 하고, 제2호에 따르면 생후 20개월 이상이어야 한다. 제□□조 제2항 제1호의 기초평가 기준에 따라 총점 80점을 득점하고, 수의검진 결과 적합판정을 받은 훈련견은 제□□조 제2항 제1호의 기초평가를 합격한 것이지만, 생후 15개월인 훈련견은 제△△조 제2호의 요건인 생후 20개월 이상에 해당하지 않으므로 종모견으로 도입될 수 없다.

문 14 조건 계산형 난이도 下

정답 ④

문제풀이 핵심 포인트
조건이 다소 복잡한 조건 계산형이라고 분류하는 것도 가능하고, 경우를 파악해야 하는 '경우형'으로 분류하는 것도 가능한 문제이다. 어떤 부분이 더 중요하게 느껴지고 어렵게 느껴지는 가에 따라 분류는 다양하게 해볼 수 있다.

풀이
첫 번째 문장에 따르면 甲은 근무일마다 동일한 쪽수의 보고서를 한 건씩 작성한다. 근무일을 x, 작성한 보고서 한 건의 쪽수를 y라고 한다. 그리고 두 번째 문장에 따르면 작성한 보고서를 회사의 임원을 각각에게 당일 출력하여 전달한다고 하므로 임원 수를 z라고 한다. 네 번째 문장에 따르면 甲이 현재까지 출력한 총량은 1,000쪽이므로 다음과 같이 나타낼 수 있다.

→ $x \times y \times z = 1,000$

세 번째 문장에 따르면 $x > 20$, 네 번째 문장에 따르면 $z \geq 2$이다. 발문에서는 y의 최댓값을 묻고 있으므로 x, z는 가능한 작은 값이어야 한다. 따라서 $z = 2$라고 가정하면 다음과 같이 정리할 수 있다.

→ $x \times y = 500$

보고서의 쪽수는 정수이고, 선택지 등을 고려할 때 근무일도 정수 단위로 고려한다는 것을 알 수 있다. 따라서 근무일은 20보다 큰 21부터 정수들을 고려할 때 500을 나눠서 떨어지는 25일이다. $x = 25$이면 $y = 20$이다. 따라서 甲이 작성한 보고서 한 건의 쪽수의 최댓값은 '20'이다.

실전에선 이렇게!
선택지를 활용하여 검토해 보는 것도 가능하다.

문 15 경우 파악형 난이도 下

정답 ①

문제풀이 핵심 포인트
덩어리가 큰 즉, 접속해 있던 시간이 긴 학생으로 실마리를 잡아서 해결하면 수월하게 해결할 수 있는 문제이다.

풀이
첫 번째 동그라미부터 각각 조건 ⅰ) ~ ⅲ)이라고 한다.

조건 ⅰ)에 따르면 수업시간은 30분이다. 조건 ⅲ)에 따르면 A와 C가 접속해 있던 시간은 서로 겹치지 않았다고 하는데, 조건 ⅰ)의 표에 따르면 A가 접속해 있던 시간은 13분, C가 접속해 있던 시간은 17분이다. 둘의 접속시간을 더하면 정확히 30분이므로 예를 들어 다음과 같이 나타낼 수 있다.

C가 먼저, A가 나중에 접속한 경우도 상관없다.

그리고 접속시간이 가장 긴 E의 접속시간을 다음과 같이 생각해본다.

① (O) 2)의 경우, E가 접속해 있던 시간에 B, D가 접속해 있었다면 9:04에 A 한 명만 화상강의 시스템에 접속해 있는 것이 가능하다.

② (×) 1), 2) 어떤 경우에도 최소 A, E 두 명이 접속해 있다.

③ (×) 1), 2) 어떤 경우에도 최소 C, E 두 명이 접속해 있다.

④ (×) 1), 2) 어떤 경우에도 최소 C, E 두 명이 접속해 있다.

⑤ (×) 1), 2) 어떤 경우에도 최소 C, E 두 명이 접속해 있다.

실전에선 이렇게!
선택지를 활용하여 해결해야 하는 문제이다.

문 16 경우 파악형 난이도 下

정답 ①

문제풀이 핵심 포인트
기존에 출제된 문제보다는 다소 난도가 낮은 합분해, 곱분해 유형의 문제이다.

풀이
첫 번째 동그라미부터 각각 조건 ⅰ), ⅱ)라고 한다. 조건 ⅰ)에 따르면 1, 2, 3, 4 중에서 숫자를 고른다고 하는데 중복이 허용되는지 언급하고 있지 않다. 그러나 조건 ⅱ)에 따르면 비밀번호 각 자리의 숫자를 '모두 더한 값'과 '모두 곱한 값'이 같다고 하므로 중복이 허용되지 않는다면 조건 ⅱ)를 충족시킬 수 없다. 따라서 숫자를 중복해서 고를 수 있음을 확인한다.

〈방법 1〉 직접 여러 비밀번호를 조합해보는 방법

극단적으로 작은 값을 떠올려본다. 고른 숫자가 (1, 1, 1, 1)이라면 '모두 더한 값'은 4이고, '모두 곱한 값'은 1이다. (1, 1, 1, 2), (1, 1, 1, 4)와 같은 숫자 조합을 떠올려본다면 여전히 '모두 더한 값'이 '모두 곱한 값'보다 크다. 그러므로 (1, 1, x, y)와 같이 '모두 곱한 값'을 증가시킬 수 있는 숫자 조합을 생각해본다. (1, 1, 2, 2), (1, 1, 2, 3), (1, 1, 2, 4)와 같은 숫자 조합을 떠올려보면 (1, 1, 2, 4)는 '모두 더한 값'과 '모두 곱한 값'이 같다는 것을 알 수 있다. 따라서 甲이 만든 비밀번호 각 자리의 숫자를 모두 곱한 값은 '8'이다.

극단적으로 큰 값부터 시작해보면 (4, 4, 4, 4)의 경우 '모두 더한 값'은 최대 16이고 '모두 곱한 값'은 256이므로 '모두 곱한 값'이 훨씬 크다는 것을 알 수 있다. (x, y, 4, 4)와 같은 숫자 조합은 조건 ⅱ)를 충족시킬 수 없다는 것을 확인한다. (2, 2, 2, 2)와 같은 비밀번호도 여전히 '모두 더한 값' 8보다 '모두 곱한 값' 16이 크다. '모두 곱한 값'이 더 작은 숫자 조합을 떠올려보면서 (1, 1, 2, 4)를 찾아야 한다.

〈방법 2〉 일부 숫자 조합을 배제하는 방법

홀수, 짝수를 기준으로 다음과 같이 생각해본다.

· 숫자 조합 중 홀수가 4개인 경우
  '모두 더한 값'은 짝수인데 '모두 곱한 값'은 홀수이다. 성립할 수 없다.
· 숫자 조합 중 홀수가 3개, 짝수가 1개인 경우
  '모두 더한 값'은 홀수인데 '모두 곱한 값'은 짝수이다. 성립할 수 없다.
· 숫자 조합 중 홀수가 2개, 짝수가 2개인 경우
  '모두 더한 값'은 짝수, '모두 곱한 값'도 짝수이다. 성립할 수 있다.
· 숫자 조합 중 홀수가 1개, 짝수가 3개인 경우
  '모두 더한 값'은 홀수인데 '모두 곱한 값'은 짝수이다. 성립할 수 없다.
· 숫자 조합 중 짝수가 4개인 경우
  '모두 더한 값'은 짝수, '모두 곱한 값'도 짝수이다. 성립할 수 있다.

짝수가 4개인 경우 가장 작은 경우인 (2, 2, 2, 2)도 '모두 더한 값'보다 '모두 곱한 값'이 크고, 2를 대신해 다른 짝수인 4를 조합할 경우 그 격차는 더 커진다. 따라서 짝수가 4개인 경우도 조건 ⅱ)를 충족시킬 수 없다.

홀수가 2개, 짝수가 2개인 경우 (홀수, 홀수, 짝수, 짝수) 순으로 생각했을 때 (홀수, 홀수, 2, 2)와 같이 작은 짝수 2로만 조합해도 홀수는 3이 되어서는 안 된다. 따라서 홀수는 모두 1이다. (1, 1, 2, 2), (1, 1, 2, 4) 중 (1, 1, 2, 4)가 조건 ⅱ)를 충족한다. 따라서 甲이 만든 비밀번호 각 자리의 숫자를 모두 곱한 값은 '8'이다.

📌 실전에선 이렇게!

선택지를 활용하여 조건에 위배되지 않고 가능한지 검토해 보는 것도 가능한 문제이다.

문17 조건 계산형 난이도 (하) 정답 ②

문제풀이 핵심 포인트
'각 배정대상자의 신청액 대비 배정액 비율이 모두 같도록'의 표현을 잘 처리할 수 있는지가 관건이 되는 문제이다. 첫 번째 '-'부터 각각 조건 ⅰ)~ⅳ)라고 한다. 우선 조건ⅱ)에 따라 원격지 전보에 해당하는 신청자를 판단하고, 조건ⅳ)에 따라 지원액을 계산한다.

풀이
조건ⅱ)에 따르면 원격지 전보에 해당하는 신청자만 배정대상자로 하므로 乙은 배정 대상자에서 제외된다.

조건ⅰ)에 따르면 이전여비 지원 예산 총액은 160만 원인데 甲, 丙, 丁, 戊의 신청액 합은 70 + 50 + 30 + 50 = 200(만 원)으로 배정대상자 신청액의 합이 지원 예산 총액을 초과한다. 조건ⅳ)에 따르면 배정대상자 신청액의 합이 지원 예산 총액을 초과할 경우에는 각 배정대상자의 '신청액 대비 배정액 비율'이 모두 같도록 삭감하여 배정한다. 甲, 丙, 丁, 戊의 배정액을 각각 a, b, c, d 라고 하면 a + b + c + d = 160만 원이고, 신청액 대비 배정액 비율은 모두 같다고 하므로

$$\frac{a}{70} = \frac{b}{50} = \frac{c}{30} = \frac{d}{50}$$

$$\rightarrow b = \frac{50}{70}a,\ c = \frac{30}{70}a,\ d = \frac{50}{70}a$$

$$\rightarrow a + \frac{50}{70}a + \frac{30}{70}a + \frac{50}{70}a = 160$$

$$\rightarrow (1 + \frac{50}{70} + \frac{30}{70} + \frac{50}{70})a = 160$$

$$\rightarrow \frac{200}{70}a = 160,\ a = \frac{70}{200} \times 160 = 56$$

따라서 甲에게 배정되는 금액은 560,000원이다.

📌 실전에선 이렇게!

70 + 50 + 30 + 50 = 200(만 원)이고, 160만 원에서 甲, 丙, 丁, 戊 모두 200 만 원 대비 본인의 신청액만큼의 비율로 배정받는다. 따라서 다음과 같이 바로 계산할 수 있다.

→ 甲: 160만 원 × $\frac{70}{200}$ = 560,000만 원

또는 '신청액 대비 배정액 비율'이 모두 같다면 甲의 신청액에 '전체 신청액 대비 전체 배정액 비율'을 곱해도 된다.

→ 甲: 70만 원 × $\frac{160}{200}$ = 560,000만 원
모두 원리는 같다.

문18 상대적 계산형 난이도 (하) 정답 ④

문제풀이 핵심 포인트
제시문의 첫 번째 동그라미부터 각각 조건 ⅰ)~ⅴ)라고 하고, 상황의 첫 번째 동그라미부터 각각 상황 ⅰ)~ⅲ)이라고 한다. 조건 ⅴ)에서 대안비교 문제임을 알 수 있다. 동점 시 처리규칙을 포함하고 있는 대안비교 문제이다. 조건ⅱ)의 입찰가격 평가점수는 상황ⅱ)에 직접 주어져 있으므로 조건ⅲ)의 기술능력 평가점수를 계산하고, 조건ⅳ), ⅴ)를 판단한다.

풀이
상황ⅲ)의 표에서 조건ⅲ)에 따라 최고점수와 최저점수를 제외해보면 다음과 같다.

구분	甲	乙	丙	丁	戊
A위원	68	65	~~73~~	75	65
B위원	68	~~73~~	69	70	60
C위원	68	~~62~~	69	65	~~60~~
D위원	~~68~~	65	~~65~~	~~65~~	70
E위원	~~72~~	65	69	~~75~~	~~75~~

산술평균을 계산하기 쉽게 숫자가 주어져 있다. 정리해보면 다음과 같다.

산술평균	68	65	69	70	65

조건ⅰ)에 따르면 기술능력 평가점수는 80점 만점이고, 조건ⅳ)에 따르면 기술능력 평가점수에서 만점의 85% 미만, 즉 80점 × 85% = 68점 미만의 점수를 받은 업체는 선정에서 제외한다. 따라서 乙, 戊는 제외된다.

조건ⅴ)에 따라 입찰가격 평가점수와 기술능력 평가점수를 합산한 점수를 정리해보면 다음과 같다.

합산점수	81	-	84	84	-

丙과 丁이 동점이므로 조건ⅴ)에 따라서 기술능력 평가점수가 가장 높은 丁을 선정한다.

따라서 甲~戊 중 사업자로 선정되는 업체는 丁이다.

문19 규칙 적용해결형 난이도 (하) 정답 ③

문제풀이 핵심 포인트
첫 번째 동그라미의 첫 번째 '-'부터 각각 조건 ⅰ)~ⅲ)이라고 한다. 두 번째 동그라미의 표에 조건 ⅰ)부터 순서대로 적용해본다. 계산형의 성격도 가지고 있는 문제이다.

풀이
두 번째 동그라미의 표 금요일 부분에 조건 ⅰ)~ⅲ)을 적용해 출근시각과 퇴근시각에서 일과시간(월~금, 09:00~18:00)을 제외한 실적시간을 정리해보면 다음과 같다.

구분	출근시각	퇴근시각		실적시간	비고
甲	8:55	20:00	00:05 + 02:00	2:05	
乙	8:00	19:55	01:00 + 01:55	2:55	
丙	9:00	21:30	03:30 − 00:30	3:00	개인용무시간 제외
丁	8:30	23:30		−	재택근무
戊	7:00	21:30	02:00 + 03:30	4:00	최대 4시간

그리고 토요일 부분에 조건 ⅰ) ~ ⅲ)을 적용해보면 다음과 같다.

구분	출근시각	퇴근시각		실적시간	비고
甲	10:30	13:30	3:00	2:00	최대 2시간
乙	–	–		–	
丙	13:00	14:30	1:30	1:30	
丁	–	–		–	
戊	–	–		–	

甲 ~ 戊의 금요일과 토요일의 초과근무 인정시간의 합을 정리해보면 다음과 같다.

- 甲: 02:05 + 02:00 = 04:05
- 乙: 02:55
- 丙: 03:00 + 01:30 = 04:30
- 丁: –
- 戊: 04:00

따라서 甲 ~ 戊 중 금요일과 토요일의 초과근무 인정시간의 합이 가장 많은 근무자는 丙이다.

문 20 조건 계산형 난이도 하   정답 ③

문제풀이 핵심 포인트
점수계산 문제는 이미 여러 번 출제되었던 소재이다. 기존 기출문제를 빨리 해결할 수 있었던 스킬을 사용하면 이 문제 역시도 빠른 해결이 가능하다. 두 번째 문단 첫 번째 문장에서 갑은 5개 과목 평균이 60점이므로 총점은 300점임을 확인한다. 그리고 2개 과목은 과락(50점 미만)이고, 표 아래 각주에 따르면 각 과목은 10문항, 각 문항별 배점은 10점이다.

풀이
A과목은 'O'표시가 7개, '×'표시가 3개이다. 이 중 어떤 표시가 정답인지 알 수 없는 상황이므로 'O'표시가 정답인 경우 70점, '×'표시가 정답인 경우 30점이다. 이를 표시된 개수가 많은 O을 먼저 표시하여 O : × = 70 : 30과 같이 정리한다. 다른 과목들도 같은 방법으로 다음과 같이 정리할 수 있다.

A	O : × = 70 : 30	40점 차
B	V : × = 70 : 30	40점 차
C	O : / = 60 : 40	20점 차
D	V : O = 60 : 40	20점 차
E	/ : × = 80 : 20	60점 차

甲의 총점은 300점이어야 하는데 표시된 개수가 많은 표시의 점수를 모두 더하면 70(O) + 70(V) + 60(O) + 60(V) + 80(/) = 340점이다. 총점 300점이 되려면 40점을 감점해야 하므로, A 또는 B 중 하나가 30점이거나, C와 D가 40점이어야 한다. 그런데 A 또는 B 중 하나만 30점이라면 4개 과목이 50점 이상으로 2개 과목이 과락이 아니므로 C와 D가 40점이어야 한다.

ㄱ. (O) A과목은 70점이다.
ㄴ. (×) B과목은 70점이다.
ㄷ. (×) C과목은 40점이다.
ㄹ. (O) D과목은 40점이다.
ㅁ. (O) E과목은 80점이다.

실전에선 이렇게!

평균으로 접근하는 것도 가능하고, 합분해처럼 해결하는 것도 가능한 문제이다. 여러 접근이 가능한 문제인 만큼 다양하게 연습해 보는 것도 좋다.

문 21 조건 계산형 난이도 중   정답 ②

문제풀이 핵심 포인트
문제 해결에 필요한 정보를 놓치지 않도록 주의한다. 요일 계산 문제도 이전에 몇 번 출제되었던 소재이다. 요일 계산 문제는 7로 나눈 나머지로 접근하는 것이 가장 바람직한데, 이 문제 역시도 7로 나눈 나머지로 접근하면 빠른 해결이 가능하다.

풀이
발문에서는 (1) 식목일의 요일을 묻고 있고, (1) ~ (6)은 서로 다른 요일의 일기라고 한다. (1) ~ (6) 중 확정적인 정보부터 정리해 본다.

(3)은 수요일로 주어져 있다. (6)은 일요일이고 (5)는 (6)의 전날이므로 토요일이다. 다음과 같은 대략적인 달력에 정리할 수 있다.

월	화	수	목	금	토	일
		(3)				
					(5)	(6)

선택지 ⑤는 제거된다. 지문의 일기들은 날짜순으로 나열한 것이므로 (3) 이전에 (1), (2)가, (3)과 (5) 사이에 (4)가 들어가야 한다. (1)이 월요일인 경우, 화요일인 경우, 목요일인 경우, 금요일인 경우로 나눠서 생각해본다.

〈가정 1〉 (1) 4월 5일이 월요일이라고 가정

월	화	수	목	금	토	일
(1) 5일						(2) 11일
		(3)				
					(5)	(6)

4월 5일이 월요일이면 (2) 4월 11일은 일요일이 된다. (2)와 (6)이 같은 요일이 되므로 서로 다른 요일이라는 지문의 내용에 위배된다.

〈가정 2〉 (1) 4월 5일이 화요일이라고 가정

월	화	수	목	금	토	일
	(1) 5일					
(2) 11일		(3)				
					(5)	(6)

4월 5일이 화요일이 될 수 있다.

〈가정 3〉 (1) 4월 5일이 목요일이라고 가정

월	화	수	목	금	토	일
			(1) 5일			
		(2), (3)				
					(5)	(6)

4월 5일이 목요일이면 (2) 4월 11일은 수요일이 된다. (2)와 (3)이 같은 요일이 되므로 서로 다른 요일이라는 지문의 내용에 위배된다.

〈가정 4〉 (1) 4월 5일이 금요일이라고 가정

월	화	수	목	금	토	일
				(1) 5일		
		(3)	(2) 11일			
					(5)	(6)

4월 5일이 목요일이면 (2) 4월 11일은 목요일이 된다. 달력상으로 (2)가 (3)보다 늦은 날짜가 되므로 일기를 날짜순으로 나열한 것이라는 지문의 내용에 위배된다.

따라서 식목일의 요일은 화요일이다.

문 22 경우 파악형 　난이도 ⑤ 　　　정답 ②

문제풀이 핵심 포인트

주어진 조건 하에서 다양한 경우가 등장할 수 있는 문제이다. 경우 파악형 문제는 조건에 따른 여러 경우가 잘 그려지지 않는다면 넘어가는 것이 필요할 수 있다. 5급 공채의 경우 엘리베이터 소재의 어려운 경우형의 문제가 2012년에 출제된 바 있다. 그리고 입법고시에 더 자주 출제되는 T/F 바꾸기의 소재도 활용된 문제이다보니, 기존에 기출문제를 다뤄보지 않은 경우에 어렵게 느껴질 수 있는 문제이다.

풀이

첫 번째 동그라미부터 각각 조건ⅰ)~ⅵ)이라고 한다. 조건ⅲ)에 따르면 빈 엘리베이터에 승객 7명이 탔고, 조건ⅳ)에 따르면 승객들이 버튼을 누른 횟수의 합은 10이다. 그리고 조건ⅱ)에 따르면 사람이 내린 층의 버튼은 홀수 번 누른 것이며 사람이 내리지 않은 층은 0번 또는 짝수 번 누른 것이다. 조건ⅴ)에 따르면 승객 3명은 4층에서 내렸다고 하는데 승객이 여러 명 내리더라도 버튼은 최소 한 번만 누르면 된다. 2명이 5층에서 내린 경우도 마찬가지이며, 나머지 2명이 6층 이상의 서로 다른 층에서 내렸으므로, 총 네 번의 버튼은 확정적으로 누른 것이다. 이상의 내용을 바탕으로 〈보기〉를 판단해본다.

ㄱ. (×) 각 승객이 1개 이상의 버튼을 누르지 않은 경우가 가능하다. 극단적인 예로 반례를 들어보면 7명의 승객을 A~G라고 할 때, A가 4층, 5층, 6층 이상의 서로 다른 층을 각각 누르고, 어떤 버튼이든 짝수 번을 누른다면 혼자서 10번 모두 누른 경우도 가능하다.

ㄴ. (○) 5번 누른 버튼이 있다면 홀수 번 누른 것이므로 해당 버튼은 사람이 내린 층 중 하나이다. 그리고 나머지 승객이 내린 3개 층의 버튼을 누른 횟수를 더하면, 5번 누른 층+나머지 승객이 내린 3개의 층=최소 8번의 버튼은 승객이 내린 층에서 확정적으로 누른 것이다. 나머지 2번을 서로 다른 층에 누른다면, 승객이 내린 층은 승객이 내릴 수 없고, 승객이 내리지 않은 층은 승객이 내리지 않은 층에 정지하게 되므로 조건ⅵ)에 위배된다. 따라서 나머지 2번은 5번 누른 층을 제외하고 어떤 층이든 같은 층에 2번 눌러야 하므로 2번 이상 누른 다른 버튼이 있다는 것을 알 수 있다.

ㄷ. (×) 4층 버튼을 가장 많이 누르지 않은 경우가 가능하다. 극단적인 예로 반례를 들어보면 4층 1번, 5층 7번, 6층 이상의 승객이 내린 서로 다른 층 각각 1번씩 누른다면, 누른 횟수의 합이 10이 되면서 다른 조건을 위배하지 않는다.

ㄹ. (×) 승객이 내리지 않은 층의 버튼을 누른 경우가 가능하다. 반례를 생각해보면 3층을 6번 눌러서 취소되고, 4층 1번, 5층 1번, 6층 이상의 승객이 내린 서로 다른 층 각각 1번씩 누른다면, 누른 횟수의 합이 10이 되면서 다른 조건을 위배하지 않는다.

문 23 경우 확정형 　난이도 ⑤ 　　　정답 ④

문제풀이 핵심 포인트

A~E 간에 상대방의 연락처를 갖고 있는 설정이면서, A가 3명의 연락처를 갖고 있다는 첫 번째 동그라미를 통해 1:1 대응관계가 아닌 1:多 대응관계의 문제임을 파악하여야 한다. 1:多 대응관계의 문제는 표를 그려서 푸는 방법이 가장 확실하다.

풀이

첫 번째 동그라미부터 각각 조건ⅰ)~ⅴ)라고 한다. 확정적인 정보부터 표로 정리해 본다.

간단한 조건ⅴ)부터 표로 정리해 보면 다음과 같다.

~가 가지고 있다. ~의 연락처를	A	B	C	D	E	
A						
B						
C						
D						
E	×	○	×	×		1명

그리고 조건ⅲ), ⅳ)를 정리해 보면 다음과 같다.

~가 가지고 있다. ~의 연락처를	A	B	C	D	E	
A			○			
B						
C	○	×		×	×	1명
D						2명
E	×	○	×	×		1명

조건ⅱ)에 따르면 B는 2명의 연락처를 갖고 있는데, 그 2명을 제외한 2명만 B의 연락처를 갖고 있다. 즉 C는 B의 연락처를 갖고 있지 않으므로 B는 C의 연락처를 갖고 있고, E는 B의 연락처를 갖고 있으므로 B는 E의 연락처를 갖고 있지 않다.

~가 가지고 있다. ~의 연락처를	A	B	C	D	E	
A			○			
B			○		×	2명
C	○	×		×	×	1명
D						2명
E	×	○	×	×		1명
		2명				

조건ⅰ)에 따르면 A의 연락처를 갖고 있는 사람은 총 3명이다. E가 A의 연락처를 갖고 있지 않으므로 B, D는 A의 연락처를 갖고 있음을 알 수 있다.

~의 연락처를 ~가 가지고 있다.	A	B	C	D	E	
A			○			
B	○		○	×	×	2명
C	○	×		×	×	1명
D	○					2명
E	×	○	×	×		1명
	3명	2명				

그리고 A는 3명의 연락처를 갖고 있는데, 그중 2명만 A의 연락처를 갖고 있으며 A의 연락처를 갖고 있는 사람은 총 3명이다. 즉, A는 A의 연락처를 갖고 있지 않은 E의 연락처를 갖고 있고, 나머지 B, D 중 1명의 연락처를 갖고 있다. 그리고 다시 조건 ⅱ)를 생각해보면 B가 연락처를 갖고 있는 2명을 제외한 2명만 B의 연락처를 갖고 있다. 즉, B는 A, C의 연락처를 갖고 있으므로, D, E가 B의 연락처를 갖고 있다. 따라서 A는 B의 연락처를 갖고 있지 않고 D의 연락처를 갖고 있다.

~의 연락처를 ~가 가지고 있다.	A	B	C	D	E	
A		×	○	○	○	3명
B	○		○	×	×	2명
C	○	×		×	×	1명
D	○	○	×		×	2명
E	×	○	×	×		1명
	3명	2명	2명	1명	1명	

① (×) A는 B의 연락처를 갖고 있지 않다.
② (×) B는 D의 연락처를 갖고 있지 않다.
③ (×) C의 연락처를 갖고 있는 사람은 3명이 아니라 2명이다.
④ (○) D의 연락처를 갖고 있는 사람은 A뿐이다.
⑤ (×) E의 연락처를 갖고 있는 사람은 2명이 아니라 1명이다.

문24 경우 파악형 난이도 중 정답 ③

문제풀이 핵심 포인트
주어진 조건을 충족하는 경우가 그려져야 해결할 수 있는 문제이다. 시계를 통해 대칭, 일치 등을 고민해 볼 수 있는 문제는 5급 공채에서는 08년과 15년에 출제된 바 있는데, 7급 공채에는 처음 출제된 문제이다.

풀이

시침과 분침을 서로 바꾸어 조립하지 않은 원래의 시계를 생각해보자. 정오부터 시간이 가면서 시침과 분침이 동시에 시계방향으로 움직이지만, 분침이 시침보다 더 빨리 시계방향으로 회전한다. 그러나 시침과 분침을 서로 바꾸어 조립한 A라면 정오부터 시간이 가면서 시침이 분침보다 더 시계방향으로 회전해 있으므로 시침이 한 바퀴 돌기 전에는 한 순간도 실제 시각을 가리키지 않음을 확인한다.

그러나 시침과 분침이 만나는 경우에는 A라고 해도 실제 시각과 정확히 일치할 것이므로, 정오 이후 처음으로 시침과 분침이 만나는 경우를 생각해보면 원래 시계를 기준으로 시침이 오후 1시를 조금 넘어가 있는 시각이다. A라면 시침이 1시 정각으로부터 5분을 조금 넘어가 있는 시각이므로, 오후 1시 5분 0초부터 오후 1시 10분 0초 사이에 A가 처음으로 실제 시각을 가리키게 된다. 따라서 ㉠에 들어갈 내용으로 옳은 것은 오후 1시 5분 0초부터 오후 1시 10분 0초이다.

문25 일치부합형(법조문형) 난이도 하 정답 ⑤

문제풀이 핵심 포인트
최근 7급 공채 PSAT에서는 25번 문제로 법조문형에 속하는 문제가 출제되고 있다. 각 선택지에서 묻는 바 위주로 제시문에서 확인하면 수월하게 해결할 수 있는 일치부합형에 속하는 문제이다.

풀이

① (×) 제□□조 제1항에 따르면 제○○조 제1호부터 제3호까지의 규정에 해당하는 자는 지원대상자가 된다. 5세인 자녀는 제○○조 제3호의 아동에 해당하므로, 아동인 5세인 자녀를 홀로 양육하는 자는 같은 조 제2호 각 목의 어느 하나에 해당하면 지원대상자가 될 수 있다. 따라서 5세인 자녀를 홀로 양육하는 자가 지원대상자가 되기 위해서는 반드시 제○○조 제2호 라목의 미혼자여야 하는 것은 아니고, 가목 내지 다목의 어느 하나에 해당하는 경우에도 지원대상자가 될 수 있다.

② (×) 제○○조 제3호의 "아동"이란 18세 미만(취학 중인 경우에는 22세 미만을 말하되, 병역의무를 이행하고 취학 중인 경우에는 병역의무를 이행한 기간을 가산한 연령 미만을 말한다)의 자를 말한다. 22세의 대학생 자녀의 경우, 18개월간 병역의무를 이행한 기간을 가산하여 최소 23세 미만이므로 제○○조 제3호의 아동에 해당한다. 따라서 배우자와 사별한 자는 제○○조 제2호 가목에 해당하고 해당 자녀는 아동에 해당하므로, 제○○조 제2호의 "모(母)" 또는 "부(父)"에 해당하여 제□□조 제1항에 따라 지원대상자가 될 수 있다.

③ (×) 6세인 손자는 제○○조 제3호의 아동에 해당한다. 그리고 부모의 생사가 불분명한 6세인 손자를 양육하는 조모는 제○○조 제2항에 따라 지원대상자가 된다. 그러나 제△△조 제1항에 따르면 국가나 지방자치단체는 지원대상자의 복지 급여 신청이 있으면 각 호의 복지 급여를 실시한다고 하므로, 복지 급여 신청이 없어도 제△△조 제1호의 생계비를 지급하여야 하는 것은 아니다.

④ (×) 제○○조 제2호, 제3호에 따르면 30세인 미혼모가 5세인 자녀를 양육하는 경우 제□□조 제1항에 따라 지원대상가 된다. 제△△조 제1항 제3호에 따르면 해당 지원대상자의 복지 급여 신청이 있으면 아동양육비를 지급하여야하고, 같은 조 제3항에 따르면 제1항 제3호의 아동양육비를 지급할 때 제1호의 미혼모가 5세 이하의 아동을 양육하는 경우 예산의 범위에서 추가적인 복지 급여를 실시하여야 한다.

⑤ (○) 제△△조 제1항, 제2항 단서에 따르면 지원대상자가 다른 법령에 따른 지원을 받고 있는 경우에도 국가나 지방자치단체는 아동양육비를 지급할 수 있다.

모바일 자동 채점 및
성적 분석 서비스

PSAT 전문가의 총평

· 2022년 7급 PSAT 시험은 시간표 및 시험 구성이 변경되어 오후에 진행되었으며, 처음으로 언어논리와 상황판단 영역을 동시에 치르기도 했습니다. 따라서 120분 동안의 집중력 유지와 시험 운영 전략이 점수에 많은 영향을 미쳤을 것입니다.

· 난도가 높아 5급 PSAT와 크게 다르지 않은 시험으로 평가받았던 2021년 7급 PSAT 시험과 달리, 2022년에는 민간경력자 PSAT에 준하는 난도로 출제되었습니다. 출제 유형이 기존 5급이나 민간경력자 PSAT와 유사해지면서, 이미 2021년 PSAT 시험과 모의평가 등을 접한 경험이 있는 대부분의 수험생에게는 체감 난도가 낮았습니다. 따라서 2021년 시험을 기준으로 준비했던 많은 수험생들이 당황했을 것으로 보이며, 일부 고난도 문항의 정답 여부 등이 결과에 중요한 영향을 미쳤을 것으로 보입니다. 실제 평균 과락률도 전년에 비해 절반 수준인 것으로 나타났으며, 80점 이상 고득점자와 90점 이상 최상위권도 큰 폭으로 증가하였습니다.

· 2022년 7급 PSAT 응시율은 65%를 기록했습니다. 약 33,400명이 원서 접수를 하고 실제 응시자는 약 21,700명으로 조사되어, 지원자의 30% 가량은 본시험에 응시하지 않은 것으로 나타났습니다.

· 2022년 7급 PSAT 상황판단은 3개년 기출을 토대로 볼 때 텍스트 – 법조문 – 계산 – 규칙 – 경우 순으로, 모의평가 4 – 6 – 5 – 6 – 4, 2021년 기출 0 – 9 – 5 – 6 – 5, 2022년 기출 4 – 5 – 6 – 5 – 5문제가 출제되어, 텍스트형이 출제되지 않았던 2021년을 제외하고는 대체로 유형 간의 균형을 맞추려고 노력하고 있음을 알 수 있습니다. 텍스트형의 문제가 2020년 모의평가의 출제비중과 동일하게 총 4문제가 출제되었고, 세부적으로는 일치부합형 1문제, 응용형 1문제, 1지문 2문항형 2문제로 세부유형의 구성도 모의평가와 동일하였습니다. 법조문형의 문제는 총 5문제가 출제되었습니다. 법조문 유형은 일치부합형에 속하는 문제가 응용형에 속하는 문제보다 더 높은 비중으로 출제되었습니다. 7급 PSAT에서는 득점포인트 유형인 텍스트형과 법조문형은 9~10문제가 출제되고 있고, 핵심유형인 계산, 규칙, 경우형은 15~16문제가 꾸준히 출제되고 있습니다. 그런데 각 유형의 문제 배치는 해마다 변화가 매우 컸으므로, 주어진 시험 시간을 어떻게 운영할지 전략을 잘 준비해 두는 것이 꼭 필요합니다.

· 문제의 난도는 텍스트형의 경우 응용형에 해당하는 문제는 다소 까다로웠고 나머지 문제는 평이했습니다. 법조문형은 키워드 연결이 쉽지 않은 문제도 있어 일치부합형의 난도가 마냥 낮지만은 않았습니다. 마지막 25번에 배치된 응용형의 문제가 실제 난도보다는 정답률이 낮게 나왔다는 점에서, 수험생들이 '전략'에 대해서 더 많은 고민이 필요하다는 점을 알 수 있었습니다.

· 계산형은 최근 출제 경향에 맞게 조건이해가 까다로운 문제가 높은 비중으로 출제되었고, 계산에서는 상대적인 계산을 하면 보다 수월하게 해결되는 문제들이 출제되었습니다. 규칙형은 정오판단형에 속하는 문제가 다소 까다로웠습니다. 정오판단을 하기 위해서 적절한 입증사례 또는 반증사례를 찾아야 하는데, 이에 대한 철저한 대비를 해두어야 할 필요가 있습니다. 계산형과 규칙형 모두 기존의 출제장치를 활용하여 난도를 높이지 않고, 주어진 내용만으로 잘 이해하고 접근하면 대체로 해결이 가능한 문제 위주로 출제되었습니다.

· 반면 경우형에 속하는 문제는 경우가 그려지고 아이디어를 떠올려야 해결할 수 있는 문제를 출제하여 변별력을 두고자 한 것으로 보입니다. 그러다보니 경우형에 해당하는 문제의 정답률은 대체로 낮았습니다.

정답

p.48

문1	⑤	일치부합형 (법조문형)	문6	②	응용형 (텍스트형)	문11	①	규칙 적용해결형	문16	③	상대적 계산형	문21	⑤	조건 계산형
문2	①	발문 포인트형 (법조문형)	문7	③	경우 파악형	문12	②	조건 계산형	문17	④	경우 확정형	문22	④	규칙 정오판단형
문3	⑤	일치부합형 (법조문형)	문8	④	규칙 적용해결형	문13	③	규칙 정오판단형	문18	②	규칙 정오판단형	문23	①	경우 확정형
문4	①	일치부합형 (법조문형)	문9	②	1지문 2문항형	문14	⑤	조건 계산형	문19	③	경우 파악형	문24	④	조건 계산형
문5	②	일치부합형 (텍스트형)	문10	③	1지문 2문항형	문15	①	상대적 계산형	문20	③	경우 파악형	문25	④	응용형 (법조문형)

취약 유형 분석표

유형별로 맞힌 문제 개수와 정답률, 틀린 문제 번호, 풀지 못한 문제 번호를 적고 나서 취약한 유형이 무엇인지 파악해 보세요. 그 후 약점 보완 해설집 p.2 [취약 유형 공략 포인트]에서 약점 보완 학습법을 확인하고, 틀린 문제와 풀지 못한 문제를 다시 한번 풀어보세요.

유형		맞힌 문제 개수	정답률	틀린 문제 번호	풀지 못한 문제 번호
텍스트형	발문 포인트형	–	–		
	일치부합형	/1	%		
	응용형	/1	%		
	1지문 2문항형	/2	%		
	기타형	–	–		
법조문형	발문 포인트형	/1	%		
	일치부합형	/3	%		
	응용형	/1	%		
	법계산형	–	–		
	규정형	–	–		
	법조문소재형	–	–		
계산형	정확한 계산형	–	–		
	상대적 계산형	/2	%		
	조건 계산형	/4	%		
규칙형	규칙 단순확인형	–	–		
	규칙 정오판단형	/3	%		
	규칙 적용해결형	/2	%		
경우형	경우 파악형	/3	%		
	경우 확정형	/2	%		
TOTAL		/25	%		

해설

문 1 일치부합형(법조문형) 난이도 하   정답 ⑤

문제풀이 핵심 포인트
'취소하여야 한다'라는 기속의 표현과 '취소할 수 있다'라는 재량의 표현을 구분할 수 있어야 한다. '기속'의 표현인 경우 취소하는 것 외의 선택을 할 수 없지만, '재량'의 표현인 경우에는 취소할지 말지를 결정할 수 있다.

풀이

제00조를 순서대로 제1조 ~ 제3조라고 한다.

① (×) 甲기업이 우수기업으로 인증을 받고자 한다면 제2조 제2항 각 호의 요건을 갖추어야 한다. 또한 동조 제3항 단서에 의하면 제3호 요건의 경우 최초 평가에 한하여 해당 기준을 3개월 내에 충족할 것을 조건으로 인증할 수 있다. 甲기업이 처음 우수기업 인증을 받고자 하고 총 예산의 4%를 재해경감활동 비용으로 할애하였다면 비록 제2조 제2항 제3호의 요건을 갖추지는 못하였지만, 동조 제2항 제1호, 제2호, 제4호의 요건을 갖춘 경우 제3호의 '재해경감활동 비용으로 총 예산의 5% 이상 할애할 것'이라는 요건은 동조 제3항 단서에 의하여 해당 기준을 3개월 내에 충족할 것을 조건으로 인증할 수 있다.

② (×) 제3조에서 A부 장관은 인증받은 우수기업을 6개월마다 재평가하도록 하고 있다. A부 장관이 乙기업을 평가하여 2022. 2. 25. 우수기업으로 인증한 경우, A부 장관은 6개월 뒤인 2022. 8. 25.까지 재평가를 해야 한다.

③ (×) 제2조 제4항에서 우수기업 평가 및 인증에 소요되는 비용은 신청하는 자가 부담한다고 정하고 있다. 丙기업이 우수기업 인증을 신청하는 경우, 인증에 소요되는 비용은 A부 장관이 아닌 우수기업 인증을 신청한 丙기업이 부담한다.

④ (×) 제3조 각 호에서 우수기업 인증 취소에 관한 요건을 정하고 있다. 제2호와 제3호의 경우 '인증을 취소할 수 있다'고 하여 재량이 있는 것으로 해석되는 반면, 제1호의 경우에는 '인증을 취소하여야 한다'고 하여 기속행위로 해석된다. 丁기업이 재난관리 전담조직을 갖춘 것처럼 거짓으로 신청서를 작성하여 우수기업으로 인증을 받은 경우라면 제3조 제1호의 거짓으로 인증을 받은 경우에 해당되며, 이 경우 A부 장관은 인증을 취소하여야 한다.

⑤ (○) 우수기업인 戊기업이 己기업을 흡수합병하면서 재평가 당시 일시적으로 방재관련 인력이 총 인원의 1.5%가 되었다면 제2조 제2항 제4호의 요건을 갖추지 못한 것이 된다. 이 경우 제3조 제3호에 해당하여 A부 장관은 戊기업의 인증을 취소할 수 있다. 그러나 제3조의 A부 장관의 우수기업 인증을 취소할 수 있는 권한은 재량행위이므로 제2조 제2항 제4호의 요건을 일시적으로 갖추지 못하였다고 하더라도 A부 장관은 戊기업의 인증을 취소하지 않을 수 있다.

문 2 발문 포인트형(법조문형) 난이도 하   정답 ①

문제풀이 핵심 포인트
반드시 조문 순서대로 확인할 필요는 없다. 선택지 ③, ⑤의 내용은 간단히 확인할 수 있고, 결국은 김가을의 성과 본은 김여름의 성과 본을 따른 것이라는 것을 파악해야 한다. 본(본관)의 의미를 정확하게 파악하지 못하면 어려움을 겪을 수도 있는 문제이다.

풀이

- 가족관계등록부에 기록해야하는 사항으로 우선 제○○조 제2항 제1호의 등록기준지가 있다. 제□□조에서는 출생을 사유로 처음 등록하는 경우에는 등록기준지를 자녀가 따르는 성과 본을 가진 부 또는 모의 등록기준지로 한다고 정하고 있다. 〈상황〉의 김가을은 2021년 10월 10일에 출생하여 출생신고를 하는 것으로 제□□조의 적용 대상이 된다. 김가을의 성 '김'은 부모 중 김여름의 성을 따른 것이므로, 김가을의 등록기준지는 김여름의 등록기준지인 부산광역시 남구 ◇◇로 2 – 22로 하여야 한다. 이에 따라 선택지 ②가 제외된다.

- 제○○조 제2항 제2호에서는 본을 기록하도록 하고 있는데 본이란 본관(本貫)을 말하는 것이다. 제□□조에서는 '자녀가 따르는 성과 본'이라고 언급하고 있고 부 또는 모의 성을 따르면서 특별히 본을 다르게 정하는 경우는 생각하기 어렵다. 김가을의 성은 부모 중 김여름의 성을 따른 것이므로 김가을의 본도 김여름의 본을 따른 것이다. 따라서 김여름의 본인 金海는 김가을의 가족관계등록부에 기록해야 하는 내용이다. 이에 따라 선택지 ④가 제외된다.

- 제○○조 제2항 제2호에 따라, 김가을의 성별인 '남'은 기록해야 하는 내용이다. 이에 따라 선택지 ⑤는 제외된다.

- 제○○조 제2항 제2호에 따라, 김가을의 출생연월일인 '2021년 10월 10일'은 기록해야 하는 내용이다. 이에 따라 선택지 ③은 제외된다.

따라서 김가을의 가족관계등록부에 기록해야 하는 내용이 아닌 것은 박겨울의 등록기준지인 '서울특별시 마포구 △△로 3 – 33'이다.

문 3 일치부합형(법조문형) 난이도 하   정답 ⑤

문제풀이 핵심 포인트
선택지에서 키워드를 확인한 후, 이를 관련된 법조문과 빠르게 매칭하여 해결한다. 이때 지방자치단체 장의 종류를 혼동하지 않도록 주의한다.

풀이

제00조를 순서대로 제1조 ~ 제5조라고 한다.

① (×) 제4조 제4항에서 '시장 등은 직접 시행하는 정비사업'과 같이 정하고 있어 '시장 등'이 직접 정비사업을 시행할 수 있음을 알 수 있다. 제3조는 '시장 등이 아닌 자가 정비사업을 시행하려는 경우에는 토지 등 소유자로 구성된 조합을 설립해야 한다.'고 정하고 있으므로 이를 반대해석해보면 시장 등이 직접 정비사업을 시행하는 경우 토지 등 소유자로 구성된 조합을 설립하지 않아도 된다고 해석할 수 있다. 甲특별자치시장은 제2조의 시장 등에 해당하고 甲특별자치시장이 직접 정비사업을 시행하려는 경우에는 토지 등 소유자로 구성된 조합을 설립하지 않아도 된다.

② (×) A도 乙군수는 제2조의 시장 등에 해당한다. 제4조 제1항에는 시장 등이 아닌 사업시행자가 정비사업 공사를 완료한 경우 준공인가 신청에 대해 규정하고 있는데 乙군수가 직접 시행하는 정비사업에 관한 경우에는 공사가 완료된 때에 1) 시장 등이 직접 시행하는 정비사업의 경우 준공인가 신청에 관한 규정이 없고(제4조 제4항은 시장 등이 직접 시행하는 정비사업에 대한 공사가 완료된 때에 그 완료를 지방자치단체의 공보에 고시해야 한다고 하여 별도로 준공인가에 대해 규정하고 있지 않다), 2) 준공인가 신청은 시장 등에 하여야 하므로 乙군수가 乙군수에게 준공인가 신청을 하는 것은 불가능하다. 따라서 乙군수가 A도지사에게 준공인가신청을 해야 하는 것은 아니다.

③ (×) 사업시행자 B의 경우 시장 등이 아닌 자로서 제3조에 의하여 토지 등 소유자로 구성된 조합을 설립하여 정비사업을 시행하였을 것이다. 丙시장의 준공인가가 있으면 해당 공사의 완료를 지방자치단체의 공보에 고시해야 하고(제4조), 해당 고시는 정비구역의 지정에 영향을 준다(제5조 제1항). 그러나 제5조 제2항에 의하면 정비구역의 해제는 조합의 존속에 영향을 주지 않는다. 따라서 丙시장이 사업시행자 B의 정비사업에 관해 준공인가를 하여 정비구역이 해제된다고 하더라도 토지 등 소유자로 구성된 조합의 존속에는 영향을 주지 않는다.

④ (×) 제5조 제1항에 의하면 정비구역의 지정은 공사완료의 고시가 있은 날의 다음 날에 해제된 것으로 본다. 즉, 丁시장이 사업시행자 C의 정비사업에 관해 공사완료를 고시하면, 정비구역의 지정은 고시한 날의 다음 날에 해제된다.

⑤ (○) 제4조 제4항에 의하면 시장 등은 직접 시행하는 정비사업에 대한 공사가 완료된 때에는 그 완료를 해당 지방자치단체의 공보에 고시해야 한다. 戊시장은 시장 등에 해당하므로 戊시장이 직접 시행하는 정비사업에 관한 공사가 완료된 때에는 그 완료를 戊시의 공보에 고시해야 한다.

문 4 일치부합형(법조문형) 난이도 하 정답 ①

문제풀이 핵심 포인트
제00조를 순서대로 제1조~제3조라고 한다. 제1조에서 선박 및 소형선박에 대해서 정의하고 있다. 이 개념을 활용하되, 각 선택지와 직접적으로 키워드가 매칭되는 부분은 제2조이므로, 제2조에서 각 선택지의 해결에 필요한 부분을 보다 정확하게 확인하여 해결한다.

풀이

① (○) 매수인 甲이 선박의 소유권을 취득하고자 하는 상황이므로 제2조 제1항을 검토한다. 甲이 매수한 선박은 총톤수 80톤인 부선으로, 제1조 제2항의 소형선박 중 제2호의 총톤수 100톤 미만인 부선에 해당하여 제2조 제1항 단서가 적용된다. 제2조 제1항 단서에서 소형선박 소유권의 이전은 계약당사자 사이의 양도합의와 선박의 등록으로 효력이 생긴다고 하였으므로 계약당사자인 매수인 甲과 매도인은 양도합의를 하고 선박을 등록해야 소유권 이전의 효력이 발생하여 甲이 선박의 소유권을 취득할 수 있다.
제2조 제2항에서 제1항의 본문의 경우에는 선박의 '소유자', 제1항 단서의 경우에는 선박의 '매수인'이라고 구분해서 지칭하고 있다. 해당 조문과 같이 이해하였다면 선택지의 표현 '매수인 甲'에서 이미 제1항 단서에 해당하는 사안임을 알 수 있다.

② (×) 제2조 제2항에 따르면 총톤수 20톤 이상인 기선은 선박의 등기를 한 후에 선박의 등록을 신청하여야 한다. 총톤수 100톤인 기선의 소유자 乙은 먼저 관할 등기소에 선박의 등기를 한 후에 관할 지방해양수산청장에게 선박의 등록을 신청해야 한다.

③ (×) 선박 취득 시 선박의 등록에 관한 사항은 제2조 제2항을 검토한다. 丙이 등록하고자 하는 선박은 총톤수 60톤인 기선으로 소유자 丙은 선박을 취득한 날부터 60일 이내에 해양수산부장관이 아닌 지방해양수산청장에게 선박의 등록을 신청해야 한다.
제2조 제2항에서 총톤수 20톤 이상인 기선은 선박의 등기를 한 후에 선박의 등록을 신청하여야 한다고 하고 있으나, 등록 신청 기한이 60일 이내인 점에는 변함이 없다. 또한 이 때에도 선택지 ①의 경우와 마찬가지로 '소유자 丙'이라고 하여 소유자와 매수인을 구분하여 사용하고 있다. 그러나 총톤수 60톤인 기선은 제2조 제1항 단서의 적용 대상이 아닌데도 선택지에서는 '취득'이 아닌 '매수'라고 하여 용어의 혼동을 주고 있다.

④ (×) 선박국적증서의 발급에 관한 사항은 제2조 제3항을 검토하여야 한다. 丁은 선적항을 관할하는 등기소에 등기신청을 할 수 있다. 그리고 총톤수 200톤인 부선이므로 제2조 제2항에 따라, 선박의 등기를 한 후에 선박의 등록을 신청하여야 한다. 그러나 이러한 등기과정에서 등기소가 선박국적증서를 발급하는 것이 아니라, 丁이 선적항을 관할하는 지방해양수산청장에게 선박의 등록을 신청하면 지방해양수산청장은 이를 선박원부에 등록하고 신청인에게 선박국적증서를 발급한다.

⑤ (×) 선박국적증서의 발급에 관한 사항은 제2조 제3항을 중심으로 검토한다. 총톤수 20톤 미만인 범선의 매수인 戊가 선박의 등록신청을 하려면 관할 법원이 아닌 제2조 제2항에 따라 관할 지방해양수산청장에게 하여야 한다. 그리고 제2조 제3항에 의하면 등록신청에 대하여 선박원부에 등록하고 신청인에게 선박국적증서를 발급하는 기관 역시 관할 법원이 아니라 관할 지방해양수산청장이다.

문 5 일치부합형(텍스트형) 난이도 하 정답 ②

문제풀이 핵심 포인트
각 선택지별로 중요 키워드를 확인한 후, 해당 선택지에서 무엇을 묻는지를 파악하여 해당 내용 위주로 본문을 확인해야 한다.

풀이

① (×) 첫 번째 단락 첫 번째 문장에 의하면 흰색 쌀은 가을철 논에서 수확한다고 한다. 세 번째 단락 네 번째 문장에 의하면 어떤 콩은 봄철에 어떤 콩은 여름에 심을 수도 있지만 콩 수확기는 가을이라고 하고 있다. 즉, 흰색 쌀과 여름에 심는 콩은 모두 가을에 수확했다.

② (○) 두 번째 단락 다섯 번째 문장에 의하면 보리의 수확기는 여름이다. 여섯 번째 문장과 함께 생각해보면 봄보리는 봄에 파종하여 그해 여름에 수확하고 가을보리는 가을에 파종하여 이듬해 여름에 수확한다. 봄보리의 재배 기간은 가을보리의 재배 기간보다 가을, 겨울만큼 짧았다.

③ (×) 첫 번째 단락 첫 번째 문장에 의하면 흰색 쌀은 가을철 논에서 수확한 벼를 가공해서 얻게 된다. 그러나 회색 쌀은 논에서 수확된 곡식이 아니라 밭에서 자란 곡식을 가공하여 얻게 되는 것이었다.

④ (×) 두 번째 단락 두 번째 문장부터 네 번째 문장까지 보릿고개에 대해 설명하고 있다. 네 번째 문장에서 남부 지역의 보릿고개는 하지까지 지속되다가 하지가 지나면서 사라졌다고 한다. 하지가 지나면서 더 심해지지 않는다. 그리고 두 번째 문장에서 가을 곡식이 바닥을 보이기 시작하는 봄철이라고 표현하고 있는데 선택지에서는 가을 곡식이 바닥을 보이는 하지라고 표현하고 있다. 가을 곡식이 바닥을 '보이기 시작하는' 것과 '보이는'의 차이는 있지만, 각각 봄철과 하지라는 시기가 서로 맞지 않는다고도 볼 수 있다.

⑤ (×) 세 번째 단락 여섯 번째 문장에서 봄철 밭에서는 보리, 콩, 조가 함께 자라는 것을 볼 수 있었다고 한다. 다섯 번째 문장에서 조는 봄에 심었다는 것을 파악한다면, 보리, 콩의 재배 기간을 고려할 때 틀린 설명임을 알 수 있다.

문6 응용형(텍스트형) 난이도 하 　　　　정답 ②

문제풀이 핵심 포인트

'속력 = 거리/시간'을 활용한 문제로, 최근 시험에서 빈출되는 소재이다. 상황판단에서 이와 같은 자료해석 스타일의 문제가 자주 출제되고 있다.

풀이

ㄱ. (○) 평균속력 식에서 분자인 A가 증가하고 B가 감소하면 평균속력은 증가한다. 甲은 평균속력이 더 높은 대안경로를 선택한다.

ㄴ. (×) 평균속력 식에서 분자인 A와 분모인 B가 모두 증가하면, 甲은 분자인 A의 증가율이 분모인 B의 증가율보다 높은 경우 평균속력이 증가하므로 대안경로를 선택한다. 반대로 A의 증가율이 B의 증가율보다 낮은 경우 평균속력은 감소하므로 甲은 기존경로를 선택한다. 따라서 甲이 항상 대안경로를 선택하는 것은 아니다.

ㄷ. (○) 평균속력 식에서 분자인 A와 분모인 B가 모두 감소하면, 甲은 분자인 A의 감소율이 분모인 B의 감소율보다 큰 경우 평균속력이 감소하므로 대안경로를 선택하지 않고 기존경로를 선택한다. 그러나 분자인 A의 감소율이 분모인 B의 감소율보다 작은 경우 평균속력이 증가하므로 이러한 경우 대안경로를 선택한다. 따라서 甲이 대안경로를 선택하는 경우가 있다.

ㄹ. (×) 평균속력 식에서 분자인 A가 감소하고 분모인 B가 증가하면 평균속력은 감소한다. 따라서 甲은 평균속력이 더 높은 기존경로를 선택하고 대안경로를 선택하지 않는다.

📝 **실전에선 이렇게!**

거리·속력·시간에 대한 기본적인 식을 문제에 맞게 정리해보면 평균속력 $= \dfrac{\text{잔여시간}(A)}{\text{잔여시간}(B)}$ 이지만, 해당 식을 시간 $= \dfrac{\text{거리}}{\text{속력}}$, 거리 = 속력 × 시간과 같이 변형하는 것도 익숙해져야 한다.

문7 경우 파악형 난이도 하 　　　　정답 ③

문제풀이 핵심 포인트

선택지에 제시되어 있는 것처럼 어느 과일상자가 더 계산되거나, 어느 과일상자는 덜 계산되면서 다른 과일상자는 더 계산되거나 하는 방식으로 9,300원의 금액 차이를 만들어 낼 수 있어야 한다.

풀이

결제해야 하는 금액은 총 228,000원인데 결제한 금액은 총 237,300원이다. 이 금액의 차이는 237,000 − 228,000 = 9,300원이다. 사과, 귤, 복숭아, 딸기 총 네 종류의 과일이 있고 각 과일 한 상자의 가격은 최소 14,300원 이상이므로 선택지 ①, ②와 같은 방식으로는 9,300과 같은 금액 차이를 만들어 낼 수 없다. 그렇다면 어느 과일상자는 덜 계산되면서 다른 과일상자는 더 계산되었다는 것인데 더 계산된 또는 덜 계산된 과일상자가 한 상자라는 보장도 없다. 우선 각 과일별 1상자 가격의 차이부터 파악한다. 과일별 1상자 가격의 차이를 정리하면 아래와 같다.

구분	사과	귤	복숭아	딸기
사과		5,200	16,400	7,100
귤	− 5,200		11,200	1,900
복숭아	− 16,400	− 11,200		− 9,300
딸기	− 7,100	− 1,900	9,300	

복숭아 1상자와 딸기 1상자의 가격 차이가 9,300원이므로 선택지 ④, ⑤의 복잡한 경우까지 생각할 필요없이 딸기 1상자가 더 계산되고 복숭아 1상자가 덜 계산되었음을 알 수 있다.

📝 **실전에선 이렇게!**

숫자의 차이를 이용하는 계산 또는 퀴즈 문제가 많이 출제되므로 그 차이를 이용해서 문제를 해결한다는 아이디어를 반드시 떠올려야 한다. 선택지의 경우가 가능한지 일일이 확인해보는 것은 경우의 수가 너무 많고 계산 시간도 오래 걸리므로 피해야 한다. 총 결제해야 하는 금액이 228,000원이 맞는지 여부도 굳이 확인할 필요가 없다.

문8 규칙 적용해결형 난이도 하 　　　　정답 ④

문제풀이 핵심 포인트

휴가지원사업의 '참여 대상'을 설명하면서 참여 대상을 규정하면서 단서로 제외 대상을 정하기도 하고, 반대로 제외 대상을 규정하면서 단서로 예외적인 참여 대상을 정하고 있기도 하다. 혼동하여 실수하지 않도록 주의한다.

풀이

甲 ~ 戊의 재직정보에 참여 대상 기준을 적용시켜 본다. 〈상황〉의 재직정보는 그 직장에 소속되어 있다는 것으로 해석한다.

· 甲은 의료법인의 근로자로서 휴가지원사업의 참여 대상이 되며, 간호사이므로 단서에 의한 참여 제외 대상도 아니다.

· 乙은 중소기업의 근로자로서 참여 대상 첫 번째 항목에 해당되지만, 두 번째 항목 단서에서 회계법인 소속의 노무사인 근로자는 제외된다고 하였으므로 휴가지원사업의 참여 대상이 아니다.

· 丙은 사회복지법인의 대표로서 참여 대상 첫 번째 항목에 해당되고, 두 번째 항목 단서에 따라 사회복지법인의 대표는 제외되지 않음을 알 수 있다. 이에 따라 丙은 휴가지원사업의 참여 대상이 된다.

· 丁은 대기업 소속의 근로자로서 휴가지원사업의 참여 대상이 아니다.

· 戊는 비영리민간단체의 임원으로 참여 대상 두 번째 항목 단서에 따라 참여가 가능함을 알 수 있다. 또한 戊는 의사이지만 병·의원 소속 의사인 근로자가 아니므로 참여 대상에서 제외되지 않는다.

따라서 휴가지원사업에 참여할 수 있는 사람은 甲, 丙, 戊이다.

문9 1지문 2문항형 난이도 하 　　　　정답 ②

문제풀이 핵심 포인트

각 선택지에서 묻는 내용 위주로 제시문에서 빠르고 정확하게 확인할 수 있어야 한다.

풀이

① (×) 두 번째 단락에서 국민제안제도와 국민참여예산제도, 주민참여예산제도와 국민참여예산제도의 차이를 설명하고 있다. 국민제안제도의 대상에 대한 설명은 없지만, 중앙정부가 재정을 지원하는 예산사업을 대상으로 하는 제도는 두 번째 단락 세 번째 문장의 국민참여예산제도임을 알 수 있다. 또한 예산사업의 우선순위를 국민이 정할 수 있는 제도는 국민제안제도가 아니라, 두 번째 단락 두 번째 문장에서 우선순위 결정과정에도 국민의 참여가 가능한 국민참여예산제도임을 알 수 있다. 국민제안제도는 국민들이 제안한 사항에 대해 관계부처가 채택여부를 결정하는 제도이다.

② (○) 세 번째 단락에서 국민참여예산제도의 과정에 대해 설명하고 있다. 국민참여예산제도에서는 세 번째 단락 첫 번째 문장부터 네 번째 문장까지 설명하는 3~7월의 과정을 통해 국민참여예산사업이 결정되며 이는 8월에 국무회의에서 정부예산안에 반영된다. 세 번째 단락 다섯 번째 문장에서는 이렇게 국회에 제출된 정부예산안은 국회의 심의·의결을 거치게 된다고 설명한다. 즉 시간 순서상 국민참여예산사업이 정부예산안에 반영되는 시점은 국회 심의·의결 전이다.

③ (×) 첫 번째 단락 두 번째 문장에서 국민참여예산제도는 정부의 예산편성권의 틀 내에서 운영된다고 설명하고 있다. 국민참여예산제도는 정부의 예산편성권 범위 밖에서 운영되는 것은 아니다.

④ (×) 참여예산 '후보'사업을 누가 제안하고 있는지에 대해서는 지문에서 명시적으로 언급한 바 없지만, 두 번째 단락 두 번째 문장에서 '국민의 제안 이후'라고 하고 있고, 세 번째 단락 첫 번째 문장에서는 국민사업제안과 제안 사업 적격성 검사를 실시한다고 하였으므로 국민이 제안한 사업이 참여예산후보사업이 되며 이후 이러한 사업에 대한 적격성 검사를 실시하는 것임을 알 수 있다. 세 번째 단락에 따르면 국민참여예산제도 과정을 통해 결정된 국민참여예산사업에 대해 8월에 재정정책자문회의가 논의를 함으로써 재정정책자문회의는 국민참여예산사업에 개입하지만 재정정책자문회의가 참여예산후보사업을 제안하는 것은 아니다.

⑤ (×) 네 번째 단락 네 번째 문장에서 예산국민참여단의 사업선호도는 오프라인 투표를 통해 조사한다고 설명하고 있다. 예산국민참여단의 사업선호도 조사는 전화설문을 통해 이루어지지 않는다.

문10 1지문 2문항형 <난이도 하> 정답 ③

문제풀이 핵심 포인트

2019년 국민참여예산사업 예산이 800억 원이라는 것만 파악한다면 간단한 계산을 통해 해결할 수 있는 문제이다.

풀이

〈상황〉에서 국민참여예산사업 예산 가운데 일부는 생활밀착형사업 예산이고 나머지는 취약계층지원사업 예산이라고 하였으므로 국민참여예산사업 예산은 두 가지로만 분류되는 것을 알 수 있다. 〈상황〉의 내용을 정리하면 다음과 같다.

구분	2019년	2020년
생활밀착형사업 예산(억 원)	688	870
취약계층지원사업 예산(억 원)	$x-688$	$1.25x-870$
합계(억 원)	x	$1.25x$

2019년 국민참여예산사업 예산이 800억 원이라는 것을 반영하면 다음과 같다.

구분	2019년	2020년
생활밀착형사업 예산(억 원)	688	870
취약계층지원사업 예산(억 원)	112	130
합계(억 원)	800	1,000

따라서 국민참여예산사업 예산에서 취약계층지원사업 예산이 차지하는 비율은 2019년이 (112/800)×100=14%, 2020년이 (130/1,000)×100=13%이다.

실전에선 이렇게!

〈상황〉만 읽고 2019년 국민참여예산사업 예산이 800억 원이라는 것을 파악하지 못했다 하더라도, 첫 번째 표에서 2019년도와 2020년도 각각 국민참여예산사업 예산에서 취약계층지원사업 예산이 차지하는 비율을 구할 수 없다는 것을 알 수 있다. 이런 경우, 〈상황〉 내에서 해결하려고 시간을 지체하기보다는 문제에서 추가적으로 실마리를 찾아야 한다.

문11 규칙 적용해결형 <난이도 하> 정답 ①

문제풀이 핵심 포인트

법규 체계 순위, 소관 부서명을 적용함에 있어 우선순위를 혼동하지 않도록 주의하고, 이에 대한 예외적인 조건인 한 부서에서 보고해야 하는 개정안이 여럿인 경우와 보고자가 국장인 경우의 진행 방법을 실수하지 않고 적용할 수 있도록 주의한다.

풀이

· 세 번째 기준에 따라 보고자가 丙국장인 D법 시행령 개정안을 다른 개정안보다 가장 먼저 보고한다. 나머지 개정안들은 보고자가 국장인 경우가 아니므로 첫 번째 기준부터 적용해본다.

· 첫 번째 기준의 첫 번째 문장에 의하면 A법 개정안과 B법 개정안은 법규 체계상 '법'에 해당하여 '시행령'에 해당하는 C법 시행령 개정안보다 먼저 보고하게 되고, C법 시행령 개정안은 '시행규칙'에 해당하는 E법 시행규칙 개정안보다 먼저 보고한다. A법 개정안과 B법 개정안은 법규 체계상 '법'에 해당하므로 법규 체계 순위가 같다. 이때 첫 번째 기준의 두 번째 문장을 적용하면 B법 개정안은 소관 부서명이 '기획담당관'으로, 가나다 순에 의할 때 소관 부서명이 '예산담당관'인 A법 개정안보다 먼저 보고한다.

· B법 개정안을 두 번째로 보고하므로, 두 번째 기준에 의해 같은 소관 부서인 기획담당관에서 B법 개정안을 보고하고 C법 시행령 개정안을 연달아 보고한다.

· 나머지 예산담당관의 A법 개정안과 E법 시행규칙 개정안은 첫 번째 기준의 첫 번째 문장에 따라 A법 개정안을 먼저 보고하고, 두 번째 기준에 따라 E법 시행규칙 개정안을 연달아 보고한다.

따라서 D법 시행령 개정안 – B법 개정안 – C법 시행령 개정안 – A법 개정안 – E법 시행규칙 개정안의 순서로 보고되므로 네 번째로 보고되는 개정안은 A법 개정안이다.

문 12 조건 계산형 난이도 하

정답 ②

문제풀이 핵심 포인트
제시된 지원기준을 정확하게 파악한 후, 〈상황〉에 적절하게 대입하여 정확한 결과를 도출한다.

풀이
〈상황〉에서 甲은 창호와 쉼터를 수리하고자 하므로 제시된 표에서 해당 항목을 음영 처리하여 아래 표와 같이 정리한다. 1), 2)는 각각 1)의 한도는 1,250만 원, 2)의 한도는 1,200만 원임을 표시한 것이다. 그리고 3)은 담장과 쉼터 중 하나의 항목만 지원함을 표시한 것이다.

구분		사업 A의 지원기준		사업 B의 지원기준	
외부	방수	90%[1]		50%[2]	
	지붕	90%[1]		50%[2]	
	담장	90%[1]		300만 원[3]	
	쉼터	90%[1]	900 × 90% =810만 원	50만 원[3]	50만 원
내부	단열	×		50%[2]	
	설비	×		50%[2]	
	창호	×		50%[2]	500 × 50% =250만 원

甲이 사업 A를 선택하는 경우 '쉼터'에 대해서는 810만 원, '창호'에 대해서는 지원을 받지 못하여 총 810만 원의 지원금을 받게 된다. 사업 B를 선택하는 경우 '쉼터'에 대해서는 50만 원, '창호'에 대해서는 250만 원, 총 300만 원의 지원금을 받게 된다. 甲은 사업 A와 B 중 지원금이 많은 사업 A를 신청하므로 810만 원의 지원금을 받게 된다.

🖊️ 실전에선 이렇게!
사업 A의 1), 사업 B의 2), 3)과 같은 한도가 정답을 찾는 데 활용되지 않고, 수리 항목도 2개밖에 없는 간단한 계산문제이다. 실전에서는 표로 정리할 필요 없이 창호와 쉼터에 대응되는 지원기준만 빠르게 찾아내어 계산하여야 한다.

문 13 규칙 정오판단형 난이도 하

정답 ③

문제풀이 핵심 포인트
방식이 변화하기는 하지만, 단순한 수치 변화이므로 어렵지 않게 해결할 수 있는 문제이다. 지문의 업무처리 방식을 정확히 적용하여 칭찬, 꾸중 여부만 판단하면 쉽게 해결 가능하다. 이때 표로 정리하지 않고 눈으로만 판단해도 충분할 수 있으나, 〈보기〉를 판단하면서 여러 번 반복적으로 확인해야 하는 경우가 더 많다. 시험지에 어떤 방식으로든 시각화하여, 이미 해결한 사항을 중복해서 처리하여 시간을 낭비하거나 헷갈리는 일이 없도록 한다.

풀이
甲의 방식1~3에 의한 월~금의 업무량은 다음과 같다.

구분		월	화	수	목	금
기본업무량		60	50	60	50	60
방식1	업무량	100	80	60	40	20
	결과	칭찬	칭찬	–	꾸중	꾸중
방식2	업무량	0	30	60	90	120
	결과	꾸중	꾸중	–	칭찬	칭찬
방식3	업무량	60	60	60	60	60
	결과	–	칭찬	–	칭찬	–

ㄱ. (×) 방식1을 선택할 경우 화요일의 기본업무량은 50이나 갑의 처리한 업무량은 80이므로 甲은 칭찬을 듣는다.

ㄴ. (○) 방식1~3 모두 甲이 수요일에 처리하는 업무량은 60으로, 기본업무량과 같다. 어느 방식을 선택하더라도 칭찬도 꾸중도 듣지 않는다.

ㄷ. (○) 방식1에 의하면 월, 화 2번, 방식2에 의하면 목, 금 2번, 방식3에 의하면 화, 목 2번으로 모두 각각 2번의 칭찬을 듣는다. 어느 방식을 선택하더라도 칭찬을 듣는 날수는 2번으로 같다.

ㄹ. (×) 방식2에 의하면 칭찬을 듣는 날수 2번, 꾸중을 듣는 날수 2번으로 칭찬을 듣는 날수에서 꾸중을 듣는 날수를 뺀 값은 0이다. 그러나 방식3에 의하면 칭찬을 듣는 날수는 2번, 꾸중을 듣는 날수는 0번으로 칭찬을 듣는 날수에서 꾸중을 듣는 날수를 뺀 값은 2이다. 칭찬을 듣는 날수에서 꾸중을 듣는 날수를 뺀 값을 최대로 하려면 방식3을 선택하여야 한다. 방식1의 칭찬을 듣는 날수에서 꾸중을 듣는 날수를 뺀 값은 0으로 방식2와 같다.

문 14 조건 계산형 난이도 중

정답 ⑤

문제풀이 핵심 포인트
줄글로 주어진 조건을 얼마나 잘 처리할 수 있는지가 관건이다. 조건을 표로 표현할 때 항목이 두 가지라면 아래 〈표 1〉처럼 단순하게 표현되지만, 세 가지라면 하나의 항목을 더 표시해야 하므로 〈표 2〉처럼 더 복잡하게 된다.

표 1	희망	희망×	계
남			
여			
계			

표 2	희망		희망×		계
남					
여					
계					

따라서 하나의 항목을 줄여 〈표 1〉처럼 정리할 수 있으면 편한데, 이 문제는 乙의 첫 번째 진술 '연수를 희망하는 응답자는 43%였으며, 남자직원의 40%와 여자직원의 50%가 연수를 희망' 부분에서 가중평균을 활용하여 연수 희망 여부 항목을 줄이고 연수를 희망하는 사람들로만 구성된 표를 만들 수 있다.

풀이
지문의 대화 내용 중 '연수를 희망하는 응답자는 43%였으며, 남자직원의 40%와 여자직원의 50%가 연수를 희망'했다는 진술에 따라 연수를 희망하는 남자직원과 여자직원의 수를 구해보면 다음과 같다. 남자직원의 수를 A, 여자직원의 수를 B라고 하면 연수를 희망하는 응답자 43%는 다음과 같이 구해진다.

- $A + B = 1,000$
- $\dfrac{0.4A + 0.5B}{A + B} \times 100 = 43\%$

두 식을 연립하면 A = 700(명), B = 300(명)이다. 이때 남자직원의 40%와 여자직원의 50%가 연수를 희망하므로 연수를 희망하는 남자직원은 280명, 여자직원은 150명임을 알 수 있다.

위의 내용을 토대로 연수를 희망하는 직원만을 대상으로 하여 표로 정리하면 다음과 같다.

	A지역	B지역	계
남	280 × 60%(ⓒ)	280 × 40%(ⓑ)	280명
여	150 × 20%(ⓒ)	150 × 80%(ⓐ)	150명
계	−	−	430명

표에는 乙의 두 번째 진술 '연수를 희망하는 여자직원 중 B지역 희망 비율은 연수를 희망하는 남자직원 중 B지역 희망 비율의 2배인 80%였습니다.'의 내용(ⓐ)에 음영처리하였다. 즉, 연수를 희망하는 남자직원 중 B지역 희망 비율은 40%(ⓑ)임을 알 수 있고 이에 따라 표의 나머지 부분(ⓒ)도 채울 수 있다. 모두 계산해서 표를 채워보면 다음과 같다.

	A지역	B지역	계
남	168명	112명	280명
여	30명	120명	150명
계	198명	232명	430명

ㄱ. (○) 남자직원의 수(A)는 700명으로 전체 직원 중 남자직원의 비율은 70%이다.

ㄴ. (×) 연수 희망자 430명 중 여자직원은 150명으로 그 비율은 약 34.9%이다. 40%를 넘는지 않는다.

ㄷ. (○) A지역 연수를 희망하는 직원은 198명으로 200명을 넘지 않는다.

ㄹ. (○) B지역 연수를 희망하는 남자직원은 112명으로 100명을 넘는다.

✎ 실전에선 이렇게!

실전에서는 가중평균을 위와 같이 식을 세워서 구하지 않고 비례식을 통해 해결하는 것이 효율적이다. 남자직원의 40%, 여자직원의 50%가 연수를 희망하였고 전체 직원의 43%가 연수를 희망하였다면, 남자직원과 전체 직원의 퍼센트 차가 3, 여자직원과 전체 직원의 퍼센트 차가 7로 남자직원의 수 : 여자직원의 수 = 7 : 3이므로 남자직원 수는 700명, 여자직원 수는 300명으로 빠르게 구한 후 풀이해야 한다.

문15 상대적 계산형 난이도 하 정답 ①

문제풀이 핵심 포인트
계산을 요하는 문제인 것 같지만, 〈보기〉에서 묻는 내용을 보면 이익이 증가하는지 감소하는지만 파악하면 되므로 이익에 관한 식으로 정리한 후, 증가 또는 감소 여부만 파악한다.

풀이

ㄱ. (×) 2021년의 판매량, 판매가격, 단위당 변동원가, 고정원가가 모두 2020년과 같다면 이익을 구성하는 식의 모든 항목이 같은 것이므로 2021년의 이익은 2020년의 이익과 같다. 이익이 감소한 경우가 아니므로 甲은 지원금을 받을 수 없다.

ㄴ. (○) 자영업자의 이익은 매출액에서 변동원가와 고정원가를 뺀 금액으로 지문의 내용을 이용해 식으로 나타내면 다음과 같다.

이익 = 매출액 − 변동원가 − 고정원가
    = (판매량 × 판매가격) − (판매량 × 단위당 변동원가) − 고정원가
    = 판매량 × (판매가격 − 단위당 변동원가) − 고정원가

이익을 구성하는 항목들의 증감에 따라 이익의 증감 관계를 정리해보면 다음과 같다.

구분	판매량	판매가격	단위당 변동원가	고정원가
이익	+	+	−	−

표에서 '+'는 양의 상관관계를 나타낸 것으로, 판매량이 증가하면 이익도 증가함을 의미한다. 반대로 '−'는 음의 상관관계를 나타낸 것으로, 단위당 변동원가가 증가하면 이익은 감소함을 의미한다. ㄴ의 내용을 정리하면 다음과 같다.

구분	판매량	판매가격	단위당 변동원가	고정원가
항목의 변화	불변	감소	불변	불변
이익의 증감	불변	감소	불변	불변

따라서 2020년에 비해 2021년의 이익이 감소하므로 甲은 지원금을 받을 수 있다.

ㄷ. (×) ㄷ의 내용을 정리하면 다음과 같다.

구분	판매량	판매가격	단위당 변동원가	고정원가
항목의 변화	증가	불변	불변	감소
이익의 증감	증가	불변	불변	증가

따라서 2020년에 비해 2021년의 이익이 증가하므로 甲은 지원금을 받을 수 없다.

ㄹ. (×) ㄹ의 내용을 정리하면 다음과 같다.

구분	판매량	판매가격	단위당 변동원가	고정원가
항목의 변화	증가	증가	불변	불변
이익의 증감	증가	증가	불변	불변

따라서 2020년에 비해 2021년의 이익이 증가하므로 甲은 지원금을 받을 수 없다.

✎ 실전에선 이렇게!

항목의 증감에 따라 계산이 필요한 경우가 발생할 수도 있다. 예를 들어 다음과 같은 상황에서는 판매량의 증가는 이익의 증가로, 단위당 변동원가의 증가는 이익의 감소로 나타나므로 항목별 변화 정도에 따라 이익이 증가할지 감소할지 계산으로 확인하여야 한다.

구분	판매량	판매가격	단위당 변동원가	고정원가
항목의 변화	증가	불변	증가	불변
이익의 증감	증가	불변	감소	불변

그러나 해당 문제에서는 이러한 상황이 주어지지 않았으므로 구체적인 이익의 값을 계산하는 일이 없도록 한다.

문16 상대적 계산형 난이도 하 정답 ③

문제풀이 핵심 포인트
작년과 올해의 성과급 산정식은 더 이상 간단히 변형하기 어렵고, 계산에 특별한 취급을 요하는 요소도 없어 어렵지 않다. 따라서 선택지에서 계산이 필요한 경우 바로 계산하되, 표에서 성과급 산정비율을 고를 때 실수하지 않도록 주의한다.

甲 ~ 丙의 작년과 올해 성과급을 비교하며 계산이 필요한 경우만 계산한다.

① (O) 甲의 작년 부서 성과 등급은 S로 부서 산정비율은 40%, 개인 성과 등급은 A로 개인 산정비율은 20%이다. 작년 연봉은 3,500만 원으로, 주어진 식에 따라 작년 성과급을 계산하면 $3,500 \times \{(40\% + 20\%)/2\} = 3,500 \times 30\% = 1,050$만 원이다.

② (O) 甲의 올해 부서 성과 등급은 A, 개인 성과 등급은 S로 성과 등급이 더 높은 개인 산정비율 40%가 성과급 산정에 사용된다. 乙의 올해 부서 성과 등급은 S, 개인 성과 등급은 A로 성과 등급이 더 높은 부서 산정비율 40%가 성과급 산정에 사용된다. 이때 甲과 乙은 연봉이 각각 4,000만 원으로 같고 성과급 산정에 사용되는 산정비율 값도 같으므로 올해의 성과급도 동일하다.

③ (×) 甲의 경우 작년의 연봉에 곱해질 성과급 산정비율은 부서 성과 등급 S와 개인 성과 등급 A의 산정비율의 평균값 $(40\% + 20\%)/2 = 30\%$이고, 올해의 연봉에 곱해질 성과급 산정비율은 부서 성과 등급 A와 개인 성과 등급 S의 산정비율 중 더 큰 값인 S의 산정비율 40%이다. 甲은 작년에 비해 올해의 연봉이 500만 원 인상되었으므로 작년에 비해 올해 연봉도 더 높고 연봉에 곱해질 산정비율도 더 크므로 작년 대비 올해 성과급이 증가한다.

乙의 경우 甲과 마찬가지로 작년의 연봉에 곱해질 성과급 산정비율은 B와 S의 산정비율의 평균값이고, 올해의 연봉에 곱해질 성과급 산정비율은 S와 A중 더 큰 값인 S의 산정비율이다. 乙은 작년과 올해의 연봉이 같지만 B, S의 평균값과 S값 중 S값이 더 크므로 작년 대비 올해 성과급이 증가한다.

丙의 경우 작년의 성과급은 $3,000 \times \{(10\% + 20\%)/2\} = 450$만 원이고, 올해의 성과급은 $3,500 \times max\{0\%, 10\%\} = 350$만 원으로 올해의 성과급은 작년 대비 감소하였다.

④ (O) 올해 甲 ~ 丙의 성과급은 甲이 $4,000 \times 40\%(S)$, 乙이 $4,000 \times 40\%(S)$, 丙이 $3,500 \times 10\%(B)$이다. 계산하지 않아도 丙의 성과급이 가장 작음을 알 수 있고 연봉 또한 丙이 가장 작으므로 연봉과 성과급의 합이 가장 작은 사람은 丙이다.

⑤ (O) 丙은 작년 대비 올해 성과급이 감소하였으므로 甲과 乙의 성과급만 검토한다.

구분	작년	올해
甲	$3,500 \times \{(40\% + 20\%)/2\}$ $= 1,050$	$4,000 \times max\{20\%, 40\%\}$ $= 1,600$
乙	$4,000 \times \{(10\% + 40\%)/2\}$ $= 1,000$	$4,000 \times max\{40\%, 20\%\}$ $= 1,600$

성과급 상승률을 구체적으로 계산할 필요는 없고, 올해 甲과 乙의 성과급은 같은 반면 작년의 성과급은 乙이 甲보다 작았으므로 乙의 성과급 상승률이 더 크다.

③ 丙의 경우에 작년에 비해 올해 연봉에 곱해질 성과급 산정비율은 약 33.3% 감소하였으나 연봉의 인상률은 이에 미치지 못하므로 구체적인 계산 전에 이미 감소하였음을 알 수 있다.

문 17 경우 확정형 난이도 중   정답 ④

문제풀이 핵심 포인트

모든 선택지에서 가정을 포함하여 합격하는 사람을 찾아내고 있다. 따라서 지문에 주어진 조건만으로는 합격하는 사람을 확정할 수 없고, 가정을 추가해야 확정이 가능함을 파악할 수 있어야 한다. 조건의 연결처리를 잘해야 쉽게 해결할 수 있는 문제이다.

각 과목 점수에 관한 내용을 정리하면 다음과 같다.

· 전공시험 점수: A > B > E ··· ㉠

               C > D ··· ㉡

· 영어시험 점수: E > F > G ··· ㉢

· 적성시험 점수: G > B ··· ㉣

               G > C ··· ㉤

① (×) A가 합격하였다면 어느 한 과목에서라도 A보다 높은 점수를 받은 응시자는 합격한 것이다. 그러나 B가 A보다 어느 한 과목에서 높은 점수를 받았는지는 알 수 없다.

② (×) C가 G보다 어느 한 과목에서 높은 점수를 받았는지는 알 수 없다.

③ (×) C와 D가 A, B보다 어느 한 과목에서 높은 점수를 받았는지는 알 수 없다.

④ (O) B가 합격하였다면 ㉣에 의해 G도 합격한 것이고, G가 합격하였다면 ㉢에 의해 F도 합격하였다. 또한 E가 합격하였다면 ㉠에 의해 B가 합격, ㉣에 의해 G도 합격, ㉢에 의해 F도 합격하였다.

⑤ (×) B가 합격하였다면 ㉠에 의해 A가 합격하였고 ㉣에 의해 G도 합격하였다. 또한 G가 합격하였다면 ㉢에 의해 E와 F도 합격하였다. 그러나 C와 D가 어느 한 과목에서라도 지금까지 추론한 합격자 A, B, E, F, G보다 높은 점수를 받았는지는 알 수 없다. 따라서 B를 포함하여 적어도 5명이 합격하였다.

④, ⑤ 두 명의 응시자 A, B가 있을 때 모두 합격자라면 어느 과목에서는 점수가 A>B이고, 다른 과목에서는 점수가 B>A일 수 있다. 그리고 모두 불합격자인 경우에도 동일하다. 그러나 마지막 문단에 의하면 위와 같은 관계는 한 명은 합격자, 한 명은 불합격자인 경우에는 성립할 수 없다. ㉠의 B > E, ㉢의 E > F > G, ㉣의 G > B를 종합적으로 고려하면 B, E, F, G의 관계는 일정 과목에서는 다른 응시자보다 점수가 높으면서 다른 과목에서는 다른 응시자보다 점수가 낮은 관계임을 알 수 있다. 즉, B, E, F, G는 모두 합격자이거나 모두 불합격자이어야 한다.

문 18 규칙 정오판단형 난이도 하   정답 ②

문제풀이 핵심 포인트

〈보기〉에 대한 사례·반례를 찾는 문제이다. 해설의 최소 합계 점수, 최대 합계 점수와 같이 사례·반례를 찾기 위한 논리의 전개에 익숙해져야 한다. 지문에 제시된 내용 중 '4점 슛 도전 실패 시 1점을 잃는 경우'는 여러 〈보기〉에서 활용되는 부분이므로 처음에 잘못 판단하더라도 다른 〈보기〉를 통해 다시 판단할 수 있어야 한다.

풀이

ㄱ. (×) 甲의 합계 점수를 가능한 낮게 만들어서 반례를 찾는다. 예를 들어 甲이 성공한 1, 3, 4, 5회차 도전이 모두 2점 슛이었다면 甲은 8점을 획득한다. 그러나 甲이 실패한 2회차 도전이 4점 슛 도전이었다면 실패한 경우 1점을 잃게 된다. 이 경우 甲의 합계 점수는 7점으로 8점 미만이 된다.

ㄴ. (○) 乙이 승리하기 위해서 4점 슛에 도전해야만 하는 상황인지 확인한다. 즉, 乙이 4점 슛에 도전하지 않고는 甲의 최소 합계 점수를 넘을 수 없는지 확인한다. 甲이 3점 슛에 2번 도전하였을 때 최소 합계 점수가 나오는 경우를 정리하면 다음 표와 같다.

	1회	2회	3회	4회	5회	합계 점수
경우 1	○ (3점)	× (3점)	○ (2점)	○ (2점)	○ (2점)	9점
경우 2	○ (3점)	× (-1점)	○ (3점)	○ (2점)	○ (2점)	9점

경우 2는 2회차 도전에서 4점 슛에 도전하고 실패한 경우이다. 乙이 4점 슛에 도전하지 않고 얻을 수 있는 최대 합계 점수는 1, 2, 5회차 모두 3점 슛에 도전하여 성공한 경우인 9점이다. 甲의 최소 합계 점수와 乙의 최대 합계 점수가 9점으로 같은 상황인데 지문에서는 점수가 같은 경우 누가 승리하는지에 대해 언급이 없다. 다만 합계 점수가 더 높은 사람이 승리한다고 했으므로 乙이 승리하기 위해서는 甲의 9점보다 높은 점수가 필요하다. 따라서 乙이 승리하기 위해서는 던지기에 성공한 1, 2, 5회차 도전 중 1번은 4점 슛에 도전하여 성공해야 한다.

ㄷ. (×) 甲이 승리하기 위해서는 甲의 최소 합계 점수가 乙의 최대 합계 점수 이상이어야 한다. 甲의 최소 합계 점수를 구하면 1, 3, 4, 5회차 도전에는 모두 2점 슛을 도전하여 성공하고, 2회차 도전에서는 슛 종류에 상관없이 실패하여 1점을 잃은 7점이 된다. 乙의 최대 합계 점수를 구하면 성공한 회차인 1, 2, 5회차에 1회는 4점 슛, 2회는 3점 슛을 도전하여 총 10점을 획득하고, 실패한 회차인 3, 4회차에는 슛 종류에 상관없이 실패하여 총 2점을 잃은 8점이 된다. 따라서 모든 슛에 대해 실패 시 1점을 차감한다면 반드시 甲이 승리하였을 것이라고는 할 수 없다.

✏️ **실전에선 이렇게!**

총 5회의 던지기 도전 중 2점 슛과 3점 슛을 자유롭게 선택하여 도전할 수 있고, 5회 중 1회는 4점 슛 도전이 가능하다. 2점 슛과 3점 슛은 점수를 잃는 경우가 없으나, 4점 슛 도전은 예외적으로 실패하면 1점을 잃을 수 있다는 점에 유의한다.

문 19 경우 파악형 난이도 중

정답 ③

문제풀이 핵심 포인트

지문과 각주의 내용에 따라 A군의 범위 안에 양봉농가를 배치한다는 생각으로 접근한다. 바로 도형에 의한 아이디어가 떠오르지 않을 때는 양봉농가를 하나씩 최대한 가깝게 배치해보는 시도를 해보면서 감을 잡아 문제를 해결해 나가야 한다.

풀이

A군의 외부에는 양봉농가가 존재하지 않으므로 A군의 경계에 양봉농가를 배치할 수 있다. 또한 각주에서 양봉농가의 면적은 고려하지 않는다고 했으므로 양봉농가를 점으로 가정하여 그림으로 나타내면 다음과 같다.

〈그림 1〉

〈그림 1〉의 가운데 점은 양봉농가이며(면적은 0), 원은 반지름이 12km로 원 안은 다른 양봉농가가 배치될 수 없는 범위를 나타낸다. 양봉농가 간 거리가 12km 이상인 경우에만 양봉을 허가한다고 했으므로 다른 양봉농가가 〈그림 1〉의 원 위에 배치될 수 있다. A군에 최대한 많은 양봉농가를 배치하고자 하므로 우선 두 개의 양봉농가를 최대한 가까이 배치하면 다음과 같다.

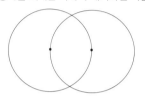

〈그림 2〉

〈그림 2〉에서는 두 개의 양봉농가가 배치된 것이며, 다른 양봉농가가 배치될 수 없는 범위인 원 위에 서로 배치되어 있다. 마찬가지로 하나의 양봉농가를 최대한 가까이 배치하면 다음과 같다.

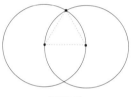

〈그림 3〉

생략된 원을 고려하면 세 번째 양봉농가는 〈그림 3〉처럼 배치되어야 함을 알 수 있다. 이때 세 양봉농가는 서로 같은 거리에 있으며, 세 양봉농가를 이은 점선은 정삼각형을 이룬다. 즉, 각 양봉농가끼리 서로 정삼각형을 이루도록 배치하면 다음과 같다.

〈그림 4〉

〈그림 4〉에서 점선으로 나타낸 원은 A군의 경계이므로, 주어진 조건에 따라 A군의 경계에 양봉농가를 배치할 수 있다. 점으로 나타낸 각 양봉농가를 이은 점선은 양봉농가 간의 거리가 같음을 나타낸 것이다. A군의 경계 안에 〈그림 4〉보다 더 많은 양봉농가를 배치할 수는 없다. 따라서 A군 양봉농가의 최대 수는 7개이다.

✏️ **실전에선 이렇게!**

결과를 알고 나서 〈그림 4〉를 보면 쉽지만, 실전에서 양봉농가들을 정삼각형 또는 A군의 경계에 내접하는 정육각형 모양으로 배치해 나간다는 아이디어를 떠올리기는 쉽지 않다. A군 양봉농가의 최대 수를 묻고 있으므로 양봉농가를 최대한 빽빽하게 배치해보는 시도를 해보면서 감을 잡아야 한다. A군의 중심으로부터 하나의 양봉농가를 최대한 먼 곳에서부터 우선 배치해보면 결국은 A군의 경계에 배치를 하게 된다. A군 경계의 길이, 즉 12km × π ≒ 6으로 6 이상이라는 것을 알면 A군 경계에 최대 6개의 양봉농가를 배치할 수 있음을 알 수 있고, A군의 중심에도 배치할 수 있으므로 정삼각형 또는 정육각형과 같은 도형에 의한 아이디어가 떠오르지 않더라도 문제를 해결할 수 있다.

문 20 경우 파악형　[난이도 **중**]　　정답 ③

문제풀이 핵심 포인트

만 나이는 태어났을 때 0살로 시작해 다음 해 생일이 되면 1살이 된다. 즉, 어느 해나 생일이 되는 날 만 나이가 1살 더해지고(단, 2월 29일생은 예외), 1년 365일 중 생일이 두 번 지날 수는 없다는 점 등에 유의하여 문제에 접근한다.

풀이

甲의 첫 번째 진술에 따르면 甲은 올해 안에 만 23살이 된다. 다가올 올해 생일에 만 23살이 된다는 것은 현재 나이가 22살이라는 것이다. 또한 그저께 만 21살이었는데 오늘이 만 22살이라는 것은 어제 또는 오늘 둘 중 한 날이 생일이었다는 것이다. 올해 안에 만 23살이 되려면 올해 안에 생일이 있어야 하는데, 오늘이 생일이라면 생일이 올해 안에 다시 있을 수는 없으므로 어제가 생일이며 어제는 작년임을 알 수 있다. 정리하면 甲은 그저께인 2021년 12월 30일에는 만 21살이었고, 어제인 2021년 12월 31일에 생일이 되어 만 22살이 되었으며, 올해 생일인 2022년 12월 31일에 만 23살이 될 것이다. 이때 ㉠을 계산하기 위한 甲의 주민등록번호 앞 6자리 숫자를 모두 알기 위해서는 甲의 출생연도를 알아야 한다. 출생연도는 올해 연도 X에서 올해 생일을 기준으로 한 만 나이 Y를 빼면 구할 수 있다. 甲의 세 번째 진술에 따르면 올해는 2022년이고, 올해 생일에 만 23살이 되므로 甲의 출생연도는 2022 − 23 = 1999년이다. 따라서 甲의 주민등록번호 앞 6자리는 991231로 ㉠은 9 × 9 × 1 × 2 × 3 × 1 = 486이다.

📌 실전에선 이렇게!

甲의 생일이 12월 31일인 것을 찾아냈다면 선택지를 이용해 빠르게 판단할 수 있다. 우선 12월 31일인 것으로부터 1 × 2 × 3 × 1 = 6인 것을 알 수 있다. 선택지 ①은 甲이 2000년생은 확실히 아닌 점에서 쉽게 소거가 가능하고, 선택지 ②는 6의 배수가 아닌 점에서 소거 가능하다. 그리고 ㉠을 구하기 위해서는 아직 구하지 않은 甲의 출생연도를 일의 자리 수 두 개로 바꾼 숫자를 6에 두 번 곱해야 하는데, 어떤 일의 자리 수 두 개를 6에 곱하더라도 선택지 ④, ⑤의 값이 나올 수 없다. 따라서 구체적인 만 나이를 구하지 않고도 선택지를 통해 해결할 수 있다.

문 21 조건 계산형　[난이도 **상**]　　정답 ⑤

문제풀이 핵심 포인트

박스에 주어진 조건에 〈상황〉으로 주어진 조건까지 더해져 조건이 매우 복잡한 문제이다. 활용된 용어에 주의하여 조건을 정확하게 파악해야만 문제를 정확히 해결할 수 있다.

풀이

A검사국이 인사부서에 증원을 요청할 인원을 구하기 위해서는 다음 해 A검사국의 예상 검사 건수를 알아야 한다. 〈상황〉에서 내년 예상 검사 건수는 올해 검사 건수의 120%라고 했으므로 올해 검사 건수를 구해야 하는데, 올해 검사 건수는 올해의 최대 검사 건수와 같다고 했으므로, 우선 주어진 지문과 〈상황〉을 조합하여 올해 최대 검사 건수를 구한다.

- 올해 최대 검사 건수를 구하기 위해서는 '기준 검사 건수'를 확인한다. 올해의 '기준 검사 건수'는 100건이며, 이를 직원별로 차감하여 올해 최대 검사 건수를 구한다. 국장은 '기준 검사 건수' 100건에서 100% 차감되므로 최대 검사 건수는 0건이다. 사무 처리 직원도 마찬가지로 최대 검사 건수는 0건이다. 국장 및 사무 처리 직원을 제외한 모든 직원은 10%를 차감하되, 과장은 50%를 추가 차감한다. 즉, 과장은 60%를 차감하고 국장, 사무 처리 직원, 과장을 제외한 나머지 직원은 10%를 차감하는 결과가 된다. 이를 제시된 A검사국의 직원 수와 종합하여 최대 검사 건수를 계산하면 다음과 같다.

올해	기준 검사 건수		100% − 차감		인원 수		최대 검사 건수
국장	100	×	0	×	1	=	0
사무 처리 직원	100	×	0	×	10	=	0
과장	100	×	40	×	9	=	360
나머지 직원	100	×	90	×	80	=	7,200
				계	100	계	7,560

- 주어진 〈상황〉에 따르면 올해 최대 검사 건수는 올해 검사 건수이고, 내년 예상 검사 건수는 올해 검사 건수의 120%이므로 내년 예상 검사 건수는 7,560 × 1.2이다.

- 내년 예상 검사 건수를 모두 검사하는 데 필요한 최소 직원 수에서 올해 직원 수를 뺀 인원을 증원 요청한다고 했지만, 계산을 수월하게 하기 위해 내년 예상 검사 건수에서 내년 최대 검사 건수를 뺀 후 해당 검사 건수를 검사하는 데 필요한 최소 직원 수를 계산하는 방법을 이용한다. 1명당 검사 건수가 가장 많은 '나머지 직원'을 기준으로 최소 직원 수를 계산하고, 내년의 국장, 과장, 사무 처리 직원의 수는 올해와 동일하다는 점을 확인한다.

- 올해 직원 수를 기준으로 내년에 수행 가능한 최대 검사 건수는, 주어진 〈상황〉에 따라 위의 표에서 '기준 검사 건수'만 100건에서 90건으로 하향 조정된다. '기준 검사 건수'가 10% 감소하였다는 것은 모든 직원별 검사 건수가 10% 감소했다는 것이고, 이는 내년 최대 검사 건수가 올해 최대 검사 건수의 90%라는 것이다. 즉, 내년 최대 검사 건수는 7,560 × 0.9이다.

- 내년 예상 검사 건수 7,560 × 1.2에서 내년 최대 검사 건수 7,560 × 0.9를 빼면 7,560 × 0.3 = 2,268건이다. '나머지 직원' 1명이 내년 한 해 동안 수행할 수 있는 최대 검사 건수는 90 × 0.9 = 81건이다. 이에 따라 2,268/81 = 28명의 '나머지 직원'을 인사부서에 증원 요청해야 한다.

따라서 현재의 직원으로 내년 예상 검사 건수를 수행하면 2,268건에 대한 검사를 수행하지 못하므로 한 명당 81건의 검사를 수행할 수 있는 '나머지 직원' 28명이 더 필요하다.

문 22 규칙 정오판단형　[난이도 **중**]　　정답 ④

문제풀이 핵심 포인트

甲~丙의 회차별 정답 여부와 문제 번호를 주어진 조건에 따라 직접 확인해야 한다. 직접 확인하기 전에 주어진 7회차까지 빠르게 판단하면 될 것 같지만, 주어진 표에 4~5회차 결과가 제외되어 있어 경우의 수가 갈리면 더 복잡해질 수도 있고, 조건에 따라 경우의 수가 줄어들 수도 있다는 점을 유의해야 한다.

주어진 회차별 풀이 결과에 따르면 甲, 丙의 경우 1, 2, 3, 6, 7회차 정답의 개수가 3회인데 乙은 4회이므로 甲~丙의 7회차까지 정답의 개수는 4회 또는 5회임을 알 수 있다. 甲부터 판단해 보면 다음과 같다.

甲	1	2	3	4	5	6	7
문제 번호	1번	3번	7번	4번	9번		
풀이 결과	○	○	×	○	?		

4회차에는 풀이 결과 오답일 수 없다. 조건에 따라 4회차에 4번 문제를 풀어 오답인 경우 다음 회차인 5회차에는 3번 문제를 풀어야 하는데, 한 사람이 같은 번호의 문제를 두 번 이상 푼 경우는 없다고 했으므로 4회차의 풀이 결과는 정답이다. 그리고 5회차에는 9번 문제를 풀게 된다. 여기까지 풀이하면 5회차는 풀이 결과가 확정되지 않으므로 乙을 확인한다.

乙	1	2	3	4	5	6	7
문제 번호	1번	3번	7번	15번	8번		
풀이 결과	○	○	○	×			

4회차 풀이 결과는 정답일 수 없다. 4회차가 정답이라면 조건에 따라 5회차에는 25번 문제를 풀게 되고 더 이상 문제를 풀지 않는다. 그러나 乙은 6회차, 7회차에 문제를 풀었으므로 4회차 풀이 결과는 오답이다. 그리고 5회차에는 8번 문제를 풀게 된다. 이때 乙의 5회차 풀이 결과에 따라 경우의 수가 두 가지로 나누어지므로 이를 정리하면 다음과 같다.

〈경우 1〉 乙의 5회차 풀이 결과가 정답인 경우

乙	5	6	7
문제 번호	8번	17번	9번
풀이 결과	○	×	○

〈경우 2〉 乙의 5회차 풀이 결과가 오답인 경우

乙	5	6	7
문제 번호	8번	5번	3번
풀이 결과	×	×	○

그러나 〈경우 2〉는 乙이 7회차에서 다시 3번 문제를 풀게 되므로 성립할 수 없다. 이에 따라 乙의 5회차 풀이 결과는 정답이다.

조건에 따르면 세 사람이 맞힌 정답의 개수는 같고, 乙의 정답 개수가 5개이므로 甲의 정답 개수도 5개이다. 즉, 甲의 5회차 풀이 결과는 정답임을 알 수 있다. 丙의 정답 개수가 5개이므로 丙의 4회차와 5회차 풀이 결과가 모두 정답이다. 이상의 내용들을 하나의 표로 정리하면 다음과 같다.

구분		1	2	3	4	5	6	7
甲	문제 번호	1번	3번	7번	4번	9번	19번	25번
	풀이 결과	○	○	×	○	○	○	×
乙	문제 번호	1번	3번	7번	15번	8번	17번	9번
	풀이 결과	○	○	○	×	○	×	○
丙	문제 번호	1번	3번	2번	5번	11번	23번	25번
	풀이 결과	○	×	○	○	○	○	×

ㄱ. (×) 4회차에 甲은 4번 문제를, 丙은 5번 문제를 풀었다.

ㄴ. (○) 4회차에 정답을 맞힌 사람은 甲, 丙 2명이다.

ㄷ. (×) 5회차에 정답을 맞힌 사람은 甲, 乙, 丙 3명이다.

ㄹ. (○) 乙은 7회차에 9번 문제를 풀었다.

사후적 풀이처럼 설명하지 않기 위해서 甲부터 해설하였다. 그러나 조건에 따르면 乙은 4~5회차 풀이 결과가 모두 정답일 수 없고, 4회차 풀이 결과가 오답이고 5회차 풀이 결과가 정답이면 甲과 丙의 모든 결과가 쉽게 확정될 수 있다는 점에서 乙부터 풀이하는 것이 좋다. 위 '풀이'처럼 甲부터 시착해 문제를 풀게 되면, 5회차 풀이부터는 결과가 확정되지 않으므로 다음 두 가지의 경우로 나누어 판단해야 한다.

〈경우 1〉 甲의 5회차 풀이 결과가 정답인 경우

회차	5	6	7
문제 번호	9번	19번	25번
풀이 결과	○	○	×

〈경우 2〉 甲의 5회차 풀이 결과가 오답인 경우

회차	5	6	7
문제 번호	9번	5번	11번
풀이 결과	×	○	×

乙과 달리 甲의 〈경우 1〉과 〈경우 2〉는 모두 성립이 가능하다. 甲부터 풀이를 시작하였다면 이러한 상황까지 확인하고 乙이나 丙으로 넘어갈 수도 있지만, 보다 더 빨리 확정할 수 있는 다른 경우로 넘어가는 것도 좋다.

문 23 경우 확정형 `난이도 상` 정답 ①

문제풀이 핵심 포인트

지문이 연언문, 선언문으로만 주어져 있고, 조건문이 없는 점, 숫자에 의한 제약이 있는 점에서 언어논리의 논리퀴즈 유형처럼 접근하지 않도록 주의한다. 주어진 조건에 따라 사례와 반례를 찾아서 빠르게 해결한다.

△△팀원은 7명이고 甲과 함께 식사하므로 총 8명이 식사하게 된다. 첫 번째 조건에 따라 함께 식사하는 총 인원은 4명 이하여야 하므로 팀원 7명은 최소 3개의 조로 나누어져 식사를 해야 한다. 또한 두 번째 조건에서 단둘이 식사하지 않는다고 했으므로 최대 3개 조로 나누어 식사를 하게 된다. 즉, 어떠한 경우에도 3개 조로 나누어져 식사를 한다. 이 3개의 조는 甲을 제외하고 항상 3명, 2명, 2명으로 나누어진다.

① (×) A와 E가 함께 환영식사에 참석한 경우 모순이 발생하는지 판단한다. 세 번째 조건에 따라 B는 A와 함께 식사하지 않으므로 서로 다른 조에 배치한다고 가정한다. 그리고 다섯 번째 조건에 따라 F는 E와 함께 식사한다. 이를 그림으로 나타내면 다음과 같다.

A	E	F	甲

B		甲

		甲

큰 사각형 안의 각 작은 사각형 한 칸은 각각 1명이 들어감으로써 첫 번째 조건의 총 인원이 4명 이하임을 표시한 것이다. 편의상 왼쪽 첫 번째 큰 사각형부터 첫 번째 조, 두 번째, 세 번째 조라고 가정하고 음영 칸에 들어가야 할 팀원을 생각해 본다. 네 번째 조건에 따르면 C와 D는 함께 식사하지 않으므로 C와 D 중 한 명은 음영 칸에 들어가고 나머지는 세 번째 조에 들어간다. 그러나 여섯 번째 조건에 따라 부팀장과 함께 식사해야 하는 G 역시 음영 칸에 들어가야 한다. 이러한 경우는 성립할 수 없으므로 A는 E와 함께 환영식사에 참석할 수 없다.

② (○) B가 C와 함께 환영식사에 참석한 경우, 세 번째 조건에 따라 A는 다른 조에 참석해야 하며 편의상 두 번째 조로 배치한다. 다섯 번째 조건에 따라 E와 F는 함께 식사해야 하므로 세 번째 조에 함께 배치한다. 다섯 번째 조건에 따라 D는 C와 함께 식사하지 않으므로 두 번째 조로 배치한다. 마지막으로 여섯 번째 조건에 따라 G를 첫 번째 조에 배치한다. 이를 그림으로 나타내면 다음과 같다.

| B | C | G | 甲 | | A | D | 甲 | | E | F | 甲 |

따라서 B는 C와 함께 환영식사에 참석할 수 있다.

③ (○) C와 G가 함께 환영식사에 참석하는 경우 여섯 번째 조건에 따라 부팀장이 함께 식사해야 하므로 C와 G를 첫 번째 조에 배치한다.

| | C | G | 甲 | | | | 甲 | | | | 甲 |

이 외에 다른 제약조건이 없으므로 선택지 ②와 같이 배치가 가능하다. 따라서 C는 G와 함께 환영식사에 참석할 수 있다.

④ (○) D가 E와 함께 환영식사에 참석하는 경우 다섯 번째 조건에 따라 F도 함께 식사에 참석해야 하므로 첫 번째 조에 배치한다. 세 번째 조건에 의해 A와 B는 함께 식사하지 않으므로 편의상 각각 두 번째 조, 세 번째 조에 배치한다. 네 번째 조건에 따라 C와 D는 함께 식사하지 않고, A와 B는 특별한 조건이 없으므로 각각 두 번째 조, 세 번째 조 중 어떤 조에 들어가도 무방하다. 이를 그림으로 나타내면 다음과 같다.

〈경우 1〉

| D | E | F | 甲 | | A | C | 甲 | | B | D | 甲 |

〈경우 2〉

| D | E | F | 甲 | | A | D | 甲 | | B | C | 甲 |

따라서 D가 E와 함께 환영식사에 참석하는 경우, C는 부팀장과 함께 환영식사에 참여하게 된다.

⑤ (○) G를 포함하여 총 4명이 함께 환영식사에 참석하는 경우, 여섯 번째 조건에 따라 G는 A 또는 B와 함께 첫 번째 조에 들어간다. 예를 들어 B와 함께 첫 번째 조에 들어갔다고 가정하면, 다섯 번째 조건에 따라 E와 F는 함께 식사해야 하므로 편의상 세 번째 조로 배치한다.

| B | | G | 甲 | | A | | 甲 | | E | F | 甲 |

이에 따라 F가 참석하는 환영식사의 인원은 총 3명이다. 나머지는 다른 제약조건이 없으므로 선택지 ②와 같이 배치가 가능하다.

문 24 조건 계산형   난이도 상   정답 ④

문제풀이 핵심 포인트
거리·속력·시간에 대한 이해를 묻는 문제이다. 거리·속력·시간의 구체적 값이 주어져 있지 않지만, 주어진 조건을 토대로 甲과 乙 속력의 비를 구하는 것이 문제의 핵심이다. 거리·속력·시간에 대한 기본적인 식과 변형에 익숙해져야 한다.

풀이

사무실 사이의 거리는 주어져 있지 않고, 甲과 乙 각각의 속력은 일정함을 지문을 통해 확인할 수 있다. 乙이 자신의 사무실을 출발하여 4분 뒤 복도에서 甲을 만나 서류를 받은 상황과, 甲이 사무실에 복귀한 것까지 화살표로 나타내면 다음 〈그림 1〉과 같다.

〈그림 1〉

마지막 문장에 따르면, 甲은 원래 예상했던 시각보다 2분 일찍 사무실로 복귀한 사실을 알게 되었다. 甲은 乙과 중간에서 만남으로써 乙이 이동한 거리, 즉 점선 화살표 길이의 2배만큼 덜 이동하게 된 것이다. 乙은 점선 화살표 길이의 만큼의 거리를 이동하는 데 4분이 걸리는데, 甲은 그 2배 거리를 이동하는 데 2분이 걸린다는 것이다. 즉, 甲은 해당 거리를 이동하는 데 1분이 걸리고 甲의 속력은 乙의 4배라는 것을 알 수 있다.

아래 〈그림 2〉는 乙이 출발한 시점에서 甲의 위치를 나타낸 것이다. 乙이 출발한 시점으로부터 4분 뒤 두 번째 화살표와 점선 화살표가 만나는 지점에서 〈그림 1〉처럼 甲과 乙이 만나게 되는 것이다.

〈그림 2〉

이는 甲이 두 번째 화살표 길이만큼의 거리를 4분 만에 가는 것이다. 그리고 甲의 속력은 乙의 4배이므로 점선 화살표 길이만큼의 거리는 1분 만에 갈 수 있다. 즉, 乙이 출발한 시점에서 甲은 乙의 사무실까지 5분 만에 갈 수 있다. 따라서 乙은 甲이 도착하기 5분 전, 즉 약속한 시각보다 5분 일찍 자신의 사무실을 나섰다.

문 25 응용형(법조문형)   난이도 하   정답 ④

문제풀이 핵심 포인트
선택지에서 '허가'라는 키워드가 네 번 나오고, 〈상황〉이 주어져 있으므로 '일치부합형'의 해결 방식이 아닌 '응용형'의 해결 방식을 사용해 문제를 해결한다. 甲은 공관장이고, 甲~丙은 모두 재외공관인 A국 소재 대사관에 근무하는 공무원으로 재외공무원에 해당한다는 점에 주목한다.

풀이

① (×) 제1항에 따르면 재외공무원이 공무로 일시귀국하고자 하는 경우에는 장관의 허가를 받아야 한다. 올해 甲의 일시귀국 2회는 모두 공무상 회의 참석을 위한 것이므로 甲은 일시귀국 시 장관에게 신고를 하는 것이 아닌 허가를 받아야 한다.

② (×) 제2항에 따르면 공관장이 공무 외의 목적으로 일시귀국하려는 경우에는 장관의 허가를 받아야 하지만, 제2항 단서에서 배우자의 직계존·비속이 사망하거나 위독한 경우 공관장은 장관에게 신고하고 일시귀국할 수 있다고 하였다. 따라서 甲이 배우자의 직계존속이 위독하여 올해 추가로 일시귀국하기 위해서는 제2항 단서에 따라 장관의 허가를 받는 것이 아닌 장관에게 신고하고 일시귀국할 수 있다. 이는 제4항에 해당하는 상황도 아니다.

③ (×) 공관장이 아닌 재외공무원이 장관의 허가를 받아야 하는 경우는 제4항 각 호에 해당하는 사항이어야 한다. 乙의 올해 일시귀국 현황은 동반자녀의 관절 치료를 위해 총 1회이며 이는 제3항의 단서 제2호에 해당하는 경우로 일시귀국의 횟수 및 기간에 산입하지 아니한다. 즉, 乙이 직계존속의 회갑으로 인해 올해 3일간 추가로 일시귀국을 하더라도 연 1회 20일 이내이므로 제4항 제1호의 장관의 허가를 받아야 하는 상황이 아니라, 제2항 본문의 공관장의 허가를 받아야 하는 상황에 해당한다.

④ (○) 제4항 제2호에서는 재외공무원이 장관의 허가를 받아야 하는 경우로 재외공무원이 일시귀국 후 국내 체류기간을 연장하는 경우라고 정하고 있다. 해당 경우 허가의 예외를 정하고 있는 조문은 제시되지 않았으므로 乙이 공관장의 허가를 받아 일시귀국하였더라도 국내 체류기간을 연장하였을 때에는 장관의 허가를 받았을 것이다.

⑤ (×) 제2항에서 공관장이 아닌 재외공무원이 공무 외의 목적으로 일시귀국하려는 경우에는 공관장의 허가를 받도록 정하고 있지만, 제4항 제1호에 따르면 재외공무원이 연 1회 또는 20일을 초과하여 공무 외의 목적으로 일시귀국하려는 경우는 장관의 허가를 받아야 한다. 丙의 자신의 혼인이라는 사유는 제4항 제1호의 공무 외의 목적에 해당하고 올해 직계존속의 회갑으로 이미 1회 일시귀국한 바 있으므로 올해 연 1회를 초과하여 일시귀국하기 위해서는 제4항에 의하여 공관장의 허가가 아닌 장관의 허가를 받아야 한다.

✏️ 실전에선 이렇게!

⑤ 제3항에서 재외공무원이 공무 외의 목적으로 일시귀국할 수 있는 기간은 연 1회 20일 이내로 정하고 있으나, 직접적으로 적용되는 조문은 제4항임에 유의한다.

PSAT 전문가의 총평

· 2021년은 국가직 7급 공채 시험에 PSAT가 처음 도입된 해입니다. 처음 실시되었다고 하더라도 기존 민간경력자, 5급 PSAT 기출에서 출제되던 유형이 주로 출제되었고 7급에 보다 특화된 문제는 한 문제만 출제되었지만, 민간경력자 PSAT보다는 난도가 높았기 때문에 5급 PSAT 기출문제를 준비하지 않고 민경채 PSAT로만 준비한 경우에 어려운 난도에 당황했다는 수험생들이 많았습니다. 7급 PSAT에서도 기존의 기출에서 사용된 장치 또는 함정이 많이 활용되었습니다. 따라서 축적되어 있는 기출문제를 충분히 풀어보면서 장치, 함정 등을 분석해두고, 접근법, 스킬 등을 연습해 두었다면 이를 활용하여 어렵지 않게 해결될 문제가 많았습니다. 따라서 기존의 민간경력자, 5급 PSAT 문제를 철저한 기출분석을 통해 앞으로 시행될 시험을 잘 대비해 두는 것이 필요할 것입니다.

· 2021년 국가직 7급 1차 PSAT 응시율은 약 63.5%로, 지원자 약 38,900명 중 약 24,700명이 실제 응시한 것으로 나타났습니다. 이는 전년 대비 소폭 하락한 수치인데, PSAT가 처음 도입되면서 지원자가 증가하며 이탈자도 함께 늘어난 것으로 보입니다.

· 2021년 7급 PSAT 상황판단에서는 텍스트형에 속하는 문제가 한 문제도 출제되지 않은 점이 가장 특징적이었습니다. 이러한 경향은 5급 PSAT에서는 2019년부터 발견되고 있는 특징이기도 한데, 5급 PSAT와 7급 PSAT의 출제경향이 긴밀히 연결되어 있음을 방증하는 것이기도 합니다. 법조문형은 총 9문제가 출제되었고, 발문포인트형, 일치부합형, 응용형 문제가 골고루 출제되었습니다. 1지문 2문항형에 속하는 문제가 텍스트형이 아닌 법조문형에 속하는 문제로 출제된 점이 텍스트형에 속하는 문제가 한 문제도 없었던 가장 큰 이유였습니다. 핵심유형으로 계산형은 총 5문제, 규칙형은 총 6문제, 경우형은 총 5문제가 출제되었습니다.

· 법조문형에서 5급 PSAT에서는 최근 자주 출제되고 있는 위원회 소재의 문제가 출제되었는데, 정답률은 60% 정도로 높지 않았다는 점이 특징적이었습니다. 24번 문제의 정답률도 매우 낮았는데, 조건이 다소 복잡한 편에 속하는 문제이기는 하지만 같은 해 2021년 5급 공채 가책형 17번 문제에서 처음으로 사용된 '올림' 장치가 다시 되풀이 사용되었다는 점에서 대비가 되어 있었어야 했다고 생각합니다. 계산형은 총 5문제가 출제되었고, 전반적으로 조건이 복잡했다는 점이 공통적이었습니다. 그렇지만 '5의 배수+α, 간격, A당 B' 등 5급에서 자주 활용되고 있던 장치가 그대로 7급에서 출제되었다는 점, 여러 장치나 함정이 복잡하게 결합되지 않고 하나의 장치나 함정으로 문제가 출제되었다는 점 등에서 기존에 5급 기출로 충분히 대비가 가능했습니다. 따라서 기존 기출문제를 잘 준비한 수험생은 쉽게 해결할 수 있었던 반면, 그렇지 않은 수험생은 어려워했고, 정답률은 대부분의 문제에서 50%대의 정답률을 보여 높지 않았다는 점에서 보다 철저한 기출분석이 요구됩니다. 규칙형은 총 6문제가 출제되었고, 업무 정합성을 고려한 20번 문제가 7급 특성에 맞게 새롭게 출제된 것을 제외하면, 역시나 기존에 출제되던 장치들로 출제가 되었다는 점이 특징적입니다. 여러 기준이 제시되거나, 몰아주기를 하거나, 이동규칙을 파악하여 해결하면 어렵지 않게 해결이 가능하였습니다. 25번 문제 역시도 기존에 법조문 유형에서 많이 활용된 지방자치단체의 종류인 광역지방자치단체와 기초지방자치단체를 구별하는 문제가 출제되었습니다. 경우형은 총 5문제가 출제되었고, '합분해, 1/2씩 줄여가기' 등 5급 공채에서도 난도 있는 출제장치가 활용되었다는 점에서 난도가 꽤 높았습니다.

정답

p.60

문1	④	응용형 (법조문형)	문6	①	규칙 적용해결형	문11	②	경우 파악형	문16	④	응용형 (법조문형)	문21	②	경우 확정형
문2	①	일치부합형 (법조문형)	문7	①	규칙 적용해결형	문12	⑤	조건 계산형	문17	③	응용형 (법조문형)	문22	⑤	경우 파악형
문3	⑤	일치부합형 (법조문형)	문8	③	경우 파악형	문13	③	조건 계산형	문18	④	일치부합형 (법조문형)	문23	①	1지문 2문항형
문4	④	조건 계산형	문9	②	조건 계산형	문14	④	규칙 정오판단형	문19	⑤	규칙 정오판단형	문24	②	1지문 2문항형
문5	④	조건 계산형	문10	③	경우 확정형	문15	③	발문 포인트형 (법조문형)	문20	⑤	규칙 단순확인형	문25	②	규칙 적용해결형

취약 유형 분석표

유형별로 맞힌 문제 개수와 정답률, 틀린 문제 번호, 풀지 못한 문제 번호를 적고 나서 취약한 유형이 무엇인지 파악해 보세요. 그 후 약점 보완 해설집 p.2 [취약 유형 공략 포인트]에서 약점 보완 학습법을 확인하고, 틀린 문제와 풀지 못한 문제를 다시 한번 풀어보세요.

유형		맞힌 문제 개수	정답률	틀린 문제 번호	풀지 못한 문제 번호
텍스트형	발문 포인트형	–	–		
	일치부합형	–	–		
	응용형	–	–		
	1지문 2문항형	–	–		
	기타형	–	–		
법조문형	발문 포인트형	/1	%		
	일치부합형	/3	%		
	응용형	/3	%		
	1지문 2문항형	/2	%		
	법계산형	–	–		
	규정형	–	–		
	법조문소재형	–	–		
계산형	정확한 계산형	–	–		
	상대적 계산형	–	–		
	조건 계산형	/5	%		
규칙형	규칙 단순확인형	/1	%		
	규칙 정오판단형	/2	%		
	규칙 적용해결형	/3	%		
경우형	경우 파악형	/3	%		
	경우 확정형	/2	%		
TOTAL		/25	%		

해설

문 1 응용형(법조문형) 난이도 하   정답 ④

문제풀이 핵심 포인트
〈상황〉이 제시되어 있으나 모든 선택지가 다 응용형처럼 해결해야 하는 것은 아니다. 따라서 일치부합형처럼 풀이하는 선택지와 응용형처럼 풀이하는 선택지를 구분하여 빠르게 해결할 수 있어야 한다.

풀이

① (×) 법조문 제2항에 따르면 제1항의 신청을 받은 주민등록지의 시장·군수·구청장은 ○○부의 주민등록번호변경위원회에 번호변경 여부에 관한 결정을 청구해야 한다. 그런데 제1항에서 주민등록지의 시장은 특별시장·광역시장은 제외하고 특별자치도지사는 포함한다. 따라서 A광역시장은 결정을 청구할 수 있는 주체가 아님을 알 수 있다.

② (×) 법조문 제3항에 따르면 변경위원회로부터 번호변경 인용결정을 통보받은 경우에는 주민등록지의 시장 등이 신청인의 번호를 변경한다. 따라서 번호변경 인용결정은 변경위원회가 하지만, 신청인의 번호를 변경하는 주체는 주민등록지의 시장임을 알 수 있다.

③ (×) 제3항 제1호, 제2호에 따르면 변경위원회로부터 번호변경 인용결정을 통보받고 주민등록지의 시장 등이 신청인의 번호를 변경할 때, 번호의 앞 6자리(생년월일) 및 뒤 7자리 중 첫째 자리는 변경할 수 없으며, 제1호 이외의 나머지 6자리는 임의의 숫자로 변경한다. 따라서 甲의 주민등록번호 뒤 7자리 중 첫째 자리인 '2'는 변경할 수 없음을 알 수 있다.

④ (○) 법조문 제4항에 따르면 제3항의 번호변경 통지를 받은 신청인이 운전면허증에 기재된 번호의 변경을 위해서는 그 번호의 변경을 신청해야 한다. 이때 제3항에 따르면 변경위원회로부터 번호변경 인용결정을 통보받은 경우에는 신청인의 번호를 지체 없이 변경하고 이를 신청인에게 통지해야 한다. 즉, 번호변경 통지를 받았다는 것은 신청인의 번호가 변경되었음을 의미한다. 따라서 甲의 주민등록번호가 변경된 경우, 甲이 운전면허증에 기재된 주민등록번호를 변경하기 위해서는 변경신청을 해야 함을 알 수 있다.

⑤ (×) 제5항에 따르면 주민등록지의 시장 등은 변경위원회로부터 번호변경 기각결정을 통보받은 경우에는 그 사실을 신청인에게 통지해야 하며, 신청인은 통지를 받은 날부터 30일 이내에 그 시장 등에게 이의신청을 할 수 있다. 따라서 이의신청은 주민등록번호변경위원회가 아니라 시장 등에게 해야 함을 알 수 있다.

문 2 일치부합형(법조문형) 난이도 하   정답 ①

문제풀이 핵심 포인트
선택지의 키워드를 파악한 후, 이를 법조문 각 조항의 키워드와 매칭하여 해결한다.

풀이

제00조를 순서대로 제1조 ~ 제5조라고 한다.

① (○) 제4조 제2항에 따르면 물품출납공무원은 제1항에 따른 물품관리관의 명령이 없으면 물품을 출납할 수 없다.

② (×) 제1조 제1항에 따르면 각 중앙관서의 장은 그 소관 물품관리에 관한 사무를 소속 공무원에게 위임할 수 있고, 필요하면 다른 중앙관서의 소속 공무원에게 위임할 수 있다. 따라서 A중앙관서의 장이 그 소관 물품관리에 관한 사무를 B중앙관서의 소속 공무원에게 위임하는 것도 가능하다.

③ (×) 제3조에 따르면 원칙적으로 물품은 국가의 시설에 보관하여야 하지만, 계약담당공무원이 아니라 물품관리관이 국가의 시설에 보관하는 것이 물품의 사용이나 처분에 부적당하다고 인정하거나 그 밖에 특별한 사유가 있으면 예외적으로 국가 외의 자의 시설에 보관할 수 있다.

④ (×) 제2조 제1항에 따르면 물품수급관리계획에 정해진 물품 이외의 물품이 필요한 경우, 물품관리관은 물품출납공무원이 아니라 계약담당공무원에게 필요할 때마다 물품의 취득에 관한 필요한 조치를 할 것을 청구하여야 한다.

⑤ (×) 제5조 제2항에 따르면 물품출납공무원이 아니라 물품관리관이 제1항에 따른 보고에 의하여 수선이나 개조가 필요한 물품이 있다고 인정하면 계약담당공무원이나 그 밖의 관계 공무원에게 그 수선이나 개조를 위한 필요한 조치를 할 것을 청구하여야 한다. 제5조 제1항에 따라 보고하는 주체는 물품출납공무원이지만 이를 인정하고 청구하는 주체는 제2항에 따른 물품관리관이다. 또한 물품관리관이 제1항에 따른 보고에 의하여 수선이나 개조가 필요한 물품이 있다고 인정하면 계약담당공무원이나 그 밖의 관계 공무원에게 조치를 청구할 수 있으므로 반드시 계약담당공무원에게 청구해야 하는 것도 아니다.

문 3 일치부합형(법조문형) 난이도 하   정답 ⑤

문제풀이 핵심 포인트
선택지에서 키워드를 잡은 후 연결되는 법조문을 빠르게 매칭해서 해결할 수 있어야 한다. 각 선택지에서 키워드를 잡으면 ①, ②는 '사용', ③은 '벌금, 처해질 수 있다', ④는 '징역, 처해질 수 있다', ⑤는 '자격정지, 처해질 수 있다'이다.

풀이

① (×) 제□□조에 따르면 甲이 불법검열에 의하여 乙의 우편물을 취득한 것은 제○○조 제1항을 위반한 것이므로, 해당 우편물은 징계절차에서 증거로 사용할 수 없다.

② (×) 제○○조 제1항에 따르면 누구든지 공개되지 아니한 타인 상호간의 대화를 녹음하지 못한다. 그러나 甲이 乙과의 대화를 녹음한 것은 타인 상호간의 대화가 아닌 당사자가 포함된 녹음이므로 제○○조 제1항의 규정을 위반한 것이 아니다. 그러므로 해당 대화를 녹음한 내용은 제□□조에 의하여 재판에서 증거로 사용하는 것이 금지되지 않는다.

③ (×) 제○○조 제2항 제2호에 따르면 甲이 타인 상호간인 乙과 丙 사이의 공개되지 않은 대화를 녹음한 것은 제1항을 위반한 것으로 제2항 제1호에 해당하므로, 이를 공개한 경우 제2항에 따라 1천만 원의 벌금이 아닌 1년 이상 10년 이하의 징역과 5년 이하의 자격정지에 처해질 수 있다.

④ (×) 제○○조 제3항 본문에 따르면 누구든지 단말기기 고유번호를 제공받아서는 안 되지만, 단서에 따르면 이동통신 사업자가 단말기의 개통처리와 같이 정당한 업무의 이행을 위하여 제공받는 경우에는 그러하지 아니하다. 따라서 이동통신사업자 甲이 乙의 단말기를 개통하기 위하여 단말기기 고유번호를 제공받은 경우는 제○○조 제3항 단서에 해당하여 제3항을 위반한 것이 아니므로 같은 조 제4항에 의하여 1년의 징역에 처해질 수 없다.

⑤ (○) 제○○조 제2항 제1호에 따르면 甲이 乙과 丙 사이의 우편물을 불법으로 검열한 것은 제1항을 위반하여 우편물을 검열한 것이므로 제2항에 따라 1년 이상 10년 이하에 해당하는 2년의 징역과 5년 이하에 해당하는 3년의 자격정지에 처해질 수 있다.

문4 조건 계산형 _{난이도} 중 정답 ④

문제풀이 핵심 포인트
이하, 미만의 개념을 혼동하지 않도록 주의한다. 이상, 이하, 미만, 초과를 확인하는 것은 매우 기본적인 필수요소이다.

풀이

· 총 중소기업 광고비 지원사업 예산은 6억 원이다.
· 2020년도 총매출이 500억 원 미만인 기업만 지원한다.
  → A, B기업은 제외된다.
· 우선 지원대상 사업분야는 백신, 비대면, 인공지능이다.
  → 남은 기업 중 D, E, G기업이 우선 지원대상이다.
· 우선 지원 사업분야 내에서 '소요 광고비 × 2020년도 총매출'이 작은 기업부터 지원된다.

구분	2020년도 총매출	소요 광고비	계산결과	사업분야
D	300억 원	4억 원	1,200억 원	인공지능
E	200억 원	5억 원	1,000억 원	비대면
G	30억 원	4억 원	120억 원	백신

  → 따라서 G - E - D 순으로 지원된다.
· 지원금 상한액은 1억 2,000만 원이나, 해당 기업의 2020년도 총매출이 100억 원 이하인 경우 상한액의 2배까지 지원할 수 있다. 단, 지원금은 소요 광고비의 2분의 1을 초과할 수 없다.

구분	2020년도 총매출	소요 광고비	소요광고비의 1/2	지원금 상한액
D	300억 원	4억 원	2억 원 이하	1.2억 원
E	200억 원	5억 원	2.5억 원 이하	1.2억 원
G	30억 원	4억 원	2억 원 이하	2.4억 원

· 지원금 상한액 내에서 소요광고비의 1/2까지 지원할 수 있다.
  - G기업은 2020년도 총매출이 100억 원 이하인 경우이므로, 상한액인 1.2억 원의 2배인 2.4억 원까지 지원할 수 있다. 지원금은 소요 광고비의 2분의 1을 초과할 수 없으므로 2억 원을 초과할 수 없다. 이에 따라 G기업에 2억 원을 지급하고 4억 원이 남는다.
  - 두 번째 E기업에 지원금 상한액 1.2억 원만큼만 지급하고 2.8억원이 남는다.
  - 세 번째 D기업에 지원금 상한액 1.2억 원만큼만 지급하고 1.6억원이 남는다.
· 우선 지원대상이 아닌 사업분야 내에서도 동일한 과정을 거쳐 지원된다.
  → '소요 광고비 × 2020년도 총매출'이 작은 기업 F기업부터 지원된다.

구분	2020년도 총매출	소요 광고비	사업분야
C	400억 원	3억 원	농산물
F	100억 원	6억 원	의류

· 우선 지원대상이 아닌 사업분야 내에서 지원금을 계산해 보면 다음과 같다.

구분	2020년도 총매출	소요 광고비	소요광고비의 1/2	지원금 상한액
C	400억 원	3억 원	1.5억 원 이하	1.2억 원
F	100억 원	6억 원	3억 원 이하	2.4억 원

→ 지원금 산정 방법에 따라 예산 범위 내에서 지급 가능한 최대 금액을 예산이 소진될 때까지 지원대상 기업에 순차로 배정한다. 따라서 F기업은 지원금 상한액이 2.4억 원인데 남은 예산이 1.6억 원뿐이므로 남은 1.6억 원을 모두 지원받는다.

문5 조건 계산형 _{난이도} 중 정답 ④

문제풀이 핵심 포인트
문제 접근법을 잘 판단해야 한다. 여러 문제 해결 방법 중에서 방정식을 세워서 푸는 방법은 매우 느린 방법이다.

풀이

제시된 조건을 정리해 보면 다음과 같다.
· 총합은 부서 전 직원 57명
· 5, 6, 7명으로 구성된 10개의 소조직 구성
· 각 소조직은 각각 하나 이상 존재
· 각 직원은 하나의 소조직에만 소속

고정정보는 5, 6, 7명으로 구성된 소조직이 각각 하나 이상 존재한다는 것이다. 따라서 이를 제외한 나머지 39명만 고려하여 5의 배수 + 6의 배수 + 7의 배수의 합으로 39를 만든다. 이때 10개의 소조직 구성을 구성해야 하는데 고정정보로 3개의 소조직이 구성되었으므로, 나머지 7개의 소조직을 구성해야 한다. 따라서 5의 배수, 6의 배수, 7의 배수 각 배수 숫자의 총합이 7이 되어야 한다. 이는 아래 세 가지 방식을 통해서 해결할 수 있다.

⟨방법 1⟩
7 = 5 + 2, 6 = 5 + 1인 것처럼 5의 배수 + α 성질을 이용한다.

⟨방법 2⟩
39 = 25 + 14처럼 합분해를 한다.

⟨방법 3⟩
방법 1과 방법 2를 동시에 고려한다.

39는 5의 배수 35에 나머지 4가 결합된 숫자이다. 6은 5의 배수 +1인 숫자이고 7은 5의 배수 +2인 숫자이므로 나머지 4는 6명 또는 7명으로 채울 수 있다. 즉, 나머지 4를 1 또는 2로 채워주는 방식이다. 예를 들어 4 = 2 + 2일 수도 있고, 4 = 1 + 1 + 1 + 1일 수도 있다.

이에 따라 5명의 소조직을 최소로 만드는 방법은 6명 또는 7명의 소조직을 최대로 만드는 것이다. 이 경우 4를 최대한 여러 번에 걸쳐서 채우는 것이 좋다. 즉, 6명의 소조직(+1)을 4개 만든다. 그러면 24명이 소속되고 나머지 15명은 5명의 소조직 3개에 소속되므로 소조직이 4개 + 3개 = 총 7개가 구성되어 앞서 고정정보 총 3개의 소조직에 더해 총 10개의 소조직이 구성되어야 한다는 조건도 충족한다.

	5명(+0)	6명(+1)	7명(+2)	
고정	1개(5명)	1개(6명)	1개(7명)	18명
최소	3개(15명)	4개(24명)	-	39명(+4명)

5명의 소조직을 최대로 만드는 방법은 6명 또는 7명의 소조직을 최소로 만드는 것이다. 이 경우 4를 최대한 적은 횟수로 채우는 것이 좋다. 즉, 7명의 소조직(+2)을 2개 만든다. 그러면 14명이 소속되고 나머지 25명은 5명의 소조직 5개에 소속되므로 소조직이 2개 + 5개 = 총 7개가 구성되어 앞서 고정정보 총 3개의 소조직에 더해 총 10개의 소조직이 구성되어야 한다는 조건도 충족한다.

따라서 ⊙은 4, ⓒ은 6이다.

문6 규칙 적용해결형 난이도 ⑥ 정답 ①

문제풀이 핵심 포인트
제시된 조건과 부문별 업무역량 값 계산식을 정확히 이해하는 것이 필요하다. 구해야 하는 것은 업무역량 노력의 최소값이라는 점에 주의한다.

풀이

구분	부문별 업무역량 값				업무역량 값
	업무역량 재능	×4	업무역량 노력	×3	
기획력	90	360			
창의력	100	400			
추진력	110	440			
통합력	60	240			

합 100

- 통합력의 업무역량 값을 다른 어떤 부문의 값보다 크게 만들고자 한다.
  → 해당 업무역량 재능까지만 고려했을 때 가장 값이 큰 부문은 추진력이고 그 때의 값은 440이다. 따라서 통합력의 업무역량 값을 다른 어떤 부문의 값보다 크게 만들기 위해서는 남은 '해당 업무역량 노력 × 3'의 값으로 추진력의 440보다는 크게 만들어야 한다. 이에 따라 甲이 통합력에 투입해야 하는 노력의 최솟값을 구해보면 다음과 같다.
  현재 추진력의 240과 통합력의 440은 200점 차이가 나고, 해당 업무역량 노력은 '× 3'이 되므로 200÷3 = 66.666…로 최소 67이 필요하다.
- 투입 가능한 노력은 총 100이며 가능한 노력을 남김없이 투입해야 하므로, 남은 33의 값은 기획력과 창의력에 적절하게 배분해 주면 된다. 기획력은 360이라 80의 여유가 있고, 창의력은 400이라 40의 여유가 있다. 80 ÷ 3 = 26.666… 이므로 남은 33을 기획력에는 26까지 투입할 수 있고 창의력에는 40 ÷ 3 = 13.333… 13까지 투입할 수 있으므로, 통합력에 최소 67의 노력을 투입하면 통합력의 업무역량 값을 다른 어떤 부문의 값보다 크게 만들 수 있다.

구분	부문별 업무역량 값				업무역량 값
	업무역량 재능	×4	업무역량 노력	×3	
기획력	90	360	합 33	합 99	440 이하 가능
창의력	100	400			
추진력	110	440	0	0	440
통합력	60	240	67	201	441

합 100

실전에선 이렇게!

검토할 때 정확한 값보다 범위로 구해보면 더 빠른 해결이 가능하다.

문7 규칙 적용해결형 난이도 중 정답 ①

문제풀이 핵심 포인트
일반적인 규칙을 찾아낸 후에 구체적인 사례를 대입하거나, 반대로 구체적인 사례에서 규칙을 찾아낸 후 상황에 맞게 조정하는 것도 가능하다. 원탁에 위치시키는 경우 회전, 대칭이 가능하기 때문에 시작점이 중요하지 않은 경우가 많다.

풀이

〈방법 1〉 일반적인 규칙을 확인해 사례를 대입한다.
- 원탁에 숫자 1, 2, 3, 4, 5, 6 순으로 시계방향대로 앉아있다고 생각해본다.
- 1을 시작점으로 시계방향으로 여섯 번째로 해당하는 숫자를 제외시키면 맨 처음 6이 제외된다. → 1 2 3 4 5
- 6을 제외시킨 후, 6 다음 시계방향인 1을 시작점으로 시계방향으로 여섯 번째로 해당하는 숫자를 제외시키면 1이 제외된다. → 2 3 4 5
- 1과 6이 제외된 상태에서, 1 다음 시계방향인 2를 시작점으로 시계방향으로 여섯 번째로 해당하는 숫자를 제외시키면 3이 제외된다. → 2 4 5
- 1, 3, 6이 제외된 상태에서, 3 다음 시계방향인 4를 시작점으로 시계방향으로 여섯 번째로 해당하는 숫자를 제외시키면 2가 제외된다. → 4 5
- 1, 2, 3, 6이 제외된 상태에서, 2 다음 시계방향인 4를 시작점으로 시계방향으로 여섯 번째로 해당하는 숫자를 제외시키면 5가 제외된다. 최종적으로 남은 숫자는 4이다.

이 규칙에 떡을 대입해 보면 4의 자리에 마지막에 먹는 송편을 두어야 한다. 그 때 4 직전에 먹는 5의 자리에는 '무지개떡'이 위치하게 된다.

〈방법 2〉 사례에서 규칙을 찾아 원 쟁반을 이동한다.
만약 쑥떡부터 시작했다면, 다음과 같은 순서대로 떡을 먹게 된다.

→ 시계방향

쑥떡	인절미	송편	무지개떡	팥떡	호박떡
시작					

① ×
② ×
③ ×
④ ×
⑤ ×
⑥ ×

쑥떡부터 시작했다면 호박떡 → 쑥떡 → 송편 → 인절미 → 팥떡 → 무지개떡 순서대로 먹게 된다. 그렇다면 마지막에 먹는 떡이 송편이 되기 위해서는 ⑥ × 의 위가 송편이 되도록 떡의 위치를 시계방향으로 한 칸씩 이동해 주면 된다. 이때 송편 직전에 먹는 떡은 무지개떡이 된다.

문8 경우 파악형 난이도 ⑥ 정답 ③

문제풀이 핵심 포인트
문제 접근법이 여러 가지가 있지만, 방정식을 세워서 푸는 방법은 시간 소요가 큰 편이다. 이 문제의 경우 끝자리를 '0'을 만드는 것에 주목한다면 보다 빠르게 해결이 가능하다.

풀이

선택지를 활용해서 풀어보면, 상품의 무게가 무거운 것부터 가벼운 순으로 A, B, C, D이고, 甲은 가장 무거운 상품과 가장 가벼운 상품을 제외하고 두 상품을 구매하기로 하였기 때문에 그 중에서 B, C를 구매한다. 그리고 그 결과는 선택지 중에 있다. A, B, C, D 중 두 상품을 선택해서 함께 저울에 올린 결과는 각각 35kg, 39kg, 44kg, 45kg, 50kg, 54kg이므로 甲이 구매한 B, C를 함께 저울에 올린 결과도 이 중에 있어야 한다.

① 19kg + 25kg = 44kg으로 결과 중에 있다.
② 19kg + 26kg = 45kg으로 결과 중에 있다.
③ 20kg + 24kg = 44kg으로 결과 중에 있다.
④ 21kg + 25kg = 46kg으로 결과 중에 없다.

⑤ 22kg + 26kg = 48kg으로 결과 중에 없다.

따라서 선택지 ④, ⑤가 제거된다.

A, B, C, D 중 두 상품을 선택해서 함께 저울에 올린 결과는 각각 35kg, 39kg, 44kg, 45kg, 50kg, 54kg인데 이 중 54kg이 가장 무겁고 이는 상품 중에서 가장 무거운 두 개를 함께 저울에 올린 결과여야 한다. 반대로 결과 중 35kg이 가장 가볍고 이는 상품 중에서 가장 가벼운 두 개를 함께 저울에 올린 결과여야 한다. 따라서 A + B의 결과가 54가 되도록 A를 구하고, C + D의 결과가 35가 되도록 D를 구해보면 다음과 같다.

구분	A + B = 54		C + D = 35	
	A	B	C	D
①	29	25	19	16
②	28	26	19	16
③	30	24	20	15

이 네 상품의 무게를 통해 그 중 두 상품을 선택해서 함께 저울에 올린 결과가 각각 35kg, 39kg, 44kg, 45kg, 50kg, 54kg일 수 있는지 확인하면 선택지 ①, ②가 제거된다.

실전에선 이렇게!

A + B = 54와 C + D = 35를 모두 구한 후에 정답을 찾는 것보다, 둘 중 하나를 해결한 후 결과를 확인해 보면 보다 빠르게 정답을 찾아낼 수 있다. 예를 들어 선택지 ①에서 C + D = 35를 통해 D 무게가 16kg인 것을 찾아냈다면 B 25kg, C 19kg, D 16kg이므로 그 중 두 상품 무게 중에 B + D = 25kg + 16kg인 41kg이 있어야 하는데 주어진 35kg, 39kg, 44kg, 45kg, 50kg, 54kg 결과 중에는 41kg가 없으므로 선택지 ①은 정답이 될 수 없다.

문9 조건 계산형 · 난이도 하 · 정답 ②

문제풀이 핵심 포인트

n개 사이 간격은 (n − 1)개라는 장치를 알고 있다면, 빠른 해결이 가능하다. 문제에서도 '간격'이라는 용어를 그대로 사용하고 있다.

풀이

주어진 정보를 정리하면 다음과 같다.

· 매시 정각을 알리기 위해 매시 정각부터 일정한 시간 간격으로 해당 시의 수만큼 종을 친다.
· 7시 정각을 알리기 위해서는 7시 정각에 첫 종을 치기 시작 + 일정한 시간 간격으로 총 7번의 종을 친다.
· 이 괘종시계가 정각을 알리기 위해 2번 이상 종을 칠 때, 종을 치는 시간 간격은 몇 시 정각을 알리기 위한 것이든 동일하다.
· A 괘종시계가 6시 정각을 알리기 위한 마지막 6번째 종을 치는 시각은 6시 6초이다.

마지막 조건을 그림으로 나타내면 다음과 같다.

n개 사이 간격 = n − 1개이므로 6시 정각을 알리기 위해 6번 종을 치는 것은 6개 사이 '간격 5개'의 길이가 6초이고, 11시 정각을 알리기 위해 11번 종을 치는 것은 11개 사이 '간격 10개'의 길이(= '간격 5개'의 길이의 두 배) 12초이다. 따라서 A 괘종시계가 11시 정각을 알리기 위한 마지막 종을 치는 시각은 11시 12초이다.

문10 경우 확정형 · 난이도 하 · 정답 ③

문제풀이 핵심 포인트

각자가 한 일의 양을 확정하기 위해 가장 먼저 고정정보를 찾아낸 후, 조건을 연결한다. 경우를 확정하기 위해서는 반드시 고정정보를 찾아내야 한다.

풀이

甲 ~ 戊가 하는 일의 양에 대해 제시된 조건을 정리하면 다음과 같다.

· 조건 1: 甲 ~ 戊가 오늘 해야 하는 일의 양은 같다.
· 조건 2: 甲은 丙이 아직 하지 못한 일의 절반을 했다.
· 조건 3: 乙은 丁이 남겨 놓고 있는 일의 2배를 했다.
· 조건 4: 丙은 자신이 현재까지 했던 일의 절반을 남겨 놓고 있다.
· 조건 5: 丁은 甲이 남겨 놓고 있는 일과 동일한 양을 했다.
· 조건 6: 戊는 乙이 남겨 놓은 일의 절반을 했다.

구체적인 일의 양을 계산하지 않아도 되므로 丙이 현재까지 했던 일의 양을 2라고 가정한다. 조건 4에 따르면 丙은 자신이 현재까지 했던 일의 절반을 남겨 놓고 있으므로 丙이 남겨 놓고 있는 일의 양은 1이고, 甲 ~ 戊가 오늘 해야 하는 일의 양은 3이 된다. 이때 조건 2에 따르면 甲이 현재까지 한 일의 양은 0.5, 남겨 놓고 있는 일의 양은 2.5이다.

	현재까지 한 일의 양	남겨 놓고 있는 일의 양	오늘 해야 하는 일의 양
丙	2	1	3
甲	0.5	2.5	

조건 5에 따르면 丁이 현재까지 한 일의 양은 2.5, 남겨 놓고 있는 일의 양은 0.5이다.

	현재까지 한 일의 양	남겨 놓고 있는 일의 양	오늘 해야 하는 일의 양
丙	2	1	3
甲	0.5	2.5	
丁	2.5	0.5	

조건 3에 따르면 乙이 현재까지 한 일의 양은 1, 남겨 놓고 있는 일의 양은 2이다.

	현재까지 한 일의 양	남겨 놓고 있는 일의 양	오늘 해야 하는 일의 양
丙	2	1	3
甲	0.5	2.5	
丁	2.5	0.5	
乙	1	2	

마지막으로 조건 6에 따르면 戊가 현재까지 한 일의 양은 1, 남겨 놓고 있는 일의 양은 2이다.

	현재까지 한 일의 양	남겨 놓고 있는 일의 양	오늘 해야 하는 일의 양
丙	2	1	3
甲	0.5	2.5	
丁	2.5	0.5	
乙	1	2	
戊	1	2	

따라서 현재 시점에서 두 번째로 많은 양의 일을 한 사람은 丙이다.

문11 경우 파악형 [난이도 하]   정답 ②

문제풀이 핵심 포인트
〈대화〉를 처리할 때 조건을 잘 연결하여야 한다. 丁의 성과점수는 4점으로 확정적인 정보이고, 乙의 '가장 높은 성과점수'도 문제 해결의 실마리가 될 수 있다.

풀이
〈대화〉의 의미를 파악해 보면 다음과 같다.
- 甲에 따르면, 甲>丁이어야 한다.
- 乙에 따르면, 乙>甲>丁이어야 한다.
- 丙에 따르면, 주무관의 직급은 甲>乙>丙>丁 순이다. 따라서 성과점수는 甲, 乙>丙>丁이어야 한다. 앞서 구해진 정보와 결합해 보면, 乙>甲>丙>丁 순이 된다.
- 丁에 따르면, 乙>甲>丙>4점이 된다.

성과점수 30점 중 丁의 4점을 제외한 나머지 26점을 자연수로 乙>甲>丙 순으로 분배해야 한다. 丙이 받을 수 있는 성과점수를 최대로 만들기 위해서 세 주무관의 점수가 1점씩 차이나는 경우가 가장 바람직하다. '乙(丙 성과점수+2), 甲(丙 성과점수+1), 丙 성과점수'인 경우가 丙의 성과점수를 가장 최대로 만들 수 있다. 丙의 성과점수가 8점이라면 乙 성과점수 10점, 甲 성과점수 9점으로 세 사람의 성과점수의 합이 27점이 되어 불가능하다. 따라서 丙의 최대 성과점수는 7점이다.

문12 조건 계산형 [난이도 하]   정답 ⑤

문제풀이 핵심 포인트
A당 B의 공식을 활용하는 문제이다. 상대적 계산 스킬을 사용하고 범위로 검토하면 빠르게 접근할 수 있다.

풀이
주어진 조건을 정리해 보면 다음과 같다.
- 벽돌집: 벽돌만 필요
- 나무집: 나무와 지지대(20만 원)가 필요
- 지푸라기집: 지푸라기와 지지대(5만 원)가 필요

다음 표를 통해 1m²당 가격(원)을 구할 수 있다.

구분	벽돌	나무	지푸라기
1개당 가격(원)	6,000	3,000	1,000
1m²당 필요 개수(개)	15	20	30
1m²당 가격(만 원)	9	6	3

삼형제 집의 면적의 총합은 11m²인데 첫째 돼지 집의 면적은 둘째 돼지 집의 2배이고, 셋째 돼지 집의 3배이므로, 첫째 돼지 집의 면적은 6m², 둘째 돼지 집의 면적은 3m², 셋째 돼지 집의 면적은 2m²가 된다. 1m²당 가격(원) × 면적(+지지대 가격)이 집을 짓는 데 필요한 총 재료 비용이다.
- 벽돌집: 9만 원 × 면적
- 나무집: 6만 원 × 면적 + 20만 원
- 지푸라기집: 3만 원 × 면적 + 5만 원

각각의 비용을 계산해 보면 다음과 같다.

(단위: 만 원)

구분	벽돌집: 면적×9	나무집: 면적×6+20	지푸라기집: 면적×3+5
첫째(6m²)	54	56	23
둘째(3m²)	27	38	14
셋째(2m²)	18	32	11

둘째 돼지 집을 짓는 재료 비용이 가장 많이 들어야 하므로, 각 돼지의 집 종류는 첫째가 지푸라기집, 둘째가 나무집, 셋째가 벽돌집으로 결정된다.

실전에선 이렇게!
첫째 돼지 집의 면적은 둘째 돼지 집의 2배, 셋째 돼지 집의 3배이므로 첫째 돼지 집의 면적은 6의 배수일 가능성이 높다.

문13 조건 계산형 [난이도 중]   정답 ③

문제풀이 핵심 포인트
조건이 제시된 계산 문제의 경우, 정확한 계산이 필요한지 상대적 계산 스킬로도 해결할 수 있는지 판단해야 한다.

풀이
보수 = 착수금 + 사례금임을 적용하여 구한다.
- 착수금
  - 대리인이 작성한 출원서의 내용에 따라 〈착수금 산정 기준〉의 세부항목을 합산하여 산정
  - 단, 세부항목을 합산한 금액이 140만 원을 초과할 경우 착수금은 140만 원으로 함

세부항목에 따라 착수금을 계산하면 다음과 같다.

세부항목	금액(원)	甲	乙
기본료	1,200,000	1,200,000	1,200,000
독립항 1개 초과분(1개당)	100,000	1개 → 0	5개 → 400,000
종속항(1개당)	35,000	2개 → 70,000	16개 → 560,000
명세서 20면 초과분(1면당)	9,000	14면 → 0	50면 → 270,000
도면(1도당)	15,000	3도 → 45,000	12도 → 180,000

甲 = 120만 + 0 + 7만 + 0 + 4.5만 = 131.5만 원

乙 = 120만 + 40만 + 56만 + 27만 + 18만 = 261만 원

    단, 세부항목을 합산한 금액이 140만 원을 초과할 경우 착수금은 140만 원으로 하기 때문에 乙의 착수금은 140만 원이다.

- 사례금
  甲은 등록결정되었으므로 131.5만 원, 乙은 거절결정되었으므로 0원이다.

따라서 甲의 보수 263만 원과 乙의 보수 140만 원의 차이는 123만 원이다.

실전에선 이렇게!
착수금이 140만 원을 넘어가게 되는 경우 정확한 값을 구하지 않아야 더 빠른 문제 해결이 가능하다.

문 14 규칙 정오판단형 난이도 하 정답 ④

문제풀이 핵심 포인트
최종심사 점수 산출방법뿐만 아니라 사업자 자격 요건 재허가 기준을 정확하게 파악하여야 한다. 이후 각 〈보기〉에 제시된 내용을 적용하여 문제를 해결한다.

풀이

주어진 내용을 정리하면 다음과 같다.

· 최종심사 점수 = 기본심사 점수 − 감점 점수
  → 최종심사 점수가 70점 이상이면 '재허가', 60점 이상 70점 미만이면 '허가 정지', 60점 미만이면 '허가 취소'로 판정

기본심사 점수 및 감점 점수 부여 방식에 따라 〈상황〉의 점수를 계산해 보면 다음과 같다.

사업자	기본심사 항목별 점수				총점
	㉮	㉯	㉰	㉱	
A	20	23	17	?	60 + ?
B	18	21	18	?	57 + ?
C	23	18	21	16	78

사업자	과태료 부과 횟수 (2)	제재 조치 횟수			합
		경고 (3)	주의(1.5)	권고(0.5)	
A	3	–	–	6	–9
B	5	–	3	2	–15.5
C	4	1	2	–	–14

각 사업자별 최종심사 점수는 A가 (51 + ?)점, B가 (41.5 + ?)점, C가 64점이고, '?'의 범위는 0 ~ 25점의 범위인 자연수이다.

ㄱ. (×) A의 ㉱ 항목 점수가 15점이라면 A의 최종심사 점수는 66점이 된다. 70점 이상이어야 '재허가'이고, 60점 이상 70점 미만이면 '허가 정지'이므로 A는 '허가 정지'가 된다.

ㄴ. (O) B의 허가가 취소되지 않으려면, 최종심사 점수가 적어도 60점 이상이어야 한다. 기본심사 점수는 자연수이기 때문에 현재 41.5에서 60점 이상이 되기 위해서는 B의 ㉱ 항목 점수가 19점 이상이어야 한다.

ㄷ. (O) C가 2020년에 과태료를 부과받은 적이 없다면 감점 점수 8점이 없어지게 된다. 그렇다면 C의 최종심사 점수는 64 + 8 = 72점이 된다. 따라서 기존 64점의 '허가 정지'에서 72점의 '재허가'로 판정 결과가 달라진다.

ㄹ. (×) 기본심사 점수와 최종심사 점수 간의 차이가 크다는 의미는 감점 점수가 크다는 의미이다. 감점 점수는 B가 15.5점으로 가장 크고 C는 그보다 작은 14점이다. 따라서 기본심사 점수와 최종심사 점수 간의 차이가 가장 큰 사업자는 B이다.

실전에선 이렇게!

정확한 계산을 하기보다는 기준이 되는 점수와 대략적인 크기 비교만 하더라도 정오판단이 가능하다.

문 15 발문 포인트형(법조문형) 난이도 하 정답 ③

문제풀이 핵심 포인트
해당하는 호, 목만 정확히 찾아낼 수 있다면 단순 확인을 통해 해결할 수 있는 문제이다. 이때 정수장 C를 제1항 제1호 나목 단서에 매칭하지 않도록 주의한다.

풀이

법조문 제1항과 제2항을 토대로 충족해야 하는 기준을 정리하면 다음과 같다.

검사지점	검사대상	수질검사빈도(제1항)		수질기준
정수장 A	잔류염소	제1호 가목	매일 1회 이상	4mg/L 이하
정수장 B	질산성 질소	제1호 나목	매주 1회 이상	10mg/L 이하
정수장 C	일반세균	제1호 나목	매주 1회 이상	100CFU/mL 이하
수도꼭지 D	대장균	제2호 가목	매월 1회 이상	불검출/100mL
배수지 E	잔류염소	제3호	매분기 1회 이상	4mg/L 이하

수질검사빈도를 보면, 정수장 C는 매주 1회 이상 수질 검사를 해야 하나 매월 1회 검사를 했으므로 검사빈도 기준을 충족하지 못한다. 또한 수질기준을 보면, 정수장 B는 10mg/L 이하여야 하나 검사 결과 11mg/L의 결과가 나왔으므로 수질기준을 충족하지 못한다. 따라서 수질검사빈도와 수질기준을 둘 다 충족한 검사지점은 정수장 B와 정수장 C를 제외한 나머지 A, D, E이다.

문 16 응용형(법조문형) 난이도 하 정답 ④

문제풀이 핵심 포인트
지문을 먼저 읽어 단락별 제목을 미리 확인해 두고, 각 선택지에 관련된 정보를 빠르게 찾아 해결한다.

풀이

① (×) 첫 번째 단락 '민원의 종류'와 두 번째 단락 '민원의 신청'에 따르면 '인근 공사장 소음으로 인한 불편 해결을 요구하는 민원'은 불편 해결을 요구하는 민원으로 기타민원이므로 구술 또는 전화로 민원을 신청할 수 있다.

② (×) 첫 번째 단락 '민원의 종류'와 두 번째 단락 '민원의 신청'에 따르면 '자신의 영업허가를 신청하는 민원'은 허가를 신청하는 법정민원이므로 문서(전자문서를 포함)로 민원을 신청해야 한다. 따라서 전자문서로도 민원이 신청 가능하다.

③ (×) 네 번째 단락 '민원의 이송'에 따르면 접수한 민원이 다른 행정기관 소관인 경우, 접수된 민원문서를 지체 없이 소관 기관에 이송하여야 한다.

④ (O) 다섯 번째 단락 '처리결과의 통지'에 따르면 접수된 민원에 대한 처리결과를 민원인에게 문서로 통지하는 것이 원칙이나, 기타민원의 경우와 통지에 신속을 요하거나 민원인이 요청하는 경우에는 구술 또는 전화로 통지하는 것도 가능하다. 그 중 甲은 기타민원에 해당하므로 전화로 통지하는 것이 가능하다.

⑤ (×) 마지막 단락 '반복 및 중복 민원의 처리'에 따르면 법정민원은 2회 이상 처리결과를 통지하고 정당한 사유 없이 반복 접수되는 민원이라도 종결 처리할 수 없고, 乙은 법정민원이므로 바로 종결 처리할 수 없다.

문 17 응용형(법조문형)　난이도 하　　　정답 ③

문제풀이 핵심 포인트

선택지와 지문의 키워드를 활용하여 일치부합형처럼 해결하면서, 해결에 부족한 정보만 〈상황〉에서 추가적으로 확인한다.

풀이

제00조를 순서대로 제1조, 제2조라고 한다.

① (O) 제1조 제1항에 따르면, 건축물을 건축하거나 대수선하려는 자는 특별자치시장·특별자치도지사 또는 시장·군수·구청장의 허가를 받아야 한다. 다만 21층 이상의 건축물이나 연면적 합계 10만 제곱미터 이상인 건축물을 특별시나 광역시에 건축하려면 특별시장이나 광역시장의 허가를 받아야 한다. 甲은 20층의 연면적 합계 5만 제곱미터인 건축물을 신축하려고 하므로 단서에 걸리지 않는다. 따라서 甲은 시장·군수·구청장에 해당하는 B구청장에게 건축허가를 받아야 한다. A광역시장은 특별자치시장·특별자치도지사 또는 시장·군수·구청장 중에 해당하지 않는다.

② (O) 제2조 제2항에 따르면, 특별시장·광역시장·도지사는 지역계획이나 도시·군계획에 특히 필요하다고 인정하면 시장·군수·구청장의 건축허가나 허가를 받은 건축물의 착공을 제한할 수 있다. 따라서 甲이 건축허가를 받은 경우에도 A광역시장은 지역계획에 특히 필요하다고 인정하면 일정한 절차를 거쳐 甲의 건축물 착공을 제한할 수 있다.

③ (×) 제2조 제3항에 따르면, ○○부 장관이나 시·도지사는 주민의견을 청취한 후 건축위원회의 심의를 거쳐 제1항이나 제2항에 따라 건축허가나 건축허가를 받은 건축물의 착공을 제한할 수 있다. 따라서 주민의견을 청취한 후 건축위원회의 심의를 거쳐 건축허가를 받은 乙의 건축물 착공을 제한할 수 있는 주체는 ○○부 장관이나 시·도지사이고, B구청장은 해당되지 않는다.

④ (O) 제1조 제2항에 따르면, 허가권자는 제1항에 따른 허가를 받은 자가 제2항 각 호의 어느 하나에 해당하면 허가를 취소하여야 한다. 다만 제1호에 해당하는 경우로서 정당한 사유가 있다고 인정되면 1년의 범위에서 공사의 착수기간을 연장할 수 있다. 乙이 건축허가를 받은 날로부터 2년 이내에 공사에 착수하지 않은 경우는 제1호에 해당하지만 정당한 사유가 없기 때문에 단서조항에 해당하지 않는다. 따라서 허가권자인 A광역시장은 건축허가를 취소하여야 한다. 乙은 연면적 합계 15만 제곱미터인 건축물을 A광역시 B구에 신축하려고 하므로 제1조 제1항 단서에 따를 때 허가권자는 A광역시장이다.

⑤ (O) 제2조 제1항에 따르면, ○○부 장관은 국토관리를 위하여 특히 필요하다고 인정하거나 주무부장관이 국방, 문화재보존, 환경보전 또는 국민경제를 위하여 특히 필요하다고 인정하여 요청하면 허가권자의 건축허가나 허가를 받은 건축물의 착공을 제한할 수 있다. 동조 제4항에 따르면, 제1항이나 제2항에 따라 건축허가나 건축물의 착공을 제한하는 경우 제한기간은 2년 이내로 한다. 다만 1회에 한하여 1년 이내의 범위에서 제한기간을 연장할 수 있다. 따라서 주무부장관이 문화재보존을 위하여 특히 필요하다고 인정하여 요청하는 경우, ○○부 장관은 건축허가를 받은 乙의 건축물에 대해 제한기간 최대 2년에, 1회에 한하여 최대 1년을 연장하였을 때, 최대 3년간 착공을 제한할 수 있다.

문 18 일치부합형(법조문형)　난이도 하　　　정답 ④

문제풀이 핵심 포인트

의사정족수, 의결정족수는 최근 빈출 소재이므로 미리 잘 준비해 두어야 한다. 일치부합형 문제는 어떤 선택지부터 처리하는지도 중요하다. 답이 될 만한 선택지를 먼저 확인하는 습관을 들이는 것이 좋다.

풀이

① (O) 제3항에 따르면, 외부 위원의 임기는 2년으로 하되 2회에 한하여 연임할 수 있으므로 최대 6년까지 가능하다.

② (O) 제1항에 따르면, 심의회는 내부 위원과 외부 위원으로 구성된다. 또한 제1호에 따르면 내부 위원이 4명으로 인원이 고정되어 있고, 제2호에 따르면 외부 위원이 총 위원수의 3분의 1이상 위촉되어야 한다. 최소 전체 위원 6명일 때 내부 위원 4명과 외부 위원 2명이므로 조건을 충족한다. 따라서 정보공개심의회는 최소 6명의 위원으로 구성된다.

③ (O) 제1항에서 심의회가 내부 위원과 외부 위원으로 구성된다는 것을 검토했고, 제2항에 따르면, 위원은 특정 성별이 다른 성별의 2분의 1 이하가 되지 않도록 한다. 정보공개심의회 내부 위원이 모두 여성인 경우 내부 위원 4명이 모두 여성이라는 의미이다. 특정 성별이 다른 성별의 2분의 1 이하가 되지 않아야 하므로, 외부 위원이 3명이면서 이들이 모두 남성인 경우, 주어진 조건을 충족하면서 정보공개심의회가 7명의 위원으로 구성될 수 있다.

④ (×) 제4항에 따르면, 심의회는 위원장이 소집하며, 회의는 위원장을 포함한 재적위원 3분의 2 이상의 출석으로 개의하고 출석위원 3분의 2 이상의 찬성으로 의결한다. 따라서 정보공개심의회가 8명의 위원으로 구성되면, 재적위원 8명 중 3분의 2 이상, 즉 6명 이상의 출석으로 개의한다. 찬성에 필요한 정족수를 최소한으로 줄이기 위해 출석위원이 6명인 경우를 가정해 보면, 출석위원(= 최소 6명) 3분의 2 이상(= 최소 4명)의 찬성으로 의결할 수 있다. 즉, 의결정족수를 최소한으로 줄여보더라도 4명이므로, 3명의 찬성으로는 의결될 수 없다.

⑤ (O) 제5항에 따르면, 위원은 부득이한 이유로 참석할 수 없는 경우에는 서면으로 의견을 제출할 수 있다. 이 경우 해당 위원은 심의회에 출석한 것으로 본다. 위원장을 포함한 위원 5명은 직접 출석했고, 2명이 부득이한 이유로 서면으로 의견을 제출한 경우, 이 2명의 위원도 심의회에 출석한 것으로 보기 때문에 출석위원은 총 7명이 된다. 주어진 선택지만으로는 재적위원이 정확하게 몇 명인지는 알기 어렵지만, 제1항에서 심의회는 10인 이내의 위원으로 구성되므로 최대 10인이기 때문에 7명의 출석이면 재적위원 3분의 2 이상의 출석을 충족하여 의사정족수를 충족한다. 의결정족수를 살펴보면 출석위원 7명 중 3분의 2 이상의 찬성으로 의결되기 때문에 5명 이상이면 찬성으로 의결 가능하다. 즉, 직접 출석한 5명이 모두 안건에 찬성하였으므로 서면으로 의견을 제출한 2명의 의견이 찬성인지 반대인지와 무관하게 찬성으로 의결된다.

문 19 규칙 정오판단형　난이도 하　　　정답 ⑤

문제풀이 핵심 포인트

분반 허용 기준을 정확히 이해한 후, 〈보기〉에 제시된 각 상황이 분반 허용 기준, 단서조건을 충족하는지 충족하지 않는지 판단한다.

각 강의별 분반 허용 기준을 적용하기에 앞서 단서조건에 해당하는지, 즉 직전 년도(= 2021년 적용 기준 직전년도는 2020년) 강의만족도 평가점수가 90점 이상인지 여부를 먼저 확인하여야 한다.

ㄱ. (×) 2020년의 강의만족도 평가점수가 85점이므로 단서조건에 해당하지 않는다. 일반강의의 분반 허용 기준은 'ⓐ 직전 2년 수강인원의 평균이 100명 이상이거나, ⓑ 그 2년 중 1년의 수강인원이 120명 이상'이어야 한다. ⓐ 직전 2년 수강인원의 평균을 구해보면, 100명과 80명이므로 평균 90명으로 평균 100명 이상에 해당하지 않는다. 그리고 ⓑ 그 2년 중 1년의 수강인원이 120명 이상에도 해당하지 않는다. 따라서 분반 허용 기준에 해당하는 것이 없으므로 분반은 허용되지 않는다.

ㄴ. (O) 2020년의 강의만족도 평가점수가 나와있지 않으므로 단서조건에 해당하는지 여부는 먼저 검토하기 어렵다. 영어강의의 분반 허용 기준은 'ⓐ 직전 2년 수강인원의 평균이 30명 이상이거나, ⓑ 그 2년 중 1년의 수강인원이 50명 이상'이어야 한다. ⓐ 직전 2년 수강인원의 평균을 구해보면, 10명과 45명의 평균은 27.5명으로 평균이 30명 이상에 해당하지 않는다. 평균을 구하는 것보다는 합이 60명이 안된다는 것으로 판단하는 것이 빠르다. ⓑ 그 중 1년의 수강인원이 50명 이상인 경우에도 해당하지 않는다. 기본적인 기준에도 불구하고 단서조건에 해당하면 분반이 가능하지만, 영어강의 B의 분반이 허용되지 않는다는 것은 단서조건의 만족도 평가점수 관련 조건도 충족하지 않는다는 의미이다. 만약 만족도 평가점수가 90점 이상이었다면, ⓐ 평균 30명 기준의 90%인 27명 이상이고, ⓑ 1년 수강인원 50명 기준의 90%인 45명 이상이다. 즉, 앞서 살펴본 ⓐ, ⓑ 기준으로 둘 다 90% 이상을 충족하기 때문에 분반이 허용되었어야 한다.

정리하면 기본적인 분반 허용 기준에는 해당하지 않고, 단서조건에 따를 때 만족도 평가점수 조건만 충족했다면 분반은 허용되었을 것이다. 그런데도 분반이 허용되지 않았다는 것은 만족도 평가점수가 90점 미만이었어야 한다.

ㄷ. (O) 2020년 강의만족도 평가점수가 92점이므로 단서조건에 해당한다. 따라서 기본적인 분반 허용 기준의 90% 이상이면 분반이 허용된다. 따라서 분반이 허용되지 않았다는 의미는 기본적인 분반 허용 기준의 90% 미만이라는 의미이다. 실습강의는 직전 2년 수강인원의 평균이 20명 이상이면 되는데, 단서조건이 적용되므로 직전 2년 수강인원의 평균이 18명 이상이면 분반이 허용된다. 2019년 수강인원이 20명이면 평균 18명에서 편차가 +2이므로, 2020년 강의 수강인원은 편차 −2인 16명 이상이면 단서조건의 기준을 충족한다. 2020년 강의의 수강인원이 15명을 넘었다면 16명 이상이라는 의미이므로, 분반이 허용되지 않은 실습강의 C의 2020년 강의 수강인원은 15명을 넘지 않았을 것이다.

분반 허용 기준에 제시된 강의의 종류는 4가지이고, 보기는 ㄱ ~ ㄷ 세 개이다. 문제에서 묻는 것 위주로 확인하여 정보 확인의 시간을 단축하여야 한다.

문 20 규칙 단순확인형 난이도 하 　　　　정답 ⑤

문제풀이 핵심 포인트

기존의 PSAT 기출에서는 거의 보지 못했던, 7급 PSAT에 보다 특화된 실무와 관련된 문제이다. 7급 PSAT 특성에 맞게 추가된 유형을 잘 대비해 두어야 한다.

- 대학이 부지를 확보하는 것이 쉽지 않으므로 신청 사업부지 안에 건축물이 포함되어 있어도 신청 허용
  → ㉮ '□ 신청 조건'에 따르면 최소 1만m² 이상의 사업부지를 확보해야 하고, 사업부지에는 건축물이 없어야 한다. 따라서 대학이 부지를 확보하는 것이 쉽지 않으므로 신청 사업부지 안에 건축물이 포함되어 있어도 신청 허용하는 것은 관계부처 협의 결과에 부합하지 않는다.

- 도시재생뉴딜사업, 창업선도대학 등 '관련 정부사업과의 연계가능성' 평가 비중 확대
  → ㉯ 'I. 개발 타당성'의 '관련 정부사업과의 연계가능성' 항목의 배점을 보면 된다. 배점이 현행 5점에서 10점으로 수정되어 배점이 높아졌다. 따라서 도시재생뉴딜사업, 창업선도대학 등 '관련 정부사업과의 연계가능성' 평가비중이 확대된 것은 관계부처 협의 결과에 부합한다.

- 시범사업 기간이 종료되었으므로 시범사업 조기 활성화와 관련된 평가지표를 삭제하되 '대학 내 주체 간 합의 정도'는 타 지표로 이동하여 계속 평가
  → ㉲ 'IV. 시범사업 조기 활성화 가능성'은 현행 10점에서 삭제되면서 세부 항목 중 '대학 내 주체 간 합의 정도'는 ㉯ 'II. 대학의 사업 추진 역량과 의지 지표' 중 하나로 '이동'되었다. 따라서 관계부처 협의 결과에 부합한다.

- 논의된 내용 이외의 하위 지표의 항목과 배점은 사업의 안정성을 위해 현행 유지
  → 앞서 검토한 것 이외의 하위 지표의 항목과 배점은 사업의 안정성을 위해 현행 유지되어야 한다. 그런데 앞서 언급되지 않은 평가지표 중 ㉰ 'III. 기업 유치 가능성' 하위 지표의 배점이 변동되었다. 따라서 관계 부처 협의 결과에 부합하지 않는다.

따라서 ㉯, ㉲, ㉳가 관계부처 협의 결과에 부합한다.

문 21 경우 확정형 난이도 중 　　　　정답 ②

문제풀이 핵심 포인트

조건을 처리한 덩어리가 커질수록 경우가 확정될 가능성은 높아진다. 예를 들어 다섯 자리가 있을 때 두 자리 덩어리보다는 네 자리 덩어리가 더 경우의 수가 적다. 스스로 필요한 조건을 찾아내기가 어렵다면, 주어진 선택지의 내용을 대입하여 경우가 확정되는지 검토해 보는 것도 가능하다.

주무관 丁이 알고 있는 사실에 따를 때, 주무관 甲 ~ 丙을 서로 겹치지 않게 확정해야 한다.

- 甲의 방문 시점은 乙보다 늦어야 한다.
- 丙은 점심에 방문하였고, 乙은 저녁에 방문하였다. 乙이 방문 가능한 가장 이른 시점이 월요일 저녁이므로 甲은 화요일 이후에 방문 가능하다.
- 丙은 화요일 점심 또는 수요일 점심에 방문하였다. 월요일 점심은 아무도 방문하지 않았다.

정리하면 월요일 점심은 아무도 방문하지 않고, 乙이 월요일 저녁 이후에 저녁에 방문하고 나면 甲이 방문 가능하고, 丙은 화요일 점심 또는 수요일 점심에 방문 가능하다.

① (×) 乙이 다녀온 바로 다음날 점심은 화요일 점심 또는 수요일 점심이 가능하다.

〈경우 1〉 화요일 점심인 경우

乙이 월요일 저녁에 다녀오고, 丙이 화요일 점심에 다녀온 것까지는 확정되지만, 甲은 확정되지 않는다.

〈경우 2〉 수요일 점심인 경우

乙이 화요일 저녁, 丙이 수요일 점심, 甲이 수요일 저녁에 방문하게 된다. 두 가지 경우가 가능하므로 세 사람이 식당에 언제 갔었는지가 정확히 확정되지 않는다.

② (O) [甲이 먼저 점심 할인을 받고 나에게(丙에게) 알려준 거야.] 라는 조건이 추가되면 甲이 화요일 점심, 丙이 수요일 점심으로 확정된다. 乙은 甲보다 먼저 방문해야 하므로 월요일 저녁으로 확정된다.

	월요일	화요일	수요일
점심		甲	丙
저녁	乙		

③ (×) 甲이 乙, 丙보다 늦게 갔다는 사실만으로는 경우가 확정되지 않는다.

④ (×) 乙은 화요일 저녁 또는 수요일 저녁이 가능한데, 甲을 고려하면 화요일 저녁으로 확정된다. 丙은 화요일 점심과 수요일 점심이 모두 가능하고, 丙이 화요일 점심에 간 경우 甲은 수요일 점심 또는 저녁이 가능하고, 丙이 수요일 점심에 간 경우 甲은 수요일 저녁으로 확정된다. 따라서 경우가 확정되지 않는다.

⑤ (×) 丙이 甲, 乙보다 늦게 갔다는 사실만으로는 경우가 확정되지 않는다.

문 22 경우 파악형 난이도 상 정답 ⑤

문제풀이 핵심 포인트

1/2씩 나누어 가면서 가능한 경우를 그리거나, 5개의 자리에 O, ×를 표시하면서 해결하는 것이 필요하다. 다만, 조건에 따른 경우가 쉽게 그려지지 않는다면 후순위로 풀이하고 다음 문제로 넘어가는 것이 바람직하다.

풀이

메시지와 날씨가 일치했는지 여부를 표로 나타내 보면 다음과 같다. 메시지와 날씨가 일치했는지 여부와 무관하게 같은 수의 두 그룹으로 나누어, 계속 한쪽은 "비가 온다"로 다른 한쪽에는 "비가 오지 않는다"로 메시지를 보낸다. 이 경우 한 그룹은 메시지와 날씨가 일치할 것이고, 다른 한 그룹은 메시지와 날씨가 불일치할 것이다.

1일차	2일차	3일차	4일차	5일차	경우
O	O	O	O	O	1
				×	2
			×	O	3
				×	4
		×	O	O	5
				×	6
			×	O	7
				×	8
	×	O	O	O	9
				×	10
			×	O	11
				×	12
		×	O	O	13
				×	14
			×	O	15
				×	16
×	O	O	O	O	17
				×	18
			×	O	19
				×	20
		×	O	O	21
				×	22
			×	O	23
				×	24
	×	O	O	O	25
				×	26
			×	O	27
				×	28
		×	O	O	29
				×	30
			×	O	31
				×	32

받은 메시지와 날씨가 3일 연속 일치한 경우는 다음과 같은 세 가지 경우로 나눌 수 있다. 받은 메시지와 날씨가 3일 연속 일치한 경우, 해당 잠재 사용자는 날씨 예보 앱을 그날 설치한 후 제거하지 않으므로, 3일 연속 일치한 후의 상황은 신경 쓰지 않는다.

· 1일차부터 3일차까지가 일치하는 경우

1일차	2일차	3일차	4일차	5일차
O	O	O	?	?

각 날짜마다 받은 메시지와 날씨가 일치할 확률은 $\frac{1}{2}$이므로 $\frac{1}{2} \times \frac{1}{2} \times \frac{1}{2} = \frac{1}{8} = \frac{4}{32}$이다. 위 표에서는 경우 1부터 경우 4까지가 해당한다.

· 2일차부터 4일차까지가 일치하는 경우

1일차	2일차	3일차	4일차	5일차
×	O	O	O	?

이 경우 1일차는 받은 메시지와 날씨가 불일치해야 한다. 각 날짜마다 받은 메시지와 날씨가 일치할 확률도 $\frac{1}{2}$, 각 날짜마다 받은 메시지와 날씨가 불일치할 확률도 $\frac{1}{2}$이므로 $\frac{1}{2} \times \frac{1}{2} \times \frac{1}{2} \times \frac{1}{2} = \frac{1}{16} = \frac{2}{32}$이다. 위 표에서는 경우 17, 경우 18이 해당한다.

· 3일차부터 5일차까지가 일치하는 경우

1일차	2일차	3일차	4일차	5일차
O	×	O	O	O
×	×	O	O	O

위와 같이 두 가지 경우가 존재한다. 첫 번째 줄의 경우 $\frac{1}{2} \times \frac{1}{2} \times \frac{1}{2} \times \frac{1}{2} \times \frac{1}{2} = \frac{1}{32}$이고, 위 표에서는 경우 9에 해당한다. 두 번째 줄의 경우 $\frac{1}{2} \times \frac{1}{2} \times \frac{1}{2} \times \frac{1}{2} \times \frac{1}{2} = \frac{1}{32}$이고, 위 표에서는 경우 25에 해당한다.

따라서 $\frac{4}{32} + \frac{2}{32} + \frac{1}{32} + \frac{1}{32} = \frac{8}{32} = \frac{1}{4}$이므로, 날씨 예보 앱을 설치한 잠재 사용자의 총수는 총 20만 명 중에 5만 명이 해당한다.

이를 계산하면 $(4 \times 6 + 3 \times 2 + 1) \div 7 = 4.4\cdots$이므로 다섯 번째 문단 세 번째 문장에 따라 관계지방자치단체 위원 수는 4.4…의 소수점 이하의 수를 올림한 5명이다. 여섯 번째 문단에 따라 관계지방자치단체 위원수 5명에 관계지방자치단체 수 7을 곱하면 통합추진공동위원회의 전체 위원 수는 35명임을 알 수 있다.

문 23 1지문 2문항형 난이도 중   정답 ①

문제풀이 핵심 포인트
지문이 줄글의 형태이지만 법조문 소재이므로, 키워드를 잡고 선택지와 지문의 내용을 매칭하듯이 해결하는 일치부합형 스킬을 사용하여 풀이한다.

풀이

① (○) 세 번째 문단 두 번째 문장에 따르면 □□부 장관은 지방자치단체 간 통합권고안에 관하여 해당 지방의회의 의견을 들어야 하지만, 세 번째 문장에 따르면 □□부 장관이 필요하다고 인정하여 해당 지방자치단체의 장에게 주민투표를 요구하여 실시한 경우에는 그렇지 않으므로 지방의회의 의견을 청취하지 않을 수 있다. 따라서 □□부 장관이 지방자치단체의 통합과 관련한 주민투표를 요구하여 주민투표가 실시된 경우에는 통합권고안에 대해 지방의회의 의견을 청취하지 않아도 된다.

② (✕) 두 번째 문단 네 번째 문장에 따르면 지방의회 등은 △△위원회에 통합을 건의할 때 통합건의서를 통합대상 지방자치단체를 관할하는 시·도지사를 경유하여야 하고, 다섯 번째 문장에 따르면 시·도지사가 접수받은 통합건의서를 위원회에 제출하여야 한다. 따라서 지방의회가 의결을 통해 다른 지방자치단체와의 통합을 추진하고자 한다면, 통합건의서는 시·도지사를 경유하지 않고 △△위원회에 직접 제출할 수는 없고 시·도지사를 경유하여 시·도지사가 △△위원회에 제출해야 한다.

③ (✕) 두 번째 문단 세 번째 문장에 따르면 주민이 인근 지방자치단체와의 통합을 건의하는 경우 일정 수 이상 주민의 연서가 요구된다. 따라서 주민투표권자 총수가 10만 명인 지방자치단체의 주민들이 다른 인근 지방자치단체와의 통합을 △△위원회에 건의하고자 할 때는 주민 200명이 아니라 주민투표권자 총수의 50분의 1인 2,000명 이상의 연서가 있으면 가능하다.

④ (✕) 다섯 번째 문단 첫 번째 문장에 따라 통합추진공동위원회의 위원은 □□부 장관이 아닌 관계지방자치단체의 장 및 그 지방의회가 추천하는 자로 한다.

⑤ (✕) 두 번째 문단 두 번째 문장에 따르면 지방자치단체의 장은 인근 지방자치단체와의 통합을 위원회에 건의할 수 있으나, 지방의회의 의결을 거쳐야 하는지는 알 수 없다. 따라서 지방자치단체의 장은 해당 지방자치단체의 통합을 △△위원회에 건의할 때, 지방의회의 의결을 거쳐야 하는 것은 아니다.

문 24 1지문 2문항형 난이도 상   정답 ②

문제풀이 핵심 포인트
계산 공식에 등장하는 '통합대상 지방자치단체', '관계지방자치단체' 등의 용어를 정확하게 파악해야 한다. 특히 계산 과정에서 소수점 이하의 수를 올림한다는 점에 실수하지 않도록 주의한다.

풀이

〈상황〉의 내용을 다섯 번째 문단에 제시된 식에 적용해본다. 관계지방자치단체의 정의는 네 번째 문단 첫 번째 문장에 '통합대상 지방자치단체 및 이를 관할하는 특별시·광역시 또는 도'라고 주어져 있다. 다섯 번째 문단에 제시된 식에 대입될 내용을 정리해보면 다음과 같다.

· 통합대상 지방자치단체 수: A군, B군, C군, D군 → 4개
· 통합대상 지방자치단체를 관할하는 특별시·광역시 또는 도의 수: 甲도(A군, B군을 관할), 乙도(C군을 관할), 丙도(D군을 관할) → 3개
· 관계지방자치단체 수 → 7개

문 25 규칙 적용해결형 난이도 중   정답 ②

문제풀이 핵심 포인트
지방자치단체의 종류 중 광역자치단체(특별시, 광역시, 특별자치시, 도, 특별자치도)와 기초자치단체(시·군·자치구)의 구분은 최근 법조문 유형의 문제에서도 함정으로 자주 활용하고 있다. '도(광역자치단체) – 시(기초자치단체) – 구(자치구 아님)'에서의 '구'와 기초자치단체에 해당하는 '자치구'를 명확하게 구분할 수 있어야 한다.

풀이

○○시 B구의 행정구역분류코드는 '1003?'이다.

· 행정구역분류코드의 '처음 두 자리'는 광역자치단체인 시·도를 의미하는 고유한 값이다.
  〈경우 1〉 ○○시가 광역자치단체인 경우
  처음 두 자리 '10'이 광역자치단체인 '○○시'를 의미하는 고유한 값이다.
  〈경우 2〉 ○○시가 기초자치단체인 경우
  '10'은 기초자치단체인 ○○시가 속한 광역자치단체를 의미하는 고유한 값이다. 예를 들어 '경기도(광역) 성남시(기초) 분당구'라면 '10'은 '경기도'를 의미하는 고유한 값이다. 따라서 어떠한 경우에도 처음 두 자리는 '10'이어야 하므로 선택지 ⑤는 제거된다.

· '그 다음 두 자리'는 광역자치단체인 시·도에 속하는 기초자치단체인 시·군·구를 의미하는 고유한 값이다. 단, 광역자치단체인 시에 속하는 기초자치단체는 군·구이다.
  〈경우 1〉 ○○시가 광역자치단체인 경우
  처음 두 자리는 광역자치단체(○○시), 다음 두 자리는 기초자치단체(B구)를 의미하는 숫자이므로 '03'은 B구의 고유한 값이다. 따라서 A구의 경우는 B구의 고유한 값인 '03'과는 달라야 한다. 따라서 선택지 ③은 제거된다.
  〈경우 2〉 ○○시가 기초자치단체인 경우
  '03'은 B구가 아닌 '○○시'의 고유한 값이다. A구와 B구가 모두 '○○시'에 속해 있으므로 A구와 B구 모두 다음 두 자리가 '03'이어야 한다. 예를 들어 '경기도(광역) 성남시(기초) 분당구'라면 '03'은 '성남시'를 의미하는 고유한 값이다. 따라서 분당구와 수정구가 모두 성남시에 속해 있다면 둘 다 다음 두 자리는 같아야 한다. 따라서 A구와 B구 모두 다음 두 자리가 '03'이어야 하고, 선택지 ①, ④가 제거된다.

· '마지막 자리'에는 해당 시·군·구가 기초자치단체인 경우 0, 자치단체가 아닌 경우 0이 아닌 임의의 숫자를 부여한다.
  〈경우 1〉 ○○시가 광역자치단체인 경우
  A구가 기초단체가 되므로 마지막 자리는 0이어야 한다.
  〈경우 2〉 ○○시가 기초자치단체인 경우
  기초자치단체인 시에 속하는 구는 자치단체가 아니므로, 자치단체가 아닌 경우 0이 아닌 임의의 숫자를 부여하면 된다.

따라서 ⑤은 '10020', ⑥은 '10033'이다.

PSAT 전문가의 총평

- 처음으로 7급에 맞춘 full-set 문제가 공개된 2020년 모의평가는 전반적으로 문항 형태와 유형 측면에서 5급이나 민간경력자 PSAT와 유사하게 출제되었습니다.
- 텍스트형은 예상되는 범위 안에서 일치부합형 1문제, 응용형 1문제, 1지문 2문항형 2문제로 총 4문제가 출제되었습니다. 상황판단의 특성에 맞게, 정보량이 많은 글이 제시되어 많은 정보를 얼마나 잘 처리할 수 있는지가 중요했습니다. 법조문형은 총 6문제가 출제되었으며, <상황> 박스가 주어진 문제가 많다는 점이 특징이었습니다. 일치부합형처럼 보이는 2번 문제의 경우도 5개의 선지 중 일부 선지가 계산을 요한다는 점에서 실질적으로는 응용형으로 분류할 수 있으므로, 단순확인을 요하는 문제보다는 응용형의 비중이 매우 높았습니다. 또한 핵심유형으로 계산형은 총 5문제, 규칙형은 총 6문제, 경우형은 총 4문제가 출제되었습니다.
- 텍스트형은 정보가 많기는 하지만 수월하게 해결할 수 있는 난도의 문제가 출제되었습니다. 법조문형은 단순히 일치부합을 확인하는 정오판단에서 그치지 않고 주어진 <상황>에 응용·적용을 요한다는 문제가 많아 난도는 높은 편이었습니다. 계산형에 속하는 문제의 난도 차이는 큰 편이었습니다. 10, 11, 12, 18번 문제의 난도는 낮았지만, 22번 문제는 난도가 비교적 높은 편이었습니다. MAX 함수가 민경, 5급, 7급 PSAT를 통틀어 처음 사용되었고, 자료해석에서 중요하게 활용되는 가중평균이 사용되었다는 점이 특징적이었습니다. MAX 함수는 이후 7급 2022년 가책형 16번 문제에서도 다시 활용되었습니다. 이처럼 기출문제는 출제장치가 계속 반복해서 출제됩니다. 규칙형에 속하는 문제도 계산유형에 속하는 문제와 마찬가지로 난도 차이가 꽤 큰 편이었습니다. 단순확인형에 속하는 7, 17번, 적용해결형에 속하는 15, 19번 문제의 경우는 난도가 평이했지만, 정오판단형에 속하는 20번과 21번 문제의 경우에는 난도가 높은 편이었습니다. 과정이 끝까지 확정되지 않은 상태에서 문제에 등장한 개정안 또는 참가자의 순서를 바꿔볼 수 있는지 '몰아주기'의 장치가 쓰인 문제였는데, 이는 최근 5급 공채에서도 자주 출제되고 있는 장치가 7급 모의평가에서도 사용되었다는 점이 특징적이었습니다. 경우형은 4문제 모두 전반적으로 난도가 높은 편이었습니다. 그래도 아이디어가 필요하여 아이디어가 떠오르지 않으면 손도 못 대는 유형의 문제라기보다는, 기존 기출로 접근법이나 해결스킬을 잘 연습해 두었다면 충분히 풀 수 있는 문제가 출제되었습니다. 따라서 7급에 출제될 난도 있는 문제에 대비하기 위하여 5급 문제도 철저하게 분석해야 함을 알 수 있습니다. 결론적으로 모의평가는 텍스트형, 계산형, 규칙형은 수월했고, 법조문형과 경우형의 난도가 높았습니다.

정답

p.74

문1	④	응용형 (법조문형)	문6	②	응용형 (법조문형)	문11	②	정확한 계산형	문16	③	경우 파악형	문21	③	규칙 정오판단형
문2	⑤	일치부합형 (법조문형)	문7	①	규칙 단순확인형	문12	⑤	상대적 계산형	문17	⑤	규칙 단순확인형	문22	①	조건 계산형
문3	⑤	응용형 (법조문형)	문8	③	응용형 (법조문형)	문13	②	경우 확정형	문18	②	상대적 계산형	문23	②	1지문 2문항형
문4	⑤	응용형 (법조문형)	문9	④	일치부합형 (텍스트형)	문14	④	경우 확정형	문19	①	규칙 적용해결형	문24	①	1지문 2문항형
문5	③	응용형 (법조문형)	문10	④	정확한 계산형	문15	③	규칙 적용해결형	문20	③	규칙 정오판단형	문25	⑤	경우 확정형

취약 유형 분석표

유형별로 맞힌 문제 개수와 정답률, 틀린 문제 번호, 풀지 못한 문제 번호를 적고 나서 취약한 유형이 무엇인지 파악해 보세요. 그 후 약점 보완 해설집 p.2 [취약 유형 공략 포인트]에서 약점 보완 학습법을 확인하고, 틀린 문제와 풀지 못한 문제를 다시 한번 풀어보세요.

유형		맞힌 문제 개수	정답률	틀린 문제 번호	풀지 못한 문제 번호
텍스트형	발문 포인트형	–	–		
	일치부합형	/1	%		
	응용형	/1	%		
	1지문 2문항형	/2	%		
	기타형	–	–		
법조문형	발문 포인트형	–	–		
	일치부합형	/1	%		
	응용형	/5	%		
	법계산형	–	–		
	규정형	–	–		
	법조문소재형	–	–		
계산형	정확한 계산형	/2	%		
	상대적 계산형	/2	%		
	조건 계산형	/1	%		
규칙형	규칙 단순확인형	/2	%		
	규칙 정오판단형	/2	%		
	규칙 적용해결형	/2	%		
경우형	경우 파악형	/1	%		
	경우 확정형	/3	%		
TOTAL		/25	%		

해설

문1 응용형(법조문형) 난이도 하   정답 ④

문제풀이 핵심 포인트
지문에 주어진 표제를 잘 활용한다. 이때 '적용범위'와 '정의' 표제의 조문은 지문 전체에 적용되는 내용임에 주의한다. 〈상황〉에서는 문제 해결에 필요한 내용 위주로 확인할 수 있어야 한다.

풀이

제00조를 순서대로 제1조 ~ 제4조라고 한다.

① (×) 제2조에서는 이 법의 적용 대상인 국제행사에 대해 정하고 있다. A박람회는 20여 개국에서 8만 명 이상의 외국인들이 참여해 왔으므로 이 법의 적용 대상인 국제행사에 해당하였다. A박람회가 2021년에 총 250만 명의 참여자 중 외국인 참여자가 감소하여 6만 명이 된다면 총 참여자 250만 명의 3%인 7만 5천 명 이하이므로 A박람회는 국제행사에 해당되지 않는다.

② (×) 제3조 각 호에서는 국고지원의 대상에서 제외되는 국제행사에 대해 정하고 있다. A박람회는 매년 1회 개최하는 국제행사로 2021년에 예정대로 개최된다면, 2020년까지는 5회 국고지원을 받았으므로 2021년까지 6회 국고지원을 받게 된다. A박람회가 2022년에 개최되면서 국고지원을 받는다면 이는 제7회 개최이고, 7번째 국고지원을 받은 것이다. 따라서 제3조 제1호에 해당하는 행사이며 국고지원 대상에서 제외된다. 그러나 제3조에서 국고지원의 대상에서 제외되는 시기에 대하여 각 호 이후 최초 개최되는 행사의 해당 연도로 정하고 있으므로 2022년에 국고지원의 대상에서 제외되는 것이 아니라 2023년부터 제외된다.

③ (×) 제1조의 적용 범위에 따르면 지문의 규정은 10억 원 이상의 국고지원을 요청하는 경우에 적용한다. 2021년 A박람회의 총 사업비가 52억 원으로 증가하고 국고지원은 8억 원을 요청한다면, A박람회는 이 규정들의 적용 대상이 아니므로 타당성조사 대상이 아니다. 제4조에서 타당성조사 대상에 대하여 정하고 있지만, 해당 규정들의 적용 대상이 아니므로 해당 조문을 검토하지 않는다.

④ (○) 제4조에서는 타당성 조사, 전문위원회 검토의 대상 등에 대하여 정하고 있다. 2021년 A박람회의 총 사업비가 60억 원으로 증가한다면 제4조 제1항에 따라 타당성조사 대상이 된다. 그러나 국고지원을 전년과 동일한 금액으로 총 사업비 40억 원의 25%인 10억 원을 요청한다면, 국고지원 비율이 총 사업비의 20% 이내이므로 동조 제3항에 따라 제1항에도 불구하고 타당성조사를 전문위원회 검토로 대체할 수 있다.

⑤ (×) 제4조의 타당성 조사, 전문위원회 검토의 대상인지 검토한다. 甲광역자치단체와 乙기초자치단체는 제1조에 따라 2021년 A박람회를 공동주관할 수 있다. 전년인 2020년과 동일한 총 사업비로 A박람회를 개최한다면, 총 사업비는 40억 원으로 50억 원 미만이므로 A박람회는 제4조 제1항의 타당성조사 대상이 아니라 동조 제2항의 전문위원회 검토 대상이다.

문2 일치부합형(법조문형) 난이도 하   정답 ⑤

문제풀이 핵심 포인트
첫 번째 조문에서 진흥기금, 가산금, 수수료 등 여러 개념이 등장하므로 혼동하지 말고 정확하게 계산할 수 있어야 한다. 두 개의 조문이 내용상 서로 연결되어 있으므로 이를 정확하게 확인한다.

풀이

① (×) 제○○조 제1항 단서는 제△△조 제1호에 해당하는 영화를 연간 상영일수의 100분의 60 이상 상영한 영화상영관을 진흥기금 징수 대상의 예외로 정하고 있다. 일반적인 영화상영관은 동조 제1항에 따라 진흥기금 징수 대상이 된다. 그러나 영화상영관 A에서 직전 연도에 제△△조 제1호의 애니메이션영화를 연간 상영일수의 100분의 60 이상 상영한 경우에는 제○○조 제1항 단서에 해당하여 진흥기금을 징수하지 아니한다.

② (×) 제○○조 제2항의 진흥기금 납부 기한에 대해 검토한다. 영화상영관 경영자 B는 8월분 진흥기금 60만 원을 다음 달인 9월 20일까지 납부하여야 하는데 9월 18일에 납부한다면, 이는 납부 기한 내에 납부한 것으로 가산금을 납부하여야 하는 것은 아니다.

③ (×) 제○○조 제1항에 따르면 입장권 가액의 100분의 5를 진흥기금으로 징수한다. 관람객 C가 입장권 가액과 그 진흥기금을 합하여 영화상영관에 지불하는 금액이 12,000원이라면 입장권 가액은 12,000원에 미치지 못하는 것이고 입장권 가액의 100분의 5인 진흥기금도 600원이 아니라 600원에 미치지 못한다.

④ (×) D가 제○○조 제1항 단서의 진흥기금 징수 대상의 예외인지 검토한다. 연간 상영일수가 매년 200일인 영화상영관 D에서 직전 연도에 단편영화를 40일, 독립영화를 60일 상영했다면 단편영화와 독립영화는 제△△조 제1호에 해당하는 영화이다. 그러나 합계 상영일수가 100일로 제○○조 제1항 단서의 적용 대상인 연간 상영일수의 100분의 60인 120일에 미치지 못한다. 따라서 영화상영관 D는 진흥기금 징수 대상의 예외에 해당하지 않아 진흥기금을 징수하여야 한다.

⑤ (○) 제○○조 제4항에서는 진흥기금 수납에 대한 위탁 수수료에 대하여 정하고 있다. 영화상영관 경영자 E가 7월분 진흥기금과 그 가산금을 합한 금액인 103만 원을 같은 해 8월 30일에 납부한 경우, 제○○조 제2항에서 정한 진흥기금의 납부 기한을 초과하여 납부한 것으로 동조 제3항에 따라 체납된 금액 100만 원의 100분의 3인 가산금 3만 원이 더해진 금액이다. 즉 진흥기금 징수액은 100만 원이고 위원회는 E에게 동조 제4항에 따라 진흥기금 징수액 100만 원의 100분의 3인 최대 3만 원의 수수료를 지급할 수 있다.

문3 응용형(법조문형) 난이도 중   정답 ⑤

문제풀이 핵심 포인트
선택지를 통해 응용형 문제임을 파악하고, 지문의 내용을 정확하게 파악할 수 있어야 한다. 이 문제에서는 원·피고를 정확하게 구분하지 않고도 답이 도출되나, 문제를 분석하면서 원고와 피고의 개념을 정확하게 파악해 두어야 한다. 쉽게 말해 민사소송에서 '원고'는 소를 제기한 자이고, '피고'는 소를 당한 자이다.

풀이

지문을 정리하면 다음과 같다.

· 민사소송의 1심은 피고의 주소지를 관할하는 지방법원 또는 그 지원이 재판을 담당한다. 다만 금전지급청구소송은 원고의 주소지를 관할하는 지방법원 또는 그 지원도 재판할 수 있다. 즉, 금전지급청구소송의 경우는 원고 또는 피고의 주소지를 관할하는 지방법원 또는 그 지원이 재판을 담당한다.

- 시·군법원은 지방법원 또는 그 지원이 재판하는 사건 중에서 소송물가액이 3,000만 원 이하인 금전지급청구소송을 전담하여 재판한다. 즉, 이러한 소송의 경우 원고 또는 피고의 주소지를 관할하는 시·군법원이 있으면 지방법원과 그 지원은 재판할 수 없고 시·군법원만이 재판한다.

〈상황〉을 정리하면 다음과 같다.

- A청구: 소송물가액 3,000만 원의 금전지급청구의 소
- B청구: 소송물가액 1억 원의 고려청자 인도청구의 소

두 소송 모두 甲이 乙에게 소송을 제기하는 것으로 소를 제기한 원고는 甲, 소를 당한 피고는 乙이다.

A청구는 소송물가액 3,000만 원의 금전지급청구의 소이므로, 원고 또는 피고의 주소지를 관할하는 시·군법원이 있으면 지방법원과 그 지원은 재판할 수 없고 시·군법원만이 재판한다. 甲의 주소지는 김포시, 乙의 주소지는 양산시이고, 김포시를 관할하는 김포시법원과 양산시를 관할하는 양산시법원이 있으므로, 이 두 곳에서만 재판할 수 있다. 이에 따라 선택지 ①, ②가 제외된다.

B청구는 인도청구의 소로 민사소송의 1심은 피고인 乙의 주소지를 관할하는 지방법원 또는 그 지원이 재판을 담당한다. 따라서 乙의 주소지인 양산시를 관할하는 울산지방법원에서만 재판할 수 있다. 인도청구의 소이기 때문에, 피고의 주소지를 관할하는 지방법원과 그 지원이 가능하다. 따라서 울산지방법원은 B청구를 재판할 수 있고, 선택지 ③, ④는 제외된다.

✏️ **실전에선 이렇게!**

선택지에서 A청구와 B청구, 두 가지 청구에 대해서 묻고 있다는 점을 활용해서 보다 빠른 해결이 가능하다.

문4 응용형(법조문형)   난이도 중   정답 ⑤

문제풀이 핵심 포인트
선택지를 통해 응용형 문제임을 파악하고, 지문에서 발명에 대해 특허권이 부여되기 위한 두 가지 요건을 정확하게 파악한 후, 이를 〈상황〉에 적절하게 적용할 수 있어야 한다.

▶ **풀이**

지문을 정리하면 다음과 같다.

특허권이 부여되기 위해서는 신규성과 선출원주의 두 요건 모두를 충족해야 한다.

- 신규성: 발명은 지금까지 세상에 없는 새로운 것, 즉 신규성이 있는 발명이어야 한다.
  - 발명이 신규인지 여부는 특허청에의 특허출원 시점을 기준으로 판단한다.
  - 특허출원 전에 발명 내용이 널리 알려진 경우나, 반포된 간행물에 게재된 경우에는 특허출원 시점에는 신규성이 상실되었기 때문에 특허권이 부여되지 않는다.
  - 발명자가 자발적으로 위와 같은 신규성을 상실시키는 행위를 하고 그날로부터 12개월 이내에 특허를 출원하면, 신규성을 상실시킨 행위를 한 발명자가 특허출원한 경우에만 신규성이 있는 것으로 간주된다.
- 선출원주의: 여러 명의 발명자가 독자적인 연구를 하던 중 우연히 동일한 발명을 완성하였다면, 발명의 완성 시기에 관계없이 가장 먼저 특허청에 특허출원한 발명자에게만 특허권이 부여된다.

- 특허청에 선출원된 어떤 발명이 신규성 상실로 특허권이 부여되지 못한 경우, 동일한 발명에 대한 후출원은 선출원주의로 인해 특허권이 부여되지 않는다.

이를 〈상황〉에 대입해 보면, 발명자 甲, 乙, 丙은 각각 독자적인 연구개발을 수행하여 동일한 A발명을 완성하였다.

구분	甲	乙	丙
발명완성 시점	2020. 3. 1.	2020. 4. 1.	2020. 7. 1.
행위	발명 내용을 비밀로 유지	2020. 6. 1. 간행되어 반포된 학술지에 발명 내용을 논문으로 게재	A발명 완성 후 바로 당일에 특허출원
특허출원 시점	2020. 9. 2.	2020. 8. 1.	2020. 7. 1.

특허출원시점을 보면 丙이 가장 빠르다. 그런데 그 전에 乙이 2020. 6. 1. 간행되어 반포된 학술지에 그 발명 내용을 논문으로 게재하였다. 따라서 특허출원 시점인 2020. 7. 1.에는 신규성이 상실되었고, 신규성을 상실시킨 행위를 한 발명자인 乙이 일정한 요건을 갖추어 특허출원한 경우에만 신규성이 있는 것으로 간주되므로, 丙에게는 신규성이 인정되지 못한다. 따라서 丙에게 특허권이 부여되지 않는다.

丙 다음으로 乙이 2020. 8. 1.에 특허출원을 하는데, 이 경우 신규성이 인정될 수 있을지는 모르나, 선출원주의에 의해서 특허청에 선출원된 어떤 발명이 신규성 상실로 특허권이 부여되지 못한 경우, 동일한 발명에 대한 후출원은 선출원주의로 인해 특허권이 부여되지 않는다. 따라서 2020. 8. 1.에 특허출원을 한 乙과 2020. 9. 2.에 특허출원을 한 甲 모두 특허권이 부여되지 않는다. 따라서 특허권이 부여되기 위해서는 신규성과 선출원주의 두 요건 모두를 충족해야 하는데, 甲과 丙은 신규성이 없고, 乙은 후출원으로 선출원주의의 요건을 갖추지 못하므로 甲, 乙, 丙 중 어느 누구도 특허권을 부여받지 못한다.

문5 응용형(법조문형)   난이도 하   정답 ③

문제풀이 핵심 포인트
〈상황〉이 주어진 응용형 문제이므로 지문을 잘 읽고 〈상황〉의 甲에 잘 적용할 수 있어야 한다. 지문에는 하나의 조문만 제시되어 있으므로 한 문단의 글이 주어진 셈이지만, 제1항과 제2항의 키워드가 모두 '말한다'이고, 〈보기〉의 키워드는 각각 '지급', '대출', '지급'이어서 지문의 키워드와는 잘 매칭되지 않는 점에 유의하여야 한다.

▶ **풀이**

ㄱ. (O) 법조문 제2항의 연금 방식에 부합하는지 검토하여야 한다. 甲은 제2항 제1호의 방식과 같이 생존해 있는 동안 노후생활자금을 매월 지급받을 수 있다. 또한 제1호의 방식과 결합하여 제3호 나목과 같이 A주택의 임차인에게 임대차보증금을 반환하는 용도로 A주택의 주택담보노후연금 대출 한도액인 3억 원의 100분의 50 이내인 1억 원을 지급받을 수 있다.

ㄴ. (X) 법조문 제1항에서는 주택담보노후연금보증 대상자의 연령을 주택소유자 또는 주택소유자의 배우자가 60세 이상일 것으로 제한하고 있다. 주택 소유자인 甲의 연령이 61세로 60세 이상이라면 주택소유자의 배우자 연령이 60세 이상이 아니더라도 주택담보노후연금보증을 통해 노후생활자금을 대출받을 수 있다.

ㄷ. (O) 법조문 제2항의 연금 방식에 부합하는지 검토하여야 한다. 甲은 제2항 제2호와 같이 주택소유자가 선택하는 일정한 기간 동안 노후생활자금을 매월 지급받는 방식으로 향후 10년간 노후생활자금을 매월 지급받을 수 있다. 또한 제2호의 방식과 결합하여 제3호의 가목과 같이 A주택을 담보로 대출받은 금액 중 잔액을 상환하는 용도로 A주택의 주택담보노후연금대출 한도액인 3억 원의 100분의 50이내인 1억 5천만 원을 지급받을 수 있다.

문6 응용형(법조문형) 난이도 **중**   정답 ②

문제풀이 핵심 포인트
모든 선택지에서 X지역의 정보를 활용하고 있다. 지문에는 '지역개발 신청 동의'와 관련한 하나의 조문, 즉 하나의 문단이 제시되어 있다. 따라서 지문을 꼼꼼하게 확인한 후, 〈상황〉에 적절하게 적용하여 각 선택지의 정오를 정확하게 판단할 수 있어야 한다.

풀이

지문의 내용을 정리해 보면, 지역개발 신청을 하기 위해서는 두 가지 동의를 모두 받아야 한다.

총 토지 면적	토지 소유자 총수
지역개발을 하고자 하는 지역의 총 토지면적의 3분의 2 이상에 해당하는 토지의 소유자의 동의	지역개발을 하고자 하는 지역의 토지의 소유자 총수의 2분의 1 이상의 동의

또한 지역개발 신청을 하기 위해서 필요한 동의자의 수는 4가지 기준에 따른다.

① (×) 지역개발을 하고자 하는 지역의 토지의 소유자 총수의 2분의 1 이상의 동의를 받아야 한다. 〈상황〉에서 동의자 수 산정 기준에 따라 산정된 X지역 토지의 소유자, 즉 동의대상자는 모두 82인이다. 따라서 이 중 41인 이상의 동의를 받아야 한다. 동의자 수 산정 기준인 제2항 제3호를 보면 1인이 여러 개의 토지를 소유하고 있는 경우에는 소유하는 토지의 수와 무관하게 1인으로 본다. 乙은 X지역에 토지 10개를 소유하고 있지만 동의자 수를 산정할 때는 1인으로 본다. 따라서 乙이 동의대상자 31인의 동의를 얻더라도 총 32인의 동의를 받은 것이기 때문에 지역개발 신청을 위한 X지역 토지의 소유자 총수의 2분의 1 이상의 동의 조건을 갖춘 것이 아니다. 乙이 10개의 토지를 소유하고 있어서 그냥 10인으로 고려하면 10 + 31 = 41인의 동의를 받은 것처럼 함정을 판 선택지이다.

② (O) 우선 면적 관련 동의 요건을 충족했는지 보면, X지역에 대한 지역개발 신청에 甲 ~ 己 모두 동의하였으므로 이들이 소유한 토지면적의 합계를 구한다. 甲은 X지역 총 토지면적(6km²)의 4분의 1을 소유하고 있으므로 1.5km²를 소유하고 있고, 乙은 총 2km²를, 丙, 丁, 戊, 己는 총 1km²를 소유하고 있으므로 이를 모두 더하면 4.5km²가 된다. 따라서 지역개발을 하고자 하는 지역의 총 토지면적 6km²의 3분의 2 이상인 4km² 이상에 해당하는 토지의 소유자의 동의가 필요하다는 조건은 충족한다.

소유자 관련 동의 요건을 충족했는지 보면, 丙, 丁, 戊, 己는 X지역에 토지 1개를 공동소유하고 있고 제2항 제2호에 따라 1개의 토지를 여러 명이 공동소유하는 경우에는 다른 공동소유자들을 대표하는 대표 공동소유자 1인만을 해당 토지의 소유자로 본다. 따라서 丙 ~ 己 중 대표 공동소유자 1인과 甲, 乙 총 3인의 동의에, 나머지 동의대상자 중 38인의 동의를 얻으면 총 41인의 동의를 받은 셈이므로 소유자 관련 동의 요건도 충족하므로 신청이 가능하다.

③ (×) 〈상황〉에서 X지역은 100개의 토지로 이루어져 있고, 그중 〈상황〉을 통해 소유자를 확실히 알 수 있는 토지는 甲이 소유한 토지 2개, 乙이 소유한 토지 10개, 丙 ~ 己가 공동으로 소유하고 있는 토지 1개이다. 1개의 토지를 여러 명이 공동소유하는 경우에는 다른 공동소유자들을 대표하는 대표 공동소유자 1인만을 해당 토지의 소유자로 보기 때문에 丙 ~ 己가 공동으로 소유하고 있는 토지 1개는 대표 공동소유자 1인만을 소유자로 봐야 하고 따라서 총 13개의 토지를 3명이 소유하고 있는 셈이다. 〈상황〉에서 동의자 수 산정 기준에 따라 산정된 동의대상자가 총 82인이라고 했으므로 100개 − 13개 = 87개의 토지를 82인 − 3인 = 79인이 소유하고 있는 셈이다. 따라서 甲, 乙 외에도 X지역에 토지 2개 이상을 소유하는 자는 반드시 존재한다.

④ (×) X지역이 100개의 토지로 이루어져 있고, 토지면적 합계가 총 6km²이므로, X지역의 1필의 토지면적은 0.06km²로 모두 동일하다는 것은 단순히 6km² ÷ 100개를 한 결과이다. X지역 1필의 토지면적이 균일하다는 조건은 없으며, 이는 오히려 주어진 〈상황〉에 위배된다. 제2항 제1호에서 토지는 지적도 상 1필의 토지를 1개의 토지로 하는데, 甲은 X지역에 토지 2개를 소유하고 있고, 해당 토지면적 합계는 X지역 총 토지면적의 4분의 1인 1.5km²이다. 乙은 X지역에 토지 10개를 소유하고 있고, 해당 토지면적 합계는 총 2km²이다. 丙, 丁, 戊, 己는 X지역에 토지 1개를 공동소유하고 있고, 해당 토지면적은 1km²이다. 〈상황〉을 보면 X지역의 1필의 토지면적이 0.06km²로 모두 동일할 수 없다.

⑤ (×) X지역 안에 있는 국유지의 면적이 1.5km²라는 것은 X지역의 토지면적 합계 총 6km²에서 甲이 소유한 1.5km², 乙이 소유한 2km², 丙 ~ 己가 공동으로 소유한 1km²를 제외한 6km² − (1.5km² + 2km² + 1km²) = 1.5km²를 모두 다 국유지의 면적으로 본 것이다. 甲 ~ 己와 국유지 재산관리청을 제외한 동의대상자가 있고, 그들이 소유한 면적도 있어야 하기 때문에, X지역 안에 있는 국유지의 면적이 1.5km²일 수 없다.

문7 규칙 단순확인형 난이도 **하**   정답 ①

문제풀이 핵심 포인트
甲 ~ 丁의 근무일과 근무시간을 확인하면 해결되는 문제이다. 조건에 부합하지 않는 직원을 하나씩 소거하면서 선택지를 줄여나간다.

풀이

甲. (×) 수요일의 근무계획이 09:00 ~ 13:00인데, 근무 시작과 종료 시각에 관계 없이 점심시간은 12:00 ~ 13:00 각 1시간으로 하고 근무시간으로는 산정하지 않으므로 3시간만 근무하게 되는 셈이다. 근무일의 경우, 1일 최소 근무시간은 4시간으로 하므로 〈유연근무제〉에 부합하지 않고, 근무계획은 승인될 수 없다. 또한 총 근무시간을 계산하더라도 40시간에 못 미친다.

乙. (O) 1일 최대 및 최소 근무시간을 만족하고, 주 40시간을 근무한다는 조건에 부합하므로 근무계획은 승인된다.

丙. (×) 월요일과 화요일의 근무계획이 08:00 ~ 24:00인데, 근무 시작과 종료 시각에 관계 없이 점심시간은 12:00 ~ 13:00, 저녁시간은 18:00 ~ 19:00의 각 1시간으로 하고 근무시간으로는 산정하지 않는다. 따라서 점심시간과 저녁시간을 제외하고 14시간을 근무하게 되는데, 근무일의 경우, 1일 최대 근무시간은 12시간으로 하므로, 〈유연근무제〉에 부합하지 않고, 근무계획은 승인될 수 없다.

ㅜ. (✕) 총 근무시간이 9 + 12 + 10 + 18 = 39시간으로 주 40시간을 근무해야 한다는 조건에 부합되지 않으므로, 근무계획은 승인될 수 없다.

06:00 ~ 16:00	08:00 ~ 22:00	-	09:00 ~ 21:00	09:00 ~ 18:00
점심시간 제외하고 9시간	점심시간, 저녁시간 제외하고 12시간		점심시간, 저녁시간 제외하고 10시간	점심시간 제외하고 8시간

문8 응용형(텍스트형) 난이도 ❸ 정답 ③

문제풀이 핵심 포인트
발문과 지문을 통해 1948년 런던 올림픽이 몇 회 대회인지, 1992년 알베르빌 동계 올림픽이 몇 회 대회인지에 대한 정보 위주로 빠르게 확인하여야 함을 파악한다. 하계 올림픽과 동계 올림픽의 차수를 계산하는 방식이 서로 다르므로 정확하게 구분하여 이해한다.

풀이
두 번째 단락에 따르면 올림픽 사이의 기간인 4년을 올림피아드라 부르는데, 하계 올림픽의 차수는 올림피아드를 기준으로 계산한다. 이전 대회부터 하나의 올림피아드만큼 시간이 흐르면 올림픽 대회 차수가 하나씩 올라가고, 대회가 개최되지 못해도 올림피아드가 사라지는 것은 아니므로 대회 차수에는 영향을 미치지 않는다. 반면 동계 올림픽의 차수는 실제로 열린 대회만으로 정해진다.

㉠ 1948년 하계 올림픽은 1936년 제11회 올림픽에서 12년이 지나 12/4 = 3 올림피아드가 흐른 것이므로 제14회 올림픽이다.

㉡ 동계 올림픽은 1948년 제5회 대회 이후 2020년 전까지 개최되지 않은 적이 없고, 1948년 제5회 올림픽으로부터 44년 후인 1992년 알베르빌 동계 올림픽은 44/4 = 11회가 지난 것이므로 제16회 올림픽이 된다.

따라서 ㉠은 14, ㉡은 16이다.

문9 일치부합형(텍스트형) 난이도 ❸ 정답 ④

문제풀이 핵심 포인트
시간, 기상현상 등의 여러 가지 기준에 따라 기상예보를 구분하고 있다. 이처럼 개념의 구분이 많은 지문이 주어졌으므로 그 여러 개념들이 혼동되지 않도록 정확히 파악한다.

풀이
ㄱ. (○) 두 번째 단락에서 주간예보는 일일예보를 포함하여 일일예보가 예보한 기간의 다음날부터 5일간의 날씨를 추가로 예보하며 매일 발표하고, 주간예보에 포함된 일일예보는 오늘과 내일, 모레의 날씨를 1일 단위(0시 ~ 24시)로 예보함을 알 수 있다. 따라서 월요일에 발표되는 주간예보에는 일일예보로 발표되는 월요일부터 수요일의 날씨와 목요일부터 그 다음 주 월요일의 날씨가 포함됨을 알 수 있다.

ㄴ. (○) 두 번째 단락에서 일일예보는 매일 5시, 11시, 17시, 23시에 발표한다고 했고, 3시간 예보는 매일 0시 발표부터 시작하여 3시간 간격으로 1일 8회 발표한다고 했으므로 일일예보의 발표시각과 3시간 예보의 발표시각은 겹치지 않음을 알 수 있다.

ㄷ. (✕) 두 번째 단락에서 일일예보는 오늘과 내일, 모레의 날씨를 1일 단위(0시 ~ 24시)로 예보하며 매일 5시, 11시, 17시, 23시에 발표한다고 했고, 이는 동일한 기간의 예보 내용을 4번 반복해서 발표하는 것임을 알 수 있다. 따라서 발표 시점이 18시간이 더 늦다고 해서 18시간 더 먼 미래의 날씨까지 예보하는 것은 아님을 알 수 있다.

ㄹ. (○) 세 번째 단락에서 대설경보의 예보 기준은 24시간 신적설량이 대도시일 때 20cm 이상이고, 대설주의보의 예보 기준은 24시간 신적설량이 울릉도일 때 20cm 이상이라고 했으므로 대도시 A의 대설경보 예보 기준은 울릉도의 대설주의보 예보 기준과 같음을 알 수 있다.

문10 정확한 계산형 난이도 ❸ 정답 ④

문제풀이 핵심 포인트
여러 가지 방법으로 해결이 가능한 문제이다. 방정식을 세워 계산하거나 선택지를 활용할 수도 있고, 최소공배수 활용이나 반감기의 수구조를 통해서도 가능하다. 한 문제를 푸는 다양한 방식을 통해 여러 사고를 연습해 두는 것이 좋다.

풀이
직원 수를 x로 두면, A는 1인당 1개씩 배분하므로 총 x개, B는 2인당 1개씩 배분하므로 $(x/2)$개, C는 4인당 1개씩 배분하므로 $(x/4)$개, D는 8인당 1개씩 배분하므로 $(x/8)$개가 배분된다. 그리고 甲기관이 배분한 사무용품의 개수는 총 1,050개였다. 이를 식으로 나타내면 다음과 같다.

$$x + (x/2) + (x/4) + (x/8) = 1{,}050$$
$$\rightarrow (8x + 4x + 2x + x)/8 = 1{,}050$$
$$\rightarrow x = 560$$

따라서 11월 1일 현재 甲기관의 직원 수는 560명이다.

A는 1인당 1개씩, B는 2인당 1개씩, C는 4인당 1개씩, D는 8인당 1개씩 배분된다. 1인, 2인, 4인, 8인의 최소공배수가 8인이므로, 8인 단위로 묶어서 생각해 보면 편하다. 8인 기준으로 1인당 1개씩 배분되는 A는 8개, 2인당 1개씩 배분되는 B는 4개, 4인당 1개씩 배분되는 C는 2개, 8인당 1개씩 배분되는 D는 1개가 배분된다. 따라서 8인 기준으로 총 8 + 4 + 2 + 1 = 15개의 사무용품이 배분되는 셈이다. 이 정보를 활용해서 비례관계로 나타내면, 8인:15개이다. 그런데 배분된 사무용품의 개수가 총 1,050개이다.

8인	15개
	↓ × 70
?	1,050개

따라서 8인에도 똑같이 70배의 배율조정을 해주면, 현재 甲기업의 직원 수는 560명이다.

문 11 정확한 계산형 <u>난이도 하</u>　　　　　정답 ②

문제풀이 핵심 포인트
2019년 5급 PSAT 가책형 9번 통역경비를 구하는 문제와 유사한 문제로, 거리는 편도로 제시되어 있지만 왕복교통비를 구해야 한다는 점에 주의하여야 한다.

풀이

계산의 조건을 정확하게 파악해야 한다.

- 팀원은 총 8명
- 한 대의 렌터카로 모두 같이 이동
- 워크숍 기간은 1박 2일
- 워크숍 비용을 최소화
- 워크숍 비용 = 왕복 교통비 + 숙박요금
  - 왕복 교통비: 교통비는 렌터카 비용, 렌터카 비용은 거리 10km당 1,500원

구분	A 펜션	B 펜션	C 펜션
펜션까지 거리(km)	100	150	200
왕복 교통비(원)	30,000	45,000	60,000

  - 숙박요금: 숙박인원이 숙박기준인원을 초과할 경우, A ~ C 펜션 모두 초과인원 1인당 1박 기준 10,000원씩 요금 추가, 팀원은 총 8명

구분	A 펜션	B 펜션	C 펜션
1인당 숙박요금(원)	100,000	150,000	120,000
숙박기준인원(인)	4	6	8
숙박요금(원)	140,000	170,000	120,000

  - 워크숍 비용

구분	A 펜션	B 펜션	C 펜션
왕복 교통비(원)	30,000	45,000	60,000
숙박요금(원)	140,000	170,000	120,000
워크숍 비용(원)	170,000	215,000	180,000

따라서 예약할 펜션은 A 펜션이고, 워크숍 비용은 170,000원이다.

문 12 상대적 계산형 <u>난이도 중</u>　　　　　정답 ⑤

문제풀이 핵심 포인트
정확한 수입비용을 구하는 문제가 아니라, 상대적 크기 비교만 하면 해결되는 문제이다. 상대적 계산 스킬을 사용하면 보다 빠르고 정확한 해결이 가능하다.

풀이

ㄱ. (O) 甲국은 매년 X를 100톤 수입하고, 기존에 A국에서 수입하던 비용은 1톤당 단가가 12달러, 관세율이 0%, 1톤당 물류비가 3달러이므로 1톤당 수입비용은 (12 + 3) × 100 = 1,500달러이다. B국가와 FTA를 체결한다면, B국가에서 수입하는 X에 대한 관세율이 0%이고, 1톤당 단가가 10달러, 1톤당 물류비가 5달러이므로 B국가와 FTA 체결 후 수입하는 비용은 (10 + 5) × 100 = 1,500달러이다. 따라서 기존에 A국에서 수입하던 것과 동일한 비용으로 X를 수입할 수 있다.

ㄴ. (×) C국이 A국과 동일한 1톤당 단가를 제시하였다면, C국의 1톤당 단가는 20달러에서 12달러로 변화한다. 이때 C국에서 수입하는 비용은 {12 + (12 × 0.2) + 1} × 100 = 1,540달러이다. A국에서 수입하는 비용은 1,500달러이므로 甲국은 기존에 A국에서 수입하던 것보다 저렴한 비용으로 C국으로부터 X를 수입할 수 없다.

ㄷ. (O) A국으로부터 X의 수입이 다시 가능해졌으나 1톤당 6달러의 보험료가 A국으로부터의 수입비용에 추가된다면, A국에서 수입하는 비용은 (12 + 3 + 6) × 100 = 2,100달러가 된다. B국에서 수입하는 비용은 {10 + (10 × 0.5) + 5} × 100 = 2,000달러이므로 甲국은 A국보다 B국에서 X를 수입하는 것이 수입비용 측면에서 더 유리하다.

문 13 경우 확정형 <u>난이도 중</u>　　　　　정답 ②

문제풀이 핵심 포인트
고정 정보를 먼저 찾아야 한다. 甲이 실수로 끝자리에 추가한 숫자가 2이고, 乙이 실수로 첫 자리에 추가한 숫자가 2이므로 이를 활용하여 식을 만들 수 있다.

풀이

다섯 자리 자연수로 된 올바른 우편번호가 ABCDE라고 하면, 甲은 올바른 우편번호의 끝자리 뒤에 2를 추가하였으므로 'ABCDE2'라고 실수한 셈이고, 乙은 올바른 우편번호의 첫 자리 앞에 2를 추가하였으므로 '2ABCDE'라고 실수한 셈이다. 그 결과 甲이 잘못 표기한 우편번호 여섯 자리 수 'ABCDE2'는 乙이 잘못 표기한 우편번호 여섯 자리 수 '2ABCDE'의 3배가 되었다.

```
      2    A    B    C    D    E
  ×                           3
  ─────────────────────────────
      A    B    C    D    E    2
```

- E 자리의 확인

  E × 3을 한 결과의 끝자리가 2가 나와야 한다. 3의 배수 중 끝자리가 2인 수는 3 × 4 = 12이므로 E는 4가 된다.

```
                      +1
      2    A    B    C    D    4
  ×                           3
  ─────────────────────────────
      A    B    C    D    4    2
```

- D 자리의 확인

  D × 3 + 1을 한 결과의 끝자리가 4가 나와야 하므로 D는 1이 된다.

```
      2    A    B    C    1    4
  ×                           3
  ─────────────────────────────
      A    B    C    1    4    2
```

- C 자리의 확인

  C × 3을 한 결과의 끝자리가 1이 나와야 하므로 C는 7이 된다.

```
                 +2
      2    A    B    7    1    4
  ×                           3
  ─────────────────────────────
      A    B    7    1    4    2
```

- B 자리의 확인

  B × 3 + 2를 한 결과의 끝자리가 7이 나와야 하고, B × 3을 한 결과의 끝자리는 5가 나와야 한다. 따라서 B는 5가 된다.

		+1				
	2	A	5	7	1	4
×						3
	A	5	7	1	4	2

- A자리의 확인

  A × 3 + 1을 한 결과의 끝자리가 5가 나와야 한다. 따라서 A × 3을 한 결과의 끝자리는 4가 나와야 하고 A는 8이 된다.

		+2				
	2	8	5	7	1	4
×						3
	8	5	7	1	4	2

2 × 3 + 2 = 8이 되므로 찾아낸 올바른 우편번호 '85714'가 정확하다는 것을 확인할 수 있다. 따라서 올바른 우편번호의 첫 자리 숫자 '8'과 끝자리 숫자 '4'의 합은 12이다.

📝 실전에선 이렇게!

우편번호 숫자를 전부 다 구하는 것보다 문제에서 묻는 올바른 우편번호의 첫 자리와 끝자리 숫자 위주로 구하면 보다 빠른 해결이 가능하다.

문 14 경우 확정형 　난이도 하　　　　정답 ④

문제풀이 핵심 포인트

제시된 규칙을 정확하게 이해한다. 甲과 乙이 가위, 바위, 보를 각각 몇 회씩 냈는지 제시되고 있지만 정확한 순서는 중요하지 않다는 점에 유의한다.

풀이

주어진 조건을 정리하면 다음과 같다.

- 甲은 가위 6회, 바위 1회, 보 3회를 냈다.

  → 임의로 甲이 가위 6회, 바위 1회, 보 3회 순으로 냈다고 가정한다.

구분	1	2	3	4	5	6	7	8	9	10
甲	가위	가위	가위	가위	가위	가위	바위	보	보	보
乙										
승패										

- 甲과 乙이 서로 같은 것을 낸 적은 10회 동안 한 번도 없었다.

  → 甲이 가위를 내는 6회 동안, 乙은 바위 또는 보를 내야 한다.

- 乙은 가위 4회, 바위 3회, 보 3회를 냈다.

  → 앞의 내용과 연결시키면 乙은 바위 3회, 보 3회를 냈고, 이는 甲이 가위를 내는 6회 동안 乙은 바위 또는 보를 낸 것이 된다. 이를 반영해 보면 다음과 같다.

구분	1	2	3	4	5	6	7	8	9	10
甲	가위	가위	가위	가위	가위	가위	바위	보	보	보
乙	바위	바위	바위	보	보	보				
승패	甲 패	甲 패	甲 패	甲 승	甲 승	甲 승				

乙은 낼 수 있는 것이 가위 4회밖에 남지 않았다. 따라서 나머지 7회차부터 10회차까지는 남은 가위 4회를 낸 것이 되고, 그 때의 최종 결과는 다음과 같다.

구분	1	2	3	4	5	6	7	8	9	10
甲	가위	가위	가위	가위	가위	가위	바위	보	보	보
乙	바위	바위	바위	보	보	보	가위	가위	가위	가위
승패	甲 패	甲 패	甲 패	甲 승	甲 승	甲 승	甲 승	甲 패	甲 패	甲 패

따라서 甲의 승패 결과는 4승 6패가 된다.

📝 실전에선 이렇게!

甲과 乙이 서로 같은 것을 낸 적은 10회 동안 한 번도 없었다는 조건을 甲이 가위를 낼 때는 乙이 가위를 내서는 안된다고 이해하면 보다 빠른 해결이 가능하다.

문 15 규칙 적용해결형 　난이도 하　　　　정답 ③

문제풀이 핵심 포인트

인사교류는 ○○기관(甲)과 □□기관 사이(신청자 A, B, C), ○○기관(甲)과 △△기관 사이(신청자 D, E)에 이루어진다. 교류를 승인하는 조건을 각 신청자에게 정확히 적용하여야 하고, 적용과정에서 '최초'임용년월과 '현직급'임용년월을 혼동하지 않도록 주의한다.

풀이

인사교류란 동일 직급간 신청자끼리 1:1로 교류하는 제도로서, 각 신청자가 속한 두 기관의 교류 승인 조건을 모두 충족해야 한다는 조건에 주의한다.

〈경우 1〉 甲(○○기관)이 A, B, C(□□기관)와 교류하는 경우

신청자	연령(세)	현 소속 기관	최초임용년월	현직급임용년월
甲	32	○○	2015년 9월	2015년 9월
A	30	□□	2016년 5월	2019년 5월
B	37	□□	2009년 12월	2017년 3월
C	32	□□	2015년 12월	2015년 12월

- ○○기관: 신청자간 현직급임용년월은 3년 이상 차이 나지 않고, 연령은 7세 이상 차이 나지 않는 경우

  → 신청자간 현직급임용년월이 3년 이상 차이 나는 A가 제외된다.

- □□기관: 신청자간 최초임용년월은 5년 이상 차이 나지 않고, 연령은 3세 이상 차이 나지 않는 경우

  → 신청자간 최초임용년월이 5년 이상 차이 나고 연령도 3세 이상 차이 나는 B가 제외된다.

〈경우 2〉 甲(○○기관)이 D, E(△△기관)와 교류하는 경우

신청자	연령(세)	현 소속 기관	최초임용년월	현직급임용년월
甲	32	○○	2015년 9월	2015년 9월
D	31	△△	2014년 1월	2014년 1월
E	35	△△	2017년 10월	2017년 10월

- ○○기관: 신청자간 현직급임용년월은 3년 이상 차이 나지 않고, 연령은 7세 이상 차이 나지 않는 경우

  → 모두 조건을 충족한다.

- △△기관: 신청자간 최초임용년월은 2년 이상 차이 나지 않고, 연령은 5세 이상 차이 나지 않는 경우
  → 신청자간 최초임용년월이 2년 이상 차이나는 E가 제외된다.

따라서 조건에 따를 때, A, B, E가 제외되므로 甲과 인사교류를 할 수 있는 사람은 C, D이다.

문 16 경우 파악형 난이도 상 정답 ③

문제풀이 핵심 포인트
주어진 조건 중 제약조건을 중요하게 처리하고, 이를 통해 여러 경우 중에 가능하지 않은 경우를 빠르게 제거할 수 있어야 한다. 직접 해결하기 어려운 경우에 주어진 선택지의 내용을 활용하는 것도 좋은 방법이다.

풀이
주어진 조건에 따르면 1, 2, 3, 4, 5의 카드가 각 2장씩 총 10장이 있고, 각 카드에 적혀 있는 수는 바로 왼쪽 카드에 적혀 있는 수보다 작거나, 같거나, 1만큼 커야 한다. A ~ E에 들어갈 수 있는 남은 숫자는 1, 2, 4, 4, 5이다. 조건에 위배되지 않도록 숫자를 배열해 보면 다음과 같이 4가지의 경우가 가능하다.

〈경우 1〉

5	1	2	3	A 2	3	B 4	C 5	D 4	E 1

〈경우 2〉

5	1	2	3	A 4	3	B 4	C 5	D 1	E 2

〈경우 3〉

5	1	2	3	A 4	3	B 4	C 5	D 2	E 1

〈경우 4〉

5	1	2	3	A 2	3	B 4	C 4	D 5	E 1

위 네 가지 경우 중 C에 5가 들어갈 수 있는 반례가 세 가지 있다. 그중 하나의 반례라도 찾아낸다면 C가 5일 수 있다는 반례가 찾아진다.

① 현재 남아있는 수는 1, 2, 4, 4, 5이고, 숫자 종류로 보면, 1, 2, 4, 5 네 종류이다.
- A에 1이 들어가는 경우, 아래 굵은 선으로 표시한 자리가 각 카드에 적혀 있는 수는 바로 왼쪽 카드에 적혀 있는 수보다 작거나, 같거나, 1만큼 커야 한다는 조건에 위배된다.

5	1	2	3	A 1	3	B	C	D	E

- A에 2 또는 4가 들어가는 경우 조건에 위배되지 않는다.
- A에 5가 들어가는 경우, 아래 굵은 선으로 표시한 자리가 각 카드에 적혀 있는 수는 바로 왼쪽 카드에 적혀 있는 수보다 작거나, 같거나, 1만큼 커야 한다는 조건에 위배된다.

5	1	2	3	A 5	3	B	C	D	E

따라서 A로 가능한 수는 2 또는 4이므로 2가지이다.

② 위에서 찾은 네 가지 모든 경우에 B에는 4가 들어간다.
④ D가 2라면 가능한 배열은 위에서 찾은 4가지 경우 중 한 가지뿐이다.
⑤ 위에서 찾아낸 네 가지의 경우를 보면 E에는 1 또는 2가 들어간다.

실전에선 이렇게!
선택지를 활용해서 풀면 빠르게 정답을 찾아낼 수 있다.
② A ~ E에 숫자를 배열할 때 현재 남아있는 수는 1, 2, 4, 4, 5이고, 숫자 종류로 보면, 1, 2, 4, 5 네 종류인데, 5를 배열하는 방법은 4 - 5 순서가 될 수밖에 없고, 이는 B - C 또는 C - D에 들어갈 수밖에 없다. (B - C) = (4 - 5)인 경우에 B에는 4가 들어가고, (C - D) = (4 - 5)인 경우에도 B에는 들어갈 수 있는 수가 4밖에 없다. 따라서 B에는 어떠한 경우에도 항상 4가 들어가게 된다.
④ A에 들어갈 수 있는 수는 2 또는 4 뿐인데 D가 2라면, A는 4로 확정된다.

5	1	2	3	A 4	3	B	C	D 2	E

4, 5는 연달아 들어가야 하고 남은 자리는 B, C이다. 그러면 남은 숫자 1이 E에 들어간다.
⑤ 반례를 찾기 위해서 E에 4 또는 5가 들어갈 수 있는지 검토해보면 불가능하다는 것을 알 수 있다. 반례가 찾아지지 않는다고 해서 선택지가 옳다고 판단하면 안되고, E에 1 또는 2가 들어가는지까지 확인해봐야 한다.

문 17 규칙 단순확인형 난이도 하 정답 ⑤

문제풀이 핵심 포인트
단순히 내용을 확인함으로써 정답을 찾을 수 있는 문제이다. 문제에서 요구하는 것은 포획·채취 금지 고시의 '대상이 되는' 수산자원이고, 〈상황〉에 주어진 내용은 '대상에서 제외되는' 수산자원이므로 실수하지 않도록 주의한다.

풀이
기본적으로 매년 A ~ H 지역에서 포획·채취 금지가 고시되는 수산자원은 〈기준〉에 따르지만, 경제상황을 고려해서 2021년에 한하여 〈상황〉의 어느 하나에 해당하는 경우에 〈기준〉에 따른 포획·채취 금지 고시의 대상에서 제외한다. 제외되지 않는 수산자원이 2021년 포획·채취 금지 고시의 대상이 되는 수산자원이 된다.
- 전어는 소비장려 수산자원이므로 2021년 포획·채취 금지 고시의 대상에서 제외한다.
- 대구와 꽃게는 금지기간이 소비촉진 기간에 포함되므로 2021년 포획·채취 금지 고시의 대상에서 제외한다.
- 소라는 금지지역이 E, F 지역인 경우 해당 지역이 지역경제활성화 지역이고, 금지지역이 G지역인 경우 금지기간이 5월 1일 ~ 6월 30일로 소비촉진 기간에 포함되며, 금지지역이 D인 경우 해당 지역이 지역경제활성화 지역이면서 금지기간도 소비촉진 기간에 포함되므로 2021년 포획·채취 금지 고시의 대상에서 제외한다.

따라서 2021년 포획·채취 금지 고시의 대상이 되는 수산자원은 새조개이다.

문 18 상대적 계산형 `난이도 하`   정답 ②

문제풀이 핵심 포인트

지불금액을 계산할 때 +와 − 부호를 혼동하지 않도록 주의한다. 지불금액을 구해야 하므로 지출 계통인 세금이 +이고, 수입 계통인 보조금은 −로 계산되어야 한다.

풀이

자동차 구매 시 지불 금액은 자동차 가격 − 보조금 + 세금이므로 A ~ C의 자동차 가격과 보조금, 세금을 표로 정리하면 다음과 같다.

자동차	차종	자동차 가격	보조금	개별소비세 (10%)	교육세 (2%)	취득세 (5%)	총 지불 금액
A	중형 전기차	4,000	1,500	400		전액감면	2,900
B	소형 전기차	3,500	1,000	전액감면	전액감면	전액감면	2,500
C	하이브리드차	3,500	500	전액감면		175	3,175

(세금 열 머리: 세금 / 개별소비세(10%), 교육세(2%), 취득세(5%))

따라서 A ~ C 자동차 구매 시 지불 금액을 비교하면 B < A < C 순이다.

문 19 규칙 적용해결형 `난이도 하`   정답 ①

문제풀이 핵심 포인트

주어진 선정 기준뿐만 아니라 단서조건도 정확하게 파악하여야 한다. 이에 따라 전체 후보 중 정확한 점수를 계산하기 전에 제외되는 후보가 있는지 확인한다.

풀이

• 친환경인증 또는 전통식품인증 유무에 의한 점수 + 도농교류 활성화 점수 + 가산점 = 점수가 높은 순으로 선정한다.
• 도농교류 활성화 점수가 50점 미만인 농가는 선정하지 않는다. 따라서 농가 D가 제외되고, 선택지 ②, ⑤는 제거된다.
• 동일 지역의 농가를 2곳 이상 선정할 수 없으므로 선택지 ③이 제거된다.

조건에 따라 (가)지역과 (라)지역 농가의 점수를 계산해 보면 다음과 같다.

농가	친환경 인증 유무	전통식품 인증 유무	점수	도농교류 활성화 점수	총점	지역	최종 점수
A	○	○	40	80	120	(가)	120
B	×	○	40	60	100	(가)	100
E	○	×	30	75	105	(라)	105
F	○	○	40	70	110	(라)	110

(가)지역의 농가 A와 B 중에서 총점이 더 높은 A가 선정되고, (라)지역의 농가 E와 F중에서 총점이 더 높은 F가 선정된다. 국가인증 농가를 3곳 선정하여야 하므로 농가 C는 자동적으로 포함된다.

🖋 실전에선 이렇게!

동일 지역의 농가를 2곳 이상 선정할 수 없다는 조건과 도농교류 활성화 점수가 50점 미만인 농가는 선정하지 않는다는 제외조건을 먼저 고려하면, 실질적으로 가산점 기준까지 고려하지 않더라도 빠르게 답을 찾아낼 수 있다.

문 20 규칙 정오판단형 `난이도 중`   정답 ③

문제풀이 핵심 포인트

추가 절차를 진행하지 않은 상태의 평가점수가 주어져있고, 여기에 추가 절차를 정확하게 반영한 후 평가점수가 가장 높은, 즉 상대적인 비교를 통해 개정안을 채택하여야 한다. 개정안의 개별 평가항목 점수 중 어느 하나라도 2점 미만인 경우, 해당 개정안은 채택하지 않는다는 제외조건과 수용가능성 평가점수를 높일 수 있는 추가절차는 최대 2회까지 진행할 수 있다는 단서조건에 주의한다.

풀이

주어진 조건을 정리하면 다음과 같다.

• 4개 평가항목에 따라 평가점수를 부여하고 평가점수 총합이 가장 높은 개정안을 채택
• 평가점수 총합이 동일한 경우, 국정과제 관련도 점수가 가장 높은 개정안을 채택
• 개정안의 개별 평가항목 점수 중 어느 하나라도 2점 미만인 경우, 해당 개정안은 채택하지 않음
  → 개정안 (가)는 현 상태에서는 채택될 수 없다.
• 수용가능성 평가점수를 높일 수 있는 추가 절차(단, 각 절차는 개정안마다 최대 2회 진행 가능)
  − 이해관계자 수용가능성: 관계자간담회 1회당 1점 추가
  − 관계부처 수용가능성: 부처간회의 1회당 2점 추가
  − 입법부 수용가능성: 국회설명회 1회당 0.5점 추가

ㄱ. (O) 추가 절차를 진행하지 않는 경우, 수용가능성 평가항목별 점수를 높일 수 있는 추가 절차를 진행하지 않은 상태에서 개정안별 평가점수를 계산한 〈A법률 개정안 평가점수〉를 확인하면 된다. 입법부 수용가능성 점수가 2점 미만인 (가)는 채택될 수 없으므로, (나)와 (다) 중 총합이 더 높은 (나)가 채택된다.

ㄴ. (O) 3개 개정안 모두를 대상으로 입법부 수용가능성을 높이는 절차를 최대한 진행하는 경우, 각 절차는 개정안마다 최대 2회 진행 가능하고 입법부 수용가능성은 국회설명회 1회당 0.5점 추가되므로 다음과 같이 점수가 변화한다.

개정안	이해관계자	관계부처	입법부	국정과제 관련도	총합
(가)	5	3	1 + 1 = 2	4	13 + 1 = 14
(나)	3	4	3 + 1 = 4	3	13 + 1 = 14
(다)	4	3	3 + 1 = 4	2	12 + 1 = 13

(표 머리: 수용가능성 / 이해관계자, 관계부처, 입법부)

(가)의 입법부 수용가능성 점수도 2점이기 때문에 (가)가 제외되지 않는다. 총합이 (가)와 (나)가 14점으로 동일하므로, 국정과제 관련도 점수가 4점으로 더 높은 (가)가 채택된다.

ㄷ. (×) (나)에 대한 부처간회의를 1회 진행하고 (다)에 대한 관계자간담회를 2회 진행하는 경우, 점수 변화는 다음과 같다.

개정안	이해관계자	관계부처	입법부	국정과제 관련도	총합
(가)	5	3	1	4	13
(나)	3	4 + 2 = 6	3	3	13 + 2 = 15
(다)	4 + 2 = 6	3	3	2	12 + 2 = 14

(표 머리: 수용가능성 / 이해관계자, 관계부처, 입법부)

따라서 (나)의 총점이 15점으로 더 높으므로, (다)가 아닌 (나)가 채택된다.

문 21 규칙 정오판단형 [난이도 상]   정답 ③

문제풀이 핵심 포인트
과정이 끝까지 확정되지 않은 상태에서 참가자의 점수를 바꿔보는 '몰아주기'의 장치가 사용되었다. 계산을 최대한 줄일 수 있는 방식으로 접근한다.

풀이
총 점수는 UCC 조회수 등급에 따른 점수 + 심사위원 평가점수이다. 총 점수가 높은 순위에 따라 3위까지 수상한다.

· UCC 조회수 등급에 따른 점수
  조회수에 따라 5등급 A, B, C, D, E로 나눈 후 최상위 A를 10점으로 하여 등급마다 0.3점씩 떨어진다.

· 심사위원 평가점수
  심사위원 (가) ~ (마)가 각각 부여한 점수(1 ~ 10의 자연수)에서 최고점 및 최저점을 제외한 3개 점수의 평균으로 계산한다. 최고점 또는 최저점이 2개 이상인 경우 그 중 하나만 제외한다.

ㄱ. (×) ㉠이 5점이라면 다음과 같다.

참가자	조회수 등급	심사위원별 평가점수				
		(가)	(나)	(다)	(라)	(마)
甲	B	9	5	7	8	7
乙	B	9	8	7	7	7

甲은 (7+8+7)/3+B이고, 乙은 (8+7+7)/3+B이므로 계산 결과 甲과 乙의 총 점수는 동일하다.

ㄴ. (○) 현재 점수가 확정된 참가자만 살펴보면 다음과 같다.

참가자	조회수 등급	심사위원별 평가점수				
		(가)	(나)	(다)	(라)	(마)
乙	B	9	8	7	7	7
丁	B	5	6	7	7	7
戊	C	6	10	10	7	7

점수를 계산해 보면, 현재 丁은 乙과 戊보다 총 점수가 낮다. 따라서 丁이 수상할 수 있으려면 아직 총 점수가 확정되지 않은 甲과 丙 보다 총 점수에서 앞서야 한다.

참가자	조회수 등급	심사위원별 평가점수				
		(가)	(나)	(다)	(라)	(마)
甲	B	9	(㉠)	7	8	7
丙	A	8	7	(㉡)	10	5
丁	B	5	6	7	7	7

丁의 총 점수를 甲과 丙의 총 점수보다 높이기 위해서 ㉠, ㉡에 최저점을 부여해 보면, 다음과 같다.

참가자	조회수 등급	심사위원별 평가점수				
		(가)	(나)	(다)	(라)	(마)
甲	B	9	(㉠)	7	8	7
丙	A	8	7	(㉡)	10	5
丁	B	5	6	7	7	7

이 경우에도 丁은 甲과 丙에 비해 총 점수가 낮다. 따라서 丁은 ㉠과 ㉡에 상관없이 수상하지 못한다.

ㄷ. (○) 앞서 ㄴ에서 현재 점수가 확정된 참가자만 봤을 때, 戊의 총 점수가 乙과 丁의 총 점수보다 높다. 따라서 戊보다 낮은 2명이 있기 때문에 戊는 최소 3위를 확보하고 있는 셈이다. 이 경우에 戊가 조회수 등급을 D로 받아 한 등급이, UCC 조회수 등급에 따른 점수가 0.3점이 떨어지더라도 여전히 戊의 총점이 가장 높다.

심사위원 평가점수에서 총점을 봤을 때, 乙은 戊보다 2점 낮고, 丁은 戊보다 4점 낮은데, 이 총 점수의 순서가 UCC 조회수 등급에 따른 점수에서 뒤집어지기 위해서는 3등급의 변화가 있어야 하므로, 조회수 등급이 한 등급 떨어졌다고 해서 戊가 乙 또는 丁보다 총 점수가 낮아지지 않는다.

ㄹ. (×) ㉠>㉡이더라도 甲의 총 점수가 丙의 총 점수보다 낮거나 같은 경우가 있는지 찾아보아야 한다. 이를 위해 甲의 총 점수는 낮게 만들고 丙의 총 점수는 높게 만들어 본다. ㉠이 10점이고, ㉡이 9점인 상황을 가정해 보면 다음과 같다.

참가자	조회수 등급	심사위원별 평가점수				
		(가)	(나)	(다)	(라)	(마)
甲	B	9	10	7	8	7
丙	A	8	7	9	10	5

이 경우 심사위원별 평가점수는 동점이고, 조회수 등급에서 丙의 총 점수가 甲의 총 점수보다 높아진다. 즉, 甲의 총 점수가 丙의 총 점수보다 낮은 반례가 찾아진다. 따라서 옳지 않다.

🖋 실전에선 이렇게!

· 조회수 등급은 0.3점씩 차이 나기 때문에 심사위원별 점수에 비해서 미미한 값임을 파악하면 보다 빠른 해결이 가능하다.
· 공식변형을 통하여 평균을 계산하지 않는 쪽으로 해결한다.
· 〈보기〉조합형 문제는 〈보기〉 검토 순서를 요령 있게 결정하여야 한다.
· 상대적 계산 스킬을 사용한다.

문 22 조건 계산형 [난이도 상]   정답 ①

문제풀이 핵심 포인트
지문에 문제풀이에 필요한 새로운 개념이 제시되었으므로 Max[X, Y]의 의미를 빠르게 파악하여 응용, 적용할 수 있어야 한다.

풀이
주어진 정보를 표에 반영해 보면 다음과 같다.

기관	A	B	C	D
전기평가점수	60	70	90	80
후기평가점수			70	
최종평가점수			80	
순위	1	2	4	3

C기관의 경우 '전기>후기'이므로 '0.5 × 전기평가점수 + 0.5 × 후기평가점수'의 값이 더 클 것이고 그 때의 최종평가점수는 80점이다.

ㄱ. (O) 현재 전기평가점수는 A기관이 60점, B기관이 70점으로 B기관이 더 높은데, 최종평가순위는 A기관이 1등, B기관이 2등으로 A기관의 최종평가점수가 더 높다. 즉, 최종평가점수에서 역전되어야 한다. 두 기관 모두 최종평가점수는 순위가 4등인 C기관의 80점보다 높아야 하기 때문에, 두 기관 모두 최종평가점수는 80점보다 크고, 최종평가점수가 80점보다 크려면 후기평가점수가 80점보다 높아야 한다. 따라서 '0.2 × 전기평가점수 + 0.8 × 후기평가점수'로 계산한 결과가 더 클 것이다. 이 공식에 따를 때 전기평가점수는 B기관이 10점 더 높으므로, 최종평가점수에서는 B기관이 2점 더 높다. 후기평가점수는 1점당 최종평가점수 0.8점이 높아진다.

구분	전기평가점수(× 0.2)	후기평가점수 (× 0.8)	최종평가점수
A	60	+ 1점당 최종 + 0.8	↑
B	70(+ 10) → + 2		

따라서 A기관의 후기평가점수는 B기관의 후기평가점수보다 최소 3점 높아야 최종평가점수가 + 2.4점이 되어 A기관의 최종평가점수가 B기관의 최종평가점수보다 높아진다.

ㄴ. (✕) 최종평가점수 순위대로 나열했을 때 다음과 같다.

구분	A		B		D		C
전기평가점수	60	<	70	<	80	<	90
후기평가점수							70
최종평가점수		>		>		>	80
순위	1		2		3		4

따라서 A기관, B기관, D기관 모두 최종평가 점수는 80점보다 높아야 하므로, 후가평가점수가 80점보다 높아야 한다. 각 기관별로 (전기, 후기) = (60, 80초과), (70, 80초과), (80, 80초과)이므로 A, B, D기관의 경우 '0.5 × 전기평가점수 + 0.5 × 후기평가점수'보다 '0.2 × 전기평가점수 + 0.8 × 후기평가점수'로 계산한 결과가 크다. 따라서 '0.2 × 전기평가점수 + 0.8 × 후기평가점수'로 계산해서, 차이 값만 보는 상대적 비교 스킬을 사용한다.

구분	A		B		D		C
전기평가점수 (× 0.2)	60(0)	<	70(+2)	<	80(+4)	<	90
후기평가점수 (× 0.8)							70
최종평가점수		>		>		>	80
순위	1		2		3		4

D기관의 최종평가점수가 C기관의 최종평가점수보다 높으려면 D기관의 후기평가점수는 최소 81점이면 된다. B기관과 D기관을 비교해 보면 D기관의 전기평가점수가 2점 더 높으므로, 앞서 ㄱ에서도 살펴봤듯이 후기평가점수는 반대로 B기관이 3점 이상 더 높아야 0.8을 곱했을 때 B기관이 + 2.4점이 되어 순위가 역전된다.

구분	A		B		D		C
전기평가점수 (× 0.2)	60(0)	<	70(+2)	<	80(+4)	<	90
후기평가점수 (× 0.8)			84↑		81↑		70
최종평가점수		>		>		>	80
순위	1		2		3		4

이를 정리해보면 D기관의 최종평가점수보다 높으려면, D기관의 후기평가점수는 최소 81점이어야 하고, B기관의 후기평가점수는 84점 이상이어야 한다. 따라서 B기관의 후기평가점수는 83점일 수 없다.

ㄷ. (✕) A기관과 D기관의 전기평가점수는 4점 차이가 난다. 그런데 A기관과 D기관의 후기평가점수가 5점 차이가 난다면 후기평가점수에서는 정확히 4점만큼만 뒤집을 수 있다. 이 경우 두 기관의 점수는 동점이 되어 A기관의 순위가 더 높을 수 없다. 따라서 두 기관의 후기평가점수는 5점보다 크게 차이 나야 한다.

🔖 실전에선 이렇게!

· Max[X, Y]는 X와 Y 중 큰 값을 의미하는데, 전기평가점수와 후기평가점수가 '전기 = 후기'인지, '전기 > 후기'인지, '후기 > 전기'인지에 따라 '0.5 × 전기평가점수 + 0.5 × 후기평가점수'와 '0.2 × 전기평가점수 + 0.8 × 후기평가점수' 중에 어떤 값이 더 클지 수치를 대입해 보지 않더라도 미리 파악 가능하다.
· 가중평균 값을 복잡한 계산없이 빠르게 구할 수 있으면 이 문제도 빠른 해결이 가능하다.
· 정확한 값을 구하는 것보다 상대적 계산 스킬을 사용하여 해결한다.

문 23 1지문 2문항형 <난이도 하> 정답 ②

문제풀이 핵심 포인트

〈보기〉 ㄴ ~ ㄹ에 'W - K 암호체계에서'라는 표현이 반복되고 있으므로 응용형임을 알 수 있다. 따라서 지문에서 문제 해결에 필요한 부분을 찾아 정확하게 이해한 후, 이를 각 〈보기〉에 응용 · 적용할 수 있어야 한다.

풀이

ㄱ. (✕) 첫 번째 단락에 따르면 김우전 선생은 1944년 1월 일본군에 징병돼 중국으로 파병됐지만 같은 해 5월 말 부대를 탈출해 광복군에 들어갔고, 두 번째 단락에 따르면 1945년 3월 미 육군 전략정보처가 중국에서 광복군과 함께 특수훈련을 하고 있었을 시기에 선생은 한글 암호인 W - K 암호를 만들었다. 따라서 김우전 선생이 광복군의 무전통신을 위해 W - K 암호를 만들었으나, 일본군에 징병되었을 때 만든 것은 아님을 알 수 있다.

ㄴ. (O) 두 번째 단락에 따르면 자음과 모음은 각각 두 자리 숫자로 표시하고, 받침은 자음을 나타내는 두 자리 숫자의 앞에 '00'을 붙여 네 자리로 표시한다. 세 번째 단락에 따르면 W - K 암호는 네 자리씩 끊어 읽는다. 따라서 W - K 암호체계에서 한글 단어를 변환한 암호문의 자릿수는 4의 배수임을 알 수 있다.

ㄷ. (O) 주어진 암호를 네 자리씩 끊어서 표시해 보면 '1830, 0015, 2400'이다. 자음과 모음은 각각 두 자리 숫자로, 받침은 자음을 나타내는 두 자리 숫자의 앞에 '00'을 붙여 네 자리로 표시한다고 했으므로 가운데 '0015'는 '00'으로 시작하기 때문에 앞 글자의 받침임을 알 수 있다. 이에 따라 마지막 '2400'은 자음 + 모음의 형식의 새로운 글자여야 한다. 그런데 세 번째 단락에 따르면 W - K 암호체계에서 자음은 '11 ~ 29'에, 모음은 '30 ~ 50'에 순서대로 대응되므로 '2400'이 하나의 글자라면 모음을 나타내는 마지막 두 자리에는 '30 ~ 50' 중 하나가 나와야 한다. 따라서 주어진 암호는 한글 단어로 해독될 수 없음을 알 수 있다.

ㄹ. (✕) 세 번째 단락에 따르면 모음은 '30 ~ 50'에 순서대로 대응되고, 각주의 모음 순서에 따르면 'ㅔ'는 '48'에 대응되어야 한다. 따라서 W - K 암호체계에서 한글 '궤'는 '1148'로 변환됨을 알 수 있다.

🔖 실전에선 이렇게!

ㄷ. 숫자 '00'이 연이어 나올 수 있는 경우는 받침을 표현할 때이고, 숫자 '00'은 네 자리 중 앞 두 자리에 위치하게 된다. 즉, 'xx00'이라는 형식은 아예 불가능하다.

문 24 1지문 2문항형 난이도 중 정답 ①

문제풀이 핵심 포인트

발문에서 '3·1운동!'을 옳게 변환한 것을 찾을 것을 요구하고 있으므로 발문에 포인트가 있는 발문 포인트형임을 알 수 있다. 따라서 지문을 읽을 때는 암호를 변환하는 방법과 관련된 규칙을 중점적으로 확인한 후 〈조건〉에 추가된 규칙과 잘 결합하여 문제를 해결한다.

풀이

W−K 암호체계의 규칙을 정리하면 다음과 같다.

· 자음: 두 자리 숫자로 표시, 'ㄱ, ㄴ, ㄷ, ㄹ, ㅁ, ㅂ, ㅅ, ㅇ, ㅈ, ㅊ, ㅋ, ㅌ, ㅍ, ㅎ, ㄲ, ㄸ, ㅃ, ㅆ, ㅉ'가 '11~29'에 순서대로 대응
· 모음: 두 자리 숫자로 표시, 'ㅏ, ㅑ, ㅓ, ㅕ, ㅗ, ㅛ, ㅜ, ㅠ, ㅡ, ㅣ, ㅐ, ㅒ, ㅔ, ㅖ, ㅘ, ㅙ, ㅚ, ㅝ, ㅞ, ㅟ, ㅢ'가 '30~50'에 순서대로 대응
· 받침: 자음을 나타내는 두 자리 숫자의 앞에 '00'을 붙여 네 자리로 표시, 자음 중 'ㄱ~ㅎ'을 이용하여 '0011'부터 '0024'에 순서대로 대응

숫자와 기호를 표현하기 위해 추가된 규칙은 다음과 같다.

· 숫자: 1~9를 차례대로 '51~59'로 변환하고, 끝에 '00'을 붙여 네 자리로 표시
· 기호: 온점(.)은 '70', 가운뎃점(·)은 '80', 느낌표(!)는 '66', 물음표(?)는 '77'로 변환하고, 끝에 '00'을 붙여 네 자리로 표시

이 규칙을 통해 '3·1운동!'을 옳게 변환하면 다음과 같다.

3	·	1	우	ㄴ	도	ㅇ	!
5300	8000	5100	1836	0012	1334	0018	6600

따라서 '3·1운동!'을 옳게 변환한 것은 '53008000510018360012133400186600'이다.

문 25 경우 확정형 난이도 중 정답 ⑤

문제풀이 핵심 포인트

확정적인 정보가 무엇인지 파악하고, 이후 그 확정적인 정보부터 조건 순서를 바꾸어 적용하여 문제를 해결한다.

풀이

총 35명에게 45개의 내선번호를 부여해야 하므로 내선번호가 과 총원보다 10개 더 많은 셈이다.

〈대화〉를 정리하면 다음과 같다.

· 甲과의 인원은 9명이고, 내선번호는 7016~7024번까지로 총 9개이다. 甲과는 총원과 내선번호 개수가 같다.
· 乙과의 총원이 제일 많은데, 각 과 총원은 과장 1명을 포함하여 7명 이상이고 그 수가 모두 다르므로, 乙과의 총원은 10명 이상이고 내선번호는 4개 더 있어야 한다.

· 丙과는 총원보다 내선번호가 3개 더 많다. 나머지 丁과도 총원보다 내선번호가 3개 더 많아야 한다. 丙과의 내선번호는 7025번부터 시작하고 7034번을 포함한다.
· 丁과는 내선번호 끝자리가 5로 시작해야 한다. 7001번부터 7045번까지 중에 끝자리가 5인 경우는 7005, 7015, 7025, 7035, 7045가 있는데 조건에 따를 때 丁과의 내선번호로 가능한 것은 7035번 하나뿐이고 7035번에서 시작하면 7045번에서 끝나게 된다. 내선번호가 총 11개이므로 丁과의 총원은 8명이다.
· 丙과의 내선번호가 7034번까지로 확정되고 丙과의 내선번호가 7025번부터 7034번까지 10개인데, 丙과는 총원보다 내선번호가 3개 더 많으므로 丙과의 총원은 7명이 된다.
· 나머지 乙의 총원은 나머지 11명이고, 내선번호 개수는 4개 더 많은 15개이며, 내선번호는 7001번부터 7015번까지가 된다.

이를 정리해 보면 다음과 같다.

소속	직원	과 총원	내선번호 개수(+10)	내선번호
제1과	乙	11명	15개(+4)	7001~7015번
제2과	甲	9명	9개(+0)	7016~7024번
제3과	丙	7명	10개(+3)	7025~7034번
제4과	丁	8명	11개(+3)	7035~7045번

따라서 丁은 제4과이고, 과 총원은 8명이다.

모바일 자동 채점 및
성적 분석 서비스

PSAT 전문가의 총평

· 7급 공채 PSAT가 처음으로 실시된 2021년에는 민간경력자 채용 문제와 7급 공채 PSAT 문제가 완전히 같거나 다르지 않고, 25문제 중 15문제를 서로 공유하였습니다. 민간경력자 채용에서는 1번부터 10번까지가 민경채만의 문제였고, 11번부터 25번까지가 공유된 문제였습니다. 반면 7급 공채 PSAT에서는 1번부터 15번까지가 공유된 문제였고, 16번부터 25번까지가 7급 공채 PSAT만의 문제였습니다. 이는 민경채 PSAT와 7급 공채 PSAT의 난도 차이를 보여주는 것이라고도 볼 수 있는데, 25문제 한 세트 중 후반부에 대체로 난도 있는 문제를 배치하기 때문에 공유된 15문제가 민경채 PSAT에서는 변별력을 가지는 문제라고 평가되어 후반부에 배치된 반면, 7급 공채 PSAT에서는 쉬운 편에 속하는 문제라고 평가되어 전반부에 배치된 것이 아닌가 조심스럽게 예측해 봅니다. 즉 민경채 < 7급 공채 < 5급 공채 순으로 난도가 높아지는 것이 누구나 인정할 수 있는 일반적인 경향이었습니다. 그러다 2022년부터는 민경채 PSAT와 7급 공채 PSAT의 문제가 완벽히 동일해 졌는데, 2022년에는 7급 수험생들에게도 어렵다는 평가가 나왔다보니, 민간경력자 채용을 준비하는 수험생들은 더 어렵게 느껴졌을 것입니다. 그래서 2023년에는 난이도가 조정된 것 같은데, 반대로 7급 공채를 준비하는 수험생들의 입장에서는 평이한 난도로 출제가 되다보니 해커스 합격예측시스템 기준으로 성적을 입력한 수험생 중 75%에 해당하는 수험생이 80점 이상을 받는 결과가 나왔습니다. 이러한 결과는 향후 출제될 시험의 난도에 어느 정도 영향을 미칠 것으로 예상됩니다.

· 민경채 PSAT만의 10문제는 텍스트형은 없고, 법조문형 3문제, 계산형 3문제, 규칙형 2문제, 경우형 2문제가 출제되었습니다. 계산형 중 날짜 계산 문제, 경우형 중 1:1대응문제 등 기존에 여러 번 출제되어 왔던 소재의 문제가 다시 출제되기도 하였고, 다소 까다로울 수 있는 법조문형 중 응용형 문제나, 계산형 중 조건 계산형 문제가 출제되기는 하였으나 충분히 해결할 수 있는 수준의 문제였습니다.

· 민경채 PSAT와 7급 PSAT가 공유한 15문제에는 텍스트형은 없고, 법조문형 4문제, 계산형 5문제, 규칙형 3문제, 경우형 3문제가 출제되었습니다. 7급 공채 PSAT만의 10문제에는 텍스트 1지문 2문항형이 2문제, 법조문형이 3문제, 계산형은 출제되지 않았고, 규칙형이 3문제, 경우형이 2문제 출제되었습니다. 기존에 민경채 PSAT에는 없었던 1지문 2문항이 7급 공채 PSAT에서는 2020년 모의평가부터 계속 출제되고 있다는 점이 가장 특징적입니다. 이는 5급 공채 PSAT의 영향을 받은 것으로 보입니다. 7급 공채 PSAT와 겹치는 문제는 앞에 2021년 7급 공채 PSAT 총평 문제에 서술한 것으로 대체합니다.

정답

p.90

문1	①	일치부합형 (법조문형)	**문6**	⑤	경우 파악형	**문11**	④	응용형 (법조문형)	**문16**	①	규칙 적용해결형	**문21**	②	경우 파악형
문2	⑤	일치부합형 (법조문형)	**문7**	①	규칙 정오판단형	**문12**	①	일치부합형 (법조문형)	**문17**	①	규칙 적용해결형	**문22**	⑤	조건 계산형
문3	⑤	응용형 (법조문형)	**문8**	③	조건 계산형	**문13**	⑤	일치부합형 (법조문형)	**문18**	③	경우 파악형	**문23**	③	조건 계산형
문4	②	조건 계산형	**문9**	③	조건 계산형	**문14**	④	조건 계산형	**문19**	②	조건 계산형	**문24**	④	규칙 정오판단형
문5	④	경우 확정형	**문10**	②	규칙 정오판단형	**문15**	④	조건 계산형	**문20**	③	경우 확정형	**문25**	③	발문 포인트형 (법조문형)

취약 유형 분석표

유형별로 맞힌 문제 개수와 정답률, 틀린 문제 번호, 풀지 못한 문제 번호를 적고 나서 취약한 유형이 무엇인지 파악해 보세요. 그 후 약점 보완 해설집 p.2 [취약 유형 공략 포인트]에서 약점 보완 학습법을 확인하고, 틀린 문제와 풀지 못한 문제를 다시 한번 풀어보세요.

유형		맞힌 문제 개수	정답률	틀린 문제 번호	풀지 못한 문제 번호
텍스트형	발문 포인트형	–	–		
	일치부합형	–	–		
	응용형	–	–		
	1지문 2문항형	–	–		
	기타형	–	–		
법조문형	발문 포인트형	/1	%		
	일치부합형	/4	%		
	응용형	/2	%		
	법계산형	–	–		
	규정형	–	–		
	법조문소재형	–	–		
계산형	정확한 계산형	–	–		
	상대적 계산형	–	–		
	조건 계산형	/8	%		
규칙형	규칙 단순확인형	–	–		
	규칙 정오판단형	/3	%		
	규칙 적용해결형	/2	%		
경우형	경우 파악형	/3	%		
	경우 확정형	/2	%		
TOTAL		/25	%		

문 1 일치부합형(법조문형) 난이도 하 정답 ①

문제풀이 핵심 포인트
가족돌봄휴직과 가족돌봄휴가를 잘 구분하여 이해하여야 한다.

가족돌봄휴직	가족돌봄휴가
· 가족의 질병, 사고, 노령 · 대체인력 채용이 불가능, 정상적인 사업 운영에 중대한 지장, 조부모의 직계비속이 있는 경우, 손자녀의 직계존속이 있는 경우 그러하지 아니함	· 가족의 질병, 사고, 노령, 자녀의 양육 긴급(조부모 또는 손자녀의 직계비속 또는 직계존속이 있는 경우 제외) · 정상적인 사업 운영에 중대한 지장을 초래하는 경우 근로자와 협의하여 시기를 변경

풀이

① (O) 제1항 본문에 따르면 근로자가 조부모의 질병을 이유로 가족돌봄휴직을 신청한 경우 사업주는 이를 허용하여야 하지만, 단서에 따르면 근로자 본인 외에도 조부모의 직계비속이 있는 경우에는 그러하지 아니하다. 따라서 조부모와 부모를 함께 모시고 사는 해당 근로자의 경우, 조부모의 직계비속인 부모가 있으므로 사업주는 가족돌봄휴직을 허용하지 않을 수 있다.

② (×) 제3항에 따르면 사업주는 제1항 단서에 따라 근로자가 신청한 가족돌봄휴직을 허용하지 않는 경우, 해당 근로자에게 그 사유를 구술로 통보하여서는 안 되고 서면으로 통보해야 한다.

③ (×) 제2항 단서에 따르면 근로자에게 가족돌봄휴가를 주는 것이 정상적인 사업 운영에 중대한 지장을 초래하는 경우, 사업주는 가족돌봄휴가 시기를 근로자와 협의하여 변경할 수 있다.

④ (×) 제4항 제1호에 따르면 가족돌봄휴직 기간은 연간 최장 90일이고, 제2호 단서에 따르면 가족돌봄휴가 기간은 가족돌봄휴직기간에 포함된다. 따라서 근로자가 가족돌봄휴가를 8일 사용한 경우, 사업주는 이와 별도로 그에게 가족돌봄휴직을 연간 90일까지 허용해야 하는 것이 아니라 가족돌봄휴가로 사용한 8일을 제외하고 82일까지 허용해야 한다.

⑤ (×) 제4항 제2호에 따르면 가족돌봄휴가 기간은 연간 최장 10일이지만, 제3호에 따라 감염병의 확산으로 심각단계의 위기경보가 발령되어 가족돌봄휴가 기간이 5일 연장된 경우, 사업주는 근로자에게 연간 20일이 아니라 연간 10일에서 5일 연장된 15일의 가족돌봄휴가를 허용해야 한다.

문 2 일치부합형(법조문형) 난이도 하 정답 ⑤

문제풀이 핵심 포인트
선택지를 보면 '상영등급을 받을 수 있다.', '관람할 수 있다.' 하나씩에 '상영할 수 있다/없다.'를 묻는 선택지가 세 개다. 따라서 제시문에서 상영과 관련된 내용을 전반적으로 살펴보는 것이 필요한 문제이다.

풀이

① (×) 제2항 단서에 따르면 예고편영화는 제1호 전체관람가 또는 제4호 청소년 관람불가 상영등급으로 분류한다. 따라서 예고편영화는 제2항 제2호의 12세 이상 관람가 상영등급을 받을 수 없다.

② (×) 제5항에 따르면 제2항 제4호의 규정에 의한 상영등급에 해당하는 영화, 즉 청소년 관람불가 상영등급에 해당하는 영화의 경우 청소년을 입장시켜서는 안 된다. 따라서 청소년 관람불가 영화의 경우, 청소년은 부모와 함께라도 영화관에 입장하여 관람할 수 없다. 제4항 단서에서는 연령에 도달하지 아니한 자가 보호자를 동반하여 관람하는 경우에 대하여 정하고 있으나, 이는 제2항 제2호 또는 제3호의 규정에 의한 상영등급에 해당하는 영화에 적용되는 규정으로 제2항 제4호의 청소년 관람불가 상영등급 영화에 적용되지 않는다.

③ (×) 제1항 본문에 따르면 영화업자는 제작 또는 수입한 영화에 대하여 그 상영 전까지 영상물등급위원회로부터 상영등급을 분류받아야 한다. 그러나 단서에 따르면 제1항 제2호의 영화진흥위원회가 추천하는 영화제에서 상영하는 영화에 대해서는 그러하지 아니하다. 따라서 영화업자는 제작 또는 수입한 영화에 대하여 상영 전까지 영상물등급위원회로부터 상영등급 분류를 받지 않은 경우라 하더라도 영화진흥위원회가 추천한 △△영화제에서 해당 영화를 상영할 수 있다.

④ (×) 제2항 단서에 따르면 청소년 관람불가 예고편영화는 청소년 관람불가 영화의 상영 전후에만 상영할 수 있다. 따라서 영화업자는 청소년 관람불가 예고편영화를 15세 이상 관람가 영화의 상영 직전에 상영할 수 없다.

⑤ (O) 제1항 본문에 따르면 영화업자는 제작 또는 수입한 영화에 대하여 그 상영 전까지 영상물등급위원회로부터 상영등급을 분류받아야 한다. 그러나 단서에 따르면 제1항 제1호의 대가를 받지 아니하고 청소년이 포함되지 아니한 특정인에 한하여 상영하는 단편영화에 대해서는 그러하지 아니하다. 따라서 영화업자는 청소년이 포함되지 아니한 특정 초청한 노인을 대상으로 한하여, 대가를 받지 아니하고 무료로 상영등급을 분류받지 않은 단편영화를 상영할 수 있다.

문 3 응용형(법조문형) 난이도 하 정답 ⑤

문제풀이 핵심 포인트
〈상황〉의 甲은 분양계약에 따라 집합건물인 아파트를 인도받은 구분소유자, 乙은 분양자, 丙은 분양자인 乙과의 계약에 따라 건물을 건축한 시공자에 해당한다.

풀이

① (×) 제1항에 따르면 시공자 丙은 제2항 각 호의 하자에 대하여 담보책임을 지고, 제2항 제3호에 따르면 창호공사의 담보책임 존속기간은 3년이다. 선택지의 창호공사의 하자가 제3항의 각 호의 전유부분인지 공용부분인지 불분명하므로 둘 다 확인한다. 해당 하자가 전유부분의 하자라면 제3항 제1호에 따라 담보책임의 존속기간은 구분소유자 甲에게 아파트를 인도한 2020. 7. 1.부터 기산하여 2023. 7. 1.까지이며, 해당하자가 공용부분의 하자라면 제2호에 따라 아파트의 사용승인을 받은 2020. 5. 1부터 기산하여 2023. 5. 1.까지이다. 따라서 시공자 丙은 창호공사의 하자에 대해 2025. 7. 1.까지 담보책임을 지는 것은 아니다.

② (×) 제1항에 따르면 시공자 丙은 제2항 제2호의 철골공사의 하자에 대하여 과실이 없더라도 담보책임을 진다.

③ (×) 제1항에 따르면 분양자 乙은 제2항 각 호의 하자에 대하여 담보책임을 지고, 제2항 제2호에 따르면 방수공사의 담보책임 존속기간은 5년이다. 제3항 제1호에 따르면 甲의 전유부분인 거실에 물이 새는 방수공사의 하자에 대한 담보책임 존속기간은 2025. 5. 1.까지가 아니라 구분소유자 甲에게 아파트를 인도한 2020. 7. 1.부터 5년 뒤인 2025. 7. 1까지이다.

④ (×) 제4항에 따르면 제2항 제2호의 대지조성공사의 하자로 인하여 공용부분인 주차장 건물이 멸실된 경우, 담보책임 존속기간은 멸실된 날 2023. 10. 1.로부터 1년인 2024. 10. 1.까지이다. 시공자 丙은 2024. 7. 1. 이후에는 담보책임을 지지 않는 것이 아니라 2024. 10. 1까지 담보책임을 진다.

⑤ (○) 제2항 제1호에 따르면 지반공사의 하자에 대한 담보책임 존속기간은 10년이다. 분양자 乙이 아파트의 매수인인 甲과의 분양계약에서 지반공사의 하자에 대한 담보책임 존속기간을 5년으로 정한 경우는, 제5항의 분양자의 담보책임에 관하여 법에 규정된 것보다 담보책임의 존속기간이 짧은 매수인에게 불리한 특약이므로, 제5항에 따를 때 해당 특약은 효력이 없다. 따라서 해당 지반공사의 하자에 대한 담보책임 존속기간은 제3항에 따라 사용승인을 받은 날인 2020. 5. 1.로부터 10년인 2030. 5. 1.까지, 또는 구분소유자에게 인도한 날 2020. 7. 1.로부터 10년인 2030. 7. 1.까지이므로, 담보책임 존속기간 내인 2027. 10. 1. 그 하자가 발생한다면 담보책임을 진다.

🖋 실전에선 이렇게!

① 지문에서 전유부분, 공용부분의 의미에 대해서 별도로 언급하고 있지 않고 선택지에 주어진 기간도 2025년으로 주어져 있어 정확한 기간의 계산을 요구하는 선택지는 아니다. 연도만 판단함으로써 해당 선택지의 정오를 판단하고 넘어가야 한다. 선택지 ⑤도 마찬가지이다.

순서	단계		소요기간
1	계약 의뢰	1일	3월 30일
2	서류 검토	2일	3월 31일 ~ 4월 1일
3	입찰 공고	긴급계약, 10일	4월 2일 ~ 11일
4	공고 종료 후 결과통지	1일	4월 12일
5	입찰서류 평가	10일	4월 13일 ~ 22일
6	우선순위 대상자와 협상	7일	4월 23일 ~ 29일
	계약 체결일		4월 30일

따라서 계약 의뢰 날짜(순서 1)는 3월 30일이고, 공고 종료 후 결과통지 날짜(순서 4)는 4월 12일이다.

🖋 실전에선 이렇게!

3월 10일부터 5일 후를 계산할 때 초일을 산입하는지 여부에 따라 결과가 달라진다.
· 초일 산입 방식: 3월 10일 + 4일 = 3월 14일
· 초일 불산입 방식: 3월 10일 + 5일 = 3월 15일
3월 30일에 계약의뢰를 한다면 3월 31일부터 시작하는 것이 아니라 3월 30일부터 시작하기 때문에 초일(初日)부터 소요기간에 포함되는 것이므로, 초일 산입의 방식으로 계산된다.
계약은 우선순위 대상자와 협상이 끝난 날의 다음 날에 체결되므로, 계약에도 하루가 소요된다는 사실에 주의하자. 따라서 순서 1 ~ 순서 6의 소요기간일에 계약에 소요되는 일까지 반영해 보면, 1일(순서 1) + 2일(순서 2) + 10일(순서 3) + 1일(순서 4) + 10일(순서 5) + 7일(순서 6) + 1일(∵ 계약) = 총 32일이 소요되고, 이를 초일 산입의 방식으로 계약 체결일을 계산하면 3월 30일 + 31일 = 3월 61일(= 4월 30일)이 된다.

문4 조건 계산형　난이도 하　　　　　정답 ②

문제풀이 핵심 포인트
쉬운 수준의 '공정순서를 따지는 스킬'과 '날짜 계산 스킬'이 요구되는 문제이다. 순서 1 ~ 6 순으로 순차적으로 계약 체결을 위한 절차가 진행되며, 3월 20일에 시작한 단계의 소요기간이 2일이라면 3월 20일과 21일 2일 동안 절차가 진행되어 3월 21일에 마치게 된다.

풀이
정책연구용역 계약은 우선순위 대상자와 협상이 끝난 날의 다음 날에 체결되고, 즉, 순서 6이 끝난 다음 날인 4월 30일에 체결된다. 정책연구용역 계약을 4월 30일에 체결하는 것을 목표로 계약부서에 긴급계약으로 의뢰하려 한다면, 순서 6이 4월 29일에 끝날 수 있도록 계약 의뢰 날짜를 결정하여야 한다. 이를 반영하여 문제를 해결해 보면, 다음과 같다.

3월		4월												
30	31	1	2	3	4	5	6	7	8	9	10	11	12	13	14
1	2				순서 3								4	순서 5

4월															
15	16	17	18	19	20	21	22	23	24	25	26	27	28	29	30
			순서 5							순서 6					

문5 경우 확정형　난이도 하　　　　　정답 ④

문제풀이 핵심 포인트
연구원 - 책 제목 - 연구실 번호를 1 : 1 : 1로 짝지어야 한다. 책 제목은 모두 다르고, 연구실 번호는 311호부터 315호까지이다. 세 번째 조건부터 다섯 번째 조건까지 세부조건이 주어져 있다. 직접 해결하는 것도 가능하고, 선택지를 활용하는 것도 가능한 문제이다.

풀이
세 번째 조건을 반영해서 고정정보를 찾아보면 다음과 같다.

연구원	A	B	C	D	E
연구실			315호	312호	311호

네 번째 조건을 반영해 보면 다음과 같다.

연구원	A	B	C	D	E
연구실			315호	312호	311호
책		연구개발		공공정책	

다섯 번째 조건을 반영해 보면 다음과 같다.

연구원	A	B	C	D	E
연구실			315호	312호	311호
책		연구개발	복지실천	공공정책	전환이론

「사회혁신」은 314호에 전달해야 하는데,

연구실	314호
책	사회혁신

의 블럭은 연구원 A에만 들어갈 수 있다.

따라서 A – 314호 – 사회혁신이 확정되고, 나머지 B의 연구실이 313호로 확정된다. 따라서 A에게 전달할 책의 제목과 A의 연구실 번호를 옳게 짝지은 것은 ④이다.

📝 실전에선 이렇게!

- 직접 해결하는 경우에는 문제 해결의 실마리를 찾기 위해 고정정보를 찾아야 한다.
- 선택지를 활용해서 해결하면 보다 수월하고 빠르게 해결할 수 있다.

문6 경우 파악형 난이도 ⓗ 　　　　　　정답 ⑤

문제풀이 핵심 포인트
지문에서 ○○부처의 주무관은 모두 20명, 성과등급은 4단계임을 확인한다. 아래 대화 ⅰ) ~ ⅲ)을 토대로 성과등급이 한 단계 변한 주무관을 파악해본다.

풀이

소속 직원들의 대화에서 필요한 정보를 추려보면 다음과 같다.

대화 ⅰ) 우리 부처에서 성과등급이 세 단계나 변한 주무관은 乙주무관 외에 없잖아.

대화 ⅱ) 작년이랑 똑같은 성과등급을 받은 주무관은 우리 부처에서 한 명밖에 없어.

대화 ⅲ) 우리 부처에서 작년에 비해 성과등급이 한 단계 변한 주무관 수는 두 단계 변한 주무관 수의 2배라고 해.

우선 성과등급의 변화를 아래와 같이 표로 나타내어보자.

구분	3	2	1	0	-1	-2	-3	합계
주무관 수								20

성과등급이 오른 경우를 +, 내려간 경우를 −라고 표시하였고, 성과등급이 4단계이므로 예를 들어 C에서 S로 오른 경우를 +3으로 표기한다.

대화 ⅰ)에서 乙주무관은 성과등급이 세 단계나 올랐고 성과등급이 세 단계나 변한 주무관은 乙주무관 외에 없다고 한다. 성과등급이 세 단계 '변했다'는 것은 '+3'인 경우와 '−3'인 경우를 포함하는 것으로 해석할 수 있다. 즉 '+3'인 경우는 乙사무관 1명이고 '−3'인 경우는 0명이다. 그리고 대화 ⅱ)에서 작년이랑 똑같은 성과등급을 받은 주무관은 한 명밖에 없다. 즉 '0'인 경우는 1명이다. 해당 내용을 표 정리해보면 다음과 같다.

구분	3	2	1	0	-1	-2	-3	합계
주무관 수	1			1			0	20

대화 ⅲ)에서 성과등급이 한 단계 변한 주무관 수는 두 단계 변한 주무관 수의 2배라고 한다. 우선 아래의 표에 미지수를 표시해두었다.

구분	3	2	1	0	-1	-2	-3	합계
주무관 수	1	a	b	1	c	d	0	20

성과등급이 한 단계 변한 주무관 수는 b + c, 두 단계 변한 주무관 수는 a + d이다. 그리고 문제에서 묻는 ㉠이 b + c이다. 대화 ⅲ)는 b + c = 2(a + d)과 같이 나타낼 수 있다. a + b + c + d = 18이므로 3(a + d) = 18, a + d = 6이고 b + c = 12(⑤)이다.

문7 규칙 정오판단형 난이도 ⓗ 　　　　　　정답 ①

문제풀이 핵심 포인트
〈보기〉에서 주어진 부족 간의 결혼과 '친손자', '외손녀', '친손녀'라는 표현으로부터 자녀와 손자녀의 성별을 알아내어야 한다.

풀이

ㄱ. (○) 친손자는 자녀가 '남아', 손자녀가 '남아'인 경우이다. 물으리와 뿌타의 남아는 잇파이 부족이다. 잇파이 부족 남자는 카포타 부족 여자와 결혼할 수 있으며 남아는 물으리 부족이다. 물으리와 뿌타의 친손자인 물으리 부족 남자는 뿌타 부족 여자와 결혼할 수 있다. 이하는 〈표〉의 내용을 선택지의 내용대로 정리한 것이다.

남자	여자	남아	여아
물으리	뿌타	잇파이	잇파타

잇파이	카포타	물으리	마타

물으리	뿌타		

ㄴ. (×) 친손자는 자녀가 '남아', 손자녀가 '남아'인 경우이다. 잇파이와 카포타의 남아는 물으리 부족이다. 물으리 부족 남자는 뿌타 부족 여자와 결혼할 수 있으며 남아는 굿피 부족이 아닌 잇파이 부족이다.

남자	여자	남아	여아
잇파이	카포타	물으리	마타

물으리	뿌타	잇파이	잇파타

ㄷ. (×) 외손녀는 자녀가 '여아', 손자녀가 '여아'인 경우이다. 굼보와 마타의 여아는 카포타 부족이다. 카포타 부족 여자는 잇파이 부족 남자와 결혼할 수 있으며 여아는 카포타 부족이 아닌 마타 부족이다.

남자	여자	남아	여아
굼보	마타	굿피	카포타

잇파이	카포타	물으리	마타

ㄹ. (×) 친손녀는 자녀가 '남아', 손자녀가 '여아'인 경우이다. 굿피와 잇파타의 남아는 굼보 부족이다. 굼보 부족 남자는 마타 부족 여자와 결혼할 수 있으며 여아는 카포타 부족이다. 굿피와 잇파타의 친손녀인 카포타 부족 여자는 물으리 부족 남자가 아니라 잇파이 부족 남자와 결혼할 수 있다.

📝 실전에선 이렇게!

- 해설에서는 주어진 성과등급의 변화를 정리하는 것에 중점을 두면서 표로 정리한 칸들을 모두 미지수로 표시하다 보니 미지수가 a, b, c, d와 같이 4개가 등장하였다. 성과등급이 한 단계 변한 주무관 수는 x, 두 단계 변한 주무관 수는 y이고 대화 ⅲ)은 $x = 2y$와 같이 계산하는 것이 식으로는 더 간단하다. 또는 성과등급이 한 단계 변한 주무관 수와 두 단계 변한 주무관 수의 비율이 2:1, 해당 주무관 수 합계는 18명과 같은 정보로부터 비율을 계산하여도 된다.
- 이 문제에 등장한 조건을 대응표(짝표, 대칭표)의 형태로 정보를 정리하는 것도 가능하다.

남자	여자	남아	여아
굿피	잇파타	굼보	뿌타

굼보	마타	굿피	카포타

잇파이	카포타

실전에선 이렇게!

〈표〉의 내용을 모계 또는 부계로 따라가 보면 특정 부족이 반복되어 나타나는 것을 알 수 있다. 예를 들어 카포타의 여아는 마타, 마타의 여아는 카포타이므로 카포타 → 마타 → 카포타 → 마타와 같이 반복된다. 그러나 이와 같은 규칙을 〈보기〉에 적용하기 이전에 각 〈보기〉에 대한 판단을 다 할 수 있을 것으로 보인다.

문8 조건 계산형   난이도 🅱   정답 ③

문제풀이 핵심 포인트
수확 당일 판매되지 않은 수박은 다음 날 모두 판매된다는 것을 잘 적용할 수 있어야 한다. 따라서 아래 해설의 표에서 1)과 2)의 합이 100이어야 하고 3)과 4)의 합이 100이어야 한다.

풀이
주어진 조건을 정리해 보면 다음과 같다.
- 농산물을 수확 당일 모두 판매하는 것을 목표로 운영
- 당일 판매하지 못한 농산물은 판매가에서 20%를 할인하여 다음 날 판매
- 농부 甲은 7월 1일부터 5일까지 매일 수확한 수박 100개씩을 수확 당일 A시 지역 농산물 유통센터에 공급
- 甲으로부터 공급받은 수박의 당일 판매가는 개당 1만 원
- 매일 판매된 수박 개수

날짜(일)	1	2	3	4	5	6
판매된 수박(개)	80	100	110	100	100	10

정리한 조건을 토대로 해결해 보면 다음과 같다. 7월 1일부터 5일까지 매일 수확한 수박 100개씩을 수확 당일 A시 지역 농산물 유통센터에 공급하였으므로 수박은 총 500개이다.

날짜(일)		1	2	3	4	5	6	총
판매된 수박(개)		80	5) 100	110	100	100	10	500
당일	1만 원/개	1) 80	3) 80	90	90	90	–	430
다음 날	0.8만 원/개	0	2) 20	4) 20	10	10	10	70

수확 당일 판매되지 않은 수박은 다음 날 모두 판매되었으므로, 음영칸처럼 대각선 두 칸의 합은 계속 100이어야 한다.
1) + 2) = 100
3) + 4) = 100 ……
- 매일 판매된 수박 개수가 표로 제시되어 있기 때문에 표에서 당일 + 다음 날 = 판매된 수박이 된다. 예를 들어, 2) + 3) = 5)가 된다.

이를 토대로 甲의 수박 총 판매액을 계산해보면 (1만 원 × 430개) + (0.8만 × 70만) = 430만 + 56만 = 486만 원이다.

따라서 7월 1일부터 6일까지 지역 농산물 유통센터에서 판매된 甲의 수박 총 판매액은 486만 원이다.

실전에선 이렇게!

정확한 계산을 요구하는 문제를 빨리 푸는 스킬인 '끝·범·수'를 사용한다면 빠른 해결이 가능하다.

문9 조건 계산형   난이도 🅱   정답 ③

문제풀이 핵심 포인트
제시문에서 계산에 필요한 조건을 중점적으로 이해하여, 각 〈보기〉의 정오판단을 할 수 있어야 한다.

풀이
계산에 필요한 조건을 정리해 보면 다음과 같다.
- CO_2 배출 감소량에 비례하여 현금처럼 사용할 수 있는 포인트를 지급
- 전기는 5kWh, 도시가스는 $1m^3$를 사용할 때 각각 2kg의 CO_2가 배출
- 전기 1kWh당 사용 요금은 20원, 도시가스 $1m^3$당 사용 요금은 60원
정리하면 전기는 100원당, 도시가스는 60원당 각각 2kg의 CO_2가 배출되는 셈이다.

구분	전기	도시가스
CO_2 2kg 배출	5kWh	$1m^3$
사용 요금	1kWh당 20원	$1m^3$당 60원
CO_2 2kg 배출	100원	60원

동일하게 5단위씩을 사용한다면, 전기는 CO_2 2kg를 배출하고, 도시가스는 10kg을 배출한다. 즉, 단위 사용량당 CO_2 배출량의 비는 전기 1 : 도시가스 5이다. 사용 요금이 300원씩으로 동일하다면, 전기는 CO_2 6kg를 배출하고, 도시가스는 10kg을 배출한다. 즉, 단위 사용요금당 CO_2 배출량의 비는 전기 3 : 도시가스 5이다.

ㄱ. (O) 위에서 살펴봤듯이, 단위 사용요금당 CO_2 배출량의 비는 전기 3 : 도시가스 5이다. 동일한 사용 요금을 사용했을 때 즉, 사용 요금이 둘다 1만 2천 원으로 같다면, 월 CO_2 배출량은 도시가스가 더 많이 배출된다.

ㄴ. (O) 위에서 살펴봤듯이, 단위 사용요금당 CO_2 배출량의 비는 전기 3 : 도시가스 5이다. 그런데 매월 전기 요금을 5만 원, 도시가스 요금을 3만 원 부담하는 가구라면 사용 요금의 비가 전기 5 : 도시가스 3이다. CO_2 배출량 = 단위 사용요금당 CO_2 배출량 × 사용요금 = $(\frac{CO_2 \text{ 배출량}}{\text{사용 요금}})$ × 사용요금이므로, 두 가구는 전기와 도시가스 사용에 따른 월 CO_2 배출량이 동일하다.

ㄷ. (×) CO_2 배출 감소량에 비례하여 현금처럼 사용할 수 있는 포인트가 지급된다. 전기 1kWh를 절약하면 $\frac{2}{5}$kg의 CO_2 배출이 감소되는 셈이고, 도시가스 $1m^3$를 절약한 가구는 2kg의 CO_2 배출이 감소되는 셈이다. 따라서 도시가스 $1m^3$를 절약한 가구가 더 많은 포인트를 지급받는다.

실전에선 이렇게!

- 〈보기〉 ㄴ을 빠르고 정확하게 해결하기 위해서는 A당 B의 공식을 빠르게 처리할 수 있어야 한다.
- 단위를 통일해서 보면 보다 수월하게 비교할 수 있다.

문 10 규칙 정오판단형 난이도 하 정답 ②

문제풀이 핵심 포인트
지방자치단체는 공립 박물관·미술관을 설립하려는 경우 □□부로부터 '사전평가'를 받아야 한다. 사전평가는 연 2회(상반기, 하반기) 진행하고, 사전평가 결과는 '적정' 또는 '부적정'으로 판정한다.

풀이
· 사전평가는 연 2회(상반기, 하반기) 진행한다.

구분	상반기	하반기
신청기한	1월 31일	7월 31일
평가기간	2월 1일 ~ 4월 30일	8월 1일 ~ 10월 31일

· 사전평가 결과는 '적정' 또는 '부적정'으로 판정한다.

'적정'으로 판정되는 경우	지방자치단체는 부지매입비를 제외한 건립비의 최대 40%를 국비로 지원받을 수 있다.
동일한 공립 박물관·미술관 설립에 대해 3회 연속 '부적정'으로 판정받은 경우	그 박물관·미술관 설립에 대해서는 향후 1년간 사전평가 신청이 불가능하다.

ㄱ. (×) 첫 번째 조건을 보면 지방자치단체는 공립 박물관·미술관을 설립하려는 경우에는 사전평가를 받아야 한다. 사전평가를 거치지 않아도 되는 경우는 조건 중에 제시되지 않았다. 사전평가 결과는 '적정' 또는 '부적정'으로 판정하고, 사전평가 결과 '적정'으로 판정되는 경우에 건립비의 일부를 국비로 지원받을 수 있다. 甲미술관을 국비 지원 없이 설립하기로 했다면, 사전평가 결과가 '적정'인지 '부적정'인지는 문제되지 않겠지만, 사전평가 자체는 받아야 한다.

ㄴ. (×) 사전평가 결과 '적정'으로 판정되는 경우, 지방자치단체는 부지매입비를 제외한 건립비의 최대 40%를 국비로 지원받을 수 있다. 따라서 乙박물관이 사전평가 결과 '적정'으로 판정되는 경우, 지방자치단체 B는 부지매입비인 40억 원을 제외한 건립비, 즉 건물건축비 40억 원의 40%인 16억 원을 국비로 지원받을 수 있다. 32억 원의 결과는 부지매입비를 제외하지 않고 80억 원을 기준으로 계산했을 때의 함정이다.

ㄷ. (○) 丙박물관이 2019년 하반기, 2020년 상반기, 2020년 하반기 사전평가에서 모두 '부적정'으로 판정된 경우는 지방자치단체가 동일한 공립 박물관·미술관 설립에 대해 3회 연속으로 사전평가를 신청하여 모두 '부적정'으로 판정받은 경우이다. 이 경우에 그 박물관·미술관 설립에 대해서는 향후 1년간 사전평가 신청이 불가능하므로, 2020년 하반기부터 향후 1년간이 적용될 때 C는 丙박물관에 대한 2021년 상반기 사전평가를 신청할 수 없다.

실전에선 이렇게!
〈보기〉를 ㄱ, ㄴ 순으로 검토했다면 ㄷ을 보지 않고도 정답을 찾아낼 수 있다.

문 11 응용형(법조문형) 난이도 하 정답 ④

문제풀이 핵심 포인트
〈상황〉이 제시되어 있으나 모든 선택지가 다 응용형처럼 해결해야 하는 것은 아니다. 따라서 일치부합형처럼 풀이하는 선택지와 응용형처럼 풀이하는 선택지를 구분하여 빠르게 해결할 수 있어야 한다.

풀이
① (×) 법조문 제2항에 따르면 제1항의 신청을 받은 주민등록지의 시장·군수·구청장은 ○○부의 주민등록번호변경위원회에 번호변경 여부에 관한 결정을 청구해야 한다. 그런데 제1항에서 주민등록지의 시장은 특별시장·광역시장은 제외하고 특별자치도지사는 포함한다. 따라서 A광역시장은 결정을 청구할 수 있는 주체가 아님을 알 수 있다.

② (×) 법조문 제3항에 따르면 변경위원회로부터 번호변경 인용결정을 통보받은 경우에는 주민등록지의 시장 등이 신청인의 번호를 변경한다. 따라서 번호변경 인용결정은 변경위원회가 하지만, 신청인의 번호를 변경하는 주체는 주민등록지의 시장임을 알 수 있다.

③ (×) 제3항 제1호, 제2호에 따르면 변경위원회로부터 번호변경 인용결정을 통보받고 주민등록지의 시장 등이 신청인의 번호를 변경할 때, 번호의 앞 6자리(생년월일) 및 뒤 7자리 중 첫째 자리는 변경할 수 없으며, 제1호 이외의 나머지 6자리는 임의의 숫자로 변경한다. 따라서 甲의 주민등록번호 뒤 7자리 중 첫째 자리인 '2'는 변경할 수 없음을 알 수 있다.

④ (○) 법조문 제4항에 따르면 제3항의 번호변경 통지를 받은 신청인이 운전면허증에 기재된 번호의 변경을 위해서는 그 번호의 변경을 신청해야 한다. 이때 제3항에 따르면 변경위원회로부터 번호변경 인용결정을 통보받은 경우에는 신청인의 번호를 지체 없이 변경하고 이를 신청인에게 통지해야 한다. 즉, 번호변경 통지를 받았다는 것은 신청인의 번호가 변경되었음을 의미한다. 따라서 甲의 주민등록번호가 변경된 경우, 甲이 운전면허증에 기재된 주민등록번호를 변경하기 위해서는 변경신청을 해야 함을 알 수 있다.

⑤ (×) 제5항에 따르면 주민등록지의 시장 등은 변경위원회로부터 번호변경 기각결정을 통보받은 경우에는 그 사실을 신청인에게 통지해야 하며, 신청인은 통지를 받은 날부터 30일 이내에 그 시장 등에게 이의신청을 할 수 있다. 따라서 이의신청은 주민등록번호변경위원회가 아니라 시장 등에게 해야 함을 알 수 있다.

문 12 일치부합형(법조문형) 난이도 하 정답 ①

문제풀이 핵심 포인트
선택지의 키워드를 파악한 후, 이를 법조문 각 조항의 키워드와 매칭하여 해결한다.

풀이
제00조를 순서대로 제1조 ~ 제5조라고 한다.

① (○) 제4조 제2항에 따르면 물품출납공무원은 제1항에 따른 물품관리관의 명령이 없으면 물품을 출납할 수 없다.

② (×) 제1조 제1항에 따르면 각 중앙관서의 장은 그 소관 물품관리에 관한 사무를 소속 공무원에게 위임할 수 있고, 필요하면 다른 중앙관서의 소속 공무원에게 위임할 수 있다. 따라서 A중앙관서의 장이 그 소관 물품관리에 관한 사무를 B중앙관서의 소속 공무원에게 위임하는 것도 가능하다.

③ (×) 제3조에 따르면 원칙적으로 물품은 국가의 시설에 보관하여야 하지만, 계약담당공무원이 아니라 물품관리관이 국가의 시설에 보관하는 것이 물품의 사용이나 처분에 부적당하다고 인정하거나 그 밖에 특별한 사유가 있으면 예외적으로 국가 외의 자의 시설에 보관할 수 있다.

④ (×) 제2조 제1항에 따르면 물품수급관리계획에 정해진 물품 이외의 물품이 필요한 경우, 물품관리관은 물품출납공무원이 아니라 계약담당공무원에게 필요할 때마다 물품의 취득에 관한 필요한 조치를 할 것을 청구하여야 한다.

⑤ (×) 제5조 제2항에 따르면 물품출납공무원이 아니라 물품관리관이 제1항에 따른 보고에 의하여 수선이나 개조가 필요한 물품이 있다고 인정하면 계약담당공무원이나 그 밖의 관계 공무원에게 그 수선이나 개조를 위한 필요한 조치를 할 것을 청구하여야 한다. 제5조 제1항에 따라 보고하는 주체는 물품출납공무원이지만 이를 인정하고 청구하는 주체는 제2항에 따른 물품관리관이다. 또한 물품관리관이 제1항에 따른 보고에 의하여 수선이나 개조가 필요한 물품이 있다고 인정하면 계약담당공무원이나 그 밖의 관계 공무원에게 조치를 청구할 수 있으므로 반드시 계약담당공무원에게 청구해야 하는 것도 아니다.

문 13 일치부합형(법조문형) 난이도 하   정답 ⑤

문제풀이 핵심 포인트
선택지에서 키워드를 잡은 후 연결되는 법조문을 빠르게 매칭해서 해결할 수 있어야 한다. 각 선택지에서 키워드를 잡으면 ①, ②는 '사용', ③은 '벌금, 처해질 수 있다', ④는 '징역, 처해질 수 있다', ⑤는 '자격정지, 처해질 수 있다'이다.

풀이

① (×) 제□□조에 따르면 甲이 불법검열에 의하여 乙의 우편물을 취득한 것은 제○○조 제1항을 위반한 것이므로, 해당 우편물은 징계절차에서 증거로 사용할 수 없다.

② (×) 제○○조 제1항에 따르면 누구든지 공개되지 아니한 타인 상호간의 대화를 녹음하지 못한다. 그러나 甲이 乙과의 대화를 녹음한 것은 타인 상호간의 대화가 아닌 당사자가 포함된 녹음이므로 제○○조 제1항의 규정을 위반한 것이 아니다. 그러므로 해당 대화를 녹음한 내용은 제□□조에 의하여 재판에서 증거로 사용하는 것이 금지되지 않는다.

③ (×) 제○○조 제2항 제2호에 따르면 甲이 타인 상호간인 乙과 丙 사이의 공개되지 않은 대화를 녹음한 것은 제1항을 위반한 것으로 제2항 제1호에 해당하므로, 이를 공개한 경우 제2항에 따라 1천만 원의 벌금이 아닌 1년 이상 10년 이하의 징역과 5년 이하의 자격정지에 처해질 수 있다.

④ (×) 제○○조 제3항 본문에 따르면 누구든지 단말기기 고유번호를 제공받아서는 안 되지만, 단서에 따르면 이동통신 사업자가 단말기의 개통처리와 같이 정당한 업무의 이행을 위하여 제공받는 경우에는 그러하지 아니하다. 따라서 이동통신사업자 甲이 乙의 단말기를 개통하기 위하여 단말기기 고유번호를 제공받은 경우는 제○○조 제3항 단서에 해당하여 제3항을 위반한 것이 아니므로 같은 조 제4항에 의하여 1년의 징역에 처해질 수 없다.

⑤ (○) 제○○조 제2항 제1호에 따르면 甲이 乙과 丙 사이의 우편물을 불법으로 검열한 것은 제1항을 위반하여 우편물을 검열한 것이므로 제2항에 따라 1년 이상 10년 이하에 해당하는 2년의 징역과 5년 이하에 해당하는 3년의 자격정지에 처해질 수 있다.

문 14 조건 계산형 난이도 중   정답 ④

문제풀이 핵심 포인트
이하, 미만의 개념을 혼동하지 않도록 주의한다. 이상, 이하, 미만, 초과를 확인하는 것은 매우 기본적인 필수요소이다.

풀이

- 총 중소기업 광고비 지원사업 예산은 6억 원이다.
- 2020년도 총매출이 500억 원 미만인 기업만 지원한다.
  - → A, B기업은 제외된다.
- 우선 지원대상 사업분야는 백신, 비대면, 인공지능이다.
  - → 남은 기업 중 D, E, G기업이 우선 지원대상이다.
- 우선 지원 사업분야 내에서 '소요 광고비 × 2020년도 총매출'이 작은 기업부터 지원된다.

구분	2020년도 총매출	소요 광고비	계산결과	사업분야
D	300억 원	4억 원	1,200억 원	인공지능
E	200억 원	5억 원	1,000억 원	비대면
G	30억 원	4억 원	120억 원	백신

  - → 따라서 G - E - D 순으로 지원된다.
- 지원금 상한액은 1억 2,000만 원이나, 해당 기업의 2020년도 총매출이 100억 원 이하인 경우 상한액의 2배까지 지원할 수 있다. 단, 지원금은 소요 광고비의 2분의 1을 초과할 수 없다.

구분	2020년도 총매출	소요 광고비	소요광고비의 1/2	지원금 상한액
D	300억 원	4억 원	2억 원 이하	1.2억 원
E	200억 원	5억 원	2.5억 원 이하	
G	30억 원	4억 원	2억 원 이하	2.4억 원

- 지원금 상한액 내에서 소요광고비의 1/2까지 지원할 수 있다.
  - G기업은 2020년도 총매출이 100억 원 이하인 경우이므로, 상한액인 1.2억 원의 2배인 2.4억 원까지 지원할 수 있다. 지원금은 소요 광고비의 2분의 1을 초과할 수 없으므로 2억 원을 초과할 수 없다. 이에 따라 G기업에 2억 원을 지급하고 4억 원이 남는다.
  - 두 번째 E기업에 지원금 상한액 1.2억 원만큼 지급하고 2.8억원이 남는다.
  - 세 번째 D기업에 지원금 상한액 1.2억 원만큼 지급하고 1.6억원이 남는다.
- 우선 지원대상이 아닌 사업분야 내에서도 동일한 과정을 거쳐 지원된다.
  - → '소요 광고비 × 2020년도 총매출'이 작은 기업 F기업부터 지원된다.

구분	2020년도 총매출	소요 광고비	사업분야
C	400억 원	3억 원	농산물
F	100억 원	6억 원	의류

- 우선 지원대상이 아닌 사업분야 내에서 지원금을 계산해 보면 다음과 같다.

구분	2020년도 총매출	소요 광고비	소요광고비의 1/2	지원금 상한액
C	400억 원	3억 원	1.5억 원 이하	1.2억 원
F	100억 원	6억 원	3억 원 이하	2.4억 원

  - → 지원금 산정 방법에 따라 예산 범위 내에서 지급 가능한 최대 금액을 예산이 소진될 때까지 지원대상 기업에 순차로 배정한다. 따라서 F기업은 지원금 상한액이 2.4억 원인데 남은 예산이 1.6억 원뿐이므로 남은 1.6억 원을 모두 지원받는다.

문 15 조건 계산형 [난이도 중] 정답 ④

문제풀이 핵심 포인트
문제 접근법을 잘 판단해야 한다. 여러 문제 해결 방법 중에서 방정식을 세워서 푸는 방법은 매우 느린 방법이다.

[풀이]

제시된 조건을 정리해 보면 다음과 같다.

- 총합은 부서 전 직원 57명
- 5, 6, 7명으로 구성된 10개의 소조직 구성
- 각 소조직은 각각 하나 이상 존재
- 각 직원은 하나의 소조직에만 소속

고정정보는 5, 6, 7명으로 구성된 소조직이 각각 하나 이상 존재한다는 것이다. 따라서 이를 제외한 나머지 39명만 고려하여 5의 배수 + 6의 배수 + 7의 배수의 합으로 39를 만든다. 이때 10개의 소조직 구성을 구성해야 하는데 고정정보로 3개의 소조직이 구성되었으므로, 나머지 7개의 소조직을 구성해야 한다. 따라서 5의 배수, 6의 배수, 7의 배수 각 배수 숫자의 총합이 7이 되어야 한다. 이는 아래 세 가지 방식을 통해서 해결할 수 있다.

〈방법 1〉

7 = 5 + 2, 6 = 5 + 1인 것처럼 5의 배수 + α 성질을 이용한다.

〈방법 2〉

39 = 25 + 14처럼 합분해를 한다.

〈방법 3〉

방법 1과 방법 2를 동시에 고려한다.

39는 5의 배수 35에 나머지 4가 결합된 숫자이다. 6은 5의 배수 + 1인 숫자이고 7은 5의 배수 + 2인 숫자이므로 나머지 4는 6명 또는 7명으로 채울 수 있다. 즉, 나머지 4를 1 또는 2로 채워주는 방식이다. 예를 들어 4 = 2 + 2일 수도 있고, 4 = 1 + 1 + 1 + 1일 수도 있다.

이에 따라 5명의 소조직을 최소로 만드는 방법은 6명 또는 7명의 소조직을 최대로 만드는 것이다. 이 경우 4를 최대한 여러 번에 걸쳐서 채우는 것이 좋다. 즉, 6명의 소조직(+ 1)을 4개 만든다. 그러면 24명이 소속되고 나머지 15명은 5명의 소조직 3개에 소속되므로 소조직이 4개 + 3개 = 총 7개가 구성되어 앞서 고정정보 총 3개의 소조직에 더해 총 10개의 소조직이 구성되어야 한다는 조건도 충족한다.

	5명(+0)	6명(+1)	7명(+2)	
고정	1개(5명)	1개(6명)	1개(7명)	18명
최소	3개(15명)	4개(24명)	–	39명(+4명)

5명의 소조직을 최대로 만드는 방법은 6명 또는 7명의 소조직을 최소로 만드는 것이다. 이 경우 4를 최대한 적은 횟수로 채우는 것이 좋다. 즉, 7명의 소조직(+ 2)을 2개 만든다. 그러면 14명이 소속되고 나머지 25명은 5명의 소조직 5개에 소속되므로 소조직이 2개 + 5개 = 총 7개가 구성되어 앞서 고정정보 총 3개의 소조직에 더해 총 10개의 소조직이 구성되어야 한다는 조건도 충족한다.

따라서 ㉠은 4, ㉡은 6이다.

문 16 규칙 적용해결형 [난이도 하] 정답 ①

문제풀이 핵심 포인트
제시된 조건과 부문별 업무역량 값 계산식을 정확히 이해하는 것이 필요하다. 구해야 하는 것은 업무역량 노력의 최소값이라는 점에 주의한다.

[풀이]

구분	부문별 업무역량 값				업무역량 값
	업무역량 재능	×4	업무역량 노력	×3	
기획력	90	360			
창의력	100	400			
추진력	110	440			
통합력	60	240			

합 100

- 통합력의 업무역량 값을 다른 어떤 부문의 값보다 크게 만들고자 한다.
  → 해당 업무역량 재능까지만 고려했을 때 가장 값이 큰 부문은 추진력이고 그 때의 값은 440이다. 따라서 통합력의 업무역량 값을 다른 어떤 부문의 값보다 크게 만들기 위해서는 남은 '해당 업무역량 노력 × 3'의 값으로 추진력의 440보다는 크게 만들어야 한다. 이에 따라 甲이 통합력에 투입해야 하는 노력의 최솟값을 구해보면 다음과 같다.
  현재 추진력의 240과 통합력의 440은 200점 차이가 나고, 해당 업무역량 노력은 '×3'이 되므로 200 ÷ 3 = 66.666···로 최소 67이 필요하다.

- 투입 가능한 노력은 총 100이며 가능한 노력을 남김없이 투입해야 하므로, 남은 33의 값은 기획력과 창의력에 적절하게 배분해 주면 된다. 기획력은 360이라 80의 여유가 있고, 창의력은 400이라 40의 여유가 있다. 80 ÷ 3 = 26.666··· 이므로 남은 33을 기획력에는 26까지 투입할 수 있고 창의력에는 40 ÷ 3 = 13.333··· 13까지 투입할 수 있으므로, 통합력에 최소 67의 노력을 투입하면 통합력의 업무역량 값을 다른 어떤 부문의 값보다 크게 만들 수 있다.

구분	부문별 업무역량 값				업무역량 값
	업무역량 재능	×4	업무역량 노력	×3	
기획력	90	360	합 33	합 99	440 이하 가능
창의력	100	400			
추진력	110	440	0	0	440
통합력	60	240	67	201	441

합 100

[실전에선 이렇게!]

검토할 때 정확한 값보다 범위로 구해보면 더 빠른 해결이 가능하다.

문 17 규칙 적용해결형 [난이도 중] 정답 ①

문제풀이 핵심 포인트
일반적인 규칙을 찾아낸 후에 구체적인 사례를 대입하거나, 반대로 구체적인 사례에서 규칙을 찾아낸 후 상황에 맞게 조정하는 것도 가능하다. 원탁에 위치시키는 경우 회전, 대칭이 가능하기 때문에 시작점이 중요하지 않은 경우가 많다.

풀이

〈방법 1〉 일반적인 규칙을 확인해 사례를 대입한다.

· 원탁에 숫자 1, 2, 3, 4, 5, 6 순으로 시계방향대로 앉아있다고 생각해본다.

· 1을 시작점으로 시계방향으로 여섯 번째로 해당하는 숫자를 제외시키면 맨 처음 6이 제외된다. → 1 2 3 4 5

· 6을 제외시킨 후, 6 다음 시계방향인 1을 시작점으로 시계방향으로 여섯 번째로 해당하는 숫자를 제외시키면 1이 제외된다. → 2 3 4 5

· 1과 6이 제외된 상태에서, 1 다음 시계방향인 2를 시작점으로 시계방향으로 여섯 번째로 해당하는 숫자를 제외시키면 3이 제외된다. → 2 4 5

· 1, 3, 6이 제외된 상태에서, 3 다음 시계방향인 4를 시작점으로 시계방향으로 여섯 번째로 해당하는 숫자를 제외시키면 2가 제외된다. → 4 5

· 1, 2, 3, 6이 제외된 상태에서, 2 다음 시계방향인 4를 시작점으로 시계방향으로 여섯 번째로 해당하는 숫자를 제외시키면 5가 제외된다. 최종적으로 남은 숫자는 4이다.

이 규칙에 떡을 대입해 보면 4의 자리에 마지막에 먹는 송편을 두어야 한다. 그때 4 직전에 먹는 5의 자리에는 '무지개떡'이 위치하게 된다.

〈방법 2〉 사례에서 규칙을 찾아 원 쟁반을 이동한다.

만약 쑥떡부터 시작했다면, 다음과 같은 순서대로 떡을 먹게 된다.

→ 시계방향

쑥떡	인절미	송편	무지개떡	팥떡	호박떡
시작					

　　　　　　　　　　　　　　　① ×

② ×

　　　　　　　③ ×

　　④ ×

　　　　　　　　　　⑤ ×

　　　　⑥ ×

쑥떡부터 시작했다면 호박떡 → 쑥떡 → 송편 → 인절미 → 팥떡 → 무지개떡 순서대로 먹게 된다. 그렇다면 마지막에 먹는 떡이 송편이 되기 위해서는 ⑥ x의 위가 송편이 되도록 떡의 위치를 시계방향으로 한 칸씩 이동해 주면 된다. 이때 송편 직전에 먹는 떡은 무지개떡이 된다.

문 18 경우 파악형 　난이도 하 　　　정답 ③

문제풀이 핵심 포인트
문제 접근법이 여러 가지가 있지만, 방정식을 세워서 푸는 방법은 시간 소요가 큰 편이다. 이 문제의 경우 끝자리를 '0'을 만드는 것에 주목한다면 보다 빠르게 해결이 가능하다.

풀이

선택지를 활용해서 풀어보면, 상품의 무게가 무거운 것부터 가벼운 순으로 A, B, C, D이고, 甲은 가장 무거운 상품과 가장 가벼운 상품을 제외하고 두 상품을 구매하기로 하였기 때문에 그 중에서 B, C를 구매한다. 그리고 그 결과는 선택지 중에 있다. A, B, C, D 중 두 상품을 선택해서 함께 저울에 올린 결과는 각각 35kg, 39kg, 44kg, 45kg, 50kg, 54kg이므로 甲이 구매한 B, C를 함께 저울에 올린 결과도 이 중에 있어야 한다.

① 19kg + 25kg = 44kg으로 결과 중에 있다.

② 19kg + 26kg = 45kg으로 결과 중에 있다.

③ 20kg + 24kg = 44kg으로 결과 중에 있다.

④ 21kg + 25kg = 46kg으로 결과 중에 없다.

⑤ 22kg + 26kg = 48kg으로 결과 중에 없다.

따라서 선택지 ④, ⑤가 제거된다.

A, B, C, D 중 두 상품을 선택해서 함께 저울에 올린 결과는 각각 35kg, 39kg, 44kg, 45kg, 50kg, 54kg인데 이 중 54kg이 가장 무겁고 이는 상품 중에서 가장 무거운 두 개를 함께 저울에 올린 결과여야 한다. 반대로 결과 중 35kg이 가장 가볍고 이는 상품 중에서 가장 가벼운 두 개를 함께 저울에 올린 결과여야 한다. 따라서 A + B의 결과가 54가 되도록 A를 구하고, C + D의 결과가 35가 되도록 D를 구해보면 다음과 같다.

구분	A + B = 54		C + D = 35	
	A	B	C	D
①	29	25	19	16
②	28	26	19	16
③	30	24	20	15

이 네 상품의 무게를 통해 그 중 두 상품을 선택해서 함께 저울에 올린 결과가 각각 35kg, 39kg, 44kg, 45kg, 50kg, 54kg일 수 있는지 확인하면 선택지 ①, ②가 제거된다.

실전에선 이렇게!

A + B = 54와 C + D = 35를 모두 구한 후에 정답을 찾는 것보다, 둘 중 하나를 해결한 후 결과를 확인해 보면 보다 빠르게 정답을 찾아낼 수 있다. 예를 들어 선택지 ①에서 C + D = 35를 통해 D 무게가 16kg인 것을 찾아냈다면 B 25kg, C 19kg, D 16kg이므로 그 중 두 상품 무게 중에 B + D = 25kg + 16kg인 41kg이 있어야 하는데 주어진 35kg, 39kg, 44kg, 45kg, 50kg, 54kg 결과 중에는 41kg가 없으므로 선택지 ①은 정답이 될 수 없다.

문 19 조건 계산형 　난이도 하 　　　정답 ②

문제풀이 핵심 포인트
n개 사이 간격은 (n - 1)개라는 장치를 알고 있다면, 빠른 해결이 가능하다. 문제에서도 '간격'이라는 용어를 그대로 사용하고 있다.

풀이

주어진 정보를 정리하면 다음과 같다.

· 매시 정각을 알리기 위해 매시 정각부터 일정한 시간 간격으로 해당 시의 수만큼 종을 친다.

· 7시 정각을 알리기 위해서는 7시 정각에 첫 종을 치기 시작 + 일정한 시간 간격으로 총 7번의 종을 친다.

· 이 괘종시계가 정각을 알리기 위해 2번 이상 종을 칠 때, 종을 치는 시간 간격은 몇 시 정각을 알리기 위한 것이든 동일하다.

· A 괘종시계가 6시 정각을 알리기 위한 마지막 6번째 종을 치는 시각은 6시 6초이다.

마지막 조건을 그림으로 나타내면 다음과 같다.

n개 사이 간격 = n - 1개이므로 6시 정각을 알리기 위해 6번 종을 치는 것은 6개 사이 '간격 5개'의 길이 6초이고, 11시 정각을 알리기 위해 11번 종을 치는 것은 11개 사이 '간격 10개'의 길이(= '간격 5개'의 길이의 두 배) 12초이다. 따라서 A 괘종시계가 11시 정각을 알리기 위한 마지막 종을 치는 시각은 11시 12초이다.

문 20 경우 확정형　난이도 하　　정답 ③

문제풀이 핵심 포인트
각자가 한 일의 양을 확정하기 위해 가장 먼저 고정정보를 찾아낸 후, 조건을 연결한다. 경우를 확정하기 위해서는 반드시 고정정보를 찾아내야 한다.

풀이
甲 ~ 戊가 하는 일의 양에 대해 제시된 조건을 정리하면 다음과 같다.

· 조건 1: 甲 ~ 戊가 오늘 해야 하는 일의 양은 같다.
· 조건 2: 甲은 丙이 아직 하지 못한 일의 절반을 했다.
· 조건 3: 乙은 丁이 남겨 놓고 있는 일의 2배를 했다.
· 조건 4: 丙은 자신이 현재까지 했던 일의 절반을 남겨 놓고 있다.
· 조건 5: 丁은 甲이 남겨 놓고 있는 일과 동일한 양을 했다.
· 조건 6: 戊는 乙이 남겨 놓은 일의 절반을 했다.

구체적인 일의 양을 계산하지 않아도 되므로 丙이 현재까지 했던 일의 양을 2라고 가정한다. 조건 4에 따르면 丙은 자신이 현재까지 했던 일의 절반을 남겨 놓고 있으므로 丙이 남겨 놓고 있는 일의 양은 1이고, 甲 ~ 戊가 오늘 해야 하는 일의 양은 3이 된다. 이때 조건 2에 따르면 甲이 현재까지 한 일의 양은 0.5, 남겨 놓고 있는 일의 양은 2.5이다.

	현재까지 한 일의 양	남겨 놓고 있는 일의 양	오늘 해야 하는 일의 양
丙	2	1	3
甲	0.5	2.5	

조건 5에 따르면 丁이 현재까지 한 일의 양은 2.5, 남겨 놓고 있는 일은 0.5이다.

	현재까지 한 일의 양	남겨 놓고 있는 일의 양	오늘 해야 하는 일의 양
丙	2	1	3
甲	0.5	2.5	
丁	2.5	0.5	

조건 3에 따르면 乙이 현재까지 한 일의 양은 1, 남겨 놓고 있는 일의 양은 2이다.

	현재까지 한 일의 양	남겨 놓고 있는 일의 양	오늘 해야 하는 일의 양
丙	2	1	3
甲	0.5	2.5	
丁	2.5	0.5	
乙	1	2	

마지막으로 조건 6에 따르면 戊가 현재까지 한 일의 양은 1, 남겨 놓고 있는 일의 양은 2이다.

	현재까지 한 일의 양	남겨 놓고 있는 일의 양	오늘 해야 하는 일의 양
丙	2	1	3
甲	0.5	2.5	
丁	2.5	0.5	
乙	1	2	
戊	1	2	

따라서 현재 시점에서 두 번째로 많은 양의 일을 한 사람은 丙이다.

문 21 경우 파악형　난이도 하　　정답 ②

문제풀이 핵심 포인트
〈대화〉를 처리할 때 조건을 잘 연결하여야 한다. 丁의 성과점수는 4점으로 확정적인 정보이고, 乙의 '가장 높은 성과점수'도 문제 해결의 실마리가 될 수 있다.

풀이
〈대화〉의 의미를 파악해 보면 다음과 같다.

· 甲에 따르면, 甲 > 丁이어야 한다.
· 乙에 따르면, 乙 > 甲 > 丁이어야 한다.
· 丙에 따르면, 주무관의 직급은 甲 > 乙 > 丙 > 丁 순이다. 따라서 성과점수는 甲, 乙 > 丙 > 丁이어야 한다. 앞서 구해진 정보와 결합해 보면, 乙 > 甲 > 丙 > 丁 순이 된다.
· 丁에 따르면, 乙 > 甲 > 丙 > 4점이 된다.

성과점수 30점 중 丁의 4점을 제외한 나머지 26점을 자연수로 乙 > 甲 > 丙 순으로 분배해야 한다. 丙이 받을 수 있는 성과점수를 최대로 만들기 위해서 세 주무관의 점수가 1점씩 차이나는 경우가 가장 바람직하다. '乙(丙 성과점수 + 2), 甲(丙 성과점수 + 1), 丙 성과점수'인 경우가 丙의 성과점수를 가장 최대로 만들 수 있다. 丙의 성과점수가 8점이라면 乙 성과점수 10점, 甲 성과점수 9점으로 세 사람의 성과점수의 합이 27점이 되어 불가능하다. 따라서 丙의 최대 성과점수는 7점이다.

문 22 조건 계산형　난이도 하　　정답 ⑤

문제풀이 핵심 포인트
A당 B의 공식을 활용하는 문제이다. 상대적 계산 스킬을 사용하고 범위로 검토하면 빠르게 접근할 수 있다.

풀이
주어진 조건을 정리해 보면 다음과 같다.

· 벽돌집: 벽돌만 필요
· 나무집: 나무와 지지대(20만 원)가 필요
· 지푸라기집: 지푸라기와 지지대(5만 원)가 필요

다음 표를 통해 1m²당 가격(원)을 구할 수 있다.

구분	벽돌	나무	지푸라기
1개당 가격(원)	6,000	3,000	1,000
1m²당 필요 개수(개)	15	20	30
1m²당 가격(만 원)	9	6	3

삼형제 집의 면적의 총합은 11m²인데 첫째 돼지 집의 면적은 둘째 돼지 집의 2배이고, 셋째 돼지 집의 3배이므로, 첫째 돼지 집의 면적은 6m², 둘째 돼지 집의 면적은 3m², 셋째 돼지 집의 면적은 2m²가 된다. 1m²당 가격(원) × 면적(+ 지지대 가격)이 집을 짓는 데 필요한 총 재료 비용이다.

· 벽돌집: 9만 원 × 면적
· 나무집: 6만 원 × 면적 + 20만 원
· 지푸라기집: 3만 원 × 면적 + 5만 원

각각의 비용을 계산해 보면 다음과 같다.

구분	벽돌집: 면적×9	나무집: 면적×6+20	지푸라기집: 면적×3+5
첫째(6m²)	54	56	23
둘째(3m²)	27	38	14
셋째(2m²)	18	32	11

둘째 돼지 집을 짓는 재료 비용이 가장 많이 들어야 하므로, 각 돼지의 집 종류는 첫째가 지푸라기집, 둘째가 나무집, 셋째가 벽돌집으로 결정된다.

🖋 실전에선 이렇게!

첫째 돼지 집의 면적은 둘째 돼지 집의 2배, 셋째 돼지 집의 3배이므로 첫째 돼지 집의 면적은 6의 배수일 가능성이 높다.

문 23 조건 계산형 난이도 중 정답 ③

문제풀이 핵심 포인트

조건이 제시된 계산 문제의 경우, 정확한 계산이 필요한지 상대적 계산 스킬로도 해결할 수 있는지 판단해야 한다.

풀이

보수 = 착수금 + 사례금임을 적용하여 구한다.

· 착수금
  – 대리인이 작성한 출원서의 내용에 따라 〈착수금 산정 기준〉의 세부항목을 합산하여 산정
  – 단, 세부항목을 합산한 금액이 140만 원을 초과할 경우 착수금은 140만 원으로 함

세부항목에 따라 착수금을 계산하면 다음과 같다.

세부항목	금액(원)	甲	乙
기본료	1,200,000	1,200,000	1,200,000
독립항 1개 초과분(1개당)	100,000	1개 → 0	5개 → 400,000
종속항(1개당)	35,000	2개 → 70,000	16개 → 560,000
명세서 20면 초과분(1면당)	9,000	14면 → 0	50면 → 270,000
도면(1도당)	15,000	3도 → 45,000	12도 → 180,000

甲 = 120만 + 0 + 7만 + 0 + 4.5만 = 131.5만 원

乙 = 120만 + 40만 + 56만 + 27만 + 18만 = 261만 원

단, 세부항목을 합산한 금액이 140만 원을 초과할 경우 착수금은 140만 원으로 하기 때문에 乙의 착수금은 140만 원이다.

· 사례금
甲은 등록결정되었으므로 131.5만 원, 乙은 거절결정되었으므로 0원이다.

따라서 甲의 보수 263만 원과 乙의 보수 140만 원의 차이는 123만 원이다.

🖋 실전에선 이렇게!

착수금이 140만 원을 넘어가게 되는 경우 정확한 값을 구하지 않아야 더 빠른 문제 해결이 가능하다.

문 24 규칙 정오판단형 난이도 하 정답 ④

문제풀이 핵심 포인트

최종심사 점수 산출방법뿐만 아니라 사업자 자격 요건 재허가 기준을 정확하게 파악하여야 한다. 이후 각 〈보기〉에 제시된 내용을 적용하여 문제를 해결한다.

풀이

주어진 내용을 정리하면 다음과 같다.

· 최종심사 점수 = 기본심사 점수 – 감점 점수
  → 최종심사 점수가 70점 이상이면 '재허가', 60점 이상 70점 미만이면 '허가 정지', 60점 미만이면 '허가 취소'로 판정

기본심사 점수 및 감점 점수 부여 방식에 따라 〈상황〉의 점수를 계산해 보면 다음과 같다.

사업자	기본심사 항목별 점수				총점
	㉮	㉯	㉰	㉱	
A	20	23	17	?	60 + ?
B	18	21	18	?	57 + ?
C	23	18	21	16	78

사업자	과태료 부과 횟수 (2)	제재 조치 횟수			합
		경고 (3)	주의(1.5)	권고(0.5)	
A	3	–	–	6	– 9
B	5	–	3	2	– 15.5
C	4	1	2	–	– 14

각 사업자별 최종심사 점수는 A가 (51 + ?)점, B가 (41.5 + ?)점, C가 64점이고, '?'의 범위는 0 ~ 25점의 범위인 자연수이다.

ㄱ. (×) A의 ㉱ 항목 점수가 15점이라면 A의 최종심사 점수는 66점이 된다. 70점 이상이어야 '재허가'이고, 60점 이상 70점 미만이면 '허가 정지'이므로 A는 '허가 정지'가 된다.

ㄴ. (○) B의 허가가 취소되지 않으려면, 최종심사 점수가 적어도 60점 이상이어야 한다. 기본심사 점수는 자연수이기 때문에 현재 41.5점에서 60점 이상이 되기 위해서는 B의 ㉱ 항목 점수가 19점 이상이어야 한다.

ㄷ. (○) C가 2020년에 과태료를 부과받은 적이 없다면 감점 점수 8점이 없어지게 된다. 그렇다면 C의 최종심사 점수는 64 + 8 = 72점이 된다. 따라서 기존 64점의 '허가 정지'에서 72점의 '재허가'로 판정 결과가 달라진다.

ㄹ. (×) 기본심사 점수와 최종심사 점수 간의 차이가 크다는 의미는 감점 점수가 크다는 의미이다. 감점 점수는 B가 15.5점으로 가장 크고 C는 그보다 작은 14점이다. 따라서 기본심사 점수와 최종심사 점수 간의 차이가 가장 큰 사업자는 B이다.

🖋 실전에선 이렇게!

정확한 계산을 하기보다는 기준이 되는 점수와 대략적인 크기 비교만 하더라도 정오판단이 가능하다.

문제풀이 핵심 포인트

해당하는 호, 목만 정확히 찾아낼 수 있다면 단순 확인을 통해 해결할 수 있는 문제이다. 이때 정수장 C를 제1항 제1호 나목 단서에 매칭하지 않도록 주의한다.

보기 풀이

법조문 제1항과 제2항을 토대로 충족해야 하는 기준을 정리하면 다음과 같다.

검사지점	검사대상	수질검사빈도(제1항)		수질기준
정수장 A	잔류염소	제1호 가목	매일 1회 이상	4mg/L 이하
정수장 B	질산성 질소	제1호 나목	매주 1회 이상	10mg/L 이하
정수장 C	일반세균	제1호 나목	매주 1회 이상	100CFU/mL 이하
수도꼭지 D	대장균	제2호 가목	매월 1회 이상	불검출/100mL
배수지 E	잔류염소	제3호	매분기 1회 이상	4mg/L 이하

수질검사빈도를 보면, 정수장 C는 매주 1회 이상 수질 검사를 해야 하나 매월 1회 검사를 했으므로 검사빈도 기준을 충족하지 못한다. 또한 수질기준을 보면, 정수장 B는 10mg/L 이하여야 하나 검사 결과 11mg/L의 결과가 나왔으므로 수질기준을 충족하지 못한다. 따라서 수질검사빈도와 수질기준을 둘 다 충족한 검사지점은 정수장 B와 정수장 C를 제외한 나머지 A, D, E이다.

PSAT 전문가의 총평

- 텍스트형은 3문제 출제되었고, 일치부합형 2문제, 응용형 1문제가 출제되었습니다. 2019년에는 한 문제도 출제되지 않았던 일치부합형이 다시 출제되었다는 점이 수험생 입장에서는 다행스러운 점이었습니다. 법조문형은 총 7문제가 출제되어 득점포인트 유형은 총 10문제가 출제되었습니다. 법조문형에 속하는 7문제는 발문포인트형이 1문제, 일치부합형이 5문제, 응용형이 1문제 출제되었습니다. 계산형은 18번 문제 한 문제만 출제된 반면에, 규칙형은 총 10문제나 출제되어 규칙형의 비중이 매우 높았습니다. 단순확인형이 오랜만에 2문제 출제되었고, 적용해결형이 4문제, 정오판단형 4문제가 출제되었습니다. 규칙형 중에는 8번 문제처럼 계산형으로 분류하는 것이 가능한 문제도 있습니다. 유형 구분은 수험생 각자가 느끼기에 중요하다고 생각되는 부분을 기준으로 하면 됩니다. 따라서 이 책의 유형 구분과 동일하지 않더라도 문제되지 않습니다. 이 책의 유형 구분은 하나의 예시일 뿐입니다. 예를 들어 18번 문제를 풀고 나서 해당 문제에서는 조건 처리가 중요한 관건이 된다고 판단되면 조건 계산형으로 분류하는 것도 가능하고, 조건 처리가 별로 어렵지 않다고 생각하는 수험생은 정확한 계산형으로 분류하는 것도 얼마든지 가능합니다. 경우형은 총 4문제가 출제되었고, 경우 파악형이 3문제, 경우 확정형이 1문제가 출제되었습니다.
- 텍스트형에 해당하는 3문제 중 5번과 14번은 두 개의 개념을 대립시킨다는 점에서 유사성이 높았습니다. 15번 문제는 어렵게 출제될 수도 있는 응용형이기는 하지만 난도는 평이했습니다. 법조문형에 속하는 7문제는 모두 난도가 평이했습니다. 위원회 소재의 1번 문제, 날짜 계산을 포함하고 있는 3번 문제는 최근 자주 출제되고 있는 소재입니다. 2번과 12번 문제에서는 '제00조'가 아닌 '제○○조'의 형식이 활용되기도 하였습니다. 계산형에 속하는 한 문제는 정확한 계산을 요구하면서, 조건 처리가 다소 까다로운 문제였습니다. 규칙형에 속하는 문제들은 난도 차이가 매우 컸습니다. 단순확인형에 속하는 문제는 쉬운 편이었던 반면에, 20번 이후에 배치된 문제들이 대체로 난도가 높은 편이었고, 정오판단형의 문제가 대체로 난도가 높았습니다. 24번 문제의 경우 적용해결형에 속하는 문제인데 요령 없이 피지컬로 해결하는 수험생들은 특히 어려울 수 있는 문제였습니다. 그 밖에 이동규칙 소재의 문제, 선지를 활용하면 빠른 해결이 가능한 여러 문제들이 출제되었습니다. 경우형에 속하는 문제들은 어느 정도 변별력을 가지는 문제들이었고, 23번 문제의 경우 기존에 여러 번 출제된 적 있는 1:1 대응 문제가 변형되어 출제되었습니다.

정답

p.102

문1	③	일치부합형 (법조문형)	문6	④	규칙 단순확인형	문11	②	일치부합형 (법조문형)	문16	④	규칙 단순확인형	문21	③	경우 파악형
문2	⑤	일치부합형 (법조문형)	문7	②	경우 파악형	문12	⑤	응용형 (법조문형)	문17	⑤	규칙 적용해결형	문22	④	규칙 정오판단형
문3	⑤	일치부합형 (법조문형)	문8	⑤	규칙 정오판단형	문13	①	일치부합형 (법조문형)	문18	②	정확한 계산형	문23	②	경우 확정형
문4	①	발문 포인트형 (법조문형)	문9	⑤	규칙 적용해결형	문14	③	일치부합형 (텍스트형)	문19	②	경우 파악형	문24	③	규칙 적용해결형
문5	①	일치부합형 (텍스트형)	문10	①	규칙 적용해결형	문15	④	응용형 (텍스트형)	문20	③	규칙 정오판단형	문25	④	규칙 정오판단형

취약 유형 분석표

유형별로 맞힌 문제 개수와 정답률, 틀린 문제 번호, 풀지 못한 문제 번호를 적고 나서 취약한 유형이 무엇인지 파악해 보세요. 그 후 약점 보완 해설집 p.2 [취약 유형 공략 포인트]에서 약점 보완 학습법을 확인하고, 틀린 문제와 풀지 못한 문제를 다시 한번 풀어보세요.

유형		맞힌 문제 개수	정답률	틀린 문제 번호	풀지 못한 문제 번호
텍스트형	발문 포인트형	–	–		
	일치부합형	/2	%		
	응용형	/1	%		
	1지문 2문항형	–	–		
	기타형	–	–		
법조문형	발문 포인트형	/1	%		
	일치부합형	/5	%		
	응용형	/1	%		
	법계산형	–	–		
	규정형	–	–		
	법조문소재형	–	–		
계산형	정확한 계산형	/1	%		
	상대적 계산형	–	–		
	조건 계산형	–	–		
규칙형	규칙 단순확인형	/2	%		
	규칙 정오판단형	/4	%		
	규칙 적용해결형	/4	%		
경우형	경우 파악형	/3	%		
	경우 확정형	/1	%		
TOTAL		/25	%		

해설

문1 일치부합형(법조문형) `난이도 하` 정답 ③

문제풀이 핵심 포인트
위원회는 최근 기출에서 출제되고 있는 단골소재이다. 각 선택지에서 묻는 바를 제시문에서 확인하여 빠르게 확인하도록 한다.

풀이

제00조를 순서대로 제1조, 제2조라고 한다.

① (×) 제2조 제3항 각 호에서는 실무위원회의 위원이 될 수 있는 사람에 대하여 정하고 있다. 제1호, 제2호에 따른 실무위원회 위원 위촉 시에는 성별에 대하여 고려할 것을 규정하고 있지 않지만, 제3호에 따른 실무위원회 위원 위촉 시에는 광역교통위원회 위원장이 성별을 고려해 위촉한다.

② (×) 제2조 제2항에 따르면 실무위원회 위원장은 광역교통위원회 상임위원이 된다. 따라서 광역교통위원회의 구성원인 광역교통위원회 상임위원은 실무위원회의 구성원인 실무위원회 위원장이 될 수 있다.

③ (○) 제2조 제3항 제3호에 따라 실무위원회 위원이 되는 사람은 광역교통위원회 위원장의 위촉이 필요하다. 그러나 제1호에 따라 기획재정부 등 소속 공무원 중 소속 기관의 장이 지명하는 사람, 제2호에 따라 대도시권 지방자치단체 소속 공무원 중 소속 기관의 장이 광역교통위원회와 협의해 지명하는 사람은 광역교통위원회 위원장의 위촉 없이도 실무위원회 위원이 될 수 있다.

④ (×) 제2조 제3항 제1호, 제2호는 공무원 중 실무위원회 위원이 될 수 있는 사람에 대하여 정하고 있으나, 제3호는 교통·도시계획 등 광역교통에 관한 학식과 경험이 풍부한 사람 중에서 광역교통위원회의 위원장이 위촉하는 사람도 실무위원회의 위원이 될 수 있다고 하므로 공무원이 아닌 사람이 실무위원회의 위원이 될 수 있다. 제1조 제1항 제1호는 고위공무원 중 대통령령으로 정하는 사람, 제2호는 광역지방자치단체의 부단체장 중 대통령령으로 정하는 사람이 광역교통위원회의 위원이 될 수 있다고 한다. 우리나라의 광역지방자치단체의 부단체장은 국가공무원일 수도 있고 지방공무원일 수도 있으나 둘 다 공무원에 해당한다. 그러나 제3호에서 광역교통 관련 전문지식과 경험이 풍부한 사람도 광역교통위원회 위원이 될 수 있다고 하여, 공무원이 아닌 사람도 광역교통위원회의 위원이 될 수 있다.

⑤ (×) 제1조 제2항에 따르면 광역교통위원회 위원은 국토교통부장관이 임명 또는 위촉한다. 광역교통위원회의 위원으로 행정안전부 소속 공무원을 선정하는 경우에도 행정안전부장관이 임명하는 것은 아니라 국토교통부장관이 임명 또는 위촉한다.

② (×) 제□□조 제1항 본문에 따르면 배아의 보존기간은 5년이고, 같은 조 제2항에 따르면 제1항의 보존기간의 예외로 난자 또는 정자의 기증자가 항암치료를 받는 경우 그 기증자는 보존기간을 5년 이상으로 정할 수 있다고 한다. 보존기간을 5년 이상으로 정할 수 있는 사유는 제□□조 제2항의 기증자가 항암치료를 받는 경우만 규정되어 있으므로, 난자 또는 정자의 기증자가 항암치료를 받지 않는다면 그 기증자는 배아의 보존기간을 6년으로 정할 수 없다.

③ (×) 제△△조 제1항에 따르면 누구든지 임신 외의 목적으로 배아를 생성하여서는 아니 된다. 배아생성의료기관을 포함한 누구든지 혼인한 미성년자의 정자를 임신 외의 목적으로 수정하여 배아를 생성하여서는 아니 된다.

④ (×) 제◇◇조에 따르면 제□□조에 따른 배아의 보존기간이 지난 잔여배아에 대해 발생학적으로 원시선이 나타나기 전까지만 체외에서 제2호의 난치병 치료를 위한 연구 목적으로 이용할 수 있다고 하므로, 보존기간이 지난 잔여배아가 아니라 보존기간이 남은 잔여배아는 발생학적으로 원시선이 나타나기 전이라 해도 난치병 치료를 위한 연구 목적으로 이용할 수 없다고 해석하여야 하며, 체외가 아닌 체내에서 연구 목적으로 이용할 수 없다.

⑤ (○) 제□□조 제1항 단서에 따르면 난자 또는 정자의 기증자가 배아의 보존기간을 5년 미만으로 정할 수 있다고 하므로, 생성 후 5년이 지나지 않은 잔여배아라도 난자 또는 정자의 기증자가 배아의 보존기간을 5년 미만으로 정한 경우 보존기간이 지난 잔여배아에 해당될 수 있다. 이를 제◇◇조에 따라 발생학적으로 원시선이 나타나기 전까지 체외에서 제1호의 피임기술 개발을 위한 연구에 이용하는 것이 가능하다.

실전에선 이렇게!

③ '혼인한 미성년자'라는 표현으로 인해 제△△조 제2항 제3호 단서가 적용되는 것으로 생각할 수도 있지만, 선택지 ③을 판단함에 있어 제△△조 제1항만 적용된다. 제△△조 제2항을 제1항과 같이 해석해보면 누구든지 '임신을 목적으로 배아를 생성하더라도' 배아를 생성할 때 제2항 각 호의 어느 하나에 해당하는 행위를 하여서는 아니 되는 것으로 해석할 수 있다. 그리고 제3호를 해석해보면 '임신을 목적으로 배아를 생성하더라도' '미성년자'의 난자 또는 정자로 수정하는 행위를 하여서는 아니 된다. 그러나 단서에서 '혼인한' 미성년자라면 자녀를 얻기 위하여 수정하는 경우(는 임신을 목적으로 하는 것으로 해석되기도 하므로) 제외한다. 즉, 임신을 목적으로 하더라도 미혼의 미성년자에 대해서는 안 되고 혼인한 미성년자는 된다. 이처럼 해석해 본다면 선택지 ③은 혼인한 미성년자라도 '임신 외의 목적'이므로 같은 조 제2항의 적용대상이 아님을 확인할 수 있다.

문2 일치부합형(법조문형) `난이도 하` 정답 ⑤

문제풀이 핵심 포인트
'경우가 있다'는 입증사례를 찾는 표현이다.

풀이

① (×) 제△△조 제3항에 따르면 누구든지 금전 등 또는 그 밖의 반대급부를 조건으로 배아를 제공하거나 이를 알선하여서는 아니 된다. 따라서 배아생성의료기관을 포함한 누구든지 불임부부를 위해 반대급부를 조건으로 배아의 제공을 알선하여서는 아니 된다.

문3 일치부합형(법조문형) `난이도 하` 정답 ⑤

문제풀이 핵심 포인트
각 선택지와 제시문에서 키워드를 잡은 후, 키워드를 매칭해서 정보를 확인하면 수월하게 해결할 수 있는 문제이다.

풀이

제00조를 순서대로 제1조, 제2조라고 한다.

① (×) 제1조 제1항에 따르면 수입업소는 식품의약품안전처장이 정하는 기준에 따라 해외제조업소에 대하여 위생관리 상태를 점검할 수 있고, 제2항에 따르면 제1항에 따라 위생관리 상태를 점검한 자는 식품의약품안전처장에게 우수수입업소 등록을 신청할 수 있다. 따라서 업소 甲이 제1조 제2항에 따라 우수수입업소 등록을 신청하기 위해서는 같은 조 제1항의 식품의약품안전처장이 정하는 기준에 따라 국내 자기업소가 아닌 해외제조업소에 대한 위생관리 상태를 점검하여야 한다.

② (×) 제1조 제4항에 따르면 우수수입업소 등록의 유효기간은 등록된 날부터 3년이다. 따라서 업소 乙이 2020년 2월 20일에 우수수입업소로 등록되었다면, 그 등록은 2024년 2월 20일이 아니라 등록된 날부터 3년 뒤인 2023년 2월 20일까지 유효하다.

③ (×) 제1조 제5항 본문은 제5항 각 호의 어느 하나에 해당하는 경우 그 등록을 취소하거나 시정을 명할 수 있다고 하여 재량행위로 규정하면서도, 단서는 제1호에 해당하는 경우 등록을 취소하여야 한다고 하여 기속행위로 규정하고 있다. 제1조 제5항 제1호에 따르면 업소 丙이 부정한 방법으로 우수수입업소로 등록된 경우, 제1조 제5항 단서에 따라 식품의약품안전처장은 우수수입업소 등록을 취소하여야 하며 등록을 취소하지 않고 시정을 명할 수 없다.

④ (×) 제1조 제6항에 따르면 제5항에 따라 등록이 취소된 업소는 그 취소가 있은 날부터 3년 동안 우수수입업소 등록을 신청할 수 없다. 우수수입업소 丁이 수입식품 수입·판매업의 시설기준을 위배하여 영업정지 1개월의 행정처분을 받았다면, 제1조 제5항 제2호의 영업정지 2개월 이상의 행정처분을 받은 경우가 아니므로 제5항에 따라 우수수입업소 등록이 취소될 수 없다. 따라서 丁은 제5항에 따라 등록이 취소된 업소가 아니므로 제6항이 적용되지 않는다. 제6항에 따르면 '취소'가 있은 날부터 3년 동안 우수수입업소 등록을 신청할 수 없으나, 丁은 등록이 취소된 업소가 아니며, 등록이 취소된 업소가 아니므로 우수수입업소 등록을 신청할 필요가 없다.

⑤ (○) 제2조 제1항에 따르면 식품의약품안전처장은 수입신고된 수입식품에 대하여 검사를 하여야 하지만, 같은 조 제2항에 따라 제1항의 수입식품 검사 전부 또는 일부를 생략할 수 있다. 따라서 식품의약품안전처장은 우수수입업소 戊가 수입신고한 수입식품에 대한 검사를 전부 생략할 수 있다.

문 4 발문 포인트형(법조문형) 난이도 하 　　　정답 ①

문제풀이 핵심 포인트
시각장애인을 위한 저작물에 관련한 제2조의 내용과 청각장애인을 위한 저작물과 관련한 제3조의 내용을 구분하여 파악하여야 한다.

풀이

제00조를 순서대로 제1조 ~ 제3조라고 한다.

ㄱ. (○) 제3조 제1항에 따르면 누구든지 공표된 저작물을 저작권자의 허락없이 청각장애인을 위하여 한국수어로 변환할 수 있으며 이러한 한국수어를 복제 또는 공중송신할 수 있다. 따라서 학교도서관이 공표된 소설을 청각장애인을 위하여 한국수어로 변환하고, 이 한국수어를 복제·공중송신하는 행위는 저작권자의 허락없이 허용된다.

ㄴ. (×) 제3조 제2항에 따르면 한국수어통역센터는 영리를 목적으로 하지 아니하고 청각장애인의 이용에 제공하기 위하여, 공표된 저작물에 포함된 음성을 저작권자의 허락없이 자막으로 변환할 수 있으며 이러한 자막 등을 청각장애인이 이용할 수 있도록 배포할 수 있다. 따라서 한국어수어통역센터가 영리를 목적으로 저작물을 변환·배포하는 행위는 저작권자의 허락없이 허용되지 아니한다.

ㄷ. (×) 제2조 제2항에 따르면 점자도서관은 영리를 목적으로 하지 아니하고 시각장애인의 이용에 제공하기 위하여, 공표된 어문저작물을 저작권자의 허락없이 녹음하여 복제하거나 디지털음성정보기록방식으로 복제·배포 또는 전송할 수 있다. 공표된 피아니스트의 연주 음악은 공표된 어문저작물이 아니므로 해당 저작물을 녹음하여 복제·전송하는 행위는 저작권자의 허락없이 허용되지 아니한다.

문 5 일치부합형(텍스트형) 난이도 하 　　　정답 ①

문제풀이 핵심 포인트
이해충돌과 공직부패 간의 공통점과 차이점, 각각의 세부적인 내용을 정확하게 파악하면 수월하게 해결할 수 있는 문제이다.

풀이

① (×) 첫 번째 문단 세 번째 문장에 따르면 공직부패는 사적 이익을 위해 공적 의무를 저버리고 권력을 남용하는 것이라고 하므로, 공직부패는 권력 남용과 관계가 있다. 그리고 공적 의무와 사적 이익이 대립하는 객관적 상황 자체를 의미하는 것은 공직부패가 아니라 이해충돌이다.

② (○) 세 번째 문단 세 번째 문장에 따르면 이해충돌의 개념이 확대되어, 이해충돌 발생 가능성이 외관상 존재하는 것만으로도 이해충돌에 대해 규제하는 것이 정당화되고 있다.

③ (○) 첫 번째 문단 두 번째 문장에 따르면 공직자의 이해충돌과 공직부패는 공적 의무와 사적 이익의 충돌이라는 점에서 공통점이 있다.

④ (○) 두 번째 문단 세 번째 문장에 따르면 공직자의 이해충돌은 직무수행 과정에서 빈번하게 발생할 가능성이 있다.

⑤ (○) 두 번째 문단 네 번째 문장에 따르면 이해충돌에 대한 전통적인 규제는 공직부패의 사전예방에 초점이 맞추어져 있었으나, 세 번째 문단 첫 번째 문장에 따르면 최근에는 규제의 초점이 정부의 의사결정 과정과 결과에 대한 신뢰성 확보로 변화되고 있다.

문 6 규칙 단순확인형 난이도 하 　　　정답 ④

문제풀이 핵심 포인트
A서비스와 관련하여 주어진 조건을 모두 충족하는 경우를 찾으면 해결된다.

풀이

제시문을 통해 A서비스를 이용할 수 있는 경우를 확인해 보면 다음과 같다.

> A서비스는 공항에서 출국하는 승객이 공항 외의 지정된 곳에서 수하물을 보내고 목적지에 도착한 후 찾아가는 신개념 수하물 위탁서비스이다.
> A서비스를 이용하고자 하는 승객은 ○○호텔에 마련된 체크인 카운터에서 본인 확인과 보안 절차를 거친 후 탑승권을 발급받고 수하물을 위탁하면 된다. ○○호텔 투숙객이 아니더라도 이 서비스를 이용할 수 있다. (숙박 호텔의 제약은 없다.)
> ○○호텔에 마련된 체크인 카운터는 매일 08:00 ~ 16:00에 운영된다. 인천공항에서 13:00 ~ 24:00에 출발하는(출발지가 인천공항이 아닌 선택지 ①, ②번이 제외되고, 항공기 출발시각이 10:00인 선택지 ⑤번이 제외된다.) 국제선 이용 승객을 대상으로 A서비스가 제공된다. (목적지가 제주인 선택지 ①번이 제외된다.) 단, 미주노선(괌/사이판 포함)은 제외된다. (목적지가 사이판인 선택지 ③번이 제외된다.)

따라서 A서비스를 이용할 수 있는 경우는 ◇◇호텔, 21:00에 인천공항에서 출발하는 홍콩행 항공기임을 알 수 있다.

문7 경우 파악형 난이도 하   정답 ②

문제풀이 핵심 포인트
경우를 정확하게 파악하여 각 국가 기준 수출액과 수입액을 혼동하지 않고 계산하면 해결되는 문제이다. 혼동이 생기는 경우에는 아래 조건을 정리할 때 했듯이 표로 정리하면 보다 쉽게 수출액과 수입액을 파악할 수 있다.

풀이
제시된 정보를 정리해 보면 다음과 같다.

수출국 \ 수입국	A	B	C	총 수출액
A		200	100	300
B	150		100	250
C	150	50		200
총 수입액	300	250	200	750

A, B, C의 2019년 국내총생산은 각각 1,000억 달러, 3,000억 달러, 2,000억 달러이므로, 위에서 정리한 내용과 결합하여 각 국가의 무역의존도를 계산해 보면 다음과 같다.

(단위: 억 달러)

	총 수출액 (ㄱ)	총 수입액 (ㄴ)	국내총생산 (ㄷ)	무역의존도 = (ㄱ + ㄴ)/ㄷ
A	300	300	1,000	$\frac{3}{5} = 0.6$
B	250	250	3,000	$\frac{1}{6} \fallingdotseq 0.17$
C	200	200	2,000	$\frac{1}{5} = 0.2$

따라서 2019년의 무역의존도가 높은 순서대로 세 국가(A~C)를 나열한 것은 A, C, B이다.

실전에선 이렇게!
상황이 잘 그려지기만 한다면 굳이 표로 정리하지 않고도 다음 정보를 통해 각 국가의 수출액과 수입액을 파악할 수 있다. 이는 리그에서 득점과 실점을 보는 방법과 유사하다.
· A의 B와 C에 대한 수출액은 각각 200억 달러와 100억 달러였다.
· B의 A와 C에 대한 수출액은 각각 150억 달러와 100억 달러였다.
· C의 A와 B에 대한 수출액은 각각 150억 달러와 50억 달러였다.

문8 규칙 정오판단형 난이도 하   정답 ⑤

문제풀이 핵심 포인트
계산형에 속하는 가중치가 포함된 대안비교로도 분석할 수 있는 문제이다. '몰아주기'장치가 포함된 문제로 분석하여 '규정형'으로 분류하였다.

풀이
주어진 조건을 정리해 보면 다음과 같다.
· 업체가 제출한 시안을 5개의 항목으로 평가하고, 평가 점수의 총합이 가장 높은 시안을 채택
· 평가 점수의 총합이 동점일 경우, 평가 항목 중 학습내용 점수가 가장 높은 시안을 채택

5개의 업체가 제출한 시안(A~E)의 평가 결과를 계산해 보면 다음과 같다.

평가 항목(배점) \ 시안	A	B	C	D	E
학습내용(30)	25	30	20	25	20
학습체계(30)	25	(㉠)	30	25	20
교수법(20)	20	17	(㉡)	20	15
학습평가(10)	10	10	10	5	10
학습매체(10)	10	10	10	10	10
총점	90	67+㉠	70+㉡	85	75

ㄱ. (O) 평가 점수의 총합이 가장 높은 시안을 채택하는데, D의 총점 85점, E의 총점 75점은 A의 총점 90점보다 낮으므로 D 또는 E가 채택되는 경우는 없다.

ㄴ. (O) ㉡이 최대 점수 20점이면 C의 총점은 90점이 되어 A의 총점과 동일해진다. 평가 점수의 총합이 동점일 경우, 평가 항목 중 학습내용 점수가 가장 높은 시안을 채택하는데 학습 내용 점수가 A 25점, C 20점으로 A가 더 높다. 따라서 ㉡의 점수와 상관없이 C는 채택되지 않는다.

ㄷ. (O) 앞서 ㄱ에서 살펴봤듯이 D 또는 E가 채택되는 경우는 없고, 앞서 ㄴ에서 살펴봤듯이 ㉡이 최대 점수 20점이더라도 C가 채택되는 경우는 없다. ㉠이 23점이라면 B의 총점은 90점으로 A의 총점과 동일해진다. 평가 점수의 총합이 동점일 경우, 평가 항목 중 학습내용 점수가 가장 높은 시안을 채택하는데 학습 내용 점수가 A 25점, B 30점이므로 B가 더 높다. 따라서 ㉠이 23점이라면 B가 채택된다.

문9 규칙 적용해결형 난이도 하   정답 ⑤

문제풀이 핵심 포인트
각 선택지가 숫자코드를 만드는 방법에 위배되지 않는지를 검토하며, 규칙 설명 시 예를 들어 주는 부분을 정확하게 이해해야 한다.

풀이
숫자코드를 만드는 방법은 다음과 같다.
〈방법 1〉 펜을 이용해서 9개의 점 중 임의의 하나의 점에서 시작하여(이하 시작점이라 한다) 다른 점으로 직선을 그어 나간다.
〈방법 2〉 다른 점에 도달하면 펜을 종이 위에서 떼지 않고 또 다른 점으로 계속해서 직선을 그어 나간다.
〈방법 3〉 한번 그은 직선 위에 또 다른 직선을 겹쳐서 그을 수 없다.
〈방법 4〉 시작점을 포함하여 4개 이상의 점에 도달한 후 펜을 종이 위에서 뗄 수 있다.
〈방법 5〉 시작점과 동일한 점에서는 뗄 수 없다.
〈방법 6〉 펜을 종이에서 뗀 후, 그어진 직선이 지나는 점의 번호를 순서대로 모두 나열한 것이 숫자코드가 된다.

① (×) 596은 3개의 점에 도달한 후 펜을 종이에 뗀 것이므로, 시작점을 포함하여 4개 이상의 점에 도달한 후 펜을 종이 위에서 뗄 수 있다는 〈방법 4〉에 위배된다.

② (×) 15953은 5번 점에서 9번 점으로 선을 그은 후 다시 9번 점에서 5번 점으로 선을 그은 것이므로, 한번 그은 직선 위에 또 다른 직선을 겹쳐서 그을 수 없다는 〈방법 3〉에 위배된다.

③ (×) 53965는 5번 점에서 시작하여 5번 점에서 펜을 종이 위에서 뗀 것이므로, 시작점과 동일한 점에서는 뗄 수 없다는 〈방법 5〉에 위배된다.

④ (×) 642987은 6번 점에서 시작하여 4번 점으로 그어나갈 때 반드시 5번 점을 지나게 되므로, 펜을 종이에서 뗀 후, 그어진 직선이 지나는 점의 번호를 순서대로 모두 나열한 것이 숫자코드가 된다는 〈방법 6〉에 위배된다.

⑤ (○) 9874126순으로 직선을 그려보면 다음과 같다.

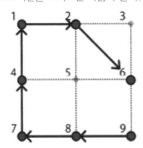

문제에 주어진 조건을 모두 충족하므로, 9874126은 숫자코드가 될 수 있다.

문 10 규칙 적용해결형 _{난이도} 🛨 정답 ①

문제풀이 핵심 포인트
제시문의 길이가 길어서 부담일수도 있는 문제이지만, 줄글로 길이가 긴 것과 표로 길이가 긴 것은 구분하여 대비해 두어야 한다.

풀이

전문의 수가 2명 이하이거나, 가장 가까이 있는 기존 산재보험 의료기관까지의 거리가 1km 미만인 병원은 지정 대상에서 제외한다고 했으므로 전문의 수가 2명 이하인 乙, 가장 가까이 있는 기존 산재보험 의료기관까지의 거리가 500m로 1km 미만인 戊는 제외되고, 나머지 甲, 丙, 丁 세 병원만 점수를 따져보면 된다.

항목	배점 기준	확인
인력 점수	전문의 수 7명 이상은 10점	丙
	전문의 수 4명 이상 6명 이하는 8점	甲, 丁
	전문의 수 3명 이하는 3점	–
경력 점수	전문의 평균 임상경력 1년당 2점(단, 평균 임상경력이 10년 이상이면 20점)	甲: 14점 丙: 10점 丁: 20점
행정처분 점수	2명 이하의 의사가 행정처분을 받은 적이 있는 경우 10점	丙
	3명 이상의 의사가 행정처분을 받은 적이 있는 경우 2점	甲, 丁
지역별 분포 점수	가장 가까이 있는 기존 산재보험 의료기관이 8km 이상 떨어져 있을 경우, 인력 점수와 경력 점수 합의 20%에 해당하는 점수	甲
	가장 가까이 있는 기존 산재보험 의료기관이 3km 이상 8km 미만 떨어져 있을 경우, 인력 점수와 경력 점수 합의 10%에 해당하는 점수	–
	가장 가까이 있는 기존 산재보험 의료기관이 3km 미만 떨어져 있을 경우, 인력 점수와 경력 점수 합의 20%에 해당하는 점수 감점	丙, 丁

위에서 확인한 바를 토대로 점수를 부여해 보면 다음과 같다.

신청 병원	전문의 수	전문의 평균 임상경력	행정처분을 받은 적이 있는 의사 수	가장 가까이 있는 기존 산재보험 의료기관까지의 거리
	인력 점수	경력 점수	행정처분 점수	지역별 분포 점수
甲	6명 (+8)	7년 (+14)	4명 (+2)	10km (+4.4)
乙	2명	17년	1명	8km
丙	8명 (+10)	5년 (+10)	0명 (+10)	1km (−4)
丁	4명 (+8)	11년 (+20)	3명 (+2)	2km (−5.6)
戊	3명	12년	2명	500m

· 甲 = 8 + 14 + 2 + 4.4 = 28.4점
· 丙 = 10 + 10 + 10 − 4 = 26점
· 丁 = 8 + 20 + 2 − 5.6 = 24.4점

따라서 신청병원 중 산재보험 의료기관으로 지정되는 것은 甲이다.

✏️ **실전에선 이렇게!**

· 丙과 丁은 똑같이 30점에서 감점되므로 정확한 계산 없이도 상대적 비교는 가능하다.
· 甲과 丙은 8점 차이인데 +4.4와 −4점을 적용하면 정확한 계산 없이도 상대적 비교가 가능하다.

문 11 일치부합형(법조문형) _{난이도} 🛨 정답 ②

문제풀이 핵심 포인트
키워드를 활용하여 각 선택지에서 묻는 바를 제시문에서 빠르게 찾아내어 해결하는 것이 가능한 문제이다.

풀이

제00조를 순서대로 각각 제1조 ~ 제5조라고 한다.

① (×) 제4조 제4항에 따르면 비밀 취급 인가의 해제는 구술로 할 수 없고, 문서로 하여야 한다.

② (○) 제3조 제1항에 따르면 법원행정처장은 Ⅰ급비밀 취급 인가권자이다. 그리고 같은 조 제2항에 따르면 Ⅰ급비밀 취급 인가권자는 Ⅱ급 및 Ⅲ급비밀 취급 인가권자가 된다고 하므로, Ⅰ급비밀 취급 인가권자인 법원행정처장은 Ⅱ급 및 Ⅲ급비밀 취급 인가권자이다. 따라서 법원행정처장은 Ⅰ급비밀, Ⅱ급비밀, Ⅲ급비밀 모두에 대해 취급 인가권을 가진다.

③ (×) 제5조 제1항에 따르면 비밀 취급 인가는 대상자의 직책에 따라 가능한 한 제한 없이 충분한 인원에게 하여서는 안 되고, 해당 등급의 비밀을 항상 사무적으로 취급하는 자에 한하여 비밀 취급을 인가하여야 한다.

④ (×) 제4조 제3항 제1호에 따르면 비밀 취급 인가를 받은 자가 중대한 보안 사고를 범한 경우, 고의가 없었다고 하더라도 중대한 과실이 있는 경우라면 그 취급의 인가를 해제하여야 한다.

⑤ (×) 제5조 제2항 본문에 따르면 비밀 취급 인가권자는 소속직원의 인사기록카드에 기록된 비밀 취급의 인가 및 해제사유 등에 의하여 새로 신원조사를 행하지 아니하고 비밀 취급을 인가할 수 있다. 그러나 단서에서는 Ⅰ급비밀 취급을 인가하는 때에선 새로 신원조사를 실시하여야 한다고 하여, 기속행위로 규정하고 있다. 따라서 비밀 취급 인가권자가 소속직원에 대해 Ⅰ급비밀 취급을 인가하는 때에는 새로 신원조사를 행하지 아니하고 비밀 취급을 인가할 수는 없고, 새로 신원조사를 실시하여야 한다.

문 12 응용형(법조문형)　난이도 하　정답 ⑤

문제풀이 핵심 포인트
선택지를 보면 '매각할(될) 수 있다'를 묻는 선택지가 세 개, '승인을 받아야 한다'를 묻는 선택지가 두 개다. 따라서 이와 관련한 내용을 제시문에서 어느 정도 이해·파악한 후 각 선택지를 해결해야 한다.

풀이

① (×) 제△△조는 제1호에 따르면 중앙관서의 장이 행정목적으로 사용하기 위하여 행정재산으로 사용 승인한 국유재산인 건물은, 제□□조 제1항의 총괄청의 매각승인 여부와 무관하게 제△△조에 따라 매각할 수 없다.

② (×) 제□□조 제1항에 따른 총괄청의 매각승인 대상인 국유일반재산은 그 매각방법이 지명경쟁인 경우에는 총괄청의 승인없이 매각할 수 없고, 매각방법이 제2항 제1호의 수의계약인 경우에는 제2항에 따라 총괄청의 승인 없이 매각할 수 있다.

③ (×) 1) 선택지의 국유일반재산이 제□□조 제1항의 총괄청 매각승인 대상인 국유일반재산이더라도, 제2항 제3호의 법원의 확정판결로 매각을 통해 소유권을 변경하려는 경우에는 제2항에 따라 총괄청의 승인을 요하지 아니한다. 2) 선택지의 국유일반재산이 제□□조 제1항의 총괄청 매각승인 대상이 아닌 경우에는 총괄청의 승인여부와 무관하게 제○○조 제1항에 따라 해당 국유재산을 매각할 수 있다.

④ (×) 제□□조 제1항에 따르면 광역시에 소재하는 1,000제곱미터 이상인 1,500제곱미터 면적의 국유일반재산인 토지를 매각하고자 하는 경우에는 총괄청의 승인을 받아야 한다. 그러나 같은 조 제2항 제1호에 따르면 수의계약의 방법으로 매각하려는 경우에는 제2항에 따라 제1항에도 불구하고 총괄청의 승인을 요하지 아니한다.

⑤ (○) 제△△조 제2호 단서에 따르면 행정재산의 용도로 사용하던 소유자 없는 500제곱미터 면적의 토지를 행정재산으로 취득한 후 이를 당해 용도로 사용하지 않게 된 경우는, 공고를 거쳐 취득한 때로부터 10년이 경과하지 않았더라도 제△△조에 의한 매각제한의 대상에 해당하지 않으므로 제○○조 제1항에 따라 해당 토지를 매각할 수 있다.

문 13 일치부합형(법조문형)　난이도 하　정답 ①

문제풀이 핵심 포인트
제시문에 (1) ~ (5) 형식의 다섯 개의 정보가 있고, 선택지도 ① ~ ⑤번까지 다섯 개의 선택지가 있다. 따라서 대체로 하나씩 연결되어 해결될 것을 예상해 볼 수 있다.

풀이

A국이 선택한 사항을 음영 처리하여 지문의 내용을 정리해보면 다음과 같다.

· 새로운 기술에 의한 발명을 한 사람에 대해: 특허권 vs 금전적 보상
· 특허권을: 별도의 특허심사절차 없이 부여 vs 신청에 의한 특허심사절차를 통해 부여
· 새로운 기술에 의한 발명인지를 판단: 전세계에서의 새로운 기술을 기준 vs 국내에서의 새로운 기술을 기준
· 특허권의 효력발생범위: A국 영토 내 vs A국 영토 밖
· 특허권의 보호기간: 한정 vs 한정하지 않음

① (○) (3)에 따르면 A국은 새로운 기술에 의한 발명인지를 판단하는데 있어서 국내에서의 새로운 기술을 기준으로 한다. 따라서 A국에서 알려지지 않은 새로운 기술로 알코올램프를 발명한 자는 그 기술이 이미 다른 나라에서 널리 알려진 것이라도 A국에서 특허권을 부여받을 수 있다.

② (×) (5)에 따르면 A국은 특허권의 보호기간을 특허권을 부여받은 날로부터 10년으로 한정한다. 따라서 A국에서 특허권을 부여받은 날로부터 11년이 지난 손전등은 특허권의 보호기간인 10년이 경과하여 해당 손전등에 관한 특허권은 보호되지 않으므로 해당 손전등을 제조·판매하기 위해서 발명자로부터 허락을 받아야 하는 것은 아니다.

③ (×) (1)에 따르면 A국은 새로운 기술을 발명한 사람에게 특허권이라는 독점권을 주는 제도를 선택하였다. 따라서 A국에서 새로운 기술로 석유램프를 발명한 자에게 A국 정부가 그 발명에 대해 금전적 보상을 해주지는 않는다.

④ (×) (2)에 따르면 A국은 특허권을 신청에 의한 특허심사절차를 통해 부여한다. 따라서 A국에서 새로운 기술로 필기구를 발명한 자는 신청에 의한 특허심사절차를 밟아야 하며, 특허심사절차를 밟지 않는다면 A국 내에서 다른 사람이 그 필기구를 무단으로 제조·판매하는 것을 금지시킬 수 없다.

⑤ (×) (4)에 따르면 A국은 특허권의 효력발생범위를 A국 영토 내로 한정한다. 그리고 A국 영토 내에서 특허권자의 허락없이 무단으로 제조·판매하는 행위를 금지하며, 이를 위반한 자에게는 손해배상의무를 부과한다. 따라서 A국에서 망원경에 대해 특허권을 부여받은 자가 A국 영토 내가 아닌 다른 나라에서 A국 특허법을 위반하여 그 망원경을 무단으로 제조 및 판매한 자에게 A국 특허법에 따라 손해배상을 받을 수는 없다.

문 14 일치부합형(텍스트형)　난이도 하　정답 ③

문제풀이 핵심 포인트
공직자의 사생활 정보의 공개요구에 대해서 설명하면서, 그에 대한 논의로 '동등한 사생활 보호의 원칙'과 '축소된 사생활 보호의 원칙'으로 구분하여 설명하고 있다. 두 개념의 공통점을 묻거나, 차이점을 묻거나, 서로 내용을 바꿔치기 하여 함정을 팔 것을 예상할 수 있다.

풀이

① (○) 두 번째 문단 두 번째 문장에 따르면 동등한 사생활 보호의 원칙은 공직자의 사생활도 일반시민과 동등한 정도로 보호되어야 한다고 본다. 그리고 세 번째 문단 두 번째 문장에 따르면 축소된 사생활 보호의 원칙은 공직자에게 동등한 사생활 보호의 원칙을 적용할 수 없다고 한다. 즉, 축소된 사생활 보호의 원칙은 공직자와 일반시민의 사생활 보장의 정도가 동등해야 하는 것이 아니라 달라야 한다고 본다.

② (○) 첫 번째 문단 세 번째 문장에 따르면 플라톤의 주장은 첫 번째 문단 두 번째 문장과 비슷한 맥락이고, 두 번째 문장의 공직자의 사생활은 일반시민의 사생활만큼 보호될 필요가 없다는 내용은 세 번째 문단 두 번째 문장의 축소된 사생활 보호의 원칙 내용과 같은 맥락이다. 따라서 통치자의 사생활에 대한 플라톤의 주장은 동등한 사생활 보호의 원칙보다 축소된 사생활 보호의 원칙에 더 가깝다.

③ (×) 세 번째 문단 다섯 번째 문장에 따르면 동등한 사생활 보호의 원칙을 지지하는 이유가 아니라 축소된 사생활 보호의 원칙을 지지하는 이유 중 하나는 공직자가 시민을 대표하는 훌륭한 인간상이어야 하기 때문이다.

④ (○) 두 번째 문단 네 번째 문장에 따르면 동등한 사생활 보호의 원칙을 지지하는 이유 중 하나는 사생활이 보장되지 않으면 공직 희망자가 적어질 수 있다고 보기 때문이다.

⑤ (O) 세 번째 문단 첫 번째 문장에 따르면 축소된 사생활 보호의 원칙을 지지하는 이유 중 하나는 공직자가 일반시민보다 우월한 권력을 가지고 있다고 보기 때문이다.

문 15 응용형(텍스트형) 난이도 하 정답 ④

문제풀이 핵심 포인트
키워드를 활용하여 각 〈보기〉에서 묻는 바를 제시문에서 빠르게 확인할 수 있는 무난한 난도의 문제이다.

풀이

ㄱ. (O) 두 번째 문단 세 번째 문장에 따르면 甲국의 고급 휘발유의 최소 옥탄가 기준은 각각 93이다. 그리고 네 번째 문장에 따르면 甲국 고산지대에 위치한 A시에서 판매되는 휘발유는 다른 지역의 휘발유보다 등급을 구분하는 최소 옥탄가의 기준이 등급별로 2씩 낮으므로, A시에서 고급 휘발유로 판매되는 휘발유의 옥탄가는 甲국 고급 휘발유 최소 옥탄가의 기준 93보다 2 낮은 91로 91 이상이다.

ㄴ. (O) 첫 번째 문단 네 번째 문장에 따르면 실린더 내에 과도한 열이 발생함으로 인해 노킹 현상이 발생할 수 있다.

ㄷ. (O) 첫 번째 문단 여섯 번째 문장에 따르면 노킹현상은 점화되기도 전에 연소되는 현상인데 이러한 노킹 현상이 일어나지 않는다면, 첫 번째 문장에 따라 일반적인 내연기관에서는 내부실린더 속에서 공기·휘발유 혼합물이 1) 압축된 후 2) 점화장치에 의하여 점화되어 3) 연소된다.

ㄹ. (×) 첫 번째 문단 두 번째 문장에 따르면 내연기관 내에서의 연소는 이산화탄소와 산소가 반응하여 물을 생성하는 것이 아니라, 탄화수소와 산소가 반응하여 이산화탄소와 물을 생성한다.

문 16 규칙 단순확인형 난이도 하 정답 ④

문제풀이 핵심 포인트
다음 요건에 모두 부합하는 경우 국내이전비를 지급받는다.
· 조건 1-1: 전임지에서 신임지로 거주지를 이전하고 이사화물도 옮겨야 한다.
· 조건 1-2: 다만 동일한 시(특별시, 광역시 및 특별자치시 포함)·군 및 섬(제주특별자치도 제외) 안에서 거주지를 이전하는 공무원에게는 국내이전비를 지급하지 않는다.
· 조건 2: 거주지와 이사화물은 발령을 받은 후에 이전하여야 한다.

풀이

정리한 조건을 〈국내이전비 신청현황〉에 적용해 보면 다음과 같다.
· 조건 1-1: 거주지를 이전하지 않는 丙, 이사화물을 이전하지 않는 乙은 제외된다.
· 조건 1-2: 울산광역시 중구에서 동일한 울산광역시 내 북구로 이전하는 甲은 제외된다.
· 조건 2: 이전일자는 발령일자보다 늦은 시점이어야 한다. 따라서 이전일자는 '20.4.1이고 발령일자는 '20.4.25.여서, 이전일자가 발령일자보다 빠른 己는 제외된다.
따라서 국내이전비를 지급받는 공무원은 丁, 戊이다.

실전에선 이렇게!
· 주어진 선택지를 적절하게 활용하여야 한다.
· 모든 요건에 부합하여야 국내이전비를 지급받을 수 있으므로, 하나라도 요건에 위배되는 공무원을 제거해 나가면 어렵지 않게 정답을 찾아낼 수 있다.

문 17 규칙 적용해결형 난이도 하 정답 ⑤

문제풀이 핵심 포인트
방향과 이동거리를 정해주는 규칙이 있는 이동은 상쇄 스킬을 활용하면 빠른 해결이 가능하다.

풀이

이동 규칙을 정리하면 다음과 같다.
· 맨 처음 이동
  ← 버튼: 반시계방향으로 1칸 이동
  → 버튼: 시계방향으로 1칸 이동
· 두 번째 이후 이동

누른 버튼	직전에 누른 버튼	말의 이동
←	←	반시계방향으로 2칸 이동
	→	움직이지 않음
→	←	움직이지 않음
	→	시계방향으로 2칸 이동

시계방향을 (+), 반시계 방향을 (−), 제자리를 '0'으로 나타내 보면 다음과 같다.

누른 순서	1	2	3	4	5	
누른 버튼	←					−1
누른 버튼	←	→				0
누른 버튼		→	→			2
누른 버튼			→	←		0
누른 버튼				←	←	−2

따라서 (−1) → 0 → (+2) → 0 → (−2) 순으로 이동하게 되고, 최종 위치는 −1, 즉 반시계방향으로 1칸 이동한 결과이다. A칸에 말을 놓고 시작하므로 반시계방향으로 1칸 이동하게 되면, 甲의 말이 최종적으로 위치하는 칸은 L칸이다.

문 18 정확한 계산형 난이도 하 정답 ②

문제풀이 핵심 포인트
계산 조건인 〈기준〉을 〈상황〉에 적용하여 정확하게 계산해 낼 수 있어야 한다.

풀이

계산에 필요한 조건을 정리해 보면 다음과 같다.
· 甲에게 지급되는 금액 = 참석수당 + 원고료
· 참석수당 및 원고료는 기타소득으로, 지급기준액에서 기타소득세와 주민세를 원천징수하고 지급됨

주어진 조건에 따라 계산해 보면 다음과 같다.

· 참석수당 지급 기준액

구분	단가
참석수당	- 기본료(2시간): 100,000원 - 2시간 초과 후 1시간마다 50,000원

이를 상황에 대입해 보면, 甲은 2020년 2월 24일 오후 2시부터 5시까지 위원회에 참석하였다. 따라서 3시간에 해당하는 100,000 + 50,000 = 150,000원을 지급받는다.

· 원고료 지급기준액

구분	단가
원고료	10,000원/A4 1면

슬라이드 2면을 A4 1면으로 하는데, 甲은 슬라이드 20면으로 발표하였으므로, A4 10면에 해당하는 100,000원을 지급받는다.

· 세금
위원회 참석수당과 원고료 모두 기타소득이므로 한꺼번에 계산 가능하다. 위원회 참석수당 및 원고료는 지급기준액에서 기타소득세와 주민세를 원천징수하고 지급한다. 이를 〈상황〉에 적용해 보면 다음과 같다. 이때 필요경비는 지급기준액의 60%로 하므로 250,000원의 60%인 150,000원이 필요경비가 된다.

- 기타소득세 = (지급기준액 - 필요경비) × 소득세율(20%)
   = (250,000 - 150,000) × 20% = 20,000원
- 주민세 = 기타소득세 × 주민세율(10%)
   = 20,000 × 10% = 2,000원

따라서 참석수당과 원고료 250,000원에서 기타소득세 20,000원과 주민세 2,000원, 총 22,000원을 원천징수하고 나머지 228,000원을 A기관이 甲에게 지급하게 된다.

🖋 실전에선 이렇게!

정확한 계산을 요구하는 문제를 끝자리 또는 범위 등을 확인한다면 보다 빠른 해결이 가능하다.

문 19 경우 파악형 난이도 중 정답 ②

문제풀이 핵심 포인트
사용되는 여러 숫자를 확정해야 하는 문제는 숫자의 중복이 가능한지 여부를 반드시 확인해야 하고, 사용되지 않는 숫자를 제외시켜 남은 숫자를 줄여갈 수 있어야 해결 가능하다.

풀이

주어진 조건을 정리해 보면 다음과 같다.

첫째자리	둘째자리	셋째자리	넷째자리	다섯째자리
3	6	4	4	9

· 비밀번호는 모두 다른 숫자로 구성되어 있다.
   → 비밀번호 숫자 간 중복이 없다. 숫자는 한 번씩 쓰인다.
· 자물쇠에 현재 표시된 모든 숫자는 비밀번호에 쓰이지 않는다.
   → 각 다이얼은 0~9 중 하나가 표시된다고 했는데, 그 범위의 숫자 중 3, 4, 6, 9는 제외되고, 0, 1, 2, 5, 7, 8이 사용 가능하다.

· 현재 짝수가 표시된 자리에는 홀수가, 현재 홀수가 표시된 자리에는 짝수가 온다. 단, 0은 짝수로 간주한다.

첫째자리	둘째자리	셋째자리	넷째자리	다섯째자리
3	6	4	4	9
짝수	홀수	홀수	홀수	짝수

· 비밀번호를 구성하는 숫자 중 가장 큰 숫자가 첫째 자리에 오고, 가장 작은 숫자가 다섯째 자리에 온다.
   → 다섯 자리의 비밀번호를 구성하는 숫자 중 가장 큰 숫자는 7 또는 8일 수 있는데, 첫째자리는 짝수여야 하므로 '8'로 확정된다. 남은 숫자는 0, 1, 2, 5, 7이다.
   다섯 자리의 비밀번호를 구성하는 숫자 중 가장 작은 숫자는 0 또는 1일 수 있는데, 다섯째 자리는 짝수여야 하므로 '0'으로 확정된다.
· 비밀번호 둘째 자리 숫자는 현재 둘째 자리에 표시된 숫자보다 크다.
   → 현재 둘째 자리에 표시된 6보다 큰 숫자는 남아 있는 숫자 중에서는 7밖에 없다. 또는 6보다 큰 수 7, 8 중 홀수는 7이 쓰인다. 지금까지 확정된 비밀번호를 정리해보면 다음과 같다.

첫째자리	둘째자리	셋째자리	넷째자리	다섯째자리
3	6	4	4	9
8	7	홀수	홀수	0

· 서로 인접한 두 숫자의 차이는 5보다 작다.
   → 아직 셋째 자리와 넷째 자리의 숫자가 미정이고, 남은 숫자는 1, 2, 5이다. 셋째 자리에는 7과의 차이가 5보다 작은 5만 들어갈 수 있다. 넷째 자리에는 0과의 차이가 5보다 작은 1과 2 중에서 홀수인 1이 들어갈 수 있다.
따라서 확정된 다섯 자리의 비밀번호는 '8 7 5 1 0'이고, 비밀번호의 둘째 자리 숫자 '7'과 넷째 자리 숫자 '1'의 합은 8이다.

문 20 규칙 정오판단형 난이도 중 정답 ③

문제풀이 핵심 포인트
규칙을 이해한 후, 각 〈보기〉의 정오판단을 할 수 있는 적절한 입증사례 또는 반증사례를 떠올릴 수 있어야 한다.

풀이

지문의 첫 번째, 네 번째 동그라미를 각각 조건 ⅰ), 조건 ⅱ)라고 한다.

지문의 제한 요건과 단서에서 0은 짝수로 간주하는 것도 확인한다. 조건 ⅰ), ⅱ)를 통해 차량을 운행하여, 한 도시에서 다른 도시로 이동하는 규칙도 파악한다. 제한 요건 중 A, E, F, I시의 제한 요건과 B, G, H시의 제한 요건이 정반대임을 확인하면 다음과 같이 이해해볼 수 있다. 우선 C, D시를 제외한 나머지 도시를 아래 그림과 같이 표시하였다. C, D시를 표시하지는 않았지만, 위치는 알 수 있을 것이고, 제한 요건이 같은 A, E, F, I시를 음영 처리해 놓았다.

A	B	
	E	F
G	H	I

예를 들어 홀수일에 A시에서 운행할 수 있는 차량번호가 짝수로 끝나는 차량은 같은 날 B시로 이동할 수 없다. 반대로 B시에서 운행할 수 있는 차량은 같은 날 A, E시로 이동할 수 없다. 이를 바탕으로 조건 ⅱ)의 예를 생각해보면 A시에서 E시로 이동하기 위해서는 반드시 B시나 D시를 거쳐야 한다고 하지만, B시를 거칠 수는 없고 반드시 D시를 거쳐 E시로 이동하여야 한다. 또 다른 예로 A시에서 C시로 이동하려면 A, D, E, F, C 순으로 이동하여야 한다

(이 경우에도 C, D의 제한 요건에 해당하지 않아야 한다). A, E, F, I 도시를 기준으로 운행 제한 요건으로 인하여 이동할 수 없는 도시의 경계선을 이중선으로 표시하였다.

ㄱ. (O) 5월 1일은 홀수일이므로 E시에서는 차량번호가 홀수로 끝나는 차량의 운행이 제한된다. 甲은 5월 1일에 E시에서 차량번호가 짝수로 끝나는 차량번호가 1234인 차량을 운행할 수 있다.

ㄴ. (×) 5월 6일은 짝수일이므로 A시에서는 차량번호가 짝수로 끝나는 차량의 운행이 제한된다. 乙은 5월 6일에 A시에서 차량번호가 홀수로 끝나는 차량번호가 5639인 차량을 운행할 수 있다. A시에서 D시로 이동하는 경우 D시의 제한 요건에도 해당하지 않아야 한다. 5월 6일은 목요일로 D시에서는 차량번호가 4 또는 9로 끝나는 차량의 운행이 제한된다. 해당 차량은 차량번호가 5639로써 차량번호가 9로 끝나는 차량이므로 5월 6일(목)에 D시에서 운행이 제한된다. 乙은 같은 날 해당 차량으로 A시에서 D시로 이동할 수 없다.

ㄷ. (×) 우선 〈보기〉에서 구체적으로 날짜와 요일, 차량번호가 주어지지 않으므로 구체적으로 어떤 제한 요건에 해당하는지 확인할 수 없다. A시에서 H시로 이동하는 경로는 도시들 사이의 거리가 모두 같다고 생각할 때 최단 경로가 3가지이고, 최단 경로가 아니라면 더 많은 경로가 있을 수 있다. 즉, 해당 〈보기〉는 직접적으로 제한 요건을 검토하는 것이 아닌 위에서 정리한 내용처럼 제한 요건에 대한 이해를 바탕으로 접근할 것을 요구하는 〈보기〉이다. 5월 중 어느 하루라도 A시의 제한 요건에 해당하지 않는 차량은 H시의 제한 요건에 해당하므로 H시로 이동할 수 없다.

ㄹ. (O) E시와 F시는 제한 요건이 같으므로 해당 〈보기〉에서는 D시와 E시의 제한 요건만 검토한다. 5월 15일은 토요일로 D시에서 운행이 제한되는 차량은 없다. 5월 15일은 홀수일이므로 E시에서는 차량번호가 홀수로 끝나는 차량의 운행이 제한된다. 0은 짝수로 간주하므로 丁은 5월 15일에 E시에서 차량번호가 9790인 차량을 운행할 수 있다. 따라서 丁은 같은 날 해당 차량으로 D시에서 F시로 이동할 수 있다.

문 21 경우 파악형 | 난이도 **중** 　　　　　　　정답 ③

문제풀이 핵심 포인트
지문의 그림과 예를 통해 주어진 상황을 이해한다. 그림과 같이 한 방향을 바라보고 일렬로 세운다고 하였고 A방향에서는 어린이들의 뒤통수가, B방향에서는 얼굴이 보인다고 하였으므로 어린이들은 모두 그림을 바라보는 방향을 기준으로 오른쪽을 바라보고 있는 것이다.

풀이

ㄱ. (O) A방향에서 보았을 때 모든 어린이의 뒤통수가 다 보이게 세우는 방법은, 키가 가장 큰 어린이를 다른 어린이의 뒤통수를 가리지 않게 6번 자리에 세우고, 그 다음 큰 어린이를 5번 자리에 세우는 것과 같이 키가 큰 어린이부터 키가 작아지는 순서대로 6번 자리부터 세우는 방법 1가지뿐이다. 그림으로 나타내면 아래와 같다.

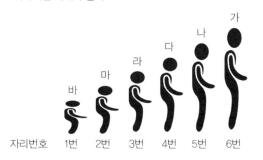

위의 그림에서 키가 가장 큰 어린이부터 '가 ~ 바'와 같이 기호로 표시하였으며, 그림으로 보기에 키가 비슷해 보이는 혼동을 방지하기 위해 어린이들의 키 차이를 과장해서 그린 것이다.

ㄴ. (O) 아래 그림은 키가 세 번째로 큰 '다' 어린이를 5번 자리에 배치한 것이다.

A방향에서 보았을 때 '다' 어린이의 뒤통수를 가릴 수 있는 어린이는 '가', '나' 어린이인데, '다' 어린이의 뒤통수를 가리지 않게 '가' 또는 '나' 어린이 중 한 명을 6번 자리에 세운다고 해도 나머지 한 명은 1 ~ 4번 자리에 세워야 하므로 '다' 어린이의 뒤통수를 가릴 수밖에 없다.

ㄷ. (O) B방향에서 2명의 얼굴만 보이는 상황을 생각해보자. '가' 어린이는 어느 자리에 있더라도 B방향에서 얼굴이 보인다. 그리고 B방향에서 2명의 얼굴만 보이려면 '가' 어린이를 가장 오른쪽인 6번 자리에 세울 수 없다. '가' 어린이가 6번 자리가 아닌 다른 자리에 서 있다면 '가' 어린이의 오른쪽에 서 있는 모든 어린이들은 A방향에서 보았을 때 뒤통수가 보이지 않는다. 즉 6번 자리에 서있는 어린이의 뒤통수는 보이지 않는다.

ㄹ. (×) ㄹ의 상황이 가능한지 생각해본다. '가' 어린이는 어디에 서 있더라도 A방향에서는 뒤통수가, B방향에서는 얼굴이 보인다. B방향에서 3명의 얼굴이, A방향에서 4명의 뒤통수가 보이려면 '가' 어린이를 4번 자리에 세워야 한다. 그리고 '가' 어린이의 오른쪽에 서는 어린이들은 모두 얼굴이 보이도록 번호가 커질수록 키가 작아지게, 왼쪽에 서는 어린이들은 모두 뒤통수가 보이도록 번호가 작아질수록 키가 작아지게 세우면, B방향에서 3명의 얼굴이 보이고 A방향에서 4명의 뒤통수가 보일 수 있다.

위의 그림은 일반적인 상황을 설명한 것으로 실제 문제 해결에 있어서는 〈보기〉와 같은 상황이 될 수 있는 하나의 예를 찾는 것으로 충분하다.

📢 **실전에선 이렇게!**

일부 〈보기〉는 대우명제처럼 생각하는 것이 편할 수 있다. 예를 들어 ㄷ을 'A방향에서 6번 자리에 서 있는 어린이의 뒤통수가 보인다면, B방향에서 2명의 얼굴이 보일 수 없다.'와 같이 생각할 수 있다.

문 22 규칙 정오판단형 | 난이도 **하** 　　　　　　　정답 ④

문제풀이 핵심 포인트
주어진 규칙에 따라 각 〈보기〉를 정오판단할 수 있는 적절한 입증사례 또는 반증사례를 떠올릴 수 있어야 한다.

풀이

주어진 조건을 정리해 보면 다음과 같다.
· 조건에서 '왼손잡이 = 가위', '오른손잡이 = 보', '양손잡이 = 바위'이므로 가위·바위·보로 이해하는 것이 더 수월하다.

- 이긴 팀이 획득하는 점수가 상황마다 다른데, 가위로 이긴 경우 2점, 보로 이긴 경우 0점, 바위로 이긴 경우 3점의 점수를 획득한다.
- 3라운드를 마친 현재까지의 결과도 보다 직관적으로 이해될 수 있게 가위·바위·보로 바꾼 후, 라운드 별 이긴 선수에게 점수를 부여해 보면 다음과 같다.

구분	1라운드	2라운드	3라운드	4라운드	5라운드
A팀	가위 2	가위 2	바위		
B팀	보	보	보 0		

ㄱ. (O) 위 표에서 살펴본 바와 같이 3라운드까지 A팀이 획득한 점수는 4점 B팀이 획득한 점수는 0점이므로 두 점수의 합은 4점이다.

ㄴ. (×) 모든 선수는 1개 라운드 이상 출전하여야 한다. 즉, 5라운드가 진행되는 동안 가위, 바위, 보가 한 번씩은 등장해야 한다. B팀은 현재까지 모두 보만 냈기 때문에 남은 4라운드와 5라운드에서는 가위와 바위를 한 번씩 내야 한다. 이때 A팀이 잔여 라운드에서 모두 오른손잡이를 출전시킨다면 즉, 잔여 라운드에서 모두 보를 낸다면 다음의 결과가 나온다.

(A팀, B팀) = (보, 가위) = (0점, 2점)
      = (보, 바위) = (0점, 0점)

3라운드까지 A팀의 승점 4점에 0점, 0점이 더해져도 여전히 승점은 4점이고, 3라운드까지 B팀의 승점 0점에 2점, 0점이 더해지면 승점은 2점이 된다. 따라서 A팀이 잔여 라운드에서 모두 오른손잡이를 출전시킨다면 B팀이 아닌 A팀이 게임에서 승리한다.

ㄷ. (O) ㄴ에서도 살펴봤듯이, 모든 선수는 1개 라운드 이상 출전하여야 하므로 B팀은 남은 4라운드와 5라운드에서는 가위와 바위를 한 번씩 내야 한다. 임의로 4라운드에서 가위를, 5라운드에서 바위를 낸다고 하면 다음과 같이 정리할 수 있다.

구분	1라운드	2라운드	3라운드	4라운드	5라운드
A팀	가위 2	가위 2	바위		
B팀	보	보	보 0	가위	바위

A팀은 3라운드까지 가위와 바위를 냈기 때문에 남은 4라운드와 5라운드에서는 보를 한번 내야하고 다른 한 번은 가위·바위·보 중에 아무 것이나 낼 수 있다. 예를 들어, A가 4라운드에 보를 내고 5라운드에 가위를 낸다면 점수는 다음과 같다.

구분	1라운드	2라운드	3라운드	4라운드	5라운드
A팀	가위 2	가위 2	바위	보	가위
B팀	보	보	보 0	가위 2	바위 3

이 경우 A팀이 획득한 총 점수는 4점인데, B팀이 획득한 총 점수는 5점이 되므로, B팀이 게임에서 승리하는 경우가 있다.

문 23 경우 확정형 [난이도 중]   정답 ②

문제풀이 핵심 포인트
네 사람(甲~丁), 서로 다른 하나의 금융상품(주식, 채권, 선물, 옵션), 나이대, 직업 등을 하나씩 매칭해야 하는 1:1대응에 해당하는 문제이다.

풀이

〈조건 1〉 네 사람 중 투자액이 가장 큰 50대 주부는 주식에 투자하였다.
→ 다음과 같은 블록이 만들어진다.

```
50대 주부
투자액 ↑
주식
```

〈조건 2〉 30대 회사원 丙은 네 사람 중 가장 높은 수익률을 올려 아내와 여행을 다녀왔다.

甲	乙	丙	丁
		30대 회사원 수익률↑	

〈조건 3〉 甲은 주식과 옵션에는 투자하지 않았다.

甲	乙	丙	丁
주식, 옵션 X		30대 회사원 수익률↑	

〈조건 4〉 40대 회사원 乙은 옵션에 투자하지 않았다.

甲	乙	丙	丁
주식, 옵션 X	40대 회사원 옵션 X	30대 회사원 수익률↑	

→ 앞에서 〈조건 1〉을 통해 구해놓은 블록이 들어갈 수 있는 칸은 丁밖에 없다.

甲	乙	丙	丁
주식, 옵션 X	40대 회사원 옵션 X	30대 회사원 수익률↑	50대 주부 투자액 ↑ 주식

〈조건 5〉 60대 사업가는 채권에 투자하지 않았다.

→ 60대 사업가가 들어갈 수 있는 칸은 甲밖에 없다. 甲은 나이는 60대이고 금융상품은 주식, 옵션, 채권이 아니므로 선물로 결정된다.

甲	乙	丙	丁
60대 사업가 선물	40대 회사원 옵션 X	30대 회사원 수익률↑	50대 주부 투자액 ↑ 주식

→ 남은 금융상품은 채권과 옵션이고, 乙은 채권, 丙은 옵션으로 확정된다.

甲	乙	丙	丁
60대 사업가 선물	40대 회사원 채권	30대 회사원 수익률↑ 옵션	50대 주부 투자액 ↑ 주식

① (×) 채권 투자자는 甲이 아니라 乙이다.

② (O) 선물 투자자는 60대 사업가인 甲이다.

③ (×) 투자액이 가장 큰 사람은 乙이 아니라 丁이다.

④ (×) 회사원은 乙과 丙인데, 그 중 丙은 옵션에 투자하였다.

⑤ (×) 가장 높은 수익률을 올린 사람은 丙인데, 丙은 선물 투자자가 아니라 옵션 투자자이다.

🔖 실전에선 이렇게!

1:1 대응 문제는 해결할 수 있는 다양한 방법이 있다. 그 중 빠르고 정확한 방법을 연습해 두도록 하자. 표를 그려서 푸는 방법은 가장 느린 방법인 경우가 대부분이다.

문 24 규칙 적용해결형 난이도 중 정답 ③

문제풀이 핵심 포인트

조건 1) ~ 3)의 미세먼지 변화와 공기청정기 작동 규칙을 〈상황〉에 정확히 적용한다.

1) 학생 각각은 매 순간 일정한 양의 미세먼지를 발생시켜, 10분마다 5를 증가시킨다.
2) 교실에 설치된 공기청정기는 매 순간 일정한 양의 미세먼지를 제거하여, 10분마다 15를 감소시킨다.
3) 공기청정기는 매 순간 미세먼지 양을 표시하며 교실 내 미세먼지 양이 30이 되는 순간 자동으로 꺼진다.

풀이

조건1) ~ 3)과 〈상황〉의 내용을 정리하면 다음과 같다.

시간	학생 수	미세먼지 증가	미세먼지 감소	미세먼지 양
15:50	0	–	–	90
16:00	2	0	15	75
16:10	2	10	15	70
10분마다 미세먼지 양 5 감소				
16:40	5	10	15	55
16:50	5	25	15	65
10분마다 미세먼지 양 10 증가				
17:50	5	25	15	125
18:00	0	25	15	135
10분마다 미세먼지 양 15 감소				
19:10	0	0	15	30

1) 15시 50분: 교실 내 학생은 아무도 없었고 미세먼지 양은 900다.
2) 16시 정각: 미세먼지의 양은 15 감소하여 75이고 학생 두 명이 교실에 들어왔다.
3) 16시 10분: 학생 두 명에 의하여 미세먼지가 10 증가하고 공기청정기에 의하여 15 감소하였으므로 미세먼지의 양은 70이다.
4) 16시 40분: 30분간 10분마다 미세먼지가 5씩 감소하여 미세먼지 양은 55이다. 학생 세 명이 교실에 들어왔다.
5) 16시 50분: 학생 다섯 명에 의하여 미세먼지가 25 증가하고 공기청정기에 의하여 15 감소하였으므로 미세먼지의 양은 65이다.
6) 17시 50분: 60분간 10분마다 미세먼지가 10씩 증가하여 미세먼지 양은 125이다.
7) 18시 정각: 미세먼지의 양은 10 증가하여 135이고 학생 다섯 명이 교실에서 나왔다.
8) 19시 10분: 70분간 10분마다 미세먼지가 15씩 감소하여 미세먼지 양은 30이 되고 공기청청기가 자동으로 꺼진다.

실전에선 이렇게!

위의 해설은 학생 수가 변하는 시간, 미세먼지 증감량이 변하는 시간을 모두 설명한 것으로 실제 문제 풀이에서는 해당 과정을 좀 더 간단히 하여 시간을 단축한다. 예를 들어 3)은 생략하고 2) 다음 4)를 생각할 때 40분간 10분마다 미세먼지가 5씩 감소했다고 생각해도 된다. 학생이 들어온 시간 10분 뒤에 미세먼지가 증가한다는 것을 헷갈려서는 안 된다.

문 25 규칙 정오판단형 난이도 하 정답 ④

문제풀이 핵심 포인트

올림픽과 패럴림픽 대회는 〈AD카드 예시〉에서 대회구분이라고 되어 있는 구역에 있는 그림을 통해 구분한다. 1) 올림픽 AD카드에는 '오륜기'가, 2) 패럴림픽 AD카드에는 '아지토스'가 부착된다. 〈상황〉에서 왼쪽 카드의 그림은 다섯 개의 원이 겹쳐진 '오륜기'로 올림픽 AD카드, 오른쪽 카드의 그림은 세 개의 반달이 나열된 '아지토스'로 패럴림픽 AD카드에 해당한다. 나머지 권한에 관한 코드 내용에 따라 선택지를 판단한다.

풀이

각 선택지에서 사용된 코드를 〈상황〉의 그림에서 나타내면 다음과 같다.

① (O) 패럴림픽 기간 동안 알파인 경기장에 들어가기 위해선 시설입장 권한 코드 HAL 또는 ALL이 부여되어야 한다. 갑돌이의 패럴림픽 AD카드에 코드 ALL이 부여되었기 때문에 갑돌이는 패럴림픽 기간 동안 알파인 경기장에 들어갈 수 있다.

② (O) 패럴림픽 기간 동안 VIP용 지정차량에 탑승하기 위해선 탑승권한 코드 T1이 부여되어야 한다. 갑돌이의 패럴림픽 AD카드에 코드 T1과 TA가 부여되었기 때문에 갑돌이는 패럴림픽 기간 동안 VIP용 지정차량에 탑승할 수 있다.

③ (O) 올림픽 기간 동안 올림픽 패밀리 호텔에 들어가기 위해선 시설입장 권한 코드 OFH 또는 ALL이 부여되어야 한다. 갑돌이의 올림픽 AD카드에 코드 OFH가 부여되었기 때문에 갑돌이는 올림픽 기간 동안 올림픽 패밀리 호텔에 들어갈 수 있다.

④ (×) 올림픽 기간 동안 컬링센터 내부에 있는 선수준비 구역에 들어가기 위해선 시설권한 코드 HCC 또는 ALL과 특수구역 접근권한 코드 2가 부여되어야 한다. 갑돌이의 올림픽 AD카드에 코드 HCC는 부여되었지만 코드 2는 부여되지 않았기 때문에, 갑돌이는 올림픽 기간 동안 컬링센터는 들어갈 수 있지만 컬링센터 내부에 있는 선수준비 구역에는 들어갈 수 없다.

⑤ (O) 올림픽 기간 동안 미디어 셔틀버스를 타고 이동한 후 국제 방송센터에 들어가기 위해선 탑승권한 코드 TM과 시설입장 권한 코드 IBC또는 ALL이 부여되어야 한다. 갑돌이의 올림픽 AD카드에 코드 TM과 코드 IBC가 부여되었기 때문에 갑돌이는 올림픽 기간 동안 미디어 셔틀버스를 타고 이동한 후 국제 방송센터에 들어갈 수 있다.

PSAT 전문가의 총평

· 5급 PSAT의 경우는 상황판단이 2006년부터 PSAT에 도입된 이후 2006년부터 1기, 2010년부터 2기, 2019년부터 3기를 거쳐 왔습니다. 3기인 2019년의 가장 큰 특징이 기존에는 텍스트형이 1번 문제로 출제되었다면 법조문형이 1번 문제로 출제되기 시작했다는 것과, 텍스트형의 비중이 급격하게 줄고 법조문형의 출제비중이 늘어났다는 것입니다. 그리고 줄어든 텍스트형의 문제는 주로 응용형의 문제가 출제되고 있습니다. 그 경향이 민간경력자 채용 PSAT에도 그대로 반영되었습니다. 앞서도 여러 번 민간경력자 채용 PSAT와 5급 PSAT의 출제경향이 긴밀하게 연결되어있다 총평한 바 있는데, 2019년에도 마찬가지였고 이는 최근에도 5급 PSAT와 7급 PSAT의 출제경향이 긴밀하게 연결되어 있습니다. 따라서 민간경력자 채용을 준비하더라도 또는 7급 PSAT를 준비하더라도 다른 PSAT 기출문제를 철저하게 분석해야 한다는 것을 의미합니다.

· 텍스트형은 4번과 14번에 단 두 문제만 출제되었고, 모두 응용형이었습니다. 문제 배치가 10문제 한 세트 기준 각 4번으로 대칭의 위치이고, 응용형이라는 유형도 동일합니다. 법조문형은 6문제만 출제되었고, 일치부합형은 한 문제뿐이었고, 응용형이 5문제였습니다. 득점포인트형은 총 8문제가 출제되었습니다. 이는 3기에 해당하는 2019년부터 최근의 7급, 민간경력자 채용 PSAT의 출제경향과 완벽하게 동일한 것을 의미합니다. 최근에는 득점포인트 유형이 9문제 안팎으로 출제되고, 법조문형의 출제 비중이 더 높습니다. 핵심유형은 15~16문제 출제되면서, 계산형, 규칙형, 경우형이 각각 5문제에서 ±되는 경향을 보입니다. 2019년에는 계산형이 총 8문제 출제되어 계산형의 비중이 매우 높았습니다. 규칙형은 총 5문제가 출제되었고, 단순확인형 없이 정오판단형 3문제, 적용해결형 2문제가 출제되었습니다. 경우형은 총 4문제가 출제되었고, 경우 파악형 2문제, 경우 확정형 2문제가 출제되었습니다.

· 텍스트형에 속하는 두 문제는 둘 다 응용형이지만 수험생들이 어려워할 수 있는 포인트는 달랐습니다. 4번 문제는 용어가 어려워지는 경우에 정보처리가 잘 안 되는 수험생들이 어려워할만한 문제였고, 14번 문제는 비례·반비례 관계의 계산이 잘 안 되는 수험생들이 어려워할만한 문제였습니다. 매번 강조하지만 기출문제는 출제되던 것이 출제되고 출제경향은 긴밀히 연결되며, 초기문제부터 진화·발전하면서 최근 문제에 이릅니다. 따라서 반드시 과거의 문제부터 현재의 문제 순으로 풀어 오는 것이 좋습니다. 그래야 도입 초기 쉬운 문제부터 최근의 복잡한 문제로 점차 적응력을 키워가면서 연습하게 됩니다. 법조문형에서는 <상황>이 주어진 2, 12번 문제가 까다로웠습니다. 까다로운 문제마저도 대칭의 위치에 배치합니다. 13번 문제에서는 2018년에도 출제된 바 있었던 '선택재량'을 묻는 선지가 출제되었습니다. 마지막 25번 문제는 길이도 매우 길고 <상황>도 주어져서 꽤 어려운 문제였습니다. 25번에 법조문을 배치하는 경향은 최근 7급 문제에서 나타나는 출제경향이기도 합니다. 계산형에 속하는 8문제는 조건을 특색 있게 까다롭게 구성한 문제가 아니라면 공식문제 2문제, 대안비교 문제, 확률 문제, 속도 문제 등 기존에 출제되고 있던 문제가 다시 출제되었습니다. 이는 비단 민간경력자 PSAT 2019년 기출에서만 보이는 경향은 아니고 매년 반복되는 일반적인 경향입니다. 따라서 우리는 철저하게 기출을 분석해 두어야 합니다. 규칙형은 15번 문제만 수월했고, 5번은 적절하게 입증-반증사례를 찾지 못했다면 어려웠고, 나머지 3문제는 어려웠고 충분히 변별력이 있는 문제였습니다. 경우형은 덩어리로 실마리를 찾는 확정형 문제, 순서를 따지는 파악형 문제, 두 개의 성질이 적절히 결합된 문제 등이 출제되었습니다. 결국 25문제 중 충분한 연습을 통해 23문제 정도는 대비할 수 있습니다.

정답
p.116

문1	①	일치부합형 (법조문형)	문6	②	상대적 계산형	문11	①	응용형 (법조문형)	문16	⑤	조건 계산형	문21	③	조건 계산형
문2	②	응용형 (법조문형)	문7	①	경우 확정형	문12	⑤	응용형 (법조문형)	문17	④	경우 파악형	문22	②	경우 확정형
문3	④	정확한 계산형	문8	②	조건 계산형	문13	②	응용형 (법조문형)	문18	③	규칙 적용해결형	문23	⑤	규칙 정오판단형
문4	①	응용형 (텍스트형)	문9	③	조건 계산형	문14	②	응용형 (텍스트형)	문19	①	조건 계산형	문24	④	조건 계산형
문5	③	규칙 정오판단형	문10	⑤	경우 파악형	문15	⑤	규칙 적용해결형	문20	④	규칙 정오판단형	문25	①	응용형 (법조문형)

취약 유형 분석표

유형별로 맞힌 문제 개수와 정답률, 틀린 문제 번호, 풀지 못한 문제 번호를 적고 나서 취약한 유형이 무엇인지 파악해 보세요. 그 후 약점 보완 해설집 p.2 [취약 유형 공략 포인트]에서 약점 보완 학습법을 확인하고, 틀린 문제와 풀지 못한 문제를 다시 한번 풀어보세요.

유형		맞힌 문제 개수	정답률	틀린 문제 번호	풀지 못한 문제 번호
텍스트형	발문 포인트형	–	–		
	일치부합형	–	–		
	응용형	/2	%		
	1지문 2문항형	–	–		
	기타형	–	–		
법조문형	발문 포인트형	–	–		
	일치부합형	/1	%		
	응용형	/5	%		
	법계산형	–	–		
	규정형	–	–		
	법조문소재형	–	–		
계산형	정확한 계산형	/1	%		
	상대적 계산형	/1	%		
	조건 계산형	/6	%		
규칙형	규칙 단순확인형	–	–		
	규칙 정오판단형	/3	%		
	규칙 적용해결형	/2	%		
경우형	경우 파악형	/2	%		
	경우 확정형	/2	%		
TOTAL		/25	%		

해설

문1 일치부합형(법조문형) 난이도 하   정답 ①

문제풀이 핵심 포인트
제시문을 포함한 문제의 길이는 길지만, 각 〈보기〉에서 묻는바 위주로 제시문에서 확인한다면 시간 단축이 가능한 문제이다. 키워드를 활용하는 방법을 평소에 잘 연습해 두자.

풀이

제00조를 순서대로 제1조 ~ 제4조라고 한다.

ㄱ. (O) 제4조 제2항에 따르면 A시의 장은 B기업에게 사용허가를 한 A시의 행정재산에 대하여 국가가 그 행정재산을 직접 공용으로 사용하기 위해 필요로 하게 된 경우, 그 허가를 취소할 수 있다.

ㄴ. (O) 제3조 제2항 제2호에 따르면 C시의 장이 C시의 행정재산에 대하여 천재지변으로 주택을 잃은 지역주민에게 임시 거처로 사용하도록 허가한 경우, C시의 장은 제3조 제2항에 따라 그 사용료를 면제할 수 있다.

ㄷ. (×) 제4조 제1항 제2호에 따르면 D시의 행정재산에 대하여 사용허가를 받은 E기업이 사용 목적에 위배되게 사용한 경우, D시의 장은 제4조 제1항에 따라 허가를 취소할 수 있다. 그리고 같은 조 제3항의 손실보상 규정은 같은 조 제2항의 경우에 그 취소로 인하여 해당 허가를 받은 자에게 손실이 발생한 경우에 이를 보상하는 규정이므로, D시의 장은 같은 조 제1항에 따라 허가가 취소된 E기업의 손실을 보상하여야 하는 것은 아니다.

ㄹ. (×) 제2조 제2항에 따르면 지방자치단체의 장은 수익허가기간이 끝나기 전에 수익허가를 갱신할 수 있고, 제3항에 따르면 제2항에 따라 수익허가를 갱신받으려는 자는 수익허가기간이 끝나기 1개월 전에 지방자치단체의 장에게 수익허가의 갱신을 신청하여야 한다. 따라서 2014년 3월 1일에 5년 기한으로 F시의 행정재산에 대하여 수익허가를 받은 G가 허가 갱신을 받으려면, 2019년 2월 28일까지가 아니라 수익허가기간이 끝나기 1개월 전인 2019년 2월 1일까지 허가 갱신을 신청하여야 한다.

③ (×) 제4조 제1항에 따르면 국가 등이 아닌 자도 묘지 등을 설치·관리할 수 있고, 제2항에 따르면 묘지를 설치·관리하려는 자는 해당 묘지 소재지를 관할하는 시장 등의 허가를 받아야 한다. 따라서 甲의 자녀는 제4조 제1항에 따라 가족묘지를 설치·관리할 수 있고, 이 경우 같은 조 제2항에 따라 그 소재지의 관할 시장 등에게 신고하는 것이 아니라 허가를 받아야 한다.

④ (×) 제3조 제1항에 따르면 매장을 한 자는 매장 후 30일 이내에 매장지를 관할하는 시장 등에게 신고하여야 한다고 하면서도 자연장은 신고 대상에서 제외하고 있다. 그리고 같은 조 제2항은 화장을 하는 경우, 제3항은 개장을 하는 경우 신고 의무를 부과하고 자연장에 대해서는 달리 신고 의무를 부과하고 있지 않다. 따라서 甲의 유골의 골분을 자연장한 경우, 자연장지 소재지의 관할 시장에게 2019년 8월 10일까지 허가를 받아야 하는 것은 아니다.

⑤ (×) 〈상황〉에 따르면 乙의 유골은 B시 소재 공설묘지에 매장되어 있다. 이를 甲과 함께 D시 소재 공설묘지에 합장하려는 것은 제1조 제2호의 매장한 유골을 다른 분묘에 옮기는 개장에 해당한다. 제3조 제3항에 따르면 개장을 하려는 자는 현존지인 B시와 개장지인 D시의 시장에게 각각 신고하여야 하고, B시의 장과 D시의 장의 허가를 받아야 하는 것은 아니다.

✎ 실전에선 이렇게!

④ 제3조 제3항 제2호에서는 매장한 시신 또는 유골을 자연장하는 경우 시신 또는 유골의 현존지를 관할하는 시장 등에게 신고하여야 한다고 한다. 그러나 1) 〈상황〉에서 甲의 유골의 골분을 자연장하는 경우는 제3조 제3항의 개장이 아니다(B시 소재 공설묘지에 매장되어 있던 乙의 유골을 자연장하는 경우라면 개장에 해당한다). 2) 제3조 제3항의 자연장에 해당한다고 해도 매장의 경우 같은 조 제1항에서 매장 후 30일 이내라는 신고기한이 주어져 있지만 같은 조 제3항 제2호의 자연장은 신고기한이 주어져 있지 않다. 3) 제3조 제3항에 따르더라도 허가가 아니라 신고이다. 4) 제3조 제3항 제2호의 자연장이라 하더라도 자연장지 소재지의 관할 시장이 아닌 유골의 현존지 관할 시장에게 신고하여야 한다.

문2 응용형(법조문형) 난이도 하   정답 ②

문제풀이 핵심 포인트
각 선택지에서 묻는바 위주로 제시문에서 확인하는 것이 바람직하다. 언제 매장할 수 있는지, 누구에게 신고해야 하는지, 언제까지 누구의 허가를 받아야 하는지 등을 확인해야 한다.

풀이

제00조를 순서대로 제1조 ~ 제4조라고 한다.

① (×) 제2조 제1항에서는 사망한 때부터 24시간이 지난 후가 아니면 매장을 하지 못한다. 〈상황〉에서 甲은 2019년 7월 10일 아침 7시에 사망하였으므로 제2조 제1항에 따라 사망한 때부터 24시간이 지나지 않은 2019년 7월 10일에 매장할 수는 없다.

② (O) 제3조 제2항에 따르면 甲을 C시 소재 화장시설에서 화장하려는 경우, 甲을 화장하려는 甲의 자녀는 그 시설을 관할하는 C시의 장에게 신고하여야 한다.

문3 정확한 계산형 난이도 하   정답 ④

문제풀이 핵심 포인트
법조문과 유사한 형식으로 주어진 수수료 계산 방법을 〈상황〉에 적용해서 계산하여야 한다.

풀이

국어로 작성한 경우	특허출원료	제1호 나목에 따라 매건 66,000원에 서면이 20면을 초과하는 경우 초과하는 1면마다 1,000원을 가산한 금액을 계산해야 한다. → 66,000원 + (27면이므로 초과한 7면에 대한) 7,000원 = 73,000원
	특허심사 청구료	제2호에 따라 매건 143,000원에 청구범위의 1항마다 44,000원을 가산한 금액을 계산해야 한다. → 143,000원 + (청구범위가 3개 항이므로) 44,000 × 3 = 143,000 + 132,000 = 275,000
	∴ 73,000원 + 275,000원 = 348,000원	

외국어로 작성한 경우	특허출원료	제1호 라목에 따라 매건 93,000원에 서면이 20면을 초과하는 경우 초과하는 1면마다 1,000원을 가산한 금액을 계산해야 한다. → 93,000원 + (27면이므로 초과한 7면에 대한) 7,000원 = 100,000원
	특허심사 청구료	제2호에 따라 매건 143,000원에 청구범위의 1항마다 44,000원을 가산한 금액을 계산해야 한다. → 143,000원 + (청구범위가 3개 항이므로) 44,000 × 3 = 143,000 + 132,000 = 275,000
	∴ 100,000원 + 275,000원 = 375,000원	

실전에선 이렇게!

선택지를 활용하면 정확한 금액을 계산하지 않고도 답을 구할 수 있다.

문 4 응용형(텍스트형)　난이도 하　정답 ①

문제풀이 핵심 포인트

선택지를 보면 '차려졌다/차려지지 않았다'에 관해서 묻는 선택지가 ②, ③, ⑤번 세 개다. 게다가 제시문에는 표 형태의 정보도 주어졌다. 이를 종합적으로 볼 때 응용형임을 파악하고 제시문을 어느 정도 이해한 후, 응용·적용해서 문제를 해결해야 한다.

풀이

첫 번째 문단과 두 번째 문단의 내용을 정리해보면 다음과 같다.

· 수라(원반, 협반): 죽수라, 조수라, 주수라, 석수라
· 반과상(주식은 국수, 찬과 후식류): 조다, 주다, 만다, 야다
· 미음상(주식은 미음, 고음과 후식류)

두 번째 문단에서 반과상과 미음상은 '한 상에 차렸다'라고 언급하고 있지만, 첫 번째 문단의 수라와 같이 원반, 협반인지는 구체적으로 언급하고 있지 않다.

① (×) 행차 둘째 날에 수라는 총 3번(죽수라, 조수라, 석수라) 있었다. 주다반과와 야다반과를 고려하지 않더라도 첫 번째 문단에 따르면 수라상은 협반에 차려지므로, 협반은 총 1회가 아니라 최소 3회 이상 사용되었다.

② (○) 두 번째 문단에 따르면 미음상은 미음이 주식인 상이다. 둘째 날의 5번의 화성참에는 미음상이 없으므로 미음이 주식인 상이 차려지지 않았다.

③ (○) 세 번째 문단의 행차 첫째 날과 둘째 날 전체 상차림에서 주수라가 없음을 확인할 수 있다.

④ (○) 두 번째 문단에 따르면 반과상은 후식류를 자기에 담아 차렸다. 그리고 시간상 야다반과가 밤에 차려지는 반과상임을 알 수 있다. 행차의 첫째 날 밤에는 시흥참으로 야다반과가 있고, 행사의 둘째 날 밤에는 화성참으로 야다반과가 있다.

⑤ (○) 두 번째 문단에 따르면 반과상은 국수를 주식으로 한다. 반과상은 행차의 첫째 날 3회의 반과와 둘째 날의 2회의 반과를 더해 총 5회 차려졌다.

문 5 규칙 정오판단형　난이도 중　정답 ③

문제풀이 핵심 포인트

주어진 규칙에 따라 각 〈보기〉의 정오를 판단할 수 있는 적절한 입증사례 또는 반증사례를 들 수 있어야 한다.

풀이

〈조건〉의 두 번째, 세 번째 동그라미를 각각 조건 ⅰ), 조건 ⅱ)라고 한다. 조건 ⅰ)의 내용에 따라 '단어점수'를 식으로 나타내보면 다음과 같다.

$$단어점수 = \frac{자음점수_1 + 자음점수_2 + 자음점수_3 + \cdots}{단어를 구성하는 자음 종류의 개수}$$

자음점수 아래의 작은 숫자 첨자는 각기 다른 자음임을 나타낸다. 단어를 구성하는 여러 자음을 임의로 자음1, 자음2, 자음3이라고 할 때 각 자음들에 대응되는 자음점수이다. 그리고 조건 ⅱ)의 '자음점수'를 식으로 나타내어보면 다음과 같다.

$$자음점수1 = 2_1^n (n \geq 1), 0 (n = 1)$$

이는 자음1의 자음점수만 나타낸 것으로 다른 자음에 대해서도 마찬가지이다. 2_1^n에서 아래 작은 숫자 첨자는 자음1임을 나타내고 자음1이 단어에 사용된 횟수를 n이라고 하면 2를 n만큼 거듭제곱한 값이다. 단 n이 0일 때 자음점수는 0이다.

단서에서 의미가 없는 글자의 나열도 단어로 인정한다는 내용도 확인한다.

ㄱ. (○) 우선 '각기'와 '논리'의 단어점수를 구해본다. '각기'의 경우 단어를 구성하는 자음이 'ㄱ' 하나이고 3번 사용되었다. 'ㄱ'을 자음1이라 하면 자음점수1은 $2^3 = 8$이다. 그렇다면 '각기'의 단어점수는 8/1 = 8점이다. '논리'의 경우 단어를 구성하는 자음이 'ㄴ', 'ㄹ' 2개이고 각각 2회, 1회 사용되었다. 'ㄴ'을 자음1, 'ㄹ'을 자음2라고 하면 자음점수1 = $2_1^2 = 4$, 자음점수 2 = $2_1^1 = 2$이다. 그렇다면 '논리'의 단어점수는 (4 + 2)/2 = 3점이다. '각기'의 단어점수가 '논리'보다 더 높다.

ㄴ. (○) 단어점수 식에서 단어의 글자 수는 단어점수에 영향을 미치지 못하므로 단어의 글자 수가 달라도 단어점수가 같을 수 있다는 것은 알 수 있다. 예를 들어 ㄱ에서 '각기'라는 단어의 단어점수는 8점이라는 것을 알고 있는데 단어점수는 자음으로만 결정되므로 '각기'와 같은 단어점수를 받기 위해서는 'ㄱ'이 세 개 들어가기만 하면 된다. 단서에서 의미가 없는 글자의 나열도 단어로 인정한다고 하였으므로 아무 모음이나, 예를 들어 'ㅏ'를 이용해 '가가가'라는 단어를 만든다면 '각기'와 단어점수가 같다. 된소리의 경우 하나의 자음으로 판단하는지 두 개의 자음으로 판단하는지 지문에서 명확히 주어져 있지 않으므로 된소리의 예는 생각하지 않았다.

ㄷ. (×) 글자 수가 4개인 단어의 단어점수가 가능한 높은 경우를 생각해본다. 단어를 구성하는 자음 종류의 개수는 적을수록 단어점수가 커지므로 하나의 자음만 사용하고 그 자음을 4개의 글자에서 받침까지 모두 8번 사용한다면 단어점수 = 자음점수1 = $2_1^8 = 256$점으로 250점을 넘을 수 있다. 예를 들어 '난난난난', '랄랄랄랄'같은 단어를 생각해보면 된다. 된소리의 경우 하나의 자음으로 판단하는지 두 개의 자음으로 판단하는지 지문에서 명확히 주어져 있지 않으므로 된소리의 예는 생각하지 않았다.

실전에선 이렇게!

ㄱ. 단어점수의 계산 자체가 어렵지는 않지만 〈조건〉의 내용을 잘 이해하였다면 끝까지 직접 계산할 필요는 없다. '각기'의 경우가 단어점수 식의 분자인 '자음점수'가 더 높고 분모인 '단어를 구성하는 자음 종류의 개수'가 더 적다.

문6 상대적 계산형 난이도 하 정답 ②

문제풀이 핵심 포인트
간단한 대안비교 확인 문제이므로 쉽게 해결할 수 있는 문제이다. 단, 제외조건에 주의하자.

풀이

주어진 조건을 정리해 보면 다음과 같다.
- A: 10점, B: 7점, C: 3점으로 변환한 후, 합산점수가 가장 높은 도시를 개최도시로 선정
- 가점 5점: '교통'에서 A를 받은 도시, 바다를 끼고 있는 도시
- 제외조건: '회의 시설'에서 C를 받은 도시

이를 바탕으로 해결해 보면 다음과 같다.
- 먼저 제외조건을 적용해야 한다. '회의시설'에서 C를 받은 도시를 제외해야 하므로 대전과 제주가 선택지에서 제외된다.
- 가점을 포함하여 나머지 후보도시들의 점수를 구해보면 다음과 같다.

구분	서울	인천 (+5)	대전	부산 (+5)	제주
1) 회의 시설 1,500명 이상 수용가능한 대회의장 보유 등	10	10	C	7	C
2) 숙박 시설 도보거리에 특급 호텔 보유 등	10	7	A	10	C
3) 교통 공항접근성 등	7	10 (+5)	C	7	B
4) 개최 역량 대규모 국제행사 개최 경험 등	10	3	C	10	B
	37	40		39	

따라서 총점이 가장 높은 도시는 인천이다.

문7 경우 확정형 난이도 하 정답 ①

문제풀이 핵심 포인트
주어진 조건을 빠뜨리지 않고 반영해서 조건에 위배되지 않도록 청소요일을 결정해야 한다. 이때 청소 요일을 직접 구한 후 그 결과와 동일한 선택지를 비교해서 답을 찾아내는 것도 가능하지만, 선택지를 조건에 대입한 후 조건에 위배되지 않는지 확인해서 풀이하는 방법도 가능하다. 경우 확정형은 고정정보를 찾을 수 있는지가 실마리를 잡을 수 있는가인데, 조건 ⓒ에서 고정정보가 주어진다.
甲레스토랑은 매주 1회 휴업일(수요일)을 제외하고 매일 영업한다. 한 주의 상황만 고려하는 것이 아니라 그 다음 주의 상황까지도 고려해야 한다는 점에 주의하자.

풀이

일주일 7일 중 휴업일인 수요일을 제외한 6일 동안 A구역 청소는 일주일에 1회, B구역 청소는 일주일에 2회, C구역 청소는 일주일에 3회를 하여 총 6회의 청소를 하되, 청소를 하는 요일을 정할 때, 반영해야 하는 조건은 다음과 같다.
ⓐ 청소를 한 구역은 바로 다음 영업일에는 청소하지 않는다.
ⓑ B구역 청소를 한 후 영업일과 휴업일을 가리지 않고 이틀간은 B구역 청소를 하지 않는다.
ⓒ C구역 청소 3회 중 1회는 일요일에 한다.

해결해 보면, 조건 ⓒ에 따라서 일요일에는 C구역 청소가 확정되고, 나머지 월, 화, 목, 금, 토요일에 A구역 1회, B구역 2회, C구역 2회의 청소요일을 정해야 한다.

일	월	화	수 (휴업일)	목	금	토
C (∵조건 ⓒ)			✕			

이 이후 과정은 〈방법 1〉 조건에 따라 직접 각 구역의 청소요일을 확인해서 해결하는 것도 가능하고, 〈방법 2〉 선택지를 활용해서 해결하는 것도 가능하다.

〈방법 1〉 직접 해결하는 방법
- 조건 ⓐ에 의해서 C 구역은 일, 화, 금요일에 청소를 해야 한다.

일	월	화	수 (휴업일)	목	금	토
C (∵조건 ⓒ)		C	✕		C	

- 조건 ⓑ에 의해서 B구역은 월, 목요일에 청소하는 것으로 확정된다.

일	월	화	수 (휴업일)	목	금	토
C (∵조건 ⓒ)	B	C	✕	B	C	

- 여기까지만 해결하더라도 정답이 ①임을 구할 수 있으며, 마지막으로 남은 토요일에 A구역을 청소하면 끝까지 해결된다.

일	월	화	수 (휴업일)	목	금	토
C (∵조건 ⓒ)	B	C	✕	B	C	A

〈방법 2〉 선택지를 활용해서 해결하는 방법
- B구역을 월, 목요일에 청소하면 다음과 같다.

일	월	화	수 (휴업일)	목	금	토
C (∵조건 ⓒ)	B		✕	B		

조건 ⓐ에 의해서 토요일에는 C구역 청소를 할 수 없으므로 화, 금요일에 C구역 청소를 하고, 남은 토요일에 A구역 청소를 하게 되면 조건에 위배되지 않게 청소요일을 정할 수 있다.
- B구역을 월, 금요일에 청소하면 다음과 같다.

일	월	화	수 (휴업일)	목	금	토
C (∵조건 ⓒ)	B		✕		B	

일요일에 이미 C구역 청소를 했기 때문에, 조건 ⓐ에 의해서 토요일은 C구역 청소를 할 수 없고, 그러면 남은 두 번의 청소를 화요일과 목요일에 해야 하는데, 그러면 조건 ⓐ에 위배된다.
- B구역을 월, 토요일에 청소하면 다음과 같다.

일	월	화	수 (휴업일)	목	금	토
C (∵조건 ⓒ)	B		✕			B

B구역을 월요일과 토요일에 청소한다는 것 자체가 조건 ⓑ에 어긋난다.

- B구역을 화, 금요일에 청소하면 다음과 같다.

일	월	화	수 (휴업일)	목	금	토
C (∵조건 ⓒ)		B			B	

일요일에 이미 C구역 청소를 했기 때문에, 조건 ⓐ에 의해서 월요일과 토요일은 C구역 청소를 할 수 없고, 그러면 청소는 두 번 남았는데, 청소를 할 수 있는 요일은 목요일 한 번 밖에 없다.

- B구역을 화, 토요일에 청소하면 다음과 같다.

일	월	화	수 (휴업일)	목	금	토
C (∵조건 ⓒ)		B				B

일요일에 이미 C구역 청소를 했기 때문에, 조건 ⓐ에 의해서 월요일은 C구역 청소를 할 수 없고, 그러면 남은 두 번의 청소를 목요일과 금요일에 해야 하는데, 그러면 조건 ⓐ에 위배된다.

따라서 B구역 청소를 하는 요일은 월요일과 목요일이다.

문8 조건 계산형 <난이도 중> 정답 ②

문제풀이 핵심 포인트
〈보기〉에 '~라면'이라는 가정형의 표현이 포함되어 있다. 즉, 가정이 포함되어야 각 업체의 값을 확정할 수 있다는 의미이기도 하다. A ~ F 각 업체의 가격은 모두 상이하다는 점을 놓치지 않도록 주의하면서, 주어진 여러 개의 공식 중에서 '구하고자 또는 비교하고자 하는 업체 가격'이 다르면서 나머지는 동일한 두 개의 공식끼리 비교를 해야 한다.

풀이
줄글의 조건과 〈표〉를 반영하여 공식을 세워보자. A업체는 A로, 76만 원은 76으로 '업체'와 '만 원'을 생략하고 간단히 적어보면 다음과 같다.

$A + C + E = 76$ ··· 식 Ⓐ
$C + F = 58$ ··· 식 Ⓑ
$A + D + E = 100$ ··· 식 Ⓒ
$D + F = 82$ ··· 식 Ⓓ
$(1 - 0.1)B + D + F = 127$ ··· 식 Ⓔ

식 Ⓔ는 식 Ⓓ를 포함하고 있다. 따라서 식 Ⓓ의 값을 식 Ⓔ에 대입해 보면 $0.9B = 45$만 원이므로 B업체의 할인 전 가격은 50만 원이다.

ㄱ. (×) A가 26만 원이라면, 식 Ⓐ에서 C + E는 50만 원이고, 식 Ⓑ에서 C + F는 58만 원이 된다. 따라서 두 공식에서 C는 동일하므로 F업체 가격이 E업체 가격 보다 8만 원 더 비싸다.

ㄴ. (○) 앞서 정리한 바와 같이 식 Ⓓ의 값을 식 Ⓔ에 대입해 보면 $0.9B = 45$만 원이므로 B업체의 할인 전 가격은 50만 원이다.

ㄷ. (×) E업체의 가격이 포함된 공식은 식 Ⓐ와 식 Ⓒ이다. 따라서 A, C업체의 가격 또는 A, D 업체의 가격이 정해지면 E업체의 가격이 정해질 수 있다.
- C업체의 가격이 30만 원이라면 식 Ⓑ에서 F업체의 가격이 28만 원으로 확정된다.
- F업체의 가격이 28만 원이면 식 Ⓓ에서 D업체의 가격이 54만 원으로 확정된다.

B, C, D, F업체의 가격은 정해지만, 식 Ⓐ와 식 Ⓒ에 포함되어 있는 A업체의 가격은 확정이 되지 않기 때문에 최종적으로 E업체의 가격을 확정할 수 없다.

ㄹ. (×) 식 Ⓑ와 식 Ⓓ를 비교했을 때, F는 공통이고 C와 D만 차이가 나는데 총액의 차이는 82 - 58 = 24이다. 따라서 C업체와 D업체의 가격의 차이는 24만 원이어야 한다. 금액의 숫자가 다르기 때문에 어느 업체가 더 비싼지 확인할 필요는 없다.

✏️ 실전에선 이렇게!

ㄹ. 먼저 차이값의 수치를 확인하고 그 수치가 맞을 때 어느 업체가 더 비싼지 확인하면 된다. 다른 기출문제에서도 선택지 또는 〈보기〉에서 예를 들어 차이값이 10이라고 하면, 실제 계산 결과는 12가 나와서 A가 B보다 비싼지 반대로 B가 A보다 비싼지 확인하지 않더라도 정오판단이 가능한 경우가 많다. 업체를 뒤바꾼 건 〈보기〉 ㄱ의 함정이었다.

문9 조건 계산형 <난이도 하> 정답 ③

문제풀이 핵심 포인트
제시문을 통해 K국의 주민세 부과방법을 파악한 후, 〈상황〉의 甲 ~ 丙 법인에 응용·적용할 수 있어야 한다.

풀이
지문의 주민세 부과 요건은 자본금액과 종업원 수를 기준으로 하고 있다. 이때 자본금액은 구간이 다양하게 나누어져 있지만, 종업원 수는 100명을 초과 또는 이하로 나누어져 있으므로 종업원 수를 우선 판단하는 것이 편하다. 주민세 부과 요건과 세액을 정리해보면 다음 〈그림〉과 같다.

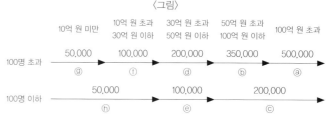

〈그림〉

자본금액과 종업원 수에 따라 ⓐ ~ ⓗ와 같이 구분하였다.

ㄱ. (○) 甲의 자본금액은 200억 원이고 종업원 수는 알려져 있지 않다. 자본금액만으로 판단해볼 때 甲은 〈그림〉의 ⓐ 또는 ⓒ에 해당한다. 따라서 甲의 종업원 수가 100명 이하라도 최소 20만 원의 주민세를 납부해야 한다.

ㄴ. (×) 乙의 자본금액은 20억 원이고 종업원이 50명인 경우 ⓗ에 해당한다. 5만 원의 주민세를 납부해야 한다.

ㄷ. (×) 丙의 자본금액은 알려져 있지 않고 종업원 수는 200명이다. 만약 丙의 자본금액이 10억 원 미만이라면 ⓖ에 해당하여 丙이 납부해야 할 주민세는 5만 원이다.

ㄹ. (○) 甲, 乙, 丙 각각의 최대 주민세는 다음과 같다.
- 甲: ⓐ 또는 ⓒ → ⓐ 500,000
- 乙: ⓕ 또는 ⓗ → ⓕ 100,000
- 丙: ⓐ, ⓑ, ⓓ, ⓕ, ⓖ 중 하나 → ⓐ 500,000

모두 더하면 甲, 乙, 丙은 최대 110만 원의 주민세를 납부해야 한다.

실제 문제 풀이에서는 〈그림〉과 같은 정도로 정리할 수는 없더라도 요건들 사이의 관계를 체계적으로 이해해야 문제를 풀면서 헷갈리거나 여러 번 반복해서 요건을 확인하는 일이 감소한다.

문 10 경우 파악형 [난이도 중] 정답 ⑤

문제풀이 핵심 포인트
각 선택지의 정오판단을 하기 위해 적절하게 입증사례 또는 반증사례를 찾아내야 한다.

풀이

주어진 조건을 정리해 보면 다음과 같다.

· 최종순위는 정량평가 점수(80점)와 정성평가 점수(20점)의 합으로 계산된 최종점수가 높은 순서대로 순위가 결정된다.
· 최종점수가 동점일 경우에는 정성평가 점수가 높은 순서대로 순위를 결정한다는 동점 시 처리 규정도 있는 문제이다.

먼저 정성평가 20점을 부여하는 방식이 다소 복잡할 수 있는데, 10점 만점 + 10점 만점 = 20점 만점의 구조이고, 다음과 같으므로 (10, 6, 6, 6, 3) + (10, 5, 5, 5, 1)의 점수 조합이 가능하다.

· 지자체 및 민간분야와의 재난안전분야 협력(10점 만점)

평가	상	중	하
선정비율	20%(1개)	60%(3개)	20%(1개)
배점	10점	6점	3점

· 재난관리에 대한 종합평가(10점 만점)

평가	상	중	하
선정비율	20%(1개)	60%(3개)	20%(1개)
배점	10점	5점	1점

이때 A는 정성평가 점수가 20점이므로 10점 + 10점일 때만 가능하다. B와 C의 정성평가 점수 11점은 10점 + 1점 또는 6점 + 5점일 때만 가능한데, 10점은 A기관이 모두 사용한 상태이므로 6점 + 5점만 가능하다.

평가\기관	정량평가	정성평가	총점			
A	71	20(= 10 + 10)	91			
B	80	11(= 6 + 5)	91			
C	69	11(= 6 + 5)	80			
D	74	(6, 3) 중 1개 + (5, 1) 중 1개	78	81	82	85
E	66	(5, 1) 중 1개	77	74	73	70

D와 E의 정성평가 점수는 (D, E) = (11, 4), (7, 8), (8, 7), (4, 11) 네 가지 경우가 가능하다. 이를 반영한 총점의 경우는 위의 표와 같다.

① (×) A기관은 2위일 수도 있는지 생각해보면, A의 점수는 91점으로 고정이고 나머지 B ~ E기관 중에서는 B기관만이 91점으로 A와 동점일 수 있다. 최종점수가 동점일 경우에는 정성평가 점수가 높은 순서대로 순위 결정하므로 정성평가가 20점 만점인 A기관은 항상 1위가 된다.

② (×) B기관은 총점에서 항상 A기관과 공동 1등일 수밖에 없다. B기관은 총점에서 절대 3위가 될 수 없다. 그러면 선택지 ①번에서 살펴본 것과 같이 B기관은 항상 2위가 된다.

③ (×) C기관이 4위가 될 수 있는지 반례를 찾아보면, (C, D, E의 총점) = (80, 81, 74), (80, 82, 73), (80, 85, 70)인 경우에 D기관이 3위가 되고, C기관이 4위가 될 수도 있다. 따라서 C기관이 4위일 가능성이 있다.

④ (×) 선택지 ③번에서 살펴본 것과 같이 D기관이 정성평가에서 7점, 8점, 11점을 받는 경우에 D기관이 3위인 경우가 있다. 따라서 D기관이 3위일 가능성이 있다.

⑤ (O) E기관은 언제나 5위일 것이라고 진술하고 있으므로, 반례가 있을 수 있는지를 찾아봐야 한다. E의 정성평가 점수는 최대 11점일 수 있고 총점은 최대 77점일 수 있는데, 그렇다 하더라도 C의 80점, D의 78점보다 낮기 때문에 E기관의 점수가 최대가 되더라도 항상 5위일 수밖에 없다.

문 11 응용형(법조문형) [난이도 하] 정답 ①

문제풀이 핵심 포인트
첫 번째 조문부터 각각 제1조, 제2조라고 한다. 〈상황〉에서 적법한 절차라 함은 제1조 제1항, 제2항, 제2조 제2항의 국무회의의 심의를 거쳐 대통령의 승인을 받아야 하는 것으로 해석한다.

풀이

ㄱ. (O) 제1조 제1항에 따르면 기획재정부장관은 자유교환성 통화로 출자금을 납입할 수 있다.

ㄴ. (×) 제1조 제1항에 따르면 기획재정부장관은 출자금을 내국통화로 분할하여 납입할 수 있다.

ㄷ. (×) 제1조 제2항에 따르면 출자금을 내국통화로 출자하는 경우, 출자금 중 일부액을 미합중국통화로 표시된 증권이 아닌 내국통화로 표시된 증권으로 출자할 수 있다.

ㄹ. (×) 제2조 제1항에 따르면 기획재정부장관은 제1조 제2항에 따라 출자한 증권의 전부 또는 일부에 대하여 국제금융기구가 지급을 청구하면 지체 없이 이를 지급하여야 한다. 따라서 제1조 제2항에 따라 출자금을 내국통화로 표시된 증권으로 출자한 경우, A국제금융기구가 그 지급을 청구할 경우에 제2조 제1항에 따라 한국은행장이 아니라 기획재정부장관이 이를 지급하여야 한다.

문 12 응용형(법조문형) [난이도 하] 정답 ⑤

문제풀이 핵심 포인트
두 번째 문단의 다섯 번째, 여섯 번째 문장에서 설명하듯 첫 번째 문단의 하자담보책임과 두 번째 문단의 착오로 인한 취소를 잘 구분한다.
〈상황〉에서 매수인 甲은 매도인 乙과 매매계약을 통해 매매목적물인 '나루터 그림'을 넘겨받았는데, 甲이 그림을 진품으로 믿었다는 부분은 계약의 중요 부분에 착오가 있는 것으로 취소권을 행사할 수 있는지, 그림이 위작이라는 사실은 매매목적물에 하자가 있는 것으로 계약해제권, 손해배상청구권을 행사할 수 있는지 문제된다.

풀이

① (×) 첫 번째 문단 첫 번째 문장에 따르면 매수인은 매도인에 대하여 하자담보책임을 물어 계약해제권을 행사할 수 있다. 매도인 乙은 하자를 이유로 매수인 甲과의 매매계약을 해제할 수 없고, 매수인 甲이 매도인 乙과의 매매계약을 해제할 수 있다.

② (×) 첫 번째 문단 다섯 번째 문장에 따르면 손해배상청구권은 매매목적물에 하자가 있는 사실을 안 날로부터 6개월 내에 행사하여야 한다. 2019년 6월 20일은 甲이 그림의 하자를 안 날인 2018년 6월 20일로부터 6개월 이상의 기간이 경과하였으므로, 甲은 乙에게 그림의 하자를 이유로 손해배상을 청구할 수 없다.

③ (×) 〈상황〉에 따르면 甲은 2018년 6월 20일에 나루터 그림이 위작이라는 사실을 알게 되었으므로, 두 번째 문단 네 번째 문장에 따라 착오자인 甲은 착오 상태에서 벗어난 날인 2018년 6월 20일로부터 3년 이내에, 계약을 체결한 날인 2018년 3월 10일로부터 10년 이내에 취소권을 행사하여야 한다. 2019년 6월 20일은 착오 상태에서 벗어난 날로부터 3년 이내이므로 甲은 착오를 이유로 乙과의 매매계약을 취소할 수 있다.

④ (×) 첫 번째 문단 다섯 번째 문장에 따르면 계약해제권은 매매목적물의 하자가 있는 사실을 안 날로부터 6개월 내에 행사하여야 한다. 2019년 6월 20일은 甲이 그림의 하자를 안 날인 2018년 6월 20일로부터 6개월 이상의 기간이 경과하였으므로 甲은 하자를 이유로 乙과의 매매계약을 해제할 수 없다. 첫 번째 문단 두 번째 문장에 따르면 매도인인 乙의 과실 유무를 묻지 않는다.

⑤ (○) 첫 번째 문단 다섯 번째 문장에 따르면 계약해제권은 매매목적물에 하자가 있는 사실을 안 날로부터 6개월 내에 행사하여야 한다. 2019년 6월 20일은 甲이 그림의 하자를 안 날인 2018년 6월 20일로부터 6개월 이상이 경과하였으므로 甲은 그림의 하자를 이유로 乙과의 매매계약을 해제할 수 없다. 첫 번째 문단 두 번째 문장에 따르면 매도인인 乙이 하자를 알았는지 여부에 대해서 묻지 않는다. 그리고 선택지 ③에서 살펴본 바와 같이 두 번째 문단 네 번째 문장에 따라 2019년 6월 20일은 甲이 착오 상태에서 벗어난 날로부터 3년 이내이므로 甲은 착오를 이유로 乙과의 매매계약을 취소할 수 있다.

문13 응용형(법조문형) 난이도 하   정답 ②

문제풀이 핵심 포인트
선택지와 제시문에서 각각 키워드를 잡은 후, 이를 매칭하여 확인하는 방식으로 해결하면 수월하게 해결할 수 있는 문제이다.

풀이
제00조를 순서대로 제1조, 제2조라고 한다.

① (×) 제1조 제1항에 따르면 채무자 甲이 제출한 재산목록의 재산만으로 집행채권의 만족을 얻기 부족한 경우에는 재산명시절차의 관할법원은 직권이 아닌 채권자의 신청에 따라 금융기관에 채무자 甲 명의의 재산에 관해 조회할 수 있다.

② (○) 제1조 제4항에 따르면 공공기관은 정당한 사유 없이 제1항의 재산조회를 거부하지 못한다고 하므로, 정당한 사유가 있는 경우에는 이를 거부할 수 있는 것으로 해석해야 한다. 따라서 재산명시절차의 관할법원으로부터 제1조 제1항의 채무자 명의의 재산에 관해 조회를 받은 공공기관은, 같은 조 제4항에 따라 정당한 사유가 있는 경우에 이를 거부할 수 있다.

③ (×) 제2조 제1항에 따르면 누구든지 재산조회의 결과를 강제집행 외의 목적으로 사용하여서는 안 된다. 따라서 채무자 乙의 재산조회 결과를 획득한 채권자 丙은 해당 결과를 강제집행 외의 목적으로도 사용하여서는 안 된다.

④ (×) 제1조 제5항에 따르면 재산명시절차의 관할법원으로부터 같은 조 제1항 및 제3항의 채무자 명의의 재산에 관해 조회를 받은 기관의 장이 정당한 사유 없이 자료제출을 거부하였다면, 법원은 결정으로 500만 원의 벌금이 아니라 과태료에 처한다.

⑤ (×) 제1조 제2항에 따르면 채권자 丁이 같은 조 제1항의 채무자 명의의 재산에 관한 조회를 신청할 경우, 조회에 드는 비용은 재산조회가 종료된 후 납부하는 것이 아니라 미리 납부하여야 한다.

📝 실전에선 이렇게!
'500만 원 이하의 벌금에 처한다.'는 규정은 선택지 ④번처럼 '500만 원의 벌금에 처한다.'가 아닌 '500만 원의 벌금에 처할 수 있다'로 서술되어야 옳을 가능성이 생긴다.

문14 응용형(텍스트형) 난이도 하   정답 ②

문제풀이 핵심 포인트
비례·반비례의 출제 장치만 알면 수월하게 해결할 수 있는 문제이다. 텍스트형에 속하는 응용형 중 계산을 요하는 문제는 일부 출제 장치가 반복되어 출제되고 있다.

풀이
두 번째 문단에서 예를 들고 있는 구분할 수 있는 최소 각도와 시력을 정리해 보면 다음과 같다.

구분 가능한 최소 각도(′)	0.5′	1′	2′	4′
시력	2	1	0.5	0.25

$$\text{시력} = \frac{1}{\text{구분 가능한 최소 각도(′)}}$$

ㄱ. (○) 구분할 수 있는 최소 각도가 10′인 사람의 시력은 $\frac{1}{10(′)} = 0.1$이다.

ㄴ. (○) 두 번째 문단 일곱 번째 문장에 따르면 천문학자 A는 5″까지의 차이도 구분할 수 있었던 것으로 알려져 있다. 그리고 첫 번째 문단 다섯 번째 문장에 따르면 1′의 1/60이 1″이다. 따라서 천문학자 A의 시력은 $\frac{1}{\frac{5}{60}(′)} = \frac{1}{\frac{1}{12}} = \frac{12}{1} = 12$인 것으로 추정된다.

ㄷ. (×) 두 번째 문단 두 번째 문장에 따르면 구분할 수 있는 최소 각도와 시력은 반비례하므로 구분할 수 있는 최소 각도가 더 작은 乙이 甲보다 시력이 더 좋다. 직접 계산할 필요는 없지만, 시력을 확인해보면 구분할 수 있는 최소 각도가 1.25′인 甲의 시력은 $\frac{1}{1.25(′)} = 0.8$이고, 구분할 수 있는 최소 각도가 0.1′인 乙의 시력은 $\frac{1}{0.1(′)} = 10$이다.

문15 규칙 적용해결형 난이도 하   정답 ⑤

문제풀이 핵심 포인트
조건을 적절히 시각화하면서 해결하면 수월하게 해결할 수 있는 문제로, 한음 차이와 반음 차이에 혼동하지 않도록 주의한다.

특징을 정리하면 다음과 같다.

· 반음 차이 + 반음 차이 = 한음 차이
· A (한음 차이) B (반음 차이) C (한음 차이) D (한음 차이) E (반음 차이) F (한음 차이) G
· 둘 중 낮은 음보다 반음 높은 음은 낮은 음의 이름 오른쪽에 #을 붙여 표시

이를 이해하기 쉽게 정리하면 아래와 같다.

	→ 반음↑								→ 반음↑	
㉮	㉯	㉰	㉱	㉲	㉳	㉴	㉵	㉶	㉷	㉮
A		B	C		D			E	F		G

㉲를 누른 상태로 줄을 팅기게 되면 E음이 난다. 주어진 〈가락〉에서 E음이 등장한 횟수를 세면 된다.

E̲ D# E̲ D# E̲ B D C A A A B E̲ G B C

총 4번 등장하므로 ㉲를 누른 상태로 줄을 팅긴 횟수는 총 4회이다.

문 16 조건 계산형 　난이도 하 　　　정답 ⑤

지원자들은 채용과정에 적합하거나 적합하지 않거나(부적합) 두 가지 속성으로 구분된다. 채용 결과는 채용되거나 탈락하거나 두 가지 속성으로 구분한다. 따라서 2 × 2 matrix로 정리하면 가장 확실하게 정보를 정리할 수 있다.

제시된 글의 내용을 정리하면 다음과 같다.

채용결과 ╲ 지원자	채용	탈락	
적합	(1)	(2)	(C)
부적합	(3)	(4)	(D)
	(A)	(B)	(E)

· 오탈락률: 적합한 지원자 중 탈락시킨 지원자의 비율 = (2)/(C)
· 오채용률: 적합하지 않은 지원자 중 채용한 지원자의 비율 = (3)/(D)

주어진 〈상황〉을 위 표에 맞게 정리하면 다음과 같다.
→ (E) = 1,200명, (A) = 360명, (C) = 800명, (D) = 400명, (3) = 40명

이에 따라 (1)이 320명이고, (2)가 480명, (4)가 360명, (B)가 840명이다.
따라서 오탈락률 = (2)/(C) = 480/800 = 60/100 = 60%, 오채용률 = (3)/(D) = 40/400 = 10/100 = 10%이다.

주어진 내용을 표로 정리하여 인식할 수 있으면 보다 확실하게 해결이 가능하다.

문 17 경우 파악형 　난이도 중 　　　정답 ④

자동차 요일제와 차량 홀짝제가 시행됨에 따라 〈상황〉에서 甲, 乙, 丙이 자동차로 출근했는지 여부를 정리해보면서 甲, 乙, 丙의 자동차 번호 끝자리를 추론해내야 한다. 지문에서는 홀짝제 시행 시 시행일이 짝수이면 자동차 번호 끝자리 숫자가 '홀수가 아닌' 차량만 운행할 수 있다고 하는데 이는 짝수에 0을 포함시키기 위한 표현이다. 이하에서는 편의상 홀수가 아닌 수를 짝수라 한다. 그리고 이하부터는 자동차 번호 끝자리 숫자가 홀수이면 홀수 차량, 짝수이면 짝수 차량이라 한다.

우선 甲은 5일 중 4일이나 자동차로 출근할 수 있었다. 그런데 12일, 13일, 14일은 차량 홀짝제가 시행되었고 12일, 14일은 홀수 차량을 운행할 수 없으므로 5일 중 4일을 자동차로 출근할 수 있었던 甲의 차량은 짝수 차량이어야 한다. 그리고 15일, 16일은 자동차로 출근할 수 있었으므로 자동차 번호 끝자리 숫자가 7, 8, 9, 0이 아니다. 이상을 정리하면 아래와 같다.

구분	12일(월)	13일(화)	14일(수)	15일(목)	16일(금)
시행제도	홀짝제	홀짝제	홀짝제	요일제	요일제
운행 불가	홀수	짝수	홀수	7, 8	9, 0
甲	○	×	○	○	○

甲의 자동차 번호 끝자리 숫자가 될 수 있는 숫자를 甲 = {2, 4, 6}과 같이 나타내도록 한다.

乙은 이틀만 자동차로 출근했다고 한다. 15일, 16일 모두 운행 불가인 차량은 없으므로 乙은 15일, 16일 중 하루를 자동차로 출근한 것이고 12일, 13일, 14일 중 하루를 자동차로 출근한 것이다. 그렇다면 乙의 자동차는 홀수 차량이어야 한다. 乙 = {7, 9}이다.

구분	12일(월)	13일(화)	14일(수)	15일(목)	16일(금)
乙	×	○	×	둘 중 하나	

丙은 13일, 15일, 16일만 자동차로 출근하였다.

구분	12일(월)	13일(화)	14일(수)	15일(목)	16일(금)
丙	×	○	×	○	○

丙의 차량은 홀수 차량이고 자동차 번호 끝자리 숫자가 7, 8, 9, 0이 아니다. 丙 = {1, 3, 5}이다.

따라서 甲, 乙, 丙의 자동차 번호 끝자리 숫자의 합으로 가능한 최댓값은 甲 = 6, 乙 = 9, 丙 = 5인 경우 20이다.

문 18 규칙 적용해결형 　난이도 중 　　　정답 ③

A는 3의 배수의 전구의 상태를 바꿀 수 있고, B는 2의 배수의 전구의 상태를 바꿀 수 있다. 전구 번호 1은 처음에 켜진 상태에서 최종적으로 꺼진 상태이어야 하는데, 전구 번호 1의 상태를 바꿀 수 있는 사람은 오직 C뿐이다.

A ~ C의 전구를 켜거나 끄는 규칙을 정리해보면 다음과 같다.

구분	관여하는 전구						관여
	1	2	3	4	5	6	
A	×	×	○	×	×	○	OFF
B	×	○	×	○	×	○	ON ↔ OFF
C	○	○	×	○	○	○	OFF

· A는 3번과 6번 전구에 관여하며 상태는 이전에 켜진 상태였든 꺼진 상태였든 꺼진 상태가 된다.

· B는 2번, 4번, 6번 전구에 관여하며, 켜진 상태와 꺼진 상태를 바꾼다.

· C는 3번 전구의 상태는 바꾸지 않고, 3번 전구를 기준으로 더 많이 켜진 쪽의 전구를 모두 끈다.

주어진 규칙에 대해 다음과 같이 생각해보자.

1) 켜진 상태의 전구 1은 C만 끌 수 있다.

2) C가 전구 1을 끄게 하기 위해서는 왼쪽의 켜진 전구가 더 많거나, 왼쪽과 오른쪽의 켜진 전구의 개수가 같아야 한다.

3) C가 전구 1을 껐다면 (왼쪽을 다 끄든, 양쪽을 다 끄든) 전구 2도 꺼진 상태가 된다. 만약 이후 B가 방에 출입했다면 전구 2를 켠다. 그러한 상태가 되어서는 안 되므로, B는 C보다 먼저 방에 출입해야 한다. 선택지 ②, ⑤는 제거된다.

4) B가 C보다 먼저 방에 출입했다면 (A는 전구 2, 4에 관여할 수 없으므로) C가 방에 출입하기 이전에 전구 2는 꺼진 상태가 되고, 전구 4는 켜진 상태가 된다. 전구 6은 A, B의 출입 순서에 따라 달라질 수 있다.

5) A, B가 관여할 수 있는 전구 6을 제외하고 C가 관여할 수 있는 전구 1, 2, 4, 5만 생각해보면 3번 전구를 기준으로 왼쪽의 1번 전구 1개와 오른쪽의 4번 전구 1개가 켜져 있는 상황이다. 즉, A, B의 출입 순서에 따라 6번 전구가 꺼져 있어 (왼쪽 1개, 오른쪽 1개)가 켜져 있을 수도 있고, 6번 전구가 켜져 있어 (왼쪽 1개, 오른쪽 2개)가 켜져 있을 수도 있다.

6) (왼쪽 1개, 오른쪽 2개)가 켜져 있는 상황이 되어서는 전구 1을 끌 수 없고 (왼쪽 1개, 오른쪽 1개)가 켜져 있는 상황이 되어야 한다. 즉, C가 출입하기 전에 A, B가 먼저 출입해 6번 전구를 꺼 놓아야 한다.

7) 그렇다면 B가 A보다 먼저 출입해 6번 전구를 켰다가 A가 출입해 6번 전구를 꺼야 한다.

즉, B – A – C 순서대로 출입하여야 한다.

방에 B – A – C 순서대로 출입한다면 결과는 다음과 같다. 전구가 켜진 상태를 ○로, 꺼진 상태를 ×로 표시하였다.

전구 번호	1	2	3	4	5	6
상태	○	○	○	×	×	×
B	○	×	○	○	×	○
A	○	×	×	○	×	×
C	×	×	×	×	×	×

따라서 방에 출입한 순서가 B – A – C라면 마지막 사람이 방에서 나왔을 때 방의 전구는 모두 꺼져 있는 것을 확인할 수 있다.

실전에선 이렇게!

해설에서는 연역적으로 결과를 도출해 보았지만, 규칙이 간단하므로 직접 선택지별로 적용해서 맞는 선택지를 찾는 것이 더 빠를 수도 있다.

문19 조건 계산형　난이도 **하**　　　　　　　　정답 ①

문제풀이 핵심 포인트

계산할 때 주의할 것은, 보육교사 대 영유아비율이 만약 1:3이라면, 영유아 3명까지는 보육교사 1명이, 영유아 6명까지는 보육교사 2명이 반드시 필요하다는 점이다. 예를 들어 영유아가 5명이라면 보육교사는 1명이 아니라 2명이 필요한 셈이다.

주어진 조건을 정리해 보면 다음과 같다.

· 영유아 연령에 따라 보육교사 대 영유아비율이 주어져 있다.

· 어린이집의 보육교사 최소 배치 기준에 따라 보육교사의 최소 인원을 계산해야 한다. 문제에서 주어진 어린이집의 보육교사 최소 배치 기준을 적용할 때, 각 연령대 별로 반을 편성하고 각 반마다 보육교사를 배치할 수도 있고, 혼합반을 운영할 수도 있다. 이러한 조건에 따라 각 〈보기〉의 상황별로 보육교사를 배치해야 하는 '최소' 인원을 구해야 한다.

구분	보육교사 대 영유아 비율		〈보기〉		
연령	비율	혼합반 편성	ㄱ	ㄴ	ㄷ
(1) 만 1세 미만	1:3	1:3	4		1
(2) 만 1세 이상 만 2세 미만	1:5		5	6	
(3) 만 2세 이상 만 3세 미만	1:7	1:5		12	2

ㄱ. (○)
1) 각 연령대 별로 반을 구성한다면 영유아 인원이 (1) 4명, (2) 5명이므로 각 비율에 따를 때 보육교사가 (1)에서는 2명, (2)에서는 1명이 필요하여 총 3명이 필요하다.
2) 혼합반을 편성한다면 (1) + (2) = 총 9명이므로 비율에 따를 때 총 3명이 필요하다.
따라서 1)과 2) 중에 어떠한 기준에 따르더라도 최소 3명의 보육교사를 배치해야 한다.

ㄴ. (×)
1) 각 연령대 별로 반을 구성한다면 영유아 인원이 (2) 6명, (3) 12명이므로 각 비율에 따를 때 보육교사가 (2)에서는 2명, (3)에서는 2명이 필요하여 총 4명이 필요하다.
2) 혼합반을 편성한다면 (1) + (2) = 총 18명이므로, 1:5의 비율에 따를 때 총 4명이 필요하다.
따라서 1)과 2) 중에 어떠한 기준에 따르더라도 최소 4명의 보육교사를 배치해야 한다.

ㄷ. (×)
1) 각 연령대 별로 반을 구성한다면 영유아 인원이 (1) 1명, (3) 2명이므로 각 비율에 따를 때 보육교사가 (1)에서는 1명, (3)에서는 1명이 필요하여 총 2명이 필요하다.
2) (1)과 (3)은 혼합반 편성이 불가능하다.
따라서 1)과 2) 중에 1) 기준만이 가능하고 최소 2명의 보육교사를 배치해야 한다.

문 20 규칙 정오판단형 난이도 하 | 정답 ④

문제풀이 핵심 포인트

주어진 조건을 다음과 같이 조건 1) ~ 조건 4)라고 한다.
1) 교과목 성적 평정(학점)은 총점을 기준으로 상위 점수부터 하위 점수까지 A⁺, A⁰, B⁺ ~ F 순으로 한다.
2) 각 등급별 비율은 아래 〈성적 평정 기준표〉를 따른다.
3) 상위 등급의 비율을 최대 기준보다 낮게 배정할 경우에는 잔여 비율을 하위 등급 비율에 가산하여 배정할 수 있다.
4) A, B, C, D 각 등급 내에서 +와 0의 비율은 교수 재량으로 정할 수 있다.

조건1) ~ 4)와 〈상황〉의 〈△△교과목 성적산출 자료〉에 따라 각 〈보기〉를 판단해야 한다.

풀이

ㄱ. (○) 〈성적 평정 기준표〉에 의하면 D등급과 F등급의 최소 비율은 각각 0%가 가능하다. 그리고 A, B, C등급의 최대 비율은 합계 105%로 100%를 초과하므로 D등급과 F등급 모두 0%로 배정하고 A, B, C등급 비율로 100%를 만들 수 있다. 그리고 조건 4)에 따르면 각 등급 내에서 +와 0의 비율은 교수 재량으로 정할 수 있으므로, C등급 내에서 C⁰ 없이 전원 C⁺ 학점을 부여한다면 평정대상 전원에게 C⁺ 이상의 학점을 부여할 수 있다.

ㄴ. (×) 79점을 받은 학생은 평정대상 20명 중 총점을 기준으로 상위 7위이고 이는 전체 평정대상 중 35%에 해당한다. 조건 3)에 따라 A등급 배정 비율을 10%로 하면서 B등급이 아닌 다른 하위 등급에 20%를 가산하고, B등급도 배정 비율을 20%로 하면서 하위 등급에 15%를 가산한다면 A, B등급 배정 비율 합계는 30%이다. 이와 같이 A, B등급을 배정한다면 79점을 받은 학생이 받을 수 있는 가장 낮은 등급은 C등급으로 B⁰학점이 아니다. C등급 중에서도 조건 4)에 따라 C⁰학점도 가능하다.

ㄷ. (○) 5명에게 A등급을 부여하면, 전체 평정대상 총원 중 25%에게 A등급을 배정한 것이다. 조건 4)에 따라 잔여 비율 5%를 B등급에 모두 배정한다면 B등급에 최대 40%를 배정할 수 있다. 따라서 전체 평정대상 20명의 40%인 8명의 학생에게 B등급을 부여할 수 있다. 그리고 조건 4)에 따라 8명 모두에게 B⁺학점을 부여할 수 있다.

ㄹ. (○) 59점을 받은 학생은 평정대상 20명 중 총점을 기준으로 상위 18위이고 이는 전체 평정대상 중 90%에 해당한다. A, B등급 합계 최대 65%까지 배정 가능하므로 A, B등급을 부여할 수는 없다. ㄱ에서 확인하였듯이 평정대상 전원에게 C등급 이상을 부여할 수 있으므로 최대 C⁺학점을 부여할 수 있다. 그리고 A ~ D등급 합계 85% 이하로 배정한다면 F등급도 부여할 수 있다. 따라서 59점을 받은 학생에게 부여할 수 있는 학점은 C⁺, C⁰, D⁺, D⁰, F 중 하나이다.

문 21 조건 계산형 난이도 중 | 정답 ③

문제풀이 핵심 포인트

속력(속도)를 따지는 문제는 공식을 활용해서 구할 수 있는지 보다는 조건을 잘 처리할 수 있는지 여부가 더 중요한 경우가 많다.

풀이

A, B, C는 일직선상에 순서대로 있으며 지문의 내용을 세 가지로 정리해보면 다음과 같다.

1) A시를 출발한지 20분 후 B시까지 거리의 절반만큼 왔다.
2) 1)의 시점으로부터 75km를 더 간 후 C시까지는 B시까지 거리의 절반이다.
3) 2)의 시점으로부터 30분 뒤에 C시에 도착하였다.

그림으로 표현해보면 다음과 같다.

〈그림 1〉

위의 〈그림 1〉에서 1) 시점으로 B시까지의 구간을 ⓐ, B시부터 2) 시점까지의 구간을 ⓑ라고 하자. 그림으로 나타내면 다음과 같다.

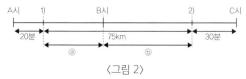

〈그림 2〉

각 구간을 이동하는데 걸리는 시간을 기준으로 생각해보자. 출발한지 20분 후인 1) 시점에서 B시까지 거리의 절반만큼 왔다. 즉 ⓐ구간을 이동하는 데는 40분이 걸린다. 2) 시점에서 B시까지 거리의 절반만큼 남았다. 즉 ⓑ구간을 이동하는 데는 60분이 걸린다. 그러므로 ⓐ + ⓑ = 75km를 이동하는 데는 100분이 걸린다. 그러므로 $\frac{75km}{100분} = \frac{45km}{60분}$ = 시속 45km이므로, 乙이 운전하는 자동차는 시속 45km로 이동하였다.

따라서 A시에서 B시까지 이동하는 데는 1) 시점 이전까지 20분, ⓐ구간 40분 총 1시간이 걸렸으므로 시속 45km인 자동차로 1시간이 걸리는 A시에서 B시까지의 거리는 45km이다.

🖊 실전에선 이렇게!

위의 해설에서는 ⓐ, ⓑ구간을 이동하는 시간을 기준으로 판단해보았지만, 각 구간의 거리를 구하는 방식, 또는 1) 시점까지의 거리를 구하는 방식 등 다양한 방법으로 식을 세워 해결할 수 있다.

문 22 경우 확정형 난이도 중 | 정답 ②

문제풀이 핵심 포인트

"그럴 수도 있지만 확실히는 모르겠어."의 의미를 정확하게 파악할 수 있어야 한다.

풀이

5명은 자신을 제외한 나머지 4명의 생일이 언제인지는 모르지만, 3월생이 2명, 6월생이 1명, 9월생이 2명이라는 사실은 알고 있다. 따라서 이들 5명 생일의 순서를 따져 보면, 다음과 같음을 알 수 있다.

3월		6월		9월
=	>		>	=

〈대화〉를 살펴보면,

민경: 지나야, 네 생일이 5명 중에서 제일 빠르니?

지나: 그럴 수도 있지만 확실히는 모르겠어.

→ 만약 지나의 생일이 6월 또는 9월이었다면 자신의 생일이 5명 중에서 제일 빠를 수도 있다고 말할 수 없을 것이다. 제일 빠를 수도 있는 건 자신의 생일이 3월일 때만 가능하다.

정선: 혜명아, 네가 지나보다 생일이 빠르니?

혜명: 그럴 수도 있지만 확실히는 모르겠어.

→ 이 〈대화〉는 5명이 한 자리에 모여 나눈 대화를 '순서대로 기록한 것'이고, 5명은 '〈대화〉의 진행에 따라 상황을 논리적으로 판단'하고, '솔직하게 대답한다'는 것이 중요하다. 앞선 대화를 들은 혜명은 지나의 생일이 3월이라는 것을 판단할 수 있다. 그런데 지나보다 생일이 빠를 수도 있다고 대답했다는 점에서 혜명의 생일은 3월이 된다. 만약 혜명의 생일이 6월 또는 9월이었다면 솔직하게 대답해야 하는데, 혜명보다 빠를 수도 있다고는 대답할 수 없다. 지나와 혜명이 둘 다 3월생일 때 며칠생인지에 따라 생일이 빠를 수도 있고 아닐 수도 있다.

지나: 민경아, 넌 정선이가 몇 월생인지 알겠니?

민경: 아니, 모르겠어.

→ 이제 남은 건 6월생 1명과 9월생 2명이다. 그런데 만약 민경이가 6월생이라면 나머지 2명은 9월생으로 확정된다. 따라서 민경이는 6월생이 아니라 9월생이 된다.

혜명: 효인아, 넌 민경이보다 생일이 빠르니?

효인: 그럴 수도 있지만 확실히는 모르겠어.

→ 민경이가 9월생이라는 것을 아는 효인이는 만약 자신의 생일이 6월이었다면 자신의 생일이 민경이보다 빠르다고 확실하게 말했을 것이다. 그런데 확실히는 모르겠다고 한 것은 민경이와 같은 9월생이기는 한데 며칠생인지에 따라 누구의 생일이 더 빠른지가 달라질 수 있기 때문이다.

따라서 6월생은 정선임을 알 수 있다.

문 23 규칙 정오판단형 | 난이도 중 | 정답 ⑤

문제풀이 핵심 포인트

지문의 내용에 따라 〈상황〉의 〈승·하차내역〉으로부터 구간별 혼잡도를 알아내거나, 반대로 구간별 혼잡도로부터 각 정류장의 승·하차 탑승객 수를 알아낸다.

풀이

우선 A – B구간부터 혼잡도 또는 각 정류장의 승·하차 탑승객 수를 검토해본다. 문제의 시내버스는 A정류장에서 출발하였고 20명이 승차하고 0명이 하차하였으므로 탑승객 수는 20명이다.

정류장	승차(명)	하차(명)	탑승객 수(명)	혼잡도
A	20	0	20	보통(ⓒ)

따라서 A – B구간의 혼잡도(ⓒ)는 '혼잡'이 아니라 보통(④(×))이다.

B – C구간의 혼잡도 '매우혼잡'으로부터 B정류장의 승차 인원수(ⓐ)의 범위를 알아낼 수 있다. 혼잡도가 '매우혼잡'이라면 탑승객 수가 36 ~ 40명이다. 이전 구간의 탑승객 수가 20명이었고 B정류장에서 10명이 하차하였으므로 탑승객 수가 36 ~ 40명이 되려면 B정류장에서 26 ~ 30명이 승차했어야 한다.

정류장	승차(명)	하차(명)	탑승객 수(명)	혼잡도
A	20	0	20	보통
B	26 ~ 30(ⓐ)	10	36 ~ 40	매우혼잡

따라서 ⓐ에 들어갈 수 있는 최솟값과 최댓값의 합은 55가 아니라 26 + 30 = 56(③(×))이다.

C – D구간의 혼잡도 '매우혼잡'으로부터 C정류장의 하차 인원수의 범위를 알아내어야 한다. 우선 최소 하차 인원수를 구해보자. B – C 구간의 탑승객 수가 36명이었고 C정류장에서 5명이 승차하여 C – D구간의 탑승객 수가 40명이 되는 상황이다. 36 + 5 – 40으로 최소 1명이 하차하여야 한다. 최대 하차 인원수를 구해보면 B – C 구간의 탑승객 수가 40명이었는데 C정류장에서 5명이 승차하고 C – D구간의 탑승객 수가 36명이 되는 상황이다. 40 + 5 – 36으로 최대 9명이 하차하여야 한다.

정류장	승차(명)	하차(명)	탑승객 수(명)	혼잡도
B	26 ~ 30	10	36 ~ 40	매우혼잡
C	5	1~9	36 ~ 40	매우혼잡

따라서 C정류장에서는 최소 1명(①(×))에서 최대 9명이 하차할 수 있다.

D ~ E구간의 혼잡도를 알 수 없는 상황에서 승차 인원수의 범위로부터 혼잡도를 알아내어야 한다. C – D구간의 탑승객 수가 36 ~ 40명이었고 D정류장에서 10명이 하차하였으므로 우선 26 ~ 30명의 탑승객이 있다. 그러므로 가능한 승차 인원수는 최소 0명에서 최대 14명까지 가능하다.

정류장	승차(명)	하차(명)	탑승객 수(명)	혼잡도
C	5	1 ~ 9	36 ~ 40	매우혼잡
D	0 ~ 14	10	26 ~ 40	(ⓒ)

따라서 D – E구간의 혼잡도는 26 ~ 35명인 경우 '혼잡', 36 ~ 40명인 경우 '매우혼잡'(⑤(O))이다.

E – F구간의 혼잡도 '보통'으로부터 E정류장의 하차 인원수의 범위를 알아내어야 한다. 최소 하차 인원수부터 구해보면 D – E구간의 탑승객 수가 26명이었고 E정류장에서 15명이 승차하여 E – F구간의 탑승객이 25명인 상황이다. 26 + 15 – 25로 최소 16명이 하차하여야 한다. 최대 하차 인원수를 구해보면 D – E구간의 탑승객 수가 40명이었고 E정류장에서 15명이 승차하여 E – F구간의 탑승객이 16명인 상황이다. 40 + 15 – 16으로 최대 39명이 하차하여야 한다.

정류장	승차(명)	하차(명)	탑승객 수(명)	혼잡도
D	0 ~ 14	10	26 ~ 40	(ⓒ)
E	15	16 ~ 39	16 ~ 25	보통

따라서 E정류장에서는 최소 16명(②(×))에서 최대 39명이 하차할 수 있다.

실전에선 이렇게!

특정 선택지를 먼저 판단해야 할 만한 기준이 없고 하나의 구간에 대한 정보를 판단하기 위해서는 이전 구간의 정보도 필요하므로 구간별로 순차적으로 판단한다.

문 24 조건 계산형 난이도 ⑥ 정답 ④

문제풀이 핵심 포인트
계산을 하는 방식이 줄글로 설명되어 있다. 줄글로 설명한 계산 방식, 계산과 관련한 여러 조건, 표로 제시된 정보 등을 종합적으로 고려할 수 있어야 쉽게 풀 수 있게 되는 문제이다. 의사결정을 하는 방식은 사슴으로 계속 살 때의 효용보다, 선택한 맹수로 살 때의 효용이 더 큰 경우에 해당 맹수를 선택하게 된다.

풀이
주어진 조건을 정리해 보면 다음과 같다.
· 사슴은 남은 수명 중 n년(n은 자연수)을 포기하면 여생을 5가지의 맹수 중 하나로 살 수 있다.
· 사슴은 여생의 총 효용이 줄어드는 선택은 하지 않는다.
· 포기해야 하는 수명이 사슴의 남은 수명 이상인 맹수는 선택할 수 없다.
사슴으로 살 경우의 1년당 효용은 40이다.

ㄱ. (×) 사슴의 남은 수명이 13년이므로, 사슴으로 계속 살 때의 총 효용은 $40 \times 13 = 520$, 곰을 선택할 때의 총 효용은 $(13 - 11) \times 170 = 340$이다. 남은 수명 13년 중 곰 선택의 대가로 11년을 포기하고 남은 수명 2년간 곰의 1년당 효용인 170×2년 = 340의 총 효용을 얻는 셈이다. 따라서 사슴은 곰을 선택하지 않을 것이다.

ㄴ. (○) 사슴의 남은 수명이 20년이므로, 사슴으로 계속 살 때의 총 효용은 $40 \times 20 = 800$이다. 독수리를 선택할 때의 총 효용은 $(20 - 5) \times 50 = 750$이다. 남은 수명 20년 중 독수리 선택의 대가로 5년을 포기하고 남은 15년간, 독수리의 1년당 효용인 50×15년 = 750의 총 효용을 얻는 셈이다. 따라서 사슴은 독수리를 선택하지는 않을 것이다.

ㄷ. (○) 사슴의 남은 수명이 확정되지 않았다는 점에 주의해야 한다. 따라서 사슴의 남은 수명을 n년이라고 가정하고 풀이한다.
　1) 호랑이를 선택했을 때의 총 효용: 호랑이로 살기 위해 포기해야 하는 수명이 13년이므로 $(n - 13) \times 200$의 총 효용을 얻는다.
　2) 사자를 선택했을 때의 총 효용: 사자로 살기 위해 포기해야 하는 수명이 14년이므로 $(n-14) \times 250$의 총 효용을 얻는다.
　이에 따를 때 1) = 2)가 같은 경우가 있는지를 묻는 〈보기〉이므로, $(n - 13) \times 200 = (n - 14) \times 250$이라고 식을 세워 풀면 n = 18년의 결과가 나온다. 즉, 사슴의 남은 수명이 18년인 경우에, 사자를 선택했을 때와 호랑이를 선택했을 때 여생의 총 효용이 같은 경우가 있다.

✎ 실전에선 이렇게!
· 각 〈보기〉의 정오판단을 하기 위해서 적절하게 입증사례 또는 반증사례를 들 수 있어야 한다.
· 상대적 계산 스킬을 활용하면 보다 쉽게 풀리는 〈보기〉가 있다.

문 25 응용형(법조문형) 난이도 ⑥ 정답 ①

문제풀이 핵심 포인트
〈상황〉의 내용 중 甲과 乙이 진행하고 있는 소송이 대여금반환청구소송인지는 문제되지 않고, 甲은 변호사 丙을 선임하였고 乙은 소송대리인을 선임하지 않았다는 것을 확인한다. 각 〈보기〉의 내용이 지문의 '중단'에 해당하는지 또는 '중지'에 해당하는지 문단별로 확인한다.

풀이
ㄱ. (×) 두 번째 문단 두 번째 문장에 따르면 당사자가 사망한 경우는 소송절차의 중단 사유이다. 소송진행 중 甲이 사망하였다면 소송절차의 중단 사유에 해당하지만, 세 번째 문장에 따르면 변호사가 소송대리인으로 선임되어 있는 경우 절차는 중단되지 않는다. 〈상황〉에 따르면 甲은 변호사 丙을 소송대리인으로 선임하였으므로 절차진행은 중단되지 않고, 두 번째 문장의 내용과 같이 甲의 상속인의 수계신청에 의해 중단이 해소되고 절차가 다시 진행되는 것도 아니다.

ㄴ. (×) 두 번째 문단 네 번째 문장에 따르면 소송대리인인 변호사의 사망은 소송절차의 중단 사유가 아니다. 따라서 소송진행 중 甲의 소송대리인인 丙이 사망하였다고 해도 절차진행은 중단되지 않는다.

ㄷ. (×) 세 번째 문단 네 번째 문장에 따르면 천재지변이나 그 밖의 사고로 법원이 직무수행을 할 수 없게 된 경우에는 당연중지 사유에 해당한다. 따라서 소송진행 중 A법원의 건물이 화재로 전소(全燒)되어 직무수행이 불가능해졌다면 절차진행이 중단되는 것이 아니라 정지되며, 다섯 번째 문장에 따르면 이후 A법원의 속행명령에 따라 절차가 진행되는 것이 아니라 직무 수행불능 상태가 소멸함과 동시에 중지도 해소되고 절차가 진행된다.

ㄹ. (○) 세 번째 문단 여섯 번째 문장에 따르면 당사자가 법원에 출석하여 소송을 진행할 수 없는 장애사유가 발생한 경우에는 재판중지 사유에 해당한다. 따라서 소송진행 중 乙이 거주하고 있는 장소에서만 발생한 지진으로 교통이 두절되어 乙이 A법원에 출석할 수 없는 경우라면 A법원의 재판에 의해 절차진행이 중지된다. 그리고 일곱 번째 문장에 따르면 이후 A법원의 취소재판에 의해 중지는 해소되고 절차가 진행된다.

PSAT 전문가의 총평

- 텍스트형은 2017년과 마찬가지로 총 5문제가 출제되었습니다. 5문제 모두 일치부합형이라는 특징을 보입니다. 법조문형은 총 7문제가 출제되었습니다. 일치부합형이 4문제, 응용형이 4문제가 출제되었습니다. 득점포인트 유형의 경우 초기 2011~2014년에는 2개년에 17문제까지 출제되기도 하였는데, 2015년에 15문제를 거쳐 2016~2018년에는 12문제 또는 13문제 정도가 출제되는 비중을 보입니다. 도입 초기에 비해 절반 정도가 발문포인트형이 출제되기도 하였는데, 점차 발문포인트형의 출제 비중이 줄어들고, <상황> 박스가 등장하는 문제가 출제되는 것이 변화과정의 포인트입니다. 계산형은 총 7문제가 출제되었습니다. 문제마다 난도 차이는 있지만 7문제 모두 조건 처리가 까다로운 조건 계산형으로 분류할 수 있는 문제라는 것이 특징적이었습니다. 규칙형은 정오판단형에 해당하는 2문제가 출제되었고, 경우형은 4문제가 출제되었고, 경우 확정형이 1문제, 경우 파악형이 3문제가 출제되었습니다.

- 텍스트형의 5문제는 모두 일치부합형이고 난도는 평이했습니다. 법조문형에 해당하는 7문제 중에서는 2015년 16번 문제에서 활용되었던 적 있는 '제○○조'가 2016, 2017년에는 활용되지 않다가 2018년에 다시 등장했다는 것이 특징적이었습니다. 법조문 7문제 중 2, 6, 12, 15번 총 4문제에서 '제00조'가 아닌 '제○○조'의 형식을 사용하였습니다. 이와 같이 도형의 형식을 활용하는 경우 다른 조문과의 연결이 많아질 수 있다는 점이 형식부터 드러나기 때문에 더 신경 써서 제시문을 파악해야 합니다. 또한 5번 문제에서 5급 기출까지 포함하여 역대 기출 최초로 '선택재량'을 물은 것이 특징적이었습니다. 16번 문제는 <상황>이 주어지기는 하였지만, 어렵지 않게 해결이 가능했습니다. 계산형으로 분류되는 7문제는 합의 장치를 이용하거나 홀짝성질을 이용하거나, (n, n+1)의 출제장치를 연습해 두거나, 평균의 성질을 이용하거나, A당 B, C당 D의 성질을 이용하거나 등 다른 기출문제에서도 볼 수 있는 장치나 성질을 이용한 문제가 출제된 것이 특징적이었습니다. 2023년까지 역대 기출문제를 통틀어 딱 한번만 사용된 지수의 성질을 이용하는 24번 문제는 난도가 꽤 높았습니다. 규칙형의 정오판단형 두 문제 중 8번 문제는 전형적으로 입증사례 또는 반증사례를 찾는 문제였던 반면 25번 문제는 중간과정이 복잡한 전형적인 유형의 문제가 출제되기는 하였지만, 이 유형의 문제가 평균적으로 난도가 높기 때문에 해결은 까다로웠습니다. 경우형에 속하는 4문제 중 확정형에 해당하는 10번의 경우 1:多 대응문제이기 때문에 전형적으로 표를 그려서 푸는 것도 가능하지만, 표를 그려서 푸는 방법은 여러 방법 중 확실한 해결은 가능하나 시간 소모가 많은 문제이기 때문에, 보다 빠르게 해결하는 방법도 있는 문제였습니다. 그 외에 경우 파악형에 해당하는 3문제는 전형적인 경우 파악형의 문제가 그렇듯, 주어진 조건을 토대로 경우가 파악되고 그려지면 해결이 가능하지만, 그렇지 않고 경우가 그려지지 않는다면 손도 못 대는 문제가 출제되었습니다.

정답

p.130

문1	③	일치부합형 (텍스트형)	문6	①	응용형 (법조문형)	문11	④	일치부합형 (텍스트형)	문16	③	응용형 (법조문형)	문21	⑤	경우 파악형
문2	⑤	일치부합형 (법조문형)	문7	③	조건 계산형	문12	⑤	응용형 (법조문형)	문17	①	경우 파악형	문22	②	조건 계산형
문3	⑤	일치부합형 (텍스트형)	문8	①	규칙 정오판단형	문13	⑤	일치부합형 (텍스트형)	문18	④	조건 계산형	문23	③	경우 파악형
문4	②	일치부합형 (법조문형)	문9	③	조건 계산형	문14	④	일치부합형 (텍스트형)	문19	④	조건 계산형	문24	②	조건 계산형
문5	①	일치부합형 (법조문형)	문10	②	경우 확정형	문15	⑤	응용형 (법조문형)	문20	①	조건 계산형	문25	①	규칙 정오판단형

취약 유형 분석표

유형별로 맞힌 문제 개수와 정답률, 틀린 문제 번호, 풀지 못한 문제 번호를 적고 나서 취약한 유형이 무엇인지 파악해 보세요. 그 후 약점 보완 해설집 p.2 [취약 유형 공략 포인트]에서 약점 보완 학습법을 확인하고, 틀린 문제와 풀지 못한 문제를 다시 한번 풀어보세요.

유형		맞힌 문제 개수	정답률	틀린 문제 번호	풀지 못한 문제 번호
텍스트형	발문 포인트형	–	–		
	일치부합형	/5	%		
	응용형	–	–		
	1지문 2문항형	–	–		
	기타형	–	–		
법조문형	발문 포인트형	–	–		
	일치부합형	/3	%		
	응용형	/4	%		
	법계산형	–	–		
	규정형	–	–		
	법조문소재형	–	–		
계산형	정확한 계산형	–	–		
	상대적 계산형	–	–		
	조건 계산형	/7	%		
규칙형	규칙 단순확인형	–	–		
	규칙 정오판단형	/2	%		
	규칙 적용해결형	–	–		
경우형	경우 파악형	/3	%		
	경우 확정형	/1	%		
TOTAL		/25	%		

문 1 일치부합형(텍스트형) 난이도 下 정답 ③

문제풀이 핵심 포인트
두 번째 문단에서 공중의 여러 종류가 등장하므로 이를 정확하게 구분하여 파악하는 것이 중요하다. 두 번째 문단의 공중 유형을 정리해보면 다음과 같다.

구분		지식수준	
		높음	낮음
관여도	높음	활동 공중	환기 공중
	낮음	인지 공중	비활동 공중

풀이

① (×) 첫 번째 문단 두 번째 문장에 따르면 정책의 쟁점 관리는 정책 쟁점이 미디어 의제로 전환되기 전이 아니라 전환된 후부터 이루어진다.

② (×) 두 번째 문단 다섯 번째 문장에 따르면 어떤 쟁점에 대한 지식수준이 높지만 관여도가 낮은 공중은 비활동 공중이 아니라 인지 공중이라고 한다.

③ (○) 두 번째 문단 두 번째 문장에 따르면 어떤 쟁점에 대해 지식수준과 관여도가 모두 낮은 공중은 비활동 공중이라고 하는데, 세 번째 문장에 따르면 비활동 공중은 지식수준이 낮더라도 어떤 쟁점에 노출되면서 관여도가 높아지면 환기 공중으로 변한다.

④ (×) 두 번째 문단 두 번째, 세 번째 문장에서는 비활동 공중이 환기 공중으로, 두 번째 문단 네 번째 문장, 세 번째 문단 세 번째 문장에서는 환기 공중이 활동 공중으로 변하게 되는 것에 대해서 설명하고 있으므로, 공중이 한 유형에서 다른 유형으로 변화할 수 있다는 것을 알 수 있다.

⑤ (×) 세 번째 문단 첫 번째 문장에 따르면 인지 공중이 활동 공중으로 변하는 것은 매우 어렵다. 세 번째, 네 번째 문장에 따르면 환기 공중은 문제해결에 필요한 지식을 얻게 된다면 활동 공중으로 변화하므로, 쟁점에 대한 미디어 노출을 증가시키고 다른 사람과 쟁점에 대해 토론하게 만드는 전략을 취할 필요가 있다고 한다.

문 2 일치부합형(법조문형) 난이도 下 정답 ⑤

문제풀이 핵심 포인트
제시문과 선택지에서 키워드를 잡은 후, 키워드 간 매칭하여 해결하면 수월하게 해결할 수 있는 문제이다.

풀이

① (×) 제□□조 제2항에 따르면 공공하수도가 A자치구와 B자치구에 걸치는 경우, 공공하수도의 관리청은 B자치구의 구청장이 아니라 제○○조 제3항에 따라 A자치구 관할구역 내에 공공하수도를 설치하려고 인가를 받은 A자치구의 구청장이다.

② (×) 제○○조 제2항에 따르면 시·도지사가 공공하수도를 설치하고자 하는 때에는 사업시행지의 위치 등을 고시하여야 한다. 그리고 같은 조 제5항에 따르면 시·도지사가 국가의 보조를 받아 설치하고자 하는 공공하수도에 대하여 제2항의 따른 고시를 하고자 할 때에는, 설치에 필요한 재원의 조달 등에 관하여 환경부장관의 인가를 받아야 하는 것이 아니고 환경부장관과 미리 협의하여야 한다.

③ (×) 제○○조 제4항에 따르면 시장·군수·구청장이 공공하수도 설치에 관하여 인가받은 사항을 폐지할 경우에도 시·도지사의 인가를 받아야 한다.

④ (×) 제○○조 제2항에 따르면 시·도지사는 공공하수도를 설치하고자 하는 때에는 사업시행지의 위치 등을 고시하여야 하고, 고시한 사항을 변경하고자 하는 때에도 또한 같다. 따라서 시·도지사가 공공하수도 설치를 위해 고시한 사항을 변경할 수 있음을 알 수 있다.

⑤ (○) 제○○조 제3항에 따르면 시장·군수·구청장이 공공하수도를 설치하려면 시·도지사의 인가를 받아야 한다.

문 3 일치부합형(텍스트형) 난이도 下 정답 ⑤

문제풀이 핵심 포인트
아전의 핵심적인 직책으로 향승, 좌수, 좌우별감을 언급한 뒤 각각의 역할, 어떤 사람을 그 자리에 임명해야 하는지, 선발하기 위한 방법 등을 알려주고 있다. 따라서 각 직책의 구분만 잘해서 정보를 파악한다면 어렵지 않게 해결할 수 있는 문제이다.

풀이

① (×) 첫 번째 문단 세 번째 문장에 따르면 좌우별감은 좌수의 아랫자리라고 한다. 따라서 관직의 서열로 보면 좌우별감은 좌수의 상관이 아니다.

② (×) 두 번째 문단 세 번째 문장 이하에서는 다산이 제시한 좌수의 선발방법에 대하여 설명하고 있다. 네 번째 문장에 따르면 좌수후보자들 중 공적을 평가하여 감사나 어사로 하여금 식년에 각각 9명씩을 추천하게 한다고는 하고 있으나, 향승이 식년에 3명의 좌수후보자를 추천하는 것은 지문에서 언급하고 있지 않다.

③ (×) 세 번째 문단 첫 번째 문장에 따르면 다산은 아전으로 쓸 만한 사람이 없을 때에는 자리를 채우지 말아야 한다고 한 것이 아니라 그저 자리를 채우기는 하되 정사는 맡기지 말라고 했다.

④ (×) 두 번째 문단 네 번째, 다섯 번째 문장에 따르면 다산은 경관 가운데 우수한 공적이 있는 사람에게 종사랑의 품계를 주어야 한다고 주장한 것이 아니라, 좌수후보자들에게 모두 종사랑의 품계를 주고 그 가운데 3명을 뽑아 경관에 임명하는 방법을 제시하였다. 즉, 종사관 중 일부를 경관에 임명해야 한다고 주장했다.

⑤ (○) 세 번째 문단 세 번째 문장에 따르면 다산은 무관의 자질로 재주와 슬기보다 도덕성을 첫째의 자질로 보았다.

문 4 일치부합형(법조문형) 난이도 下 정답 ②

문제풀이 핵심 포인트
〈A도서관 자료 폐기 지침〉이라는 규정·규칙이 제시문으로 주어졌고, 표제처럼 활용할 수 있는 '가. 자료선정'부터 '마. 기록 보존 및 목록 최신화'까지 제시되어 있으므로 이를 잘 활용하여 빠르게 해결할 수 있는 문제이다.

풀이

① (×) 〈지침〉 나.에 따르면 사서는 폐기심의대상 목록을 작성하고, 다.에 따르면 자료의 폐기 방법은 폐기심의위원회가 결정하는 것이 아니라 사서에게 위임한다.

② (○) 〈지침〉 다.에 따르면 회의는 연 2회 정기적으로 개최하고, 폐기 대상 판정시 위원들 사이에 이견이 있는 자료는 당해 연도의 폐기 대상에서 제외하고, 다음 연도의 회의에서 재결정한다. 따라서 특정 연도 첫 번째 회의에서 폐기 대상 판정시 폐기심의위원들 간에 이견이 있는 자료의 경우 당해 연도의 폐기 대상에서 제외하고 다음 연도 회의에서 재결정하므로, 바로 다음 회의인 당해 연도 두 번째 회의에서 그 자료의 폐기 여부가 논의되지 않을 수 있다.

③ (×) 〈지침〉 다.에 따르면 폐기심의위원회 위원들은 실물과 목록을 대조하여 확인하여야 한다. 따라서 폐기심의위원회는 자료의 실물을 확인하지 않고 폐기 여부를 판정해서는 안 된다.

④ (×) 〈지침〉 마.에 따르면 연도별로 폐기한 자료의 목록과 폐기 경위에 관한 기록을 보존하되, 폐기한 자료에 대한 내용을 도서관의 각종 현행자료 목록에서 삭제하여 목록을 최신화한다. 따라서 매각 또는 소각 방법으로 폐기한 자료는 현행자료 목록에서 삭제하고, 폐기 경위에 관한 기록은 보존하여야 한다.

⑤ (×) 〈지침〉 가.에 따르면 사서가 아닌 도서관 직원은, 이용하기 곤란하다고 생각되는 자료를 발견하면 발견 즉시 회수하여 사무실로 옮겨야 하고, 나.에 따르면 자료를 갱신하거나 폐기심의대상 목록을 작성하는 것은 도서관 직원이 아니라 사서이다.

문5 일치부합형(법조문형) 난이도 하 정답 ①

문제풀이 핵심 포인트

제시문에서 '~으로 사건을 종결시킬 수 있다.'는 키워드가 세 번 반복해서 등장한다. 조정을 하지 아니하는 결정으로, 조정 불성립으로, 조정 성립으로 사건을 종결시킬 수 있으므로, 이 세 가지 경우를 정확하게 구분하는 것이 필요한 문제이다.

풀이

제00조를 순서대로 제1조 ~ 제4조라고 한다.

ㄱ. (○) 제2조 제1항에 따르면 신청인은 제1호의 피신청인의 근무지를 관할하는 지방법원에 조정을 신청할 수 있다.

ㄴ. (×) 제3조 제1항에 따르면 조정담당판사가 조정을 하지 아니하는 결정을 한 경우, 신청인은 이에 대해 불복할 수 없다.

ㄷ. (○) 제3조 제3항에 따르면 신청인과 피신청인 사이에 합의된 사항이 기재된 조정조서는 판결과 동일한 효력을 갖는다.

ㄹ. (×) 제4조에 따르면 제2호의 조정 불성립으로 사건이 종결된 경우, 사건이 종결된 때가 아니라 조정신청을 한 때 민사소송이 제기된 시점으로 본다.

ㅁ. (×) 제3조 제1항에 따르면 조정담당판사는 신청인이 부당한 목적으로 조정신청을 한 것으로 인정하는 경우, 조정 불성립이 아니라 조정을 하지 아니하는 결정으로 사건을 종결시킬 수 있다.

✏️ 실전에선 이렇게!

'선택재량 + 기속의 표현'은 '선택재량 중 택 1 + 재량(가능)의 표현'이어야 옳은 선택지 및 〈보기〉가 된다.

문6 응용형(법조문형) 난이도 하 정답 ①

문제풀이 핵심 포인트

문제의 길이가 꽤 긴 편인 문제이다. 제○○조에서 폐교를 정의하고, 제△△조에서는 폐교재산을 임대할 수 있다고 하면서 연간 임대료의 하한을 규정하고 있다. 제□□조에서는 연간 임대료를 감액할 수 있는 경우와 감액분을 어떻게 정하는지를 규정하고 있다. '호'나 '목'을 제외하고 키워드를 잡으면서 전반적으로 제시문을 skimming한 후 각 〈보기〉와 관련된 부분을 다시 정확하게 읽어가면서 정확도를 높여 해결하는 전략을 연습해 두어야 한다.

풀이

ㄱ. (○) 제△△조 제1항에 따르면 시·도 교육감은 폐교재산을 사회복지시설로 활용하려는 자에게 그 폐교재산을 임대할 수 있다. 폐교가 소재하는 시·군·구에 거주하는지는 제△△조 제1항의 폐교재산 임대 요건이 아니다.

ㄴ. (○) 적용되는 조문의 순서에 따라 순차적으로 검토해본다.

 1) 우선 폐교재산을 문화시설로 사용하려는 경우이므로 제△△조 제1항에 따라 폐교재산을 임대할 수 있다.

 2) 같은 조 제2항에 따르면 폐교재산의 연간 임대료 하한은 해당 폐교재산평정가격의 1천분의 10이라고 한다. 폐교재산평정가격이 5억 원이라면, 연간 임대료의 하한은 5억 원의 1천분의 10인 500만 원이다.

 3) 제□□조 제1항에 따르면 제△△조 제2항에도 불구하고 제□□조 제1항 각 호의 어느 하나에 해당하는 경우 폐교재산의 연간 임대료를 감액하여 임대할 수 있다. 폐교재산을 지방자치단체가 문화시설로 사용하려는 경우이므로 제□□조 제1항 제1호에 해당되어 연간 임대료 감액 대상이 될 수 있다.

 4) 제□□조 제1항의 폐교재산 임대료의 감액 대상인 경우, 임대료 감액분의 범위는 같은 조 제2항을 따라야 한다. 폐교재산을 지방자치단체가 문화시설로 사용하려는 경우 제□□조 제2항 제1호에 해당하므로 연간 임대료의 1천분의 500까지 감액할 수 있다. 제△△조 제2항에 따른 연간 임대료의 하한이 500만 원이므로, 500만 원의 1천분의 500인 250만 원의 범위 내에서 감액할 수 있다.

 5) 따라서 연간 임대료의 최저액은 연간 임대료의 하한인 500만 원에서 250만 원을 감액한 250만 원이다.

ㄷ. (×) 제□□조 제1항 제3호에 따르면 폐교가 소재한 군에 주민등록이 되어 있고 실제 거주하는 지역주민이 공동으로 폐교재산을 소득증대시설로 사용하려는 경우 연간 임대료 감액 대상이 될 수 있고, 단독으로 사용하려는 경우는 연간 임대료 감액 대상이 될 수 없다. 따라서 연간 임대료로 지불해야 할 최저액은 제△△조 제2항에 따른 연간 임대료 하한인 폐교재산평정가격의 1천분의 10에서 제□□조 제2항 제2호가 적용되어 1천분의 300이 감액된 폐교재산평정가격의 0.7%가 아니라, 폐교재산평정가격의 1천분의 10, 즉 1%이다.

ㄹ. (×) ㄱ에서 확인한 바와 같이, 제△△조 제1항은 폐교재산을 임대할 수 있는 자에 대해서는 폐교 소재 지역주민일 것을 요건으로 하고 있지 않다. 따라서 폐교재산을 활용하려는 자가 폐교 소재 지역주민이 아니어도 그 폐교재산을 임대하여 공공체육시설로 사용할 수 있다. 그리고 제□□조 제1항 각 호에서는 연간 임대료의 감액 대상을 정하고 있는데 제1호와 제2호의 경우는 폐교 소재 지역주민일 것을 요건으로 하지 않는다. 따라서 폐교재산을 활용하려는 자가 폐교 소재 지역주민이 아니어도 같은 조 제1항 제1호의 국가 등이거나, 제2호의 폐교 소재 지역 주민이 아닌 단체 또는 사인의 경우 그 폐교재산을 공공체육시설로 사용하면서 임대료 감액을 받을 수 있다.

문7 조건 계산형 난이도 하 정답 ③

문제풀이 핵심 포인트
축적, 등고선, 경사도를 구하는 방법을 정확히 이해한 후 이를 〈예제〉에 정확히 대입하면 해결되는 문제이다.

풀이
주어진 조건을 정리해 보면 다음과 같다.

축적	1/50,000은 실제 수평 거리 50,000cm를 지도상에 1cm로 나타냄
등고선	축적 1/50,000 지도에서는 표고 20m마다, 1/25,000 지도에서는 표고 10m마다, 1/10,000 지도에서는 표고 5m마다 등고선을 그림
경사도	경사도 = $\dfrac{\text{두 지점 사이의 표고 차이}}{\text{두 지점 사이의 실제 수평 거리}}$

〈예제〉에 반영해서 계산해 보면 다음과 같다.

축적	위의 지도는 축척 1/25,000로 제작되었다.
두 지점 사이의 실제 수평 거리	지도상의 지점 A와 B를 잇는 선분을 자로 쟀을 때 길이가 4cm이므로, 1,000m가 된다.
등고선	축척 1/25,000 지도에서는 표고 10m마다 등고선을 그린다.
두 지점 사이의 표고 차이	A지점은 190m의 등고선과 170m의 등고선 사이에 있으므로 표고가 180m이고, B지점은 가장 바깥에 있는 140m 등고선의 바로 그 안쪽 등고선에 위치하고 있으므로 표고가 150m이다. 따라서 두 지점 사이의 표고 차이는 30m이다.
경사도	경사도 = $\dfrac{\text{두 지점 사이의 표고 차이}}{\text{두 지점 사이의 실제 수평 거리}}$ = 30/1,000 = 0.03

따라서 경사도가 0.03이므로 〈예제〉의 괄호 안에 들어갈 수는 0.03이다.

🖊 실전에선 이렇게!

지도상의 거리는 cm로, 표고 차이는 m로 되어 있어, 이를 혼동하지 않도록 주의하며, 단위를 신경 써야 한다.

문8 규칙 정오판단형 난이도 하 정답 ①

문제풀이 핵심 포인트
해당 〈보기〉의 정오를 판단하기 위해 적절한 입증사례와 반증사례를 들어 파악한다. 최소 접종연령 및 최소 접종간격 또는 4차 접종에 관한 예외적인 단서가 있으므로 이를 놓치지 않도록 유의한다.

풀이
주어진 조건을 정리해 보면 다음과 같다.

· 백신(A ~ C)은 2회 이상 접종이 필요하다.
· 최소 접종연령(첫 접종의 최소연령) 및 최소 접종간격을 지켰을 때의 예방접종을 유효하다고 한다.
· 다만 최소 접종연령 및 최소 접종간격에서 4일 이내로 앞당겨서 일찍 접종을 한 경우에도 유효한 것으로 본다.
· 다만 백신 B의 경우 만 4세 이후에 3차 접종을 유효하게 했다면, 4차 접종은 생략한다.

ㄱ. (○) 백신 A는 최소 접종연령이 12개월이고, 1차 접종을 한 이후 2차 접종까지는 최소 접종간격 12개월이 지켜져야 한다. 이를 정확히 지켰다면 만 2세가 되는 시점에 백신 A의 2회 예방접종이 있었을 것이다. 그런데 최소 접종연령 및 최소 접종간격에서 4일 이내로 앞당기는 것도 유효하다는 예외적인 단서가 있으므로 하루 이틀이라도 앞당겨서 접종을 했다면 만 2세가 되기 전에 백신 A의 예방접종을 2회 모두 유효하게 실시할 수 있음을 알 수 있다. 예를 들어 만 12개월일 때 최초 접종을 하고, 최소 접종간격이 12개월이 되기 4일 이내에 2차 접종을 하면 만 2세, 즉 만 24개월 전에 백신 A의 예방접종을 2회 모두 유효하게 실시할 수 있다.

ㄴ. (×) '반드시'라는 표현이 있으므로 반례를 찾아본다. 백신 B의 4차 접종을 반드시 생략한다는 의미는 백신 B의 3차 접종이 만 4세 이후에 있었다는 것을 의미한다. 생후 45개월에 백신 B를 접종했다면 1차와 2차 접종 사이에, 그리고 2차와 3차 접종 사이에 모두 4주의 최소 접종간격이 지켜져야 하므로, 3차 접종은 45개월인 시점을 기준으로 4주 + 4주 = 8주 뒤에 접종을 하게 된다. 그런데 45개월에서 8주가 지난 시점은 아직 만 4세(48개월)가 되기 전이므로, 4차 접종을 반드시 생략하는 것은 아님을 알 수 있다. 따라서 4차 접종을 생략할 수 없는 경우가 존재한다.

ㄷ. (×) 생후 40일에 백신 C를 1차 접종한 후, 생후 60일에 2차 접종을 하였다면 1차 접종 후 20일 만에 2차 접종을 한 셈이다. 1차 접종과 2차 접종 간에는 4주(28일)의 최소 접종간격이 필요한데, 생후 40일과 생후 60일의 간격은 20일뿐이다. 이는 원래 지켜졌어야 할 최소 접종 간격인 4주, 즉 28일에서 5일 이상 8일이나 앞당겨진 것이므로, 제시된 조건에 따라 5일 이상 앞당겨서 일찍 접종했다면 생후 60일에 한 2차 접종은 무효로 간주하고 최소 접종연령 및 최소 접종간격에 맞춰 다시 접종해야 한다. 따라서 생후 40일에 백신 C를 1차 접종했다면, 생후 60일에 한 2차 접종은 유효하지 않음을 알 수 있다.

🖊 실전에선 이렇게!

· 단서조건 두 가지를 놓치지 않고 적용해야 한다.
· 입증사례 또는 반증사례를 적절하게 떠올릴 수 있어야 한다.
· '최소'의 의미를 정확하게 파악할 수 있어야 한다.
· 4주 ≠ 1개월(4주 < 1개월)임을 주의한다.
· 주어진 가정을 검증하지 않도록 주의한다.

문9 조건 계산형 난이도 하 정답 ③

문제풀이 핵심 포인트
각 막대의 윗면에는 가장 위에 있는 블록부터, 아랫면에는 가장 아래에 있는 블록부터 세어 검은 블록이 몇 번째 블록인지 나타내는 숫자를 쓴다. 이를 통해 검은 블록이 포함된 막대의 윗면과 아랫면에 쓰인 숫자의 합을 찾는다. 〈그림 1〉에서 윗면 숫자 2, 아랫면 숫자 5에서 검은 블록이 하나 아래로 이동했다면 윗면 숫자는 3이, 아랫면 숫자는 4가 되면서 합은 그대로 7이 유지된다. 즉, 검은 블록을 포함하고 있는 막대 30개는 윗면 숫자와 아랫면 숫자의 합이 항상 7이다.

주어진 조건을 정리해 보면 다음과 같다.

총 36개의 막대 중

· 정육면체인 하얀 블록 5개와 검은 블록 1개를 일렬로 붙인 막대 30개: 각 막대의 윗면에는 가장 위에 있는 블록부터, 아랫면에는 가장 아래에 있는 블록부터 세어 검은 블록이 몇 번째 블록인지를 나타내는 숫자를 씀

  → 숫자 합을 구할 때 신경 써야 하는 막대

· 검은 블록 없이 하얀 블록 6개를 일렬로 붙인 막대 6개: 검은 블록이 없기 때문에 숫자는 무조건 '0'

  → 합을 구할 때 신경 쓰지 않아도 되는 막대

〈방법 1〉

윗면 숫자는 다음과 같다.

2	0	3	4	4	0
3	2	5	1	4	3
6	3	0	6	6	4
5	4	4	3	5	2
3	2	1	5	6	0
2	0	6	0	4	1

이를 토대로 아랫면 숫자 및 그 합을 구하면 다음과 같다.

5	0	4	3	3	0	15
4	5	2	6	3	4	24
1	4	0	1	1	3	10
2	3	3	4	2	5	19
4	5	6	2	1	0	18
5	0	1	0	3	6	15
21	17	16	16	13	18	101

〈방법 2〉

검은 블록 없이 하얀 블록 6개를 일렬로 붙인 6개의 막대는 검은 블록이 없으므로 윗면과 아랫면 모두 0을 쓰게 되고, 총합을 구할 때는 고려하지 않는다. 이에 따라 정육면체인 하얀 블록 5개와 검은 블록 1개를 일렬로 붙인 30개의 막대만 고려한다.

큰 정육면체의 윗면과 아랫면 모든 숫자의 총합을 고려했을 때 정육면체인 하얀 블록 5개와 검은 블록 1개를 일렬로 붙인 30개의 막대는 막대마다 윗면과 아랫면에 쓰인 숫자의 합은 항상 7로 유지됨을 알 수 있다. 즉, 검은 블록이 있는 막대 윗면과 아랫면에 쓰인 숫자의 합과 하얀 블록 5개와 검은 블록 1개를 일렬로 붙인 30개의 막대를 곱한 값은 7 × 30 = 210으로 큰 정육면체의 윗면과 아랫면 모든 숫자의 총합과 같다. 이때 큰 정육면체 윗면에 쓰인 36개 숫자의 합이 109라고 했으므로 정육면체 아랫면에 쓰인 36개 숫자의 합은 210 – 109 = 101이다.

윗면 숫자의 합 + 아랫면 숫자의 합 = 윗면과 아랫면 숫자의 합인 7 × 막대 개수 30 = 210

즉, 210 – 윗면 숫자의 합 = 아랫면 숫자의 합

실전에선 이렇게!

출제 장치인 '합의 장치'만 파악한다면 매우 쉽고 빠른 해결이 가능한 문제이다.

문 10 경우 확정형 | 난이도 **중** | 정답 ②

문제풀이 핵심 포인트

A복지관의 채용후보자는 4명(甲, 乙, 丙, 丁)이며, 각 채용후보자는 5가지 직무역량 중 3가지씩을 갖추고 있다. 따라서 한 명의 채용후보자가 5가지 직무역량 중 3가지씩을 갖추고 있기 때문에 1:1 대응이 아닌 1:多 대응이 되고, 이는 표를 그려 정리하는 것이 가장 바람직하다.

풀이

조건 1) ~ 3)을 정리하면 다음과 같다.

1) 청소년업무 담당자들은 심리상담, 위기청소년지원, 진학지도, 지역안전망구축 등 4가지 업무를 수행해야 한다.

2) 채용되는 2명은 서로 다른 업무를 맡아 4가지 업무를 빠짐없이 분담해야 한다.

3) 4가지 업무에 관련된 직무역량으로는 의사소통역량, 대인관계역량, 문제해결역량, 정보수집역량, 자원관리역량 등 5가지가 있다.

〈상황〉의 각 동그라미를 순서대로 상황 1) ~ 상황 5)라고 한다. 〈상황〉을 정리하여 조건1) ~ 3)을 적용하여야 한다. 〈상황〉을 정리하는 과정에서도 조건 3)의 내용이 필요하다.

우선 상황 2)의 내용에 따라 채용후보자들이 보유한 직무역량을 정리해보면 아래 표와 같다. 편의상 보유직무역량과 수행 가능 업무는 첫 두 글자만 표기한다.

구분	보유직무역량					수행 가능 업무
	의사	대인	문제	정보	자원	
甲					○	
乙					○	
丙					×	
丁					○	

상황 3)에 따라 丁이 진학지도 업무를 제외한 모든 업무를 수행하려면 '심리', '위기', '지역' 업무에 필요한 '의사', '대인', '문제', '자원' 직무역량을 갖추어야 하고 '의사' 직무역량만 추가로 갖추면 된다는 것은 '대인', '문제', '자원' 직무역량을 이미 갖추고 있다는 것이다. 상황 1)의 내용에 따라 채용후보자는 3가지의 직무역량을 갖추었다는 것을 감안하여 정리해보면 아래와 같다.

구분	보유직무역량					수행 가능 업무
	의사	대인	문제	정보	자원	
甲					○	
乙					○	
丙					×	
丁	×	○	○	×	○	→ 지역

丁이 '지역' 업무만 수행 가능하다면 조건 1), 2), 상황 1)에 따라 丁은 채용될 수 없다. 丁과 같이 채용되는 다른 1명이 나머지 3개 업무를 수행하기 위해서는 '의사', '대인', '문제', '정보' 4개의 직무역량을 갖추어야하기 때문이다. 선택지 ④, ⑤는 제거된다. 상황 1), 4)에 따라 채용후보자의 보유직무역량을 추론해보면 다음과 같다.

구분	보유직무역량					수행 가능 업무
	의사	대인	문제	정보	자원	
甲	○	○	×	×	○	← 심리
乙	×	×	○	○	○	← 진학
丙			○	○	×	← 진학
丁	×	○	○	×	○	지역

여기에 상황 1), 5)에 따라 모든 채용후보자의 보유직무역량을 확정하고 수행 가능 업무를 추론해보면 다음과 같다.

구분	보유직무역량						수행 가능 업무
	의사	대인	문제	정보	자원		
甲	○	○	×	×	○	→	심리, 지역
乙	×	×	○	○	○	→	진학
丙	○	×	○	○	×	→	위기, 진학
丁	×	○	○	×	○		지역

따라서 A복지관에 채용되어 서로 다른 업무를 맡아 4가지 업무를 빠짐없이 분담할 수 있는 2명은 甲, 丙이다.

✎ 실전에선 이렇게!

해설에서는 〈상황〉에서 각 상황이 주어진 순서대로 검토했으나 실제 문제 풀이에서는 상황 2), 4)와 같이 보다 많은 것을 확정하기 편한 순서대로 검토한다.

구분	보유직무역량						수행 가능 업무
	의사	대인	문제	정보	자원		
甲	○	○	×	×	○	←	심리
乙	×	×	○	○	○	←	진학
丙			○	○	×	←	진학
丁					○		

상황 2), 4)만 먼저 생각하면 위의 표처럼 처리된다. 앞서 살펴본 해설에서 丁이 채용될 수 없는 것처럼 乙이 채용될 수 없고, 선택지 ①, ③, ④가 제거될 수 있다.

문11 일치부합형(텍스트형)　난이도 🖐　정답 ④

문제풀이 핵심 포인트
저출산 문제 해소를 위한 여러 제도가 등장하고 어떠한 변화가 있었는지를 설명하고 있다. 분절적인 정보이므로 필요한 정보 위주로 확인한다면 빠른 해결이 가능한 문제이다.

풀이

제시문의 제도 정비 내용을 정리해보면 다음과 같다.

구분	제도	변경 전	현행
두 번째 문단	모성보호 시간	임신 12주 이내 또는 임신 36주 이상 여성공무원 근무시간을 1일에 2시간씩 단축	임신부터 출산시까지 근무시간을 1일에 2시간씩 단축
세 번째 문단	육아시간	생후 1년 미만의 영아를 자녀로 둔 공무원 1주일에 2일, 1일 1시간씩 단축근무	만 5세 이하의 자녀를 둔 공무원 1주일에 2일, 1일 2시간 범위 내에서 단축근무
	배우자 출산휴가	5일	10일
네 번째 문단	자녀 돌봄휴가	공식적인 행사와 상담에만 허용 공무원 1인당 연간 최대 2일	허용범위 확대 자녀가 3명 이상일 경우 1일 가산

① (○) 세 번째 문단 첫 번째 문장에 따르면 변경된 현행 제도에서는 변경 전에 비해 '육아시간'의 적용 대상은 생후 1년 미만의 영아를 자녀로 둔 공무원에서 만 5세 이하 자녀를 둔 공무원으로, 시간은 1주일에 2일에 한해 1일에 1시간씩 단축근무를 허용하던 것에서 1주일에 2일에 한해 1일에 2시간 범위 내에서 사용할 수 있도록 확대되었다.

② (○) 네 번째 문단에 따르면 변경 전 제도에서 '자녀돌봄휴가'는 공무원 1인당 연간 최대 2일을 쓸 수 있었지만, 변경된 현행 제도에서는 자녀가 3명 이상일 경우 1일을 가산할 수 있도록 하였다. 따라서 초등학생 자녀 3명을 둔 공무원은 연간 2일에 1일을 가산하여 연간 3일의 '자녀돌봄휴가'를 사용할 수 있다.

③ (○) 두 번째 문단에 따르면 변경된 현행 제도에서는 임신부터 출산시까지 '모성보호시간'을 사용할 수 있으므로, 임신 5개월인 여성 공무원은 산부인과 진료를 받기 위해 '모성보호시간'을 사용할 수 있다.

④ (×) 네 번째 문단에 따르면 변경 전 제도에서는 공무원은 '자녀돌봄휴가'를 어린이집 등에서 공식적으로 주최하는 행사와 공식적인 상담에만 쓸 수 있도록 허용되었으므로, 초등학교 1학년인 자녀의 병원진료를 위해 사용할 수 없었다.

⑤ (○) 세 번째 문단에 따르면 변경된 현행 제도에서 만 5세 이하에 해당하는 만 2세 자녀를 둔 공무원은 '육아시간'을 사용하여 근무시간을 1주일에 2일에 한해 1일에 2시간 범위 내에서 최대 총 4시간을 단축할 수 있다.

문12 응용형(법조문형)　난이도 🖐　정답 ⑤

문제풀이 핵심 포인트
제△△조 제2항에서 보면 협의는 기속이고, 공청회는 재량이다. 이 문제에서 사용되지는 않았지만 기속과 재량은 최근 중요한 출제 장치이므로 잘 정리해 두어야 한다. 과태료와 벌금도 서로 바꿔치기해서 함정을 만드는 것도 최근 자주 활용되고 있는 출제 장치이다.

풀이

ㄱ. (×) 제△△조 제1항에 따르면 공정거래위원회가 중요정보 고시 여부를 결정함에 있어 상품 등이나 거래 분야의 성질에 비추어 소비자 보호 또는 공정한 거래질서 유지를 위하여 필요한 경우인지 고려하여야 한다.

ㄴ. (×) 제○○조 제2항에 따르면 사업자 A가 제1항을 위반하여 제1항 제1호의 비방적인 표시·광고를 다른 사업자 B로 하여금 하게 한 경우, 2년 이하의 징역 또는 1억 5천만 원 이하의 벌금에 처한다. 제△△조 제3항, □□조 제1항, 제2항에 따른 공정거래위원회의 과태료 부과 대상이 아니다.

ㄷ. (○) 제△△조 제3항에 따르면 사업자가 표시·광고 행위를 하는 경우에는 제1항에 따라 고시된 중요정보를 표시·광고하여야 하므로, 사업자가 표시·광고 행위를 하면서 고시된 중요정보를 표시·광고하지 않은 경우 제△△조 제3항을 위반한 것이다. 제□□조 제1항, 제2항에 따르면 사업자가 제△△조 제3항을 위반하는 경우 공정거래위원회는 1억 원 이하인 5천만 원의 과태료를 부과할 수 있다.

ㄹ. (○) 제△△조 제1항에 따르면 공정거래위원회는 소비자 보호를 위해 필요한 경우, 사업자가 표시·광고에 포함하여야 하는 사항과 함께 그 표시·광고의 방법도 고시할 수 있다.

문 13 일치부합형(텍스트형) 난이도 하   정답 ⑤

문제풀이 핵심 포인트
각 선택지에서 묻는바 위주로 제시문에서 확인하면 어렵지 않게 해결 가능한 무난한 난도의 문제이다.

① (×) 세 번째 문단 네 번째 문장에 따르면 흥선대원군이 아니라 고종이 군국기무처를 칙령으로 폐지하였다.

② (×) 첫 번째 문단 세 번째 문장에 따르면 군국기무처는 기무처의 이름을 따서 고종이 아닌 흥선대원군이 명명하였다.

③ (×) 세 번째 문단 첫 번째 문장에 따르면 군국기무처의 기능은 청일전쟁에서 일본이 최초의 결정적인 승리를 거둔 이후 서서히 약화되기 시작하였으며, 두 번째 문장에 따르면 일본은 일본의 청일전쟁 승리가 확실해지면서 군국기무처의 활동에 적극적으로 개입하였다. 그리고 네 번째 문장에 따르면 같은 해 12월 17일에 폐지되었으므로 군국기무처의 기능이 더욱 강화된 것은 아니라는 것을 알 수 있다.

④ (×) 두 번째 문단의 첫 번째, 두 번째 문장에 따르면 군국기무처는 실제 활동 기간 약 3개월 동안 189개의 개혁의안을 심의하여 통과시켰으므로, 월평균 210건 이상이 아니라 70건 미만의 개혁의안을 통과시켰다.

⑤ (○) 두 번째 문단의 세 번째, 네 번째 문장에 따르면 군국기무처가 심의하여 통과시킨 의안에는 동학운동에서 요구한 개혁안이 포함되었다고 한다.

문 14 일치부합형(텍스트형) 난이도 하   정답 ④

문제풀이 핵심 포인트
국회의원 선거를 목적에 따라 총선거, 재선거, 보궐선거 등으로 구분하고 각각 한 문단씩 할애해서 설명하고 있다. 전형적인 정보제시형 글이므로 각 〈보기〉에서 묻는바 위주로 제시문에서 확인하면 수월하게 해결할 수 있는 문제이다.

ㄱ. (○) 두 번째 문단 두 번째 문장에 따르면 일본 참의원의 임기는 6년이고, 세 번째 문장에 따르면 프랑스 상원의원의 임기는 6년으로 일본 참의원의 임기와 프랑스 상원의원의 임기는 같다.

ㄴ. (×) 두 번째 문단 두 번째 문장에 따르면 미국은 2년마다 전체 상원의원을 새로 선출하는 것이 아니라 매 2년마다 1/3씩 선출한다.

ㄷ. (○) 세 번째 문단 두 번째 문장에 따르면 우리나라에서는 국회의원 당선인이 임기 개시 전 사망한 경우 재선거가 실시된다.

ㄹ. (○) 네 번째 문단 첫 번째, 두 번째 문장에 따르면 다수대표제를 사용하는 대부분의 국가에서는 의원이 임기 중 사망하여 의정 활동을 수행할 수 없는 경우에 이를 보충하기 위하여 보궐선거를 실시한다.

문 15 응용형(법조문형) 난이도 하   정답 ⑤

문제풀이 핵심 포인트
선택지에서 보면 '무죄재판서 게재 청구를 할 수 있다.'를 묻고 있는 선택지가 3개, '게재'와 관련해서 묻고 있는 선택지가 2개이다. 따라서 이와 관련한 내용을 제시문에서 확인하면 수월하게 문제를 해결할 수 있다.

① (×) 제○○조 제1항에 따르면 무죄재판이 확정된 피고인 甲은 무죄재판이 확정된 때부터 3년 이내에 관할법원이 아닌 해당 사건을 기소한 검사의 소속 지방검찰청에 무죄재판서 게재 청구를 할 수 있다.

② (×) 제○○조 제2항 1문에 따르면 피고인이 무죄재판서 게재 청구를 하지 아니하고 사망한 때에는 그 상속인이 이를 청구할 수 있다. 그런데 선택지에서 피고인 乙이 무죄재판서 게재 청구를 취소하였다고 하므로 청구 취소 이전에 무죄재판서 게재 청구를 하였음을 알 수 있다. 따라서 무죄재판이 확정된 피고인 乙이 무죄재판서 게재 청구를 하고 사망한 경우라면 乙의 상속인은 제○○조 제2항 1문에 따라 무죄재판서 게재 청구를 할 수 없다. 그리고 같은 조 제3항에 따르면 무죄재판서 게재 청구가 취소된 경우에는 다시 그 청구를 할 수 없으므로, 乙이 무죄재판서 게재 청구를 취소하였다면 무죄재판이 확정된 시기와 무관하게 다시 무죄재판서 게제 청구를 할 수 없다.

③ (×) 제○○조 제2항 1문, 2문에 따르면 무죄재판이 확정된 피고인 丙이 무죄재판서 게재 청구 없이 사망한 경우, 丙의 상속인은 같은 순위의 다른 상속인의 동의 없이 무죄재판서 게재 청구를 할 수 없고, 다른 상속인 모두가 그 청구에 동의하였음을 소명하는 자료도 함께 제출하여야 한다.

④ (×) 제□□조 제1항에 따르면 피고인 丁이 무죄재판서 게재 청구를 하는 경우, 그의 무죄재판서는 법무부 인터넷 홈페이지에 게재된다. 그러나 같은 조 제4항에 따르면 무죄재판서의 게재기간은 1년이므로 3년이 아닌 1년간 게재된다.

⑤ (○) 제○○조 제1항에 따르면 무죄재판이 확정된 피고인 戊는 무죄재판서 게재를 청구할 수 있다. 그리고 제□□조 제2항 제2호에 따르면 무죄재판서가 공개되면 사건 관계인의 명예를 현저히 해칠 우려가 있는 경우, 제2항에 따라 무죄재판서의 일부를 삭제하여 게재할 수 있다.

문 16 응용형(법조문형) 난이도 하   정답 ③

문제풀이 핵심 포인트
첫 번째 조문부터 각각 제1조~제5조라고 한다. 〈상황〉의 첫 번째, 두 번째 문장에 따르면 甲은 乙에게 양복 수선을 맡기면서 수선비는 다음날까지 계좌로 송금하기로 하였다. 제1조에 따르면 乙은 타인의 물건인 甲의 양복을 점유하면서 양복에 관하여 생긴 채권인 수선비를 변제받을 때까지 양복을 유치할 권리가 있다.

ㄱ. (×) 제2조에 따르면 유치권자인 乙은 수선비(채권) 전부를 변제받을 때까지 양복(유치물) 전부에 대하여 그 권리를 행사할 수 있다. 따라서 甲이 수선비의 일부를 지급한다고 해도 乙이 수선한 옷을 돌려주어야 하는 것은 아니다.

ㄴ. (○) 제4조에 따르면 유치권자는 채권의 변제를 받기 위하여 유치물을 경매할 수 있다. 따라서 甲이 옷을 찾으러 가지 않겠다고 한 경우, 乙은 수선비의 변제를 받기 위해 그 옷을 경매할 수 있다.

ㄷ. (○) 제5조에 따르면 유치권은 점유의 상실로 인하여 소멸한다. 따라서 甲이 수선을 맡긴 옷을 乙이 도둑맞아 점유를 상실하였다면 乙의 유치권은 소멸한다.

ㄹ. (×) 제3조 제2항에 따르면 유치권자는 채무자의 승낙 없이 유치물을 대여하지 못한다. 따라서 甲이 수선비를 지급할 때까지, 유치권자 乙은 채무자 甲의 승낙 없이 수선한 옷을 다른 사람에게 대여할 수 없다.

문 17 경우 파악형 난이도 하 　　　정답 ①

문제풀이 핵심 포인트
주어진 상황이 그려지면 표 없이도 해결이 가능한 문제이지만, 주어진 상황을 도표화시킨다면 2 × 2의 행렬로 정리해 볼 수 있다.

풀이

주어진 상황을 정리해 보면 다음과 같다.

· A부처와 B부처에 각 부처 소속 100명의 공무원이 있었다.

A 부처	B 부처
100명	100명

· A부처가 B부처에 9명의 인력지원을 요청하였다. B부처는 소속 공무원 100명 중 9명을 무작위로 선정해서 A부처에 지원 인력으로 보냈다.

구분	A 부처	B 부처
A 부처 소속	100명	–
B 부처 소속	9명	91명
총	109명	91명

· 얼마 후 B부처 역시 A부처에 인력지원을 요청하였다. A부처는 B부처로부터 지원받았던 인력을 포함한 109명 중 9명을 무작위로 선정해서 B부처에 지원 인력으로 보냈다.

한 번씩의 인력지원을 마치고 나면 결국 최종적으로 A부처와 B부처 모두 원래 정원이었던 100명씩으로 돌아간 상태가 된다. 이때 맨 처음에는 B 부처에서 A 부처로 이동이 있었고, 그 다음에는 A 부처에서 B 부처로 이동이 이루어졌다. 따라서 A 부처에는 원래부터 A 부처 소속이었던 공무원과 B 부처 소속이었다가 지원을 온 공무원이 있는 셈이다. B 부처에는 원래부터 B 부처 소속인 공무원과 A 부처 소속이었다가 지원을 온 공무원이 있는 셈이다. 즉, 맨 처음 인력지원을 통해 B 부처에서 A 부처로 왔던 직원은 다시 B 부처로 돌아갔거나 돌아가지 못했거나 둘 중 하나인 것이다. 그런데 만약에 예를 들어 최종적으로 3명이 B 부처로 돌아가지 못했다면 그 자리는 A 부처 직원이 그 3명의 직원 대신에 B부처로 가게 된 것이라고 생각할 수 있다. 이처럼 인력지원과 관련한 경우가 그려져야, 상상이 되어야 문제를 쉽게 해결 가능하다.

즉, 만약 B 부처에서 A 부처로 왔던 직원이 모두 그대로 돌아갔다면 두 부처 간에는 서로 섞인 직원이 없이 각 부처 소속 직원 100명으로 구성이 되었을 것이다. 그런데 원래 부처인 B 부처로 돌아가야 할 직원 대신에 A 부처 소속 직원이 B 부처로 갔다면, 서로 A 부처와 B 부처 간에 소속이 섞인 직원이 남아있게 된다.

이를 표로 나타내 보면 다음과 같다. 상황을 이해하면서 머릿속에 아래와 같은 표가 그려지는 것처럼 인식되면 보다 잘 정리할 수 있을 것이다.

		이동 후 부처		
		A 부처	B 부처	
이동 전 부처	A 부처			100명
	B 부처			100명
		100명	100명	

ㄱ. A부처에 B부처 소속 공무원이 3명 남아있다면, 그 B부처 소속 공무원 3명 대신에 A부처 소속 공무원이 B부처로 간 게 된다. 따라서 B부처에는 A부처 소속 공무원이 (3명) 있을 것이다.

ㄴ. B부처에 A부처 소속 공무원이 2명 남아있다면, 이 두 명이 B부처 소속 공무원 대신에 B부처로 지원을 온 것이 되므로, A부처에는 B부처 소속 공무원이 (2명) 있을 것이다.

따라서 각 괄호 안에 들어갈 숫자의 합은 3 + 2 = 5가 된다.

실전에선 이렇게!

A 부처의 인력지원 요청으로 인해 B 부처에서 A 부처로 인력지원을 왔던 직원은 다시 B 부처의 인력지원이 있었을 때 B 부처로 돌아갔거나 돌아가지 못했거나 둘 중 하나이다. 문제에서의 경우가 잘 그려진다면 표를 그리지 않고 보다 수월하게 해결할 수 있는 문제이다.

문 18 조건 계산형 난이도 중 　　　정답 ④

문제풀이 핵심 포인트
조건이 다소 복잡하기는 하지만, 주어진 조건을 정확하게 반영하여 계산하는 것이 필수적인 문제이다. 첫 번째 박스 〈지원 기준〉 아래의 동그라미 네 개를 조건 ⅰ) ~ 조건 ⅳ)라고 할 때, 조건 ⅱ) ~ ⅳ)에 의하여 지원 대상에서 제외되는 경우를 제외하고 계산해야 한다.

풀이

우선 조건 ⅱ) ~ ⅳ)에 의하여 지원 대상에서 제외되는 경우를 제외한다.

신청자	설비 종류	용량(성능)	건물 소유자	전월 전력사용량	비고
甲	태양광	8kW	개인	350kWh	공동주택
乙	태양열	15m2	개인	550kWh	진공관형
丙	태양열	5m2	국가	400kWh	평판형
丁	지열	15kW	개인	200kWh	수직밀폐형
戊	연료전지	3kW	개인	500kWh	인산형

조건 ⅱ)에 따르면 국가 소유 건물은 지원 대상에서 제외되므로 丙은 지원 대상에서 제외된다. 조건 ⅲ)에 따르면 전월 전력사용량이 450kWh 이상인 건물은 태양열 설비 지원대상에서 제외된다. 전월 전력사용량이 450kWh인 신청자는 乙, 戊가 있으나 전월 전력사용량이 450kWh인 건물은 '태양열' 설비 지원대상에서 제외되므로 戊는 제외되지 않고 乙만 제외된다. 그리고 조건 ⅳ)에 따르면 용량(성능)이 〈지원 기준〉의 범위를 벗어나는 신청은 지원대상에서 제외되는데 戊의 연료전지 설비의 용량(성능)은 3kW로 〈지원 기준〉의 1kW 이하를 벗어나므로 戊는 제외된다.

남은 甲, 丁의 〈지원 신청 현황〉을 〈지원 기준〉에 적용한 지원금 단가는 다음과 같다. 〈지원 신청 현황〉의 표의 순서를 〈지원 기준〉의 검토 순서와 일치하게 바꾸어 나타내었다.

신청자	설비 종류	비고	용량(성능)	지원금 단가
甲	태양광	공동주택	8kW	kW당 80만 원
丁	지열	수직밀폐형	15kW	kW당 50만 원

조건 ⅰ)에 따라 지원금을 계산해보면 甲은 8kW × kW당 80만 원 = 640만 원, 丁은 15kW × kW당 50만 원 = 750만 원이다.

따라서 甲 ~ 戊 중 가장 많은 지원금을 받는 신청자는 750만 원의 지원금을 받는 丁이다.

실전에선 이렇게!

해당 문제에서는 직접 지원금을 계산해보아도 乙, 丙의 지원금이 甲, 丁보다 작고, 戊의 경우 다른 신청자에 비해 지원금이 지나치게 크므로 단순히 계산 이후 제외 대상을 검토해도 괜찮은 것처럼 보인다. 그러나 일반적인 문제 풀이에서는 가능한 해당 해설과 같이 지원 대상에서 제외되는 경우를 먼저 검토한다.

문 19 조건 계산형 난이도 ❸ 정답 ④

문제풀이 핵심 포인트
덧셈 또는 곱셈 시 홀짝 성질을 활용하면 보다 빠른 해결이 가능하다.

풀이

주어진 조건을 정리해 보면 다음과 같다.

· 1부터 5까지 숫자가 하나씩 적힌 5장의 카드 중 1장을 임의로 뽑고, 다트를 총 두 번 던진다.
· 최종점수: 1차 시기 점수 + 2차 시기 점수

1차 시기 점수 산정 방법	2차 시기 점수 산정 방법
- 다트가 구역 1에 꽂힐 경우: 카드 점수 × 3 - 다트가 구역 2에 꽂힐 경우: 카드 점수 × 2 - 다트가 구역 3에 꽂힐 경우: 카드 점수 × 1 - 다트가 그 외 영역에 꽂힐 경우: 카드점수 × 0	- 다트가 다트판의 중앙선 위쪽에 꽂힐 경우: 2점 - 다트가 다트판의 중앙선 아래쪽에 꽂힐 경우: 0점

ㄱ. (○) 甲이 짝수가 적힌 카드를 뽑은 경우 1차 시기 점수는 (짝수) × (0, 1, 2, 3)이므로 점수는 반드시 짝수가 된다. 그런데 2차 시기 점수도 2점 또는 0점으로 짝수이므로, 1차 시기 점수와 2차 시기 점수를 더한 甲의 최종점수는 '짝수 + 짝수'이고, 언제나 짝수가 된다.

ㄴ. (×) 甲이 숫자 2가 적힌 카드를 뽑았다면, 1차 시기 점수는 0, 2, 4, 6점 중 하나가 된다. 그리고 2차 시기 점수는 0점 또는 2점이 될 수 있으므로, 甲이 얻을 수 있는 최종점수는 아래 표와 같이 0, 2, 4, 6, 8점일 수 있다. 따라서 가능한 최종점수는 5가지이다.

2차시기 1차시기	0점	0점
0점	0	2
2점	2	4
4점	4	6
6점	6	8

ㄷ. (○) 甲이 숫자 4가 적힌 카드를 뽑았다면, 甲의 최종점수 최댓값은 (4 × 3) + 2 = 14점이고, 乙이 숫자 2가 적힌 카드를 뽑았다면, 乙의 최종점수의 최솟값은 0 + 0 = 0점이다. 따라서 가능한 甲의 최종점수 최댓값과 乙의 최종점수 최솟값의 차이는 14점이다.

문 20 조건 계산형 난이도 ❸ 정답 ①

문제풀이 핵심 포인트
발문에서 묻고 있는 것은 대장 두더지이다. 따라서 부하 두더지가 아닌 대장 두더지에 집중해서 문제를 해결해야 한다. 대장 두더지를 맞혔을 때는 2점, 부하 두더지를 맞혔을 때는 1점을 획득하여, 甲이 획득한 점수가 14점이고, 두더지가 맞은 횟수를 모두 더하면 12번이라는 점에서, 대장 두더지가 2번, 부하 두더지가 10번 맞았다는 숨겨진 정보를 찾아내는 것이 핵심이다. 문제에서 묻고 있는 대장 두더지만 찾아내면 된다.

풀이

주어진 조건을 정리해 보면 다음과 같다.
· 5마리의 두더지 중 한 마리가 대장 두더지이다.
· 대장 두더지를 맞혔을 때는 2점, 부하 두더지를 맞혔을 때는 1점을 획득한다.
· 두더지가 맞은 횟수를 모두 더하면 12번인데, 두더지 게임 결과, 甲은 총 14점을 획득하였다.
· 5마리의 두더지 중 4마리가 뿅망치에 맞았다.
· 맞은 두더지 중에 두더지 A가 가장 적게 맞았고, 맞은 횟수는 짝수이다.

제시된 조건과 〈대화〉를 통해 각 두더지가 맞은 횟수를 정리한다.
· 두더지 D가 우리 중에 한 번도 맞지 않은 두더지가 1마리 있다고 했으므로 뿅망치에 맞은 두더지는 4마리이다.
· 두더지 E가 우리가 맞은 횟수를 모두 더하면 12번이라고 했으므로 뿅망치에 맞은 두더지 4마리는 한 마리당 평균 3번씩 맞았다는 것을 알 수 있다.
· 두더지 A의 〈대화〉에서 맞은 두더지 중에 가장 적게 맞았다고 했으므로 평균인 3번보다는 적게 맞았어야 한다. 그러나 맞은 횟수가 짝수이므로 두더지 A는 2번을 맞을 수밖에 없다.

따라서 대장 두더지는 두더지 A이다.

✏️ 실전에선 이렇게!

· 문제에서 주어진 조건을 통해 대장 두더지가 2번 맞았다는 숨겨진 정보를 찾아낼 수 있어야 하고, 두더지 A ~ E가 맞은 횟수를 모두 다 구할 것이 아니라, 문제에서 묻는 대장 두더지만 구해서 문제를 빨리 해결할 수 있어야 한다.
· 두더지 A의 〈대화〉에서 0을 짝수로 볼 것인가에 대한 궁금증이 있을 수 있다. 그런데 0을 짝수로 보는 의견이더라 하더라도, 두더지 A는 맞은 횟수가 있어야 한다. 따라서 0회일 수 없다.

문 21 경우 파악형 난이도 ❷ 정답 ⑤

문제풀이 핵심 포인트
〈상황〉의 동그라미를 순서대로 상황 ⅰ) ~ 상황 ⅲ)라고 한다. 상황 ⅰ) ~ ⅲ)과 각주를 고려할 때 위원장 선출을 위한 투표에서 전체 득표수의 합은 24표이다.

풀이

ㄱ. (×) 득표자가 3명이라고 가정하자. 전체 득표수의 합이 24표이고 득표자 중 5표를 얻은 위원이 존재한다면 남은 득표수의 합은 19표이다. 남은 19표를 나머지 2명이 나누어 갖는데 19는 홀수이므로 같은 표 수로 나누어 가질 수 없다. 2명이 어떻게 나누더라도 득표수가 같을 수 없으므로 추첨을 통해 위원장이 결정되지 않는다(나머지 2명 중 1명이 5표를 얻는다면 1명이 14표를 얻게 되므로 5표를 얻은 위원이 2명 있는 경우에도 추첨을 통해 위원장이 결정되지 않는다). 득표자가 2명인 경우는 5표 1명과 19표 1명이 되어 추첨을 통해 위원장이 결정될 수 없고, 득표자 중 5표를 얻은 위원이 존재하면서 득표자가 1명인 경우는 불가능하다. 따라서 득표자 중 5표를 얻은 위원이 존재하고 추첨을 통해 위원장이 결정되었다면 득표자는 3명 이하일 수 없다.

ㄴ. (O) 득표자가 총 3명이고 그 중 1명이 7표를 얻었다면 남은 득표수의 합은 17표이다. ㄱ의 경우와 마찬가지로 남은 17표를 나머지 2명이 나누어 갖는데 19는 홀수이므로 같은 표 수로 나누어 가질 수 없다. 2명이 어떻게 나누더라도 득표수가 같을 수 없으므로 위원장을 추첨으로 결정하지 않아도 된다(7표를 얻은 위원을 제외한 나머지 2명 중 1명이 7표를 얻는 경우에도 ㄱ과 같다).

ㄷ. (O) 득표자 중 최다 득표자가 8표를 얻었다면 남은 득표수는 16표이다. 추첨 없이 위원장이 결정되었다면 나머지 득표자는 8표 미만으로 득표하여야 하므로 16표를 3명 이상이 나누어 가져가야만 한다. 따라서 전체 득표자는 4명 이상이어야 한다.

ㄱ. 득표자가 4명 이상 나올 수 있는 반례를 찾는데 집중해보자. 역시 전체 득표수의 합이 24표인 것을 염두에 두고 생각해본다. 득표자 중 5표를 얻은 위원이 존재할 때 1) 5표를 얻은 위원이 최다 득표자 중 1명이고 그 중 추첨을 통해 위원장이 결정된 경우와 2) 5표를 얻은 위원이 최대 득표자 중 1명이 아닌 경우로 나누어 생각해본다.
1) 득표자가 가능한 많이 나올 수 있게 5표를 얻은 위원이 최대 득표자 중 1명이면서 최대 득표자가 2명인 경우를 생각해보자. 전체 득표수 24표 중 5표를 얻은 2명을 제외한 나머지 10명이 14표를 얻은 것이다. 14표를 나머지 10명이 득표하는 어떤 경우도 가능하므로 득표자가 4명 이상일 수 있다.
2) 역시 득표자가 가능한 많이 나올 수 있도록 6표를 얻은 위원이 2명이고 5표를 얻은 위원이 1명인 경우를 생각해보자. 나머지 9명이 7표를 득표하는 어떤 경우도 가능하므로 역시 득표자가 4명 이상일 수 있다.
해당 문제는 모든 〈보기〉를 유사한 방식으로 판단하기 때문에 위와 같은 반례를 찾는 과정이 좋아 보이지 않을 수 있다. 그러나 길고 복잡해 보일 수 있는 위 과정 중 하나의 반례만 찾는다고 해도 해당 〈보기〉를 틀렸다고 판단할 수 있으므로 다른 유사한 문제에서는 반례를 찾는 방법이 유용할 수 있다.

문 22 조건 계산형 난이도 🟤중 정답 ②

문제풀이 핵심 포인트
〈관내 도장업체 정보〉에는 1m²당 작업시간과 시간당 비용이 주어져 있는데 이를 시간당 작업 면적, 작업면적당 비용과 같이 바꾸어 생각한다. 시간당 작업 면적은 1m²당 작업시간의 역수이고, 작업면적당 비용은 1m²당 작업시간 × 시간당 비용이다. 정리해보면 다음과 같다.

업체	시간당 작업 면적	작업면적당 비용
A	2m²	5만 원
B	1m²	8만 원
C	1.5m²	6만 원

풀이
조건에 추어진 네 개의 동그라미 중 세 번째 동그라미를 조건 ⅰ)이라고 한다.

ㄱ. (×) 위의 표와 같이 시간당 작업 면적을 정리하기 이전이라고 생각해보자. 각 업체는 시간당 작업 면적이 있고 참여하는 업체 수에 제한이 없다면, 작업을 가장 빠르게 끝내기 위해서는 가능한 많은 업체가 참여하여 동시에 작업하여야 한다(조건 ⅰ)에서는 여러 업체가 동시에 참여하는 경우를 설명하고 있다). 따라서 A와 C에게만 작업을 맡기는 것이 아니라 A, B, C 모두에게 작업을 맡겨야 한다.

ㄴ. (O) B와 C의 시간당 작업 면적은 각각 1m², 1.5m²이다. 조건 ⅰ)에 따라 각 참여 업체는 동시에 작업하고 각 참여 업체가 작업하는 면적은 겹치지 않으므로, B와 C가 동시에 작업하는 경우 시간당 작업 면적은 1m²와 1.5m²를 더한 2.5m²이다. 따라서 청사 바닥 면적 60m²의 도장공사를 완료하기 위해서는 60(m²)÷2.5(m²/h) = 24(h)로 24시간이 소요된다.

ㄷ. (×) A의 작업면적당 비용이 가장 낮다. 따라서 A, B, C에게 작업을 맡기는 경우 A가 보다 낮은 작업면적당 비용으로 전체 청사 바닥의 일부 면적이라도 작업하게 되므로, B와 C에게만 작업을 맡기는 경우보다 적은 비용이 든다.

문 23 경우 파악형 난이도 🟤중 정답 ③

문제풀이 핵심 포인트
경우가 잘 그려져야 쉽게 풀 수 있는 문제이다. 전체 참가자 중에 양손잡이 몇 명만 질문 1, 2, 3에 모두 손을 들었다. 양손잡이이므로 [질문 3]에는 제대로 대답을 한 것이고, [질문 1] [질문 2]에는 손을 잘못 든 것이다.

풀이
주어진 조건을 정리해 보면 다음과 같다.
· 참가자 100명은 왼손잡이, 오른손잡이, 양손잡이 중에 하나이다.
· 참가자들을 대상으로 왼손, 오른손, 양손으로 필기할 수 있는 사람인지 질문을 하였고, 참가자는 질문 중 자신의 특성에 해당하는 질문에 한 번씩만 손을 들어야 한다.
· 양손잡이 중 전체가 아닌 일부 몇 명만 제대로 알아듣지 못해 질문 1, 2, 3에 모두 손을 들었고, 그 외 나머지 모든 참가자는 올바르게 손을 들었다.
· [질문 1]에 손을 든 참가자는 16명, [질문 2]에 손을 든 참가자는 80명, [질문 3]에 손을 든 참가자는 10명이다.
참가자 모두가 제대로 질문에 손을 들었다면 손을 든 참가자를 모두 더했을 때 100명이 딱 맞아야 한다. 그런데 16명 + 80명 + 10명을 다 더하면 총 106명이다. 즉, 원래 100명보다 6명이 더 많은 셈이다.
· 왼손잡이에 손을 든 사람 16: 왼손잡이 + 양손잡이 중 일부
· 오른손잡이에 손을 든 사람 80: 오른손잡이 + 양손잡이 중 일부
· 양손잡이에 손을 든 사람 10: 양손잡이
따라서 [질문 1] [질문 2]에 잘못 손을 든 양손잡이는 총 3명인 것을 알 수 있다.

ㄱ. (O) 양손잡이들은 [질문3]에서는 실수하지 않았다. 따라서 [질문3]에 손을 든 참가자는 10명이므로, 양손잡이는 총 10명임을 쉽게 확인할 수 있어야 한다.

ㄴ. (O) [질문1]에 대답한 16명 중 실제로는 양손잡이인 3명을 제외한 나머지 13명이 왼손잡이이다. 양손잡이는 [질문 3]에 대답한 10명이므로 왼손잡이 수는 양손잡이 수보다 많다.

ㄷ. (×) [질문2]에 대답한 80명 중 실제로는 양손잡이인 3명을 제외한 나머지 77명이 오른손잡이이다. 이는 왼손잡이 13명의 6배인 78명 보다는 적다.

문 24 조건 계산형 난이도 상 정답 ②

문제풀이 핵심 포인트

문제에서 엘로 점수로부터 직접적인 승리 확률을 정확히 계산하는 것을 묻지는 않으므로 엘로 점수와 승리 확률 간의 관계를 이해하는데 집중한다. 다만 지문에 예로 주어진 것과 같이 엘로 점수가 200점 차이나는 경우를 이용할 수 있고, 식 구성상 엘로 점수가 400점 차이나는 경우와 같이 계산이 간단한 경우는 계산을 요할 수 있다.

풀이

지문에 주어진 식을 확인해보면 임의의 선수 X, Y의 엘로 점수를 E_X, E_Y라 하고 엘로 점수가 승리 확률 P_{XY}, P_{YX}의 지수 부분에 들어가 있는 것을 확인할 수 있다. 승리 확률 P_{XY} 식에서 E_Y가 고정일 때 E_X가 증가하면 $-(E_X-E_Y)/400$가 감소하고, 분모의 $10^{-(E_X-E_Y)/400}$도 감소하게 되므로 P_{XY} 값은 커진다는 것을 이해할 수 있다.

ㄱ. (×) 임의의 두 선수 X, Y가 있고 각 선수가 승리할 확률을 P_{XY}, P_{YX}라고 하자. 여기서 X가 승리할 확률 P_{XY}는 Y가 패배할 확률이고, Y가 승리할 확률 P_{YX}는 X가 패배할 확률이다. X가 승리했다고 가정하면 하면 X는 그 경기에서 패배할 확률 P_{YX}에 K를 곱한 $K \times P_{YX}$만큼 점수를 얻고, Y는 그 경기에서 승리할 확률 P_{YX}에 K를 곱한 $K \times P_{YX}$만큼 점수를 잃게 된다. 임의로 X가 승리한 경우에도 X가 얻는 점수와 Y가 잃는 점수는 항상 같다.

ㄴ. (○) 임의의 두 선수 X, Y가 있고 각 선수가 승리할 확률을 P_{XY}, P_{YX}라고 하자. 두 선수가 승리할 확률의 합은 항상 1이므로 $P_{XY} + P_{YX} = 1$이다. 그리고 P_{XY}, $P_{YX} \geq 0$이므로 $0 \leq P_{XY}$, $P_{YX} \leq 1$이다. 경기에서 승리한 선수는 패배할 확률에 K를 곱한 만큼 점수를 얻게 되는데 K = 32이고 X가 승리했다고 하면, 얻게 되는 점수 $K \times P_{YX}$는 $0 \leq K \times P_{YX} \leq 32$이므로 아무리 강한 상대에서 승리해도 얻을 수 있는 엘로 점수는 32점 이하이다.

ㄷ. (×) $E_A - E_B$가 증가할수록 P_{AB}는 증가하는 것은 위의 조건의 정리에서 확인하였고, $P_{AB} + P_{BA} = 1$이므로 P_{AB}가 증가하면 P_{BA}는 감소한다. 따라서 $P_{BA} = 0.1$로부터 $E_A - E_B$가 400점 이상인지 확인하는 것이 아니라 $E_A - E_B$가 400인 경우 P_{AB}가 0.9 이하인지 확인한다. $E_A - E_B = 400$을 P_{AB}에 대입해보면 다음과 같다.

$$P_{AB} = \frac{1}{1 + 10^{-(400/400)}} = \frac{1}{1 + 10^{-1}} = \frac{1}{1 + \frac{1}{10}} = \frac{1}{\frac{11}{10}} = \frac{10}{11}$$

따라서 $\frac{10}{11}$은 약 0.91이므로 P_{AB}가 0.9 이상이다.

ㄹ. (○) 지문에서 엘로 점수차가 200점일 때 점수가 높은 선수가 승리할 확률은 약 0.76이라고 한다. A가 B에게 승리할 확률이 0.8라면 A는 B보다 엘로 점수가 200점 이상 높고, B의 엘로 점수도 C보다 200점 이상 높다. 그렇다면 A의 엘로 점수는 C보다 400점 이상 높다. ㄷ에서 $E_A - E_B = 400$인 경우 P_{AB}가 0.9 이상인 것을 확인하였으므로 A가 C보다 엘로 점수가 400점 이상 높다면 A가 C에게 승리할 확률은 0.9 이상이다.

실전에선 이렇게!

ㄴ. 확률의 경우 일반적으로 P ≥ 0이라고 생각할 수 있다. 지문에 별다른 언급이 없는 이유는 $10^{-(E_X-E_Y)/400} \geq 0$이므로 $P_{XY} \geq 0$이기 때문이다.

문 25 규칙 정오판단형 난이도 중 정답 ①

문제풀이 핵심 포인트

과정이 복잡한 문제이다. 시간단축이 쉽지 않은 문제이므로 빨리 해결하겠다는 생각보다는 정확하게 해결하겠다는 생각으로 풀어내야 하는 문제이다.

풀이

주어진 조건을 정리해 보면 다음과 같다.

1) 甲은 3월 1일부터 책 A를 읽기 시작해서, 1쪽부터 마지막 쪽인 133쪽까지 순서대로 읽는다.

2) 甲은 한번 읽기 시작한 절은 그날 모두 읽되, 하루에 최대 40쪽을 읽을 수 있다.

3) 甲은 절 제목에 '과학' 또는 '정책'이 들어간 절을 하루에 한 개 이상 읽는다.

목차에 적혀있는 숫자는 각 절의 시작 쪽이라는 점에 주의하고, 각 절의 마지막 쪽은 직접 찾아내야 한다. 또한, 제목에 '과학' 또는 '정책'이 들어간 절을 모두 미리 찾아두는 것도 실수를 예방하기에 좋다.

ㄱ. (○) 조건 2), 3)에 따를 때 甲은 첫날에 무조건 제2절까지는 읽어야 한다. 제2절의 마지막 쪽이 20쪽이므로 甲은 3월 1일에 甲은 책 A를 20쪽 이상 읽을 수밖에 없다.

ㄴ. (×) 주어진 조건에 따를 때, 3월 3일에 甲이 제6절까지 읽었다면 61쪽까지 읽은 셈이고, 3월 4일에는 제7절, 즉 62쪽부터 읽게 된다.

제7절		62~64
제8절		65~67
제9절		68~88
제10절	정책	89~91
제11절		92~103
제12절	과학	104~106
제13절		107~129
제14절	정책	130~133

조건 3)에 따를 때 제10절까지는 반드시 읽어야 하고, 제11절까지 읽는다면 62쪽부터 103쪽까지 읽게 되는 것이기 때문에, 조건 2)를 고려했을 때 제11절까지는 읽을 수 없다.
3월 5일까지 책 A를 다 읽는다는 것은 5일에 제11절부터 제14절까지, 즉 92쪽부터 133쪽까지 읽는다는 것인데, 조건 2) 때문에 불가능하다.

ㄷ. (×) 甲이 4일 만에 책 A를 다 읽는 경우가 있다. 3월 3일과 4일에 얼마나 읽는가에 따라 경우가 두 가지로 나뉜다.

〈경우 1〉

구분		조건 3)	쪽수	조건 2)
3월 1일	제1절 ~ 제4절	제2절	1~33	33
3월 2일	제5절 ~ 제8절	제5, 6절	34~67	34
3월 3일	제9절 ~ 제11절	제10절	68~103	36
3월 4일	제12절 ~ 제14절	제12, 14절	104~133	30

〈경우 2〉

구분		조건 3)	쪽수	조건 2)
3월 1일	제1절 ~ 제4절	제2절	1~33	33
3월 2일	제5절 ~ 제8절	제5, 6절	34~67	34
3월 3일	제9절 ~ 제12절	제10, 12절	68~106	39
3월 4일	제13절 ~ 제14절	제14절	107~133	27

따라서 甲이 책 A를 다 읽으려면 최소 4일이 걸린다.

실전에선 이렇게!

· 빈출되는 개념인 '최대 또는 최소'의 정오판단 방법을 미리 알아두어야 한다.
· 〈보기〉 ㄴ에서 실수하지 않도록 주의한다.
· 읽은 페이지 수를 계산할 때는 초일 산입 계산법을 사용하여야 한다. 예를 들어 13페이지부터 18페이지까지 읽었다면, (18 - 13) + 1 = 6페이지를 읽은 것이다.

모바일 자동 채점 및
성적 분석 서비스

PSAT 전문가의 총평

· 텍스트형은 총 5문제가 출제되었고, 일치부합형이 4문제, 응용형이 1문제 출제되었습니다. 법조문형은 총 8문제가 출제되었고, 일치부합형이 6문제, 응용형이 2문제가 출제되었습니다. 득점포인트 유형에 속하는 문제는 총 13문제가 출제되었습니다. 계산형은 총 5문제가 출제되었는데 정확한 계산형이 2문제, 조건 계산형으로 분류할 수 있는 문제가 3문제 출제되었습니다. 규칙형은 3문제가 출제되었는데, 쉬운 유형인 단순확인형은 출제되지 않았지만, 적용해결형이 2문제 정오판단형이 1문제 출제되었습니다. 경우형은 4문제가 출제되었고, 경우 파악형이 1문제, 경우 확정형이 3문제가 출제되었습니다.

· 텍스트형에 속하는 5문제의 난도는 응용형에 해당하는 3번 문제 정도가 다소 까다로울 수 있었고, 일치부합형에 해당하는 4문제는 대체로 평이했습니다. 법조문형에 해당하는 8문제 중 <상황>이 주어진 문제는 6, 7, 17번 3문제였습니다. <상황>이 주어졌더라도 7번 문제는 해결이 어렵지 않았고, <상황>이 주어진 6, 17번 문제의 난도가 다소 높은 편이었습니다. 두 문제 모두 <상황>이 주어지기는 했지만, 6번 문제는 일치부합형으로 분류하고, 17번 문제는 응용형으로 분류합니다. 즉, <상황>이 주어진다고 해서 모두 난도가 높은 것은 아니며, 문제에서 어떻게 묻는가에 따라서 일치부합형으로도 분류할 수 있습니다. 일치부합형으로 분류하는 문제는 어렵지 않게 해결이 가능합니다. <상황>이 등장하지 않은 나머지 5문제는 해결이 어렵지는 않았습니다. 계산형으로 분류하는 5문제는 뒤쪽에 배치된 문제로 갈수록 난도가 상승하였습니다. 특히 24번 문제는 주기 소재의 문제를 많이 풀어보지 않은 수험생이라면 계산문제임에도 꽤 난도가 있는 문제라고 판단할 수도 있을 것입니다. 규칙형에 해당하는 3문제 중에는 적용해결형 2문제의 난도가 낮아 단순확인형에 준하는 정도로 해결이 가능했습니다. 정오판단형 1문제는 문제 길이가 꽤 길고, 보기 중에 한 번에 이해가 잘 안 되고 의미를 혼동할 수도 있는 문장도 있어, 까다롭다고 느끼는 수험생도 많았습니다. 경우형에 해당되는 문제는 8번과 22번 문제는 수월하게 해결할 수 있는 평이한 문제였지만, 23번은 다소 까다롭다고 느끼는 수험생이 많았고, 25번 문제는 어렵다고 느끼는 수험생이 많았습니다. 이제 21 ~ 25번에 변별력 있는 문제가 출제되고, 특히 25번 문제가 꽤 어렵다는 것은 어느 정도 정착된 출제스타일이 되었습니다.

정답

p.144

문1	④	일치부합형 (텍스트형)	문6	④	일치부합형 (법조문형)	문11	①	일치부합형 (법조문형)	문16	②	일치부합형 (법조문형)	문21	③	조건 계산형
문2	⑤	일치부합형 (텍스트형)	문7	①	응용형 (법조문형)	문12	③	일치부합형 (텍스트형)	문17	③	응용형 (법조문형)	문22	③	경우 확정형
문3	①	응용형 (텍스트형)	문8	③	경우 파악형	문13	②	일치부합형 (텍스트형)	문18	②	정확한 계산형	문23	⑤	경우 확정형
문4	①	일치부합형 (법조문형)	문9	⑤	정확한 계산형	문14	④	규칙 정오판단형	문19	②	조건 계산형	문24	⑤	조건 계산형
문5	⑤	일치부합형 (법조문형)	문10	①	규칙 적용해결형	문15	②	일치부합형 (법조문형)	문20	④	규칙 적용해결형	문25	④	경우 확정형

취약 유형 분석표

유형별로 맞힌 문제 개수와 정답률, 틀린 문제 번호, 풀지 못한 문제 번호를 적고 나서 취약한 유형이 무엇인지 파악해 보세요. 그 후 약점 보완 해설집 p.2 [취약 유형 공략 포인트]에서 약점 보완 학습법을 확인하고, 틀린 문제와 풀지 못한 문제를 다시 한번 풀어보세요.

유형		맞힌 문제 개수	정답률	틀린 문제 번호	풀지 못한 문제 번호
텍스트형	발문 포인트형	–	–		
	일치부합형	/4	%		
	응용형	/1	%		
	1지문 2문항형	–	–		
	기타형	–	–		
법조문형	발문 포인트형	–	–		
	일치부합형	/6	%		
	응용형	/2	%		
	법계산형	–	–		
	규정형	–	–		
	법조문소재형	–	–		
계산형	정확한 계산형	/2	%		
	상대적 계산형	–	–		
	조건 계산형	/3	%		
규칙형	규칙 단순확인형	–	–		
	규칙 정오판단형	/1	%		
	규칙 적용해결형	/2	%		
경우형	경우 파악형	/1	%		
	경우 확정형	/3	%		
TOTAL		/25	%		

해설

문 1 일치부합형(텍스트형) 난이도 하 정답 ④

문제풀이 핵심 포인트
지문에서 연도를 많이 언급하고 있으므로 지문의 내용과 선택지의 내용을 연도를 중심으로 판단하며, 연도의 순서에 따른 내용을 물어볼 수도 있다는 것을 염두에 두어야 한다.

풀이

① (×) 첫 번째 문단의 두 번째 문장에 따르면 1949년 지방자치법이 제정되었다. 이후의 문장에서 해당 지방자치법의 내용을 살펴보면, 네 번째 문장에 따르면 지방자치단체의 종류는 서울특별시와 도, 시·읍·면이 있고, 여섯 번째 문장에 따르면 서울특별시장과 도지사는 대통령이 임명하고 시·읍·면장은 지방의회가 선출한다고 하여 주민들이 지방자치단체장을 직접 선출하도록 되어 있지 않았다.

② (×) 첫 번째 문단의 두 번째, 여섯 번째 문장에 따르면 1949년 제정 당시 지방자치법에는 시·읍·면장을 대통령이 지명하는 것이 아니라 지방의회가 선출하도록 되어 있었다.

③ (×) 두 번째 문단의 세 번째 문장에 따르면 1952년에 모든 지역에서 지방선거가 실시된 것은 아니다. 4월 25일에 치안 불안 지역과 미수복 지역을 제외한 지역에서 시·읍·면의회 의원선거를 실시하였고, 5월 10일에 서울특별시, 경기도, 강원도 등을 제외한 7개 도에서 도의회 의원선거를 실시하였다고 하여, 일부 지역을 제외하고 지방선거를 통해 지방의회의원이 선출되었다.

④ (○) 세 번째 문단의 첫 번째, 두 번째 문장에 따르면 1956년에 지방자치법을 개정하여 시·읍·면장을 주민직선을 통해 선출하도록 하였고, 같은 해 8월 8일에 지방선거를 통해 시·읍·면장이 처음으로 주민에 의해 직접 선출되었다.

⑤ (×) 세 번째 문단의 네 번째, 다섯 번째 문장에 따르면 1960년 12월에는 전국적으로 두 차례가 아닌 12월 12일, 19일, 26일, 29일 총 네 차례의 지방선거가 실시되었다.

문 2 일치부합형(텍스트형) 난이도 하 정답 ⑤

문제풀이 핵심 포인트
각 〈보기〉에서 묻는 내용 위주로 제시문에서 확인하면 수월하게 해결되는 문제이다.

풀이

ㄱ. (○) 첫 번째 문단 첫 번째 문장에 따르면 배냇저고리는 아기에게 처음 입히는 옷이며, 두 번째 문단 첫 번째 문장에 따르면 아기가 태어난 지 약 20일이 지나면 배냇저고리를 벗긴다고 한다. 태어나서 약 20일 동안 입히는 것이므로 약 3주간 입히는 옷이라고 할 수 있다. 또한 첫 번째 문단 두 번째 문장에 따르면 배냇저고리는 대개 생후 삼칠일까지 입혔다고 하는데 생후, 삼칠일이라는 표현은 생후 $3 \times 7 = 21$일이라는 의미이다.

ㄴ. (×) 첫 번째 문단 네 번째 문장에 따르면 시험을 치르는 사람이 시험을 잘 보기 위해 여자아기가 아닌 남자아기의 배냇저고리를 몸에 지니는 풍습이 있었다.

ㄷ. (○) 두 번째 문단 세 번째 문장에 따르면 돌띠저고리는 장수하기를 바라는 의미를 담고 있고, 세 번째 문단 첫 번째 문장에 따르면 백줄을 누빈 저고리도 장수하기를 바라는 의미를 담고 있어 두 저고리에 담긴 의미는 동일하다.

ㄹ. (○) 세 번째 문단 두 번째 문장에 따르면 첫 생일인 돌에 남자아기에게 색동저고리를 입혔고, 여자아기에게도 색동저고리를 입혔다.

문 3 응용형(텍스트형) 난이도 중 정답 ①

문제풀이 핵심 포인트
지진의 강도는 지진의 강도를 절대적 수치로 나타내는 '리히터 규모'와 지진이 일어났을 때 어떤 한 지점에서 사람이 느끼는 정도와 건물의 피해 정도 등을 상대적으로 등급화한 수치인 '진도'로 나타낼 수 있다. '절대'와 '상대'가 대비되는 개념이다.

풀이

ㄱ. (○) 두 번째 문단 첫 번째 문장에 따르면 진도는 지진을 상대적으로 등급화한 수치로, 동일한 지진에 대해서도 각 지역에 따라 진도가 달라질 수 있다. 따라서 M5.6인 동일한 지진을 진도로 표시하면 나라별로 다르게 표시될 수 있다.

ㄴ. (○) 첫 번째 문단 네 번째 문장에 따르면 리히터 규모는 지진파의 최대 진폭이 10배가 될 때마다 1씩 증가한다. 따라서 M4.0인 지진과 M2.0인 지진의 리히터 규모는 2 차이이므로, M4.0인 지진의 지진파 최대 진폭은 M2.0인 지진의 지진파 최대 진폭의 $10 \times 10 = 100$배이다.

ㄷ. (×) 두 번째 문단 첫 번째 문장에 따르면 진도는 지진이 일어났을 때 어떤 한 지점에서 사람이 느끼는 정도와 건물의 피해 정도 등을 상대적으로 등급화한 수치이지만, 세 번째 문장에 따르면 진도는 각 나라별 실정에 따라 다른 기준이 채택되고 지문에서 구체적으로 진도마다 사람이 느끼는 정도와 건물의 피해 정도에 대해서 언급하고 있지 않다. 다만 다섯 번째 문장에서 표시되는 로마 숫자가 클수록 지진을 느끼는 정도나 피해의 정도가 크다고 한다. 따라서 진도 II인 지진이 일어났을 때, 어떤 한 지점에서 사람이 느끼는 정도와 건물의 피해 정도는 진도 IV인 지진의 2배인지 알 수 없고, 다만 지진을 느끼는 정도나 피해의 정도가 크다는 것만 알 수 있다.

ㄹ. (×) 첫 번째 문단 네 번째 문장에 따르면 리히터 규모가 1씩 증가할 때마다 지진에너지는 약 32배가 된다. M6.0인 지진과 M3.0인 지진의 리히터 규모는 3 차이이므로, M6.0인 지진의 지진에너지는 M3.0인 지진의 1,000배가 아니라 $32 \times 32 \times 32 = $약 32,768배이다. 정확한 값을 계산할 필요는 없고 약 1,000배가 아니라는 것만 확인한다. M6.0인 지진과 M3.0인 지진은 지진파 최대 진폭이 1,000배이다.

문 4 일치부합형(법조문형) 난이도 하 정답 ①

문제풀이 핵심 포인트
제시문의 네모를 첫 번째 네모부터 각각 조건 i) ~ iv)라고 하며, 동그라미는 '-'와 숫자를 붙여 표시한다. 예를 들어 첫 번째 네모의 첫 번째 동그라미는 조건 i)-1과 같이 표시한다. 〈보기〉에서 묻는 중심 키워드를 파악하여 각 조건의 계약사항을 확인한다.

풀이

ㄱ. (○) 조건ⅳ)-2에 따르면 연구진은 용역완료 후에라도 발주기관이 연구결과와 관련된 자료를 요청할 경우에는 관련 자료를 성실히 제출하여야 한다. 따라서 발주기관은 연구용역이 완료된 후에도 연구결과와 관련된 자료를 요청할 수 있다는 것을 알 수 있다.

ㄴ. (○) 조건ⅰ)-2, 3, 4에 따르면 착수보고 1회, 중간보고 2회, 최종보고는 1회이다. 그리고 조건ⅰ)-6에 따르면 전체회의는 각 착수보고, 중간보고, 최종보고 전에 하도록 정하고 있으므로 총 4회이다. 따라서 조건ⅰ)-5에 따른 수시보고를 제외하면 과업수행을 위한 전체회의 및 보고 횟수는 최소 8회이다.

ㄷ. (×) 조건ⅲ)-1에 따르면 연구진은 책임연구원, 공동연구원, 연구보조원으로 구성되어 있고, 조건ⅲ)-2에 따르면 연구 수행기간 중 연구진은 구성원을 임의로 교체할 수 없다. 다만 부득이한 경우 발주기관의 승인을 받은 후 교체할 수 있다. 따라서 연구진은 연구 수행기간 중 책임연구원과 공동연구원을 변경할 수 없고, 연구보조원의 경우도 임의로 교체할 수 있는 것이 아니라 모든 연구진 구성원은 교체를 위해서 발주기관의 승인을 받아야 한다.

ㄹ. (×) 조건ⅳ)-1에 따르면 연구진은 연구과제의 시작부터 종료까지 과업과 관련된 제반 비용의 지출행위에 대해 책임을 지고 과업을 진행해야 한다. 따라서 중간보고서의 경우 그 출력과 제본 비용과 같은 제반 비용의 지출행위에 대해 발주기관이 아니라 연구진이 책임을 진다.

문5 일치부합형(법조문형) 난이도 하 정답 ⑤

문제풀이 핵심 포인트

표제를 활용하여 각 〈보기〉에서 묻는 바를 빠르게 해결할 수 있는, 수월하게 해결되는 문제이다. 발문에 따를 때, 규정을 위반한 행위를 골라야 하는 문제이므로 실수하지 않도록 주의한다.

풀이

제00조를 순서대로 각각 제1조 ~ 제3조라고 한다. 제1조 ~ 제3조 모두 공무원에 대해 일정한 사항을 금지하고 있다.

ㄱ. (○) 제1조 제2항에 따르면 공무원은 직무상의 관계가 있든 없든 그 소속 상관에게 증여를 하여서는 아니 된다. 따라서 공무원 甲이 그 소속 상관에게 직무상 관계 없이 고가의 도자기를 증여한 행위는 제1조 제2항을 위반하였다.

ㄴ. (×) 제3조 제2항에 따르면 사실상 노무에 종사하는 같은 조 제1항 단서에 규정된 공무원으로서 노동조합에 가입된 자가 조합 업무에 전임하려면 소속 장관의 허가를 받아야 한다. 따라서 사실상 노무에 종사하는 공무원으로서 제3조 제1항 단서에 해당하는 노동조합에 가입된 乙이 소속 장관의 허가를 받아 조합 업무에 전임하는 것은 지문의 규정을 위반한 행위가 아니다.

ㄷ. (○) 제2조 제2항 제2호에 따르면 공무원은 선거에서 특정 정당을 지지하기 위하여 기부금을 모집하게 하는 행위를 하여서는 아니 된다. 따라서 공무원 丙이 동료 공무원 丁에게 선거에서 A정당을 지지하기 위하여 기부금을 모집하도록 요구한 행위는 제2조 제2항을 위반하였다.

ㄹ. (○) 제2조 제2항 제1호에 따르면 공무원은 선거에서 특정인을 반대하기 위하여 투표를 하지 아니하도록 권유 운동을 하여서는 아니 된다. 따라서 공무원 戊가 국회의원 선거기간에 B후보를 낙선시키기 위해 해당 지역구 지인들을 대상으로 다른 후보에게 투표하도록 권유 운동을 한 행위는 제2조 제2항을 위반하였다.

문6 일치부합형(법조문형) 난이도 하 정답 ④

문제풀이 핵심 포인트

각 선택지에서 묻는 내용을 제시문에서 파악한 후 정오판단할 수 있어야 한다. 이때 제시문과 선택지의 내용만으로 부족한 정보가 있다면 그 정도 위주로 〈상황〉에서 추가로 확인하여 해결해야 한다.

풀이

〈상황〉에서 원고 甲과 피고 乙은 민사소송의 당사자이며, 丙은 피고 乙의 배우자이자 진술보조인이다. 丙은 1심 변론기일에 乙과 함께 출석하였다.

① (×) 세 번째 문단 세 번째 문장에 따르면 변론기일에 진술보조인 丙이 한 설명에 대한 정확성을 확인하기 위해 원고 甲이 재판에서 직접 丙에게 질문할 수는 없고, 그 질문은 법원만이 할 수 있다.

② (×) 세 번째 문단 두 번째 문장에 따르면 소송의 당사자인 乙은 진술보조인 丙의 설명을 즉시 취소할 수 있다.

③ (×) 〈상황〉세 번째 문장에 따르면 1심 법원은 乙로부터 진술보조인에 대한 허가신청을 받아 배우자 丙을 진술보조인으로 허가하였고, 두 번째 문단 세 번째 문장에 따르면 1심 법원은 丙을 진술보조인으로 한 허가를 언제든지 취소할 수 있다.

④ (○) 세 번째 문단 다섯 번째 문장에 따르면 1심 법원이 乙에게 패소판결을 선고한 경우, 이 판결에 대해 진술보조인 丙은 당사자만이 할 수 있는 행위인 상소를 제기할 수 없다.

⑤ (×) 두 번째 문단 두 번째 문장에서 따르면 진술보조인제도를 이용하려는 당사자는 1심, 2심, 3심의 각 법원마다 서면으로 진술보조인에 대한 허가신청을 해야 한다. 따라서 2심이 진행되는 경우, 2심 법원에 진술보조인에 대한 허가신청을 하지 않아도 丙의 진술보조인 자격은 그대로 유지되는 것이 아니고 乙이 각 법원마다 진술보조인에 대한 허가신청을 해야 한다.

문7 응용형(법조문형) 난이도 중 정답 ①

문제풀이 핵심 포인트

제시문으로 한 개의 조문만이 제시되어 있다. 이러한 경우 난도가 올라갈 수 있다. 각 〈보기〉에서 묻는 바를 우선 제시문의 내용만으로 정오판단하려고 시도하면서, 부족한 정보를 〈상황〉에서 추가적으로 확인하는 것이 가장 빠른 해결이 가능한 방법이다.

풀이

ㄱ. (○) 제2항에 따르면 우수의 판정은 광고에서 정한 자가 하고, 광고에서 판정자를 정하지 아니한 때에는 광고자가 판정한다. 〈상황〉의 우수논문공모에서는 판정자를 정하지 아니하였으므로 우수논문의 판정은 우수논문공모라는 우수현상광고를 한 광고자인 A청이 한다.

ㄴ. (○) 제3항 본문에서는 우수한 자가 없다는 판정을 할 수 없다고 정하고 있으나, 단서에서 광고에서 다른 의사표시가 있는 경우 그러하지 아니하다고 한다. 〈상황〉의 우수논문공모 중 특이사항에서 '기준을 충족한 논문이 없다고 판정된 경우, 우수논문을 선정하지 않을 수 있다'고 하여 광고에서 다른 의사표시로 우수논문을 선정하지 않을 수 있다고 하였으므로, 우수논문이 없다는 판정이 이루어질 수 있다.

ㄷ. (×) 제4항에 따르면 응모자는 우수의 판정, 우수한 자가 없다는 판정에 대하여 이의를 제기하지 못한다. 따라서 〈상황〉에서 응모자인 甲, 乙, 丙 등은 제2항에 따른 우수의 판정에 대해 이의를 제기할 수 없다.

ㄹ. (×) 제5항 본문에 따르면 수인의 행위가 동등으로 판정된 때에는 각각 균등한 비율로 보수를 받을 권리가 있다고 하면서도, 단서에서 광고에 1인만이 보수를 받을 것으로 정한 때에는 추첨에 의하여 결정한다고 한다. 심사 결과 甲과 乙의 논문이 동등한 최고점수로 판정된 경우 제5항 본문에 따르면 균등한 비율로 상금을 나누어 받겠지만, 〈상황〉의 우수논문공모 중 수상자 부분에서 수상자는 1명으로 하며 1,000만 원을 전액 지급하는 것으로 정하였으므로 제5항 단서에 따라 甲과 乙은 500만 원씩 상금을 나누어 받지 않고 추첨에 의하여 상금을 받을 자를 결정한다.

문8 경우 파악형 난이도 **하** 정답 ③

문제풀이 핵심 포인트
선택지에 나타난 온도만 고려하는 것이 효율적이다. 이때 표를 그려 각 식물을 재배할 수 있는 온도를 표시하면 실수 없이 문제를 풀 수 있다.

풀이

주어진 조건을 정리하면 다음과 같다.
- 같은 온실에서 5가지 식물(A~E)을 하나씩 동시에 재배하고자 한다.
- A~E의 재배가능 온도와 각각의 상품가치는 표로 제시되어 있다.
- 온도만 조절할 수 있으며, 식물의 상품가치를 결정하는 유일한 것은 온도이다. 온실의 온도는 0℃를 기준으로 5℃ 간격으로 조절할 수 있고, 한 번 설정하면 변경할 수 없다.

각 식물의 재배가능 온도를 표로 나타내면 다음과 같다.

	0	10	20	30	40	50	60	상품가치
A								10,000
B								25,000
C								50,000
D								15,000
E								35,000

[가장 많은 식물을 재배할 수 있는 온도]
〈방법 1〉
가장 많은 식물을 재배할 수 있는 온도로는 선택지에 주어진 15℃와 20℃만 검토해보면 된다.
1) 15℃인 경우: C를 제외한 A, B, D, E 총 4종류를 재배할 수 있다.
2) 20℃인 경우: A, D, E 총 3종류를 재배할 수 있다.
따라서 가장 많은 식물을 재배할 수 있는 온도는 15℃이다.
〈방법 2〉
만약 가장 많은 식물을 재배할 수 있는 온도를 직접 찾아내려고 한다면 재배가능 온도를 봤을 때 5종류는 절대 불가능하다. 재배가능 온도의 범위가 가장 낮은 A의 범위는 0 이상 20인데, 재배가능 온도의 범위가 가장 높은 C의 범위는 25 이상 55 이하이어서, 둘 간에 중첩되는 범위가 없기 때문이다. 즉, A와 C를 동시에 재배할 수 있는 온도는 없다. 따라서 5종류를 모두 재배하는 것은 불가능하다.
[상품가치의 총합이 가장 큰 온도]
〈방법 1〉
마찬가지로 주어진 선택지를 활용해서 구한다.
1) 15℃인 경우: 앞에서 살펴봤듯이 A, B, D, E를 재배할 수 있고, 이때의 상품가치의 총합은 85,000원이다.

2) 20℃인 경우: 앞에서 살펴봤듯이 A, D, E를 재배할 수 있고, 이때의 상품가치의 총합은 60,000원이다. 15℃일 때와 비교했을 때 B 식물이 빠졌으므로 15℃일 때보다 상품가치의 총합이 절대 클 수 없다.
3) 25℃인 경우: C, D, E를 재배할 수 있고, 이때 상품가치의 총합은 100,000원이다.
따라서 상품가치의 총합이 가장 큰 온도는 25℃이다.
〈방법 2〉
상품가치의 총합이 가장 큰 온도를 구할 때 우선적으로 고려해야 하는 식물 종류는 C이다. C 식물의 상품가치는 50,000원으로 다른 식물의 상품가치(10,000~35,000원)보다 월등히 가치가 높기 때문이다. 따라서 C를 재배할 수 있는 온도가 상품가치의 총합이 가장 큰 온도일 가능성이 매우 높다.

🖊️ 실전에선 이렇게!

- 가장 많은 식물을 재배할 수 있는 온도와 상품가치의 총합이 가장 큰 온도를 직접 찾아 낼 수도 있겠지만, 선택지에 주어진 온도를 활용하는 것이 바람직하다.
- 상품가치는 식물 C가 제일 높기 때문에, 상품가치 총합이 가장 큰 온도 또한 식물 C를 재배할 수 있는 조건에서 나올 것임을 염두에 두고 풀이하자.
- 선택지에 주어진 내용을 표로 도식화하여 정리하면 한 눈에 쉽게 해결할 수 있다. 문제에서는 두 가지를 묻고 있으므로 하나를 먼저 해결해서 선택지를 지워 낸 후에 다른 질문에 대해 답을 하는 것이 좋다. 한편 15℃와 25℃의 상품가치를 비교할 때에는 D와 E가 공통적으로 재배 가능한 식물이므로 전체 상품가치의 합을 계산하지 않고, 15℃의 A, B와 25℃의 C의 상품가치만을 비교하면 정답을 빠르게 찾을 수 있다.

문9 정확한 계산형 난이도 **하** 정답 ⑤

문제풀이 핵심 포인트
기본적인 계산 방법에 더해서 세 가지의 단서조건의 추가된 형태의 문제이다. '총액'을 구한다는 점을 잘 활용하면 보다 빠른 해결이 가능하다.

풀이

출장여비 = 출장수당 + 교통비이다.

출장여비	출장수당	교통비	총 출장여비
세종시	1만 원	2만 원	3만 원
세종시 이외	2만 원+단서조건 1	3만 원	5만 원

- 단서조건 1: 세종시 이외의 출장 → 13시 이후 출장 시작 또는 15시 이전 출장 종료 시 1만 원 차감
- 단서조건 2: 출장수당의 경우 업무추진비 사용 시 1만 원이 차감
- 단서조건 3: 교통비의 경우 관용차량 사용 시 1만 원이 차감
조건에 따라 계산해 보면 다음과 같다.

A사무관 3월 출장내역	출장지	총 출장여비	출장 시작 및 종료 시각	비고
출장 1	세종시	3만 원	14~16시	관용차량 사용 (-1만 원, ∵ 단서조건 3)
출장 2	인천시	5만 원	14~18시 (-1만 원, ∵ 단서조건 1)	
출장 3	서울시	5만 원	09~16시	업무추진비 사용 (-1만 원, ∵ 단서조건 2)

따라서 3 + 5 + 5 − 3 = 10만 원이다.

- 총액을 구하는 것이기 때문에, 구체적으로 구분해서 구하지 않아도 된다. 그 냥 총액을 구하면 해결되는 문제이다.
- 조건을 이해할 때 체계적으로 이해하는 것도 중요하다. 정보처리의 가장 기 본이 2 × 2 matrix의 형태로 이해하는 것이다.

문10 규칙 적용해결형 난이도 하   정답 ①

문제풀이 핵심 포인트
줄글 정보에서 여행지를 선택하는 기준을 빠짐없이 찾아내어야 한다. 총 세 가지 기준을 찾을 수 있고 이 모든 조건을 충족시킬 수 있는 여행지를 선택하면 된다.

풀이
세훈이 여행지를 선택할 때의 기준은 다음과 같다.

ⓐ 월요일, 수요일, 금요일이 공휴일이므로, 화요일과 목요일에 연가를 쓰면 앞뒤 주말 포함해서 최대 9일까지 연휴 가능, 하루 남은 연가를 잘 활용해 서 주어진 기간 내에서 최대한 길게 여행을 다녀오려고 함

ⓑ 편도 총비행시간은 8시간 이내

ⓒ 직항 노선이 있는 곳

먼저 조건 ⓐ를 따져봤을 때, 토요일, 일요일은 주말이고, 월요일, 수요일, 금요일은 공휴일로 쉴 수 있으므로 쉴 수 있는 날에 X 표시를 해보면 다음과 같다.

토	일	월	화	수	목	금	토	일
X	X	X		X		X	X	X

연가가 하루 남아 있으므로, 화요일 또는 목요일에 X표시를 하나 더 할 수 있다. 이에 따라 화요일이나 목요일에 연가를 쓰면 최대 5일까지 여행을 다녀올 수 있다.

여행지	여행기간 (한국시각 기준)	총비행시간 (편도)	비행기 환승 여부
두바이	4박 5일	8시간	직항
모스크바	6박 8일	8시간	직항
방콕	4박 5일	7시간	~~1회 환승 (∵ ⓑ)~~
홍콩	3박 4일	5시간	직항
뉴욕	4박 5일	~~14시간 (∵ ⓒ)~~	직항

여행지는 조건 ⓑ에 따라 방콕, 조건 ⓒ에 따라 뉴욕이 제외되고, 두바이, 모스크바, 홍콩 세 곳이 남는다. 그 중 최대 5일의 연휴기간 동안 최대한 길게 다녀올 수 있는 곳은 두바이임을 알 수 있다.

따라서 세훈이 선택할 여행지는 두바이이다.

- 연가 조건을 처리하는 게 조금 까다로울 수 있는데, 달력의 형태를 머릿속에 떠올리든 시험지 위에 그리든 시각적으로 처리하는 것이 좋다.
- 화요일에 연가를 쓰든 목요일에 연가를 쓰든 대칭의 형태이므로 동일하게 5일의 연휴가 된다.

문11 일치부합형(법조문형) 난이도 중   정답 ①

문제풀이 핵심 포인트
제시문에 정보가 많은 문제이다. 이때 한 번에 읽으면서 해결한다는 생각보다는, 제시문을 훑어보면서 정보를 적절하게 스키밍한 후, 각 〈보기〉의 정오판단에 필요한 정보를 다시 정확히 확인하고 판단하는 전략을 쓰는 것이 바람직하다.

풀이
ㄱ. (○) 첫 번째 문단 두 번째 문장에 따르면 주민투표법에서 주민투표를 실시할 수 있는 권한은 지방자치단체장만 가지고 있다.

ㄴ. (×) 두 번째 문단 세 번째 문장에 따르면 주민발의를 지방자치단체장에게 청구하려면 선거권이 있는 19세 이상 주민 일정 수 이상의 서명을 받아야 하고, 네 번째 문장에 따르면 청구에 필요한 주민의 수는 지방자치단체의 조례로 정하되 인구가 50만 명 이상인 대도시에서는 19세 이상 주민 총수의 100분의 1 이상 70분의 1 이하의 범위 내에서 정하도록 하고 있다. 따라서 甲시의 조례가 주민발의 청구에 필요한 주민의 수를 어떻게 정하였는지는 알 수 없지만 甲시는 인구 70만 명으로 50만 명 이상의 대도시이므로, 주민발의 청구를 위해서는 19세 이상 주민 총수의 50분의 1 이상 20분의 1 이하의 범위에서 서명을 받아야 하는 것이 아니라 100분의 1 이상 70분의 1 이하의 범위 내에서 서명을 받아야 하도록 조례로 정하고 있을 것이다.

ㄷ. (○) 두 번째 문단 첫 번째 문장에 따르면 주민발의제도는 주민이 직접 조례의 제정 및 개폐를 청구할 수 있는 제도이고, 두 번째 문장에 따르면 주민발의는 지방자치단체장에게 청구하도록 되어 있다. 따라서 주민발의제도에 근거할 때 주민은 조례의 제정 및 개폐에 관한 사항을 지방의회에 대해 직접 청구할 수 없다.

ㄹ. (×) 세 번째 문단 두 번째 문장에 따르면 주민소환 실시의 청구를 위해서는 일정 수 이상 주민의 서명을 받아야 하는데, 세 번째 문장에 따르면 기초자치단체장에 대해서는 100분의 15 이상의 서명을 받아야 주민소환 실시를 청구할 수 있다. 따라서 기초자치단체인 乙시의 丙시장에 대한 주민소환 실시의 청구를 위해서는 선거권이 있는 19세 이상 주민의 100분의 20 이상이 아니라 100분의 15 이상의 서명을 받아야 한다.

문12 일치부합형(텍스트형) 난이도 하   정답 ③

문제풀이 핵심 포인트
제시문에는 파스타의 의미, 종류, 역사, 파스타를 만드는 원료 등의 정보가 포함되어 있다. 각 선택지에서 묻는 내용 위주로 제시문에서 확인하여 빠르게 해결하는 것이 바람직한 문제이다.

풀이
① (×) 두 번째 문단 두 번째 문장에 따르면 속이 빈 원통형인 마카로니는 롱 파스타가 아니라 쇼트 파스타의 한 종류이다.

② (×) 세 번째 문단 두 번째 문장에 따르면 건파스타 제조 방법은 시칠리아인들로부터 아랍인들에게 전수된 것이 아니라, 아랍인들로부터 시칠리아에 전수되어 최초로 생산이 이루어졌다.

③ (○) 두 번째 문단 두 번째 문장에 따르면 라자냐는 롱 파스타의 한 종류이고, 세 번째 문단 첫 번째 문장에 따르면 이탈리아 지역에서는 기원전 1세기경부터 롱 파스타의 한 종류인 라자냐를 먹었다는 기록이 있다.

④ (×) 네 번째 문단 세 번째 문장에 따르면 파스타를 만드는 데 사용하는 세 몰라 가루는 듀럼 밀을 곱게 갈아 만든 것이 아니라 거칠게 갈아 만든 것이며 흰색이 아닌 황색의 가루이다.

⑤ (×) 세 번째 문단 세 번째 문장에 따르면 듀럼 밀은 곰팡이나 해충에 강하지 않고 취약하다.

문 13 일치부합형(텍스트형) 난이도 하   정답 ②

문제풀이 핵심 포인트
각 〈보기〉에서 묻는 바 위주로 제시문에서 확인하면 빠른 해결이 가능한 무난한 문제이다.

풀이

ㄱ. (×) 첫 번째 문단 두 번째 문장에 따르면 인류 역사상 불공정거래 문제는 자급자족경제 시기부터 나타난 것이 아니라, 자급자족경제에서 벗어나 물물교환이 이루어지고 상업이 시작된 시점부터 불공정거래 문제가 나타났다.

ㄴ. (×) 첫 번째 문단 세 번째, 일곱 번째 문장에 따르면 기원전 4세기 아테네의 공정거래 관련법에 규정된 최고형은 벌금형이 아니라 사형이었다.

ㄷ. (○) 두 번째 문단 세 번째 문장에 따르면 영국 에드워드 3세의 공정거래 관련법은 로마의 공정거래 관련법의 영향을 받아 만들어졌다.

ㄹ. (×) 첫 번째 문단 세 번째 문장 이후 내용에 따르면 기원전 4세기 아테네 곡물 중간상 사건은 곡물 입찰가격이 급등하자 모든 곡물 중간상들이 담합하여 동일한 가격으로 응찰함으로써 곡물 매입가격을 크게 하락시켰고, 이를 다시 높은 가격에 판매한 사건이다. 지문에서 곡물 중간상들이 곡물을 1년 이상 유통하지 않았는지에 대해서는 언급하고 있지 않다.

문 14 규칙 정오판단형 난이도 중   정답 ④

문제풀이 핵심 포인트
아무래도 제시문의 길이가 길기 때문에 난도가 있다고 느낄 수 있는 문제이다. A국과 B국의 서로 다른 대기오염 등급 및 경보기준이 제시되어 있으므로, 이의 차이를 명확하게 인식하여 정확하게 각 〈보기〉의 정오를 판단할 수 있어야 한다.

풀이

두 번째 문단 첫 번째 문장에 따르면 A국은 5가지 대기환경지수의 평균값을 통합지수로 한다. 이하의 설명을 위해 A국의 통합지수를 A라고 하면 다음과 같이 정리할 수 있다.

· 5가지 대기오염 물질의 대기환경지수: A_1, A_2, A_3, A_4, A_5

· 통합지수 $= \dfrac{A_1 + A_2 + A_3 + A_4 + A_5}{5} = A$

세 번째 문단 첫 번째 문장에 따르면 B국은 6가지 대기환경지수 중 최댓값을 통합지수로 사용한다. B국의 통합지수를 B라고 하면 다음과 같이 정리할 수 있다.

· 6가지 대기오염 물질의 대기환경지수: B_1, B_2, B_3, B_4, B_5, B_6

· 통합지수 $= Max[B_1, B_2, B_3, B_4, B_5, B_6] = B$

세 번째 문단 두 번째 문장의 예외에 주의한다. 예를 들어 B_1 = 120, B_2 = B_3 = B_4 = B_5 = B_6 = 100이라면 B = 120이지만, B_1 = 120, B_2 = B_3 = 110, B_4 = B_5 = B_6 = 100이라면 B_2와 B_3가 101 이상이므로 가장 높은 대기환경지수 B_1에 20을 더한다. 따라서 B = 140이다.

ㄱ. (○) A국의 통합지수 산정 방법인 대기환경지수의 평균값과 B국의 통합지수 산정 방법인 대기환경지수의 최댓값이 같은 경우라도 각 대기오염물질의 농도가 다를 수 있다. 예를 들어 A_1 = 120, A_2 = 110, A_3 = 100, A_4 = 90, A_5 = 80인 경우 A = 100이다. 그리고 B_1 = 100, B_2 = B_3 = B_4 = B_5 = B_6 = 50인 경우 B = 100이다. 이 경우 A국과 B국의 통합지수는 동일하지만, 각 대기오염 물질의 농도는 다르다.

ㄴ. (×) 예를 들어 B_1 = 160, B_2 = B_3 = 150, B_4 = B_5 = B_6 = 50인 경우 세 번째 문단 두 번째 문장의 예외에 따라 B_2와 B_3가 101 이상이므로 가장 높은 대기환경지수 B_1에 20을 더하여 B=180이 된다. 통합지수가 180 이상이지만 6가지 대기오염 물질의 대기환경지수 중 가장 높은 것이 160 미만이다.

ㄷ. (○) A국이 대기오염 등급을 '해로움'으로 경보한 경우 A는 151~200이지만, 그 정보만으로는 A_1, A_2, A_3, A_4, A_5의 정확한 수치를 알 수 없다.

ㄹ. (○) 경보색깔이 노랑이라면 B국의 경보기준을 따르는 경우 외부활동을 자제할 것이다. B국 국민이 A국에 방문하여 통합지수를 확인한 것이 아니라 경보색깔을 확인한 것임에 유의한다.

🖋 실전에선 이렇게!

〈보기〉ㄹ을 혼동하지 않고 정확하게 이해·해석하여야 한다.

문 15 일치부합형(법조문형) 난이도 하   정답 ②

문제풀이 핵심 포인트
제1항에서 술에 취한 상태에서 운전을 금지하고 있고, 제2항에서는 음주측정을 할 수 있게 하고 있으며, 제3항에서는 제1항 위반 시 처벌 기준을 호의 형식으로 열거하고 있고, 제4항에서는 제1항을 2회 이상 또는 제2항 위반 시 처벌 기준을 규정하고 있다. 제3항과 제4항에 호가 여러 개 있는데, 이를 정확하게 처리할 수 있다면 무난하게 해결할 수 있는 문제이다.

풀이

ㄱ. (×) 처벌의 정도가 더 강할수록 불법의 정도가 큰 것으로 본다. 제3항 제3호의 처벌과 제4항 제2호의 처벌을 비교해본다. 1) 혈중알콜농도 0.05퍼센트의 상태에서 운전을 한 행위는 제1항을 위반한 행위이고, 제3항 제3호의 기준에 따라 6개월 이하의 징역이나 300만 원 이하의 벌금에 처한다. 그리고 1회 적발되었다면 제4항 제1호에 해당하지 않는다. 그리고 제2항에 따르면 운전자는 경찰공무원의 음주측정에 응하여야 하는데 2) 술에 취한 상태에서 운전을 하고 있다고 인정할 만한 상당한 이유가 있는 사람이 경찰공무원의 음주측정을 거부하는 행위는 제4항 제2호에 해당하고, 제4항에 의하면 1년 이상 3년 이하의 징역이나 500만 원 이상 1천만 원 이하의 벌금에 처한다. 2)의 행위가 1)의 행위보다 징역과 벌금의 정도가 더 크므로 2)의 행위가 1)보다 불법의 정도가 크다고 할 수 있다.

ㄴ. (○) 제1항에서는 술에 취한 상태에서 자동차를 운전하는 행위를 금지하고 있고, 제1항 위반에 대한 처벌을 제3항과 제4항 제1호에서 정하고 있으며, 이때 제3항 각 호에서는 혈중알콜농도에 따라 처벌의 정도를 달리하고 있으며, 제1항을 2회 이상 위반한 사람이 다시 적발된다면 제4항에 의하여 제3항 제2호 또는 제3호의 기준에도 불구하고 제3항 제1호와 같은 정도의 처벌을 하도록 하여, 적발된 횟수에 따라 처벌의 정도가 달라질 수 있다.

ㄷ. (×) 제4항에서는 제4항 제1호에 해당하는 경우, 제3항에도 불구하고 처벌 기준을 달리 정하고 있다. 술에 취한 상태에서의 자동차 운전으로 2회 적발된 자가 다시 혈중알콜농도 0.15퍼센트 상태의 운전으로 적발된 경우, 제4항 제1호에 해당하므로 제3항 제2호에 따른 처벌 기준인 6개월 이상 1년 이하의 징역이나 300만 원 이상 500만 원 이하의 벌금이 아니라, 제4항 제1호에 따라 1년 이상 3년 이하의 징역이나 500만 원 이상 1천만 원 이하의 벌금에 처해진다.

문 16 일치부합형(법조문형) 　난이도 하 　 정답 ②

문제풀이 핵심 포인트
각 선택지와 제시문에서 키워드를 잡은 후, 잘 연결되는 키워드부터 해결해 나간다면 무난하게 해결할 수 있는 문제이다. 이때 '성년후견', '피성년후견인의 신상결정', '성년후견인의 선임' 등의 표제를 적절하게 활용하는 것도 좋다.

풀이

제00조를 순서대로 제1조 ~ 제3조라고 한다.

① (×) 제3조 제2항에 따르면 성년후견인의 수는 1인으로 제한되는 것이 아니고, 성년후견인이 선임된 경우에도 가정법원이 필요하다고 인정하면 직권으로 또는 청구권자의 청구에 의하여 추가로 선임할 수 있다.

② (○) 제1조 제1항에서 정하는 성년후견개시의 심판청구권자로 지방자치단체의 장도 포함되어 있으므로, 지방자치단체의 장은 가정법원에 성년후견개시의 심판을 청구할 수 있다.

③ (×) 일용품의 구입행위는 법률행위에 해당하는데, 제1조 제2항에 따르면 성년후견인이 피성년후견인의 법률행위를 취소할 수 있지만, 같은 조 제3항에 따르면 제2항에도 불구하고 성년후견인이 피성년후견인이 행한 일용품 구입행위에 대해 그 대가의 정도와 관계없이 취소할 수 없는 것은 아니고, 일용품의 구입 등 일상생활에서 필요하고 그 대가가 과도하지 아니한 법률행위에 대하여는 취소할 수 없다.

④ (×) 제1조 제1항에 따르면 성년후견개시의 심판은 가정법원이 하며, 제3조 제1항에 따르면 성년후견인은 가정법원이 직권으로 선임한다고 한다. 따라서 가정법원은 성년후견개시의 심판절차에서 직권으로 성년후견인을 선임할 수 있다.

⑤ (×) 제2조 제2항에 따르면 성년후견인이 피성년후견인을 다른 장소에 격리하려는 경우 가정법원의 허가를 받아야 한다. 따라서 성년후견인은 피성년후견인을 치료하기 위해 정신병원에 격리하려는 경우 가정법원의 허가 없이 단독으로 결정하여 격리할 수 없고 가정법원의 허가를 받아야 한다.

문 17 응용형(법조문형) 　난이도 중 　 정답 ③

문제풀이 핵심 포인트
제시문의 내용을 〈상황〉에 적용하여 해결해야 한다. 비용을 어떻게 부담하는지, 어떠한 경우에 철거를 청구할 수 있는지(없는지), 어떠한 경우에 창을 설치할 수 있는지(없는지), 경계로부터 얼마만큼의 거리를 두어야 하는지 등을 제시문에서 확인해야 한다. 이때 표제를 활용하는 것도 좋은 방법이 된다. 甲과 乙이 소유한 토지의 면적비는 600m² : 400m² = 3 : 2 이다.

풀이

제00조를 순서대로 각각 제1조 ~ 제4조라고 한다.

① (×) 제1조 제2항에 따르면 토지의 경계를 정하기 위해 측량을 하는 데 비용은 토지의 면적에 비례하여 부담한다. 따라서 측량비용이 100만 원이 든다면 甲과 乙이 각각 50만 원씩 부담하는 것이 아니라, 甲과 乙 소유의 토지 면적이 각각 600m², 400m²이므로 3 : 2의 비율로 각각 60만 원, 40만 원을 부담한다.

② (×) 제1조 제1항에 따르면 담을 설치하는 경우 그 비용은 쌍방이 절반하여 부담한다. 따라서 통상의 담을 설치하는 비용이 100만 원이라면 甲이 60만 원, 乙이 40만 원을 부담하는 것이 아니라 甲과 乙이 절반씩 각각 50만 원씩 부담한다.

③ (○) 제2조 제1항에 따르면 건축물 축조 시 경계로부터 반미터 이상의 거리를 두도록 하고, 같은 조 제2항에서는 제1항의 규정 위반 시 철거를 청구하거나 손해배상을 청구할 수 있다고 한다. 〈상황〉에서 甲은 A토지에 C건물을 짓고자 하는데 甲이 C건물 축조 시 B토지와의 경계로부터 반미터 이상의 거리를 두지 않았다면 제2조 제1항을 위반한 것이다. 그러나 甲이 C건물을 완성한 경우, 인접지소유자인 乙은 같은 조 제2항 본문에 따라 甲에게 건물의 철거를 청구할 수 없고 제2항 단서에 따라 손해배상만을 청구할 수 있다.

④ (×) 제3조에 따르면 C건물을 B토지와의 경계로부터 2미터 이내의 거리에 축조한다면, 甲은 C건물에 B토지를 향한 이웃 주택의 내부를 관망할 수도 있는 창을 설치할 수 없는 것은 아니고 적당한 차면시설을 하여야 한다.

⑤ (×) 제4조에 따르면 甲이 C건물에 지하 깊이 2미터의 지하실공사를 하는 경우, B토지와의 경계로부터 2미터 이상의 거리를 두어야 하는 것은 아니고 깊이 2미터의 절반인 1미터 이상의 거리를 두어야 한다.

문 18 정확한 계산형 　난이도 하 　 정답 ②

문제풀이 핵심 포인트
〈조건〉과 〈상황〉이 보기 좋게 잘 정리되어 있어 풀기 편한 문제이다. 빠르고 정확하게 해결할 수 있어야 한다.

풀이

甲이 향후 1년 간 자동차를 유지하는 데 소요될 총비용을 구하는 공식은 다음과 같다.

→ 자동차 유지비 = 연 감가상각비 + 연 자동차 보험료 + 연 주유비용

제시문의 2. ~ 4. 항목을 계산해 보면 다음과 같다.

・연 감가상각비

　연 감가상각비 = (자동차 구매비용 − 운행가능기간 종료 시 잔존가치) ÷ 운행가능기간(년)

　　　　　　 = (1,000 − 100) ÷ 10 = 90만 원

· 연 자동차 보험료

구분		차종		
		소형차	중형차	대형차
보험가입시 운전경력	1년 미만	120	150	200
	1년 이상 2년 미만	110	135	180
	2년 이상 3년 미만	100	120	160
	3년 이상	90	105	140

차에는 블랙박스가 설치되어 있으므로, 보험료는 10%가 할인된 108만 원이다.

· 주유비용

계산방법	- 1리터당 10km 운행 가능 - 리터당 비용은 연중 내내 1,500원
상황	- 甲은 매달 500km씩 차를 운행
계산	- 연간 주행거리 : 500km × 12개월 = 6,000km - 연간 연료 사용량 　→ 1리터 : 10km = x리터 : 6,000km 　→ 따라서 연간 연료 사용량은 600리터이다. - 연 주유비용 　→ 1리터 : 1,500원 = 600리터 : y원 　→ 따라서 연 주유비용은 90만 원이다.

따라서 甲이 향후 1년 간 자동차를 유지하는 데 소요될 총비용은 90 + 108 + 90 = 288만 원이다.

🔧 실전에선 이렇게!

· 주유비용을 계산할 때 비례관계만 잘 조정하면 해결이 가능하다.
· 계산 조건을 처리할 때는 강약 처리를 할 수 있으면 좋다.

문19 조건 계산형 난이도 하 정답 ②

문제풀이 핵심 포인트
상대적인 비교를 위한 계산을 한 후 대안비교를 통해 풀이하는 문제이다. 대안비교 문제는 제외조건과 동점 시 처리조건을 잘 처리할 수 있어야 한다. 그리고 점수를 계산할 때는 차이값으로 계산하거나 특정 값을 기준으로 한 ±값으로 계산한다.

풀이

주어진 조건을 정리해보면 다음과 같다.

· 국어, 수학, 영어 3개 과목 평균등급이 2등급(3개 과목 등급의 합이 6) 이내인 자를 선발
· 이 조건을 만족하는 지원자가 여러 명일 경우, 3개 과목 원점수의 합산 점수가 가장 높은 자를 선발

과목별 등급과 원점수 커트라인을 반영하여 등급의 합을 구한 후, 조건을 만족하는 지원자의 원점수의 합산 점수를 계산하면 아래와 같다.

지원자	국어		수학		영어		등급의 합	
	원점수	등급	원점수	등급	원점수	등급	원점수	등급
甲	90	3	96	1	88	3	✕	7
乙	89	3	89	1	89	2	267	6
丙	93	2	84	2	89	2	266	6
丁	79	4	93	1	92	2	✕	7
戊	98	1	60	4	100	1	258	6

원점수의 합을 구할 때는 乙, 丙, 戊의 각 과목별 점수가 90점 이상이거나 90점 미만이므로 90점을 기준으로 하여 계산하면 다음과 같다.

· 乙 : 89 + 89 + 89 = (- 1) + (- 1) + (- 1) = - 3
· 丙 : 93 + 84 + 89 = (+ 3) + (- 6) + (- 1) = - 4
· 戊 : 98 + 60 + 100 = (+ 8) + (- 30) + (+ 10) = - 12

90점을 기준으로 하였기 때문에 세 과목의 합은 270점 기준으로 ±를 하면 쉽게 계산 가능하다. 이때 乙의 원점수 합산 점수가 267점 또는 - 3으로 가장 높음을 알 수 있다.

따라서 2017학년 A대학교 ○○학과 입학 전형 합격자는 乙이다.

🔧 실전에선 이렇게!

· 조건을 정확하게 이해한 후 상대적 계산 스킬을 잘 활용하면 빠르고 정확한 해결이 가능한 문제이다.
· 원점수 성적을 등급으로 변환할 때 사례별(지원자 별) 처리도 가능하고 조건별(과목별) 처리도 가능하다. 개인차가 있을 수 있으므로 어느 방식이 더 편한지 고민해 두어야 한다.

문20 규칙 적용해결형 난이도 하 정답 ④

문제풀이 핵심 포인트
짧은 제시문에서 사업비 지출이 허용되는 요건만 정확히 확인하면 매우 수월하게 해결할 수 있는 문제이다. 이때 '또는'의 해석에 주의한다. 선택지를 활용하면 보다 빠른 해결이 가능한 문제이다.

풀이

제시문에서 사업비 지출이 허용되는 경우는 다음과 같다.

· 원칙: 사용목적이 '사업 운영'인 경우에만 지출 가능
· 예외: 사용목적이 '사업 운영'이 아니더라도 ① 품목당 단가가 10만 원 이하 & 사용목적이 '서비스 제공'인 경우 또는 ② 사용연한이 1년 이내인 경우에 지출 가능

위에서 정리한 조건을 〈필요 물품 목록〉에 적용해 보면 다음과 같다.

품목	단가(원)	사용목적	사용연한
인형탈	120,000	사업 운영	2년
프로그램 대여	300,000	보고서 작성	6개월
의자	110,000	서비스 제공	5년
컴퓨터	950,000	서비스 제공	3년
클리어파일	500	상담일지 보관	2년
블라인드	99,000	서비스 제공	5년

따라서 조건에 해당하는 품목은 인형탈, 프로그램 대여, 블라인드이다.

🔧 실전에선 이렇게!

선택지를 활용해서 푸는 것이 바람직하다. 먼저 원칙에 따를 때 사업목적이 '사업 운영'인 경우 지출이 가능하므로 지출 가능 품목인 인형탈이 없는 선택지 ①, ②, ③은 소거된다. 그리고 사용 연한이 1년 이내인 프로그램 대여는 지출가능 품목이므로 프로그램 대여를 포함하고 있지 않은 선택지 ⑤번도 소거되어 정답이 ④임을 알 수 있다.

문 21 조건 계산형 난이도 중 정답 ③

문제풀이 핵심 포인트

각 테이블 별 주문 내역과 그에 따른 총액이 주어져 있다. 이를 토대로 짜장면 1그릇의 가격을 찾아내야 한다. 짜장면 1그릇의 가격을 구하는 방법이 여러 가지가 있다. 자신에게 맞는 가장 빠르고 정확한 방법을 연습해 두도록 하자.

풀이

〈방법 1〉 공식 도출

계산을 간단하게 하기 위해 각 음식의 첫 글자만 쓰고, 천 원 단위까지만 유효자리로만 나타내보면 다음과 같다.

짜 + 탕 = 17 ⋯ 식 Ⓐ

짬 + 깐 = 20 ⋯ 식 Ⓑ

짜 + 볶 = 14 ⋯ 식 Ⓒ

짬 + 탕 = 18 ⋯ 식 Ⓓ

볶 + 깐 = 21 ⋯ 식 Ⓔ

이때 5개의 테이블에서 총 10개의 음식이 주문되었는데, 5의 음식이 모두 두 번씩 주문되었음을 알 수 있다. 따라서 식을 모두 더하면 2(짜 + 탕 + 짬 + 깐 + 볶) = 90이고 짜 + 탕 + 짬 + 깐 + 볶 = 45이다.

구해야 하는 건 짜장면 1그릇의 가격인데, 다음과 같이 볼 수 있다.

짜 + 탕 + 짬 + 깐 + 볶 = 45

    식 Ⓓ = 18 식 Ⓔ = 21

따라서 짜장면의 가격은 45 − (18 + 21) = 6이다.

〈방법 2〉 식 간 비교

공통인 음식을 바탕으로 차이값을 보는 방법이다.

식 Ⓐ와 식 Ⓓ는 '탕'이 공통이므로 '짜 + 1 = 짬'임을 알 수 있다.

식 Ⓑ와 식 Ⓔ는 '깐'이 공통이므로 '짬 + 1 = 볶'임을 알 수 있다.

이를 종합하면 '짜 + 2 = 볶'이다. 이를 '짜 + 볶 = 14 ⋯ 식 Ⓒ'에 대입하면 짜장면의 가격은 6,000원이다.

〈방법 3〉 선택지 대입

짜장면이 6이라고 하면 짜 + 탕 = 17 ⋯ 식 Ⓐ에서 '탕'은 11

'탕'이 11이라고 하면 짬 + 탕 = 18 ⋯ 식 Ⓓ에서 '짬'은 7

'짬'이 7이라고 하면 짬 + 깐 = 20 ⋯ 식 Ⓑ에서 '깐'은 13

'깐'이 13이라고 하면 볶 + 깐 = 21 ⋯ 식 Ⓔ에서 '볶'은 8

'짜'가 6임을 가정했을 때 '볶'은 8이 되는데 이 경우 짜 + 볶 = 14 ⋯ 식 Ⓒ도 충족한다.

따라서 짜장면의 가격은 6,000원이다.

문 22 경우 확정형 난이도 하 정답 ③

문제풀이 핵심 포인트

확정하기 유형에 해당하는 문제는 고정정보를 찾아내야 문제를 빠르게 해결할 수 있다.

풀이

조건을 정리해 보면 다음과 같다.

	조건	의미
기본 조건	A ~ G 중 2명은 왕자의 부하이다.	7명 중에 2명의 부하를 확정해야 한다.
	왕자의 두 부하는 성별이 서로 다르고, 국적은 동일하다.	남은 6명 중에 2명을 뽑을 때 성별은 서로 다르면서 국적은 동일한 사람으로 선발해야 한다.
세부 조건	B ~ F는 모두 20대이다.	나이 '?(물음표)' 세 개를 포함하여 B ~ F는 모두 20대이고, A와 G만 30대이다.
	A ~ G 중 가장 나이가 많은 사람은 왕자의 부하가 아니다.	가장 나이가 많은 G는 왕자의 부하가 될 수 없다. 이제 G를 제외한 나머지 6명 중에 부하 2명을 확정해야 한다.
	A ~ G 중 여자보다 남자가 많다.	성별 '?(물음표)' 네 개는 모두 남자이다.

〈방법 1〉 기본 방법

두 번째 조건을 통해 B ~ F는 모두 20대임을, 네 번째 조건을 통해 A, B, E, F는 남자임을 알 수 있다.

세 번째 조건에 따라 나이가 가장 많은 G, 다섯 번째 조건에 따라 국적이 홀로 일본인 D는 왕자의 부하가 될 수 없다.

이때 D와 G를 제외하면 여자는 C뿐이고, 다섯 번째 조건에서 두 부하의 성별이 다르다고 했으므로 부하 한 명은 C로고정이 된다. 이에 따라 C와 성별은 다르지만 국적은 동일한 E가 나머지 한 명의 부하임을 알 수 있다.

〈방법 2〉 국적과 성별 중 한쪽으로 접근하기 방법

1) 국적 동일 → 성별 상이

먼저 국적이 동일한 사람을 찾아보면 A, B, F가 한국 국적이고, C와 E가 중국 국적이다. 이때 A(남자), B(남자), F(남자)이므로 한국 국적의 세 명은 모두 남자여서 성별이 다를 수 없다. 반면 중국 국적의 C는 여자이고 E는 남자이므로 왕자의 부하는 C(중국, 여자), E(중국, 남자) 두 명이 된다.

2) 성별 상이 → 국적 동일

성별을 확인하면 C, D는 여자 A, B, E, F는 남자이다. 여자의 국적을 보면 C는 중국 국적, D는 일본 국적이다. 그럼 남자 중에서 여자 부하와 국적이 동일할 수 있는 중국 또는 일본 국적을 찾으면 된다. A, B, F는 한국 국적, E만 중국 국적이므로, 따라서 왕자의 부하는 C(중국, 여자), E(중국, 남자) 두 명이 된다.

〈방법 3〉 제외의 방법 + 선택지활용 방법

제외의 방법으로 고정정보를 찾아내어 해결할 수 있다. 7명의 친구 중에 2명을 빠르게 확정 짓기 위해서는 부하가 될 수 없는 사람을 지워가는 것이 중요하다. 부하가 될 수 있는 친구를 하나씩 지워가면서 부하의 범위를 추려가는 것이다.

1) 7명의 친구 중에서 나이가 가장 많은 G(38살)는 왕자의 부하가 될 수 없다.

2) 두 부하의 국적이 동일해야 하므로 혼자 일본 국적을 가지고 있는 D 역시도 왕자의 부하가 될 수 없다.

3) 이렇게 지우고 나면 여자는 C만 남게 된다. 2명의 부하는 성별이 서로 다르기 때문에 남자 1명, 여자 1명이어야 한다. 따라서 부하 한 명이 C로 고정된다.

4) 선택지를 활용하면 바로 선택지 ③번 C, E가 답이 된다.

5) 나머지 해결: C와 성별은 서로 다르면서 국적은 동일한 E가 나머지 한 명의 부하가 된다.

문 23 경우 확정형 [난이도 중] 정답 ⑤

문제풀이 핵심 포인트
정책팀에 2명, 재정팀에 4명, 국제팀에 1명을 배치해야 하는데 그 중 고정정보를 발견해야 한다.

풀이

조건을 정리해 보면 다음과 같다. 1) 신입직원들은 각자 원하는 부서를 2지망까지 지원, 2) 1, 2지망을 고려하여 이들을 부서에 배치, 3) 먼저 1지망 지원부서에 배치, 4) '요구인원 < 지원인원'인 경우에는 입사성적이 높은 신입직원을 우선적으로 배치, 5) 1지망 지원부서에 배치되지 못한 신입직원은 2지망 지원부서에 배치, 6) 이때 역시 1지망에 따른 배치 후 남은 요구인원 < 지원인원인 경우 입사성적이 높은 신입직원을 우선적으로 배치(지원인원이 많은 경우 항상 성적으로 배치), 7) 1, 2지망 지원부서 모두에 배치되지 못한 신입직원은 요구인원을 채우지 못한 부서에 배치된다.

신입직원	A	B	C	D	E	F	G
입사 성적	82 이상	81	84	78	96	80	93
1지망	국제	국제	재정	국제	재정	정책	국제
2지망	정책	재정	정책	정책	국제	재정	정책

먼저 각 신입직원들의 1지망을 통해 부서를 배치해 보면 다음과 같다.

부서	정책팀	재정팀	국제팀
요구한 인원	2명	4명	1명
1지망	F	C, E	A, B, D, G

정책팀에 F, 재정팀에 C와 E는 1지망에 따라 배치가 완료되고 고정정보가 된다. 반면 국제팀의 요구인원은 1명인데 1지망으로 국제팀에 지원한 지원자가 4명으로 지원자가 더 많다. 이러한 경우에는 입사성적이 높은 신입직원을 우선적으로 배치하는데, 입사성적을 보면 A(82 이상), B(81), D(78), G(93)이므로 입사성적이 높은 신입직원으로 A(82 이상)와 G(93)가 국제팀에 배치될 신입직원으로 경합한다. 두 갈래길이 등장했으므로 두 가지 경우를 모두 따져본다.

〈경우 1〉 A가 국제팀에 배치되는 경우

A가 입사성적이 더 높아 국제팀에 배치되는 경우를 살펴보자. 그럼 나머지 B(81), D(78), G(93)를 2지망에 따라 배치해 주어야 한다.

부서	정책팀	재정팀	국제팀
요구한 인원	2명	4명	1명
1지망	F	C, E	A
2지망	D(78), G(93)	B(81)	

D(78)와 G(93)가 2지망으로 동시에 정책팀을 썼기 때문에, 다시 입사성적에 의해서 성적이 더 좋은 G가 정책팀에 남게 되고, D는 4명의 요구인원 중 3명만 배치되어 자리가 남아있는 재정팀으로 배치된다.

〈경우 2〉 G가 국제팀에 배치되는 경우

입사성적에 의해서 G가 국제팀에 배치되는 경우, 나머지 A(82 이상), B(81), D(78)를 2지망에 따라 배치해 주어야 한다.

부서	정책팀	재정팀	국제팀
요구한 인원	2명	4명	1명
1지망	F	C, E	G
2지망	A(82 이상), D(78)	B(81)	

그 이후 상황은 앞서 A가 국제팀에 배치되었을 때와 크게 다르지 않다. A(82 이상)와 D(78)가 2지망으로 정책팀을 썼기 때문에, 다시 입사성적에 의해서 성적이 더 좋은 A가 정책팀에 남게 되고, D는 4명의 요구인원 중 3명만 배치되어 자리가 남아있는 재정팀으로 배치된다.

① (O) A의 입사성적이 90점이라면 G의 입사성적이 더 높으므로 G가 1지망에 의해서 국제팀에 배치되는 두 번째 경우이다. 이때 A는 2지망에 따라 정책팀에 배치된다.

② (O) A의 입사성적이 95점이라면, A가 G보다 입사성적이 더 높으므로 A가 1지망에 의해서 국제팀에 배치되는 첫 번째 경우이다.

③ (O) 두 가지 경우 모두에서 B는 2지망에 따라 재정팀에 배치된다.

④ (O) C는 1지망에 의해서 재정팀에 배치된다.

⑤ (×) D는 2지망에서 정책팀을 두고 A 또는 G와 경합하게 되는데, 두 경우 모두에서 입사성적이 좋지 않아 밀리게 되고, 두 경우 모두 아직 요구인원 4명이 다 채워지지 못한 재정팀에 배치된다.

실전에선 이렇게!

고정과 가변을 구분해서 해결하면 보다 쉽게 해결할 수 있다.

문 24 조건 계산형 [난이도 중] 정답 ⑤

문제풀이 핵심 포인트
조건에 따를 때 A는 1분 10초, B는 1분 20초, C는 1분 00초, D는 2분 10초간 재생되므로 총 5분 40초의 패턴(= 주기)이 반복된다는 것을 파악하는 것이 핵심이다.

풀이

실질적으로 주기를 따지는 데 필요한 조건만을 정리하면 다음과 같다.

1) 찬우는 A, B, C, D 4개의 곡을 감상하고 있다.
2) A는 1분 10초, B는 1분 20초, C는 1분 00초, D는 2분 10초간 재생된다.
3) 각각의 곡 첫 30초는 전주 부분이다.
4) 재생순서는 처음에 설정하여 이후 변경되지 않고, 곡 당 한번씩 감상한다.
5) 찬우는 13시 20분 00초부터 첫 곡을 듣기 시작했다.
6) 13시 23분 00초에 C가 재생되고 있었다.
7) A를 듣고 있던 어느 한 시점부터 3분 00초가 되는 때에는 C가 재생되고 있었다.
8) 13시 45분 00초에 어떤 곡의 전주 부분이 재생되고 있었다.

〈방법 1〉

조건 5), 6)에 따를 때 곡을 듣기 시작한 후 3분이 지난 시점에 C가 재생되고 있어야 한다. 각 곡의 길이를 짧은 것부터 정렬해 보면, C가 1분 00초, A가 1분 10초, B가 1분 20초, D가 2분 10초이다. 따라서 C가 재생되기 전에 한 곡 또는 두 곡이 재생되었음을 알 수 있다.

이 조건에 따를 때 가능한 경우는 다음 4가지이다.

· 한 곡이 재생된 경우
　① D(2분 10초) - C(1분 00초) - A(1분 10초) - B(1분 20초)
　② D(2분 10초) - C(1분 00초) - B(1분 20초) - A(1분 10초)

· 두 곡이 재생된 경우
　③ A(1분 10초) - B(1분 20초) - C(1분 00초) - D(2분 10초)
　④ B(1분 20초) - A(1분 10초) - C(1분 00초) - D(2분 10초)

이 중 ①, ④는 A가 재생되는 어느 한 시점부터 3분이 지난 시점에는 D가 재생 중이므로 조건 7)을 충족시키지 못한다. ②, ③은 A가 재생되는 어느 한 시점부터 3분이 지난 시점에 C가 재생 중일 수 있다.

남은 ②, ③ 중 조건 8)을 충족시킬 수 있는 것은 ②뿐이다. 4곡이 각 1회씩 재생되는 데 소요되는 시간은 5분 40초이다. 25분째 되는 상황은 5분 40초가 4번 반복되고 2분 20초가 지난 시점이다. ② 또는 ③의 순서로 재생될 때 2분 20초에 어떤 상황인지 보면, ③은 B의 1분 10초째가 재생되고 있으므로 전주 부분이 재생되지 않는다. 따라서 재생된 곡의 순서로 옳은 것은 'D - C - B - A'이다.

〈방법 2〉

찬우가 첫 곡을 듣기 시작한 시각은 13시 20분 00초이고, 주어진 선택지 중 옳지 못한 선택지를 지울 수 있는 조건은 총 세 개가 있다.

· 제약조건 1: 13시 23분 00초에 C가 재생되고 있었다.
· 제약조건 2: A를 듣고 있던 어느 한 시점부터 3분 00초가 되는 때에는 C가 재생되고 있었다.
· 제약조건 3: 13시 45분 00초에 어떤 곡의 전주 부분이 재생되고 있었다.

제약 조건 1에 따를 때 첫 곡을 듣기 시작한 시점부터 3분 뒤에 C가 재생되고 있어야 한다.

그리고 제약 조건 3에 따를 때 첫 곡을 듣기 시작한 시점부터 25분 뒤인 13시 45분 00초에 어떤 곡의 전주 부분이 재생되고 있어야 한다. 첫 곡을 듣기 시작한 시점부터 25분 뒤는 '5분 40초 × 4번 반복 + 2분 20초'이다. 즉 2분 20초에 어떤 곡의 전주 부분이 재생되고 있어야 한다.

이 두 조건을 충족하는지 각 선택지를 검토해 보면, 다음과 같다.

구분	재생순서	3분 뒤 재생곡	2분 20초 뒤 재생 부분
①	A - B - C - D	C곡	B곡, 70초(전주 ×)
②	B - A - C - D	C곡	A곡 60초(전주 ×)
③	C - A - D - B	D곡	D곡, 10초(전주 ○)
④	D - C - A - B	C곡	C곡, 10초(전주 ○)
⑤	D - C - B - A	C곡	C곡, 10초(전주 ○)

이에 따를 때, 3분 뒤 재생곡이 C곡이 아닌 선택지 ③번이 제외되고, 2분 20초 뒤 재생 부분이 재생되지 않는 선택지 ①, ②번이 지워지고 선택지 ④, ⑤번만 남게 된다.

제약조건 2에 따를 때, A를 듣고 있던 어느 한 시점부터 3분 00초가 되는 때에는 C가 재생되고 있어야 하는데 'A - C' 또는 'C - A'처럼 C와 A가 연달아 재생된다면 이 조건을 충족할 수 없다. 또는 '④ D - C - A - B' 순이라면 A곡 재생이 끝난 다음부터 C곡이 재생되기까지는 B곡과 D곡이 재생되어야 하므로 3분 30초가 소요되므로, A를 듣고 있던 어느 한 시점부터 3분 00초가 되는 때에 C가 재생될 가능성은 없다. 따라서 정답은 ⑤번이다.

선택지 ⑤번의 경우 1분 10초짜리인 A곡 재생이 끝난 이후 D가 2분 10초간 재생되고 C가 1분 00초 동안 재생되므로 A를 듣고 있던 어느 한 시점부터 3분 00초가 되는 때에는 C 재생되는 경우가 있다.

🔖 실전에선 이렇게!

· 직접 재생된 곡의 순서를 찾아내는 것(방법 1)보다는 선택지를 활용해서 푸는 것(방법 2)이 바람직하다.
· 초단위로 환산하는 것보다는 60진법을 사용해서 분단위로 계산하는 경우에 보다 빠른 해결이 가능하다.

문제풀이 핵심 포인트

문제를 해결하는 과정에서 관광지를 관광하는 경우가 잘 그려지면서 그 하나하나 경우를 정확하게 따질 수 있어야 해결 가능한 문제이다.
4개의 관광지 궁궐, 분수공원, 박물관, 사찰 중에 갈림길이 적은 궁궐을 실마리로 잡아 경우를 확정해 가야 한다. 다른 세 개의 관광지는 몇 시간씩 되는 관광지 운영시간 중 언제 관광을 해야 할지 결정하기 어렵다. 하지만 궁궐은 10시 또는 14시에만 관광이 가능하다. 궁궐을 10시에 관광하는 경우와 14시에 관광하는 경우로 각각 나누어서 따져보아야 한다.

풀이

주어진 조건을 정리하면 다음과 같다.

· 궁궐, 분수공원, 박물관, 사찰을 하루에 한 번씩 모두 관광한다.
· 각 관광지는 운영시간 외에는 관광할 수 없고, 운영시간은 그림에 주어져 있다.
· 운영시간은 분수공원이 08:30 ~ 17:00, 박물관이 08:45 ~ 17:00, 사찰이 06:30 ~ 18:00이고, 궁궐은 10시, 14시에 시작하는 두 번의 가이드 투어만 가능하다.
· 관광지 간에 이동시간도 그림에 주어져 있다.

경우를 따져보면 다음과 같다.

1) 궁궐을 10시에 관광하는 경우
궁궐을 10시에 관광을 하게 되면 궁궐 관광 전에 관광하는 관광지와 궁궐 관광 후에 관광하는 관광지로 구분해야 한다.
궁궐 관광 전에 관광할 수 있는 건 관광 소요시간 2시간을 고려했을 때 적어도 10시보다는 2시간 전인 8시 전에 관광이 가능한 관광지여야 한다. 그러면 사찰만이 가능하다. 즉, '사찰 - 궁궐' 순이 확정된다. 사찰은 6시부터 관광이 가능하므로 2시간의 관광시간과 이동시간 50분을 고려하더라도 그 이후에 10시부터 시작하는 궁궐 관광이 얼마든지 가능하다.
궁궐 관광을 마치고 나면 12시이고, 그 이후에 남은 관광지인 분수공원과 박물관은 동일하게 17시에 운영시간이 종료된다. 이때 두 곳의 관광소요시간인 2시간 × 2곳 = 총 4시간의 관광시간을 빼고 나면 1시간의 이동시간이 남는다.

1-1) 궁궐 관광 이후에 박물관과 분수공원으로 이동할 경우에 어디부터 가야 할지 갈림길이 등장한다. 둘 중에 박물관부터 갈지 분수공원부터 갈지를 결정해야 한다. 그러면 '궁궐 - 박물관 - 분수공원' 또는 '궁궐 - 분수공원 - 박물관' 순으로 이동하는 두 가지 경로가 나온다.
첫 번째 '궁궐 - 박물관 - 분수공원' 순으로 이동하게 되면 이동시간은 궁궐 → 박물관 23분, 박물관 → 분수공원 40분으로 총 63분의 이동시간이 소요된다. 그럼 이동시간으로 남은 1시간 내에 이동이 불가능하다.

1-2) '궁궐 - 분수공원 - 박물관' 순으로 이동하는 경우에 이동시간은 궁궐 → 분수공원 27분, 분수공원 → 박물관 40분으로 총 67분의 이동시간이 소요된다. 즉 이 두 가지 경로 모두 남은 1시간 내에 이동이 불가능하다.
따라서 궁궐을 10시에 관광하는 경우에 하루에 4개의 관광지를 모두 한 번씩 관람하는 것은 불가능하다.

2) 궁궐을 14시에 관광하는 경우
궁궐을 14시에 관광을 하는 경우에도 궁궐 관광 전에 관광하는 관광지와 궁궐 관광 후에 관광하는 관광지로 구분해야 한다. 궁궐을 14시부터 관람하는 경우에 16시에 관람을 마치게 되는데, 그러면 그 이후에 관광이 가능한 관광지는 없다. 16시부터 이동시간을 고려하지 않고 관광시간만 고려하더라도 2시간이 소요되는데 그 경우 18시까지 운영하는 사찰만 가능하지만 여기에 이동시간을 추가한다면 아무 곳도 관광이 가능하지 않기 때문이다. 따라서 남은 세 곳의 관광지를 모두 궁궐 관광 이전에 관광해야 한다.

그러면 14시 전에 세 곳의 관광지를 모두 관광하려면 관광시간 2시간씩임을 고려했을 때 2시간 × 총 3곳 = 총 6시간의 시간이 필요하다. 즉 이동시간 고려 없이 관광시간만 고려했을 때 적어도 8시부터는 관광을 시작해야 한다. 그렇다면 이 경우 제일 먼저 관광해야 할 곳은 사찰이 된다.

즉, '사찰 – ( ) – ( ) – 궁궐' 순으로 관광을 해야 한다. 괄호 안에 들어갈 수 있는 관광지는 분수공원과 박물관이며, 이 경우에도 마찬가지로 두 번째 괄호에 뭐가 올 수 있는지 생각해 보면 경로가 완성된다.

2-1) 즉, 두 번째 괄호에 분수공원이 오는 경우에 '사찰 – 분수공원 – 박물관 – 궁궐' 순의 경로가 완성되고 또는

2-2) 두 번째 괄호에 박물관이 오는 경우 '사찰 – 박물관 – 분수공원 – 궁궐' 순의 경로가 완성된다.

이때 최대한 빨리 관광을 시작한다고 하면 사찰은 6시부터 관광이 가능하다. 즉 적어도 8시 이전에는 관광을 시작했어야 하니 이동시간으로 총 2시간(총 120분)이 가능하다.

2-1) 경로인 '사찰 – 분수공원 – 박물관 – 궁궐' 순의 경로를 따를 때 사찰 → 분수공원 40분, 분수공원 → 박물관 40분, 박물관 → 궁궐 23분의 이동시간이 소요되어 총 103분의 이동시간이 소요되고, 이는 총 120분 안에 이동이 가능하다. 2-2) 경로인 '사찰 – 박물관 – 분수공원 – 궁궐' 순의 경로를 따를 때 사찰 → 박물관 45분, 박물관 → 분수공원 40분, 분수공원 → 궁궐 27분의 이동시간이 소요되어 총 112분의 이동시간이 소요되고, 이 역시 총 120분 안에 이동이 가능하다.

ㄱ. (○) 가능한 두 가지 경로 모두 사찰에서부터 관광을 시작한다.

ㄴ. (×) 가능한 두 가지 경로 모두 마지막에 궁궐을 관람하게 되고, 궁궐 관람은 14시에 시작하여 16시에 마치게 되므로 마지막 관광을 종료하는 시각은 16시 30분 이전이다.

ㄷ. (○) 가능한 두 가지 경로에서는 박물관과 분수공원의 관광순서가 바뀐다. 따라서 박물관과 분수공원의 관광 순서가 바뀌어도 무방하다.

모바일 자동 채점 및
성적 분석 서비스

PSAT 전문가의 총평

· 텍스트형은 총 8문제 출제되었고, 일치부합형이 6문제, 응용형이 2문제가 출제되었습니다. 법조문형은 총 5문제가 출제되었고, 일치부합형이 1문제, 응용형이 3문제, 계산형이 1문제가 출제되었습니다. 득점포인트 유형은 총 13문제가 출제되었고, 민간경력자 채용에 PSAT가 도입된 초반에는 발문포인트형이 많았다면 점차 발문포인트형의 비중이 줄어들고 발문에 포인트가 없는 문제가 주로 출제되는 경향으로 변화합니다. 그리고 <상황> 박스가 출제되어 단순히 제시문의 이해 수준에서 그치는 것이 아니라 사례에 적용해야 하는 문제들이 출제되기 시작합니다. 계산형은 총 4문제가 출제되었습니다. 4문제 모두 조건 처리를 요하는 문제가 특징적이었습니다. 규칙형도 총 4문제가, 경우형도 총 4문제가 출제되어 세 유형의 밸런스가 비슷해진 경향을 보였습니다. 최근 득점포인트 유형이 10문제 이하로 출제되고, 핵심유형에 해당하는 계산, 규칙, 경우형의 문제가 각각 5문제에서 ±가 된다는 점에서 최근과 유사한 출제 비중을 보이기 시작하였습니다.

· 텍스트형에 해당하는 문제 중 응용형에 해당하는 1번 문제는 정보를 처리하면서 온돌의 구조가 그려지지 않으면 해결이 쉽지 않은 문제였습니다. 14번 문제도 마찬가지로 정보를 처리하면서 여러 면적 간 포함관계가 파악되지 않으면 해결은 쉽지 않았을 것입니다. 3번 문제와 13번 문제는 용어가 복잡해지면 처리가 힘들어지는 수험생의 경우는 해결이 쉽지 않은 문제였습니다. 비슷한 포인트로 어려운 문제가 각 10문제 세트에서 3번에 배치되었다는 점에 의의가 있습니다. 법조문형의 6번 문제는 <사례(=상황)>가 등장한 계산 문제여서 제시문의 내용을 상황에 적용하여 최대 손해배상액을 계산해야 하기에 까다롭게 생각하는 수험생이 많았습니다. 7번 문제로는 5급이나 입법고시 기출에서는 종종 출제되던 상속의 소재가 활용되었습니다. 계산형의 4문제는 문제마다 난이도 차이가 있기는 하지만 계산형에 속하는 4문제 모두 조건 처리를 요구하는 문제였습니다. 다소 수월하게 처리할 수 있는 2문제와 변별력 있는 난도의 2문제가 출제되었습니다. 규칙형에 해당하는 4문제 중 단순확인형인 한 문제의 난도는 낮고, 정오판단형에 해당하는 2문제는 해결이 꽤 까다로웠습니다. 경우형에 해당하는 4문제는 4문제 중 앞쪽에 배치된 두 문제는 해결이 어렵지 않은 반면, 뒤쪽에 배치된 두 문제는 킬러문항이라고 볼 수 있는 정도의 난도를 보입니다. 핵심유형에 해당하는 계산형, 규칙형, 경우형에서 모두 4문제씩 출제되면서 세 유형 모두 2문제는 수월하게 출제되고, 2문제는 변별력 있는 난이도가 있는 문제로 출제된 것이 매우 특징적이었습니다.

정답

p.158

문1	④	일치부합형 (텍스트형)	문6	③	법계산형	문11	①	응용형 (텍스트형)	문16	⑤	응용형 (법조문형)	문21	⑤	규칙 적용해결형
문2	②	일치부합형 (텍스트형)	문7	②	응용형 (법조문형)	문12	④	일치부합형 (텍스트형)	문17	⑤	조건 계산형	문22	③	경우 확정형
문3	⑤	일치부합형 (텍스트형)	문8	①	조건 계산형	문13	④	일치부합형 (텍스트형)	문18	②	조건 계산형	문23	②	규칙 정오판단형
문4	③	규칙 단순확인형	문9	③	응용형 (텍스트형)	문14	③	응용형 (텍스트형)	문19	①	조건 계산형	문24	⑤	경우 확정형
문5	④	응용형 (법조문형)	문10	④	경우 파악형	문15	①	일치부합형 (법조문형)	문20	①	경우 파악형	문25	④	규칙 정오판단형

취약 유형 분석표

유형별로 맞힌 문제 개수와 정답률, 틀린 문제 번호, 풀지 못한 문제 번호를 적고 나서 취약한 유형이 무엇인지 파악해 보세요. 그 후 약점 보완 해설집 p.2 [취약 유형 공략 포인트]에서 약점 보완 학습법을 확인하고, 틀린 문제와 풀지 못한 문제를 다시 한번 풀어보세요.

유형		맞힌 문제 개수	정답률	틀린 문제 번호	풀지 못한 문제 번호
텍스트형	발문 포인트형	–	–		
	일치부합형	/5	%		
	응용형	/3	%		
	1지문 2문항형	–	–		
	기타형	–	–		
법조문형	발문 포인트형	–	–		
	일치부합형	/1	%		
	응용형	/3	%		
	법계산형	/1	%		
	규정형	–	–		
	법조문소재형	–	–		
계산형	정확한 계산형	–	–		
	상대적 계산형	–	–		
	조건 계산형	/4	%		
규칙형	규칙 단순확인형	/1	%		
	규칙 정오판단형	/2	%		
	규칙 적용해결형	/1	%		
경우형	경우 파악형	/2	%		
	경우 확정형	/2	%		
TOTAL		/25	%		

해설

문1 일치부합형(텍스트형) | 난이도 중 | 정답 ④

문제풀이 핵심 포인트
제시문을 통해 온돌의 구조가 어느 정도 그려져야 수월하게 해결할 수 있는 문제이다.

풀이

제시문의 내용에 따라 온돌의 구조를 단순하게 그려보면 다음과 같다.

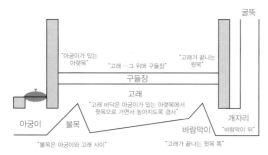

① (×) 세 번째 문단 첫 번째 문장에 따르면 '불목은 아궁이와 고래 사이'에 있고, 네 번째 문장에 따르면 '고래가 끝나는 윗목 쪽에도 바람막이'라는 턱이 있다고 한다. 그리고 두 번째 문단 네 번째 문장에서 '고래 바닥은 아궁이가 있는 아랫목에서 윗목으로'라고 하여 고래는 아궁이에 가까운 쪽이 아랫목, 먼 쪽이 윗목이다. 그리고 네 번째 문단 첫 번째 문장에서 개자리는 바람막이 뒤에 있다고 한다. 이상의 문장들을 조합하면 아궁이를 가장 왼쪽에 배치하였을 때 아궁이 → 불목 → 고래 → 바람막이 → 개자리 순이다. 아궁이는 불목과 개자리 사이에 있지 않다.

② (×) 두 번째 문단 네 번째 문장에 따르면 고래 바닥은 아랫목에서 윗목으로 갈수록 높아지도록 경사를 주었다.

③ (×) 네 번째 문단 세 번째 문장에 따르면 개자리는 굴뚝으로 빠져나가는 열기와 연기를 잔류시켜 윗목의 열기를 유지하는 기능을 하고, 깊을수록 열기와 연기를 머금는 용량이 커진다고 한다. 따라서 개자리가 깊을수록 윗목의 열기를 유지하기 어렵지 않을 것이다.

④ (○) 선택지 ①에서 살펴본 바와 같이 온돌의 구조는 아궁이를 기준으로 아궁이 → 불목 → 고래 → 바람막이 → 개자리 순이다. 불목은 아랫목 쪽에 가깝고, 바람막이는 윗목 쪽에 가깝다.

⑤ (×) 세 번째 문단 세 번째 문장에 따르면 아궁이에서 타고 남은 재가 고래 안에 들어가지 못하도록 하는 기능을 하는 것은 바람막이가 아니라 불목이다.

문2 일치부합형(텍스트형) | 난이도 하 | 정답 ②

문제풀이 핵심 포인트
각 〈보기〉에서 묻는 내용 위주로 제시문에서 확인하면 어렵지 않게 빠른 해결이 가능한 문제이다.

풀이

ㄱ. (×) 첫 번째 문단 두 번째 문장에 따르면 동아시아 유교 문화권에서 청백리를 선발하는 제도는 고려에서가 아니라 중국에서 처음 시작되었다.

ㄴ. (○) 두 번째 문단 첫 번째 문장, 두 번째 문장에 따르면 조선시대에 염근리로 선발된 사람은 국가에 의해 선발되어 청백리 대장에 이름이 올랐던 사람이고, 죽은 후에 청백리라고 불렸을 것이다.

ㄷ. (○) 두 번째 문단 다섯 번째 문장에 따르면 조선시대에 관리가 장리 대장에 수록되면 본인은 관직생활에 불이익을 받고, 그 자손까지 과거를 보는 것이 허용되지 않는 영향을 받았음을 알 수 있다.

ㄹ. (×) 세 번째 문단 네 번째 문장에 따르면 어떤 때는 사헌부, 사간원 등에서 후보자를 의정부에 추천하기도 하였다고 하므로, 조선시대에 예조의 추천을 받지 못한 사람이라도 사헌부 등의 추천을 받아 청백리가 될 수 있었음을 알 수 있다.

문3 일치부합형(텍스트형) | 난이도 하 | 정답 ⑤

문제풀이 핵심 포인트
제시문은 철도와 모노레일을 비교한 후, 모노레일의 변화과정을 통시적으로 설명하고 있는 글이다. 이때 용어가 다소 어렵게 느껴질 수 있으므로 용어에 신경 쓰면서 제시문을 읽어야 한다.

풀이

① (×) 세 번째 문단 두 번째 문장에 따르면 1958년에 베너그렌은 알베그식 모노레일을 기존의 강철레일·강철바퀴 방식에서 콘크리트 빔·고무타이어 방식으로 개량하였다고 한다. 따라서 콘크리트 빔·고무타이어 방식은 1960년대 이전에 개발되었음을 알 수 있다.

② (×) 두 번째 문단 두 번째 문장에 따르면 1901년 독일에 등장한 현수장치를 사용하는 모노레일은 본격적인 운송수단으로서의 역할을 하였다고 한다. 따라서 독일에서 모노레일이 본격적인 운송수단 역할을 수행한 것은 1950년대부터가 아니라 1900년대임을 알 수 있다.

③ (×) 첫 번째 문단 첫 번째 문장에 따르면 종래의 철도는 강철레일 위를 강철바퀴 차량이 주행하는 것이지만, 세 번째 문장에 따르면 강철바퀴 차량이 주행하는 모노레일도 있다고 하므로 주행에 강철바퀴가 이용되느냐의 여부에 따라 종래의 철도와 모노레일이 구분되는 것은 아니다.

④ (×) 두 번째 문단 첫 번째, 두 번째 문장에 따르면 아일랜드의 밸리뷰니온사는 오를레앙 교외가 아니라 독일 부퍼탈시에 전철교식 복선 모노레일을 건설하였다.

⑤ (○) 세 번째 문단 첫 번째 문장에 따르면 베너그렌이 개발한 알베그식 모노레일이 완성된 것은 1957년이고, 네 번째 문단 두 번째 문장에 따르면 오를레앙 교외에 사페즈식 모노레일 시험선이 건설된 것은 1960년이다. 베너그렌이 개발한 알베그식 모노레일이 사페즈식 모노레일 시험선보다 먼저 완성되었다.

문4 규칙 단순확인형 _{난이도} 하   정답 ③

문제풀이 핵심 포인트

지문에 표로 제시되어 있는 마크들을 위에서부터 순서대로 각각 마크ⅰ) ~ ⅳ)라고 한다. 마크ⅰ)의 이용조건의 의미에서 '일정한 조건'이란 마크 ⅱ) ~ ⅳ)에서 설명하는 조건들을 말한다. 예를 들어 마크ⅰ), ⅱ)가 함께 표시되어 있다면 공공저작물의 출처를 표시하는 조건하에 자유롭게 이용할 수 있다는 의미이다.

풀이

〈사례〉의『환경백서』에는 마크ⅰ), ⅱ), ⅳ)가 함께 표시되어 있다. 따라서 해당 공공저작물은 출처를 표시하고 변경하지 않는 조건 하에 자유롭게 이용할 수 있다.

① (×) 출처를 표시하지 않는 것은 마크ⅱ)의 이용조건에 부합하지 않는다. 사진저작물과 그 설명문을 그대로 보고서에 수록하는 행위는 해당 공공저작물을 변경하지 않은 것으로 마크ⅳ)의 이용조건에 부합한다.

② (×) 사진저작물의 색상을 다른 색상으로 변형하여 이를 보고서에 수록하는 행위는 마크ⅳ)의 이용조건에 부합하지 않는다.

③ (O) 상업적인 목적으로 보고서를 작성하면서 출처를 표시하는 것은 마크 ⅱ)의 이용조건에 부합하고, 사진저작물과 그 설명문을 그대로 수록하는 행위는 해당 공공저작물을 변경하지 않은 것으로 마크ⅳ)의 이용조건에 부합한다.

④ (×) 마크ⅲ)이 표시되어 있지 않으므로 마크ⅲ)의 이용조건에 따라 비상업적인 목적으로 해당 공공저작물을 이용할 수 있다. 그러나 사진저작물을 다른 사진과 합성하여 수록하는 행위는 해당 공공저작물을 변경하는 것으로 마크ⅳ)의 이용조건에 부합하지 않는다.

⑤ (×) 출처를 표시하는 것은 마크ⅱ)의 이용조건에 부합한다. 그러나 사진저작물의 설명문을 영어로 번역하여 그 사진저작물과 번역문을 보고서에 수록하는 행위는 해당 공공저작물을 변경하는 것으로 마크ⅳ)의 이용조건에 부합하지 않는다.

문5 응용형(법조문형) _{난이도} 하   정답 ④

문제풀이 핵심 포인트

발문에 '동산 X를 甲, 乙, 丙 세 사람이 공유하고 있다'는 상황이 주어져 있다. 이 정보와 제시문을 통해 각 〈보기〉의 정오를 판단해야 하는 문제이다.

풀이

제00조를 순서대로 제1조 ~ 제5조라고 한다.

ㄱ. (O) 발문에 따르면 동산 X를 甲, 乙, 丙 세 사람이 공유하고 있다. 그리고 제1조 제2항에 따르면 공유자의 지분은 균등한 것으로 추정한다. 따라서 동산 X의 공유자인 甲, 乙, 丙의 지분은 각자 균등하게 1/3씩인 것으로 추정된다.

ㄴ. (O) 제4조 단서에 따르면 보존행위는 공유자 각자가 할 수 있다. 甲은 X에 대한 보존행위를 단독으로 할 수 있다.

ㄷ. (×) 제2조에 따르면 공유자는 자신의 지분을 다른 공유자의 동의 없이 처분할 수 있다. 따라서 甲이 X에 대한 자신의 지분을 처분하기 위해서는 乙과 丙의 동의를 얻어야 하는 것은 아니다. 제2조와 대비되게 제3조에 따르면 공유자가 공유물을 처분하기 위해서는 다른 공유자의 동의가 필요하다.

ㄹ. (O) 제5조에 따르면 공유자가 상속인 없이 사망한 때에는 그 지분은 다른 공유자에게 각 지분의 비율로 귀속한다. 따라서 甲이 상속인 없이 사망한 경우, 동산 X에 대한 甲의 지분은 다른 공유자인 乙과 丙에게 각 지분의 비율에 따라 귀속된다.

문6 법계산형 _{난이도} 중   정답 ③

문제풀이 핵심 포인트

제시문을 통해 손해배상 청구와 관련한 내용을 이해한 후 이를 〈사례〉에 적용하여 甲이 乙에게 지급을 청구하여 받을 수 있는 최대 손해배상액을 계산해 내야 한다.

풀이

〈사례〉에서 乙의 손해배상 사유를 순서대로 검토해보면 다음과 같다.

· 우선 乙의 과실로 인해 X건물 리모델링의 완료가 30일이 지연되었다. 그리고 공사도급계약의 다섯 번째 동그라미, 손해배상액의 예정에 공사기간 내에 X건물의 리모델링을 완료하지 못할 경우, 지연기간 1일당 공사대금 1억 원의 0.1%를 乙이 甲에게 지급하기로 하였다. 두 번째 문단 두 번째 문장에 따르면 손해배상액의 예정이 있으면 채권자는 예정된 배상액을 청구할 수 있다고 한다. 〈사례〉에 따르면 甲은 500만 원의 손해를 입었지만, 두 번째 문단 두 번째 문장에 따르면 실손해액이 예정액을 초과하더라도 그 초과액을 배상받을 수는 없다.

따라서 甲은 X건물 리모델링의 완료가 지연된 사유로 지연기간 30일에 대하여 지연기간 1일당 공사대금 1억 원의 0.1%인 10만 원을 청구할 수 있다. 즉, 30일 × (1억 원 × 0.1%) = 300만 원을 청구하여 받을 수 있다.

· 〈사례〉에 따르면 乙이 고의로 불량자재를 사용하여 부실공사가 이루어졌고, 이로 인해 甲은 1,000만 원의 손해를 입었다고 한다. 두 번째 문단 세 번째 문장에 따르면 손해배상액을 예정한 사유가 아닌 다른 사유로 발생한 손해에 대해서는 손해배상액 예정의 효력이 미치지 않으므로, 이로 인한 손해를 배상받으려면 네 번째 문장에 따라 손해의 발생사실과 손해액을 증명해야 한다. 〈사례〉에서는 해당 손해발생사실과 손해액을 증명하였다고 하므로 甲은 1,000만 원을 청구하여 받을 수 있다.

따라서 甲이 乙에게 지급을 청구하여 받을 수 있는 최대 손해배상액은 300만 원 + 1,000만 원 = 1,300만 원이다.

문7 응용형(법조문형) _{난이도} 하   정답 ②

문제풀이 핵심 포인트

'상속'은 빈출되는 소재 중 하나이다. 기출분석을 통해 어느 정도 대비가 되어 있어야 하는 문제이다.

풀이

· 첫 번째 문단: 현행법상 상속

1순위	직계비속	
2순위	직계존속	배우자
3순위		

・두 번째 문단: 상속법 개정안

상속재산의 50%	상속재산의 나머지 50%		
배우자	1순위	직계비속	배우자
	2순위	직계존속	
	3순위		

두 경우 모두 상속재산을 배우자에게 직계존속·직계비속보다 50%를 더 주도록 정하고 있다.

〈사례〉에서 A는 甲의 직계존속, B는 배우자, C, D는 직계비속이다. 첫 번째 문단 세 번째 문장에 따르면 E는 사산되어 출생하지 못한 경우를 제외하고 직계비속으로서 상속인이 된다. 현행법에 의해서든 개정안에 의해서든 C, D가 있는 한 A는 상속인이 되지 못한다.

① (×) 현행법에 의하면, E가 출생한 경우 甲이 남긴 9억 원의 상속재산에 대해 B, C, D, E 각각 1.5:1:1:1의 비율로 상속이 이루어진다. 정수로 변환하면 3:2:2:2의 비율로 상속이 이루어지는 것이므로 B는 전체 상속재산의 3/9, 약 33.3%의 상속분을 갖게 된다.

② (○) 개정안에 의하면, E가 출생한 경우 甲이 남긴 9억 원의 상속재산에 대해 두 번째 문단 두 번째 문장에 따라 상속재산의 절반을 배우자에게 우선 배분한다. 즉, 4억 5천만 원을 B에게 우선 배분하고 나머지 4억 5천만 원에 대해서 B, C, D, E 각각 3:2:2:2의 비율로 상속이 이루어진다. 4억 5천만 원의 3/9은 1억 5천만 원이므로 B는 4억 5천만 원 + 1억 5천만 원 = 6억 원을 상속받게 된다. 전체 상속재산의 6/9이다.

③ (×) 현행법에 의하면, E가 사산된 경우 甲이 남긴 9억 원의 상속재산에 대해 B, C, D 각각 1.5:1:1의 비율로 상속이 이루어진다. 정수로 변환하면 3:2:2의 비율로 상속이 이루어지는 것이므로 B는 전체 상속재산의 3/7, 약 3억 8천 5백만 원을 상속받게 된다. 9억 원의 3/9이 3억 원이므로 3/7은 3억 원 이상이라는 것을 빠르게 판단한다.

④ (×) 개정안에 의하면, E가 사산된 경우 甲이 남긴 9억 원의 상속재산에 대해 절반을 배우자에게 우선 배분한다. 4억 5천만 원을 B에게 우선 배분하고 나머지 4억 5천만 원에 대해서 B, C, D 각각 3:2:2의 비율로 상속이 이루어진다. 4억 5천만 원의 3/7은 약 1억 9천 3백만 원이므로 B는 약 6억 4천 3백만 원을 상속받게 된다. 전체 상속재산의 5/7이다. 상속재산의 절반인 4억 5천만 원이 4억 원 이상이므로 빠르게 판단할 수 있다.

⑤ (×) E가 출생한 경우, 현행법에 의하면 전체 상속재산의 3/9, 개정안에 의하면 전체 상속재산의 6/9을 상속받게 되므로 상속받게 되는 금액은 100% 증가한다. E가 사산된 경우, 현행법에 의하면 전체 상속재산의 3/7, 개정안에 의하면 전체 상속재산의 5/7를 상속받게 되므로 상속받게 되는 금액은 50% 이상 증가한다.

🖊 실전에선 이렇게!

선택지 ①의 경우 1.5:1:1:1의 비율을 정수 단위인 3:2:2:2로 변환하고 해당 숫자들을 모두 더한 9를 분모로, B의 비율인 3을 분자로 하여 3/9을 구한 것이다. 그리고 선택지 ②의 경우 B에게 상속재산의 50%를 먼저 배분하므로 3:2:2:2의 비율로 배분되는 상속분과 B가 먼저 배분받는 상속분이 같다. 따라서 B에게 9만큼 먼저 배분하고 다시 3만큼을 배분하는 것이다. 그러므로 9 + 9 = 18을 분모로, B의 비율인 9 + 3 = 12를 분자로 하여 12/18 = 6/9을 구한 것이다. 선택지 ④의 경우를 예를 들어 다시 생각해보면 B에게 상속재산의 50%를 먼저 배분하므로 3:2:2의 비율로 배분되는 상속분과 B가 먼저 배분받는 상속분이 같다. 따라서 B에게 7만큼 먼저 배분하고 다시 3만큼을 배분하는 것이다. 그러므로 7 + 7 = 14를 분모로, B의 비율인 7 + 3 = 10을 분자로 하여 10/14 = 5/7를 구한 것이다.

문8 조건 계산형   난이도 ⓗ   정답 ①

문제풀이 핵심 포인트
제시된 조건은 연산자 A, B, C, D이므로 계산 방법에 대해 정확하게 이해해야 한다. 이때, 단서 조건이 있으므로 주의한다.

풀이

조건을 파악하기 위해 〈설명〉에 주어진 내용을 정리하면 다음과 같다.

연산자	일반	단서조건
A	좌우에 있는 두 수를 더한다.	단, 더한 값이 10 미만이면 좌우에 있는 두 수를 곱한다.
B	좌우에 있는 두 수 가운데 큰 수에서 작은 수를 뺀다.	단, 두 수가 같거나 뺀 값이 10 미만이면 두 수를 곱한다.
C	좌우에 있는 두 수를 곱한다.	단, 곱한 값이 10 미만이면 좌우에 있는 두 수를 더한다.
D	좌우에 있는 두 수 가운데 큰 수를 작은 수로 나눈다.	단, 두 수가 같거나 나눈 값이 10 미만이면 두 수를 곱한다.

연산순서: 연산은 '( )', '{ }'의 순으로 한다.

이에 따라 연산 순서와 연산 결과를 정리하면 다음과 같다.

・연산순서

{(1 A 5) B (3 C 4)} D 6
   ①   ③   ②   ④

・연산결과

순서	수식	계산방법	결괏값
①	(1 A 5)	좌우 두 수를 더하면 6으로 10미만이므로, 단서조건에 해당한다. 따라서 두 수를 곱한다.	5
②	(3 C 4)	좌우 두 수를 곱하면 12이다. 두 수를 곱한 값이 10 미만이 아니므로 단서조건에 해당하지 않는다.	12
③	(5 B 12)	좌우 두 수 가운데 큰 수(12)에서 작은 수(5)를 뺀다. 이때 두 수를 뺀 값이 7로 10 미만이어서 단서조건에 해당하므로 두 수를 곱한다.	60
④	(60 D 6)	좌우에 있는 두 수 가운데 큰 수(60)를 작은 수(6)로 나눈다. 나눈 값이 10이므로 단서조건에 해당하지 않는다.	10

따라서 결괏값은 10이다.

🖊 실전에선 이렇게!

계산유형에서 일반적으로 계산이 중요하다고 생각하지만, 계산에 활용되는 주어진 조건을 명확하게 이해하는 것이 선행되어야 한다.
・정보를 처리할 때는 시각화, 조건의 grouping 등을 활용하여 효율적으로 처리한다.
・주어진 조건을 정확히 파악하여야만이 정확한 계산 결괏값을 도출할 수 있음을 명심해야 한다. 조건을 빼먹는다면 문제를 풀고도 틀릴 수밖에 없다. 특히 단서조건을 놓치지 않도록 주의하자.
・각주도 놓치지 말고 잘 처리해야 한다.
・기타유형의 경우에는 발문에서 정보나 규칙, 문제를 해결할 수 있는 힌트를 언급하는 경우도 많다. 발문을 대충 읽지 않도록 주의하자.

문제풀이 핵심 포인트

제시문에서 A국 사람들이 한 손으로 숫자를 표현하는 방식을 이해한 후, 이를 〈상황〉에 적용하여 각 〈보기〉의 정오를 정확하게 판단할 수 있어야 한다. 이때 적절하게 입증사례, 반증사례를 찾아낼 수 있어야 한다.

풀이

제시문의 내용을 정리해 보면 다음과 같다. 상인이 금액을 표현할 때는 '숫자＝물건의 가격'인 반면, 甲은 A국 사람의 숫자 표현법을 제대로 이해하지 못하여 '펼친 손가락 개수＝물건의 가격'으로 인식한다는 것을 파악하는 것이 핵심이다. 이때 손가락은 최대 5개까지 펼칠 수 있으므로 甲이 인식할 수 있는 물건의 가격의 최댓값도 5원이다.

- 손가락은 최대 5개 펼칠 수 있으므로 갑이 지불하려는 금액은 최대 5원이다.
- 펼친 손가락 개수가 3개일 때는 숫자 3 또는 7을 표현할 때이다. 따라서 물건의 가격은 최대 7원이다.
- 물건의 가격이 5원 이하일 경우 물건의 가격과 甲이 지불하려는 금액이 동일하다. 물건의 가격이 6원 이상일 경우 물건의 가격과 甲이 지불하려는 금액이 차이가 난다.

물건의 가격 (＝숫자)	펼친 손가락 개수 (＝甲이 인식하는 물건의 가격)	차이
6	2	4
7	3	4
8	2	6
9	1	8
10	2	8

- 따라서 물건의 가격과 甲이 지불하려는 금액이 8원만큼 차이가 난다면, 물건의 가격은 9원이거나 10원이다.

ㄱ. (○) 물건의 가격과 甲이 지불하려는 금액이 일치했다면, 물건의 가격은 5원 이하임을 알 수 있다.

ㄴ. (○) 상인이 손가락 3개를 펼쳤다면, 물건의 가격은 최대 7원임을 알 수 있다.

ㄷ. (○) 물건의 가격과 甲이 지불하려는 금액이 8원만큼 차이가 난다면, 물건의 가격은 9원이거나 10원임을 알 수 있다.

ㄹ. (×) 물건의 가격이 5원 이하일 경우, 물건의 가격과 甲이 지불하려는 금액이 항상 동일하므로 가격과 지불 금액은 동일함을 알 수 있다. 또한 물건의 가격이 6원 이상인 경우, 펼친 손가락 개수는 무조건 5개 이하이므로 숫자보다 펼친 손가락 개수가 항상 적다. 따라서 甲이 물건의 가격을 초과하는 금액을 지불하려는 경우는 발생할 수 없음을 알 수 있다.

문10 경우 파악형   난이도 하   정답 ④

문제풀이 핵심 포인트

C는 甲과 乙 모두에게 이길 수 있는 확률이 0.6 이상이므로 C가 중복해서 출전하는 일이 없도록 유의해야 한다.

풀이

주어진 조건을 정리해 보면 다음과 같다.

- 시합은 일대일 대결로 총 3라운드로 진행된다.
- 제약조건 1: 한 명의 선수는 중복 없이 하나의 라운드에만 출전할 수 있다.
- 제약조건 2: 각 라운드별로 호랑이바둑기사단에서 출전할 선수는 정해져 있고, 사자바둑기사단은 각 라운드마다 이길 수 있는 확률이 0.6 이상이 되도록 7명의 선수(A~G) 중 3명을 선발한다.
- 이 두 가지 제약조건에 맞춰서 출전선수 조합을 할 수 있어야 한다.

호랑이바둑기사단은 1라운드에는 甲을, 2라운드에는 乙을, 3라운드에는 丙을 출전시키고, 사자바둑기사단은 각 라운드별로 이길 수 있는 확률이 0.6 이상이 되도록 7명의 선수(A~G) 중 3명을 선발하므로, 〈표〉에 제시된 A~G가 甲, 乙, 丙에 대하여 이길 수 있는 확률을 반영했을 때, 각 라운드 별로 출전할 수 있는 선수는 다음과 같다.

선수	甲	乙	丙
A	0.42	0.67	0.31
B	0.35	0.82	0.49
C	0.81	0.72	0.15
D	0.13	0.19	0.76
E	0.66	0.51	0.59
F	0.54	0.28	0.99
G	0.59	0.11	0.64

1라운드에는 C, E, 2라운드에는 A, B, C, 3라운드에는 D, F, G가 출전 가능하다. 이때 이길 수 있는 확률상 C가 1라운드와 2라운드에 모두 출전 가능하므로, 중복해서 출전하지 않도록 주의해야 한다. 갈림길이 적은, 즉 나뉘는 경우의 수가 적은 1라운드부터 먼저 고려하여 경우의 수를 따져보면 다음과 같다. 1라운드에는 C가 출전하거나 E가 출전하거나 두 가지 경우로 나뉜다.

〈경우 1〉 1라운드에 C가 출전하는 경우: 2라운드에 C가 출전할 수 없다.

1라운드: 甲	2라운드: 乙	3라운드: 丙
C	A	D
		F
		G
	B	D
		F
		G

1라운드에 C가 출전하면, 2라운드에서는 C를 제외한 A와 B가 출전가능하고, 각 경우에 3라운드에서는 D, F, G가 모두 출전할 수 있다. 따라서 경우의 수는 2×3＝6(가지)이다.

〈경우 2〉 1라운드에 E가 출전하는 경우: 2라운드에 C가 출전할 수 있다.

1라운드: 甲	2라운드: 乙	3라운드: 丙
E	A	D
		F
		G
	B	D
		F
		G
	C	D
		F
		G

2016 해커스PSAT 7급+민경채 PSAT 16개년 기출문제집 상황판단

1라운드에 E가 출전하면, 2라운드에 A, B, C 모두 출전가능하고, 3라운드에 출전하는 D, F, G와도 중복되지 않으므로, 아무런 제약조건 없이 자유롭게 모두 출전할 수 있다. 따라서 경우의 수는 3 × 3 = 9(가지)이다.

따라서 출전선수 조합의 총 가짓수는 6 + 9 = 15가지이다.

실전에선 이렇게!

출전가능한 전체 경우의 수 2 × 3 × 3 = 18가지에서 C가 중복해서 출전하는 경우의 수 3가지를 제외한 15가지로 경우의 수를 세는 방법이 훨씬 간단하다.

문 11 응용형(텍스트형) 난이도 하 　　　　정답 ①

문제풀이 핵심 포인트
제시문에서는 설탕, 사카린, 아스파탐에 대한 정보를 담고 있다. 각 선택지에서 묻는 바를 제시문에서 확인하면 어렵지 않게 해결할 수 있는 문제이다.

풀이

① (○) 두 번째 문단 두 번째 문장, 세 번째 문단 첫 번째 문장에 따르면 사카린과 아스파탐은 설탕보다 각각 500배, 200배 정도 당도가 높고, 설탕보다 당도가 500배 정도 높은 사카린은 약 200배 높은 아스파탐보다 당도가 높다.

② (×) 두 번째 문단 첫 번째 문장, 세 번째 문단 첫 번째 문장에 따르면 사카린과 아스파탐은 모두 설탕을 대체하기 위해 거액을 투자해 개발한 것이 아니라 우연히 발견된 인공감미료이다.

③ (×) 두 번째 문단 세 번째 문장에 따르면 사카린은 유해성 논란이 있었으나, 다섯 번째 문장에 따르면 다양한 연구결과로 인해 안전한 식품첨가물로 공식 인정되어 현재 설탕의 대체재로 사용되고 있다.

④ (×) 첫 번째 문단 첫 번째 문장에 따르면 2009년 기준 미국의 설탕, 옥수수 시럽, 기타 천연당의 1인당 연평균 소비량은 140파운드이고 중국보다 9배가 많다고 한다. 그러므로 2009년 기준 중국의 설탕, 옥수수 시럽, 기타 천연당의 1인당 연평균 소비량은 약 140파운드 ÷ 9 = 약 15.6파운드로 20파운드 미만이었을 것이다.

⑤ (×) 세 번째 문단 두 번째, 세 번째 문장에 따르면 아스파탐이 암 유발 논란에 휩싸였음을 알 수 있다. 그러나 2001년 미국 FDA로부터 안전한 식품첨가물로 처음 공식 인정받았는지에 대해서는 지문에서 언급하고 있지 않다. 암 유발 논란에 휩싸였지만 2001년 미국 FDA로부터 안전한 식품첨가물로 (처음이 아니라) 다시 공식 인정받았다는 내용은 아스파탐이 아니라 두 번째 문단의 사카린에 대한 내용이다.

문 12 일치부합형(텍스트형) 난이도 하 　　　　정답 ④

문제풀이 핵심 포인트
고전 소재이기는 하지만 평이한 난도의 문제이다. 각 <보기>에서 묻는바 위주로 제시문에서 확인하여 빠르게 해결해야 하는 문제이다.

풀이

ㄱ. (○) 첫 번째 문단 세 번째 문장에 따르면 조선시대 지방행정기관은 중앙행정기관과 같이 왕의 직속기관이다.

ㄴ. (×) 수령이 지방행정기관의 우두머리라는 의미인지는 지문에서 언급하고 있지 않다. 두 번째 문단 네 번째 문장에 따르면 관찰사를 수령이라고 부른 것이 아니라 관찰사를 제외한 지방행정기관장이 수령으로 통칭되었다.

ㄷ. (○) 두 번째 문단 첫 번째 문장에 따르면 군수와 현감은 지방행정기관의 장이며, 네 번째 문장에 따르면 관찰사가 아닌 지방행정기관의 장도 행정업무뿐만 아니라 군사업무와 사법업무도 담당하였다.

ㄹ. (○) 세 번째 문단 두 번째, 세 번째 문장에 따르면 지방세력과 연합하여 독자세력으로 발전하는 것을 막으려는 조치의 일례로 관찰사의 임기를 제한하였다.

문 13 일치부합형(텍스트형) 난이도 하 　　　　정답 ④

문제풀이 핵심 포인트
낯선 용어들이 많이 등장하기에, 용어 파악에 약점이 있는 수험생의 경우에는 어려워할 수도 있는 문제이다. 그럼 수험생의 경우 적절한 시각적 처리를 통해 단점을 보완할 수 있어야 한다.

풀이

① (×) 세 번째 문단 두 번째 문장에 따르면 북아프리카의 투아레그족 남자들은 리탐이라고 부르는 베일을 썼다고 하므로 베일은 여성만 착용하는 것이 아님을 알 수 있다.

② (×) 두 번째 문단 두 번째 문장에 따르면 반다르 에아바스 지역의 수니파 여성들은 자수 장식이 있는 두꺼운 면직물로 된 붉은색 마스크를 썼다. 네 번째 문장에 따르면 베두인족 여성들이 은으로 장식한 가죽으로 얼굴을 감쌌다고 한다.

③ (×) 첫 번째 문단 두 번째 문장에 따르면 코란이 베일로 얼굴을 감싸는 것을 의무로 규정하고 있는 것은 아니다. 그리고 네 번째 문장에 따르면 베일로 얼굴을 감싸는 관습은 코란에 따른 의무라기보다는, 예전부터 존재했다고 한다. 따라서 이슬람권 여성이 베일로 얼굴을 감싸는 것은 코란의 의무 규정으로부터 시작된 것이 아니며 예전부터 존재했던 관습임을 알 수 있다.

④ (○) 세 번째 문단 첫 번째 문장에 따르면 일부 지역에서 베일은 낯선 이방인의 시선으로부터 자신을 보호하는 수단으로 사용됐다고 한다. 따라서 타인의 시선으로부터 자신을 보호하는 것도 사람들이 베일을 쓰는 이유 중 하나였음을 알 수 있다.

⑤ (×) 두 번째 문단 네 번째 문장에 따르면 사우디아라비아 베두인족 여성의 부르카는 가죽 소재로 만들기도 하였지만 천 소재로 만들기도 하였으며, 북아프리카 투아레그족의 리탐은 가죽 소재가 아니라 남색의 면직물로 만들었다.

문 14 응용형(텍스트형) 난이도 중 　　　　정답 ③

문제풀이 핵심 포인트
각 선택지에서 보면 '포함된다' 또는 '포함되지 않는다' 위주로 묻고 있다. 따라서 제시문에 등장하는 개념 간의 포함관계를 명확하게 파악해야 수월하게 해결할 수 있는 문제이다.

지문의 용어들을 정리해보면 다음과 같다.

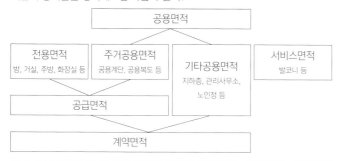

① (×) 네 번째 문단 두 번째 문장에 따르면 '계약면적 = 공급면적 + 기타공용면적'이고, 첫 번째 문장에 따르면 '공급면적 = 전용면적 + 주거공용면적'이다. 즉, '계약면적 = 전용면적 + 주거공용면적 + 기타공용면적'이다. 그리고 세 번째 문단 첫 번째 문장에 따르면 '공용면적 = 주거공용면적 + 기타공용면적'이므로 '계약면적 = 전용면적 + 공용면적'이다. 그런데 네 번째 문단 세 번째 문장에 따르면 발코니 면적은 전용면적과 공용면적에서 제외된다. 따라서 발코니 면적은 계약면적에 포함되지 않는다.

② (×) 세 번째 문단 세 번째 문장에 따르면 관리사무소는 기타공용면적에 포함된다. 그리고 네 번째 문단 첫 번째 문장에 따르면 '공급면적 = 전용면적 + 주거공용면적'이다. 따라서 관리사무소 면적은 공급면적에 포함되지 않는다.

③ (○) 선택지 ①에서 언급한 바와 같이 네 번째 문단 첫 번째, 두 번째 문장에 따르면 계약면적은 전용면적, 주거공용면적, 기타공용면적을 더한 것이다.

④ (×) 세 번째 문단 두 번째 문장에 따르면 공용계단과 공용복도의 면적은 주거공용면적에 포함된다. 그리고 네 번째 문단 첫 번째 문장에 따르면 '공급면적 = 전용면적 + 주거공용면적'이다. 따라서 공용계단과 공용복도의 면적은 공급면적에 포함된다.

⑤ (×) 두 번째 문단 첫 번째 문장에 따르면 개별 세대 내 거실과 주방의 면적은 전용면적에 포함된다. 따라서 개별 세대 내 거실과 주방의 면적은 주거공용면적에 포함되지 않는다.

문 15 일치부합형(법조문형) 난이도 ❸ 정답 ①

문제풀이 핵심 포인트

선택지에서 '입법예고를 하여야 한다' 또는 '하지 않는다/하지 않을 수 있다'를 주로 묻고 있으므로 이와 관련한 내용을 제시문에서 확인하면 보다 빠르게 해결이 가능하다.

제00조를 순서대로 제1조 ~ 제2조라고 한다.

① (○) 제1조 제1항 본문에 따르면 법령 등을 입법하려는 경우에는 해당 입법안을 마련한 행정청은 이를 예고하여야 한다. 그러나 제1호의 신속한 국민의 권리 보호를 위해 입법이 긴급을 요하는 경우에는 같은 조 제1항 단서에 따라 입법예고를 하지 않을 수 있다.

② (×) 제2조 제3항에 따르면 행정청은 예고된 입법안 전문에 대한 복사 요청을 받은 경우, 복사에 드는 비용을 부담하여야만 하는 것은 아니고 복사에 드는 비용을 복사를 요청한 자에게 부담시킬 수 있다.

③ (×) 제1조 제1항 제2호에 따르면 상위 법령 등의 단순한 집행을 위한 경우에는, 같은 조 제1항 단서에 따라 입법예고를 하지 아니할 수 있다. 따라서 행정청이 법령의 단순한 집행을 위해 그 하위 법령을 개정하는 입법을 하는 경우 입법예고를 하여야만 하는 것은 아니다.

④ (×) 제1조 제2항에 따르면 법제처장은 입법예고를 하지 않은 법령안의 심사를 요청받은 경우 입법예고를 하는 것이 적당하다고 판단할 때에는 직접 그 법령안의 입법예고를 할 수 있다.

⑤ (×) 제1조 제1항에 따르면 법령 등을 폐지하는 경우도 입법에 해당하므로, 행정청은 법령을 폐지하는 경우도 제1조 제1항에 따라 입법예고를 하여야 한다.

문 16 응용형(법조문형) 난이도 ❸ 정답 ⑤

문제풀이 핵심 포인트

각 선택지에서 '소유권을 취득한다' 또는 '취득하지 못한다'는 내용을 주로 묻고 있다. 따라서 소유권 취득과 관련한 내용을 제시문에서 어느 정도 이해하고 파악해야 해결되는 문제이다.

제시문에서 소유권 취득과 관련한 내용을 정리해 보면 다음과 같다.

1) 계약에 의한 부동산의 소유권 취득
   양수인 명의로 소유권이전등기를 마쳐야 한다.

2) 상속 등 그 밖의 법률규정에 의한 부동산의 소유권 취득
   등기를 필요로 하지 않는다. 다만 등기를 하지 않으면 처분하지 못한다.

3) 계약에 의한 동산의 소유권 취득
   양도인이 양수인에게 동산을 인도하여야 한다.

① (×) 甲이 자신의 부동산 X를 乙에게 1억 원에 팔기로 한 경우는 乙이 1)계약에 의하여 부동산의 소유권을 취득하려는 경우이다. 乙이 甲에게 1억 원을 지급할 때 부동산 X의 소유권을 취득하는 것이 아니라, 두 번째 문장에 따라 乙의 명의로 소유권이전등기를 마쳐야 한다.

② (×) 乙이 부동산 X를 丙에게 증여하는 경우는 丙이 1) 계약에 의하여 부동산의 소유권을 취득하려는 경우이다. 乙이 증여하고 인도하면 丙은 소유권이전등기 없이 부동산 X의 소유권을 취득하는 것이 아니라 두 번째 문장에 따라 丙의 명의로 소유권이전등기를 마쳐야 한다.

③ (×) 甲이 자신의 동산 X를 乙에게 증여하기로 한 경우는 乙이 3) 계약에 의한 동산의 소유권을 취득하는 경우이다. 甲이 乙에게 동산 X를 인도하지 않더라도 乙은 동산 X의 소유권을 취득하는 것이 아니라 다섯 번째 문장에 따라 甲이 乙에게 동산 X를 인도하여야 한다.

④ (×) 乙과 丙이 상속으로 甲의 부동산 X에 대한 소유권을 취득하려는 경우는 2)의 경우이다. 乙과 丙 명의로 소유권이전등기를 마쳐야 하는 것은 아니고 세 번째 문장에 따르면 등기를 필요로 하지 않는다.

⑤ (○) 甲과의 부동산 X에 대한 매매계약에 따라 乙이 甲에게 매매대금을 지급한 경우는 乙이 1)의 경우이다. 두 번째 문장에 따라 부동산의 소유권을 취득하려면 양수인 乙의 명의로 소유권이전등기를 마쳐야 하고, 매매대금을 지급하였더라도 乙 명의로 부동산 X에 대한 소유권이전등기를 마치지 않은 경우, 乙은 그 소유권을 취득하지 못한다.

문17 조건 계산형 난이도 하 정답 ⑤

문제풀이 핵심 포인트
건식저장소 중 X저장소에 저장가능한 폐연료봉 개수를 쉽게 구하기 위해서는 단위변환을 쉽고 빠르게 할 수 있어야 한다.
→ X저장소 = 300기의 캐니스터
　　　　　1기의 캐니스터 = 9층
　　　　　　　　　　　1층 = 60개 저장가능
따라서 300 × 9 × 60 = 162,000(개) 저장 가능하다.

풀이
조건을 정리해 보면 다음과 같다.

· △△원자력발전소에서 매년 폐연료봉이 50,000개씩 발생
· 이를 저장하기 위해 발전소 부지 내 2가지 방식(습식과 건식)의 임시저장소를 운영
· 현재 습식저장소는 1개로 저장용량의 50%가 채워져 있고, 건식저장소 X, Y는 각각 1개로 모두 비어 있는 상황

습식저장소		총 100,000개의 폐연료봉 저장 가능
건식 저장소	X 저장소	총 300기의 캐니스터로 구성되고, 한 기의 캐니스터는 9층으로 이루어져 있으며, 한 개의 층에 60개의 폐연료봉 저장 가능
	Y 저장소	저장소 내에 총 138,000개의 폐연료봉 저장 가능

계산을 통해 구해야 하는 것은 발생하는 폐연료봉의 양이 항상 일정하다고 가정했을 때, △△원자력발전소에서 최대 몇 년 동안 발생하는 폐연료봉을 현재의 임시저장소에 저장 가능한지이므로 제시된 조건을 정리한다.

· 매년 폐연료봉이 50,000개씩 발생
· 현재 습식저장소, 건식저장소 X, Y 모두 각각 1개가 있음
· 습식저장소에는 총 100,000개의 폐연료봉이 저장 가능한데, 저장용량의 50%가 채워져 있으므로 50,000개의 폐연료봉 저장 가능
· 건식저장소 X에는 총 162,000개, 건식저장소 Y에는 138,000개의 폐연료봉 저장 가능 → 총 300,000개의 폐연료봉 저장 가능
· (50,000 + 300,000)/50,000 = 7년, 즉 최대 7년 동안 발생하는 폐연료봉을 현재의 임시저장소에 저장 가능하다.

따라서 A에 해당하는 숫자는 7이다.

문18 조건 계산형 난이도 하 정답 ②

문제풀이 핵심 포인트
제시문에서 외접과 내접의 개념을 정확히 이해해야 한다. 계산을 위해서는 마름모의 넓이를 구하는 공식을 정확히 알고 활용하든지, 공식을 모른다면 그 외의 다른 더 빠른 방법을 떠올릴 수 있어야 한다.
→ 마름모 넓이 = (한 대각선의 길이) × (다른 대각선의 길이)÷2

풀이
〈상황〉에서 계산에 필요한 정보를 정리해 보면 다음과 같다.

1) 가로와 세로가 각각 100m인 정사각형의 땅이 있다.
2) 정사각형의 땅에 내접하는 원을 그리고, 다시 그 원에 내접하는 정사각형을 그린다.
3) 그 내접하는 정사각형에 해당하는 땅을 첫째 딸에게 주고,
4) 나머지 부분은 둘째 딸에게 물려준다.

〈방법 1〉
〈상황〉에서 파악한 정보에 따라 계산을 해보면 다음과 같다.

상황 1)	땅 전체 면적 = 100m × 100m = 10,000m²
상황 2)	
상황 3)	첫째 딸에게 물려줄 땅의 면적은 정사각형 안의 마름모의 넓이를 구하면 된다. 마름모의 면적을 구하는 공식이 '(한 대각선의 길이) × (다른 대각선의 길이÷2'이므로 첫째 딸에게 물려줄 땅의 면적 = (100m × 100m)÷2 = 5,000m²이다.
상황 4)	둘째 딸에게 물려줄 땅의 면적은 땅의 전체면적에서 첫째 딸에게 주려는 면적을 제외한 나머지이므로 10,000m² − 5,000m² = 5,000m²이다.

따라서 甲이 둘째 딸에게 물려주려는 땅의 크기는 5,000m²이다.

〈방법 2〉
원 안에 마름모를 어떻게 그리는가에 따라 풀이방법과 소요시간이 크게 차이 날 수 있다.

첫 번째 그림처럼 그리면 마름모꼴의 넓이를 구하는 공식이 필요하겠지만, 두 번째 그림처럼 그린다면 사각형을 4등분하는 ┼를 기준으로 보면 4등분 된 각 사분면이 마름모꼴로 양분됨을 알 수 있다. 따라서 정확한 면적으로 구하지 않더라도 둘째 딸에게 물려주려는 땅의 크기는 전체 땅의 크기의 절반이다.

🖊 실전에선 이렇게!

도형 문제는 4분면 분석을 할 수 있으면 빠른 해결방법이 보이는 경우가 많다.

문19 조건 계산형 난이도 하 정답 ①

문제풀이 핵심 포인트
모든 평가항목의 가중치가 0.2로 동일한 경우에는 단순평균을 구하는 것과 동일하다는 점을 이용할 수 있어야 한다. 자료해석에서 평균의 개념 관련해서 연습한 가평균, 평균의 범위 등의 개념을 활용하면 보다 수월하게 문제를 해결할 수 있다.

풀이
평가점수의 총점 = Σ (각 평가항목에 대해 해당 시설이 받은 점수) × (해당 평가항목별 가중치)이며 평가점수의 총점을 기준으로 하여 정리하면 다음과 같다.

총점 90점 이상	1등급	특별한 조치를 취하지 않는다.
80점 이상 90점 미만	2등급	관리 정원의 5% 감축
70점 이상 80점 미만	3등급	관리 정원의 10%를 감축
70점 미만	4등급	정부의 재정지원도 받을 수 없다.

ㄱ. (O) 현재 모든 평가항목의 가중치가 0.2로 동일하므로. 단순평균을 구하더라도 결과는 동일하다.

〈방법 1〉 단순 평균을 구해보면 평균이 93점이다. 이때는 가평균 등을 활용하는 것이 가능하다.

〈방법 2〉 모든 항목의 점수가 90점 이상이다. 따라서 5개 평가항목 점수의 평균은 90점 이상일 수밖에 없다.

→ 평가점수의 총점이 90점 이상으로 1등급 시설에 해당하므로, 특별한 조치를 취하지 않는다. 관리 정원의 감축은 2등급 이하일 때 해당하는 조치이다.

ㄴ. (O) 관리 정원을 감축해야 하나 정부의 재정지원은 받을 수 있는 경우는 2등급 또는 3등급 시설인 경우이다. 즉, 평가점수의 총점이 70점 이상에서 90점 미만인 경우이다.

〈방법 1〉 가평균 70을 기준으로 각 평가항목별 점수가 +20, +0, +0, +0, +25이므로 +45/5 = +9, 즉 평가점수의 총점은 79점이다.

〈방법 2〉 B시설의 각 평가항목별 점수는 모두 70점 이상이므로 평가점수의 총점은 반드시 70점 이상이다.

B시설의 각 평가항목별 점수를 90점을 가평균으로 해서 봤을 때, 중장기 발전계획만 + 5점이고, 복지관리, 복지지원, 복지성과 세 평가항목에서 모두 − 20이다. 따라서 평가점수의 총점은 반드시 90점 미만이다. 이처럼 B시설의 평가점수의 총점은 반드시 70점 이상 ~ 90점 미만이므로 ㄴ의 진술은 옳다.

ㄷ. (×) 평가항목 중 환경개선의 가중치가 0.2에서 0.3으로, 복지성과의 가중치가 0.2에서 0.1로 변경되었으므로, 변경된 가중치를 기준으로 정확한 계산을 해보면 다음과 같다.

→ $(80 × 0.3) + (65 × 0.2) + (55 × 0.2) + (60 × 0.1) + (50 × 0.2) = 64$

따라서 64점으로 70점 미만에 해당하는 4등급이므로 C시설은 정부의 재정지원을 받을 수 없다.

ㄹ. (×) 관리 정원을 감축해야 하고 정부의 재정지원도 받을 수 없는 경우는 평가점수의 총점이 70점 미만에 해당하는 4등급인 경우이다. 70점을 가평균으로 삼아서 각 항목별 점수를 보면, + 20, + 0, + 10, − 10, − 5로 이를 합산하면 + 15이다. 즉, 70점보다 평균은 높아지게 된다(정확하게 계산하면, + 15/5 = + 3이므로 총점 73점). 따라서 4등급에 해당하지 않으므로 ㄹ의 진술은 옳지 않다.

✏️ 실전에선 이렇게!

〈보기〉 ㄷ을 구하는 빠른 방법을 연습해 두어야 한다.

문20 경우 파악형   난이도 🕙   정답 ①

문제풀이 핵심 포인트
경우 파악형은 규칙을 읽은 후 경우가 머릿속에 그려져야 문제를 해결할 수 있다. 경우의 수를 구할 때 동시에 일어나지 않는 경우는 서로 더하고, 동시에 일어나는 경우는 서로 곱해서 경우의 수를 파악한다.

풀이

지문의 내용을 정리하면 다음과 같다.

· 甲이 네 칸 중 괴물이 위치할 연속된 두 칸을 정하는 경우는 1 − 2, 2 − 3, 3 − 4 총 3가지이다.

· 乙이 네 칸 중 화살이 명중할 하나의 칸을 정하는 경우는 1, 2, 3, 4 총 4가지이다.

· 甲과 乙은 동시에 자신들이 정한 칸을 말하는데, 甲이 네 칸 중 괴물이 위치할 연속된 두 칸을 정하고, 乙이 네 칸 중 화살이 명중할 하나의 칸을 정하는 경우는 총 3 × 4 = 12가지이다.

· 화살이 괴물이 위치하는 칸에 명중하면 乙이 승리하고, 명중하지 않으면 甲이 승리한다.

ㄱ. (O) 甲이 네 칸 중 괴물이 위치할 연속된 두 칸을 정하는 경우는 1 − 2, 2 − 3, 3 − 4 총 3가지가 있는데, 괴물이 위치할 칸을 甲이 무작위로 정하므로 그 중 1을 선택하는 경우는 1가지(1/3의 확률)이지만, 2를 선택하는 경우는 2가지(2/3의 확률)이다. 甲이 고른 칸과 乙이 고른 칸이 일치해야 乙이 승리하는 게임이므로 乙은 1보다는 2를 선택하는 것이 승리할 확률이 높다.

ㄴ. (×) 화살이 명중할 칸을 乙이 무작위로 정할 경우, 1부터 4까지 각 칸을 선택할 확률은 모두 1/4이다. 이때 甲이 2 − 3을 선택할 경우 승리할 확률은 1/2로 乙이 1 또는 4를 선택했을 확률과 동일하고, 甲이 3 − 4를 선택할 경우 승리확률은 1/2로 乙이 1 또는 2를 선택했을 확률과 동일하다.

ㄷ. (×) 甲과 乙이 선택할 수 있는 대안은 각각 3개, 4개이므로 고려해야 할 경우의 수는 12개이다. 甲이 임의의 두 칸을 선택했을 때, 乙이 甲과 동일한 두 칸 중 한 칸을 선택했다면 1/2 확률로 乙이 승리하고, 乙이 甲이 선택하지 않은 나머지 두 칸 중 한 칸을 선택했다면 1/2 확률로 甲이 승리한다. 따라서 甲이 어떤 칸을 고르더라도 甲과 乙이 승리할 확률은 각각 1/2이다. 이때 乙이 승리하는 경우를 직접 파악하면 다음과 같다.

甲	乙
1 − 2	1 또는 2
2 − 3	2 또는 3
3 − 4	3 또는 4

乙이 승리하는 경우는 (甲, 乙) = (1 − 2, 1), (1 − 2, 2), (2 − 3, 2), (2 − 3, 3), (3 − 4, 3) (3 − 4, 4) 총 6가지이다. 이에 따라 乙이 패배하는 경우도 6가지이다. 따라서 甲과 乙이 이기는 경우의 수는 6가지로 동일하다.

문21 규칙 적용해결형   난이도 🕙   정답 ⑤

문제풀이 핵심 포인트
16개의 구슬을 세 개의 단계를 순서대로 거쳐 최종적으로 각각 1개, 5개, 5개, 5개의 네 묶음으로 나누었다. 1단계에서 甲이 나눈 두 묶음의 구슬 개수를 추론해야 한다.

풀이

문제에서 주어진 조건에 따를 때 3단계를 거치게 되는데, 중간 과정을 숨기고 3단계를 거친 후의 최종결과를 먼저 주고 1단계를 거친 후의 결과를 묻고 있다.

1단계에서 해야 하는 것처럼, 초기에 있던 16개의 구슬을 두 묶음으로 나누어, 한 묶음의 구슬 개수가 다른 묶음의 구슬 개수의 n배(n은 자연수)가 되도록 하는 방법은 무수히 많다. 따라서 최종 결과에서부터 3단계 → 2단계 → 1단계 순으로 오히려 앞선 단계로 돌아오면서 역으로 단계를 고려하며 답을 구하는 것이 핵심이다.

문제에서 주어진 과정을 나타내 보면 다음과 같다.

　　　　16개의 구슬

　　　　↓ (1단계)　　　　16개의 구슬을 두 묶음으로 나누어, 한 묶음의 구
　　　( ), ( )　　　　슬 개수가 다른 묶음의 구슬 개수의 n배(n은 자연
　　　　　　　　　　　　수)가 되도록 했다.
: 문제에서 묻고 있는 것

　　　　↓ (2단계)　　　　5개 이상의 구슬이 있던 한 묶음에서 다른 묶음으
　　　( ), ( )　　　　로 5개의 구슬을 옮겼다.

　　　　↓ (3단계)　　　　두 묶음을 각각 두 묶음씩으로 다시 나누어 총 네
　　(1), (5), (5), (5)　　　묶음이 되도록 했다.

〈방법 1〉 직접 해결하는 경우

문제에서 우리가 알고 있는 건 3단계를 거친 최종 결과이므로, 단계별로 역순으로 생각해서 초기 상태로 돌아와야 한다. 마지막 네 묶음이 (1), (5), (5), (5)이므로, 3단계를 거치기 전에 두 묶음은 반드시 (6), (10)일 수밖에 없다. 2단계를 거치기 전에 구슬 묶음을 생각해 보면, (15), (1) 또는 (11), (5)개 조합이 가능하다. 이는 1단계를 거친 후의 결과이기도 한데, 1단계를 거친 이후에는 한 묶음의 구슬 개수가 다른 묶음의 구슬 개수의 n배(n은 자연수)가 되어야 하므로, (15), (1) 또는 (11), (5) 중에서는 (15), (1)만이 가능하다.

〈방법 2〉 선택지를 활용하는 경우

선택지를 활용하는 방법은 각 선택지를 1단계 결과에 대입한 후, 문제에서 요구하는대로 2단계와 3단계를 거쳐서 최종결과와 일치하는지 확인해본다.

① (×) 2단계를 거치고 나면 (3, 13)의 묶음이 생기는데, 3단계를 통해서 (1, 5, 5, 5)의 네 묶음을 만들 수 없다.

② (×) 서로 배수관계에 있지 않으므로, 1단계 결과의 조건인 한 묶음의 구슬 개수가 다른 묶음의 구슬 개수의 n배(n은 자연수)가 되도록 한다는 조건에 위배된다.

③ (×) 2단계를 거치면 (7, 9)의 묶음이 생기는데, 3단계를 통해서 (1, 5, 5, 5)의 네 묶음을 만들 수 없다.

④ (×) 2단계를 거치면 선택지 ③번과 마찬가지로 (7, 9)의 묶음이 생기는데, 3단계를 통해서 (1, 5, 5, 5)의 네 묶음을 만들 수 없다.

⑤ (○) 2단계를 거치면 (6. 10)의 묶음이 생기게 되고, 3단계에서 6을 (1, 5)로, 10을 (5, 5)로 나누는 것이 가능하다.

📌 실전에선 이렇게!

· 역진적 해결이 용이한 문제이다.
· 선택지를 활용하는 것도 좋은 방법인 문제이다.

문 22 경우 확정형　난이도 중　　정답 ③

문제풀이 핵심 포인트

확정하기 유형에 해당하는 문제는 고정정보가 보여야 문제를 해결할 수 있다. 조건 3에서 주문금액(치킨가격＋배달료)의 총 합계가 최소가 되도록 주문할 것을 요구하므로, 치킨 가격이 대체로 저렴한 C가게를 최대한 이용하여야 한다. 여기에 조건 2를 반영하여 경우를 따져보면 된다.

풀이

조건 1 ~ 조건 3에 따라 치킨을 주문해야 한다. 조건 2에 따라 동일한 가게에서 두 마리까지는 주문할 수 있으므로 배달료와 배달가능 최소금액을 고려했을 때 동네 치킨 가게 세 군데에서 시키는 것보다는 두 군데에서 시키는 것이 더 적절함을 알 수 있다. 이때 C가게에서 프라이드치킨과 양념치킨 또는 프라이드치킨과 간장치킨을 주문하는 경우의 수를 정리하면 다음과 같다.

〈경우 1〉 C가게에서 프라이드치킨과 양념치킨을 주문하는 경우

동네 치킨 가게	치킨 가격(마리당 가격)			배달료	배달가능 최소금액
	프라이드 치킨	양념 치킨	간장 치킨		
A	7,000	8,000	9,000	0	10,000
B	7,000	7,000	10,000	2,000	5,000
C	5,000	8,000	8,000	1,000	7,000
D	8,000	8,000	8,000	1,000	5,000

〈경우 2 – 1〉 C가게에서 프라이드치킨과 간장치킨을 주문하는 경우

동네 치킨 가게	치킨 가격(마리당 가격)			배달료	배달가능 최소금액
	프라이드 치킨	양념 치킨	간장 치킨		
A	7,000	8,000	9,000	0	10,000
B	7,000	7,000	10,000	2,000	5,000
C	5,000	8,000	8,000	1,000	7,000
D	8,000	8,000	8,000	1,000	5,000

〈경우 2 – 2〉 C가게에서 프라이드치킨과 간장치킨을 주문하는 경우

동네 치킨 가게	치킨 가격(마리당 가격)			배달료	배달가능 최소금액
	프라이드 치킨	양념 치킨	간장 치킨		
A	7,000	8,000	9,000	0	10,000
B	7,000	7,000	10,000	2,000	5,000
C	5,000	8,000	8,000	1,000	7,000
D	8,000	8,000	8,000	1,000	5,000

① (○) A가게는 치킨 가격은 비싼데 배달가능 최소금액을 충족하려면 두 종류 이상 주문해야 하므로, A가게에는 주문하지 않는다.

② (○) 위에서 살펴본 세 가지 경우 모두 총 주문금액은 항상 23,000원이다.

③ (×) 주문이 가능한 경우의 조합은 총 네 가지가 아니라 세 가지이다.

④ (○) B가게가 휴업했더라도 〈경우 1〉 또는 〈경우 3〉에 따라 주문하면 23,000원의 총 주문금액은 달라지지 않는다.

⑤ (○) 조건 2를 고려하지 않는다면 C가게에서 모든 치킨 종류를 시키는 것이 비용을 가장 최소화 할 수 있고, 그 때의 주문금액은 5,000 + 8,000 + 8,000 + 1,000 = 22,000원이다.

문 23 규칙 정오판단형　난이도 중　　정답 ②

문제풀이 핵심 포인트

진법 소재 문제임을 알아채면 보다 빠른 해결이 가능한 문제이다.

풀이

조건을 정리해 보면 '○○코드'는 총 25칸(5 × 5)으로 이루어져 있으며, 각 칸을 흰색으로 채우거나 검정색으로 채울 수 있으므로, 각 자리마다 표현할 수 있는 경우의 수가 2가지이다. 즉, '이진'법 소재의 문제이다.

ㄱ. (○) 甲지역에서 만들 수 있는 코드는 총 25칸 중 상단 오른쪽의 3칸(A)과 하단 왼쪽의 2칸(B)을 제외한 나머지 20칸을 결정할 수 있고, 각 칸은 흰색과 검정색 2가지 경우가 있으므로, 총 경우의 수는 2^{20}가지이다. $2^{20} = 2^{10} \times 2^{10} = 1,024^2$가지이므로 총 코드 개수는 100만 개를 초과한다.

ㄴ. (×) 상단 오른쪽의 3칸(A)은 항상 '흰색 – 검정색 – 흰색'으로 ○○코드의 고유표시이므로 모든 지역이 항상 동일하다. 하단 왼쪽의 2칸(B)은 코드를 제작한 지역을 표시하는 것으로 전 세계를 총 4개의 지역으로 분류하므로, '흰색 – 흰색', '흰색 – 검정색', '검정색 – 흰색', '검정색 – 검정색'일 수 있다. 서로 다른 지역이더라도 두 칸 중에 한 칸은 동일할 수 있다. 이를 제외한 나머지 20칸은 동일할 수 있다. 이 모두를 고려하면 상단 오른쪽의 3칸(A), 하단 왼쪽의 2칸(B) 중 한 칸, 나머지 20칸까지 최대 24칸까지 동일할 수 있다.

ㄷ. (○) 앞서 ㄱ에서 살펴본 것처럼, 현재 흰색과 검정색, 두 가지 색으로 채워서 만들 수 있는 코드의 개수는 2^{20}개로 이는 100만보다 크다. 그런데 각 칸을 채울 수 있는 색으로 두 가지 색깔이 더 추가된다면 각 자리마다 표현할 수 있는 경우의 수가 4가지로 바뀌므로, 이를 통해 20칸을 채워서 만들 수 있는 코드의 개수는 4^{20}개가 되는데, $4^{20} = 2^{20} \times 2^{20} = (2^{20})^2$이고, 2^{20}개는 100만 개보다 크므로 기존 코드 개수 2^{20}보다 100만 배 이상 증가하게 된다.

ㄹ. (×) 코드를 만들 수 있는 칸이 세 칸 더 증가한다면, 기존에 비해서 $2 \times 3 = 6$배 증가하는 것이 아니라, $2 \times 2 \times 2 = 2^3 = 8$배로 증가한다.

✏️ 실전에선 이렇게!

〈보기〉 ㄱ, ㄷ의 정오판단을 할 때는 '천 × 천 = 백만'의 출제 장치를 알면 보다 수월하게 해결 가능하다.

문 24 경우 확정형 [난이도 상] 정답 ⑤

문제풀이 핵심 포인트
조건 3) '2는 모든 홀수와 인접한다.'는 조건을 가장 먼저 처리했어야 한다. '모든 홀수'라는 표현에서 숫자 2가 쓰인 칸은 주위에 5개의 칸이 위치해야 함을 알 수 있다. 고정조건을 찾아서 문제 해결의 실마리를 발견해 가야 한다. 발문에서 요구하길 5에 인접한 숫자를 모두 더해야 하므로 5가 쓰인 칸을 찾아내고 그와 인접한 칸에 포커스를 맞춰야 한다.

풀이

동그라미 순서대로 조건 1) ~ 조건 6)이라 한다.

· 조건 3) '2는 모든 홀수와 인접한다.'는 조건을 가장 먼저 처리했어야 한다. '모든 홀수'라는 표현에서 숫자 2가 쓰여진 칸은 주위에 5개의 칸이 위치해야 함을 알 수 있다. 고정조건을 찾아서 문제 해결의 실마리를 발견해 가야 한다.

· 발문에서 요구하길 5에 인접한 숫자를 모두 더해야 하므로 5가 쓰여진 칸을 찾아내고 그와 인접한 칸에 포커스를 맞춰야 한다.

조건 3) 2는 모든 홀수와 인접한다. : 2와 홀수 5개의 위치가 파악된다. : → [숨겨진 정보] 짝수의 위치도 모두 파악된다.	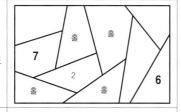
조건 5) 5는 가장 많은 짝수와 인접한다. : 7을 제외한 나머지 홀수 칸 네 개 중 가장 많은 짝수와 인접한 칸에 '5'가 위치한다. : → 5에 인접한 다섯 개 칸의 숫자를 모두 더한 값을 구하면 된다.	

조건 6) 10은 어느 짝수와도 인접하지 않는다. : 비어있는 홀수 칸 중에 어느 짝수와도 인접하지 않으려면 10의 위치가 확정된다.	
조건 2) 1은 소수와만 인접한다. : 1은 소수인 2, 3, 5, 7과만 인접해야 하므로 1의 위치가 확정된다. : → 3의 위치가 확정된다. : → 9의 위치가 확정된다.	
조건 4) 3에 인접한 숫자를 모두 더하면 16이 된다. : 3칸과 인접한 칸에는 8이, 나머지 마지막 하나 남은 칸에는 4가 들어간다.	

따라서 5에 인접한 숫자는 9, 2, 3, 8, 4이고, 5에 인접한 숫자를 모두 더하면 $9 + 2 + 3 + 8 + 4 = 26$이다.

✏️ 실전에선 이렇게!

· 주어진 여섯 개의 조건 중 가장 중요한 조건인 '2는 모든 홀수와 인접한다.'는 조건부터 시작해서 고정정보를 발견하고 다른 칸으로 연결해 나갔어야 문제 해결의 실마리를 발견할 수 있었을 것이다. 주어진 6개의 조건 중에서 '모든 홀수'라는 표현에서 얻을 수 있는 정보가 가장 확정적이다.

· 숫자판에 10개의 숫자를 다 채우지 않고도 문제에서 묻는 바만 확인하면 된다. 즉, 5 주변에 있는 숫자를 확인하는데 초점을 맞추어야 한다. 조건 2)에 따라 숫자 1, 3, 9 순으로 위치가 확정되었다면 추가로 〈조건〉을 확인하지 않아도 문제에서 요구하는 답을 도출할 수 있다.

  1) 4, 8의 위치를 굳이 확정하지 않아도 5와 인접한 칸의 숫자는 이미 모두 제시되어 있다.

  2) 5와 인접한 칸을 제외한 나머지 칸은 모두 숫자가 확정되었다.

  1) 또는 2)를 생각할 수 있다면, 여기까지만 칸을 채우고도 26을 도출할 수 있다.

문 25 규칙 정오판단형 [난이도 중] 정답 ④

문제풀이 핵심 포인트
관내 임업인 중 정부 보조금 지원 대상자를 선정하기 위한 평가기준, 선정기준, 선정 제외 대상, 제출해야 할 서류 등이 제시되어 있다. 〈선정결과〉에 각 임업인의 항목별 점수가 제시되어 있고, 최종적으로 丙이 선정되었음을 토대로 각 선택지별 상황을 추론해야 한다.

풀이

① (○) 甲은 총점이 87점으로 가장 높고, 관련 서류도 완비하여 보조금 지원을 신청했음에도 불구하고 선정되지 못했다. 이는 甲은 '선정제외 대상'에 해당된 경우에 가능한 상황이다. 선정제외 대상이 되려면 보조금을 부당하게 사용하였거나 관련 법령을 위반한 자이어야 한다. 그런데 甲의 평가기준 1번, '보조금 수급 이력' 점수가 40점이라는 것은 보조금 수급 이력이 없다는 의미이므로 보조금을 부당하게 사용하여 선정제외 대상이 된 것은 아님을 알 수 있다. 따라서 甲은 관련 법령을 위반한 적이 있어 보조금 선정제외 대상이 되었을 것임을 알 수 있다.

② (○) 2015년 산림청통계조사 표본농가에 포함되었는지 여부는 〈평가기준〉 5번, '2015년 산림청 통계조사 표본농가'의 평가항목에서 확인할 수 있다. 甲과 丁은 해당 평가항목 점수가 둘 다 7점이므로 2015년 산림청통계조사 표본농가에 포함되지 않았을 것임을 알 수 있다.

③ (○) 乙과 丙은 둘 다 총점이 84점으로 동점이지만, 丙이 선정되고, 乙은 선정되지 않았음을 알 수 있다. 이때 선택지의 가정과 같이 乙이 관련 법령 위반 경력이 없다면, 보조금 수급 이력 점수도 40점이기 때문에 보조금을 부당하게 사용한 사유도 없으므로 선정제외 대상이 되는 두 가지 사유에 해당하지 않음에도 최종적으로 선정되지 않았음을 알 수 있다.

이에 따라 乙이 선정되지 못한 이유는, 동점 시 우선 선정기준에 따라 결정된 것이므로 동점시 우선 선정기준을 정리하면 다음과 같다.

〈선정기준 1〉 보조금 수급 이력 점수가 높은 자

평가항목 1번, '보조금 수급 이력'에 따라 乙과 丙의 점수는 40점으로 동일하다.

〈선정기준 2〉 임산물 판매규모 점수가 높은 자

평가항목 2번, '임산물 판매규모'에 따라 乙과 丙의 점수는 19점으로 역시 동일하다.

〈선정기준 3〉 연령이 높은 자

앞선 선정기준 1, 2에서 선정이 되지 못하므로 丙이 乙보다 연령이 높아 최종적으로 선정되었다는 판단이 가능하다.

따라서 선정되지 않은 乙이 관련법령위반 경력이 없다면, 丙은 乙보다 연령이 높을 것임을 알 수 있다.

④ (×) 보조금 수급 이력 서류를 제출했는지 여부는 평가기준 1번, '보조금 수급 이력'에서 확인할 수 있다. 丁의 1번 항목 점수는 26점으로 300만 원 미만의 보조금 수급 이력이 있으므로 평가자료인 정부의 보유자료를 제출해야 한다. 이때 지문에서 관련 서류를 완비하여 보조금 지원을 신청하였다고 했으므로 보조금 수급 이력 서류를 제출했으나, 丁은 300만 원 '이상'이 아닌 300만 원 '미만'에 해당되는 보조금 수급 이력 서류를 제출했을 것임을 알 수 있다.

⑤ (○) 임산물 관련 교육 이수 사실 증명을 위해 이수증이나 수료증을 제출하였는지 여부는 평가기준 4번, '임산물 관련 교육 이수'에서 확인할 수 있다. 乙과 丁의 해당 항목 점수를 보면 10점으로 교육 이수에 해당한다. 관련 서류를 완비하여 보조금 지원을 신청했으므로 乙과 丁은 임산물 관련 교육 이수 사실 증명을 위해 이수증이나 수료증을 제출했을 것임을 알 수 있다.

PSAT 전문가의 총평

· 텍스트형은 총 10문제가 출제되었습니다. 발문포인트형이 13번부터 15번까지 연속해서 3문제가 출제되었고, 일치부합형 4문제, 응용형 3문제가 출제되었습니다. 법조문형은 총 5문제가 출제되었습니다. 발문포인트형이 한 문제, 응용형이 4문제가 출제되었습니다. 6, 7번 문제로 발문에 포인트가 없고, <상황> 박스가 주어진 문제가 민간경력자 PSAT 기출에서는 처음으로 출제되었습니다. 득점포인트 유형에 해당하는 문제는 총 15문제 출제되었습니다. 계산형은 총 5문제가 출제되었고, 규칙형은 총 4문제가 출제되었습니다. 규칙형은 토너먼트 소재가 활용된 문제도 있고, 날짜계산이 활용된 문제도 있고, 교환의 성질을 활용하여 나열된 수를 정렬하는 문제도 출제되었습니다. 경우형은 25번 1문제만 출제되었습니다.

· 텍스트형의 문제는 응용형에 해당하는 5, 19번의 난도가 다소 높은 편이었습니다. 5번은 비례관계를, 19번은 단위변환을 빠르고 정확하게 해결할 수 있는지가 관건이었습니다. 법조문형의 문제는 <상황>이 등장한 7번 문제의 난도가 높았고, 응용형인 16번과 17번도 해결하기가 쉽지는 않았습니다. 응용형인 16번에는 조문에서 '제00조'가 아닌 '제○○조'가 활용된 것이 특징적이었습니다. 이는 5급 공채에서 2014년부터 생긴 경향으로 5급 PSAT의 출제경향과 민간경력자 채용 PSAT의 출제경향이 매우 긴밀하게 연결되어 있음을 보여주는 방증이기도 합니다. 계산형으로 분류하는 5문제 모두 난도가 있는 편이었습니다. 조건 계산형으로 분류할 수 있는 9번 문제는 계산문제이면서 길이가 매우 길고 조건 처리가 까다로운 편이었습니다. 2015년은 21~25번에 해당하는 변별력 있는 문제가 해결이 까다롭다 정도의 수준을 넘어 어렵다고 판단할 수 있는 문제가 등장하기 시작하였습니다. 규칙형은 스킬을 사용하면 보다 빠른 해결이 가능하지만, 하나하나 직접 하는 소위 노가다로 해결하더라도 충분히 해결이 가능한 문제가 출제되었습니다. 경우형은 한 문제만 출제되었는데, 역시 25문제 중 가장 어려운 킬러문항의 역할을 담당하였습니다. 경우형에 속하는 문제는 문제의 길이는 짧지만 해결은 매우 어려운 문제가 많기 때문에, 풀지 말지의 선별 기준을 문제의 길이로 판단하는 수험생들은 잘못 판단할 가능성이 높습니다. 평소에 내가 어떤 유형의 문제를 어려워하는지를 미리 판단해두고, 시험장에서 그와 유사한 문제를 넘기는 전략을 사용하여야 합니다.

정답

p.172

문1	③	응용형 (텍스트형)	문6	⑤	응용형 (법조문형)	문11	①	일치부합형 (텍스트형)	문16	②	응용형 (법조문형)	문21	⑤	규칙 적용해결형
문2	②	일치부합형 (텍스트형)	문7	③	응용형 (법조문형)	문12	①	일치부합형 (텍스트형)	문17	②	응용형 (법조문형)	문22	③	조건 계산형
문3	④	일치부합형 (텍스트형)	문8	③	규칙 정오판단형	문13	⑤	발문 포인트형 (텍스트형)	문18	②	조건 계산형	문23	③	조건 계산형
문4	④	발문 포인트형 (법조문형)	문9	①	조건 계산형	문14	①	발문 포인트형 (텍스트형)	문19	④	응용형 (텍스트형)	문24	⑤	조건 계산형
문5	⑤	응용형 (텍스트형)	문10	②	규칙 정오판단형	문15	④	발문 포인트형 (텍스트형)	문20	①	규칙 적용해결형	문25	④	경우 확정형

취약 유형 분석표

유형별로 맞힌 문제 개수와 정답률, 틀린 문제 번호, 풀지 못한 문제 번호를 적고 나서 취약한 유형이 무엇인지 파악해 보세요. 그 후 약점 보완 해설집 p.2 [취약 유형 공략 포인트]에서 약점 보완 학습법을 확인하고, 틀린 문제와 풀지 못한 문제를 다시 한번 풀어보세요.

유형		맞힌 문제 개수	정답률	틀린 문제 번호	풀지 못한 문제 번호
텍스트형	발문 포인트형	/3	%		
	일치부합형	/4	%		
	응용형	/3	%		
	1지문 2문항형	–	–		
	기타형	–	–		
법조문형	발문 포인트형	/1	%		
	일치부합형	–	–		
	응용형	/4	%		
	법계산형	–	–		
	규정형	–	–		
	법조문소재형	–	–		
계산형	정확한 계산형	–	–		
	상대적 계산형	–	–		
	조건 계산형	/5	%		
규칙형	규칙 단순확인형	–	–		
	규칙 정오판단형	/2	%		
	규칙 적용해결형	/2	%		
경우형	경우 파악형	–	–		
	경우 확정형	/1	%		
TOTAL		/25	%		

해설

문1 응용형(텍스트형)　난이도 하　　　정답 ③

문제풀이 핵심 포인트
각 문단은 애국가와 관련된 내용을 시간 순서대로 서술하고 있으며 여러 연도가 주어져 있으므로, 선택지에서 묻는 각 사건의 선후관계를 잘 파악하여야 한다.

풀이
① (×) 두 번째 문단 첫 번째, 두 번째 문장에 따르면 해외에서 활동 중이던 안익태는 1935년에 오늘날의 애국가를 작곡하였으며, 이는 해외에서 퍼져나 갔다고 한다. 따라서 1935년으로부터 5년이 지난 시점인 1940년에 해외에서는 안익태가 만든 애국가 곡조를 들을 수 있었다고 판단할 수 있다.

② (×) 네 번째 문단 세 번째 문장에 따르면 주요 방송국의 국기강하식 방송, 극장에서의 애국가 상영이 1980년대 후반 중지되었으며 음악회와 같은 공연 시 애국가 연주도 이때 자율화되었다고 한다. 따라서 애국가 상영·연주가 중지·자율화되기 이전에는 애국가 상영·연주가 의무였음을 추론할 수 있다. 1990년대 초반은 국기강하식 방송과 극장에서의 애국가 상영이 중지된 이후이며, 1980년대 후반 이후 다시 국기강하식 방송과 애국가 상영이 의무화되었다는 내용은 없다.

③ (○) 첫 번째 문단 첫 번째, 세 번째 문장에 따르면 오늘날 우리가 부르는 애국가의 노랫말은 1907년을 전후하여 만들어진 것으로 그 이전인 1896년 『독립신문』에 게재될 수 없었다.

④ (×) 다섯 번째 문단 두 번째, 세 번째 문장에 따르면 애국가를 제창하는 경우에는 전주곡을 연주하되, 시상식에서 애국가를 부르지 않고 연주만 하는 경우에는 전주곡을 연주해서는 안 된다.

⑤ (×) 두 번째 문단 첫 번째 문장과 세 번째 문장에서 확인할 수 있다. 안익태가 애국가 곡조를 작곡한 해는 1935년이고, 대한민국 정부수립은 1948년이다. 안익태가 작곡한 애국가 곡조는 대한민국 정부수립 이후 대한민국 정부 공식 행사에 사용되었으므로 10년 이상이 걸린 것이다.

문2 일치부합형(텍스트형)　난이도 하　　　정답 ②

문제풀이 핵심 포인트
각 〈보기〉에서 묻는 내용을 제시문에서 찾아 확인하면 해결되는 무난한 난도의 문제이다.

풀이
ㄱ. (×) 두 번째 문단 두 번째 문장에 따르면 조선 후기에 중인 여자들은 외출할 때 장옷이 아니라 치마를 썼다.

ㄴ. (○) 세 번째 문단 두 번째 문장에 따르면 1470년대에 경공장에서 청색 물을 들이는 장인이 30여 명에 달할 만큼 청색 염색이 활발했음을 보여주는 기록이 『경국대전』에 남아 있다.

ㄷ. (×) 첫 번째 문단 세 번째 문장에 따르면 조선시대 정3품에 해당하는 중인들은 공복 규정에 따르면 청포에 흑각띠를 두른 것이 아니라 홍포에 협지금띠를 두르고 흑피화를 신었을 것이다. 네 번째 문장에 따르면 4품 이하의 백관이 청포에 흑각띠를 둘렀다고 한다.

ㄹ. (×) 세 번째 문단 다섯 번째, 여섯 번째 문장에 따르면 합성염료의 출현 이후에는 쪽잎을 따서 만든 남색 염료가 왕좌에서 물러나게 되었다고 한다. 남색염료가 합성염료보다 더 많이 사용되었을 것이라고 추론할 수 없고, 합성염료의 출현 이후 사용량이 감소했을 것으로 추론할 수 있다.

문3 일치부합형(텍스트형)　난이도 하　　　정답 ④

문제풀이 핵심 포인트
청렴에 최상인 아주 옛날의 청렴한 관리, 중간인 조금 옛날의 청렴한 관리, 최하인 오늘날의 청렴한 관리 세 종류의 개념이 등장하고 있다. 이를 정확하게 구분하여 파악한다면 어렵지 않게 해결할 수 있는 문제이다.

풀이
① (×) 두 번째 문단 첫 번째 문장에 따르면 청렴하다 하더라도 정사가 각박한 수령은 군자가 따를 바가 못 된다고 하며 다음 문장부터 고적사문의 예를 들고 있다.

② (×) 첫 번째 문단의 다섯 번째 문장에 따르면 '최상' 등급의 청렴이 '아주 옛날'의 청렴한 관리이며('최상' = '아주 옛날'), 여섯 번째 문장의 '그 다음' 등급의 청렴이 '조금 옛날'의 청렴한 관리이다('그 다음' = '조금 옛날'). '조금 옛날' 등급의 청렴이 최상이 아니라 '아주 옛날'의 청렴한 관리가 최상이다.

③ (×) 첫 번째 문단 일곱 번째 문장에 따르면 '최하' 등급의 청렴은 규례가 된 것이라면 명분이 바르지 않아도 먹지만 규례가 되어 있지 않은 것은 먹지 않는다는 것은, 명분과 관계없이 규례가 된 것만 먹는 것으로 해석할 수 있다. 아홉 번째 문장에 따르면 이러한 '최하' 등급의 청렴은 '오늘날'과 '아주 옛날' 모두 청렴한 관리로 여겨진 것이 아니라, 옛날 같으면 형벌에 처했을 것이라고 하여 옛날에는 청렴한 것으로 여겨지지 않았다. 구체적으로 '아주 옛날'인지 '조금 옛날'인지는 알 수 없다.

④ (○) 첫 번째 문단 여덟 번째, 아홉 번째 문장에 따르면 『상산록』은 '최상'(= '아주 옛날')의 청렴한 관리가 진실로 좋고 그럴 수 없다면 '그 다음'(= '조금 옛날') 것도 좋지만 최하(= '오늘날')는 옛날 같으면 형벌에 처했을 것이라고 한다. '아주 옛날'의 청렴한 관리를 '오늘날'의 청렴한 관리보다 더 좋은 것(청렴한 것)으로 평가했다.

⑤ (×) 두 번째 문단 두 번째 문장에서 북제의 고적사문은 '국가의 봉급도 받지 않았다.'고 하는데, 첫 번째 문단 다섯 번째 문장에 따르면 『상산록』의 최상 등급 청렴은 '봉급 외에는 아무것도 먹지 않고'라고 하여 국가의 봉급은 받는다고 하므로 북제의 고적사문이 『상산록』의 청렴 등급으로 볼 때 '조금 옛날'의 청렴한 관리에 해당한다고 해석할 수 없다. 그리고 두 번째 문단 첫 번째 문장에 따르면 청렴하다 하여도 과격한 행동과 각박한 정사는 군자가 따를 바가 못 된다고 하므로 모범이 될 만한 수령이라고 볼 수 없다.

문4 발문 포인트형(법조문형)　난이도 하　　　정답 ④

문제풀이 핵심 포인트
지문의 내용은 재산등록 및 공개 제도의 목적과 취지를 설명한 것으로, 선택지의 내용이 '재산등록 의무자', '등록대상 친족의 범위', '등록대상 재산'에 해당하는지만 검토하면 된다.

① (×) 시청에 근무하는 4급 공무원 A는 재산등록 의무자 중 4급 이상의 일반직·지방직 공무원에 해당한다. 그러나 A의 동생은 등록대상 친족의 범위에 해당하지 않는다. 따라서 해당 아파트는 A의 재산등록 대상이 아니다. A의 동생이 소유한 아파트는 등록대상 재산 중 부동산에 관한 소유권에 해당한다.

② (×) 시장 B는 재산등록 의무자 중 지방자치단체장에 해당한다. 시장 B의 결혼한 딸은 등록대상 친족 중 직계비속이지만, 혼인한 직계비속인 여성은 제외한다. 따라서 해당 정기예금은 B의 재산등록 대상이 아니다. B의 딸이 소유한 1,500만 원의 정기예금은 등록대상 재산 중 합계액 1천만 원 이상의 예금에 해당한다.

③ (×) 도지사 C는 재산등록 의무자 중 지방자치단체장에 해당하고, C의 아버지는 등록대상 친족 중 직계존속에 해당한다. 그러나 연간 600만 원의 소득이 있는 지식재산권은 연간 1천만 원 이상의 소득이 있는 지식재산권에 해당하지 않으므로, 해당 지식재산권은 C의 재산등록 대상이 아니다.

④ (○) 정부부처 4급 공무원 상당의 보수를 받는 별정직 공무원 D는 재산등록 의무자에 해당한다. D의 아들은 등록대상 친족 중 직계비속에 해당하고, 승용차는 등록대상 재산 중 자동차에 해당한다. 따라서 해당 승용차는 D의 재산등록 대상이다.

⑤ (×) 정부부처 4급 공무원 E는 재산등록 의무자 중 4급 이상의 일반직 공무원에 해당한다. 그러나 D의 이혼한 전처는 D의 배우자가 아니므로 등록대상 친족의 범위에 해당하지 않는다. 따라서 해당 다이아몬드는 E의 재산등록 대상이 아니다. 1,000만 원 상당의 다이아몬드는 등록대상 재산 중 품목당 5백만 원 이상의 보석류에 해당한다.

문5 응용형(텍스트형) 난이도 ⓒ 정답 ⑤

문제풀이 핵심 포인트

첫 번째 문단의 'rem' 단위에 대해서 정리해보면, 체중 $x$kg인 사람이 $y$rem의 방사선 피해를 입은 경우, $y\text{rem} = y \times \dfrac{5천만(개)}{1\text{g}}$이므로 $x\text{kg} \times \dfrac{1,000\text{g}}{1\text{kg}} \times y \times \dfrac{5천만(개)}{1\text{g}} = xy \times 5$백억 개의 감마선 입자를 흡수한 것이다.

ㄱ. (×) 두 번째 문단 일곱 번째 문장에 따르면 우리 몸이 방사선에 300rem 정도의 피해를 입은 경우 수혈이나 집중적인 치료를 받지 않아도 사망할 확률이 거의 없는 것이 아니고, 사망 확률이 50%에 달한다. ㄱ에는 몸무게가 120kg인 사람이라고 주어져 있지만, 감마선 입자의 개수를 구할 필요는 없고 두 번째 문단에서 서술하고 있는 rem의 정도에 따른 증상으로 ㄱ의 내용을 판단할 수 있다.

ㄴ. (○) 첫 번째 문단 두 번째, 세 번째 문장에 따라 몸무게 50kg인 사람이 500조 개의 감마선 입자에 해당하는 방사선을 흡수한 경우 rem을 구해보면 다음과 같다.

$\cdot\ 50\text{kg} \times \dfrac{1,000\text{g}}{1\text{kg}} \times y \times \dfrac{5천만(개)}{1\text{g}} = 500조(개)$

$\cdot\ y \times \dfrac{5천만(개)}{1\text{g}} = \dfrac{100억(개)}{1\text{g}}$

$\cdot\ y = 200$

즉, 200rem의 방사선 피해를 입은 것이다. 두 번째 문단 다섯 번째 문장에 따르면 200rem 정도의 방사선 피해를 입는 경우 머리카락이 빠지기 시작하고 구역질을 할 것이다.

ㄷ. (○) 두 번째 문단 두 번째부터 네 번째 문장의 내용에서 인체에 유입된 일정량 이하의 유해 물질로 방사선과 바이러스의 예를 들면서, 우리 몸에 의해 자연스럽게 제거되어 정상적인 신체 기능에 거의 영향을 주지 않는 경우를 문턱효과라고 설명하고 있다.

ㄹ. (○) 첫 번째 문단 네 번째 문장에 따르면 체르노빌 사고 현장에서 소방대원의 몸에 흡수된 감마선 입자는 400조 개 이상이었다고 한다. 소방대원 A의 몸무게가 80kg인 경우 rem을 구해보면 다음과 같다.

$\cdot\ 80\text{kg} \times \dfrac{1,000\text{g}}{1\text{kg}} \times y \times \dfrac{5천만(개)}{1\text{g}} = 400조(개)$

$\cdot\ y \times \dfrac{5천만(개)}{1\text{g}} = 50억(개)$

$\cdot\ y = 100$

즉, 100rem 이상의 방사선 피해를 입은 것이다.

실전에선 이렇게!

ㄹ. 위와 같이 계산하지 않고도 판단할 수 있다. 첫 번째 문단 세 번째 문장에서는 ㄹ과 같이 몸무게를 80kg으로 가정하여, 1rem은 4조 개의 감마선 입자를 흡수한 것으로 예를 들고 있다. 따라서 400조 개 이상의 감마선 입자를 흡수한 경우 100rem 이상일 것으로 빠르게 판단할 수 있다.

문6 응용형(법조문형) 난이도 ⓗ 정답 ⑤

문제풀이 핵심 포인트

간단한 날짜계산을 포함하여 일부 선택지는 응용을 요하는 선택지를 포함하고 있는 문제이다. 국회의 정기회, 임시회는 앞서 민경채 11년 인책형 4번 문제에서도 활용한 적 있는 소재이다.

제00조를 순서대로 제1조 ~ 제3조라고 한다.

① (×) 제2조 제2항에 따르면 국회의원 총선거 후 최초의 임시회는 의원의 임기개시 후 7일째에 집회한다고 한다. 제△△대 국회의 첫 번째 임시회는 제△△대 국회의원 총선거 실시일을 기준으로 7일 후인 4월 27일에 집회하는 것이 아니라, 임기개시일인 5월 30일로부터 7일 후인 6월 6일에 집회한다.

② (×) 제1조에 따르면 정기회는 매년 9월 1일에 집회하고, 제3조 제2항 제2호에 따르면 정기회의 회기는 100일을 초과할 수 없다고 한다. 올해 국회의 정기회는 9월 1일에 집회하는 것은 맞으나, 12월 31일에 폐회하는 것이 아니고 9월 1일로부터 100일을 초과하지 않는 12월 9일 이내에 폐회한다.

③ (×) 제3조 제2항 제2호에 따른 정기회와 임시회의 회기를 더해서 판단한다. 우선 정기회는 제1조에 따라 매년 1회 집회하며, 제3조 제2항 제2호에 따라 100일을 초과할 수 없다. 내년도 국회는 국회의원 총선거가 있는 연도가 아니므로 임시회는 제3조 제2항 제1호에 따라 매 짝수월 중 2월, 4월, 6월 3회에 걸쳐 집회하며, 제2호에 따라 매회 30일을 초과할 수 없다. 따라서 내년도 국회의 회기는 정기회와 임시회의 회기를 합하여 연간 130일을 초과할 수 없는 것이 아니라 1회의 정기회와 3회의 임시회를 모두 합하여 연간 190일을 초과할 수 없다.

④ (×) 제2조 제1항은 임시회의 집회요구가 있을 때 의장이 집회기일 3일 전에 공고하도록 정하고 있다. 내년 4월 30일에 임시회의 집회요구가 있을 때에는 국회의장의 임시회 집회공고 없이 4월 30일의 다음 날인 5월 1일에 임시회를 집회할 수 없고, 집회기일 이전에 3일간의 공고기간을 두어야 한다.

⑤ (○) 제3조 제1항 본문에 따르면 제△△대 국회의 의장은 각 교섭단체대표 의원과의 협의를 거쳐 내년도 국회운영기본일정을 올해 12월 31일까지 정해야 한다. 내년도 국회운영기본일정에 대하여 묻고 있는 것이고, 국회의원 총선거 후 처음 구성되는 국회의 당해 연도 국회운영기본일정에 대하여 묻고 있는 것이 아니므로 같은 조 제1항 단서가 적용되는 것이 아님을 유의한다.

문7 응용형(법조문형) 난이도 중   정답 ③

문제풀이 핵심 포인트
모든 선택지에서 '청구가 (모두) 인정된다/인정되지 않는다'의 형식으로 묻고 있다. 따라서 재심청구와 형사보상금 청구가 어떠한 경우 인정되고 또는 인정되지 않는지를 제시문에서 정확하게 파악하여 〈상황〉에 적용·응용할 수 있어야 한다.

풀이
〈상황〉은 형법 제241조의 간통죄로 인하여 형사처벌을 받았던 甲, 乙, 丙이 재심청구와 형사보상금 청구를 한 상황이다. 선택지에서는 이들의 재심청구와 형사보상금 청구가 인정되는지 여부를 묻고 있다.

첫 번째 문단에 따르면 형벌조항에 대한 위헌결정은 소급효가 인정된다. 그러나 소급효의 제한과 관련하여 두 번째 문단에 따르면 소급효가 무한정 인정되는 것은 아니고 종전에 합헌결정이 있었던 경우에는 그 결정이 선고된 날의 다음 날로 소급하여 효력을 상실한다. 그리고 세 번째 문단에서 위헌결정이 내려진 형벌조항에 근거하여 유죄의 확정판결을 받은 사람은 재심청구가 인정되고, 유죄판결로 실형을 선고받아 교도소에 복역하였던 사람, 벌금형을 선고받아 이를 납부한 사람은 형사보상금 청구가 인정된다.

〈상황〉은 형법 제241의 간통죄에 대해서 헌법재판소는 2008. 10. 30.까지 네 차례에 걸쳐 합헌결정을 하였지만, 2015. 2. 26.에 위헌결정(이하 '위헌결정'이라고 한다)을 하였다고 한다. 이처럼 헌법재판소가 여러 차례 합헌결정을 한 경우, 최후에 합헌결정을 선고한 날의 다음날, 즉 2008. 11. 1.로 소급하여 형법 제241조의 효력이 상실된 것이다.

〈상황〉의 甲은 2007. 10. 1.에 형이 확정되었으므로 이 위헌결정의 소급효가 미치지 않는다. 따라서 세 번째 문단의 위헌결정이 내려진 형벌조항에 근거하여 유죄의 확정판결을 받은 사람에 해당하지 않는다. 재심청구와 형사보상금 청구 모두 인정되지 않는다.

乙과 丙의 형 확정시점은 각각 2010. 6. 1., 2013. 8. 1.로 이 위헌결정의 소급효가 미치고, 乙, 丙은 위헌결정이 내려진 형벌조항에 근거하여 유죄의 확정판결을 받은 사람이다. 따라서 乙, 丙에게는 재심청구가 인정된다. 그러나 乙은 집행유예 판결로 교도소에 복역한 바가 없이 집행유예기간이 경과하였고, 벌금형을 선고받아 납부하지도 않았으므로 형사보상금청구가 인정되지는 않는다. 丙은 1년간 교도소에 복역하였으므로 형사보상금 청구가 인정된다.

① (×) 甲에게는 위헌결정의 소급효가 미치지 않으므로 재심청구가 인정되지 않고, 교도소에 복역하였다고 하더라도 형사보상금 청구가 인정되지 않는다.

② (×) 乙은 위헌결정의 소급효가 미치므로 재심청구는 인정되나, 교도소에 복역한 바가 없으므로 형사보상금 청구는 인정되지 않는다.

③ (○) 乙은 위헌결정의 소급효가 미치므로 재심청구는 인정되나, 교도소에 복역한 바가 없으므로 형사보상금 청구는 인정되지 않는다.

④ (×) 丙은 위헌결정의 소급효가 미치므로 재심청구가 인정되고 교도소에 복역한 구금일수에 따라 형사보상금 청구도 인정된다.

⑤ (×) 丙은 위헌결정의 소급효가 미치므로 재심청구가 인정되고 교도소에 복역한 구금일수에 따라 형사보상금 청구도 인정된다.

문8 규칙 정오판단형 난이도 중   정답 ③

문제풀이 핵심 포인트
3일 이상을 쉰다는 것의 의미를 정확하게 파악하고 있어야 한다.

풀이
주어진 조건을 정리하면 다음과 같다.

· △△배 씨름대회는 아래와 같은 대진표에 따라 진행되며
  → 토너먼트 방식의 대진표 그림이다.

· 11명의 참가자는 추첨을 통해 동일한 확률로 A부터 K까지의 자리 중에서 하나를 배정받아 대회에 참가한다.
  → 자리 배정 확률은 모두 동일하다.

· 대회는 첫째 날에 1경기부터 시작되어 10경기까지 순서대로 매일 하루에 한 경기씩 쉬는 날 없이 진행되며, 매 경기에서는 무승부 없이 승자와 패자가 가려진다.
  → '경기 번호 = 경기일'이라고 볼 수 있다.

· 각 경기를 거듭할 때마다 패자는 제외시키면서 승자끼리 겨루어 최후에 남은 두 참가자 간에 우승을 가리는 승자 진출전 방식으로 대회를 진행한다.
  → 토너먼트 방식의 설명이다.

ㄱ. (×) '각 경기 번호 = 각 경기일'이기 때문에 이틀 연속 경기를 하지 않으려면 한 참가자 기준으로 경기 번호가 연이어 나오면 안 된다. 이때 8경기, 9경기, 10경기는 연달아 경기를 하게 되므로 이 쪽 대진표에 해당되는 E ~ K는 제외해야 한다. 승리하여 경기를 거듭하게 될 때 이틀 연속 경기를 하게 되기 때문이다. 남은 A ~ D는 최소한의 경기인 3경기로 우승할 수 있기 때문에, 이틀 연속 경기를 하지 않으면서 최소한의 경기로 우승할 수 있는 자리는 A ~ D 총 4개이다.

ㄴ. (×)

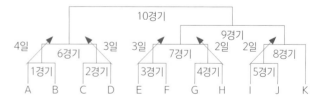

다음 경기까지 쉬는 기간을 보기 쉽게 정리하면 위의 그림과 같다. 첫 번째 경기에 승리한 경우 두 번째 경기 전까지 3일 이상을 경기 없이 쉴 수 있는 자리는 경기순서의 차이가 4 이상 자리이다. 이 자리는 A ~ E까지 여섯 자리이며 이 자리에 배정될 확률은 6/11 > 50%이다.

ㄷ. (O) 총 4번의 경기를 치러야 우승할 수 있는 자리는 E, F, G, H, I, J 총 여섯 자리이고, 총 3번의 경기를 치르고 우승할 수 있는 자리는 A, B, C, D, K까지 총 다섯 자리이다. 선택지에서 묻고 있는 건 확률이지만 확률을 구할 때의 공식 '해당 자리 수/전체 자리 수'에서 분모인 '전체 자리 수'가 공통이다. 높다 낮다를 따지는 것은 상대적인 비교만 하면 되는 계산이므로 굳이 확률을 구할 것 없이 단순히 분자 비교만으로도 비교가 가능하다. 즉, 여섯 자리와 다섯 자리를 비교하여 선택지가 맞다는 판단이 가능하다.

문9 조건 계산형 난이도 중 정답 ①

문제풀이 핵심 포인트
조건이 꽤 복잡한 문제이다. 동그라미를 순서대로 조건 ⅰ)~조건 ⅳ)라고 할 때, 조건 ⅰ)~ⅳ)를 주어진 <상황>에 적용한다. 조건ⅲ)(1)의 경우 ⓐ, ⓒ 모두 초과 또는 ⓑ, ⓓ 모두 초과를 의미하고, 조건ⅲ)(2)의 경우 ⓐ, ⓑ 모두 초과 또는 ⓒ, ⓓ 모두 초과를 의미한다. 조건ⅲ)(3)의 경우 다른 가산기준과 다르게 피해자 개인임을 유의한다. 조건을 적용하는 과정에서 계산을 하지 않고, 모든 조건을 적용한 후 계산을 나중에 하도록 한다.

풀이

<상황>의 甲의 경우부터 확인해본다. 甲이 발생시키는 소음을 측정한 결과 주간 등가소음도(45dB(A) > 40dB(A))와 야간 등가소음도(38dB(A) > 35dB(A))가 수인한도를 초과하였다. 甲의 소음으로 인한 피해기간은 10개월이므로 조건 ⅱ)에 따른 피해자 1인당 배상 기준금액은 650,000원이고, 피해자는 2인이다. 甲이 발생시키는 소음이 ⓒ, ⓓ 모두 초과하였으므로 조건ⅲ)(2)에 해당한다. 식을 세워보면 다음과 같다.

$2 \times \{650,000 + (650,000원 \times 0.3)\}$

$= 2 \times (650,000원 \times 1.3)$

$= 650,000원 \times 2.6$

$= 1,690,000원$

그러므로 선택지 ④, ⑤는 제거된다.

乙이 발생시키는 소음을 측정한 결과 야간 등가소음도(42dB(A) > 35dB(A))와 야간 최고소음도(52dB(A) > 50dB(A))가 수인한도를 초과하였다. 乙의 소음으로 인한 피해기간은 1년 6개월이므로 조건 ⅱ)에 따른 피해자 1인당 배상 기준금액은 800,000원이고, 피해자는 4인이다. 乙이 발생시키는 소음이 ⓑ, ⓓ를 모두 초과하였으므로 조건ⅲ)(1)에 해당한다. 그리고 피해자 1인이 조건ⅲ)(3)에 해당하므로 해당 피해자 개인에게 20%를 가산한다. 식을 세워보면 다음과 같다.

$4 \times \{800,000 + (800,000원 \times 0.3)\} + (800,000원 \times 0.2)$

$= 4 \times (800,000원 \times 1.3) + (800,000원 \times 0.2)$

$= 800,000원 \times 5.2 + 800,000원 \times 0.2 = 800,000원 \times 5.4$

$= 4,320,000원$

따라서 甲과 乙의 최대 배상금액으로 모두 옳은 것은 ①이다.

실전에선 이렇게!

조건 ⅰ)에서는 야간 최고소음도가 먼저 제시되어 있지만 <상황>에서는 야간 등가소음도에 대해 먼저 언급하고 있다. 의식하지 않고 순서대로 야간 최고소음도와 야간 등가소음도를 바꿔서 적용하는 일이 없도록 한다.

문10 규칙 정오판단형 난이도 하 정답 ②

문제풀이 핵심 포인트
<버스정류소 명칭 관리 및 운영계획>은 '정류소 명칭 부여기준'과 '정류소 명칭 변경 절차'로 이루어져 있다. 선택지 ①, ②는 정류소 명칭 변경 절차에 관한 것이고, 선택지 ③, ④, ⑤는 버스정류소 명칭 관리 및 운영계획이므로 각 선택지를 판단할 때 해당 부분에서 필요한 조건만 찾아서 검토한다.

풀이

① (×) 정류소 명칭 변경을 신청하는 경우 '정류소 명칭 변경 절차'의 첫 번째 절차에 따라 홀수달 1일에 신청하여야 하고 홀수달 1일에 하지 않은 신청은 그 다음 홀수달 1일에 신청한 것으로 간주한다. 자치구가 7월 2일에 정류소 명칭 변경을 신청한 경우, 홀수달 1일에 하지 않은 신청이므로 그 다음 홀수달인 9월 1일에 신청한 것으로 간주한다. ○○시의 시장은 신청일로부터 5일 이내에 명칭 변경 승인 여부를 결정하여야 하므로 7월 7일이 아닌 9월 6일까지 승인 여부를 결정해야 한다.

② (O) 자치구가 8월 16일에 정류소 명칭 변경을 신청하는 경우 '정류소 명칭 변경 절차'의 첫 번째 절차에 따라 그 다음 홀수달인 9월 1일에 신청한 것으로 간주한다. 그리고 두 번째 절차에 따른 명칭 변경 승인이 신청일로부터 5일 이내, 세 번째 절차에 따른 명칭 변경에 따른 정비가 승인일로부터 7일 이내, 네 번째 절차에 따른 정비결과 보고가 정비완료일로부터 3일 이내이므로 9월 1일로부터 최대 15일 이내에 정비결과가 시장에게 보고된다. 따라서 해당 신청이 승인되는 경우 자치구가 8월 16일에 한 신청은, 늦어도 9월 1일로부터 15일 이내인 9월 16일까지 정비결과가 시장에게 보고된다.

③ (×) '가나시영3단지'라는 정류소 명칭을 '가나서점·가나3단지아파트'로 변경하는 것을 '정류소 명칭 부여기준'의 순서에 따라 검토한다. 우선 글자 수와 명칭 수의 제한에는 해당되지 않는다. 다만 2개를 병기할 경우 우선순위 표에 따르면 아파트는 4순위, 상점은 5순위에 해당한다(4순위의 상가와 5순위의 상점을 구분하고 있는 점에 비추어 여러 상점이 모여 특정 거리 또는 구역을 형성할 경우 상가에 해당한다고 해석한다). 따라서 정류소 명칭을 '가나서점·가나3단지아파트'와 같이 변경하는 것은 명칭 부여기준 중 우선순위에 적합하지 않고, 변경한다면 아파트를 상점보다 우선순위에 두어 '가나3단지아파트·가나서점'과 같이 변경하는 것이 적합하다.

④ (×) '정류소 명칭 부여기준'에서 글자 수는 15자 이내로 제한된다. '다라중학교·다라동1차아파트'라는 정류소 명칭은 '·'를 1개의 글자로 생각하는 경우 14자, 글자로 생각하지 않는 경우는 13자로 15자 이내이므로 명칭 부여기준에 적합하다. '·'에 대한 지문의 언급이 없으나 선택지의 정오를 판단하는 것에는 영향을 미치지 않는다.

⑤ (×) '정류소 명칭 부여기준'에서 명칭 수 제한을 검토한다. 정류소에 부여되는 명칭 수는 2개 이내로 제한되므로 명칭을 변경하는 정류소에 '마바구도서관·마바시장·마바물산'이라는 3개의 명칭이 부여될 수 없다.

문11 일치부합형(텍스트형) 난이도 하 정답 ①

문제풀이 핵심 포인트
각 선택지에서 묻는 내용 위주로 제시문에서 확인하면 어렵지 않게 해결할 수 있는 문제이다.

① (○) 두 번째 문단 세 번째 문장에 따르면 일제는 무궁화를 말살하려 했고, 네 번째 문장에 따르면 일제는 무궁화를 캐 온 학생에게 상을 주는 방식으로 학생들이 무궁화를 캐도록 유도했다.

② (×) 두 번째 문단 두 번째 문장에 따르면 민중의 무궁화에 대한 사랑은 일제가 국권을 강탈한 후 자연히 시들해진 것이 아니라 더욱 깊어졌다고 한다.

③ (×) 첫 번째 문단 네 번째 문장에 따르면 최치원의 국서는 신라를 근화향으로 표기했다. 그러나 이는 무궁화에 관한 가장 오래된 기록이 아니며, 첫 번째 문장에 따르면 무궁화에 관한 가장 오래된 기록은 중국 동진시대의 『산해경』이라는 지리서에 있다.

④ (×) 세 번째 문단 첫 번째 문장에 따르면 일제의 무궁화 말살 정책 속에서도 일부 단체나 학교는 무궁화를 겨레의 상징물로 사용하였다고 한다. 모든 단체와 학교는 벚꽃을 겨레의 상징물로 사용한 것이 아님을 알 수 있다.

⑤ (×) 세 번째 문단 두 번째, 세 번째 문장에 따르면 조선소년군은 시국강연회에 참석할 때 착용한 스카프에 무궁화가 새겨진 것이 문제가 되어 일제는 스카프를 압수하고 간부를 구금했다. 네 번째 문장에 따르면 무궁화를 월계수로 대체한 것은 조선소년군이 아니라 서울중앙학교였다.

✎ 실전에선 이렇게!

④ '모든' 단체와 학교는 벚꽃을 겨레의 상징물로 사용한 것이 옳은지 묻고 있다. 어느 하나의 단체나 학교가 벚꽃을 겨레의 상징물로 사용하지 않았다면 해당 선택지는 틀린 것이 된다.

문12 일치부합형(텍스트형) 난이도 하   정답 ①

문제풀이 핵심 포인트
어려운 한자어가 많이 사용된 문제이다. 각주로도 여러 용어의 뜻이 제시되어 있다. 각주에 주어져 있는 각 단어는 일반적으로 친숙하지 않은 단어들인데 〈보기〉를 판단할 때 해당 단어의 의미를 염두에 둔다.

풀이

ㄱ. (×) 두 번째 문단 첫 번째 문장과 두 번째, 세 번째 각주에 따르면 빈전과 혼전은 왕이 죽고 나면 그 시신을 모시던 곳으로 왕의 죽음과 관련된 장소이고, 〈일월오봉도〉는 빈전과 혼전에도 사용되었다.

ㄴ. (○) 첫 번째 문단의 세 번째 문장 이후에는 조선 후기 대다수의 〈일월오봉도〉의 형식을 설명하고 있다. 조선 후기 대다수의 〈일월오봉도〉에서 해는 가운데 가장 큰 산봉우리를 기준으로 오른편에 위치한 두 개의 작은 봉우리 사이에, 달은 왼편에 위치한 두 개의 작은 봉우리 사이에 배치되어 있으므로 해가 달보다 오른쪽에 그려져 있다.

ㄷ. (×) 두 번째 문단 세 번째 문장에서 〈일월오봉도〉는 왕만이 전유할 수 있는 것이라고 하여 왕과 관련되어서만 사용할 수 있다고 한다. 두 번째 문단에서는 〈일월오봉도〉의 사용에 대해 설명하고 있는데 해당 설명들은 모두 왕과 관련된 것으로 왕비나 세자와 관련된 설명은 없다. 첫 번째 문단 두 번째 문장에서도 〈일월오봉도〉의 왕과 관련된 의미만 설명하고 있으므로, 전유라는 단어의 의미에 대해 알지 못한다고 하더라도 〈일월오봉도〉가 왕비나 세자의 존재를 표상하기 위해 사용되었다고 판단할 수 없다.

ㄹ. (×) 첫 번째 문단의 첫 번째, 두 번째 문장에 따르면 〈일월오봉도〉에서 다섯 개의 산봉우리는 '삼라만상'을 상징하는데, 이는 '통치하는 대상'을 시각적으로 응축한 것이라고 하여 왕을 나타내는 상징물이 아니다.

문13 발문 포인트형(텍스트형) 난이도 하   정답 ⑤

문제풀이 핵심 포인트
발문에서 기단을 표시한 기호로 옳은 것을 정답으로 선택할 것을 요구하므로, 제시문을 통해 기단을 표시하는 방법을 파악하여 적용·응용하여야 한다.

풀이

첫 번째, 두 번째 문단의 기단의 분류에 따른 기호를 정리해보면 다음과 같다.

구분	한대기단	열대기단	적도기단	극기단
해양성기단	mP	mT	mE	mA
대륙성기단	cP	cT	cE	cA

이상의 기호 마지막에 열역학적 특성에 따른 w나 k를 추가한다.

· 세 번째 문단 첫 번째 문장에 따르면 시베리아기단은 대륙성한대기단이다. 따라서 'cP'로 표시한다. 그리고 시베리아기단은 우리나라 지표면보다 차갑다고 하므로 마지막에 k를 추가한다. 따라서 시베리아기단은 기호로 'cPk'로 표시하여야 한다.

· 세 번째 문단 네 번째 문장에 따르면 북태평양기단은 북태평양에서 발생한다고 하는데, 첫 번째 문단 세 번째 문장에 따르면 해양에서 발생하는 기단은 해양성 기단으로 분류한다. 그리고 세 번째 문단 세 번째 문장에 따르면 북태평양기단은 열대기단이다. 즉, 북태평양기단은 해양성열대기단이므로 'mT'로 표시한다. 세 번째 문단 네 번째 문장에 따르면 북태평양기단은 우리나라 지표면보다 덥다고 하므로 마지막에 w를 추가한다. 따라서 북태평양기단은 'mTw'로 표시하여야 한다.

· 세 번째 문단 다섯 번째 문장에 따르면 오호츠크해기단은 해양성한대기단이다. 따라서 'mP'로 표시한다. 그리고 오호츠크해기단은 우리나라 지표면보다 차갑다고 하므로 마지막에 k를 추가한다. 따라서 오호츠크해기단은 기호로 'mPk'로 표시하여야 한다.

따라서 우리나라에서 기단을 표시한 기호로 모두 옳은 것은 ⑤이다.

문14 발문 포인트형(텍스트형) 난이도 하   정답 ①

문제풀이 핵심 포인트
〈상황〉의 내용에 따라 甲에게 적절하지 않은 근무제를 선택지에서 제거해가면서 정답을 찾는다. 두 번째 문단 시간제근무에 대한 설명에서 '다른 유연근무제와 달리'라는 내용으로부터 다른 근무제는 주 40시간을 근무하는 것을 알 수 있다. 시간제근무와 탄력근무제는 시간, 원격근무제는 근무장소를 중점적으로 확인하도록 한다.

풀이

· 甲은 원격근무보다는 A부서 사무실에 출근하여 일하는 것을 원한다고 한다. 따라서 네 번째 문단의 원격근무제 중 두 번째 문장의 사무실이 아닌 자택에서 근무하는 재택근무형 유연근무제는 甲에게 적절하지 않다. 그러므로 선택지 ⑤는 제거된다.

· 甲은 주 40시간의 근무시간은 지킬 예정인데, 두 번째 문단 첫 번째 문장의 시간제근무는 다른 유연근무제와 달리 주 40시간보다 짧은 시간을 근무하는 것이다. 따라서 시간제근무는 甲에게 적절하지 않다. 그러므로 선택지 ③은 제거된다.

- 甲은 이틀은 아침 7시에 출근하여 12시간씩 근무하고, 나머지 사흘은 5 ~ 6시간의 근무를 하는 계획을 세웠다고 한다. 세 번째 문단의 탄력근무제 중 두 번째 문장의 시차출퇴근형 유연근무제는 1일 8시간 근무체제를 유지하면서 출퇴근시간을 조정하는 것이므로 甲에게 적절하지 않다. 그러므로 선택지 ②는 제거된다. 그리고 여섯 번째 문장의 집약근무형 유연근무제는 주 3.5 ~ 4일만을 근무하는 것이므로 5일을 근무하는 甲에게 적절하지 않다. 그러므로 선택지 ④는 제거된다.

- 세 번째 문단 네 번째, 다섯 번째의 근무시간선택형 유연근무제를 확인해보면 근무시간선택형은 주 5일 근무를 준수해야 하는데 甲은 주 5일 근무할 계획이다. 1일 8시간을 반드시 근무해야 하는 것은 아니며 근무가능 시간대는 06:00 ~ 24:00, 1일 최대 근무시간은 12시간인 점에서 이틀은 아침 7시에 출근하여 12시간씩 근무하고, 나머지 사흘은 5 ~ 6시간의 근무를 하려는 甲에게 적절한 유연근무제이다.

문 15 발문 포인트형(텍스트형) [난이도 하]   정답 ④

문제풀이 핵심 포인트

어려워 보이는 기호들로 인해서 얼핏 보기에는 난도가 높을 것으로 오해를 할 수 있으나 기호가 어떤 식으로 표현되는지 확인하여 적용하는 문제이므로 난도는 높지 않다. 즉, 문제의 난이도를 겉보기만으로 평가하기보다는 지문을 읽어본 후 판단하는 것이 더 정확하다.

풀이

문제를 해결하기 위해서는 x^3, x, $+$, $=$을 각각 어떻게 표현하는지를 알아내야 한다. 제시문에서 언급된 예를 통해 과거에 방정식을 표현한 방식을 정리하면 다음과 같다.

구분	x^3	x	+	=
카르다노	cub⁹	reb⁹	p:	aeq̄lis
스테빈	1③	1①	+	egales á
기랄드	1(3)	1(1)	+	=
헤리옷	xxx	x	+	=

방정식 $x^3 + 4x + 2 = 0$을 각자의 표현 방식대로 정리하면 다음과 같다.

카르다노	cub⁹ p: 4reb⁹ p: 2 aeq̄lis 0
스테빈	1③ + 4① + 2 egales á 0
기랄드	1(3) + 4(1) + 2 = 0
헤리옷	$xxx + 4 \cdot x + 2 = 0$

ㄱ. (○) 카르다노는 cub⁹ p: 4reb⁹ p: 2 aeq̄lis 0으로 썼음을 알 수 있다.

ㄴ. (○) 스테빈은 1③ + 4① + 2 egales á 0으로 썼음을 알 수 있다.

ㄷ. (×) 1(2)가 의미하는 것은 x^2이므로 1(2)가 아니라 1(3)이어야 함을 알 수 있다

ㄹ. (○) 헤리옷은 $xxx + 4 \cdot x + 2 = 0$으로 썼음을 알 수 있다.

문 16 응용형(법조문형) [난이도 중]   정답 ②

문제풀이 핵심 포인트

각 구역에서 해당 시설이 금지되는 시설인지, 허용되는 시설인지, 학교환경위생정화위원회의 심의를 거쳐 허용될 수 있는 시설인지를 파악해야 한다. 이때 각 조문이 적용되는 순서에 유의한다.

풀이

㉠ 당구장은 법 제△△조 제1항 제7호에 따라 초·중·고등학교 정화구역에서 금지시설에 해당한다. 그러나 같은 조 제2항에 따르면 제1항에도 불구하고 대통령령으로 정하는 구역에서는 제1항 제7호에 규정된 시설 중 교육감이 학교환경위생정화위원회의 심의를 거쳐 학습과 학교보건위생에 나쁜 영향을 주지 아니한다고 인정하는 시설(이하 '심의를 거쳐 허용될 수 있는 시설'이라 한다)은 허용될 수 있다. 그리고 대통령령 제□□조에 의하면 법 제△△조 제2항에서 '대통령령으로 정하는 구역'이란 제△△조 제1항 제7호에 따른 당구장 시설을 하는 경우 정화구역 전체를 의미한다. 즉, 당구장은 원칙적으로 초·중·고등학교 정화구역에서 금지시설에 해당하지만, 제한이 완화되어 정화구역 전체(절대정화구역과 상대정화구역)에서 심의를 거쳐 허용될 수 있는 시설이다. 〈표〉의 당구장 시설은 초·중·고등학교 절대정화구역에서 학교환경위생정화위원회 심의를 거쳐 허용되는 시설(△)이다.

㉡ 〈표〉의 만화가게 시설은 법 제△△조 제1항 제5호에 따라 초·중·고등학교 정화구역에서 금지시설에 해당하지만, 대통령령 제□□조에 따라 제△△조 제1항 제5호에 해당하는 시설은 상대정화구역에서 제한이 완화되어 심의를 거쳐 허용될 수 있는 시설(△)이다.

㉢ 〈표〉의 당구장 시설은 법 제△△조 제1항 제7호에 따르면 유치원·대학교 정화구역에서는 금지시설에 해당하지 않는다. 허용되는 시설(○)이다.

㉣ 〈표〉의 호텔 시설은 법 제△△조 제1항 제8호에 따라 유치원·대학교 정화구역에서 금지시설에 해당하지만, 대통령령 제□□조에 따라 제△△조 제1항 제8호에 해당하는 시설은 상대정화구역에서 제한이 완화되어 심의를 거쳐 허용될 수 있는 시설(△)이다.

따라서 〈표〉의 ㉠ ~ ㉣에 들어갈 기호로 모두 옳은 것은 ②이다.

실전에선 이렇게!

㉡에서 하나밖에 없는 ○인 선택지①이나, 하나밖에 없는 ×인 선택지⑤는 보통 정답이 아닌 경우가 많다. 선택지①, ⑤를 제외하고 판단하기 쉬운 ㉢을 판단한다면 선택지②, ③으로 선택지를 줄일 수 있다.

문 17 응용형(법조문형) 난이도 중 | 정답 ②

문제풀이 핵심 포인트

각 선택지에서 거의 공통적으로 [다수의견], [별개의견], [반대의견]이 일치하는지 여부 등을 묻고 있다. 제시문이 매우 긴 편인 문제이지만 선택지에서 묻는 바를 중점적으로 해결하는 것이 바람직하다.

지문에서는 헌법 제29조 제1항의 해석과 관련하여 대법원의 [다수의견], [별개의견], [반대의견]을 설명하고 있다. 각 의견에서는 공무원의 고의 또는 중과실(↔ 경과실과 대비) 여부에 따라 배상책임의 주체가 누구인지 의견이 나뉘고 있으며 선택지에서도 해당 내용에 대해 묻고 있다. 지문의 내용을 정리해보면 다음과 같다.

배상책임의 주체	의견	다수의견	별개의견	반대의견
국가 또는 지방자치단체		○	○	○
공무원 개인	고의 또는 중과실	○	○	×
	경과실	×	○	×

위의 표에서 배상책임의 주체는 '피해자' 또는 '국민'과의 관계에서 배상책임의 주체를 의미한다. 공무원 개인의 경우 고의 또는 중과실인지 경과실인지 구분하여 의견마다 배상책임의 성립 여부가 다르지만, 대법원의 모든 의견에서 국가 또는 지방자치단체는 고의 또는 중과실인지 경과실인지 구분하지 않고 배상책임의 주체가 된다고 한다.

풀이

각 선택지에서는 직무상 불법행위, 손해를 언급하고 있는데 이는 헌법 제29조 제1항의 배상책임(국가배상책임, 공무원 개인의 손해배상책임)의 성립 요건과 관련된 것이다. 모든 선택지에서 공통적으로 언급하고 있는 내용이므로 아래에서는 언급하지 않는다.

① (×) 경과실인 경우, 공무원 개인이 피해자에게 배상책임을 지지 않는다는 것이 [다수의견]과 [반대의견]의 일치된 입장이고 [별개의견]의 입장과는 다르다.

② (○) 경과실인 경우, 국가 또는 공공단체가 피해자에게 배상책임을 진다는 점에서는 [다수의견], [별개의견], [반대의견]의 입장이 모두 일치한다.

③ (×) 공무원이 국민에게 손해배상책임을 지는 데 있어서 [다수의견]은 경과실과 중과실을 구분하여, 공무원에게 경과실만 있는 경우 공무원 개인은 피해자에게 손해배상책임을 부담하지 아니하고, 고의 또는 중과실이 있는 경우에는 피해자에게 손해배상책임을 진다. [반대의견]은 국가 또는 공공단체만 피해자에게 손해배상책임을 부담하고, 공무원 개인은 경과실과 중과실을 구분하지 않고 피해자에 대하여 손해배상책임을 부담하지 않는다.

④ (×) '피해자'뿐만 아니라 공무원과 국가 또는 지방자치단체 간의 내부적 책임에 대해 묻고 있다. [반대의견]의 첫 번째 문장을 보면 [반대의견]은 공무원 개인의 국가 또는 공공단체에 대한 내부적 책임이 면제되지 아니한다고 해석한다. 두 번째 문장까지 같이 해석해보면 공무원의 국가 또는 공공단체에 대한 (내부적) 책임은 과실여부와 무관하게 면제되지 않는다는 것이 [반대의견]의 입장이다.

⑤ (×) 고의 또는 중과실의 경우, 공무원 개인이 피해자에게 배상책임을 진다는 점에서 [다수의견], [별개의견]의 입장이 일치하고 [반대의견]의 입장은 일치하지 않는다.

문 18 조건 계산형 난이도 하 | 정답 ②

문제풀이 핵심 포인트

편의상 좌측의 조명시설부터 시설 1, 2, 3이라고 하자. A~E주택의 조도를 지문에서 주어진 규칙 1~4에 따라 계산한다.

풀이

우선 규칙 2의 거리를 표로 나타내보면 다음과 같다.

주택\시설	A	B	C	D	E
1	2	2	4	8	12
2	8	4	2	2	6
3	12	8	6	2	2

위의 표에서 규칙 1, 2에 따라 각 조명시설의 광량을 거리로 나누어주고 규칙 3에 따라 합산하면 다음과 같다. 시설의 괄호 안에 표시된 숫자는 각 조명시설의 광량이다.

주택\시설	A	B	C	D	E
1(36)	18	18	9	4.5	3
2(24)	3	6	12	12	4
3(48)	4	6	8	24	24
합산	25	30	29	40.5	31

따라서 빛의 조도가 30을 초과하는 주택 D, E 2채를 관리대상주택으로 지정한다. 30 초과이므로 조도가 30인 주택B를 관리대상주택으로 착각하여서는 안 된다.

첫 번째 표를 규칙 2에 따른 거리로 나타내지 않고 지문의 그림에서 칸 단위로 나타내보면 다음과 같다.

주택\시설	A	B	C	D	E
1	1	1	2	4	6
2	4	2	1	1	3
3	6	4	3	1	1

그리고 두 번째 표처럼 계산한 뒤 다시 2로 나누어주면 아래 표와 같은 결과를 얻을 수 있다.

주택\시설	A	B	C	D	E
1(36)	36	36	18	9	6
2(24)	6	12	24	24	8
3(48)	8	12	16	48	48
합산	50	60	58	81	62

위의 표와 같이 만들지 않고 합산 값이 60을 초과하는 주택을 확인한다. 해당 문제에서는 거리가 2로 나누기 편한 숫자로 주어져 있었지만 계산이 딱 떨어지지 않고 지저분한 경우 위와 같은 방법이 계산상 더 편할 수 있다.

문 19 응용형(텍스트형) 난이도 중 　　　정답 ④

문제풀이 핵심 포인트

정오판단을 위해 화폐의 가치를 계산하거나, 주조·발행량을 계산하거나, 다른 단위 간 변환(환산)하는 계산하는 등의 응용·적용이 필요한 일부 선택지를 포함하고 있는 문제이다.

풀이

① (O) 두 번째 문단에 따르면 초주단자전의 중량은 1전 2푼이고, 세 번째 문단 첫 번째 문장에 따르면 당이전의 중량은 2전 5푼, 다섯 번째 문단 두 번째 문장에 따르면 중형상평통보의 중량은 1전 7푼이라고 한다. 단위를 변환할 필요 없이 가장 무거운 것은 당이전임을 판단할 수 있다.

② (O) 세 번째 문단 두 번째 문장에 따르면 1679년 발행된 당이전은 은 1냥에 대한 교환율이 100문이었는데, 네 번째 문단 두 번째 문장에 따르면 1689년에 이르러서는 은 1냥이 당이전 400~800문 정도로 가치가 폭락하였다고 한다. 따라서 은을 기준으로 환산할 때 상평통보의 가치는 경우에 따라 $\frac{1}{4}$ 이하, 심지어 $\frac{1}{8}$ 까지 떨어지기도 하였음을 알 수 있다.

③ (O) 네 번째 문단 첫 번째 문장에 따르면 1678년부터 1680년까지 상평통보 주조·발행량은 약 6만 관이고, 이를 문으로 환산하면 6,000만 문이다. 그리고 네 번째 문단 세 번째 문장에 따르면 1681년부터 1689년까지의 상평통보 주조·발행량은 약 17만 관으로, 이를 문으로 환산하면 1억 7,000만 문이다. 따라서 1678년부터 1689년까지 주조·발행된 상평통보는 이 둘을 더한 약 2억 3,000만 문으로 추정된다.

④ (×) 두 번째 문단에 따르면 1678년에 발행된 상평통보의 가치는 은 1냥을 기준으로 400문이라고 한다. 그리고 각주에 따르면 은 1냥은 1/16근이므로 은 1근은 16냥이다. 따라서 1678년을 기준으로 은 1근은 상평통보 4,600문이 아니라 6,400문의 가치를 가진다.

⑤ (O) 첫 번째 문단 두 번째 문장에서는 상평통보의 발행이유에 대해 첫째, 국내 시장의 상품교류가 확대되고 국경무역이 활발해짐에 따라 화폐의 필요성이 제기되었고, 세 번째 문장에서 재원 마련의 필요성이 있었기 때문이라고 한다. 따라서 상품교류 및 무역 활성화뿐만 아니라 국가 재정상 필요에 따라 상평통보가 주조·발행되었음을 알 수 있다.

문 20 규칙 적용해결형 난이도 하 　　　정답 ①

문제풀이 핵심 포인트

점수 부여와 관련한 조건, 감점과 관련한 조건을 정확히만 이해하고 적용한다면 무난하게 해결 가능한 문제이다.

풀이

패스워드의 점수와 관련한 내용을 정리하면 다음과 같다.

부여	세 가지 종류 이상의 문자로 구성된 경우	8자 이상의 패스워드	10점
		7자 이하의 패스워드	8점
	두 가지 종류 이하의 문자로 구성된 경우	10자 이상의 패스워드	10점
		9자 이하의 패스워드	8점
감점	동일한 문자가 연속되어 나타나는 패스워드		2점
	<키보드> 가로열 상에서 인접한 키에 있는 문자가 연속되어 나타나는 패스워드		
	사용자 아이디 전체가 그대로 포함된 패스워드		3점

구분	문자 종류	글자수	점수 부여	점수 감점	최종 점수
①	4	10	10	없음	10
②	3	7	8	−3 (∵ 사용자 아이디 포함)	5
③	1	10	10	−2 (∵ 키보드 상 a와 s가 인접)	8
④	3	9	10	−2 (∵ 키보드 상 T와 y가 인접)	8
⑤	2	11	10	−2 (∵ 키보드 상 1과 2가 인접)	8

① (O) 4종류의 문자를 모두 사용하여 구성되었고 글자 수가 10자이므로 10점을 부여한다. 감점사유는 없으므로 최종 점수는 10점이 된다.

② (×) 3종류의 문자로 구성되었고 글자 수는 7자이므로 8점을 부여한다. 사용자 아이디 전체가 그대로 포함되었으므로 3점을 감점해서 최종점수는 5점이 된다.

③ (×) 1종류의 문자로 구성되었고 글자 수는 10자이므로 10점을 부여한다. 그러나 키보드 상 a와 s가 인접해 있으므로 2점을 감점해서 8점이 된다.

④ (×) 3종류의 문자로 구성되었고 글자 수는 9자이므로 10점을 부여한다. 그러나 키보드 상 T와 y가 인접해 있으므로 2점을 감점해서 8점이 된다.

⑤ (×) 2종류의 문자로 구성되었고 글자 수는 11자이므로 10점을 부여한다. 그러나 키보드 상 1과 2가 인접해 있으므로 2점을 감점해서 8점이 된다.

🖊 실전에선 이렇게!

- 부여점수가 가장 높고 감점이 가장 적다면, 가장 높은 점수일 수밖에 없다.
- 점수 부여 시 문자 종류 수에 상관없이 10자 이상이면 항상 10점을 받는다. 따라서 선택지 ③, ⑤번은 문자 종류 수에 상관없이 10점을 부여할 수 있다. 나머지 선택지 ①, ②, ④번의 경우 세 가지 종류 이상의 문자로 구성되어 있으므로 8자 이상인지 세면 된다.
- 점수 비교 시 선택지 ①번의 경우 부여 점수가 10점으로 최대인데 감점은 없다. 따라서 최종점수가 가장 높을 것임을 예상할 수 있다.

문 21 규칙 적용해결형 난이도 하 　　　정답 ⑤

문제풀이 핵심 포인트

<정렬 방법>에서 제시된 정렬 규칙대로 <정렬 대상>에 적용하기만 하면 되는 문제이다. 수월한 난이도의 문제에서 실수는 치명적이므로 실수하지 않도록 조심하자. 또한, 피벗(pivot)은 가로로 나열된 수 중 가장 오른쪽의 수이다. 문제 해결에 필요한 개념을 정확하게 이해해야 한다.

풀이

<정렬 대상> 15, 22, 13, 27, 12, 10, 25, 20	
정렬 방법	결과
(1) 가로로 나열된 수 중 가장 오른쪽의 수를 피벗(pivot)이라 하며, 나열된 수에서 제외시킨다.	15, 22, 13, 27, 12, 10, 25, 20 : 20이 피벗(pivot)이며, 나열된 수에서 제외된다.
(2) 피벗보다 큰 수 중 가장 왼쪽의 수를 찾는다.	15, 22, 13, 27, 12, 10, 25, 20 : 피벗보다 큰 수 중 가장 왼쪽의 수는 22이다.
(3) 피벗보다 작은 수 중 가장 오른쪽의 수를 찾는다.	15, 22, 13, 27, 12, 10, 25, 20 : 피벗보다 작은 수 중 가장 오른쪽의 수는 10이다.

(4) (2)와 (3)에서 찾은 두 수의 위치를 교환한다.	15, 10, 13, 27, 12, 22, 25, 20
(5) 피벗보다 작은 모든 수가 피벗보다 큰 모든 수보다 왼쪽에 위치할 때까지 (2) ~ (4)의 과정을 반복한다.	⋮
(2) 피벗보다 큰 수 중 가장 왼쪽의 수를 찾는다.	15, 10, 13, 27, 12, 22, 25, 20 : 피벗보다 큰 수 중 가장 왼쪽의 수는 27이다.
(3) 피벗보다 작은 수 중 가장 오른쪽의 수를 찾는다.	15, 10, 13, 27, 12, 22, 25, 20 : 피벗보다 작은 수 중 가장 오른쪽의 수는 12이다.
(4) (2)와 (3)에서 찾은 두 수의 위치를 교환한다.	

따라서 〈정렬 대상〉에서 두 번째로 위치를 교환해야 하는 두 수는 27과 12이다.

🖋️ 실전에선 이렇게!

정렬의 최종결과를 확인할 필요가 없는 문제이다. 문제에서 요구하는 것은 최종결과를 확인하는 것이 아니라 두 번째로 위치를 교환해야 하는 두 수를 찾아내면 된다. 즉 두 번째 위치 교환까지만 하면 해결되는 문제이다.

문 22 조건 계산형   난이도 ⑥   정답 ③

문제풀이 핵심 포인트
2×2 matrix 구조로 상황을 정확하게 인식할 수 있어야 한다.

📋 풀이

주어진 조건을 정리해 보면 다음과 같다.

· 거짓말 탐지기의 정확도(%): 탐지 대상이 되는 진술이 참인 것을 참으로, 거짓인 것을 거짓으로 옳은 판단을 내릴 확률을 의미
· 참인 진술과 거짓인 진술 각각에 대하여 동일한 정확도
· 甲이 사용하는 거짓말 탐지기의 정확도는 80%

ㄱ. (○) 갑이 사용하는 거짓말 탐지기의 정확도는 80%이므로 틀릴 가능성이 20%이다. 따라서 탐지 대상이 되는 진술이 총 100건이라면, 甲의 거짓말 탐지기는 20건에 대하여 옳지 않은 판단을 내릴 가능성이 가장 높다.

ㄴ. (○) 참인 것을 참으로, 거짓인 것을 거짓으로 옳은 판단을 내릴 확률이 80%이지만, 반대를 보면 참인 것을 거짓으로, 거짓인 것을 참으로 틀린 판단을 내릴 확률이 20%이다. 탐지 대상이 되는 진술 100건 가운데 참인 진술이 20건이라면, 거짓인 진술이 80건일 것이다. 위에서 정리한 확률과 결합해서 정리하면 다음과 같다.

구분	참으로 판단	거짓으로 판단
참인 진술(20건)	16(80%)	4(20%)
거짓인 진술(80건)	16(20%)	64(80%)
	32	68

따라서 甲의 거짓말 탐지기가 이 100건 중 참으로 판단하는 것은 총 32건일 가능성이 가장 높다.

ㄷ. (×)

〈방법 1〉 사례를 들어 확인하는 방법

참인 진술이 10건, 거짓인 진술이 90건인 경우에 확률을 대입해서 정리해 보면 다음과 같다.

1) 정확도가 80%인 경우

구분	참으로 판단	거짓으로 판단
참인 진술(10건)	8(80%)	2(20%)
거짓인 진술(90건)	18(20%)	72(80%)
	26	74

2) 정확도가 90%인 경우

구분	참으로 판단	거짓으로 판단
참인 진술(10건)	9(90%)	1(10%)
거짓인 진술(90건)	9(10%)	81(90%)
	18	82

따라서 참으로 판단하는 진술이 26건에서 18건으로 줄어드는 것을 볼 수 있으므로 옳지 않다.

〈방법 2〉 수식으로 접근하는 방법

정확도가 %인 경우를 참인 진술이 10건, 거짓인 진술이 90건인 경우에 대입해서 정리해 보면 다음과 같다.

구분	참으로 판단	거짓으로 판단
참인 진술(10건)	x%	$(100 - x)$%
거짓인 진술(90건)	$(100 - x)$%	x%

이때 아래 색칠된 칸의 값을 구하기 위한 공식은 $(10 \times x) + \{90 \times (100 - x)\%\}$이다.

따라서 값이 커질수록 공식의 결괏값은 작아진다는 것을 확인할 수 있다.

ㄹ. (○) 거짓말 탐지기의 정확도가 90%이므로, 틀릴 가능성도 10%이다. 탐지 대상이 되는 진술 100건 가운데 참인 진술이 10건이므로, 거짓인 진술이 90건이 될 것이다. 위에서 정리한 확률과 결합시켜 정리하면 아래와 같다.

구분	참으로 판단	거짓으로 판단
참인 진술(10건)	9(90%)	1(10%)
거짓인 진술(90건)	9(10%)	81(90%)
	18	82

따라서 탐지기가 18건을 참으로 판단했다면 그 중 거짓인 진술이 9건일 가능성이 가장 높다.

🖋️ 실전에선 이렇게!

80%의 정확도를 보고 반대로 20%의 틀릴 확률도 동시에 인식할 수 있어야 한다.

문 23 조건 계산형 [난이도 중] 정답 ③

문제풀이 핵심 포인트
줄글로 주어진 조건을 잘 처리할 것부터 요구되는 문제이다. 조건을 정확하게 이해하고 문제를 해결해야 하는, 다소 난도가 있는 문제이다.

풀이

○○리그의 조건을 정리해 보면 다음과 같다.

1) 서로 다른 도시에 있는 10개의 경기장에서 진행된다.
2) 10개 도시 중 5개는 대도시이고 5개는 중소도시이다.
3) 매일 5개 경기장에서 각각 한 경기가 열린다.
4) 한 시즌 당 각 경기장에서 열리는 경기의 횟수는 10개 경기장 모두 동일하다.
5) 대도시의 경기장은 최대수용인원이 3만 명이고, 중소도시의 경기장은 최대수용인원이 2만 명이다.
6) 대도시 경기장의 경우는 매 경기 60%의 좌석 점유율을, 중소도시 경기장의 경우는 매 경기 70%의 좌석 점유율을 보인다.
7) 특정 경기장의 관중수는 그 경기장의 좌석 점유율에 최대수용인원을 곱하여 구한다.

조건의 내용을 표로 정리해보면 다음과 같다.

도시	조건1), 2) 경기장 수	조건5) 최대 수용인원(ⓐ)	조건6) 좌석 점유율(ⓑ)	조건7) 경기장당 관중수 (ⓐ × ⓑ)
대도시	5	3만 명	60%	1.8만 명
중소도시	5	2만 명	70%	1.4만 명

① (×) 조건3)에 의하면 ○○리그는 매일 5개 경기장에서 각각 한 경기가 열린다. 대도시 경기장이 중소도시 경기장보다 경기장당 관중수가 더 많으므로 1일 최대 관중수를 알아내기 위해서는 경기가 열린 5개 경기장이 모두 대도시 경기장이라고 가정하자. 1일 최대 관중수는 1.8만 명(ⓐ × ⓑ) × 5 = 9만 명이다.

② (×) 중소도시 경기장의 좌석 점유율(ⓑ)이 10%p 높아진다면 좌석점유율은 80%가 된다. 그렇다면 중소도시의 경기장당 관중수(ⓐ × ⓑ)는 2만 명(ⓐ) × 80%(ⓑ) = 1.6만 명이 되는데 대도시 경기장 한 곳의 관중수(ⓐ × ⓑ)는 1.8만 명이므로 여전히 대도시 경기장 한 곳의 관중수가 더 많다.

③ (○) 조건4)에서 한 시즌 당 각 경기장에서 열리는 경기의 횟수는 10개 경기장 모두 동일하다고만 할 뿐 경기장별로 몇 경기가 열리는지는 알 수 없다. 경기장별로 n회의 경기가 열린다고 하자. 그렇다면 이번 시즌 ○○리그 시즌 전체 누적 관중수는 다음과 같이 나타낼 수 있다.

→ 1.8만 명(ⓐ × ⓑ) × n × 5(경기장 수) + 1.4만 명 × n × 5
= n(1.8만 명 × 5 + 1.4만 명 × 5) = 16만 명 × n ... 식1

내년 시즌부터 4개의 대도시와 6개의 중소도시에서 경기가 열린다면 내년 시즌 ○○리그의 한 시즌 전체 누적 관중수는 다음과 같다.

→ n(1.8만 명 × 4 + 1.4만 명 × 6) = 15만 6천 명 × n ... 식2

전체 누적 관중수의 변화율만 판단하면 되므로 n을 제외하고 계산하면 다음과 같다.

→ $\dfrac{16만 명 - 15만 6천 명}{16만 명} \times 100 = 2.5\%$

따라서 내년 시즌의 한 시즌 전체 누적 관중수는 올 시즌 대비 2.5% 줄어든다.

④ (×) 대도시 경기장의 좌석 점유율이 중소도시 경기장과 같고 최대수용인원은 그대로라면 대도시 경기장의 경기장당 관중수(ⓐ × ⓑ)는 3만 명(ⓐ) × 70%(ⓑ) = 2.1만 명이 된다. 조건3), 4)에 따라 매일 5경기가 열리고 한 시즌 당 각 경기장에서 열리는 경기의 횟수는 모두 동일하므로 식1, 식2의 일부분처럼 (2.1만 명 × 5 + 1.4만 명 × 5) = 17.5만 명을 계산하고 2로 나누어 주면 된다. ○○리그의 1일 평균 관중수는 8만 7천 5백 명으로 11만 명을 초과하지 않는다.

⑤ (×) 중소도시 경기장의 최대 수용인원이 대도시 경기장과 같고 좌석점유율은 그대로라면 중소도시 경기장의 경기장당 관중수(ⓐ × ⓑ)는 3만 명(ⓐ) × 70%(ⓑ) = 2.1만 명이 된다. 선택지 ④와 같은 방법으로 (1.8만 명 × 5 + 2.1만 명 × 5)÷2 = 9만 7천 5백 명으로 ○○리그의 1일 평균 관중수는 11만 명을 초과하지 않는다.

실전에선 이렇게!

③ 해설에서는 식 등을 통해 모든 과정을 서술하였다. 그러나 식1과 식2를 비교해보면 1.8만 명 경기장이 하나 줄어들고 1.4만 명 경기장이 늘어나는 것이므로 각 경기장에서 한 번의 경기가 열릴 때 마다 4천 명의 관중이 줄어드는 것이다. 16만 명 × n에서 4천 명 × n만큼 줄어드는 것만 파악하면 된다.

④ ○○리그의 1일 평균 관중수를 구하는 데 있어서는 어떠한 방식으로 이해해도 상관없다. 각 경기장에서 n회의 경기가 열렸다면 ○○리그 전체는 $10n$의 경기가 열린 것이고 하루에 5경기씩 열리므로 ○○리그는 $2n$일 동안 진행된 것이다. 따라서 식1과 같은 시즌 전체 누적 관중 수를 $2n$일로 나누는 $\dfrac{n(1.8만 명 \times 5 + 1.4만 명 \times 5)}{2n} = \dfrac{1.8만 명 \times 5 + 1.4만 명 \times 5}{2}$과 같은 방법으로 해설에서는 설명하였다. 그러나 하루 평균 대도시 경기장에 2.5경기, 중소도시 경기장에서 2.5경기가 열리는 방식 등으로 이해해도 무방하다.

문 24 조건 계산형 [난이도 중] 정답 ⑤

문제풀이 핵심 포인트
달력의 형태를 활용하여 해결하는 것이 필요한 문제이다.

풀이

7월은 31일까지 있다. ○○년 7월의 달력을 다음과 같이 생각한다.

ⓐ	ⓑ	ⓒ	ⓓ	ⓔ	ⓕ	ⓖ
1	2	3	4	5	6	7
8	9	10	11	12	13	14
15	16	17	18	19	20	21
22	23	24	25	26	27	28
29	30	31				

ⓐ ~ ⓖ의 칸에는 아직 확정하지 못한 요일을 표기하기 위한 칸이다. 한 칸의 요일이 정해지면 다른 칸도 순서대로 채워나간다. 예를 들어 ⓕ가 화요일이면 ⓖ는 수요일, ⓐ는 목요일, … ⓔ는 월요일이다.

지문에서 마지막 월요일은 네 번째 월요일이고, 마지막 금요일도 네 번째 금요일이라고 한다. 따라서 마지막 요일이 네 번째 요일이 될 수 있는 ⓓ, ⓔ, ⓕ, ⓖ에 월요일, 금요일이 해당되어야 한다. 월요일과 금요일은 4일 간격이므로 ⓓ, ⓔ, ⓕ는 월요일이 될 수 없고, ⓖ가 월요일, ⓓ가 금요일이어야 한다. 따라서 8월 1일은 ⓓ에 해당하는 금요일이다.

· 일단 주어진 조건에 부합하는 예들을 떠올려 본다. 우선 마지막 월요일과 금요일이 같은 주에 있고 마지막 금요일이 네 번째 금요일인 경우의 예를 떠올려보면 다음과 같다.

일	월	화	수	목	금	토
						1
2	3	4	5	6	7	8
9	10	11	12	13	14	15
16	17	18	19	20	21	22
23	24	25	26	27	28	29
30	31					

위와 같은 달력의 경우 마지막 월요일이 네 번째가 아니라 다섯 번째이므로 지문의 조건을 만족시키지 않는다.

일	월	화	수	목	금	토
		1	2	3	4	5
6	7	8	9	10	11	12
13	14	15	16	17	18	19
20	21	22	23	24	25	26
27	28	29	30	31		

위와 같은 달력을 떠올려볼 경우, 마지막 금요일과 마지막 월요일이 다른 주에 위치해있다. 위와 같은 달력은 지문의 조건을 만족한다.

직관적인 풀이방법이 생각나지 않는 경우 위와 같은 방법으로 달력을 떠올리면서 확인한다.

· 7월 1일을 기준으로 생각

7월은 31일까지 있다. 예를 들어 만약 1일이 월요일이면 29일도 월요일이고 마지막 월요일이 다섯 번째 월요일이다. 마지막 월요일이 4번째 월요일이려면 7월 1일이 화, 수, 목, 금요일이어야 한다. 7월 1일이 화요일인 경우와 금요일인 경우를 그림으로 나타내면 다음과 같다. 괄호안의 숫자가 7월 1일이 금요일인 경우의 달력이다.

일	월	화	수	목	금	토
		1	2	3	4(1)	5(2)
6(3)	7(4)	8(5)	9(6)	10(7)	11(8)	12(9)
13(10)	14(11)	15(12)	16(13)	17(14)	18(15)	19(16)
20(17)	21(18)	22(19)	23(20)	24(21)	25(22)	26(23)
27(24)	28(25)	29(26)	30(27)	31(28)	(29)	(30)
(31)						

위 달력에서 마지막 월요일이 4번째이면서, 마지막 금요일이 4번째 금요일이려면 7월 1일이 화요일이어야 한다. 따라서 8월 1일은 금요일이다.

· 마지막 월요일부터 생각

마지막 월요일이 네 번째이려면 네 번째 월요일은 25일 이후여야 만약 24일이 네 번째 월요일이라면 7일 뒤인 다섯 번째 월요일이 마지막 월요일이다. 그리고 마지막 월요일은 28일 이전이어야 한다. 만약 29일이 월요일이라면 7월 1일이 월요일이고 7월 29일은 다섯 번째 월요일이기 때문이다. 즉 마지막 월요일이 네 번째 월요일이라면 25 ~ 28일이어야 한다. 마지막 금요일이 네 번째 금요일인 경우도 마찬가지이다. 여기서 월요일과 금요일은 같은 주에 있으면 4일 차, 월요일이 다음 주에 있으면 3일 차이다. 월, 금요일이 모두 25 ~ 28일에 있으려면 3일 차가 되어야 하고, 25일이 금, 28일이 월요일이어야 한다. 따라서 8월 1일은 금요일이다. 해당 부분만 간단하게 달력으로 나타내면 다음과 같다.

일	월	화	수	목	금	토
					25	
	28			31	8월 1일	

문 25 경우 확정형 <난이도 상> 정답 ④

문제풀이 핵심 포인트
경우 확정형 문제를 해결하기 위해서는 고정정보부터 실마리를 잡아 나가야 한다. 조건 6)에서 숨겨진 정보를 찾는 것이 매우 중요하다.

풀이

문제에서 주어진 조건을 정리하면 다음과 같다.

1) A와 B는 여자이고 C와 D는 남자이다.
2) A 입장에서 왼편에 앉은 사람은 파란 모자를 쓰고 있다.
3) B 입장에서 왼편에 앉은 사람은 초록 모자를 쓰고 있지 않다.
4) C 맞은편에 앉은 사람은 빨간 모자를 쓰고 있다.
5) D 맞은편에 앉은 사람은 노란 모자를 쓰고 있지 않다.
6) 노란 모자를 쓴 사람과 초록 모자를 쓴 사람 중 한 명은 남자이고 한 명은 여자이다.
   → 숨겨진 정보를 찾아보면 빨간 모자를 쓴 사람과 파란 모자를 쓴 사람 중 한 명은 남자이고, 한 명은 여자이다.

조건 2) ~ 5) 중에서 확정적인 정보는 조건 2)과 조건 4)이다. 따라서 조건 2)와 4)가 실마리가 된다. 조건 2)와 조건 4)를 그림으로 나타내보면 다음과 같다.

실마리 찾기에서 정리한 두 그림을 합쳐보면, C는 A의 오른편에는 앉을 수 없다. C는 A의 왼편 또는 맞은편에 앉을 수 있다.

〈경우 1〉 C가 A의 왼편에 앉는 경우
두 정보를 합쳐 보면 다음 그림과 같다.

조건 6)에서 숨겨진 정보를 찾아두길 빨간 모자를 쓴 사람과 파란 모자를 쓴 사람 중 한 명은 남자이고, 한 명은 여자이어야 한다. 파란 모자를 쓴 사람이 C로 남자이므로 빨간 모자를 쓴 사람은 여자이어야 하고, 조건 1)에서 A, B가 여자이기 때문에 빨간 모자를 쓴 사람은 B가 된다.

남은 자리 하나는 D(남자)의 자리가 된다.

이제 조건 3)과 조건 5)를 적용해 보면, 조건 3)에서 B 입장에서 왼편에 앉은 사람은 초록 모자를 쓰고 있지 않으므로, 빨강, 파랑, 초록이 아닌 A의 모자 색깔은 노랑이 된다. 그런데 조건 5)에서 D 맞은편에 앉은 사람은 노란 모자를 쓰고 있지 않다고 했으므로 위에서 구한 것과 모순이다. 따라서 C가 A의 오른편에 앉는 경우는 불가능하다.

〈경우 2〉 C가 A의 맞은편에 앉는 경우

두 정보를 합쳐 보면 다음 그림과 같다.

조건 6)에서 숨겨진 정보를 찾아두길 빨간 모자를 쓴 사람과 파란 모자를 쓴 사람 중 한 명은 남자이고, 한 명은 여자이어야 한다. 빨간 모자를 쓴 사람이 A로 여자이므로 파란 모자를 쓴 사람은 남자이어야 한다. 조건 1)에서 C, D가 남자이기 때문에 파란 모자를 쓴 사람은 D가 된다.

남은 자리 하나는 B(여자)의 자리가 된다.

이제 조건 3)과 조건 5)를 적용해 보면, 조건 3)에서 B 입장에서 왼편에 앉은 사람은 초록 모자를 쓰고 있지 않은데 A의 모자 색상은 빨강이므로 초록 모자를 쓰고 있지 않다. 조건 5)에서 D 맞은편에 앉은 사람은 노란 모자를 쓰고 있지 않다고 했으므로, B의 모자 색상은 빨강, 파랑, 노랑일 수 없어 초록이 된다. C의 모자 색상은 남은 하나인 노랑으로 결정된다. 모두 반영한 결과는 다음과 같다.

C, 노랑
(남자)

D, 파랑   B, 초록
(남자)   (여자)

A, 빨강
(여자)

따라서 초록 모자를 쓰고 있는 사람은 B, A 입장에서 왼편에 앉은 사람은 D이다.

✎ 실전에선 이렇게!

선택지를 대입해서 검토하는 방법도 활용할 수 있다.

모바일 자동 채점 및
성적 분석 서비스

PSAT 전문가의 총평

· 2014년은 가장 최근의 문제 배치 스타일이 완성된 해입니다. 텍스트형은 8문제가 출제되었는데, 1, 2, 3, 4, 11, 12, 13, 14번에 배치되었습니다. 8문제 중 일치부합형 문제가 6문제 출제되었고, 응용형이 2문제 출제되었습니다. 법조문형은 9문제가 출제되었는데, 5번부터 9번까지, 15번부터 18번까지 배치되었습니다. 발문포인트형이 4문제가 출제되어 여전히 높은 출제비중을 보였고, 일치부합형은 2문제만 출제되었으며, 응용형 3문제가 출제되었습니다. 득점포인트 유형에 해당하는 문제가 2011년과 마찬가지로 17문제나 출제되었습니다. 계산형은 2문제만 출제되었습니다. 규칙형은 4문제가 출제되었고, 경우형은 경우확정형 1문제, 경우파악형 1문제의 총 2문제가 출제되었습니다. 21번부터 25번까지에 핵심유형만 위치한 첫 해이고 이러한 배치 스타일이 계속 유지되었습니다. 이때부터 21~25번에 해당하는 문제들이 핵심유형이면서 변별력을 가지는 문제가 출제되는 경향이 생겨났습니다.

· 텍스트형의 일치부합형 6문제는 무난하게 해결이 가능한 난도였고, 응용형의 2문제도 어렵지 않아 8문제 모두 평이한 난도로 출제되었습니다. 법조문형의 문제는 9번 문제를 제외하고는 난도가 높지 않았습니다. 9번 문제는 내용이 어렵다기보다는 국회의원 후보자가 지역구 국회의원 후보자와 비례대표 국회의원 후보자로 나뉘고 지역구 국회의원 후보자는 전략지역의 후보자와 비전략지역 후보자로 나뉘는데, 이 분류가 제시문만 가지고는 명백하게 파악하기 어렵다는 것이 난도를 높이는 요인이었습니다. 이를 제외한 나머지 문제는 수월하게 해결할 수 있는 수준의 문제였습니다. 계산형에 해당하는 두 문제 중 19번 문제는 매우 쉬운 문제였고, 21번 문제는 피지컬로 해결하려는 경우에 다소 어렵게 느껴질 수 있으나 수구조를 활용한다면 역시 수월하게 해결할 수 있는 문제였습니다. 규칙형의 4문제 중 단순확인형에 속하는 10번 문제는 매우 쉬웠습니다. 20번 문제는 피지컬을 다소 요할 뿐 실수하지 않는다면 해결은 충분히 가능한 문제였습니다. 22번은 수월한 반면, 24번은 피지컬을 요구하는 문제였습니다. 경우형에 속하는 두 문제는 다소 난도가 높았습니다.

정답

p.186

문1	④	일치부합형 (텍스트형)	문6	②	발문 포인트형 (법조문형)	문11	②	응용형 (텍스트형)	문16	①	발문 포인트형 (법조문형)	문21	①	조건 계산형
문2	①	일치부합형 (텍스트형)	문7	③	발문 포인트형 (법조문형)	문12	①	일치부합형 (텍스트형)	문17	⑤	발문 포인트형 (법조문형)	문22	③	규칙 적용해결형
문3	②	일치부합형 (텍스트형)	문8	③	응용형 (법조문형)	문13	⑤	일치부합형 (텍스트형)	문18	②	일치부합형 (법조문형)	문23	③	경우 확정형
문4	④	일치부합형 (텍스트형)	문9	④	일치부합형 (법조문형)	문14	④	응용형 (텍스트형)	문19	⑤	조건 계산형	문24	⑤	규칙 정오판단형
문5	③	응용형 (법조문형)	문10	②	규칙 단순확인형	문15	①	응용형 (법조문형)	문20	⑤	규칙 단순확인형	문25	④	경우 파악형

취약 유형 분석표

유형별로 맞힌 문제 개수와 정답률, 틀린 문제 번호, 풀지 못한 문제 번호를 적고 나서 취약한 유형이 무엇인지 파악해 보세요. 그 후 약점 보완 해설집 p.2 [취약 유형 공략 포인트]에서 약점 보완 학습법을 확인하고, 틀린 문제와 풀지 못한 문제를 다시 한번 풀어보세요.

유형		맞힌 문제 개수	정답률	틀린 문제 번호	풀지 못한 문제 번호
텍스트형	발문 포인트형	–	–		
	일치부합형	/6	%		
	응용형	/2	%		
	1지문 2문항형	–	–		
	기타형	–	–		
법조문형	발문 포인트형	/4	%		
	일치부합형	/2	%		
	응용형	/3	%		
	법계산형	–	–		
	규정형	–	–		
	법조문소재형	–	–		
계산형	정확한 계산형	–	–		
	상대적 계산형	–	–		
	조건 계산형	/2	%		
규칙형	규칙 단순확인형	/2	%		
	규칙 정오판단형	/1	%		
	규칙 적용해결형	/1	%		
경우형	경우 파악형	/1	%		
	경우 확정형	/1	%		
TOTAL		/25	%		

해설

문1 일치부합형(텍스트형) 난이도 하   정답 ④

문제풀이 핵심 포인트

'이(以)'의 출제 장치를 알아두어야 한다. 이상(以上), 이하(以下), 이래(以來) 이전(以前)과 같이 '이(以)'를 포함하는 경우 경계값을 포함한다.

풀이

ㄱ. (×) 첫 번째 문단 첫 번째 문장에 따르면 우리나라는 건국헌법 이래 문화국가의 원리를 헌법의 기본원리로 채택하고 있다.

ㄴ. (×) 세 번째 문단 두 번째 문장에서 문화국가원리에 의하면 엘리트문화도 정책적인 배려의 대상이 된다.

ㄷ. (○) 두 번째 문단 네 번째 문장에 따르면 오늘날 문화국가에서의 문화정책은 그 초점이 문화가 생겨날 수 있는 문화풍토를 조성하는 데 두어야 하고, 세 번째 문단 첫 번째 문장에서 문화국가원리의 이러한 특성은 문화의 다원성 표지와 연결된다고 한다. 따라서 다양한 문화가 생겨날 수 있는 문화풍토를 조성하는 정책은 문화국가원리에 부합한다.

ㄹ. (○) 두 번째 문단 두 번째 문장에 따르면 국가절대주의 사상의 국가관이 지배하던 시대에는 국가의 적극적인 문화간섭정책이 당연한 것으로 여겨졌지만, 세 번째 문장에 따르면 오늘날에는 국가가 어떤 문화현상에 대하여도 이를 선호하거나 우대하는 경향을 보이지 않는 것이 바람직한 정책으로 평가받는다고 한다. 즉, 국가절대주의 사상의 국가관이 지배하던 시대에는 오늘날과 대비되게 국가가 특정 문화만을 선호하여 지원할 수 있었다고 판단할 수 있다.

문2 일치부합형(텍스트형) 난이도 하   정답 ①

문제풀이 핵심 포인트

한자어가 많아 다소 어렵게 느껴질 수도 있는 문제이다. '진경(眞境)'과 '진경(眞景)'이 다른 용어임도 알아챌 수 있어야 하고, 각 용어의 의미와 그 변화도 정확하게 파악할 수 있어야 한다.

풀이

ㄱ. (○) 두 번째 문단 두 번째 문장의 '진경산수화'가 본격적으로 발전한 것은 중국의 남종화 양식에 바탕을 두고 우리나라에 실재하는 경관을 그린 겸재 정선에게서 비롯되었다는 내용으로부터, 진경산수화는 중국 남종화 양식의 영향을 받았다는 것을 판단할 수 있다.

ㄴ. (×) 두 번째 문단 두 번째 문장에 따르면 진경산수화는 이익이 아니라 정선에 의해 본격적으로 발전하기 시작하였다. 첫 번째 문단 세 번째 문장에 따르면 이익은 진경에 새 의미를 부여하였다고 하나, 지문에서 이익이 진경산수화를 발전시켰다는 내용은 언급하고 있지 않다.

ㄷ. (×) 두 번째 문단 일곱 번째 문장에 따르면 진경산수화는 실경을 바탕으로 한 그림이다. 다섯 번째 문장 등에서 진경의 의미는 이상 세계까지 내포하고 있고 진경산수화에 작가가 경치를 보고 느낀 감동과 환희까지 투영하였다고 하지만, 진경산수화는 현실세계와 무관한 이상세계를 상상하여 그린 그림은 아니다.

ㄹ. (×) 첫 번째 문단 네 번째, 다섯 번째 문장에 따르면 이익이 선경의 탈속성을 제거한 의미인 진경(眞景)이란 단어는 18세기 초반에 이미 정착되어 있었던 것이 아니라 18세기 후반에 적극 수용되어 자리 잡게 된 것이라고 한다.

문3 일치부합형(텍스트형) 난이도 하   정답 ②

문제풀이 핵심 포인트

통시적인 흐름에 따라서 자전거에 대해서 설명하고 있는 글이 제시문으로 주어진 문제이다. 따라서 시간에 따른 흐름, 변화과정과 등장하는 다양한 여러 개념을 정확하게 파악할 수 있어야 한다.

풀이

① (×) 첫 번째 문단의 첫 번째 문장부터 세 번째 문장까지의 내용 따르면 드레지엔은 1813년(19세기)에 발명되었는데 방향 전환이 가능한 핸들이 추가되었다고 한다. 이에 비추어 이전의 자전거는 방향 전환이 가능한 핸들이 없었다고 추론할 수 있으므로, 18세기(1790년)에 발명된 셀레리페르는 핸들로 방향을 전환할 수 없었을 것이라고 판단할 수 있다.

② (○) 첫 번째 문단의 네 번째, 다섯 번째 문장에 따르면 벨로시페드의 앞바퀴에는 페달이 달려 있는데, 이 페달은 드레지엔의 수리과정에서 얻은 아이디어를 바탕으로 발명되었다.

③ (×) 두 번째 문단의 첫 번째, 세 번째 문장에 따르면 대중적으로 자전거의 인기가 높아지자 자전거 경주가 열렸는데, 19세기 초가 아니라 1868년의 다음 해인 1869년(19세기 말) 최초의 도로 사이클 경주가 개최되었다.

④ (×) 두 번째 문단의 첫 번째 문장에 따르면 최초의 자전거 스피드 경주는 1868년이고, 세 번째 문단의 두 번째 문장에서 1885년에 두 바퀴의 지름이 같은 자전거가 발명되었다는 것을 알 수 있다. 1885년에 발명된 두 바퀴의 지름이 같은 자전거가 1868년 최초의 자전거 스피드 경주에 사용될 수는 없었다.

⑤ (×) 세 번째 문단의 세 번째 문장에 따르면 공기 타이어가 고안된 것이 1888년이므로 공기 타이어가 부착된 자전거는 1888년 이후에 발명되었을 것이다. 두 번째 문장에 따르면 체인을 단 자전거는 1879년에 발명되었으므로 공기 타이어가 부착된 자전거가 체인을 단 자전거보다 늦게 발명되었다.

✎ **실전에선 이렇게!**

③ 한 세기를 초, 말과 같이 두 기간으로 나눌 수도 있고, 초반, 중반, 후반과 같이 세 기간으로도 나눌 수 있으며, 한 세기의 극 초반만 몇 세기 초, 극 후반을 몇 세기 말과 같이 부르는 경우가 있다. 이렇게 한 세기의 일부분을 지칭하는 기준에 대해서 명확히 합의된 바가 있다고 보기는 어렵다. 다만 문제에서 19세기의 절반 이상이 지난 1869년을 19세기 초라고 보기는 어려우므로 정오 판단에는 문제될 것이 없다.

문4 일치부합형(텍스트형) 난이도 하   정답 ④

문제풀이 핵심 포인트
각 〈보기〉에서 묻는 내용 위주로 제시문에서 확인하여 빠르게 해결할 수 있어야 한다.

풀이

ㄱ. (○) 첫 번째 문단 두 번째 문장에 따르면 스위스는 지방자치단체들 간의 사회적·경제적 격차는 그다지 심하지 않고 완벽에 가까운 사회보장제도가 시행되고 있다고 한다. 따라서 스위스 국민은 어느 주에 살더라도 사회보장을 잘 받을 수 있을 것으로 추론할 수 있다.

ㄴ. (×) 두 번째 문단 두 번째 문장에 따르면 스위스는 직접민주주의 제도를 통해 연방정부가 이미 인준한 헌법이나 법률조항을 거부하기도 한다고 하며, 첫 번째 문장에 따르면 직접민주주의 제도로 국민투표 제도를 들고 있다. 따라서 스위스에서는 연방정부에서 결정된 사항을 국민투표에 부칠 수 있을 것으로 추론할 수 있다. 세 번째 문단 첫 번째 문장에 따르면 모든 안건은 연방정부의 연방장관이 결정하고, 두 번째 문단 세 번째, 네 번째 문장의 국민투표의 대상이 된 안건의 예를 들고 있는 내용으로부터도 추론할 수 있다.

ㄷ. (×) 세 번째 문단 두 번째 문장에 따르면 국가수반은 강력한 리더십을 발휘하는 것이 아니라, 국가수반이나 행정부의 수반은 없는 것과 다름없다고 한다.

ㄹ. (○) 세 번째 문단 첫 번째, 세 번째 문장에 따르면 모든 안건을 7인의 연방장관의 만장일치 혹은 압도적 다수로 결정하는 제도는 타협이 이루어질 때까지 많은 시간이 소요된다고 한다. 따라서 스위스에서는 연방정부의 의사결정 방식으로 인해 국가의 중요 안건을 신속하게 결정하기 어려울 수 있을 것으로 추론할 수 있다.

문5 응용형(법조문형) 난이도 하   정답 ③

문제풀이 핵심 포인트
사업에 대한 규정·규칙이 제시된 법조문형의 문제이다. 정보가 분절적이므로 전반적으로 파악한 후, 각 〈보기〉의 해결에 필요한 부분을 정확하게 읽고 해결하는 방식으로 시간을 단축할 수 있는 문제이다.

풀이

〈보기〉의 내용이 지문의 사업대상, 지역별 인력구성, 사업예산에 부합하는지 검토한다. 각주가 여럿 주어져 있으며 〈보기〉를 판단하는 데 중요한 역할을 한다.

ㄱ. (×) 사업개요의 2. 사업대상에 따르면 해당 사업은 0세~만 12세 취약계층 아동을 대상으로 하며, 첫 번째 각주에 따르면 0세는 출생 이전의 태아와 임산부를 포함한다. 따라서 임신 6개월째인 취약계층 임산부는 사업대상에 해당된다.

ㄴ. (○) 사업개요의 2. 사업대상에 따르면 해당 사업은 0세~만 12세 취약계층 아동을 대상으로 하며, 두 번째 각주에 따르면 초등학교 재학생이라면 만 13세 이상도 포함한다. 따라서 내년 초등학교 졸업을 앞둔 만 14세 취약계층 학생은 만 12세 이상이라도 초등학교 재학생이므로 사업대상에 해당한다.

ㄷ. (○) 운영계획의 1. 지역별 인력구성에 따르면 해당 사업의 인력은 지역별로 전담공무원 3명과 아동통합서비스 전문요원 4명 이상으로 구성되며, 세 번째 각주에 따르면 아동통합서비스 전문요원은 대상 아동 수에 따라 최대 7명까지 배치가 가능하다. 따라서 대상 아동 수가 많은 지역이라도 해당 사업의 전담공무원 3명과 아동통합서비스 전문요원 최대 7명을 배치한다면, 전담공무원과 아동통합서비스 전문요원을 합한 인원은 10명을 넘을 수 없다.

ㄹ. (×) 운영계획 2. 사업예산에 따르면 시·군·구별 사업 환경에 따라 최대 3억 원의 한도 내에서 국비로 지원받을 수 있으나, 네 번째 각주에 따르면 신규사업지역은 1억 5천만 원으로 제한된다. 따라서 해당 사업을 신규로 추진하고자 하는 △△시는 사업예산을 최대 3억 원이 아니라 1억 5천만 원까지 국비로 지원받을 수 있다.

문6 발문 포인트형(법조문형) 난이도 하   정답 ②

문제풀이 핵심 포인트
발문에서 요구하듯이 글의 (가)~(라)와 〈보기〉의 ㄱ~ㄹ을 옳게 짝지음으로써 해결할 수 있는 문제이다. 제시문에서 판단기준을 다 주고 묻기 때문에 어렵지 않게 해결할 수 있어야 하는 문제이다.

풀이

법의 폐지의 4가지 경우를 정리해 보면 다음과 같다.

(가) 시행기간(유효기간)의 종료로 당연 폐지, 한시법

(나) 신법으로 구법을 명시적으로 폐지

(다) 신법과 모순·저촉되는 구법은 묵시적으로 폐지

특별법 우선 적용, 신일반법은 구특별법을 폐지하지 못함

(라) 조건의 성취, 목적의 달성이나 소멸로 당연 폐지

ㄱ. A법에는 "공포 후 2014년 12월 31일까지 시행한다"고 규정하여 시행기간을 두고 있다. 기간의 종료로 당연히 그 법이 폐지되는 (가)와 짝지을 수 있다.

ㄴ. "B법의 제00조는 폐지한다"는 규정을 신법C에 두었다면 신법에서 구법의 규정 일부를 폐지한다고 명시적으로 정한 것이다. (나)와 짝지을 수 있다.

ㄷ. D법으로 규율하고자 했던 목적이 있었는데 그 목적이 완전히 달성되었다고 한다. 목적의 달성으로 당연히 그 법이 폐지되는 (라)와 짝지을 수 있다.

ㄹ. 동일 사항에 대하여 새로 제정된 E법(일반법)에 F법(특별법)과 다른 규정이 있어 서로 모순·저촉되는 경우에는 특별법은 일반법에 우선하여 적용되므로 구법이지만 특별법인 F법이 적용된다. (다)와 짝지을 수 있다.

따라서 (가)-ㄱ, (나)-ㄴ, (다)-ㄹ, (라)-ㄷ이다.

실전에선 이렇게!

선택지를 활용한다면 〈보기〉 중 두 개의 〈보기〉를 확인하는 것만으로 문제를 해결할 수 있다.

문7 발문 포인트형(법조문형) 난이도 하   정답 ③

문제풀이 핵심 포인트
지문에서는 1~5에서 스프링클러설비 설치 대상이 되는 시설별로 설치 요건을 정하고 있다. 선택지의 시설 종류에 따라 각 설치요건을 충족하는지 검토한다. 2., 3., 5.의 첫 번째, 두 번째 동그라미는 각각 조건 ⅰ), ⅱ)라고 한다.

풀이

① (×) 경찰서의 경우 5.의 교정시설에 해당한다. 그러나 민원실은 조건 ⅰ), ⅱ)에서 스프링클러설비를 설치해야 하는 곳으로 정하고 있지 않으므로 스프링클러설비를 설치해야 하는 곳에 해당하지 않는다.

② (×) 사찰의 경우 1.의 종교시설이라고 할 수 있지만, 1.에 따르면 사찰은 제외한다. 수용인원 규모와 무관하게 스프링클러설비를 설치해야 하는 곳에 해당하지 않는다.

③ (○) 복합건축물의 경우 4.에 해당한다. 복합건축물은 연면적 5,000㎡ 이상인 경우 모든 층에 스프링클러설비를 설치해야 하므로, 연면적 15,000㎡인 5층 복합건축물의 모든 층은 스프링클러설비를 설치해야 한다.

④ (×) 물류터미널의 경우 2.에 해당한다. 조건 ⅰ)에 따르면 층수가 3층 이하인 건축물은 바닥면적 합계가 6,000㎡ 이상인 경우 모든 층에 스프링클러설비를 설치해야 하는데, 바닥면적 합계가 5,000㎡인 경우 6,000㎡ 이하이므로 스프링클러설비를 설치해야 하는 곳에 해당하지 않는다.

⑤ (×) 정신의료기관은 3. 조건 ⅰ)에 해당한다. 3. 조건 ⅰ)에 따르면 바닥면적의 합계가 600㎡ 이상인 경우 모든 층에 스프링클러설비를 설치해야 하는데, 외부에서 입주한 편의점의 바닥면적을 포함한 바닥면적 합계가 500㎡인 경우 600㎡ 이하이므로 스프링클러설비를 설치해야 하는 곳에 해당하지 않는다.

문8 응용형(법조문형) 난이도 하   정답 ③

문제풀이 핵심 포인트
각 〈보기〉에서 '증여세를 납부할 의무가 있다/없다'를 주로 묻고 있다. 따라서 증여세를 납부할 의무가 있는지 또는 없는지를 판단하는 기준을 제시문에서 정확하게 파악하여 해결하여야 한다.

풀이

증여를 한 사람을 증여자, 증여를 받은 사람을 수증자라고 한다.
1) 증여세의 납세의무자: 원칙적으로 수증자
   - 법인 아닌 사단·재단, 비영리법인: 증여세 납부의무 ○
   - 법인세가 과세되는 영리법인: 증여세 납부의무 ×
2) 부과대상: 수증자가 국내거주자, 국외거주자 여부에 따라 차이
3) 증여자가 예외적으로 수증자와 함께 납세의무를 부담하는 경우
각 〈보기〉에 나와 있는 재산의 액수는 문제해결에 사용되지 않는다.

ㄱ. (×) 甲(증여자)이 국내거주자인 장남(수증자)에게 자신의 강릉 소재 빌딩을 증여한 경우이다. 1)에 따르면 증여자인 甲이 아니라 수증자인 장남이 원칙적으로 증여세를 납부할 의무가 있다. 원칙적으로 납세의무자가 누구인지에 대해서만 묻고 있으므로 부과대상이 무엇인지, 예외적으로 증여자도 납세의무를 부담하는지에 대해서는 검토하지 않는다.

ㄴ. (○) 乙(증여자)이 평생 모은 재산을 국내소재 사회복지법인 丙(수증자)에게 기부한 경우이다. 1)에 따르면 수증자인 丙은 비영리법인이므로 증여세를 납부할 의무가 있다. 1) 첫 번째 동그라미에 따르면 타인으로부터 재산을 무상으로 받는 것이 증여받는 것이므로, 기부를 받은 것도 증여받은 것에 해당한다.

ㄷ. (○) 丁(증여자)이 자신의 국외 예금을 해외에 거주하고 있는 아들(수증자)에게 증여한 경우이다. 3)에 따르면 수증자가 국외거주자인 경우 증여자는 연대납세의무를 부담한다고 한다. 따라서 1)에 의하면 증여자인 丁은 원칙적으로 납세의무를 부담하지 않지만, 수증자인 아들이 해외에 거주(국외거주자)하고 있으므로 3)에 따라 예외적으로 증여자인 丁이 수증자인 아들과 함께 연대납세의무를 진다.

ㄹ. (×) 戊(증여자)로부터 10억 원을 증여받은 국내거주자 己(수증자)에 대해 조세채권의 확보가 곤란한 경우이다. 1)에 따라 원칙적으로 수증자인 己가 납세의무를 부담하여야 하지만, 己는 파산상태로 증여세를 납부할 능력이 없고 체납처분을 하여도 조세채권의 확보가 곤란한 경우이다. 따라서 3)에 따라 증여자인 戊가 예외적으로 수증자인 己와 함께 연대납세의무를 부담하여야 한다. 己의 증여세 납부의무가 없어지는 것은 아니다.

문9 일치부합형(법조문형) 난이도 중   정답 ④

문제풀이 핵심 포인트
제1조 제2항의 내용에 따라 지문에서 국회의원 후보자를 다음과 같이 분류함을 확인해야 한다.

```
국회의원 후보자 ┬ 지역구 국회의원 후보자 ┬ 전략지역 후보자
               │                        └ 비전략지역 후보자
               └ 비례대표 국회의원 후보자
```

그런데 이를 파악하는 것이 제시문만으로는 꽤 어렵기 때문에 난도가 올라간 문제이다.

풀이

제00조를 순서대로 제1조~제3조라고 한다.

① (×) 제3조에 따르면 비례대표 국회의원 후보자를 최종적으로 확정하는 것은 국민공천배심원단이 아니라 최고위원회의 의결로 확정한다.

② (×) 제2조 제4항의 '공천위원회에서 추천한 전략지역 후보자'라는 표현에 비추어 전략지역 국회의원 후보자를 추천은 국민공천배심원단이 아니라 공천위원회가 한다. 같은 조 제1항에서 지역구 국회의원 후보자는 공천위원회의 추천을 받는다는 내용으로도 확인할 수 있다. 다만 제1항의 내용으로 확인하기 위해서는 위의 그림에서 정리한 것과 같이 전략지역 후보자가 지역구 국회의원 후보자에 포함된다는 것을 이해하고 있어야 한다. 제2항, 제3항에서도 공천위원회의 추천과 관련된 조항이고 제1항의 내용과 이어서 지역구 국회의원 후보자에 대한 내용이긴 하지만 전략지역 국회의원 후보자를 가장 직접적으로 언급하고 있는 제4항을 근거로 해당 선택지를 판단하도록 한다.

③ (×) 제2조 제4항에 따르면 국민공천배심원단은 공천위원회가 추천한 비전략지역 국회의원 후보자가 아니라 전략지역 국회의원 후보자에 대해, 최고위원회에 재의를 요구를 할 수 있는 것이 아니라 재의요구를 권고할 수 있다. 제1조 제2항에서 비전략지역 후보자는 국민공천배심원단의 심사대상에서 제외되는 것도 확인할 수 있지만, 재의요구에 대해 가장 직접적으로 언급하고 있는 제2조 제4항을 근거로 해당 선택지를 판단하도록 한다.

④ (○) 제2조 제1항에 따르면 최고위원회는 공천위원회의 추천을 받아 비전략지역 국회의원 후보자를 포함한 지역구 국회의원 후보자를 의결로 확정한다.

⑤ (×) 제2조 제4항에 따르면 전략지역 국회의원 후보자에 대하여 최고위원회에 재의요구를 권고할 수 있는 국민공천배심원단의 의결정족수는 재적 3분의 1 이상이 아니라 재적 3분의 2 이상이다.

문 10 규칙 단순확인형　난이도 하　　정답 ②

문제풀이 핵심 포인트

세 개의 숫자 배열에서 공통적인 특성을 찾아야 한다. 문제에서 요구하는 것은 숫자 배열 (가)~(다)의 공통적인 특성만을 찾아내라는 것이지만, 이를 빠르게 해결하기 위해서는 〈보기〉의 특성이 숫자 배열에 적용되는지를 확인하는 것이 필요하다. 직접 해결하는 것보다는, 주어진 내용을 검증하는 것이 더 빠르다.

풀이

공통적인 특성을 스스로 직접 찾아내는 것이 아니라 〈보기〉를 검증하는 식으로 해결하면 정답을 쉽게 찾아낼 수 있다.

ㄱ. (×) (다) 6, 5, 8, 3, 9: 홀수인 3 다음에 홀수인 9가 연이어 온다. 따라서 홀수 다음에 홀수가 연이어 오는 경우가 있다.

ㄴ. (○) (가) ~ (다) 모두 짝수 다음에 짝수가 연이어 오지 않는다.

ㄷ. (○) (가) ~ (다) 모두 동일한 숫자가 반복하여 사용되지 않는다.

ㄹ. (×)

(가) 2, 3, 6, 7, 8: 3 다음에 3의 배수인 6이 온다.

(다) 6, 5, 8, 3, 9: 3 다음에 3의 배수인 9가 온다.

따라서 어떤 숫자 바로 다음에는 그 숫자의 배수가 오는 경우가 있다.

실전에선 이렇게!

· 공통적인 특성을 찾는 문제이기 때문에 반례가 하나라도 찾아진다면 숫자 배열의 공통적인 특성이 될 수 없다. 그 반례를 어디에서 찾는 것이 유리할지를 고민해 본다.

· 문제에서 숫자의 홀짝 성질을 활용하고 있다. 이러한 경우 홀수에만 또는 짝수에만 체크를 해두면 보다 쉽고 빠른 해결이 가능하다.

(가) 2, 3, 6, 7, 8

(나) 1, 4, 5, 6, 9

(다) 6, 5, 8, 3, 9

문 11 응용형(텍스트형)　난이도 하　　정답 ②

문제풀이 핵심 포인트

각 〈보기〉에서 묻는 내용 위주로 제시문에서 확인하여 빠르게 해결해야 하는 문제이다.

풀이

ㄱ. (○) 첫 번째 문단 첫 번째 문장에 따르면 옥수수는 1493년에 유럽에 소개되었다고 하고, 두 번째 문단 첫 번째, 두 번째 문장에 따르면 감자는 1539년 무렵에 유럽으로 전해졌다고 한다. '이 무렵'이라는 표현에서 정확한 연도를 확인할 수는 없지만, 해당 연도에서 큰 오차가 없다고 생각하면 유럽에 감자보다 옥수수가 먼저 들어왔을 것으로 판단할 수 있다.

ㄴ. (×) 첫 번째 문단 첫 번째 문장에 따르면 옥수수는 16세기 초 카스티야 등의 유럽지역에서 재배되었고, 그 후에 이탈리아 등의 지역으로 보급되었다고 한다. 따라서 유럽에서 옥수수를 처음으로 재배한 곳은 이탈리아가 아니다. 감자에 대해서는 두 번째 문단 두 번째 문장에서 에스파냐를 통해 이탈리아에 전해졌다고 하므로 이탈리아보다 에스파냐에서 먼저 감자를 재배했을 것이라고 추측할 수는 있다. 그러나 재배라는 표현을 사용하고 있는 첫 번째 문단 첫 번째 문장을 근거로 해당 선택지를 판단한다.

ㄷ. (○) 세 번째 문단 세 번째 문장에 따르면 18세기 기록에서 옥수수의 파종량 대비 수확량은 1 대 80이고, 호밀은 1 대 6으로 옥수수의 파종량 대비 수확량이 호밀보다 10배 이상 높다고 기록하고 있다.

ㄹ. (×) 세 번째 문단 첫 번째, 두 번째, 다섯 번째 문장에 따르면 감자와 옥수수가 인구증가와 기근으로 유럽 전역에 확산된 것은 16세기가 아닌 18세기임을 확인할 수 있다. 그리고 첫 번째 문단 세 번째 문장에 따르면 옥수수는 16세기에는 주곡의 자리를 차지하지 못했고, 두 번째 문단 네 번째 문장에 따르면 감자가 주곡의 자리를 차지한 것도 18세기에 이르러서이다.

문 12 일치부합형(텍스트형)　난이도 하　　정답 ①

문제풀이 핵심 포인트

한자어가 많아 용어가 다소 어렵게 느껴질 수도 있는 문제이다. 하지만 일치부합형 문제이므로 주어진 정보를 정확하게 확인하기만 하면 해결되는 문제이다.

풀이

ㄱ. (○) 세 번째 문단 첫 번째 문장에 따르면 조선 태종시대의 공신 중 백(伯)의 작위에 해당하는 공신은 부원군 작위를 받을 수 있었을 것으로 추론할 수 있다.

ㄴ. (×) 두 번째 문단 네 번째 문장의 고려 문종 때 완성된 봉작제에 따르면 현후와 현백이 받는 품계는 모두 정5품으로 다르지 않다.

ㄷ. (×) 두 번째 문단 네 번째 문장에서는 비왕족에 대한 오등작제를 설명하고 있다. 고려 문종 때 완성된 봉작제에 따라 종5품 품계와 식읍 300호로 정해진 현남 작위에 봉해진 사람이라면 왕족이 아니라 비왕족이었을 것이다.

문 13 일치부합형(텍스트형)　난이도 하　　정답 ⑤

문제풀이 핵심 포인트

무난한 일치부합형 문제이다. 각 〈보기〉에서 묻는 내용 위주로 제시문에서 확인하여 빠르게 해결해야 한다.

풀이

ㄱ. (×) 세 번째 문단 첫 번째 문장에 따르면 후추에 들어있는 피페린이 매운 맛을 내며, 두 번째 문장에서 검은 후추가 피페린 함유량이 더 적은 흰 후추보다 매운 맛이 강하다고 한다. 즉, 피페린 함유량이 많을수록 매울 것이므로, 피페린이 4% 함유된 후추는 7% 함유된 후추보다 덜 매울 것이다.

ㄴ. (×) 첫 번째 문단 네 번째 문장에 따르면 흰 후추를 얻기 위해서는 후추 열매가 완전히 익기 전이 아니라 열매가 완전히 익었을 때 수확해야 한다. 두 번째 문장에 따르면 열매가 완전히 익기 전에 수확해야 하는 것은 검은 후추이다.

ㄷ. (○) 세 번째 문단 두 번째 문장에 따르면 검은 후추가 흰 후추보다 매운 맛이 강하다고 한다. 따라서 더 매운 후추 맛을 원하는 사람은 흰 후추보다 검은 후추를 선택할 것이다.

ㄹ. (○) 두 번째 문단 첫 번째, 두 번째 문장에 따르면 후추는 통후추 상태로는 향미가 오랫동안 보존되지만 갈아놓으면 향미를 빨리 잃게 되므로, 미식가는 가능하면 후추를 사용하기 직전에 갈아서 쓴다고 한다. 따라서 일반적으로 후추는 사용 직전에 갈아 쓰는 것이 미리 갈아놓은 것보다 향미가 더 강할 것으로 판단할 수 있다.

ㄴ. (×) 우대 요건 항목에 따르면 취업취약계층을 우대한다고 하지만, 저소득층, 장기실업자, 여성가장이 아니라면 이 사업에 참여할 수 없는 것은 아니다.

ㄷ. (×) 4대 사회보험 보장 여부 항목에서 국민연금, 건강보험, 고용보험, 산재보험 모두 ○으로 표시되어 있으므로, 이 사업 참여자들은 4대 사회보험을 보장받는다는 것을 알 수 있다.

ㄹ. (×) 주된 참여자 항목에서 중장년(50~64세)에 ○으로 표시되어 있으므로, 이 사업의 주된 참여자는 청년층이 아니라 중장년층임을 알 수 있다.

문 14 응용형(텍스트형) 난이도 하 　　　 정답 ④

문제풀이 핵심 포인트
평이한 난도의 일부응용형 문제이다. 선택지 ①~③번은 단순확인을 통해 해결할 수 있는 선택지이고, 선택지 ④~⑤번은 약간의 계산을 통해 해결할 수 있는 선택지이다.

풀이

① (○) 첫 번째 문단 세 번째 문장에 따르면 북아메리카에서도 불량식품 문제는 있었다.

② (○) 두 번째 문단 두 번째 문장에 따르면 1850년 발간된 의학 잡지 『란세트』는 영국 위생위원회가 창설된다고 발표하였다. '창설된다'고 발표한 것이므로 영국 위생위원회는 1850년 이후 창설되었음을 알 수 있다.

③ (○) 첫 번째 문단 첫 번째, 두 번째 문장에 따르면 영국의 빅토리아시대에 보도된 불량식품에 관한 기사들에서 홍차도 예외가 아니었다고 한다. 따라서 영국의 빅토리아시대에 기사로 보도된 불량식품 중에는 홍차도 있었음을 알 수 있다.

④ (×) 두 번째 문단 여섯 번째 문장에 따르면 영국에서는 1860년 식품의약품법이, 1872년 식품첨가물법이 제정되었다고 한다. 식품의약품법이 제정된 지 12년 후 식품첨가물법이 제정되었음을 알 수 있다.

⑤ (○) 두 번째 문단 세 번째, 네 번째에서 영국 위생위원회 활동 결과 밝혀진 사실에 따르면, 분석 대상에 오른 70개의 초콜릿 견본 중 벽돌가루가 들어간 것은 39개로 그 비율이 약 55.7%이다. 50%를 넘었다. 정확한 비율을 계산할 필요는 없고, 70개의 50%인 35개 이상이므로 50%를 넘었다는 것을 알 수 있다.

문 15 응용형(법조문형) 난이도 하 　　　 정답 ①

문제풀이 핵심 포인트
〈보기〉에서 묻는 내용을 〈사업설명서〉의 내용에 따라 판단한다. ㄱ은 간단한 계산을 통해 해결할 수 있는 〈보기〉이고, 나머지는 모두 단순히 확인만 하면 해결할 수 있는 〈보기〉이다.

풀이

ㄱ. (○) 2014년의 총지원금은 13,000백만 원으로 2013년의 총지원금 14,000백만 원보다 줄었다. 그리고 2013년의 지원 인원 1인당 평균 지원금은 $\frac{14,000(백만\ 원)}{3,000(명)}$ ≒ 4.67(백만 원/명)이고 2014년은 $\frac{13,000(백만\ 원)}{2,000(명)}$ = 6.5(백만 원/명)이므로 지원인원 1인당 평균 지원금은 더 많아졌다.

문 16 발문 포인트형(법조문형) 난이도 하 　　　 정답 ①

문제풀이 핵심 포인트
발문에서 〈사례〉의 甲과 乙 사업이 각각 받아야 하는 평가의 수를 확인할 것을 요구하고 있으므로, 제시문에서 평가와 관련한 내용을 파악한 후 〈사례〉에 적용하여 해결해야 하는 문제이다.

풀이

A~C 평가의 평가대상을 간단히 정리해보면 다음과 같다.
· A 평가: 나열하는 사업 중 일정 사업비 규모 이상
　　　　　　단서는 평가 대상에서 제외
· B 평가: 도시개발, 도로건설, 철도건설(도시철도 포함), 공항건설
· C 평가: 도시개발, 철도건설
그리고 A~C 평가 모두 신규사업을 대상으로 한다.

1) 甲 사업부터 A~C 평가 대상 여부를 확인한다.
　· A: 甲 사업은 신규사업으로 건설공사가 포함된 사업이다. 총사업비가 520억 원으로 500억 원 이상이나 국비 규모가 100억 원으로 300억 원 미만이다.
　· B: 甲 사업은 신규 도시개발사업이다.
　· C: 甲 사업은 도시개발사업이고, 부지면적 12만 5천m²로 10만m² 이상이다.
　그러므로 甲 사업은 B, C 2개의 평가를 받아야 한다.

2) 乙 사업의 A~C 평가 대상 여부를 확인해보면 다음과 같다.
　· A: 乙 사업은 신규사업으로 건설공사가 포함된 사업이다. 총사업비가 4,300억 원으로 500억 원 이상이고, 전액 국비로 지원받았으므로 국비 규모도 100억 원 이상으로 원칙적으로는 A 평가의 대상이다. 그러나 乙 사업은 '△△광역시 철도건설특별법률'에 따라 추진되는 사업으로 A 평가 대상에서 제외된다.
　· B: 乙 사업은 신규 철도건설사업이다.
　· C: 乙 사업은 철도건설사업이고, 정거장 7개소로 1개소 이상, 총길이 18km로 5km 이상이다.
　그러므로 乙 사업은 B, C 2개의 평가를 받아야 한다.
따라서 甲, 乙 사업 각각 2개의 평가를 받아야 한다.

문 17 발문 포인트형(법조문형) 난이도 하 정답 ⑤

문제풀이 핵심 포인트
발문에서 〈사례〉의 甲~丁 중에서 사업자등록을 하여야 하는 사람이 누구인지를 묻고 있다. 따라서 제시문에서 사업자등록의 요건을 파악한 후 이를 모두 갖추고 있는 사람을 〈사례〉에서 찾아야 한다.
사업자성, 계속성·반복성, 독립성의 세 가지 요건을 모두 갖춘 경우, 사업자등록을 하여야 한다. 〈사례〉의 甲~丁이 이상의 세 가지 요건을 모두 갖추었는지 검토한다.

풀이

甲: (×) 甲은 카메라라는 재화를 공급하는 사람으로 사업자이다. 그러나 해당 재화를 인터넷 중고매매 카페에 매물로 1회 등록하였으므로 해당 재화를 계속적이고 반복적으로 공급한다고 볼 수 없으므로 계속성·반복성 요건을 갖추지 못하였다. 따라서 甲은 사업자등록을 할 필요가 없다. 甲은 다른 사업자에게 고용된 것은 아니므로 독립성 요건은 충족하였다.

乙: (×) 乙은 자사의 제품이라는 재화를 공급하는 사람으로 사업자이다. 그리고 해당 제품을 판매하기 위해 열심히 일한다는 표현에서 해당 재화를 계속적이고 반복적으로 공급한다고 볼 수 있으므로 계속성·반복성 요건도 갖추었다. 그러나 영업사원 乙은 회사라는 다른 사업자에게 고용된 사원으로 독립성 요건을 갖추지 못하였다. 따라서 乙은 사업자등록을 할 필요가 없다.

丙: (○) 丙은 공예품이라는 재화를 공급하는 비영리법인이고 사업자등록을 해야 하는 사업자에는 법인을 포함하므로 丙은 사업자에 해당한다. 해당 공예품을 8년째 판매하고 있으므로 계속성·반복성 요건도 갖추었다. 그리고 丙이 다른 사업자에게 고용되거나 종속되었다고 볼 만한 직접적인 서술은 없고, 丙은 비영리법인으로서 다른 사업자에게 고용되었다고 보기 힘들다. 따라서 丙은 독립성 요건 또한 갖추었고, 세 가지 요건을 모두 갖추었으므로 사업자등록을 하여야 한다.

丁: (○) 丁은 발명품이라는 재화를 공급하는 사람으로 사업자이다. 丁은 자신이 개발한 발명품을 10년 동안 판매하고 있으므로 계속성·반복성 요건도 갖추었다. 그리고 丁이 다른 사업자에게 고용되거나 종속되었다고 볼 만한 직접적인 서술이 없으므로 독립성 요건 또한 갖추었다. 丁은 세 가지 요건을 모두 갖추었으므로 사업자등록을 하여야 한다.

문 18 일치부합형(법조문형) 난이도 하 정답 ②

문제풀이 핵심 포인트
'시효'에 대해서 묻고 있는 문제이다. 이후에 다른 문제에서도 활용되는 개념이므로 정확히 정리해 두도록 하자. 문제 해결과정에서는 제2항, 제3항은 개발부담금 징수권, 제4항은 과오납금 환급청구권에 적용되는 것에 유의한다.

풀이

ㄱ. (×) 제2항 제1호에 따르면 개발부담금 징수권의 소멸시효는 고지한 납부기간이 지난 시점부터 중단되는 것이 아니라 납부고지로 중단된다. 제3항 제1호에 따르면 고지한 납부기간이 지난 시점부터는 개발부담금 징수권의 소멸시효가 중단되는 것이 아니라 중단된 소멸시효가 새로이 진행한다.

ㄴ. (×) 제1항에 따르면 국가가 개발부담금을 징수할 수 있는 때로부터(권리를 행사할 수 있는 시점부터) 3년간 징수하지 않으면(권리를 행사하지 아니하면) 개발부담금 징수권의 소멸시효가 완성되는 것이 아니라 5년간 징수하지 않으면 소멸시효가 완성된다.

ㄷ. (○) 제1항에 따르면 개발부담금 징수권의 소멸시효는 5년이고, 제2항 제1호에 따르면 개발부담금 징수권의 소멸시효는 납부고지로 중단된다. 따라서 국가가 개발부담금을 징수할 수 있는 날로부터 2년이 경과한 후 납부의무자에게 납부고지하면, 5년이 지난 것이 아니므로 소멸시효가 완성되기 전에 납부고지를 한 것이고 개발부담금 징수권의 소멸시효가 중단된다.

ㄹ. (×) 제1항에 따르면 납부의무자가 환급을 받을 수 있는 때로부터(권리를 행사할 수 있는 시점부터) 환급청구권을 3년간 행사하지 않으면(권리를 행사하지 아니하면) 환급청구권의 소멸시효가 완성되는 것이 아니라 5년간 행사하지 않으면 소멸시효가 완성된다.

문 19 조건 계산형 난이도 하 정답 ⑤

문제풀이 핵심 포인트
최소 득표율 공식에 〈사례〉를 대입하여 해결하면 된다.
$\dfrac{A}{A+B}$ 형태의 공식에서 가장 기초적인 것을 묻는 문제이다.
기본적으로 주어진 조건 중 공식의 '항'과 관련된 내용(의미)에 신경을 써서 해결하면 어렵지 않게 해결할 수 있는 문제이다.

풀이

A는 유권자 1인당 투표수, B는 선거구당 의석수에 해당하는 값을 〈사례〉에서 찾아보면 다음과 같다.

구분	A: 유권자 1인당 투표수	B: 선거구당 의석수
甲국	2표	3명
乙국	3표	5명

이를 공식에 대입해서 구해보면 다음과 같다.

· 甲국: 최소 득표율(%) = $\dfrac{2}{2+3} \times 100 = 40(\%)$

· 乙국: 최소 득표율(%) = $\dfrac{3}{3+5} \times 100 = 37.5(\%)$

따라서 甲국과 乙국의 한 선거구에서 당선에 필요한 최소 득표율은 각각 40%와 37.5%이다.

문 20 규칙 단순확인형 난이도 하 정답 ⑤

문제풀이 핵심 포인트
〈기준〉을 〈현황〉에 적용하여 해결한다. 단순확인형 문제에서는 단순한 실수를 하지 않도록 주의해야 한다. 〈기준〉에서 표를 확인할 때 나머지 지표는 전부 '~ 초과 ~ 이하'의 구조인 반면, 중간에 있는 '지방세 징수액 비율'과 '금고잔액 비율'은 '~ 이상 ~ 미만'의 구조로 되어있으므로 주의해야 한다.

풀이

'주의', '심각'의 경보기준을 〈현황〉 표에 적용해 보면 아래와 같다. 여기서는 숫자 아래에 '주의'는 △, '심각'은 ×로 표시하여 나타내면 다음과 같다.

지표 / 지방자치단체	통합재정수지적자비율	예산대비채무비율	채무상환비비율	지방세징수액비율	금고잔액비율	공기업부채비율
A	30	20	15	60	30	250
	△		△			
B	40	30	10	40	15	350
	△	△		△	△	
C	15	20	6	45	17	650
				△	△	×
D	60	30	30	55	25	150
	×	△	×			

중점관리대상 지방자치단체 지정기준에 따르면, 6개의 사전경보지표 중 '심각'이 2개 이상이면 중점관리대상으로 지정되고, '주의' 2개는 '심각' 1개로 간주된다.

구분	△	×	심각
A	2개		1개
B	4개		2개(∵ 주의 4개 = 심각 2개)
C	2개	1개	2개(∵ 주의 2개 = 심각 1개)
D	1개	2개	2개(+ 주의 1개)

따라서 중점관리대상 지방자치단체는 B, C, D이다.

문 21 조건 계산형 난이도 하 정답 ①

문제풀이 핵심 포인트
줄글로 주어진 정보에서 Broca 보정식과 체질량 지수를 구하는 공식을 정확하게 찾아낼 수 있어야 한다. 다양한 계산방법을 연습할 수 있는 문제이고, 여러 방법 중 자신에게 맞는 방법으로 계산을 효율적으로 빠르게 할 수 있어야 한다.

풀이

비만 정도를 측정하는 방법을 정리해 보면 다음과 같다.

Broca 보정식	· 표준체중(kg) = (신장(cm) − 100) × 0.9 · 체중과잉: 표준체중의 110% 이상 120% 미만의 체중 · 비만: 표준체중의 120% 이상의 체중
체질량 지수	· 체질량 지수 = $\dfrac{체중(kg)}{신장(m)^2}$

신장 180cm, 체중 85kg인 甲의 정보를 반영해서 비만 정도를 측정해 보면 다음과 같다.

Broca 보정식	표준체중(kg) = (180 − 100) × 0.9 = 72kg → 현재 甲의 체중은 85kg으로 표준체중보다 13kg가 더 나간다. 13kg은 72kg의 10% ~ 20% 사이에 있는 값이므로 '체중과잉'에 해당한다.
체질량 지수	체질량 지수 = $\dfrac{85(kg)}{1.8(m)^2} ≒ 26.235$ → 따라서 ⟨표⟩에 따를 때 '경도비만'에 해당한다.

따라서 甲은 Broca 보정식에 따를 때, '체중과잉'에 해당하고, 체질량 지수에 따른 비만 정도는 '경도비만'에 해당한다.

문 22 규칙 적용해결형 난이도 하 정답 ③

문제풀이 핵심 포인트
60주기의 시간 계산 장치가 살짝 사용된 문제로 주기의 계산을 연습해 볼 수 있는 문제이다. 각자의 소요시간을 계산한 후, 가장 오래 걸리는 사람 기준으로 출발 시각을 판단하고 조건 중에 놓치는 조건이 없도록 주의하자. 또한 ⟨표⟩에서 잔여좌석 수도 중요하게 활용해야 한다.

풀이

주어진 조건을 정리해 보면 다음과 같다.

· 여섯 사람이 같은 고속버스를 타고 함께 서울을 출발하여 대전으로 돌아가려고 함
· 현재 시각은 오전 11시 50분
· 가은 ~ 바솜 중 몇몇은 볼 일이 있고, 이들 각각이 들러야 하는 장소와 소요시간, 돌아오는 시간을 정리하면 다음과 같다.

구분	장소	소요시간	돌아오는 시간
가은	은행	30분	12시 20분
나중	편의점	10분	12시
다동	화장실 + 패스트푸드점	20 + 25 = 45분	12시 35분
라민	서점 + 화장실	20 + 20 = 40분	12시 30분

여섯 사람이 함께 서울을 출발하기로 했으므로 가장 오랜 시간이 소요되는 다동이 돌아오는 시간인 12시 35분 이후에나 서울을 출발할 수 있다. 그 이후에 가장 빨리 출발하는 12시 45분 버스를 타려고 하면 잔여 좌석이 5석뿐이어서 여섯 사람이 함께 탈 수 없다. 따라서 그 다음 차량인 13시에 출발하는 차량을 탑승하면 대전에는 15시 정각에 도착하게 된다.

문 23 경우 확정형 난이도 중 정답 ③

문제풀이 핵심 포인트
총 8개의 화장 단계 중에 7개를 선택해야 하는 상황에서는 7개를 선택하는 것보다는 1개를 빼는 것이 더 간단하다. 최대 매력 지수를 구해야 하므로, 시간을 투입했을 때 얻을 수 있는 매력 지수가 낮은 단계를 제외해야 한다.

풀이

주어진 조건을 정리하면 다음과 같다.

· ⟨표⟩에 화장 단계별 매력 지수와 소요 시간이 주어져 있다.

- 〈표〉의 화장 단계 중 7개만을 선택하여 매력 지수의 합을 최대한 높이려고 한다.
- 20분 만에 화장을 하면 지각하지 않고 정시에 출근할 수 있고, 회사에 1분 지각할 때마다 매력 지수가 4점씩 깎인다.
- 로션 바르기, 수분크림 바르기, 썬크림 바르기, 피부화장 하기 4개 단계는 반드시 해야 하고, 눈썹 그리기, 눈화장 하기, 립스틱 바르기, 속눈썹 붙이기 중 3개를 선택하여야 한다.
- 동일 화장 단계는 반복하지 않으며, 2개 이상의 화장 단계는 동시에 할 수 없다

〈표〉에 제시된 8개의 화장 단계 중 7개만을 선택하여야 하며, 이는 1개를 빼는 방법으로 해결해야 한다. 이때 빼야 하는 1개의 화장 단계를 선택할 때는 투입(소요 시간) 대비 산출(매력 지수)가 낮은, 즉 가성비가 가장 낮은 단계를 빼는 것이 바람직하다.

8개의 단계 중 '로션 바르기, 수분크림 바르기, 썬크림 바르기, 피부화장 하기' 이 4개 단계는 생략할 수 없다. 따라서 10.5분을 사용하여 30점의 매력 지수를 얻는다.

나머지 4개 단계의 투입 대비 산출(＝매력 지수/소요 시간)을 따져보면, 눈썹 그리기는 4점/1분, 눈화장 하기는 2.5점/1분, 립스틱 바르기는 20점/1분, 속눈썹 붙이기는 4점/1분이다.

따라서 투입 대비 산출, 즉 가성비가 가장 낮은 눈화장 하기를 제외한 나머지 3개 단계를 선택하게 되고, 3개 단계의 매력 지수와 소요 시간의 합은 82점, 18.5분이다.

위에서 선택한 7개 단계를 거치게 되면 총 112점의 매력 지수를 획득하고 총 29분이 소요된다. 20분 만에 화장을 하면 지각하지 않고 정시에 출근할 수 있지만, 29분이 소요되었으므로 9분에 해당하는 만큼 1분당 4점의 매력 지수가 깎이게 되어, 총 36점의 매력 지수를 차감해야 한다. 따라서 甲이 얻게 되는 최대 매력 지수는 112 − 36 = 76점이다.

맨 처음에 화장은 '로션 바르기 → 수분크림 바르기 → 썬크림 바르기 → 피부화장 하기' 순으로 해야 하며, 이 4개 단계는 생략할 수 없다. 이 과정에서 10.5분이 소요된다. 나머지 네 단계의 가성비, 즉 투입 대비 산출(＝매력 지수/소요 시간)을 따져보면, 립스틱 바르기는 20점/1분, 눈썹 그리기와 속눈썹 붙이기는 4점/1분, 눈화장 하기는 2.5점/1분 순이다.

따라서 눈화장 하기를 제외한 나머지 세 단계를 선택하게 되는데, 가성비가 높은 립스틱 바르기를 먼저하고 나면 0.5분이 더 소요되어 누적 11분이 소요된다. 이 이후에 눈썹 그리기 또는 속눈썹 붙이기를 하면 1분당 4점을 얻게 되는데, 만약 준비시간이 20분을 넘게 되면 1분당 4점이 차감된다. 따라서 20분을 넘었을 때 얻게 되는 점수와 차감되는 점수가 동일하다. 따라서 11분부터 20분까지는 매력 지수가 증가하지만, 20분을 넘게 되면 얻게 되는 점수와 차감되는 점수가 상쇄되어 매력 지수가 증가하지도 감소하지도 않는다. 즉, 20분까지만 매력 지수의 변화를 고려하면 된다.

즉, 40점(11분까지, 립스틱 바르기까지 5단계) + 36(20분까지 9분간, 눈썹 그리기, 속눈썹 붙이기) = 76점으로 구하는 것이 더 빠르다.

문 24 규칙 정오판단형 난이도 중   정답 ⑤

문제풀이 핵심 포인트
〈방법 1〉과 〈방법 2〉의 차이점을 명확하게 인식하고 정확하게 해결해야 한다.

각 방법에 따라 짐 12개를 각 상자에 넣어보면 다음과 같다.

〈방법 1〉

도착한 순서대로 짐을 상자에 넣되, 하나의 상자에 넣을 수 있는 짐의 무게는 10kg를 넘지 않아야 하므로 다음과 같이 넣을 수 있다.

6	5, 5	4, 2, 3	6	5, 4	5	7	8

따라서 총 8개의 상자가 필요하다.

〈방법 2〉

- 짐을 무게 순으로 재배열한 후, 무거운 짐부터 순서대로 상자에 넣는다. 이 경우에도 하나의 상자에 넣을 수 있는 짐의 무게는 10kg를 넘지 않아야 하므로 다음과 같이 넣을 수 있다. 우선 짐을 무거운 순서대로 재배열하면 다음과 같다.
  → 8, 7, 6, 6, 5, 5, 5, 5, 4, 4, 3, 2
- 무게 순으로 재배열된 짐을 무거운 순으로 상자에 넣되 하나의 상자에 넣을 수 있는 짐의 무게는 10kg를 넘지 않아야 하므로 다음과 같이 넣을 수 있다.

8	7	6	6	5, 5	5, 5	4, 4	3, 2

따라서 총 8개의 상자가 필요하다.

ㄱ. (×) 〈방법 1〉과 〈방법 2〉 모두 필요한 상자는 개수는 8개로 동일하다.

ㄴ. (○) 〈방법 1〉의 경우 10kg까지 채워진 상자가 (5, 5)kg의 짐을 채운 1개의 상자뿐이고, 나머지는 모두 10kg까지 채워지지 않은 상자들이다. 따라서 나머지 상자의 무게를 모두 더하면 6 + 4 + 2 + 3 + 6 + 5 + 4 + 5 + 7 + 8 = 50이므로 각 상자에 들어간 짐의 무게를 모두 합하면 50kg이다.

6	~~5, 5~~	4, 2, 3	6	5, 4	5	7	8

ㄷ. (○) 〈방법 2〉의 경우, 10kg이 채워진 상자는 다음처럼 2개이다.

8	7	6	6	**5, 5**	**5, 5**	4, 4	3, 2

상자의 무게 순서가 뒤죽박죽이므로 시각적 처리를 하면서 정확하게 해결하는 것이 좋다.

문 25 경우 파악형 난이도 중   정답 ④

문제풀이 핵심 포인트
관람객이 전시관 내에서 이동하는 경우가 그려져야 완벽하게 풀 수 있는 문제이다. 발문을 통해 우리가 확실히 숙지해야 하는 것은 이 문제를 해결하기 위해 구해야 하는 것은 'B전시관 앞을 지나가거나 관람한 총 인원'이라는 것이다. 지나간 인원과 관람한 인원이 정확히 구분되지 않는다.

주어진 조건을 정리해 보면 다음과 같다.

- 전시관은 A → B → C → D 순서로 배정되어 있고, 출입구는 위쪽, 아래쪽 두 곳뿐이다.
- 두 출입구 중 한곳으로 들어와서 시계 반대 방향으로 돌며, 4개 중 2개의 전시관만을 골라 관람한 후 만나게 되는 첫 번째 출입구로 나간다.
- 즉, 위쪽 출입구 또는 아래쪽 출입구로 들어와서 반 바퀴를 돌거나 한 바퀴를 돌고 빠져나간다.

• 총 관람객 수는 400명이며, 그 중 한 바퀴를 돈 관람객은 200명이고 D 전시관 앞을 지나가거나 관람한 인원은 350명이다.

〈경우 1〉 반 바퀴를 도는 경우

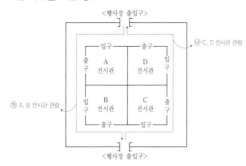

총 반 바퀴를 도는 경우는 ① 위쪽 출입구에서 들어와 아래쪽 출입구로 나가는 경우와 ② 아래쪽 출입구에서 들어와 위쪽 출입구로 나가는 경우 두 가지이고, 반 바퀴를 돈 관람객은 총 200명이므로 ㉮ + ㉯ = 200명이다.

〈경우 2〉 한 바퀴를 도는 경우

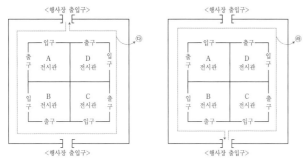

한 바퀴를 도는 경우는 ① 위쪽 출입구에서 들어와 위쪽 출입구로 나가는 경우와 ② 아래쪽 출입구에서 들어와 아래쪽 출입구로 나가는 경우 두 가지이고, D 전시관 앞을 지나가거나 관람한 관람객이 총 350명으로 ㉯ + ㉰ = 350명이다. 이때 ㉰는 200명이므로 ㉯는 350 – 200 = 150명, ㉮는 200 – 150 = 50명이다. 따라서 B전시관 앞을 지나가거나 관람한 총 인원은 ㉮와 ㉰의 합인 50 + 200 = 250명이다.

✎ 실전에선 이렇게!

주어진 정보를 2 × 2 matrix의 표로 정리해서 해결하는 것도 가능한 문제이다.

민경채 2013년 기출문제

PSAT 전문가의 총평

- 텍스트형은 총 8문제가 출제되었습니다. 1, 2, 3, 11, 12, 13, 21, 25번에 배치되어 두 책형에서 완벽히 대칭으로 배치가 되었습니다. 일치부합형의 문제가 2문제, 응용형에 속하는 문제가 2문제 출제되었습니다. 법조문형은 총 5문제가 출제되었습니다. 법조문형으로는 발문포인트형 2문제, 일치부합형 2문제, 계산형이 1문제가 출제되었습니다. 득점포인트는 총 13문제가 출제되었는데, 2013년에 처음으로 텍스트형이 법조 문형보다 더 많이 출제되었습니다. 계산형은 5문제가 출제되었습니다. 7번부터 10번까지 몰려서 출제되고 16번에 출제되었습니다. 규칙형은 6문제가 출제되었습니다. 단순확인형 3문제, 적용해결형이 3문제가 출제되었고, 2012년에 다소 까다롭게 출제되었던 유형인 정오판단형은 출제되지 않았습니다. 경우형은 24번 한 문제만 출제되었습니다.
- 텍스트형의 문제는 전반부에 위치한 6문제는 일치부합형으로 난도가 평이했던 반면 후반부에 위치한 21번과 25번은 응용형에 해당하는 문제로 해결이 까다로운 문제였고, 특히 25번의 난도가 높았습니다. 법조문형의 문제는 난도가 평이했습니다. 계산형이 1문제 출제되었지만, 법조문 계산형치고는 쉬운 문제가 출제되었기 때문에 법조문형의 문제 중에 변별력이 높은 문제는 없었을 것이라 추측됩니다. 계산형에서는 대안비교의 문제가 2012년에 이어 2013년에도 출제되었고, 5의 배수 성질을 사용하는 문제도 출제되었습니다. 조건 처리가 다소 까다로운 변별력이 있는 문제도 출제되었기 때문에 계산형의 문제가 쉽지는 않았습니다. 규칙형에서는 단순확인형 3문제는 수월하게 해결할 수 있는 편이었던 반면에, 적용해결형 3문제는 해결이 다소 까다로웠습니다. 경우형에 해당하는 24번 문제는 연결망 소재가 응용된 문제인데, 다소 난도가 있는 문제였습니다.

정답

p.200

문1	③	응용형 (텍스트형)	문6	⑤	규칙 단순확인형	문11	④	일치부합형 (텍스트형)	문16	①	조건 계산형	문21	①	응용형 (텍스트형)
문2	①	일치부합형 (텍스트형)	문7	③	조건 계산형	문12	⑤	일치부합형 (텍스트형)	문17	④	법계산형	문22	②	규칙 적용해결형
문3	②	일치부합형 (텍스트형)	문8	④	상대적 계산형	문13	①	일치부합형 (텍스트형)	문18	②	규칙 단순확인형	문23	②	발문 포인트형 (법조문형)
문4	⑤	일치부합형 (법조문형)	문9	①	조건 계산형	문14	③	규칙 단순확인형	문19	④	규칙 적용해결형	문24	③	경우 파악형
문5	⑤	일치부합형 (법조문형)	문10	⑤	조건 계산형	문15	②	발문 포인트형 (법조문형)	문20	③	규칙 적용해결형	문25	④	응용형 (텍스트형)

취약 유형 분석표

유형별로 맞힌 문제 개수와 정답률, 틀린 문제 번호, 풀지 못한 문제 번호를 적고 나서 취약한 유형이 무엇인지 파악해 보세요. 그 후 약점 보완 해설집 p.2 [취약 유형 공략 포인트]에서 약점 보완 학습법을 확인하고, 틀린 문제와 풀지 못한 문제를 다시 한번 풀어보세요.

유형		맞힌 문제 개수	정답률	틀린 문제 번호	풀지 못한 문제 번호
텍스트형	발문 포인트형	–	–		
	일치부합형	/5	%		
	응용형	/3	%		
	1지문 2문항형	–	–		
	기타형	–	–		
법조문형	발문 포인트형	/2	%		
	일치부합형	/2	%		
	응용형	–	–		
	법계산형	/1	%		
	규정형	–	–		
	법조문소재형	–	–		
계산형	정확한 계산형	–	–		
	상대적 계산형	/1	%		
	조건 계산형	/4	%		
규칙형	규칙 단순확인형	/3	%		
	규칙 정오판단형	–	–		
	규칙 적용해결형	/3	%		
경우형	경우 파악형	/1	%		
	경우 확정형	–	–		
TOTAL		/25	%		

해설

문1 응용형(텍스트형) 난이도 하 정답 ③

문제풀이 핵심 포인트
고전 소재의 글이라 용어가 다소 어렵게 느껴질 수는 있지만, 각 선택지에서 묻는바 위주로 제시문에서 빠르게 확인할 수 있어야 한다.

풀이

① (×) 두 번째 문단 두 번째 문장에 따르면 승정원에는 통칭 6승지라고 하는 6인이 있었는데, 6승지 아래에 각각 주서 2인이 있었다고 하므로 승정원 내에는 총 2명이 아니라 총 12명의 주서가 있었다.

② (×) 두 번째 문단 첫 번째, 두 번째 문장에 따르면 도승지와 동부승지를 포함한 승정원의 통칭 6승지는 모두 같은 품계인 정3품 당상관이었다. 도승지와 동부승지의 품계는 같다.

③ (○) 네 번째 문단 네 번째 문장에 따르면 주서가 되기 위해서는 반드시 문과 출신자여야 하였으므로 무과 출신자는 주서로 임명될 수 없었다. 출신이 분명하지 않은 경우에는 주서에 임명될 수 없었다고 하나 양반자제 여부와 관련해서는 지문에서 언급하고 있지 않다.

④ (×) 두 번째 문단 세 번째 문장에 따르면 6승지는 분방이라 하여 부서를 나누어 업무를 담당하였는데, 좌부승지는 병방의 업무를 담당하였다. 그러나 병조에 소속되었던 것은 아니고 승정원에 소속되어 병방 업무를 맡은 것이다. 첫 번째 문단 두 번째 문장, 두 번째 문단 네 번째 문장에 따르면 병조는 육조에 포함되어 있고, 육조는 의정부 아래 계통에 포함되어 있는데 좌부승지가 속한 승정원은 국왕 직속 관청으로 병조와 계통을 달리한다.

⑤ (×) 네 번째 문단 두 번째 문장에 따르면 홍문원·사간원 등의 언관이 승진한 후 승정원 주서를 역임하는 것이 아니라 주서를 역임한 이후 성균관 전적이나 예문관 한림 등을 거쳐 홍문관·사간원·사헌부 등의 언관으로 진출하는 사람이 많았다고 한다. 해당 문장에서는 홍문관이라고 표현하였지만, 선택지에서는 홍문원이라고 표현하고 있다. 그러나 두 표현 모두 "… 등의 언관"이라고 표현하고 있으므로 용어를 잘못 사용한 것인지, 실제로 두 개의 기관이 존재하는지, 하나의 기관이 다른 명칭으로 불리는 것인지 깊게 생각할 필요 없이 언관에 초점을 맞춰 판단한다.

문2 일치부합형(텍스트형) 난이도 하 정답 ①

문제풀이 핵심 포인트
정보제시형 글이므로, 각 〈보기〉에서 묻는바 위주로 제시문에서 빠르게 확인하여 해결해야 하는 것이 바람직하다.

풀이

ㄱ. (○) 첫 번째 문단 첫 번째 문장에 따르면 피카레스크 소설은 하류층의 삶을 소재로 해서 매우 현실적인 내용을 숨김없이 표현하고, 두 번째 문단 첫 번째 문장에 따르면 배경이 된 시대의 사회상, 특히 여러 계층의 사람들이 살아가는 모습을 생생하게 그려냄으로써 사실주의적 경향을 보여준다고 한다. 따라서 피카레스크 소설을 통해 그 배경이 된 시대의 생활상을 파악할 수 있을 것으로 판단할 수 있다.

ㄴ. (○) 첫 번째 문단 세 번째 문장에 따르면 피카레스크 소설에서 주인공인 피카로는 항상 '나'의 시점에서, 즉 1인칭 시점에서 자신의 경험을 이야기한다.

ㄷ. (×) 첫 번째 문단 네 번째 문장에 따르면 피카레스크 소설의 주인공은 다른 사람을 희생시켜 살아가다가 오히려 자신의 계략에 희생당하는 인물이라고 한다. 주인공이 행복한 삶을 영위하는 것으로 결말지어지는 것은 아니다.

ㄹ. (×) 세 번째 문단 두 번째 문장에 따르면 『라사리요 데 토르메스』가 종교재판소로부터 출판을 금지당한 것은 맞으나, 출판되지도 못한 것은 아니고 출판되자마자 커다란 성공을 거두었으나 그 이후 출판을 금지당한 것을 알 수 있다.

문3 일치부합형(텍스트형) 난이도 하 정답 ②

문제풀이 핵심 포인트
흙을 사용하여 수직 벽체를 만드는 건축 방식으로 항토건축과 토담, 전축 등의 방식이 제시되고 있다. 여러 종류의 건축 방식이 등장하므로 이를 정확하게 구분하여 정보를 파악할 수 있어야 한다.

풀이

ㄱ. (○) 두 번째 문단 첫 번째 문장에 따르면 지붕만 있는 건축으로는 넓은 공간을 만들 수 없다고 한다. 이를 벽이 있는 건축으로는 넓은 공간을 만들 수 있다고 해석할 수도 있고, 두 번째 문단의 나머지 내용에서 공간에 대한 욕구가 커지고 건축술이 발달하면서 수직 벽체가 출현하게 되었다는 내용으로부터 수직 벽체를 만들게 됨에 따라서 지붕만 있는 건축물보다는 더 넓은 공간의 건축물을 지을 수 있게 되었음을 추론할 수 있다.

ㄴ. (×) 네 번째 문단 첫 번째 문장에 따르면 항토건축 방식은 대형 건축물의 수직 벽체로 활용되지 않았고, 성벽에는 사용되었다.

ㄷ. (×) 세 번째 문단 세 번째 문장에 따르면 토담 방식은 흙을 다져 전체 벽을 만든 것이 아니라 햇볕에 말려 만든 흙벽돌을 쌓아올려 벽을 만든 것이다. 그리고 네 번째 문단 첫 번째 문장에 따르면 토담 방식은 당시 대부분의 건축물에 활용된 것이 아니라, 토담 방식으로 건물을 지은 예가 많지 않았다고 한다.

ㄹ. (○) 네 번째 문단 두 번째 문장에 따르면 전축은 화성의 건설에 이용되었고, 세 번째 문단 네 번째 문장에 따르면 전축은 흙벽돌을 고온의 불에 구워 만든 전돌을 이용해 벽을 만든 것이라고 하므로 높은 온도에서 구워낸 전돌을 사용한 것임을 알 수 있다.

문4 일치부합형(법조문형) 난이도 하 정답 ⑤

문제풀이 핵심 포인트
법조문 소재의 내용이 텍스트 형식의 제시문으로 주어진 문제이다. 따라서 텍스트형의 해결 스킬을 활용하여 빠르게 해결해 낼 수 있어야 한다.

풀이

① (×) 두 번째 문단 네 번째 문장에 따르면 전문심리위원이 당사자에게 직접 질문하기 위해서는 재판장의 허가를 얻어야 하며, 소송당사자의 동의가 필요한지 여부에 대해서는 서술하고 있지 않다.

② (×) 두 번째 문단 다섯 번째 문장에 따르면 전문심리위원은 재판부의 구성원이 아니므로 판결 내용을 결정하기 위해 진행되는 판결의 합의에 참여할 수 없다.

③ (×) 두 번째 문단 세 번째 문장에 따르면 전문심리위원이 변론에서 행한 설명 또는 의견은 증거자료가 아니다.

④ (×) 세 번째 문단 두 번째 문장에 따르면 소송당사자가 합의하여 전문심리위원 지정결정의 취소를 신청한 경우 법원은 그 결정을 취소하여야 한다.

⑤ (○) 세 번째 문단 세 번째 문장에 따르면 전문심리위원이 당해 사건에서 증언을 하였다면, 법원이 전문심리위원 지정결정 취소와 같은 별도의 가 조처를 하지 않더라도 당연히 전문심리위원으로서 이후의 재판절차에 참여할 수 없게 된다.

문5 일치부합형(법조문형) 난이도 하   정답 ⑤

문제풀이 핵심 포인트
시행령의 형식이 주어진 것이 특징적인 문제이다. 시행령 형식은 요건에 대한 추가설명을 할 때 주로 활용되는 형식이다. 따라서 연결된 조문의 요건을 판단할 때 해당 시행령을 활용하여야 한다.

풀이

① (×) 법 제1조 제1호에 따르면 대한민국의 국민으로서 외국의 영주권을 취득한 자 또는 영주할 목적으로 외국에 거주하고 있는 자는 재외국민에 해당하며 법 제1조에 따라 재외동포에 해당한다. 따라서 대한민국 국민도 재외동포가 될 수 있다.

② (×) 시행령 제1조 제1항에 따르면 거주국으로부터 영주권 또는 이에 준하는 거주목적의 장기체류자격을 취득한 자는 "외국의 영주권을 취득한 자"에 해당하고, 같은 조 제2항에 따르면 해외이주자로서 거주국으로부터 영주권을 취득하지 아니한 자는 "영주할 목적으로 외국에 거주하고 있는 자"에 해당하여 법 제1조 제1호에 따라 재외국민이 된다. 거주국의 영주권을 취득하면 재외국민이 되는 것은 맞지만, 재외국민이 되기 위한 필수 요건이 거주국의 영주권 취득인 것은 아니다.

③ (×) 시행령 제2조 제2호에 따르면 조부모의 일방이 대한민국의 국적을 보유하였던 자로서 외국국적을 취득한 자는 외국국적동포에 해당한다. 할아버지가 대한민국 국적을 보유하였던 미국 국적자는 재외국민이 아니라 외국국적동포에 해당한다.

④ (×) 시행령 제2조에 따르면 외국국적동포이기 위해서는 제1호, 제2호 모두 외국국적을 취득한 자이어야 한다. 대한민국 국민으로서 회사업무를 위해 중국출장 중인 사람은 외국국적을 취득한 자가 아니므로 외국국적동포에 해당하지 않는다.

⑤ (○) 시행령 제2조 제1항에 따르면 대한민국의 국적을 보유하였던 자로서 외국국적을 취득한 자는 외국국적동포에 해당한다. 과거에 대한민국 국적을 보유하였던 자로서 현재 외국국적인 브라질 국적을 취득한 자는 외국국적동포에 해당한다.

실전에선 이렇게!

② '필수 요건'과 같은 표현이 나오면 필요조건을 떠올린다. 즉, '재외국민 → 거주국의 영주권 취득'인 것은 아니고, 시행령 제1조 제1항, 법 제1조 제1호에 따라 '거주국의 영주권 취득 → 재외국민'은 옳다.

문6 규칙 단순확인형 난이도 하   정답 ⑤

문제풀이 핵심 포인트
주어진 〈근대 문물의 수용 연대〉로부터 〈A 사건〉과 각 선택지에 제시된 내용들이 발생한 연도를 파악하고, 〈A 사건〉과 각 선택지의 선후관계를 판단한다.

풀이

〈A 사건〉의 내용 중 첫 번째 문장의 '경복궁 내에 여러 가지 기계가 설치', 두 번째 문장의 '등롱 같은 것이 설치', 세 번째 문장의 '유리에 휘황한 불빛이 대낮 같이 점화'되었다는 내용으로부터 〈A 사건〉은 경복궁 내 전등이 설치된 사건임을 알 수 있으며 발생한 해는 1887년이다.

① (×) 광혜원은 1885년에 설립되었으나 전화는 1896년에 수용되었다. 〈A 사건〉이 발생한 해인 1887년에는 해당 광경을 볼 수 없고 1896년 이후에 볼 수 있다.

② (×) 독립문은 1897년에 준공되었으므로 〈A 사건〉이 발생한 해인 1887년에는 해당 광경을 볼 수 없다.

③ (×) 서대문에서 청량리 구간의 전차는 1898년에 도입되었으므로 〈A 사건〉이 발생한 해인 1887년에는 해당 광경을 볼 수 없다.

④ (×) 한성순보는 1883년 개간하여 1884년에 폐간되었으므로 1887년에 발생한 〈A 사건〉을 보도할 수 없었을 것이다.

⑤ (○) 전신은 1885년에 도입되었으므로 〈A 사건〉이 발생한 해인 1887년에 해당 광경을 볼 수 있다.

문7 조건 계산형 난이도 하   정답 ③

문제풀이 핵심 포인트
발문에서는 첫 정기검진까지의 기간에 관해 묻고 있고 검진 주기나 발병 확률에 대해서는 언급하고 있지 않으므로, 첫 번째 문단의 검진 주기에 관한 내용이나 두 번째 문단의 가족력과 발병 확률에 관한 설명은 문제해결에 필요한 정보가 아니다. 제시문문에서 여러 암 종류에 대해서 나열하고 있지만 모든 내용을 확인할 필요는 없고, 〈보기〉에서 언급하는 위암, 대장암, 유방암, 폐암에 관해서만 확인한다. 〈보기〉에서 성별이 항상 언급되고 지문에서 폐암의 경우 비흡연 여성에 대해 언급하고 있지만, 첫 정기검진까지의 기간을 판단하는데 사용되지는 않는다.

풀이

첫 번째 문단 두 번째 문장부터는 일반적으로 권장하는 정기검진의 시작 시기를, 두 번째 문단 여섯 번째 문장에서는 가족력에 따른 검진 시기를 서술하고 있다. 발문의 단서에서 甲~丁은 지금까지 건강검진을 받은 적이 없다고 하므로 권장 시기에 맞춰 정기검진을 받는다면 첫 정기검진이 된다.

ㄱ. 일반적으로 권장하는 위암의 정기검진 시작 시기는 만 40세로, 만 38세인 甲은 첫 정기검진까지의 기간이 2년 남았다. 甲이 남성이라는 것과 매운 음식을 자주 먹는다는 사실은 첫 정기검진 시작 시기와 관련이 없다.

ㄴ. 일반적으로 권장하는 대장암의 정기검진 시작 시기는 만 50세이지만, 가족력이 있는 경우 검진 시기를 10년 앞당겨 만 40세에 첫 정기검진을 권장한다. 만 33세인 乙은 첫 정기검진까지의 기간이 7년 남았다. 乙이 남성이라는 것은 첫 정기검진 시작 시기와 관련이 없다.

ㄷ. 일반적으로 권장하는 유방암의 정기검진 시작 시기는 만 40세이지만, 가족력이 있는 경우 검진 시기를 15년 앞당겨 만 25세에 첫 정기검진을 권장한다. 만 25세인 丙은 첫 정기검진까지의 기간이 0년 남았다. 丙이 여성이라는 것은 첫 정기검진 시작 시기와 관련이 없다.

ㄹ. 일반적으로 권장하는 흡연자의 폐암 정기검진 시작 시기는 만 40세로, 만 36세인 丁은 첫 정기검진까지의 기간이 4년 남았다. 흡연자인 丁이 여성 이라는 것은 첫 정기검진 시작 시기와 관련이 없다.

따라서 첫 정기검진까지의 기간이 가장 적게 남은 사람부터 순서대로 나열해 보면 丙, 甲, 丁, 乙 순이다.

🖊 실전에선 이렇게!

구체적인 만 나이를 고려할 때 몇 년 몇 개월 또는 몇 년 며칠과 같이 개월 단위, 일 단위까지 고려하는 경우가 있으나 해당 문제에서는 고려되지 않았다.

문8 상대적 계산형 난이도 하   정답 ④

문제풀이 핵심 포인트
우선순위는 각 대안별 평가기준 점수의 합계가 높은 순으로 정한다. 이때 상대적 계산스킬을 사용하면 보다 계산을 수월하게 할 수 있다. 합계점수 가 같은 경우에는 법적 실현가능성 점수 → 효과성 점수 → 행정적 실현 가능성 점수 → 기술적 실현가능성 점수 순으로 높은 대안이 우선순위가 되므로, 동점 시 처리규칙에 주의하자.

풀이

상대적 비교를 요하는 문제이므로 계산 과정에서 공통인 부분을 제외하고 계 산하는 연습을 하는 것이 필요하다. 또한 합계점수를 구한 이후 동점 시 처리 조건을 누락하지 않고 정확히 파악한다.

(ㄱ)~(ㅁ)까지 항목별 점수 중 공통적으로 8점을 제외할 수 있으므로 이를 제 외하여 정리하면 다음과 같다.

대안 평가기준	(ㄱ) 안전그물 설치	(ㄴ) 전담반 편성	(ㄷ) CCTV 설치	(ㄹ) 처벌 강화	(ㅁ) 시민자율 방범
효과성	8	5	5	9	4
기술적 실현 가능성	7	2	1	6	3
경제적 실현 가능성	6	1	3	8	1
행정적 실현 가능성	6	6	5	5	5
법적 실현 가능성	6	5	5	5	5
합계 점수	25	11	11	25	10

- 2순위: 공통점수를 제외하고 (ㄱ) 안전그물 설치와 (ㄹ) 처벌 강화가 합계점 수가 25점으로 동일하므로 '동점 시 처리 조건'을 확인한다. 합계점수가 같 은 경우 법적 실현가능성 점수가 높은 대안이 우선순위가 높으므로 법적 실 현가능성 점수가 6점인 (ㄱ) 안전그물 설치가 1순위, 법적 실현가능성 점수 가 5점인 (ㄹ) 처벌 강화가 2순위임을 알 수 있다.
- 4순위: (ㄴ) 전담반 편성과 (ㄷ) CCTV 설치의 합계점수가 11점으로 동일 하므로 '동점 시 처리 조건'을 확인하면 법적 실현가능성 점수가 5점으로 동 일하고, 효과성 점수가 5점으로 동일하다. 이때 행정적 실현가능성 점수는 (ㄴ) 전담반 편성의 행정적 실현가능성 점수가 6점으로 (ㄷ) CCTV 설치의 5점보다 높으므로 (ㄴ) 전담반 편성이 3순위, (ㄷ) CCTV 설치가 4순위임 을 알 수 있다.

따라서 2순위는 (ㄹ) 처벌강화, 4순위는 (ㄷ) CCTV 설치이다.

🖊 실전에선 이렇게!

'2순위'와 '4순위'를 해결해야 하므로 실수하지 않도록 주의하자.

문9 조건 계산형 난이도 하   정답 ①

문제풀이 핵심 포인트
숫자 감각을 요구하는 경우의 수가 제시된 문제는 선택지를 활용하여 풀 이하는 방법이 유리하다.

풀이

조건을 정리해 보면 다음과 같다.

합계점수 = 이동한 거리 + 채집한 과일 + 사냥한 동물		
이동거리	과일	동물
1미터 당 1점	사과는 1개 당 5점, 복숭아는 1개 당 10점	토끼는 1마리 당 30점, 여우는 1마리 당 50점, 사슴은 1마리 당 100점

〈방법 1〉 정석적 풀이

먼저 합계점수를 비교하여 승리한 사람을 확인한다. 甲의 합계점수는 1,590 점이고, 乙의 합계점수는 다음을 통해 계산한다.

이동점수	1미터 당 1점	총 1,250미터 이동	1,250점
과일점수	사과 1개 당 5점	2개 채집	10점
	복숭아 1개 당 10점	5개 채집	50점
동물점수	토끼 1마리 당 30점	–	–
	여우 1마리 당 50점	1마리 사냥	50점
	사슴 1마리 당 100점	2마리 사냥	200점
총점			1,560점

따라서 승리한 사람은 甲이다.

이후 甲이 사냥한 동물의 종류 및 수량을 확인해 보면, 甲의 합계점수 1,590 점 중 과일점수는 없고, 이동점수는 1,400점이므로 동물점수가 190점이어야 한다. 즉, 토끼 1마리 당 30점, 여우 1마리 당 50점, 사슴 1마리 당 100점 중 4마리를 사냥하여 190점을 얻어야 한다.

이때 여우 1마리 당 50점, 사슴 1마리 당 100점에 주목한다. 50점과 100점 은 모두 50점의 배수로 이 두 점수를 통해서는 50점, 100점, 150점, 200점 등 50점의 배수의 점수만 가능하다. 따라서 190점의 결과가 나오기 위해서는 30점, 50점, 100점 중 4번을 활용하되, 190점이 되는 조합 (50점 + 140점), (100점 + 90점), (150점 + 40점) 중 하나여야 한다. 이 중 4마리와도 맞아 떨 어지는 것은 190 = 100(사슴 1마리) + 90(토끼 3마리)인 경우이다.

따라서 승리한 사람은 甲이고, 甲이 사냥한 동물의 종류 및 수량은 토끼 3마 리와 사슴 1마리이다.

〈방법 2〉 선택지의 활용

선택지에 제시되어 있는 내용은 '승리한 사람'과 '甲이 사냥한 동물의 종류 및 수량' 두 가지이다. 첫 번째 〈결과〉를 통해 甲의 합계점수 1,590점 중 이동점 수가 1,400점이고, 나머지 190점은 4마리 동물을 사냥하여 얻은 것임을 알 수 있다. 이에 따라 甲이 사냥한 동물의 종류 및 수량과 제시된 다섯 번째 〈규 칙〉에 대해 선택지를 활용하여 풀이하면 다음과 같다.

甲이 사냥한 동물의 종류 및 수량	점수
① 토끼 3마리와 사슴 1마리	30점 × 3마리 + 100점 × 1마리 = 190점
② 토끼 2마리와 여우 2마리	30점 × 2마리 + 50점 × 2마리 = 160점
③ 토끼 3마리와 여우 1마리	30점 × 3마리 + 50점 × 1마리 = 140점
④ 토끼 2마리와 여우 2마리	30점 × 2마리 + 50점 × 2마리 = 160점
⑤ 토끼 1마리와 사슴 3마리	30점 × 1마리 + 100점 × 3마리 = 330점

선택지를 활용했을 때 甲의 동물 점수로 190점이 나오는 건 선택지 ①번 밖에 없다. 따라서 승리한 사람은 甲, 甲이 사냥한 동물의 종류 및 수량은 토끼 3마리와 사슴 1마리이다.

📌 **실전에선 이렇게!**

발문에 '가능한'의 표현이 포함되어 있는 경우 선택지를 활용해 푸는 것이 가장 좋다.

문 10 조건 계산형 난이도 중 정답 ⑤

문제풀이 핵심 포인트

주어진 1시간 동안 어떤 종류의 꽃을 몇 송이 재배·수확할 수 있는지 검토하고, 수확한 꽃을 각각 몇 개의 도토리와 하트로 교환할 수 있는지 확인한다.

풀이

동그라미 순서대로 규칙 1) ~ 4) 라 한다.

규칙 1) ~ 3)을 고려하여 어떤 꽃을 몇 송이 재배할 수 있는지 확인한다. 핵심적인 제약조건은 규칙 1)의 '12개의 물방울을 가지고 1시간 동안 한 종류만의 꽃'을 재배·수확한다는 것이다. 규칙 2)에서 12개의 물방울은 재배·수확이 끝나면 자동으로 충전된다고 하였으므로 한 번에 가질 수 있는 물방울의 양이 12개라는 것이 중요하고 물방울을 몇 개를 사용하였는지는 생각할 필요가 없다.

· 우선 주어진 1시간 동안 꽃 종류별로 각각 몇 송이 재배·수확할 수 있는지 확인해보면 다음과 같다.

구분	ⓐ 재배·수확 시간 (회 당)	ⓑ 재배·수확 횟수 (시간 당)	ⓒ 물방울 (송이 당)	ⓓ 재배·수확 송이수 (회 당)	ⓔ 재배·수확 송이수 (시간 당)
나팔꽃	3분	20회	2개	6송이	120송이
무궁화	5분	12회	4개	3송이	36송이
수선화	10분	6회	2개	6송이	36송이
장미	12분	5회	6개	2송이	10송이
해바라기	20분	3회	4개	3송이	9송이
		60분 ÷ ⓐ		12개 ÷ ⓒ	

ⓐ 재배·수확 시간(회 당)과 ⓒ 물방울(송이 당)은 지문에 주어져 있는 내용으로 음영 처리하였다. 규칙1)에 따라 1시간 동안 꽃을 재배·수확하게 되는데 ⓐ는 1회 재배·수확하는 데 걸리는 시간이므로 ⓑ 1시간 동안 재배·수확할 수 있는 횟수는 60분을 ⓐ로 나눠서 구할 수 있다. 그리고 규칙 1)에 따라 12개의 물방울을 보유하고 있는데 ⓒ는 한 송이를 재배·수확하는 데 필요한 물방울 개수이므로 ⓓ 1회 재배·수확 시 수확할 수 있는 송이수는 12개를 ⓒ로 나눠서 구할 수 있다. 그렇다면 ⓔ 1시간 동안 재배·수확할 수 있는 송이수는 ⓑ와 ⓓ를 곱하여 구할 수 있다.

· ⓔ 1시간 동안 재배·수확할 수 있는 송이수를 구하였다면 재배·수확한 꽃으로 도토리와 하트를 각각 몇 개씩 교환할 수 있는지 확인한다. 위와 마찬가지로 지문에 주어져 있는 내용은 음영 처리하였다.

구분	ⓔ 재배·수확 송이수 (시간 당)	ⓕ 도토리 (송이 당)	ⓖ 도토리 개수	ⓗ 하트 (송이 당)	ⓘ 하트 개수
나팔꽃	120송이	2개	240개	1개	120개
무궁화	36송이	3개	108개	5개	180개
수선화	36송이	5개	180개	10개	360개
장미	10송이	10개	100개	15개	150개
해바라기	9송이	25개	225개	20개	180개
		ⓔ × ⓕ			ⓔ × ⓗ

꽃 종류별로 ⓖ 획득할 수 있는 도토리 개수는 ⓔ 1시간 동안 재배·수확할 수 있는 송이수에 ⓕ 송이당 교환할 수 있는 도토리 개수를 곱해서 구할 수 있고, ⓖ 획득할 수 있는 하트 개수는 ⓔ에 ⓗ 송이당 교환할 수 있는 하트 개수를 곱해서 구할 수 있다.

따라서 '도토리'를 가장 많이 획득할 수 있는 꽃은 240개를 획득할 수 있는 나팔꽃이며, '하트'를 가장 많이 획득할 수 있는 꽃은 360개를 획득할 수 있는 수선화이다.

📌 **실전에선 이렇게!**

만약 ⓔ 1시간 동안 재배·수확할 수 있는 송이수를 구하지 않은 상태라고 생각해보자. 비교 우위와 같은 개념이다.

구분	ⓔ 재배·수확 송이수 (시간 당)	도토리 (송이 당)		하트 (송이 당)	비교
나팔꽃	a송이	2개	>	1개	2a > a
무궁화	b송이	3개	<	5개	3b < 5b
수선화	c송이	5개	<	10개	5c < 10c
장미	d송이	10개	<	15개	10d < 15d
해바라기	e송이	25개	>	20개	25e > 20e

선택지 ③은 '도토리'를 가장 많이 획득할 수 있는 꽃이 무궁화, '하트'를 가장 많이 획득할 수 있는 꽃이 장미라고 하고 있다. 만약 '도토리'를 가장 많이 획득할 수 있는 꽃이 무궁화라면 3b > 10d인데, 양변에 1.666…을 곱해 5b > 16.666d와 같은 부등식을 만들었다고 생각해보자. 장미를 재배·수확하면 15d의 하트를 획득할 수 있는데 15d의 하트는 무궁화를 재배·수확하면 얻을 수 있는 하트 5b보다 작다. 그러므로 선택지 ③은 제거할 수 있다. 설명이 좀 길지만 선택지 ③이 다른 선택지와 꽃 구성이 다르고 비교 우위를 잘 이해하고 있다면 위의 설명과정을 빠르게 판단할 수 있다. 선택지 ③을 제거한다면 나머지 선택지에서 등장하는 나팔꽃, 수선화, 해바라기 3종류의 꽃만 계산하면 된다.

문 11 일치부합형(텍스트형) 난이도 하 정답 ④

문제풀이 핵심 포인트

목련의 종류로 중각에서 들어온 백목련, 우리나라 원산의 목련, 일본에서 들여온 일본목련 등이 등장한다. 여러 종류가 등장하므로 이를 정확히 구분하면서 정보를 파악해야 한다.

ㄱ. (○) 두 번째 문단 첫 번째 문장에 따르면 백목련은 중국에서 들여왔고, 세 번째 문단 첫 번째 문장에 따르면 일본목련은 일본에서 들여왔다.

ㄴ. (○) 두 번째 문단 네 번째 문장에 따르면 백목련은 꽃이 다 피어도 절반 정도밖에 벌어지지 않고, 두 번째 문장에 따르면 우리나라 원산의 목련은 꽃잎이 뒤로 젖혀질 만큼 활짝 핀다고 한다. 백목련과 우리나라 원산의 목련은 꽃이 벌어지는 정도가 다르므로 꽃이 벌어지는 정도로 구별 가능하다.

ㄷ. (○) 세 번째 문단 두 번째 문장에 따르면 일본목련은 우리나라 원산의 목련과 달리 잎이 핀 다음 꽃이 핀다고 한다. 따라서 우리나라 원산의 목련은 꽃이 핀 다음에 잎이 핀다는 것을 알 수 있다.

ㄹ. (×) 세 번째 문단 네 번째 문장에 따르면 일본목련은 일본말로 호오노끼라고 부르는데, 세 번째 문장에 따르면 일본목련을 늘푸른나무인 후박나무로 잘못 알고 있는 경우가 많다고 한다. 즉, 우리나라의 늘푸른나무인 후박나무와 일본의 호오노끼는 같은 나무가 아니라 다른 나무인데 이를 같은 나무로 잘못 알고 있는 경우가 많다는 것이다.

문12 일치부합형(텍스트형) 난이도 하   정답 ⑤

'스마트 엔트리 서비스'라는 시스템에 대해서 설명하는 제시문이다. 정보가 많은 편이므로 정보를 파악해 두는 식으로 스키밍을 한 후, 각 선택지와 관련된 내용을 다시 정확하게 확인하는 식으로 해결하는 것이 바람직하다.

① (×) 두 번째 문단 첫 번째, 두 번째 문장에 따르면 복수국적자인 대한민국 국민도 대한민국 국민이므로 17세 이상이고 주민등록증을 발급받았다면 스마트 엔트리 서비스에 가입할 수 있다. 두 번째 문장에 따라 외국여권으로 가입할 수 없을 뿐이다.

② (×) 두 번째 문단 세 번째 문장에 따르면 국내체류 중인 등록 외국인 외에 모든 외국인이 스마트 엔트리 서비스 가입이 불가능한 것은 아니고, 미국인의 경우에는 국내체류 중인 등록 외국인이 아니어도 한·미 자동출입국심사서비스 상호이용 프로그램에 따라 가입이 가능하다.

③ (×) 네 번째 문단 두 번째 문장에 따르면 스마트 엔트리 서비스에 가입한 자는 출입국시 항상 스마트 엔트리 서비스 게이트에서 심사를 받아야 하는 것은 아니고 스마트 엔트리 서비스 게이트 또는 일반심사대에서 심사를 받을 수 있다.

④ (×) 세 번째 문단 네 번째 문장에 따르면 한·미 자동출입국심사서비스 상호이용 프로그램을 통해 스마트 엔트리 서비스에 가입하려는 미국인은 100달러를 수수료로 지불해야 한다. 대한민국 국민은 한·미 자동출입국심사서비스 상호이용 프로그램을 통해 스마트 엔트리 서비스에 가입할 필요가 없고 수수료도 면제된다.

⑤ (○) 네 번째 문단 첫 번째 문장에 따르면 스마트 엔트리 서비스 가입 후 여권을 재발급 받아 여권정보가 변경된 경우 등록센터를 방문하여 여권정보를 수정하여야 한다. 그리고 변경사항을 수정하여야 스마트 엔트리 서비스를 계속 이용할 수 있는 것으로 해석할 수 있다.

문13 일치부합형(텍스트형) 난이도 하   정답 ①

각 선택지에서 묻는 내용 위주로 제시문에서 확인하여 빠른 해결을 해야 하는 문제이다.

① (○) 네 번째 문단 두 번째 문장에 따르면 적정 기술을 활용한 제품 중 실용화되어 널리 쓰이고 있는 제품을 찾아보기가 매우 힘들다고 한다. 그리고 세 번째 문장의 적정 기술 제품 개발자들은 다국적 기업에 비해 사업 규모나 유통 인프라가 매우 영세한 점을 실제 활용의 측면에서 해결해야 할 과제라고 해석할 수 있다.

② (×) 네 번째 문단 첫 번째 문장에 따르면 적정 기술은 과학자 혹은 공학자들이 연구실과 작업현장에서 수많은 적정 기술을 개발한다고 한다. 기술력이 앞선 다국적 기업에 의해 전적으로 개발되고 있다는 언급은 없다.

③ (×) 두 번째 문단에서 확인할 수 있다. 적정 기술 개발에 첨단 기술이 적용될 수 있으며 첨단 기술이 적정 기술에 사용된 예로 최첨단 나노 기술이 적용된 정수필터를 들고 있다.

④ (×) 세 번째 문단에서 확인할 수 있다. 적정 기술이 빈곤 현상의 원인을 규명한다는 서술은 없으며, 빈곤 현상을 해결할 수 있는 하나의 대안이 될 수 있다고 한다. 그리고 불균형 문제의 원인에 대해서도 어느 정도 규명이 이루어져 있으나 적정 기술은 이러한 불균형 문제 해결에 상당 수준의 기여를 할 수 있다고 한다.

⑤ (×) 두 번째 문단은 적정 기술이 자선의 목적으로 소외 지역에 무상 공급하는 제품에 적용되는 기술로 사용된 예라고 할 수 있으나 이러한 사용례로 국한되는 것은 아니다. 세 번째 문단과 같이 세계의 빈곤 문제나 불균형 발전 문제의 해결에도 기여할 수 있다.

문14 규칙 단순확인형 난이도 하   정답 ③

지문의 내용에 따르면 지정물품은 다음과 같은 단계를 거쳐 유통된다.

발문에서는 유통이력 신고의무가 있는 사람에 대해서 묻고 있는데, 지문의 두 번째 문장에 따르면 유통이력 신고의무가 있는 사람은 수입자와 유통업자이다.

① (×) 선글라스에 대한 유통이력 신고의무는 2010.2.1.부터 발생한다. 따라서 도매상(유통업자) A가 수입한 선글라스를 2009년 10월에 안경전문점에 판매한 경우, 2010.2.1. 이전이므로 유통이력 신고의무가 발생하지 않는다.

② (×) 당귀에 대한 유통이력 신고의무는 2010.8.1.부터 발생한다. 따라서 한약재 전문 수입자 B가 수입한 당귀를 2010년 5월에 동네 한약방에 판매한 경우, 2010.8.1. 이전이므로 유통이력 신고의무가 발생하지 않는다.

③ (○) 구기자에 대한 유통이력 신고의무는 2010.8.1.부터 발생한다. 따라서 식품 수입자 C가 수입한 구기자를 2012년 2월에 건강음료 제조공장에 판매한 경우, 2010.8.1. 이후이므로 유통이력 신고의무가 발생한다.

④ (×) 냉동복어에 대한 유통이력 신고의무는 2009.8.1.부터 발생한다. 그러나 수입 냉동복어를 구입하여 만든 매운탕을 소비자에게 판매한 음식점 주인 D는 수입자나 유통업자가 아니라 소매업자에 해당하므로 유통이력 신고의무가 발생하지 않는다.

⑤ (×) 냉동옥돔에 대한 유통이력 신고의무는 2013.2.1.부터 발생한다. 따라서 도매상 E가 수입한 냉동옥돔을 구입하여 2012년 8월 음식점에 양도한 경우, 2013.2.1. 이전이므로 유통이력 신고의무가 발생하지 않는다.

문15 발문 포인트형(법조문형) 난이도 하 정답 ②

문제풀이 핵심 포인트
인공임신중절수술이 허용되는 경우인지 판단하기 위해서는 시행령 제1항에 따라 임신 24주일 이내인지, 법 제1항 각 호, 시행령 제2항, 제3항에 해당하는지, 법 제1항 내지 제3항의 동의 요건을 충족하는지 판단하여야 한다.

풀이

ㄱ. (○) 임신 20주일인 경우는 시행령 제1항에서 정하는 임신 24주일 이내이다. 그리고 태아에 미치는 위험성이 높은 연골무형성증의 경우 법 제1항 제1호, 시행령 제2항에 따른 우생학적 또는 유전학적 신체질환에 해당한다. 법 제1항에서 정하는 바에 따라 임산부 본인과 배우자인 남편이 동의한 경우, 인공임신중절수술이 허용된다.

ㄴ. (×) 시행령 제1항에 따르면 임신 24주일 이내인 사람만 인공임신중절수술을 할 수 있으므로 임신 28주일인 경우는 인공임신중절수술이 허용되지 아니한다. 풍진의 경우 법 제1항 제2호, 시행령 제3항에 따른 전염성 질환에 해당한다. 그러나 선택지에서 임산부의 동의가 있었다고는 하지만 법 제1항에 따른 배우자의 동의 여부나 법 제2항, 제3항에 따른 부득이한 사유가 있는지 등이 불분명하다.

ㄷ. (○) 임신 20주일인 경우는 시행령 제1항에서 정하는 임신 24주일 이내이다. 그리고 임신중독증으로 생명이 위험한 경우라면 법 제1항 제5호의 임신의 지속이 보건의학적 이유로 모체의 건강을 심각하게 해치고 있거나 해칠 우려가 있는 경우에 해당한다. 배우자인 남편이 실종 중인 상황이라면 법 제2항에 따라 임산부 본인의 동의만을 필요로 하므로 해당 〈보기〉의 경우, 인공임신중절수술이 허용된다.

ㄹ. (×) 임신 16주일인 경우는 시행령 제1항에서 정하는 임신 24주일 이내이다. 그러나 남편이 실업자가 되어 도저히 아이를 키울 수 없는 경우는 법 제1항 각 호의 어느 하나에도 해당하지 않으므로 해당 〈보기〉의 경우 인공임신중절수술이 허용되지 아니한다. 임산부 본인과 배우자인 남편이 동의한 경우, 법 제1항에서 정하는 동의 요건은 충족한다.

실전에선 이렇게!
임신 기간에 관련된 내용은 판단하기 쉽다. ㄴ의 경우 임신 기간만 확인함으로써 정답이 아님을 확인할 수 있고, ㄴ, ㄹ의 판단만으로 최종적으로 정답을 도출해 낼 수 있다.

문16 조건 계산형 난이도 중 정답 ①

문제풀이 핵심 포인트
〈보기〉에서 묻고 있는 내용에 답하기 위해 〈상황〉과 〈대화〉의 내용 중 현재 시점, 甲～丙이 해동된 시점, 생년(월일), 냉동캡슐에 들어간 시점의 나이를 확인하여야 한다.

풀이

ㄱ. (○) 우선 〈대화〉의 내용에서 甲～丙이 언급한 날짜, 나이, 기간이 정확한 날짜라고 가정한다. 〈상황〉의 현재 시점(ⓐ), 〈대화〉의 甲～丙이 해동된 시점(ⓑ), 생년(월일)(ⓓ), 냉동캡슐에 들어간 시점의 나이(ⓔ)를 정리해 보면 다음과 같다.

〈표 1〉	甲	乙	丙
현재 시점(ⓐ)	2120년 09월 07일		
해동된 시점(ⓑ)	7년 전	1년 5개월 전	일주일 전
해동된 날짜 (ⓒ = ⓐ - ⓑ)	2113년 09월 07일	2119년 04월 07일	2120년 08월 31일
생년(월일)(ⓓ)	2086년 ○월 ○일	2075년 △월 △일	2083년 05월 17일
냉동캡슐에 들어간 시점의 나이(ⓔ)	19살	26살	20살 10개월
냉동캡슐에 들어간 날짜 (ⓕ = ⓓ + ⓔ)	2105년 ○월 ○일	2101년 △월 △일	2104년 03월 17일
냉동되어 있던 기간 (ⓖ = ⓒ - ⓕ)	8년 ±α	18년 ±α	16년 5개월 14일

±α는 甲, 乙의 정확한 나이에 따라 오차가 있을 수 있다는 의미 정도로만 표기하였다. 甲, 乙, 丙이 냉동되어 있던 기간은 각각 약 8년, 약 18년, 약 16년 5개월로 모두 다르다.

ㄴ. (×) 각주의 내용에 따라 냉동되어 있는 기간은 나이에 산입되지 않는다. 대화를 나눈 시점에 甲과 丙의 나이를 계산하기 위해서는 〈표 1〉에서 해동된 시점(ⓑ), 냉동캡슐에 들어간 시점의 나이(ⓔ)만 필요하다. 냉동캡슐 밖에 있는 기간만 고려한다는 관점에서 이해하면 된다. 대화를 나눈 시점의 나이(ⓗ)에서 몇 개월인지는 표기하지 않았다.

〈표 2〉	甲	乙	丙
해동된 시점(ⓑ)	7년 전	1년 5개월 전	일주일 전
냉동캡슐에 들어간 시점의 나이(ⓔ)	19살	26살	20살 10개월
대화를 나눈 시점의 나이(ⓗ = ⓑ + ⓔ)	26살	27살	20살

ㄷ. (×) 〈표 1〉의 냉동캡슐에 들어간 날짜(ⓕ)를 확인한다. 가장 이른 연도에 냉동캡슐에 들어간 사람은 甲이 아니라 乙이다.

- ㄴ, ㄷ이 ㄱ에 비해 생각·계산해야 할 시점 등이 적으므로 ㄴ, ㄷ을 먼저 판단한다. ㄴ, ㄷ을 먼저 정확히 판단한다면 ㄱ에 대한 판단 없이 정답을 확인할 수 있다. 만약 ㄴ을 먼저 판단하고 ㄱ을 판단한다면 〈표 1〉의 내용을 다음과 같이 구성해볼 수도 있다.

〈표 3〉	甲	乙	丙
현재 시점(ⓐ)		2120년 09월 07일	
생년(월일)(ⓓ)	2086년 ○월 ○일	2075년 △월 △일	2083년 05월 17일
태어난 시점부터의 기간(ⓕ = ⓐ - ⓓ)			
해동된 시점(ⓑ)	7년 전	1년 5개월 전	일주일 전
냉동캡슐에 들어간 시점의 나이(ⓔ)	19살	26살	20살 10개월
대화를 나눈 시점의 나이(ⓗ = ⓑ + ⓔ)			
냉동되어 있던 기간 (ⓖ = ⓕ - ⓗ)			

냉동되어 있던 기간은 결국 ⓐ - ⓑ - ⓓ - ⓔ라는 점에서 내용은 〈표 1〉과 같고 아래 세 줄은 〈표 2〉와 같다.

- ㄱ의 해설에서 〈대화〉의 내용 중 甲~丙이 언급한 날짜, 나이, 기간이 정확한 날짜라고 가정하였다. 그러나 일반적으로 만 나이를 언급할 때 구체적인 개월 수까지 언급하지 않는다. 게다가 甲의 대화를 보면 19살에 냉동캡슐에 들어갔다고 하면서 해동된 지는 정확히 7년 되었다고 한다. 해동된 시점에 대한 언급과는 다르게 냉동캡슐에 들어간 시점의 나이는 19살하고도 몇 개월 또는 며칠인지 정확히 언급하지 않고 있다고도 볼 수 있다.

ㄱ에서 甲은 냉동되어 있던 기간이 乙, 丙과 비교해 큰 차이가 있으므로 乙의 경우를 생각해보자. 만약 해설과 같은 가정을 하지 않는 경우 乙의 냉동되어 있던 기간의 최솟값을 구해보면 다음과 같다. 〈표 1〉에서 냉동되어 있던 기간 ⓖ = ⓒ - ⓕ = (ⓐ - ⓑ) - (ⓓ + ⓔ)인데 ⓐ는 고정이므로 ⓑ가 최대, (ⓓ + ⓔ)가 최대이면 된다. ⓑ가 최대 1년 5개월 하고도 29일, ⓔ가 최대 26살 364일로 (ⓓ + ⓔ)가 최대 2102년 △월 △-1일인 경우도 생각해 볼 수 있다. 그렇다면 乙이 냉동되어 있던 기간은 최소 약 16년 11개월 정도이다. 만약 ㄱ이 냉동되어 있던 기간을 비교하는 내용이었고 乙과 丙의 냉동되어 있던 기간이 좀 더 격차가 작았더라면 이런 식의 구체적 비교까지 필요할 수도 있었겠지만, 乙과 丙의 냉동되어 있던 기간이 모두 다른지 묻고 있으므로 이런 식의 구체적 비교를 요구하지 않는 것을 의도로 출제한 것이라 생각된다.

문 17 법계산형 난이도 하 정답 ④

문제풀이 핵심 포인트

각 〈보기〉에서 묻고 있듯이, 관세, 주세의 납부와 관련한 내용을 제시문에서 파악하여 이를 응용·적용해야 하는 문제이다.

풀이

첫 번째 동그라미부터 각각 조건 1), 2)라고 한다. 지문의 첫 번째 문장에서 맥주를 '맥아음료∧일정 비율을 초과한 알코올을 함유'라고 정의하고 있다.
두 번째 문장에 따르면 조건 1), 2)는 수입 '맥아음료'에 대한 것이다. 조건 1)의 가.에서는 맥아음료 중 알코올 함유량 100분의 0.5 이하는 맥주라고 하지 않고, 나.에서는 가.와 대비되게 알코올 함유량이 100분의 0.5를 초과하는 경우를 맥주라고 하므로 첫 번째 문장의 '일정 비율'이 100분의 0.5임을 알 수 있다. 조건 1), 2)를 정리해보면 다음과 같다.

조건 1) 가.	관세	알코올 함유량 100분의 0.5 이하	8%
조건 1) 나.		알코올 함유량 100분의 0.5 초과	30%
조건 2)	주세	알코올 함유량 100분의 1 이상	72%

조건 1)의 나.와 조건 2)는 동시에 적용될 수도 있음을 확인한다.
ㄱ~ㄷ 모두 맥아음료이므로 알코올 함유량만 판단한다.

ㄱ. (○) 알코올 함유량이 1%인 수입 맥아음료는 알코올 함유량이 100분의 0.5를 초과하므로 조건 1) 나.에 따라 30%의 관세를 납부해야 하고, 알코올 함유량이 100분의 1 이상이므로 조건 2)에 따라 72%의 주세를 납부해야 한다.

ㄴ. (×) 주세 납부 대상은 조건 2)의 알코올 함유량이 100분의 1 이상인 경우인데 이는 조건 1) 나.의 관세 납부 대상인 알코올 함유량 0.5를 초과하는 경우에 해당한다. 주세 납부 대상에 해당한다면 관세율 30%의 관세 납부대상이다.

ㄷ. (×) 알코올 함유량이 0.8%인 수입 맥아음료는 알코올 함유량이 100분의 0.5를 초과하므로 8%가 아니라 조건 1) 나.에 따라 30%의 관세를 납부해야 한다.

문 18 규칙 단순확인형 난이도 하 정답 ②

문제풀이 핵심 포인트

제시문을 통해 같이 사용할 때 부작용을 일으키는 화장품의 조합을 파악할 수 있어야 한다. 이때 동그라미 형식으로 분절적인 정보가 주어졌으므로, 이를 잘 활용하여 빠르게 문제를 해결할 수 있어야 한다.

풀이

제시문의 화장품 간의 궁합을 극대화, 보완 또는 부작용으로 나누어 정리해보면 다음과 같다. 첫 번째 동그라미부터 각각 조건 1)~3)이라고 한다.
1) 비타민 B 성분이 포함된 제품, 비타민 K 성분이 포함된 제품 → 극대화
2) 세안제, 비타민 A 성분이 포함된 제품 → 보완
   비타민 A 성분이 포함된 제품, 각질관리 제품 → 부작용
3) AHA 성분이 포함된 제품, 자외선 차단제 → 보완

ㄱ. (×) 조건 3)에 따르면 AHA 성분이 포함된 모공축소 제품은 피부의 수분을 빼앗고 탄력을 떨어뜨리며 자외선에 약한 특성이 있으므로 보습기능이 있는 자외선 차단제와 같이 사용할 경우, 화장품의 효과가 보완될 것이다.

ㄴ. (○) 조건 2)에 따르면 비타민 A성분이 포함된 주름개선 제품과 비타민 B 성분이 포함된 각질관리 제품을 같이 사용할 경우, 과도하게 각질이 제거되어 피부에 자극을 주고 염증을 일으키는 부작용을 일으킬 수도 있다.

ㄷ. (×) 조건 1)에 따르면 비타민 B 성분이 포함된 로션과 비타민 K 성분이 포함된 영양크림을 같이 사용할 경우, 화장품의 효과가 극대화될 것이다.

문 19 규칙 적용해결형 난이도 중 정답 ④

문제풀이 핵심 포인트

주어진 조건이 좀 많은 편이지만, 모든 조건을 주어진 대로 정확하게 처리만 하면 해결되는 문제이다.

문제 해결에 필요한 조건을 정리해 보면 다음과 같다.

1) A도시 예술의 전당에 오후 7시까지 도착할 수 있어야 한다.

2) 모든 곡은 〈작품별 공연개시일〉에 표시된 날부터 연속하여 총 3일 동안 공연되고, 브루크너의 곡은 하루만 공연된다.

3) 각 요일별 일정

월	화	수	목	금	토	일
월요일 아침에 B도시로 돌아감		레슨: A도시에서 매주 수요일 오후 2시 ~ 오후 6시	B도시에서 오전 9시부터 오후 6시까지 수업		매주 토요일 오후 2시에 B도시를 출발 → 주말을 A도시에서 보냄	
B도시에서 오전 9시부터 오후 6시까지 수업						
레슨 장소에서 예술의 전당까지 이동시간은 30분이며, B도시에서 예술의 전당까지 이동시간은 3시간						

4) 甲은 베토벤 또는 브람스의 곡이 최소한 1곡이라도 공연되는 날짜에만 공연을 본다.

주어진 조건에 따를 때, A도시 예술의 전당에 오후 7시까지 도착할 수 있는 요일은 수요일, 토요일, 일요일뿐이다.

4/1(월)	4/2(화)	4/3(수)	4/4(목)	4/5(금)	4/6(토)	4/7(일)
· 드보르작 -교향곡 제9번 · 베르디 -리골레토 서곡	· 쇼팽 -즉흥 환상곡 · 드보르작 -교향곡 제8번	· 브람스 -바이올린 협주곡 · 생상스 -교향곡 제1번	· 파가니니 -바이올린 협주곡 제1번 · 베토벤 -전원 교향곡	· 시벨리우스 -교향시 〈핀란디아〉 서곡 · 닐센 -오페라 〈사울과 다윗〉	· 바흐 -요한 수난곡 · 베를리오즈 -환상 교향곡	· 브람스 -교향곡 제3번 · 멘델스존 -엘리야

4/8(월)	4/9(화)	4/10(수)	4/11(목)	4/12(금)	4/13(토)	4/14(일)
· 베를리오즈 -로마의 카니발 서곡 · 라벨 -볼레로	· 비발디 -사계 중 봄 · 바그너 -탄호이저 서곡	· 슈만 -사육제 · 브람스 -교향곡 제2번	· 브람스 -교향곡 제11번 · 헨델 -스페인 칸타타	· 바흐 -브란덴부르크 협주곡 · 쇼팽 -야상곡	· 브루크너 -교향곡 제6번 · 브루크너 -교향곡 제3번	· 브루크너 -교향곡 제9번

그 중 베토벤 또는 브람스의 곡이 최소한 1곡이라도 공연되는 날짜는 14일 일요일을 제외한 나머지 최대 5일이다.

문 20 규칙 적용해결형 난이도 하 정답 ③

문제풀이 핵심 포인트

주어진 조건을 통해 A팀의 최종성적은 5승 7패이고, A팀과의 경기를 제외한 12팀 간의 경기는 모두 무승부이기 때문에 A팀을 제외한 12팀은 1승 11무를 한 7팀과 11무 1패를 한 5팀으로 구분된다는 것을 알아낼 수 있어야 한다.

〈상황〉에서 주어진 조건을 정리하면 다음과 같다.

· 대회에 참가하는 팀은 총 13팀이다.
  → A를 제외한 나머지 팀은 12팀이다.

· 각 팀은 다른 모든 팀과 한 번씩 경기를 한다.
  → 리그 방식의 경기를 한다는 의미이다. 즉 한 팀은 자신을 제외한 다른 모든 팀과 한 번씩 경기를 하므로 총 12경기를 하게 된다.

· A팀의 최종성적은 5승 7패이다.
  → A팀을 제외한 나머지 12팀 중 A팀에게 진 다섯 팀과 A팀에 이긴 7팀이 있다는 것을 알아채야 한다. 즉, A팀에게 이긴 팀과 진팀이 존재한다는 것이다.

· A팀과의 경기를 제외한 12팀 간의 경기는 모두 무승부이다.
  → 나머지 경기는 모두 무승부이다.

· 새로운 승점제는 승리시 3점, 무승부시 1점, 패배시 0점을 부여한다.
  → 기존의 승점제와 비교했을 때 승리시의 승점이 2점에서 3점으로 바뀌었다.

계산 조건과 상황을 결합하여 정리하면 다음과 같다.

구분	최종 성적	기존의 승점제				새로운 승점제			
		승	무	패	총점	승	무	패	총점
		2점	1점	0점		3점	1점	0점	
A팀	5승 0무 7패	5	0	7	10	5	0	7	15
A팀에게 진 5팀	0승 11무 1패	0	11	1	11	0	11	1	11
A팀에게 이긴 7팀	1승 11무 0패	1	11	0	13	1	11	0	14

기존의 승점제에서 A팀의 총점을 구하는 방식은 다음과 같다.

→ (2점 × 5) + (1점 × 0) + (0점 × 7) = 10점

따라서 기존의 승점제에 따를 때는 'A팀에게 이긴 7팀(13점) > A팀에게 진 5팀(11점) > A팀(10)' 순이므로 A팀의 순위는 13위이고, 새로운 승점제에 따를 때는 'A팀(15점) > A팀에게 이긴 7팀(14점) > A팀에게 진 5팀(11점)' 순이므로 A팀의 순위는 1위이다.

실전에선 이렇게!

새로운 승점제를 계산할 때 새로 계산을 하는 것이 아니라, 변화된 부분만 계산을 하면 보다 빠르게 문제를 해결할 수 있다.

문 21 응용형(텍스트형) 난이도 하 정답 ①

문제풀이 핵심 포인트

이 문제는 기본적으로 5를 기본단위로 하여 기본단위가 반복되는 것으로 이해할 수 있다. 즉, 10까지 명칭이 부여된 이후에는 5가 하나의 단위처럼 활용되고, 5로 나눈 나머지를 더하기의 형식으로 표현하고 있다. 예를 들어 48 = 9 × 5 + 3처럼 표현된다.

A국에서 숫자를 세는 명칭과 규칙은 다음과 같다.

1	tai	6		otai
2	lua	7	'o'를 앞에 붙여 쓴다	olua
3	tolu	8		otolu
4	vari	9		ovari
5	luna	10	두 개의 다섯: lualuna(2 × 5)	

· 5의 배수

15: '세 개의 다섯' toluluna(3 × 5)

20: '네 개의 다섯' variluna(4 × 5)

→ 5를 포함하는 두 개 숫자의 곱으로 표현한다.

· 나머지 숫자

'더하기'라는 뜻을 가진 'i'를 중간에 넣고, 그 다음에 1 ~ 4 사이의 숫자 하나를 순서대로 넣어서 표현한다. 예를 들면 아래와 같다.

11: lualuna i tai(2 × 5 + 1)

12: lualuna i lua(2 × 5 + 2), …,

16: toluluna i tai(3 × 5 + 1)

17: toluluna i lua(3 × 5 + 2)

ㄱ. 20의 표현방식을 예로 활용하면 20은 variluna(4 × 5)로 표현한다. 즉, 5를 포함하는 두 개 숫자의 곱으로 표현한다. 마찬가지로 30을 표현하면 6 × 5의 형식으로 표현할 수 있다. 따라서 6(otai) × 5(luna) = otailuna 이다.

ㄴ. ovariluna i tolu에서 ovariluna는 o + vari + luna이므로 이를 해석하면 9 × 5 = 45이다. 그리고 i는 더하기를 의미하고, tolu는 숫자 3을 의미하므로 ovariluna i tolu는 45 + 3 = 48이다.

문 22 규칙 적용해결형 난이도 ⓗ 정답 ②

문제풀이 핵심 포인트
발문에 주어진 규칙을 놓치지 않도록 주의해야 한다. 기본적으로 1회 이동을 할 때는, 선을 따라 한 칸 움직인 지점에서 우측으로 45도 꺾어서 한 칸 더 나아가는 방식으로 움직인다. 그런데 제약조건이 있으므로 Ⓟ가 이동하려는 경로 상에 장애물(⊠)이 있으면 움직이지 못한다.

풀이
Ⓟ가 1회 이동해서 위치할 수 있는 세 곳은 다음과 같다. 위, 아래, 왼쪽, 오른쪽 중 위쪽으로 이동한 지점은 장애물이 있기 때문에 이동할 수 없다.

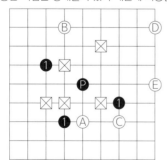

1회 이동한 위치에서 한 번 더 이동해서 2회 이동해서 위치할 수 있는 곳을 표시해 보면 다음과 같다.

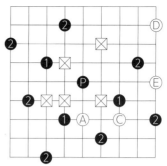

이때 B는 2회 이동만에 위치할 수 있으므로, 3회 이하로 이동해서 위치할 수 있는 곳이다. 남은 A, C, D, E 중에서는 E의 왼쪽 상단 ②에서 위쪽으로 1회 이동하면 총 3회 이동으로 D에 위치할 수 있고, A, C, E로는 3회 이하로 이동해서 위치하는 것이 불가능하다.

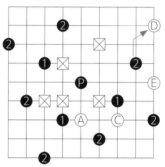

따라서 〈보기〉 A~E 중에서 Ⓟ가 3회 이하로 이동해서 위치할 수 있는 곳은 B와 D뿐이고, A, C, E로는 이동해서 위치할 수 없다.

문 23 발문 포인트형(법조문형) 난이도 ⓗ 정답 ②

문제풀이 핵심 포인트
지문의 내용과 〈상황〉에 따르면 2010년은 공직선거에 참여하지 않았고, 2011년, 2012년은 각각 대통령선거, 국회의원 총선거가 실시되고 A정당은 참여하였다. 이를 토대로 甲국 A정당 회계책임자가 2011년 1월 1일부터 2012년 12월 31일까지 중앙선거관리위원회에 회계보고를 한 총 횟수를 파악하여야 한다.

풀이
발문에서 2011년 1월 1일부터 2012년 12월 31일까지 중앙선거관리위원회에 회계보고를 한 총 횟수를 묻고 있으므로 연도별로 나누어서 검토한다.

· 2010년의 경우, A정당이 공직선거에 참여하지 아니한 연도이므로 법 제1호에 따라 2010년 1월 1일부터 12월 31일까지의 정치자금 수입과 지출에 관한 회계보고는 다음 연도인 2011년 2월 15일에 한다.

· 2011년의 경우, 대통령선거를 실시하였고 A정당이 참여하였으므로 법 제2호에서 정하는 바에 따라 회계보고를 하여야 한다. 법 제2호 가목에 따르면 대통령선거는 2011년 12월 5일에 실시되었으므로 2011년 1월 1일부터 선거일 후 20일인 2011년 12월 25일까지의 회계보고는 해당 선거일 후 40일인 2012년 1월 14일에 한다. 그리고 법 제2호 나목에 따라 대통령선거일 후 21일인 2011년 12월 26일부터 12월 31일까지의 회계보고는 다음 연도인 2012년 2월 15일에 한다.

・ 2012년의 경우, 국회의원 총선거를 실시하였고 A정당이 참여하였으므로 법 제2호에서 정하는 바에 따라 회계보고를 하여야 한다. 법 제2호 가목에 따르면 국회의원 총선거는 2012년 3월 15일에 실시되었으므로 2011년 1월 1일부터 선거일 후 20일인 2012년 4월 4일까지의 회계 보고는 해당 선거일 후 30일인 2012년 4월 14일에 한다. 그리고 법 제2호 나목에 따라 국회의원 총선거일 후 21일인 2012년 4월 5일부터 12월 31일까지의 회계 보고는 다음 연도인 2013년 2월 15일에 한다.

정리하면 다음과 같다.

연도	기간	회계보고 시점
2010년	1월 1일부터 12월 31일까지	2011년 02월 15일
2011년	1월 1일부터 12월 25일까지 (선거일 후 20일까지)	2012년 1월 14일 (선거일 후 40일)
	12월 26일부터 12월 31일까지	2012년 02월 15일
2012년	1월 1일부터 4월 4일까지 (선거일 후 20일까지)	2012년 4월 14일 (선거일 후 30일)
	4월 5일부터 12월 31일까지	2013년 02월 15일

따라서 2011년 1월 1일부터 2012년 12월 31일까지 회계보고를 한 총 횟수는 4회이다.

🖋 실전에선 이렇게!

정확한 날짜까지는 판단할 필요 없이, 횟수만 판단하면 되므로 정답을 구하는 데 필요한 만큼만 해결해야 한다.

문 24 경우 파악형 난이도 중   정답 ③

문제풀이 핵심 포인트

연결망 소재의 문제가 통역으로 변형되어 출제된 문제이다. 경우가 얼마나 잘 파악되는가가 관건이 된다.

풀이

지문의 표들을 종합한다면 각 장관이 사용하는 언어를 통역할 수 있는 통역관은 다음과 같다.

장관	사용언어	통역관
A	네팔어	乙
B	영어	乙, 丁, E
C	우즈베크어, 러시아어	甲
D	카자흐어, 러시아어	C
E	영어, 스와힐리어	乙, 丁
F	에스파냐어	丙
G	스와힐리어	丁, E
H	한국어	甲, 丙, 丁

2개 이상의 언어를 사용하는 장관이 통역관의 역할을 겸할 수도 있다고 하므로 C, D, E가 통역관의 역할을 겸할 수도 있다. C, D, E를 음영 처리하여 표시하였고 통역관에도 같이 정리하였다. 이때 C, D는 공통적으로 러시아어를 사용하지만, D가 사용하는 카자흐어는 나머지 모든 장관과 통역관이 사용하지 않으므로 C의 통역관에 D는 표시하지 않았다.

지문의 상황을 그림으로 정리해보자. A는 乙과 네팔어를 공통으로 사용하고, 乙은 B와 영어를 공통으로 사용한다. 이를 그림으로 나타내어보면 다음과 같다.

〈그림 1〉

〈그림 1〉에는 어떤 언어를 공통으로 사용하는지는 표시하지 않고 공통으로 사용하는 언어가 있는 장관, 통역관을 선으로 연결한 것이다. 장관은 네모로, 통역관은 동그라미로 표시하였다. 지문의 내용을 그림으로 나타내면 다음과 같다.

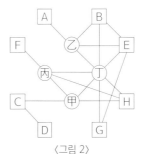

〈그림 2〉

ㄱ. (O) A장관과 F장관은 우선 각각 네팔어, 에스파냐어만 사용한다. 다른 장관, 통역관 중 네팔어를 사용하는 사람은 乙, 에스파냐어를 사용하는 사람은 丙밖에 없다. 따라서 A장관과 F장관이 의사소통을 하기 위해서는 乙, 丙은 반드시 배석하여야 한다. 그러나 乙, 丙이 공통으로 사용하는 언어가 없으므로 乙이 사용하는 영어, 丙이 사용하는 한국어를 통역할 수 있는 丁도 배석하여야 한다. 따라서 최소한 乙, 丙, 丁 3명의 통역관이 배석하여야 한다. 〈그림 2〉에서 A장관과 F장관이 최소한 乙, 丙, 丁 3명을 거쳐 연결됨을 확인할 수 있다.

ㄴ. (O) 통역관이 丁밖에 없다면 H장관은 丁이 사용하는 언어인 한국어, 영어, 스와힐리어를 사용하는 장관과 의사소통을 할 수 있다. 따라서 최대 B, E, G 3명의 장관과 의사소통을 할 수 있으며 E장관이 통역관의 역할을 겸한다고 해도 의사소통을 할 수 있는 장관이 늘어나지 않는다. 〈그림 2〉를 ㄴ의 상황에 따라 그려보면 다음과 같다.

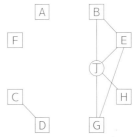

ㄷ. (×) 통역관 丁이 없다고 해도 E장관이 스와힐리어를 공통적으로 사용하므로 E장관이 통역관 역할을 겸하여 다른 장관과 의사소통을 할 수 있다. 〈그림 2〉를 ㄷ의 상황에 따라 그려보면 다음과 같다.

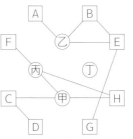

ㄹ. (O) 8명의 장관과 4명의 통역관이 모두 회담에 참석하면 모든 장관들은 다른 장관 또는 통역관과 공통으로 사용하는 언어가 최소 1개 이상 있으므로 모든 장관들은 서로 의사소통이 가능하다.

문제풀이 핵심 포인트

자료해석 스타일의 문제로, 'A당 B'의 출제 장치가 활용된 문제이다. 따라서 공식을 잘 활용하여 문제를 해결해야 한다.

풀이

제시문의 내용을 정리하면 다음과 같다.

	재배면적 (단위: 헥타르)		단위면적 당 생산량 (단위: 헥타르 당 톤)			전체 쌀 생산량		
1위	인도	4,300	1위	A국	5.0	1위	중국	전 세계 생산량의 30%
2위	중국	3,300	⋮	⋮	⋮			
3위	인도네시아							
4위	방글라데시							
5위	베트남		· 일본: 4.5 · A국의 단위면적 당 쌀 　생산량은 인도의 3배			2위	인도	전 세계 생산량의 20%
6위	타이	⋮						
7위	미얀마							
8위	일본					⋮	⋮	⋮
9위	A국							

ㄱ. (○)
- 단위면적 당 쌀 생산량 = 전체 쌀 생산량/재배면적
- 중국의 단위면적 당 쌀 생산량 = 전세계 생산량의 30%/3,300
- 인도의 단위면적 당 쌀 생산량 = 전세계 생산량의 20%/4,300
- 중국의 단위면적 당 쌀 생산량/인도의 단위면적 당 쌀 생산량
    = (전세계 생산량의 30%/3,300)/(전세계 생산량의 20%/4,300)
    ≒ 약 2배

따라서 중국의 단위면적 당 쌀 생산량은 인도의 약 2배이다.

ㄴ. (○) 일본의 벼 재배면적이 A국보다 400헥타르가 크다면, A국의 벼 재배면적을 x라고 했을 때, 일본의 벼 재배면적은 (x + 400)이다. 그리고 A국과 일본 모두 벼 재배면적은 3,300헥타르보다 작다. '연간 쌀 생산량 = 단위면적 당 생산량 × 재배면적'이므로, 이 공식에 주어진 정보를 대입해 보면 다음과 같다.
- 일본의 연간 쌀 생산량 = 4.5 × (x + 400)
- A국의 연간 쌀 생산량 = 5.0 × x

일본의 연간 쌀 생산량이 A국의 연간 쌀 생산량보다 많다면, (일본의 연간 쌀 생산량) − (A국의 연간 쌀 생산량) > 0 = {4.5 × (x + 400)} − (5.0 × x) > 0일 것이다. 이 식을 정리하면 1,800 > 0.5x = 3,600 > x가 도출되는데, x가 3,600보다 작은 값이면 (일본의 연간 쌀 생산량) − (A국의 연간 쌀 생산량)의 값은 반드시 양수가 나온다. 즉, 일본의 연간 쌀 생산량이 더 많다. A국의 벼 재배면적인 x는 제시문에서 3,300헥타르보다 반드시 작은 값이므로, (일본의 연간 쌀 생산량) − (A국의 연간 쌀 생산량)의 값은 반드시 양수가 나온다. 즉, 일본의 연간 쌀 생산량이 더 많다.

ㄷ. (×) 연간 쌀 생산량 = 단위면적 당 생산량 × 재배면적이다. A국의 단위면적 당 쌀 생산량(= 5.0)은 인도의 3배이므로 인도의 단위면적 당 생산량은 5.0/3이다. 인도의 벼 재배면적은 4,300헥타르이다. 공식에 이를 대입해 보면, 연간 쌀 생산량 = 단위면적 당 생산량 × 재배면적 = (5.0/3) × 4,300 ≒ 7,166.67 정도이므로 인도의 연간 쌀 생산량은 11,000톤 이상이 될 수 없다.

실전에선 이렇게!

직접 해결하는 것보다 주어진 내용을 검증하는 것이 더 빠르다.

PSAT 전문가의 총평

· 텍스트형은 4문제가 출제되었습니다. 큰 범주에서는 모두 일치부합형으로 볼 수 있는 문제인데, 6번과 15번 문제는 청소년 폭력, 청소년 비행이라는 유사한 소재로 유사하게 원인과 결과를 따지는 문제가 출제되었습니다. 이처럼 2012년에는 2011년보다 문제 배치에서 보다 정형화된 모습을 보이는데, 1번부터 10번까지가 한 세트, 11번부터 20번까지가 한 세트로 인책형과 재책형 두 개의 책형에서 서로 배치가 교차되고 21번부터 25번까지는 두 개의 책형에서 공통으로 배치됩니다. 인책형에서의 1번부터 10번까지가 재책형에서는 11번부터 20번에 배치됩니다. 이때 텍스트형에서 유사한 문제가 6번과 15번에 출제된 것입니다. 법조문형은 총 8문제가 출제되었습니다. 발문포인트형에 속하는 문제가 3문제, 일치부합형이 3문제, 응용형이 2문제가 출제되었습니다. 여전히 발문포인트형의 비중이 높다는 것이 특징적이고 1, 3, 4, 11, 13, 14, 16, 21번에 배치되었다는 점에서 두 개의 세트에서 각기 1, 3, 4번에 주로 배치되는 형태를 보입니다. 득점포인트에 해당하는 문제가 총 12문제가 출제되어 2011의 17문제에 비해 출제비중이 낮아졌습니다. 계산형은 총 7문제가 출제되었고, 17번에서 24번 사이에 주로 문제 후반부에 배치되었습니다. 규칙형에 해당하는 문제는 3문제가 출제되었습니다. 2011년에는 한 문제도 없었던 경우형에 속하는 문제가 3문제 출제되었고 8, 9, 10번에 모여 배치되었습니다. 핵심유형에 속하는 문제는 총 13문제가 출제되었는데, 계산형의 비중이 절반 이상을 차지하여 비중이 높았습니다.

· 텍스트형에 해당하는 문제는 전반적으로 난도가 평이했고, 법조문형에서는 아무래도 문제 배치에서 후반부에 배치되는 문제가 상대적으로 난도가 높았습니다. 계산형에 해당하는 문제는 2011년에 비해 약간 난도가 상승하였고, 조건 처리가 다소 까다로운 문제도 등장하였습니다. 규칙형에 속하는 문제는 난도가 평이했습니다. 25번 문제를 까다롭게 생각하는 수험생도 있으나, 규칙에 따른 이동 소재 문제를 해결하는 빠른 스킬인 '상쇄 스킬'을 사용한다면 충분히 빠른 해결이 가능한 문제였습니다. 경우형에 해당하는 문제는 주기의 성질을 활용하여 해결하거나, 가성비를 따져 해결하거나, 모서리부터 실마리를 잡아서 해결하면 수월하게 해결할 수 있는 문제였습니다. 2012년 문제는 매우 어려운 문제가 있기 보다는 너무 쉬운 문제가 거의 없고 중간 정도의 난도의 문제가 많은 특징을 보입니다.

정답

p.214

문1	⑤	일치부합형 (법조문형)	**문6**	④	일치부합형 (텍스트형)	**문11**	④	일치부합형 (법조문형)	**문16**	⑤	일치부합형 (법조문형)	**문21**	①	응용형 (법조문형)
문2	①	일치부합형 (텍스트형)	**문7**	①	규칙 적용해결형	**문12**	②	일치부합형 (텍스트형)	**문17**	①	상대적 계산형	**문22**	④	조건 계산형
문3	①	발문 포인트형 (법조문형)	**문8**	③	경우 파악형	**문13**	④	발문 포인트형 (법조문형)	**문18**	①	조건 계산형	**문23**	⑤	조건 계산형
문4	②	응용형 (법조문형)	**문9**	④	경우 파악형	**문14**	⑤	발문 포인트형 (법조문형)	**문19**	③	상대적 계산형	**문24**	②	조건 계산형
문5	③	규칙 단순확인형	**문10**	②	경우 파악형	**문15**	⑤	일치부합형 (텍스트형)	**문20**	③	정확한 계산형	**문25**	③	규칙 적용해결형

취약 유형 분석표

유형별로 맞힌 문제 개수와 정답률, 틀린 문제 번호, 풀지 못한 문제 번호를 적고 나서 취약한 유형이 무엇인지 파악해 보세요. 그 후 약점 보완 해설집 p.2 [취약 유형 공략 포인트]에서 약점 보완 학습법을 확인하고, 틀린 문제와 풀지 못한 문제를 다시 한번 풀어보세요.

유형		맞힌 문제 개수	정답률	틀린 문제 번호	풀지 못한 문제 번호
텍스트형	발문 포인트형	–	–		
	일치부합형	/4	%		
	응용형	–	–		
	1지문 2문항형	–	–		
	기타형	–	–		
법조문형	발문 포인트형	/3	%		
	일치부합형	/3	%		
	응용형	/2	%		
	법계산형	–	–		
	규정형	–	–		
	법조문소재형	–	–		
계산형	정확한 계산형	/1	%		
	상대적 계산형	/2	%		
	조건 계산형	/4	%		
규칙형	규칙 단순확인형	/1	%		
	규칙 정오판단형	–	–		
	규칙 적용해결형	/2	%		
경우형	경우 파악형	/3	%		
	경우 확정형	–	–		
TOTAL		/25	%		

문1 일치부합형(법조문형) 난이도 (하) 정답 ⑤

문제풀이 핵심 포인트

첫 번째 문단에서는 현물급여에 대해서, 두 번째 문단에서는 현금급여에 대해서 설명하고 있다.

구분	현물급여	현금급여
대상	가입자 및 피부양자	
의료기관	지정된 요양기관(병·의원)	지정된 요양기관 이외의 의료기관 등
내용	·요양급여 ·건강검진	·요양비 ·본인부담액보상금

발문에서 甲, 乙, 丙, 丁은 A국의 건강보험 가입자라는 것을 확인한다.

풀이

ㄱ. (×) 건강검진은 첫 번째 문단의 공단이 제공하는 건강보험의 급여 중 현물급여에 해당한다. 첫 번째 문단 네 번째 문장에 따르면 가입자 및 피부양자는 공단이 지정한 요양기관에서 2년마다 1회 무료로 건강검진을 받을 수 있으므로, 甲의 피부양자가 작년에 무료로 건강검진을 받았다면 올해는 건강검진을 무료로 받을 수 없다.

ㄴ. (○) 乙이 자기 집에서 출산한 경우라면 두 번째 문단 첫 번째 문장의 요양기관 외의 장소에서 출산한 경우로 현금급여 중 요양비에 해당한다. 공단으로부터 요양비를 지급받을 수 있다. 지정된 요양기관 이외의 의료기관에서 출산에 대하여 요양을 받은 경우는 마찬가지로 요양비에 해당하고, 지정된 요양기관에서의 출산은 첫 번째 문단 세 번째 문장의 요양급여에 해당한다.

ㄷ. (×) 두 번째 문단 첫 번째 문장에 따르면 요양비를 지급받기 위해서는 출산을 제외하고는 지정된 요양기관 이외의 의료기관에서 요양을 받은 경우이어야 한다. 丙이 마을 주민으로부터 치료를 받은 경우라면 지정된 요양기관이나 지정된 요양기관 이외의 의료기관으로부터 치료를 받은 것이 아니므로 요양비를 지급받을 수 없다.

ㄹ. (×) 진료비의 일부를 공단으로부터 지원받는 것은 두 번째 문단 세 번째 문장의 본인부담액보상금에 해당한다. 두 번째 문단 네 번째 문장에 따르면 보험료 수준 상위 20%는 연간 400만 원의 진료비를 초과하는 경우 본인부담액보상금을 지원받을 수 있다. 상위 10% 수준의 보험료를 내고 있는 丁이 진료비로 연간 400만 원을 지출한 경우라면 연간 400만 원을 초과하는 경우가 아니므로 본인부담액 보상금을 지원받을 수 없다.

문2 일치부합형(텍스트형) 난이도 (하) 정답 ①

문제풀이 핵심 포인트

각 선택지에서 묻는바 위주로 제시문에서 빠르게 확인해서 해결해야 하는 문제이다.

풀이

첫 번째 문단의 한복 변천사를 시대에 따라 정리해보면 다음과 같다.

삼국시대	·바지는 남녀 공용 ·상하귀천에 관계없이 모두 저고리 위에 두루마기
남북국시대	·서민과 귀족 모두 직령포 ·귀족: 직령포를 평상복으로만
고려시대	·귀족: 중국옷 ·서민: 한복
조선시대	·후기: 마고자, 조끼

그리고 두 번째 문단에서는 조선시대 관복에 대해서 설명하고 있다.

① (○) 첫 번째 문단 네 번째 문장에 따르면 남북국시대에는 서민과 귀족이 모두 직령포를 입었고, 다섯 번째 문장에 따르면 귀족은 직령포를 평상복으로만 입었고 서민과 달리 공식적인 행사에서는 입지 않았다고 한다. 따라서 남북국시대의 서민들은 직령포를 입었고, 공식적인 행사에서도 입었을 것이라고 판단할 수 있다.

② (×) 첫 번째 문단 여섯 번째 문장에 따르면 고려시대에는 복식 구조가 크게 변했다고 한다. 그러나 일곱 번째 문장에 따르면 모든 계층에서 중국옷을 그대로 받아들여 입는 현상이 나타난 것은 아니고, 귀족층은 중국옷을 그대로 받아들여 입었지만 서민층은 우리 고유의 복식을 유지하였다고 한다.

③ (×) 첫 번째 문단 아홉 번째 문장에 따르면 조선시대 중기나 후기에 들어서면서 띠 대신 고름을 매기 시작했다고 하므로 중기에 들어서면서 고름을 매기 시작했는지는 알 수 없다. 그리고 열 번째 문장에 따르면 조선 후기에는 마고자를 입기 시작했는데 조끼는 서양 문물의 영향을 받은 것이지만 마고자도 서양 문물의 영향을 받았는지는 알 수 없다.

④ (×) 두 번째 문단 여섯 번째 문장에 따르면 임금이 입었던 구군복에만 흉배를 붙였다고 한다. 따라서 조선시대 무관이 입던 구군복에는 흉배가 붙어 있지 않았을 것이고 호랑이가 수놓아져 있지도 않았을 것이다.

⑤ (×) 두 번째 문단 세 번째 문장에 따르면 문무백관의 상복이 곤룡포와 모양은 비슷했다고 한다. 따라서 조선시대 문관 상복은 곤룡포와 비슷한 모양일 것이라고 판단할 수 있다. 그러나 네 번째 문장에 따르면 문관 상복의 흉배에는 호랑이가 아니라 학을 수놓았다고 한다.

문3 발문 포인트형(법조문형) 난이도 (하) 정답 ①

문제풀이 핵심 포인트

〈보기〉에 주어진 인물들이 배우자인지, 직계존속인지, 직계비속인지, 형제자매인지에 따라 각각 제1호~제4호를 검토하고, 나이와 장애의 정도를 검토한다.

풀이

ㄱ. 부양의무자 甲의 경우는 다음과 같다.

· 배우자: 제1호에 해당한다.

· 75세 아버지: 제2호의 60세 이상의 직계존속에 해당한다.

· 15세 자녀: 제3호의 20세 미만의 직계비속에 해당한다.

· 20세 자녀: 직계비속이므로 제3호를 검토해보면 20세 이상이면서 장애의 정도가 심하지 않으므로 부양가족에 해당하지 않는다.

· 장애 6급을 가진 처제: 처제는 배우자의 형제자매이므로 제4호를 검토한다. 장애 6급은 장애의 정도가 심한 사람에 해당하므로 제4호에 따라 부양가족에 해당한다.

따라서 甲의 부양가족은 총 4명이다.

ㄴ. 부양의무자 乙의 경우는 다음과 같다.

· 배우자: 제1호에 해당한다.

· 58세의 장인: 배우자의 직계존속이므로 제2호를 검토해보면, 직계존속 남성의 경우 60세 이상이어야 부양가족에 해당한다. 乙의 장인은 58세 남성이므로 부양가족에 해당하지 않는다.

· 56세의 장모: 배우자의 직계존속이므로 제2호를 검토해보면, 직계존속 여성의 경우 55세 이상이어야 부양가족에 해당한다. 乙의 장모는 56세 여성이브로 부양가족에 해당한다.

· 16세 조카: 조카는 형제자매의 직계비속에 해당한다. 乙의 배우자, 직계존속, 직계비속, 형제자매 중 어디에도 해당하지 않으므로 부양가족에 해당하지 않는다.

· 18세 동생: 동생은 형제자매이므로 제4호를 검토한다. 장애의 정도가 심하다는 언급이 없으므로 부양가족에 해당하지 않는다.

따라서 乙의 부양가족은 총 2명이다.

문 4 응용형(법조문형)   난이도 ⓗ   정답 ②

문제풀이 핵심 포인트

어떻게 표시하는지 위주로 해결해야 하는 문제이다. 이때 제시문이 표의 형태이고 분절적인 정보가 여러 개이므로 각 〈보기〉 해결에 필요한 정보를 정확하게 연결해서 해결할 수 있어야 한다.

풀이

〈표〉의 내용을 정리하면 다음과 같다.

(가) 돼지고기, 닭고기, 오리고기

  → 1) 국내산(단서: 수입 후 사육한 경우), 2) 수입산, 3) 섞은 경우

(나) 배달을 통하여 판매·제공되는 닭고기 (가)에 따라 포장재에 표시

ㄱ. (○) (가) 3)에 따르면 원산지가 다른 돼지고기를 섞은 경우, 예시와 같이 '음식명(○○산과 ○○산을 섞음)'이라고 표시한다. 따라서 국내산 돼지고기와 프랑스산 돼지고기를 섞은 돼지갈비를 유통할 때는 '돼지갈비(국내산과 프랑스산을 섞음)'라고 표시한다.

ㄴ. (×) (가) 1) 단서에 따르면 수입한 돼지를 국내에서 2개월 이상 사육한 후 국내산으로 유통하는 경우 '국내산'으로 표시할 수 있다. 덴마크산 돼지를 수입하여 1개월 간 사육한 후 그 삼겹살을 유통하는 경우에는 2개월 이상 사육한 것이 아니므로 '삼겹살 국내산(돼지, 덴마크산)'으로 표시할 수 없다.

ㄷ. (×) (가) 1) 단서에 따르면 수입한 오리를 국내에서 1개월 이상 사육한 후 국내산으로 유통하는 경우 '국내산'으로 표시할 수 있다. 그러나 중국산 훈제오리를 수입한 경우에는 오리를 수입하여 사육한 것이 아니므로 '훈제오리 국내산(오리, 중국산)'으로 표시할 수 없다.

ㄹ. (○) (나) 1), 2)에 따르면 배달을 통하여 판매되는 닭고기는 (가)의 기준에 따라 닭고기의 원산지를 포장재에 표시한다. 국내산 닭을 이용하여 양념치킨으로 조리하여 배달 판매한다면 (가) 1)의 예시에 따라 '음식명(국내산)'이라고 표시하여야 하므로, '양념치킨(국내산)'으로 표시한다.

문 5 규칙 단순확인형   난이도 ⓗ   정답 ③

문제풀이 핵심 포인트

〈은희의 취향〉에서 은희가 커피를 주문하는 규칙을 파악한 후, 이를 〈오늘 아침의 상황〉에 맞게 적용해 〈커피의 종류〉 중 은희가 주문할 커피를 확인한다.

풀이

〈커피의 종류〉에 각 커피의 종류별 포함되는 재료가 제시되어 있고, 〈은희의 취향〉에 은희가 주문할 커피의 조건이 제시되어 있다.

> 〈오늘 아침의 상황〉
>
> 출근을 하기 위해 지하철을 탄 은희는 꽉 들어찬 사람들 사이에서 **스트레스**를 받으며 내리기만을 기다리고 있었다. 목적지에 도착한 은희는 커피를 마시며 기분을 달래기 위해 커피전문점에 들렀다. 아침식사를 하지 못해 **배가 고프고** 고된 출근길에 **피곤하지만**, 시간 여유가 없어 오늘 아침은 **커피만 마실 생각**이다. 그런데 은희는 요즘 체중이 늘어 **휘핑크림은 넣지 않기**로 하였다.

오늘 아침 은희의 상황과 그에 따른 커피 주문 방식을 간략히 나타내면 다음과 같다.

· 스트레스: 휘핑크림은 넣지 않기로 했으므로 우유거품을 추가한다.

· 배가 고픔: 데운 우유가 들어간 커피를 마신다.

· 피곤함: 휘핑크림이 들어간 경우에 한하여 적용되는 규칙이므로 은희에게는 적용되지 않는다.

· 커피만 마실 생각임: 데운 우유가 들어간 커피를 마시는 데 제약이 발생하지 않는다.

① (×) 카페 라떼는 우유거품이 없다.

② (×) 카페 아메리카노는 우유거품, 데운 우유 모두 포함하고 있지 않다.

③ (○) 은희는 휘핑크림이 들어간 '카페 비엔나'와 '카페 모카'를 제외한 커피 중에서 우유거품과 데운 우유가 들어간 카푸치노를 주문할 것임을 알 수 있다.

④ (×) 카페 모카는 데운 우유는 포함하고 있지만, 우유거품이 없고, 휘핑크림을 포함하고 있다.

⑤ (×) 카페 비엔나는 휘핑크림을 포함하고 있고, 우유거품, 데운 우유 모두 포함하고 있지 않다.

✏️ 실전에선 이렇게!

1) A or B,

2) ~A 라면

3) (   )에 들어갈 내용은 B이다.

2012

해커스PSAT 7급+민경채 PSAT 16개년 기출문제집 상황판단

문6 일치부합형(텍스트형) 난이도 하　　　정답 ④

문제풀이 핵심 포인트
A학자는 청소년의 폭력성 강한 드라마 시청이 폭력성향 강화와 폭력행위 증가의 원인이라고 주장하고, B학자는 청소년 폭력행위가 증가하는 사실을 인식하고는 있지만 폭력성 강한 드라마 시청이 폭력행위 증가의 원인은 아니며, 폭력성향이 강한 것이 폭력성이 강한 드라마 시청의 원인이라고 주장한다. 이를 그림으로 나타내면 다음과 같다.

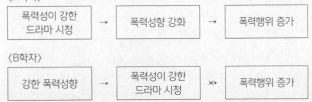

〈A학자〉

| 폭력성이 강한 드라마 시청 | → | 폭력성향 강화 | → | 폭력행위 증가 |

〈B학자〉

| 강한 폭력성향 | → | 폭력성이 강한 드라마 시청 | ✕→ | 폭력행위 증가 |

이상의 그림에서 화살표는 일반적으로 명제의 조건문을 나타내는 의미로 사용한 것이 아니라는 점을 유의한다. 명제 중 조건문은 그 자체로는 전건과 후건이 인과관계가 있다는 것을 의미하지 않는다. 그리고 상관관계란 어떤 대상들이 서로 관련성이 있다고 추측되는 관계이고, 인과관계란 한 대상의 변화가 다른 대상의 변화 원인이 된다고 추측되는 관계이다. 인과관계가 있다면 상관관계가 있다고 할 수 있지만, 상관관계가 있다고 해서 인과관계가 있는 것으로 생각해서는 안 된다.

풀이

ㄱ. (○) A의 주장에 따르면 폭력성이 강한 드라마 시청이 청소년 폭력행위의 원인이므로, 텔레비전에서 폭력물을 방영하는 것을 금지한다면 청소년 폭력행위는 줄어들 것이다.

ㄴ. (✕) A학자가 남성 청소년과 여성 청소년의 폭력물 관련 차이점에 대해서 언급한 바는 없다.

ㄷ. (○) B학자는 폭력성향이 강한 청소년들이 폭력을 일삼는 드라마에 더 끌리는 경향이 있다고 하므로, 폭력물을 자주 본다는 것은 강한 폭력성향의 원인이 아니라 결과라고 주장하는 것이다.

ㄹ. (○) A와 B는 원인과 결과를 달리 보고 있지만, 청소년 폭력성향과 폭력물 시청은 일정한 상관관계가 있다고 주장한다.

문7 규칙 적용해결형 난이도 하　　　정답 ①

문제풀이 핵심 포인트
이 문제에서 우리가 알아내야 하는 것은 1)단계에서의 '원문'이다.

풀이

암호문은 암호화하고자 하는 원문의 알파벳과 암호 변환키의 알파벳을 조합하여 만든다.

1) 먼저 원문 알파벳을 표의 맨 왼쪽 줄에서 찾고
2) 암호 변환키의 알파벳을 표의 맨 위쪽 줄에서 찾아
3) 그 교차점에 있는 알파벳을 암호문으로 한다.

문제에서 요구하는 원문을 알아내기 위해서는 2) + 3) → 1)의 과정을 거쳐야 한다. 즉, 2) 암호 변환키의 알파벳을 표의 맨 위쪽 줄에서 찾고 3) 해당 암호 변환키의 알파벳에 해당하는 열을 세로 방향으로 확인해 가면서 암호문에 해당하는 알파벳을 찾아낸 다음 1) 좌측으로 시선을 이동하여 해당 원문을 찾아낼 수 있어야 한다.

이 방법에 따라 원문을 찾아내면 다음과 같다. 확인은 여섯 번째 알파벳을 확인해 보도록 하겠다.

→ 암호 변환키　↓ 원문

	A	B	C	D	E	F	G	H	I	J	K	L	M	N
A	A	B	C	D	E	F	G	H	I	J	K	L	M	N
B	B	C	D	E	F	G	H	I	J	K	L	M	N	A
C	C	D	E	F	G	H	I	J	K	L	M	N	A	B
D	D	E	F	G	H	I	J	K	L	M	N	A	B	C
E	E	F	G	H	I	J	K	L	M	N	A	B	C	D
F	F	G	H	I	J	K	L	M	N	A	B	C	D	E
G	G	H	I	J	K	L	M	N	A	B	C	D	E	F
H	H	I	J	K	L	M	N	A	B	C	D	E	F	G
I	I	J	K	L	M	N	A	B	C	D	E	F	G	H
J	J	K	L	M	N	A	B	C	D	E	F	G	H	I
K	K	L	M	N	A	B	C	D	E	F	G	H	I	J
L	L	M	N	A	B	C	D	E	F	G	H	I	J	K
M	M	N	A	B	C	D	E	F	G	H	I	J	K	L
N	N	A	B	C	D	E	F	G	H	I	J	K	L	M

따라서 여섯 번째 자리의 원문은 'K'이고, 정답은 바로 '① HIJACK'임을 알 수 있다.

🖋 실전에선 이렇게!

〈예시〉에서는 '원문 - 암호 변환키 - 암호문'의 순서로 제시되어 있다. 문제에서 제시된 규칙은 〈암호표〉를 이용하여 암호문을 만드는 방법을 소개하고 있기 때문에, 당연히 암호문을 만들 것을 요구하는 문제일 것이라고 잘못 예상하고 괄호 안에 들어갈 단어가 (원문) - (암호 변환키)라고 지레 짐작해 버리는 경우도 많을 것이다.

그렇다면 발문을 다시 한 번 확인해 보자. 발문에서 묻고 있는 것이 무엇인가? '…찾아낸 원문으로 옳은 것은?'이다. 즉 묻고 있는 것은 '암호문'이 아니라 '원문'이다. 규칙형에 속하는 문제의 경우에는 특히 더더욱 발문을 정확하게 읽는 습관이 필요하다.

문8 경우 파악형 난이도 하　　　정답 ③

문제풀이 핵심 포인트
이 게임은 甲, 乙 각자가 일어났을 때, 시계에 표시된 4개의 숫자를 합산하여 숫자의 합이 '더 작은' 사람이 이기고, 숫자의 합이 같을 때에는 비기는 게임이다. 일반적으로 게임에서 숫자의 합이 클수록 유리하지만, 이 문제의 게임에서는 숫자의 합이 작을수록 유리하므로 혼동해서 실수하지 않도록 주의해야 한다.

풀이

① (○) 甲이 오전 6시 정각에 일어나면 시계에 표시된 4개의 숫자를 합산하였을 때 '6'이다. 乙의 시계에 표시된 숫자의 합을 가장 줄이기 위해서 시계각 자리의 숫자를 최대한 낮추더라도 07:00이므로 숫자의 합은 '7'이 된다. 따라서 乙의 시계에 표시된 숫자의 합은 최소 7이고 합이 더 커질 수도 있다. 즉, 어떠한 경우에도 乙의 시계에 표시된 숫자의 합보다 甲의 숫자의 합인 '6'이 항상 더 작으므로 반드시 甲이 이기게 된다.

② (O) 乙이 오전 7시 59분에 일어나면 시계에 표시된 4개의 숫자를 합산하였을 때 '21'이다. 甲의 시계에 표시된 숫자의 합을 가장 크게 만들기 위해서 시계 각 자리의 숫자를 최대한 크게 가정하더라도 06:59이므로 숫자의 합은 '20'이다. 따라서 甲의 시계에 표시된 숫자의 합은 최대 20이고, 합이 더 작아질 수도 있다. 즉, 어떠한 경우에도 甲의 시계에 표시된 숫자의 합보다 乙의 숫자의 합인 '21'이 항상 더 크므로 반드시 乙이 지게 된다.

③ (×) 乙이 오전 7시 30분에 일어나고, 甲이 오전 6시 30분 전에 일어나면 반드시 甲이 이긴다고 주장하고 있으므로 반례가 있을 수 있는지 검토해 보아야 한다. 즉, 선택지 ③번의 반례를 찾기 위해서는 乙이 오전 7시 30분에 일어나고, 甲이 오전 6시 30분 전에 일어났을 때, 甲이 이기지 못하는 상황, 즉 甲의 숫자의 합이 乙과 같거나 더 큰 경우를 찾아내면 된다.

乙이 오전 7시 30분에 일어났다면, 시계에 표시된 각 숫자의 합은 10이다. 그런데 甲이 오전 6시 30분 전이긴 하지만 만약 6시 29분에 일어났다면, 시계에 표시된 각 숫자의 합은 (0 + 6 + 2 + 9 = 17)이다. 따라서 이러한 경우 乙이 오전 7시 30분에 일어나고, 甲이 오전 6시 30분 전에 일어났을 때 甲이 이기지 못하는 반례가 찾아진다. 이 외에도 甲이 오전 6시 30분 전에 일어났을 때 시계에 표시된 각 숫자의 합이 10 이상인 경우가 다수 있으므로, 그러한 반례를 찾을 수 있다면 선택지 ③번이 옳지 못하다는 것을 판단할 수 있을 것이다.

④ (O) 甲은 반드시 오전 6시에서 오전 6시 59분 사이에 乙은 반드시 오전 7시에서 오전 7시 59분 사이에, 甲과 乙이 정확히 1시간 간격으로 일어나면, '분'을 나타내는 숫자는 甲과 乙이 동일하고, '시'를 나타내는 숫자만 甲이 乙보다 1이 작을 것이다. 따라서 시계에 표시된 숫자의 합도 甲이 乙보다 1이 작으므로 반드시 甲이 이긴다.

⑤ (O) 甲은 반드시 오전 6시에 오전 6시 59분 사이에서 乙은 반드시 오전 7시에 오전 7시 59분 사이에서 일어나되, 甲과 乙이 정확히 50분 간격으로 일어나면, '시'를 나타내는 숫자는 甲이 乙보다 1 작지만, '분'을 나타내는 숫자 중 십의 자리에 해당하는 숫자는 반대로 乙이 甲보다 1 작게 된다. 따라서 숫자의 합을 비교하면 甲의 입장에서 '시'를 나타내는 숫자에서 乙보다 1 작은 것이 '분'을 나타내는 숫자에서 乙보다 1이 큰 것과 서로 상쇄되어 결국 甲과 乙의 숫자의 합은 동일하게 되고, 따라서 甲과 乙은 비긴다.

> **실전에선 이렇게!**
>
> 주어진 조건 하에서 결과로 가능한 범위를 미리 생각해 두는 것도 문제해결에 도움이 될 수 있다. 시계에 표시된 4개의 숫자를 합산했을 때 甲은 6~20까지, 乙은 7~21까지 가능하다는 것을 미리 구해 둔다면 일부 선택지를 해결할 때 도움이 될 수 있다.

문9 경우 파악형 난이도 중   정답 ④

문제풀이 핵심 포인트

문제에서 요구하는 것은 작물(A~D)을 재배하여 최대로 얻을 수 있는 소득을 구하는 것이다. 이 경우 1회 재배로 얻을 수 있는 소득이 큰 작물 위주로 재배하면서 규칙에 어긋나지 않는지 살펴보는 것이 좋다.
발문에서는 甲이 내년 1월 1일부터 12월 31일까지 작물을 재배할 수 있는 있는 것으로 주어져 있지만, 〈표〉의 작물 재배 조건을 보면 1월에 재배 가능한 작물이 없기 때문에 실질적으로는 2월 1일부터 12월 31일까지의 11개월 동안 작물 재배가 가능하다. 따라서 이 11개월을 최대한으로 활용하여 1회 재배로 얻을 수 있는 소득이 큰 작물 위주로 재배한 후 최대 소득을 얻을 수 있도록 고민해 보아야 한다.

> **풀이**
>
> · 1월 1일부터 12월 31일까지 각 작물별 재배 기간과 재배 가능 시기를 고려하여 작물 재배 계획을 세우고자 한다.
>
> · 네 가지 작물 중 어느 작물이든 재배할 수 있으나, 동시에 두 가지 작물을 재배할 수는 없다.
>
> · 하나의 작물을 같은 해에 두 번 재배할 수도 없다.

어떤 조건을 우선적으로 고려하는가에 따라서 다음과 같은 접근이 가능하다.

〈방법 1〉 11개월을 최대한 다 활용하는 방법

11개월을 모두 다 사용하려면 B, C, D작물을 재배하는 것만 가능하다. B – C – D 순으로 재배하는 경우 재배 가능 시기가 겹치지 않게 재배할 수 있고, 이때의 소득은 1,000만 원(B) + 500만 원(C) + 350만 원(D) = 1,850만 원이다.

〈방법 2〉 1회 재배로 얻을 수 있는 소득이 큰 작물부터 고려하는 방법

작물 B가 1,000만 원으로 1회 재배로 얻을 수 있는 소득이 가장 크고, 작물 A가 800만 원으로 그 다음이다. 이 경우 재배기간이 9개월이어서 가능한 작물 재배기간 총 11개월 중 9개월만 재배하고 2개월은 재배를 안 하게 된다. 따라서 A를 제외하고 그 다음으로 1회 재배로 얻을 수 있는 소득이 큰 C를 재배하면 3개월의 재배기간만 소요되므로, 마찬가지로 3개월의 재배기간이 소요되는 D도 추가로 재배할 수 있게 된다. 이때 800만 원을 얻을 수 있는 A를 제외하면 500만 원(C) + 350만 원(D)을 제외하여 총 850만 원의 소득을 얻을 수 있으므로, A보다는 C, D를 재배하는 것이 더 많은 소득을 올릴 수 있다. 앞서 살펴봤듯이 B – C – D 순으로 재배하는 경우 재배 가능 시기가 겹치지 않게 재배할 수 있고, 이때의 소득은 1,000만 원(B) + 500만 원(C) + 350만 원(D) = 1,850만 원이다.

〈방법 3〉 가성비를 활용하는 방법

작물	1회 재배 기간	1회 재배로 얻을 수 있는 소득	가성비
A	4개월	800만 원	200
B	5개월	1,000만 원	200
C	3개월	500만 원	약 170
D	3개월	350만 원	약 120

가성비가 높은 A와 B 작물부터 고려해서 따져보는 것도 가능하다. 가성비도 높고 1회 재배기간도 긴 B부터 재배한 후, A를 재배하게 되면 남은 6개월 동안 A만 재배할 수 있어 실질적으로는 6개월에 800만 원의 소득을 올리는 셈이다. 이는 약 133만 원의 가성비가 나온다. 이렇게 A만 재배하는 것보다는 C, D를 재배하면 6개월 동안 850만 원의 소득을 올릴 수 있고 A만 재배할 때의 가성비보다도 높은 가성비가 나온다. 따라서 B, C, D를 재배하는 것이 좋다.

〈방법 4〉 선택지를 활용하는 방법

선택지에 甲이 재배하여 얻을 수 있는 소득이 제시되어 있으므로 선택지에 주어진 값 중 가장 큰 값인 2,150만 원부터 1,850만 원, 1,800만 원 순으로 재배가 가능한지 확인한다.

문10 경우 파악형 난이도 하   정답 ②

문제풀이 핵심 포인트

9개 구역 중 실마리를 찾을 때는 갈림길이 적은, 즉 경우의 수가 적은 구역부터 시작할 수 있어야 한다.

· 유권자 수가 10명, 30명, 60명이 9개의 구역이 있다.

· 9개 구역을 유권자 수가 동일한 3개의 선거구로 나누어야 한다.

· 같은 선거구에 속하는 구역들은 변과 변으로 맞닿아 있어야 한다.

가능한 경우의 수를 따질 때 반영해야 하는 조건과 그 의미는 다음과 같다.

ⓐ A지역을 〈조건〉에 따라 유권자 수가 동일한 3개의 선거구로 나눈다.

　→ 9개 구역을 3개씩 3개의 선거구로 나누는 것이 아니라, 유권자 수가 동일해야 한다. 총 유권자 수가 210명이므로, 한 개의 선거구는 70명의 유권자이어야 한다.

ⓓ 같은 선거구에 속하는 구역들은 사각형의 한 변이 적어도 그 선거구에 속하는 다른 한 구역의 사각형의 한 변과 맞닿아 있어야 한다.

　→ 선거구는 점이 아니라 선으로 맞닿아 있어야 한다.

㉠ 60명	㉡ 10명	㉢ 10명
㉣ 10명	㉤ 30명	㉥ 10명
㉦ 10명	㉧ 10명	㉨ 60명

㉠ ~ ㉨까지 9개 구역 중 유권자 수 70을 채우기 쉬운 선거구는 ㉠과 ㉨이다. ㉠은 ㉡ 또는 ㉣과, ㉨은 ㉥ 또는 ㉧과 결합하면 70명의 유권자가 한 선거구에 속하게 된다.

〈경우 1〉 ㉠ + ㉡, ㉨ + ㉧인 경우(가능)

㉠ 60명	㉡ 10명	㉢ 10명
㉣ 10명	㉤ 30명	㉥ 10명
㉦ 10명	㉧ 10명	㉨ 60명

㉠ + ㉡ = 70명, ㉢ + ㉣ + ㉤ + ㉥ + ㉦ = 70명, ㉧ + ㉨ = 70으로 ⓐ조건과 ⓑ조건을 모두 충족한다.

〈경우 2〉 ㉠ + ㉡, ㉨ + ㉥인 경우(불가능)

㉠ 60명	㉡ 10명	㉢ 10명
㉣ 10명	㉤ 30명	㉥ 10명
㉦ 10명	㉧ 10명	㉨ 60명

3개의 선거구 중 하나가 ㉢ + ㉣ + ㉤ + ㉦ + ㉧으로 70명의 유권자 수는 충족하지만, ⓑ조건을 충족하지 못한다.

〈경우 3〉 ㉠ + ㉣, ㉨ + ㉧인 경우(불가능)

㉠ 60명	㉡ 10명	㉢ 10명
㉣ 10명	㉤ 30명	㉥ 10명
㉦ 10명	㉧ 10명	㉨ 60명

3개의 선거구 중 하나가 ㉡ + ㉢ + ㉤ + ㉥ + ㉦으로 70명의 유권자 수는 충족하지만, ⓑ조건을 충족하지 못한다.

〈경우 4〉 ㉠ + ㉣, ㉨ + ㉥인 경우(가능)

㉠ 60명	㉡ 10명	㉢ 10명
㉣ 10명	㉤ 30명	㉥ 10명
㉦ 10명	㉧ 10명	㉨ 60명

ⓐ조건과 ⓑ조건을 모두 충족한다.

따라서 가능한 경우의 수는 2가지이다.

발문에 나오는 조건을 놓치지 않아야 하고, 〈조건〉에 있는 제약조건 또한 빠뜨리지 않고 적용하여 가능한 경우의 수를 찾아낼 수 있어야 한다.

문 11 일치부합형(법조문형)　난이도 ⓗ　정답 ④

문제풀이 핵심 포인트

분쟁해결절차로 협의, 패널, 상소가 제시되어 있다. 첫 번째 문단에서는 WTO협정 위반 분쟁 시 먼저 외교적 교섭을 하고, 그래도 해결가능성이 보이지 않을 경우에 분쟁해결기구에 의하여 처리되는데, 크게 협의, 패널, 상소의 절차를 거친다고 설명하고 있다. 그리고 그 중 하나인 협의에 관하여 설명한다. 두 번째 문단에서는 패널 절차에 대해, 세 번째 문단에서는 상소절차에 대해 설명하고 있어 문단이 잘 구분되므로 빠르고 정확하게 해결할 수 있어야 한다.

발문에 따르면 분쟁당사국은 A, B국이고, A국이 B국을 WHO협정 위반을 이유로 WHO 분쟁해결기구에 제소하였다.

① (×) 첫 번째 문단 세 번째 문장에 따르면 협의는 A국, B국 및 제3자가 공개적으로 진행하는 것이 아니라 분쟁당사국인 양국이 비공개로 한다.

② (×) 두 번째 문단 첫 번째 문장에 따르면 원칙적으로 분쟁당사국인 A국과 B국의 국민은 분쟁당사국 사이에 별도의 합의가 없는 한 패널위원이 될 수 없다. 두 번째 문장에 따라 패널은 별도의 합의가 없으면 3인으로 구성된다.

③ (×) 세 번째 문단 두 번째 문장에 따르면 상소기구보고서는 분쟁당사국과 합의하여 작성되는 것이 아니라 분쟁당사국의 참여 없이 작성된다. 두 번째 문단 세 번째 문장에는 패널보고서의 내용에 관한 설명이 있으나 작성 시 분쟁당사국의 참여 여부에 대해서는 언급하고 있지 않다.

④ (○) 첫 번째 문단 네 번째 문장에 따르면 A국과 B국의 분쟁이 협의를 통해 해결되지 않은 경우 WTO에 제소한 국가인 A국은 분쟁해결기구에 패널설치를 요구할 수 있다.

⑤ (×) 두 번째 문단 세 번째 문장에 따르면 분쟁당사국인 B국이 상소의사를 통보하고 분쟁해결기구는 패널보고서를 채택하는 것이 아니라, 상소의사를 통보하지 않는 한 채택된다. 또한 B국이 패널보고서를 회람한 후 60일 이내가 아닌 회원국 전체에 회람된 날로부터 60일 이내에 채택된다.

선택지 ②, ⑤와 관련된 지문의 표현을 보면 'P가 없는(않는) 한 Q이다.'와 같이 표현하고 있는데 선택지 ②, ⑤는 이와 관련된 서술의 정오를 판단하는 문제이다. 일반적인 상황판단 문제에서 법률 규정 해석의 경우 'P(요건)이면 Q(효과)이다'를 '~ P이면 ~ Q이다'와 같이 해석해도 된다. 해당 법률 규정의 요건을 충족하지 않으면 효과를 부여하지 않는다는 것이다. 그러나 'P에 한하여 Q이다'와 같은 표현의 경우, Q → P와 같이 기호화('P에 한하여'는 'P일 때 만'과 같은 표현이다)되므로 대우명제 ~ P → ~ Q가 참이 된다.

문 12 일치부합형(텍스트형)　난이도 ⓗ　정답 ②

문제풀이 핵심 포인트

각 〈보기〉에서 묻는바 위주로 제시문에서 빠르고 정확하게 확인하여 해결할 수 있어야 한다.

ㄱ. (○) 두 번째 문단 첫 번째 문장에 따르면 6두품에서 4두품까지는 상위 신분층이었다고 하므로 4두품은 상위 신분층에 해당한다. 그리고 숫자가 클수록 신분이 높았다고 하므로 4두품은 5두품보다는 낮은 신분층이었다는 것을 알 수 있다.

ㄴ. (○) 세 번째 문단 두 번째, 세 번째 문장에 따르면 신라 17개 관등 중 제 1관등인 이벌찬이 가장 높은 관등임을 알 수 있고, 제1관등인 이벌찬에서 제5관등인 대아찬까지는 진골만이 맡을 수 있었다고 하므로 진골이 오를 수 있는 최고 관등은 이벌찬이었다.

ㄷ. (○) 세 번째 문단 네 번째, 다섯 번째 문장에 따르면 두품층은 골품제도에 대해 불만이 많았고 이를 무마하기 위한 제도로 중위제가 실시되었다.

ㄹ. (×) 두 번째 문단 네 번째 문장에 따르면 골품에 따른 신분 등급은 고정된 것이 아니어서 진골에서 신분이 강등되는 사례가 있었다고 한다.

문13 발문 포인트형(법조문형) 난이도 하 정답 ④

문제풀이 핵심 포인트
발문에 포인트가 있는 문제이다. 따라서 제시문을 통해 신용카드사용이 일시정지 또는 해지될 수 있는 경우와 없는 경우를 구분해서 파악해야 한다. 3회 연속일 것을 요건으로 한다면 2회는 해당하지 않는다.

풀이
첫 번째 조문부터 각각 제1조 ~ 제3조라고 한다. 제2조 제1항 ~ 제3항에 해당하는 적절한 일시정지 또는 해지 의사를 상대방에게 통보한 경우, 제2조 제4항에 따라 통보한 때 일시정지 또는 해지의 효력이 발생한 것으로 본다. 따라서 제2조 제1항 ~ 제3항이 적용되는 선택지의 해설에서는 적절한 통보인지 여부만 판단한다.

① (○) 제2조 제3항에 의하면 본인회원은 가족회원의 동의 없이 가족회원의 카드사용의 해지를 통보할 수 있다. 따라서 본인회원인 A는 가족회원인 B의 동의 없이 B의 카드사용 해지를 카드사에 통보할 수 있다.

② (○) 제1조 제1항에 따르면 회원은 본인회원과 가족회원으로 구분되고, 제2조 제2항에 따르면 회원은 카드사에 언제든지 카드사용의 일시정지를 통보할 수 있다. 따라서 가족회원인 C도 제2조 제2항에 따라 자신의 카드사용의 일시정지를 카드사에 통보할 수 있다.

③ (○) 제3조 제1항에 따라 회원 D가 최근 1년 간 카드사용 실적이 없는 경우 카드사는 전화 등으로 계약 해지의사를 확인하여야 하고, 회원 D가 해지의사를 밝힌 경우 같은 조 제2항에 따라 그 시점에서 해당 계약은 해지된다.

④ (×) 제2조 제1항 제2호에 따르면 회원이 카드사용 대금을 3회 연속하여 연체한 경우 카드사는 카드사용의 일시정지 또는 카드사와 회원 사이의 계약의 해지를 통보할 수 있다. 회원 E가 2회의 카드사용 대금을 연체한 사실이 있다고 해도 이는 카드사용 대금을 3회 연속하여 연체한 경우가 아니다. 그리고 제1항 각호의 사유에 해당한다고 하더라도 제1항에 따르면 해당 사유만 통보하는 것이 아니라 그 사유와 그로 인한 카드사용의 일시정지 또는 카드사와 회원 사이의 계약의 해지를 통보해야 신용카드의 사용이 일시정지 또는 해지된다.

⑤ (○) 회원 F가 입회신청서를 허위로 기재한 경우, 제2조 제1항 제1호의 사유에 해당한다. 카드사는 제2조 제1항에 따라 그 사실과 카드사용의 일시정지를 통보할 수 있다.

실전에선 이렇게!
선택지 ③, ④와 관련해 발문에서는 신용카드'사용'이 해지될 수 없는 경우를 묻고 있는데, 제2조 제1항에서 '계약'의 해지, 제3조 제1항, 제2항에서도 '계약'의 해지라고 표현하고 있다. 제2조 제1항에 따라 카드사가 계약의 해지를 통보하고 같은 조 제4항에 따라 효력이 발생하는 경우, 제3조 제1항에 따라 카드사가 회원의 계약 해지의사를 확인하고 같은 조 제2항에 따라 계약이 해지되는 경우 모두 해당 계약에 근거한 신용카드사용이 해지되었다는 것으로 해석한다.

문14 발문 포인트형(법조문형) 난이도 하 정답 ⑤

문제풀이 핵심 포인트
선택지를 확인해 보면, 출국을 금지할 수 있는지를 확인할 것으로 요구하고 있다. 그리고 제시문에는 '출국의 금지'와 관련된 조문 하나가 제시되어 있다. 주로 '호'와 '목'의 형식으로 열거되어 있으므로 형식의 특징을 잘 활용하여 빠르게 해결할 수 있어야 한다.

풀이
① (○) 사기사건으로 인해 유죄판결을 받고 현재 고등법원에서 항소심이 진행 중인 甲은 형사재판에 계류 중인 사람이므로, ○○장관은 甲에 대하여 제1항 제1호에 따라 6개월 이내의 기간인 5개월 간 출국을 금지할 수 있다.

② (○) 추징금 2천 5백만 원을 내지 않은 乙은 2천만 원 이상의 추징금을 내지 아니한 사람이므로, ○○장관은 乙에 대하여 제1항 제3호에 따라 6개월 이내의 기간인 3개월 간 출국을 금지할 수 있다.

③ (○) 소재를 알 수 없어 기소중지결정이 된 강도사건 피의자 丙에 대하여 ○○장관은 제2항 제1호에 따라 3개월 이내의 기간인 2개월 간 출국을 금지할 수 있다.

④ (○) 징역 2년을 선고받고 그 집행이 끝나지 않은 丁은 징역형의 집행이 끝나지 아니한 사람이므로, ○○장관은 丁에 대하여 제1항 제2호에 따라 6개월 이내의 기간인 3개월 간 출국을 금지할 수 있다.

⑤ (×) 정당한 사유 없이 2천만 원의 지방세를 납부기한까지 내지 않은 戊는 제1항 제4호의 5천만 원 이상의 국세·관세 또는 지방세를 정당한 사유 없이 그 납부기한까지 내지 아니한 사람에 해당하지 않는다. 제1항 각 호의 나머지 사유에도 해당하지 않는 것으로 보이므로 ○○장관은 戊에 대하여 4개월 간 출국을 금지할 수 없다.

문15 일치부합형(텍스트형) 난이도 하 정답 ⑤

문제풀이 핵심 포인트
청소년 비행의 원인을 설명하는 원인으로 A이론, B이론, C이론의 세 가지 원인이 각 문단별로 구분되어 제시되어 있다. 따라서 각 〈보기〉 해결에 필요한 내용 위주로 빠르게 확인할 수 있어야 한다.

풀이
· 1문단: A이론

· 2문단: B이론

· 3문단: C이론

이상의 그림에서 화살표는 일반적으로 명제의 조건문을 나타내는 의미로 사용한 것이 아니라, 화살표 좌측의 요인이 우측에 영향력을 미친다는 의미로 사용하였다.

ㄱ. (○) 첫 번째 문단 두 번째 문장에 따르면 A이론에서는 자기통제력이라는 내적 성향이 청소년 비행을 설명할 수 있는 중요한 원인 중 하나라고 본다.

ㄴ. (×) 두 번째 문단 두 번째 문장에 따르면 B이론에서는 청소년의 연령에 따라 청소년 시기를 초기(11 ~ 13세), 중기(14 ~ 16세), 후기(17 ~ 19세)로 구분하고, 세 번째 문장에 따르면 비행친구와의 접촉이 청소년 비행에 미치는 영향력의 정도는 초기보다는 중기를 거쳐 후기에 이를수록 커진다고 한다. 즉, 청소년의 연령이 증가할수록 비행친구의 영향력이 커진다고 하므로, 청소년의 연령과 비행친구의 영향력 간에는 반비례 관계가 아니라 비례 관계가 있다고 본다.

ㄷ. (×) 세 번째 문단 세 번째, 네 번째 문장에 따르면 초기 진입자인 비행청소년은 어려서부터 문제성향과 문제행동을 보이고, 후기 진입자인 비행청소년은 어려서는 문제성향을 보이지 않는다고 한다. ㄷ의 '모범생인 청소년'의 경우는 후기진입자인 비행청소년을 말하는 것이다. C이론에서는 후기진입자인 비행청소년은 성인이 되어서도 지속적으로 비행을 저지르는 것이 아니라 청소년기에 일시적으로 비행을 저지른다고 한다.

문 16 일치부합형(법조문형) 난이도 하 정답 ⑤

문제풀이 핵심 포인트
법조문 소재의 내용을 줄글인 텍스트 형태로 제시한 문제이다. 텍스트형의 일치부합형을 해결하는 스킬과 유사하게 해결할 수 있는 문제이다.

풀이

① (○) 네 번째 문단 첫 번째, 두 번째 문장에 따르면 법원은 증인 甲이 정당한 사유 없이 출석하지 아니한 경우 甲을 구인하도록 명할 수 있고, 구인을 하기 위해서는 구속영장 발부가 필요하다.

② (○) 두 번째 문단 두 번째 문장에 따르면 법원은 정당한 사유 없이 출석하지 아니한 증인에게 과태료를 부과하는 결정을 한 이후 증인의 증언에 따라 과태료를 부과하는 결정을 취소할 수 있다. 따라서 乙이 과태료결정을 받은 이후 증인신문기일에 출석하여 증언하였다면 법원은 과태료결정을 취소할 수 있다.

③ (○) 네 번째 문단 세 번째 문장에 따르면 증인 丙을 구인한 경우 법원에 丙을 인치하며, 인치한 때부터 24시간 이내에 그를 석방하여야 한다.

④ (○) 세 번째 문단 세 번째 문장에 따르면 7일의 감치결정을 받고 교도소에 유치 중인 증인 丁이 감치의 집행 중인 유치 후 3일이 지난 때에 증언을 했다면, 법원은 감치결정을 취소하고 그를 석방하여야 한다.

⑤ (×) 세 번째 문단 두 번째 문장에 따르면 감치결정을 받은 증인 戊에 대하여, 법원공무원은 그를 경찰서 유치장에 유치함으로써 이를 집행한다.

문 17 상대적 계산형 난이도 하 정답 ①

문제풀이 핵심 포인트
〈기준〉을 〈조건〉에 적용하면 간단히 해결할 수 있는 문제이다. 다른 항목과 달리 가격은 숫자가 작은 것이 좋다는 점과 가격 항목에는 2배의 점수가 부여된다는 점에 유의하자.

풀이

조건을 정리하면 다음과 같다.
- 클수록 선호하는 항목: 램 메모리, 하드 디스크 용량
- 저렴할수록 선호하는 항목: 가격

- 각 항목별로 가장 선호하는 경우 100점, 가장 선호하지 않는 경우 0점, 그 외의 경우 50점을 각각 부여
- 가격에는 2배의 점수를 부여
- 각 항목별 점수의 합이 가장 큰 컴퓨터를 구입

계산에 필요한 정보를 간단하게 정리하여 문제를 풀이한다.

각 항목별로 가장 선호하는 경우 100점, 가장 선호하지 않는 경우 0점, 그 외의 경우 50점을 각각 부여한다고 했으므로, 해당 비율을 간단한 비율인 100점을 2점, 0점을 0점, 50점을 1점으로 정리하면 다음과 같다. 상대적인 비교만 하면 해결되는 문제이기 때문에 반드시 원래 값으로 구할 필요는 없다.

항목 컴퓨터	램 메모리 용량 (Giga Bytes)	하드 디스크 용량 (Tera Bytes)	가격 (천 원)	총점
A	4(0)	2(1)	500(4)	5
B	16(2)	1(0)	1,500(2)	4
C	4(0)	3(2)	2,500(0)	2
D	16(2)	2(1)	2,500(0)	3
E	8(1)	1(0)	1,500(2)	3

따라서 〈기준〉의 내용을 〈조건〉에 적용해 보면, A컴퓨터가 5점으로 가장 높으므로 甲이 구입할 컴퓨터는 A컴퓨터이다.

🖊 실전에선 이렇게!

상대적 계산 스킬을 적용하면 계산이 간단해 질 수 있다.

문 18 조건 계산형 난이도 하 정답 ①

문제풀이 핵심 포인트
수식에서 숫자 값이 달라진다면 수식의 계산 결과도 달라져야 한다. 그러나 甲이 착각했음에도 불구하고 〈보기〉에서는 계산 결과가 옳게 산출된 경우를 묻는다는 것은 간단히 두 가지 경우 중 하나로 생각해볼 수 있다. 1) 착각했음에도 불구하고 숫자가 정확히 입력되었거나 → 수식의 숫자가 4, 5, 6으로만 이루어져 있는 경우, 2) 〈보기〉의 수식은 2개의 숫자로만 이루어져 있는데 교환법칙이 성립하는, 즉 덧셈과 곱셈처럼 연산의 순서를 바꿔도 계산 결과가 같은 연산에서 첫 번째 숫자를 잘못 입력해서 두 번째 숫자가 된 경우이다.

풀이

키보드를 이용해 숫자를 계산하는 과정에서 휴대폰의 숫자 배열로 착각하고 숫자를 입력하였다고 한다. 예를 들어 7을 입력해야 하는데 1을 입력한 것이다. 키보드와 휴대폰의 숫자 배열이 다른 부분만 음영 처리해보면 다음과 같다.

〈휴대폰의 숫자 배열〉		
1	2	3
4	5	6
7	8	9

〈키보드의 숫자 배열〉		
7	8	9
4	5	6
1	2	3

0과 특수문자들의 경우 키보드와 휴대폰의 숫자 배열이 다르지만, 문제를 해결하는 데 필요하지 않으므로 생략하였다. 甲은 1은 7로, 7은 1로 입력하였는데 1 ↔ 7, 2 ↔ 8, 3 ↔ 9와 같이 서로 바꿔서 입력했다고 정리할 수 있다.

ㄱ. (○) '46 × 5'이라는 수식에 사용된 숫자는 키보드와 휴대폰의 숫자 배열이 같으므로 甲이 착각하였더라도 계산 결과는 옳게 산출된다.

ㄴ. (○) '789 + 123'이라는 수식이 2)의 경우인지 확인해본다. 키보드의 '789'는 휴대폰으로 착각하여 입력하면 '123'이 되고, '123'은 '789'가 된다. 甲이 '123 + 789'라는 수식을 입력하게 된 것이고 두 숫자의 덧셈에서 순서가 바뀌어도 계산 결과는 같다. 조건의 정리에서 확인한 것처럼 1 ↔ 7, 2 ↔ 8, 3 ↔ 9와 같이 서로 바꿔서 입력하게 되므로 첫 번째 숫자를 착각한 경우, 두 번째 숫자가 된다면 두 번째 숫자를 착각한 경우 첫 번째 숫자가 되는 것이 당연하다. 이하에서는 첫 번째 숫자를 착각해서 입력한 경우, 두 번째 숫자가 되는지만 확인한다.

ㄷ. (○) '159 + 753'에서 '159'를 착각하여 입력하면 '753'이 된다.

ㄹ. (×) '753 + 951'에서 '753'을 착각하여 입력하면 '159'가 된다.

ㅁ. (×) 1), 2)의 경우에 해당하지 않는다. '789 – 123'에서 '789'는 '123'으로, '123'은 '789'로 입력된 것이다. '123 – 789'의 계산 결과는 원래의 수식과 같지 않다.

문 19 상대적 계산형   난이도 ⓗ   정답 ③

문제풀이 핵심 포인트
상대적 비교를 요하는 문제이므로 계산 과정에서 공통인 부분을 제외하고, 상대적 비율만 유지되도록 가장 간단한 정수비를 활용하여 계산한다.

풀이

조건을 정리해 보면 다음과 같다.

· 평균속력은 속력 = 거리/시간이므로, 제시된 조건 중에서 '거리'와 '시간'을 확인한다.

· 甲, 乙, 丙, 丁은 동심원 일직선상의 출발선에서 경기를 시작하고, 각자 자신에게 정해진 원 위를 10분 동안 걷는다.

甲, 乙, 丙, 丁은 동심원 일직선상의 출발선에서 경기를 시작하여 각자 자신에게 정해진 원 위를 10분 동안 걷는다고 했으므로, 공통적인 부분이 '10분 동안'을 계산 과정에서 고려하지 않는다.

甲, 乙, 丙, 丁이 동심원 위를 걸었으므로 원의 둘레 = 원의 지름 × 원주율(π)임을 적용하여 구한다. 이에 따라 甲, 乙, 丙, 丁의 총 이동한 거리는 '원의 지름 × 원주율(π) × 바퀴 수'이다. 이때도 공통인 부분인 '원주율(π)'을 제외하여 정리하면 다음과 같다.

구분	원의 지름 × 바퀴 수
甲	10 × 7
乙	30 × 5
丙	50 × 3
丁	70 × 1

이때 정수비를 활용하면 甲 : 乙 : 丙 : 丁 = 1 : 3 : 5 : 7로 나타낼 수 있으므로 이를 정리하면 다음과 같다.

구분	지름 × 바퀴 수	총 이동거리
甲	1 × 7	7
乙	3 × 5	15
丙	5 × 3	15
丁	7 × 1	7

따라서 평균속력이 가장 빠른 사람부터 순서대로 나열하면 乙 = 丙, 甲 = 丁이다.

문 20 정확한 계산형   난이도 ⓗ   정답 ③

문제풀이 핵심 포인트
계산에 필요한 정보가 발문, 표, 각주에 전반적으로 제시되어 있다. 계산에 필요한 정보를 정확하게 파악해야 하며, 특히 〈주차 요금 기준〉 표를 세로방향으로 해석해야 한다는 점에 유의하자.

풀이

甲은 ○○주차장에 4시간 45분 간 주차했던 차량의 주차 요금을 정산하려고 하며, 주차 요금 계산방법은 다음과 같다.

· 주차 요금은 30분 단위로 부과되고, 잔여시간이 30분 미만일 경우 30분으로 간주한다.
  → 총 5시간에 해당하는 주차 요금을 계산해야 함

· 주차요금 기준은 '1시간 초과 ~ 3시간 이하인 경우'와 '3시간 초과인 경우'로 구분하여 부과된다.
  → '3시간 초과인 경우'에 해당함

· 주차시간이 1시간을 초과하는 시점부터 3시간까지는 30분마다 500원이 부과되고, 3시간을 초과하는 시점부터는 30분마다 2,000원이 부과된다.

조건을 토대로 계산해 보면 다음과 같다.

주차 시간이 1시간째 되는 시점부터 3시간째 되는 시점까지 2시간 동안은 30분마다 500원의 요금이 적용되고, 주차 시간이 3시간째 되는 시점부터 4시간 45분째 되는 시점까지 2시간 동안은 30분마다 2,000원의 요금이 적용된다. 이때, 2시간은 30분 단위의 4번 반복이다.

따라서 甲이 지불할 금액은 (500원 × 4) + (2,000원 × 4) = 2,500원 × 4 = 10,000원이다.

문 21 응용형(법조문형) 난이도 중 정답 ①

문제풀이 핵심 포인트
선택지 ③, ④번에서는 월차를 사용하는 것과 관련하여, 선택지 ①, ②, ⑤번에서는 월차수당을 지급받는 것과 관련해서 묻고 있다. 따라서 제시문을 이해한 후 이를 각 선택지에서 가정형으로 주어진 상황에 대입하여 응용·적용할 수 있어야 한다.

풀이
각주의 내용까지 포함하여 정리해보면 다음과 같다.

월차	월차수당
· 어느 월에 12일 이상 근무한 근로자에게 1일의 월차 부여 · 발생 다음 월부터 같은 해 말일까지 사용할 수 있고, 다음 해로 이월되지 않음	· 해당연도에 사용하지 않은 월차는 12월 말일에 월차수당으로 지급 · 퇴직하는 경우 사용하지 않은 월차는 퇴직일에 월차수당으로 지급 · 12월 또는 퇴직한 월의 월차는 월차수당으로만 지급

① (✕) 첫 번째 문단 첫 번째 문장에 따르면 어느 월에 12일 이상 근무한 근로자에게 1일의 월차를 부여한다. 甲이 7월 20일에 퇴직한다면 7월에 12일 이상 근무한 것이므로 해당 월의 월차를 부여한다. 그리고 두 번째 문단 세 번째 문장에 따르면 퇴직한 월의 근무로 인해 발생한 월차는 월차수당으로만 지급한다. 즉, 7월의 월차는 월차수당으로만 지급한다. 그러나 두 번째 문장에 따르면 근로자가 퇴직하는 경우 퇴직일에 월급여와 함께 월차수당을 지급한다. 따라서 7월 말일에 월급여와 월차수당을 지급하는 것이 아니라 퇴직일인 7월 20일에 지급한다.

② (○) 乙이 6월 9일에 퇴직한다면 6월에 12일 이상 근무한 것이 아니므로 6월의 월차를 부여하지 않는다. 6월분의 월차가 없으므로 6월분의 월차수당도 지급받을 수 없을 것이다.

③ (○) 丙이 3월 12일 입사하였다면 3월에 12일 이상 근무한 것이므로 3월의 월차를 부여한다. 그리고 같은 해 7월 20일 퇴직하였다면 7월에 12일 이상 근무한 것이므로 7월의 월차를 부여한다. 4월과 5월은 결근 없이 근무하였다고 하므로 마찬가지로 각각 월차를 부여한다. 최대 4일의 월차를 부여받아 사용할 수 있다.

④ (○) 1월 초부터 같은 해 12월 말까지 결근 없이 근무한 근로자 丁은 1월부터 12월까지 총 12일의 월차를 부여받는다. 그러나 매년 12월의 근무로 인해 발생한 월차는 월차수당으로만 지급하므로 12월의 월차는 사용할 수 없고 최대 11일의 월차를 사용할 수 있다.

⑤ (○) 戊가 9월 20일에 입사하여 같은 해 12월 31일까지 결근 없이 근무하였다면 9월에 12일 이상 근무한 것이 아니므로 9월의 월차를 부여하지 않고, 10월, 11월, 12월은 총 3일의 월차를 부여받는다. 매월 발생된 월차를 한 번도 사용하지 않았다면 최대 3일분의 월차수당을 받을 수 있다.

문 22 조건 계산형 난이도 하 정답 ④

문제풀이 핵심 포인트
하나하나 계산해서 해결하는 것보다 정보를 이미지로 처리하면 보다 빠른 해결이 가능하다. 또한 '이내', '이전'은 경계값을 포함하는 개념임에 유의한다.

풀이
주어진 조건에 따르면, 요일과 시간대에 따라 20분, 30분, 40분, 60분, 75분 주기로 버스가 출발지에서 출발하여 2시간 만에 종착지에 도착한다.

ㄱ. (○) (공휴일에는 A시간대에 40분마다 버스가 출발한다. 그렇다면 2시간마다 다시 정각에서 출발하게 되고 A시간대는 총 6시간이므로 12시에 버스가 출발하게 된다.) B시간대에 배차 간격은 60분이므로 B시간대의 첫차가 12시에 출발한 후 60분 뒤인 13시에 버스가 출발한다.

ㄴ. (○) 버스의 1회 운행 소요시간은 2시간이고 24:00 이내에 모든 버스가 운행을 마치고 종착지에 들어와야 하므로 막차는 출발지에서 반드시 22 : 00 이전에 출발해야 한다.

ㄷ. (✕) 일요일에 막차가 출발/도착하게 되는 C시간대를 살펴보면, C시간대에 첫차는 14:00에 출발해서 2시간 뒤인 16:00에 도착하게 된다. 첫차의 출발 이후 배차간격이 75분이므로 이후 차량은 15:15, 16:30, 17:45, 19:00, 20:15, 21:30, 22:45… 순으로 출발한다. 이때 버스의 1회 운행 소요시간이 2시간이고 24:00 이내에 종착지에 들어와야 하므로 22:45에는 차량이 출발할 수 없고 21:30에 출발하는 차량이 막차이다. 따라서 일요일의 막차는 출발지 기준 21:30에 출발하고 2시간 후인 23:30에 종착지에 도착한다.

ㄹ. (○) A시간대에 평일, 토요일, 일요일(공휴일)에 배차간격을 보면 6시에 첫 차가 출발해서 3시간 30분 뒤인 09:30에 버스가 출발할 수 있는 것은 20분, 40분 간격으로는 불가능하고, 30분 간격으로 출발하는 토요일만 가능하다.

> 🖋️ **실전에선 이렇게!**
>
> ㄷ. 막차이므로 늦은 시각부터 따져보면 더 빠르게 접근할 수 있다. C시간대는 총 600분이고, 배차간격은 75분인데 600은 75의 배수이므로 (만약 24:00 이내에 모든 버스가 운행을 마치고 종착지에 들어와야 한다는 조건 없이 계속 연속해서 버스가 출발할 수 있었다면) 24:00에도 버스가 출발할 수 있음을 의미한다. 이때 총 운행시간인 120분을 고려하면서 75분 주기로 역으로 버스를 출발시켜 보면 22:45에 출발하는 버스는 운행소요시간 120분이 75분 보다 크므로 24:00 이내에 도착할 수 없다. 따라서 150분 전인 21:30에 출발하는 차가 막차가 되고 이 버스는 23:30에 도착한다.

문 23 조건 계산형 난이도 하 정답 ⑤

문제풀이 핵심 포인트
두 가지 방식이 제시되어 있으므로 두 방식 간의 차이를 명확하게 구분한 후 정확하게 계산할 수 있어야 한다.

풀이
두 가지 방식을 비교해 보면 다음과 같다.
· A방식: 감세안이 시행된 해(2013년)부터 매년 전년도와 비교했을 때, 발생하는 감소분을 누적적으로 합계하는 방식
· B방식: 감세안이 시행된 해(2013년)의 직전 연도를 기준년도(2012년)로 하여 기준년도와 비교했을 때, 매년 발생하는 감소분을 누적적으로 합계하는 방식

지문에 제시된 A방식과 B방식을 〈사례〉에 적용하여 연도별 세수 감소액을 정리하면 다음과 같다.

연도	세수 총액 (단위: 원)	세수 감소 총액(단위: 원)	
		A방식	B방식
2012(기준년도)	42조 5,000억		
2013 (감세안 시행)	41조 8,000억	ⓐ 7,000억	㉠ 7,000억
2014	41조 4,000억	ⓑ 4,000억	㉡ 1조 1,000억
2015	41조 3,000억	ⓒ 1,000억	㉢ 1조 2,000억

ㄱ. A방식에 따라 계산한 2013년의 세수 감소액은 감세안 시행 전년도인 2012년과 비교하여 감소분을 구해야 한다. 따라서 42조 5,000억(2012년) − 41조 8,000억(2013년) = ⓐ 7,000억이다.

ㄴ. B방식에 따라 2014년까지의 세수 감소 총액을 구해야 하므로, 2013년의 세수감소분 ㉠ 7,000억, 2014년의 세수감소분 ㉡ 1조 1,000억을 더한 ㉠ 7,000억 + ㉡ 1조 1,000억 = 1조 8,000억이 2014년까지의 세수 감소 총액이 된다.

ㄷ. A방식에 따라 계산한 2015년까지의 세수 감소 총액은 ⓐ 7,000억 + ⓑ 4,000억 + ⓒ 1,000억 = 1조 2,000억 원이고, B방식에 따라 계산한 2015년까지의 세수 감소 총액은 ㉠ 7,000억 + ㉡ 1조 1,000억 + ㉢ 1조 2,000억 = 3조 원이다. 따라서 A방식, B방식에 따라 각각 계산한 2015년까지의 세수 감소 총액의 차이는 1조 8,000억이다.

따라서 ㄱ은 7,000억 원, ㄴ은 1조 8,000억 원, ㄷ은 1조 8,000억 원이다.

실전에선 이렇게!

A, B 두 방식의 차이를 정확하게 인식해야 한다.

문 24 조건 계산형 난이도 중 정답 ②

문제풀이 핵심 포인트
지문의 그림에서 각 도의 소주 생산량은 바로 확인할 수 있고, 각 도의 소주 소비량은 해당 도의 소주 생산량에 해당 도에서 나가는 화살표의 숫자를 모두 빼고, 들어오는 화살표의 숫자를 모두 더한다. LOFI의 계산식에서 분자는 해당 도내 자도소주 소비량이므로 해당 도의 소주 생산량에 해당 도에서 나가는 화살표의 숫자를 모두 빼서 구할 수 있다. 해당 도를 독립적인 시장으로 보는 기준이 LOFI가 75% 이상인 것을 확인한다.

풀이

ㄱ. (×) A도의 소주 생산량은 그림에서 300임을 바로 확인할 수 있다. A도 소주 소비량은 300 − (40 + 5 + 30) + (15 + 20) = 260이므로, A도에서는 소주의 생산량이 소비량보다 더 많다.

ㄴ. (○) A도와 B도가 하나의 도라고 하고 해당 도가 독립적인 시장인지 판단하기 위해 LOFI를 구한다. 우선 해당 도의 자도소주 생산량은 300 + 100 = 400이다. 해당 도내 자도소주 소비량을 구하기 위해서는 A도에서 B도로 나가는 화살표의 숫자는 고려하지 않고 A, B도에서 C, D도로 나가는 화살표의 숫자만 고려한다. 해당 도의 자도소주 생산량 400에서 C, D도로 나가는 화살표의 숫자를 모두 빼주면 400 − (5 + 30) = 365이다. LOFI(%) = $\frac{365}{400} \times 100$ = 91.25%로 75% 이상이므로 해당 도는 독립적인 시장으로 볼 수 있다.

ㄷ. (×) C도가 독립적인 시장인지 판단하기 위해 LOFI를 구한다. C도의 자도소주 생산량은 100이고, C도의 자도소주 소비량은 100 − (15 + 10) = 75이다. LOFI(%) = $\frac{75}{700} \times 100$ = 75%로 75% 이상이므로 C도는 독립적인 시장으로 볼 수 있다.

실전에선 이렇게!

ㄴ. LOFI의 정확한 값을 구할 필요는 없고 75% 이상인지만 확인하면 된다. 해당 도의 자도소주 생산량이 400이므로 LOFI가 75% 이상이 되려면 해당 도내 자도소주 소비량이 300 이상이어야 한다. 즉, 해당 도에서 C, D도로 나가는 화살표의 숫자의 합이 100 미만이어야 한다.

문 25 규칙 적용해결형 난이도 하 정답 ③

문제풀이 핵심 포인트
상쇄의 장치를 활용하면 빠르고 정확한 해결이 가능하다. 또한 '반시계방향'의 의미를 파악하면 원형이 아닌 평면으로 인식해서 보다 빠른 해결이 가능하다.

풀이
A → B → C → D → E 순으로 반시계방향으로 동그랗게 앉아있다고 했으므로 이를 평면으로 생각하면 왼쪽부터 오른쪽으로 A → B → C → D → E 순으로 앉아있으며 E의 오른쪽에는 다시 A의 자리가 반복되는 형태이다. 술래를 기준으로 호명된 숫자에 따라 배정되는 자리를 다시 정리하면 다음과 같다.

← 시계방향   반시계방향 →

그 이전 사람	이전 사람	술래	다음 사람	그 다음 사람
숫자 1	숫자 2	숫자 3	숫자 4	숫자 5

숫자 5	오른쪽으로 2칸 이동
숫자 4	오른쪽으로 1칸 이동
숫자 3(술래)	이동 없음
숫자 2	왼쪽으로 1칸 이동
숫자 1	왼쪽으로 2칸 이동

새로운 술래를 기준으로 다시 위의 조건에 따라 숫자가 배정되며 게임이 반복된다. 이를 적용해서 해결해 보면, 4 → 1 → 1의 순서로 숫자가 호명되어 게임이 진행되었고 네 번째 술래를 찾아야 한다. 첫 번째 술래는 A다. 4 → 1 → 1의 순서로 숫자가 호명된 순서에 따라 세 번째까지의 술래를 이동 규칙과 상황을 결합하여 정리하면 다음과 같다. 앉은 자리는 A → B → C → D → E → A → …라고 보면 된다.

· 첫 번째 술래 A: 4를 호명(오른쪽으로 1칸 이동) → 두 번째 술래는 B가 된다.
· 두 번째 술래 B: 1을 호명(왼쪽으로 2칸 이동) → 세 번째 술래는 E가 된다.
· 세 번째 술래 E: 1을 호명(왼쪽으로 2칸 이동) → 네 번째 술래는 C가 된다.

따라서 네 번째 술래는 C이다.

실전에선 이렇게!

4 → 1 → 1의 순서로 숫자가 호명되어 게임이 진행되었다. 즉, '오른쪽으로 1칸 이동 → 왼쪽으로 2칸 이동 → 왼쪽으로 2칸 이동'을 한 것이다. 이를 한꺼번에 상쇄시켜 보면 처음 위치에서 왼쪽으로 3칸 이동한 결과일 것이다. 'A → B → C → D → E → A'에서 왼쪽으로 3칸 이동하면 네 번째 술래는 C이다.

민경채 2011년 기출문제

PSAT 전문가의 총평

· 2011년은 민간경력자 5급 채용에 PSAT가 처음 도입된 해입니다. 그렇다보니 25문제를 구성하는 유형의 비중부터 전반적인 난도까지 도입 초창기임을 감안하여 쉽게 출제하려는 경향이 보입니다. 텍스트형은 총 6문제가 출제되었는데, 발문포인트형이 1문제, 일치부합형이 3문제, 응용형이 2문제 출제되었습니다. 법조문형은 총 11문제가 출제되었는데, 발문포인트형이 4문제, 일치부합형이 4문제, 응용형이 1문제, 계산형이 2문제가 출제되었습니다. 득점포인트 유형에 속하는 텍스트형과 법조문형에서 도합 17문제나 출제되었습니다. 핵심유형에 속하는 문제는 총 8문제가 출제되었는데, 계산형이 3문제, 규칙형은 5문제가 출제되었고, 경우형은 한 문제도 출제되지 않았습니다. 경우형의 난도가 가장 높다는 점에서 2011년 문제는 구성부터 쉽게 출제하려는 의도가 파악됩니다. 도입 초창기이다 보니 문제 배치도 지금과는 다릅니다. 핵심유형 8문제가 6, 7, 13, 16, 17, 22, 24, 25번에 배치되었습니다.

· 텍스트형에 속하는 문제의 난도는 대체로 평이했고 한자 용어에 낯설어한다면 21번 문제가 까다로울 수 있었습니다. 법조문에 속하는 문제는 무엇을 물을지 발문에서부터 알려주는 발문포인트형에 속하는 문제의 비중이 높다는 것이 가장 특징적이었습니다. 그리고 11문제로 문제 수가 많다보니 일부 까다로운 문제를 포함하고 있습니다. 길이가 긴 문제가 5번과 10번인데, 5번은 길이가 길더라도 표제를 활용하여 수월하게 해결할 수 있는 반면, 10번 문제는 난도가 높았습니다. 최근 특히 많이 출제되고 있는 의사·의결정족수를 묻는 문제가 4번, 15번에 출제되었고, 법조문 계산문제도 두 문제가 있는데 두 문제 다 까다로운 문제였습니다.

· 계산형은 문제 간 난도 차이가 심했습니다. 25번은 마지막 번호로 배치된 문제인 만큼 쉽지 않은 문제였습니다. 규칙형은 단순확인형과 적용해결형에 속하는 문제는 수월하게 해결이 가능했던 반면 정오판단형에 속하는 17, 22, 24번은 다소 까다로울 수 있는 문제였습니다. 항상 강조하듯이 핵심유형에 속하는 계산형, 규칙형, 경우형 문제는 문제 선별능력이 필요합니다. 시간 내에 모든 문제를 다 풀지는 못하기 때문에 풀 수 있는 문제와 시간 내에 풀 수 없을 것 같은 문제를 구분하는 능력이 요구됩니다.

정답

p.226

문1	③	응용형 (텍스트형)	문6	②	조건 계산형	문11	①	일치부합형 (텍스트형)	문16	②	규칙 적용해결형	문21	⑤	응용형 (텍스트형)
문2	④	일치부합형 (텍스트형)	문7	④	상대적 계산형	문12	⑤	발문 포인트형 (텍스트형)	문17	④	규칙 정오판단형	문22	④	규칙 정오판단형
문3	④	발문 포인트형 (법조문형)	문8	②	발문 포인트형 (법조문형)	문13	③	규칙 단순확인형	문18	⑤	발문 포인트형 (법조문형)	문23	⑤	법계산형
문4	⑤	일치부합형 (법조문형)	문9	④	일치부합형 (텍스트형)	문14	④	응용형 (법조문형)	문19	②	발문 포인트형 (법조문형)	문24	②	규칙 정오판단형
문5	④	일치부합형 (법조문형)	문10	①	일치부합형 (법조문형)	문15	①	일치부합형 (법조문형)	문20	③	법계산형	문25	③	조건 계산형

취약 유형 분석표

유형별로 맞힌 문제 개수와 정답률, 틀린 문제 번호, 풀지 못한 문제 번호를 적고 나서 취약한 유형이 무엇인지 파악해 보세요. 그 후 약점 보완 해설집 p.2 [취약 유형 공략 포인트]에서 약점 보완 학습법을 확인하고, 틀린 문제와 풀지 못한 문제를 다시 한번 풀어보세요.

유형		맞힌 문제 개수	정답률	틀린 문제 번호	풀지 못한 문제 번호
텍스트형	발문 포인트형	/1	%		
	일치부합형	/3	%		
	응용형	/2	%		
	1지문 2문항형	–	–		
	기타형	–	–		
법조문형	발문 포인트형	/4	%		
	일치부합형	/4	%		
	응용형	/1	%		
	법계산형	/2	%		
	규정형	–	–		
	법조문소재형	–	–		
계산형	정확한 계산형	–	–		
	상대적 계산형	/1	%		
	조건 계산형	/2	%		
규칙형	규칙 단순확인형	/1	%		
	규칙 정오판단형	/3	%		
	규칙 적용해결형	/1	%		
경우형	경우 파악형	–	–		
	경우 확정형	–	–		
TOTAL		/25	%		

문1 응용형(텍스트형) 난이도 하 정답 ③

문제풀이 핵심 포인트
선택지 ③번에서는 신에너지가 전체 에너지에서 차지하는 비율과 재생가능에너지가 전체 에너지에서 차지하는 비율을 비교하고 있고, 선택지 ④번에서는 폐기물을 이용한 에너지가 전체 에너지에서 차지하는 비율을 묻고 있다. 따라서 제시문에서 구성비와 관련된 정보를 정확하게 처리할 수 있어야 한다.

풀이

① (×) 첫 번째 문단 두 번째, 세 번째 문장에 따르면 지문에서는 신재생에너지에 대해 탄소배출량 감축이라는 환경보전과 성장동력 육성이라는 두 가지 목적을 모두 달성하기 위한 전략이라는 관점에서 접근하고 있다. 따라서 환경보전을 위해 경제성장을 제한해야만 하는 것은 아니다.

② (×) 첫 번째 문단 네 번째 문장에 따르면 신재생에너지는 신에너지(수소, 연료전지, 석탄 가스화 복합발전 등)와 재생가능에너지(태양열, 태양광, 풍력, 바이오, 수력, 지열, 폐기물 등)를 통칭하는 용어라고 한다. 다섯 번째 문장에 따르면 신재생에너지의 구성비 중 폐기물만 77%를 차지하고 있는데 폐기물은 재생가능에너지에 해당한다. 신재생에너지 중 신에너지가 차지하는 비율이 재생가능에너지가 차지하는 비율보다 작으므로, 전체 에너지에서도 신에너지가 차지하는 비율이 재생가능에너지가 차지하는 비율보다 작다.

③ (○) 첫 번째 문단 네 번째 문장에 따르면 2007년 기준 신재생에너지 중 폐기물이 차지하는 비중은 77%이고, 다섯 번째 문장에 따르면 신재생에너지가 전체 에너지에서 차지하는 비율은 2.4%에 불과하다. 따라서 폐기물을 이용한 에너지가 전체 에너지에서 차지하는 비율은 2% 미만으로 매우 낮다.

④ (×) 두 번째 문단 세 번째 문장에 따르면 정부는 신재생에너지에 대한 지원정책과 함께 다양한 규제정책도 도입해야 한다. 따라서 정부가 녹색성장을 위해 규제정책을 포기하여야 하는 것은 아니다.

⑤ (×) 두 번째 문단 두 번째 문장에 따르면 산업파급효과가 큰 분야와 더불어 예산 대비 보급효과가 큰 분야에 대한 지원을 강화하기 위한 정책이 개발되어야 한다. 산업파급효과가 큰 에너지 분야보다 예산 대비 보급효과가 큰 에너지 분야에 대한 지원이 시급한 것은 아니다.

문2 일치부합형(텍스트형) 난이도 하 정답 ④

문제풀이 핵심 포인트
제시문에 주어진 모음과 자음에 대한 설명을 오행의 원리에 따라 표로 정리해보면 다음과 같다.

구분	물	나무	불	흙	쇠
계절	겨울	봄	여름	가을	
모음	ㅗ	ㅏ	ㅜ	ㅓ	
자음	ㅇ	ㄱ	ㄴ	ㅁ	ㅅ

풀이

① (○) 두 번째 문단 두 번째 문장에 따르면 기본 자음을 오행에 대입하였다고 하며, 네 번째 문장에 따르면 오행에 대입한 기본 자음은 지문의 순서대로 ㅇ, ㄱ, ㄴ, ㅁ, ㅅ이다.

② (○) 첫 번째 문단 세 번째 문장에 따르면 중성의 기본 모음자 'ㆍ', 'ㅡ', 'ㅣ'는 각각 하늘, 땅, 사람의 모양을 본뜬 것이라고 한다. 그리고 두 번째 문장에 따르면 이것을 천지인 삼재와 음양오행의 원리로 설명할 수 있다고 한다. 따라서 중성의 기본 모음자를 삼재에 근거하여 만든 것으로 판단할 수 있다.

③ (○) 두 번째 문단 세 번째 문장에 따르면 오음은 오행의 상생순서에 따라 나온다고 하고, 네 번째 문장에서 물, 나무, 불, 흙, 쇠 순으로 나온다고 한다. 따라서 오행의 상생순서가 수 → 목 → 화 → 토 → 금 순서라는 것을 알 수 있다.

④ (×) 두 번째 문단 네 번째 문장에 따르면 자음 ㅇ은 물소리이고, 첫 번째 문단 여섯 번째 문장에 따르면 겨울은 수이다. 그러나 다섯 번째 문장에 따르면 모음 ㅓ는 계절상 겨울에 해당하는 것이 아니라 가을에 해당한다.

⑤ (○) 두 번째 문단의 두 번째 문장에 따르면 한글 자음은 오행에 대입되는 자음의 기본자와 기본자에 획을 더하여 만든 나머지 자음으로 구성되어 있다.

문3 발문 포인트형(법조문형) 난이도 하 정답 ④

문제풀이 핵심 포인트
용어의 정의를 하는 하나의 조문이 제시되어 있다. 주어진 조문에서는 '차'를 제1호 가~마목에서 다섯 가지로 정의하고, 제2호에서는 제1호 가목의 '자동차'를, 제3호에서는 다목의 '원동기장치자전거'를 보다 상세히 정의하고 있다. '호'와 '목'의 형식적 특징을 활용하여 빠르게 해결할 수 있어야 한다.

풀이

ㄱ. (○) 경운기는 제2호의 철길이나 가설된 선에 의하지 아니하고 원동기를 사용하여 운전되는 차에 해당한다. 따라서 제1호 가목에 따라 '차'에 해당한다.

ㄴ. (○) 자전거는 제1호 라목에 따라 '차'에 해당한다.

ㄷ. (×) 유모차는 제1호 가~라목에 해당하지 않는다. 제1호 마목에 따르면 사람의 힘에 의하여 운전되는 것도 자동차에 해당하나, 단서에서 유모차는 제외하고 있으므로 유모차는 '차'에 해당하지 않는다.

ㄹ. (×) 제2호에서 '자동차'라 함은 철길이나 가설된 선에 의하지 아니하고 운전되는 차라고 하므로 기차는 제1호 가목의 자동차에 해당하지 않는다. 또한 제1호 나~라목에도 해당하지 않으며, 마목 단서에서도 철길이나 가설된 선에 의하여 운전되는 것을 제외하고 있다. '기차'는 제1호 가~마목 어디에도 해당하지 않으므로 '차'에 해당하지 않는다.

ㅁ. (○) 50cc 스쿠터는 제3호 가목의 이륜자동차 가운데 배기량 125cc 이하의 이륜자동차에 해당한다. 따라서 제1호 다목에 따라 '차'에 해당한다.

문4 일치부합형(법조문형) 난이도 하 　　　정답 ⑤

문제풀이 핵심 포인트
의회의 임시회는 대통령이 요구로 집회되는 경우도 있고, 일부 의회재적의원의 요구로 집회될 수 있으므로 이와 관련된 내용을 정확하게 구분할 수 있어야 한다. 제2조의 의사·의결정족수는 빈출 소재이므로 대비가 되어 있어야 한다.

풀이
제00조를 순서대로 제1조 ~ 제4조라고 한다.

ㄱ. (×) 제1조 제1항에 따르면 대통령이 요구하는 경우 임시회가 집회되고, 제3항에 따르면 대통령이 임시회 집회를 요구할 때에는 기간과 이유를 명시하여야 한다. 甲의원이 아니라 대통령이 임시회의 기간과 이유를 명시하여 집회요구를 하는 경우 임시회가 소집되며, 甲의원은 다른 의회재적의원 4분의 1 이상과 함께 임시회 집회를 요구해야 임시회가 소집된다.

ㄴ. (○) 제1조 제2항에 따르면 정기회 회기의 상한은 100일, 임시회 회기의 상한은 30일로 상이하다. 그리고 의결정족수란 법률안 및 의안 등을 의결할 수 있는 최소한의 의원 수를 말하는데, 의회의 의결정족수는 정기회와 임시회 모두 제2조에 따라 특별한 규정이 없는 한 재적의원 과반수의 출석과 출석의원 과반수의 찬성으로 의결하는 점에서 동일하다.

ㄷ. (○) 제3조 본문에서는 의회에 제출된 법률안 및 기타의 의안은 회기 중에 의결되지 못한 이유로 폐기되지 아니한다고 하여 회기계속의 원칙을 정하고 있지만, 단서에서는 의회의원의 임기가 만료된 때에는 그러하지 아니하다고 한다. 따라서 乙의원이 제출한 의안이 계속해서 의결되지 못한 상태에서 乙의원의 임기가 만료되면 이 의안은 폐기된다.

ㄹ. (○) 제2조 제2문에 따르면 의회 표결에 있어 가부동수인 때에는 부결된 것으로 본다. 그리고 제4조에 따르면 부결된 안건은 같은 회기 중에 다시 발의 또는 제출하지 못한다. 따라서 丙의원이 제출한 의안이 표결에서 가부동수인 경우 해당 의안은 부결된 것이며, 동일 회기 중에 그 의안을 다시 발의할 수 없다.

문5 일치부합형(법조문형) 난이도 중 　　　정답 ④

문제풀이 핵심 포인트
'제00조(해고 등의 제한)'에서 '해고 등의 제한'처럼 표제가 주어져 있는 문제이다. 이를 활용하여 보다 빠르게 문제를 해결할 수 있어야 한다.

풀이
제00조를 순서대로 제1조 ~ 제4조라고 한다.

ㄱ. (×) 제2조 제3항에 따르면 해당 사업 또는 사업장에 근로자의 과반수로 조직된 노동조합이 있는 경우 사용자는 제2조 제2항에 따른 해고를 피하기 위한 방법 등에 관하여 그 노동조합에 해고를 하려는 날의 50일 전까지 통보하고 성실하게 협의하여야 한다. 甲회사가 근로자의 과반수로 조직된 노동조합이 있음에도 불구하고, 그 노동조합과 협의하지 않고 전체 근로자의 절반을 정리해고한 경우 제2조 제3항을 위반한 것이다. 같은 조 제4항에 따르면 제1항부터 제3항까지의 규정에 따른 요건을 갖추어 근로자를 해고한 경우 정당한 이유가 있는 해고를 한 것으로 본다고 하므로 제3항의 요건을 갖추지 못한 해고는 정당한 이유가 있는 해고가 아니다.

ㄴ. (×) 제4조 제1항에 따르면 사용자는 근로자를 해고하려면 해고사유와 해고시기를 서면으로 통지하여야 하고, 제2항에 따르면 근로자에 대한 해고는 서면으로 통지하여야 효력이 있다. 따라서 乙회사가 근로자를 해고하면서 그 사실을 서면으로 통지하지 않고 구두로 통지한 경우, 그 해고는 효력이 없다.

ㄷ. (×) 제3조 본문에 따르면 사용자는 경영상 이유에 의한 해고를 포함하여 근로자를 해고하려면 적어도 30일 전에 예고를 하여야 하고 30일 전에 예고를 하지 아니하였을 때에는 30일분 이상의 통상임금을 지급하여야 한다고 하면서도 단서에 따른 일정한 사유의 경우는 그러하지 아니하다고 한다. 고의는 없었으나 부주의로 사업에 막대한 지장을 초래한 근로자는 고의로 사업에 막대한 지장을 초래한 경우가 아니므로 제3조 단서에 해당하지 않는다. 따라서 제3조 본문에 따라 적어도 30일 전에 예고를 하여야 하는데, 30일 전에 예고를 하지 아니하고 즉시 해고한 경우에는 그 근로자에게 30일분 이상의 통상임금을 지불하여야 한다.

ㄹ. (○) 丁회사가 고의로 사업에 막대한 지장을 초래한 근로자를 해고하려면 ㄴ에서 살펴본 바와 같이 해고사유 등을 서면으로 통지하여야 하고, 서면으로 통지하여야 효력이 있다. 따라서 해고 사실을 서면으로 통지하지 않은 경우, 그 해고는 효력이 없다.

문6 조건 계산형 난이도 하 　　　정답 ②

문제풀이 핵심 포인트
반복되는 단위(= 주기)를 알면 보다 빠른 해결이 가능한 문제이다.

풀이
- (가)건물 밑면은 정사각형이며, 높이는 밑면 한 변 길이의 2배이다.

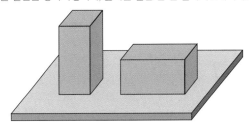

- 밑면은 정사각형이고, 높이는 밑면 한 변 길이의 2배이므로 밑면 : 옆면 = 1 : 2의 비율이다.

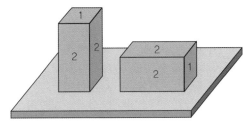

- 밑면의 면적을 t라고 할 때, 직육면체는 면적이 2t인 옆면 4개와 면적이 1t인 윗면 2개의 총 6면으로 이루어져 있다. 따라서 직육면체 총 면적은 $(2t \times 4면) + (t \times 2면) = 10t$이다.
- (가) 건물은 전체 직육면체 중 밑면을 칠하지 않으므로 총 면적은 9t이다. 이때 최소 36통의 페인트가 필요했으므로 t를 칠하기 위해서는 최소 4통의 페인트가 필요함을 알 수 있다.
- (나) 건물은 전체 직육면체 중 옆면을 칠하지 않으므로 총 면적은 8t이다. 따라서 최소 32통이 필요하다.

범위로 검토해 보면, (가) 건물에 비해 (나) 건물은 바닥과 맞닿아서 칠하지 않는 면적이 더 넓다. 즉, (가) 건물에 비해 (나) 건물은 칠해야 하는 면적이 적기 때문에 필요한 페인트의 양이 적을 것이다. 따라서 정답은 36통 보다 적은 선택지 ①, ②번 중에 하나이어야 한다.

문7 상대적 계산형 난이도 ⑥ 정답 ④

문제풀이 핵심 포인트
〈보기〉 ㄱ~ㄹ 중 대부분이 상대적 계산만으로 해결되는 문제이다. 따라서 계산과정에서 공통인 부분은 제외하고 차이나는 부분만 가지고 비교할 수 있을 때 빠른 해결이 가능하다.

풀이
· 생산성 유형별로 일일 근로시간과 생산량이 그래프로 주어져 있다.
· 생산성 = $\dfrac{생산량}{근로시간}$ 이다.
· 일일 기본 근로시간은 8시간이고, 일일 최대 4시간까지 초과근무할 수 있다.

ㄱ. (O) '일일 생산성 = 생산량/근로시간'인데, 일일 기본 근로시간은 8시간이므로 같고(분모 동일), 8시간 근무 시 세 가지 유형의 일일 생산성을 보면, 모두 96으로 동일하다(분자 동일). 따라서 96/8 = 12라는 정확한 값을 구하지 않더라도, 분자와 분모가 세 가지 유형에서 모두 동일하므로 이를 통해 계산한 생산성 또한 동일할 것임을 알 수 있다.

ㄴ. (×) B유형과 C유형의 그래프에서의 기울기를 묻고 있고, 이는 그래프의 형태를 단순 확인하더라도 쉽게 확인 가능하다. B유형과 D유형 모두 초과근무 시간이 증가함에 따라 기울기가 줄어들게 됨을 확인할 수 있다. 즉, 초과근무 시간이 증가함에 따라서 접선기울기도 줄고, 원점기울기도 줄어드는 것이 확인 가능하므로 B, C유형 모두 생산성이 하락함을 알 수 있다.

ㄷ. (O) B유형 근로자가 10시간 근무하는 경우의 생산량은 1100이고, 이틀 근무하면 110 × 2 = 220이다. 반면 B유형 근로자가 12시간을 근무하면 생산량은 120, 8시간 근무를 하면 생산량은 96이므로, 이틀 근무한다면 120 + 96 = 216이다. 따라서 B유형 근로자가 이틀 동안 10시간씩 근무하는 경우의 총생산량이 첫째 날 12시간, 둘째 날 8시간 근무하는 경우의 총생산량보다 많다.

ㄹ. (O) 생산성을 구하는 공식은 '생산량/근로시간'이다. 이때 각 유형별로 생산성을 비교해야 하는데 '두 시간 동안'이라는 '근로시간'이 공통이다(분모 공통). 따라서 각 유형별로 생산량만 비교하면 된다(분자 비교). 초과근무 시 최초 두 시간 동안의 생산성을 비교하려면 (초과근무 시 최초 두 시간 동안의 생산량 = 10시간까지의 생산량 – 8시간까지의 생산량)을 구해야 하는데, 이때 '8시간까지의 생산량'은 또 각 유형 모두 동일하다. 즉, [(ⓐ 10시간까지의 생산량 – ⓑ 8시간까지의 생산량)/ⓒ 2시간]의 공식에서 공통인 부분인 ⓑ, ⓒ를 다 무시하고 나면, 결국 'ⓐ 10시간까지의 생산량'만 가지고 상대적 계산이 가능한 것이다. A유형(120) > B유형(110) > C유형(100)이므로, 초과근무 시 최초 두 시간 동안의 생산성은 A유형 > B유형 > C유형 순으로 나타난다.

ㄴ. 기울기로 판단하는 게 어렵다면, B유형은 근로 시간이 8시간일 때, 96/8 = 12의 생산성을, 근로시간이 10시간일 때, 110/10 = 11의 생산성을, 근로시간이 12시간일 때는 120/12 = 10의 생산성을 보임으로써 초과 근무 시간이 2시간씩 증가할 때마다 생산성이 1씩 감소함을 확인할 수 있다. C유형의 경우는 근로시간이 10시간을 넘게 되면 근로시간은 2시간 증가한 반면 생산량 자체가 100에서 96으로 감소하므로 생산성이 하락할 것임은 어렵지 않게 알 수 있다.

ㄷ. 그래프 모양을 통해서도 확인 가능한데, 근무시간 8시간과 12시간 일할 때의 평균값보다 근무시간 10시간일 때의 값이 더 크다. 실제 계산을 해서 확인하는 방법보다 이처럼 그래프의 형태를 활용하는 방법의 소요시간이 더 짧을 것이다.

문8 발문 포인트형(법조문형) 난이도 ⑧ 정답 ②

문제풀이 핵심 포인트
발문에 따르면 위계에 의한 공무집행방해죄에 해당하는 것을 찾아야 하므로 A의 '공무집행방해죄'와 B의 '위계에 의한 공무집행방해죄'의 공통점과 차이점을 확인한다. 공무원의 적법한 직무집행을 방해하는 자를 처벌한다는 점은 같지만, '폭행 또는 협박'과 '위계'라는 행위수단이 다르다는 점, '위계에 의한 공무집행방해죄'는 위계의 상대방에 제3자도 포함된다는 점이 다르다.

풀이

ㄱ. (O) 시험감독자를 속이고 국가시행의 자동차운전면허시험에 타인을 대리하여 응시하는 행위는 B에서 설명한 위계에 해당하고, 시험감독자라는 제3자를 기망하여 자동차운전면허 시험감독이라는 적법한 직무집행을 방해한 것이므로 '위계에 의한 공무집행방해죄'에 해당한다.

ㄴ. (×) 해양경찰서 경찰공무원에게 전화로 폭언하며 협박하였다면, 경찰공무원의 조합관련 비리 수사라는 적법한 직무집행에 대해 그 직무상의 행위를 저지할 목적으로 협박한 것으로 '공무집행방해죄'에 해당한다.

ㄷ. (×) 출입국관리공무원이 甲회사의 사업장 관리자를 기망한 것은 B에서 설명한 위계에 해당하나, 기망한 대상이 甲회사의 사업장 관리자로 공무원이 아니며 출입국관리공무원이 방해한 해당 사업장의 업무는 공무집행이라고 볼 수 없으므로 제3자를 기망하여 공무원의 직무를 방해한 경우라고도 볼 수 없다. 출입국관리공무원의 불법체류자 단속업무가 적법한 공무집행인지 판단할 필요없이 '위계에 의한 공무집행방해죄'에 해당하지 않는다.

ㄹ. (O) 타인의 소변을 자신의 소변인 것으로 속여 수사기관에 건네주어 필로폰 음성반응이 나오게 한 경우는 B에서 설명한 위계에 해당하고 마약류 검사라는 적법한 직무집행을 방해한 것이므로 '위계에 의한 공무집행방해죄'에 해당한다.

문9 일치부합형(텍스트형) 난이도 ⑥ 정답 ④

문제풀이 핵심 포인트
甲과 乙의 주장은 각 문단의 마지막 문장에 나타나 있고, 앞의 문장들에서 근거를 들고 있다. 그리고 乙은 甲의 입장을 받아들이는 경우 발생할 수 있는 문제점에 대해서 지적하고 있다. 乙의 두 번째 문장을 예로 들면 '다른 사회의 관습이 우리 사회의 관습보다 도덕적으로 열등하다고 말할 수 없을 것'이 문제라는 입장이므로 '다른 사회의 관습이 우리 사회의 관습보다 도덕적으로 열등하다고 말할 수 있어야 한다'는 입장으로 해석한다.

풀이

ㄱ. (O) 甲은 다섯 번째 문장에서 다른 사회 구성원의 행위를 특정 사회의 잣대로 판단하려 하는 것은 오만한 태도라고 지적하고 있다. 따라서 甲은 일부 이슬람 국가에서 여성들에게 운전면허증을 발급하지 않는 관습을 다른 국가가 비판하는 것이 옳지 않다고 주장할 것이다.

ㄴ. (O) 乙은 세 번째 문장에 따르면 다른 사회의 규칙을 비판하는 것이 허용되지 않는 것에 대해서 비판적이다. 따라서 乙은 싱가포르 정부가 절도죄로 체포된 자에게 태형(笞刑)을 가한 일을 야만적인 행위라며 비난한 미국 정부의 행동을 정당하다고 옹호할 것이다.

ㄷ. (×) 甲은 세 번째 문장에서 어떤 특정 사회의 규칙이 다른 사회의 규칙보다 더 좋다고 판단할 수 있는 객관적인 기준이 없다고 생각한다. 즉, 甲은 다른 사회의 문화에 대한 상대주의적 태도를 가지고 있고, 자국 문화의 절대적 우월성에 대한 믿음으로 이어질 것이라는 언급은 없다.

ㄹ. (O) 乙은 두 번째 문장에 따르면 어떤 사회의 관습이 다른 사회의 관습보다 도덕적으로 열등하다고 말할 수 있다는 입장이다. 따라서 乙은 서로 다른 문화를 가진 사회들 간에 도덕적 수준의 차이가 존재할 수 있다고 본다.

문10 일치부합형(법조문형) 난이도 중 정답 ①

문제풀이 핵심 포인트

제시문의 길이가 매우 긴 문제이다. 표제와 키워드를 활용하여 각 〈보기〉 해결에 필요한 부분 위주로 확인할 수 있어야 한다.

풀이

제00조를 순서대로 제1조 ~ 제4조라고 한다.

ㄱ. (×) 제1조 제2항의 중앙당 정당등록 요건에 따르면 정당은 5개 이상의 시·도당을 가져야 하고 각 시·도당은 각 1,000명 이상의 당원을 가져야 한다. 甲이 결성한 창당준비위원회가 5개 시·도에서 총 4,000명의 당원을 모집하였다면 5개 시·도에서 각 1,000명 이상의 당원을 가지지 못한 것이다. 제1조 제2항의 요건을 구비하지 못한 것이므로 같은 조 제1항에 따라 중앙선거관리위원회에 등록하지 못하여 정당으로 성립될 수 없다.

ㄴ. (×) 제4조에 따르면 창당준비위원회는 중앙당창당준비위원회 발기인 200명 이상, 시·도당창당준비위원회 발기인 100명 이상으로 구성한다. 정치인 乙이 중앙당 300명, 5개 시·도에서 각각 150명의 발기인으로 창당준비위원회를 결성하고 신고하였다면 제4조의 요건을 충족하였다. 그리고 이후 이들 5개 시·도에서 각 2,000명씩 총 10,000명의 당원을 모집한 후 중앙선거관리위원회에 등록을 신청하였다면 제1조 제2항의 중앙당 정당 등록 요건을 충족한다. 그러나 제3조 제1항에 따르면 중앙당창당준비위원회는 중앙선거관리위원회에의 결성신고일부터 6월 이내에 한하여 창당활동을 할 수 있고, 제2항에 따르면 이 기간 이내에 중앙당의 창당등록신청을 하지 아니한 때에는 그 기간만료일의 다음 날에 창당준비위원회가 소멸된 것으로 본다. 결성신고일은 2010년 3월 15일이므로 2010년 9월 15일까지 중앙당의 창당등록신청을 하지 아니하였다면 2010년 9월 16일에 중앙당창당준비위원회가 소멸된 것이고 같은 해 9월 30일에 창당등록신청을 하였다고 하더라도 정당으로 성립될 수 없다.

ㄷ. (×) 중앙선거관리위원회에 등록되어 활동해오던 정당 丙은 2개 도의 당원 수가 각각 2,000명에서 절반인 1,000명으로 줄어들었다고 한다. 2개 도의 당원 수가 1,000명으로 줄어들었다고 해도 제1조 제2항 제2호에서 정하는 정당등록 요건을 충족하므로 제6조 제1호 본문에서 정하는 정당 등록 취소사유에 해당하지 아니한다. 또한 제6조 제1호의 단서에 따르면 요건의 흠결이 공직선거의 선거일 전 3월 이내에 생긴 때에는 선거일 후 3월

까지 그 취소를 유예한다고 하므로, 의회의원 총선거를 2개월 앞둔 시점에서 당원 수가 정당등록 요건을 충족하지 못한다면 선거 1개월 후 등록이 취소되는 것이 아니라 선거일 후 3월까지 그 취소를 유예한다.

ㄹ. (O) 정당 丁의 정당등록이 취소되기 위해서는 제6조 제2호를 정당이 의회의원 총선거에 참여하여 의석을 얻지 못하는 것과 유효 투표총수의 100분의 2 이상을 득표하지 못하는 것을 동시에 충족하였을 때라고 해석하여야 한다. 중앙선거관리위원회에 등록되어 활동해오던 정당 丁은 최근에 실시되었던 의회의원 총선거에 참여하여 한 명의 후보도 당선시키지 못하여 의석을 얻지 못했지만, 유효투표총수인 1,000만 표 중 25만 표를 획득함으로써 100분의 2 이상을 득표한 것이므로 제6조 제2호에 해당하지 않아 등록이 유지될 수 있다.

문11 일치부합형(텍스트형) 난이도 하 정답 ①

문제풀이 핵심 포인트

선택지 ①번이 옳은 선택지임을 판단하기 위해서는 약간의 추론이 필요하다.

풀이

① (O) 첫 번째 문단 세 번째 문장에 따르면 소나무재선충병에 걸린 나무는 치료약이 없어 100% 고사한다고 한다. 따라서 소나무재선충병에 대처하기 위해서는 치료보다 사전예방이 중요하다는 것을 추론할 수 있다.

② (×) 두 번째 문단 세 번째, 네 번째 문장에 따르면 소나무재선충이 2005년에 최대 51만 그루로 가장 많은 수목을 감염시킨 것은 맞지만, 가장 넓은 지역에서 피해가 발생한 것은 2005년이 아니라 2006년이다.

③ (×) 첫 번째 문단 네 번째 문장에 따르면 소나무재선충병은 소나무에서만 발생하는 것은 아니고 해송, 잣나무 등의 수종도 감염될 수 있다.

④ (×) 나무주사를 놓기 직전에 소나무의 상태를 파악하기 위한 별도의 화학실험을 해야 한다는 언급은 없다. 세 번째 문단 첫 번째, 두 번째 문장에서 아바멕틴 나무주사를 실시하기 전에 소나무 잎의 상태를 육안으로 관찰하여 이상징후가 있는 나무는 대상목에서 제외한다는 언급은 있다.

⑤ (×) 첫 번째 문단 세 번째 문장에 따르면 잎이 붉은 색으로 변색된 소나무는 소나무재선충병에 걸린 나무이다. 나무주사를 통해서 소생시킬 수가 없고 100% 고사한다.

문12 발문 포인트형(텍스트형) 난이도 하 정답 ⑤

문제풀이 핵심 포인트

적극적 다문화주의 정책에 해당하는지를 판단할 수 있는 판단기준을 제시문에서 확인해야 한다. 제시문의 소극적 다문화주의 정책과 적극적 다문화주의 정책의 내용을 정리해보면 다음과 같다.

소극적 다문화주의 정책	적극적 다문화주의 정책
· 차별적인 대우를 철폐	· 관습과 규칙을 일반 법체계에 수용 · 원활한 사회진출을 위한 특별한 지원 · 정치참여 기회 확대 · 자치권 부여

해당 정책들은 모두 소수집단과 그 구성원을 대상으로 한다.

풀이

ㄱ. (✕) 교육이나 취업에서 소수집단 출신에게 불리한 차별적인 규정을 폐지하는 정책은 소수집단에 대한 차별적인 대우를 철폐하는 것을 내용으로 하는 소극적 다문화주의 정책에 해당한다.

ㄴ. (○) 의회의원 비례대표선거를 위한 각 정당명부에서 소수집단 출신 후보자의 공천비율을 확대하는 정책은 소수집단의 정치참여 기회를 확대하는 것을 내용으로 하는 적극적 다문화주의 정책에 해당한다.

ㄷ. (○) 공무원 시험이나 공공기관 입사 시험에서 소수집단 출신에게 가산점을 부여하는 정책은 소수집단의 원활한 사회진출을 위해 특별한 지원을 제공하는 것을 내용으로 하는 적극적 다문화주의 정책에 해당한다.

ㄹ. (○) 특정 지역의 다수 주민을 이루는 소수집단에게 그 지역의 치안유지를 위한 자치경찰권을 부여하는 정책은 일정한 영역에서 소수집단에게 자치권을 부여하는 것을 내용으로 하는 적극적 다문화주의 정책에 해당한다.

문 13 규칙 단순확인형 난이도 하 정답 ③

문제풀이 핵심 포인트
표에서는 채식주의자 유형에 따라 특정을 정리해놓았다. 발문에 따르면 연결이 서로 잘못된 것을 찾아야 하므로 특성에서 섭취하지 않는 것, 먹지 않는 것에 주목한다.

풀이

① (○) 과식주의자는 오직 견과류나 과일 등 열매 부분만 먹는다. 호두를 으깨어 얹은 모듬 생과일 중 호두는 견과류에 해당한다. 과식주의자가 섭취하지 않는 식물의 잎이나 뿌리를 포함하고 있지 않다.

② (○) 우유 채식주의자는 순수 채식주의자와 같이 식물로부터 나온 것에 더하여 유제품을 먹는다. 단호박 치즈오븐구이 중 단호박은 식물로부터 나온 것이고 치즈는 유제품에 해당한다. 우유 채식주의자가 먹지 않는 동물로부터 얻은 것을 포함(유제품 제외)하고 있지 않다.

③ (✕) 난류 채식주의자는 순수 채식주의자와 같이 식물로부터 나온 것에 더하여 계란을 먹는다. 치즈계란토스트 중 치즈는 유제품으로 난류 채식주의자가 먹지 않는 음식이다.

④ (○) 유란 채식주의자는 순수 채식주의자와 같이 식물로부터 나온 것에 더하여 유제품, 계란, 우유도 먹는다. 생크림을 곁들인 삶은 계란 중 생크림은 유제품에 해당한다. 유란 채식주의자가 먹지 않는 동물로부터 얻은 것을 포함(유제품, 계란, 우유 제외)하고 있지 않다.

⑤ (○) 생선 채식주의자와 준 채식주의자는 공통적으로 생선을 먹는다. 연어훈제구이는 생선에 해당한다. 생선 채식주의자와 준 채식주의자가 먹지 않는 음식을 포함하고 있지 않다.

문 14 응용형(법조문형) 난이도 하 정답 ④

문제풀이 핵심 포인트
〈보기〉 ㄱ~ㄹ 중 ㄱ~ㄷ의 키워드가 '감사인으로 임명될 수 있다.'이다. 따라서 감사인으로 임명될 수 있는 경우와 없는 경우의 이해 및 적용이 필요한 응용형의 문제이다.

풀이

제00조를 순서대로 제1조 ~ 제2조라고 한다.

ㄱ. (✕) 제2조 제2항 제1호에 따르면 단체장은 4급 이상으로 근무기간이 1년 이상 경과된 자로서 계약심사 업무에서 3년 이상 근무한 경력이 있는 자를 감사인으로 임명할 수 있다. 甲은 계약심사 업무를 4년 간 담당하였지만 5급 직원이므로 감사인으로 임명될 수 없다.

ㄴ. (○) 제2조 제2항 제2호에 따르면 단체장은 정보시스템감사사 자격증을 갖고 있는 직원을 감사인으로 임명할 수 있다. 제2호는 제1호와 달리 근무기간 등을 요구하지 않는다. 乙이 정보시스템감사사 자격증을 가지고 있고 규정에 정한 결격사유가 없다면 감사인으로 임명될 수 있다.

ㄷ. (✕) 제2조 제3항 제2호에 따르면 징계 이상의 처분을 받은 날로부터 3년이 경과되지 않은 자는 같은 조 제2항에도 불구하고 감사인이 될 수 없다고 하여 결격사유를 정하고 있다. 丙이 공인내부감사사 자격증을 가지고 있어 제2조 제2항 제2호의 요건을 충족한다고 하더라도 2년 전 징계를 받은 적이 있다면 제2조 제3항 제2호에 따라 감사인으로 임명될 수 없다.

ㄹ. (○) 감사는 제2조 제4항에 따라 소관부서장인 인사부서장과 협의하여 인사부서에서 일하고 있는 5급 직원 丁으로 하여금 감사업무를 수행하게 할 수 있다.

문 15 일치부합형(법조문형) 난이도 하 정답 ①

문제풀이 핵심 포인트
앞서 살펴본 4번 문제에서도 의사·의결정족수를 활용한 〈보기〉가 일부 있었는데, 보다 전면적으로 의사·의결정족수를 묻는 문제이다. 여러 경우가 구분되어 있고, 각각의 경우에서 의결정족수가 다르기 때문에 정확하게 구분하여 해결해야 한다.

풀이

ㄱ. (○) 제1항 제2호의 국무총리 등에 대한 탄핵소추는 제2항에 따라 재적의원 과반수의 찬성이 필요하고, 제1항 제3호의 대통령에 대한 탄핵소추는 제3항에 따라 재적의원 3분의 2 이상의 찬성이 필요하다. 탄핵소추의 대상에 따라 탄핵소추를 의결하는데 필요한 정족수가 다르다는 것을 확인할 수 있다.

ㄴ. (○) 의회 재적의원 과반수의 찬성이 있더라도 의회는 직접 국무위원을 해임시킬 수는 없고 제1항 제1호, 제2항에 따라 국무위원의 해임을 건의할 수 있다.

ㄷ. (✕) 대통령이 재의를 요구한 법률안을 의회가 재의결하기 위해서는 제4항에 따라 재적의원 과반수의 출석과 출석의원 3분의 2 이상의 찬성이 필요하다. 예를 들어 재적의원이 300명이라면 151명 이상의 출석과 151명이 출석한 경우라면 101명 이상의 찬성이 필요하다. 그러나 제3호, 제4호, 제5호의 경우 제3항에 따라 재적의원 3분의 2 이상의 찬성이 필요하다. 예를 들어 재적의원이 300명이라면 200명 이상의 찬성이 필요하다. 대통령이 재의를 요구한 법률안을 의회가 재의결하는 데 필요한 의결정족수가 가장 큰 것은 아니다.

ㄹ. (✕) 헌법개정안을 의회에서 의결하기 위해서는 의회 재적의원 과반수의 출석과 출석의원 과반수의 찬성을 요하는 것이 아니라 제1항 제4호, 제3항에 따라 재적의원 3분의 2 이상의 찬성을 요한다.

✏️ 실전에선 이렇게!

ㄴ. 의회 재적의원 과반수의 찬성으로 제1항 제2호에 따라 국무위원에 대한 탄핵소추를 의결하였다고 해도 탄핵소추를 의결하는 것이지 직접 해임하는 것은 아니며, 헌법 제65조 제4항, 헌법재판소법 제53조 제1항에 따르면 탄핵결정선고가 있는 경우 해당 국무위원은 해임되는 것이 아니라 파면된다.

문 16 규칙 적용해결형 난이도 하 정답 ②

문제풀이 핵심 포인트

제시된 규칙을 정확하게 이해하여야 한다. 이 문제의 경우 판단할 수 있는 좌석의 조건이 세 가지가 제시되어 있다. 있는 규칙을 활용할 때 모든 조건을 충족하는 좌석이 생존가능성이 가장 높을 것임을 예상할 수 있다.

풀이

생존가능성과 관련한 규칙을 정리해 보면 다음과 같다.

· 각 비상구에서 앞뒤로 두 번째 열 이내에 앉은 승객 > 그렇지 않은 승객
· 복도(통로)측 좌석 승객 > 창측 승객
· 기내의 가운데 열을 기준으로 앞쪽과 뒤쪽으로 나누어 볼 때, 앞쪽 승객 > 뒤쪽 승객

정리한 규칙을 〈비행기 좌석표〉에 대입해보면 다음과 같다.

각 비상구에서 앞뒤로 두 번째 열 이내에 앉은 승객	그렇지 않은 승객
가, 나, 라, 마	다
복도(통로)측 좌석 승객	창측 승객
나, 다, 라, 마	가
기내의 가운데 열을 기준으로 앞쪽 승객	뒤쪽 승객
가, 나, 다	라, 마

조건에 위배되는(=생존 가능성이 낮은) 좌석을 제거하면 '나'좌석만 남게 된다. 따라서 모든 조건을 충족하는 좌석은 '나'이다.

실전에선 이렇게!

파악한 조건에 따라 신속, 정확하게 문제를 해결한다. 조건을 적용할 때는 마지막 조건부터 적용해 보는 것도 좋다.

문 17 규칙 정오판단형 난이도 하 정답 ④

문제풀이 핵심 포인트

〈보기〉에 따라 투표하는 방식이 바뀌게 되는데 바뀐 투표 방식을 헷갈려 하지 않고 빠르고 정확하게 적용하여 정오를 판단해야 한다. 즉, 〈선호도 조사결과〉에 각 〈보기〉에서 달라지는 탈락자 선정 방식을 적용하여 탈락자를 정확히 선정할 수 있어야 한다.

풀이

투표 방식을 정리하면 다음과 같다.

기존 투표 방식	변화된 투표 방식
100명의 청중평가단이 가수 4명의 공연을 보고, 본인의 선호에 따라 가장 마음에 드는 가수 1명에게 투표를 한 뒤, 이 결과를 토대로 득표수가 가장 적은 사람이 탈락하는 방식	청중평가단에게 선호도에 따라 1위부터 4위까지의 순위를 매겨 제출하도록 함(단, 이를 어떻게 활용할지는 각 〈보기〉에서 확인해야 함)

ㄱ. (○) 기존의 탈락자 선정방식은 100명의 청중평가단이 가수 4명의 공연을 보고, 본인의 선호에 따라 가장 마음에 드는 가수 1명에게 투표를 한 뒤, 이 결과를 토대로 득표수가 가장 적은 사람이 탈락하는 방식이기 때문에 2순위로 선호하는지 여부는 반영될 수 없다.
문제에서 제시된 〈선호도 조사결과〉를 보면 1순위로만 투표를 하면 A는 10표, B는 20표, C는 30표, D는 40표로 A가 득표수가 가장 적다. 그런데 다수의 청중평가단이 2순위로 선호하는 가수는 50명이 2순위로 선호하는 A이다.
기존의 탈락자 선정방식에서처럼 본인의 선호에 따라 가장 마음에 드는 가수 1명에게 투표를 한다면, 청중들은 선호도 1순위인 가수에게 투표하게 되고, A를 1순위로 선호하는 청중이 10명으로 가장 적으므로 기존의 방식을 적용하면 A가 탈락하게 된다. 따라서 기존의 탈락자 선정방식에 따르면 다수의 청중평가단이 2순위로 선호하는 가수, 즉 A가 탈락할 수 있다.

ㄴ. (○) 가장 선호하는 가수 한 명에게만 투표하는 기존의 방식을 그대로 적용하게 되면 A가 10표로 득표수가 가장 적기 때문에 즉, 가장 적은 10명만이 1순위로 선호하는 A가 탈락하게 된다.

ㄷ. (○) 4순위에 따라 투표를 하게 되면 A는 10표, B는 30표, C는 40표, D는 20표를 받게 된다. 따라서 4순위 표가 가장 많은 사람을 탈락시킬 경우, 가장 많은 40명이 4순위로 선호하는 C가 탈락자가 된다.

ㄹ. (×) 청중평가단에게 가장 선호하는 가수 두 명의 이름을 우선순위 없이 적어서 제출하도록 한다면, 각 청중은 각자가 1순위와 2순위로 선호하는 가수를 적어 제출할 것이고 각 가수는 1순위와 2순위의 표를 득표할 것이다.

가수 \ 선호순위	1	2	합
A	10	50	60
B	20	30	50
C	30	10	40
D	40	10	50
	100	100	200

따라서 최저득표자는 60표의 A가 아니라 40표를 받은 C이다. A는 최다득표자가 될 것이다.

실전에선 이렇게!

가수 \ 선호순위	1	2	총 득표
A	10	50	60

ㄹ. 이 부분만 가지고도 ㄹ이 틀렸음을 확인할 수 있는데, A의 득표수는 60표로 총 200표를 4명의 가수로 나눈 평균 50표보다 많다. 따라서 A가 최저득표자가 아닐 것임을 충분히 알 수 있다. 최저득표수가 평균보다 높을 수는 없다. 즉, 4명의 가수에게 200표를 배분하므로 평균은 50표가 되는데 A는 60표를 득표하므로 최저득표자가 될 수 없다. 최저득표는 평균보다 작고, 최고득표는 평균보다 크다는 점을 알면 ㄹ을 보다 수월하게 해결할 수 있다.

문 18 발문 포인트형(법조문형) 난이도 하 정답 ⑤

문제풀이 핵심 포인트

선택지의 대상자 중 제시문의 제한요건에 해당하지 않는 자를 찾는다. 발문에 따르면 현재 시점은 2011년 8월이고, 각 제한요건은 대부분 기간에 대한 판단을 포함하고 있음에 유의한다.

풀이

① (×) 1) 나)에 따르면 금고 이상의 형을 받고 그 집행이 종료된 후 5년을 경과하지 아니한 자는 정부포상 대상자 추천이 제한된다. 금고 1년 형을 선고받아 복역한 후 2009년 10월 출소한 자는 2011년 8월 현재 5년이 경과하지 아니하였으므로 정부포상 대상자로 추천을 받을 수 없다.

② (×) 2011년 8월 현재 형사재판에 계류 중인 자는 1) 가)에 해당하므로 정부포상 대상자로 추천을 받을 수 없다.

③ (×) 2) 나)에 따르면 공정거래관련법 위반으로 최근 1년 이내 3회 이상 시정명령 처분을 받은 대표는 정부포상 대상자 추천이 제한된다. 2010년 10월 이후 2011년 8월 현재까지, 공정거래관련법 위반으로 3회 시정명령 처분을 받은 기업의 대표자는 최근 1년 이내에 3회 시정명령 처분을 받은 것이므로 정부포상 대상자로 추천을 받을 수 없다.

④ (×) 1) 마)에 따르면 2년 이내에 벌금형 처벌을 받은 자로서 1회 벌금액이 200만 원 이상인 경우 정부포상 대상자 추천이 제한된다. 2010년 1월 500만 원의 벌금형 처분을 받은 자는 2011년 8월 현재 2년 이내에 200만 원 이상의 벌금형 처벌을 받은 자이므로 정부포상 대상자로 추천을 받을 수 없다.

⑤ (○) 2) 가)에 따르면 공정거래관련법 위반으로 최근 2년 이내 3회 이상 고발 또는 과징금 처분을 받은 법인은 정부포상 대상자 추천이 제한된다. '고발에 따른 과징금 처분은 1회로 간주'한다는 내용은 고발을 통해 과징금 처분으로 이어지면 고발과 과징금 처분을 각각 1회로 보는 것이 아니라 둘을 더해 1회로 간주한다는 것이다. 2009년 7월 이후 2011년 8월 현재까지, 공정거래관련법 위반으로 고발에 따른 과징금 처분을 2회 받은 기업은 최근 2년 이내 3회 미만의 고발 또는 과징금 처분을 받은 법인이므로 정부포상 대상자로 추천을 받을 수 있다.

문19 발문 포인트형(법조문형) 난이도 ⓗ 정답 ②

문제풀이 핵심 포인트

발문에서는 ICC가 재판관할권을 행사하기 위한 전제조건이 충족된 경우를 고르라고 하고 있다. 각 〈보기〉가 두 번째 문단의 1) 범죄가 발생한 국가가 범죄발생 당시 ICC 재판관할권을 인정하고 있던 국가인가, 2) 범죄 가해자의 현재 국적국이 ICC 재판관할권을 인정한 국가인가를 검토한다. 1)과 2)는 둘 중 하나만 충족하면 된다.

첫 번째 문단에서는 4대 중대범죄에 대해서 서술하면서 각 〈보기〉에서 어떤 범죄를 저질렀는지 나와 있고, 각 〈보기〉에서는 구체적인 상황을 설명하고 있다. 그러나 발문에서 묻는 바와 같이 ICC가 재판관할권을 행사하기 위한 전제조건이 충족된 경우에 초점을 맞춰서 〈보기〉를 검토한다.

풀이

ㄱ. (○) A국 국민인 甲이 B국에서 범죄를 저질렀다고 한다. 1) 범죄가 발생한 국가는 B국이고, B국은 ICC 재판관할권을 인정하고 있던 국가이다. ICC가 재판관할권을 행사하기 위한 전제조건이 충족된 경우이다. 그리고 2) 범죄 가해자 甲의 현재 국적국인 A국은 ICC 재판관할권을 인정하지 않은 국가이다.

ㄴ. (×) C국 국민인 乙이 D국에서 범죄를 저질렀다고 한다. 1) 범죄가 발생한 국가는 D국이고, D국은 ICC 재판관할권을 인정하지 않고 있다. 그리고 2) 범죄 가해자 乙의 현재 국적국인 C국도 ICC 재판관할권을 인정하지 않고 있다. 1), 2) 모두 충족하지 않으므로 ICC가 재판관할권을 행사하기 위한 전제조건이 충족된 경우가 아니다.

ㄷ. (○) F국 국민인 丙이 F국에서 범죄를 저질렀다고 한다. 1) 범죄가 발생한 국가는 F국이고, F국은 ICC 재판관할권을 인정하고 있다. 그리고 2) 범죄 가해자 丙의 현재 국적국도 F국이다. ICC가 재판관할권을 행사하기 위한 전제조건이 충족된 경우이다.

ㄹ. (×) G국 국민인 丁이 G국에서 범죄를 저질렀다고 한다. 1) 범죄가 발생한 국가는 G국이고, G국은 ICC 재판관할권을 인정하지 않고 있다. 그리고 2) 범죄 가해자 丁의 현재 국적국도 G국이다. ICC가 재판관할권을 행사하기 위한 전제조건이 충족된 경우가 아니다.

문20 법계산형 난이도 ⓗ 정답 ③

문제풀이 핵심 포인트

계산 과정을 정확하게 이해하여 주어진 사례에 적용할 수 있어야 한다. 단서조건이 많으므로 이를 놓치지 않도록 주의한다.

풀이

제시문에 언급된 순서대로 계산 방법을 정리하면 다음과 같다.

취득세	부동산 취득 당시 가액에 2%의 세율을 곱하여 산정(단, 자경농민이 농지를 상속으로 취득하는 경우에는 취득세가 비과세)
농어촌특별세	결정된 취득세액에 10%의 세율을 곱하여 산정
등록세	부동산 취득 당시 가액에 0.8%의 세율을 곱하여 산정(단, 자경농민이 농지를 취득하는 때 등록세의 세율은 상속의 경우 취득가액의 0.3%, 매매의 경우 1%)
지방교육세	결정된 등록세액에 20%의 세율을 곱하여 산정
부동산 취득 당시 가액	취득자가 신고한 가액과 공시지가(시가표준액) 중 큰 금액(단, 신고 또는 신고가액의 표시가 없는 때에는 공시지가를 과세표준으로 한다.)

파악한 계산방법을 토대로 계산해 보면 다음과 같다.

부동산 취득 당시 가액	취득자가 신고한 가액과 공시지가(시가표준액) 중 큰 금액	취득자가 신고한 가액(5억 원)과 공시지가(시가표준액)(3억 5천만 원) 중 큰 금액 → 5억 원
	단, 신고 또는 신고가액의 표시가 없는 때에는 공시지가를 과세표준으로 한다.	해당없음
취득세	부동산 취득 당시 가액에 2%의 세율을 곱하여 산정	5억 원 × 2% = 1,000만 원
	(단, 자경농민이 농지를 상속으로 취득하는 경우에는 취득세가 비과세)	해당함 → 따라서 취득세는 비과세
농어촌 특별세	결정된 취득세액에 10%의 세율을 곱하여 산정	취득세가 0원이므로 농어촌특별세 역시 0원
등록세	부동산 취득 당시 가액에 0.8%의 세율을 곱하여 산정	5억 × 0.8% = 400만 원
	(단, 자경농민이 농지를 취득하는 때 등록세의 세율은 상속의 경우 취득가액의 0.3%, 매매의 경우 1%)	자경농민이 상속으로 농지를 취득하였으므로 세율은 취득가액의 0.3%가 된다. → 5억 × 0.3% = 150만 원
지방교육세	결정된 등록세액에 20%의 세율을 곱하여 산정	150만 원 × 20% = 30만 원

따라서 甲이 납부하여야 할 세금액은 등록세 150만 원과 지방교육세 30만 원으로 총 180만 원이다.

문 21 응용형(텍스트형) 난이도 중 정답 ⑤

문제풀이 핵심 포인트

각 〈보기〉에서 신주 또는 신위를 모시는 것과 관련해서 주로 묻고 있으므로, 이와 관련된 내용을 중점적으로 제시문에서 확인해야 한다.

풀이

ㄱ. (○) 두 번째 문단 다섯 번째 문장에 따르면 정전에는 19위의 왕과 30위의 왕후 신주, 총 49위의 신주가 모셔져 있다.

ㄴ. (×) 두 번째 문단 다섯 번째 문장에 따르면 영녕전에는 총 32위의 신주가 모셔져 있고, 세 번째 문단 두 번째 문장에 따르면 추존조인 4왕을 정중앙에 모셨다고 한다. 추존조 4왕 중 하나인 익조의 신위는 서쪽 제1실이 아니라 총 32위의 신위 중 정중앙에 모셔져 있을 것이다.

ㄷ. (○) 두 번째 문단 세 번째 문장에 따르면 정전의 경우 후대로 가면서 건물을 일렬로 잇대어 증축하였고, 세 번째 문단 첫 번째 문장에 따르면 서쪽을 상석으로 하여 제1실에 태조의 신위를 봉안한 이후 그 신위는 옮겨지지 않았다고 한다. 따라서 정전은 시대가 지남에 따라 서쪽의 제1실은 그대로 두고 동쪽으로 증축되었을 것이다.

ㄹ. (○) 첫 번째 문단 네 번째 문장에 따르면 종묘를 건축했을 당시 태조는 정전 서쪽을 상석으로 하여 자신의 4대조(목조→익조→탁조→환조)를 순서대로 제1실에는 목조를, 제2실에 익조의 신위를 모셨다고 한다. 그 다음인 서쪽 제3실에는 탁조의 신위를 모셨을 것이다.

문 22 규칙 정오판단형 난이도 중 정답 ④

문제풀이 핵심 포인트

리그 방식과 관련한 빠른 접근방법 및 해결방법에 따라 해결한다. 진출팀을 가리는데 '승점 – 골득실차 – 다득점 – 승자승 – 추첨'의 순서임에 유의하자. 승자승 원칙은 승점과 골득실차, 다득점까지 같은 두 팀 간의 경기결과를 통해, 둘 중 이긴 팀이 진출하게 되는 원칙이다. 두 팀이 무승부였을 시 다음 순위 결정 방식으로 넘어가게 된다. 이 문제에서는 '추첨'을 통해 진출팀을 가리게 된다.

풀이

○○축구대회에는 모두 32개 팀이 참가하여 한 조에 4개 팀씩 8개 조로 나누어 경기를 한다. '조'를 나누는 것부터가 리그 방식의 실마리일 수 있다.

· 각 조의 4개 팀이 서로 한 번씩 경기를 하여
  → 리그 방식에 대한 설명이다.

· 승점 – 골득실차 – 다득점 – 승자승 – 추첨의 순서에 의해 각 조의 1, 2위 팀이 16강에 진출한다.
  → 동점 시 처리규칙은 중요하다.

· 각 팀은 16강에 오르기까지 총 3번의 경기를 치르게 되며
  → 한 조에 4개 팀이 속하고 자기 팀을 제외한 다른 팀들과 한 번씩 경기를 하게 되므로 총 3번의 경기를 치르게 되는 것이다.

· 매 경기마다 승리한 팀은 승점 3점을 얻게 되고, 무승부를 기록한 팀은 승점 1점, 패배한 팀은 0점을 획득한다.
  → 리그 방식에서는 승점을 따지는 것이 중요하며, 일반적으로 이 문제와 같이 승리 시 3점, 무승부 시 1점, 패배 시 0점을 얻게 되나, 경우에 따라 승리 시 2점을 얻게 되는 문제도 있다.

ㄱ. (○) A팀이 승리를 하게 되면 현재 6점에서 3점을 더해 승점 9점이 되고, C팀은 현재 승점인 3점에서 0점을 더해 승점 3점이 된다. B팀과 D팀의 경기 결과는 따로 주지 않고 우리가 다음과 같이 아무 결과나 가정해 볼 수 있다.

구분	B팀 (현재 승점 3점)	D팀 (현재 승점 0점)
ⓐ B팀이 이기는 경우	6	0
ⓑ 서로 비기는 경우	4	1
ⓒ D팀이 이기는 경우	3	3

※ A팀의 승점 9점, C팀의 승점 3점

따라서 A팀은 두 팀의 경기 결과에 상관없이 1위로 16강에 진출하게 된다.

ㄴ. (○) A팀이 C팀과 1:1로 비기고 B팀이 D팀과 0:0으로 비기면 남은 두 경기가 모두 무승부이므로 네 팀이 모두 승점을 1점씩 가지게 된다. 이때 굳이 승점을 더할 필요는 없다. 네 팀에 공통적인 계산이고, 승점을 따질 때는 비교만 하면 되기 때문이다(계산 유형 참고). 그러면 현재 승점 1점인 A팀은 16강에 진출하고 그 다음으로 승점이 3점으로 같은 B팀과 C팀이 승점 – 골득실차 – 다득점 – 승자승 – 추첨의 순서에 의해 2위팀을 가리게 된다.

· 골득실차: A팀이 C팀과 1:1로 비기고 B팀이 D팀과 0:0으로 비겼기 때문에 골득실차를 보면 마지막 경기에서 B팀과 C팀 모두 골득실차가 0이다. 따라서 〈마지막 경기를 남겨 놓은 각 팀의 전적〉에서의 골득실차가 그대로 유지된다. B팀은 3/4로 –1, C팀 역시 2/3으로 –1로 같다.

· 다득점: B팀은 3골, C팀 역시 3골로 같다.

· 승자승: 승자승 원칙이란 두 팀이 경기했을 때 상대전적을 보고 이긴 팀이 유리한 것이다. B팀과 C팀이 경기했을 때 결과가 B:C = 2:0이므로 B팀이 16강에 진출하게 된다.

따라서 A팀과 B팀이 16강에 진출하는 것이 맞다.

ㄷ. (○) C팀과 D팀을 함께 16강에 진출시키기 위해서는 조 1, 2위를 가리는 첫 번째 기준이 승점이므로, 승점을 따질 때 C팀과 D팀에 유리하도록 경기결과를 가정해 봐야 한다. 즉 남은 A팀과 C팀, B팀과 D팀이 경기에서 C팀과 D팀이 이기는 것으로 가정해 보자.

	현재 승점			최종 승점
A팀	6	C팀과 D팀 승리 시	+0	6
B팀	3		+0	3
C팀	3		+3	6
D팀	0		+3	3

따라서 D팀은 승점이 낮기 때문에 16강에 진출하기 어렵다.

ㄹ. (×) 앞서 ㄷ에서 살펴봤듯이 D팀이 조 1위를 할 수는 없다. 하지만 조 2위로 만드는 것은 가능하다. (ㄷ과 가장 큰 차이점이 있다면 ㄷ은 A팀을 제외하고 C팀과 D팀, 즉 2개 팀이 조 1, 2위가 되어 함께 16강에 진출해야 한다는 것이고, ㄹ은 D팀 한 팀만 조 2위로 만들면 되는 것이다.) 이를 위해서 D팀은 남은 경기에 승리하여 승점 3점을 얻고 최종 승점이 3점이 되어야 하고, D팀이 따라잡을 가능성이 있는 승점 3점의 두 팀 B팀과 C팀은 남은 경기에서 패배하여야 한다. 즉 남은 경기에서 A팀과 D팀이 승리하게 되면 이러한 결과가 가능하다. 그러면 B, C, D팀이 모두 승점이 3점이 되고, 다음으로 골득실차를 따지면 되는데 사례 또는 반례를 들 때는 극단적인 사례 또는 반례를 생각해 보는 것이 유리하다. 즉, 남은 경기인 B팀과 D팀 간의 경기에서 D팀이 10,000대 0의 스코어로 이겼다고 하면 골득실차에서 10,000골 가까이 플러스(+)가 된다. 즉 골득실차에서 D팀이 유리할 수 있고, 마지막 경기의 결과에 따라 D팀이 16강에 진출할 수도 있으므로 ㄹ은 옳지 않다.

2011 해커스PSAT 7급+민경채 PSAT 16개년 기출문제집 상황판단

ㄷ. C팀과 D팀을 함께 16강에 진출시키기 위해서는 승점이 조 1, 2위를 가리는 첫 번째 기준이므로, 적어도 두 팀 모두 현재 승점인 A팀의 승점 이상이 될 수 있어야 한다. 하지만 D팀의 현재 승점은 0점으로 최종 경기에서 승리하더라도 A팀의 승점을 따라잡을 수 없다. 따라서 두 팀이 함께 16강에 진출하기는 어렵다.

문 23 법계산형 난이도 하 정답 ⑤

문제풀이 핵심 포인트

여비의 총액을 구하기 위한 공식은 다음과 같다.
→ 여비 = 운임 + 숙박비 + 식비 + 일비
그 중 제1조에서 운임과 일비의 정의를 살펴보면 다음과 같다.

운임	여행 목적지로 이동하기 위해 교통수단을 이용함에 있어 소요되는 비용을 충당하기 위한 여비
일비	여행 중 출장지에서 소요되는 교통비 등 각종 비용을 충당하기 위한 여비

따라서 대전 시내 버스요금 및 택시요금은 운임이 아니라 일비에 해당한다.

풀이

〈甲의 지출내역〉에 근거하였을 때, 甲이 정산 받는 여비의 총액을 구해야 하므로, 甲의 지출내역이 여비의 종류 중 어디에 해당하는지를 확인해 보면 다음과 같다.

여비의 구분	항목	1일차	2일차	3일차
운임(철도운임)	KTX 운임(일반실)	20,000		20,000
일비	대전 시내 버스요금	5,000	10,000	2,000
	대전 시내 택시요금			10,000
식비	식비	10,000	30,000	10,000
숙박비	숙박비	45,000	30,000	

국내 철도운임 및 국내 여행자의 일비·숙박비·식비는 [별표 1]에 따라 지급하므로, '[별표 1] 국내 여비 지급표'에 따를 때 각 여비를 지급하는 방식은 다음과 같다.

철도운임	실비(일반실)	일반실 기준 실비가 지급된다.
일비(1일당)	20,000원	일비는 여행일수에 따라 지급한다.
숙박비(1박당)	실비(상한액: 40,000원)	숙박비는 숙박하는 밤의 수에 따라 지급한다. 다만, 출장기간이 2일 이상인 경우에 지급액은 출장기간 전체의 총액한도 내 실비로 계산한다.
식비(1일당)	20,000원	식비는 여행일수에 따라 지급한다.

지금까지 정리한 여비 지급 방식에 따라 실제 계산을 해보면 다음과 같다.

1. 운임	1일차와 3일차에 2회 KTX 비용을 지출하였으므로 일반실 기준 실비 운임 20,000원 × 2회 = 40,000원을 지급받는다.	40,000원
2. 숙박비	甲의 출장기간은 2박 3일로, 출장기간이 2일 이상인 경우이므로, 지급액은 출장기간 전체의 총액한도 내 실비로 계산한다. 1박당 상한액이 40,000원이고 2박을 했으므로, 40,000원 × 2 = 80,000원을 총액으로 하여 총액한도 내 실비만큼 지급받을 수 있다. 甲이 지출한 숙박비는 40,000원 + 35,000원 = 75,000원으로 80,000원이 총액한도 내이기 때문에, 甲은 숙박비로 75,000원을 지급받을 수 있다.	75,000원
3. 식비	甲은 3일 동안 출장을 다녀왔으므로 1일당 20,000원씩 20,000원 × 3 = 60,000원의 식비를 지급받을 수 있다.	60,000원
4. 일비	일비는 여행일수에 따라 지급하는데 갑은 3일 동안 출장을 다녀왔다. 1일당 20,000원이 지급되므로, 20,000원 × 3 = 60,000원이 지급된다.	60,000원

따라서 갑이 정산받는 여비의 총액은 40,000원(운임) + 60,000(일비) + 75,000원(숙박비) + 60,000(식비) = 235,000원이다.

· 주어진 조건을 정확하게 확인하여 대전 시내 버스요금 및 택시요금이 운임이 아니라 일비에 해당한다는 것을 혼동하지 않도록 주의해야 한다.
· 계산을 정확하게 하기 위해서는 기본적으로 계산과정에서 활용되는 '용어'를 정확하게 파악하는 것이 필요하다.

문 24 규칙 정오판단형 난이도 하 정답 ②

문제풀이 핵심 포인트

제시된 〈순위 결정 기준〉 및 〈득점 현황〉과 각 〈보기〉에서 추가로 제시되는 조건을 파악하여 각 팀의 순위를 득점으로 환산하고, 〈득점 현황〉과 결합하여 경우를 파악한다.

풀이

· 각 종목의 순위에 따른 점수를 부여한 후, 각 종목에서 획득한 점수를 합산한 총점이 높은 순으로 종합 순위를 결정한다.
· 총점에서 동점이 나올 경우에는 1위를 한 종목이 많은 팀 → 2위 종목이 많은 순으로 높은 순위를 차지하고, 그래도 동일한 경우 공동순위로 결정한다.

현재까지의 〈득점 현황〉을 정리하면 다음과 같다.

종목명 \ 팀명	A	B	C	D
가	4	3	2	1
나	2	1	3	4
다	3	1	2	4
라	2	4	1	3
가~라 합계	11	9	8	12
마	?	?	?	?
합계	11 + ?	9 + ?	8 + ?	12 + ?

ㄱ. (×) 가~라 합계 11점인 A팀이 종목 '마'에서 1위를 하면 4점이 추가되어 총점 15점이 된다.
· B 또는 C팀이 2위를 하는 경우: A팀이 종합순위 1위가 된다.
· D팀이 2위를 하는 경우: D팀이 종합순위 1위가 된다.

B~D팀 중에서 총점이 12점으로 가장 높은 D팀이 2위를 하여 3점을 추가하면 A팀과 D팀의 총점이 모두 15점이 된다. 동점 시 처리 규칙에 따를 때, A팀과 D팀을 살펴보면 1위 종목은 각각 2개로 같고, 2위 종목은 A팀이 1개, D팀이 2개이므로 결국 D팀이 종합 순위 1위가 된다. 따라서 A팀이 종목 마에서 1위를 하더라도 A팀이 종합순위 1위가 되는 경우도 있고, D팀이 종합순위 1위가 되는 경우도 있으므로 언제나 종합 순위 1위가 되는 것은 아니다.

ㄴ. (×) 종목 가~라에서 획득한 점수는 A팀이 11점, B팀이 9점, C팀이 8점, D팀이 12점이다. 이때 B팀이 종목 마에서 C팀에게 순위에서 뒤지면 종합 순위에서도 C팀에게 뒤지게 되는지를 확인한다. 종목 마에서 B팀이 C팀 바로 다음 순위가 될 경우, 예를 들어 C팀 1위 - B팀 2위, C팀 2위 - B팀 3위, C팀 3위 - B팀 4위가 되는 경우 B팀은 C팀에 비해 1점의 점수를 적게 받게 되어 B팀과 C팀의 득점 합계는 같아진다. 동점 시 처리 규칙에 따를 때, 종목 마를 고려하지 않은 상황에서 B팀은 종목 나, 다에서 1위를 했으므로 1위를 한 종목이 2개이고, C팀은 종목 라에서 1위를 했으므로 1위를 한 종목은 1개이다. 이때 종목 마에서 C팀이 1위를 하지 못한 상황을 가정한다면, 1위를 한 종목이 더 많은 B팀이 C팀보다 종합 순위에서 앞서는 경우가 있다. 따라서 B팀이 종목 마에서 C팀에게 순위에서 뒤지는 경우라도 종합 순위에서 C팀에게 반드시 뒤지는 것은 아니다.

ㄷ. (×) C팀은 종목 마의 결과와 관계없이 종합 순위에서 최하위가 확정되었다고 단정적으로 진술하고 있으므로 반례를 찾아 확인한다. 종목 가에서 종목 라까지 각 팀이 획득한 점수를 합산하면 A팀 11점, B팀 9점, C팀 8점, D팀 12점으로 C팀의 점수가 가장 낮다. 그런데 종목 마에서 C팀이 1위를 하고 B팀이 4위를 한다면 C팀의 최종 득점 합계는 12점이 되고, B팀은 10점이 된다. 따라서 총점에서 C팀이 B팀을 앞서는 상황이 있으므로 C팀이 종합 순위가 항상 최하위로 획정되는 것은 아니다.

ㄹ. (○) D팀이 종목 마에서 2위를 한다면 D팀의 총점은 15점이 된다. 이때 종합 순위 1위가 확정되는지를 확인한다. D팀과 1위를 놓고 경합할 수 있는 팀은 총점이 11점으로 D팀 다음으로 점수가 높은 A팀이다. 만약 A팀이 종목 마에서 1위를 한다면, A팀의 총점도 D팀과 마찬가지로 15점이 된다. 이 경우 총점이 동점인 팀이 있을 때 〈순위 결정 기준〉에 따라 총점 → 1위를 한 종목 수 → 2위를 한 종목 수를 확인해야 한다. A팀과 D팀은 1위를 한 종목은 각각 2개로 동일하고, 2위를 한 종목은 A팀이 1개, D팀이 2개이므로 최종적으로 D팀이 종합 순위 1위가 된다. 따라서 A팀이 종목 마에서 1위를 하더라도 종합 순위 1위는 D팀으로 확정된다.

✎ 실전에선 이렇게!

· 〈득점 현황〉에서 4점이 아닌 4위로 보는, 즉 점수를 순위로 착각하는 실수를 하지 않도록 유의한다.
· ㄱ에서 '종합 순위 1위로 확정된다'와 '종합 순위 1위가 확정된다'는 다른 의미이므로 혼동하지 않도록 주의한다.

문25 조건 계산형 난이도 중 정답 ③

문제풀이 핵심 포인트

과세표준 환산 시 적용하는 '고시환율'과 물품가격 '지불 시 적용된 환율'이 다르다는 점에 주의한다. 甲이 전자기기의 구입으로 지출한 '총 금액'을 어떻게 구해야 하는지가 명시적으로 나와 있지 않아 난도가 높은 문제이다.

📋 풀이

· 甲이 전자기기의 구입으로 지출한 총 금액 = 관세 + 물품가격 + 운송료
· 관세 = 과세표준 × 품목별 관세율(단, 과세표준이 15만 원 미만이고, 개인이 사용할 목적으로 수입하는 물건에 대해서는 관세 면제)
· 과세표준 = (판매자에게 지급한 물품가격 + 미국에 납부한 세금 + 미국 내 운송료 + 미국에서 한국까지의 운송료)를 원화로 환산한 금액(단, 미국에서 한국까지의 운송료는 실제 지불한 운송료가 아닌 〈국제선편요금〉을 적용)

1) 관세
· 판매자에게 지급한 물품가격: $120
· 미국에 납부한 세금: $0
· 미국 내 운송료: $0
· 미국에서 한국까지의 운송료: 〈국제선편요금〉을 적용하므로 10,000원
→ 총 과세표준은 (120 × 1,100) + 10,000 = 142,000원

원화로 환산할 때, 과세표준 환산 시 환율은 관세청장이 정한 '고시환율'에 따른다는 점에 주의하자. 과세표준이 15만 원 미만이고, 개인이 사용할 목적으로 수입하는 물건이므로 관세가 면제된다.

2) 전자기기 가격
〈甲의 구매 내역〉에서 甲이 지불한 전자기기 가격은 $120이다.

3) 운송료
〈甲의 구매 내역〉에서 甲이 지불한 운송료는 $30이다. 이때 실제 지불한 운송료를 반영해야 하는데, 〈국제선편요금〉을 적용하지 않도록 주의한다. 물품가격 + 운송료를 원화로 환산할 때는 ₩1,100/1$의 고시환율이 아닌 ₩1,200/1$의 지불시 적용된 환율을 반영해야 한다. 따라서 전자기기 가격과 운송료의 합은 120 + 30 = 150$이고, 지불시 적용된 환율에 따라 甲이 지불한 전자기기 가격과 운송료는 150 × 1,200 = 180,000원임을 알 수 있다.

따라서 甲이 전자기기의 구입으로 지출한 총 금액은 전자기기 가격과 미국에서 한국까지의 운송료의 합인 144,000 + 36,000 = 180,000원이다.

✎ 실전에선 이렇게!

· 단서 조건이 많은 문제이므로, 단서조건을 놓치지 않도록 주의한다.
· 관세 면제 규정에 주의한다.
· 과세표준 중 '미국에서 한국까지의 운송료'는 실제 지불한 운송료가 아닌 〈국제선편요금〉에 따른 운송료를 사용한다는 점에 주의한다.

5급 기출 재구성 모의고사

모바일 자동 채점 및
성적 분석 서비스

정답

p.242

문1	⑤	일치부합형 (법조문형)	문6	③	정확한 계산형	문11	⑤	일치부합형 (법조문형)	문16	①	경우 파악형	문21	④	조건 계산형
문2	②	응용형 (법조문형)	문7	⑤	규칙 정오판단형	문12	⑤	경우 파악형	문17	③	경우 확정형	문22	④	규칙 정오판단형
문3	④	일치부합형 (법조문형)	문8	②	상대적 계산형	문13	④	규칙 단순확인형	문18	③	규칙 적용해결형	문23	④	경우 확정형
문4	⑤	일치부합형 (법조문형)	문9	③	1지문 2문항형	문14	④	조건 계산형	문19	③	경우 파악형	문24	③	규칙 정오판단형
문5	①	응용형 (텍스트형)	문10	⑤	1지문 2문항형	문15	⑤	상대적 계산형	문20	②	경우 파악형	문25	③	경우 확정형

취약 유형 분석표

유유형별로 맞힌 문제 개수와 정답률, 틀린 문제 번호, 풀지 못한 문제 번호를 적고 나서 취약한 유형이 무엇인지 파악해 보세요. 그 후 약점 보완 해설집 p.2 [취약
유형 공략 포인트]에서 약점 보완 학습법을 확인하고, 틀린 문제와 풀지 못한 문제를 다시 한번 풀어보세요.

유형		맞힌 문제 개수	정답률	틀린 문제 번호	풀지 못한 문제 번호
텍스트형	발문 포인트형	–	–		
	일치부합형	–	–		
	응용형	/1	%		
	1지문 2문항형	/2	%		
	기타형	–	–		
법조문형	발문 포인트형	–	–		
	일치부합형	/4	%		
	응용형	/1	%		
	법계산형	–	–		
	규정형	–	–		
	법조문소재형	–	–		
계산형	정확한 계산형	/1	%		
	상대적 계산형	/2	%		
	조건 계산형	/2	%		
규칙형	규칙 단순확인형	/1	%		
	규칙 정오판단형	/3	%		
	규칙 적용해결형	/1	%		
경우형	경우 파악형	/4	%		
	경우 확정형	/3	%		
TOTAL		/25	%		

해설

문 1 일치부합형(법조문형) 난이도 하   정답 ⑤

문제풀이 핵심 포인트
발문에 포인트가 없기 때문에 선택지의 키워드와 지문의 키워드를 매칭해서 필요한 부분 위주로 확인하면 빠르고 정확한 해결이 가능하다.

풀이

제00조를 순서대로 제1조 ~ 제3조라 한다.

① (×) 제2조 제2항에 따르면, 아이돌보미가 아닌 사람은 아이돌보미 또는 이와 유사한 명칭을 사용할 수 없다. 따라서 아이돌보미가 아닌 보육 관련 종사자는 아이돌보미 명칭을 사용할 수 없다.

② (×) 지정·운영관련 내용은 제1조 제1항에서, 보수교육 실시 관련 내용은 제3조 제1항에서 확인할 수 있다. 제1조 제1항에 따르면, 시·도지사는 아이돌보미의 양성을 위하여 적합한 시설을 교육기관으로 지정·운영하여야 한다. 그런데 제3조 제1항에 따르면, 아이돌봄서비스의 질적 수준과 아이돌보미의 전문성 향상을 위하여 보수교육을 실시하는 주체는 시·도지사가 아닌 여성가족부장관이다.

③ (×) 제1조 제5항에 따르면, 아이돌보미가 되려는 사람은 시·도지사가 아닌 여성가족부장관이 실시하는 적성·인성검사를 받아야 한다.

④ (×) 과태료와 벌금을 정확하게 구분할 수 있어야 한다. 과태료에 관련한 내용은 제2조 제3항에서 확인할 수 있다. 동조 제1항, 제2항을 위반한 사람에게는 300만 원 이하의 과태료를 부과한다. 제1항에서 아이돌보미는 다른 사람에게 자기의 성명을 사용하여 아이돌보미 업무를 수행하게 하거나 수료증을 대여하여서는 아니 된다고 규정하고 있고, 제2항에서는 아이돌보미가 아닌 사람은 아이돌보미 또는 이와 유사한 명칭을 사용할 수 없다고 규정하고 있다. 서울특별시의 A기관이 부정한 방법을 통해 아이돌보미 양성을 위한 교육기관으로 지정을 받은 경우는 이 두 가지 요건에 해당하지 않으므로 과태료를 부과할 수 없다. 거짓이나 그 밖의 부정한 방법으로 교육기관으로 지정을 받은 자에게는 제1조 제3항에 따를 때 1년 이하의 징역 또는 1천만 원 이하의 벌금에 처한다.

※ 벌금과 과태료

벌금	과태료
- 형법에서 정하고 있는 9가지의 형벌 중 하나인 재산형 - 부과 여부 및 금액이 판결을 통해 확정됨. 재판을 거쳐 일정 금액을 국가에 납부 - 벌금을 5만 원 이상으로 규정, 5만 원 미만일 경우 과료	- 행정상의 위반에 대한 처분 - 행정법 상의 제재(행정질서벌의 일종) - 국가 또는 지방자치단체가 부과

※ 형벌의 종류: 사형, 징역, 금고, 자격상실, 자격정지, 벌금, 구류, 과료, 몰수

⑤ (○) 제1조 제2항 제2호에 따르면, 교육기관이 교육과정을 1년 이상 운영하지 아니하는 경우에 시·도지사는 사업의 정지를 명하거나 그 지정을 취소할 수 있다.

문 2 응용형(법조문형) 난이도 하   정답 ②

문제풀이 핵심 포인트
지문의 내용에 〈상황〉을 적절하게 반영하여 해결해야 하는 문제이다. 〈상황〉에서 알 수 있는 정보는 등장하는 행위자가 甲, 乙, 丙 세 명이고, 고도(古都)에 해당하는 A지역에 대한 학술조사를 위해 2021년 3월 15일부터 A지역의 발굴에 착수하고자 한다는 것이다.

풀이

조문이 하나이므로, 항만 구분하여 설명한다.

① (×) 제2항에 따르면, 문화재청장 甲은 제1항에 따라 발굴할 경우 발굴의 목적, 방법, 착수 시기 및 소요 기간 등의 내용을 발굴 착수일인 2021년 3월 15일 기준 2주일 전까지 해당 지역의 소유자, 관리자 또는 점유자(이하 '소유자 등'이라 한다)에게 미리 알려 주어야 한다. 날짜 계산을 정확히 하지 않더라도 3월 29일은 3월 15일 기준 '후'이지 '전'이 아니다.

② (○) 제3항에 따르면, 제2항에 따른 통보를 받은 소유자 등은 그 발굴에 대하여 문화재청장에게 의견을 제출할 수 있다. 따라서 丙은 A지역의 점유자로서 '소유자 등'에 해당하고, 의견을 제출할 수 있다.

③ (×) 제7항에 따르면, 문화재청장은 제1항에 따른 발굴 현장에 발굴의 목적, 조사기관, 소요 기간 등의 내용을 알리는 안내판을 설치하여야 한다. 따라서 발굴 현장에 발굴의 목적 등을 알리는 안내판을 설치하여야 하는 주체는 소유자인 乙이 아니라 문화재청장 甲이다.

④ (×) 제3항에 따르면, 제2항에 따른 통보를 받은 소유자 등은 발굴을 거부하거나 방해 또는 기피하여서는 아니 된다. 따라서 A지역의 발굴로 인해 乙에게 손실이 예상되는 경우이더라도 乙은 그 발굴을 거부할 수 없다.

⑤ (×) 제5항에 따르면, 국가는 제1항에 따른 발굴로 손실을 받은 자에게 그 손실을 보상하여야 하고, 제6항에 따를 때 제5항에 따른 손실보상에 관하여는 문화재청장 甲과 손실을 받은 자가 협의하여야 하며, 보상금에 대한 합의가 성립하지 않은 때에는 관할 토지수용위원회에 재결(裁決)을 신청할 수 있다. 따라서 A지역과 인접한 토지 소유자인 丁이 A지역의 발굴로 인해 손실을 받은 경우, 丁은 먼저 문화재청장 甲과 협의한 후, 보상금에 대한 합의가 성립하지 않은 때 관할 토지수용위원회에 재결을 신청할 수 있으므로, 보상금에 대해 甲과 협의하지 않고 관할 토지수용위원회에 재결을 신청할 수는 없다.

문 3 일치부합형(법조문형) 난이도 하   정답 ④

문제풀이 핵심 포인트
표제가 없는 법조문이 제시되었으므로 법조문의 키워드와 선택지의 키워드를 잘 매칭해서 판단에 필요한 부분만 파악한다.

풀이

① (×) 첫 번째 법조문 제1항에서 지방자치단체의 장은 소속공무원이 적극행정으로 인해 징계 의결 요구가 된 경우 적극행정지원위원회의 변호인 선임비용 지원결정에 따라 200만 원 이하의 범위 내에서 변호인 선임비용을 지원할 수 있다고 했으므로 지방자치단체의 장은 500만 원이 아닌 200만 원의 변호인 선임비용을 지원할 수 있음을 알 수 있다.

② (×) 첫 번째 법조문 제3항에서 지원결정을 받은 공무원은 이미 변호인을 선임한 경우를 제외하고는 선임비용을 지원받은 날부터 1개월 내에 변호인을 선임하여야 한다고 했으나 지원결정을 받은 공무원이 이미 변호인을 선임한 경우 선임비용을 지원받은 날부터 1개월 내에 새로운 변호인을 반드시 선임하여야 하는지는 알 수 없다.

③ (×) 두 번째 법조문 제1항 제2호에서 고소·고발 사유와 동일한 사실관계로 유죄의 확정판결을 받은 경우 위원회가 지원결정을 취소할 수 있다고 했으나 무죄의 확정판결을 받은 경우에 대해서는 알 수 없다.

④ (○) 두 번째 법조문 제2항에서 제1항에 따라 지원결정이 취소된 경우 공무원은 지원받은 변호인 선임비용을 즉시 반환하여야 한다고 했고, 제3항에서 제2항에 따른 반환의무를 전부 부담시키는 것이 타당하지 않다고 판단하는 경우에는 반환의무의 일부 또는 전부를 면제하는 결정을 할 수 있다고 했으므로 지원결정이 취소된 경우 위원회는 해당 공무원이 지원받은 변호인 선임비용에 대한 반환의무의 일부 또는 전부를 면제하는 결정을 할 수 있음을 알 수 있다.

⑤ (×) 두 번째 법조문 제4항에서 두 번째 법조문 제1항부터 제3항은 해당 공무원이 변호인 선임비용을 지원받은 후 퇴직한 경우에도 적용한다고 했으므로 퇴직한 공무원에 대해 지원결정이 취소된다면 그가 그 비용을 반환하는 경우가 있음을 알 수 있다.

문4 일치부합형(법조문형) 난이도 하 정답 ⑤

문제풀이 핵심 포인트
선택지의 키워드와 지문의 키워드를 매칭해서 필요한 부분 위주로 확인하여 빠르고 정확하게 해결해야 한다. 이 때 지문의 '철거'는 모두 '할 수 있다.'의 재량행위이므로 선택지 ②처럼 기속행위일 수 없다.

풀이

① (×) 제1항에 따르면, 시장·군수 등은 빈집이 다음 각 호의 어느 하나에 해당하면 빈집정비계획에서 정하는 바에 따라 그 빈집 소유자에게 철거 등 필요한 조치를 명할 수 있다. 붕괴 우려가 없으므로 제1호에는 해당하지 않고, 주거환경에 현저한 장애가 되므로 제2호에 해당하는 상황이며, 각 호의 어느 하나에 해당하면 요건을 충족하므로 A자치구 구청장은 해당 빈집에 대해서 빈집정비계획에 따른 철거를 명할 수 있다.

② (×) 제4항에 따르면, 시장·군수 등은 제3항에 따라 철거할 빈집 소유자의 소재를 알 수 없는 경우 그 빈집에 대한 철거명령과 이를 이행하지 아니하면 직권으로 철거한다는 내용을 일간신문 및 홈페이지에 1회 이상 공고하고, 일간신문에 공고한 날부터 60일이 지난 날까지 빈집 소유자가 빈집을 철거하지 아니하면 직권으로 철거할 수 있다. 이때의 철거는 '할 수 있다'의 재량이므로, B군 군수가 반드시 철거해야 하는 것은 아니다. 또한 일간신문에 공고한 날부터 60일이 지난 날까지 빈집 소유자가 빈집을 철거하지 아니하면 직권으로 철거할 수 있는 것이므로, 60일 내에 철거하기를 기다려야 하는 것이지 60일 내에 철거를 해야 하는 것도 아니다.

③ (×) 제5항에 따르면, 시장·군수 등은 제3항 또는 제4항에 따라 빈집을 철거하는 경우에는 정당한 보상비를 빈집 소유자에게 지급하여야 한다. 이 경우 시장·군수 등은 보상비에서 철거에 소요된 비용을 빼고 지급할 수 있다. 따라서 C특별자치시 시장이 직권으로 빈집을 철거한 경우, 그 소유자에게 철거에 소요된 비용을 빼고 보상비 전액을 지급할 수 있다.

④ (×) 제6항에 따르면, 시장·군수 등은 다음 각 호의 어느 하나에 해당하는 경우에는 보상비를 법원에 공탁하여야 하고, 빈집 소유자가 보상비 수령을 거부하는 경우는 그 중 제1호에 해당한다. 따라서 D군 군수가 빈집을 철거하였는데 그 소유자가 보상비 수령을 거부하면 보상비를 법원에 공탁하여야 한다. 법원에 공탁하므로 보상비 지급의무 자체가 소멸하는 것은 아니다.

⑤ (○) 제1항~제3항에 따르면, 시장·군수 등은 빈집이 제1항 각 호의 어느 하나에 해당하면 빈집정비계획에서 정하는 바에 따라 그 빈집 소유자에게 철거 등 필요한 조치를 명할 수 있다. 이 경우 빈집 소유자는 특별한 사유가 없으면 60일 이내에 조치를 이행하여야 하고, 그 빈집 소유자가 특별한 사유 없이 제2항의 기간(60일) 내에 철거하지 아니하면 직권으로 그 빈집을 철거할 수 있다. 이 과정에서 지방건축위원회의 심의는 필요하지 않다. 건축위원회의 심의가 필요한 경우는 제1항 단서의 빈집정비계획이 수립되어 있지 아니한 경우이다. 따라서 이를 종합해 볼 때, E시 시장은 빈집정비계획에 따른 빈집 철거를 명한 후 그 소유자가 특별한 사유 없이 60일 이내에 철거하지 않으면, 지방건축위원회의 심의 없이 직권으로 철거할 수 있다.

문5 응용형(텍스트형) 난이도 하 정답 ①

문제풀이 핵심 포인트
지문에서 '순위규모분포가 나타나는 경우'와 '종주분포 형태를 보이는 경우'를 구분하여 파악한 후 이를 〈상황〉에 적용하여 문제를 정확하게 해결할 수 있어야 한다. 두 개념을 혼동하지 않도록 주의한다.

풀이

· 순위규모분포: 도시 순위와 인구규모 사이에 도시의 순위규모법칙이 존재한다. 이에 따른 분포를 '순위규모분포'라 한다.
  – 순위규모분포가 나타나는 경우:

인구규모 두 번째 도시	수위도시 인구의 1/2
인구규모 세 번째 도시	수위도시 인구의 1/3
그 이하의 도시	동일한 규칙이 적용됨

* 수위도시: 인구규모가 가장 큰 도시

· 종주분포: 한 국가의 인구규모 1위 도시에 인구가 집중되는 양상
  – 종주도시: 인구규모가 첫 번째인 도시
  – 종주도시지수: 종주분포의 정도를 측정하는 척도
    = 1위 도시의 인구 ÷ 2위 도시의 인구

순위규모분포를 보이는 A국에서 인구규모 세 번째 도시의 인구는 200만 명으로, 이는 수위도시 인구의 1/3이므로 수위도시의 인구는 600만 명이다. 종주분포를 보이는 B국에서 인구규모 두 번째 도시의 인구는 200만 명이고 종주도시지수는 3.3이다. 3.3은 33/10이므로 비례관계를 활용하여 분자·분모에 20배를 해준다. $3.3 = \frac{33}{10} = \frac{33 \times 20}{10 \times 20} = \frac{660}{200}$이므로 종주도시의 인구는 660만 명이 된다.

① (○) 수위도시의 인구는 600만 명이고, 인구규모 두 번째 도시의 인구는 300만 명이다. 따라서 두 도시 간 인구의 차이는 600 − 300 = 300만 명이다.

② (×) 종주도시지수는 3.3 = 1위 도시의 인구 ÷ 2위 도시의 인구(= 200만 명)임을 변형하면, 2위 도시의 인구 = 1위 도시의 인구 × $\frac{1}{3.3}$이다. 따라서 인구규모 세 번째 도시의 인구는 그보다 인구가 더 적을 것이고, 1/3.3보다 더 작아야 하므로 1/3이 될 수 없다.

③ (×) B국의 종주도시 인구는 200만 명 × 3.3 = 660만 명이고, A국의 수위도시 인구는 200만 명 × 3 = 600만 명이므로, 60만 명 차이가 난다.

④ (×) A국과 B국의 인구규모 첫 번째 도시와 두 번째 도시의 인구 합을 구하면 다음과 같다.

구분	A국	B국
인구규모 첫 번째 도시	600만 명	660만 명
인구규모 두 번째 도시	300만 명	200만 명
합	900만 명	860만 명

따라서 A국이 B국보다 40만 명 더 많다.

⑤ (×) A국의 인구규모 두 번째 도시 인구는 300만 명이고, B국의 인구규모 두 번째 도시 인구는 200만 명이므로, 동일하지 않다.

> 🚀 실전에선 이렇게!
>
> ② B국은 종주분포를 보이기 때문에 인구규모 3위 도시의 인구를 구하는 방법은 주어져 있지 않다. 인구규모가 세 번째 도시여서 1/3이 되는 것은 종주분포가 아니라 순위규모분포를 따를 때이다.
>
> ③ 200만 명에 ×3을 한 결과와 ×3.3을 한 결과의 차이이므로, 두 값을 정확하게 구한 후에 그 차이를 구하는 것보다 gap만 보기 위해 200×0.3=60만 명 차이로 확인하는 것이 좋다.

문6 정확한 계산형 난이도 ⓗ 정답 ③

문제풀이 핵심 포인트

여러 방법으로 해결이 가능하므로 다양한 방법을 연습해 두는 것이 필요한 문제이다. 빠른 해결을 위해 선택지를 활용해 보면, 주어진 조건에 따를 때 기념품 구입 개수가 100개를 넘을 수는 없기 때문에 선택지 ②, ④는 답이 될 수 없음을 알 수 있다.

풀이

주어진 〈포상금 사용기준〉을 정리하면 다음과 같다.

현금 배분	- 포상금의 40 % 이상은 반드시 각 부서에 현금으로 배분 - 전체 15개 부서를 우수부서와 보통부서 두 그룹으로 나누어 우수부서에 150만 원, 보통부서에 100만 원을 현금으로 배분 - 우수부서는 최소한으로 선정
복지시설 확충	- 포상금 중 2,900만 원은 직원 복지 시설을 확충하는 데 사용
기타	- 직원 복지 시설을 확충하고 부서별로 현금을 배분한 후 남은 금액을 모두 사용하여 개당 1만 원의 기념품을 구입

이를 문제 해결에 필요한 순서로 바꿔서 종합해 보면 다음과 같다.

1) 5,000만 원의 포상금 중 2,900만 원은 직원 복지 시설을 확충하는 데 사용한다.
2) 포상금의 40 % 이상, 즉 2,000만 원 이상은 전체 15개 부서를 우수부서와 보통부서 두 그룹으로 나누어 우수부서에 150만 원, 보통부서에 100만 원을 현금으로 배분한다.
3) 남은 금액을 모두 사용하여 개당 1만 원의 기념품을 구입한다.

단, 2)에서 우수부서 수는 최소한으로 선정해야 한다.

▶[방법 1]

2)에서 부서에 배분되는 현금은 최소 2,000만 원에서 최대 2,100만 원이 됨을 알 수 있다. 이 때 우수부서의 수는 최소가 되어야 한다. 전체 15개 부서가 우수부서 또는 보통부서로 구분되므로, 우수부서의 수를 x라 하면 보통부서의 수는 $(15-x)$가 된다.

이를 종합해서 식을 세우면 2,000만 원(= 5,000만 원×40%) ≤ (150만 원×x) + 100만 원×(15-x) ≤ 2,100만 원이 된다. 이를 충족하는 x의 범위는 $10 \leq x \leq 12$이고, 우수부서의 수는 최소값인 10개, 보통부서의 수는 나머지 5개가 된다. 이에 따라 부서에 배분되는 현금은 150×10+100×5=2,000만 원이다.

따라서 남은 100만 원을 모두 사용하여 개당 1만 원의 기념품을 구입하면 100개를 구입 가능하고, 정답은 ③이다.

▶[방법 2] 변화분의 확인

우수부서 수의 확정은 다른 방법으로도 가능하다.

전체 15개 부서가 전부 우수부서라면 그 때 각 부서에 현금처럼 배분되는 금액은 150만 원×15개 = 2,250만 원이고, 이후 우수부서 수가 하나 줄고(-150만 원), 대신 보통부서 수가 하나 늘어날 때마다(+100만 원) 총 배분금액은 -50만 원이 된다. 따라서 우수부서 수를 최소한으로 선정하는 경우 부서에 배분되는 금액은 최소로 줄어들 것이므로 포상금의 40% 이상인 2,000만 원에 맞춰질 것이고, 따라서 (15개, 2,250만 원)에서 우수부서 수가 5개 줄어서 10개이어야 -250만 원이 되고 2,000만 원에 맞춰질 것이다.

구분	우수부서 수 + 보통부서 수 = 15개						
우수부서 수 (150만 원)	15개	14개	13개	…	2개	1개	0개
보통부서 수 (100만 원)	0개	1개	2개	…	13개	14개	15개
배분 금액 (만 원)	2,250	2,200	2,150	…	1,600	1,550	1,500

이는 반대로 보통부서 수가 15개를 가정하여 1,500만 원에서 시작한 후 보통부서 수가 하나 줄어들 때마다(-100만 원), 우수부서 수가 하나 늘어난다고(+150만 원) 보는 것도 가능하다. 그렇다면 우수부서 수가 하나 늘어날 때마다 +50만 원이 되고, 포상금의 40% 이상(=2,000만 원)에 맞추기 위해서는 1,500만 원에서 +500만 원이 되어야 하고, 우수부서는 +10개 (= +50 × 10개)가 된다.

▶[방법 3] 선택지 활용

복지시설 확충에 2,900만 원을 사용하는 것은 고정이므로, 남은 2,100만 원의 포상금을 어떻게 사용할지를 결정해야 한다. 문제를 해결한 후 선택지 중 맞는 것을 고르지 말고, 선택지를 활용하여 검토하되 우수부서 수는 최소가 되어야 하므로 작은 값인(9개) 선택지 ① 또는 ②가 가능한지부터 검토한다.

· 선택지 ①, ② 검토: 우수부서 수가 9개 일 때 (= 보통부서 수는 6개)
현금 배분을 계산하면 (150 × 9) + (100 × 6) = 1,950만 원이고, 이는 포상금의 40 % 이상은 반드시 각 부서에 현금으로 배분한다는 조건에 위배되므로 불가능하다.

· 선택지 ③, ④ 검토: 우수부서 수가 10개일 때 (= 보통부서 수는 5개)
현금 배분을 계산하면 (150 × 10) + (100 × 5)=2,000만 원이고, 남은 100만 원으로 개당 1만 원의 기념품을 구입하므로 총 100개의 기념품을 구입할 수 있다.

▶[방법 4] 방법 2+방법 4+비율 처리

우수부서에 배분하는 금액이 150만 원, 보통부서에 배분하는 금액이 100만 원이고, 전체 15개 부서 중 우수부서 수를 최소로 하면, 보통부서의 수가 최대가 되고, 각 부서에 현금처럼 배분되는 금액은 앞에서 살펴본 바와 같이 최소가 된다.

선택지 ①, ②를 검토하면, 우수부서 수가 9개라고 했으므로 보통부서 수는 6개가 된다. 이때 배분되는 금액이 2,000만 원이 되는지를 확인하면 된다. (9개 × 150만 원) + (6개 × 100만 원) = 2,000만 원이고, 여기에 비율 처리를 하면 계산이 쉬워진다. 전부 다 100으로 나누었다고 가정하고 (9 × 1.5) + (6 × 1) = 20이 되는지 검토한다. (9 × 1.5) + (6 × 1) = 19.5 이므로 선택지 ①, ②는 답이 될 수 없다.

이후 선택지 ③, ④의 우수부서 10개를 대입하여 위와 같이 따져보면 20이고, 이때 기념품 구입개수는 100개가 되므로 정답은 ③이다.

문7 규칙 정오판단형 난이도 하 정답 ⑤

문제풀이 핵심 포인트
이 문제 역시 여러 가지 방법으로 해결이 가능한 문제이다. 한 문제를 여러 방법으로 풀어보는 연습을 해두어야 다음에 어떤 문제가 출제되어도 여러 방법으로 대응할 수 있다.

풀이

ㄱ. (O) (가)를 판단기준으로 한다면, 국민 전체 혜택의 합이 더 큰 정책을 채택하게 된다. A인구가 B인구의 4배임을 반영하여 계산하는 방법은 세 가지가 있다.

▶[방법 1] A인구 4명, B인구 1명일 경우

A인구가 4배이므로 A인구 4명, B인구 1명으로 가정하고 해결한다. 현행 정책은 (100 × 4명) + (50 × 1명) = 400 + 50 = 450이고, 개편안은 360 + 80 = 440으로 현행 정책이 유지된다.

이때 평균사고를 연습해보면, 현행 정책의 값은 450이고 개편안에 따를 때 개인의 혜택은 90또는 80이므로 450에 미치지 못할 것이라는 것을 쉽게 알 수 있다. 따라서 현행 정책이 채택된다.

▶[방법 2] 가중평균의 활용 – 국민 개인이 얻는 혜택을 구하는 방법

(1) 거리비로 계산하기

현행 정책의 경우 집단 B에 속한 개인은 50의 혜택을 얻고, 집단 A에 속한 개인은 100의 혜택을 얻는다. 각 집단의 비중에 따라 가중평균을 하면 50과 100 사이에서 결괏값이 도출될 것이다. 집단 B의 비중:집단 A의 비중은 1:4 이므로, 50과 100 사이에 거리비 4:1인 90의 값이 도출된다.

개편안의 경우 집단 B에 속한 개인은 80의 혜택을 얻고, 집단 A에 속한 개인은 90의 혜택을 얻는다. 각 집단의 비중에 따라 가중평균을 하면 80과 90 사이에서 결괏값이 도출될 것이다. 집단 B의 비중:집단 A의 비중 = 1:4 이므로, 80과 90 사이에 거리비 4:1인 88의 값이 도출된다.

따라서 가중평균의 결과 현행 정책 90, 개편안 88이므로 현행 정책이 유지된다.

(2) 비중을 곱해서 계산하기

A인구가 4배이므로, 집단 A의 비중이 80%, 집단 B의 비중이 20%이다. 각 집단의 개인이 얻는 혜택에 비중을 곱해서도 가중평균 값을 구할 수 있다. 현행 정책의 경우 100 × 0.8 + 50 × 0.2 = 90이고, 개편안의 경우 90 × 0.8 + 80 × 0.2 = 88이므로 현행 정책이 유지된다.

▶[방법 3] 차이값 접근

집단 A에 속한 사람은 현행 정책의 혜택이 + 10이고, 집단 B에 속한 사람은 개편안의 혜택이 + 30이다. 집단 A에 속한 사람이 4명, 집단 B에 속한 사람이 1명이라고 가정하여 계산하면 A가 + 10 × 4 = + 40, B가 + 30이다. 따라서 현행 정책이 유지된다.

ㄴ. (O) ㄱ과 동일하게 여러 방법으로 해결이 가능하다. 그 중 (가)를 기준으로 하면, 국민 전체 혜택의 합이 더 큰 정책을 채택한다. B인구가 전체 인구의 30%라면, 나머지 A인구가 전체 인구의 70%이므로 A인구 7명, B인구 3명으로 가정하여 계산하면 현행 정책은 (100 × 7) + (50 × 3) = 850이고 개편안은 (90 × 7) + (80 × 3) = 870이므로 개편안이 채택된다.

ㄷ. (O) 판단기준 (나)에 따를 때, '개인이 얻는 혜택'이 적은 집단에 더 유리한 정책을 채택한다. '개인이 얻는 혜택'은 표에 제시된 숫자이다. 현행 정책이 유지될 경우 개인이 얻는 혜택이 적은 집단은 100과 50 중 50의 혜택을 얻는 B 집단이고, 개편안이 채택될 경우 개인이 얻는 혜택이 적은 집단은 90과 80 중 80의 혜택을 얻는 B 집단이다. 따라서 현행 정책이 유지되든 개편안이 채택되든 개인이 얻는 혜택이 적은 집단은 B 집단이므로, 이 B 집단에 더 유리한 정책은 80의 혜택을 얻는 개편안이다. 따라서 개편안이 채택된다. 판단기준 (나)는 개인이 얻는 혜택을 비교하기 때문에 집단 A와 B의 인구 구성과는 무관하다.

ㄹ. (×) 판단기준 (다)에서는 A, B 두 집단 간 개인 혜택의 차이, 즉 1인당 혜택의 차이를 보기 때문에 집단 A와 B의 인구 구성과는 무관하다. 따라서 A인구가 B인구의 5배라는 것은 불필요한 정보이다. 현행 정책이 유지되면 A, B 두 집단 간 개인 혜택의 차이는 100과 50으로 50 차이가 나고, 개편안에서는 90과 80으로 10 차이가 난다. 그렇다면 A, B 두 집단 간 개인 혜택의 차이가 더 작은 정책은 개편안이다.

문8 상대적 계산형 난이도 하 정답 ②

문제풀이 핵심 포인트
최대·최소 문제의 경우 제외 조건을 놓치지 않도록 주의해야 한다. 지급액의 30%를 가산하는 조건도 있으므로 이를 적절히 잘 활용하면 보다 빠른 해결이 가능하다.

풀이

지급요건 및 대상의 각 항목에 선택지에 제시된 대상을 적용한다.

· 자발적 노력을 통한 제도 개선 등으로 예산을 절감하거나 세입원을 발굴하는 등 세입을 증대한 경우

→ A시 사무관 戊는 자발적 노력을 한 것이 아니라 A시장의 지시를 받아 사무용품 조달방법을 개선하여 경상적 경비를 절약한 것이기 때문에 지급대상이 되지 못한다. 이에 따라 선택지 ⑤가 제외된다.

· 예산절감 및 수입증대 발생시기: 2020년 1월 1일~2020년 12월 31일

→ 甲은 2019년 12월에 주요사업비 8천만 원을 절약하였으므로 지급대상이 되지 못한다. 이에 따라 선택지 ①이 제외된다.

· A시 공무원, A시 사무를 위임(위탁) 받아 수행하는 기관의 임직원

→ 乙, 丁은 지급 대상이다.

· 예산낭비를 신고하거나, 지출절약이나 수입증대에 관한 제안을 제출하여 A시의 예산절감 및 수입증대에 기여한 국민

→ 丙은 지급 대상이다.

이후 남은 선택지 ②~④에 지급기준을 적용한다.

· 1인당 지급액

구분	예산절감		수입증대
	주요사업비	경상적 경비	
지급액	절약액의 20%	절약액의 50%	증대액의 10%
지급대상	乙	丁	丙

- 타 부서나 타 사업으로 확산 시 지급액의 30%를 가산하여 지급
  → 乙은 지급액의 30%를 가산하여 지급받는다.

정리한 바에 따라 예산성과금을 계산하면 다음과 같다.

② 절약액 3천 5백만 원의 20%인 700만 원에 30%가 가산된 총 910만 원

③ 절약액 8천만 원의 10%인 800만 원

④ 절약액 1천 8백만 원의 50%인 900만 원

따라서 A시 예산성과금을 가장 많이 받는 사람은 乙이다.

문9 1지문 2문항형   난이도 ⑥   정답 ③

문제풀이 핵심 포인트
일치부합형의 〈보기〉인 ㄱ, ㄷ은 지문에서 관련 내용을 빠르게 확인하고, 응용형의 〈보기〉인 ㄴ, ㄹ은 직접 계산하는 것보다 주어진 내용을 검증하면 빠른 해결이 가능하다.

풀이

ㄱ. (×) 마지막 문단에 따르면, 전력차단프로젝트는 컴퓨터가 일정시간 사용되지 않으면 '언제라도' 컴퓨터와 모니터의 전원이 자동으로 꺼지도록 하는 것이다. 처음에 문제제기는 컴퓨터의 전력 소비량이 밤 시간대에 놀라울 정도로 많다는 것을 발견하게 된 것이었지만, 전력차단프로젝트 자체는 밤 시간대에 국한된 것은 아니다.

ㄴ. (○) 검증해서 해결해야 한다. 22,000대의 컴퓨터에 설치해서 연간 35만 kWh의 전력 소비를 절감할 수 있을 것으로 예상된다. A은행의 전력차단프로젝트로 절감되는 컴퓨터 1대당 전력량이 연간 15kWh 이상인지는 22,000대 × 연간 15kWh=2.2만 × 15 ≒ 33만 kWh이므로 연간 35만 kWh의 전력 소비를 절감하기 위해서 컴퓨터 1대당 연간 15kWh 이상 절감되어야 함을 알 수 있다.

컴퓨터 1대당 절감되는 연간 전력 소비량을 직접 구해보면

$\dfrac{\text{전력 소비 절감량}}{\text{컴퓨터 대수}} = \dfrac{35\text{만 kWh}}{22{,}000\text{대}} ≒ 15.9\text{kWh이다.}$

ㄷ. (×) 첫 번째 문단에 따르면, 넷제로는 배출되는 탄소량과 흡수·제거되는 탄소량을 동일하게 만든다는 개념이다. 즉 '배출되는 탄소량 = 흡수·제거되는 탄소량'이어야 한다. 그런데 A은행이 화상회의시스템과 전력차단프로젝트를 도입하더라도 배출되는 탄소량이 절감될 뿐 배출되는 탄소량과 흡수·제거되는 탄소량이 동일하지 않다.

ㄹ. (○) 발생하는 이산화탄소 평균 배출량을 표로 나타내면 다음과 같다.

동일한 거리	1명	비행기 한 대	이산화탄소 평균배출량	400kg	↑2배
	4명	자동차 한 대		200kg	

- 1명이 비행기로 출장 시: 400 kg
- 같은 거리를 4명이 자동차 한 대로 출장 시의 2배
  (같은 거리를 4명이 자동차 한 대로 출장 시 200kg, 1명일 시 50kg)

즉, 1인당 이산화탄소 평균 배출량은 4명이 자동차 한 대로 출장을 가는 경우가 50kg이고, 이는 같은 거리를 1명이 비행기로 출장을 가는 경우인 400kg의 1/8이다.

문10 1지문 2문항형   난이도 ⑥   정답 ⑤

문제풀이 핵심 포인트
문제를 해결하기 위한 정보가 지문 중 한 부분에 몰려 있지 않고, 다소 흩어져 있는 편이다. 이를 잘 결합하여 문제를 해결할 수 있어야 한다.

풀이

- A은행에서는 매년 연인원 1,000명이 항공 출장을 가고 있고, 한 사람이 비행기로 출장 시 발생하는 이산화탄소 평균 배출량은 400kg이다. 항공 출장으로 인하여 현재 A은행이 배출하는 연간 이산화탄소의 양은 A은행의 연간 전체 이산화탄소 배출량의 1/5에 달하는 수준이다. 이를 토대로 A은행의 전체 이산화탄소 배출량을 구하면 400kg × 1,000 × 5(∵20% → 100%) = 2백 만kg = 2,000톤이다.

- 화상회의시스템을 활용할 경우 한 사람의 이산화탄소 평균 배출량은 항공 출장의 1/10 수준에 불과하고, 항공 출장인원의 30%에게 항공 출장 대신 화상회의시스템을 활용하도록 할 계획이라고 하였다. 따라서 화상회의시스템을 도입할 경우 400kg × 90% × 300명=108,000kg으로, 연간 108톤이 절감된다.

- 전력차단프로젝트를 통하여 A은행은 연간 35만 kWh의 전력 소비를 절감할 수 있을 것으로 예상되며, 이는 652톤의 이산화탄소 배출에 해당하는 양이다.

따라서 절감되는 총 이산화탄소 배출량은 108+652=760톤이고, 760톤/2,000톤이므로 도입 전에 비해 연간 38% 감소한다.

문11 일치부합형(법조문형)   난이도 ⑥   정답 ⑤

문제풀이 핵심 포인트
제2항과 제3항 모두 키워드가 '지원'이므로 제2항의 지원과 제3항의 지원을 정확하게 구분하여 선지 ①번을 판단할 수 있어야 한다. 같은 항 안에서 내용을 정확하게 파악해야 하는 선지 ②번과 선지 ④번, 행위자를 정확하게 파악해야 하는 선지 ③번의 함정 모두 기존 기출문제에서 여러 번 활용되고 있는 함정이다. 한편, 옳은 선지인 ⑤번 선지에서 '취소할 수 있다'의 결정재량이 있는 경우 요건에 해당하더라도 반드시 취소해야 하는 것은 아니라는 것도 이전 기출 문제에서 여러 번 활용된 적 있다.

풀이

① (×) 제△△조 제2항에 따르면 A부장관은 지방자치단체의 장이 지정한 동물보호센터가 아니라 설치·운영하는 동물보호센터의, 보호비용이 아니라 설치·운영비용의 일부를 지원할 수 있고, 지원하여야 하는 것은 아니다. 제3항에 따르면 A부장관이 아니라 지방자치단체의 장이 A부장관이 정하는 기준에 맞는 기관이나 단체를 동물보호센터로 지정하여 동물의 구조·보호조치 등을 하게 할 수 있고, 이때 소요비용의 전부 또는 일부를 지원할 수 있고 지원하여야 하는 것은 아니다.

② (×) 제△△조 제5항 제3호에 따르면 지방자치단체의 장은 지정된 동물보호센터가 제○○조의 규정을 위반한 경우 제5항 본문에 따라 그 지정을 취소할 수 있다. 그리고 제○○조에 따르면 누구든지 동물에 대하여 학대행위를 하여서는 아니 된다. 따라서 지정된 동물보호센터가 동물을 학대한 사실이 확인된 경우, 제○○조를 위반한 것으로 제△△조 제5항 제3호에 해당하므로 제5항 본문에 따라 지방자치단체의 장은 그 지정을 취소할 수 있고, 취소하여야 하는 것은 아니다.

③ (×) 제△△조 제4항에 따르면 동물보호센터로 지정받고자 하는 기관은 지방자치단체의 장이 아니라 A부장관이 정하는 바에 따라, A부장관이 아니라 지방자치단체의 장에게 신청하여야 한다.

④ (×) 제△△조 제6항 본문에 따르면 지방자치단체의 장은 제5항에 따라 지정이 취소된 기관을 지정이 취소된 날부터 1년 이내에 다시 동물보호센터로 지정하여서는 아니 된다. 그리고 제5항 제1호에 따르면 동물보호센터가 부정한 방법으로 지정을 받은 경우 제5항 본문에 따라 지방자치단체의 장은 그 지정을 취소할 수 있다. 따라서 부정한 방법으로 동물보호센터 지정을 받아 그 지정이 취소된 기관은 제△△조 제5항 제1호에 해당하여 제5항 본문에 따라 지정이 취소된 것이므로, 제6항에 본문에 따르면 지정이 취소된 날부터 2년이 아니라 1년이 지나야 다시 동물보호센터로 지정받을 수 있다.

⑤ (○) 제△△조 제5항 제4호에 따르면 지방자치단체의 장은 지정된 동물보호센터가 보호비용을 거짓으로 청구한 경우, 제5항 본문에 따라 그 지정을 취소할 수 있고, 반드시 그 지정을 취소해야 하는 것은 아니다.

실전에선 이렇게!

'제00조'가 아닌 '제○○조'의 형식이므로 조문 간 연계가 있을 것임을 예상할 수 있다. '동물학대 등의 금지'라는 표제가 있기는 하지만, 조문이 1개뿐이므로 제1항에서 제6항까지 각 항의 키워드를 활용하여 빠르게 해결해야 한다.

문 12 경우 파악형 난이도 하   정답 ⑤

문제풀이 핵심 포인트
㉠, ㉡을 동시에 해결하기 위해서는 화재 이후 시점의 각 창고별 재고를 파악해야 한다. 우선 시간순으로 각 창고의 재고량을 파악해본다. 이를 통해 불에 그을리지 않은 것의 개수, 상반기 전체 출고기록이 맞바뀐 두 창고의 경우가 적절하게 그려져야 한다.

풀이

지문에서 문제풀이에 필요한 조건을 정리하면 다음과 같다.
· 조건 ⅰ) 2020년 1월 1일자 재고는 A창고 150개, B창고 100개, C창고 200개
· 조건 ⅱ) 하나의 창고에 화재가 발생하여 창고 안의 150개 재고 전부가 불에 그을림
· 조건 ⅲ) ㉡의 상반기 전체 출고기록이 맞바뀜

우선 조건 ⅰ)과 표의 내용에 따라 각 창고의 재고량을 시간순으로 함께 정리하면 다음과 같다. 문제 해결을 위해서 반드시 시간순 정리를 요하는 것은 아니고 입고기록과 출고기록을 합산하여 5월 11일 이후 시점의 각 창고별 재고량을 파악한다.

창고 일자	A			B			C		
	입고	출고	재고	입고	출고	재고	입고	출고	재고
1월 1일			150			100			200
2월 18일(출고)		-30	120		-20	80		-10	190
3월 4일(입고)	+50		170	+80		160	0		190
3월 27일(출고)		-10	160		-30	130		-60	130
4월 10일(입고)	0		160	+25		155	+10		140
4월 13일(출고)		-20	140	0		155		-15	125
5월 11일(입고)	+30		170	0		155	0		125
	+80	-60		+105	-50		+10	-85	

이때 조건 ⅱ)의 내용과 달리 재고가 150개인 창고가 없으므로 ㉡을 해결하기 위해서는 조건 ⅲ)을 적용하여 두 창고의 상반기 전체 출고기록을 맞바꿔 재고가 150개가 되는 창고가 있는지 확인하여야 한다.

우선 ㉠부터 해결해보면 각 창고별 재고가 아닌 甲회사 전체의 재고만 파악하면 된다. 5월 11일 이후부터 화재 직전 시점까지 甲회사 전체의 재고는 170 + 155 + 125 = 450개이고, 5월 25일 화재 발생으로 150개가 불에 그을린 이후 불에 그을리지 않은 재고는 300개이다. 2020년 1월 1일자 재고와 2020년 상반기 입·출고기록에 따라 5월 25일 각 창고의 재고를 구하면 다음과 같다.

· A창고: 150 + (50 + 30) - (30 + 10 + 20) = 170개
· B창고: 100 + (80 + 25) - (20 + 30) = 155개
· C창고: 200 + 10 - (10 + 60 + 15) = 125개

5월 25일 총 재고는 170 + 155 + 125 = 450개이고 이 중 불에 그을린 재고는 150개로, 5월 26일 甲회사의 재고 중 그을리지 않은 것은 ㉠ 300개이다.

㉡을 해결해보면 두 창고의 출고기록을 맞바꿔야 하는데 창고가 3개밖에 없으므로 두 창고의 출고기록을 맞바꾸는 경우의 수는 3가지뿐이다.

따라서 직접 계산을 해보되 아래와 같이 5월 11일 이후 각 창고의 재고와 상반기 전체 출고량만 염두에 두고 계산한다.

창고 일자	A			B			C		
	입고	출고	재고	입고	출고	재고	입고	출고	재고
5월 11일(입고)			170			155			125
		-60			-50			-85	

예를 들어 창고 A, B를 비교하면 창고 A의 상반기 출고량이 창고 B의 상반기 출고량보다 10개 더 많으므로 두 창고의 출고기록을 바꾸는 경우 창고 A의 재고는 180개, 창고 B의 재고는 145개가 될 것이다. 마찬가지 방법으로 창고 A, C를 비교하면 창고 C의 상반기 출고량이 창고 A의 상반기 출고량보다 25개 더 많으므로 두 창고의 출고기록을 바꾸는 경우 창고 A의 재고량은 25개를 뺀 145개가 되고 창고 C의 출고량은 25개를 더한 150개가 된다. 따라서 출고기록이 바뀐 두 창고는 A와 C이며 화재가 발생한 창고는 C임을 알 수 있다.

실전에선 이렇게!

· ㉠만 해결하기 위해서는 각 창고별 5월 11일 이후의 재고량을 파악할 필요가 없다. 조건 ⅰ)에 따르면 1월 1일 시점에서 甲회사의 재고량은 150 + 100 + 200 = 450개이다. 표에 따르면 상반기 전체 입고량은 50 + 80 + 0 + 0 + 25 + 10 + 30 + 0 + 0 = 195개이고, 상반기 전체 출고량은 30 + 20 + 10 + 10 + 30 + 60 + 20 + 0 + 15 = 195개이다. 즉, 5월 11일 이후부터 화재 이전까지 甲회사 전체의 재고는 450 + 195 - 195 = 450개이고, 이 중 화재로 150개가 불에 그을렸으므로 5월 26일 화재 직후 불에 그을리지 않은 재고량은 300개임을 알 수 있다.
· 조건 ⅱ)와 ⅲ)에 따라 출고기록이 맞바뀐 후 A~C 중 하나의 창고의 재고가 150개가 되어야 한다. ㉠이 300이므로 선택지 ④, ⑤만 남기면 ㉡으로 가능한 것은 A와 B 또는 A와 C이다. ㉡이 A와 B일 때 창고의 재고는 A가 180개, B가 145개, C가 125개이다. ㉡이 A와 C일 때 창고의 재고는 A가 145개, B가 155개, C가 150개이다. 이에 따라 ㉡은 5월 25일의 C창고의 재고가 150개가 되는 A와 C이다.

문제풀이 핵심 포인트
조건이 다소 복잡해 보일 수 있으나 주어진 대로 처리하면 해결되는 문제이다. 3급지 항에 적용되는 단서조건을 놓치지 않도록 주의한다.

풀이

〈일반하역사업의 최소 등록기준〉에 따르면 사업자 甲의 부산항, 사업자 乙의 광양항은 1급지, 사업자 丙의 동해·묵호항은 2급지, 사업자 丁의 대산항은 3급지에 해당한다.

구분	1급지 甲, 乙 (부산항, 인천항, 포항항, 광양항)	2급지 丙 (여수항, 마산항, 동해·묵호항)	3급지 丁 (1급지와 2급지를 제외한 항)

단서조건에 해당하는 세 번째 조건부터 검토해보면, 사업자 丁이 해당하므로 등록기준에서 정한 급지별 '총시설평가액'이 2분의 1로 완화된다.

구분	1급지 甲, 乙 (부산항, 인천항, 포항항, 광양항)	2급지 丙 (여수항, 마산항, 동해·묵호항)	3급지 丁 (1급지와 2급지를 제외한 항)
총시설 평가액	10억 원	5억 원	0.5억 원
자본금	3억 원	1억 원	5천만 원

지문의 표에 총시설평가액과 자본금 기준이 제시되어 있으므로, 각 사업자의 총시설평가액과 자본금이 주어진 최소 등록기준을 넘는지 확인해 본다.

· 사업자 甲: 총시설평가액 10억 원, 자본금 2억 원으로 기준을 충족하지 못한다.
· 사업자 乙: 총시설평가액 11억 원, 자본금 3억 원으로 기준을 충족한다.
· 사업자 丙: 총시설평가액 7억 원, 자본금 4억 원으로 기준을 충족한다.
· 사업자 丁: 총시설평가액 0.9억, 자본금 1억 원으로 기준을 충족한다.

이때 단서조건에 의해 丁이 기준을 충족한다는 점에 유의한다.

남은 사업자를 대상으로 첫 번째 조건과 두 번째 조건을 적용한다. 아래 표에서 첫 번째 조건은 굵은 테두리로, 두 번째 조건은 회색 음영으로 표시하였다. 첫 번째 조건을 검토할 때 분자에는 굵은 테두리 액수의 합을, 분모에는 앞서 구한 표의 총시설평가액을 대입하면 된다.

검토 결과 두 번째 조건에 의해서 丙이 제외되고, 일반하역사업 등록이 가능한 사업자로는 乙, 丁이 남는다.

사업자	항만	자본금	시설	시설 평가액	본인 소유 여부	첫 번째 조건	두 번째 조건
乙 1급지	광양항	3억 원	C	8억 원	O	8/10 억 원	8/11 억 원
			E	1억 원	×		
			F	2억 원	×		
丙 2급지	동해 · 묵호항	4억 원	A	1억 원	O	5/5 억 원	5/8 억 원
			C	4억 원	O		
			D	3억 원	×		
丁 3급지	대산항	1억 원	A	6천만 원	O	7/5 천만 원	8/9 천만 원
			B	1천만 원	×		
			C	1천만 원	×		
			D	1천만 원	O		

문제풀이 핵심 포인트
주어진 정보를 얼마나 효율적으로 처리할 수 있는지가 관건인 문제이다. 연비, 속력 문제는 상황판단 보다 자료해석에서 더 많이 출제되는 소재이므로, 기존 기출문제를 통해 충분히 연습해 둘 수 있는 문제이다.

풀이

㉠ X의 연비는 15mpg이다. 이를 각주에 따라 갤런과 km로 나타내어보면 다음과 같다.

$$\rightarrow \frac{15마일}{1갤런} = \frac{15마일}{1갤런} \times \frac{1갤런}{4L} \times \frac{1.6km}{1마일} = \frac{6km}{1L}$$

따라서 X는 120km를 이동하는 데 $120km \times \frac{1L}{6km} = 20L$가 소요된다. 선지 ①, ②, ⑤는 제거된다.

㉡ ㉡은 4갤런의 연료로 갈 수 있는 거리에 대해서 묻고 있으므로 Y와 Z의 연비를 갤런으로 환산해보면 다음과 같다.

$$\rightarrow Y: \frac{8L}{100km} = \frac{8L}{100km} \times \frac{1갤런}{4L} = \frac{2갤런}{100km}$$

$$\rightarrow Z: \frac{18km}{1L} = \frac{18km}{1L} \times \frac{4L}{1갤런} = \frac{72km}{1갤런}$$

따라서 Y는 4갤런의 연료로 200km를 이동할 수 있고, Z는 72km × 4 = 288km를 이동할 수 있으므로 Z는 Y보다 88km를 더 이동할 수 있다. 선지 ①, ③은 제거된다.

따라서 ㉠과 ㉡을 옳게 짝지은 것은 ④이다.

실전에선 이렇게!

A당 B은 기출문제에서 매우 빈출되는 장치이다. A당 B를 공식으로 정확하게 표현하면 B/A라고 표현되지만, 이렇게 정보를 처리하는 것은 효율적이지 못하다. 각 자동차의 연비 정보를 8L/100km,라고 주면 8L : 100km라고 적고, 18km/L라고 주면 18km : 1L라고 적고 L 또는 km의 배율에 따라 비례관계 조정만 하면 간단하게 해결할 수 있는 문제이다.

문제풀이 핵심 포인트
비용 분담안으로 세 가지 안이 제시되어 있으므로, 각 안들을 정확하게 파악할 수 있어야 한다. 선택지에서 정확한 비용을 구할 것을 요구하지 않으므로, 상대적 계산 스킬을 사용하여 빠르고 정확하게 해결할 수 있어야 한다.

풀이

지문을 읽고 다음과 같은 그림을 떠올린다.

O ← A ← B ← C

화살표는 A, B, C 주민은 O로의 이동을 위해서만 도로를 이용하는 것을 나타낸다. 비용은 A, B, C 도시만 부담하고 O는 부담하지 않으며 B, C의 주민은 각각 A와 A, B 도시에 멈추거나 하지 않는다.

비용 분담안을 이해하고 비용 분담안별로 비교도 해야 하므로, 거리당 건설비용을 1로 가정하고 바로 건설비용을 구하는 것이 가장 빠르다. 해당 문제에서는 도시 간 거리가 동일하므로 각 구간당 건설비용을 일정한 값으로 가정해도 상관없다. 다만 일반적으로 문제에서 해당 숫자를 나누게 되는 경우가 많으므로 너무 작은 값을 가정하면 소수를 계산해야 하는 경우가 발생할 수 있다.

- Ⅰ안: 각 도시가 균등하게 부담하므로 각각 30: 30: 30을 부담한다.
- Ⅱ안: 각 도시가 이용 구간의 길이에 비례하여 비용을 부담한다.

따라서 전체 90의 건설비용을 A, B, C 도시가 각각 15:30:45로 부담한다.
- Ⅲ안: $\overline{OA}$ 구간은 A, B, C 도시가 모두 이용하므로 각각 10씩, $\overline{AB}$ 구간은 B, C 도시가 이용하므로 각각 15씩, $\overline{BC}$ 구간은 C 도시만 이용하므로 30을 부담한다. 따라서 A:B:C = 10:25:55를 부담한다.

이를 하나의 표로 정리하면 다음과 같다.

구분	A	B	C
Ⅰ안	30	30	30
Ⅱ안	15	30	45
Ⅲ안	10	25	55

만약 거리당 건설비용이 같다는 것을 떠올리기 어렵다면, Ⅰ안 1:1:1의 비율을 모두 더하면 3, Ⅱ안 1:2:3의 비율을 모두 더하면 6, Ⅲ안 $\frac{1}{3}:(\frac{1}{3}+\frac{1}{2})$: $(\frac{1}{3}+\frac{1}{2}+1)$의 비율을 통분하면 2:5:11이고 모두 더하면 18이라는 점을 주목한다. 3, 6, 18의 최소공배수인 18을 기준으로 위와 같은 표를 작성해 보거나 충분히 큰 공배수를 가정하여 해결해 본다.

① (○) A 는 Ⅲ안의 부담 비용이 10으로 가장 낮다.
② (○) B의 부담 비용은 Ⅰ안과 Ⅱ안 각각 30으로 같다.
③ (○) Ⅱ안에서 A와 B의 부담 비용의 합은 45이고 이는 C의 부담 비용과 같다.
④ (○) Ⅰ안에 비해 Ⅱ안의 부담 비용이 낮아지는 도시의 수는 A 1개이고, Ⅰ안에 비해 Ⅲ안의 부담비용이 낮아지는 도시의 수는 A, B 2개이다.
⑤ (×) C의 부담 비용은 Ⅲ안 55가 Ⅰ안의 2배인 60에 미치지 못한다.

실전에선 이렇게!

③ A와 B의 부담 비용의 합은 45이고 전체 건설비용이 90이므로 C의 부담 비용이 45임을 알 수 있다.

문16 경우 파악형 난이도 중 정답 ①

문제풀이 핵심 포인트
정확히 1kg 맡겨서 최대 금액이 되도록 맡겨야 한다. 그렇다면 무게당 가격이 높을 때 최대 금액이 될 수 있다. '가성비' 장치는 이전 기출문제에서 여러 번 출제된 적이 있는 빈출 장치이다. 기출분석을 철저하게 해두는 것이 필요하다.

풀이
甲은 정확히 1kg의 보석만 맡길 수 있으며, 모든 종류의 보석을 하나씩은 포함하여 최대 금액이 되도록 맡기는 것을 확인한다. 최대 금액이 되도록 맡겨야 하므로 각 보석의 무게당 가격을 비교해보면 다음과 같다.

→ C: $\frac{3}{3}$ > A: $\frac{10}{12}$ > B: $\frac{7}{10}$ > D: $\frac{1}{2}$

따라서 C를 다른 보석에 우선하여 최대한 맡기는 것으로 생각해본다. 그렇다면 150개를 모두 맡기고, 맡긴 보석의 무게는 총 3 × 150 = 450g이다. 두 번째로 A를 모두 맡긴다고 생각해보면 무게는 총 12 × 52 = 624g이다. B, D도 최소 하나씩은 포함하여야 하고 1kg를 초과할 수는 없으므로, A를 빼면서 B, D를 추가하는 것으로 생각해본다. 일단 A의 무게가 550g 이하가 되도록 충분히 빼준다면 7개를 빼는 것으로 생각해보자. 12 × 45 = 540g이지만 이 경우 B, D를 하나씩 맡길 수 없다. 8개를 빼는 것으로 생각해본다. 12 × 44 = 528g이고 이 경우 B 2개, D 1개를 맡겨 정확히 1kg를 맡길 수 있다. 따라서 甲이 은행 금고에 맡길 A의 개수는 44이다.

실전에선 이렇게!

무게당 가격이 높아야 1kg를 맡겼을 때 최대금액이 될 수 있는데, 이 정보는 바로 주어지지는 않았다. 표에서 '개당 가격'과 '개당 무게'의 정보로부터 '무게당 가격'을 찾아낼 수 있어야 한다. 이런 식의 숨겨진 정보를 찾는 문제는 민경채 18년, 7급 공채 21년 문제에서 이미 여러 번 출제된 바 있다.

문17 경우 확정형 난이도 하 정답 ③

문제풀이 핵심 포인트
甲~戊 다섯 명 모두 다섯 개의 항목에서 3점 2개, 2점 3개씩을 받았다. 따라서 3점 2개를 받은 항목의 항목가중치가 얼마인지에 따라서 등수가 차이가 나게 된다. 항목가중치가 정확하게 얼마인지를 구하는 문제가 아닌, 甲~戊 간의 비교만 할 수 있는 문제이다. 비교를 할 때는 인접한 등수의 사람끼리 하는 것이 가장 바람직하다.

풀이
이 문제는 甲~戊 모두 3점이 2개, 2점이 3개씩이다. 따라서 항목가중치가 동일했다면 총점은 모두 동일할 것이고, 항목가중치에 따라서 등수가 결정될 것이다. 반대로 등수를 통해서 항목가중치를 알아낼 수도 있다.

(단위: 점)

구분	甲	乙	丙	丁	戊
가치관	3	2	3	2	2
열정	2	3	2	2	2
표현력	2	3	2	2	3
잠재력	3	2	2	3	3
논증력	2	2	3	3	2

· 1등(乙) vs 2등(戊) 비교
표현력에서 받은 3점은 동일하기 때문에 두 사람 간 차이가 발생하지 않는다. 乙은 열정에서 3점, 戊는 잠재력에서 3점을 받았는데 乙이 1등이고 戊가 2등이므로, 항목가중치는 열정>잠재력임을 알 수 있다.

· 2등(戊) vs 3등(甲) 비교
잠재력에서 받은 3점은 동일하기 때문에 두 사람 간 차이가 발생하지 않는다. 戊는 표현력에서 3점, 甲은 가치관에서 3점을 받았는데 戊가 2등이고 甲이 3등이므로, 항목가중치는 표현력>가치관임을 알 수 있다.

· 3등(甲) vs 4등(丁) 비교
잠재력에서 받은 3점은 동일하기 때문에 두 사람 간 차이가 발생하지 않는다. 甲은 가치관에서 3점, 丁은 논증력에서 3점을 받았는데 甲이 3등이고 丁이 4등이므로, 항목가중치는 가치관>논증력임을 알 수 있다.

· 4등(丁) vs 5등(丙) 비교

논증력에서 받은 3점은 동일하기 때문에 두 사람 간 차이가 발생하지 않는다. 丁은 잠재력에서 3점, 丙은 가치관에서 3점을 받았는데 丁이 4등이고 丙이 5등이므로, 항목가중치는 잠재력>가치관임을 알 수 있다.

따라서 정답은 ③이다.

문 18 규칙 적용해결형   난이도 상   정답 ③

문제풀이 핵심 포인트
지문에서 해당 스포츠 종목은 1점씩 득점한다고 하며, 〈상황〉에서는 A, B 두 팀의 득점 순서가 주어져 있으므로 득점에 따른 점수 상황을 모두 알 수 있다. 득점에 따른 점수 상황을 정리하고 〈방식 1〉, 〈방식 2〉를 적용해본다.

[풀이]

〈상황〉의 득점 순서에 따라 A, B팀의 점수를 정리해보면 다음과 같다. A팀을 앞쪽에, B팀을 뒤쪽에 표시하였다.

A - A - B - B - B - A - B - A - A - A - B

첫 번째	두 번째	첫 번째	두 번째	세 번째	세 번째	네 번째	네 번째	다섯 번째	여섯 번째	다섯 번째
1:0	2:0	2:1	2:2	2:3	3:3	3:4	4:4	5:4	6:4	6:5

〈방식 1〉, 〈방식 2〉 모두 승리한 팀을 기준으로 결승점을 정의한다. 경기 종료 시 더 많은 득점을 한 A팀이 승리하였다.

〈방식 1〉을 적용해보면 A팀이 B팀보다 1점 많아지는 득점을 한 경우는 A팀의 첫 번째, 다섯 번째 득점이다. 그중 경기 종료 시까지 동점이나 역전을 허용하지 않고 승리한 경우는 A의 다섯 번째 득점이다. 선지 ①, ④, ⑤는 제거된다.

〈방식 2〉를 적용해보면 A팀의 득점 중 B팀의 최종 점수 5점보다 1점 많아진 때의 득점은 A의 여섯 번째 득점이다.

따라서 〈방식 1〉과 〈방식 2〉에 따른 결승점을 옳게 짝지은 것은 ③이다.

[실전에선 이렇게!]

〈방식 1〉과 〈방식 2〉 중에서 어떤 방식부터 먼저 해결할 것인지 고민해서 더 빠르게 해결할 수 있는 과정을 수행해야 한다. 또한 발문에서 묻는 형식을 통해 적절하게 선지를 활용하여 해결할 수 있어야 한다.

문 19 경우 파악형   난이도 중   정답 ③

문제풀이 핵심 포인트
5세트가 시작한 시점에 경기장에 남아있는 관람객 수의 최댓값을 묻고 있으므로 홈팀과 원정팀이 어떤 순서대로 세트 점수를 획득하는 것이 가장 관람객이 적게 나갈 것인지 생각해본다.

[풀이]

마지막 조건에 따르면 경기 결과 원정팀이 세트 점수 3점, 홈팀이 세트 점수 2점이지만, 5세트가 시작한 시점을 묻고 있으므로 홈팀, 원정팀 각각 세트 점수 2점인 상황의 관람객 수 최댓값을 구해야 한다.

첫 번째 세트를 홈팀이 이겨 세트 점수가 홈팀, 원정팀 각각 1: 0이 되면 원정팀 관람객 500명이 나간다. 반대로 세트 점수가 0: 1이 되면 홈팀 관람객 1,000명이 나간다. 즉, 첫 번째 세트를 홈팀이 이기는 것이 경기장을 나가는 관람객의 총수가 더 적다(8,000명 → 7,500명).

구분		1세트	2세트	3세트	4세트	5세트
승리팀		홈팀				
누적 세트 점수		1:0				
관람객	홈팀	5,000				
	원정팀	2,500				

세 번째 조건에서 한 팀이 다른 팀보다 누적 세트 점수가 낮은 경우 관람객이 경기장을 나간다고 했으므로 누적 세트 점수가 같은 경우는 관람객이 경기장을 떠나지 않는다. 즉, 두 번째 세트는 원정팀이 이겨 누적 세트 점수가 1:1이 되면 세트가 끝나도 경기장을 나가는 관람객이 없다(7,500명).

구분		1세트	2세트	3세트	4세트	5세트
승리팀		홈팀	원정팀			
누적 세트 점수		1:0	1:1			
관람객	홈팀	5,000	5,000			
	원정팀	2,500	2,500			

세 번째, 네 번째 세트도 이와 같은 과정을 반복하면 4세트가 끝나고 5세트가 시작한 시점에서 경기장에 남아있는 관람객은 7,000명이 된다.

구분		1세트	2세트	3세트	4세트	5세트
승리팀		홈팀	원정팀	홈팀	원정팀	
누적 세트 점수		1:0	1:1	2:1	2:2	
관람객	홈팀	5,000	5,000	5,000	5,000	
	원정팀	2,500	2,500	2,000	2,000	

즉, 5세트가 시작한 시점(4세트 결과)에서 경기장에 남아 있는 관람객 수의 최 냇값은 7,000명이다.

문 20 경우 파악형   난이도 상   정답 ②

문제풀이 핵심 포인트
주어진 대화에서 가능한 월과 일을 추린 후, 각 선택지의 조건을 추가해서 하나의 날짜로 추릴 수 있어야 한다. 선택지 중에서는 추가된 조건으로 인해 경우의 수가 많이 줄어들 수 있는 것이 더 유리하다. 예를 들어 추가되는 조건이 '짝수이다' 보다는 '4의 배수이다'일 때 더 많은 숫자가 추려질 것이다.

[풀이]

대화 내용 중 담임 선생님의 생신을 확정할 수 있는 조건을 통해 범위를 추려보면 다음과 같다.

- 맨 앞자리가 0이 아닌 달은 10월, 11월, 12월이 있다.

- 31일까지 있는 달이니까 10월 또는 12월이다.

- 생신의 날짜가 8의 배수이기 때문에 다음과 같이 가능하다.

월	10월	12월
일	8일, 16일, 24일	8일, 16일, 24일

- 여기에 각 선택지의 내용을 추가했을 때, 답변을 통해 하루로 확정이 되어야 한다.

월	10월	12월
일	8일, 16일, 24일	8일, 16일, 24일
①	10월 8일	12월 8일
②	없음	12월 24일
③	10월 16일, 24일	12월 16일, 24일
④	10월 24일	12월 08일
⑤	10월 08일	12월 24일

	오전	출근시간 30분	~ 30분
월	오후	퇴근시간 30분	~ 60분
화	오전	출근시간 30분	~ 90분
	오후	퇴근 시 시외버스 30분	~ 120분
수	오전	출근시간 30분	~ 150분
		회의 이동시간 지하철 20분	~ 170분
		회의 이동시간 시내버스 30분	포함 안 됨
	오후	퇴근시간 밤 9시 10분 지하철 40분	포함 안 됨
목	오전	출근시간 30분	~ 200분
	오후	퇴근시간 30분	~ 230분

따라서 목요일 퇴근 중에 책을 다 읽을 수 있다.

따라서 ㉠에 해당하는 것은 '선생님 생신의 일은 월의 배수야.'이다.

문21 조건 계산형 `난이도 중` 정답 ④

문제풀이 핵심 포인트
계산 규칙을 잘 정리해서 이해한 후 〈상황〉에 적절하게 적용한다.

`풀이`

특별한 일이 없이 출근 또는 퇴근을 하는 경우 30분 동안 60쪽의 책을 읽는다. 주어진 〈상황〉에서 특별한 일이 있는 경우를 정리해보면 다음과 같다.

구분	월	화	수	목	금
오전			2)		
오후	1)		3)		

1) 회식, 밤 8시 30분부터 시외버스 30분 이동
2) 오전 근무 후 회의를 위해 지하철로 20분 + 시내버스 30분 이동
3) 회의 후 밤 9시 10분부터 지하철 40분 이동, 퇴근시 책 안읽음

▶[방법 1] 쪽수로 접근하기

각 상황을 고려하여 책을 읽게 되면 다음과 같다.

	오전	60쪽을 읽음	~260쪽	280쪽 책
월	오후	남은 20쪽을 읽는 데 10분이 소요됨	~280쪽	
		남은 20쪽에 처음 30페이지까지 읽음	~30쪽	
화	오전	60쪽을 읽음	~90쪽	
	오후	1) 시외버스 이용 시 60쪽을 읽음	~150쪽	
수	오전	출근 시, 60쪽을 읽음	~210쪽	350쪽 책
		2) 시내버스 이동 시에는 책을 읽지 않으나, 지하철로 이동 시 20분 동안 40쪽을 읽음	~250쪽	
	오후	3) 9시를 초과하여 책을 읽지 않음		
목	오전	60쪽을 읽음	~310쪽	
	오후	남은 40쪽을 읽는 데 20분이 소요됨	~370쪽	

따라서 목요일 퇴근 중에 새로 읽기 시작한 350쪽의 책을 다 읽게 된다.

▶[방법 2] 시간으로 접근하기

기본적으로 10분에 20쪽을 읽고, 책의 초반 30쪽까지는 10분에 15쪽을 읽는다.

1) 기존 책의 남은 80페이지를 읽기 위해서는 40분이 필요하다.
2) 새로운 책의 350쪽을 읽기 위해서는, 초반 30쪽까지 읽는 데 20분 + 남은 320쪽을 읽는 데 160분 = 총 180분의 시간이 필요하다.

따라서 1) + 2) = 220분의 책 읽는 시간이 확보되면 새로 읽기 시작한 350쪽의 책을 다 읽을 수 있다.

문22 규칙 정오판단형 `난이도 하` 정답 ④

문제풀이 핵심 포인트
6 또는 9가 적힌 숫자카드는 9와 6 중에서 원하는 숫자카드 하나로 활용할 수 있다는 점과 만능카드가 있다는 점을 잘 활용하여야 한다. 甲과 乙은 총 10장의 카드를 5장씩 나누어 가지므로, 두 사람 간에 카드 중복은 불가능하다.

`풀이`

ㄱ. (○) 숫자를 크게 만들기 위해서는 다섯 자리 중 앞자리(왼쪽 자리)부터 큰 숫자를 배치해야 한다. 숫자 9를 만들 수 있는 카드는 6 카드, 9 카드, 만능카드이므로 '999××'까지 완성되고 남은 숫자 중 큰 순으로 '99987'을 만들 수 있다. '99987'은 홀수이다.

ㄴ. (○) 숫자를 작게 만들 때 숫자 '1'을 만들 수 있는 카드는 1 카드와 만능카드이다. 甲과 乙 서로 간에 카드 중복이 불가능하므로 乙이 '12'를 만들 수 있는 카드 조합의 경우를 따져보아야 한다. '12'를 만들 때 활용할 수 있는 카드는 1 카드, 2 카드, 만능카드 세 장이고 이 중 두 장을 사용하여 '12'를 만들었을 것이다. 따라서 甲은 1 카드, 2 카드, 만능카드 세 장 중 한 장과 3, 4, 5, ⋯⋯의 카드를 가지게 된다. '乙이 승리한다'의 반례는 甲이 이기거나 비기는 경우인데, 그러기 위해서는 甲은 11 또는 12를 만들어야 한다. 甲이 가진 카드는 1 카드, 2 카드, 만능카드 세 장 중 한 장과 3, 4, 5, ⋯⋯의 카드이므로 11 또는 12를 만드는 것은 불가능하고, 만들 수 있는 가장 작은 수는 '13'이다. 따라서 乙이 승리한다.

위의 상황을 구체적으로 살펴보면 다음과 같다. 乙이 12를 만들 수 있는 경우와, 그 때 甲이 가진 카드 중 작은 숫자를 만들 수 있는 카드, 그 카드로 甲이 만들 수 있는 가장 작은 숫자를 살펴보면 다음과 같다.

	乙		甲	
12	ⓐ 1, 2		만능카드, 3, 4, ⋯⋯	13
	ⓑ 1, 만능카드		2, 3, 4	23
	ⓒ 2, 만능카드		1, 3, 4	13

이 문제에는 일반적으로 게임 규칙에서 자주 볼 수 있는 '각 참가자는 승리하기 위해 최선을 다한다.'라는 조건이 없다. 따라서 위 경우 ⓐ, ⓑ, ⓒ 중 ⓑ는 숫자 '12'를 만들 수도 있지만, 승리하기 위해서 최선을 다한다면 '12'가 아닌 '11'을 만들었을 것이다. 따라서 '각 참가자는 승리하기 위해 최선을 다한다.'라는 조건이 있었다면 위 경우 중 ⓑ경우를 제외한 ⓐ경우와 ⓒ경우만을 고려해야 한다.

ㄷ. (×) 숫자 9를 만들 수 있는 카드는 6 카드, 9 카드, 만능카드 세 장이다. 甲이 '98'을 만들었다면 이 중 한 장과 8 카드를 사용한 셈이다. 따라서 乙이 '9'를 만들 수 있는 남은 두 장의 카드로 '99'를 만드는 것이 가능하기 때문에 甲이 승리한다고 말할 수 없다.

ㄹ. (○) 10보다 작은 3의 배수는 3, 6, 9가 있다. 여기에 만능카드까지 고려한다면 10보다 작은 3의 배수는 최대 4개까지 만들 수 있다. 이 때 6과 9 모두 10보다 작은 3의 배수이므로 6 ↔ 9 카드에 대한 고려는 하지 않아도 된다. 따라서 가능한 4개 중 乙이 3개를 만들었다면 甲은 최대 1개까지만 만들 수 있으므로 乙은 승리한다.

문23 경우 확정형 난이도 하 정답 ④

문제풀이 핵심 포인트
제약조건을 중요하게 확인한 후, 경우 확정형 문제를 해결하는 데 실마리가 되는 고정정보를 찾고 덩어리가 큰 조건부터 해결한다.

풀이

·제약조건
- 시험 전날, 발표 수업이 있는 날에는 청소당번을 하지 않는다.
- 한 사람이 이틀 연속으로는 청소당번을 하지 않는다.

1) A 2번 중 1번, D 확정

대화를 통해 확정적인 것은 A가 월요일, D가 금요일에 청소당번을 한다는 것이다. A만 두 번 청소당번을 하므로 A는 한 번의 청소당번을 더 해야 한다.
따라서 화, 수, 목의 청소당번은 A, B, C가 한 번씩 하게 된다. 조건에 따라 한 사람이 이틀 연속으로는 청소당번을 하지 않으므로, A는 수요일 또는 목요일에 청소당번을 하게 된다.

월	화	수	목	금
A				D

2) C 확정

C의 발언을 보면 '발표 수업＝시험 보는 날'이 두 번인데, 해당일과 그 전날도 청소당번을 하지 않는다. 그 결과 청소당번을 할 수 있는 날이 하루밖에 없어야 하고, 해당 요일의 청소당번이 된다.

월	화	수	목	금

위 상태에서 ⊠ 발표수업 시험 를 2번 배치해서 청소당번이 가능한 요일이 하나로 확정되어야 한다.

	월	화	수	목	금
경우1)	⊠	발표수업 시험	발표수업 시험		
경우2)	⊠	발표수업 시험		발표수업 시험	
경우3)	⊠	발표수업 시험			발표수업 시험
경우4)	⊠		발표수업 시험	발표수업 시험	
경우5)	⊠		발표수업 시험		발표수업 시험
경우6)	⊠			발표수업 시험	발표수업 시험

청소당번이 가능한 요일이 하나만 남는 경우는 경우 2), 3), 5)이다. 그런데 경우 2)는 금요일만, 경우 5)는 월요일만 가능하므로 앞에서 A가 월요일, D가 금요일에 청소당번을 한다는 조건과 충돌한다. 따라서 경우 3)이어야 하고 C는 수요일에 청소당번을 한다.

월	화	수	목	금
A		C		D

3) 나머지의 확정

A는 수요일 또는 목요일에 청소당번이 가능했는데, C가 수요일로 확정되었으므로, A는 목요일에 청소당번을 한다.
나머지 B가 화요일에 청소당번을 한다.

문24 규칙 정오판단형 난이도 하 정답 ③

문제풀이 핵심 포인트
지문의 첫 번째 문단에서 '직접 조약' 관계는 두 나라 사이에서만 성립하는 관계임을 확인한다. 그리고 두 번째 문단의 설명은 '직접 조약' 관계가 아닌 경우이다. '연결망'문제는 상황판단 보다 자료해석에서 더 많이 출제되고 있는 유형이다. 자료해석과 상황판단은 서로 시너지가 날 수 있는 과목이므로 기출분석을 철저하게 해 두면 자료해석도 상황판단도 고득점이 가능해질 것이다.

풀이

<상황>의 첫 번째 동그라미부터 각각 상황 ⅰ)~ⅲ)이라고 한다.
상황 ⅰ)에 따르면 △△대륙의 국가는 A~E국으로 총 5개국이다. 따라서 총 $_5C_2 = 10$가지 경우의 직접 조약 관계를 확인해야 한다. 상황 ⅲ)에 따르면 A국과 B국은 친밀 관계이다. 즉, A국과 B국은 직접 조약 관계가 아니며 두 나라와 공통으로 직접 조약 관계인 나라가 3개이므로, A국과 B국 모두 C, D, E국과 직접 조약 관계임을 알 수 있다. 다음과 같이 정리할 수 있다.

그림에서 '———'는 직접 조약 관계를, '⋯⋯⋯'는 직접 조약 관계가 아님을 의미한다. 상황 ⅱ)에 따르면 A국과 직접 조약 관계인 어떤 나라도 D국과 직접 조약 관계에 있지 않으므로 C, E국은 D국과 직접 조약 관계가 아니다.

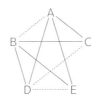

C국과 E국의 직접 조약 관계 여부는 알 수 없으므로 <보기>를 확인한다.

ㄱ. (○) D국과 E국은 공통으로 직접 조약 관계인 나라가 A, B로 2개이므로 우호 관계이다.

ㄴ. (○) A국과 D국은 직접 조약 관계이다.

ㄷ. (×) 중립 관계인 두 나라는 직접 조약 관계가 아니다. 편의상 두 나라의 이름을 붙여서 표기하면, 직접 조약 관계가 아닌 AB, CD, CE, DE 관계만 확인한다. AB는 상황에서 친밀 관계라고 주어져 있고, CD는 직접 조약 관계인 나라가 A, B로 2개이므로 우호 관계이다. CE는 두 나라가 직접 조약 관계가 아니라면 직접 조약 관계인 나라가 A, B로 2개로 우호 관계이고, DE는 ㄱ에서 살펴본 바와 같이 우호 관계이다. 나머지 6가지 관계는 직접 조약 관계이므로 중립 관계인 두 나라는 없다.

🖋 실전에선 이렇게!

주어진 정보를 어떻게 시각화 하는지가 중요한 문제이다. 표로 정리하는 경우도 있지만, 위 해설에서처럼 도형의 형식을 활용하는 것이 효율적이다.

문 25 경우 확정형 　난이도 하 　　　　　　　　정답 ③

문제풀이 핵심 포인트
1차 투표에서 한 명당 두 표를 가지므로 1:多 대응에 속하는 문제임을 파악해야 한다. 일반적으로 이전에 출제된 1:多 대응 문제는 중복이 허용되는 경우가 거의 없기 때문에, 두 표 모두 하나의 후보에 줄 수 있다는 것이 특징적인 문제이다. 〈1차 투표 결과〉에서 보면 하나의 후보에 두 표를 모두 준 사람은 甲과 乙뿐이며, 이들은 동일한 후보에 표를 주었기 때문에 이를 문제 해결의 실마리로 활용해야 한다.

풀이

제시문에 따르면 1차 투표에서는 한 명당 두 표를 가지며, 두 표 모두 하나의 후보에 줄 수도 있는데 〈1차 투표 결과〉에 따르면 하나의 후보에 두 표를 모두 준 사람은 甲과 乙뿐이며, 이들은 동일한 후보에 표를 주었다. 甲과 乙이 1)A에 투표한 경우, 2)B에 투표한 경우, 3)C에 투표한 경우로 나누어 정리해 보면 다음과 같은 경우가 가능하다.

1)

	A	B	C
甲	2		
乙	2		
丙	1		1
丁		1	1
戊		1	1
계	5	2	3

2)

	A	B	C
甲		2	
乙		2	
丙	1		1
丁	1		1
戊	1		1
계	3	4	3

3)

	A	B	C
甲			2
乙			2
丙	1		1
丁	1	1	
戊	1	1	
계	3	2	5

① (×) 2)의 경우 B는 최다 득표 후보이므로 프로젝트명으로 선정된다.
② (×) 2)의 경우 丙과 丁이 투표한 후보의 조합은 같으며, 1), 3)의 경우에도 같을 가능성이 있다.
③ (○) 1)의 경우이다.
④ (×) 1), 2)의 경우 C는 4표 이상 받지 못했다.
⑤ (×) 1차 투표 결과 1)의 경우 A가, 2)의 경우 B가, 3)의 경우 C가 프로젝트명으로 선정된다. 2차 투표를 실시하는 경우는 없다.

🖋 실전에선 이렇게!

1:多 유형에 해당하는 문제이다. 1:1 대응은 표를 그리지 않는 것이 효율적이나, 1:多 대응은 표를 그려 생각해 보는 것이 더 효율적일 수 있다.

해커스PSAT psat.Hackers.com

PSAT 학원 · PSAT 인강

해커스공무원 gosi.Hackers.com

모바일 자동 채점 및 성적 분석 서비스

목표 점수 단번에 달성,
지텔프도 역시 해커스!

해커스 지텔프 교재 시리즈

유형 + 문제				
32점+	43점+	47~50점+	65점+	75점+

목표 점수에 맞는 교재를 선택하세요! ◀▶▶ : 교재별 학습 가능 점수대

한 권으로 끝내는
해커스 지텔프 32-50+
(Level 2)

해커스 지텔프 문법
정답 찾는 공식 28
(Level 2)

2주 만에 끝내는
해커스 지텔프 문법
(Level 2)

2주 만에 끝내는
해커스 지텔프 독해
(Level 2)

보카

해커스 지텔프
기출 보카

기출 · 실전

지텔프 기출문제집
(Level 2)

지텔프 공식
기출문제집 7회분
(Level 2)

해커스 지텔프
최신기출유형
실전문제집 7회
(Level 2)

해커스 지텔프
실전모의고사
문법 10회
(Level 2)

해커스 지텔프
실전모의고사
독해 10회
(Level 2)

해커스 지텔프
실전모의고사
청취 5회
(Level 2)

노베이스 초시생도
PSAT 단기합격

7급 감사직 합격생

김*상

자료해석은 수능수학과는 엄연히 다르다는 것을 깨달아야 합니다. 김용훈 선생님께서 이러한 점을 깨우쳐주신 것 같습니다. 정확한 계산이 필요한 것이 아니라 대략적, 유효숫자를 설정하는 것이 중요하다는 것을 인지하지 못했다면 합격하지 못했을 것입니다. 선생님께서 알려주시는 것을 거르지 않고 받아들이려고 노력한 것이 도움이 되었습니다.

7급 보건직 합격생

김*연

조은정 선생님께서 문제 유형별로 나누어 설명해주셨고 직접 기출문제 예시를 통해 배운 스킬을 적용해보면서 배울 수 있어서 좋았습니다. 선생님의 강의 덕분에 PSAT 세 과목 중 언어논리에서 최고점을 받았습니다.

7급 일반행정직 합격생

고*우

저는 자료해석에서 풀이법은 알지만 실수가 잦아 점수가 잘 나오지 않았었는데, 이러한 부분을 기출문제 질문이나 시험지상담 등에서 바로바로 캐치해서 김용훈 쌤이 피드백을 주셨던 부분이 자료해석 점수에 가장 많은 도움이 되었습니다. 그렇게 받은 피드백을 바탕으로 실수 유형을 정리하고 그렇게 하나하나 줄여나가다 보니 합격점수에 도달하게 되었습니다.

상담 및 문의전화
1588.4055

psat.Hackers.com
더 많은 합격수기가 궁금하다면? ▶